海盐县志丛书

于城镇志

《于城镇志》编纂委员会 编

方志出版社
Publishing House of Local Records

图书在版编目(CIP)数据

于城镇志/《于城镇志》编纂委员会编. —北京:方志出版社,2017.8

ISBN 978-7-5144-2503-1

Ⅰ.①于… Ⅱ.①于… Ⅲ.①乡镇—地方志—海盐县 Ⅳ.①K295.55

中国版本图书馆 CIP 数据核字(2017)第 220294 号

于城镇志

编　　者:	《于城镇志》编纂委员会
责任编辑:	丛　珺
出 版 人:	冀祥德
出 版 者:	方志出版社 地址　北京市朝阳区潘家园东里 9 号(国家方志馆 4 层) 邮编　100021 网址　http://www.fzph.org
发　　行:	方志出版社图书经销中心 电话 (010) 67110500
经　　销:	各地新华书店
设计排版:	杭州美迪图文设计有限公司
印　　刷:	浙江正方设计印刷有限公司
开　　本:	889×1194　1/16
印　　张:	52.75
字　　数:	1426 千字
版　　次:	2017 年 8 月第 1 版　2017 年 8 月第 1 次印刷
印　　数:	0001～3000 册

ISBN 978-7-5144-2503-1　　定价: 298.00 元

◇江渭村建设中的“江渭新社区” （李华强摄·2016年）

◇房地产开发　（李华强摄·2016年）

领导视察

◇省教育厅刘希平（右二）厅长来于城小学考察 （肖金良供·2016年）

水利建设

◇防洪排涝工程 （陈家龙摄·2016年）

◇中国共产党于城镇第十四次代表大会第五次会议 （王德生摄·2011年）

◇中国共产党于城镇第十六次代表大会 （邱亚摄·2016年）

◇于城镇第十五届人民代表大会第五次会议 （王德生摄·2011年）

◇于城镇第十六届人民代表大会第七次会议 （王德生摄·2015年）

◇于城镇工业功能区一角　（李华强摄・2016年）

◇海盐彩逸工艺丝制品有限公司　（陈家龙摄・2016年）

嘉兴市著名商标证书

海盐彩逸工艺丝制品有限公司：

根据《嘉兴市著名商标认定和保护办法》的规定，你单位注册并使用在围巾、睡衣商品上的"　"商标认定为嘉兴市著名商标。

（有效期三年）

嘉兴市市场监督管理局

二〇一四年十二月十一日

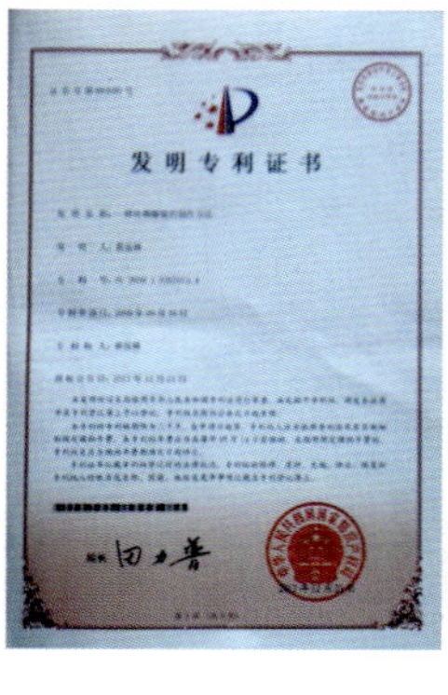

◇海盐南圣服饰有限责任公司
（陈家龙摄·2016年）

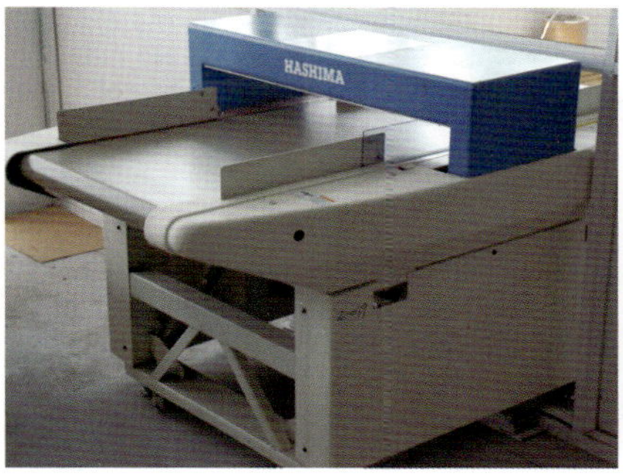

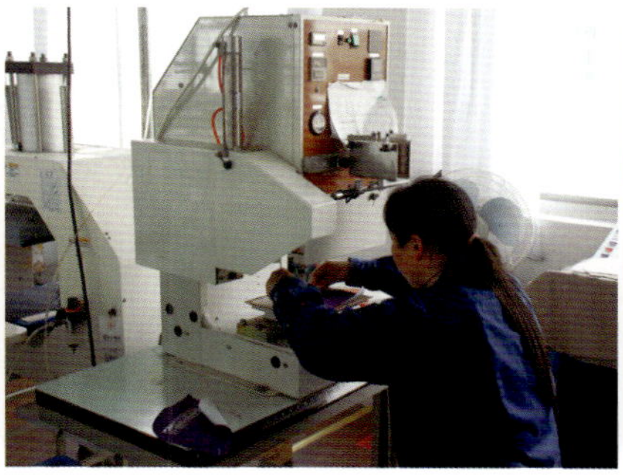

◇浙江创能新能源科技有限公司
（陈家龙摄·2016年）

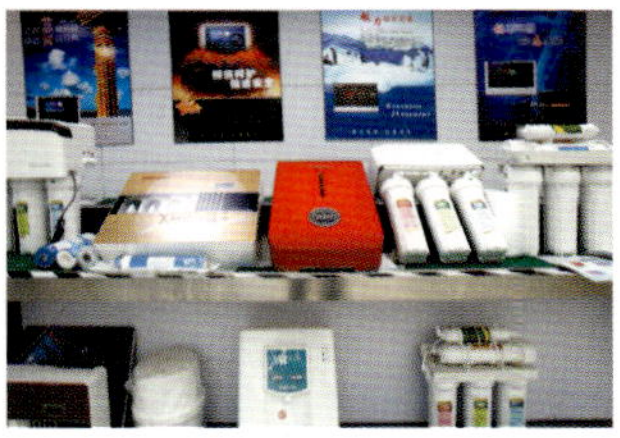

浙江名牌产品证书
CERTIFICATE OF ZHEJIANG NAME BRAND
浙江恒越绢纺有限公司
你公司(厂)的
海首牌绢丝
认定为浙江名牌产品
特颁发此证书
We award you this certificate to confirm that your products rated as name brand of Zhejiang province.
证书编号 Certificate №: 2004(工)-082
有效期 Period of validity: 2004.9-2007.9

◇浙江恒越绢纺有限公司
（厂方提供·2016）

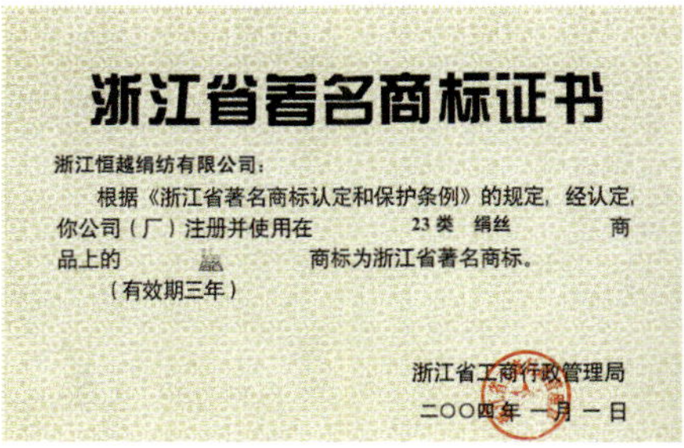
浙江省著名商标证书

浙江恒越绢纺有限公司：
根据《浙江省著名商标认定和保护条例》的规定，经认定，你公司（厂）注册并使用在 23类 绢丝 商品上的 商标为浙江省著名商标。
（有效期三年）

浙江省工商行政管理局
二〇〇四年一月一日

◇海盐星辰工具有限公司　（企业提供·2016年）

授 予
海盐星辰工具有限公司：
SHIELD牌活扳手
嘉兴名牌产品
嘉兴名牌产品认定委员会
二〇一四年

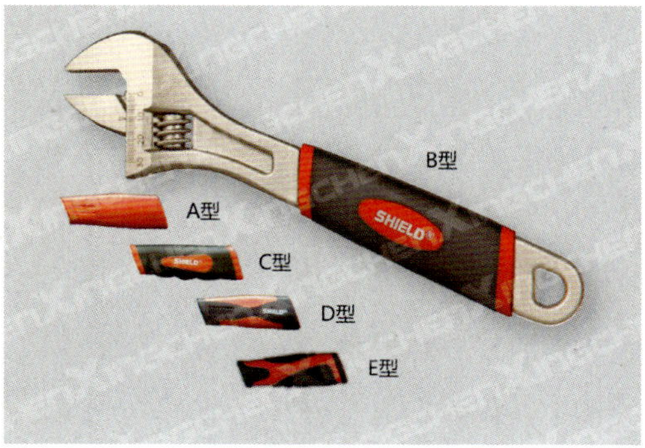

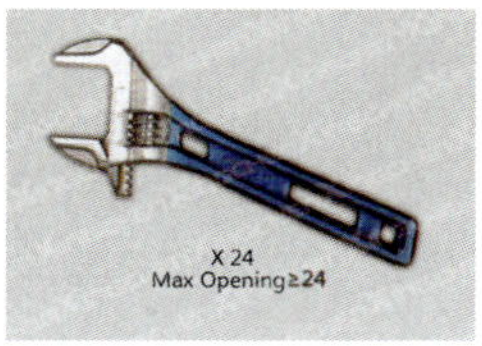

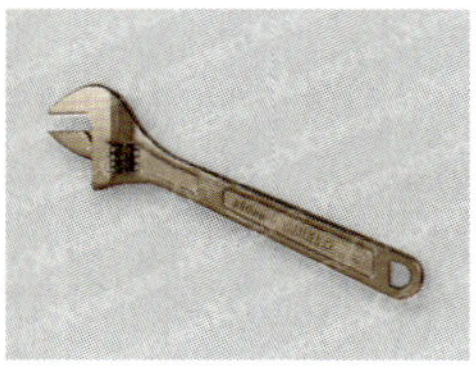

嘉兴市佳乐科仪有限公司
（陈家龙摄·2016年）

浙江省科技型中小企业
证书
兹认定
嘉兴市佳乐科仪有限公司
为科技型中小企业
浙江省科学技术厅

高新技术企业
证书
企业名称：嘉兴市佳乐科仪有限公司
证书编号：GR201133000018
发证时间：2011年9月19日
有效期：三年
批准机关：

◇浙江华城金属制品有限公司 （陈家龙摄·2016年）

◇海盐兴源服饰有限公司　（陈家龙摄·2016年）

◇嘉兴市皇能厨卫科技有限公司　（陈家龙摄·2016年）

◇浙江君悦标准件有限公司　（陈家龙摄·2016年）

◇海城商务宾馆　（王德生摄·2011年）

◇盆栽葡萄（农水经营服务中心供·2016年）

◇养鳖产业
（陈家龙摄·2016年）

◇美丽乡村——鸳鸯村　（王德生摄·2013年）

◇庄柴湖和湖心岛　（李华强摄·2016年）

◇江渭花木种植园一角 （李华强摄·2016年）

◇俯瞰庄柴湖林湿地公园 （李华强摄·2016年）

◇千亩荡在建设中 （陈家龙摄·2016年）

◇于城镇中心幼儿园 （陈家龙摄・2016年）

◇海盐县于城小学 （陈家龙摄・2016年）

◇于城中学 （陈家龙摄・2016年）

◇2000年9月29日，组队参加“海盐县国庆文艺大会演舞蹈专场”演出，王耶勤表演的独舞《傣族姑娘》获金奖 （王德生摄·2000年）

◇于城镇首届文化艺术节
（王德生摄·2014年）

◇扇子舞
（镇文化站·2015年）

◇舞龙　（王德生摄·2009年）

◇于城镇文化活动中心
（王德生摄·2010年）

◇何家村文化礼堂
（董冰冰供·2016年）

◇于城镇卫生院　（陈家龙摄·2016年）

◇2009年11月7日，于城镇首届干部职工运动会　（王德生摄·2009年）

◇2007年10月27日，于城镇首届农民运动会　（王德生摄·2007年）

◇拔河比赛 （文化站供·2014年）

◇2009年11月7日，于城镇运动会代表队列队 （王德生摄·2009年）

◇2014年11月1日，于城镇第二届全民运动会 （文化站供·2014年）

◇冯师娘桥 （王德生摄·2008年）

◇京新桥 （王德生摄·2015年）

◇县级文保单位郑晓墓保护区　（李华强摄·2016年）

◇老屋廊石砣石邦岸　（王德生摄·2016年）

◇牛桥 （王德生摄·2015年）

◇勾塍庙桥 （王德生摄·2015年）

◇萧相国寺 （陈家龙摄·2016年）

◇太平桥 （王德生摄·2015年）

◇新盐湖路
（王德生摄·2014年）

◇吕家港四级航道
（王德生摄·2014年）

◇嘉南大道于城段
（李华强摄·2016年）

◇杭浦高速公路于城境域进出口段
（李华强摄·2016年）

《于城镇志》编纂领导小组

（2014年4月16日）

组　　长：王雪君

副 组 长：徐丽烨　胡国杰

组　　员：沈良芬　顾　涛　吴雪建　姚军良　张国生　黄岳明　冯洪良　袁卫红　周玲芬　邱信惠　陈火明　周董芬　曹建妹　陈　兵　沈　峰　肖卫海　翁国慧

办公室主任：胡国杰

（2016年3月1日）

组　　长：朱其良

副 组 长：许卫娟　沈国平

组　　员：周利明　顾　涛　吴雪建　吴文肾　张六峰　薛卫峰　何社金　邵利萍　周玲芬　陆永祥　袁卫红　王建琴　郑桂红　徐海卫　蒉雪良　纵　明　沈召明　王忠卫　邱信惠　陈火明　周董芬　曹建妹　陈　兵　沈　峰　肖卫海　翁国慧

办公室主任：沈国平

编纂人员

主　　编：王德生

副 主 编：林天仁

编　　辑：王德生　林天仁

撰稿员

沈玉林　何玉飞　郭　伟　姜金水　戴燕雅　沈旻洁

汪民强　朱晓红　邹建群　肖金良　倪海杰　陈维学

张喆晔　陆群丽　潘金良　朱丹萍　孙红林　蔡秋杰

何佳惠　王　燕　张思佳　董冰冰　徐凌伟　孟瑜婷

沈　希　周敏燕　朱召华　韩云峰　陈水良　沈维恩

邱　亚　顾中新　黄夏云

序

盛世修志是中国的优秀文化传统，它有“存史、资政、教化”的作用，是一项承上启下、继往开来、服务当代的千秋大业。

东周至今，于城历经 2500 多年的历史，于城作为战略要地，曾二度筑城。悠久的历史承载了丰厚的历史文化。

《于城镇志》是于城有史以来的第一部志书。该书从 2013 年启动编纂，成立了于城镇《于城镇志》编纂领导小组，设立了镇志办公室，组建了主编、编辑、撰稿员队伍。镇志编纂得到了海盐史志办、县档案局等部门的指导和大力支持，全镇各村各单位的积极配合。在此，我谨代表镇党委、镇政府向全体史志工作者及关心支持镇志编纂的各界人士表示衷心感谢并致以崇高的敬意！

于城水清景美，人杰地灵，厚重的历史文化底蕴孕育了生生不息地方文明。回眸古往今来，历史文明、现代文明和当代文明交织在一起。《于城镇志》以求真务实的态度，真实地记载了 2500 多年来境域变化和发展，特别是中华人民共和国成立后政治、经济、文化、社会、生态等各项事业发展的重要内容，以严谨朴实的文笔、翔实的信息、形象鲜明的图片，诠释了于城有史以来的精神风貌，是一部客观反映于城基本情况和时代特征的百科全书，也是地方领导者、境外投资者和理论工作者了解于城、研究于城的工具书。

《于城镇志》记录了全镇人民励精图治，奋发图强的人和事，系统地阐述了于城的政治环境、社会发展、经济状况、自然风貌、人文景观、民俗风情。体例完备，资料丰富，既继承了地方志书的传统特色，又与时俱进，反映了当今的时代精神，是一部不可多得的地方志书，是我们鉴往知来、把握现在、立足长远发展的宝贵精神财富。修志问道、以启未来，以史为鉴、兴利除弊，薪火相传、和衷共济，建设于城、振兴中华，这是镇党委、镇政府修志的初衷。

于城是江南水乡快速发展中的一方宝地。我们应该以史为镜、以志为鉴，认真阅读《于城镇志》，汲取实践经验，理清发展思路，务实求真，抓住机遇，建设于城和谐福地。于城人民将会在中国共产党的领导下，继续弘扬优秀的历史文化，发扬光荣的革命传统，以社会主义核心价值观为指导，加快城镇化建设步伐，建成兴旺发达、继往开来的现代化新于城，共同实现振兴中华的中国梦。

于城镇党委书记 徐胜娟

于 城 镇 镇 长 朱世良

2017 年 3 月

凡　例

一、本志是于城历史上的第一部《于城镇志》，上限追溯到东周于城筑城（公元前514年），下限为2014年，个别条目收录延长至2016年。

二、本志以马克思列宁主义、毛泽东思想、邓小平理论和“三个代表”重要思想和科学发展观为指导，贯彻落实习近平总书记系列讲话精神和治国理政新理念新思想新战略，坚持辨证唯物主义的立场、观点和方法。按照《地方志工作条例》，力求全面客观地记述于城有史以来至2014年自然、政治、经济、文化、社会发展状况，旨在“存世、资政、教化”。

三、本志记述主要范围为2014年于城镇行政区域范围，个别资料扩展到民国时期和解放初的欤城区行政区域范围记述。于城镇不同时期有三种写法，即于城、欤城、圩城，本志书均延用当时的写法。

四、本志采用章节体，分编、章、节、目，部分目设子目，横排门类，纵述史实。记述时采用述、记、志、传、图、表、录等体裁，以志为主。大事记采用编年体和纪事本末体相结合的体制。

五、本志之首设总述，为全志之纲；设大事记，为全志之经。全志为30编。

六、本志人物编设人物传、人物简介和人物录三章，以于城籍为主及其曾在于城工作和与于城相关的知名人士。人物传坚持“生不立传”原则，记述去世人物，按卒年排序；人物简介收录各界在世人物；人物录用列表式录入先进模范人物和副处级、副高级职称以上及旅外知名人物。

七、本志纪年，新中国成立以前按中国历史纪年法纪年，数字用汉字书写，括注公元纪年，新中国成立起用公元纪年，用阿拉伯数字书写。本志“××年代”，凡未加世纪者，均指20世纪的年代。

八、本志计量单位大体并用国务院1984年2月发布的中华人民共和国法定计量单位。

九、本志资料来源得自历史文献、档案、报刊、专著以及有关单位提供的资料和有关人士口碑资料，经鉴别考证后载入。一般不注明出处。

十、本志解放前后指1949年10月全国解放。

目　录

第三编　自然环境

第四编　土地资源管理

第五编　环境保护

第六编　镇村建设

第七编　交　通

第八编 农具 农机 水利

第九编 邮政 电信 电力

第十编　农　　业

第十一编　工　　业

第十二编　商业　贸易

第十三编　金融　财税　保险　工商

第十四编　党政社团

第十五编　群众团体

第十六编　军　　事

第十七编　公安　司法

第十八编　教　育

第十九编　科学技术

第二十编　群众文化

第二十一编　历史文化遗产

第二十二编　医疗卫生

第二十三编　体　育

第二十四编　民　政

第二十五编　居民生活

第二十六编　新风尚　民俗

第二十七编　宗教　语言

第二十八编　人　　物

第二十九编　艺文选录

第三十编　文选目录

概 述

（一）

于城[①]镇位于海盐县中部，东邻武原镇，南连通元镇，西与百步镇接壤，北靠沈荡镇。区域成枫叶状，区间南北直线距离最长约13.2公里，东西约12.7公里，全镇总面积42.96平方公里（其中水域面积4.33平方公里），属平原水网地区，平均海拔为2.62米。镇人民政府驻地在于城集镇于城路64号，辖8个行政村和一个居委会，2014年户籍人口22472人。镇境内主要河道有盐嘉塘、吕冢港、理洪塘、古塘河、酱园港等；主要交通干线"杭浦"高速公路、盐湖公路、南北湖大道、海王公路均穿境而过，"杭浦"高速公路出口在于城镇构塍村，距上海、杭州、苏州均在100公里左右，水陆交通发达。镇域属典型亚热带季风气候区，日照充足，雨量充沛，气候温和，四季分明。河港纵横交错，风景秀丽，物产富饶，土壤肥沃，历来是主要种植水稻、大小麦、油菜作物区、蚕桑生产区，渔业捕捉区。改革开放后，调整了产业结构，发展了葡萄等经济作物；挖塘养殖了甲鱼、虾等鱼类产品；工业经济不断发展，不断崛起。工业、农业生产形成于城镇特色，推出了名牌和品牌产品。

（二）

于城历史悠久。据《海盐县地名志》引用《重修浙江省通志稿》记载，"于城建置于东周，〈万历嘉兴府志〉：'在海盐县治西北十八里，有于相国庙，皆吴王御越之所'，时称于城"。又据清光绪《海盐县志》记载："欤城，〈仇志〉：县西十八里，晋将袁山松筑城以备孙恩"东晋隆安五年（前401年），吴郡太守袁山松为御孙恩，高一丈，周一里，时称欤城。秦王政二十五年（公元前222）始置海盐县，欤城境地隶属于会稽郡海盐县。唐武德元年（618）置海盐县，欤城为吴郡海盐县水云乡。后晋天福三年（938），欤城为秀州海盐县开济乡。清光绪末（1900年前后）分区划坊为欤城区。民国35年（1946）初为欤城区，辖欤北、欤西、欤东、倪墺四乡。1949年5月，海盐县解放，为欤城区。1956年3月，全县实行撤区并乡，为欤城乡。1958年，为欤城公社。1965年划出4个

---

① 于城在不同时期有不同的写法，公元前514年～400年写作"于城"，401年～1967年写作"欤城"，1968年～1983年写作"圩城"，1984年1月～1994年7月写作"欤城"，1994年8月至今写作"于城"。不指明具体时期的统一写作"于城"。

大队,今域始定。1968 年改为“圩城公社”。1984 年 1 月,改为钦城乡。1994 年 8 月,撤乡建镇,更名为于城镇至今。

(三)

居民生活发生翻天覆地变化。于城镇居民生活从中华人民共和国成立前的贫困到中华人民共和国成立后的自给自足,发展到改革开放后富裕并逐步达到了小康水平,衣食住行普遍发生了很大的变化。穿着,中华人民共和国成立前,大多数人身上穿的是自己织的土布衣裤,冬天缺衣少穿,脚上穿布鞋、草鞋。中华人民共和国成立后,吃穿逐步改善,变缺为足够,向富裕转变。住的从平房(茅房)转变成楼房别墅。行的从手摇船到轮船、到自行车、摩托车、汽车,2014 年,“杭浦”高速公路等 4 条公路通过于城境域,乡村公路逐步到村达户,轿车逐步普及到了农民家庭。农民人均纯收入逐步提高,据统计:1957 人均 75 元、1978 年人均 150 元、1988 年人均 1335 元、1999 年人均 4136 元、2009 年人均 12928 元、2014 年人均 25219 元。

(四)

工业经济快速发展。中华人民共和国成立前钦城只有手工业,主要有打铁、粮食加工、竹器编织等作坊。粮食机械加工始于民国后期,是陈家门陈鹤庭开办的家庭作坊。20 世纪 50 年代末,钦城公社有纸浆厂、草绳草包厂、砖瓦厂、石灰厂、土硝厂、酒菜厂、机械厂、加工厂、肥料厂、农药厂、糖果饼干厂、竹器厂、缝纫厂、运输组、淀粉厂等。1975 年,圩城公社有社办企业 7 家,年平均职工 380 人,固定资产总值 33.12 万元,全年总产值 43.78 万元。改革开放后,工业发展迅速。1982 年,社办企业为 11 家,有机械厂、加工厂、预制厂、建筑队、竹器厂、丝厂、丝织厂、砖瓦厂、经理部、印染厂、搬运站。年末职工为 1161 人,完成年产值 564.73 万元,总收入 547.09 万元,上缴国家销售税金 44.78 万元,获得税利 107.39 万元,获利润 84.13 万元。1987 年,钦城乡有乡办企业 13 家,村办企业 42 家,共有职工 4316 人。有轻纺、砖瓦、建筑、缫丝、印染、服装、紧固件、机械等行业。固定资产 950.08 万元,工业总产值 3536.95 万元,利润 264.72 万元。1998 年,于城镇先后有 5 家镇办企业转制为私营企业,鸳鸯丝绸印花厂、海盐民政羽绒服装厂、于城丝绸印染有限公司已发展为产值超千万私营企业。1999 年底,于城镇乡镇企业全部实行转制;是年,全镇个体私营企业为 144 家,实现工业总产值 4.35 亿元,实现销售收入 1.97 亿元,实现利税 1844.59 万元,全年发放职工工资 2155.48 万元;企业产值超千万元的有 5 家,超 500 万元的有 2 家。2008 年,全镇企业为 385 家,企业职工为 7089 人,工业总产值 14.94 亿元,销售额 14.90 亿元,利润总额 2082 万元,应交所得税 323 万元,发放职工工资 1.09 亿元。2014 年,于城镇已形成了服装、绢纺、印染、食品、印刷等工业门类体系。全镇企业为 650 家,其中产值超亿元 8 家,超 2000 万元 38 家,实现工业总产值 35.43 亿元,利税总额 1.06 亿元,外贸出口总值 1.19 亿美元。

（五）

农业生产不断发展。于城历史上的主要产业是农业，以种植水稻、大小麦、油菜和种桑养蚕为主。中华人民共和国成立前，农业耕作水稻一年一季，亩产二三百斤，春季播种大小麦、蚕豆、油菜。中华人民共和国成立后，党和政府十分重视农业生产，从致力于增产增收、发展到效益农业、优化产业结构。中华人民共和国成立初在变革生产关系的同时，积极改善生产条件，改革耕作制度，推广优良品种，提高栽培管理技术，粮食产量逐步提高。1950 年～1957 年，经过土地改革、农业合作化，粮食产量有所增长。1961 年起实施科学种田，粮食产量连年增长，到 1964 年，粮食亩产超过 400 公斤。改革开放后，1982 年实行了联产承包责任制，扩大了春播面积，提高了亩产量，单季稻亩产超 500 公斤。农业生产经过了解放初的互助组到生产合作社，1958 年的人民公社，1982 年的联产承包责任制，21 世纪初的土地流转阶段，形成了多种模式的变换，从生产粮食到优化农业产业结构。1986 年，围绕农业增产、农民增收，对农业生产结构作战略性调整，实施了"一优两高"（品质优、高产量、高效益）的效益农业模式，减少粮食作物，增加经济作物，形成葡萄、梨、苗木、养鳖、养虾、养鱼、养鸡等优势产业。21 世纪，实施了土地流转，实现农业劳动力转移，2014 年，全镇有 5443 户农户流转土地面积 978.87 公顷（14683 亩），共办起家庭农场 8 家。是年，葡萄种植新增面积 52 公顷，总计 500 多公顷。淡水养殖总面积达 336.60 公顷，总产量达 3590 吨，其中甲鱼养殖面积为 236.06 公顷，产量为 2771 吨，产值 11117 万元，罗氏沼虾产量为 115 吨。全年出栏生猪 78500 头。农业品牌战略出成果，于城牌葡萄、于城牌梨、于城牌中华鳖、于城牌牛蛙曾分别获得浙江省农业博览会金奖、银奖和优质奖。

（六）

水利建设成效显著。解放前，河道不畅通，洪涝灾害频发，灌溉用水车，水田缺水严重。解放后，从柴油机水泵进行灌溉发展到电力灌溉。各村分片建造机站灌溉。2012 年，全镇排灌电动机 483 台，机械总动力 2241 千瓦。实施疏浚河道工程，解放初期用人工疏浚，21 世纪，用挖泥船机械疏浚。到 2008 年，共整治河道 102 条，全长 80.29 公里；投入资金 633.01 万元。此后每年疏浚，2014 年，疏浚河道 14.78 公里。海盐县出海排涝工程建成让于城镇受益。2014 年，于北圩区工程基本建成，圩区建成后成立了圩区运行管理站，聘用 5 名工作人员管理圩区。该项目共投资金 5921 万元，共建闸站 22 座，排涝泵站 14 座，新筑圩堤 30 公里。镇西圩区工程项目 2014 年规划新建闸站 14 座，涵闸 5 座，排涝泵站 3 座，修筑防洪堤 16.86 公里，项目投资 5407.29 万元，受益农田 806.67 公顷。

实现农业机械化。解放前，于城农业生产依赖人力、畜力。生产劳动以手工农具为主，垦地用铁搭，耕田用牛犁耙，割稻用镰刀，脱粒用手甩，劳动强度大，生产效率低。解放后逐步改善，1965 年开始使用电耕犁，1968 年有了拖拉机，后又发展到收割机、插秧机。2014 年，全镇有收割机 35 台，插秧机 8 台。

（七）

农村城镇化进程加快。于城历史上两度筑城，集镇形成历史悠久。1938年9月20～21日，日军驻海盐八木警备队窜到于城集镇纵火，烧毁北街全昌茧行、海盐县第八小学，关帝庙及镇上46户人家的商铺、住宅，共计180多间房屋。烧毁南街“萧相国庙”庙宇一所，私立小学一所，51户人家的商行及住宅，共计150余间房屋。古镇被毁，一片废墟。解放前夕，欤城集镇初步恢复，以枫桥为界，形成南街北街，各种商业门类恢复经营。中华人民共和国成立后，于城集镇是于城镇人民政府驻地，加快了集镇建设，逐步形成了政治、经济、文化中心。1970年，集镇上有供销社、综合商店、粮站、食品站、卫生所、药店、渔场、信用社、米厂、农机厂、农具厂、建筑队、农业中学、中心小学、兽医站、邮电所、广播站、变电所等事业、企业、商业等服务单位。

改革开放后，经济快速发展，集镇建设加大力度，同时形成了工业、商业、服务业网络中心区域。

集镇街道和桥梁建设。1995年，建成邮电路。1998年建成于城北桥、欤城桥。1999年后，新建了于中桥、欤城西桥和于中路，小城镇形成了O字形环城街道路面。2005年，集镇建成区域面积为160公顷，主要街道有7条，总长1622米。2010年，集镇主要街道有于中路、招宝路、学才路、枫桥路、昌平路、文曲路、于城路、镇和路、邮电路、于南路等10条。2014年，集镇街道增加到17条。

集镇商品房建设。2007年，建成于城集镇第一幢商品房——祥和商住楼，总建筑面积11645平方米，其中商铺30间，住宅66套。2010—2014年，建成城中苑商住楼，逐步兴建了豪霆商住楼、民欣花苑、景丽茗园、紫金·花园。

集镇主要商业街，镇南有邮电路，镇北有于城路、文曲路、镇和路、于中路。房屋建筑面积为83万平方米。有机关团体、教科文卫等37个单位。全镇有批发部6家，商店251家，从业人员500余人。

农户迁入集镇区域。21世纪，于城镇启动了农村城镇化建设，并初见成效。2014年，枫桥西居住区占地面积68052平方米，建筑面积67872平方米，入住202户。构塍村居住区占地面积15420平方米，建筑面积11550平方米，入住35户。庄家村居住区占地面积1334平方米，建筑面积1650平方米，入住5户。三联村居住区占地面积19123平方米，建筑面积20130平方米，入住61户。镇东居住区占地面积8704平方米，建筑面积9570平方米，入住29户。

事业单位设施建设不断优化。1995年10月建成于城镇中心幼儿园，占地面积为2810平方米，建筑面积1516平方米，户外活动场地2260平方米，投资120万元。1999年建成于城中学新校舍，占地面积25308平方米，建筑面积8273平方米，投资700万元。2001年，新建成农贸市场，占地及建筑面积面积同为2000平方米，总摊位113个。于城中心小学1999年搬入原于城中学校舍，建筑面积为7651平方米，2006年3月中心小学扩建项目竣工，占地面积26013平方米，建筑面积9000平方米，投资1400多万元。2010年3月于城镇文化活动中心竣工，占地面积5340平方米，建筑面积3098平方米。文化活动中心东临王家浜，河浜对岸2012年兴建了公园。

2011年海盐国税郊区分局综合楼竣工，占地面积4000平方米，建筑面积1680平方米。于城信用社综合楼于2014年3月动工，占地面积2055平方米，建筑面积2957平方米，楼层为6层。

（八）

社会事业蓬勃发展。解放后，教育、科技、文化、体育、卫生、广播电视及社会保障等各项事业建设逐步实现现代化。

教育方面。解放前于城办学从社学、私塾、光绪三十三年（1907）钦城区设区立完全小学、民国时期办村坊小学，教育事业发展缓慢。新中国成立前夕，文盲率达83.6%。新中国成立后，教育事业蓬勃发展。20世纪60年代起，民办学校迅速发展，各村都有一所完全小学，后又在小学附设初中班，保证了青少年的入学率，逐步完善了小学教育、初中教育、幼儿教育和扫盲教育及成人教育。20世纪末，全镇设初中、小学、幼儿园、成人学校各一所。1991年11月，成人文化技术学校被评为“全国农村成人教育先进学校”。1994年9月，于城镇被评为“全国农村教育综合改革先进单位”。2000年1月，于城镇获得“浙江省教育强镇”称号。2004年，于城中学被授予“浙江省示范初中”称号。2007年，于城中心小学被授予“浙江省示范小学”称号，成人文化技术学校被授予“浙江省示范性成人文化技术学校”称号。2014年，于城小学有教师79人、学生1150人；于城中学有教师68人、学生630人。

科技方面。1955年，钦城建立了农科站，1985年成立钦城乡科协。加强科普宣传，推广农业科技，举办培训班，提高技术水平。农业上，重点抓好农业科学新技术配套服务和新品种的引进与推广工作，实施“一优两高”农业，农业品牌战略，建立各种专业协会，加强了农业科技队伍建设。工业上引进新技术，采用新工艺，开发新产品。创品牌，申报专利。2014年，于城镇内企业获省著名商标1个，市名牌产品和市著名商标3个，获国家火炬计划项目1项，获省中小型科技企业称号2家，市级技术中心、专利示范企业各1家，获省级新产品立项19项，申报专利139项。

文化方面。解放前，民间群众文化活动主要有庙会、赕佛、牌子（也叫“座唱班”）、吹鼓手（也叫“四个头”）、唱民间田歌和情歌、猜谜语等。解放后，政府部门设置了群众文化事业机构，文化组织活动更为丰富多彩。解放初期，村村创办俱乐部，开展文娱活动。1953年，建立钦城区文化站，性质为国办站。1961年12月转为民办站，到1966年停办。文化站建立文工团，开展移风易俗办婚丧喜事活动。1966～1976年，建立毛泽东思想文艺宣传队（简称文宣队）。1975年统计，全公社有文宣队40个，文宣队员550人。文宣队在开展文艺宣传演出的同时，还组织锣鼓队为农村婚庆活动服务。20世纪90年代，锣鼓队改组为铜管乐队。1979年1月恢复文化站。1989年，省文化厅考评定级，钦城乡文化站为浙江省三级文化站，2012年，定为浙江省一级文化站。2000年，建立于城镇文化活动中心，面积550平方米。是年，于城镇被命名为“嘉兴市东海文化明珠”。2010年新建成文化活动中心，建筑面积3098平方米，投资420多万元，建立了图书馆。2010年9月，浙江省文化厅授予于城镇为“浙江东海文化明珠”。2006年前，文化站在编人员1人。2014年，在编人员2人，合同制人员2人，文化馆下派人员1人。文化站每年大力组织开展各种群众文化活动，有文艺演出、文学艺术、体育、摄影、书法美术等组织活动。长期以来从事文物保护、非物质文化遗产保护工作。

1958 年建立钦城公社广播放大站。1969 年下半年，圩城公社建设农村广播网。1970 年，新建圩城公社广播放大站站舍楼，站舍楼有三层。1971 年 7 月 9 日，全公社有有线广播 4598 户。1986 年，钦城乡有线广播已经普及。2006 年，于城镇实施调频广播通响工程，新安装了调频广播 5300 只，全镇广播通响率达到 86.7%。

1994 年 3 月，于城镇开始筹建有线电视，到年底，第一期有线电视工程投资 40 万元，全镇共安装电视终端服务为 350 户。1997 年，又开通了于三、太平和八字等共 10 个村，终端服务发展到 1500 多户，也实现了电视网络镇区全覆盖。2014 年，全镇共有数字电视用户数 6647 户。全年新增光点 88 个，有宽带用户 420 户。是年，数字电视网络双向化改造已覆盖 5315 户。

电影队建于 1974 年 8 月，有放映员 3 名、放映机 1 台，巡回放映 15 个生产大队。1981 年 12 月，公社礼堂改装影剧院竣工，总建筑面积 294 平方米，放映室 6 平方米，设座位 702 个，配放映机 2 台，1982 年元旦对外开放，正式营业。是年，有电影放映员 5 人，2 台 8.75 毫米放映机仍到各个生产大队巡回放映。至 1992 年 9 月，农村普及电视机，电影队留 2 名放映员在影剧院放映电影，取消巡回放映。1994 年 4 月，电影队撤销。

卫生方面。解放前，钦城缺医少药。中药店均由私人开设，解放前夕有 10 余家，规模较小，有民间医生 8 人。解放后，医疗卫生事业逐步发展。解放初，钦城根据自愿的原则组织建立乡医药合作商店；成立了乡联合诊所；1958 年创建卫生院。2000 年，新建 2200 多平方米的于城镇卫生院医疗大楼和综合楼。至 2014 年，卫生院占地面积 6180 平方米，建筑面积 5498 平方米，其中业务用房 2043.2 平方米。设有内科、外科、中医科、全科、儿科、五官科、妇产科、口腔科、放射科、化验室、B 超室、手术室、住院部、公共卫生科等科室。卫生院在职职工 62 人，卫生技术人员 57 人，其中执业医师 13 人，执业护士 15 人，主治医师 9 人。村级医疗卫生同步发展，1959 年，公社各大队设立卫生保健室。1969 年，各生产大队建立了合作医疗保健站，每个大队有赤脚医生 2～3 人。1985 年，钦城乡设村级保健站 16 个，有乡村医生 36 名。2014 年，全镇有社区卫生服务站 8 个。1997 年，建立农村合作医疗保险制度，并逐步完善，改变了农村因病致贫的状况。1984 年钦城乡实现消灭血吸虫病。21 世纪以来，于城镇狠抓卫生环境改善，实施了农村生活垃圾集中处理，实施河道保洁，实施生活污水处理，大力开展绿化造林。近年来开展了“三改一拆”“五水共治”及大气污染治理，同时做好食品药品安全工作。

体育方面。民国期间，体育活动以学校体育为主，有足球、篮球、乒乓球、跳绳、踢毽子、放风筝等。民间有自发性的体育活动，活动人数较少，有象棋、高跷等。解放后，体育事业不断发展，体育设施不断优化。学校体育运动不断加强。1956 年，毛泽东提出了德、智、体全面发展的方针，学校重视体育教学工作，不断完善体育设施，举行学校运动会。2014 年，于城中、小学分别有田径运动场、篮球场、羽毛球场、足球场、乒乓球室、单杠双杠等体育设施。是年，于城镇文化活动中心有篮球场、羽毛球场、乒乓室、健身路径、体育活动室等。21 世纪来，于城镇组织了全民体育运动会，举行农民体育运动会、干部职工运动会等各类赛事。2010 年，各行政村体育设施有活动室、篮球场、乒乓室、健身路径。2010 年 12 月，省体育局授予于城镇“浙江省体育强镇”称号。

2011年12月，国家体育总局授予于城镇为“乡镇体育健身示范工程”称号。

社会福利方面。1956年办起高级农业生产合作社后，对鳏寡孤独社员，由集体给予“五保”供给，即保吃、保穿、保住、保医、保葬。1989年底，大部分“五保”人员入住敬老院，改分散供养为集中供养。2014年，“五保”对象集中供养15人，年供养金额为98700元。解放后，人民政府对生活困难的残疾人给予定期定额救济和临时救济。发放重度残疾人基本生活保障补助，给予无固定收入残疾人补贴，开展慈善救助。

社会救济方面。主要是扶贫帮困，救济城乡困难户。解放以来，政府部门不断加大救济力度和范围，实施扶贫济困政策，以保障人民群众基本生活。实行受灾救济、定期定量救济、临时救济、春夏荒救济、冬令救济、农村危房改建补助救济、助学救济等扶助政策。2004年，还建立医疗救助制度。2014年，全镇补助困难户危房改建11户，共14.54万元。

社会保障方面。大力构建社会保障体制。1995年，实施农村社会养老保险制度。2014年，全镇共计参加农村社会养老保险2013人。1995年起实行大病医疗社会保险制度，1997年，全镇投保人数9048人，筹措资金6万多元。2003年，改为新型农村合作医疗保险，是年全镇参保率为92.3%。2014年，全镇企业职工医保参保人数为5984人，新型农村合作医疗保险参保人数为15664人，参保率为99.99%。1996年8月起，建立城乡居民最低生活保障制度，对城镇困难户、农村困难户实行最低生活保障。2014年，全镇120户低保户，全年共发放低保金41万多元。21世纪起，建立农村企业职工退休金保险制度，失地农民养老保险金制度。全镇人民迈入了富裕、安康的幸福生活。

于城，是海盐县历史记载最悠久的区域，老城虽无踪影，新城正在崛起，一个现代化的社会主义新农村已展现出生机勃勃的魅力。

大事记

春秋战国(前770～前221)

据《清一统志》卷二八七载:东周“(嘉兴)府境东有顾城,西有新城,南有于城,北有主城,皆吴越争战时所筑”。于城为春秋槜李四城之一。春秋后城渐废。

据《金山卫春秋》,东周吴越争战时,周敬王二十五年(前495),吴王筑城以御越,此处筑一城,古称于城。

春秋时于城属越,吴越交战时,越败于吴属吴,后由吴封为越国。

战国初,仍属越。

前396年,越败于楚,于城属楚。

前223年,秦灭楚,于城属秦。

秦(前221～前207)

前222年,始置海盐县,于城隶属会稽郡海盐县于城乡。

汉(前206～220)

汉时,于城属海盐县。

新莽(9～23)期间,海盐改名展武县,为展武于城,东汉建武初复名海盐。

东汉永建四年(129),分会稽郡置吴郡,于城属吴郡海盐县。

东晋(317～420)

隆安五年(401),孙恩攻打海盐,吴郡太守袁山松为御孙恩,第二次筑城,高一丈,周一里,时称欤城。城内渐有市肆,后城夷为平地,商业时兴时衰,终久不废。晋将刘裕在县治筑寄奴城,击败孙恩。

南朝(420～589)

宋(420～479)、齐(479～502)时,欤城均属于吴郡海盐县。

梁太清三年(549),欤城属武原郡海盐县。

陈永定二年(558),割吴郡海盐、盐官、前京三县置海宁郡,郡治盐官,欤城属海宁郡海盐县。

隋(581～618)

开皇九年(589),海盐县并入盐官县,此钦城属杭州郡盐官县。

大业三年(607),置余杭郡,钦城属余杭郡盐官县。

唐(618～907)

唐武德元年(618),置海盐县,钦城隶属于吴郡海盐县水云乡。

武德四年(621),改吴郡为苏州。

武德七年(624),海盐县并入嘉兴县。

武德八年(625),废嘉兴县,复置海盐县。

贞观元年(627),又并入嘉兴县,属苏州郡。

景云二年(711),复置海盐县。

先天元年(712),复废海盐县。

开元五年(717),再置海盐县。

大顺(890～891)初,海盐县改属杭州,钦城隶属于杭州海盐县。后并入开济乡。

五代十国(907～960)

后唐同光二年(924),海盐属于开元府。

后唐长兴三年(932),海盐仍属苏州。

后晋天福三年(938),海盐属秀州,钦城隶属于秀州海盐县开济乡。

宋(960～1279)

咸平六年(1003),县令鲁宗道开挖蓝田浦18里(今盐嘉塘于城段)。

政和七年(1117)秀州赐名嘉禾郡,钦城隶属于嘉禾郡海盐县开济乡。

绍兴三年(1133),始建钦城桥。

淳熙九年(1182),秀州知府赵善悉奉命派民工1万人,疏浚盐嘉塘、招宝塘等钦城段,并增堰40多处。

绍熙三年(1192),县令李直养重浚盐嘉塘,通白塔港,入运河(官塘),便盐运,灌农田,后渐沦为海。

庆元元年(1195),升秀州为嘉兴府。钦城隶属于嘉兴府海盐县。

嘉定元年(1208),嘉兴府升为嘉兴军。钦城隶属于嘉兴军海盐县。

元(1276～1368)

至元八年(1271),钦城吕家庙建成,明隆庆二年(1568)重修。

至元十三年(1276),嘉兴军又改为嘉兴府海盐县钦城。

至元十四年(1277),改为嘉兴路海盐县钦城乡。

元贞元年(1295),海盐县升为海盐州,欤城属海盐州。

大德二年(1298),僧人至心在于城村建潘墅庙。

至正二十六年(1366),嘉兴路又改为嘉兴府海盐县欤城乡。

明(1363—1644)

洪武初,曾在欤城置关,隶属海宁卫。

洪武二年(1369),海盐州仍降为县,属于嘉兴府,海盐县辖十乡,又置二十五都,欤城属开济乡二、三都区。

洪武三十年(1397),欤城庙山相国庙建成,嘉靖中里人钱琦重修。

嘉靖三十三年(1554)四月初八,有一大伙倭寇自海上来袭,攻破后直窜嘉兴府,次日败退。海盐参将卢镗率兵至孟家堰截击,遭预伏倭寇突起攻杀,官兵战死溺死者1475人。原礼部给事中钱薇等人前来收葬,开河堆坟,就有了“九坟十三浜”之地名。

嘉靖四十年(1561),郑端简公重建勾塍庙,万历壬午(1642)重修。

万历九年(1581)始行升里并里之法。以田亩定里,不拘都划分为区,后分属一都西区、七都区、九都区、十四都西北区。

清(1644—1911)

咸丰十一年(1861)五月十三日,太平军入欤城。澉人沈掌大率民团伙同清军攻打欤城,至构塍桥,为太平军击溃。

光绪末(1900年前后),分区划坊,设欤城区,辖十坊。

宣统三年(1911)5月27日,成立欤城邮政代办所。

中华民国(1912～1949年9月底)

民国元年(1912)

是年,由周仰松创办的欤城全昌丝茧行开业收茧,有茧灶24具;时有沈荡兴顺茧行,有茧灶16具,是全县最早的两家丝茧行,收购并烘干后的茧子销往上海。

民国十二年(1923)

是年,在欤城集镇建立海盐电话公司欤城分所。抗日战争开始,线路被毁而停办。1947年恢复通话。

民国十三年(1924)

是年,县知事汪仁溥因上年螟虫奇发,号召农民除虫,采用夜间点灯诱蛾,白天捕捉卵块,并筹款给价收买。此年,田稻收获较未除虫的临县增产三成。

民国十七年(1928)

是年,欤城因受蝗灾、风灾、水灾,田稻收获仅二成左右。

民国二十三年(1934)

6—10月,晴热干旱连续100多天。

7月12日，气温高达40.6℃，河涸禾槁，全县农民遭灾，乡民纷纷逃荒乞食。有民谣："民国廿三年，黄道河里开茶店。"

民国二十五年(1936)

11月底至12月中旬，江苏淮安新安旅行团在海盐县城、欤城、南北湖等地，用放电影等形式，开展抗日救国宣传活动。

民国二十七年(1938)

3月8日(农历二月二十九)，50余名日本侵略军到欤城庄家水门头(今林家组)，烧毁民房134间，致死百姓10人，致伤1人，强奸1人。是月，日本侵略军进犯鸳鸯桥南俞和东井浜，烧毁民房36间、庙宇1所。

9月5日，浙江国民抗敌自卫第五支队，会同青年营渡江开进海北地区，经欤城、三环洞等地数次与日本侵略军交战。

9月20～21日，日本侵略军驻欤城八木警备队20人纵火焚毁欤城老街，焚烧商铺及民房330余间、学校2所、庙宇1所、檀香木珍贵文物1件，致死1人。后撤退至沈荡。

是年，日本侵略军修筑海盐经欤城、沈荡、百步至硖石公路路基，全长27公里。

民国二十八年(1939)

4月，日本侵略军进犯吕冢赵家埭，烧毁民房13间。是月，日本侵略军在欤城大桥东侧拆除民房20间，建起营房。是月，日本侵略军进犯欤城乡江渭桥小集镇，烧毁民房30余间。是月，因前有2名日本侵略军被杀，日本侵略军报复性屠杀欤城集镇保安队员25人。

民国二十九年(1940)

10月，中共地下党员马雨亭在欤城区彭家堰先后发展吴文荣、戴生昌、戴富林、陈克骏入党。这是中共在海盐发展的第一批党员。

11月，建立中共石泉彭家堰小组。始隶属中共海盐工作团，工作团撤销后，直属海北工委领导。

民国三十年(1941)

5月，日本侵略军进犯江渭鸦雀桥、唐家木桥，烧毁元顺茧厂厂房25间，民房48间。是月，日本侵略军进犯吕冢陈家木桥(吕冢村8组)，烧毁民房52间，烧毁桑树50亩。

5月30日，海盐抗卫大队袭击欤城大桥碉堡，遭敌军顽抗，转攻欤城警察所，俘伪警12人。

民国三十一年(1942)

5月，中共路南特委决定派刘明(化名李福奎)为海北特派员。次年1月，刘明来到六里堰，以惠泉乡公所事务员的身份作掩护，领导海北地区党的活动。同月，成立中共六里堰支部，设贺祥、张湾、孙湾、彭家堰4个党小组，党员20余人。彭家堰党小组为欤城区第一个党小组。

民国三十三年(1944)

5月，欤城区在彭家堰党小组的基础上建立党支部。书记陈克骏(陈老虎)任职至1945年8月。

7月2日，海北支队在六里堰击退澉浦据点。此后，海北支队活动范围扩大至石泉、欤城、长川坝以及海宁县黄湾、袁花一带。

民国三十四年(1945)

是年,钦城邮政代办所建立。有职工1人,日平均收入函件12件,发出函件8件。

民国三十六年(1947)

9月,海盐经钦城、沈荡、百步至硖石公路由于抗日战争战火屡遭破坏,通过民工义务劳动铺上石子。仍有桥梁48座未修,未能通车。

民国三十八年(1949年1月~9月底)

5月7日,海盐县解放。

6月,建立中共钦城分区委员会及区公所,并建立钦城镇人民政府,12月调整为乡人民政府。驻地钦城集镇。

7月,钦城区彭家堰重建中共党支部,是全县解放后第一个村级党支部。

7月20日,中国人民解放军海盐县大队钦城区中队建立。

中华人民共和国

1949年(10月1日至年底)

10月,钦城区建立各村政权,废除保甲制。

是年,县立初中和城中小学的一些学生参加人民解放军,其中钦城区廉义乡八字村的吴再行在县立初中自愿参军,于1953年4月8日牺牲在朝鲜战场上。

1950年

4月,钦城区下属钦北、钦城、钦东、鸳鸯四乡。

8月,全县划小乡,钦城区辖钦城、钦北、钦东、鸳鸯、石泉、张鼎、得胜、塘南等8乡,均建立人民政府。

9月,县委在钦城区张鼎乡进行土地改革试点工作,10月中旬,扩大到石泉乡、得胜乡作为区基点乡进行土改。11月全县展开。

12月,鸳鸯乡发生流行性感冒,不少病人并发为大叶性肺炎。经8天紧急救治共治愈64人,死亡9人。

冬季,钦城区48个村均办起农民冬学,学员逾500人。

1951年

1月20日,在平湖捕获曾在解放前流窜于钦城、西塘桥等地的"东南人民反共救国军"海北纵队第二支队突击大队大队长方某以及匪徒28人,缴获机枪2挺、步枪32支、子弹2000发。3月,钦城乡西十村许来珍等13户农民组织县内第一个农业生产互助组。

4月,中共钦城分区委改称钦城区委,区下属钦北、钦城、钦东、鸳鸯四乡并建立乡人民政府。

6月3日,钦城区根据县政府通知,下属各乡均建立调解委员会。

8月,海盐县增设富亭乡,属钦城区。1952年1月改属西塘区,1953年3月又属钦城区。

10月21日,钦城捐献飞机大炮、物资折合旧币626333354元、黄金0.494公斤、白银1.565公斤、银圆206元。

12月19日,钦城区鸳鸯乡一带又一次发生急性肺炎后,死亡10余人。县卫生队派人调查并立即在该乡设立临时诊所，进行抢救治疗，所患病人的病情得以控制。

是年冬，钦城区各乡、村开展冬学扫盲运动。

是年，钦城区配置1台直流收音机，配备人员1名。

是年，恢复建立邮政代办所，1955年下半年设立邮政营业处，1956年成立邮电所。

1952年

3月，中共钦城区张鼎乡支部建立，属解放后县内第一个农村党支部。

11月，中共钦城区塘南乡支部建立。

1953年

7月，中共钦城区石泉乡支部建立。

10月，中共钦城区钦北乡支部建立。

12月，中共钦城区钦城乡支部建立。

是年，钦城建立耕牛交易市场。

1954年

3月4日，钦城区认购建设公债3550万元旧币。

3月，中共钦城区鸳鸯乡、钦东乡分别建立支部。

4月29日，钦城乡信用合作社成立。

5月，钦城区在集镇设立电话交换所。

9月1日，钦城区实行粮食统购统销政策。

9月16日，钦城实行棉布凭票供应，至1983年12月1日，停止使用布票。棉布敞开供应。

11月6～15日，钦城区出席县政府在沈荡镇文化站举办冬季扫盲师资培训班，共51人。

11月，中共钦城区塘南乡支部建立。

12月，中共钦城区得胜乡支部建立。

1955年

1月1日起，钦城区建立《简易户口登记制度》。

4月，钦城区建立钦城、钦北、鸳鸯、得胜、富亭、塘南等6个乡邮收发站。

10月，钦城区农业技术推广站建立。

12月28日，浙江省105电影放映队在钦城镇小学操场放映彩色戏曲片《梁山伯与祝英台》，散场时拥上招宝桥，桥面石板因超重而倒塌，造成40多人落水。中共钦城区委和驻军部队紧急组织人员实施抢救，落水观众全部获救，受伤20余人。

12月，中共钦城区富亭乡支部建立，至此，区下辖9个乡均建立党支部。

1956年

1月30日，钦城乡第一高级社、张鼎乡第一高级社向全县各农业生产合作社发出挑战倡议书，挑战目标是：水稻亩产463.5公斤，蚕茧张产40公斤。

3月2日，全县撤区并乡，钦城区建制撤销，中共钦城区委员会随之撤销。钦城、钦北乡及钦东、鸳鸯乡各一部分等合并建立钦城乡，同时建立党总支。

3月，钦城乡设立电话交换所。

3月，县人委组织下派治疗组，钦城卫生院另辟专床，实施集中治疗血吸虫病。

3月20日，钦城乡接收杭州市移民62户223人。

4月23日，钦城乡收到海盐县水利局、县供销社分配的颗粒肥料6450公斤。

7月3日，钦城乡分配到双人打稻机40架。

7月，钦城乡血吸虫病防治委员会建立。

8月1～2日，遭受11级台风袭击，出现强降水过程，早中稻损失严重，钦城乡一个村倒塌房屋304间、草棚屋567间、畜舍265间，集体仓库损坏38间，4万余公斤稻谷受潮。

8月，钦城乡部分高级社通响广播喇叭10余只。

10月16日，钦城乡派18人参加海盐县人委在横港乡练浦农场举办双轮双铧犁训练班。

10月30日，钦城乡建立防疫组。

11月23日，钦城乡完成公债8128元，占分配计划的77.4%。是年，县推销公债委员会下达给钦城乡公债任务为10765元，人均0.65元。

1957年

4月26日，钦城乡农民认购建设公债任务为11990元。年底实际完成12323元，占任务数的102.77%。

5月7日，钦城乡6个高级农业生产合作社有双轮双铧犁27台，操作能手48人。6个合作社有耕地390亩。

6月，钦城乡创建钦城电米厂，是县内最早的乡办企业。

8月2日，钦城地区建立兽医诊所，开展家畜医治、阉割工作。

1958年

2月，重新设立中共钦城区委员会，由县委领导担任区委书记。

9月17日，建立钦城人民公社，同时建立公社党委。

9月25日，中共海盐县委批准钦城人民公社组建一个团三个营的民兵组织。

9月，开办钦城农业中学。

11月5日，海盐县建制撤销，钦城公社隶属于海宁县。

12月，钦城公社试行社办合作医疗，公社统一集资，社员凭证免费治病。4个月后因经费困难停办。

1959年

1月15日，钦城公社谬家堰生产大队胜利小队幼儿园两儿童沈某、顾某，从幼儿园逃离，在外玩火引起火灾，烧毁该生产队私人房屋5间，烧死湖羊5只，烧毁家具和农具价值200余元。

1月，钦城中医平建维在县委召开的全县中医座谈会上，献出《平氏喉科药丸》秘方。

4月6日，钦东生产大队港介堰小队畜牧场饲养员，烧开水失火引起火灾，烧毁房屋3间，烧死100斤以上毛猪2头、耕牛2头，以及农具损失达1800元。

9月9日，钦城公社动工建造公社办公室和宿舍，共11间平房。

10月26日～11月18日，钦城茧站烘工计锦元出席全国工交、基建、财贸方面的社会主义建设先进集体和先进生产者代表大会。钦城茧站被评为全国先进集体。

1960 年

5 月 2 日，钦城公社支援宁夏 75 人，其中家属 19 人。

9 月 14 日，钦城公社在茧站召开生产队长以上会议，晚上，底层中柱拉线开关起火引起火灾。

1961 年

5 月，调整公社规模，钦城公社划出倪墺、缪家、张桥、新桥村。

10 月 16 日，海盐县恢复建制，钦城隶属于海盐县。

1962 年

9 月 19 日下午 4 时许，突然刮起 12 级左右大风和暴雨。钦三大队宋阿毛，男，48 岁，正在硖石摇船回家途中，船被浪头冲翻淹死。本次台风造成倒伏草棚 275 户、535 间，瓦房 85 户、121 间；压死猪、羊 6 只，鸡、鸭 150 多只；还有桑树等树木损失严重。

是年，钦城实行以生产队为基本核算单位。

是年，钦城中医师庄功源被浙江省确定为县级名中医。

1963 年

5 月 16—17 日，钦城公社第五届人民代表大会第一次会议召开。

9 月 13 日，受 12 号台风以及特大暴雨影响，钦城公社 1500 多亩农田受淹。

1964 年

3—7 月，县委在钦城、城西公社进行的社会主义教育运动试点工作，历时半年结束。

4 月 6 日，钦城公社在陈家门大队成立科学实验样板队领导小组。

5 月 1 日，县委发出《关于组织全党和全体农村基层干部学习赵双全的通知》。赵双全是钦城公社齐心大队的“五好”党员。

7 月 1 日，根据中央指示，开展全国第二次人口普查。钦城公社有人口 22557 人，其中男 11580 人，女 10977 人。

12 月，钦城公社城市场管理委员会成立，管辖范围钦城、石泉公社。

年底，钦城公社建起广播放大站，1966 年架设海盐至钦城广播专线。

1965 年

3 月 26 日，县人委决定将钦城公社星火、菜塘两个大队划给富亭公社；高竹、彭家两个大队划给石泉公社。

5 月，全县于始培训半农半医人员（赤脚医生），钦城公社有 8 人参加培训。

6 月 14 日，钦城公社对抗战期间日本侵略军暴行进行调查，结果是日本侵略军杀害老百姓 87 人、烧毁房屋 177 户 1034 间、强奸妇女 69 人、强掳劳工 1083 人、致家破人亡的 47 户、致财产损失 45000 元。

12 月，兴建钦城集镇消防用房。

1966 年

3 月 6 日，钦城公社接收海盐县人委分配的武原镇社会青年 103 人。

6～7 月，省社教二分团工作队进驻钦城公社，作为第二批开展社会主义教育运动的单位。

翌年1月撤销。

6月20日，钦城公社开办第一期亦农亦医培训班，参加培训26人，其中除钦北、陈家门各1人外，其余12个大队各有2人。

8月5日，江渭大队坛墩庙后埭庙宇拆除5间房屋，兴建学校教室。

8月24日，县财政局拨款430元，在钦城集镇新打公共水井2口。

9月15日，位于钦城集镇吕冢港口的枫桥西移3米动工重建。

12月8日，县财政局(66)19号文件《关于"萧相国寺"庙房材料作价处理的批复》，作价1799元，由钦城粮站付款后拆除，兴建粮食交易所和供应站。

1967年

5月，钦城公社开始在农村全面推行"大寨式"评工记分制。

1968年

4月20日，圩城公社在庙山广场召开成立革命委员会庆祝大会，实行党政合一。把"钦城"公社改为"圩城"公社。

6月26～29日，圩城公社革委会第一次活学活用毛泽东思想积极分子代表大会召开。出席会议代表367人，其中县代表54人。

1969年

1月21日，圩城公社同意渔场建造住宅17间，416平方米；同意信用社建造150平方米营业用房。

1月28日，圩城公社竹木器社、铁器社、服装社3家合并，建立东方红农具厂。

3月28日，圩城公社贫下中农协会成立。

是年，建立圩城公社革命委员会党的核心小组。

1970年

7月，圩城公社第二届贫代会召开。

8月2日，五星大队第七生产队青年社员沈林荣在操作电耕犁时，发生触电事故，不幸身亡。

9月，恢复建立中共圩城公社委员会，恢复党组织活动。

9月25日，中共圩城公社第五次代表大会召开。

1971年

7月13日，东风大队第六生产队副队长陈顺林，男，34岁，在检查电动脱粒机故障时，造成触电事故，不幸身亡。

8月1日，立新大队第六生产队青年社员张迟法，男，28岁，在移动电动脱粒机时，接触带水接头时发生触电事故，经抢救无效而不幸身亡。

1972年

3月，于城农中开办首届高中班，共招生54人。

是年，重建三环洞桥。是县内首次使用钻孔灌注桩施工，成功建成钢筋混凝土双曲三孔拱桥。

1973年

是年，圩城公社驻地翻建大会堂。

1976 年

9 月 17 日，海盐县革命委员会批准圩城公社建立种子场。

10 月 25 日，经浙江省第一轻工业局批准圩城公社丝厂正式筹建。

11 月 1 日，圩城旅馆由圩城合作商店移交给圩城供销社经营。

1977 年

3 月 3 日，海盐县革委会生产指挥组，同意将澉浦公社南湖大队鹰窝顶上的一颗古银杏树作价有偿划拨给圩城公社丝厂，用于制作煮茧机。

1978 年

11 月 23 日，海盐县文教局批准恢复圩城公社中心小学、圩城公社农业中学。

是年，建新大队支部书记李周伦被评为嘉兴地区先进生产者；农科站叶锡祥被评为嘉兴地区先进工作者；跃新大队三队妇代小组被评为嘉兴地区“三八”红旗集体。

1979 年

是年，圩城公社渔场被列入浙江省定点河蚌育珠单位。河蚌育珠基地设在庄柴湖。

是年底，圩城公社实现农村沼气化。

1980 年

3 月 6 日，海盐县革命委员会批准圩城公社开办 24 门砖瓦厂。是年建成投产。

3 月 30 日，圩城粮站职工戴观荣的女儿，路过圩城预制场至农中机站变压器时，不幸碰到下垂离地面仅 0.5 米的电线，造成触电身亡。

5 月 1 日，圩城公社与红卫大队联合新办印染厂，是年建成。

9 月 11 日，光明大队 7 队由于电源引起火灾，烧毁蚕室 4 间，稻谷 1000 公斤，蚕种 20 张，直接经济损失 6000 余元。

11 月 14 日，圩城公社地方工业经理部建立。

1981 年

7 月 16 日，《浙江日报》刊登《海盐两公社半年投售兔毛超万斤》一文，至 6 月底，圩城公社投售兔毛 5091 公斤。

10 月 6～8 日，圩城公社第七届人民代表大会召开。选举产生 9 位成员组成的公社管理委员会。

11 月 16 日，圩城人民公社更名为钦城人民公社。

11 月，钦城亘沈荡、海盐经钦城至硖石两条公路开工建设。至 1986 年 2 月和 1987 年元旦分别建成通车。

12 月 25 日，《浙江日报》刊登《钦城公社展出新书画》一文，由钦城公社团委和文化站联合举办街头书画展。

1982 年

2 月 5 日，钦城公社建立“社队工业供销经理部”。

3 月 20 日，经嘉兴地区公署批准，江渭大队调整为江渭、坛墩庙两个大队。

4 月 24 日，晚上 10 时余，钦北大队 9 队周海荣摇船去硖石售小猪，途经长山河，与一艘 9 吨挂桨机船相撞，造成周胜元头颅颅底骨折，在送医院抢救途中死亡。

11 月 12 日，钦城电米厂更名为钦城公社粮食加工厂。

12 月 12 日，钦城公社发出《关于钦城公社包干到户生产责任制实施办法》的通知。

是年，钦城公社江渭桥村董家生产队自来水供应站建立。

1983 年

1 月 2 日，浙江日报刊登：钦城大队第二生产队女社员范雪珍长期以来照顾公公沈桂法。曾被评为 1981 年度县级尊老爱幼先进个人。

12 月，实行政社分设，原公社改为乡，成立中共钦城乡委员会、乡人民政府、乡经联社三套领导班子。

12 月 22 日，中共钦城乡第七次代表大会第一次会议召开。

1984 年

5 月 7 日，钦城乡钦三村崔张生个体电影放映队建立。

6 月 29—30 日，钦城乡人民政府在钦城集镇召开第八届人民代表大会第一次会议。

9 月 7 日，钦城乡吕冢村 14 队马孝奎家饲养中秋蚕，火炉加温失火烧掉房屋 1 间半和部分财产，直接经济损失 1500 元。

9 月 22 日，钦城乡完成延长土地承包期（1985～2000 年）合同签订任务。

12 月 25 日，农科站俞建明，评为全省青少年绿化祖国先进个人，受到团省委和省林业厅表彰。

12 月 21 日，钦城乡农业综合服务公司建立。

1985 年

1 月 25 日，取消生猪派购政策。至 4 月 1 日起，放开了生猪销售价格，进入市场经济体制。

5 月，钦城乡成人文化教育中心成立，地点设在乡政府旧食堂。

10 月 26 日，钦城派出所成立，配备人员 5 名。

10 月，钦城乡经济联合社撤销。

1986 年

2 月 24 日，县计划经济委员会批准在江渭村建立钦城第二砖瓦厂。性质为乡村联办企业，规模为 26 门窑洞。

7 月 13 日，共青团钦城乡第十一届代表大会召开。

1987 年

1 月 14 日，钦城乡第九次妇女代表大会召开。

4 月 16～17 日，中国共产党钦城乡第九次代表大会第一次会议召开。

4 月 23 日，钦城乡人民政府对南圣、吕冢、坛墩村非法建造窑厂做出处理。

4 月 26 日，钦城乡农业基金会成立。

5 月 4 日，钦城乡政府同意钦城渔场自筹资金建立渔民新村。

7 月 27 日，晚上，钦城乡吕冢村 17 组王杨法窑厂下班回家，途经吕冢 7 组蚕室时，因 7 号台风吹落赤膊电线在路上，不幸触电身亡。

10月30日,钦城乡第二届科协代表大会召开。

12月5日,钦城乡建立颁发居民身份证办公室。

1988年

8月15日,共青团钦城乡第十二届代表大会召开。

8月,钦城乡成人文化教育中心被嘉兴市教委确定为省级成教工作联系点。

是年,钦城集镇自来水管理站建成。

是年底,全乡仅剩下八字村的俞家组1头耕牛,1989年起钦城乡耕牛绝迹。

1989年

8月14日,钦城乡第一届计划生育协会代表大会召开。

8月27日,钦城乡第十次妇女代表大会召开。

1990年

2月5日,钦城乡建立全国第四次人口普查领导小组。

2月14～15日,中共钦城乡第九次代表大会召开。

8月18日,钦城乡科学技术协会第三届会员大会召开。

9月9日,共青团钦城乡第十三次代表大会召开。

1991年

4月,钦城成人文化学校大楼为3层444平方米建成。

5月2日,钦城乡第一届残联大会召开。

5月5日,钦城丝厂购买全乡第一辆桑塔纳轿车。

5月,钦城乡机耕专业协会成立。

6月13日,钦城乡交通管理站建立,编制3人。

10月11日,钦城乡于三村13组建房户朱沈昌在吊装牛腿时,发生井字架倒塌,造成蔡水观被井字架压成重伤,经抢救无效死亡。

11月,钦城乡成人技术学校获省级先进学校,被国家教委评为全国农村先进乡(镇)成人学校。

1992年

4月5日,钦城乡被评为1991年度浙江省平原绿化达标乡镇。

9月8日,共青团钦城乡第十四次代表大会召开。

12月29日,钦城乡第十一次妇女代表大会召开。

是年,钦城乡党校获嘉兴市先进基层党校。

是年,钦城乡丝厂被评为海盐县现代化管理成果三等奖。

是年,钦城乡敬老院被评为县级文明单位。

1993年

2月12～13日,中共钦城乡第十次代表大会第一次会议召开。

3月21～23日,钦城乡第十一届人民代表大会召开。

4月10日,钦城丝织厂与香港大建设有限公司联合成立了“嘉兴力海丝绸制品有限公司”。

5月20日，钦城镇投入1050万元，新建海盐绢纺实业有限公司投产。

5月25日，钦城丝厂并入力海丝绸制品有限公司。

5月，农业部教育司副司长孙翔在嘉兴市农林局局长汤惠明、市农校校长陈耀平、副县长陆华林等人陪同下到钦城乡成人文化学校检查指导。

9月10日，钦城乡成人文化技术学校顾留增荣获"全国优秀教育工作者"称号。

12月7日，钦城乡科学技术协会第四次会员大会召开。

12月20日，钦城鸳鸯工艺品厂开发生产的"雾生花"服装面料、真丝方巾在漳州举办的第二届中国专利新产品博览会荣获优秀奖。

1994年

3月5日，钦城乡残疾人联合会第二次代表大会召开。

3月9日，县农村经济委员会同意建立"钦城乡农村合作基金会"。

6月10日，钦城乡关心下一代协会第二次会员大会召开。

6月15日，共青团钦城乡第十五次代表大会召开。

7月14日，县人民政府发出《关于钦城乡改为建制镇，并更名为于城镇》的通知。

10月，于城镇被国家教委评为"全国农村教育综合改革先进单位"。

12月，镇政府投资100万元的幼教综合楼竣工，1996年3月开学上课。

是年，镇农科站获农业部全国农牧渔业丰收三等奖。

是年，构塍村特种水产养殖场被评为省"双学双比"十佳基地。

是年，嘉兴港城纺织有限公司获省级明星企业称号，县级百强企业。

1995年

8月17日，海盐县人民政府发出了《关于于城镇总体规划的批复》文件。

11月，于城镇第二届计划生育协会第一次会议召开。

12月28日，于城镇召开农村合作基金会成立大会。

1996年

1月17～18日，中共于城镇第十一次代表大会召开。

2月9～10日，于城镇第十二届人民代表大会第一次会议召开。

6月7日，于城镇第十二次妇女代表大会召开。

9月4日，于城镇第一次在文曲路实行土地招标拍卖，实拍总面积712.5平方米，每平方米294.44元，所得金额20.9万元。

12月26日，于城镇科学技术协会第五次会员大会召开。

1997年

3月14日，坐落在于城镇构塍村220千伏变电所变压器投入运行。

6月，始建于南宋绍兴三年(1133)的于城大桥因妨碍泄涝排涝被全部拆除。

7月9日，共青团于城镇第十六次代表大会召开。

11月14日，中国少年先锋队于城镇第二次代表大会召开。

是年，于城镇成人文化学校被评为1996年度、1997年度农函大及绿色证书培训嘉兴市先进学校；又被评为省级先进乡镇自考联络站。

1998 年

7 月 24 日，县公开打击处理大会在于城镇大会堂召开，县公安局对 20 名嫌疑犯实施逮捕。

7 月 28 日，新于城镇中学校舍破土动工，至 1999 年 9 月 1 日投入使用。

9 月 23 日，海盐县委、县政府命名于城镇为蚕茧之乡、八字村为葡萄专业村。

1999 年

1 月 15～16 日，中共于城镇第十二次代表大会召开。

1 月 22～23 日，于城镇第十三届人大一次会议召开。

3 月，于城镇八字村被全国绿化委员会授予“全国绿化千佳村”称号。

6 月 7 日，于城镇残疾人联合会第三次代表大会召开。

7 月 16 日，于城镇第十三次妇女代表大会召开。

8 月 15 日，于城镇农村合作基金会停止存款、借贷业务。

10 月 22 日，于城镇召开工会成立大会。

10 月 25 日，于城镇于中大桥动工建造。

10 月 26 日，海盐绢纺实业有限公司兼并了浙江三环丝绸集团公司，兼并后公司投入 400 万元，新增 5 个台套的绢纺生产线。

是年，于城镇成人文化学校经省教委验收，批准为省一级乡镇成校。

2000 年

1 月 26 日，浙江省教育委员会命名于城镇为浙江省教育强镇。

2 月 23 日，于城镇卫生院投资 120 万元移地新建医疗大楼、综合楼破土动工。9 月 30 日投入使用。

7 月 31 日，于城镇党委决定建立“于城工业园区管委会”。

8 月 29 日，共青团于城镇第十七次代表大会召开。

11 月 22 日，于城镇完成第五次全国人口普查登记工作。

11 月 24 日，中国少年先锋队于城镇第三次代表大会召开。

是年，于城镇启动工业园区建设。首家进入园区是于城服饰有限公司。

是年，于城镇小学征地 15 亩，投资 70 万元，新建学校田径运动场。

2001 年

1 月 11 日，于城镇被海盐县爱国卫生运动委员会命名为“海盐县卫生镇”。

1 月 18 日，于城镇被浙江省海洋渔业局命名为特色水产“牛蛙之乡”称号。

3 月，于城镇荣获浙江省“九五”计划生育工作先进集体。

4 月 19 日，于城镇被海盐县委、县政府授予县级文明镇。

5 月，于城镇被命名为第六批嘉兴市“东海文化明珠”乡镇。

6 月 8 日，于城镇老年人体育协会成立。

6 月 26 日，于城受特大暴雨影响，河水猛涨，造成水田受淹面积 1315.5 公顷，西瓜受淹面积 374.66 公顷，蔬菜受淹面积 20 公顷，桑园受淹面积 324 公顷，房屋损失 9 户 25 间，造成直接经济损失1500万元。

7月30日，于城镇政府推行村账镇代管制度。

9月20日，撤销原于城镇联防队，组建于城镇社区保安队。

11月30日，海盐县选送的“于城牌”牛蛙获得“中国国际农业博览会”银牌。

是年，海盐绢纺实业有限公司生产的“海首牌”绢丝获“浙江名牌”产品称号。同年7月，该企业被中华人民共和国农业部、中华人民共和国对外贸易经济合作部评为“全国出口创汇先进乡镇企业”。

是年，于城镇接纳安置三峡库区移民23户106人。

2002年

1月14日，中国共产党于城镇第十三次代表大会第一次召开。

1月22日，于城镇第十四届人民代表大会第一次会议召开。

1月28日，海盐绢纺实业公司和浙江三环丝绸股份有限公司列入全省首批直接出口蚕丝类产品企业名单。

5月5日，于城镇江滑村花木协会成立。

5月13日，于城镇文物保护领导小组建立。

6月25日，于城镇科学技术协会第七次会员大会召开。

7月5日，于城镇残疾人联合会第四次代表大会召开。

7月19日，于城镇计划生育协会第三次会员代表大会召开。

7月25日，成立于城镇清产核资领导小组，下设办公室。

7月30日，于城镇第十四次妇女代表大会召开。

2003年

7月18日，中国共产主义青年团于城镇第十八次代表大会召开。

是年，“于城牌”生态鳖被评为“嘉兴市名牌产品”；于城镇首个新农村村庄“庄家村新村”建成；浙江恒越绢纺实业有限公司被评为“浙江省守合同、重信用单位”；“海首牌”商标被评为“浙江省著名商标”。

2004年

2月23日，于城镇政府成立杭浦高速公路建设领导小组。

8月2日，于城萧相国庙由县政府发文同意列为宗教活动场所。

10月，拆除于城集镇枫桥，西移600米重建。

2005年

1月10日，海盐金狮服饰有限公司由于用电不慎造成火灾，过火面积697平方米，直接经济损失14.35万元。

2月24日，江苏盐城阜宁房屋平移专业公司开始对构塍村冯阿良一幢二层建筑面积310平方米实施平移370米。这在海盐县历史上尚属首例。

6月23日，“海盐江滑苗木合作社”注册成立。冯小燕当选合作社社长。

11月，海盐鸳鸯丝绸印花厂党支部组织员工献爱心活动。全厂215人捐款7226元。资助医治职工俞菊芬身患重病的丈夫。

是年，于城镇推广个人购置国家补贴的联合收割机11台；唐惠萍被评为“全国农村妇女双学双比女能手”；构塍村马雪观被中国农业部评为“农业科技先进示范户”。

2006年

4月28日，共青团于城镇第十九次代表大会召开。

9月29日，海盐县于城商会成立。

10月30～31日，中国共产党于城镇第十四届代表大会第一次会议召开。

11月28日，于城镇第十五次妇女代表大会召开。

12月1日，于域镇工会第三次代表大会召开。

12月18日，于城镇举行重建“萧相国庙”奠基仪式。次年建成。

2007年

1月，于城镇成校获“浙江省示范性成校”。

1月23～24日，于城镇第十五届人民代表大会第一次会议召开。

6月22日，中共嘉兴市委常委、组织部长杨立平到于城镇调研农村党员干部现代远程教育情况。

6月22日，于城镇经济建设服务中心、村镇建设交通管理服务中心、社会事业服务中心、农技水利服务中心正式挂牌成立。

8月3日上午，浙江恒越绢纺实业有限公司向海盐县慈善总会捐赠慈善冠名资金25万元。

10月，江渭村党支部组建了海盐县首个舞龙队——“于城镇江渭村女子舞龙队”。翌年元宵节，参加嘉兴市第二届调龙灯大赛获铜奖。

2008年

4月，于城镇新建首个村级党委“中共于城镇鸳鸯村委员会”。

4月28日，于城镇工会在党建带工建“三级联创”活动中，被中共嘉兴市委、市总工会授予示范镇称号。

5月16日，于城镇党委政府举行汶川大地震抗震救灾捐款仪式。是年全镇共捐款19.11万元。

5月29日，中国少年先锋队于城镇第五次代表大会召开。

6月，海盐县首个舞狮队“于城镇何家舞狮队”成立，共15名成员组成。同年11月1日，参加“嘉兴市百镇千村原生态文艺会演”获金奖。

7月25日，江渭村被海盐县绿化委员会授予第二批绿化示范村称号。

9月26日，于城镇订单农业指导服务站成立。

12月，于城镇八字村吴锡荣被卫生部授予“全国优秀乡村医生”。翌年3月18日，吴锡荣赴北京参加卫生部召开的全国农村卫生工作会议。

12月30日，海盐县金狮印染服装有限公司被海盐县科技局认定为市级高新技术企业。

是年，海盐八字葡萄果业合作社党支部获中共嘉兴市委“十大‘两创’先锋”称号；新农村建设示范点“鸳鸯一条街”62户农户迁入新居。

2009 年

1 月，于城镇被中华人民共和国民政部评为“全国低保规范化建设典型单位”。

3 月，鸳鸯村获“浙江省党风廉政建设示范村”。

4 月 2 日凌晨，于城镇金狮印染有限公司在运送夜班职工途经百步集镇得胜桥时失控，坠入河中，车上 10 人中 7 人不幸遇难，3 人受伤。

6 月 19 日，共青团于城镇第二十次代表大会召开。

7 月 14 日，中共嘉兴市委书记陈德荣赴于城镇调研新市镇建设工作。实地考察了“鸳鸯一条街”小城镇社区建设。

9 月 7 日，于城镇被浙江省环境保护厅命名为“浙江省第六批生态镇”称号。

12 月 28 日，于城镇被嘉兴市爱国卫生运动委员会命名为“嘉兴市卫生镇”。

是年，于城镇被民政部评为全国基层低保规范化建设典型乡镇。

是年，于城镇被海盐县委、县政府评为 2009 年度文化体育先进镇、史志工作先进集体、三产工作优胜单位、司法行政工作先进镇、小城镇建设工作先进镇、接轨上海优秀镇、河道整治工作先进镇、县级双拥先进单位等称号。

2010 年

3 月 31 日上午，嘉兴市文化局局长王鸣霞等领导视察于城镇文化活动中心。

5 月 28 日，于城镇举行“文化活动中心落成暨张元济图书馆分馆开馆仪式”。

12 月 23 日，浙江省宣传部领导考察了于城镇文化活动中心。

12 月，于城小学获“教育部基础教育课程改革‘综合实践活动研究与实验’重点项目全国先进实验单位”。

是年，于城镇获“浙江省东海文化明珠”“浙江省体育强镇”“第二批浙江省小康型老年体育乡镇”“第六批浙江省生态乡镇”“第二批嘉兴市卫生强镇”“嘉兴市教育工作业绩考核先进乡镇”、镇党校获“嘉兴市 2010 年度先进基层党校”、镇团委获“2010 年度嘉兴市‘五四’先进团委”等称号。

2011 年

1 月 9 日上午，浙江省文明办、浙江省文联，浙江省书协、海盐县委宣传部在镇文化活动中心广场举行“农村种文化——2011 浙江省书法家协会‘书法进万家’启动仪式暨浙江书法名家走进海盐”活动。

7 月，于城镇党校获 2010 年度浙江省先进基层党校。

10 月 31 日，于城镇商会举行会议，选举产生第二届执委会。

11 月 7 日，浙江纺织服装职业技术学院染整技术研究所所长夏剑铭教授应邀到浙江恒越绢纺有限公司精炼分厂考察指导。

11 月 28 日，海盐惠丰生猪养殖专业合作社慈善冠名捐赠 25 万元。

12 月 5 日，于城镇辖区内鸳鸯等 8 个村经济合作社更名为股份经济合作社。

是年，于城镇被国家体育总局授予“乡镇体育健身示范工程”称号。

是年，于城镇成校被嘉兴市人民政府授予“嘉兴市农村劳动力培训先进基地”。

2012 年

1 月 5 日，浙江省委宣传部领导考察于城镇文化活动中心。

1 月 29 日，省农业厅副厅长赵兴泉等领导组成的省农业工作调研组，到于城镇宏亮农场调研生产、经营情况。

3 月 21 日，浙江省林业厅总工程师蓝晓光等领导到于城镇考察庄柴湖森林湿地公园建设。

4 月 18 日，嘉兴市委宣传部部长陈越强等领导考察于城镇文化活动中心建设和文化宣传工作情况。

5 月 15 日，省委政法委副书记、省平安办主任宋光宝莅临于城镇社会管理服务中心调研工作。

5 月 31 日，省社保检查组领导到于城镇社区服务中心验收省级示范镇创建工作。

6 月 20 日，于城镇八字葡萄专业技术协会被“中国科协”评为“2012 年基层科普行动计划先进单位”。

6 月，浙江创能新能源科技有限公司、嘉兴市佳乐科仪有限公司获“2011 年度浙江省千家成长之星企业”称号。

7 月 2 日，省农业厅副厅长唐中祥率省农产品质量安全监管处、省药检所、省农业宣传站、省科教处和市农经局、市农产品质量安全监管办、市科教处等相关负责人，到于城镇检查农产品质量安全监管体系的建设和运行工作情况。

7 月 3 日上午，浙江省海洋与渔业局副局长俞永跃、省渔业处处长严寅央、副处长徐晓林、市农经局副局长金梓伟到于城镇鳖业合作社调研甲鱼养殖情况。

10 月 13～14 日，于城镇举行首届全民运动会。

11 月 5 日，海盐于城八字葡萄果业合作社被浙江省农业厅评为“浙江省优秀示范性农民专业合作社”。

12 月 10 日，于城镇枫桥社区被国家减灾委、民政部授予“全国综合减灾示范社区”称号。

12 月 28 日，于城镇综合文化站被浙江省文化厅评为“第五次乡镇综合文化站评估为一级站”。

12 月，于城镇党代表工作室被中共浙江省委组织部评为“党代表工作室‘双强百室’省级示范点”。

2013 年

2 月 6 日，于城镇吕冢村、鸳鸯村被嘉兴市文明办命名为市级文明单位。

2 月 19 日，吕冢村王建明 9 万元人民币失而复得，拾金不昧者是武原镇吴爱英、朱小英、褚水君、胡世明、李川。《浙江日报》第四版刊登了《木匠工钱失而复得》一文。

3 月 14 日，于城镇三联村宏亮农场被嘉兴市政府认定为“嘉兴市示范性家庭农场”。

6 月，八字葡萄主导产业示范区创建点通过省级验收。

9 月 16 日，农业部部长韩长赋、浙江省副省长黄旭明和农业厅领导，在嘉兴市委书记鲁俊、市长肖培生、海盐县委书记沈晓红、县长章剑、于城镇委书记卫沈弘、镇长王雪君、副镇长裴佳等陪同下视察于城镇宏亮农场。

10月29日，八字葡萄示范区列入第四批浙江省现代农业园区。

是年，“八字牌”葡萄通过浙江省名牌产品认定。

2014年

2月18日，省委常委陈德荣，在海盐县委书记沈晓红、县长章剑陪同下走访了于城宏亮农场。

2月20日，省群众路线督导组领导，在市委常委、宣传部长陈越强陪同下，实地踏看于北圩区。当天，陈越强领导还走访慰问了吕冢村困难家庭。

5月7日上午，省委副秘书长、政策研究室主任舒国增等领导，在县委书记沈晓红、县委常委郭腾辉、于城镇党委书记卫沈弘陪同下，调研宏亮农场生产、经营情况。

9月23日，浙江省委“五水共治”督查组5位领导，到于城镇督查“五水共治”情况。

9月24日，嘉兴市林业处处长陆金泉、市林业站副站长刘丽月等领导组成的验收组到于城镇验收森林村庄和绿化示范村的创建工作。

9月24日下午，嘉兴市委宣传部部长陈越强到于城镇调研工作。

11月1～2日，于城镇举行第二届全民运动会。

第一编　政　　区

第一章　区域位置

于城镇位于杭嘉湖平原东部水网地区，海盐县中部，坐落在庄柴湖畔，东邻武原镇华星村、金星村(原富亭乡、城西乡)。南靠通元镇的滕泾村、良贤村，西与百步镇的超同村、通元镇(石泉高竹)镇北村接壤，北与沈荡镇聚金村、庄星村(齐家乡南星村)毗邻。地形呈一片枫叶状，南北约长13.2公里，东西约宽12.7公里，全镇面积42.96平方公里(其中水域面积4.33平方公里)。平均海拔2.62米。镇境内主河道有盐嘉塘、吕冢港、理洪塘、古塘河、酱园港等，航运交通便利，是全县水陆交通的中心。

镇人民政府驻地在于城集镇于城路64号。辖8个行政村和一个居民委，2014年户籍人口22472人。镇政府驻地东距县城武原镇8.8公里；南距通元集镇11.1公里，至南北湖风景区16.9公里；西距百步集镇8.2公里，海宁火车站18.2公里；北距沈荡集镇界4.5公里，嘉兴市区26.5公里。

于城镇境界分别是：北临盐嘉塘以西沈荡镇的聚金村以天福桥港为界，盐嘉塘以东北依沈荡镇中钱村的孟家堰港为界；东临盐嘉塘北以酱油港为界，盐嘉塘南以原富亭乡的华星村为界；南临通元镇的道堪庙港为界，西临原石泉乡的通北村、镇北村为界，百步镇的超同村为界。

于城镇交通发达，与上海、杭州、苏州均相距100公里左右，主要交通干线有沪杭甬高速公路、乍嘉苏高速公路、沪杭快速公路、杭沪沿海公路至杭州、上海、苏州。沪杭甬高速公路出口在于城镇构塍村。海王公路、盐硖公路至海盐、嘉兴、海宁，水路有盐嘉塘直通京杭大运河，跨海大桥建成后距宁波仅100公里。货物运输十分方便。

第二章　历史沿革

于城始建于2500多年前的东周时期，据《清一统志》卷二八七载："嘉兴府境有顾城，西有新城，南有于城，北有主城，皆吴越争战时(前514～前510年)所筑。"为春秋槜李四城之一。春秋后城废。另据《金山卫春秋》载：周敬王二十五年(前495)，吴王筑城以御越，此处筑一城，古称于城，为吴御越之一。春秋后于城废。建置镇以城而得名。

东晋隆安五年(401),吴郡太守袁山松为御孙恩,第二次筑城,高一丈,周一里,时称欤城。“欤”乃“安”之义。城内渐有市肆,后城夷为平地,商市时兴时衰,终久不废。

春秋时欤城属越,吴越交战时,越败于吴属吴,后由吴封为越国。

战国初,仍属越。公元前396年,越败于楚,欤城属楚。公元前223年秦灭了楚,属于秦。秦王政二十五年(前222)始置海盐县,欤城境地隶属于会稽郡海盐县。

汉时,欤城属海盐县,新莽时海盐改名展武,东汉建武初复名海盐。东汉永建四年(129)分会稽郡置吴郡,欤城属吴郡海盐县。

三国吴至南朝宋、齐时均属于吴郡海盐县,梁太清三年(549),欤城属武原郡海盐县。陈永定二年(558)割吴郡海盐、盐官、前京三县置海宁郡,郡治盐官,欤城属海宁郡海盐县。

隋朝开皇三年(583),废郡置州县;开皇九年,海盐县并入盐官县,此欤城属杭州郡海盐县。大业三年(607),置余杭郡,欤城属余杭郡盐官县。

唐武德元年(618)置海盐县,欤城隶属于吴郡海盐县水云乡;武德四年改吴郡为苏州。武德七年海盐县并入嘉兴县。武德八年废嘉兴县,复置海盐县。贞观元年(627)又并入嘉兴县,属苏州郡。景云二年(711)复置海盐县,先天元年(712)复废,开元五年(717)再置海盐县。大顺(890~891)初,海盐县改属杭州,欤城隶属于杭州海盐县。

五代时,后唐同光二年(924),海盐属于开元府,长兴三年(932)仍属苏州。后晋天福三年(938),海盐属秀州,欤城隶属于秀州海盐县开济乡。

北宋熙宁七年(1074)两浙西路,属秀州府海盐县。

宋政和七年(1117)秀州赐名嘉禾郡,庆元元年(1195)升秀州为嘉兴府。欤城隶属于嘉兴府海盐县。嘉定元年(1208)嘉兴府升为嘉兴军。

元至元十三年(1276)江淮行省,嘉兴军又改为嘉兴府,十四年改为嘉兴路海盐县。元贞元年(1295)海盐县升为海盐州,欤城属海盐州。至元二十二年(1285)江浙等处行中书省江南浙西道,嘉兴路海盐州,至正二十六年(1366)嘉兴路又改为嘉兴府。

明洪武初(1368)曾于此置关,隶属海宁卫。二年(1369)海盐州仍降为县,属于嘉兴府,海盐县辖十乡,又置二十五都,欤城属开济乡二、三都区。万历九年(1581)始行升里并里之法。以田亩定里,不拘都划分为区,后分属一都西区、七都区、九都区、十四都西北区。

清光绪末(1900年前后)分区划坊属欤城区、通元区,辖十坊。

民国二十三年(1934)属欤城区,辖欤东、欤西、欤南、欤北、倪墺五乡。抗日战争期间,日军曾一度驻扎集镇,受日军焚掠,市肆所剩无几。

民国三十五年(1946)初属欤城区及辖欤北、欤西、欤东(欤南并入欤东)、倪墺四乡,同年10月属欤城乡、廉义乡。

1949年5月,海盐县解放,全县建立沈荡、欤城、澉浦、城郊4个区,仍辖17个乡镇。

欤城区1950年5月,狮岭乡划出三个村给海宁县(5月6日划出十、十一两个村。5月27日划出十二村),其余九个村归沈荡区管辖。原得胜乡一村及二村的大部分划给张鼎乡,六、七两个村划给鸳鸯乡,余下的村重建得胜乡以及百步乡(原得胜乡西部)两乡,百步乡改属沈荡区管辖。原廉义乡拆乡,三个村划属元通乡,孟家堰港以南五个村建立欤北乡,原廉义乡北部加上圣安乡三个村重建廉义乡，廉义乡改属沈荡区管辖。原钦城乡分为钦城、钦东、鸳鸯（原得胜乡两个村划入）三乡。原石泉乡分为石泉、张鼎（原得胜乡一村及二村大部分划入）两乡。

1950 年 8 月，中共浙江省委发出《关于划乡建乡工作的指示》，指出：乡级政权范围必须划小，给实行土地改革做好组织上的准备。此时钦城区辖得胜、钦北、钦城、钦东、鸳鸯、石泉、张鼎、塘南等 8 个乡。

1956 年 3 月，全县实行撤区并乡，为钦城乡。

1958 年建立钦城公社。1965 年划出 4 个大队，今域始定。

1968 年钦城公社改名为圩城公社。

1981 年 11 月 16 日，实行标准化处理，圩城人民公社更名为钦城人民公社。

1984 年 1 月，实施政社分设，钦城公社改为钦城乡。

1994 年 8 月，撤乡建镇，钦城乡更名为于城镇。

于城镇除政府驻地于城集镇外，解放前后有江渭桥、鸳鸯桥、何家桥、吕冢、陈家门等小集镇。鸳鸯桥小集镇 2001 年因村委会驻地搬迁，集市逐渐消失。

表 1—2—1　　于城镇历史沿革表

朝　代	年份（公元）	隶　　属	建　　置	乡镇机关驻地
春　秋	前 519	属越		
	前 494	属吴		
战　国	前 473	越灭吴，属越		
	前 306	梦灭越，属楚		
	前 223	秦灭楚，属秦		
秦	前 222	会稽郡海盐县		
汉	129	吴郡海盐县		
三　国	222	吴国，吴郡海盐县		
晋	280	吴郡海盐县		
南北朝	549	武原郡海盐县		
	558	海宁郡海盐县		
隋	589	杭州盐官县		
	607	余杭郡盐官县		
唐	618	吴郡海盐县	水云乡	
	621	苏州海盐县	开济乡	
	624	苏州嘉兴县		
	625	苏州海盐县		
	627	苏州嘉兴县		

续表 1—2—1

朝代	年份(公元)	隶属	建置	乡镇机关驻地
唐	711	苏州海盐县	开济乡	
	712	苏州嘉兴县		
	717	苏州海盐县		
	890	杭州海盐县		
五代	924	开元府海盐县	开济乡	
	932	苏州海盐县		
	938	秀州海盐县		
北宋	997	两浙路秀州海盐县	开济乡	
	1117	嘉禾郡海盐县		
南宋	1129	秀州府海盐县	开济乡	
元	1726	嘉兴府海盐州	开济乡	
	1195	嘉兴府海盐县		
明	1369	嘉兴府海盐县	开济乡一都二都三都	
	1581	嘉兴府海盐县	开济乡二都三都	
清	1908	嘉兴府海盐县	欤城区	
中华民国	1914 1927 1932 1938 1940 1948	钱塘道海盐县 浙江省海盐县 第二县政督察区海盐县 第三行政督察区海盐县 第十行政督察区海盐县 第一行政督察区海盐县	欤城区欤城乡	欤城集镇
中华人民共和国	1949年10月 1950年4月	嘉兴专区海盐县 嘉兴专区海盐县	欤城区欤城乡	欤城集镇
	1956年3月 1958年2月	嘉兴专区海盐县 嘉兴专区海盐县	欤城乡 欤城区欤城乡	
	1958年9月 1958年11月 1961年12月	嘉兴专区海盐县 嘉兴专区海宁县 嘉兴专区海盐县	欤城人民公社 欤城人民公社 欤城人民公社	
	1968 1970 1983年12月	嘉兴专区海盐县 嘉兴地区海盐县 嘉兴市海盐县	圩城人民公社 圩城人民公社 欤城乡	圩城集镇
	1994年8月 2014～	嘉兴市海盐县 嘉兴市海盐县	于城镇 于城镇	于城集镇

第三章 区 划

第一节 中华人民共和国成立前区划

于城始建于吴王筑城以御越，为嘉兴府境四城之一。后废。东晋隆安时，吴郡太守袁山松又筑城（高一丈，周一里）以备孙恩，“欤”乃“安”之义，故名欤城，并渐有市肆。

据史书记载：汉以五家为一伍，二伍为一什，十什为一里，十里为一亭，十亭为一乡。三国时以五家为一邻，五邻为一里。唐代四家为一邻，五邻为一保，百户为一里，五里为一乡。

唐代，现于城镇区域属水云乡，后入开济乡，辖欤城、保寿、合穗、禀化 4 里。

宋代、元代，沿袭唐制。

明代初，设置以 110 户为一里，里设 10 甲。开济乡设三个里，欤城属开济乡二都辖 12 里，三都辖 14 里。宣德五年（1430）一都辖 8 里，二都辖 7 里，三都辖 10 里。嘉靖二十七年（1548）实行保甲法，10 户为一甲，30 甲为一党，100 户为一保。万历九年（1581）始行升里并里之法，以田亩定里，各分为区，不拘都分之，用千字文编次，别其里而名，县域为 17 区 161 里（图）。其时，一都区，分东、西两区。东区辖 11 里（图），名为天、地、玄（元）、黄、宇、宙、洪、荒、日、月、盈；西区辖 7 里（图），名为昃、辰、宿、列、张、寒、来。三都区辖 15 里（图），名为暑、往、秋、收、冬、藏、闰、余、成、岁、律、吕、调、阳、云。海盐县时有十一镇市，其中有欤（屿）城市，位于县西偏北 18 里。

清袭明制，县辖治的乡、都、图（里）甲数不变，顺治九年（1652）每甲役田 320 亩。康熙十一年（1672）每甲役田 340 亩。雍正六年（1728）推行顺庄法，更图（里）为庄。嘉庆十五年（1810）始又改图（庄）为坊，后图、坊统称。清宣统三年（1911）分区划坊（图），欤城区辖 20 图，包括：盖、此、身、及、人、皇、宿、昃、张、重、草、木、赖、万、鳞、芥、菜、盐（咸）、方、王。

民国 6 年（1917），欤城区仍为 20 图（坊）。

民国 23 年（1934）7 月，改编乡镇制，欤城为镇。11 月编办保甲制。

民国 27 年（1938）10 月，调整乡镇保甲机构，欤城区辖欤城镇、欤北乡、欤西乡、欤东乡、欤南乡等 5 乡（镇），45 保，423 甲。

民国 28 年（1939）10 月，全县将原 6 区合并为 3 区，原沈荡区、欤城区合并为沈欤区，辖 16 乡镇，区署设在沈荡镇。翌年，将欤东、欤南两乡划归澉通区管辖。

民国 33 年（1944）3 月，将盐嘉塘河以东沈欤区的塘东南乡、塘东北乡、欤北乡以及沈荡镇塘东四个保（后名廉义乡）划归城西区管辖。

民国 34 年（1945）9 月，将城西区的塘东北、廉义两乡划还沈欤区，欤南乡还属澉通区，并与欤东乡合并，仍名欤东乡。其时，沈欤区辖沈荡、横山、端平、长青、塘东北、廉义、福田、丰泉、练浦、乐安、篁墅、欤城、欤西 13 乡镇。11 月，沈欤区辖沈荡镇、欤西乡、廉义乡、塘东北乡、丰泉乡、福田乡、端平乡、乐安乡、篁墅乡、横山乡、长青乡、练浦乡、欤城镇等 2 镇 11 乡。

民国35年(1946)10月,再次调整,其时,塘东南与欤北两乡大部,行府与西四二乡西部合并建立廉义乡,驻地坛墩庙,辖17保,148甲;欤东、欤城、欤西三乡(镇)大部、倪墺乡东北、城南镇西北、欤北及西四两乡西南各一小部合并建立欤城乡,驻地欤城集镇,辖27保,248甲。

1949年5月前,欤城乡辖13保187甲,2975户,12395人。

第二节 中华人民共和国成立后区划

1949年5月7日海盐解放,5月21日建立海盐县人民政府,6月起,按原有乡、保改造为4个区。欤城区辖欤城镇、石泉镇、得胜乡、狮岭乡、廉义乡,区政府驻地欤城集镇。12月,欤城镇改为欤城乡。

1950年4～7月,欤城区辖的狮岭乡划出三个村给海宁县,余九个村改属沈荡区管辖。原得胜乡的一村、二村大部划属张鼎乡,六、七两村划给鸳鸯乡,余划分为得胜、百步(原得胜乡西部)两乡,百步乡改属沈荡区管辖。原廉义乡三个村划属圆通乡,余划分为欤北(孟家堰港以南五个村),廉义(原廉义乡北部加上圣安乡三个村)两乡,廉义乡改属沈荡区管辖。原欤城乡划分为欤城、欤东、鸳鸯(原得胜乡两个村划入)三乡。原石泉乡划分为石泉、张鼎(原得胜乡一村及二村大部分划入)两乡。

表1—3—1　　1950年欤城区所辖乡、村情况表

区别	驻地	乡镇名	政府驻地	村数	村名
欤城区	欤城集镇	得胜乡	道恬村	5	一、二、三(道恬)、四(王家)、八
		欤北乡	陈家门	5	一、二(1953年分南、北)、三、四、五
		欤城乡	欤城集镇	10	北五、六(1951分南、北)、七、南八、北八、九(宣家)、十(1951分东、西)十三
		欤东乡	泾塘桥	5	一、二、三、四、南五(太平)
		鸳鸯乡	新开河	6	五、六、七、十一、十二、北十三
		石泉乡	石泉集镇 王家祠堂	7	二(胜利)、三(团结)、四(兴隆)、五(常陆)、八(南垂)、九(泉南,后为东九、西九)、十(虎康)
		张鼎乡	张鼎桥西 萧家祠堂	8	一(马淳)、六、七(东张)、十一、十二、十三、十四(花园)、高竹(原得胜乡一村)
		城南乡	张家桥	5	十、十一、十二(姚桥)、十四(长沙)、十五(淡井)

1953年3月4日,富亭乡复从西塘区划归欤城区,塘南乡十四(长沙)、十五(淡井)两个村划属富亭乡。

1956 年 3 月起，全县撤区并乡，原砍城、砍北两乡，砍东乡两个村，鸳鸯乡三个村合并建立新的砍城乡，其时在此区域内建 181 个初级农业生产合作社（简称初级社）。8 月，砍城乡建立 13 个高级社，有菜塘、星火、砍城、砍一、砍二、砍三、吕冢、庄家、千福、亭子、陈家门、齐心、大船桥。

1958 年 2 月 22 日，砍城乡以及石泉乡第一、二高级社（包括石泉高竹、彭家、缪家、倪墺、张桥、新桥村及砍城乡何家村）建立砍城人民公社。机关驻地砍城集镇。

1958 年 11 月，撤销海盐县建置，圩城公社辖圩东、砍城、鸳鸯、吕冢、陈家门、江渭、倪墺、缪家等 8 个管理区并入海宁县。机关驻地砍城集镇。

1959 年 4 月起，撤销公社下辖的管理区，建立生产大队。8 月 17 日，砍城公社辖圩东、庄家、何家、鸳鸯、吕冢、构塍、陈家门、江渭、齐心、倪墺、缪家、高竹、彭家、张桥、新桥等 15 个生产大队。机关驻地砍域集镇。

1961 年 5 月，调整公社规模，砍城公社划出原石泉大乡的倪墺、缪家、张桥、新桥后，仍为砍城公社。下辖：菜堼、星火、红旗、鸳鸯、吕冢、砍三、庄家、何家、构塍、南圣、千福、八字、江渭、齐心、三联、陈家门、彭家、高竹等 18 个生产大队。机关驻地砍城集镇。

表 1—3—2　　1961 年 5 月基本情况统计表

大队名称	小队个数	总户数	大队名称	小队个数	总户数
菜　塘	19	325	千　福	13	282
星　火	17	339	八　字	15	251
红　旗	14	256	江　渭	21	390
鸳　鸯	14	316	齐　心	13	316
吕　冢	13	291	三　联	9	181
砍　三	16	242	陈家门	7	147
庄　家	22	439	彭　家	14	234
何　家	20	366	高　竹	12	221
构　塍	15	316	合　计	267	5173
南　圣	13	261			

1961 年 12 月，恢复海盐县建置，砍城公社仍辖 18 个生产大队。

1965 年 4 月，砍城公社星火、菜塘两个大队划入富亭公社，高竹、彭家两个大队划回石泉公社。

1968 年，“文化大革命”期间，砍城公社改为圩城公社。其生产大队也跟着易名。其时辖：红旗（于城）、红心（鸳鸯）、红卫（吕冢）、红光（砍三）、东风（庄家）、挺进（何家）、胜利（南圣）、跃新（构塍）、向阳（千福）、五星（八字）、建新（江渭）、八一（砍北）、齐心（太平）立新（陈家门）共 14 个生产大队。

表 1-3-3　　1970 年圩城公社下属大队基本情况统计表

大队名称	生产队数	户数	人数	大队名称	生产队数	户数	人数
红旗大队	8	285	1224	向阳大队	6	298	1365
红心大队	13	343	1524	五星大队	8	302	1175
红卫大队	8	336	1550	建新大队	11	458	2028
红光大队	4	264	1278	齐心大队	12	333	1521
东风大队	16	459	2197	八一大队	8	215	945
挺进大队	14	369	1768	立新大队	6	149	705
胜利大队	9	294	1379	跃新大队	10	367	1656
				合计	133	4472	20315

1972 年 12 月 28 日，海盐县革命委员会批准将向阳大队的第 2、3、4、5、6 队；东风大队的第 5、10 队；跃新大队的第 2、9 队；红卫大队的第 7 队；建新大队的第 4、6、7、11 队；红旗大队的第 4 队。一共 15 个生产队一分为二，调整为 30 个生产队。

1980 年 6 月，圩城公社东风大队划出部分生产队，增设光明大队，时建 15 个生产大队。

1981 年 7 月 2 日，县政府批准圩城公社跃新更名为构塍大队；齐心更名为太平桥大队；8 月 26 日，红卫更名为吕冢大队；红光更名为圩三大队；红旗更名为鹭鸶大队；红心更名为鸳鸯大队；东风更名为庄家大队；挺进更名为何家大队；胜利更名为南圣大队；向阳更名为千福大队；五星更名为八字大队；建新更名为江渭大队；立新更名为陈家门大队。11 月 9 日，八一更名为圩北大队；光明更名为圩南大队。同年 11 月 16 日，圩城公社复名欤城公社。

1982 年 2 月 13 日，欤城公社增设坛墩庙大队（从江渭大队划出）。时为 16 个大队，即齐心、江渭（建新）、坛墩庙、陈家门（立新）、八字（五星）、欤北（八一）千福（向阳）、吕冢（红卫）、鸳鸯（红心）、鹭鸶桥（红旗，同年 4 月 20 日改为欤城大队）、欤三（红光）、庄家（东风）、欤南（光明）、何家（挺进）、跃新、南圣（胜利）。

1983 年 10 月，实行政社分设，公社改称乡，大队改称村，欤城乡辖太平桥（齐心）、江渭、坛墩庙、陈家门、八字、吕冢、欤三、构塍（跃新）、欤北、鸳鸯、庄家、何家、千福、欤城、欤南、南圣等 16 个村。

1993 年 12 月，欤城镇集镇设立枫桥居民委员会。

1994 年 8 月，欤城撤乡建镇，更名为于城镇。

2011 年 8 月，于城镇各行政村进行撤并，将 16 个行政村撤并为 8 个村，即鸳鸯村、吕冢村、庄家村、何家村、构塍村、八字村、江渭村、三联村。

2014 年底，仍按照上述各行政村编制，共 8 个行政村和 1 个社区居委会。

第四章 行政村 自然村

第一节 行政村

鸳鸯村

鸳鸯村是原钦城村与鸳鸯村2001年合并而成。位于于城集镇西北部，村以境内鸳鸯桥得名。东临盐嘉塘，南依吕冢港，西接吕冢村，北靠天福桥港。村民会驻地鹭鸶桥，距于城镇西北约1.8公里。2014年底，辖33村民小组，34自然村，农户892户，2870人。农作物播种总面积7319亩，其中水田5949亩，桑地530亩。主要种植水稻、大小麦、油菜，兼营蚕桑、畜牧。

原钦城村位于钦城集镇西北。因紧靠钦城集镇而得名。新中国成立初，为钦城乡一村；1956年，以红星、光明2个初级社为基础吸收周围6个小社，建立有444户的钦城高级社；1958年10月，属钦城人民公社鸳鸯耕作区；1961年，为红旗大队。1981年5月辖11个生产队1个种子场；同年8月更名为鹭鸶桥大队，1982年4月更名为钦城大队。1984年3月，政社分设后为钦城乡钦城村。

2001年并村前，钦城村村民会驻地设于鹭鸶桥，东距武原镇9.8公里。全村有359户，1348人；有耕地1579亩，其中水田1442亩，专业性桑园508亩。辖16个村民小组，22个自然村。

原鸳鸯村位于钦城集镇西北。村呈正方形，以桥得名。新中国成立初，为鸳鸯乡十一村；1955年，建立鸳鸯初级社；1956年，属钦城乡鸳鸯高级社；1958年10月，属钦城人民公社鸳鸯耕作区；1961年，为鸳鸯大队。1967年更名为红心大队；1981年8月恢复鸳鸯大队名称，辖13个生产队。1984年3月，政社分设后为钦城乡鸳鸯村。

2001年并村前，鸳鸯村民会驻地设在鸳鸯桥，东距武原镇10.9公里，东距于城集镇1.9公里。全村有439户，1661人；有耕地2250亩，其中水田1973亩，专桑502亩。辖13个村民小组，21个自然村。

吕冢村

吕冢村是原吕冢村与钦三村2001年合并而成。位于于城集镇西北部，村以境内古时吕蒙冢而得名。东临鸳鸯村与庄家村，南依石泉良贤村，西靠百步超同村与石泉高竹村，北接千亩荡。村民会驻地吕冢小集市，距于城镇西4公里。2014年底，辖31村民小组，33自然村，有农户909户，3199人。有农作物播种总面积9956亩，其中粮食作物8140亩，桑地1250亩。主要种植水稻、大小麦、油菜，兼营蚕桑、畜牧。

原吕冢村位于钦城集镇西北，村民会驻地新开河。东南距武原镇12.6公里，距于城集镇4公里。村域呈狭长形。新中国成立初，为鸳鸯乡五村；1955年，建立联丰初级社；1956年，为钦城乡吕冢高级社；1958年10月，属钦城人民公社吕冢耕作区；1961年，为吕冢大队。1967年，更名为红卫大队；1981年5月辖12个生产队与1个种子场，因重名于同年8月恢复原名。1984年

3月，政社分设后为钦城乡吕冢村。

2001年，并村前吕冢村全村有438户，1699人；有耕地2138亩，其中水田1876亩，专桑746亩。辖17个村民小组，16个自然村。

原钦三村位于钦城集镇西南，村民会驻地崔家港。东距武原镇11.8公里。以原第三高级社得名。新中国成立初，为鸳鸯乡十二村；1956年，为钦城乡第三高级社；1958年10月，属钦城人民公社吕冢耕作区；1961年，为钦三大队。1967年，更名为红光大队；1981年5月辖14个生产队与1个种子场；同年8月，恢复钦三大队名称。1984年3月，政社分设后为钦城乡钦三村。

2001年并村前，钦三村全村有441户，1424人，有耕地1967亩，其中水田1762产亩，专桑578亩。辖14个村民小组，18个自然村。

庄家村

庄家村是原庄家村与钦南村2001年合并而成。位于钦城集镇西南。村以驻地庄家自然村而得名。东临构塍村，南连何家村，西靠吕冢村，北接钦城集镇。村民会驻地钦城集镇，距于城镇约0.1公里。2014年底，辖28村民小组，31自然村，有农户716户，2428人。有总面积6221亩，其中粮食作物4690亩，桑地550亩。主要种植水稻、大小麦、油菜，兼营蚕桑、畜牧。

原庄家村位于钦城集镇西南，村民会驻地设于庄家自然村。东南距武原镇8.3公里，距于城集镇偏东北1.3公里。村域呈长方形。新中国成立初，属钦城乡八、九两行政村；1955年，建立红心初级社；1956年，为钦城乡第一高级社；1958年10月，属钦城人民公社庄家耕作区；1961年，为庄家大队。1966年下半年，更名为东风大队，1979年光明大队（即钦南大队）划出后，仍名东风大队；1981年5月辖11个生产队；1981年8月恢复原庄家大队名。1984年3月，政社分设后为钦城乡庄家村。

2001年并村前，庄家村全村有343户，1292人；有耕地1770亩，其中水田1594亩，专桑413亩。辖15个村民小组，17个自然村。

原钦南村位于钦城集镇西南，村民会驻地设在冯家木桥。东南距武原镇9.5公里，距于城集镇2.2公里。村域呈狭长形。新中国成立初，为分别属钦城乡八、九两行政村；1955年，建立光明初级社；1958年10月，属钦城人民公社庄家耕作区；1961年，属庄家大队。1966年下半年，更名为东风大队，1979年，从东风大队划出，为光明大队；1981年5月辖13个生产队；1981年11月复更名为钦南大队。1984年3月，政社分设后属钦城乡庄家村。

2001年并村前，钦南村全村有302户，1201人；有耕地1917亩，其中水田1625亩，专桑465亩。辖13个村民小组，15个自然村。

何家村

何家村位于钦城集镇西南。以境内何家桥得名。东临构塍村，南依通元镇塍泾村，西靠通元镇良贤村，北接庄家村。村民会驻地邱家浜，村呈长方形。距于城集镇5公里。2014年底，辖20村民小组，20自然村，有农户546户，1972人。有农作物播种总面积6748亩，其中粮食作物5681亩，桑地590亩。主要种植水稻、大小麦、油菜，兼营蚕桑、畜牧。

新中国成立初，属张鼎乡一村；1956年，为石泉乡第一高级社；1958年10月，属钦城人民公社缪家耕作区；1961年，为何家大队；1967年，更名为挺进大队；1981年5月辖18个生产队；

1981年8月恢复何家大队;1984年3月,政社分设后为钦城乡何家村。

2001年,何家村全村有515户,2030人;有耕地2729亩,其中水田2484亩,专桑675亩。辖20个村民小组,20个自然村。

构塍村

构塍村是原构塍村与南圣村2001年合并而成。位于集镇东南。村以1961年大队驻于构塍庙而得名。东临武原镇华星村,南依通元镇滕泾村,西靠庄家村,北接钦城集镇。村民会驻地俞介堰,距于城集镇0.8公里。2014年底,辖31村民小组,31自然村,有农户1004户,3131人。有农作物播种总面积7460亩,其中粮食作物6163亩,桑地637亩。主要种植水稻、大小麦、油菜,兼营蚕桑、畜牧。

原构塍村位于钦城集镇东南,村民会驻地蒋家浜。东北距武原镇8.4公里,距于城集镇1.4公里,村域呈长方形。新中国成立初,属钦城乡六村;1955年,建立亭子、窑塘、中泾等初级社;1956年,为钦城乡亭子高级社;1958年10月,属钦城人民公社构塍耕作区;1961年,为构塍大队;1966年,更名为跃新大队;1981年5月辖17个生产队,1984年3月,政社分设后为钦城乡构塍村。

2001年,并村前构塍村全村有463户,1769人;有耕地2388亩,其中水田2284亩,专桑607亩。辖18个村民小组,17个自然村。

原南圣村位于钦城集镇南,村民会驻地设于南圣石桥。东北距武原镇8.9公里,北距于城集镇3.6公里。村域呈长方形。新中国成立初,属钦东乡北五村;1955年,建立南圣初级社;1956年,为钦城乡第二高级社;1958年10月,属钦城人民公社钦东耕作区;1961年,为南圣大队;1966年下半年,更名为胜利大队;1981年5月辖14个生产队与1个种子场;后因重名,于8月恢复南圣大队;1984年3月,政社分设后为钦城乡南圣村。

2001年并村前,南圣村全村有402户,1502人;有耕地1745亩,其中水田1642亩,专桑385亩。辖18个村民小组,15个自然村。

八字村

八字村是原八字村与千福村2001年合并而成。位于集镇东北。村以境内八字桥而得名。东临酱油港,南依盐嘉塘,西靠三联村,北接江渭村。村民会驻地千福泾桥,距于城集镇约4公里。2014年底,辖35村民小组,37自然村,有农户947户,2723人。有农作物播种总面积4476亩,其中粮食作物2643亩,桑地308亩。主要种植水稻、大小麦、油菜、葡萄,兼营蚕桑、畜牧。

原八字村位于钦城集镇东北,村民会驻地八字桥。东南距武原镇6.7公里,西南距于城集镇3.8公里,村域呈长方形。新中国成立初,属钦北乡四村;1955年,建立八字初级社;1959年,属钦城乡江渭高级社;1958年10月,属钦城人民公社江渭耕作区;1961年,为八字大队。1966年下半年,更名为五星大队;1981年5月辖13个生产队与1个种子场;后因重名,于同年8月恢复八字大队原名。1984年3月,政社分设后为钦城乡八字村。

2001年并村前,八字村全村有343户,1277人;有耕地2010亩,其中水田1667亩,专桑465亩。辖14个村民小组,14个自然村。

原千福村位于钦城集镇东北,村民会驻地千福泾桥。东南距武原镇6.3公里,西南距于城集镇3.2公里，村域呈长方形。新中国成立初，属钦北乡一村；1955年，分别建立小堰、千福、朱家桥三个初级社；1956年，三个初级社合并，属钦城乡千福高级社；1958年10月，属钦城人民公社陈家门耕作区；1961年，为千福大队。1966年下半年，更名为向阳大队，1981年5月辖12个生产队与1个种子场；因重名，于同年8月恢复千福大队原名。1984年3月，政社分设后为钦城乡千福村。

2001年并村前，千福村全村有399户，1539人；有耕地2342亩，其中水田1986亩，专桑488亩。辖17个村民小组，19个自然村。

江渭村

江渭村是原江渭村与坛墩庙村2001年合并而成。位于集镇东北。村以驻地江渭桥而得名。东临武原镇红益村，南依八字村，西靠三联村，北接沈荡镇庄星村。村民会驻地江渭桥小集镇，距于城集镇约5.5公里。2014年底，辖24村民小组，36自然村，有农户741户，2304人。有农作物播种总面积5333亩，其中粮食作物4242亩，桑地410亩。主要种植水稻、大小麦、油菜，兼营蚕桑、畜牧。

原江渭村位于钦城集镇东北，村民会驻地江渭桥。东南距武原镇8.5公里，西南距于城集镇4.3公里，村域呈长方形。中华人民共和国成立初，属钦北乡五村；1955年，建立大船初级社；1956年，属钦城乡江渭高级社；1958年10月，属钦城人民公社江渭耕作区；1961年，为江渭大队。1966年下半年，更名为建新大队，1981年5月辖21个生产队与一个种子场；后因重名，于同年8月恢复原江渭大队名。1984年3月，政社分设后为钦城乡江渭村。

2001年并村前，江渭村全村有农户339户，1318人；有耕地1793亩，其中水田1551亩，专桑370亩。辖12个村民小组，20个自然村。

原坛墩庙村位于钦城集镇东北，村民会驻地坛墩庙，因庙得名。东南距武原镇8.5公里，西南距于城集镇3.2公里。村域呈长方形。中华人民共和国成立初，属钦北乡五村；1956年，属钦城乡大船桥高级社；1958年10月，属钦城人民公社江渭耕作区；1961年，为江渭大队。1966年下半年，更名为建新大队，因重名，于1981年8月恢复原江渭大队名。1982年，从江渭大队分出，为坛墩庙大队；1984年3月，政社分设后为钦城乡坛墩庙村。

2001年，并村前坛墩庙村全村有313户，1176人；有耕地1721亩，其中水田1479亩，专桑362亩。辖12个村民小组，13个自然村。

三联村

三联村是原钦北村、太平村与陈家门村2001年三村合并而成。位于钦集镇东北。村以原三联高级社而得名。东临江渭村，南依盐嘉塘，西靠盐嘉塘，北接沈荡镇中钱村。村民会驻地徐家桥，东距于城镇约2公里。2014年底，辖33村民小组，41自然村，有农户1052户，3501人。有农作物播种总面积13683亩，其中粮食作物10993亩，桑地680亩。主要种植水稻、大小麦、油菜，兼营蚕桑、畜牧。

原钦北村位于钦城集镇东北，村民会驻地徐家桥，以方位得名。东距武原镇8公里，西南距于城集镇0.8公里。村域呈长方形。中华人民共和国成立初，属钦北乡二村；1955年，建立徐家桥、联星等初级社；1956年，三个初级社合并为钦城乡三联高级社；1958年10月，属钦城人民公社陈家门耕作区；1961 年，为三联大队；1967 年，更名为八一大队；1981 年 5 月辖 10 个生产队；后因重名，更名为钦北大队；1984 年 3 月，政社分设后为钦城乡钦北村。

2001 年并村前，钦北村全村有 266 户，1056 人；有耕地 1494 亩，其中水田 1268 亩，专桑 370 亩。辖 11 个村民小组，10 个自然村。

原太平桥村位于钦城集镇北，村民会驻地太平桥，以桥得名。东南距武原镇 9.3 公里，南距于城集镇 2.4 公里。村域呈长方形。新中国成立初，属钦城乡三村；1955 年，徐家湾、丁家浜两自然村联合建立齐心农业初级社；1956 年，为钦城乡齐心高级社；1958 年 10 月，属钦城人民公社江渭耕作区；1961 年，为齐心大队；1981 年 5 月辖 13 个生产队与 1 个种子场；后因重名，1983 年 10 月更名为太平桥大队；1984 年 3 月，政社分设后为钦城乡太平桥村。

2001 年，并村前太平桥村全村有 445 户，1741 人；有耕地 2629 亩，其中水田 2348 亩，专桑 494 亩。辖 14 个村民小组，23 个自然村。

原陈家门村位于钦城集镇东北，村民会驻地陈家门。东南距武原镇 7.7 公里，西南距于城集镇 2.2 公里，村域呈正方形。新中国成立初，属钦北乡二村；1955 年，建立大通桥、新木桥、栈田漾三初级社；1956 年，三初级社合并建立陈家门高级社；属钦城乡陈家门高级社；1958 年 10 月，属钦城人民公社陈家门耕作区；1961 年，为陈家门大队。1966 年下半年，更名为立新大队，1981 年 5 月辖 6 个生产队与 1 个种子场；后因重名，于同年 8 月恢复陈家门大队原名。1984 年 3 月，政社分设后为钦城乡陈家门村。

2001 年，并村前陈家门村全村有 200 户，733 人；有耕地 1195 亩，其中水田 998 亩，专桑 280 亩。辖 8 个村民小组，8 个自然村。

枫桥居委会

枫桥居民委员会成立于 1993 年 12 月，驻地在于城路 78 号。

2001 年，集镇总户数为 434 户，总人口 740 人，其中女性 314 人，非农业人口 578 人。2012 年，集镇总户数 259 户，总人口 493 人，其中女性 253 人；2014 年，集镇总户数为 580 户，总人口 1500 人。

表 1—4—1　　于城镇行政村 2001 年撤并前一览表

公社化时名称	撤并前村民委	村民小组（个）	户数	人口（人）	耕地（亩）	总收入（万元）	人均收入（元）
红旗	于城	16	359	1348	1579	883	4480
红心	鸳鸯	17	439	1661	2250	2185	4549
红卫	吕家	17	438	1699	2138	1997	4844
红光	于三	14	441	1424	1967	1650	4724
东风	庄家	15	343	1292	1770	615	4673
光明	于南	13	302	1201	1917	1448	4564
挺进	何家	20	515	2030	2729	2188	4582

续表 1—4—1

公社化时名称	撤并前村民委	村民小组（个）	户数	人口（人）	耕地（亩）	总收入（万元）	人均收入（元）
胜利	南圣	18	402	1502	1745	1733	4631
跃新	构塍	18	463	1769	2388	3964	6476
向阳	千福	17	399	1539	2342	1078	4583
五星	八字	14	343	1277	2010	1130	4683
建新	江渭	12	339	1318	1793	1258	6433
	坛墩	12	313	1176	1721	880	4561
齐心	太平桥	14	445	1741	2629	1206	4058
立新	陈家门	8	200	733	1195	456	4483
八一	于北	11	266	1056	1494	628	4620

表 1—4—2　于城镇行政村 2001 年撤并后一览表

撤并前村名	撤并情况	撤并后村名	村民小组	村民委驻地	人口（人）	耕地（亩）
于城	合并	鸳鸯村	33	鹭鸶桥	2992	3829
鸳鸯						
吕冢	合并	吕冢村	31	新开河	3104	4557
于三						
庄家	合并	庄家村	28	蟹介木桥	2474	3687
于南						
何家	不变	何家村	20	邱家浜	2038	3024
南圣	合并	构塍村	35	俞介堰	3038	4519
构塍						
千福	合并	八字村	31	千福泾桥	2829	4352
八字						
江渭	合并	江渭村	24	江渭桥	2481	3540
坛墩						
太平桥	合并	三联村	33	徐介桥	3552	5780
陈家门						
于北						

表 1—4—3　　于城镇 2014 年末行政区划及基本情况表

名　称	驻　地	距镇驻地距离（公里）	村民小组（个）	户数	人口（人）	耕地（亩）	劳动力（人）	其中务农（人）
鸳鸯村	鹭鸶桥	距镇西北约 1.8	33	892	2870	4587.4	1854	406
吕冢村	吕冢小镇	距镇西面约 4	31	909	3199	4940.9	2199	520
庄家村	蟹介木桥	距镇南面约 0.4	28	716	2428	4379.7	1582	690
何家村	邱介浜	距镇西南约 5	20	546	1972	3272.6	1458	436
构塍村	俞介堰	距镇东南约 0.8	35	1004	3131	4877.6	1993	420
八字村	千福泾桥	距镇东面约 4	31	947	2723	3857.8	2417	620
江渭村	江渭桥	距镇东北约 5.5	24	741	2304	4135	1778	710
三联村	徐介桥	距镇东面约 2	33	1052	3501	5258	2668	1732
居委会	枫桥	于城集镇	—	580	1500	—	—	—
合　计			235	7387	23628	35309	15895	4753

第二节　自然村

自然村是由村民经过长时间在某处自然环境中聚居而自然形成的村落；一般情况下它只有一个姓氏，是同一个祖宗的子孙后代，有相同的血缘关系。它受地理条件、生活方式等的影响。比如在河浜旁，也可能几户人家在路边居住几代后就会形成一个小村落，这就叫自然村。

海盐习惯上将自然村称作“××桥”“××浜”“××场”或“××埭”，是乡村聚落最基本的组成部分。通常由一个或几个自然村联合组成一个行政村。欤城自然村的分布、形态、规模和建筑结构与周边乡镇一样，受水源、气候、地形及建筑材料等，以及经济条件、风俗习惯等影响，形成一种风格，这种风格统称为江南水乡风格。

进入 21 世纪，将自然村分为两个层次，一是中心村，也是村民委员会所在地，一般规模比较大，交通比较便利而且处于行政村的中心位置，它有供销社供应农具等生产资料和生活资料的代销店，还有小学、托儿所、卫生保健所等服务设施。二是基层村，是农民居住和从事个体小作坊企业和农副业生产基地。

1987 年《海盐县地名志》载：欤城乡全乡辖 16 个行政村，235 个村民小组，268 个自然村，一个居民委员会。至 2C14 年末，自然村从 268 个减少到 262 个。其减少原因一是自然增减，人口增加兄弟分家，移地建房；二是由于交通原因一部分搬迁新居；三是由于新农村建设规划控制而迁建；四是国家建设而被拆迁等。

表 1—4—4　　1987 年与 2014 年于城镇自然村增减情况表

并村后村名	并村前村名	1987 年		2014 年	
		个数	自然村名	个数	增减村名
鸳鸯	鸳鸯	21	鸳鸯桥、顺港村、荡湾、粮船浜、床庄堰、北俞浜、长溇浜、打纸浜、韩家场、南俞、白水漾、新屋廊、王家塔、储家浜、吴家埭、肖家浜、邱家浜、唐浜、陈家汇、三埭头、钱家堰	增:5 减:10	增:三家村、斜港廊、鸳鸯新区、镇西组团、鸳鸯社区 减:长溇浜、储家浜、唐浜、陈家汇、三埭头、钱家堰、鸳鸯桥、王家塔、邱家浜、林池村
	于城	22	鹭鸶桥、朱家浜、陆家港、夏塘浜、西井浜、江家场、田漾里、叶家场、火叉浜、朱家场、王家塔、韩家场、墙圈里、北蔡、东井浜、小汇里、水网船桥、庵浜、邱家浜、王墙浜、孙家浜、林池村		
吕家	吕家	16	新开河、吕家、宋桶浜、老屋廊、宓家浜、墙里浜、碟子港、陈家场、陆家埭、南港村、金家溇、塘浜、汤家浜、孙家浜、郁家堰、盛家埭	增:1 减:1	增:吕家社区 减:崔家港
	于三	18	崔家港、许网船、许家浜、马家门、赵家埭、富家汇、吴家汇、朱家、陈家木桥、朱家门、徐家埭、周家浜、韩家汇、何家漾、陈家浜、苏家浜、葫芦潭、崔家湾		
庄家	庄家	17	庄家、夏家浜、西庄、石桥村、宣家浜、桃花浜、田家场、吴家村、桑园里、徐家汇、吴家汇、北埭廊、王家浜、宋家、汪家、南庄汇、金家门	增:4 减:2	增:联丰村、构塍、沈荡亭子、庄家新区 减:庄家、夏家浜
	于南	15	冯家木桥、林家、董家场、何家、张家堰、宋家浜、冯家场、王石头埝、东港、富家、孙家浜、钱家、姚家、陆家、邵家		
何家	何家	20	邱家浜、苏家、褚俞埭、小圩头、曹家浜、王家埭、腊作桥、薛家场、姚家堰、新木桥、北陈、南漾、蒋夏浜、沈家、万家浜、朱家、张家、大竹园、何家桥、南陈	增:1	增:何家社区

续表 1—4—4

<table>
<tr><th rowspan="2">并村后村名</th><th rowspan="2">并村前村名</th><th colspan="2">1987 年</th><th colspan="2">2014 年</th></tr>
<tr><th>个数</th><th>自然村名</th><th>个数</th><th>增减村名</th></tr>
<tr><td rowspan="2">构塍</td><td>构塍</td><td>17</td><td>蒋家浜、窑塘、唐家堰、东港、胡家木桥、南徐、蔡牙浜、碑牌、汤家浜、玉带桥、俞家石桥、厉家、中泾堰、前潘、北徐、顾家、周家浜</td><td rowspan="2">增:2
减:3</td><td rowspan="2">增:构塍新区、构塍社区
减:蔡牙浜、北徐、陈家浜</td></tr>
<tr><td>南圣</td><td>15</td><td>南圣石桥、庞张门、陈家浜、虎啸亭、王马堰、太平桥村、马家浜、俞家堰、钱家汇、叶家浜、石墩桥、赵家浜、朱家木桥、俞家浜、蒋墩堰</td></tr>
<tr><td rowspan="2">八字</td><td>八字</td><td>14</td><td>八字桥、当里浜、贾山浜、马家搭、蒋家搭、吴家浜、王家搭、张家、潘家搭、乔家搭、赵家搭、俞家搭、费家搭、陈家搭</td><td rowspan="2">增:8
减:2</td><td rowspan="2">增:唐丰浜、坟浜、王强浜、张家浜、陈家汇、塔浜、长浜、八字社区
减:八字桥、贾山浜</td></tr>
<tr><td>千福</td><td>19</td><td>千福泾桥、徐家埭、小堰、王家浜、褚家场、庵浜、庄家汇、东陈兜、姜家堰、葛家场、冯家场、邱家场、大船堰、北港、南港、王家场、林家浜、董家场、殷家搭</td></tr>
<tr><td rowspan="2">江渭</td><td>江渭</td><td>20</td><td>江渭桥、大船桥、周家、叶家浜、陆家宅基、董家宅基、王家浜、周家浜、唐家埂、北宅基、九池圩、张家浜、江渭港、王家村、沈家浜、陈家浜、盛家、沈家汇、俞家浜、堰桥</td><td rowspan="2">增:1
减:5</td><td rowspan="2">增:江渭社区
减:大船桥、周家、叶家浜、陆家宅基、周家浜、北宅基、张家浜</td></tr>
<tr><td>坛墩</td><td>13</td><td>坛墩庙、朱砂堰、王家小木桥、军田村、翁家浜、时家汇、北新木桥、西港村、庙后周家浜、祖家浜、小桥、夏家浜、浦家浜</td></tr>
<tr><td rowspan="3">三联</td><td>于北</td><td>10</td><td>徐家桥、亭子浜、叶家浜、吴家浜、金家浜、庄里、外浜、张家浜、姚家、王家</td><td rowspan="3">增:2
减:7</td><td rowspan="3">增:三联新区、镇东组团
减:太平桥、丁家木桥、印家石桥、富家浜、二堰、陆家浜、张家门</td></tr>
<tr><td>太平桥</td><td>23</td><td>太平桥、邱家浜、长浜、丁家木桥、郐家堰、马家浜、任道浜、肖家浜、轿浜、徐家湾、钱家村、孙家浜、印家石桥、南桥港、丁家浜、张家浜、潘家浜、富家浜、乔里、井里、二堰、布头村、陆家浜</td></tr>
<tr><td>陈家门</td><td>8</td><td>陈家门、张家门、沈家门、苏家搭、漾汇、詹家浜、赵家搭、缪家堰汇</td></tr>
</table>

第二编　人　口

第一章　人口变化

于城早在春秋战国时期就有人在此居住。明洪武初曾在此置关，隶属海宁卫，后废。民国时期有不少县外人口，如浙江省内的萧山、绍兴、台州、温州等以及江苏、安徽、河南等省的人逃荒来于城定居的；抗日战争期间，日军纵火烧毁于城集镇，其间也有外来人口迁入境内；中华人民共和国成立后，县政府决定废鲍郎、海沙两盐场，部分盐民安置在于城定居；改革开放后，乡村工业以及民营企业的崛起，全国各地大量的外地民工来于城进厂务工，人口数量不断增加。

第一节　民国时期人口

抗日战争胜利后，人口逐渐恢复增长。据1946年4月统计，欤城乡辖8个保，77个甲，906户，总人口3644人，其中男1835人、女1809人；欤北乡辖8个保，80个甲，972户，总人口4180人，其中男2054人、女2126人；欤西乡辖8个保，77个甲，896户，总人口3485人，其中男1817人、女1668人；廉义乡辖8个保，69个甲，713户，总人口3138人，其中男1595人、女1543人。欤城区总户数3487户，总人口14447人，其中男7301人、女7146人。

民国35年(1946)10月，再次调整乡镇规模，其时，塘东南与欤北两乡大部，行府与西四二乡西部合并建立廉义乡，驻地坛墩庙，辖17保，148甲；欤东、原欤城、欤西三乡(镇)大部、倪墺乡东北、城南镇西北、欤北及西四两乡西南各一小部合并建立欤城乡，驻地欤城集镇，辖27保，248甲。

表2—1—1　　欤城乡1947年度人口年龄统计表

单位：人

年龄	性别		合计
	男	女	
未满一岁	188	153	341
一岁至未满五岁	614	551	1165

续表 2—1—1

年　　龄	性　　别		合　计
	男	女	
五岁至未满六岁	161	137	298
六岁至未满十岁	481	466	947
十岁至未满十二岁	351	260	611
十二岁至未满十五岁	504	421	925
十五岁至未满十八岁	364	383	747
十八岁至未满二十岁	271	286	557
二十岁至未满二十五岁	492	500	992
二十五岁至未满三十岁	498	406	904
三十岁至未满三十五岁	396	390	786
三十五岁至未满四十岁	488	455	943
四十岁至未满四十五岁	469	413	882
四十五岁至未满五十岁	420	370	790
五十岁至未满五十五岁	255	261	516
五十五岁至未满六十岁	141	205	346
六十岁至未满六十五岁	101	161	262
六十五岁至未满七十岁	40	109	149
七十岁以上	43	112	155
合　计	6187	6070	12257

说明:廉义乡的3个村未计入

表 2—1—2　　　　**欤城乡 1949 年初人口年龄统计表**

单位:人

年　　龄	性　　别		合　计
	男	女	
未满一岁	301	312	613
一岁至未满五岁	651	614	1265
五岁至未满六岁	145	171	316
六岁至未满十岁	469	42	891
十岁至未满十二岁	319	273	592

续表 2—1—2

年龄	性别		合计
	男	女	
十二岁至未满十五岁	471	361	832
十五岁至未满十八岁	411	442	853
十八岁至未满二十岁	187	244	431
二十岁至未满二十五岁	462	521	983
二十五岁至未满三十岁	513	493	1006
三十岁至未满三十五岁	405	423	828
三十五岁至未满四十岁	400	338	738
四十岁至未满四十五岁	400	419	819
四十五岁至未满五十岁	367	352	719
五十岁至未满五十五岁	270	274	544
五十五岁至未满六十岁	144	207	351
六十岁至未满六十五岁	102	177	279
六十五岁至未满七十岁	62	122	184
七十岁以上	32	120	152
合计	6111	6284	12395

说明:廉义乡的 8 个村未计入

第二节 中华人民共和国建立后人口

中华人民共和国建立后,社会稳定,经济发展,医疗卫生条件逐年改善,人口死亡率渐趋下降。1959～1978 年间,出生人口最低年是 1960 年 450 人,出生率为 9.79‰;最高年是 1962 年 824 人,出生率为 52.49‰;其余年均在 22.82‰～47.43‰之间。1965 年划出石泉的张桥和缪家两村和富亭的星火与莱塘两村后,1965～1978 年全镇增加 3730 人,平均每年增加 266 人。而死亡人数最高是 1959 年 501 人,死亡率为 19.30‰;最低年为 1978 年 124 人,死亡率为 5.79‰;其余年均在 6.12‰～8.59‰之间。此时期人口为高出生率、低死亡率的高自然增长型年代。1971 年,计划生育全面展开,人口自然增长率得到控制,出生率逐年下降,除 1986 年出生率 18.03‰外,至 1997 年,均在 14‰左右,1999 年以后至 2014 年出生率均在 10‰以下。1978～1997 年的 20 年中,于城全镇增加 1547 人,平均每年增加 77.35 人。1978～1997 年死亡人数 2383 人,20 年平均每年死亡 119 人,死亡率为 7‰～8‰左右,此时期人口为低出生率、低死亡率的低自然增长型年代。

1949 年,钦城有 12395 人,其中男 6111 人,女 6284 人。

此后,20 世纪 50 年代起至 2014 年,全镇一共经过六次全国性人口普查。

1964 年全国第二次人口普查,全公社有 22557 人,比 1949 年增加 10162 人,增长 82%,平均每年增加 677 人。

1982 年全国第三次人口普查,全公社有 23127 人,比 1964 年增加 570 人,增长 2.52%,平均每年增加 31.6 人。

1990 年全国第四次人口普查,全乡有 23103 人,比 1982 年减少 24 人,降幅为 0.1%,平均每年减少 3 人。

2000 年全国第五次人口普查,全镇有 23169 人,比 1990 年增加 66 人,增长 0.28%,平均每年增加 6.6 人。

2010 年全国第六次人口普查,全镇有 25138 人,比 1949 年增加 12743 人,增长 50.69%,平均每年增加 254 人。

2014 年,全镇有 22472 人,比 1964 年增加 17927 人,增加 4545 人,增长 125%,平均每年增加 91 人。

表 2—1—3　　钦城公社 1964 年 7 月 1 日第二次人口普查年龄统计表

年龄（周岁）	人口数			年龄（周岁）	人口数		
	合计	男	女		合计	男	女
合计	22557	11580	10977	13	499	278	221
<1	923	479	444	14	509	261	248
1	1029	544	485	15	531	273	258
2	634	330	304	16	535	273	262
3	374	184	190	17	468	254	214
4	409	212	197	18	411	218	193
5	397	205	192	19	339	177	162
6	633	324	309	20	394	228	166
7	650	345	305	21	278	153	125
8	572	298	274	22	306	169	137
9	706	384	322	23	215	138	77
10	670	333	337	24	252	138	114
11	574	286	288	25	276	150	126
12	606	304	302	26	334	173	161

续表 2—1—3

年龄（周岁）	人口数			年龄（周岁）	人口数		
	合计	男	女		合计	男	女
27	324	179	145	55	120	57	63
28	342	185	157	56	146	69	77
29	299	167	132	57	130	52	78
30	325	172	153	58	163	62	101
31	369	179	190	59	129	57	72
32	367	187	180	60	117	51	66
33	315	172	143	61	76	35	41
34	275	142	133	62	77	29	48
35	347	187	160	63	88	36	52
36	367	188	179	64	63	22	41
37	291	171	120	65	53	13	40
38	278	165	113	66	64	21	43
39	280	162	118	67	67	19	48
40	290	142	148	68	67	23	44
41	293	141	152	69	49	12	37
42	283	132	151	70	27	8	19
43	262	146	116	71	42	14	28
44	227	113	114	72	31	4	27
45	200	89	111	73	33	7	26
46	198	107	91	74	19	4	15
47	232	118	114	75	24	7	17
48	248	137	111	76	18	4	14
49	177	87	90	77	8	1	7
50	178	94	84	78	2	0	2
51	138	75	63	79	7	0	7
52	174	84	90	80	9	4	5
53	169	83	86	81	7	2	5
54	140	52	88	82	2	0	2

续表 2—1—3

年　龄（周　岁）	人　口　数			年　龄（周　岁）	人　口　数		
	合计	男	女		合计	男	女
83	2	0	2	92	0	0	0
84	0	0	0	93	0	0	0
85	2	0	2	94	0	0	0
86	1	0	1	95	0	0	0
87	1	0	1	96	0	0	0
88	0	0	0	97	0	0	0
89	0	0	0	98	0	0	0
90	0	0	0	99	0	0	0
91	0	0	0	年龄不详	0	0	1

表 2—1—4　　圩城公社 1982 年 7 月 1 日第三次人口普查年龄统计表

年　龄（周　岁）	人　口　数			年　龄（周　岁）	人　口　数		
	合计	男	女		合计	男	女
合计	23127	11606	11521	14	606	303	303
<1	404	198	206	15	652	353	299
1	228	124	104	16	674	333	341
2	294	148	146	17	740	371	369
3	188	102	86	18	629	342	296
4	263	150	113	19	705	351	354
5	245	124	121	20	515	254	261
6	313	165	148	21	227	114	113
7	308	159	149	22	311	151	160
8	297	159	138	23	269	137	132
9	445	238	207	24	455	235	220
10	517	261	256	25	463	238	225
11	603	283	320	26	449	224	225
12	649	317	332	27	529	296	233
13	665	333	332	28	489	237	252

续表 2—1—4

年龄（周岁）	人口数			年龄（周岁）	人口数		
	合计	男	女		合计	男	女
29	417	219	198	57	189	100	89
30	447	220	227	58	201	95	106
31	373	198	175	59	189	89	100
32	382	173	209	60	182	76	106
33	409	194	215	61	152	82	70
34	371	186	185	62	131	59	72
35	355	183	172	63	112	48	64
36	307	154	153	64	114	52	62
37	259	129	130	65	117	47	70
38	276	151	125	66	138	64	74
39	226	121	105	67	89	43	46
40	201	108	93	68	97	34	63
41	157	100	57	69	72	34	38
42	180	95	85	70	71	25	46
43	180	96	84	71	77	25	52
44	230	119	111	72	62	15	47
45	222	117	105	73	39	17	22
46	240	122	118	74	51	17	34
47	243	139	104	75	56	16	40
48	234	108	126	76	57	16	41
49	284	143	141	77	38	12	26
50	260	130	130	78	38	10	28
51	241	132	109	79	24	2	22
52	199	100	99	80	19	5	14
53	223	113	110	81	17	3	14
54	266	134	132	82	12	2	10
55	212	122	90	83	10	1	9
56	190	105	85	84	9	1	8

续表 2—1—4

年龄（周岁）	人口数			年龄（周岁）	人口数		
	合计	男	女		合计	男	女
85	14	0	14	93	0	0	0
86	8	1	7	94	0	0	0
87	9	2	7	95	1	0	1
88	2	1	1	96	0	0	0
89	3	0	3	97	0	0	0
90	0	0	0	98	0	0	0
91	1	0	1	99	0	0	0
92	0	0	0	100	0	0	0

表 2—1—5 钦城乡 1990 年 7 月 1 日第四次人口普查年龄统计表

年龄（周岁）	人口数			年龄（周岁）	人口数		
	合计	男	女		合计	男	女
合计	23103	11540	11563	15	289	152	137
<1	317	166	151	16	280	147	133
1	247	134	112	17	398	215	183
2	340	165	175	18	447	219	228
3	622	321	301	19	525	248	277
4	272	140	132	20	581	279	302
5	150	81	69	21	588	292	296
6	123	50	73	22	541	261	280
7	246	118	128	23	557	304	253
8	383	188	195	24	613	297	316
9	220	120	100	25	641	316	325
10	281	139	142	26	594	314	280
11	182	95	87	27	665	347	318
12	257	145	112	28	490	247	243
13	236	117	119	29	219	114	105
14	307	159	148	30	293	148	145

续表 2—1—5

年龄	人口数			年龄	人口数		
	合计	男	女		合计	男	女
31	265	136	129	59	214	111	103
32	434	224	210	60	165	78	87
33	443	227	216	61	188	90	98
34	433	219	214	62	231	113	118
35	512	287	225	63	168	86	82
36	481	235	246	64	164	86	78
37	386	207	179	65	160	76	84
38	424	211	213	66	170	73	97
39	369	196	173	67	142	59	83
40	375	169	206	68	146	51	95
41	393	182	211	69	115	50	65
42	357	180	177	70	94	37	57
43	341	181	160	71	68	24	44
44	287	144	143	72	86	32	54
45	251	121	130	73	82	25	57
46	260	141	119	74	99	38	61
47	208	115	93	75	64	26	38
48	194	108	86	76	61	16	45
49	150	95	55	77	46	18	28
50	159	77	82	78	32	9	23
51	176	96	80	79	47	11	36
52	218	113	105	80	34	7	27
53	207	109	98	81	16	6	10
54	235	118	117	82	18	0	18
55	222	124	98	83	16	2	14
56	216	100	116	84	29	7	22
57	264	128	136	85	10	0	10
58	243	125	118	86	12	3	9

续表 2—1—5

年龄	人口数			年龄	人口数		
	合计	男	女		合计	男	女
87	8	0	8	94	1	0	1
88	3	0	3	95	0	0	0
89	2	0	2	96	0	0	0
90	1	0	1	97	0	0	0
91	1	0	1	98	0	0	0
92	1	0	2	99	0	0	0
93	2	0	2	100	0	0	0

表 2—1—6　　于城镇 2000 年 7 月 1 日第五次人口普查年龄统计表

单位	家庭户			集体户			分年龄段(周岁)				民族	
	户数	人数		户数	人数		0～5	6～14	15～64	65以上	汉族	其他
		男	女		男	女						
合计	638	11585	11854	77	173	135	1686	3135	16596	2330	23727	20
枫桥	360	465	445	11	26	11	83	102	708	54	945	2
于城	347	608	618	2	22	2	89	174	845	2	1250	0
鸳鸯	439	815	820	0	0	0	119	219	1109	188	1634	1
吕家	467	808	855	1	2	0	110	237	1135	183	1665	0
于三	376	679	692	0	0	0	90	194	959	128	1369	2
庄家	351	636	667	24	23	90	96	156	1022	142	1416	0
于南	303	535	582	0	0	0	87	150	776	104	1117	0
何家	521	986	1011	10	15	29	153	257	1436	195	2041	0
南圣	448	805	777	12	38	1	118	207	1149	147	1621	0
构塍	448	816	901	5	10	2	123	232	1195	179	1729	0
千福	392	772	757	0	0	0	94	229	1051	155	1527	2
八字	335	619	656	0	0	0	100	174	897	104	1275	0
江渭	361	675	686	0	0	0	110	172	961	118	1359	2
坛墩	309	569	587	0	0	0	76	150	818	112	1156	0
太平桥	429	856	880	0	0	0	104	256	1189	187	1736	0
陈家门	195	374	357	0	0	0	48	93	508	82	731	0
于北	305	567	563	12	37	0	86	133	838	110	1156	11

表 2—1—7　　于城镇 2010 年 7 月 1 日第六次人口普查年龄统计表

单位	家庭户			集体户			总人口中			
	户数	人数		户数	人数		合计	男（人）	女（人）	性别比（女＝100）
		男	女		男	女				
合计	7594	11891	11872	410	705	670	25138	12596	12542	100.43
枫桥	391	531	500	20	34	35	1100	565	535	105.61
鸳鸯	980	1518	1529	87	122	142	3311	1640	1671	98.14
吕家	986	1590	1544	50	63	66	3263	1653	1610	102.67
庄家	940	1374	1421	81	84	108	2987	1458	1529	95.36
何家	539	905	916	28	51	99	1971	956	1015	94.19
构塍	961	1491	1585	50	83	74	3233	1574	1659	94.88
八字	936	1481	1433	21	44	12	2970	1525	1445	105.54
江渭	739	1200	1169	8	9	24	2402	1209	1193	101.34
三联	1122	1801	1775	65	215	110	3901	2016	1885	106.95

表 2—1—8　　于城镇家庭户规模统计情况表

家庭户规模	1990 年		2000 年		2010 年	
	户数	百分比（%）	户数	百分比（%）	户数	百分比（%）
总户数	6475	100	6385	100.00	7594	100.00
一人户	472	7.29	346	5.42	903	11.89
二人户	750	11.58	888	13.91	2075	27.32
三人户	1955	30.19	1650	25.84	1763	23.22
四人户	1929	29.79	1703	26.67	1253	16.50
五人户	945	14.59	1327	20.63	1252	16.49
六人户	323	4.99	408	6.39	299	3.94
七人户	84	1.30	64	1.00	40	0.53
八人户	17	0.26	9	0.14	7	0.09
九人户	0	0	0	0	1	0.01
十人及十人以上	0	0	0	0	1	0.01

表 2—1—9　　于城镇家庭户类别统计情况表

家庭户类别	1990 年		2000 年		2010 年	
	户　数	百分比（%）	户　数	百分比（%）	户　数	百分比（%）
总户数	6475	100	6385	100.00	7594	100.00
一代户	803	12.40	1081	16.93	2773	36.52
二代户	3979	61.45	2513	39.35	2514	33.11
三代户	1520	23.47	2581	40.42	2137	28.14
四代户	59	0.92	210	3.29	170	2.24
其他户	114	1.76	0	0		

第二章　人口构成

第一节　性别构成

民国 36 年（1947）软城乡总人口 12257 人，其中男 6187 人，占总人口的 50.47%；女 6970 人，占总人口的 49.53%。1964 年，软城乡总人口 22557 人，其中男 11580 人，占总人口的 51.33%；女 10977 人，占总人口的 48.66%。1982 年软城公社总人口 23127 人，其中男 11606 人，占总人口的 50.18%；女 11521 人，占总人口的 49.82%。

1990 年全国第四次人口普查中，全乡总户数为 6494 户，总人口 23103 人，其中男性 11537 人，占总人口的 49.93%，女性 11566 人占总人口的 50.07%；家庭户 6474 户，22939 人，集体户 20 户，164 人。2005 年末全镇总人口 22537 人，其中男性 11292 人，占总人口的 50.10%；女性 11245 人，占总人口的 49.90%。2014 年全镇总人口 22432 人，其中男性 11158 人，占总人口的 49.79%；女性 11274 人，占总人口的 50.21%。但是 70 岁以上老龄组男性渐下降，如 1964 年 70 岁以上总数为 235 人，其中男性只有 55 人，占 23.4%；1982 年 70 岁以上总数为 618 人，其中男性只有 171 人，占 27.67%；1990 年 70 岁以上总数为 1133 人，其中男性有 261 人，占 23.04%。

表 2—2—1　　于城镇 1949～2014 年人口性别统计情况表

年　份	年末总户数	年末总人口数				
		合　计	合计中		性　别	
			非农人口	流动人口	男	女
1949	—	12395	—	—	6111	6284

续表 2—2—1

年份	年末总户数	年末总人口数				
		合计	合计中		性别	
			非农人口	流动人口	男	女
1957	6276	26280	218	—	13064	13144
1958	6304	26031	382	—	12894	13137
1960	6581	25847	403	—	12900	12947
1963	5445	22557	413	—	11580	10977
1965	4233	18550	496	—	9400	9150
1970	4733	21557	613	—	10871	10686
1974	4980	22651	436	—	11384	11267
1978	5126	22800	436	—	11455	11345
1980	5453	22893	512	—	11458	11435
1983	5830	23106	651	54	11571	11535
1984	5862	23040	629	9	11524	11516
1988	6910	23308	1530	65	11631	11677
1990	7194	23103	547	78	11540	11563
1992	6906	23586	527	110	11767	11819
1994	7034	23743	594	152	11877	11862
1995	7060	23762	612	195	11899	11863
1998	6419	23766	602	201	11868	11898
2000	6441	23506	629	154	11714	11792
2002	6371	23197	644	64	11594	11603
2003	6364	22974	646	84	11509	11465
2005	6564	22537	1020	92	11292	11245
2006	6673	22498	1260	115	11258	11240
2008	6748	22421	505	6453	11185	11236
2009	6729	22303	502	6921	11126	11177
2010	6741	22453	495	7753	11203	11250
2011	6766	22506	492	8025	11215	11291
2012	7402	25927	497	6322	12976	12951
2013	7124	24220	447	2687	12008	12212
2014	7033	22432	488	3457	11158	11274

第二节　民族分析

于城历来是以汉族人居住为主，少数民族极少世居。20世纪80年代后，因工作、婚姻等原因迁入的也很少。在1990年全国人口普查的总人口中，汉族23102人，哈尼族1人；2005年少数民族人数有10人，外籍人口中，本省他县籍人口423人，占全镇人口1.88%；外省籍人口588人，占全镇人口的2.61%，合计占全镇总人口的4.53%。外籍人口中涉及20个省，2个直辖市（上海市、重庆市），19个县（市）。

表2—2—2　　　　**2005年人口籍贯统计表**

单位：人

本省外县（市）籍人口						外省籍人口					
绍兴	270	上虞	1	余杭	4	四川	258	江西	9	甘肃	2
嘉兴	33	义乌	1	平阳	4	江苏	209	贵州	7	黑龙江	3
萧山	26	宁波	1	淳安	3	云南	25	湖南	5	新疆	1
海宁	27	江山	1	嵊州	2	安徽	18	广西	3	福建	1
瑞安	14	衢州	1	诸暨	2	上海	15	陕西	2	辽宁	1
平湖	9	天台	8			河南	11	河北	2	广东	1
温州	8	杭州	8	合计	423	湖北	11	山东	2	合计	586

表2—2—3　　　　**2010年人口籍贯统计表**

单位：人

本省外县（市）籍人口（人）						外省籍人口（人）					
村别	人数	村别	人数	村别	人数	省别	人数	省别	人数	省别	人数
枫桥	141	于南	97	江渭	74	新疆	81	江苏	11	辽宁	2
于城	69	何家	65	坛墩	49	黑龙江	50	河南	5	福建	2
鸳鸯	55	南圣	61	太平桥	46	吉林	48	陕西	5	安徽	1
吕家	63	鸡塍	72	陈家门	21	上海	35	云南	3	江西	1
于三	43	千福	45	于北	32	广东	19	山东	3		
庄家	43	八字	41	合计	1017	四川	11	海南	3	合计	280

表 2—2—4　　2010 年各民族分析情况表

单位：人

民族	合计	男	女	民族	合计	男	女
全镇	25138	12596	12542	瑶族	1		1
汉族	25014	12543	12471	白族	2	2	
蒙古族	1	1		土家族	10	7	3
回族	6	3	3	哈尼族	2		2
藏族	1		1	佤族	2	1	1
苗族	33	14	19	畲族	5	3	2
彝族	8	2	6	水族	2	1	1
壮族	12	4	8	土族	1	1	
布依族	8	2	6	仡佬族	10	3	7
满族	6	4	2	未识别	12	6	6
侗族	2		2				

第三节　年龄分析

于城镇人口的发展，经历了增加型向稳定型转化。1949 年全镇人口中 0～14 岁占 36.38%，15～64 岁占 60.91%，65 岁以上占 2.71%；受 20 世纪 50 年代高出生率影响，1964 年第二次全国人口普查时，0～14 岁上升至 40.72%，15～64 岁下降为 53.40%，65 岁以上占 5.88%。70 年代起推行计划生育，人口出生率降低。1982 年第三次人口普查时，0～14 岁下降至 26.05%，15～64 岁上升为 69.06%，65 岁以上占 4.89%。1990 年第四次人口普查时，0～14 岁下降至 18.10%，15～64 岁上升为 75.13%，65 岁以上占 6.77%。2000 年第五次人口普查时，0～14 岁稳定在 20.30%，15～64 岁保持在 69.88%，65 岁以上占 9.81%。2010 年第六次全国人口普查表明，0～14 岁只占 9.11%，15～64 岁保持在 70.58%，65 岁以上占 9.81%，特别是 80 岁以上老人占 1.95%，足见人的寿命在延长。

表 2—2—5　1947 年、1964 年、1982 年、2010 年于城镇人口年龄结构变化情况表

年龄组(周岁)	1947 年		1964 年		1982 年		2010 年	
	人口数	占总人口比(%)	人口数	占总人口比(%)	人口数	占总人口比(%)	人口数	占总人口比(%)
总计	12257	100.00	22557	100.00	23127	100.00	25138	100

续表 2—2—5

年龄组（周岁）	1947 年		1964 年		1982 年		2010 年	
	人口数	占总人口比（%）	人口数	占总人口比（%）	人口数	占总人口比（%）	人口数	占总人口比（%）
0～4	1506	12.28	3369	14.93	1374	5.94	661	0.26
5～9	1245	10.16	2958	13.11	1608	6.95	878	3.49
10～14	1536	12.53	2858	12.67	3040	13.14	1348	5.36
15～19	1340	10.93	2284	10.12	3400	14.70	1567	6.23
20～24	992	8.09	1445	6.40	1777	7.68	1952	7.76
25～29	904	7.37	1575	6.90	2347	10.15	1352	5.38
30～34	786	6.41	1651	7.32	1982	8.57	1293	5.14
35～39	943	7.69	1563	6.93	1423	6.15	2023	8.05
40～44	882	7.19	1355	6.00	948	4.10	2023	8.05
45～49	790	6.44	1055	4.68	1223	5.29	2023	8.05
50～54	516	4.21	799	3.54	1189	5.14	1786	7.10
55～59	346	2.82	688	3.05	981	4.24	2103	8.36
60～64	262	2.14	421	1.87	691	2.99	1623	6.46
65～69	149	1.21	300	1.33	513	2.22	929	3.69
70～79	121	0.99	211	0.94	513	2.22	1381	5.49
80～89	29	0.24	24	0.11	103	0.45	465	1.85
90 以上	5	0.04	1	0.00	2	0.01	24	0.10

表 2—2—6　　1963 年、2005 年、2014 年于城镇年龄分段构成情况表

年份	1963 年		2005 年		2014 年	
年龄（周岁）	人数	比重（%）	人数	比重（%）	人数	比重（%）
18 以下	10719	47.53	4323	19.18	2573	10.62
18～35	5768	25.57	3795	16.84	4636	19.14
36～60	5230	23.18	10832	48.06	9671	39.93
61 以上	840	3.72	3587	15.92	5552	22.92
合计	22557	100	22537	100	24220	100

第四节　人口老龄化

解放前，1947年60岁以上老人566人，占总人口的4.62%；1949年60岁以上老人615人，占总人口的4.96%；1964年60岁以上老人956人，占全乡总人口的4.23%，90岁以上1人也没有；1982年60岁以上老人1822人，占全乡总人口的7.88%；90岁以上老人2人，占全乡总人口的0.0086%；1990年60岁以上老人2482人，占全乡总人口的10.60%；90岁以上老人6人，占全乡总人口的0.03%；2005年，于城镇人民平均寿命在延长，全镇86岁以上（含86岁）老人56人，其中90岁以上（含90岁）老人22人，男6人，女16人。

人口比例1～19岁：4806人，其中男2479人，女2327人；20～39岁5764人，其中男2971人，女2793人；40～59岁8220人，其中男4142人，女4078人；60～79岁3203人，其中男1508人，女1695人。

2010年，第六次人口普查表明：60岁以上老人436人，其中男202人，女234人；身体健康的有320人，其中男156人，女164人；基本健康77人，其中男33人，女44人；不健康但生活能自理34人，其中男11人，女23人；生活不能自理5人，其中男2人，女3人。有劳动收入的260人，其中男137人，女123人；有离退休金、养老金15人，其中男12人，女3人；有最低生活保障金8人，其中男6人，女2人；有财产性收入1人；家庭其他人员供养152人，其中男46人，女106人；其他形式5人，其中男2人，女3人。

2014年底，于城镇总人口22432人，其中男11158人，女11274人；18岁以下2573人，18～35岁4636人，36～60岁9671人，60岁以上5552人，占全镇总人口的24.75%，90岁以上67人，占总人口的0.30%，其中构塍村北窑组沈玉珍老人102岁。

附：

1992年版《海盐县志》载：于城百岁老人

赟水宝，女，欤城乡欤三村人，农民，生于清光绪三年（1877）七月，卒于1977年11月，享年100岁。她33岁丧夫，未嫁，守节67年。一生勤劳俭朴，直至暮年犹喜劳作；饮食常年以素食为主，不喜肉食，爱喝一点自酿米酒；心宽气和，从不动怒，邻里友好，家庭和睦；早起早息，持之以恒，一直无病，耄耋之年眼不花，耳不聋。

表2—2—7　　于城镇2014年底虚岁70岁以上人口统计表

单位：人

单位	70～79岁			80～89岁			90～100岁			100～110岁		
	合计	其中		合计	其中		合计	其中		合计	其中	
		男	女		男	女		男	女		男	女
集镇	42	29	13	10	5	5	1	0	1	0	0	0

续表 2—2—7

单 位	70～79 岁			80～89 岁			90～100 岁			100～110 岁		
	合计	其中		合计	其中		合计	其中		合计	其中	
		男	女		男	女		男	女		男	女
鸳鸯村	105	40	65	202	89	113	11	2	9	0	0	0
吕家村	212	99	113	135	53	82	6	3	3	0	0	0
庄家村	148	73	75	90	21	69	9	1	8	0	0	0
何家村	134	71	63	88	29	59	6	2	4	0	0	0
枸塍村	188	84	104	102	36	66	10	1	9	1	0	1
八字村	211	111	100	107	48	59	6	2	4	0	0	0
江渭村	160	80	80	70	22	48	9	5	4	0	0	0
三联村	245	120	125	122	38	84	8	1	7	0	0	0
合 计	1145	707	738	926	341	585	66	17	49	1	0	1

表 2—2—8　　于城镇 2014 年底虚岁 90 岁以上老人名单

村别	姓 名	性别	出生年月	年 龄（虚岁）	退休前职 业	农民或居 民	生 活能否自理	所在组别
鸳鸯村	陈秀云	女	1925 年 4 月	90	粮农	农民	能	长娄浜 12 号
	王顺囡	女	1925 年 12 月	90	粮农	农民	能	钱家堰 3 号
	王士云	女	1924 年 9 月	91	粮农	农民	能	墙圈里 17 号
	陈织囡	女	1924 年 6 月	91	粮农	农民	能	顺港村 16 号
	韩迷囡	女	1924 年 1 月	91	粮农	农民	能	西井浜 2 号
	张社珍	女	1923 年 9 月	92	粮农	农民	能	南俞 10 号
	宋乃文	男	1923 年 9 月	92	粮农	农民	能	鸳鸯桥 4 号
	王水珍	女	1923 年 4 月	92	粮农	农民	能	床庄堰 43 号
	许沈和	女	1921 年 9 月	94	粮农	农民	能	南俞 18 号
	俞沈法	男	1921 年 2 月	94	粮农	农民	能	南俞 1 号
	沈阿妹	女	1920 年 10 月	95	粮农	农民	能	南俞 7 号
吕家村	储荣荣	男	1923 年 9 月	92	粮农	农民	能	吕冢 2 组
	王杏宝	女	1924 年 2 月	91	粮农	农民	能	吕冢 5 组
	陈张安	男	1925 年 7 月	90	粮农	农民	能	于三 3 组
	李去珍	女	1926 年 7 月	89	粮农	农民	能	吕冢 17 组
	倪李荣	男	1926 年 10 月	89	粮农	农民	能	吕冢 2 组
	夏爱珍	女	1926 年 12 月	89	粮农	农民	能	于三 9 组

续表 2—2—8

村别	姓　名	性别	出生年月	年　龄（虚岁）	退休前职　业	农民或居　民	生　活能否自理	所在组别
庄家村	陈月珍	女	1921 年 1 月	94	粮农	农民	能	黄石组
	沈林珍	女	1921 年 9 月	94	粮农	农民	能	林家组
	朱年珍	女	1921 年 11 月	94	粮农	农民	能	联丰组
	徐秀珍	女	1922 年 2 月	93	粮农	农民	能	桑园组
	张宝珍	女	1923 年 1 月	92	粮农	农民	能	张家组
	沈春囡	女	1923 年 1 月	92	粮农	农民	能	联丰组
	马芳囡	女	1923 年 5 月	92	粮农	农民	否	林家组
	张玉珍	女	1923 年 8 月	92	粮农	农民	能	夏家组
	王关通	男	1924 年 2 月	91	粮农	农民	能	桑园组
何家村	褚金和	女	1925 年 11 月	90	粮农	农民	能	3 组
	朱玲珍	女	1925 年 8 月	90	粮农	农民	能	2 组
	王水法	男	1925 年 11 月	90	粮农	农民	能	20 组
	陈玉囡	女	1924 年 2 月	91	粮农	农民	能	6 组
	马生荣	男	1924 年 12 月	91	粮农	农民	能	20 组
	徐妹囡	女	1924 年 8 月	91	粮农	农民	能	19 组
构塍村	吴雪珍	女	1917 年 10 月	98	粮农	农民	能	南徐组
	贾迷宝	女	1924 年 3 月	92	粮农	农民	能	南徐组
	李阿妹	女	1924 年 6 月	91	粮农	农民	能	南徐组
	王阿三	女	1924 年 7 月	91	粮农	农民	能	蒋家组
	朱月珍	女	1924 年 12 月	91	粮农	农民	能	王马组
	沈玉珍	女	1913 年 3 月	102	粮农	农民	能	北窑组
	徐来观	男	1925 年 1 月	90	粮农	农民	能	北徐组
	王雪珍	女	1925 年 3 月	90	粮农	农民	能	前潘组
	钱顾囡	女	1925 年 4 月	90	粮农	农民	能	钱家组
	施福宝	女	1925 年 9 月	90	粮农	农民	能	碑牌组
	庞小迷	女	1925 年 11 月	90	粮农	农民	能	王马组
八字村	韩妹囡	女	1920 年 9 月	95	粮农	农民	一般	庄田汇 22 号
	董杏囡	女	1924 年 12 月	91	粮农	农民	一般	王家场 4 号

续表 2—2—8

村别	姓　名	性别	出生年月	年　龄（虚岁）	退休前职　业	农民或居　民	生　活能否自理	所在组别
八字村	姚张仁	男	1925 年 4 月	90	粮农	农民	一般	张家 20 号
	吴良宝	女	1925 年 6 月	90	粮农	农民	一般	吴家 20 号
	沈来富	男	1925 年 11 月	90	粮农	农民	一般	泮家 15 号
	唐福珍	女	1925 年 11 月	90	粮农	农民	一般	贾山组 38 号
江渭村	叶美娥	女	1921 年 3 月	94	粮农	农民	不能	7 组
	孙七宝	女	1923 年 4 月	92	粮农	农民	不能	堰桥组
	唐全观	男	1923 年 4 月	92	粮农	农民	能	唐家组
	周金荣	男	1924 年 1 月	91	粮农	农民	不能	周家组
	徐老妹	女	1924 年 8 月	91	粮农	农民	不能	3 组
	唐和观	男	1924 年 10 月	91	粮农	农民	不能	唐家组
	翁月仁	男	1924 年 10 月	91	粮农	农民	能	5 组
	董杏囡	女	1924 年 11 月	91	粮农	农民	不能	徐家组
	葛天林	男	1925 年 8 月	90	粮农	农民	不能	7 组
三联村	沈仁囡	女	1923 年 1 月	92	粮农	农村	能	陈家门 4 号
	王潘宝	男	1923 年 8 月	92	粮农	农村	能	外浜 9 号
	姚范宝	女	1924 年 1 月	91	粮农	农村	不能	肖家浜 64 号
	叶彩信	女	1924 年 12 月	91	粮农	农村	能	轿浜 17 号
	陈志洁	女	1925 年 5 月	90	粮农	农村	能	马家浜 31 号
	赵士珍	女	1926 年 4 月	89	粮农	农村	能	外浜 21 号
	钱仁妹	女	1926 年 8 月	89	粮农	农村	能	轿浜 24 号
	马月珍	女	1926 年 11 月	89	粮农	农村	能	金家浜 16 号

第五节　文化程度

解放前，人民生活贫困，无钱上学，只有少数有钱人家、官宦人家的子孙才能上学，而且只有男子能上学，女子也不能上学的。解放后，随着国家重视教育，20 世纪 50 年代实行扫盲教学，60 年代扩大小学教学和兴办初中，70 年代实行村办中小学以及附设初中班，80 年代实行九年制义务教学，全镇人口文化素质显著提高。

1990年在总人口中，大学本科生2人，大专生26人，中专85人，高中789人，初中6287人，小学9234人，不识字或少识字4732人。

表2—2—9　　6周岁以上人口文化程度

文化程度	1990年		2000年		2010年	
	人数	占总人口比（%）	人数	占总人口比（%）	人数	占总人口比（%）
总计	23103	100.00	22062	100.00	24226	100.00
文盲	3524	15.25	3113	14.11	2583	13.38
半文盲	1208	5.22	726	3.29	253	1.04
小学	9234	39.97	8592	26.70	7953	32.82
初中	6287	27.21	8052	36.50	11041	45.57
高中和中专	874	3.78	1507	6.83	1986	8.20
大学及以上（含肄业）	28	0.12	72	0.33	659	2.72
研究生	0	0	0	0	4	0.02

第三章　姓氏构成

于城镇2005年共有姓氏162个，其中1000人以上的大姓有5个：王氏1867人，占全镇总人口的8.26%；沈氏1804人，占全镇总人口的7.98%；陈氏1527人，占全镇总人口的6.76%；张氏1205人，占全镇总人口的5.33%；朱氏1092人，占全镇总人口的4.83%。合计占全镇总人数的33.16%。

表2—3—1　　于城镇2005年姓氏个数、人数情况表

姓氏	人数	姓氏	人数	姓氏	人数	姓氏	人数	姓氏	人数	姓氏	人数
王	1867	沈	1804	陈	1527	张	1205	朱	1092	吴	865
周	757	徐	666	许	654	马	609	叶	563	金	502
俞	468	陆	459	董	451	冯	403	赵	399	韩	395
钱	376	蔡	354	顾	347	李	321	姚	304	邱	275
范	262	潘	257	苏	252	何	235	蒋	207	褚	202
曹	200	黄	200	肖	168	夏	165	贺	150	葛	149

续表 2－3－1

姓氏	人数	姓氏	人数	姓氏	人数	姓氏	人数	姓氏	人数	姓氏	人数
宋	142	孙	139	盛	132	胡	127	富	116	郁	107
杨	103	唐	101	薛	90	施	90	江	84	刘	83
翁	82	田	76	储	71	时	64	倪	64	郭	60
印	60	戴	59	林	59	任	56	钟	56	高	55
谢	51	梁	47	吾	45	莫	45	费	44	史	43
袁	42	单	39	浦	37	崔	36	邹	32	姜	32
鲍	32	汤	32	万	31	殷	31	蒉	30	祝	29
郑	28	凌	27	彭	27	庄	27	步	25	丁	25
汪	22	祖	22	常	21	严	20	罗	20	邵	19
郐	19	曾	19	詹	19	乔	18	仇	17	杜	17
邓	16	孟	16	方	15	宣	14	秦	14	康	14
干	12	苗	12	华	12	茹	10	石	10	阮	10
章	10	卢	9	洪	9	程	9	卜	8	陶	8
颜	8	贾	7	魏	7	应	6	余	6	熊	6
鲁	6	虞	6	毛	6	包	5	仲	5	厉	4
季	4	寿	4	楼	3	廖	3	甘	3	孔	3
吉	3	吕	3	宗	3	居	3	骆	3	蜜	2
傅	2	缪	2	于	2	芦	2	屈	2	闻	2
甫	1	岑	1	佐	1	连	1	扶	1	相	1
查	1	娄	1	项	1	柳	1	柴	1	屠	1
银	1	舒	1	简	1	腾	1	裴	1	卫	1

说明:2005 年于城镇总人口为 22600 人

附:

历年于城镇人口增减情况统计表

表 2－3－2　　　　于城镇 1948～2014 年人口增减情况统计表

年份	总人口数	出生数	出生率（‰）	死亡数	死亡率（‰）	自然增长数	自然增长率（‰）	迁入人数	迁出人数	机械增长数	机械增长率（‰）
1948	12330	68	5.51	79	6.40	－11	－0.89	80	76	4	0.32

续表 2－3－2

年　份	总人口数	出生数	出生率（‰）	死亡数	死亡率（‰）	自然增长数	自然增长率（‰）	迁入人数	迁出人数	机械增长数	机械增长率（‰）
1949	12395	121	9.76	146	11.77	－25	－2.00	102	78	24	1.94
1959	25958	583	22.46	501	19.30	82	3.15	134	115	19	0.73
1960	25847	450	17.41	306	11.83	144	5.57	156	136	20	0.77
1962	16596	824	52.49	115	7.33	709	45.17	287	175	112	6.75
1963	22284	1057	47.43	178	7.98	879	39.45	134	95	39	1.75
1964	17927	776	43.29	154	8.59	622	34.69	208	218	－10	－0.05
1965	18550	760	40.97	144	7.76	616	33.21	151	120	31	1.67
1968	20256	674	33.27	124	6.12	550	27.15	146	87	59	2.91
1970	21557	643	29.82	141	6.54	502	23.28	131	123	8	0.37
1972	22262	508	22.82	130	5.83	378	16.97	112	130	－18	－0.81
1974	22651	277	12.22	143	6.31	134	5.92	105	112	－7	－0.30
1976	22784	270	11.85	152	6.67	118	5.18	87	136	－49	－2.15
1978	22280	207	9.29	124	5.79	83	3.73	60	213	－153	－6.86
1980	22893	229	10.00	146	6.38	83	3.62	158	194	－36	－1.57
1982	23222	335	14.42	111	4.78	224	9.65	133	195	－62	－2.67
1983	23106	135	5.84	154	6.66	－19	－0.82	98	195	－97	－4.20
1984	23040	155	6.72	154	6.67	1	0.04	70	30	40	1.74
1986	23074	416	18.03	141	6.11	275	11.91	140.	242	－102	－4.42
1988	23308	283	12.14	187	8.02	96	4.11	96	176	－80	－343
1990	23414	291	12.43	174	7.43	117	4.99	185	220	－35	－1.49
1991	23535	346	14.70	184	7.81	162	6.88	134	175	－41	－1.74
1992	23586	353	14.96	160	6.78	193	8.18	152	293	－141	－5.97
1993	23673	386	16.31	177	7.48	209	8.83	90	208	－118	－4.98
1994	23743	339	14.27	171	7.20	168	7.08	117	215	－98	－4.13
1995	23762	371	15.61	181	7.62	190	7.99	85	250	－165	－6.94
1996	23813	330	13.85	167	7.01	163	6.85	114	227	－113	－4.75
1997	23827	262	11.00	152	6.38	110	4.62	55	144	－89	－3.74
1999	23648	202	8.52	168	7.09	34	1.43	113	101	12	0.50

续表 2—3—2

年　份	总人口数	出生数	出生率（‰）	死亡数	死亡率（‰）	自　然增长数	自　然增长率（‰）	迁入人数	迁出人数	机械增长数	机　械增长率（‰）
2000	23506	222	9.42	161	6.83	61	2.58	126	187	-61	-2.59
2001	23445	199	8.48	164	6.99	35	1.49	105	102	3	0.12
2002	23197	120	5.53	189	8.14	-69	-2.97	116	124	8	0.34
2003	22442	127	5.50	176	7.62	-49	-2.12	98	108	-10	-0.44
2004	22756	140	6.12	185	8.09	-45	-1.97	109	123	-14	-0.62
2005	22537	100	4.43	167	7.41	-67	-2.97	128	267	-139	-6.17
2006	22498	131	5.82	169	7.51	-38	-1.69	177	178	-1	-0.04
2007	22423	104	4.63	170	7.58	-66	-2.94	146	159	-13	-0.58
2008	22421	103	4.59	161	7.18	-58	-2.58	99	102	-3	-0.13
2009	22442	120	5.35	162	7.22	-42	-1.87	108	110	-2	0.09
2010	22453	125	5.57	204	9.09	-79	-3.52	99	96	3	0.13
2011	22506	101	4.48	159	7.06	-58	-2.58	255	222	33	1.47
2012	25927	223	8.58	198	7.65	25	0.93	136	119	17	0.65
2013	22483	154	6.85	175	7.78	-21	-0.93	174	125	49	2.18
2014	22472	191	8.50	166	7.39	25	1.11	158	148	10	0.44

表 2—3—3　　于城镇 1964～2014 年非农人口增减情况统计表

单位：人

年份	年末非农人口	非农人口增加原因											非农人口减少原因					
		出生	非农迁入	农业人口转非农人口						复员转业	劳教释放	合计	死亡	非农迁出	知青下乡	逮捕	其他	合计
				招工	招生	投靠	随军	知青	其他									
1964	464	3	10	5	—	1	—	2	2	—	—	10	—	12	—	—	12	12
1978	436	—	12	32	—	4	—	1	—	1	—	50	6	41	2	2	—	51
1979	463	4	24	54	—	1	3	27	—	1	—	114	1	71	—	—	15	87
1981	552	6	52	20	—	4	—	2	20	—	—	104	6	58	—	—	—	64
1982	673	8	39	5	—	—	—	115	6	—	—	126	1	51	—	—	—	52
1983	653	5	54	2	—	—	—	—	2	—	—	63	7	75	—	1	—	83
1985	1750	31	22	4	—	5	—	—	17	—	1	1217	4	97	—	—	—	101

续表 2—3—3

年份	年末非农人口	非农人口增加原因											非农人口减少原因					
		出生	非农迁入	农业人口转非农人口						复员转业	劳教释放	合计	死亡	非农迁出	知青下乡	逮捕	其他	合计
				招工	招生	投靠	随军	知青	其他									
1986	1716	5	17	1	—	2	—	—	6	—	—	31	6	63	—	—	—	69
1989	1470	2	11	—	—	4	—	—	34	—	—	51	15	90	—	1	5	111
1990	547	3	18	2	—	2	—	—	2	—	—	27	6	944	—	—	—	950
1992	553	4	8	—	—	6	—	—	33	1	—	52	3	23	—	—	—	26
1993	580	8	14	1	—	13	—	—	40	—	—	54	4	28	—	—	—	32
1995	558	5	39	3	—	5	—	—	3	—	—	62	4	42	—	—	—	46
1998	594	4	15	12	—	—	—	—	28	—	—	59	5	40	—	—	—	45

第四章　计划生育

第一节　常住人口计划生育管理

1963年县计划生育委员会办公室成立，1974年起从各公社借用人员从事计划生育工作。1975年起建立县乡村三级管理制度。1979年公社计划生育办公室建立，并配备1名专职干部。1985年建立“月月清”汇报制度以及独生子女名册；并建立男女青年、结婚、已婚育龄妇女、出生、死亡、一孩、独生子女、人口规划落实等九本管理账册；村一级建立出生、死亡、已婚育龄妇女等四本管理账册。

20世纪中叶以前，人口增长缓慢。50年代至60年代初，提倡多子女光荣，生育有补贴。

1964年，圩城公社管理委员会决定成立计划生育委员会，由周阿林、宋阿毛、钟凤林、虞志林、戴周林、赵民强、周文祥等7人组成。周阿林任主任，钟凤林任副主任。并成立指导小组，周文祥兼任组长。各大队建立计划生育领导小组，由大队长或副大队长兼任组长，团支部书记、妇女队长、接生员、教师等5人组成；生产小队要确定1名年纪较大，在群众中有威信的妇女担任计划生育宣传员。各大队每一个月向公社汇报一次，全公社每年评比一次计划生育先进工作者。

1972年，海盐县下达控制人口增长率指标，欤城公社指标为不超过20%，为此，欤城公社成立了计划生育领导小组，由党委主要领导兼任组长。

1977年起设立计划生育专职干部，具体负责计划生育工作。

1979 年 9 月，浙江省作出了《关于计划生育若干问题的决定》，1980 年党中央、国务院发出普遍提倡一对夫妇只生育一个孩子的号召。

1983 年 1 月，钦城乡开展第一个计划生育宣传月活动，并制订奖励和处罚措施。12 月在钦城乡第七届人民代表大会第三次会议暨钦城乡经济联合社第一次社员代表大会上审议通过了《计划生育乡规民约》。

1989 年 8 月 14 日，钦城乡第一届计划生育协会代表大会召开，成立了计划生育协会，并通过了《计划生育协会章程》。随着计划生育的思想工作逐步深入，并以组织措施加以保证，人口自然增长率逐步得到控制。

1996 年全镇出生 332 人，无计划外出生。

2014 年，全镇共出生 191 人，其中女孩 93 人，无计划外生育，计划生育率达 100%，出生率 8.50‰，一胎率达到 73.82%，节育率达到 26.18%，独生子女领证率达到 51.01%。死亡 166 人，死亡率 7.39‰，人口自然增长率 1.11‰。

第二节 流动人口计划生育管理

流动人口管理工作是计划生育工作的一项重要且困难的工作。随着改革开放深入、市场经济体制的发展，流出、流入人口增多，给搞好计划生育工作提出了难题。为搞好流动人口计划生育管理工作，镇党委、政府专门召开流动人口管理工作会议，并同镇、村级单位签订了相关的目标责任书，对各项工作指标都提出了具体要求，奖罚分明。

其主要工作有流动人口统计工作、流出人口办证情况、流动人口宣传工作、已婚育龄妇女寄回孕情证明情况以及流入人口验证及管理工作等。

于城镇地处杭浦公路段，海盐县中心地段，由于地理优势，所以流入人员较多。镇政府组织公安、计生办人员对其进行了清理整顿。为了更好地搞好流动人口计划生育管理工作，将宣传教育、经常性工作为主，搞好流入人口的技术服务工作，并制定一系列的措施。使流入人口在于城镇管辖范围内能够遵守计划生育政策、法规。

表 2—4—1　　于城镇流出人口计划生育情况表

<table>
<tr><th rowspan="3">年份</th><th rowspan="3">流出育龄人数</th><th colspan="3">市内县外(人)</th><th colspan="3">省内市外(人)</th><th colspan="3">省外(人)</th><th rowspan="3">流出育龄妇女育证发放数</th></tr>
<tr><th rowspan="2">小计</th><th colspan="2">其中育龄妇女</th><th rowspan="2">小计</th><th colspan="2">其中育龄妇女</th><th rowspan="2">小计</th><th colspan="2">其中育龄妇女</th></tr>
<tr><th>小计</th><th>其中已婚</th><th>小计</th><th>其中已婚</th><th>小计</th><th>其中已婚</th></tr>
<tr><td>2007 年 10 月～2008 年 9 月</td><td>191</td><td>48</td><td>25</td><td>20</td><td>47</td><td>28</td><td>18</td><td>96</td><td>52</td><td>50</td><td>208</td></tr>
<tr><td>2008 年 10 月～2009 年 9 月</td><td>175</td><td>37</td><td>22</td><td>17</td><td>44</td><td>22</td><td>14</td><td>94</td><td>53</td><td>51</td><td>176</td></tr>
<tr><td>2009 年 10 月～2010 年 9 月</td><td>169</td><td>39</td><td>28</td><td>11</td><td>63</td><td>35</td><td>30</td><td>67</td><td>37</td><td>37</td><td>—</td></tr>
</table>

续表 2—4—1

年份	流出育龄人数	市内县外(人)			省内市外(人)			省外(人)			流出育龄妇女育证发放数
		小计	其中育龄妇女		小计	其中育龄妇女		小计	其中育龄妇女		
			小计	其中已婚		小计	其中已婚		小计	其中已婚	
2010年10月～2011年9月	197	67	67	39	98	98	51	32	32	32	66
2011年10月～2012年9月	293	67	31	23	51	33	24	103	56	63	111
2012年10月～2013年9月	366	81	50	36	49	47	35	151	63	71	125
2013年10月～2014年9月	457	105	111	67	38	56	43	163	57	69	93

表 2—4—2　　于城镇流入人口计划生育情况表

年份	流入育龄人数	市内县外(人)			省内市外(人)			省外(人)			流入育龄妇女育证发放数
		小计	其中育龄妇女		小计	其中育龄妇女		小计	其中育龄妇女		
			小计	其中已婚		小计	其中已婚		小计	其中已婚	
2008年10月～2009年9月	4990	23	16	5	11	11	10	4979	1441	1805	2753
2009年10月～2010年9月	5410	21	18	7	193	32	31	5217	2258	1295	3423
2010年10月～2011年9月	4199	23	17	6	130	73	57	4037	1582	2455	66
2011年10月～2012年9月	3621	47	23	11	129	81	49	3407	2697	1876	2331
2012年10月～2013年9月	3815	36	23	15	125	68	49	2973	2687	1992	1903
2013年10月～2014年9月	4082	57	31	26	169	82	52	3607	3078	2563	2105

表 2—4—3　　砍城乡 1982 年独生子女领证情况表

单位	育龄妇女数	已婚育龄妇女				
		人数	其中已有一孩妇女			
			人数	一孩率(%)	已领独生子女证	领证率(%)
于城	244		61	37.78	23	
鸳鸯	283		77	64.94	50	
吕家	309		97	68.84	66	
于三	267		90	68.89	62	

续表 2—4—3

单　位	育龄妇女数	已婚育龄妇女				
		人　数	其中已有一孩妇女			
			人　数	一孩率（%）	已领独生子女证	领证率（%）
庄　家	210		67	77.61	52	
于　南	167		59	57.63	34	
何　家	364		92	39.14	36	
南　圣	227		70	71.43	50	
构　塍	267		97	52.63	49	
千　福	251		69	50.72	35	
八　字	223		58	50	29	
坛墩庙	213		53	75.47	40	
江　渭	184		45	60	27	
太平桥	261		81	49.38	40	
陈家门	131		38	55.26	21	
于　北	178		42	69.85	29	
集　镇	118		26	42.39	12	
合　计	3897		1122	58.48	655	

表 2—4—4　　于城镇 2002 年独生子女领证情况表

单　位	育龄妇女人数	已婚育龄妇女				
		人　数	其中已有一孩妇女			
			人　数	一孩率（%）	有效领证人数	领证率（%）
鸳　鸯	813	696	436	62.64	148	21.26
吕　家	894	739	480	64.95	152	20.57
庄　家	698	606	413	68.15	104	17.16
何　家	577	484	308	63.64	77	15.91
构　塍	930	784	502	64.03	146	18.62
八　字	799	670	437	65.22	136	20.30
江　渭	715	588	363	61.73	132	22.45

续表 2—4—4

单位	育龄妇女人数	已婚育龄妇女				
		人数	其中已有一孩妇女			
			人数	一孩率（%）	有效领证人数	领证率（%）
三联	988	829	553	66.71	188	22.63
集镇	174	131	102	77.86	28	21.37
合计	6588	5527	3594	65.03	1111	20.10

表 2—4—5　　于城镇 2014 年独生子女领证情况表

单位	育龄妇女人数	已婚育龄妇女				
		人数	其中已有一女孩			
			人数	一孩率（%）	已领证	领证率（%）
鸳鸯	757	565	383	67.79	263	46.55
吕家	760	596	436	73.15	289	48.49
庄家	606	473	344	72.73	259	54.76
构塍	800	613	462	75.37	334	54.49
何家	510	395	293	74.18	211	53.42
八字	705	546	909	74.91	272	49.82
江渭	543	410	308	75.12	222	54.15
三联	899	693	506	73.02	346	49.93
枫桥	112	87	67	77.01	37	42.53
合计	5692	4378	3208	7328	2233	51.01

第五章　人口迁移

第一节　杭州移民

1956 年 3 月 20 日，钦城、百步、石泉三乡共接收杭州市移民 149 户，人口 536 人。其中，安置在钦城乡的红星社 4 户，益星社 4 户，五星社 4 户，齐星社 6 户，大桥社 7 户，连丰社 4 户，黎明社 4 户，第二社 3 户，千福社 8 户，第一社 6 户，第三社 4 户，第四社 3 户，鸳鸯乡顺港小社 1 户，圩东乡二个半村 4 户，共安置有 62 户，大小男女人口 223 人。

第二节　支援宁夏

1960 年 3 月 7 日，于城公社成立支援宁夏委员会。曹金观任主任委员，朱福昌、顾虎荣任副主任委员，朱春妹、朱坤荣、张老虎、周阿林为委员。

具体工作分三个阶段：

第一是建立组织，制订规划，宣传发动；第二是申请报名阶段；第三是审批公布阶段。软城公社共支援宁夏 75 人，其中家属 19 人。

于城公社支援宁夏全社报名人数达 5399 人，其中全家报名的有 56 户。实际批准入宁共 52 户 75 人。男女各半。全部是农业人口，年龄在 15～35 岁的占 96.5%，其中共产党员 3 人，团员 7 人，小队长以上干部 8 人；有 18 对夫妻一起去的，有 5 户是全家共有 15 人一起去的。并且出现争先恐后报名，父亲代儿子报名，母亲代女儿报名等情况。

第三节　知识青年上山下乡

知识青年上山下乡运动，是指二十世纪六七十年代在“文化大革命”期间，毛泽东主席发出“知识青年到农村去，接受贫下中农的再教育，很有必要”的指示，地方政府组织大量城镇“知识青年”离开城镇，到农村定居和参加农业劳动的运动。

真正有组织、大规模地把大批城镇青年送到农村去，则是在“文化大革命”后期。毛泽东主席说：“农村是一个广阔的天地，到那里是可以大有作为的”，1968 年当年在校的初中和高中生（1966 年、1967 年、1968 年三届学生，后来被称为“老三届”），大部分前往农村。“文化大革命”中全县上山下乡的知识青年总人数达到上万人，全国十分之一的城市人口来到了乡村。这是人类现代历史上罕见的从城市到乡村的人口大迁移。全国城市居民家庭中，几乎没有一家不和“知青”下乡联系在一起。

进入 70 年代以后，开始允许知识青年以招工、考试、病退、顶职、独生子女、身边无人、工农兵学员等各种各样名目繁多的名义逐步返回城市。到 70 年代后期，知青们强烈要求回城。1978 年 10 月，全国知识青年上山下乡工作会议决定停止上山下乡运动并妥善安置知青的回城和就业问题。1979 年后，绝大部分知青陆续返回了城市，也有部分人在农村结婚“落户”，留在了农村。

表 2—5—1　　圩城公社历年下乡知识青年基本情况表

单位：人

大队名称	下乡知青人数	实有人数			参加组织		进入领导班子			变动情况							担任职务			
		合计	其中		入共产党	入共青团	公社	大队	生产队	合计	招工	参军	企业	借用	本社结婚	外出结婚	教师	医生	机电工	记工员
			男	女																
红旗	9	9	3	6	—	2	—	—	—	—	—	—	1	—	1	—	—	—	—	—

续表 2－5－1

大队名称	下乡知青人数	实有人数			参加组织		进入领导班子			变动情况							担任职务			
		合计	其中 男	其中 女	入共产党	入共青团	公社	大队	生产队	合计	招工	参军	企业	借用	本社结婚	外出结婚	教师	医生	机电工	记工员
红心	9	9	6	3	—	—	—	—	—	—	—	—	—	—	—	—	1	—	—	1
红卫	12	12	5	7	—	1	—	1	—	—	—	—	—	1	—	—	—	—	—	—
红光	2	2	—	2	—	—	—	—	—	—	—	—	—	—	—	—	—	—	—	—
东风	49	42	30	12	—	2	—	1	1	8	2	1	1	—	1	4	1	—	5	—
挺进	5	5	2	3	—	—	—	—	—	—	—	—	—	—	1	—	—	—	—	—
胜利	3	3	—	3	—	—	—	—	—	—	—	—	—	—	—	—	—	—	—	—
跃新	28	22	9	13	1	5	1	1	—	7	3	—	—	1	—	3	2	—	1	—
向阳	21	19	13	6	—	1	—	1	—	2	1	—	1	—	1	—	1	—	—	—
五星	46	23	12	11	1	4	1	1	—	22	4	1	—	1	8	16	2	—	—	—
建新	52	41	21	20	1	1	—	1	2	13	6	1	1	1	12	4	3	—	1	—
齐心	36	36	23	13	—	8	—	2	2	2	—	1	1	—	6	—	2	—	1	1
立新	2	1	1	—	—	—	—	—	—	1	1	—	—	—	—	—	—	—	—	—
八一	20	21	11	10	—	2	—	1	2	2	—	1	1	—	5	—	1	—	—	1
合计	294	245	136	109	3	26	2	9	7	58	17	5	6	4	35	27	13	—	8	3

第四节　农民进城

自理口粮户

1985 年 3 月，钦城乡政府发出《关于农民进入集镇落户问题的实施意见》。《意见》指出：1. 凡农民自愿申请到钦城集镇务工、经商、办服务行业的，在钦城集镇上有固定的住所；坐落在钦城集镇上乡、村办企业正式职工、计划内的临时工、长期合同工、土地工，经工商行政管理部门批准办服务行业的从业人员，以及聘用制的乡干部，时间在一年以上的都可以自理口粮进钦城集镇落户。2. 自理口粮进入集镇的农民，一旦因故返乡，原居住地户口登记机关应准予返回原地落户，不得拒绝。3. 农民自理口粮进入集镇的落户者，首先要有固定的住所，必须做到自愿申请，三证齐全：一是村、乡政府证明，二是有营业执照或用人单位证明，三是有承包土地转让合同证明。是年，集镇自理口粮户 87 户，1158 人，其中男 452 人，女 706 人。在总自理口粮人口中从事工业 889 人，商业 35 人，建筑业 56 人，交通运输业 18 人，服务业 22 人，其他 41 人。

1989 年统计，集镇自理口粮户达到 78 户，941 人，其中男 409 人，女 532 人。从事工业的 703 人，商业的 30 人，建筑业 55 人，交通运输业 19 人，服务业 21 人，其他行业 34 人，未成年人 75 人。在自理口粮户总人数中，丝厂 349 人，丝织厂 144 人，服装厂 86 人，水泥预制厂 36 人，建筑队 55 人，搬运站 21 人，集镇居民 50 人，塑料厂 23 人，经理部 12 人，磁材厂 24 人。

蓝色户口

1992 年 8 月，海盐县公安局发出《关于办理农民进城落户的实施细则》。农民进城经批准落户的户口，称“蓝色户口”。凡属蓝色户口的人口，应当按照常住户口人口管理规定纳入城镇居民委员会统一管理。在人口统计中，蓝色户口人口，按照非农业户口统计。申请落户人员需缴纳城市增容费，缴纳城市增容费标准是进入武原镇的需缴纳 10000 元，进入县城以下建制镇的缴纳 8000 元。农民在城镇落户后，凡持有《蓝色户口簿》的人员，其待遇按《海盐县关于办理农民和外来人口进城落户的暂行规定》。在粮油供应、子女入托入学、招工就业、本人或子女参军、买房建房、务工经商、选民登记、医疗卫生保健、社会保险等方面，与城镇居民享受同等待遇。

第五节 三峡移民

2001 年，海盐县首次开展三峡库区移民接收工作。重庆市奉节县三峡库区 107 户 519 人移民落户海盐。于城镇共接收安置重庆市奉节县万胜村移民 24 户，106 人。

表 2—5—2　　三峡移民于城镇安置情况表

单位：人

安置村名	迁入组名及户数	户主姓名	家庭总人口	其中		其中	
				男	女	成人	未成年
八字村	贾山组 3 户	刘庆坤	4	2	2	3	1
		刘庆银	5	2	3	4	1
		刘庆付	5	3	2	5	0
千福村	15 组 6 户	曾学全	4	3	1	4	0
		曾学禄	6	3	3	5	1
		刘庆元	4	3	1	3	1
		白明平	3	2	1	2	1
		白明抗	5	3	2	5	0
		邓为松	3	2	1	3	0
陈家门村	5 组 2 户	陈治洪	5	2	3	5	0
		邓建平	4	2	2	2	2

续表 2—5—2

安置村名	迁入组名及户数	户主姓名	家庭总人口	其中		其中	
				男	女	成人	未成年
于北村	5组 5户	王忠明	5	2	3	4	1
		刘朝平	5	3	2	4	1
		刘天龙	4	1	3	2	2
		刘次军	4	2	2	3	1
		向　奎	6	4	2	6	0
何家村	5组 4户	翟术清	4	2	2	4	0
		邓相进	6	2	4	6	0
		刘庆祝	5	2	3	5	0
		曾广奎	6	2	4	6	0
南圣村	钱家组 3户	郑发彬	5	3	2	5	0
		邵东平	3	1	2	2	1
		邓相珍	5	2	3	5	0
	合计	23户	106	53	53	93	13

第三编　自然环境

于城镇系江南水乡，镇域内河道如网状密布，土地肥沃。属亚热带季风性湿润气候，四季分明。20 世纪 80 年代以来，年平均温度呈上升趋势，年日照时数减少，年平均雨量增大，灾害天气增多。水资源较丰富，因过度开采地下水，导致地面沉降。植物资源、动物资源丰富。2014 年，于城镇域总面积为 42.96 平方公里。

第一章　地　　理

第一节　地　质

海盐县于城镇地质构造位于杨子准地台江南块褶带沪（上海）临（临安）大背斜和钱塘江大向斜连接带上，属于新华夏系第二条一级隆起带南段北部东翼，处于闽粤沿海地震带向北延伸的杭州湾地震块段，受到黄海地震影响，该块段活动不大，但在浙江省范围内是比较活动的。根据国家质量技术监督局发布的《中国地震动参数区划图》（GB18306—2001），境内地震动峰值加速度为 0.05g①，相当于地震基本烈度为 6 度。

于城土质为轻黏土。传统农业以种植水稻、大小麦、油菜为主；20 世纪 90 年代后，种植了葡萄、梨树等水果。

第二节　地　貌

于城镇位于海盐县中部，距海盐县城 8.8 公里，境域成枫叶状，地势向西北缓缓倾斜，南北最长两端约 13.2 公里，东西最宽两端约 12.7 公里，总面积为 42.96 平方公里。地理位置，东邻武原镇，南连通元镇，西与百步镇接壤，北靠着沈荡镇。于城属杭嘉湖平原水网地区，平均海拔高度为 2.62 米，境内河道交错纵横，共有河道 359 条，总长度为 148.30 公里。地势高程表现为河、水田、旱地三个不同层次，境域南片地形略高，何家村、庄家村、构塍村平均田面高（吴淞高程〈下同〉）分别为 4.90 米、4.86 米、4.81 米；西北地区较低，鸳鸯村、吕冢村平均田面高分别为

---

① g 为重力加速度。

4.38米和4.42米，2014年全镇平均田面高为4.63米。全镇地势东南高西北低，鸳鸯村为最低。据1983年调查数据，全镇水田田面平均高程为4.46米。地势较低的田地主要分布在鸳鸯村、吕冢村、三联村，1968～1976年经9年大规模的农田基本建设，加高了水田高程，环境得到了改善，但仍为全镇地势最低区域。

第三节　土　壤

据1981年海盐县第二次土壤普查资料表明，于城镇属冲积海积平原区，成土母质主要有河海沉积物、湖海沉积物、湖泊沉积物，为轻黏土。全镇共有2个土类，3个亚类，6个土属，12个土种，土壤肥沃，养分丰富。根据2012年海盐县农业经济局出台的《海盐县各镇（街道）耕地地力评价分级统计表》，于城镇耕地总面积35383亩，其中一级耕地3046亩，二级耕地20457亩，三级耕地8306亩，四级耕地3574亩。

土壤类别

全镇为水稻土和潮土两大类。其中水稻土面积32313亩，占全镇耕地总面积的91.3%。

水稻土是在长期的水田耕作、施肥、轮作复种等农业技术措施作用下，特别是灌溉渍水和水稻生长影响下，人为定向培育而形成的。于城水稻土有两个亚类，即潴育型水稻土和脱潜潴育型水稻土。

潴育型水稻土　潴[①]育型水稻土亚类由于成土母质、成土时间以及人为耕作影响不一，形成黄斑田、堆叠泥田2个土属。

脱潜潴育型水稻土　此亚类发育于古潜育体上的水稻土，界于潜育型水稻土和潴育型水稻土之间，为过渡类型。按沉积类型及其母质类型的不同，划分为青紫泥田、半青紫泥田、青粉泥田3个土属。

土壤养分

于城镇土壤养分贮量处于中等水平，属比较丰富，其中有机质和氮素贮量明显高于全县平均数。

全镇土壤有机质含量均大于2%。水田土壤养分根据33个测定点分析，有机质平均含量均3.07%，全氮平均含量0.188%，速效磷含量平均为3.5ppm，速效钾平均含量120ppm，pH值平均为6.8。旱地土壤养分根据5个测定点分析，有机质平均含量均1.78%，全氮平均含量0.134%，速效磷含量平均为5.3ppm，速效钾平均含量126ppm，pH值平均为6.6。

于城属低洼区，水田土壤长期浸水，耕性黏重，速效磷含量较低，加上连续旋耕，致使耕层变浅，犁底层抬高，20世纪末起土杂肥施用量减少，土壤肥力有减退趋势。应重视土壤的改良，完善排灌系统，增施有机肥。旱地磷肥比较缺乏，有机质含量偏低。

---

① 潴：水停聚的地方。

第四节　气　候

四季特征

于城地处中北亚热带过渡区，属典型亚热带季风气候。气候温和湿润，四季分明，日照充足，雨量充沛，无霜期较长；有风、霜、雪、雹、旱涝、低温等灾害性天气。随冬季、夏季风逆向转换，天气系统、控制气团和天气状况均会发生明显的季节性变化，形成春多雨、夏湿热、秋气爽、冬干冷的气候特征。且邻近杭州湾，受海洋影响，具有气温年差较小和风力资源较丰富的海洋性气候特色。以平均气温为标准，四季划分见下表：

表 3—1—1　　于城镇四季划分情况

季　节	平均气温	初　日	终　日	持续日数
春　季	界于 10～22℃之间	3 月 28 日	6 月 12 日	77
夏　季	等于或大于 22℃	6 月 13 日	9 月 17 日	97
秋　季	界于 22～10℃之间	9 月 18 日	11 月 21 日	65
冬　季	等于或小于 10℃	11 月 22 日	3 月 27 日	126

春季　气温逐渐回升，但冷热多变，气温起伏较大。由于大陆高压衰退，冷暖气流交锋频繁，气温升降幅度大，多阴雨和雾，有些年份出现“倒春寒”，约 4 年一遇。同时雨水开始增多，4～5 月份的降水量 240 毫米左右，雨量占全年 30%左右。平均终霜日在 3 月 15 日，最早终霜日 3 月 4 日，最迟终霜日 4 月 14 日，全年无霜期为 240 天。

夏季　受太平洋副热带高压控制，以晴热天气为主，一般 6 月中旬至 7 月上旬为梅雨期(入梅一般在 6 月 15 日，出梅在 7 月 8 日)，梅雨期 23 天左右。1963～2000 年，梅雨量历年平均 230.3 毫米，其特征是湿热多雨，降水集中强度大，出现大到暴雨，易造成内涝。盛夏降水以雷阵雨居多。出梅为伏旱期，多晴热高温天气，有不同程度的伏旱发生。7～9 月是台风汛期，每年有 1～2 个热带风暴或台风影响，也会带来降水。

秋季　盛夏过后，太平洋副热带高压逐渐东移，大陆高气压逐渐发展，天气稳定，形成秋高气爽的天气。9 月是夏秋转换季节，受冷空气和热带风暴影响，秋风秋雨，雨水较多。10 月、11 月秋高气爽，天高云淡，日照充足，西北风开始盛行，气温逐渐下降，初霜平均日期为 11 月18 日。

冬季　受蒙古高压控制和北方寒流的影响，气候寒冷且干燥，多吹西北风，是一年中最干冷的季节，也是全年日照时数最少的季节。整个冬季以晴冷天气为主，降水少(12 月～次年 1 月平均降水总量不到 100 毫米)，多辐射雾。隆冬有降雪，后冬雨水增多，以湿冷天气为主。

主要气象要素

气温　1954～1987 年气象资料分析，年平均气温 15.8℃。最高月平均气温出现在 7 月份，为 28.3℃；最低月平均气温出现在 1 月份，为 3.5℃。极端日最高气温达 38.9℃，出现在 1954 年 8 月；极端日最低气温出现在 1977 年 1 月 31 日，达-10.8℃。

表 3－1－2　　　　1954～1987 年月平均气温情况

月　　份	1	2	3	4	5	6	7	8	9	10	11	12	全年
平均气温(℃)	3.5	4.8	8.5	14.1	19.1	23.6	28.3	28.0	23.5	17.8	12.2	6.1	15.8

春季:3 月底开始至 6 月中旬,气温开始上升,一般在 10～22℃之间,但冷热多变,并有“倒春寒”天气出现。

夏季:6 月中旬至 9 月中旬,气温大于 22℃,7 月中旬常出现日最高温度超过 35℃的高温天气,平均每年 6 天左右,最少年为 1 天,最多年如 1971 年达 16 天。

秋季:9 月中旬至 11 月下旬,气温开始下降,一般在 10～22℃之间,秋末,北方冷空气活动频繁,降温幅度大。

冬季:11 月下旬至次年 3 月下旬,是全年最长最冷的季节,气温低于 10℃,冬季气温低于 0℃的天数平均每年 38 天左右,最多年如 1967 年达 67 天,最少年仅 10 余天。

年度之间气温不同,且气温逐渐变暖。1998 年和 1994 年平均气温 17.8℃和 17.5℃,分别居历年平均温度最高第一、第二位。而 1976 年、1980 年平均气温最低,都是 15.4℃。一年中 7 月最热,月平均气温 28.3℃,极端最高气温从 1954 年 8 月和 1988 年 7 月 16 日相同为 38.9℃,至 2010 年突破以往极端高气温达 39.4℃,2013 年则达到 40.8℃。极端最低气温为－10.8℃(1977 年 1 月 31 日)。

日最高温度≥35℃,称为高温日。多的年份有 24 天(1998 年),少的年份仅 1 天,有 3 年。高温日集中于盛夏的 6～8 月,7 月最多。高温常与伏旱相伴,对工农业生产和群众生活都造成一定影响。

冬季受北方强冷空气南下影响,12 月至次年 2 月时有低温和冻害发生。1973～2002 年,30 年中县内年极端最低气温≤－4℃的有 23 年,其中有 6 年≤旬平均气温≤0℃的有两次,均为－0.2℃,分别出现在 1977 年 1 月上旬和 1984 年 12 月下旬。日最低气温＜0℃的日数,年平均 24.3 天,1984 年最多达 48 天;日最低气温＜0℃的日数最多月份达 24 天(1984 年 1 月)。日最低气温≤－5℃的日数较少,30 年中有 42 天,年平均 1.4 天。低温冻害影响农作物生长,严寒对企业生产、居民生活、城市供水供电等有较大影响。

气温呈上升趋势,暖冬现象突出。1973～2000 年平均气温起伏明显,20 世纪 70 年代年平均气温 15.9℃,80 年代 16℃,90 年代为 16.8℃,年平均气温最高是 1998 年 17.8℃,最低年是 1986 年 15.9℃。冬季气温 70 年代 5℃,80 年代 5.1℃,90 年代为 6.2℃,2000 年冬季平均气温 7.2℃。1986～2005 年,一年大于 35.0℃高温日,年平均 11.5 天集中出现在 7～8 月。1 月最冷,月平均气温 4.7℃,极端最低气温－8.7℃(1991 年 12 月 29 日)。冬季小于或等于－5.0℃严寒日,年平均仅 0.75 天,结冰日数 26.9 天。日平均气温稳定通过 10℃,初日在 3 月 27 日左右,终日在 11 月 23 日前后,持续天数 242 天左右,平均结温 5159.0℃。

2005 年度,年平均气温 16.8℃,最高气温 38.1℃(7 月 3 日),最低气温－5.8℃(1 月 1 日)。2006 年度,年平均气温 17.6℃,最高气温 37.4℃(7 月 4 日),最低气温－4.2℃(1 月 7 日、8 日)。

2007年度，年平均气温17.8℃，最高气温38.4℃（8月1日），最低气温-3.1℃（2月2日）。2008年度，年平均气温16.9℃，最高气温38.2℃（7月24日），最低气温-4.8℃（2月4日）。2010年度，年平均气温16.8℃，最高气温39.4℃（8月12日），最低气温-5.2℃（1月14日）。2011年度，年平均气温16.6℃，最高气温37.8℃（7月7日、26日），最低气温-6.3℃（1月17日）。

2013年平均气温17.4℃，比常年偏高0.8℃。全年仅1月、6月、12月平均气温比常年偏低幅度在0.1℃～1.2°℃。其中12月平均气温5.7℃，较常年低1.2℃，其余各月气温均比常年偏高，偏高幅度0.3℃～2.9℃，是于城近三十年同期平均最高。全年≥35℃44天，比常年多32.6天，主要集中在7月和8月。7月出现28个高温日，其中23～31日最高气温均在38℃以上；8月出现14个高温日，其中5～10日最高气温≥38℃，6～9日最高气温在40℃以上，极端最高气温40.8℃（出现在8月7日）。

2014年平均气温17.0℃，年度极端最高气温36.5℃，出现在7月11日，年度极端最低气温-3.9℃，出现在1月22日。

降水　根据盐政办发2006年78号文件，1976～2006年海盐气象资料显示，梅雨期一般在6月中旬～7月上旬，入梅通常在6月15日，出梅在7月8日左右，梅雨期23天左右。梅雨量历年平均246毫米左右，梅雨期特征是湿热多雨，降水强度大而集中，大到暴雨居多。出梅后为高温干旱期，晴热少雨。7～9月是台汛期，每年有1～2个热带风暴或台风影响。

历年年平均雨量为1286.2毫米，多的年份达1687.0毫米（1993年），少的年份为827.4毫米（1978年），多少悬殊。降水年际变化明显，以春夏两季为多，占全年三分之二，其中6月历年平均降雨量195.9毫米为各月最多，12月仅47.6毫米，为各月最少。月最大降雨量为546.2毫米（1999年6月），日最大降雨量为271.4毫米（1997年8月13日），1小时最大降雨量为126.5毫米（1997年8月13日）。全年雨日平均为145.1天，其中小雨90.3天，≥10.0毫米中雨38.9天，≥25.0毫米大雨12.9天，≥50.0毫米暴雨2.9天，≥100.0毫米大暴雨0.2天。雨日春季多于夏季，3月最多，平均为15.7天；雨日最多的月份达25天（1980年3月）。

2007年度，雨量为1348.8毫米，雨日122天。2008年度，雨量为1472.5毫米，雨日128天。2009年度，雨量为1421.9毫米，雨日134天。2010年度，雨量为1476.6毫米，雨日141天。2011年度，雨量为1106.1毫米，雨日106天。2012年度，雨量为1676.9毫米，雨日145天。2013年度，雨量为1346.6毫米，雨日110天。2014年度，雨量为1216.8毫米，雨日129天。

日照　于城为海盐县中心区域，参照全县为平均太阳辐射量每平方厘米104.9千卡，7月为最高值，平均达13.11千卡；冬季辐射量最小，1月平均为5.27千卡，故气温的周年变化和逐日变化都随太阳辐射量而变化。1986～2005年，全年日照时数平均为1919.7小时，日照百分率为43.3%，年际变化幅度在1738～2256小时之间。日照的全年变化是，7月、8月受副热带高压控制，太阳辐射强烈，日照时间也最长，其中8月份最多，为233.2小时，日照百分率为57.1%；2月份为最少，仅107.8小时，日照百分率为34.5%。

1973～2002年日照总时数年平均为1825.3小时，最多是1979年为2256小时，最少是2002年为1484.8小时。1986～2005年，与以前相比有所变化，日照时间明显减少，日照时数平均为1781.4小时。其中2002年最少，2005年最多，为1968.7小时。盛夏昼长夜短，降水多雷阵雨，光照充足，日照时间也最长。其中，7月最多，为211.7小时日照百分率为49%。寒冬昼短夜长，多晨雾，日照时间很短。其中1月最少，为107.2小时，日照百分率为33%。

2005年度，日照时数为1968.7小时。2006年度，日照时数为1991.2小时。2007年度，日照时数为1806小时。2008年度，日照时数为1881.4小时。2010年度，日照时数为1772.9小时。2011年度，日照时数为1864.7小时。2012年度，日照时数为1733.4小时。2013年度，日照时数为1987.9小时。2014年度，日照时数为1739.3小时。

风　风向随季节变化明显。每年2～10月多偏东风，其中7～8月以东南风为最多，风向频率分别为31%和34%；11月至翌年1月盛行西北风。年平均风速为3.0米/秒，3～8月平均风速都在3.5米/秒。春夏季风速大于秋冬季。其中8月最大，为2.8米/秒，12月最小，仅2.0米/秒。历年来最大风速25.4米/秒，最大瞬间风速33.7米/秒，均出现在2005年8月6日。1986～2005年期间，大于或等于8级大风日，年平均2.6天，主要是雷雨大风和台风，其中8月大风日年平均1.2天。

大风几乎每年出现，主要在7～8月，以偏东风为主，这与台风过境影响有关。冬春季以3月最多，3～5月大风风向变化的一个明显标志是随着初春向晚春转移，风向由西向东方向转变。

据1972～1986年气象记录，受台风影响11次，基本上是一年一遇。7～9月是受台风影响的季节，大风持续时间一般为1～2天，强度最大达27米/秒。有的年份以大风为主，降水较小，如1975年8月3日3号台风，大风强度19米/秒，过程降水只有7.4毫米。有的年份风雨兼作，往往是狂风暴雨，过程降水量多达152.7毫米，并出现偏东大风，农作物等受到影响。台风大雨会起到降温的作用。

雪　2005年度，雪日为9天；2006年度，雪日为6天；2007年度，雪日为0天；2008年度，雪日为16天；2010年度，雪日为10天；2011年度，雪日为13天。

霜　据1972～1987年气象资料，初霜日最早在10月24日(1981年)，最迟在12月4日(1980年)，平均日期是11月15日。终霜日最早在3月4日(1979年)，最迟在4月14日(1980年)，平均日期是3月15日。以地面有白霜为准的初、终霜期间隔平均为123天。霜期最长达137天，最短仅92天，无霜期一般约240天。

1988～2005年有霜期缩短趋势较明显，初霜平均出现在11月19日，最早是1986年10月30日，最晚则在1994年12月14日；终霜平均日期3月10日，最早为2002年2月3日，最迟为1993年4月5日；有霜期111天，比1972～1987年的统计缩短12天。全年无霜日254天，其中2002年为最长，为296天。

2005年度，霜日为35天。2006年度，霜日为26天。2007年度，霜日为28天。2008年度，霜日为47天。2010年度，霜日为35天。2011年度，霜日为48天。2012年度，霜日为38天。2013年度，霜日为48天。2014年度，霜日为43天。

雾　1986～2005年，年平均雾日①22.1天，最多年份38天，最少年份仅9天；大雾主要出现在10月到翌年4月，其中12月最多，年平均4.4天；以辐射雾居多，海上平流雾次之。辐射雾大

---

①　雾日：水平能见度小于1000米。

多在拂晓形成并渐浓，9～10 时减弱消散；平流雾常在傍晚或上半夜从海面上飘移而来，次日中午前后散开。冬春季暖湿气流活跃年份，浓雾[①]偏多，浓雾使水陆交通受阻，空气污染加重，危害公众生产生活和健康。

雷暴　1986～2005 年，年平均雷暴日 24 天，各年多寡悬殊。1987 年最多，有 45 天；2001 年、2004 年最少分别仅 13 天。雷暴各月都有发生，主要集中于春、夏两季，春季占 29%，夏季占 64%，秋冬季则很少；最多月份有 14 天，雷暴有明显日变化，发生在 16～20 时最多，6～10 时极少。雷暴初日平均在 3 月 14 日，最早在 2002 年 1 月 15 日，先打雷后下雨，最晚在 1997 年 4 月 29 日；终雷平均在 9 月 25 日，最早出现在 1998 年 8 月 27 日，最晚出现在 1997 年 12 月 6 日；全年平均雷暴期 196 天。1986 年 7 月 15 日 16 时 40 分许，钦城、沈荡、横港、百步、石泉等七乡镇遭雷雨大风袭击，1 人遭雷击死亡。

2005 年度，雷暴日为 35 天。2006 年度，雷暴日为 28 天。2007 年度，雷暴日为 35 天。2008 年度，雷暴日为 33 天。2010 年度，雷暴日为 39 天。2011 年度，雷暴日为 32 天。2012 年度，雷暴日为 32 天。2013 年度，雷暴日为 17 天。2014 年度，雷暴日为 23 天。

重要气象事件　1954 年 7 月 10～13 日，降雨 141.6 毫米，水位高达 4.68 米，全县受涝 15.6 万亩，组织 7400 人排涝，大部分春花作物和秧苗获救。钦城乡受涝情影响。

1962 年 9 月 6 日，受 14 号台风侵袭，3 日降雨量 190.7 毫米，水位从 3.15 米猛涨到 4.65 米，15.2 万多亩农田受涝。全县有 21 万人次、2000 多部人力水车投入排涝，设临时排涝机埠 35 个，出动抽水机 200 台排涝，绝大部分被淹农田获救。圩城公社积极组织排涝。

1963 年 9 月 13 日，12 号台风带来特大暴雨，24 小时降雨量 302 毫米，创海盐有气象记载以来最高纪录。全县受涝面积 22.01 万多亩，其中淹没稻梢 3.9 万亩，损失稻谷约 300 万公斤，圩城损较大。

1967 年 7 月 5 日～10 月 30 日，连续干旱 118 天，钦城最低水位 1.51 米。电力灌溉发挥作用，晚稻仍获丰收。

1978 年 6 月 3 日～9 月 17 日，夏秋大旱，107 天无透雨，7 月 10 日于城水位降至 1.87 米，水稻受旱，旱地作物严重减产。

1980 年 6 月 26 日 2 时 50 分，龙卷风冰雹袭击横港、于城等 11 个公社，1000 余亩连作晚稻秧田受灾，吹倒房屋近 200 间，死 3 人，伤 21 人。于城最大的冰雹重 1.2 公斤。

1984 年 6 月 13 日下午，海盐全县遭受暴雨袭击，24 小时降雨 128 毫米，水位从 3.03 米猛涨到 4.18 米。

1986 年 7 月 15 日 16 时 40 分许，沈荡、横港、百步、于城、石泉等 7 个乡镇遭龙卷风袭击，吹倒房屋 134 间、畜舍 74 间，1.66 万亩早稻倒伏，175 根电杆被吹断，1000 多棵树木被刮断或拔起，1 人遭雷击死亡，造成直接经济损失 35 万余元。

1991 年 5 月 19 日～6 月 20 日，连降暴雨，雨量 335.5 毫米。7 月 1～7 日，又降雨 152.1 毫米，梅雨量共计 487.6 毫米。特别是 7 月 5 日，24 小时大暴雨达 115.2 毫米，最高水位 4.03 米，

① 浓雾：水平能见度小于 200 米。

造成早稻田受涝。

1993年8月17～21日，杭嘉湖地区连降暴雨，降雨量110.1毫米，次日最高水位达4.12米。14个乡镇、149个行政村、16.1万人受灾。钦城房屋倒塌损坏，农田受灾。

1994年8月21～22日，受第17号台风袭击，极大风速20米/秒，潮位7.73米。22日凌晨1时许，1小时降雨量达44.6毫米。农田受灾，毁坏民房。

1997年7月6～11日，海盐全县连降暴雨，雨量达279.9毫米，其中10日一天降雨量达124.4毫米，于城水位涨到4.3米，涨高1.81米。洪涝造成于城镇经济损失。

1997年8月13日凌晨起24小时内，于城降雨量284.7毫米(50年一遇)。其中8月13日18时40分～19时40分，1小时内最大降雨量127.5毫米，为历史上所罕见。强降水造成河道水位猛涨，于城水位从13日8时的2.92米，至14日0时30分上涨到4.45米，16小时涨高1.53米。粮田受涝造成减产约。企业短时停产，砖瓦厂毁坏砖坯。居民住房进水，水深0.4～0.7米，持续12小时以上。

1997年8月18～19日，受第11号台风影响，遭受暴雨、台风的袭击。18日19时～19日19时降雨量81.1毫米，极大风速24米/秒。17个乡镇132个村25.5万人受灾，死亡1人，房屋倒塌303间，损坏2500间。

1999年6月7日～7月1日，连续大雨，降雨量达611.9毫米，最高水位4.46米，给工农业生产和群众生活带来严重影响。

2001年6月25～27日，海盐县连降暴雨，于城水位4.2米，全县受灾面积4.3万亩，企业停产半停产175家，损坏和倒塌房屋177间，直接经济损失8130万元。于城受到严重影响。

2013年上半年连续阴雨。2月多阴雨寡照天气，出现在1～9日、12～19日，1～9日降水日6天，累积雨量25.0毫米，日照时数5.3小时；12～19日受冷暖气流共同影响，再次出现持续阴雨天气，雨日6天，累积雨量46.5毫米，日照时数16.1小时。连阴多雨，影响农作物发育进程。3月下半月冷暖气流交替频繁，降水增多，其中16～24日连续阴雨，中间尽21天无降水，累积雨量66.1毫米。5月6～11日受低层弱的切变线与高空低槽先后影响出现一段连阴雨天气，过程雨量59.0毫米；5月15～18日，受低层切变线影响，再次出现一段阴雨天气，累积降水量62.8毫米。梅雨6月7日入梅，7月1日出梅，均较常年偏早。梅汛期雨量246.7毫米，梅雨期24天，均接近常年。是年，主要强降水过程有3次，分别出现在6月7日、24日、27日。6月27日出现的暴雨，雨量54.8毫米，于城镇133.33公顷水稻受淹。

第二章　于城水文站

于城水文站1955年成立，测量内河水位和雨量。设立于盐嘉塘于城大桥至沈荡150米西侧，因盐嘉塘成为杭嘉湖南排主干河道，1998年拓宽疏深时，于城水文站原房屋和测量点拆迁，搬迁至吕家港于城西桥西侧，新建水文站楼舍。水文站有观测员2人，其中1名为事业单位编制人员(2007年8月入编制)，1名为合同制聘用人员。

于城水文站测得降水最大最小年份，2012 年降水量最大，为 1676.9 毫米，2003 年降水量最小，为 675.4 毫米，最大年降水量是最小年降水量的 2.48 倍。4～10 月降水量占全年的 71%，降水年内、年际、地域变化不明显。

表 3—2—1　　于城水文站前 5 位最大年降水量情况表

最　大	排　序	站　名	年　份	降水量(毫米)
前五位	1	钦　城	2012	1676.9
	2	钦　城	1993	1603.6
	3	钦　城	1997	1548.2
	4	钦　城	2010	1476.6
	5	钦　城	2008	1472.5

表 3—2—2　　于城水文站前 5 位最小年降水量情况表

最　小	排　序	站　名	年　份	降水量(毫米)
前五位	1	钦　城	2003	675.4
	2	钦　城	1978	720.9
	3	钦　城	1967	778.7
	4	钦　城	1979	850.4
	5	钦　城	1986	870.3

1956～2012 年，于城站实测最高水位为 4.47 米，发生在 1984 年。

表 3—2—3　　于城水文站前 10 位实测最高水位情况表

单位：毫米

排名	1	2	3	4	5	6	7	8	9	10
时间	1984 年	1977 年	1997 年	1999 年	1995 年	2001 年	1983 年	1987 年	1985 年	2012 年
水位	4.47 (2.63)	4.39 (2.55)	4.34 (2.50)	4.34 (2.50)	4.26 (2.42)	4.21 (2.37)	4.18 (2.34)	4.17 (2.33)	4.15 (2.31)	4.11 (2.27)

说明：水位数大吴淞高程，括号内为黄海高程，差 1.84 毫米

2006 年 7 月 18 日出台的《海盐县防汛防台应急预案》中，以于城水文站水位作为水位编制。一般洪水，于城水位 3.80 米以下，刚刚达到危急水位，全县受灾面积在 3 万多亩。较大洪水，于城水位在 3.80～4.10 米之间，全县防洪形势有所严峻，受灾面积 10 万亩左右。当水位达到

4.10米以上时，可能形成特大洪水，防汛形势十分严重，全县受灾面积在20万亩左右。主要集中在武原镇、百步镇、沈荡镇和于城镇、通元镇、西塘桥镇。从1956年开始至2014年，58年间，根据水文资料记录，超过警戒水位3.50米的年份为48年，超过危急水位4.00米的年份为25年，较高的年份是1984年和2013年，分别是4.47米和4.59米。

表3—2—4　　2013年于城水文站水位雨晴情况表(吴淞高程)

月　份	降水量（毫米）	降水日数（天）	最大日量（毫米）	最高水位（毫米）	出现时间	最低水位（毫米）	出现时间	平均水位（毫米）
1	46.6	9	18.0	3.25	1月1日	2.91	1月26日	3.08
2	102.4	18	24.2	3.28	2月19日	2.92	2月4日	3.07
3	100.6	13	19.5	3.31	3月2日	2.96	3月9日	23.11
4	62.5	8	19.0	3.09	4月1日	2.88	4月22日	2.97
5	139.5	12	43.0	3.40	5月17日	2.77	5月21日	2.98
6	222.5	15	58.5	3.79	6月27日	2.80	6月4日	3.10
7	21.5	3	14.0	3.29	7月1日	2.75	7月20日	3.00
8	79.0	8	32.5	3.10	8月27日	2.70	8月17日	2.88
9	65.0	7	23.0	3.25	9月14日	2.91	9月29日	3.04
10	420.5	8	285.5	4.59	10月8日	2.91	10月1日	3.35
11	18.5	6	7.5	3.18	11月4日	2.77	11月30日	3.01
12	68.0	3	40	3.09	12月18日	2.61	12月14日	2.84
全年	1346.6	110	285.5	4.59	10月8日	2.61	12月14日	3.04

表3—2—5　　2014年于城水文站水位雨晴情况表(吴淞高程)

月份	降水量（毫米）	降水日数（天）	最大日量（毫米）	最高水位（毫米）	出现时间	最低水位（毫米）	出现时间	平均水位（毫米）
1	29.0	7	13.0	2.81	1月9日	2.52	1月21日	2.68
2	179.3	17	29.5	3.23	2月19日	2.67	2月1日	2.88
3	53.5	11	15.5	3.27	3月2日	2.68	3月12日	2.92
4	89.5	14	28.5	3.14	4月22日	2.57	4月11日	2.89
5	84.5	11	24.0	3.09	5月1日	2.57	5月10日	2.90
6	154.0	14	43.5	3.36	6月27日	2.63	6月25日	2.88

续表 3－2－5

月份	降水量（毫米）	降水日数（天）	最大日量（毫米）	最高水位（毫米）	出现时间	最低水位（毫米）	出现时间	平均水位（毫米）
7	173.5	13	30.5	3.63	7月16日	2.77	7月2日	3.10
8	259.5	14	61.0	3.86	8月20日	2.83	8月7日	3.18
9	91.5	12	21.0	3.33	9月1日	2.82	9月17日	3.08
10	54.5	4	45.5	3.30	10月14日	2.79	10月20日	3.07
11	42.5	10	12.0	3.17	11月1日	2.78	11月21日	2.97
12	5.5	2	3.5	3.09	12月1日	2.74	12月20日	2.88
全年	1216.8	129	61.0	3.86	8月20日	2.52	1月21日	2.95

表 3－2－6　于城水文站 1955～1974 年部分年段月平均水文记录情况(吴淞)

年份	1	2	3	4	5	6	7	8	9	10	11	12	年均水位（米）	全年最高		全年最低	
	平均水位（米）	平均水位（米）	平均水位（米）	平均水位（米）	平均水位（米）	平均水位（米）	平均水位（米）	平均水位（米）	平均水位（米）	平均水位（米）	平均水位（米）	平均水位（米）		日期	水位（米）	日期	水位（米）
1955	—	—	—	—	—	3.00	3.17	2.75	2.66	2.59	2.50	2.43	—	7月8日	3.50	12月25日	2.36
1956	2.45	2.29	2.45	2.62	2.89	3.14	3.24	3.12	3.32	3.40	3.03	2.71	2.89	9月25日	3.97	2月24日	2.21
1964	—	—	—	—	2.38	2.76	2.56	2.55	2.75	2.92	2.78	2.59	—	9月20日	3.76	9月7日	2.09
1965	2.42	2.56	2.51	2.69	2.60	2.62	2.26	2.46	2.77	3.06	2.83	2.67	2.62	10月2日	3.45	7月29日	1.90
1966	2.58	2.52	2.70	2.86	2.73	2.58	3.05	2.27	2.94	2.59	2.53	2.60	2.66	7月8日	4.08	8月11日	1.08
1967	2.43	2.41	2.47	2.96	3.05	2.72	2.75	1.86	2.03	2.45	2.61	2.48	2.52	5月12日	3.46	8月31日	1.51
1968	2.32	2.36	2.27	2.46	2.82	2.41	2.68	2.56	2.76	2.81	2.56	2.66	2.56	7月5日	3.41	6月8日	2.16
1969	2.47	2.96	2.83	2.75	2.73	2.52	3.13	2.70	3.03	2.79	2.67	2.47	2.78	7月6日	3.66	12月22日	2.36
1970	2.38	2.37	2.83	2.62	2.68	2.95	3.03	2.65	3.06	2.91	2.74	2.66	2.74	6月25日	3.62	2月18日	2.20
1971	2.51	2.42	2.45	2.43	2.41	3.25	2.40	2.03	2.77	3.04	2.68	2.42	2.57	6月20日	4.08	8月7日	1.89
1972	2.43	2.63	2.56	2.51	2.50	2.53	2.57	2.63	2.69	2.67	2.77	2.68	2.60	8月22日	3.31	8月8日	2.27
1973	2.64	2.81	3.02	2.96	3.07	3.26	3.03	2.62	3.28	3.01	2.72	2.46	2.90	6月21日	4.09	12月31日	2.26
1974	2.40	2.64	2.49	2.38	2.41	2.61	2.94	2.90	2.84	2.95	2.93	2.54	2.69	8月22日	3.57	1月5日	2.18

表 3－2－7　于城水文站 1975～1989 年月平均水文记录情况表(吴淞高程)

年份	1	2	3	4	5	6	7	8	9	10	11	12	年均水位（米）	全年最高		全年最低	
	平均水位（米）	平均水位（米）	平均水位（米）	平均水位（米）	平均水位（米）	平均水位（米）	平均水位（米）	平均水位（米）	平均水位（米）	平均水位（米）	平均水位（米）	平均水位（米）		日期	水位（米）	日期	水位（米）
1975	2.72	2.89	2.68	2.57	2.81	2.83	3.25	3.03	2.87	3.18	3.08	2.96	2.91	7 月 2 日	3.65	4 月 7 日	2.37
1976	2.59	2.54	2.75	2.74	2.69	2.86	2.96	2.49	3.09	2.92	2.80	2.57	2.75	9 月 5 日	3.62	8 月 13 日	2.29
1977	2.66	2.59	2.48	2.70	3.27	3.15	2.95	3.13	3.39	3.19	2.89	2.68	2.92	8 月 22 日	4.39	3 月 15 日	2.39
1978	2.67	2.61	2.51	2.49	2.58	2.69	2.26	2.31	2.51	2.64	2.56	2.40	2.52	6 月 1 日	3.06	7 月 10 日	1.86
1979	2.35	2.33	2.36	2.61	2.55	2.43	2.90	2.73	2.92	2.77	2.65	2.50	2.59	8 月 28 日	3.63	8 月 11 日	2.13
1980	2.53	2.40	2.80	2.70	2.66	2.69	2.98	3.40	3.20	3.13	2.82	2.67	2.83	8 月 17 日	3.69	6 月 6 日	2.28
1981	2.51	2.52	2.71	2.91	2.62	2.49	2.92	3.01	2.97	3.07	3.10	2.78	2.80	11 月 6 日	3.59	6 月 26 日	2.25
1982	2.62	2.56	2.76	2.75	2.56	2.69	2.96	3.07	2.94	2.76	2.82	2.76	2.77	6 月 22 日	3.60	5 月 26 日	2.29
1983	2.60	2.50	2.60	2.73	2.89	3.24	3.43	2.97	3.26	3.52	3.09	2.80	2.97	7 月 5 日	4.19	4 月 8 日	2.37
1984	2.73	2.77	2.66	2.82	2.79	3.31	3.07	2.92	2.96	2.98	2.89	2.76	2.89	6 月 14 日	4.49	3 月 13 日	2.52
1985	2.56	2.63	3.01	2.77	2.73	2.83	2.87	3.08	2.93	2.97	2.97	2.97	2.86	8 月 1 日	4.18	9 月 1 日	2.58
1986	2.62	2.54	2.59	2.81	2.69	2.80	3.10	2.80	2.02	2.77	2.82	3.68	2.77	9 月 6 日	3.86	3 月 8 日	2.32
1987	2.60	2.54	2.83	2.96	2.90	2.90	3.21	3.13	3.24	2.93	2.90	2.78	2.91	9 月 12 日	4.21	2 月 11 日	2.37
1988	2.63	2.64	2.90	2.73	2.69	2.88	2.67	2.82	2.96	2.88	2.69	2.52	2.75	6 月 20 日	3.62	7 月 22 日	2.41
1989	2.63	2.67	2.79	2.80	2.89	2.91	3.13	3.15	3.34	2.98	3.05	2.85	2.93	7 月 26 日	4.03	1 月 6 日	2.45

表 3－2－8　于城水文站 1990～2004 年月平均水文记录情况表(吴淞高程)

年份	1	2	3	4	5	6	7	8	9	10	11	12	年均水位（米）	全年最高		全年最低	
	平均水位（米）	平均水位（米）	平均水位（米）	平均水位（米）	平均水位（米）	平均水位（米）	平均水位（米）	平均水位（米）	平均水位（米）	平均水位（米）	平均水位（米）	平均水位（米）		日期	水位（米）	日期	水位（米）
1990	2.83	2.94	2.88	2.90	2.77	2.88	2.64	2.71	3.31	2.87	2.88	2.78	2.87	9 月 1 日	3.74	8 月 3 日	2.22
1991	2.83	2.89	2.93	2.97	2.86	3.18	3.29	3.20	3.05	2.91	2.56	2.70	2.95	7 月 5 日	4.03	2 月 10 日	2.65
1992	2.68	2.59	2.93	2.87	2.81	2.74	2.73	2.70	3.06	2.89	2.80	2.66	2.79	9 月 24 日	3.71	7 月 30 日	2.33
1993	2.81	2.63	2.78	2.83	2.92	2.86	3.35	3.42	3.11	3.11	3.03	2.89	2.98	8 月 22 日	4.12	2 月 18 日	2.51
1994	2.82	2.92	2.82	2.80	2.68	3.02	2.60	2.72	2.72	2.82	2.79	2.82	2.79	6 月 13 日	3.84	8 月 7 日	2.22
1995	2.84	2.73	2.73	2.76	2.80	3.11	3.26	2.89	2.79	3.02	2.73	2.64	2.86	7 月 6 日	4.35	12 月 31 日	2.53

续表

年份	1	2	3	4	5	6	7	8	9	10	11	12	年均水位（米）	全年最高		全年最低	
	平均水位（米）	平均水位（米）	平均水位（米）	平均水位（米）	平均水位（米）	平均水位（米）	平均水位（米）	平均水位（米）	平均水位（米）	平均水位（米）	平均水位（米）	平均水位（米）		日期	水位（米）	日期	水位（米）
1996	2.67	2.63	2.70	2.8	2.65	2.84	3.31	2.97	2.96	3.02	2.97	2.76	2.86	7月3日	3.91	3月5日	2.37
1997	2.69	2.68	2.63	2.65	2.63	2.55	3.04	3.12	2.82	2.80	2.88	2.95	2.79	8月14日	4.45	6月18日	2.30
1998	3.05	2.9	2.91	2.91	2.77	2.67	2.82	2.73	2.78	2.76	2.78	2.68	2.81	1月15日	3.72	8月5日	2.45
1999	2.54	2.48	2.69	2.8	2.71	3.09	3.23	3.08	2.87	2.98	2.93	2.7	2.84	7月1日	4.46	2月25日	2.50
2000	2.79	2.75	2.82	2.68	2.5	2.77	2.68	2.66	2.82	2.94	2.97	2.89	2.77	11月30日	3.24	5月24日	2.32
2001	2.94	3	2.79	2.66	2.74	2.96	2.97	3	2.99	2.94	2.81	2.9	2.89	9月26日	4.21	4月19日	2.46
2002	2.78	2.71	2.97	3.02	2.98	2.94	3.12	3.07	3.08	2.88	2.94	3.15	2.97	12月23日	3.46	1月11日	2.61
2003	2.92	2.96	3.18	2.97	2.92	2.69	2.94	2.95	2.93	3.00	2.94	2.81	2.93	3月6日	3.44	6月25日	2.49
2004	2.84	2.64	2.72	2.65	2.89	2.87	2.89	2.88	2.95	2.93	2.85	2.84	2.83	9月5日	3.30	2月17日	2.54

表3—2—9　于城水文站2005～2014年月平均水文记录情况表（吴淞高程）

年份	1	2	3	4	5	6	7	8	9	10	11	12	年均水位（米）	全年最高		全年最低	
	平均水位（米）	平均水位（米）	平均水位（米）	平均水位（米）	平均水位（米）	平均水位（米）	平均水位（米）	平均水位（米）	平均水位（米）	平均水位（米）	平均水位（米）	平均水位（米）		日期	水位（米）	日期	水位（米）
2005	2.78	2.95	2.77	2.67	2.75	2.6	2.87	3.11	3.12	3.09	3.03	2.79	2.88	9月12日	3.66	7月5日	2.45
2006	2.91	2.94	2.83	2.87	2.86	2.93	3.01	2.81	2.99	2.91	2.88	2.86	2.90	1月19日	3.48	8月7日	2.64
2007	2.80	2.72	2.94	2.86	2.76	2.88	3.01	2.99	3.19	3.16	3.02	2.92	2.94	10月9日	3.97	2月13日	2.59
2008	2.94	3.02	2.82	2.88	2.93	3.22	3.13	3.22	3.21	3.09	3.18	2.91	3.05	6月11日	4.06	4月4日	2.68
2009	2.77	2.85	3.09	3.05	2.91	2.93	3.06	3.24	3.12	3.10	3.06	3.07	3.02	8月2日	3.79	1月27日	2.63
2010	2.88	3.12	3.25	3.19	3.1	3.07	3.21	3.12	3.18	3.22	3.08	3.01	3.12	3月6日	4.03	1月28日	2.71
2011	2.83	2.79	2.73	2.69	2.68	3.21	3.19	3.22	3.18	3.11	3.04	2.85	2.96	6月19日	4.09	4月14日	2.58
2012	2.96	3.05	3.12	3.03	3.07	3.21	3.16	3.18	3.18	3.10	3.1	3.16	3.11	8月9日	4.11	1月6日	2.74
2013	3.08	3.07	3.11	2.97	2.98	3.10	3.00	2.88	3.04	3.35	3.01	2.84	3.04	10月8日	4.59	12月14日	2.61
2014	2.68	2.88	2.92	2.89	2.90	2.88	3.10	3.18	3.08	3.07	2.97	2.88	2.95	8月20日	3.86	1月21日	2.52

说明：表3—2—1～3—2—9数据由于城水文站万欢勤、黄夏云提供

第三章 水系资源

水系资源一是降水补给，二是上游山区、太湖、运河、黄浦江等河湖川流入，三是地下水，三者形成于城水资源。降水年际变化较大，大的年份是1954年降水量为1689.5毫米，2012年为1676.9毫米；小的年份是1978年降水量为827.4毫米，2003年降水量只有675.4毫米。最大的年降水量是最小降水量的2.5倍。于城中部提灌区河道总长为129.96公里，水位3米时，河道总容积为391.44万立方米。于城西北部易涝区河道总长为67.08公里，水位3米时，河道总容积为280.26万立方米。于城地下表层孔隙潜水资源丰富，居民利用表层孔隙潜水历史悠久。20世纪80年代，于城地下水利用主要是民用井，全镇农业总户数为6028户，民用井为5425口，年使用量是19.82万立方米。2002年，于城镇水田和旱地种植业面积为3.49万亩，用水量为995.6万立方米。21世纪起，民用深井水普及全镇，造成地面沉降。2002年，于城镇被列为全省10个千万农民饮用水项目工程镇之一，开挖深井，建供水泵站，自来水普及率超过90%。

第一节 河 道

河道概况

于城镇境域河道河浜共有359条，长度为148.30公里，其中河道57条，总长度为84.05公里，河网密度每平方公里土地面积约有河长度3.45公里，水面积率为9.02%。其中市级河道有一条，境域内长度为5.23公里，占河道总长度的3.53%；县级河道有4条，境域内长度15.66公里，占总长度的10.56%；镇级河道有14条，长度为30.75公里，占河道总长度的20.7%；村级河道有34条，长度为30.29公里，占河道总长度的20.42%。镇境域内主要湖荡有二个，湖荡面积合计为0.45平方公里，其中千亩荡属于城镇的面积有0.30平方公里，庄柴湖面积为0.15平方公里。

主要河道

于城镇属平原水网地区，境内主河道有盐嘉塘、吕冢港、里洪塘、古荡河、酱园港等。

盐嘉塘　又名海盐塘，旧名官塘、横塘，属市级河道。原东起武原镇天宁寺漾，西经于城集镇(于城段为三环洞—孟家堰)转向北经沈荡、半路、黄道宅至嘉兴南湖，全长35.83公里，是于城境内泄洪、引水和通航主干河道。20世纪90年代，列入杭嘉湖南台头排涝主干河道，在大曲港口建节制闸后，盐嘉塘向东延伸至南台头排涝闸，县域境内长21.63公里，河面宽65～100米，河底高程-3～-1米(吴淞)。盐嘉塘经西南湖与京航运河沟通，西北部涝水经盐嘉塘排入杭州湾。盐嘉塘为海盐县总汇，沿塘两侧在于城镇境内有酱园港、里洪塘、吕冢港、古荡河，县内还有武通港、大麻泾港、百步亭港、大横港、白杨河等，东连盐平塘、团结港等，有36条河道与之相通。

吕冢港　旧称苞溪。吕冢黄泥堰桥港以东经庄柴河北侧至钦城里洪塘为吕冢港，以西至马腰湖为端马塘，总称吕冢港。长7.51公里，河面宽24～39米，河底高程-1.88米左右(吴淞)。西与黄道湖、长山河相连，是西南客水进入海盐的主要河道，南北两侧有百步亭港、常幕桥港相通。

里洪塘　古为招宝塘北段。北从于城镇盐嘉塘丁字漾起，向南经道塘庙、通元新浦黄家簖接通长山河，全长12.17公里，河面宽度17～36米左右，河底高程-1.88米(吴淞)。是盐嘉塘丁字漾以南，欤城南部纵贯南北的主要河道。

清光绪《海盐县志》记载："招宝塘，县西南三十五里。淳化三年(992)开。淳熙九年(1182)宋臣赵善悉重浚。塘长四十里，自南境北流，至欤城入于官塘。招宝闸在今南门外近龙潭，客舟番货皆入此闸至六里堰。案招宝塘起自澉浦。自秦溪北流，至郭家堰桥港，经勾塍桥港入于官塘大渠，此纵流之招宝塘，而官塘大渠由东过西横行者亦以招宝名之也。"故历史上的招宝塘起于澉浦南门外招宝闸，北流经澉浦城河，西过六里堰、通元、道塘，至欤城入盐嘉塘。

古荡河　起自盐嘉塘北孟家堰，水流向东北，至江渭桥北折后向东南注入盐平塘，全长9.97公里，境域内长4.49公里，河面宽24～27米，河底高程-1.58～-1.08米(吴淞)。是县境中部水流北泄通道，栈丘漾、酱园港流贯。

酱园港

旧称尚胥港、黄桥港、三环洞桥港。自盐嘉塘北三环洞桥起，水流向北，穿越古荡河，在待对庙会团结港向北复转向东，在白苎流入盐平塘。长10.22公里，河面宽26～33米，是东部北泄的河道。

一般河道

根据2013年于城镇水系规划(2013～2020年)资料记录，于城境域一般河道规划管理的长度如下：

东部

八字桥港：西起牛桥港，东至酱园港，全长0.70公里。

新桥港：西起千步泾港，东至酱园港，全长0.76公里。

跃新河：北起盐嘉塘，南至胡家木桥港，全长1.66公里。

千步泾港：北起新桥港，南至南桥港，全长1.42公里。

吾家港：北起盐嘉塘，南至胡家木桥港，全长1.05公里。

太平桥港：西起里洪塘，东至义丈庙港，全长0.98公里。

中部

南桥港：西起盐嘉塘，东至殷家港，全长2.38公里。

徐家桥港：西起盐嘉塘，东至南桥港，全长0.70公里。

斜港：北起鹭鸶桥港，南至吕冢港，全长0.91公里。

殷家港：北起南桥港，南接盐嘉塘，全长0.62公里。

粪桶泾港：西起尤家汇港，东至里洪塘，全长0.65公里。

南部

韩家港：南起粪桶泾港，北至吕冢港，全长0.76公里。

粪桶泾港:北起尤家汇港,南至里洪塘,境域内长 2.64 公里。

王马堰港:西接里洪塘,东连贯荡漾,全长 0.74 公里。

纯白塘桥港:北起韩家港,南至马油车港,境域内长 2.66 公里

尤家汇港:西起床庄埝桥港,东至粪桶泾港,境域内长 0.548 公里。

胡家木桥港:西接王马堰港,东至吾家港,境域内长 0.47 公里。

朱家木桥港:西接里洪塘,东至史家浜,境域内长 0.80 公里。

何家桥港:西接常慕桥港:东连纯白塘桥港,全长 0.40 公里。

林佰堰港:西起纯白塘桥港,东至里洪塘,全长 1.72 公里。

常慕桥港:南起马油车港,北至富家汇港,全长 1.61 公里。

马油车港:西起常慕桥港,东至里洪塘,全长 2.21 公里。

西部

新开河:西起黄泥堰桥港,东至千亩荡一6,全长 2.04 公里。

长港堰:北起新开河,南至吕冢港,全长 1.23 公里。

长寿桥港:西起黄泥堰桥港,东至千亩荡一8,全长 0.57 公里。

黄泥堰桥港:北起长寿桥港,南至吕冢港,全长 0.62 公里。

东港:北起新开河,南至长江埝浜,全长 1.25 公里。

天福桥港:西起千亩荡一6,东至盐嘉塘,全长 0.50 公里。

南北中级港:北起吕冢港,南至南北中级港 2,全长 0.86 公里。

亭子桥港:北起吕冢港,南至富家汇港,全长 1.12 公里。

富家汇港:西起常慕桥港,东至韩家港,全长 0.49 公里。

床庄埝港:北起庄柴湖,南至韩家港,全长 1.26 公里。

北部

鹤鹊桥港:北起东埝桥港,南至古荡河,全长 0.76 公里。

八字桥港:北起古荡河,南至酱园港,全长 2.06 公里。

新桥港:北起古荡河,南至酱园港,全长 2.63 公里。

南桥港:西起盐嘉塘,东至酱园港,全长 1.76 公里。

鹭鸶桥港:西起斜港,东至盐嘉塘,全长 1.00 公里。

粮船港:西起东港,东至斜港,全长 0.47 公里。

孙家坟桥港:北起东埝桥港,南至古荡河,全长 1.00 公里。

新安桥港:西起盐嘉塘,东至古荡河,全长 1.66 公里。

柴埝桥港:西起八字桥港,东至古荡河,境内全长 1.08 公里。

牛桥港:西起新桥港,东至八字桥港,全长 1.62 公里。

大通桥港:南起南桥港,北至新桥港,全长 0.52 公里。

西港:南起南桥港,北至古荡河,全长 0.48 公里。

天福桥港:西起新开河,东至盐嘉塘,全长 0.64 公里。

东埝桥港:南起孙家坟桥港,北至鹤鹊桥港,全长 0.31 公里。

第二节　湖　泊

庄柴湖

庄柴湖位于海盐县于城镇庄家村和鸳鸯村之间，南接新盐湖公路，吕冢港从东向西转向西北穿过此湖，湖似菱形，面积 0.15 平方公里。河内有 2 个面积分别为 0.2 公顷、0.27 公顷的小岛。

庄柴湖乌背鲫鱼享誉县内外，21 世纪起，湖内养殖了白鲢、花鲢、草鱼、青鱼等传统四大家鱼，是无公害生态水产的天然养殖基地。

清光绪《海盐县志》卷五“舆地考・山水”记载，“庄柴湖《仇志》县西南十八里”。同一条目夹注载，“案徐泰志云，于城西有庄柴湖，即横湖也。今考，庄柴湖西北半里许犹有横湖里之名，足为徐志之证。”

2010 年 4 月 23 日，于城镇政府向县政府请示实施海盐县“庄柴湖”森林湿地公园项目。以净化区域空气，优化生态环境。项目区域面积 1900 亩，水域面积 380 亩，涉及鸳鸯、庄家二个村，农户 314 户，总人口 1116 人，工业企业 10 个，其中村庄面积 282 亩，水田面积 619 亩。

2011 年，于城镇完成了庄柴湖森林湿地公园项目第一期土地流转工作，共计流转土地 739.34 亩。每年土地流转补助标准：每亩按上一年度海盐县粮食部门晚粳谷价格乘以 340 公斤稻谷支付(2.94 元/公斤为 1000 元)，年合计应支付 776340.90 元，如遇粮食部门晚粳谷任务订购价格低于 2.94 元/公斤的土地流转费按保底每亩每年 1000 元支付。2012 年流转土地 146.59 亩，年合计支付 153924.75 元。合计流转土地 885.93 亩。

2014 年湿地公园主要乔木有榉树、香樟、银杏、杨柳等，主要灌木有黄杨、红叶直楠等，套种各种灌木树种。是年，庄柴湖森林湿地公园形成，绿树成林，环境优美，美丽乡村建设在该区域建成。

庄柴湖森林湿地公园概貌

千亩荡

位于于城、沈荡两镇交界处，面积0.38平方公里，属清墅漾的一部分。原县蚕种场设于此荡内的屿地；2007年7月18日，海盐县三地自来水有限公司成立，把千亩荡作为地面水取水湖泊，2010年6月正式投入运营，主要承担了全县自来水生产和供应，至2014年，三地自来水公司日供水能力为15万立方米。2013年，千亩荡水源保护工程建设生态防护林，沿岸约50米范围，在吕家村、鸳鸯村共流转土地196.17亩。水源保护工程收回了渔业水域使用权。

第四章　动植物资源

第一节　动　物

饲养动物

家畜：牛、猪、羊(湖羊、绵羊)、兔、狗、猫。

家禽：鸡、鸭、鹅、鸽。

水产：鲢鱼(白鲢)、鳙鱼(花鲢、胖头鱼)、青鱼、草鱼、鲤鱼、鲫鱼、鳊鱼、甲鱼(鳖)、河蟹、虾。

昆虫：蚕、蜜蜂。

野生动物

兽类：黄鼠狼、老鼠、刺猬、野猫、野兔、狗獾。

鸟类：麻雀、燕子、野鸡、野鸭、喜鹊、老鹰、鹁鸪、啄木鸟、苦鸦鸟、白头翁、鹭鸶。

鱼类：鲫鱼、鲥鱼〔草鱼〕、鲢鱼、鲤鱼、鲹(读音cān)鲦鱼、鳑鲏鱼、泥鳅、黄鳝、甲鱼、鲶鱼、黑鱼、鲈鳗鱼、黄颡鱼(汪牙鱼)等。

蛇类：赤练蛇、乌梢蛇、水蛇、四脚蛇、扁担蛇、春梢蛇、蝮蛇等。

虫类：蜂、蝴蝶、蜻蜓、知了(蝉)、蚱蜢、蟋蟀、螳螂、蝼蛄、蜘蛛、萤火虫、蚂蚁、蚯蚓、百脚(蜈蚣)、蜒蚰、泉龙(壁虎)、地鳖虫、苍蝇、蚊子、蟑螂、蚤虱、牛虻、毛虫、野蚕、金龟子(扑火虫)、螟虫、卷叶虫、黏虫、稻虱、桑蓟马、稻蓟马、叶蝉、蚜虫等。

其他：青蛙、癞蛳(蟾蜍)、草蟹、虾、乌龟、蚌、蛤蜊、田螺、螺蛳等。

第二节　植　物

栽种植物

粮油：水稻(籼、粳、糯)、大麦、小麦、番薯、高粱、玉米(米粟)、毛豆(黄豆)、蚕豆、赤豆、绿豆、油菜、芝麻。

蔬菜：青菜、萝卜、胡萝卜(洋花萝卜)、蒜、胡葱、韭菜、韭芽、大头菜、菠菜、芥菜、榨菜、雪菜、蒿菜、茭菜、芹菜、花菜、甜菜、洋葱、辣椒、马铃薯(洋山薯)、芋艿、慈姑、番茄、茄子(落苏)、葫芦

(地蒲)、茭白、莴苣笋、竹笋、平菇、豇豆、刀豆、四季豆、豌豆(寒豆)、南瓜、冬瓜、丝瓜。

瓜果:西瓜、黄瓜、生瓜、雪团瓜、花皮瓜、黄金瓜、桃、橘、梨、枣(白蒲枣)、李、柿、枇杷、水葡萄、石榴、荸荠、(地栗)、向日葵。

竹木:淡竹、苦竹、毛筋竹、箬竹、芦竹、柑棵、桑、水杉、池杉、落羽杉、杨、白榆、楝、榕、刺槐、榆、青榉、黄榉、柏、香樟、柞、泡桐、梧桐、棕榈、楠、乌桕、国槐、朴、冬青、麻栎。

绿肥:紫云草(花草)、绿萍、田菁。

花卉:鸡冠花、凤仙花、水仙花、菊花、月季、玉兰、美人蕉、桂花、蔷薇、五针松、万年青、仙人掌、栀子花、麦冬草。

野生植物

野生植物以野草为主,可作家畜青饲料,主要有青草、茅草、攀地根、蚊子草、粽子草、癞蛳草、湖羊草(水草)、臭草、狗脚筋、蓬头草、草头、马兰头、野蒜、蒲灯草、猪殃殃、酸草、喇叭花、牛筋草等。田间杂草三要有稗草、夜一亩、生菱亩、软菱亩、鸭舌草、绒毛草等。水生草类有水牛筋草、麦带蕰、沙苔蕰、浮头草、虾脚草等。还有一些有医药作用的草,如小蓟、马齿苋(知了草)、铁马鞭、辣蓼(烟辣子)、野芹菜、地锦、车前草(官司赢草)、鱼腥草、酒药草、蛇莓草、剪刀草、蒲公英(羊奶奶草)、哑子草、丁花草、地木香、金银花藤等。

第五章　自然灾害[①]

自然灾害有强台风、龙卷风;有暴雨、洪涝水灾;有严重旱灾;有冰雹袭击,雪灾;有强寒流,特别是解放前曾使盐嘉塘封冻,冰上可行人。防灾抗灾是人民生活中大事,一直受到重视,特别是解放后,对防汛防台作出预案。

第一节　台　风

解放前大风影响

宋

元祐五年(1090)秀州数千人诉风灾,吏以为有诉水旱而无诉风灾,闭拒不纳,老幼相践踏死者十一人。

绍圣元年(1094)秋,海风驾潮害民田。

绍兴二十八年(1158)九月,大风水溢。

隆兴元年〔1163〕七月,大风雨,水伤稼。

淳熙五年(1178)七月,大风驾潮害稼。

绍熙五年(1194)七月乙亥,大风驾潮至,时方久旱,咸水暴溢,稼则尽槁,民饥。

① 参考《海盐县志》1992 年 3 月第一版和《海盐县水利志》2008 年版。

明

正统八年(1443),大风雨害稼。

隆庆三年(1569)闰六月十四夜十五日,风潮海溢,塘大圮。

万历三年(1575)五月三十日夜,大风,海溢,涌入海盐城中,平地水三尺,濒海德政、海盐、甘泉三乡水丈余,溺死者数千人,坏庐舍无算。田为咸潮所淹,无秋,民大饥。

万历十五年(1587)七月二十一日,大风拔木发屋,海潮坏石堤,水大至。三吴田土尽没于水。

天启六年(1626)七月初一,大风拔木,淫雨如注,室庐俱害,两昼夜方息。

清

自清光绪元年(1875)至1949年的70多年中,海盐遭受了17次台风海潮袭击,累计冲毁海塘181公里,海水倒灌,影响于城。

康熙七年(1668)六月二十,大风海溢,塘崩。

康熙八年(1669)六月十一,烈风淫雨,昼夜不息,坏民舍。

康熙九年(1670)五月二十一日戌时,大风拔木,起硖石,经马家堰过东入海。

雍正元年(1724)七月十八,大风雨,海溢,塘圮。

乾隆四十六年(1781)六月十八,飓风徒作,大雨竟夜,海潮溢。

光绪二年(1876)六月十三夜,飓风坏民庐。

中华民国

民国4年(1915)7月27～28日,台风在乍浦东登陆,经过海盐(于城)北上,影响较大。

民国17年(1928)9月12～9月15日,台风在象山附近登陆,海盐(于城)受外围影响较大。

民国18年(1929)风灾。

民国20年(1931)8月24～26日,台风在定海登陆,经过钱塘江口,海盐(于城)影响较大。

民国27年(1938)9月,海塘决口,海水灌至沈荡一带,河水发臭,鱼贝死亡漂浮,石泉、白苎一带疫病流行。

民国28年(1939)7月10～13日,台风在定海登陆,经过乍浦入海盐(于城),影响较大。

民国28～33年(1939～1944),海塘连年溃决,海水内灌50余里,部分农田因盐碱影响荒芜8年,于城影响较大。

民国37年(1948)7月6～7日,台风在石浦登陆,沿海北上经过海盐(于城),影响较大。

解放后台风影响

解放后台风经过海盐于城,从历史记录看,都是外围影响,没有直接登陆,外围影响大的也造成较大的经济损失,小的对农作物造成损害,对民众生活有负面影响。解放后至2007年,台风影响较大的于城有15次,20世纪50年代1次,60年代2次,70年代2次,80年代3次,90年代5次,2005年2次。其中严重影响的最为典型造成严重损害的是1997年11号台风、2005年9号台风"麦莎"、2005年15号台风"卡努",带来严重的经济损失,主要灾害以倒伏粮食作物,损毁畜舍,水果及水果大棚,水产养殖业等。

1949年7月23～26日,台风在象山附近登陆,经过海盐(软城),影响较大。

1951 年 9 月 25～29 日，第 22 号台风在温州坎门登陆，靠浙中北沿海北上经过于城。

1953 年 8 月 14～17 日，第 10 号强台风 16 日在温州坎门登陆，钦城受外围影响。

1956 年 7 月 31 日～8 月 5 日，12 号强台风 8 月 2 日在象山登陆，越境时钦城风力 11 级以上，海盐镇海塔顶吹落，钦城合抱大树连根拔起，房屋损坏无算，晚稻叶片开裂，产量折半。

1958 年 9 月 2～4 日，第 22 号强台风 9 月 4 日在温州南部平阳附近登陆，钦城受外围影响。

1959 年 7 月 14～17 日，第 6 号强台风 7 月 16 日在温州乐清附近登陆，钦城受外围影响。

1961 年 6 月 10 日、9 月 29 日、10 月 4～6 日，三次台风暴雨侵袭，农作物受损。

1962 年 9 月 6 日，14 号台风侵袭，连续 3 天降水量 190.7 毫米，其中最大一日为 136.8 毫米，水位高达 4.65 米。水稻受涝，粮食损失。是年 9 月 19 日 4 时 10 分，突然刮起 12 级左右大风(龙卷风)，并伴随暴雨。全公社倒伏草棚屋 275 户 535 间，其中牛棚 72 间，压死猪、羊共 6 头，兔子 11 只、鸡 4 只；瓦房损失有 85 户 121 间，其中小队集体粮仓 4 间；造成桑树损失，晚稻倒伏和受涝。钦三大队许家队社员宋阿毛，男，是年 48 岁，从硖石回家途中，因船翻被淹死。

1963 年 9 月 13 日，12 号强台风和特大暴雨侵袭，一天降水 302 毫米，创历史最大降水量记录。河床水位从 2.04 米，涨到 4.88 米，受涝严重。大部地区一片汪洋，不少家居房屋水至家门口。水稻淹没稻梢，全公社组织劳力排涝 7 天。

1972 年 8 月 16～18 日，9 号强台风在平阳附近登陆，影响圩城，风力 7～9 级，沿海局部地区阵风达 11 级，部分海塘被冲坍落。

1974 年 8 月 20 日，13 号强台风在象山与石浦间登陆，影响钦城，风力阵风 10 级，有房屋受损。

1975 年 8 月 11～13 日，4 号强台风在温州、坎门间登陆，圩城受外围影响，风力 8～9 级。

1977 年 7 月 16 日下午，圩城遭大风暴雨袭击一个半小时，倒塌房屋 3 间，吹坏集体仓库 7 间、牧场 34 间，吹断电杆 29 根。早稻成熟谷粒受风力拍打掉落，其中 5206 受损较大，每亩至少 20 公斤，损失近 14.5 万公斤稻谷。是年，8 月 21 日受 7 号台风暴雨侵袭，2 天降水量 126.8 毫米，海盐水位 4.38 米，圩城部分水田受涝。

1980 年 6 月 30 日大风袭击，圩城 8 户农户草棚屋住房被吹倒，7 户农户羊棚屋及草棚吹倒，合计 41 间。

1981 年 8 月 30 日～9 月 1 日，遭受 14 号台风袭击，全公社 52 户社员受损，倒塌房屋 57 间，草棚 102 间。

1990 年 8 月 30～31 日，受 15 号台风影响，钦城全乡倒塌民房 5 户 5 间、房墙体 7 幢、畜舍 7 间、烟囱 5 个；断梁条 7 根；吹倒围墙 121 户，合计 980 米。乡砖瓦厂损失泥坯 33 万块。全乡倒伏电杆 44 根。农作物受损，吹倒树木 800 株。共计损失约 121 万元。

1997 年 11 号台风，于城镇倒塌房屋 60 间，围墙倒塌 160 米，低压线电线杆折断 28 根，葡萄、梨、水稻、专桑等经济作物农作物受损。

2001 年 6 月 23～26 日，2 号台风〔飞燕〕影响，最高水位达 4.21 米。

2013 年强台风“菲特”于 10 月 7 日凌晨 1 时 15 分登陆福建福鼎市沙埕镇，是自 1949 年以来在 10 月份登陆中国陆地的最强台风，于城镇受严重影响。

第二节　干　旱

唐

贞元六年(790),大旱,井泉竭,人暍,且疫者甚众。

长庆二年(822),浙东、西遭旱。

中和四年(884),旱,大饥。

宋

绍圣四年(1097)夏,两浙旱。

绍兴二十四年(1154),浙东、西旱,大饥。斗米千钱,道殣相望。

绍兴二十九年(1159)秋,旱。

乾道七年(1171),秀、婺两州皆旱。

淳熙五年(1178),浙西旱。

淳熙七年(1180),秀州大旱,浙郡县皆饥。

绍熙四年(1193)冬,不雨,至翌年六月。

嘉泰二年(1202),大旱荐饥。

嘉泰四年(1204),五月不雨至七月,浙东西、江西郡国旱。

开禧元年(1205)夏,浙东、西不雨百余日。

开禧三年(1207),夏、秋大旱,穜稑绝种。

嘉定元年(1208)夏,五月旱。天蝗。

嘉定二年(1209)夏,四月旱,至七月乃雨。

嘉定八年(1215),江、浙、淮间皆旱。行都(杭州)百泉皆竭。

明

景泰二年(1451),夏旱,道殣相望。

天顺元年(1457),大旱河竭。

成化十七年(1481),夏旱。

成化二十三年(1487),秋大旱,禾尽槁。

正德十一年(1516),秋冬旱。

正德十四年(1519),夏旱。

正德十六年(1521),秋冬旱。

嘉靖十三年(1534),夏旱。

嘉靖二十三年(1544),荐饥人死,徒转鬻者不胜计。夏秋大旱,禾稼不登。

嘉靖二十四年(1545),杭、嘉、湖三府旱。

嘉靖二十六年(1547),秋冬旱。自二十三年至是年,春冬皆无雨雪。

嘉靖二十七年(1548),夏旱。

万历十一年(1583),夏旱。

万历十六年(1588),米价腾涌,大饥。秋旱,复无年,浮嵛敝水。

万历三十三年(1605)六月,大旱。

万历三十四年(1606)夏,大旱,伤稼。

天啟五年(1625),旱损稼,高阜无收。

咸丰六年(1856)夏,大旱河尽涸田无禾。十二年夏旱。

崇祯五年(1632),夏、秋大旱。

崇祯十四年(1641),二月至六月不雨,河涸,禾尽槁。

清

顺治九年(1652)夏,大旱,六月初九飞雪大寒。

顺治十二年(1655),夏秋大旱,禾苗枯槁。

顺治十八年(1661),海盐、桐乡、海宁大旱。

康熙十年(1671),夏大旱。

康熙三十二年(1693),自春至秋大旱,田禾尽槁。

康熙四十六年(1707)夏,六月大旱。

康熙六十一年(1722)旱、疫、大饥。

雍正元年(1723),秋旱民饥。

乾隆元年(1736),大旱,河竭。

乾隆二十年(1755),夏大旱,河竭。

乾隆五十年(1785),阖郡大旱,南乡河皆涸,无收,次年春饥。

嘉庆十九年(1814),夏大旱灾,秋八月米价腾贵,饥民大掠,食树皮草根。

嘉庆二十四年(1819),秋大旱,河底龟坼,苗吐花尽槁死,民大困。

道光二年(1822),秋大旱,南乡无收。

咸丰五年(1855),海宁及附近各县水旱兼至,农民闹荒抗粮,此伏彼起。

咸丰六年(1856),夏大旱,河尽涸,田无禾。

中华民国

民国十八年(1929),虫、旱、风灾。

民国二十三年(1934),全省75县皆旱,太湖流域普遍大旱,不雨达十旬以上,水位降到1.3米。海盐欤城河流皆涸,河底龟裂,大批田地少收或无收。据吕冢村老人说:那年,吕冢到硖石的黄道河里开了茶店,店主把黑鱼头当石头,在头上劈柴,见血后才知是黑鱼的头。

民国二十九年(1940),春夏干旱,各村之间河浜断水,旱情严重。

中华人民共和国

1953年6月30日～10月24日,无透雨,夏秋连续干旱117天,农作物受灾。

1955年秋旱,7月14日～10月30日连续110天无透雨。

1958年夏旱,旱黄梅(5月15日～7月30日无透雨)。8月20日实测水位下降到1.93米,农作物受灾。

1967年夏秋大旱,7月5日～10月30日降水仅64毫米,8月份滴水未降,8月31日实测欤城水位下降至1.52米。

1971年夏秋干旱，自6月24日～9月4日，降水仅3毫米。7月、8月平均气温高达29.6℃，相对湿度仅76度。高温干旱天气，导致叶蝉大暴发，水稻发生矮缩病，粮食减产，蚕茧减产。

是年冬旱，10月30日～12月21日，53天降水仅1.8毫米。

1973年冬旱，10月下旬到1974年1月31日止，85天降水仅9毫米，蒸发量225.1毫米，土壤严重缺水。

1978年夏秋大旱，6月3日～9月17日，103天无透雨，7月10日，水位下降至1.86米，农作物受害。

1988年9月25日～次年1月5日秋冬连旱103天，其间雨量29.90毫米，造成冬种和春花管理困难，春粮、油菜前期苗情极差。

1990年7月4日～8月9日伏旱，降水量7.70毫米，大于或等于3.5℃高温日有18天，最低水位2.22米。造成机埠断水，影响到电机烧坏，水泵损坏等情况，部分水田无法耕作插种晚稻。

2003年7月8日～8月4日夏秋旱，雨量12.50毫米，日平均气温30.6℃，大于或等于35℃高温日14天，蒸发量204.40毫米；供电紧张，拉闸限电严重影响生活和生产；部分岗地桑叶老化，果树林木衰老枯死；因停电造成水产养殖损失较大。是年9月1日～11月17日，78天雨量27.70毫米，而蒸发量326.40毫米。干旱使晚稻、杂粮减产，造成秋播蔬菜、油菜育秧移栽和大小麦播种困难。

2013年高温干旱，整个夏季有44个高温日，高温来势凶猛，持续时间长，强度强，范围广，且降水量少，蒸发量大，多项气象要素破历史纪录。河港水位明显下降，部分河塘干涸，旱情严重。部分花卉、水果等经济作物出现停止生长、枯萎旱死现象，损失较大。

第三节　洪　涝

于城洪涝灾害主要有梅雨型和台风型两种。

梅雨

梅雨期常有暴雨连续出现的特点降水集中且强度大，上游大量客水涌入，易形成高水位且持续时间长，引起洪涝灾害。典型年份有1954年，5月18日入梅，8月2日出梅，历时77天，雨日54天，总降雨量855.9毫米，占全年降水量的45%。最大的3天暴雨量225.8毫米。据推算，当时于城水位约4.70米。1999年“6·30”洪涝。梅雨期(6月7日～7月19日)43天，雨日30天，梅雨总量648.6。雨量罕见的是6月24日～7月1日，7天内降雨量达374.9毫米，25日水位由3.06米上涨到3.82米，26日达到4.01米此后几天在4.0米以上，到7月1日15时30分出现最高水位4.46米；水位居高不下，4.0危急水位共9天米以上，造成了特大洪涝灾害。全县受灾人口20余万人，受灾面积18.54万亩，经济损失2.5亿元。

台风

典型年份有1963年9月13日12号强台风，下了两天暴雨，降水量43108毫米，于城水位达到4.88米。三日暴雨量和水位均创下了有水文观测记录以来的最大值。2001年“6·26”洪涝，6月23～26日受2号台风(飞燕)和梅雨共同影响，雨量200毫米以上，最高水位4.21米。全县受灾人口13.8万人，面积9.48万亩，经济损失8130万元。锋面暴雨和台风暴雨是造成洪涝的主要因素，梅雨和台风季节是洪涝多发季节。连续阴雨时间过长、雨量过多的内涝灾害都出现在冬春季节。解放前，还有台风引起海溢影响于城。

晋

太和三年(368)六月，吴郡(领十二县，含今浙江省的嘉兴、海盐等九县)大水。

太和六年(371)六月，吴郡大水，稻稼荡没，黎庶饥馑。

唐

大历二年(767)秋，浙西水。

长庆二年(822)，浙东、西遭水。

长庆四年(824)夏，苏州、湖州大雨水，太湖决。

大和四年(830)，两浙大水害稼。

大和七年(833)秋，浙西水害稼。

天福五年(940)八月，吴兴、嘉禾郡大水。

宋

乾兴元年(1022)正月，秀州水灾，民多艰食。

嘉祐六年(1061)，淫雨为灾。

熙宁四年(1071)七月，两浙水灾。

熙宁五年(1072)，两浙水。

元丰六年(1083)，正月大雨至六月，太湖泛滥，苏、湖、秀等州城市并遭水浸，田不播种，庐舍漂荡，民弃田卖牛，散走乞食。

元祐八年(1093)，海溢坏民田。

绍圣二年(1095)，秀州大水。岁饥。

元符二年(1099)六月，久雨，是岁两浙湖、秀等尤罹水患。

崇宁四年(1105)，苏、湖、秀三州水。

崇宁五年(1106)，两浙大水。

大观元年(1107)，苏、湖、常、秀诸郡水灾。

宣和六年(1124)秋，秀州大水。

绍兴三十二年(1162)六月，浙西大霖雨。

隆兴元年(1164)七月，积阴雨，水浸于城根。

乾道二年(1166)，湖、秀两州正月淫雨至四月，大水坏田庐。

乾道三年(1167)八月雨至九月，禾稼腐。

乾道六年(1170)五月，湖、秀等州大水；冬，太平、湖、秀皆饥。

淳熙六年(1179)秋，温、台、湖、秀等州皆水，坏圩田。

嘉定六年(1213)六月，杭、嘉、严大水。

嘉定九年(1216)四月大霖雨至六月。嘉定十六年(1223)五月,浙江淮荆属郡县水,平江府、湖、常、秀……为甚。漂民庐,害稼,圮城郭堤防,溺死甚众。

绍定三年(1230)五月,浙西五月霖雨四十日,田尽没。

淳祐十一年(1251),江浙多水。

宝祐三年(1255)五月,浙东、西大水。

景定三年(1262),临安、安吉、嘉兴属邑水,民溺死者众。

元

至元二十五年(1288)三月,浙西大水,杭、秀、湖三州坏稼。

至元二十九年(1292),嘉兴、湖州、绍兴等路水。至元三十年(1293)五月,浙西大水。

大德二年(1298)七月水,民饥。

大德七年(1303)六月淫雨,年谷不登。

大德十年(1306)五月,嘉兴水害稼。

至大四年(1311)十二月,浙西水灾,免漕。

天历元年(1328)八月,杭州、嘉兴、湖州水,淹没民田数千顷。

至顺元年(1330)闰七月,大水。

元统二年(1336)三月,嘉兴水旱疾疫。

明

洪武三年(1370),海溢。

洪武八年(1375),嘉兴、苏、湖、松江、杭州俱水。

洪武九年(1376),嘉湖大水。

洪武二十三年(1390)七月,海溢,松江、海盐溺死灶丁各二万余人。

永乐二年(1404)六月,海溢,苏、松、嘉、湖俱水,饥。

永乐三年(1405),大霖雨,海溢。塘决坏。

永乐四年(1406)夏水,民饥。七月,海盐县霖雨,风潮决堤。

永乐十年(1412),以水灾免浙西粮。

永乐十二年(1414)十一月,蠲苏松嘉湖杭五府水灾田租。

洪熙元年(1425)夏,苏松嘉积雨伤稼。

宣德元年(1426),嘉湖被水春夏两灾者,蠲其税。

宣德七年(1432)秋,诏免嘉兴、湖州水灾税粮。

宣德九年(1434),大水无秋。

正统五年(1440)十一月,免嘉、湖、松水灾田粮。

正统七年(1442),大水。

正统九年(1444),嘉兴、湖州、台州俱大水。嘉兴、湖州江湖泛滥,堤防冲决,淹没禾稼。

正统十年(1445)八月,免苏、松、嘉、湖水灾秋粮。

正统十一年(1446)五月,大水。

正统十四年(1449)夏,大水。

景泰元年(1450)夏,淫雨伤稼,大饥。

景泰五年(1454),杭、嘉、湖大雨伤苗。六旬不止。

天顺二年(1458),海盐海溢,溺死男女万余人。

天顺四年(1460),杭州、嘉兴、湖州、宁波等郡,四、五月阴雨连绵,江湖泛滥,麦禾俱伤。

成化二年(1466),海溢,大水败稼。

成化三年(1467),海溢,溺万人。

成化六年(1470)正月,大水无麦,五月大水伤禾。

成化七年(1471)闰九月,杭、嘉、湖、绍四府俱海溢,淹死宅人畜无算。

成化八年(1472)七月十七日,海大溢,平地水丈余,溺死男女万余人。

成化十三年(1477),海溢,溺居民。

成化十四年(1478),海复溢,民居多没者。

成化十七年(1481)秋,大水害禾。成化十八年(1482)春,大水,民饥。

弘治七年(1494)五月,大雨水涨。秋,水淹田禾。弘治八年(1495),大水,苏、松、嘉、湖四府饥。

正德四年(1509)七月初七,骤雨如注,至十月不霁,禾腐烂,民大饥。

正德五年(1510)五月,大水害稼,民饥,流徙者半。

正德十二年(1517),苏、松、常、镇、嘉、大雨杀麦禾。

正德十三年(1518)夏、秋大水。

正德十四年(1519)秋,大水,禾烂。

嘉靖八年(1529),大水伤稼。

嘉靖十五年(1536),海溢堤溃,漂没田庐。

嘉靖十六年(1537)夏,大水,民多饥死。

嘉靖二十二年(1543)夏,淫雨。秋,大水伤稼。大饥。

嘉靖二十八年(1549)夏,大水伤稼。

嘉靖四十年(1561)四月初七,雨冰雹,闰五月淫雨大水,坏田禾,至十一月弗退,民大饥。

万历元年(1573),海大溢,死者数千人。

万历七年(1579)四月,大水。万历九年(1581)嘉兴、湖州大水。

万历十三年(1585)秋,大水。

万历十四年(1586)秋,大水害稼。

万历十九年(1591)秋,大水。

万历二十四年(1596),杭、嘉、湖三府五至六月无雨,至七月初八雨如注,狂风交作,数日夜不息,山洪暴发,庐舍倾圮,圩岸崩颓,郊原皆成巨浸。

万历二十六年(1598)九月,浙江水灾。(被灾十分,桐乡、嘉善、崇德;被灾八分,秀水、海盐、平湖;被灾六分,嘉兴。)

万历二十九年(1601)春、夏,苏、松、嘉、湖淫雨伤麦。

万历三十六年(1608),大雨浸淫,累月不止。

天启四年(1624)自春至秋,大雨,水浸城郭。

崇祯元年(1628)七月二十三日,海溢,咸潮入城,塘尽圮,四门吊桥被大水冲塌,浮尸、牛马畜物蔽海至上虞,县榜额漂于海。

崇祯十二年(1639)五月初六,大雨连日夜,十有三日平地水溢数尺,舟行于陆。崇祯十三年(1640)夏,大水。

清

顺治八年(1651)春、夏,大雨水,六七月间斗米四钱五分。

顺治十年(1653)七月,大水。

康熙十九年(1680),大雨水溢。

康熙四十七年(1708)夏五月大雨三日,水涨溢,田禾淹没。

乾隆五十八年(1793),正月至四月恒雨。海盐、青浦等大水。

道光三年(1823)夏,大水灾。米价腾贵。道光十三年(1833)秋,淫雨损稼大歉,次年春米价腾贵,斗米钱六百,人食树皮蕨根。

道光二十九年(1849)夏,大雨连旬,平地水深数尺,田禾尽淹,六月水始退,岁薄有秋。

同治四年(1865),杭、嘉、湖、苏、绍五府,淫雨成灾,田禾尽没。

光绪八年(1882),杭、嘉、湖各府属,雨水过,田禾被淹。

光绪十五年(1889),杭、嘉、湖三府水陡发,雨历四十昼夜,田禾淹没,西南乡尽成泽国。

宣统元年(1909),大水成灾,河流泛滥,水位高达5.1米。

宣统三年(1911)七月十一起,连日烈风暴雨不止,江河水势猛涨,杭、嘉、湖、绍四府地处低下,田稻受损,晚禾又被淹没,塘堤圩埂一片汪洋,家屋人畜,漂失无算。

中华民国

民国元年(1912),杭、嘉、湖大水,民饥。

民国十年(1921)夏、秋,大水,8～9月吴兴降水量765毫米,海盐312毫米,杭州641毫米。

民国二十年(1931),水、风、虫灾。7月降水量300毫米左右,大水,稻田一片汪洋。

中华人民共和国

1949年,钦城水灾情况,严重受灾农田741亩,其中153亩被水淹死。是年产量最高每亩150公斤,一般125公斤,最低45公斤。

1954年梅雨期77天,雨天54天,总降水量883.6毫米,其中7月10～13日连续降水141.6毫米,钦城水位高达4.68米。钦城乡有万余亩农田不同程度受涝,禾田中水深0.5米。

1957年梅雨期20天,雨天20天,总降水量353毫米(其中7天降水量161毫米)水位高达4.13米,部分水田受涝。

1966年梅雨期31天,雨天21天,总降水量434.1毫米,部分水田受涝。

1971年梅雨期31天,雨天20天,总降水量366.4毫米,6月30日实测水位4.08米,部分水田受涝。

1983年4月～7月13日,总降水量721毫米。其中,6月20日～7月2日,8天时间共降水206毫米,钦城出现最高水位4.17米;7月4日晚～7日,3天时间又连续降雨84毫米,又由于上游德清、桐乡、海宁和下游嘉兴、平湖出现较大暴雨，欤城水位受上压下托迅速上升，达4.19米。水田受涝面积3522亩，其中秧田312亩，重播13.5亩；专桑受涝254亩。房屋草棚倒塌82间，其中瓦房43间，草棚39间，住房和猪(羊)棚各41间。

1984年6月13日下午～翌日上午8时，嘉兴地区受暴雨袭击，欤城日降水量128毫米，河床水位从3.13米猛涨到4.48米。水田受涝。

1997年8月13日8时～14日8时，24小时雨量318.50毫米。灾情严重。

1997年11月中旬～翌年3月，发生严重冬春涝害，降水量773.10毫米，历年罕见；最高水位3.73米。3月20～21日又遇强降温(降温幅度12.2℃，最低气温0.5℃)，天降冰粒。灾情严重。

1999年6月3次大范围降水，尤其是6月24日～7月1日，太湖流域持续大到暴雨，海盐雨量374.90毫米，又有大量客水流入，7月1日于城水位4.46米，超危急水位0.26米。洪水泛滥，5天后才逐渐下降。灾情特重。

2013年10月8日17时，受暴雨影响和上游受涝开闸来水，于城水文站最高水位达到4.59米，比历史最高水位高出0.13米。至11日15时，于城水文站水位略有回落，降至4.31米，此时这里超危急水位已经超过70个小时，海盐遭遇历年来罕见的洪涝灾情，全县所有镇(街道)受灾，于城镇多地成汪洋。洪涝造成大量农田受灾，大量农村居民家中进水。吕冢村宋桐浜自然村有多户养鸡户棚内灌水，大量即将出售的肉鸡死亡，损失惨重。

表3－6－1　　1991～2001年于(欤)城镇涝情表

发生年份	发生时间段	持续天数(天)	平均水位(米)	最高水位(米)
1991年	6月11日～6月20日	10	3.63	3.90
	7月1日～7月15日	15	3.51	3.94
1993年	7月1日～7月31日	25	3.38	3.84
	8月16日～8月25日	9	3.78	4.18
1994年	6月11日～6月20日	10	3.41	3.86
1995年	6月21日～6月25日	5	3.38	3.93
	7月1日～7月10日	10	3.83	4.39
1996年	7月1日～7月5日	5	3.82	3.96
1997年	7月6日～7月15日	9	3.45	4.30
1999年	6月25～7月5日	11	4.21	4.50
2001年	6月21日～6月29日	8	3.69	4.43

表 3－6－2　　2007～2011 年于城镇涝情表

年份	出现月份	最高水位（米）	最高水位日	月平均水位（米）
2007	9	3.77	19	3.19
	10	3.97	9	3.16
2008	6	4.06	11	3.22
	9	3.66	5	3.21
2009	7	3.66	30	3.06
	8	3.79	2	3.24
2010	3	4.03	6	3.25
	7	3.79	5	3.21
2011	6	4.09	19	3.21
	8	3.93	25	3.22

第四节　大雪　冰雹　龙卷风

镇域内发生大雪、冰雹和龙卷风的概率很小。据 1981～1987 年统计，平均年降雪日有 12 天，降雪最多年份为 1984 年，总降雪日有 23 天，最少为 1982 年，仅 1 天。解放后，最早下雪在 1952 年 11 月 18 日，最迟晚雪在 1980 年 4 月 14 日。最大一次积雪是 1976 年 1 月 30 日，厚 5 寸，水渠平沟。大雪常压断电线杆电线及竹木，造成危害。冰雹常和龙卷风同时袭来，多出现于春末和初夏闷热天气的下午。解放后，于城受冰雹袭击较严重的有 1986 年 6 月 26 日，龙卷风冰雹袭击钦城、百步等 11 个乡镇，钦城所降冰雹最大的重 1.2 公斤，造成农作物、房屋受损，人员伤亡。历史上龙卷风、雪和雹灾如下：

晋

大兴三年(320)三月，海盐雨雹。

唐

天复三年(903)十二月，大雪，海有冰。

明

景泰元年(1450)正月大雪二月不止，间有黑花凝积丈许，民多饥死，鸟雀几尽。

景泰五年(1454)二月大雪四十日，覆盖民庐，溪荡皆冰。

成化十三年(1477)正月，震雷、大雪。

正德三年(1508)六月，雨雹。

嘉靖四十年(1561)四月初七，雨冰雹。

清

顺治五年(1648)三月，雨雹，小者如鸡卵，麦损。

顺治九年(1652)夏，大旱，六月初九飞雪大寒。

顺治十一年(1654)十二月，大雪，海冻不波，官河水断。

康熙三年(1664)二月，雨雹，伤人损麦。

康熙八年(1669)夏，大热多暍死，十月杪大雨雹……。

雍正十一年(1733)，雨雹伤麦。

乾隆十六年(1751)秋，九月二十七雨雹。

乾隆五十四年(1789)夏四月，大雨雹，伤麦。

嘉庆元年(1796)正月初九，大风雪，冰凝不解。秋大有年。

道光二十一年(1841)冬，大雪，平地深丈许，路断行人者累日，历月余始消尽。

中华人民共和国

1976年4月22日16时20分，受强大龙卷风袭击，历时20分钟，风力极猛。冰雹密集。通元、石泉、钦城、齐家等12个公社农作物、房屋受损失，人畜有丧亡。

1980年6月26日2时50分，龙卷风冰雹袭击钦城、百步、横港等11个公社，全县1000余亩连作晚稻秧田，1万公斤种谷受损，吹倒房屋近2000间，死3人，伤21人，钦城所降冰雹最大重1.2公斤。

1986年7月15日16时40分左右，钦城、沈荡、横港、百步、石泉等7个乡镇遭受龙卷风袭击。据统计共有受害农户2600多户，倒塌房屋134间，畜室74间，农作物受损16600亩，折断电线杆175根，树木1000多株。横港乡胜利村十七组农妇陈大宝遭雷击死亡。

1991年12月28日，受强冷空气影响，降雪深13厘米；29日，最低气温-8.7℃；积雪5天，有严重冰冻。公路停运2天，水管、水箱严重冻裂，农作物受冻严重。

1998年4月5日14时20分到50分，于城、沈荡、西塘桥等7乡镇遭受冰雹和龙卷风袭击；冰雹直径2厘米左右，大者有6～7厘米、短时极大风力11～12级。灾情严重。

2005年3月11～12日，寒潮降雪深5厘米，降温12.8℃；最低气温-1.9℃，有冰冻，农作物受冻害。

第四编 土地资源管理

第一章 土地管理

第一节 管理机构

钦城乡土地管理办公室成立于1984年8月，是钦城乡人民政府的职能部门，设1名专职土地管理员，受于城镇政府领导与县土管局业务指导。1996年12月，由海盐县土地管理局收管为县土管局派出机构。1999年10月，办公驻地从镇政府划出，在于中路建造办公楼四间四层，建筑面积480平方米。2001年10月更名为于城国土资源所。2014年，于城国土资源管理所内设所长室、办事窗口、信访接待室等，有事业编制4名。

第二节 管理职能

土地管理办公室工作职责

钦城乡土地管理办公室主要履行以下职责：

1.宣传、贯彻、执行国家、省、市、县关于土地管理的法律法规、方针政策。

2.做好于城镇土地利用总体规划及其他土地专项规划和实施工作。

3.组织实施钦城乡基本农田划区定界工作；负责辖区范围内的耕地保护，特别是农田保护工作。

4.负责审核及上报农民建房及村集体兴办企业用地管理工作。

5.配合做好土地调查、统计、土地登记和日常地籍管理工作。

6.负责土地法律法规执行情况的监督检查和日常执法巡查工作，及时发现和制止各类土地违法行为，并及时向上级报告；配合做好土地违纪案件的调查、核实、取证工作。

7.负责辖区内土地信访工作，及时调处和化解矛盾，努力把问题解决在基层。发现重大上访苗头及时向上级报告。

8.配合乡党委、乡政府的中心工作，与乡有关单位、各村做好协调。

国土资源管理所工作职责

认真组织本区域内国土资源管理法律法规的宣传贯彻执行工作，组织实施乡(镇)级国土资源利用总体规划，并实施监督检查，为国民经济和社会发展提供资源保障。

对本区域内的土地、矿业权属纠纷，依法组织进行调处，办理相关业务，并完善痕迹资料。

认真完成县国土局交办的其他工作任务，积极完成乡镇人民政府中心工作。

1.负责全镇的土地管理、清理、登记和统计工作。

2.负责建立农村初始土地统计台账，完成年度土地变更调查。编制土地利用总体规划，搞好土地的权属管理、地籍管理。

3.负责单位和个人使用土地的查看、审查、报批工作。按法律规定颁发集体土地所有权证书，负责做好新建房屋农村居民宅基地使用证换发、归档工作。对全镇土地的利用情况进行检查、监督，并做好协调工作。

4.协助市国土资源局收缴好土地征（使）用的有关费用，建立、管好土地档案、资料保管齐全；认真处理督办、转办信访，全程跟踪管理工作到位。

5.会同有关部门解决土地纠纷，配合协助局做好土地监察执法工作。

6.围绕土地管理法律法规和自身业务工作，宣传工作到位，行风廉政建设目标明确，措施落实，工作人员无违法、无违纪、无违示，积极完成所在镇有关中心工作和市局布置的各项业务工作。

第二章 土地规划

1991年4月～1992年9月，第一次编制《1990年～2000年海盐县于城乡基本农田保护规划》，划定于城镇基本农田保护区。1995年9月，对2000年基本农田保护面积进行调整。1996年3月～1998年7月，编制《1997年～2010年海盐县于城镇土地利用总体规划》。1999年，经省、市政府审核批准，正式实施。2001年4月，完成新一轮基本农田划区定界工作。

第一节 土地利用总体规划

规划目标

2000年，于城镇根据《海盐县国民经济和社会发展“九五”计划及2010年远景目标纲要》，结合县国土资源局规划的全县土地利用总目标，确保于城镇耕地总量稳定在2100.47公顷，至2010年，在原有耕地基础上净增耕地17.42公顷；确保基本农田保有量1874.75公顷，严格控制建设用地规模，保障必要的经济建设用地，促进经济社会全面发展。规划期内，提供非农业建设用地控制在28.58公顷以内，其中占用耕地13.92公顷，利用存量土地10.03公顷，利用其他土地4.63公顷；城镇建设用地控制在11.88公顷以内；通过复耕、开发、土地整理增加耕地46公顷，其中复耕开发新增耕地3公顷，土地整理新增耕地43公顷。

规划方案

于城镇土地利用总体规划（1997～2010年）

耕地：1996年全乡耕地总面积2083.05公顷，至2010年各项建设新占耕地28.58公顷。通过后备资源复耕开发和土地整理，补充耕地 46 公顷，两项相抵，净增耕地 17.42 公顷。2010 年全镇耕地面积 2100.47 公顷。

园地：1996 年，全乡园地面积 818.19 公顷，至 2010 年，减少园地 9.72 公顷。1996 年至 2010 年，增加园地 163.52 公顷，两项相抵，净增园地 153.80 公顷。2010 年，全镇园地面积 971.99 公顷。

林地：1996 年，全镇林地面积 14.37 公顷，2010 年，全镇林地面积 14.37 公顷。

镇、村工业用地：1996 年，全乡镇、村工业用地面积 588.89 公顷，至 2010 年，减少工业用地 250.09 公顷。1996 年至 2010 年，增加工业用地 58.91 公顷，两项相抵，净减工业用地 191.18 公顷。2010 年，全镇工业用地面积 397.71 公顷。

交通用地：1996 年，全乡交通用地面积 175.05 公顷，1996 年至 2010 年，增加交通用地 4.53 公顷，两项相抵，净增交通用地 4.53 公顷。2010 年，全镇交通用地面积 179.58 公顷。

水域：1996 年，全乡水域面积 116.98 公顷，2010 年，全镇水域面积面积 116.98 公顷。

海盐县于城镇土地利用总体规划（2006～2020 年）

耕地：由 2005 年的 2586.26 公顷调整到 2020 年末的 2436.76 公顷，净减少 156.50 公顷。

规划期内增加 187.01 公顷，全部为建设用地复垦而来。

规划期内减少 343.51 公顷，其中，调整为园地 288.64 公顷，新增城镇建设占用 36.14 公顷，新增村庄建设占用 16.29 公顷，新增独立建设占用 0.72 公顷，新增交通水利建设占用 1.72 公顷。

园地：由 2005 年的 419.82 公顷，调整到 2020 年末的 976.64 公顷，净增加 556.82 公顷。

规划期内增加 573.70 公顷，其中建设用地复垦成园地 258.65 公顷，农业结构内部调整至园地增加 315.05 公顷。

规划期内减少 16.88 公顷，其中城乡建设占用 16.85 公顷，调整为其他农用地 0.03 公顷。

林地：规划期内无变化，保持 6.35 公顷。

其他农用地：由 2005 年的 297.25 公顷减少到 2020 年末的 259.88 公顷，净减 37.37 公顷。

规划期内增加 0.03 公顷，为园地调整而来。

规划期内减少 37.40 公顷，其中城乡建设占用 10.99 公顷，调整为园地 26.41 公顷。

建制镇：由 2005 年的 64.28 公顷增加到 2020 年末的 126.00 公顷，净增 64.72 公顷。

规划期内增加 61.72 公顷，其中占用耕地 36.14 公顷，占用园地 15.27 公顷，占用其他农用地 6.02 公顷，占用村庄 4.29 公顷。

村庄：由 2005 年的 648.11 公顷减少到 2020 年末的 221.04 公顷，净减 427.07 公顷。

规划期内增加 22.78，其中占用耕地 16.29 公顷，占用园地 1.58 公顷，占用其他农用地 4.91 公顷。

规划期内减少 449.85 公顷，其中复垦未耕地 187.01 公顷，复垦为园地 258.55 公顷，新增城镇占用 4.29 公顷。

采矿用地和独立建设用地：由 2005 年 6.18 公顷增加到 2020 年末的 6.96 公顷，净增 0.78 公顷。

规划期内增加 0.78 公顷，其中占用耕地 0.72 公顷，占用其他农用地 0.06 公顷。

交通水利用地：由 2055 年的 30.32 公顷增加到 2020 年的 32.04 公顷，净增 1.72 公顷。

规划期内增加1.72公顷,全部占用耕地0.72公顷。

其他建设用地:由2005年的0.59公顷减少到2020年的0.49公顷,净减0.10公顷。

规划期内减少C.10公顷,全部复垦为耕地。

水域:规划期内无变化,保持228.56公顷。

自然保留地:规划期内无变化,保持6.06公顷。

土地利用现状

根据2005年规划基期数据,全镇土地面积4296.78公顷,分布及构成如下:

农用地

分农用地面积3312.68公顷,占土地总面积的77.10%。其中,耕地面积2586.26公顷,占土地总面积的60.26%。园地面积419.82公顷,占土地总面积的9.77%。林地面积6.35公顷,占土地总面积的0.15%。其他农用地面积297.25,占土地总面积的6.92%。

建设用地区

建设用地总面积749.48公顷,占土地总面积17.44%。其中,城乡建设用地面积718.57公顷(建制镇64.28公顷,村庄64811公顷、独立建设用地6.18公顷),占土地总面积的16.72%。交通水利建设用地30.32公顷,占土地总面积的0.71%。其他建设用地0.59公顷,占土地总面积的0.01%。

其他用地区

未利用地面积234.62公顷,占土地总面积的5.46%。其中,水域面积228.56公顷,占土地总面积的5.32%。自然保留地6.06公顷,占土地总面积的0.14%。

规划调整

2003年7月,于城镇因盐湖公路海盐段改造和50万伏秦杭线建设,对原规划确定的建设留用地进行局部调整。共调整了52个区块,总面积177.18公顷。2004年,因国家重点项目涉及,对规划进行局部调整,总面积54公顷。2005年,涉及一个省重点项目,对规划进行局部调整,总面积为230.89公顷。

2010年12月,海盐县政府办公室发出《关于调整新一轮土地利用总体规划主要控制指标的通知》文件,按照原有布局“大稳定,小调整”原则,对基本农田保护面积、城乡建设用地规模和新增建设占用土地规模三项指标进行修正。于城镇新一轮土地利用总体规划主要控制指标是:基本农田保护面积2051公顷,标准农田保护面积1479.4公顷,耕地保有量2169公顷,城乡建设用地规模362公顷,新增建设占用土地87公顷。

2013～2014年,于城镇分别对涉及土地综合整治和土地开发地块进行的局部规划调整与落实。2015年11月,由于农民建房的需要,规划落实新增建设用地面积6.7公顷,落实基本农田4.5公顷,修改新增建设用地面积1公顷。

由于规划无法满足镇域经济社会发展需要,2014年底起,全县启动了土地利用总体规划方案调整完善计划。2016年1月8日,于城镇人民代表大会主席团对《于城镇土地利用总体规划调整完善版》进行审议,认为方案成果编制科学、合理,符合于城镇实际情况,一致决定同意该方案通过。2016年8月,方案得到市级部门批准,是为现行规划。

表 4—2—1　　1996～2010 年于城镇土地利用结构调整规划情况表

地类		基期年(1996) 面积(公顷)	基期年(1996) 比重(%)	其间面积增减(公顷)	近期年(2000) 面积(公顷)	近期年(2000) 比重(%)	其间面积增减(公顷)	规划年(2010) 面积(公顷)	规划年(2010) 比重(%)	其间面积增减(公顷)
土地总面积		4290.89	100	0.00	4290.89	100	0.00	4290.89	100	0.00
耕地		2083.05	48.55	12.03	2095.08	48.83	5.40	2100.47	48.95	17.42
园地		818.19	19.07	103.71	921.90	21.49	50.10	971.99	22.04	153.80
林地		14.37	0.33	0.00	14.37	0.33	0.00	14.37	0.33	0.00
城镇村及工矿用地	小计	588.89	13.72	－131.16	457.73	10.66	－60.02	397.71	9.27	－191.18
	城镇	30.88	0.72	27.96	58.84	1.37	1.00	59.84	1.39	28.96
	农村居民点	527.90	12.3	－182.86	345.04	8.04	－58.00	287.04	6.69	－240.86
	独立工厂	30.11	0.7	23.74	53.85	1.25	－3.02	50.83	1.19	20.72
	特殊用地	0.00		0.00	0.00		0.00	0.00		0.00
道路交通用地	小计	175.05	4.08	0.00	175.05	4.08	4.53	179.58	4.19	4.53
	公路	37.15	0.87	0.00	37.15	0.87	4.53	41.68	0.98	4.53
	农村道路	137.90	3.21	0.00	137.90	3.21	0.00	137.90	3.21	0.00
	港口码头									
水域	小计	611.34	14.25	15.43	626.77	14.61	0.00	626.77	14.61	15.43
	水利设施	116.98	2.73	0.00	116.98	2.73	0.00	116.98	2.73	0.00
	河流	394.54	9.19	15.43	409.97	9.55	0.00	409.97	9.55	15.43
	水塘	99.49	2.32	0.00	99.49	2.32	0.00	99.49	2.32	0.00
苇地		0.33	0.01	0.00	0.33	0.01	0.00	0.33	0.01	0.00

表 4—2—2　海盐县于城镇土地利用总体规划(2006～2020 年)结构调整表

单位：公顷、%

地类		基期年(2006) 面积	基期年(2006) 比重	规划目标年(2020) 面积	规划目标年(2020) 比重	规划期间面积增减
土地总面积		4296.78	100.00	4296.78	100.00	0.00
农用地	耕地	2589.26	60.26	2432.76	56.62	－156.50
	园地	419.82	9.77	976.64	22.73	556.82
	林地	6.35	0.15	6.35	0.15	0.00
	牧草地	0.00	0.00	0.00	0.00	0.00

续表 4—2—2

地类			基期年(2006)		规划目标年(2020)		规划期间面积增减
			面积	比重	面积	比重	
农用地	其他农用地		297.25	6.92	259.88	6.05	－37.37
农用地	农用地合计		3312.68	77.10	3675.62	85.54	362.95
建设用地	城乡建设用地	小计	718.57	16.72	354.00	8.24	－364.57
建设用地	城乡建设用地	城市	0.00	0.00	0.00	0.00	0.00
建设用地	城乡建设用地	建制镇	64.28	1.50	126.00	2.93	61.72
建设用地	城乡建设用地	集镇	0.00	0.00	0.00	0.00	0.00
建设用地	城乡建设用地	村庄	648.11	15.08	221.04	5.14	－427.07
建设用地	城乡建设用地	采矿用地	0.00	0.00	0.00	0.00	0.00
建设用地	城乡建设用地	独立建设用地	6.18	0.14	6.96	0.16	0.78
建设用地	交通水利用地	小计	30.32	0.17	32.04	0.75	1.72
建设用地	交通水利用地	铁路用地	0.00	0.00	0.00	0.00	0.00
建设用地	交通水利用地	公路用地	20.43	0.48	22.15	0.52	1.72
建设用地	交通水利用地	机场用地	0.00	0.00	0.00	0.00	0.00
建设用地	交通水利用地	港口码头用地	9.89	0.23	9.89	0.23	0.00
建设用地	交通水利用地	管道运输用地	0.00	0.00	0.00	0.00	0.00
建设用地	交通水利用地	水库水面	0.00	0.00	0.00	0.00	0.00
建设用地	交通水利用地	水工建筑用地	0.00	0.00	0.00	0.00	0.00
建设用地	其他建设用地	小计	0.59	0.01	0.49	0.01	－0.10
建设用地	其他建设用地	风景名胜设施用地	0.00	0.00	0.00	0.00	0.00
建设用地	其他建设用地	特殊用地	0.59	0.01	0.49	0.01	－0.10
建设用地	其他建设用地	盐田	0.00	0.00	0.00	0.00	0.00
建设用地	建设用地合计		749.48	17.44	386.53	9.00	－362.95
未利用地	水域	小计	228.56	5.32	228.56	5.32	0.00
未利用地	水域	河流水面	228.56	5.32	228.56	5.32	0.00
未利用地	水域	湖泊水面	0.00	0.00	0.00	0.00	0.00
未利用地	滩涂沼泽		0.00	0.00	0.00	0.00	0.00
未利用地	自然保留地		6.06	0.14	6.06	0.14	0.00
未利用地	未利用地合计		234.62	5.46	234.62	5.46	0.00

第二节　基本农田保护规划

保护区划定

1991年开始编制《1990～2000年欤城乡基本农田保护区规划》。至1992年5月基本完成农田保护区划定。全乡共划定1990～2000年基本农田保护面积1873.08公顷。保护率89.90%。

2001年初，根据国土资源部、农业部联合下发的《关于认真贯彻执行〈基本农田保护条例〉进一步做好基本农田保护工作的通知》精神，以及市政府下达给海盐县基本农田保护面积22053.18公顷控制指标，于城镇开展新一轮基本农田保护区定界工作。全镇实际划定2001～2010年基本农田保护区3007.63公顷，其中耕地保有量2265.05公顷，标准农田1965.39公顷。基本农田保护示范区规模2041.08公顷。

控制指标调整

1995年9月1日，县政府根据市政府下达的基本农田保护区调整控制指标通知，将2000年基本农田保护区面积调整为1968.5公顷。2001～2002年，根据土地利用总体规划修编确定的控制指标和基本农田易地代保方案，对2001～2010年基本农田保护面积控制指标再次进行调整。于城镇代保面积168公顷。

2007年8月22日，嘉土资发〔2007〕48号文件《关于同意海盐县于城镇基本农田保护示范区建设方案的批复》批准。为加强基本农田的保护工作，努力完成基本农田示范区建设的各项任务。

表4—2—3　　于城镇土地利用总体规划修编主要控制指标分解调查表

单位：公顷、%

单位名称	1996年末耕地面积	基本农田保护面积	保护率	补充耕地面积	控制耕地减少面积			耕地净增不含生态退耕	2010年耕地面积
					合计	建设占用	灾毁		
于城村	1882.05	1553.31	82.53	25.74	150.10	143.10	7.00	－124.36	1757.69
鸳鸯村	2165.40	2043.14	94.35	40.22	25.25	17.25	8.00	14.97	2180.37
吕冢村	2113.80	2008.99	95.04	51.88	11.25	2.25	9.00	40.63	2154.43
于三村	1942.05	1876.03	96.60	61.52	7.95	1.95	6.00	53.57	1995.62
庄家村	1674.90	1524.75	91.04	13.32	50.40	44.40	6.00	－37.08	1637.82
于南村	1751.55	1671.71	95.44	31.64	27.90	21.90	6.00	3.74	1755.29
何家村	2618.10	2520.90	96.29	46.98	36.90	21.90	15.00	10.08	2628.18
南圣村	1725.45	1656.35	96.00	37.55	24.20	16.20	8.00	13.35	1738.80
构塍村	2248.05	2072.70	92.20	39.96	46.45	36.45	10.00	－6.49	2241.56
千福村	2196.90	2107.66	95.94	45.77	11.35	4.35	7.00	34.42	2231.32
八字村	2093.10	2029.86	96.98	43.26	8.65	1.65	7.00	34.61	2127.71

续表 4－2－3

单位名称	1996 年末耕地面积	基本农田保护面积	保护率	补充耕地面积	控制耕地减少面积			耕地净增不含生态退耕	2010 年耕地面积
					合计	建设占用	灾毁		
江渭村	1971.45	1860.55	97.03	48.04	7.80	1.80	6.00	40.24	1957.69
坛墩村	1582.35	1512.74	95.54	26.73	7.65	1.65	6.00	19.08	1601.43
太平桥村	2807.85	2752.62	98.03	43.68	25.60	15.60	10.00	18.08	2825.93
陈家门村	1101.00	1038.99	94.36	29.28	5.05	1.05	4.00	24.23	1125.23
于北村	1425.75	1296.93	90.96	44.43	33.50	28.50	5.00	10.93	1436.68
合　计	31245.75	29527.23	94.50	630.00	480.00	360.00	120.00	150.00	31395.75

表 4－2－4　　2001～2010 年于城镇基本农田保护面积控制指标情况表

单位:公顷、%

村　别	1996 年耕地面积	基　本　农　田		待置换用　地	建　设留用地	一　般农用地	2014 耕地保有面积
		面　积	保护率				
鸳鸯村	269.83	214.16	79.37	6.32	23.98	17.37	271.53
吕家村	270.39	254.92	94.28	2.84	10.37	2.26	271.89
庄家村	228.43	191.06	83.64	4.44	28.73	4.2	229.74
何家村	174.54	164.48	94.24	0.86	6.14	3.06	175.64
构塍村	264.9	233.59	88.18	6.53	20.13	4.65	267
三联村	286	269.63	94.28	0.3	11.05	5.02	288.1
江渭村	233.32	219.09	93.90	0.9	9.23	4.1	234.92
八字村	355.64	326.15	91.71	1.81	21.44	6.24	358.14
合　计	2083.05	1873.08	89.92	24	131.07	46.9	2097.05

第三章　集体土地开发

第一节　土地整理

1998 年 7 月，根据省政府《关于鼓励开发农村土地管理有关问题的通知》，海盐县政府批转县计划经济委员会等 5 个部门制订《开展土地整理的净增耕地与非农业建设用地置换的实施办法》。全县各乡镇将分期分批开展土地整理。根据土地整理难易程度，按净增耕地每公顷补助6万～9万元，其中30%作为启动资金，在土地整理项目立项批准后预拨，其余部分在项目竣工验收后一次结清。2003年，补助资金标准提高至每公顷7.5万～10.5万元。于城镇1999～2013年完成土地整理项目13个，整理区域面积4139.82公顷，建成标准农田2681.92公顷，净增耕地547.04公顷。土地整理总投资6060万元。

表4—3—1　　于城镇各村土地整理情况表

年份	村名	项目（个）	区域面积（公顷）	搬运土方（万立方米）	净增耕地（公顷）	建成标准农田（公顷）	投资总额（万元）
2000	于城镇构塍村	1	62.81	6.20	7.62	49.16	167.56
2001	于城镇于三、何家、构塍	1	565.28	52.57	68.01	366.25	795.32
2002	于城镇南圣等八村	2	1250.38	81.00	135.13	726.98	1593.84
2003	鸳鸯村、江渭村、三联村	3	752.52	78.70	113.34	505.00	1195.78
2004	构塍村、江渭村、八字村	3	518.27	60.95	79.46	318.00	834.30
2006	于城镇吕冢村、三联村	2	625.11	78.35	87.11	470.93	936.12
2007	于城镇八字桥等三村	1	365.45	36.88	56.37	245.6	537.20
	合计	13	4139.82	394.65	547.04	2681.92	6060.12

第二节　标准农田建设

1999年，全县结合土地整理实施标准农田建设，于城镇各村开展土地整理的同时实施标准农田建设。按照“田成方、渠相通、路相连、林成网”标准农田要求，对田、水、路、林、村进行综合治理。至2014年底，全镇建成标准农田2682公顷，新建U型排灌渠道242公里，新建改建机站38座，新建渠路74.8公里，绿化造林6.58万株。

表4—3—2　　于城镇各村标准农田建设情况表

年份	村名	项目（个）	标准农田（公顷）	新建U型渠道（公里）	新改建机站（座）	新建渠路（公里）	绿化造林（万株）
2000	于城镇构塍村	1	49.16	13	2	1.3	0.38
2001	于城镇于三、何家、构塍	1	366.25	27	1	9	0.30
2002	于城镇南圣等八村	2	726.98	19	9	19	1.8
2003	鸳鸯村、江渭村、三联村	3	505	75.5	12	13.1	1.18

续表 4—3—2

年份	村　　名	项目(个)	标准农田(公顷)	新建U型渠道(公里)	新改建机站(座)	新建渠路(公里)	绿化造林(万株)
2004	构塍村、江涓村、八字村	3	318	64	7	12.4	0.77
2006	于城镇吕冢村、三联村	2	470.93	25	4	12	1.20
2007	于城镇八字桥等三村	1	245.6	18	3	8	0.95

第三节　建设用地复垦与造地

复垦

1995 年 8 月，钦三村村办的立窑厂停办。1996 年 9 月底窑厂场地 1.455 公顷(21.83 亩)复垦完成。

1995 年 10 月，钦南村的立窑厂在 1993 年改为 12 门小轮窑。1996 年 3 月停产关闭，窑厂场地 2.0666 公顷(31 亩)复垦完成。

1998 年，于城镇二福村复垦公路挖损地 2.025 公顷，吕冢村复垦小窑厂窑基土地 1.22 公顷，于南村复垦窑厂窑基土地 1.641 公顷。

1999 年 3 月，何家村立窑废弃地复垦，面积为 1.382 公顷(20.73 亩)。于北村对于城北桥东堍南侧的池塘 2.9 亩，以及文安桥堍坑塘等 7.43 亩进行复垦。

2003 年，海盐县内开展农村宅基地复垦、工业废弃地为重点的建设用地复垦工作。按照“谁立项、谁复垦、谁得益”原则，复垦后获取的建设用地指标不列入当年用地指标分配方案，原则上由复垦的镇在年度内优先使用，并对复垦项目实行资金补助。工业废弃地复垦，按所获得的建设用地指标数量，每公顷补助 15 万～18 万元；农村宅基地复垦，按所获得的建设用地指标数量，每公顷补助 30 万～33 万元。建设用地复垦项目批准立项后，县预拨 40%启动资金，其余部分在项目竣工验收后按实际获得的建设用地指标数量一次结清。

2006 年，庄家村、吕冢村宅基地复耕项目 22.01 公顷，获得县财政补贴资金 198.09 万元。

2010 年，江涓村复垦区域总面积 184.0895 公顷，新增耕地面积 32.9015 公顷，其中土地整理新增耕地面积 10.8746 公顷，复垦新增耕地面积 22.0269 公顷。建新农村居住区新市镇(鸳鸯小区、三联小区、构塍小区)面积 12.6871 公顷，新建新社区 3 个，分别为构塍社区、何家社区、吕冢社区，面积为 10.0137 公顷。

造地

造地改田主要有退桑还耕、堆损地复垦、退宅还耕、废弃地复耕等。为了鼓励各乡镇造地改田，县政府设立造地改田专项资金，对批准立项的造地改田项目采用村里投一点、县里补一点的办法筹集资金。1999 年县政府规定造地改田每公顷补助标准为：工业废弃地复垦水田 0.75 万元、旱地 1.05 万元、桑园地 0.75 万元，鱼塘改田 0.75 万元，池塘改田 1.20 万元；堆损地、坑洼地及废损地复垦水田 1.20 万元、旱地 0.9 万元、桑园地 0.75 万元，退化或者经济效益差的园地退园还耕 1.20 万元；农村宅基地退宅还耕水田 1.20 万元，旱地 1.05 万元、桑园地 0.75 万元。

2003 年 7 月 1 日起，调整每公顷补偿标准为：鱼塘造地改水田 1.50 万元、旱地 1.50 万元、桑园地 1.50 万元；池潭塘造地改为水田 2.25 万元、旱地 2.25 万元、桑园地 2.25 万元；退园还耕改水田 2.25 万元、旱地 1.5 万元；堆损地、坑洼地及废损地复垦水田 2.25 万元、旱地 1.50 万元、桑园地 1.50 万元。

2008 年，于城镇吕冢村造地改田项目新增耕地面积 9.3776 公顷，获得县财政补助资金 98.46 万元。2009 年，何家村、庄家村造地改田项目新增耕地面积 11.806 公顷，获得县财政补贴资金 106.25 万元。2010 年，吕冢村造地改田项目新增耕地面积 13.304 公顷，获得县财政补贴资金不 35 万元。2011 年，鸳鸯、吕冢两村对废弃园地进行改造整理，通过改造和整理，搬运土方 21.7 万立方米，新筑道路、修筑排灌渠道设施 5.3 公里，投入资金 233 万元，可新增耕地 18.9876 公顷。

第四章　建设用地管理

1987 年，《中华人民共和国土地管理法》和《浙江省土地管理实施办法》实施，规定征用耕地、非耕地依据征用面积的多少，划定申报界限，由县政府、市政府、省政府和国务院批准。1989 年，农村集体土地非农业建设用地和农村宅基地申报登记相继完成。1991 年起，县内各乡镇国家建设征用土地实行政府统一征地。1999 年起，土地征用审批权收至省政府和国务院。

第一节　工业功能区建设用地

1999 年 12 月，于城镇党委、政府为了加快和鼓励发展个体私营经济，决定建立于城镇工业功能区。工业功能区位于于城镇海王公路沿线黄桥至鸳鸯村 6 公里区域内，由黄桥工业区、三联电子工业区等组成，规划总面积 2.7 平方公里。2000 年 7 月 31 日，中共于城镇委为了切实加强工业园区的管理，促进工业园区的健康发展，决定成立工业园区管理委员会。

2001 年 1 月起功能区第一家企业——于城服饰有限公司投入生产，该企业投资 248 万元，占地 5736 平方米(8.6 亩)，建筑面积 2840 平方米。是年 8 月，征地 50 亩，投入 83 万元，完成区内供电、用水、通路等基础设施建设。到年底，引进县外企业 5 家，镇外企业 8 家，共征土地 15.41 公顷(231.2 亩)，总投资 8985 万元。2004 年功能区累计开发用地 46.67 公顷(700 亩)，2006 年工业功能区当年新增用地 12.46 公顷(187 亩)，累计开发用地 79.93 公顷(1199 亩)；2008 年工业功能区当年新增用地 50.3 公顷(754.5 亩)，累计开发用地 85.2 公顷(1278 亩)；2009 年工业功能区当年新增用地 1.6 公顷(24 亩)，累计开发用地 92.93 公顷(1394 亩)；2011 年工业功能区当年新增用地 3.6 公顷(54 亩)，累计开发用地 104.93 公顷(1566 亩)；2012 年工业功能区当年新增用地 2.07 公顷(31 亩)，累计开发用地 123.93 公顷(1859 亩)；2013 年工业功能区当年新增用地 2.16 公顷（32.4 亩），累计开发用地 124.03 公顷（1860.45 亩）；2014 年工业功能区当年新增用地 10.2 公顷（153 亩），累计开发用地 125.93 公顷（1888.95 亩）。

第二节　农村个人建房用地

1982 年 3 月，县政府转发国务院关于发布《村镇建房用地管理条例》，对村镇建房用地限额和省、地、县三级具体审批权限等问题作出规定。农村社员建房需要宅基地的，应向所在生产队申请，经社员大会讨论通过，生产大队审核同意，报公社管理委员会批准；确需占用耕地、园地的，必须报县级人民政府批准，批准后，由批准机关发给宅基地使用证。同年钦城公社成立土地管理领导小组，各生产大队配备 1 名副大队长分管土地管理工作。并发布《村镇建房用地管理制度》，规定农村社员建房用地每人 20～25 平方米，畜舍每人 6 平方米，最多不超过 30 平方米。至年底，全公社批准房屋建混合结构的竣工 110 间，砖木结构的竣工 1626 间，泥木结构的竣工 8 间，其他结构的竣二 32 间，其中住宅混合结构 12 间，砖木结构竣工 1295 间，其他结构 32 间。

1987 年以前，农村宅基地审批标准为按户籍每人 18～25 平方米（独生子女按 2 人计算），每户不超过 120 平方米，不分使用或非耕地。1987 年起，规定大户（6 人及以上）使用耕地不超过 125 平方米，非耕地不超过 140 平方米；小户（5 人以下）使用耕地不超过 100 平方米，非耕地不超过 125 平方米。1989 年 8 月起，按大、中、小户规定用地标准，大户（6 人以上）使用耕地不超过 125 平方米，非耕地不超过 140 平方米；中户（4～5 人）使用耕地不超过 100 平方米，非耕地不超过 125 平方米；小户（1～3 人）使用耕地不超过 60 平方米，非耕地不超过 75 平方米。专业生产建房用地标准为：大户 35 平方米，中户 30 平方米，小户 25 平方米。2000 年 8 月起，对农村个人建房户型、用地标准进行调整，大户（5 人及以上）使用耕地不超过 125 平方米，其他土地不超过 140 平方米；小户（1～4 人）使用耕地不超过 100 平方米，其他土地不超过 100 平方米。2008 年 4 月，海盐县政府印发《海盐县农村村民宅基地使用管理办法》的通知，规定农村村民一户只能拥有一处宅基地，宅基地面积标准为：小户（1～4 人）最高不得超过 100 平方米，大户（5 人及以上）最高不得超过 125 平方米。2008 年规定，在新农村建设中，进集镇新市镇规划区里的农民建房，每户占地面积不超过 90 平方米；在新社区规划点内建房的，每户占地面积不超过 100 平方米。2013 年起又放开政策，可以在原宅基地翻建的，每户占地面积不超过 100 平方米。

表 4—4—1　　于城镇一部分年份批准农村个人建房用地情况表

年份	户数	人口数	生产用房（平方米）	生活用房建筑面积（平方米）			批准用地面积（亩）			
				平房	二层	三层	耕地	非耕地	宅基地	合计
1968	90			9600				5.92	21	26.92
1982	492	2249	7028	34137			3.44	44.45	20.88	68.77
1983			5976	13101			0.55	11.59	16.38	28.52
1992	598	2625	8259	7573	109265	115544	22	12.49	64.97	99.46

续表 4—4—1

年份	户数	人口数	生产用房（平方米）	生活用房建筑面积（平方米）			批准用地面积（亩）			
				平房	二层	三层	耕地	非耕地	宅基地	合计
1993	355	1550	5854	5869	58389	4779	15.68	9.55	31.15	56.37
1996	461	2048	7323	7581	79346	939	18.04	10.81	42.93	71.78
1997	511	2250	8272	9541	64258	5142	6.20	18.53	40.34	65.07
1998	349	1549	5629	7363	39840	6795	/	23	21.33	44.33
2004	109	432	1081	1646	10067	3615	340	3359	4019	7718
2005	91	342	660	947	10029	4870	130	2841	4736	7707
2013	335	1342	5908	0	15912	24322	/	/	40234	40234
2014	166	587	/	/	10012	40031	/	23.07	51.63	74.80

说明：资料由于城镇土地管理所提供

第三节 征地补偿费

土地补偿费

1987年前，征用耕地补偿费标准为该耕地征用前3年平均年产值的3～6倍，征用非耕地减半补偿。1987～1998年，征用耕地补偿费标准调整为4～5倍，大中型水利工程3～4倍，征用非耕地减半补偿。1999年起，征用耕地补偿费标准调整为6～10倍，补偿办法根据被征地区位条件及土地类别核定。征用耕地补偿标准为：乡镇规划区7～8倍，其他地区6～7倍，2000年起调整为8倍。征用其他农用地补偿标准：乡镇规划区5～6倍，其他地区4～5倍。

1999年以前，每公顷前3年平均年产值为1.5万元；1999～2002年，每公顷耕地前3年平均年产值为：水田、旱地1.5万～1.95万元，专业果园及专业桑园1.5万～2.25万元，其他耕地0.75万～0.98万元。

表 4—4—2　　土地分类年产值核定标准表

年份	土地类别	平均年产值（元/亩）	备注
1999年	水田、旱地	1000～1300	含自留地、鱼塘、竹园
	专业果园、专业桑园	1000～1500	
	其他土地	500～650	
2001年	水田、旱地	1000～1300	含自留地、鱼塘、竹园
	菜地	1500～2500	

续表 4—4—2

年　份	土　地　类　别	平均年产值（元/亩）	备　　注
2001 年	专业果园、专业桑园	1000～1500	
	其他土地	500～650	
2004 年至 2007 年	耕地、园地、养殖、建设用地	1500	
	未利用地、林地	750	

2003 年调整为耕地、园地、水利用地、养殖用地及建设用地每公顷 2.25 万元，未利用土地 1.13 万元。2004 年起，征用耕地补偿实行区片综合价，在一个区片内征用耕地的工地补偿费和安置费实行综合价。一级区片（县城）每公顷 75 万元，二级区片（大桥新区）45 万元，三级区片（建制镇规划区）27 万元。

安置补助费

1987 年起，根据《中华人民共和国土地管理法》和《浙江省土地管理实施办法》规定，每安置一个农业人口，安置补助费标准为耕地被征用前 3 年平均年产值的 2～3 倍，征用非耕地的减半支付。1991 年规定，每个农业人口安置补助费标准 2600～3000 元，用招工办法安置劳动力的，安置补助费标准 4000～5000 元，其安置费付给招工单位。1996 年县政府发了补充通知，要求安置人员办理“农转非”手续，如符合用地单位的。由用地单位优先招用，签订 10 年以上合同；如用地单位元能力安置的，可委托劳动开发公司统筹安排，每委托安置 1 人，支付 1.5 万元的安置补助费，实行有偿安置。如愿意自谋职业的，由用地单位支付安置补助费 1 万元，并将一部分为其交纳 10 年养老保险金。如对超过年龄的人员，由用地单位一次性发给安置补助费 1 万元；也可对符合养老保险条件的，为其交纳 10 年养老保险金。

1999 年起，安置补助费标准提高至 4～6 倍。征用未利用土地，按耕地减半补偿。被征地“农转非”人员，由劳动保障局统一分流安置。

青苗补偿费

被征耕地青苗补偿费按有苗补偿、无苗不补的原则进行补偿。1990 年前，青苗补偿费由用地单位与被征地单位协商确定。1991 年实行统一征地后，青苗补偿费由县征地事务所统一按被征耕地当季作物产量、价格与被征地单位协商确定。1991 年实行统一征地后，青苗补偿费由县征地事务所统一按照被征耕地当季作物产量、价格与被征地单位协商确定。1999 年，县政府公布每公顷青苗费补偿标准为：水田、旱地 0.90 万元（2000 年调整为 0.90 万～1.05 万元）；菜地、精养鱼塘 2.25 万～3 万元。2001～2002 年，特种水产养殖 4.50 万～6.75 万元。2003 年起，水稻田每公顷 1.20 万元，其他补偿标准不变。2004 年起至 2009 年不变。2014 年水田每公顷 1.50 万元，菜地每公顷 2.25 万～3 万元，鱼塘每公顷 3 万元，特种养殖（甲鱼、沼虾、河蟹）每公顷 4.50 万～6.75 万元。

表 4—4—3　　青苗补偿费标准表

年　份	土 地 类 别	标准(元/亩)	备　注
1999～2001	水田、旱地	600	
	菜地、精养鱼塘	1500～2000	
2004～2009	水稻田	800	
	菜地	1500～2000	大棚蔬菜每亩 3000 元
	鱼塘	2000	国有养殖水面每亩 1500 元
	特种养殖(甲鱼、虾等)	3000～4500	
2014	水田	1000	
	菜地	1500～2000	大棚菜地每亩 3000 元
	鱼塘	2000	国有河流每亩水面 300 元
	特种养殖(鳖、虾、蟹)	3000～4500	

地面附着物补偿费

1993 年,01 省道嘉兴东西大道征地,村民私房拆迁标准为:楼房 150 元/平方米,平房 60 元/平方米。1996 年,六平申线航道拓宽拆迁,楼房、平房每平方米比 1993 年各增加 10 元。1999 年,县政府公布征地房屋拆迁补偿标准为:楼房砖混 160～230 元/平方米,平房砖混 100～140 元/平方米。2004 年,调整为楼房砖混 300～560 元/平方米,平房砖混 120～250 元/平方米,简易房 50～100 元/平方米。

1998 年前,地面构筑物及树木补偿由用地单位或征地单位按评估价补偿。1999 年起,补偿标准为:河埠每个 50～100 元,水井每眼 100～150 元,水泥晒场 10～15 元/平方米,围墙 10～12 元/平方米,坟墓迁移每穴 50 元,农田水利设施每公顷 1.5 万元,三线低压线每米 10 元,四线低压线每米 16 元。成片种植果园按公顷补偿,标准为:新种果园 2.25 万～3 万元(新剪插 1.20 万～1.5 万元),种植满 2 年以上 3 万～4.50 万元,盛产果园 4.50 万～6.75 万元。零星种植果树按株补偿,补偿标准为:新种果树 1～4 元,盛产期果园 40～70 元。成片种植桑园按公顷补偿,补偿标准为:新种桑园 1.20 万～2.25 万元,盛产专业桑园 3 万～5.25 万元。农户屋前屋后及零星树木按株补偿,补偿标准为:胸径(离地面 1.3 米处量得)5 厘米以下 2 元,5 厘米以上至 10 厘米以下 5 元,10 厘米以上至 20 厘米以下 10 元,20 厘米以上 12～15 元。

2013 年成片种植果园按每亩补偿,标准为:新种果园 1 年内每亩 1000 元,1～2 年每亩 2000 元,种植满 2 年以上至 3 年每亩 3000 元;3 年以上每亩 3000～4500 元。零星种植果树按株补偿,补偿标准为:新种果树每株 2～5 元,1～2 年每株 5～10 元,2～3 年每株 10～30 元,3 年以上盛产期每株 30～80 元。成片种植桑园按每亩补偿,补偿标准为:新种桑园 800～2000 元,2～3 年每亩补 2000～3000 元,3 年以上盛产专业桑园每亩 3000～4000 元。农户屋前屋后及零星树木按株补偿，补偿标准为：胸径（离地面 1.3 米处量得）5 厘米以下 5 元，5 厘米以上至 10 厘米以下 5～10 元，10 厘米以上至 20 厘米以下 10～30 元，20 厘米以上 30～50 元。竹园每平方米补 4～8 元。河埠每个 50～100 元，围墙 10～12 元/平方米，坟墓迁移每穴 100～200 元，粪缸每只 50 元，三格式化粪池每座 100～300 元，农田水利设施每米 40 元。

表 4—4—4　　地面附着物补偿标准表

单位：亩、元

年份	果园			桑园		树木		竹园	花卉	
	1～2 年	2 年以上	盛产期	新种	盛产期	每亩	每株	每平方米	每亩	每株
1999～2001	1500～2000	2000～3000	3000～4500	800～1500	2000～3500		2～15			
2004～2008	1500～2000	2000～3000	3000～6000	800～1500	3000～4500	1500～2000	10～50	8	2000～3500	1～50
2009	2000	3000	3000～4500	800～2000	3000～4000	1500～2000	5～50	4～8	市价	市价

建筑物、构筑物

表 4—4—5　　建筑物补偿标准表

单位：元/平方米

年份	楼房（砖混结构）				平房（砖木结构）					简易房	
	一级	二级	三级	四级	一级	二级	三级	四级	五级	一级	二级
2003	310～340	270～310	220～270	180～220	180～220	160～180	120～160	100～120	80～100	40～70	20～40
2006～2008	400～450	350～400	300～350		200～250	150～200	150～180	120～150		50～100	
2013	450～580				300～350	250～300				100～150	

表 4—4—6　　海盐县征收集体土地房屋拆迁评估成新率标准表

结构＼年份	1981 年底前	1982～1991 年	1992～2001 年	2002 年后
钢砼结构	6～7.2 成	7.3～8.2 成	8.3～9.2 成	9.3～10 成
砖混结构	5.3～7 成	7.1～8 成	8.1～9 成	9.1～10 成

续表 4—4—6

结构＼年份	1981 年底前	1982～1991 年	1992～2001 年	2002 年后
砖木结构	5～6.8 成	6.9～7.8 成	7.9～8.8 成	8.9～10 成
木结构	5～6 成	6～7 成	7～8 成	8～10 成
其他结构	4～5 成	5～6 成	6～7.4 成	7.5～10 成

说明：根据本标准，结合房屋的使用保养状况经评估确定

表 4—4—7　　构筑物补偿费标准表

年份	个人部分							集体部分		
	河埠（元/只）	水井（元/只）	水泥场（元/平方米）	围墙（元/平方米）	坟墓（元/穴）	粪缸（元/只）	沼气池（元/座）	水利设施（元/亩）	二线低压（元/米）	四线低压（元/米）
1999～2001	50～100	100～150	10～15	10～12	50			1000	10	16
2004	50～100				50～100	50	150～200	40	10	16
2006		150～250	20～30	30～40	50～100	50	150～200	40	10	16
2007～2009	50～100	150～250	20～30	50～80	100～200	50	150～200	40	10	16
2013		150～250	20～30	50～80	100～200	50	150～200	40	10	16

收缴造地费

1982 年 11 月，浙江省人民政府印发《关于征用耕地收缴造地费有关事项的通知》，凡征用耕地的，收缴造地费。征用耕地 1 亩，应缴纳造地费 2000 元；征用菜地的，每亩缴菜地建设费 10000 元，不另缴造地费。

失土农民安置

为进一步完善被征地农民基本生活保障制度，切实维护被征地农民的利益，参照《浙江省人民政府办公厅转发省劳动厅和社会保障厅关于完善职工基本养老保险“低门槛准入低标准享受”办法意见的通知》，结合海盐县实际，于 2004 年 9 月 28 日，海盐县政府颁发〔2004〕112 号《关于镇级被征地农民基本生活保障的实施意见》文件。意见规定了基本生活保障的范围和对象；基本生活保障办法；基本生活保障费的缴纳标准；基本生活保障费的管理；基本生活保障的待遇等。被征地农民基本生活保障一次性缴纳的费用为上年全省职工月平均工资×50%×缴费比例×缴费年限。被征地农民男年满 60 周岁、女年满 50 周岁以上且基本生活保障缴费年限达到 15 年的，可按月享

受280元基本生活保障金，直至去世。2005年7月，为规范镇级被征地农民基本生活保障资金管理，县财政局制定了实施细则。细则规定被征地农民基本生活保障资金的筹措渠道为：镇政府承担保障金总额的30%，在土地出让金中扣除；村、组集体经济承担保障金总额的40%，在土地补偿费中扣缴；符合条件的被征地农民个人承担保障金总额的30%，在征地补偿费中扣缴。

2007年10月1日起，县政府〔2007〕38号文件《关于调整被征地人员基本生活补助金标准的通知》，每人每月从150元调整为每人每月170元；其基本生活补助金每人每月从210元调整为每人每月238元。镇级被征地农民基本生活保障金由每人每月的280元调整为每人每月320元。

2010年7月1日起，县政府〔2010〕51号文件决定，镇级被征地农民基本生活保障金由每人每月320元调整为每人每月380元。

耕地占用税

为加强耕地占用税管理，发挥税收调节作用，保护耕地资源，增加农业收入，经省政府同意，决定从1992年7月1日起，对1987年开始执行的耕地占用税征收标准，作适当调整。海盐县属二类地区，凡征用每亩耕地的，征收6000元，即每平方米为9元。

第五章　土地资源管理

第一节　组织机构

1982年7月，欤城公社根据国务院和省政府有关保护土地资源和水利工程设施的规定，遵照县政府(82)50号文件规定。为珍惜、合理利用每一寸土地，切实加强保护土地资源和水利工程设施，坚决制止毁地挖堤烧砖，出台关于《保护土地资源和水利工程设施的规定》，并建立保护土地资源管理小组。

土地资源管理小组的职责是：1.做好宣传教育工作，贯彻执行上级有关规定，审查卖泥单位或个人的申请，监督检查卖泥地段的质量标准。2.各生产大队配备1名副大队长分管卖泥工作，要有1名具体负责人；负责生产队与窑厂的联系，把好生产队卖泥审批关，并负责现场卖泥质量标准验收。3.凡有卖泥的生产队都要有1名队长兼管卖泥工作。其职责是提出卖泥申请，经批准后会同大队、窑厂施工员，运泥船户实地放样、打桩，随时监督检查，发现问题及时解决。4.窑厂要建立买泥管理小组，配备验货员、联络员、施工员。

第二节　卖泥取土标准

窑厂要制泥坯烧砖的主要原料是泥土，没有泥土就失去了生命线，因此窑厂想方设法到生产队买泥。而生产队用泥土换取现金，使社员增加收入，这是好事，所以在20世纪七八十年代，卖泥取土是一举两得的好事。

虽然卖泥取土是一举两得的好事,但必须有计划有步骤有标准地进行,绝不能只顾卖泥换现钿,而破坏了农田水利设施,所以要制定卖泥标准和质量。

1.窑厂买泥、生产队卖泥,必须不影响农业生产和防汛排涝工程,不毁坏良田,不毁坏专业性桑园,不毁坏圩堤,不毁坏排灌渠系为前提。既保障窑厂能正常生产,发展社队企业,又保障生产队的利益,必须对取土地段有恢复种植作物的措施,边挖泥取土边平整,争取当年取土当年复耕种植。

2.凡在轮船通航的轮船港两岸卖泥取土的,根据县政府有关规定,河岸线至开挖线不得小于5～10米;非通航的河港不得小于5米。

3.钦城公社还作如下规定:盐嘉塘、通元塘两岸不准卖泥取土。

4.吕冢港、沈家坟桥港西岸卖泥取土的,河边线至开挖线不得小于8米。挖土只开“泥门”,泥门宽度不超过2米,泥门与泥门之间不少于30米,卖泥取土结束泥门立即填平夯实,高程要在5米以上,经验收必须合格。

5.卖泥取土的地面高程不能低于吴淞4.20米。验收合格后立即种上农作物。

6.泥门开挖圩堤的,卖泥结束后立即修复,圩堤的标准为高程要在5米以上,坡比1∶1,顶宽1.5米。

第六章　地籍管理

1988年开始,海盐县土地管理局对全县国有土地使用权进行初始登记和颁发土地证工作,由此逐步建立起地籍管理制度。

1992～1993年,相继开展农村集体土地所有权登记和变更登记。1999～2000年,县土管局测量队完成全县1∶2000地形图测绘工作。

第一节　土地登记

初始登记

1988年10月,县土地管理局对全县土地使用权进行初始登记,登记的内容包括非农业建设用地申报登记、农村宅基地登记发证等工作。

1991年6月,海盐县政府印发《海盐县颁发土地证暂行意见》,全乡城镇土地使用权登记发证工作全面展开。

农村集体土地所有权登记

1992年9月,海盐县政府在官堂乡开展农村集体土地所有权登记发证试点之后,在全县展开。至年末,钦城全乡颁发集体土地所有证6850本,发证土地面积72公顷1994年发证结束。

变更登记

1993年,全县完成土地初始登记后,开始对土地权利发生变化或者新产生的土地权利进行变更登记。

2010 年 9 月，于城镇宅基地使用权登记发证工作领导小组成立，对全镇农村宅基地使用权登记发证。

2014 年，全镇办理土地登记 5649 户，占总农户的 69.12%，其中已发证 5057 户，占登记总户数的 89.52%。

第二节　宅基地使用

为了进一步加强宅基地有偿使用工作，1991 年 10 月 24 日，海盐县政府转发《省土地管理局，关于我省村宅基地有偿使用试点情况和今后意见的报告的知通知》。对农村宅基地收取使用费：每年每平方米收费标准一般为 0.05～0.20 元，使用费由村向农民收取，分成比例为村 85%，乡（镇）10%，县（市、区）为 5%。农村宅基地有偿使用费按预算外资金管理。

表 4—6—1　　2014 年于城镇宅基地登记发证及档案统计表

单位：户、%

村　名	总户数	已发证	占比	拆　迁	绿　化	待　发	未做证	已建档案
鸳　鸯	655	638	99.7%			0	17	638
构　塍	887	781	88.0%		20	1	85	773
何　家	531	511	96.2%			5	15	511
江　渭	351	345	98.3%			0	6	345
三　联	912	828	90.8%			23	61	828
吕　冢	846	733	86.6%			43	70	733
庄　家	678	631	93.1%			10	37	628
八　字	789	590	74.8%	97		6	96	580
合　计	5649	5057	90%	97	20	88	387	5036

表 4—6—2　　于城镇宅基地使用权确权登记情况表

行政村	登记在册件数	按农户（户）				按宗地（件）				按面积（平方米）			
		总农户数	登记在册农户户数	符合登记条件未发证农户数	不符合登记条件农户数	总宗地数	登记在册宗地数	符合登记条件未发证宗地数	不符合登记条件宗地数	宅基地总面积	登记在册面积	符合登记条件未发证面积数	不符合登记条件面积数
鸳鸯	647	647	609	34	4	647	609	34	4	69615	65394	3759	462
构塍	845	845	766	62	17	845	766	62	17	88927	80386	6819	1722

续表

行政村	登记在册件数	按农户(户)				按宗地(件)				按面积(平方米)			
		总农户数	登记在册农户户数	符合登记条件未发证农户数	不符合登记条件农户数	总宗地数	登记在册宗地数	符合登记条件未发证宗地数	不符合登记条件宗地数	宅基地总面积	登记在册面积	符合登记条件未发证面积数	不符合登记条件面积数
何家	525	525	495	18	12	525	495	18	12	56219	52883	1994	1343
江渭	354	354	344	8	2	354	344	8	2	37423	36294	894	235
三联	927	927	803	85	39	927	803	85	39	98721	84349	10198	4173
吕家	848	848	691	75	82	848	691	75	82	93732	76891	8127	8714
庄家	672	672	618	30	24	672	618	30	24	74533	68633	3283	2617
八字	796	796	575	169	52	795	575	168	52	87443	62847	18988	5608
合计	5614	5614	4901	481	232	5613	4901	480	232	606613	527679	54062	24872

表 4—6—3　　于城镇历年耕地面积统计表

单位：亩

年份	本年内增加数				本年内国家基建用地减少数				本年内镇村基建用地减少数						本年年末数		
	合计	开垦荒地	土地整理	园地还耕	合计	国家水利	国家公路	其他	合计	兴修水利	农民建房	农村道路	乡镇企业	其他	合计	水田	旱地
1958															63196	54164	9752
1959	29	11		18					716	478	20		69	149	63229	53798	943
1960	235	61		174					1086	1059			27	126	64353	53078	11275
1961	16.7			16.7					549.8	461	83	0.2	4.9		52983	42988	9994
1962	15	5		10	33			33	409	309	52			15	52627	42815	9806
1964	556	94		235					993	98			43	735	52378	42715	9663
1980	28								248	51			197		37350	32661	4689
1982	6			6					28		14		17	11	37333	32658	4675
1984	2			2					164		23	84	57		37013	32371	4642
1986	2			2	3		3		297	21	26		211	39	36600	32264	4536
1988	53	53							56	1	28	17	10		36330	31987	4343
1990	11	11			7	4		3	123		16	13	9	85	36160	31972	4188
1992	3			3	14			14	71		33	6	27	5	35328	31410	3918

续表 4－6－3

年份	本年内增加数				本年内国家基建用地减少数				本年内镇村基建用地减少数						本年年末数		
	合计	开垦荒地	土地整理	园地还耕	合计	国家水利	国家公路	其他	合计	兴修水利	农民建房	农村道路	乡镇企业	其他	合计	水田	旱地
1994					55		55		124	15	13	5	80	11	31923	28354	3619
1995	39	12		27					422		10		8	404	31590	27992	3598
1996	100		12	88	17	14		3	53		5	3	1	44	31653	28040	3613
1997	91		62	29	28	28			/	/	/	/	/	/	31716	28089	3627
1998	81		81		104			104	/	/	/	/	/	/	31693	28009	3684
1999					26			26	1				1		31666	27988	3678
2000	21	21							20				20		31694	28010	3685
2001	1667		1134	533									214		32888	28914	3974
2002	2027	2027			66.7			0.29	66.41		7.83		58.58		34848	30874	3974
2003	1114		1114								3.11		158.49		35801	31325	4476
2005	223			223	3.1				31				31		35612	31186	4426
2006	660		660		205	181			4.58		1.50		23.08		33066	31640	4426
2007	498		498		118.8			4.12	114.68				114.68		36554	32128	4426

第五编　环境保护

第一章　水环境质量

第一节　地表水环境质量

1990年，盐嘉塘、酱园港等水域，地表水环境质量属Ⅲ类水。1993～2005年，地表水水域受到严重污染，Ⅱ类、Ⅲ类水已消失，大部分地区水质属于Ⅳ类、Ⅴ类，甚至劣于Ⅴ类，所在集镇水域水质劣于Ⅴ类，水质严重恶化。地表水中主要污染物为有机物，而超过国家《地表水环境质量标准》的主要污染物为氨氮。

盐嘉塘水域，1991～1995年为Ⅳ类水质，1996～2000年为Ⅴ类水质，2001～2005年为劣于Ⅴ类水质。其中2003年6月、12月监测的盐嘉塘于城桥断面，水质类别劣于Ⅴ，超标项目有溶解氧、5日生化需氧量、高锰酸钾指数、氨氮、总磷。2005年7月、11月监测的盐嘉塘于城桥断面，水质类别劣于Ⅴ，超标项目有溶解氧、5日生化需氧量、高锰酸盐指数、氨氮、总磷、石油类。

据2014年10月水质考核情况通报，于城镇水质交接断面当月为合格。

第二节　饮用水源环境质量

2005年，地表水饮用水源保护区水质略优于其他区域水质，保Ⅳ类或Ⅴ类水质。

2014年3～9月交接断面累计考核不合格指标为高锰酸盐指数、氨氮、总磷等是年水质监测获优胜奖有4个村，获进步奖有2个村。3项指标，改善率总磷最差指标是－50.20％，改善率氨氮最差指标是－32.87％。是年，于城境域千亩荡已建成了饮用水供应厂区。

第二章　污染治理

1999年3月30日，成立于城镇环保领导小组，加强对环保工作的领导，依法保护环境，治理环境污染。十多年来，实施了工业污水治理，农业面源污染治理，生活污水治理，大气污染治理，其他污染源治理。开展了生态保护与建设，实施了植树造林，河道整治与保洁，美丽乡村建设，庄柴湖森林湿地公园建设等。

第一节 工业污水治理

1984年以来，开始对印染废水进行治理。印染厂采用曝气、接触氧化和化学凝聚相结合的方法处理印染污水。2007年2月12日，海盐县人民政府办公室发文，表彰了全县10家环境保护进步企业。于城镇“海盐鸳鸯丝绸印花厂”获环境保护进步奖。2014年4月28日，海盐县印染造纸化工行业整治提升工作领导小组办公室出台审核意见，海盐县于城丝绸印染有限公司等4家印染企业实施整治提升工程。是年，于城镇整治印染、五金标准件等重点行业污染，共有19家工业企业完成污水入网工程。是年，加快截污纳管工程，新建二级污水管网1170米，新增污水入网企业39家。

第二节 农业面源污染治理

农药污染治理。在20世纪60年代后期广泛使用有机氯农药，致使农作物的氯残留量超过规定标准，河道受污染。但随着有机磷农药的大面积使用及部分农民盲目大剂量使用，饮用水受严重污染，曾发生个别中毒事故。70年代后期有机氯农药逐被有机磷农药取代，饮用水中氯的含量随之下降。

2013年3月26日，成立于城镇农业环境监察中队，整治农业面源污染，改善农村生态环境。

2014年，做好农业面源污染治理工作，甲鱼温室尾水治理面积2.9万平方米。是年5月，于城镇8个村获县养殖污染治理服务费配套奖励189537.3元。是年6月底，于城镇千亩荡饮用水水源保护区8户畜禽养殖户全部关闭；55户农户农村居民已全部搬迁，57家水产养殖场已全部签订退养协议，温室已拆除。8月初通过省、市环保部门的现场检查验收。

第三节 生活污水治理

2010年12月31日，县政府等5家上级单位下达2009年度农村生活污水处理补助资金，于城镇488户补助34.16万元。

2013年，鸳鸯村实施生活污水处理项目，修建年废水处理量20立方米水池一处，安装两台年废水处理量5立方米的太阳能污水处理机，接入户数51户，投资1百多万元。

2013年4月2日，镇政府调整水环境综合治理工作领导小组，4月9日，印发了《于城镇水环境综合治理行动计划》。10月14日，海盐县环境保护局、财政局对第六、七、八批市级生态村补助环保专项资金，构塍村、吕家村、三联村分别为8万元，江渭村3万元。

2014年，启动农村生活污水治理项目，年内新增1000户农户。是年3月，于城镇鸳鸯村组织实施的生活污水项目全部完成并投入使用，经中介机构审计，核定投资为83.26万元。鸳鸯村由县财政局核拨生活污水处理项目补助经费62.44万元。

第四节　大气污染治理

20 世纪 80～90 年代，于城镇大气污染源主要是燃料燃烧的废气。全镇有第一、第二、第三 3 家砖瓦厂，建址在于北、南圣、江渭三个村。排放的大量氟化物，使蚕桑生产受到不同程度的损害。1984 年起治理含氟废气，逐步推广石灰水“烟囱喷淋”治理含氟废气，经省环境中心监测站测定，除氟率为 76.53%。后拆除了 2 家砖瓦厂，只保留江渭村第二砖瓦厂。

于城镇制定了 2014～2017 年防治大气污染措施，禁止秸秆焚烧，控制农业氨污染，实施绿化造林工程；工业企业调整能源结构；防治机动车污染；治理工业污染。近年来，严禁燃烧秸秆稻草取得实效。造林育林，2014 年全镇绿化覆盖率为 13.10%，对净化空气，维护生态平衡起着一定作用。

第五节　其它污染源治理

废渣治理

废渣主要是煤渣，基本供砖瓦厂做原料或用于铺路：另有少量化工废渣、废棉绒、废槽等则分别采用掩埋、回收利用或供生产单位做原料、饲料。县环境保护部门为督促排污单位治理“三废”，根据环境保护法规对没有治理好的单位，采取罚款和征收排污费，并限期治理。

病死动物无害化治理

2013 年 6～10 月，于城镇无害化处理病死猪 5333 头，其中规模养殖场自行处理 4425 头，镇集中收集处理 908 头。

2014 年，于城镇农业科技开发公司建设病死动物无害化处理收集暂存点 1 个。投资 30 万元，用地 400 平方米，建 50 立方米冷库。

畜禽养殖排泄物治理

2013 年，于城镇有规模养殖场 64 户，共计已建沼气池容积为 3170 立方米处理排泄物，县财政补处理资金 60080 元，镇财政补助 5700 元。2014 年，实施“三改一拆”工作，全镇共拆除违建猪舍 15.59 平方米。落实生猪“减量提质”工作，年末生猪存栏量 2.8 万头，同比减少 1.1 万头。2015 年 2 月 3 日，于城镇综合执法办公室牵头开展于城镇生猪规模养殖废弃物直排入河行为大整治，对全镇生猪养殖面积超 100 平方米及养殖数量超 50 头的生猪养殖户存在的将养殖废水、粪便直排进入河流的及养殖废弃物污染特别严重的行为进行重点查处。这次整治行动时间为一周，共分为四个小组同时铺开进行排查。对生猪规模养殖户上门排查。据统计，本次整治行动共排查规模养殖户 114 户，其中构塍村 9 户，何家村 10 户，八字村 6 户，江渭村 25 户，三联村 10 户，鸳鸯村 15 户，庄家村 16 户，吕冢村 14 户，已退养共 25 户。镇执法中队根据《浙江省水资源管理条例》及《畜牧规模养殖污染防治管理条例》共发出限期改正违法行为通知书 9 份，作出当场行政处罚决定 4 起。

第三章 生态保护

第一节 绿化造林

解放前,荒地杂地较多,杂草丛生,树种繁多,寺庙、坟地的古树、大树多。除一些野生树木外,还有大量植树和栽种土竹。

解放后,在党和政府"绿化祖国"的号召下,群众性的植树造林活动蓬勃开展,河沟两岸旁、房前宅后及零星杂地树木种植量日益增多。1958~1960年,在"大办钢铁""大烧木炭"中,树木横遭砍伐,大树古树荡然无存。1958~1967年10年中,砍多种少。1967~1969年的"献忠"中,将私有树木和竹园献给集体,砍伐严重。1971年开始,在机耕路、沟渠、河岸等处建造农田防护林。1971~1980年四旁植树,但管理差,成活率低。

1981年冬始,开展农田林网化建设。1984年春,钦城乡成立绿化委员会,各村成立绿化领导小组,领导绿化工作,农科站还配备了林业技术员,各村设置护林牌,制定护林公约,并落实林业生产责任制,"护林光荣,毁林可耻"蔚然成风。历经6个冬春,至1986年,全镇基本实现农田林网化,各农户各单位也积极在房前屋后栽种树木。农科站俞建明被评为全国级绿化先进个人。

2009年1月15日,于城镇政府成立绿化工作领导小组。实施提升新市镇形象,创造优美、清新、舒适的人居环境。9月7日,于城镇被浙江省环境保护厅命名为第六批省级生态乡镇。11月17日,县环保局、财政局给予环保专项资金补助15万元。

2011年10月27日,于城镇政府设立行政村生态环保监督员,营造良好的生活生产环境。12月8日,于城镇政府向县绿化委员会办公室申请了2012年度农田林网,庄柴湖森林湿地公园,村镇主干道补株,新社区,城镇,工业园区,河道7个绿化项目的立项;新增绿化面积689.3亩,投入资金1059.4万元。

2013年2月24日,海盐县委县政府授予于城镇2012年度生态建设考核先进镇。是年,于城镇大力推进绿化建设,绿化造林1567亩,其中经济林612亩,生态林536亩。全镇8个村创建成为市级生态村。是年3月29日,鸳鸯村获2012年度嘉兴市"优美庭园示范村",获得县委县政府农业和农村工作办公室等单位考核补助和奖励经费9万元。是年5月17日,海盐县财政局、林业局下拨于城镇第一批重点防护林建设项目补助资金15.80万元,面积为600亩。7月3日,第二批,于城镇造林面积901.1亩,补助资金34.60万元。是年10月31日,海盐县绿化委员会办公室通报表彰了吕冢村为第七批海盐县绿化示范村。是年11月11日,海盐县政府表彰2013年度绿化工作先进个人和模范家庭,于城镇农技水利服务中心陈张葆获先进个人,鸳鸯村西片六组陆文龙、三联村太平片五组陈月祥被评为模范家庭。

2014年2月19日,于城镇2013年度"优美庭院"创建,县财政拨考核补助、奖励款9.50万元，户数为973户。是年3月，于城镇人民政府获“2013年度海盐县现代农业园区建设工作先进单位”。是年，海盐县绿化委员会下达给于城镇绿化造林任务数为500亩，缺株补植2000株。

第二节 河道整治

2003～2005年，于城镇整治河道31条（段），总长38.6公里，累计完成土方40.65万立方米，河岸绿化60.31公里，块石护岸1.24公里，完成投资386.72万元，其中县补助资金159.77万元，以奖代补金额6.48万元。3年中疏浚河道长度在2公里以上有3条：

新开河

2003年，疏浚河段吕冢港至天福桥港2.1公里，疏浚后河底宽6米，河底高程0米，疏浚土方1.74万立方米，河岸绿化2.1公里，完成投资15万元。

粮船港

2005年，疏浚河段五日泾漾至埭廊浜2.6公里，疏浚后河底宽6米，河底高程0米，完成土方2.48万立方米，河岸绿化2.6公里，完成投资24.5万元。

粪桶泾港

2005年，疏浚河段里洪塘至董家组2.5公里，疏浚后河底宽7米，河底高程0米，完成土方2.9万立方米，河岸绿化1.11公里，完成投资18.75万元。

表5－3－1　2003～2005年河道整治情况表

河道名称	起讫地点	长度（公里）	疏浚标准（米）		疏浚土方（万立方米）	绿化长度（公里）	护岸长度（公里）	完成投资（万元）
			底宽（米）	底高程（米）				
2003年								
新开河	吕冢港至天福桥港	2.1	6	0	1.74	2.10		15.00
林佰堰港	里洪塘至西1.7公里	1.70	6	0.5	1.19	1.70		11.05
纯白塘桥港	马油车港至北1公里	1.00	6	0	0.97	1.00		7.85
王马堰港	里洪塘至虎哨亭	1.30	6	0	1.09	1.30		9.35
千福泾港	海王公路两侧各0.5公里	1.00	6	0	0.83	1.00		7.15
八字桥港	大船桥两侧各0.5公里	1.00	8	0	1.05	1.00		8.25
徐家桥港	徐家桥两侧各0.5公里	1.00	6	0.5	0.80	1.00		7.00
大竹桥港	马油车港至大竹港	1.00	4	0.5	0.90	3.50		7.50
鹭鸶桥港	盐嘉塘至大竹港	0.90	6	0	0.70	0.90		6.20
2004年								
鹭鸶桥港	盐嘉塘口至鹭鸶桥东	1.00	5	0.5	1.04	0.70		7.50

续表 5－3－1

河道名称	起　讫　地　点	长度（公里）	疏浚标准（米）		疏浚土方（万立方米）	绿化长度（公里）	护岸长度（公里）	完成投资（万元）
			底宽（米）	底高程（米）				
姚家木桥港	里洪塘至姚家木桥西	1.50	6	0.5	1.56	0.80		11.25
殷家港	盐嘉塘至坟安木桥	1.00	5	0.5	0.99	0.7		7.50
千福泾港	南桥港至千福泾桥	1.70	5	0.5	2.13	1.00		12.75
八字桥港	大船桥两侧各 0.8 公里	1.60	8	0	2.29	1.00		12.00
吾家浜	盐嘉塘至沈家南浜	1.50	8	0	2.01	1.00		11.25
陈家浜	亭子桥港口至陈家浜	1.00	5	0.5	0.87	0.60		7.50
叶家浜	盐嘉塘至钱家堰桥东	1.00	6	0.5	0.95	0.70	0.16	36.50
纯白塘桥港	何家桥至肖水堰	1.30	6	0.5	1.64	0.80		9.75
里洪塘	镇南桥至北					0.04		2.20
南桥港	坟安木桥至拉丝厂					0.08		5.00
2005 年								
钱家湾	钱家湾至吕冢港					0.09		5.17
粮船港	五目泾漾至埭廊浜	2.60	6	0	2.48	2.60		24.50
王马堰港	里洪塘至钱家汇	1.50	5	0.5	1.86	1.00		11.25
跃新河	盐嘉塘至构塍庙	1.70	6	0	2.67	0.76		12.75
粪桶泾港	里洪塘至董家组	2.50	7	0	2.90	1.11		18.85
新木桥	古荡河栈田漾东	1.50	6	0	1.67	0.63		11.25
金家溇浜	长寿桥港至宋桐北浜	0.50	4	0.5	0.40			3.75
长江堰港	新开河口至吕冢港	1.20	6	0	0.81	0.97		9.00
纯白塘桥港	肖水堰口至马油车港	0.70	5	0.5	0.44			5.25
林佰堰港	何家桥港口庄家何家	1.00	5	0.5	0.63			7.50
档浜	八字桥港口至档浜	1.20	5	0.5	1.45	0.59		9.00
徐家桥港	盐嘉塘至苏家埭	1.60	7	0	2.61	1.35		12.00
新木桥	酱园港至朱家桥						0.63	40.90
葫芦浜							0.24	13.1

2009 年，于城镇完成河道整治 16.163 公里，疏浚土方 220235.75 立方米，筑护岸 1080.00 米，投资 282.71 万元。

2010 年 1 月 23 日，县财政局、水利局核拨 2009 年于城镇度河道长效保洁以奖代补资金 18.73 万元，是年于城镇落实河道保洁长度 144.11 公里。

2013 年 2 月 24 日，于城镇获得县城乡综合配套改革(美丽乡村、水环境治理)目标责任制考核三等奖。

2014 年，实施“五水共治”工作。全面整治垃圾河，改善河道环境，形成水下无淤积、水中无障碍物、水面无漂浮物、水边无垃圾。是年，落实“河长制”管理，建立健全治水奖惩机制和责任包干机制，以村规民约形式发动全民治水，组织渔民开展鱼簖自清工作。完成河道清淤 69 条 27 公里、打捞沉船 439 艘。是年，镇域水质明显提升，全县水质监测获优胜奖 4 个村，获进步奖 2 个村。

第三节　美丽乡村建设

2013 年，于城镇实施美丽乡村建设，概算总投资为 811 万元，其中鸳鸯村为 399.8 万元，三联村为 133.5 万元，吕冢村为 141.4 万元，构塍村为 98.3 万元。鸳鸯村建设方案：景观绿化工程(包括道路工程、健身广场、驳岸、园路铺设、景观石、竹篱笆、绿化种植等)，村庄整治工程，房屋立面改造，文化建设工程，沿线绿化工程，重要廊道绿化土方工程，民俗文化屋维修工程，亮化工程，亲水平台，公共服务工程，广场雕塑小品工程，环境综合治理等。三联村、吕冢村、构塍村建设方案：景观绿化工程，用户型生活污水净水化沼气池工程，文化建设及公共服务工程，环境综合整治等。

2013 年 12 月 9 日，于城镇被评为 2013 年度嘉兴市美丽乡村建设先进镇。

2014 年，巩固“美丽乡村”成果，打造“蓝天、碧水、绿色、清净”的美丽家园，被嘉兴市政府评为美丽乡村建设先进镇。实施农村土地综合整治项目，农户搬迁 62 户。完成宅基地复垦 60 亩，新增开发用地 95 亩。健全长效管理机制，全年投入资金近 480 万元，做好集镇、道路、村庄、河道同步保洁工作，呈现面上整洁、点上出彩、文化彰显、环境优美的整体成效。

第六编 村镇建设

第一章 集 镇

于城集镇位于全镇中部偏北，是于城镇人民政府驻地，是全镇政治、经济、文化中心，是全镇乃至周边各乡镇的农副产品集散地。集镇东临盐嘉塘，吕家港穿镇而过，是六平申、盐嘉、盐硖货运航线交汇点，为全县水路交通中心。南与构塍、庄家村相连，西、北均为鸳鸯村相接。集镇东西长约1200米，南北长约1550米，总面积1.87平方公里。

于城集镇历史悠久，集市何时形成，方志无明确记载。于城始建于2500多年前的东周，据《清一统志》卷二八七载："嘉兴府境有顾城，西有新城，南有于城，北有主城，皆吴越争战时(前514～前510)所筑。"为春秋槜李四城之一。春秋后城废，镇以城得名。东晋隆安五年(401)，吴郡太守袁山松为御孙恩，第二次筑城，城高一丈，周一里，时称欤城。城内渐有市肆，后城夷为平地，商市时兴时衰，终久不废。明洪武(1368～1398)初，曾于此置关，录海宁卫，后废。抗日战争时期，集镇房屋受日军纵火焚毁后尽存无几。中华人民共和国建立后，集镇建设加快。

1995年11月，在集镇吕冢港南市区建成邮电路。1998年建成新的于城大桥。1999年，完成省级重点工程六平申线于城集镇段拆迁任务；新辟停车场1300平方米；建设镇和路、于中路以及绿化文曲路。同年10月，开工建设于中桥。2005年，集镇建成区自南至北成狭长形，镇中有于城西桥跨吕冢港，桥南北分为南市、北市。2007年起，扩建王家浜以西的镇西组团总占地13公顷，以于中路延伸段为重点，实施"一河(王家浜)二桥(水网船桥、肖家木桥)三路(招宝路、学才路、枫桥路)四化(硬化、绿化、亮化、美化)工程"：鸳鸯河(王家浜)公园河岸修筑竣工及实施绿化工程；新建肖家木桥和水网船桥。2009年，完成于中路延伸段和学才路、招宝路铺设路基并硬化；完成嘉于硖航道拆迁安置房、农民一条街以及镇文化活动中心和成人文化学校联建大楼相继竣工。2010年起，扩建城中苑、豪霆商住楼竣工；鸳鸯小区一期开工建设；民欣花苑、斜港南北68户拆迁安置房、锦绣佳苑竣工；2012年紫竹苑、凯华商务大楼结顶。2014年景丽茗苑、紫金花园竣工。

第一节 集镇规划

1988～1989年，编制第一轮《欤城乡集镇规划(1988～2000)》；规划集镇性质以乡镇工业为主要工商综合发展新型集镇；集镇建成区现状为面积40公顷(1988年)，规划期末人口5000人、总用地55公顷。1990年3月县政府原则同意欤城集镇总体规划。

1994～1995年，编制第二轮《欤城镇总体规划(1994～2010)》。2005年，修订《于城镇总体规划(2005～2020)》；规划集镇性质为县域重要交通枢纽、适宜人居生态型集镇；期末人口2.5万～3万人；形成“一心、三轴、两片、八组团”集镇功能结构，即集镇公共服务中心和海王公路城镇发展主轴、盐嘉塘、吕冢港、里洪塘组成两条景观生态轴以及集镇北侧工业片区、南侧生活片区和3个居住、3个工业、1个物流、1个备用组团。发展总体目标是：经济发展、民主健全、科教进步、文化繁荣、社会和谐、生活殷实，构建社会主义和谐社会，率先建成高水平的小康社会。此《于城镇城镇总体规划》于2005年海盐县政府30号文件批准实施。

2010年1月，于城镇对原总体规划委托嘉兴市规划设计研究院进行第三轮调整。城镇性质为：海盐县域重要的交通枢纽、工业及物流基地；镇域的政治、经济、文化、教育中心；适宜人居环境的生态型城镇。规划人口规模：镇域人口：近期为3.3万～3.6万人，中期为3.8万～4.4万人，远期为4.6万～4.8万人。镇区人口：近期为2万～2.3万人，中期为2.6万～3.1万人，远期为3.2万～3.4万人。镇域空间结构采用“中心集聚＋外围开放”空间发展模式，总体上形成“一廊、两轴、六区、七点”的空间布局结构。一廊：指杭浦高速公路沿线基础设施廊道。两轴：指海王公路发展轴、海盐大道发展轴。六区：指由新盐湖公路、庄柴湖、盐嘉塘、杭浦方向的基础设施廊道及镇区北部自然河道分隔，将城镇划分为六大区，分别为：(1)中部产业发展区，根据于城工业发展状况，勾勒了于城镇远景工业发展框架，其用地面积为4.4平方公里。(2)中部生活发展区：根据于城镇居住用地分布状况及自然环境分析，明确了于城远景适宜发展城镇居住生活用地框架，其用地面积为2.5平方公里。(3)北部生态农业保护区：保持原有的自然生态风貌，控制城市建设用地，以农业生产为主，总面积约为11.1平方公里。(4)南部生态农业保护区：保持原有的自然生态风貌，控制城市建设用地，以农业生产为主，总面积约为9.4平方公里。(5)西部水网密集区：禁止城市建设用地，保护原有的自然生态风貌，尤其是自然水网的形态，以风景林、经济林、花卉、苗木种植培育为主，总面积约为8.8平方公里。(6)大型基础设施影响区：220KV跃新变有大量高等级电力高压线的进出，因此变电所周边用地不宜作为建设用地，其面积毋约为6.7平方公里。七点：指七个规划乡村型居住点。包括：庄家社区、构塍社区、鸳鸯社区、何家社区、吕冢社区、江渭社区、八字社区。

第三轮镇区空间布局规划。本次规划于城镇规划建成区范围为：东侧界限为海盐大道、于五路，南侧界线为盐湖公路新线，西侧界为吕祥路、庄柴湖，北侧界线为鸳鸯路，规划总用地面积568.8公顷，其中规划建设用地约492.1公顷。镇区人口规模近期为2.0万～2.3万人，中期为2.6万～3.1万人，远期为3.2万～3.4万人。镇区功能结构为：“一心、三轴、两片、十一组团”。一心：镇区的公共服务中心，是于城镇行政、文化、商贸、金融等机构的集中分布地，保留老镇区的公共服务设施并加以完善，为镇域提供优质服务。三轴：海王公路城镇发展主轴和盐嘉塘、吕冢港、里洪塘组成的两条景观生态轴。两片：规划形成镇区北侧的工业片区和镇区南侧生活片区。十一组团：四个居住组团，三个工业组团，一个物流组团，三个备用组团。

本次《海盐县于城镇总体规划(2010～2030)》经县政府盐政函〔2011〕1号文件批准实施。

2012年于城镇第四轮委托湖南长沙规划设计研究院有限公司进行《海盐县于城镇规划完善城乡一体新社区"1十X"布点规划》的编制工作，于2013年5月30日通过了有关部门和专家组织的评审会，7月15日至20日经各村村民代表大会讨论通过。2013年8月6日，《海盐县于城镇规划完善城乡一体新社区"1十X"布点规划》，盐政函〔2013〕67号文件批准实施。

第二节　集镇建设

于城集镇形成已久，但发展缓慢。解放初期只有于城大桥西堍至枫桥一条长100多米的商业街，道路狭小弯曲，房屋建筑除有少量二层楼房外大都是砖木结构平房，沿河有一部分是吊脚楼。

表6－1－1　　1970年圩城集镇所属单位情况表

单位名称	非农人数	单位名称	非农人数	备注
圩城公社革委会	18	圩城公社兽医站		
圩城供销社	50	圩城公社支农服务厂		
圩城粮站	11	圩城公社邮电广播小组		
圩城食品站	5	圩城公社建筑队		
圩城卫生所	19	变电所	4	
圩城综合商店	38	东方红农具厂革委会	32	
圩城镇居民	156	东方红小学	25	包括大队小学
圩城公社渔场	131	圩城公社农业中学		
圩城公社信用社	5	圩城国药商店	11	
圩城公社米厂				
圩城公社农机厂		合计	505	

1978年前只有供销社、卫生院、初中、小学、粮站、邮电所等单位。20世纪80年代后，个体工商户发展速度加快，镇区面积随之扩大。

1985年，集镇建成区面积14.67公顷。1995年，建成邮电路。1998年，建成软城桥。1999年，完成省级重点工程角平申线于城集镇段房屋拆迁任务，新辟停车场面积1300平方米，建设镇和路、于中路、于中桥及绿化文曲路。2002年，启动于城工业园区建设。至2005年，集镇建成区面积达160公顷，自南至北呈狭长形，镇中有枫桥、于城西桥。主要道路7条，总长1622米。

2008年1月，于城镇第十五届人民代表大会第二次会议，审议通过了于城镇西组团控制性详细规划暨鸳鸯小区集镇新农村示范点方案。6月，第一批农民一条街开工建设，确定在学才路两侧建设1＃、8＃、9＃、10＃共4幢商住楼，其中1＃楼建筑面积2962.1平方米，8＃楼建筑面积

3840.6平方米，9#楼建筑面积4084平方米，10#楼建筑面积3840.6平方米，合计14727.3平方米，2009年底建成。

于城经贸大厦，位于于中路、昌平路交叉口。总占地2015平方米，建筑面积5250平方米，是目前于城最大的餐饮、娱乐、休闲为一体的综合性大楼，2009年竣工。

于城镇文化体育活动中心，位于于中路北，水网船桥西。占地5340平方米，建筑面积3098平方米，室内有办公室、棋牌室、书画室、排练厅、图书馆、电子阅览室、多功能厅、教室、会议室等。室外有标准型塑胶篮球场一个，塑胶羽毛球场两个，各种健身器材场一个，大型演出广场一个，并配备灯光，其中高杆灯4盏，球场灯4盏，亭园灯6盏，晚上灯火辉煌，如同白昼。建立张元济图书馆于城分馆，藏书12070册，专职管理人员2人。2008年11月开工建设，2010年3月竣工。

于城汽车站综合楼，位枫桥路、老盐湖线北侧，占地4000平方米，建筑面积1680平方米。与海盐县国家税务局郊区分局、新民委员会、镇司法所合建，2011年竣工。

庄家社区综合楼，位于吕冢港南，昌平路和邮电路口占地面积2502平方米，建筑面积3710平方米，投资520万元。2011年1月开工，2012年6月竣工。

嘉于硖航道于城集镇段拆迁安置房，位于集镇西组团招宝路东，建筑总面积7854平方米，其中商业用房15间，建筑面积1371平方米，住宅51套，建筑面积5583平方米，车库900平方米。2008年3月开工建设，2009年5月竣工。

构塍村社区服务综合楼，位于邮电路南、老盐湖线北，与庄家村社区综合楼相邻，建筑占地面积462平方米，层数五层，总建筑面积2310平方米，总投资310万元，2011年10月开工，2014年竣工。

构塍社区服务中心，位于于城镇邮电路南侧。总占地2415平方米，总建筑面积3670平方米，总投资750万元。2013年开工建设，2014年竣工。

鸳鸯村两新建设配套用房，位于老盐湖公路于城大转盘，国税大楼西侧。与镇广播电视站联建大楼开工建设。总占地0.18公顷，共5层，建筑面积2787平方米，总投资599万元，2014年开工，2015年建成。

庄家文体活动中心，位于于城镇于南路南侧，恒大冷冻厂北侧地块。占地面积305平方米，共3层，建筑面积915平方米，总投资120万元，2013年开工，2014年建成。

紫竹苑安置房工程，位于集镇西侧。南至嘉于硖航道吕冢港，北靠于中路，西至招宝路，东临王家浜，总用地19218平方米(28.8亩)，总建筑面积15865平方米，其中一期建设用地15亩，建筑面积2536平方米，投资3711万元，其中多层住宅4幢，安置搬迁农户120户。2011年开工，2012年竣工；二期工程占地3600平方米，建筑面积11372平方米，其中多层1幢，安置12户，2013年9月开工，2014年12月竣工。

于城信用社综合楼，位于于中路南，招宝路西，枫桥路东。11间6层，总用地面积2055平方米，总建筑面积2957平方米，于2014年3月开工，2015年6月竣工。

农贸市场

于城集镇农贸市场，位于于城路，始建于1985年，占地0.19公顷，内设6大类商品，摊位

101个;2001年,异地在于城路北、文曲路东、镇和路以西新建农贸市场1个,占地面积2000平方米,内设鲜肉、鲜鱼、蔬菜、豆制品、咸货、南北货、鸡鸭、蛋类等8大类商品,总摊位113个,其中固定摊位34个、流动摊位79个,2005年农副产品成交850万元。2014年底,常年固定总摊位由原来的34个增加到71个。其中鲜鱼3个,豆制品2个,鸡鸭肉2个,蔬菜9个,冷冻杂货7个,鲜肉10个,配菜等34个;自产自销临时流动摊40个。

集镇商业街

集镇主要商业街,镇南有邮电路,镇北有于城路、文曲路、镇和路、于中路。房屋建筑面积83万平方米;有机关团体、教科文卫等单位37个,个体工商户25家、商业网点132家。至2005年末供销系统有商业单位12家,其中农业生产批发交易185万元;从业人员20人,营业用房面积530平方米,仓库面积1000平方米。全镇有批发部6家,个私商店有251家,从业人员500余人,用房面积10000余平方米,占总房屋面积85%。

2007年起开发镇西组团,组团总占地13.3公顷,建设农民一条街,招宝路380米,学才路280米。2009年建成学才路1#、8#、9#、10#四幢商住楼,招宝路11#楼以及招宝公寓1#、2#楼。商铺108间,共计建筑面积24356平方米。2010年,于城镇(包括农村市场)有商业网点355家,从业人员983人。

新市镇建设

新市镇是指为从事农业、传统手工业和三产的农民提供聚居地,在片区中承担农业服务、生活、教育、娱乐等职能。人口规模1万人以上。参照城市居住小区标准进行建设,以公寓和联排为主要住宅形式。老区改造和新区建设同时进行,农民新村建设后及时将搬迁的自然村复垦还耕。

2010年,根据开展节约集约用地和加快农村新市镇、新社区建设的要求,为了加快村庄整治全面推进社会主义新农村建设,进一步优化土地使用制度,推进"两分两换"工作,加快建设符合"1+X"村镇布局规划要求的现代农业新社区。于城镇新市镇社区包括鸳鸯小区、三联小区、庄家小区、构塍小区。

2010年在镇西组团,于中路南侧开工建设鸳鸯小区紫竹苑一期项目,占地面积5374平方米,建筑面积16486平方米,共9幢,其中按层数分为:4幢二层,4幢三层,1幢四层;其中按形式分为:公寓式1幢,两联排7幢,四联排1幢,入住农户30户。还新建于中路新市镇商住楼总占地2850平方米,总建筑面积2950平方米,年底建成。

2011年在镇西组团,紫竹苑二期开工建设,占地面积13300平方米,建筑面积10788平方米,共10幢,其中三联排1幢,四联排7幢,五联排1幢,六联排1幢,入住农户40户。

2014年,枫桥西居住区占地面积68052平方米,建筑面积67872平方米,入住202户,建筑形式全是双联排屋。构塍村居住区占地面积15420平方米,建筑面积11550平方米,入住35户,建筑形式双联排屋2户,单体33户。庄家村居住区占地面积1334平方米,建筑面积1650平方米,入住5户,建筑形式单体5户。三联村居住区占地面积19123平方米,建筑面积20130平方米,入住61户,建筑形式双联排屋22户,单体39户。镇东居住区占地面积8704平方米,建筑面积9570平方米,入住29户,建筑形式双联排屋22户,单体7户。

表 6－1－2　　新市镇规划布局情况表

序　号	社　区 所在村	地　　名 (小地名)	规划户数 (户)	规划人口 (人)	规划面积(亩)	
						近期建设用地 (亩)
1	庄家村	庄家新区	425	1421	184.7	37.38
2	三联村	三联新区	1033	3434	450	204.9
3	构滕村	构滕新区	590	2181	236	93
4	鸳鸯村	鸳鸯新区	846	1712	338.4	104.47
5	三联村	镇东组团	107	354	26.65	
6	鸳鸯村	镇西组团	399	1518	119.7	
小计			3400	10620	1355.45	

房地产开发

于城镇房地产开发自 2006 年开始第一个项目起，至 2015 年 12 月止，共在集镇开发项目 6 个，其中：

祥和商住楼　位于镇和路、于城路，由海盐科邦房地产公司开发，总建筑面积 11645 平方米，其中商铺 30 间，住宅 66 套。2006 年开工，2007 年竣工。

城中苑商住楼　位于文曲路、于中路交叉口，由海盐众城房地产有限公司开发，10 间 5 层 1 幢，投资 488 万元；项目用地 1172 平方米，建筑总面积 2930 平方米，其中住宅用房 2461 平方米，商业用房 469 平方米。2009 年 5 月开工，翌年 4 月竣工。

豪霆商住楼　位于于中路、招宝路交叉，16 间 4 层 1 幢，由海盐鸳鸯丝绸印染有限公司开发，总占地 1369 平方米，建筑面积 2605 平方米；其中商铺 16 间，建筑面积 555 平方米，住宅 12 套，建筑面积 2050 平方米，2011 年建成。

民欣花苑　位于于中路、镇西路交叉口，由科邦房地产公司开发的 5 层 8 幢，总占地 14667 平方米(22 亩)，建筑面积 20804 平方米，其中商铺 18 间，建筑面积 3617 平方米，住宅 146 套，建筑面积 17187 平方米，物业管理房 195 平方米，车库建筑面积 1046 平方米，建筑容积率 1.53，绿地率为 25%，建筑密度 29.78%。总投资 4500 万元，2011 年 11 月开工，2013 年建成。

景丽茗园商住楼　位于海王路、招宝路口，由海盐开源房地产公司开发，占地面积 3595 平方米，建造 2 幢 6 层，建筑面积 6940 平方米，其中商业用房 7 间，建筑 743.4 平方米，住宅 54 套，建筑面积 6026 平方米，2013 年 8 月开工，2014 年 12 月竣工。

紫金·花园　位于招宝路西、学才路北，11 层小高层，共 3 幢，由海盐恒越房地产开发有限公司开发，占地面积 15880 平方米(1.588 公顷)，建筑面积 34256 平方米，其中商铺 41 间，建筑面积 7679 平方米；住宅 206 套，建筑面积 19516 平方米，2014 年 9 月开工，2015 年 11 月竣工。

第三节　集　市

江渭桥集市

江渭桥集市位于于城集镇东北4.5公里，为江渭村民委员会驻地。以桥得名。江渭桥集市起始于清末民初。抗日战争时期，民国30年(1941)秋，日伪“清乡”，江渭桥一带大屋被焚烧。2005年，集市占地0.6公顷，街道长100米，南北走向，商店分布东西两边，桥边靠河是江渭村民委居地。小集镇的商业网店有：农贸市场(菜摊、肉摊、豆腐摊等)，超市1个，百杂店2家，小吃店2家，理发店2家，茶馆2家，肥药部2家，服装厂1家，裁缝店1家，棋牌室2家，电信手机充值2家，包子店1家。

小集镇上还有1所小学，社区合作医疗站一个，一家海盐绿源水处理材料厂。

2014年，小集镇呈长方形，长250米，宽40米，截至2016年，拥有副食品店3家，餐饮小吃1家，卫生院1家，电瓶车销售维修店1家，熟食店1家，早餐店1家，理发店1家，农资服务部1家，肥料部1家，五金店1家，裁缝店1家，煤气店1家。是集餐饮、休闲生活为一体的现代化小集镇。

吕冢集市

吕冢集市位于于城集镇西3.9公里，在吕冢村境内、吕冢港北岸，西靠百步镇超同村和通元镇良贤村，是于城、百步、通元三镇交界处。为近处乡农贸易集散地，故集市经久不衰。

清乾隆十二年(1747)《海盐县图经》已有“吕冢”集市记载，吕冢以冢得名。清光绪《海盐县图经》载：“吕冢，今为地名，(仇志)在县西南三十里，世传吴大将吕蒙墓，有庙宇供奉。位于吕冢桥北，庙后有冢，相传吕蒙冢也。”

2005年原靠西老街已遗弃，向东发展新街，街道长200米，多数商店坐北朝南。有农贸市场、超市、理发店、茶馆、修理店、肥料农药部、小吃店、豆腐摊、棋牌室、百杂店、农具店、饭店、药店、兽药店、裁缝后、烤鸭摊、蛋糕店、饲料店等店铺，还有2家服装厂、3家印染厂、1家苗猪行，设蚕茧收购站、粮站、信用社和小学、幼儿园、社区卫生服务站等。

2013年，吕冢老集镇小区污水改造入网工程开工建设，起点于新盐湖线县级污水总管，路线沿吕冢集镇往南，管径为DN200、DN300、DN400HDPE双壁波纹管总长约600米，750毫米×750毫米砖砌污水检查井20只。

2014年，小集镇发展成长方形，长296米，宽187米，区域面积5.54公顷(83亩)。是全村人流量最多的地方，交通便利，经济发达。拥有超市4家，菜场1个，餐饮小吃9家，药店1家，电瓶车维修店2家，电瓶车销售1家，手机店1家，茶室2家，熟食店1家，理发店2家，电器维修店1家，喜糖铺1家，杂货铺2家，是集餐饮、休闲生活为一体的现代化小集镇。

鸳鸯桥集市

鸳鸯桥集市位于于城集镇西1.9公里，原为鸳鸯村民委会驻地，以桥得名。鸳鸯桥建于明代万历年间。集市在吕冢港北岸，1987年时，建成区呈正方形，占地0.7公顷，设有杂货店、肉食店等店铺及小学1所。后随村民委员会北移至盐硖公路，集市日渐衰落。2005年，仅剩茶馆、百货店各1家和1所幼儿园。2014年，仅剩饲料、百杂店2家。

何家桥集市

何家桥集市位于于城集镇西南3.4公里，位于何家村西北部，北靠庄家村，西邻通元镇良贤村，以桥得名，为何家村民委员会驻地。小集镇呈长方形，集市长127米，宽80米，占地1.2公顷，交通便利，经济发达。1987年有供销分社综合服务部和茧站，还有茶店、理发店、肉店、小吃店等，设小学1所。商业网点有：超市3家，百杂店1家，小吃店1家，理发店2家，肥药部1家，熟食店1家，夜宵1家，1个合作医疗社区，农具资料部1家，药店1家，饲料店1家，电信充值1家，饭店1家。

1990年，因公路南移，村民委员会驻地迁移，学校迁建，且蒋夏浜集市兴起而何家桥集市日渐衰落。2005年，还剩茶店、理发店、综合商店及肥药部等三五家。

蒋夏浜集市

蒋夏浜集市位于于城集镇南3.9公里，于通公路至何家村委会十字路口，总占地2.67公顷，有间断性街道1000余米。由于南北向的于通公路建于1985年，东西向的港城公路建于1993年，"十"字公路形成后，沿路设摊逐渐增多。1999年下半年，何家村委会投资兴建简易农贸市场和农资综合服务部。2001年8月，三峡移民4户21人落户于此。2002年，何家村民委与于城卫生院投资建造何家社区卫生服务站。2005年，集市有农贸市场、超市、理发店、百杂店、小吃店、饭店、茶馆、熟食铺和肥药站、农资部、药店、饲料店等店铺，设小学、幼儿园、社区卫生服务站。2014年，拥有超市3家，菜场1个，餐饮小吃4家，电瓶车维修店3家，电瓶车销售1家，茶室2家，熟食店1家，理发店1家，给村民生活带来便利，是集餐饮、休闲生活为一体的现代化小集市。

陈家门集市

老的陈家门小集市形成于抗日战争前，详细时间无考。解放前，由士绅陈鹤汀创办的中药店、发电厂、粮食加工厂开始，有石板街道50多米，有两间二层楼房，其余几十间均为平房。解放后有完全小学1所，此后还有肉店、茶店、羊皮行、百什店、理发店等。至1976年只剩百什店、茶店和理发店，此后逐渐衰落集市移至西南500米左右的三岔路口。

新的陈家门集市形成时间在20世纪70年代末期，位于于城至江渭、于城至海盐公路的交会处。占地面积约1公顷，没有街道，是在公路旁设有固定菜摊2家，超市1个，百杂店3家，小吃店2家，合作医疗社区卫生服务站1个，饲料店1家，修理店1家，苗猪行1家，文化娱乐场所1家。2014年，集市因筑海王公路支线而废。

八字村集市

位于于城集镇东偏北3.1公里，于城镇黄桥工业园区入口处。2007年，新的八字村办公大楼落成，建筑面积3000余平方米；大楼底层设商店，村委会路对面有于北文化活动中心综合楼，4层，建筑面积3000余平方米。集市因临工业园区，市况颇兴。至2014年，有活动中心、卫生服务站及现代超市、饭店、快餐店、修理铺、副食品店、水果店、电脑销售店等近10家。

第二章　村庄建设

村庄是聚族而居的个体小家庭组成，家庭是基本的生产单位和消费单位。大多数仅包括二、三代人口的数口之家，若干小家庭或厮守于同一个村庄，这些同姓聚居的村落大都以姓氏为名称，例如赵家村、钱家堰、李家浜、王家埭等。民国27年(1938)10月，钦城区辖5乡，45保，423甲。民国38年(1949)5月前，钦城乡辖13保，187甲。1987年于城乡自然村庄268个，2013年自然村减少到262个。

20世纪60年代起，农民生活条件有所改善，开始重视居住条件，用土坯兴建简易平房；70年代，用砖木结构代替了传统的木结构平房；80年代起，兴起建二层楼房，90年代出现楼房建设高峰，有20%人家建起三层别墅“小洋房”；2000年农民人均住宅建筑面积约51平方米。2003年下半年起，于城启动全面小康新农村建设，达到道路硬化、河道净化、环境洁化、民居美化、村庄绿化目标。

新农村建设是按照新时代的要求，对农村进行经济、政治、文化和社会等方面的建设，建设社会主义新农村，是确保我国现代化建设顺利推进的必然要求。也是现代化建设成功的重要前提。把农村发展纳入整个现代化进程，使社会主义新农村建设与工业化、城镇化同步推进，让亿万农民共享现代化成果，走具有中国特色的工业与农业协调发展、城市与农村共同繁荣的现代化道路。

第一节　村庄规划

追溯历史，中华人民共和国成立以后首次农村村庄规划是在1968年冬天，县委、县政府提出大搞农田水利基本建设的号召，要求渠系配套，即干渠、支渠、毛渠、斗渠配套；而且还要排灌配套，实行单房间排灌。实现农村田园化，做到三个一致：即朝向一致(南北向)、长短一致(100米、70米)、宽度一致(20米、15米)，也就是每爿田面积一致。与此同时，结合农村田园化，农田水利基本建设搞好村庄规划，规定一个生产队只保留一个自然村，凡有多个自然村的都要兼并。并且规定(翻建简易平房)每户宅基地面积为前后20米，左右16米。计320平方米(0.48亩)。这一轮村庄规划大部分村、组按照规划实施，直到20世纪80年代中期，掀起建楼房高潮时前后间距矛盾突出。

1984～1985年间，钦城乡有16个村完成第一次村庄规划编制，占全乡村庄总数的90%。

1997年起，组织第二次村庄规划编制与审批，并经乡人代会审查通过。当时全镇内村庄居住点为235个、6431户、23828人，村庄建设用地为270公顷；规划居住点缩为185个，减少21%，建设用地为193公顷，减少28.5%；平均每个居民点规划户数为45户，人均建设用地调整为146.51平方米/人，人均减少建设用地41.46平方米/人。

表 6—2—1　　2002 年于城镇各村基本情况表

行政村名	村民委所在地	村民小组个数	农业口数（人）	耕地面积（亩）	农民人均收入（元）	教育设施（个班级）	环境卫生站职工人数	市场摊位数
鸳鸯村	小汇里	33	2965	4047	4482		3	
吕家村	墙里浜	31	3072	4967	4792	小学 5 幼儿 3	5	
庄家村	西桥南埭	28	2447	4400	4618		4	
何家村	曹家浜	20	2012	3274	4533	小学 6 幼儿 2	6	20
构塍村	俞家石桥	35	3196	4888	4812	幼儿 3	3	
八字村	褚家场	31	2782	4352	4355	幼儿 3	4	
江渭村	堰桥	24	2436	3540	4668	小学 5 幼儿 2	4	
三联村	金家浜	33	3491	5380	4327	小学 6	4	
合计		235	22401	34848				

2003 年，第三次村庄规划是配合县小康新农村“十村示范、百村整治”工程建设，组织编制村庄布局规划以及三联村整治方案；整治方案主要围绕改善居民居住环境，提出近期整治设想及道路布局系统，完善基础设施建设与医疗、文化、体育、娱乐、教育、邮电、商业等村级公共服务设施。

2004 年 9 月，于城镇委托嘉兴规划设计研究院对于城镇域村庄布点规划。

表 6—2—2　　于城镇村庄布点规划规模结构表

编号	等级	村　　名	规划人口数	用地面积（公顷）	主　要　职　能
1	中心村	吕家村	1900	16.0	城镇片区服务中心，粮食、蚕桑业
2		三联村	1700	14.5	城镇片区服务中心，名优水果
3		江渭村	1700	14.5	城镇片区服务中心，名优水果
4		何家村	2000	16.5	城镇片区服务中心，绿色蔬菜、畜牧业
5	基层村	北前浜	500	4.5	粮食、蚕桑业
6		鸳鸯村	500	4.5	粮食、蚕桑业
7		邱家浜	400	3.8	名优水果、蚕桑业
8		坛墩庙	400	3.8	名优水果、蚕桑业

续表 6—2—2

编号	等级	村名	规划人口数	用地面积（公顷）	主要职能
9	基层村	北张家	400	3.8	粮食、名优水果
10		沈家汇	400	3.8	粮食、名优水果
11		徐家桥	400	3.8	粮食、名优水果
12		张家堰	400	3.8	水产养殖、花卉
13		冯家	400	3.8	水产养殖、花卉
14		许网船	500	4.5	绿色蔬菜、畜牧业
15		蒋敦堰	400	3.8	绿色蔬菜、畜牧业
合计			12000	105.4	

2007 年 10 月，嘉兴规划设计研究院完善了《于城镇村庄布点规划》，集镇规划区 1 个（鸳鸯 1～6 组、三联原于北 7～11 组）。全镇共布点 36 个，其中：吕家村 5 个点，中心村 1 个在新开河，鸳鸯村 5 个点，中心村 1 个在顺港村，三联村 6 个点，中心村 1 个在徐家桥，构塍村 6 个点，中心村 1 个在蒋敦堰，八字村 4 个点，中心村 1 个在褚家场，何家村庄 2 个点，中心村 1 个在蒋夏浜，江渭村 4 个点，中心村 1 个在叶家浜，庄家村庄 4 个点，中心村 1 个在冯家；在 36 个点中，100 户以上有 30 个点，200 户以上有 6 个点。

2008 年 3 月，海盐县政府下达《关于同意于城镇村庄布点规划的批复》，原则同意 8 个行政村的村庄布点规划（2007～2020 年）。4 月海盐县建设局下达《关于同意于城镇鸳鸯村等村庄建设规划的批复》，须严格按照《中华人民共和国城乡规划法》等法律法规有关规定执行。

表 6—2—3　　2007～2020 年农村新社区规划布局情况表

序号	村社区所	地名（小地名）	规划户数	规划人口数	规划面积（亩）	近期建设用地（亩）
1	庄家村	庄家社区	225	609	119.4	22
2	构塍村	构塍社区	276	936	165.6	37
3	鸳鸯村	鸳鸯社区	234	733	145.1	17.3
4	何家村	何家社区	441	1830	264.6	34.97
5	吕家村	吕家社区	675	2860	411.75	91.6
6	江渭村	江渭社区	525	2294	314.3	98.7
7	八字村	八字社区	580	2442	358.7	170.6
小计			2956	11704	1779.45	

第二节　新社区建设

2009年6月，中共海盐县委办下发《关于进一步优化土地使用制度、推进“两分两换”，加快现代农村新社区建设意见》；11月，县政府办印发《海盐县农村新社区建设用地管理办法》《关于实施村庄规划、加快村庄整治全面推进社会主义新农村建设的意见》，进一步优化土地使用制度，推进“两分两换”工作，加快建设符合“1十X”村镇布局规划要求的现代农业新社区。2010年2月，于城镇政府成立“两新”建设领导小组，下设办公室。同年，根据县“两新”建设办公室下发的《关于农房搬迁补助政策的指导意见》和县政府印发的《海盐县推进城乡建设用地增减挂钩工作实施办法》，成立了于城镇新市镇建设和新农村建设有限公司，公司设在于城镇村镇建设交通管理服务中心，实行两块牌子一副班子开展工作。

工作目标

主要是推进农民集中居住为目标，按照“1十X”的村镇布局要求（“1”指镇域新市镇，“X”指新市镇社区以外配套的农村新社区，其中X不得大于行政村的个数），规划新市镇新集住农户不少于500户。规划新市镇社区户均用地面积控制在0.4亩（包括道路、停车、绿化等公建配套设施用地面积）以内。建设多层公寓和联排住宅为主。

农村新社区户均用地面积控制在0.5亩以内，以规划建造联排住宅为主，视情况建设适当比例的公寓和单体独栋农房，其中单体独栋农房户均用地面积控制在0.6亩以内。

建设标准

空间布局合理。根据各村自然地理环境、人文特色、经济社会发展水平和生产生活方式的不同，按照功能区块清晰、人口集聚适度、服务半径合理、功能齐全的要求，最大限度集约利用公共资源。

建筑质优型美。一方面要按照国家建筑质量标准要求，开展农房建设；另一方面统一社区建筑风格，因地制宜设计房型户型，充分利用农村地形地貌，科学规划社区布局，突显水乡高雅的人居环境。

完善基础设施。社区路网布局合理，道路建设标准化；区内做到亮化、绿化、美化、净化；广电、电讯、网络等数字化；供水、供电、供气、污水处理等一体化。

生态环境良好。生活垃圾收集、保洁制度完善，生活污水处理到位，河道疏浚保洁常态，体现河畅、水清、岸绿的水乡特色。

公共服务配套。根据各社区人口规模、社区离城镇距离、周边产业特色条件，合理配置行政管理、商业服务、教育培训、卫生服务、文体活动、司法服务、治安管理等公共服务中心。

开展试点

于城镇在2009年以三个新社区开展试点工作，已取得了初步成效，其中三联社区已建房17户，二层7户，建筑面积1750平方米；三层10户，建筑面积3600平方米。八字社区已建房30户，建筑面积10950平方米。何家社区已建房11户，建筑面积3960平方米。总结取得经验主要首先是抓好新社区布点规划和建设规划，其次是把好审批关，其三是统一由有资质的设计单位设计图纸，其四是由村镇建设服务中心按照坐标放样，其五是抓好施工质量管理和监督。

第三节　农房演变

民国时期，钦城位于海盐县中部水网地带，农民建房分散，因陋就简，瓦房为砖木结构较多，形式为硬三间(双坡顶)平房较多，少数有四坡顶，中为堂屋，正间缩进一幅壁装大门，称为“进廊装”，也有大门装在廊沿下，称为“出廊装”。有厢房的东厢为卧室，西厢为灶间。生活富裕人家有两进或三进的，形式通常为庭院式组合体，并设厢房“四檐齐”的大墙门。

草屋形式有横舍、直舍、箍桶舍之分。一般横舍中堂两侧作卧室、灶间；直舍大门开在山墙一侧，门前加设敞棚；箍桶舍犹如弧形帐篷，最为简陋，为一般贫苦农民遮风避雨之所。传统观念有三、四代同堂的，人均建筑面积不足20平方米。

从20世纪60年代至80年代前，农民住宅状况有所改善，由于农村人口快速增长，住房已经成为比较突出的矛盾，农民单一地靠集体经济的分配，除了有足够的粮食外，现金分配甚微，普遍以草棚翻建成简易平房，块石基础，左右外墙用8.5(22厘米×11厘米×4厘米)砖三斗或五斗一平空斗墙，前后窗台以下用乱砖或三级砖，窗台以上砌半砖墙，内墙用泥坯。椽子用毛竹，铺萝莲，小青瓦盖屋面，外墙粉纸筋灰，内墙用柴泥底，纸筋灰面。在此时期因弟兄多而分居，只有拆除旧瓦房扩建成简易平房。1976年钦城乡人均建筑面积18平方米。

于城镇现有农民住宅中，93%以上家庭的住房是在1980年以后建造的，砖混结构二层楼房，墙体用9.5标准砖空斗墙，预引力多孔水泥楼板搁置在砖墙上，条件差的用水泥梁条，水泥窗档；条件好的用杉木梁条，小青瓦屋面。1985年农民人均建筑面积，钦城全乡达22平方米。90年代以后建造的住房面积占房屋总面积的90%，并且愈来愈好。2005年，农村居民住房建筑面积人均达到64平方米。

进入20世纪以后，形式不断更新，标准逐年提高。钢筋混凝土基础，墙角设构造柱，现浇钢筋混凝土楼板和屋面，上铺琉璃瓦或水泥瓦。窗户用上铝合金，外墙粉刷水泥砂浆，有的还贴墙砖。室内还装潢一新，逐步走向城市化。

第四节　农房建设

建房审批

1964年11月，海盐县人民委员会根据《农村人民公社工作条例修正草案》的规定，农村社员需建新房又没有宅基地的，由本人申请，经社员大会讨论同意，由生产队统一规划，并帮助解决，但尽可能利用一些闲散地，不占有耕地。必须占有一席之地时，应根据《中共中央六十条》规定，填写“社员建筑房屋用地登记表”一式4份(县人委、社管会、生产大队、申请人)，而且逐级上报审批后，报县人民委员会民政科批准。

2004年10月1日，海盐县政府依据国务院《村庄和集镇规划建设管理条例》第十八条、《浙江省村镇建设管理条例》第二十二、二十三条和《浙江省实施〈中华人民共和国城市规划法〉办法》第二十六条、二十九条等有关规定，批转县建设局《关于规范农（居）民建房管理的意见》。意见明确农民建房的管理权限；农民建房的审批程序；农民建房的管理职责。

表 6—2—4　　农（居）民建房审批程序流程表

<table>
<tr><th>一</th><th>二</th><th>三</th><th>四</th><th>五</th><th>六</th><th>七</th><th>八</th><th>九</th></tr>
<tr><td rowspan="3">规划区外</td><td rowspan="2">用地</td><td rowspan="2">村民向村民委申请</td><td>非耕地性质</td><td colspan="2">镇政府审查批准核发选址意见书</td><td></td><td rowspan="2">向土地部门申请用地</td><td></td></tr>
<tr><td>耕地性质</td><td>镇政府审核</td><td colspan="2">县建设局审查同意核发选址意见书</td><td></td></tr>
<tr><td>建设</td><td>村民向镇政府提出申请</td><td>县级建设行政主管部门或委托的镇政府</td><td>依法审查同意</td><td>核发村镇规划建设许可证</td><td>建房户和施工单位签订建房承包合同</td><td>镇村建办、国土所联合放样</td><td>开工建设</td></tr>
<tr><td rowspan="2">规划区内</td><td>用地</td><td>村民向村民委申请</td><td>镇政府审查同意</td><td colspan="2">县建设局审核批准同意核发建设用地许可证</td><td></td><td>向土地部门申请用地</td><td></td></tr>
<tr><td>建设</td><td>村民向镇政府提出申请</td><td>镇政府审核同意</td><td colspan="2">县建设局审核批准同意核发建设工程规划许可证</td><td>建房户和施工单位签订建房承包合同</td><td>镇村建办、国土所联合放样</td><td>开工建设</td></tr>
</table>

农房拆迁

2004 年 3 月 31 日，海盐县政府颁发《2004 年度海盐县征用集体土地房屋拆迁补偿标准的通知》。

表 6—2—5　　部分年海盐县征用集体土地房屋拆迁补偿标准表

类　　别	结构等数		单位	分年补偿标准（元）		
				2004 年	2011 年	2013 年
楼　　房	钢砼	一等	平方米	520—560	560—700	560—700
		二等		480—520	520—560	
	砖混	一等	平方米	400—450	450—580	450—580
		二等		350—400	400—450	
		三等		300—350	350—400	
平　　房	砖混	一等	平方米	200—250	250—300	300—350
		二等		150—200	200—250	
	砖木	一等	平方米	150—180	180—200	250—300
		二等		120—150	150—180	

续表 6—2—5

类　　别	结构等数	单位	分年补偿标准(元)		
			2004 年	2011 年	2013 年
简易房		平方米	15—100	100—150	100—150
柴　灶	砖　砌	眼	70—100	70—100	70—100
煤气灶台	砖　砌	座	100—150	100—150	100—150
电　话	移　机	部	108	按实际补偿	按实际补偿
电视广播	安　装	户	按实际补偿	按实际补偿	凭发票补偿
空　调	窗　式	台	50	50	50
	分体式	台	150	150	150
太阳能热水器		台	150	150	150
标准围墙		平方米	50—80	50—80	50—80
简易围墙		平方米	30—40	30—40	30—40
铁栅围墙		平方米	60—100	50—80	50—80
承重砼路		平方米	40—60	40—60	40—60
水泥场地		平方米			20—30
简易道路		平方米	10—20	10—20	10—20
自建水井		座	100—200	150—250	150—250
室内装修			评估	评估	评估

2010 年第六次人口普查中，对于城镇农村家庭户住房用途、建筑层数、承重类型以及建成时间状况结果如下：家庭住户抽样 771 户，按住房用途分：生活住房 756 户，兼生产经营用 14 户，无住房的 1 户；按建筑层次分：平房 128 户，2～3 层楼房 615 户，4～6 层楼房 26 户，7～9 层楼房 1 户；按建筑承重结构分：钢及钢混结构 19 户，混合结构 541 户，砖木结构 208 户，其他结构 2 户。

于城镇在第六次人口普查中，家庭户数按人均住房建筑面积状况如下：全镇总户数 7594 户，平均每户住房间数 2.92 间，其中：无房户 3 户，8 平方米以下 645 户，9～12 平方米 306 户，13～16 平方米 336 户，17～19 平方米 93 户，20～29 平方米 446 户，30～39 平方米 328 户，40～49 平方米 758 户，50～59 平方米 944 户，60～69 平方米 885 户，70 平方米以上 2850 户，占全镇总户数的 37.53%。

表 6—2—6　　　　海盐县征收集体土地房屋拆迁评估成新率标准表

房屋结构	1979 年底前	1980～1989 年	1990～1999 年	2000 年后
钢砼结构	6～7.3 成	7.4～8.3 成	8.4～9.3 成	9.4～10 成

续表 6－2－6

房屋结构	1979 年底前	1980～1989 年	1990～1999 年	2000 年后
砖混结构	5.4～7.1 成	7.2～8.1 成	8.2～9.1 成	9.2～10 成
砖木结构	5～6.9 成	7～7.9 成	8～8.9 成	9～10 成
木结构	5～6 成	6～7 成	7～8 成	8～10 成
其他结构	4～5 成	5～6 成	6～7.4 成	7.5～10 成

表 6－2－7　　于城镇农民建房统计表

年份	申请户数	全家人口数	建筑面积(平方米)										用地面积(亩)					其中楼房		
			合计	住房			辅助房			畜舍			合计	其中:				户数	间数	面积(平方米)
				翻造	拆迁	扩建	翻造	拆迁	扩建	翻造	拆迁	扩建		耕地	非耕地	宅基地	其他地			
1984	1000		67844	6334	9861	21102	204	236	4114	8769	4619	2604	101.52	1.09	54.27	32.35	13.81	42	125	3921
1986	677	3212	49000	11640	7978	13955	188	202	4443	4544	4086	1963	74.58	2.31	41.24	23.10	7.92	103	458	16340
1987	694	3295	59312	20428	7713	13674	778	374	5218	5959	3110	2117	81.14	2.38	33.38	40.22	13.08	158	459	17442
1989	574	2758	60955	31964	5208	8719	1367	302	3854	5771	2114	1656	91.49	0.60	22.74	59.95	8.20	389	2676	93805
1991	730	3293	75257	39876	5512	9764	1582	356	3561	6531	2567	1783	116.07	0.85	28.65	76.12	10.45	687	2061	74196
1992	598	2625	66307	30879	5143	8976	1321	311	3213	3923	4087	249	99.46	22	12.49	50.97	14	507	3179	120809
1994	383	1681	75949	38911	6125	8167	1298	288	3415				64.68	12.20	9.80	29.76	12.95	361	1083	77541
1996	461	2048	28647	13288		8036				7323			71.87	18.04	10.81	35.93	7	365	1255	80285
1997	511	2250	17813	9541						8272			65.07	6.20	18.53	32.34	8	315	1735	69400
1998	289	1203	34665	27433						7232			56.35	3.11	12.87	29.86	10.51	289	762	27433
2008	3	15	1125	1125									1.50				1.5	3	27	1125
2009	371	1298	111300	99100	11400								166.95				166.95	371	3339	111300
2010	180	630	54067	41132	12935								81.00			32.8	48.2	180	1620	54067
2011	135	473	400555	24917	15638								60.75			27.33	33.42	135	1215	40555
2012	123	431	37601	30634	6967								55.38			18.67	36.71	123	1107	37601
2013	206	721	61953	54966	6987								92.70			13.27	79.43	206	1854	61953
2014	166	587	50043	20518	29525								74.80			51.63	23.07	166	1494	50043

农房搬迁

2010 年，于城镇政府根据海盐县委办公室〔2009〕63 号《关于进一步优化土地使用制度推进“两分两换”加快现代农村新社区建设的意见》以及《关于农房搬迁补助政策的指导性意见》文件精神，结合于城实际颁发《于城镇农房搬迁实施办法》。

集聚地点：各村新社区。

置换方式：1.公寓式置换，每套建筑面积为65平方米、85平方米、125平方米；2.联立式住宅，每幢2～8户，二层至三层，每户建筑占地面积不大于100平方米；3.独立式住宅。户均宅基地面积不大于0.5亩。

置换宅基地标准：选择到新社区置换建房的，分别按对应户均宅基地占地面积，从原有宅基地复垦后的耕地面积中扣除。

置换程序：1.申请，2.评估或实地踏勘，3.签约，4.注销，5.腾房，6.选房，7.货币结算，8.归档。

第五节 村庄道路、桥梁建设

20世纪末，乡村道路都是沿用原机耕路修筑的泥结碎石路，由于汽车不断增加，路况不尽如人意。21世纪以来，县委、县政府提出“十村示范、百村整治”工程，扎实推进新农村建设，努力实现“河道净化、道路硬化、村庄绿化、卫生洁化”目标。

2002年开始建设通村公路：港城路（南王线至何家村）长1公里，投资20万元。新建、改建桥梁12座：投资93万元。包括：新木桥、环桥、陈家木桥、富家石桥、新开河桥、新景桥、大竹桥、蒋夏浜桥、蔡拉桥、顺白塘桥、井里桥、八字桥。

2003年建设通村公路13.32公里，何江公路（何家村至江渭村）、千亩公路（硖盐线至千亩荡），投资297万元；新、改建桥梁10座，投资103万元，包括：西堰桥、水闸桥、小石桥、东风新建桥、构塍桥、挺进桥、王家小桥、邱家浜桥、大通桥、太平桥。

2004年建设通村公路5.3公里，八字公路（千福至八字桥）、于三公路（老吕冢至红光桥），投资122万元；到组道路6.45公里（江渭村），投资83万元；新、改建桥梁16座，投资269.1万元，包括：三家村桥、长溇南桥、姚家木桥、张家堰桥、胡家木桥、丁家木桥、虎啸亭桥、红光桥、马家桥、庄田桥、亭子桥、跃胜桥、为民桥、长浜桥、京新桥、小桥。

2005年建设到组道路12.35公里（江渭村4.36公里鸳鸯村4.39公里构塍村3.6公里），投资160万元；新、改建桥梁4座，投资120万元，包括：联新桥、陈家门桥、联合桥、石礅桥。

2006年建设通村公路3.5公里（陈家门桥到八字村1.16公里、为民桥至联合桥1.92公里、南王线至老于南村0.41公里），投资105万元；建设到组道路11.5公里（吕冢村4公里、鸳鸯村4公里、三联村3.5公里）；新、改建桥梁6座，投资150万元，包括：墙圈桥、利民桥、跃新四号桥、柴堰桥、小驮桥、渡船桥。

2007年建设通村公路4.17公里（富裕桥至八字桥2750米，老于南村至亭子桥1650米，联合桥至江渭桥2500米），投资145万元；建设到组道路12.5公里，投资363万元；新改建桥梁6座，投资150万元，包括：于三桥、乔家木桥、南圣石桥、南机站桥。

2008年建设通村公路5.77公里（江渭桥至柴堰桥3.52公里、至八字桥2200公里），投资195万元，建设通组道路10.37公里，投资780万元。新、改建桥梁8座，投资500万元，包括：水网船桥、肖家木桥、钱家堰桥、白水漾桥、小八字桥、小平桥、太平桥、平桥。

2009年建设通村公路2.35公里，投资150万元；建设到组道路2公里，投资65万元；新、改建桥梁9座，投资306万元，包括：于城小桥、坛墩庙桥、立新桥、沈家门桥、牛桥、庵浜桥、南木桥、斜港桥、鸳鸯桥。

2010年新、改建桥梁4座，投资181万元，包括：粪桶泾桥、褚家木桥、许家浜桥。

2011年建设通村公路1.12公里，绢溢路520米；八字村乔江路600米。新建、改建桥梁2座，紫竹桥与金家娄桥。

2013年建设通村公路1.45公里，招宝桥到庄柴湖928米，硖盐公路至鸳鸯新市镇517米。

2014年建设通村公路1.30公里，盐于线至小平桥400米，江渭新社区至陈家门拓宽道路1900米。

第六节　十村示范百村整治工程

2004年根据海盐县委办公室26号《关于开展全面小康新农村“十百”工程建设的实施意见》，这一年确定庄家村、江渭村为整治村。村庄整治工程是一项系统工程，在整治工程中注重与“乡村康庄”工程、“万里清水河道”工程、“千万农民饮水”工程结合起来。2005年明确鸳鸯村、构塍村作为第二批整治村。全年“十百”工程投入资金325万元，新浇水泥路面13公里，整治河道16公里，新增绿化面积300亩，2006年确定吕家村、三联村为第三批整治村，“十百”工程投入资金560万元，新浇水泥路面15公里，整治河道16.5公里，新增绿化面积5.3亩。农村垃圾集中收集工作全面展开，共聘用保洁员21人，垃圾箱137只，垃圾桶3800多只，垃圾清运车3辆，日收垃圾15吨左右。全镇整治河道19条16.5公里，疏浚土方17.8万立方米，绿化面积3535平方米，逐步恢复“岸绿、水清”现象。2007年于城镇对何介村、八字村列入整治计划，何介村全年投入资金89万元，硬化村组道路6.7公里；投入资金10万元，疏浚河道3.6公里；八字村在道路硬化工程上投入资金158万元，总长度为7.02公里，面积10800平方米。新建桥梁一座，改建桥梁两座共投入资金32.5万元。疏浚河道工程4公里，并落入保洁制度。

第七节　美丽乡村建设

2010年，省委、省政府在“千万工程”的基础上，总结提炼了安吉经验，决定在全省开展美丽乡村建设。

美丽乡村是全省的品牌，“乐活海盐”则是海盐特色。乐活意思是以健康及自给自足的形态过生活，反映的是贴近生活本源，自然、健康、精致的生活态度，这与海盐有山、有海、有湖、有水的自然特点非常吻合，也与城市特色是一脉相承，更符合美丽乡村“宜居、宜业、宜游”的建设目标。

县政府已下发了《海盐县建设美丽乡村行动计划》。按照行动计划，2012～2015年，积极实施“美丽乡村·乐活海盐”建设行动计划，高标准建设“一带二区三线”。其中“一带”指的是滨海产业提升带。“二区”指的是生态农业循环经济发展区、现代农业与乡村休闲旅游示范区。其中，生态农业循环经济发展区主要是元通街道、沈荡镇东侧、于城北部，展示海盐现代农业生态循环经济、农业产业发展、农民增收致富等，重点建设传统畜牧业升级改造、瓜果蔬菜种植业、“两新”工程。而现代农业与乡村休闲旅游示范区主要是秦山街道、澉浦镇(南北湖风景区)和通元东南片，展示海盐现代农业精品园区和乡村休闲旅游融合发展，实现农业产业发展，农民增收致富，重点建设现代农业精品园、乡村休闲旅游点。“三线”指的是江南水乡特色风情线、乡风文明和谐示范线、农耕文明提升展示线。

美丽乡村建设涉及面广，工作量大。为此，我县将实施“五大提升工程”(环境美化提升工程、农业产业提升工程、“两新”建设提升工程、农民素质提升工程和基层基础提升工程)，建设“五大家园”(清洁家园、富裕家园、幸福家园、文明家园、和谐家园)。

2012 年，于城镇根据海盐县“美丽乡村”建设工作要求，确定在鸳鸯村、三联村先行启动美丽乡村建设，并立足鸳鸯、三联实际，因地制宜，专门制定了《于城镇美丽乡村建设建设项目实施方案》，以点带面，全力推进全镇美丽乡村建设。

于城镇鸳鸯村、三联村位于于城镇中北部，其西面与吕冢村相接壤，东面与江渭、八字村相连，北部与沈荡镇毗邻。项目共涉及 2 个村 3 个组，《两个村美丽乡村建设规划》以“五化”标准和“宜居、宜业、宜游”美丽乡村建设要求为设计理念，结合当地民俗民风，整合现有道路、河流、绿化等资源，融入仙坛庙遗址折射的崧泽文化，对村落的基础设施、沿线景观和建筑工程进行形象提升和功能建设。总投资 811 万元，其中鸳鸯村 399 万元，三联村 133 万元，吕冢村 141 万元，构塍村 98 万元。

2013 年，于城镇根据海盐县“美丽乡村·乐活海盐”第二批重要节点、廊道建设项目的安排，积极做好服务、协调工作，及时解决项目实施中的难点问题，加强招投标、工程质量、安全生产等管理和监督，加快项目建设。

第三章　集镇市政建设

第一节　集镇道路

1995 年，建成邮电路。1998 年，新建成于城桥。建设镇和路、于中路、于中桥及绿化文昌路。2014 年集镇主要道路有于中路、招宝路、学才路、枫桥路、昌平路、文曲路、于城路、镇和路、邮电路、于南路等 17 条。

表 6—3—1　　于城集镇道路一览表

路　名	性　质	走　向	起　止	长(米)	宽(米)
于中路	商业	东西	嘉南大道至枫桥路	871	16
招宝路	商业	南北	招宝桥至海王公路	482	9

续表 6—3—1

路名	性质	走向	起止	长(米)	宽(米)
学才路	商业	东西	文曲路至枫桥路	500	9
枫桥路	交通	南北	盐湖路至盐于路	1097	12
昌平路	交通	南北	学才路至盐湖路	600	7
文曲路	商业	南北	于城路至镇小学	281	13
于城路	商业	东西	老枫桥北路至于城西桥	374	8
镇和路	商业	南北	镇政府至于中路	157	7
邮电路	南街商业	东西	老枫桥南路至昌平路	209	7
于南路	交通	东西	于城南桥至枫桥	603	12
海王路	交通	东西	嘉南大道至鹭鸶桥	680	7
老枫桥南路	交通	南北	邮电路至吕冢港	267	4.6
绢溢路	交通	东西	绢溢中学东至滨河路	521	7
吕祥路	交通	南北	硖盐公路至滨河路	517	7
昌盛路	交通	南北	于城小桥至于中路	153	7
仓边路	交通	南北	于城路至于中桥	158	3
于江路	交通	南北	于中路至宏亮农场	450	7

第二节 集镇桥梁

2014 年集镇主要桥梁有枫桥、于城西桥、于城南桥、于城北桥、于中桥、招宝桥、粪桶泾桥、于城小桥、欤城桥、网船桥、水网船桥、肖家木桥、斜港桥等。

于城南桥

位于新盐湖公路构塍村，跨越六平申航道。2004 年 12 月竣工。总长 340 米，净宽 30 米。其中主桥 19 孔，主跨 52 米，边跨 288 米。上部结构为杆拱。设计荷载汽—20、挂—100，通航等级五级。

欤城桥

位于盐于塘河，北堍三联村，南堍构塍村。面宽 9 米，主桥长 202 米，载重等级汽—20，系杆拱结构，1997 年 11 月竣工，投资 296 万元。

于城北桥

位于海王公路三联村与鸳鸯村交界，跨越盐嘉塘河。1995 年动工，1998 年 11 月竣工。桥梁全长 160 米，桥面净宽 9 米，加两边人行道各 1.5 米，主桥 5 孔，上部结构形式为空心梁板。设计荷载汽—20、挂—100，通航等级四级。

于城西桥

位于于城集镇老湖盐公路，跨吕冢港，在2005年嘉于硖航道改造时按原位重建，桥面净宽度9米，设计荷载汽—20、挂—100；2010年建成。

于中桥

位于集镇于中路，跨盐嘉塘。1999年建造，主桥长110米，引桥170米，桥长252米，桥宽9.5米，设计荷载汽—20、挂—100。桥下通航能力为六级，梁底高程为8.2米。

枫桥

位于于城集镇吕冢港口，跨嘉于硖航道。结构形式为拱桥。1976年重建，梁底标高为6.90米，桥梁净跨30.70米。2004年因嘉于硖航道改造，拓宽河道拆除后沿吕冢港往西850米重建。

网船桥

位于集镇于城路西，东西向，跨王家浜。

水网船桥

位于集镇于中路上，东西向跨王家浜。2008年新建为砼结构公路桥，桥长30米，主桥车道宽12米，两侧人行道各1.5米。

招宝桥

原为石桥，位于集镇六平申航道，1955年12月桥面断裂，1958年更名为跃进桥。1959年2月6日由嘉兴航运公司六里山装运石子途经时被撞塌，在修建时改为木结构桥梁，20厘米×12米梁木6根，小杉木桥面板50块等组成。1998年11月因六平申航道拓宽改造拆除；2010年移址重建于斜港招宝路上。

肖家木桥

位于集镇学才路上，东西向跨王家浜。原为石板桥，2008年重建为砼结构桥，桥长20米，桥宽10米。

第三节 自来水

1982年，钦城乡江渭桥村董家生产队自来水供应站建立。井深9米，井宽2米，挖有渗透渠15米。建造泵房10平方米。全村28户，总人口122人，铺设主管道2000米，装有自来水龙头56只，日耗水量5立方米。

1983年，在集镇于城路南开挖自来水深井一口，深162米，建水塔一座，日供水能力2000吨以上，铺设管道5000米(其中干管2000米)。各单位自备自来水水源能力9000立方米/日。

1984年7月2日，钦城自来水站建立。县爱卫委资助价值9240元铸铁井壁管一套。县财政补助1500元。

1986年4月，县爱国卫生运动委员会同意分配水泥20吨、8.5红砖10万块，建造水塔和泵房。铺设总管道2000余米，供4500多人饮用自来水。

2010年8月，于城自来水站并入海盐水务集团三地自来水有限公司，实现城乡一体化供水。

2014年底，于城镇自来水用户达6611户，受益人数21232人。年供水量186.15万立方米，其中工业用水 107.97 万立方米，居民生活用水 74.58 万立方米，机关事业单位用水 3.28 万立方米。

第四节　污水处理

2006 年，于城镇第一条海盐西片污水处理管网开工建设。自沈荡镇污水泵站起至于城镇泵站止，属于一级管网，全长 1.7 公里，管径 1200 厘米，建设路线沿海王公路东。同年，第二条海盐县西片污水处理管网开工建设。自于城镇泵站起至黄桥泵站站止，属于一级管网，全长 3.7 公里，管径 1500 厘米，建设路线沿海王公路北侧。城镇二级污水管将接入该一级管网。

2006～2014 年，于城镇城镇污水管网工程有 19 项，其中一级管网 2 项，二级管网 17 项；总长度 23.00 公里，其中一级管网 17.30 公里，二级管网 5.70 公里。

表 6－5－2　　海盐县于城镇城镇污水管网工程统计表

序号	项目名称	管网属性	建设地点	长度（公里）	管径（厘米）	起止地点	建设年份
1	西片污水处理工程	一级	海王公路	1.7	1200	沈荡—于城泵站	2006
2	西片污水处理工程	一级	海王公路	3.7	1500	于城—黄桥泵站	2006
3	城镇污水处理工程	二级	招宝路	0.45	400	于中路—海王路	2008
4	城镇污水处理工程	二级	于中路	0.25	400	枫桥路—招宝路	2008
5	城镇污水处理工程	二级	学才路	0.33	400	昌平路—枫桥路	2008
6	城镇污水处理工程	二级	镇和路	0.05	400	于中路—镇政府	2009
7	城镇污水处理工程	二级	文曲路	0.25	400	于中路两侧	2009
8	城镇污水处理工程	二级	于中路	0.30	400	镇和路—王家浜	2009
9	城镇污水处理工程	二级	于江路	0.28	400	海王路—君悦五金	2009
10	城镇污水处理工程	二级	昌平北路	0.50	400	海王路—鸳鸯路	2009
11	城镇污水处理工程	二级	于南路	0.35	400	枫桥路—昌平路	2011
12	城镇污水处理工程	二级	昌平路	1.10	500	盐湖路—学才路	2011
13	城镇污水处理工程	二级	于城路	0.30	400	镇政府—昌平路	2011
14	城镇污水处理工程	二级	绢溢路	0.20	400	硖盐路—滨河路	2012
15	城镇污水处理工程	二级	学才路	0.23	400	昌平路—招宝路	2012
16	城镇污水处理工程	二级	招宝路	0.30	400	学才路—海王路	2012
17	城镇污水处理工程	二级	于中路	0.18	400	昌盛路—嘉南大道	2013
18	城镇污水处理工程	二级	小桥路	0.18	400	于中路—盐嘉塘	2013
19	城镇污水处理工程	二级	吕祥路	0.50	400	滨河路—硖盐路	2013

第七编　交　　通

钦城的交通运输，历史上一直以水路为主，20世纪80年代起逐步转向陆路。

陆路交通。据记载：民国23年(1934)12月，修筑沈荡镇到澉浦(途经于城、武原、秦山)的简易公路路基，路面自民国26年8月开工，到10月竣工。公路沿途桥梁21座，全长18公里，宽6米，铺设8厘米厚泥结碎石路面。该路修筑后因抗日战争爆发而未通车。抗日战争胜利后曾发动民工义务劳动以工代赈办法进行修复，半途停工后渐废弃。民国24～26年，曾修筑海盐途经钦城至硖石简易公路，因日军侵略尚未竣工。1979年开始修筑县乡公路。

水路交通。唐代的漕运，经海盐武原至嘉兴的官塘(盐嘉塘)可通达运河，故钦城境内有盐嘉塘、里洪塘、吕冢港等。清末民初，内河航快船和客运轮船兴起，水运发展较快，由于钦城地处全县中心，成为海盐全县水路交通的枢纽。史称"活水码头"。解放后，先后疏浚盐嘉塘、里洪塘、吕冢港、酱油港(也称六平申线)等主要航道，修建客运码头，增加运输船泊，扩大货运和客运能力。

第一章　陆　　路

第一节　公　　路

1956年，海盐县交通科开始对盐硖公路进行勘察设计，并多次编报计划无果。1980年4月，县确定实行民办公助的原则修筑县社两级公路，并规定公助经费标准和技术标准。1981年5月，开工建设钦城至六里4级公路，1987年通车，全长15公里，境内长度4.25公里；1981年11月开工建设钦城至沈荡3级公路，1986年2月通车，会长5.5公里，境内长1.7公里。

硖石—海盐公路于城段(老湖盐线)

武原镇至湖州市区。海盐段自海滨公园起，百步徐家桥止，公路全长21.82公里。于城境内自构塍村北徐组入境至吕冢村7组长寿桥出境，全长12.55公里。1981年11月开工，1987年1月竣工通车，属三级公路，路基宽8.5米，路面宽7米，沙石路面。1992年11月改为沥青路面。

杭州—浦东高速公路于城段(杭浦高速)

杭浦高速公路自杭州至上海浦东新区。海盐段自通元镇长山河村入境，途经通元、于城、武原、西塘桥4个镇18个村，公路全长27.05公里。于城境内穿越构塍村、八字村，全长8.64公里，路基宽度35米，路面宽22.50米，沥青路面，双向6车道。设计车速120公里／小时，荷载标准为汽—超20、挂—120。2004年12月28日开工建设,于城镇政府成立杭浦高速公路建设领导小组。2008年1月29日竣工通车,由嘉兴市政府投资。

嘉兴—南北湖大道于城段(嘉南大道)

嘉兴市南湖区至南北湖风景区。海盐段自南北湖北门沪杭公路起,途经通元、于城至沈荡新丰村出境。于城段自构塍村朱家组起至三联村太平12组北南桥止,全长8.42公里。路基宽45米,路面宽32米,沥青路。双向6车道,设计车速120公里/小时,荷载标准为汽—超20、挂—120。2010年9月开工,2012年12月竣工通车。

海盐—湖州公路于城段(盐湖新线)

县城至湖州市区。海盐境内自沪杭公路起至百步农丰村出境,全长19.28公里;于城段自构塍村东港组入境途经庄家、鸳鸯至吕冢村8、9组出境全长6公里。涉及拆迁农房63户,征用土地485亩。2002年10月开工,2004年12月竣工通车,投资2.95亿元,一级公路。路基宽度26.5米,路面宽22米,沥青路,双向四车道。设计车速100公里/小时,荷载标准为汽—20、挂—100。

南北湖—王店公路于城南段(南王公路)

钦城至通元、石泉公路,自何家村5组起经钦南、庄家至集镇止,1982年12月起修筑,全长3.748公里,路面宽6米。桥梁灵百堰桥、姚家木桥、王石头桥、粪桶港桥共4座,1983年建成。1990年春改造为18厘米厚水泥路面,两侧加0.50米宽三合土路肩培扶。

南北湖—王店公路于城北段(南王公路)

南北湖风景区至嘉兴市秀洲区王店镇。海盐段自老沪杭公路起,途经通元、于城、沈荡至百步胜利村出境,全长28.96公里。于城段自何家村5组起至鸳鸯村天福桥止,全长8.6公里。2003年9月开工,2005年1月竣工通车,路基宽7～34.6米,路面宽6～15米,水泥路。

武原—于城公路(原海王公路于城东段)

武原镇小曲村至于城集镇公路,全长11.7公里,于城段自八字村黄桥起至于城集镇止,全长8.80公里。路基宽38米、15米、12米不等,路面宽有14米、12米、9米不等,水泥路。1993年完成路基,2001年建成沙石路面,2006年建成水泥路面。

海盐—王店公路复线

该项目起于101省道和海盐至王店公路交叉口,终点于嘉南大道,全长5.39公里。于城段自杭浦高速立交起,西到嘉南大道止。建造中桥2座,小桥1座,涵洞14道。项目总投资6780万元。2013年开工,2014年通车。

第二节 乡村道路

古代驿道

海盐县古代驿道干线为沿海塘杭沪驿道。

海盐县古驿道支线为官塘驿道。自县城总铺(惠人桥北,今东海桥)起,出县城沿官塘(盐嘉塘)西北行,至嘉兴县界(黄道宅),途经朱公亭、钦城、黄泥铺等驿站,途中设分铺,分铺有房屋建筑若干间,府、县各派兵丁驻扎在铺中为送公文的快班提供歇脚、食品、喂马等服务。钦城段自三环洞桥起沿塘岸至孟家堰桥止，全长13公里。

解放前至20世纪60年代，钦城及周边乡间道路是没有铺设石子的泥路，有宽有狭没有定数，连接县城和乡村。

民间境内道路

于城集镇至东北方向的太平桥有2.4公里的乡道，连接至沈荡镇中钱村的北南桥有3公里的乡道，有陈家门全长2.2公里的小道，有陈家门至江渭桥的乡道，全长1.1公里，有集镇至八字桥乡道，长3.8公里，有集镇至千福泾桥乡道3.2公里，宽不足1米，泥路。

于城集镇西北方向的有至天福桥的乡道2公里，至鸳鸯桥的乡道1.9公里，至吕冢小集镇乡道3.5公里，宽不足1米，泥路。

于城集镇至南方向的有到何家桥的乡道5公里，至南圣的乡道3.6公里，宽不足1米，泥路。

民间出境道路

钦城西行至海宁界，到硖石为10.5公里，宽不足1米，泥路。途经黄泥堰桥、得胜桥、小墅桥、大施带桥、丁公堰桥。

钦城东南至澉浦，17.3公里，宽不足1米，泥路。途经枫洞泾桥、道塘桥、通元镇、姚墩桥、金家桥，绕城经天后宫至长墙山麓。

钦城西南至石泉6公里。经缪家堰、倪王庙。

钦城西北至百步亭8公里，宽不足1米，泥路。途经鸳鸯桥、吕冢、杨家桥、六部大桥。

20世纪70年代后乡道几经变迁，逐渐由连接县、乡、村的渠道路、机耕路和公路所替代。

第三节　村级公路

村级公路一般指镇人民政府所在地通往所属村民委员会所在地以及连接相邻行政村的不低于四级标准的公路。村级公路分为两种，即主干道与次干道。

2010年为了加快村级公路建设步伐，方便群众出行，改善交通条件，镇党委、政府根据县政府关于加快村级公路建设步伐的意见精神，提出村级公路硬化的目标和任务，花三年时间实现全镇硬化任务。

主干道建设标准：路基宽度不小于6米，路面不小于5米；水泥路面砼厚度不小于18厘米；弯道半径不小于60米；新建公路桥梁净宽不小于5米；边坡外建筑物红线控制不小于5米。资金来源：政府拨款、企业捐款、行政村自筹、个人捐款等。

表7—1—1　　村级公路硬化情况表

年份	所在村	路　名	起　　至	长度（米）	宽度（米）	投资（万元）
2001	三联村		钱家堰桥至陈家门三岔口	1850	5	45.39
	江渭村		鹤鹊桥至大船桥	800	5	21.50

续表 7－1－1

年份	所在村	路　名	起　　至	长　度（米）	宽　度（米）	投　资（万元）
2001	三联村		陈家门至大船桥	2350	5	55.20
	构塍村		构塍村驻地至南圣村驻地	3100	4	70.00
	构塍村		于城北桥至构塍村驻地	1100	5～7	33.00
2002	三联村		镇中桥至于城北桥	350	6	8.20
			镇中桥至小桥	400	5	9.30
	吕冢村		盐湖线至吕冢村	800	5	18.80
2004	吕冢村	湖盐公路	湖盐公路至吕冢村	2700	5	63.45
	构塍村	湖构路	湖盐线至构塍村	3100	4	72.85
	何家村	圣风路	南圣至顺风堰桥	2400	5	56.40
	八字村	盐八路	于盐公路至八字村	1500	5	32.25
	八字村	于盐公路	镇中桥至民黄桥	5000	5	117.50
	江渭村	陈江路	陈家门至江渭村	3300	5	77.55
2005	三联村	太平路	于北公路至太平桥	1000	5	35.00
2006	庄家村	于南公路	南王线至老于南公路	413	5	4.13
	三联村	为联路	为民桥至联合桥	1920	5	38.40
	三联村	三八路	陈家门至八字村	1170	5	23.40
2007	吕冢村	吕良路	湖盐线吕冢村至通元良贤村	1650	5	57.00
	庄家村	庄亭路	湖盐线庄家村至亭子桥	2.52	5	110.00
2008	庄家村	南良路	南王公路至良贤村	0.72	5	7.20
	三联村	三海路	三联村至海王公路	0.92	5	13.80
	八字村	八柴路	八字村至柴堰桥	1.4	5	21.00
	八字村	海小路	海王线至小八字桥	1.3	5	19.50
	鸳鸯村	连新路	连接线、镇中路、海王线至新农村点 3 条	1.15	10	155.00
2009	八字村	3 组路	八字村 3 组道路	1.5	3	24.00
	庄家村	董冯路	董家组至冯家组	1.4	3	27.00
	鸳鸯村	老鸳鸯片	西 1、6、7、8、9 组道路	2.23	2.5	36.00
	何家村	6 号路	小圩头 1 至 6 今号	1.44	3	23.50

续表 7—1—1

年份	所在村	路 名	起 至	长 度（米）	宽 度（米）	投 资（万元）
2010	庄家村	昌平路	湖盐线至肖家木桥	0.75	9	99.00
	八字村	乔家路	乔家木桥至江渭	1.00	5	60.00
	何家村	庄何路	庄家村至何家村	0.5	5	28.00
2011	鸳鸯村	滨河路	鸳鸯新村点至招宝桥	0.61	6～9	114.00
		绢溢路	老盐湖线至滨河路	0.52	7	130.00
	八字村	八江路	八字至江渭	0.52	5	45.00
2013	集镇	于南路	于城枫桥至于城南桥	0.573	12	210.00
	集镇	招庄路	绢溢路至庄柴湖公园	0.928	7	270.00
	集镇	鸳鸯路	老湖盐线至鸳鸯新市镇	0.517	7	162.00
	集镇	京黄路	京新桥至黄桥工业园区	0.5	7	141.00

第四节 村庄道路

根据盐政发〔2005〕22号文件精神，为了改变于城镇农户居住分散、村道狭小、缺少规划的状况，按照深入实施“十村示范、百村整治”工程建设的要求，镇政府于2005年5月30日印发出《于城镇村庄道路建设实施意见》。从2005年开始，集中建设连村道路和低等级桥梁，加快到组（指通达居住20户以上的自然村）道路建设，用5年时间基本完成到组道路建设。建设标准：连村道路基宽度6米，路面宽度5米，水泥路面厚度18厘米，桥梁设计荷载汽—10以上；到组道路建设标准：路基宽度3米，水泥路面宽度2.5米，路面厚度不低于16厘米，桥梁设计荷载不低于汽—10。资金筹集补助标准：1.连村道路：县财政补助10万元/公里，镇财政补助5万元/公里；缺口部分由村集体经济解决。2.到组道路。县财政补助5万元/公里，镇财政补助2万元/公里。3.桥梁跨度在20米以下的，县、镇、村各承担三分之一，跨度超过20米的且小于30米的，根据总投资县补助40%，镇、村各承担30%，桥梁跨度超过30米的，县补助60%，镇、村各承担20%。

表 7—1—2　　村到组道路实施表

年 份	所 在 村	条 数	长（米）×宽（米）	总 投 资（万元）
2005	鸳鸯村	7	4.125×2.5	57.20
	江渭村	15	5.61×2.5	78.00

续表 7－1－2

年　份	所　在　村	条　　数	长(米)×宽(米)	总　投　资（万元）
2005	构塍村	3	3×2.5	60.00
	合　计	25	12330×2.5	195.20
2006	吕冢村	8	3.57×(2.5～3)	20.80
	三联村	9	3.66×3	30.69
	合　计	17	7.23×3	51.49
2007	鸳鸯村	12	3.52×(2.5～4)	17.60
	庄家村	2	0.51×3	2.55
	何家村	11	4.58×3	34.38
	八字村	6	3.74×3	18.70
	合　计	31	12.35×3	73.23
2008	何家村	8	2×3	27.60
	江渭村	2	1.8×2.5	20.70
	庄家村	10	2.5×2.5	31.97
	吕冢村	7	2.07×2.5	34.15
	构塍村	3	2×5	36.80
	合　计	30	10.37	140.87
2009	鸳鸯村	2(招宝路、学才路)	1×10	250.00
	吕冢村	1	0.55×(6～10)	65.00
	八字村	1(八字南路)	0.9×6	50.00

第二章　航　　道

第一节　主干航道

甪平申线

是浙北通向上海市的重要航线之一。起点为六里山港口茶院村中分桥，穿过长山河，经通元、于城入盐嘉塘，向北进入三环洞桥，走酱园港，至白苎，接盐平塘，经西塘桥镇曙光村出境。

于城境内自八字村12组入境至八字村贾山组出境，全长3.8公里，水深2.50～3.00米，航道宽度36～52米。桥梁通航孔宽度40～50米；通航净空高度7.41～9.40米。航道等级定为五级，通航能力300吨级。

于盐线

于城集镇至海盐县城。境内集镇至三环洞桥止，全长8.8公里，水深3.50～5.50米，航道宽度41～56米。桥梁通航孔宽度25～40米；通航净空高度3.05～5.60米。航道等级标准四级，通航能力300吨级。

于嘉线

于城集镇至嘉兴市区。境内集镇至孟家堰、天福桥港出口止，全长1.35公里，水深3.50～5.50米，航道宽度41～56米。桥梁通航孔宽度25～40米；通航净空高度3.05～5.60米。航道等级标准四级，通航能力300吨级。

于硖线

于城集镇至海宁市区。境内集镇至百步镇超同村，全长4.436公里，水深3.50～5.50米，航道宽度18～55米。桥梁通航孔宽度11.6～40米；通航净空高度2.54～5.03米。航道等级标准四级，通航能力100吨级。2007年，完成航道土方179万立方米，护岸砌筑12580米。项目总投资2.22亿元。

第二节　支干航道

倪王庙线

于城镇吕冢村至通元石泉集镇。全长7.30公里，于城境内吕冢集镇许网船经石泉良贤村至石泉集镇。航道等级为七级，通航能力为50吨级。

里洪塘线

于城境内自集镇盐嘉塘至通元镇滕泾村宋家木桥浜，境内长4.4公里，河面宽度30～80米，河底宽7～12米，水深1.3～2.5米，桥梁标高6.64～8.73米。航道等级为六级，通航能力为100吨级。

第三章　桥　　梁

第一节　古桥梁

海盐县属水网地带，桥梁遍布，可以说“有桥就有路”。据清代光绪《海盐县志》记载，镇内较大的记入县志的古桥有欤城桥、丰（枫）桥、招宝桥、鸳鸯桥、勾塍桥、柏桐桥、吕冢环桥、黄桥、鹭鸶桥、渡船桥、江消桥、坛墩桥、孟家堰桥等13座。据2014年统计，全镇有古桥梁13座，均是民间桥梁，其中砖木结构桥梁1座，石桥12座，其余均废除。

石拱桥

俗称环洞桥，有单孔、多孔。拱圈类型有半圆形、抛物线形等，两头的实腹桥台筑成梯形石阶。石拱桥基础坚固，工艺考究，造型美观，是古代桥梁建筑的一绝。如欤城大桥、吕冢环桥、三环洞桥等。

欤城桥　俗称欤城大桥。位于集镇东，横跨盐嘉塘，据明《海盐县图经》载：始建于宋绍兴三年(1133)，原为三孔石桥，明弘治中，知县谭秀重建。张宁记曰：海盐欤城桥建自宋绍兴三年。宣德中，邑人金文富尝修复。弘治元年(1488)，圮坏既久，有司方将举事，会按察佥宪伍公宗诚行属，区画措具，仍劝富人赡其不足，委成县令谭秀监督，以海宁卫知事李庆阅四寒暑乃成。其地河阔土疏，二水冲合，贡漕负载交错，旧桥作三洞，径榍十虚一实，激冲多所，今长十有九丈四尺，两垂入平壤，并三洞为一。跨水六丈，其崇半，实倍于虚，足以御激撞。下有重附，上有阑压，侧有倚柱，中势正圆壁立，砻琢累筑，外内精密，大致视昔不侔。用石八丈，环卫填塞者不与。米三百斛，铁千斤，银千二百两，役夫与竹木薪炭诸琐费不与。宗诚周行吴越，所至治水利民，请予记立石。刻有事者碑阴，所以昭成绩，申大望也。嘉靖中重修。尔后，于乾隆二十七年(1762)再次重修，光绪十六年(1890)重建，并改为单孔拱形石阶桥。长49.9米，宽5米，桥孔净跨14米，高7.52米，梁底吴淞标高10.88米，南(西)有石阶54级，北(东)有53级。1997年因南台头出海排涝工程需要而被拆除。

枫桥　位于集镇吕冢港口，南北跨河，长25米，宽3.8米，为单孔石拱桥，始建年代失考。20世纪70年代改建为混凝土结构。2008年因嘉于硖航道拓宽拆除。桥名西移850米建成单孔钢筋混凝土索拉桥。

吕冢环桥　俗称吕冢桥。徐泰《志》作"吕冢"，明永乐、弘治二志俱作"李冢"。位于吕冢村，跨吕冢港。始建于元至正七年(1347)，明弘治三年(1490)里人王清重建。原系拱形石阶桥，1965年改为钢筋混凝土梁式桥，长25米，宽2.5米，梁底标高6.4米，跨径12米。

三环洞桥　曾名尚胥桥、双喜桥。位于城西、欤城两乡交界的酱园港口。始建于元大德三年(1299)，桥东北有尚胥庙，桥以庙得名。明万历四十三年(1615)和清乾隆五十四年(1789)两次重修。1972年疏浚拓宽酱园港时改建为3孔钢筋混凝土双曲拱桥，长66.7米，宽4.3米，梁底中孔标高7.93米，中孔跨径19.4米。后因危桥以及事故多发等原因于1994年拆除。

条石排架桥

又称石平桥。有单孔和多孔，两头为石台，每孔用垂直式条石排架为墩，排架下面有基石，上有石盘，桥面用条石分跨搁置而成，结合部有凹凸石榫固定，桥堍有石阶。

江渭村孙家坟桥　位于于城镇江渭村7组孙家坟港，清末至民国，类型为古建筑。南北向、五孔四墩。桥面板为三联排架石梁桥，桥长24.3米，桥面宽1.6米。桥枕为椭圆形条桥，桥墩分别为三块条石直立并列构筑。

鸳鸯桥　位于鸳鸯村，跨吕冢港。原为多孔石板排架桥，始建无考。1981年改建成钢筋混凝土双曲拱桥，长37.8米，宽3.5米，梁底标高7.2米，跨径30米。

柏桐桥　位于南圣陈家组，东西向，东侧通元滕泾村。三孔条石排架桥。20世纪70年代后期断裂。

孟家堰桥　位于钦城桥北3公里，三联村北部孟家堰港，清同治八年(1869)重建。

除上述外还有构塍庙桥、招宝桥等。

石板桥

亦称平板桥。单孔，两端为块石桥台，上置条石。如江渭小桥等。

砖木桥

简称砖桥。有的因石桥桥面断裂，利用原有石台和排架，以长木为梁，钉上檩条，桥面用砖块竖铺而成。解放后有何家桥，黄泥堰桥等，建新桥时拆除，至2014年还保存的有八字村的牛桥。

木桥

有单跨、多跨两类。下部结构，一种为石台，一种为多柱木排架。上部结构有纵梁，有的钉上檩条，桥面用木板铺成。如新开河木桥、长港堰木桥北俞浜木桥等。解放后逐步改建或拆除。

第二节　公路桥梁

吕冢塘桥

位于新盐湖公路吕冢村，跨越吕冢港。2004年12月竣工。总长460米，净宽30米。其中主桥18孔，主跨100米，边跨360米。上部结构为预应力变截面箱梁加简支梁。设计荷载汽—20、挂—100，通航等级五级。

黄桥

位于盐于公路八字村，跨越黄桥港。2003年7月竣工。总长286米，净宽30米。其中主桥9孔，主跨60米，边跨266米。上部结构形式为连续箱梁。设计荷载汽—20、挂—100，通航等级五级。

胜进桥

位于构塍村与河家村交界处，跨越六平线航道。结构形式为梁式桥。2001年建成，梁底标高为8.85米，桥梁净跨44.3米。

新鸳鸯桥

位于鸳鸯村(北俞)，跨越嘉于硖航道。结构形式为拱桥。1980年重建，梁底标高为6.65米，桥梁净跨30.20米。2004年因拓宽河道拆除后沿吕冢港往东100米重建。结构形式为钢筋混凝土。

吕冢桥

位于子吕冢集镇西(原吕冢村9组)，跨越嘉于硖航道。结构形式为拱桥。1991年重建，梁底标高为7.40米，桥梁净跨40.00米。2004年因拓宽河道拆除后原桥位重建。结构形式为钢筋混凝土。

天福桥

位于鸳鸯村东片与沈荡镇聚金村东8组交界的天福桥港。原属于于沈三级公路桥，建于

1984年，长16米，宽3米，拱形桥。1994年海盐至王店二级公路修筑，桥梁长16米，宽9米，上部结构形式为钢筋混凝土。设计荷载汽—20、挂—100。

鹭鸶桥

位于鸳鸯村东片，跨鹭鸶桥港，原属于于沈三级公路桥，建于1984年，长16米，宽3米，拱形桥。1994年海盐至王店二级公路修筑，现属南王公路桥，桥梁长16米，宽9米，上部结构形式为钢筋混凝土。设计荷载汽—20、挂—100。

斜港桥

位于鸳鸯村东2组，跨斜港，属于老盐湖三级公路桥，建于1984年，长16米，宽3米，拱型桥。

红卫一桥

位于吕冢村北4组长港堰。属于老盐湖三级公路桥，建于1984年，长16米，宽3米，斜交板桥。

红卫二桥

位于吕冢村15组。属于老盐湖三级公路桥，建于1984年，长16米，宽3米，双曲拱型桥。

长寿桥

位于吕冢村七组与百步镇超同村九组交界处的长寿桥港。属于老盐湖三级公路桥，始建时间无考，1975年海盐县交通局根据民间桥梁建设经费民办公助原则，补助10米拱桥预制品1座；该长寿桥在老盐湖公路建设时，于1984年改建为三级公路桥，长16米，宽7米，水泥拱型桥。

粪桶泾桥

位于庄家村，于六公路上（南王线K14＋468）。2005年列入改建计划，简支梁桥跨径25米，净宽7米，梁底标高吴淞8.2米，荷载等级汽－20，挂－100，总投资86.3万元。

南港桥

位于X608线江渭村至陈家门段，始建于1984年。2013年9月批准重建，设计标准为公路11级，跨径16米，桥面宽7米，投资76万元。

于城东桥

位于盐嘉塘，面宽9米，主桥长202米，载重等级汽－20，系杆拱结构，1997年11月竣工，投资296万元。

于城北桥

位于海王公路，横跨盐嘉塘。面宽16米，主桥长150米，载重等级汽－20，钢架梁结构，1998年12月竣工，投资80万元。

第三节　民间桥梁

1982年8月27日，改建新曹茎桥，16米跨单波预制结构。

1992年4月，重建太平村徐家湾桥，民家桥1座；同年，改建南圣村的俞家堰桥；千福村改建王家桥，陈家门村的沈家门桥，以上5座均改建为混凝土三孔排架桥。

1996 年,修理吕家村的七孔石阶太平桥;修建千福村的静远桥;建造南圣村的朱家木桥,为三孔排架桥。

1999 年,孟家堰桥南移 2.8 公里,由县南台头出海排涝工程指挥部安排配套工程建造。

2002 年,镇人民政府成立民间桥梁维修改建工作领导小组,负责民间桥梁改造与修建。

表 7—3—1　　2000 年度民间桥梁修建情况表

序号	所在村	所在组	桥梁名	结构		长(米)×宽(米)	级别(吨)	投资(万元)
				老桥	新桥			
1	鸳鸯村	西 13 组	粮船港桥	平板桥	双坡拱桥	50×3		0.8
2	于城村	东 2 组	斜港桥	平板桥		25×3		0.3
3	于北村	11 组	小桥	平板桥		20×3		0.2
4	于北村	8 组	钱家堰桥	平板桥		25×7	汽—10	17.2
5	江渭村	周家组	渡船桥	平板桥		25×7	汽—10	12.7

表 7—3—2　　2002 年度民间桥梁实际修建情况表

序号	所在村	所在组	桥梁名	结构		长(米)×宽(米)	级别(吨)	投资(万元)
				老桥	新桥			
1	鸳鸯村	环桥头	环桥	机耕排灌	水泥平板	20×3.5	6	14
2		西 10 组	新木桥	平桥	平桥	20×3.5	6	8
3		肖家场	肖家木桥	平板桥	平桥	16×2.5	1.5	3
4	吕家村	南 6 组	富家石桥	石桥	平桥	16×2.5	3	3
5		北 1 组	新开河桥	平板桥	平桥	16×3.5	3	5
6		北 12 组	陈家木桥	拱桥	双曲拱桥	16×3.5	3	4.5
7	庄家村	东港组	顺白塘桥	机耕排灌	平板桥	20×5.5	10	15
8	何家村	7 组	蒋夏浜桥	石桥	平板桥	11×2	1.5	1
9		2 组	大竹桥	石桥	平板桥	18×3.5	3	5.5
10		3 组	新景桥	石桥	平板桥	16×2.5	3	4
11		4 组	蔡拉桥	石桥	平板桥	14×2.5	3	3.5
12	三联村	太平 4 组	井里桥	机灌两用	机灌两用	25×3	3	6
13		陈家 3 组	陈家浜桥	多孔桥	平板桥	5×3.5	3	1.5
14	八字村	原八字村	新八字桥	排架桥	平板桥	25×5.5	10	20

表 7—3—3　2004 年度民间桥梁实际修建情况表

序号	所在村	所在组	桥梁名	结构		长(米)×宽(米)	级别(吨)	投资(万元)
				老桥	新桥			
1	三联村	太平 5 组	长浜桥	拱桥	简支梁	26×5.5	汽—10	34
2	三联村	太平 2 组	为民桥	拱桥	简支梁	16×5.5	汽—10	24
3	三联村	于北 11	小桥	拱桥	拱桥	30×5	汽—10	10
4	三联村	太平 7 组	丁家木桥	石拱桥	拱桥	16×3	汽—3	5.5
5	三联村		京新桥	石板桥	简支梁	24×5.5	汽—10	35
6	八字村	千福 1 组	庄田桥	排架桥	简支梁	30×5.5	汽—10	42
7	鸳鸯村	西 17 组	三家村桥	平桥	简支梁	16×3	汽—3	7
8	构塍村	胡家组	胡家木桥	排架桥	简支梁	20×5.5	汽—10	26
9	构塍村	钱潘组	跃胜桥	拱桥	简支梁	16×5.5	汽—10	24
10	构塍村	虎啸组	虎啸亭桥	排架桥	简支梁	16×5.5	汽—10	24
11	吕冢村	南 4 组	红光桥	拱桥	简支梁	20×5.5	汽—10	28
12	吕冢村	北 3 组	长港南桥	拱桥	简支梁	30×3	汽—3	10
13	吕冢村	北 3 组	马家桥	拱桥	简支梁	16×5.5	汽—10	24
14	庄家村	姚家组	姚家木桥	平板桥	简支梁	12×3	汽—3	3
15	庄家村	张家组	张家堰桥	石桥	简支梁	20×3	汽—3	8
16	庄家村	亭子组	亭子桥	石桥	简支梁	20×5.5	汽—10	27

表 7—3—4　2004 年民间桥梁维修工程统计表

序号	所在地	桥名	结构	长(米)×宽(米)	维修部位	投入资金(元)
1	庄家村	孙家汇桥	拱桥	25×3	砼座、装栏杆、桥墩	7000
2	庄家村	冯家桥	拱桥	20×3.2	桥面、装栏杆、桥墩	5000
3	庄家村	夏家浜桥	平板桥	16×1.5	装栏杆、桥墩、桥面	25000
4	江渭村	坛墩庙桥	拱桥	40×3	装栏杆、桥面、拱板	16000
5	八字村	大船木桥	排架桥	22×2	装栏杆、桥墩、桥面	6000
6	三联村	东桥	砼平桥	30×3	装栏杆、桥墩	4000
7	三联村	沈家门桥	排架桥	20×2.4	装栏杆、桥墩	4000
8	三联村	井里桥	排架桥	20×2.4	桥面、装栏杆	4000
合计						71000

7—3—5 **2006年度民间桥梁实际修建情况表**

序号	所在村	所在组	桥梁名	结构		长(米)×宽(米)	级别(吨)	投资(万元)
				老桥	新桥			
1	鸳鸯村	东13组	墙圈桥		砼桥	20×3	汽—10	17
2	鸳鸯村	东13组	利民桥		砼桥	20×3	汽—10	17
3	构塍村	蒋家组	跃新4号桥		砼桥	20×3	汽—10	17
4	江渭村	唐家组	柴堰桥		砼桥	20×5	汽—20	26
5	八字村	同心组	小驮桥		砼桥	30×5	汽—20	35
6	吕家村	南7组	渡船桥		砼桥	20×5	汽—20	32

7—3—6 **2008年度民间桥梁实际修建情况表**

序号	所在村	所在组	桥梁名	结构		长(米)×宽(米)	级别(吨)	投资(万元)
				老桥	新桥			
1	鸳鸯村	东5组	肖家木桥	石桥	砼桥	20×10	城—B	51.12
2	鸳鸯村	东8组	水网船桥	无	砼桥	30×15	城—B	118
3	八字村	千福14	平桥		砼桥	25×5	公路Ⅱ级	30.10
4	八字村	千福8	小平桥		砼桥	20×5	公路Ⅱ级	36.48
5	八字村	东港组	小八字桥		砼桥	33×5	公路Ⅱ级	46.53
6	构塍村	太平组	太平桥		砼桥	16×3.6	公路Ⅱ级	27.19
7	鸳鸯村	西16组	白水漾桥		砼桥	24×3.5	公路Ⅱ级	29.27
8	三联村	于北8组	钱家堰桥		砼桥	30×8.2	公路Ⅱ级	57.71

7—3—7 **2010年度民间桥梁实际修建情况表**

序号	所在村	所在组	桥梁名	结构		长(米)×宽(米)	级别(吨)	投资(万元)
				老桥	新桥			
1	庄家村	宋家组	粪桶泾桥	砼桥	砼桥	30×12	公路Ⅱ级	95
2	三联村	于北10	冯师娘桥	砼桥	砼桥	30×15	公路Ⅱ级	115
3	集镇	招宝路	招宝桥	砼桥	砼桥	16×12	公路Ⅱ级	51
4	吕家村	南4组	徐家桥	砼桥	砼桥	16×3.5	公路Ⅱ级	18
5	八字村	千福9组	褚家木桥	砼桥	砼桥	30×3.5	公路Ⅱ级	26

表 7-3-8　　2011 年度农村危桥改建情况表

序号	所在村	所在组	桥梁名	结构		长(米)×宽(米)	级别(吨)	投资(万元)
				老桥	新桥			
1	鸳鸯村	西 1 组	紫竹桥		砼桥	20×6	公路Ⅱ级	55
2	吕冢村	北 6 组	金家类桥	砼桥	砼桥	16×3.5	公路Ⅱ级	28

第四节　渡　口

海盐县内有史可查的交通渡口，首推沈荡的义渡。宋绍兴三年(1133)前，过官塘到欤城贸易做生意或者说走亲访友，全靠摆渡过河。当然其他河道也相继出现摆渡过河，直至清末，全镇渡口几十处，少数渡口有渡工摆渡，多数是无渡工的“拉渡船”，即在渡船的两头系有绳索，分别拴住两岸的渡桩，过河的人上船后，自己向目的地对岸收拉绳索，渡船过河后人上岸。据 1956 年 6 月统计数字，欤城全乡有渡工渡口 10 多处，“拉渡”的有 8 处。此年，海盐县政府发布“渡口行渡守则”，为加强渡口管理，保障行渡安全，守则规定：1. 搭渡人应严格遵守先上岸后下船，上下渡船不得争先恐后，依次上下；2. 渡口应稳撑稳摇，乘客必须听从渡工指挥，保证安全过渡，不出事故；3. 大型牲畜如耕牛不得搭渡；4. 本渡船按规定搭乘，载重量 1 吨，严禁超载；5. 发现渡船漏水，应立即修理，停止搭渡。遇大风暴雨气候恶劣，威胁行渡安全时，渡工应劝阻搭渡人搭渡，搭渡人不得强行搭渡。后来随着交通运输条件的改善，渡口逐步减少。

1981 年，县交通等有关部门对渡船进行检丈发证，并在渡口公布安全规则，俾渡工和过渡群众遵守。据 1985 年统计，全镇有渡工渡口的只有三环洞一处，从三环洞桥西堍至富亭砖瓦厂，有渡工 2 人，渡船一条，载客定额 30 人。拉渡的有白水漾、千亩荡等处。渡口由乡、村两级管理，航运管理机关负责考核渡工，发给渡工证书，检验渡船，核定载客定额，并实行日常的安全监督。渡船修理由县补助。1992 年 2 月经县交通局批准，由于公路的建成渡口撤销，至此，全镇河道无渡口。

第四章　汽车站　加油站

第一节　汽车站

欤城老汽车站于 1985 年建成，1987 年开始使用。地址在欤城镇欤城西桥南堍邮电路，建筑面积 27 平方米。2004 年 11 月，城乡公交一体化后停用，旅客上车购票。过路班车有海盐至沈荡，海盐至横港，海盐至石泉，每天过路班车 18 班。另有于城至嘉兴班车，于城始发嘉兴车 15 班。2010 年改为南北湖始发经于城至嘉兴南站(客运中心)。

砍城新汽车站于2009年建成，地址在镇西路与海王路交叉口，大转盘西南。与海盐国家税务局砍城分局、新居民事务所等单位联合建造，二间三层楼，建筑面积300平方米。由于城乡公交一体化，全面实行无人售票车，故车站失去功能。

第二节　加油站

砍城加油站

1987年随着海盐至海宁，于城至沈荡公路的建成使用，1994年6月于城加油站建成对外营业。站址在老盐湖线与海王线交叉口，隶属于中国石化股份有限公司（简称中石化）。法人代表徐敏建。占地面积3亩，建筑面积300平方米，总投资50万元。

2006年8月10日，经省经贸委批准更名为海城加油站并进行改建，占地面积5000平方米，电脑加油机6台，30立方米埋地卧式储油罐5个，营业用房960平方米。总投资300万元。2007年8月竣工使用。

海盐县石化购销公司于城石油经营部

海盐县石化购销公司于城石油经营部始建于1995年9月，位于于城集镇汽车站（邮电路）旁。随着城镇建设不断发展，消防要求高，难度大，于是2001年1月申请迁建至庄家村于六公路西与新湖盐线南，占地3亩，投资100万元，营业用房及附属设施300平方米。油罐3个，加油机4台。新盐湖线2004年12月竣工通车后，并更名于南加油站建成对外营业，隶属于中国石油天然气股份有限公司（简称中石油）。

第五章　交通运输

第一节　交通工具

陆地交通工具

过去，特别是封建社会里，人们出行主要是步行，交通工具在北方靠骑马，在南方主要靠人力车、畜力车、船和轿，而且这些交通工具还要有经济作支撑，平民百姓是很少使用这种交通工具的。

轿子

在我国汉魏时期就出现了轿子，当时叫“步舆”“载舆”，形状较简单，是在一块长方形的木板上四角做有把手，乘坐者盘坐在上面，由四个人提着把手行走。到了唐代，从手提式改变为肩抬，故改称“肩舆”。较大的改进出现在五代、宋时期。并且坐轿也出现了许多规矩。轿子品种很多，在近代县内的轿子有花轿、小轿（也叫便轿）、官轿、藤轿四种。当官的四品以上坐“官轿”，地主豪绅坐“小轿”，民间嫁娶坐“花轿”，商人坐“藤轿”。

人力车

劳动车。车身木结构居多，装置2个汽轮胎，载重量300～500公斤。50年代城镇搬运工人首先使用，到1985年遍及城乡，基本达到一户一车。

自行车。俗称脚踏车。其由来说法很多，有说源于意大利，有说源于法国，有说源于俄国，有说源于我国清代康熙年间。海盐最早出现民国24年(1935)，在武原徐乡桥北有2家车行，以出租自行车为业。中华人民共和国建立后自行车公车私车逐年增加。于城20世纪70年代有3辆，80年代有30辆，90年代达到3000辆以上。

摩托车

机动车

摩托车。摩托车又称机器脚踏车，是一种被人们广泛使用，灵活而轻便的交通工具。摩托车源于德国，是由一位叫戴姆拉的人在1885年经过改进的汽油引擎到木制两轮车，发明世界上第一辆两轮摩托车。海盐县公安局在1964年购入县内第一辆两轮摩托车。之后邮政局、电力公司等相继购入。1981年全镇开始有二轮摩托车，1985年起逐年增加，除摩托车外还有一种轻骑。

汽车。汽车是以汽油或柴油为燃料，汽油机或柴油机为动力的交通运输工具，汽车源于欧洲。1991年5月5日，钦城乡政府批准钦城丝厂购买桑塔纳轿车。属钦城单位购置的第一辆轿车。

农用汽车。是拖拉机的改装车，四轮有货物斗，动力均采用柴油机，有0.5～5吨不等。是货物运输的好帮手，但只能适用于短途。

电动车。20世纪末90年代初出现电瓶助动车，是在原自行车上改装而成的。后来不断改进，造型与摩托踏板车相似，21世纪初自行车逐渐减少，相应增加了摩托车和电瓶车。

汽车

水路交通工具

船舶

船舶按构造材料可分为木船、钢丝网水泥船、钢板船。其中木船按使用功能分为木渔船(亦称水网船)、木农船、木帆船、航快船、栈船、驳船、客轮、货轮等。而具有水上客运功能的有栈船、快班船、客轮、客驳以及生产、客运两用的农用船。

栈船。亦称“便船”“航船”，是早期民间的客货两用的运输工具。载重量1～3吨，人工橹摇，装货搭客，早出城镇晚归村落。民国期间因客轮增多而渐衰落，至20世纪80年代消失。

快班船。船型较长，首平尾翘，是绍兴地方的样式，上装半圆形箬篷，可以启闭，航行轻快，分三舱，有橹、舵、桅、帆、篙等设备。小型的名叫“脚划船”，可载客人3～5人，船员坐于后艄，用脚划桨。大型的就叫“航快船”，一般两人摇橹，最多的有五柝两桨，时速可达到10公里以上。载重量3～10吨，装货搭客，代投信件，定线定期航行，路经集镇，敲小锣以招揽生意。清光绪三十四年(1908)县城已有航快船通向邻县。至民国5年(1916)，共有航快船21艘。35年达到38

艘,次年增至46艘。解放后航快船由于轮船增多而淘汰。

客轮。清宣统元年(1909),县内商人朱兴郇首创通济轮船公司,购置县内第一艘客轮。海盐至嘉兴航运客轮开航,里程35.5公里,沿途经三环洞、钦城、孟家堰、沈荡、半路、黄道宅、余新、石堰、南堰,每天3班次。宣统二年(1910),海盐创办同济辅车轮船公司,有小轮1艘,客驳1艘。海盐至硖石航运客轮开航,里程27公里,沿途经三环洞、钦城、孟家堰、沈荡、六部大桥、百步亭、老坟前、硖石。每天2班次。

民国2～5年(1913～1916),海盐有客轮3艘,分别属于同济、永济、协泰3家轮船公司。民国6年宁绍内河轮船公司开业,增加一艘钦城到六里客轮,里程17.1公里。途经三环洞、钦城、道塘庙、通元,每天1个班次。民国26年有盐平、新盐平、宁富、永安4艘客轮。抗战期间,客轮停驶。抗战胜利后,自34年至38年,县城先后开业的客轮有24艘,其中有8艘保持常年营运。1953年有客轮2艘,1961年有客轮6艘,1985年有客轮12艘。

本地木农船。20世纪70年代以前生产队集体或个人所有的木质农用船。可用来装货,如上粮站售粮、购化肥、购农药、罾河泥、捞水草、装猪羊灰等等。也可用来乘人出远门等。该船杉木板拼装而成,船底椭圆形,分为三舱,中舱宽,两头略尖,用"三湾式"琵琶橹手摇前进。装载吨位大小不等,小到0.5吨,可作丝网船捕鱼;大到几十吨可作驳船装货。1962年全公社有木农船414条,1972年有503条,70代起有了水泥船后木质农船逐步淘汰;2004年起,水泥农船逐步退出历史舞台。

绍兴木农船。20世纪70年代以前生产队集体或个人所有的木质农用船。可用来装货,如上粮站售粮、购化肥、购农药、罾河泥、捞水草、装猪羊灰等等。也可用来乘人出远门等。该船杉木板拼装而成,船底比本地船较平,分为三舱,中舱宽,两头略尖,船尾翘起,两边船舷较阔。用直杆橹双人左右手摇前进。装载吨位大小不等,小到3吨,大到十吨可作驳船装货。

钢丝网水泥船。用钢丝网水泥质构成。最早在20世纪60年代初从平湖购入。自从1970年12月海盐水泥制品厂的建成,生产14吨以下钢丝网水泥农船,本县绝大多数向该厂购入3～5吨水泥农船,木农船逐渐被淘汰。据1982年统计,全乡有大小水泥农船557艘。2002年起,根据嘉兴市政府统一布置,开展淘汰水泥船工作。至2006年底,全镇共淘汰水泥船478艘,钢质挂桨机船12艘。

挂桨机船。挂桨机顾名思义是在原木质或水泥农船上装上柴(汽)油机,通过柴(汽)油机带动螺旋桨为动力的船称为挂桨机船。该船船身轻,吃水浅,速度较快,能在小河港内进出。此船在20世纪70年代开始流行。船身的大小不等,小到捕鱼的渔船,大到装载货物几十吨的驳船。

航线。航快船通向邻县航线:民国5年(1916)有县城至嘉兴、硖石、平湖、上海、乍浦、盐官、袁花、王店、新篁、沈荡、六里堰等11条航线,其中县城至嘉兴、硖石、王店、沈荡均经钦城。抗战前航快船增至22条。战后以货运为主。客轮,清宣统元年,首辟海盐至嘉兴航线,次年开辟硖石航线,均经钦城。民国6年有盐嘉、盐硖、盐平三条,其中盐嘉、盐硖经钦城。民国23年(1934)有盐嘉、盐硖、盐袁、六硖线,前2条经钦城。抗战胜利后,全县客轮航线增加到19条。解放初县城有5条。1957年有6条。1964年至1985年又增至12条。

票价。1985年客轮运价每人每公里0.02元,每张客票的底价0.05元。海盐至县内外主要站票价：钦城 0.15 元，沈荡 0.35 元，平湖 0.55 元，硖石 0.70 元，嘉兴 0.75 元，杭州 2.00 元，上海 2.05 元。

第二节　陆路运输

客运

钦城客运汽车站 1987 年建立站房一幢，配备站务人员 1 人，并开始运营，由于钦城处于全县中心地段，无始发车，均为过路车。

2004 年 11 月 2 日，县政府实施公共交通城乡一体化，镇镇、村村通公交。海盐至沈荡途经于城的原 7 辆小公交车，被县公交公司的大型公共汽车所取代。共有 5 辆大客车从海盐开往沈荡。其中一辆是海盐—沈荡—横港—王店—沈荡—齐家—海盐。两辆是海盐—于城—沈荡—齐家—海盐。两辆是海盐—齐家—沈荡—于城—海盐。票价从原来的 5 元调整到 3 元(起步价 2 元)。

2012 年 6 月起，县公交公司转制为全民企业，县内公交实行无人售票，采用投币箱，旅客上车投币或刷卡，从起点到终点，统一收费 2 元，至此，还对老年人实行优惠政策，60 周岁至 69 周岁减半收费(即 1 元)，70 周岁以上和残疾人免费乘车。

2015 年 8 月 1 日起，增开海盐客运中心至江渭村 K227 路公交，途经于城集镇。每天有 8 班对开，间隔 1.5 小时左右，无人售票，全程票价 2 元或刷卡。

表 7—4—1　　　钦城汽车站历年客运情况表

起讫站	每日班次	里程	历年票价				沿途主要停靠站
			1987 年	1996 年	2003 年	2013 年	
南北湖经于城至嘉兴客运中心(K176 路)	18 班对开	全程 49.5 公里，经于城至嘉兴	未通	未通	未通	起步 2 元，全程 13 元	南北湖东站、红河桥、澉浦中学、徐匠村、澉浦站、猫儿桥、孙湾站、六里站、堰山路口、南北湖北站(三湾)、翠屏路口、倪家木桥、王泾河、磨子桥、新浦站、浦漾站、新石站、通元东郊路、通元车站、海伦花城、韩家桥、马家门、滕泾桥、朱家浜、南圣站、虎啸亭、跃新站、于城、枫桥站。于城车站、鹭鸶桥、夏塘浜、赵家浜、翁东港、陈家港、西叉浜、林家浜、沈荡车站、恒洋热电、申庄港桥、横泾站、董司村、王家浜、尤角桥、郎船浜、黄金桥、金星 9 组、金星社区、钟响桥、镇西路、余北大街、余新中心医院、同创别墅、塘河桥、余北加油站、三环路口、石堰、香缇世家、文贤路、中央公园、嘉兴大剧院、市建委、放鹤路市一院、中环广场、姜家村、科创中心、城南路口、嘉康公司、客运中心

续表 7—4—1

起讫站	每日班次	里程	历年票价				沿途主要停靠站
			1987 年	1996 年	2003 年	2013 年	
海盐客运中心经于城至嘉兴客运中心（K172 路）	15 班对开	全程 26 公里	未通	未通	未通	起步 2 元，全程 10 元	海盐客运中心、淡井站、麻泾里、华星站、吾家埭、顾家站、构塍站、三联社区、印家石桥、邱家浜、闻闵西阁、葫芦桥、严家浜、苏家浜、圣塘桥、兴善寺、严家兜、厉家桥、楝树浜、江南饲料厂、余新东、年佳桥、高铁南站、三环路口、石堰、香缇世家、文贤路、中央公园、嘉兴大剧院、市建委、放鹤路市一院、中环广场、姜家村、科创中心、城南路口、嘉康公司、嘉兴汽车客运中心
沈荡医院经于城至海盐客运中心（K207 路）	每隔 15～20 分钟一班	全程 8.8 公里	全程 3 元	全程 3 元	起步 2 元，全程 2 元	起步 2 元，全程 2 元	沈荡医院。镇中北路、宋坡东路、林家浜、西叉浜、陈家港、翁东桥、赵家浜、夏塘浜、鹭鸶桥、于城集镇、钱家堰、盛家、王家浜、八字、黄桥、丁家浜、点垢庵、大曲、小曲、新兴路、宜家花城、县委党校、商贸学校、信用联社、城西花坛、新天地广场、建新小区、金域蓝湾（北）、实验小学西区、人民医院（北）、常和景苑、海盐客运中心
横港祝家庄经于城至海盐客运中心（K206 路）	每隔 15～20 分钟一班	全程 8 公里	全程 3 元	全程 3 元	全程 2 元	起步 2 元 全程 2 元	祝家庄、横港站、冯家头、长岸站、蜡烛浜、赵家浜、百步中学、沈家桥、百步、新升、超同、盛家、千亩荡、吕冢、鸳鸯桥、于城中学、于城集镇、钱家堰、构塍村、顾家站、吾家埭、华星站、麻泾里、淡井、海盐客运中心
海盐客运中心至海宁客运中心（K187 路）	每隔 15～20 分钟一班	全程 38.7 公里	未通	未通	未通	起步 2 元，全程 6 元	海盐客运中心、淡井站、蒋目堰桥、麻泾里、华星站、吾家埭、顾家站、于城南、鸳鸯桥（南）、吕冢（南）、五星桥、姚浜、百步镇（南）、百步信用社、沈家木桥、百步车站、农丰村、徐家桥、星光村、金星、硖川路丹井路口、碧云路口、由拳路、隆兴嘉苑、硖北里、紫阳路口、龙祥大酒店、树人小区、海宁一中、嘉海联合路口、皮革城、田上埭、海宁客运中心
海盐客运中心经于城至石泉（K205 路）	全天 24 班对开	全程 13.3 公里	未通	未通	全程 4 元	全程 2 元	海盐客运中心、淡井站、蒋目堰桥、麻泾里、华星站、吾家埭、顾家站、吴家站、夏家浜、王石堰、姚家桥、林佰堰、蒋夏浜、马油车桥、道塘庙、八字桥、通北村、龙桥、毛家浜、三友村、石泉站

续表 7—4—1

起讫站	每日班次	里程	历年票价				沿途主要停靠站
			1987 年	1996 年	2003 年	2013 年	
海盐客运中心经于城集镇至江渭村(K227 路)	每隔 1.5 小时一班	13 公里	未通	未通	未通	全程 2 元	海盐客运中心、淡井站、蒋目堰桥、麻泾里、华星站、吾家埭、顾家站、于城(南)、枫桥、于城集镇、钱家堰桥、(上行站:三联社区;下行站:印家石桥)、机动车检测站、沈家门、张家门、坛墩庙、江渭新区

第三节 航道运输

客运

古代官塘(盐嘉塘)为海盐县府至嘉兴市府的驿运(漕运)航线。清末,能载 3～4 人的脚划船参与客运。以后有绍兴航快船流入,航运工具迅速增加。民国 5 年(1916)有海盐至嘉兴和海盐至硖石中途停靠钦城航快船。

清宣统年间(1409～1912),已有海盐至钦城至嘉兴机动客轮航线。民国 36 年海盐至硖石客轮开通,不久停航。解放后,有盐嘉、嘉盐、盐硖、硖盐、盐横、横盐等 6 条客运航线。

表 7—4—2　　**1985 年于城客运码头各次航班表**

始发站	终点站	班次	钦城至终点站			沿途停靠码头
			里程(公里)	票价(元)	航行时间(小时)	
海盐	嘉兴	2	27	0.55	3	孟家堰、沈荡、半路、黄道宅、余新、石堰、新兴、南堰
嘉兴	海盐	2	8	0.15	1	三环洞
海盐	硖石	2	19	0.35	2.5	孟家堰、沈荡、六部大桥、百步亭、老坟前、长生桥
硖石	海盐	2	8	0.15	1	三环洞
海盐	横港	1	8	0.30	2	孟家堰、沈荡、三牌楼、横港桥、练浦庙、茹安桥
横港	海盐	2	8	0.15	1	三环洞

货运

解放前,货运以航快船零担货运为主,整批货运较少。解放后,随着农产品增加,货运量也随之增加。20世纪30年代后,乡镇企业蓬勃发展,货运出现前所未有的繁荣局面。据2008年统计,从事水上运输的机动船有35艘,载重量共2442吨,420马力,从业人员66人。

表7—4—3 **2002年于城镇水陆运输工具统计表**

村名	货运汽车			三轮电动货车			拖拉机			农货船		
	辆	人	吨	辆	人	吨	辆	人	吨	艘	人	吨
鸳鸯村	8	9	30	17	17	15	6	6	6	1	2	25
吕家村	5	5	7	3	3	3	7	7	11	5	6	110
庄家村	4	4	19	2	2	1	10	10	15	2	2	30
构塍村	4	4	12	4	4	2	6	6	9	1	2	20
何家村	4	4	2	2	2	1	8	8	16	2	8	315
三联村	5	7	12	5	5	3	8	8	12	5	6	95
江渭村	6	6	16	9	9	6	7	7	10	5	6	136
八字村	4	4	4	2	2	1	59	59	90	23	23	160
合计	40	43	102	44	44	32	111	111	169	44	57	891

表7—4—4 **2008年于城镇水陆运输工具统计表**

村名	货运汽车			三轮电动货车			拖拉机			农货船		
	辆	人	吨	辆	人	吨	辆	人	吨	艘	人	吨
鸳鸯村	7	9	50	9	9	7	20	20	20	4	4	180
吕家村	7	7	9	3	3	3.5	10	10	15	14	28	360
庄家村	14	24	14	2	2	2	17	17	17	1	2	20
构塍村	6	6	10	3	3	4	14	14	21	2	2	120
何家村	10	10	11	3	3	3	12	12	18	3	3	125
三联村	5	5	7	17	17	8	9	9	13	3	6	120
江渭村	9	9	27	8	8	8	9	9	13	12	13	1790
八字村	10	10	12	4	4	5	26	26	39	7	23	165
合计	68	80	140	34	34	23	107	107	156	35	66	2442

表7—4—5 **于城镇水陆运输工具统计表**

年份	货运汽车			三轮电动货车			拖拉机			农货船		
	辆	人	吨	辆	人	吨	辆	人	吨	艘	人	吨
1999	49	54	93	13	19	13	80	80	133	111	161	1692

续表 7—4—5

年份	货运汽车			三轮电动货车			拖拉机			农货船		
	辆	人	吨	辆	人	吨	辆	人	吨	艘	人	吨
2002	40	43	102	44	44	32	111	111	169	44	57	891
2003	59	64	99	23	23	22	118	120	156	34	76	2085
2005	56	62	144	35	35	26	130	131	134	39	76	2558
2008	68	80	140	34	34	23	107	107	156	35	66	2442
2011	79	96	162	38	38	27	46	46	69	34	76	2085
2012	83	102	168	42	42	30	33	33	49	35	66	2442
2014	87	112	172	65	65	46	35	35	53	35	66	2442

第四节　码　头

客运码头

1952年在钦城大桥西北筑木质码头，1954年改建为石砌驳岸码头。1964年在中市新建码头，码头为浆砌块石重力式驳岸码头，全长12米，面高程3.95米，前沿水深1.90米，泊位一个，靠泊能力60吨级。1982～1986年，码头候船室30个平方米，有职工2人，每天过路并停靠发船客轮14个班次。随着陆路交通运输条件的不断改善，汽车成为出门的主要工具，水路客运交通不断减少，至20世纪90年代，轮船作为旅游行业的交通工具。至21世纪初的2000年1月1日起，水上航道只能作为货运通道，客轮基本绝迹码头停业。

货运码头

钦城集镇地处盐嘉塘、里洪塘、吕冢港三大河流交叉口，距海盐县城武原镇8公里，距海宁硖石19公里，距嘉兴27公里，距六里山石厂37公里。港区有钦城大桥东岸、西岸，里洪塘东西两岸，吕冢港南北两岸，东自老枫桥起西至水网船桥王家浜止。港岸线总长280米，水域面积11200平方米，装卸点2个，泊位15个，货运码头2个，长80米，最大泊位能力60吨级，最小40吨级。

2003年8月，经县航道管理处、海事处、港航管理处同意在原于城砖瓦一厂使用岸线48米设置临时吊机码头1座，安装吊机1台。只限海盐兴隆有限公司内部使用，不作社会码头使用。

2011年8月，海盐凯华仓储物流有限公司码头，于6月29日组织有关单位的代表和专家对施工图设计文件进行审查，并于8月12日经嘉兴市港航管理局批准建设。新建500吨级泊位1个，码头位于亭子浜南盐嘉塘，设计年通过能力30万吨，泊位长度61米，码头前沿顺岸布置20吨轨道式龙门起重机1台。

第六章　交通管理

第一节　公路养护

1986年以前,公路养护机构为海盐县公路段。1990年9月,海盐县建立县乡公路管理总站,1996年更名为县乡公路养护管理所。2002年6月,公路养护体制改革,县乡公路养护划归海盐县公路段。同时,县路政管理大队在县公路段挂牌,实行“一套班子、两块牌子”。2003年,于城镇建立交通管理站,承担农村康庄工程道路养护管理职责。额定人员2名,与村镇建设合聚办公,建立于城镇村镇建设交通管理服务中心。

2003年12月,浙江省交通厅、财政厅、物价局联合发文《关于调整公路养路费征收标准的通知》:自2004年1月起,货车和非营运性客车的公路养路费征收标准由每月每吨165元调整为每月每吨200元。其余机动车的养路费征收标准不变。

第二节　航道养护

县内在民国17年(1928)以前无养护机构。民国17年起由县建设科兼管河道,只着眼于水利。杭日战争胜利后,对战时填塞的航道组织民工疏治,但未彻底。

1950～1953年,民船公会、民船协会和航管部门发动船员义务挖掘浅滩、坝基。1962年县工交局建立航道养护队,人工疏浚六平申、盐硖、盐嘉等航道的浅段和卡口。次年养护队撤销。

1980年,县成立航道养护工程组,负责所第航道的养护。1986年后,县航运管理所成立,对六平申等主干航道的局部航段进行改善养护。1996～2001年,完成六平申线中分桥至于城段按六级、于城至斜桥段按五级标准改造。

2007年,随着河道整治工程建设的全面开展,通过几年来对已整治河道的长效保洁,河道水质得到明显改善。为了巩固河道整治工程成果,进一步改善水质,镇、村两级保洁通过招标形式落实三个镇级专职长效保洁伍。保洁质量要求:凡是属保洁河道,发现有水葫芦、其他杂草、垃圾等漂浮物,必须随时全面清除,如果个别河道农户养殖湖羊草,要求不得超过水面宽度的50%,发现超出保洁队员必须随时清除。

全镇有水域面积433.3公顷。有县级河道酱油港、盐嘉塘、里洪塘、吕冢港4条,全长24.61公里;镇级河道25条,全长60.08公里,村级河道58条,全长51.69公里,县、镇、村三级河道全长144.11公里。水域面积占总耕地的18.1%。2003年河道保洁11公里,2004年河道保洁11.6公里,2005年河道保洁16公里,2006年河道保洁16.915公里,2007年河道保洁18.04公里。县财政补贴每公里6000元,共补助资金4.41万元。

第三节 管理机构

根据上级有关文件精神，为切实加强道路交通安全管理，维护镇村交通安全和治安稳定，普及交通法律法规知识，不断提高农民群众和农村驾驶员的交通法律意识和自我保护能力，经镇政府研究决定于2004年9月14日成立“于城镇道路交通安全管理站”。管理站设在于城派出所内。站长胡新良，副站长顾小丰，成员：交管站姚军良，水机站黄岳明，综治办蔡张良，交保协警俞一波。

2012年8月，于城镇印发《于城镇推行河道“河长制”管理实施方案》的通知。决定对全镇所有河道实行镇、村二级“河长制”管理。对全镇河道实行“一河一长、一河一策，条块结合、分工负责，统一协调、分级管理”的工作原则，确定镇级河道由镇级班子成员担任河长，各村班子主要领导担任属地副河长。其主要工作内容一是掌握河道基本情况，二是指导督促综合治理，三是协调解决实际困难，四是监督落实长效机制。

第八编　农具　农机　水利

旧时，钦城农民农业生产依赖人力、畜力。稻作生产以手工农具为主，主要农活中如垦地用铁搭，有尖齿、板齿.耕田用牛拉犁、耙，开沟用抄钎，脱粒用稻桶或稻床架子，稻谷加工成米主要用木砻、石臼，劳动强度大，生产效率低。解放后逐步改善，从收割上看，最终实现了农业现代化生产。

第一章　手工农具

农民使用手工农具历史久远，制作材料绝大多数是铁器，其次是竹器和木器。人类的进步，社会的发展，手工农具有的在改进，有的在沿用，至今大多数已被农业机械工具所取代。

第一节　农耕稻作工具

传统手工工具

尖齿铁搭　用熟铁锻打而成，有四齿，齿尖而有脑，可装160厘米长树柄或竹柄，用于翻垦旱地。

板齿铁搭　熟铁打成，有四齿，齿有锋口，齿宽而平，有脑，可装160厘米长竹柄，用于旱地与水田翻垦及开挖水沟等。

锄头　熟铁打成，三角形，有脑，脑的对边有锋口，锋口边略呈弧形，装160厘米长竹柄，用于削草松土。

抄钎　也叫铁钎，熟铁打成，长方形片状，有脑，可装160～170厘米竹柄或树柄，脑的对边有锋口，用于抄沟或铲土等。

钉耙　熟铁打成，有脑，脑下有四齿，齿细而尖，装160厘米长竹柄或树柄，用于耙装猪羊灰或窖头灰，耙乱稻草等。

山齿　熟铁打成，长方形片状，有脑，脑的对边有锋口，装120厘米长树柄，用于翻树木或劈树柴等。

戳斧　熟铁打成，状如斧头，比木工斧头长，有脑，脑的对端有锋口，装有100厘米长树柄，用于劈树木或柴。

铡刀　熟铁打成，扁而长，有利口，安装在长凳上，在两条铁架中间，一头固定，一头装木柄，手提铡刀，可切铡稻草、麦柴、青草等。

铡抄　熟铁打成，呈梯形，有利口，上部有脑，装T形树柄。用于冬季春花田开沟铡缝之用。

镰刀　熟铁打成条形片状，有刚性利口，装短木柄，分为长短两种，短的称为“钩刀”，“镢子”用于割草；长的是大镰刀或称“长钩刀”用于割稻。

稻　　熟铁打成，条形片状，形似月牙，刀刃有锯齿形，装10～15厘米长的木柄，用于割稻。20世纪70年代后期推行大镰刀割稻后，稻　被遗弃。

脱粒工具

稻床架子　长方形木架子，下有两根拖泥，上有较长些的把手，用于甩稻脱粒的下部设备。上部铺匾，匾上装有竹制领条和小稻床、篷帐，70年代使用打稻机后被弃用。

传统的脱粒工具稻桶

稻桶　木板拼装而成，板厚一寸左右，口大底小，形如升箩。桶底有两根拖泥，用于甩稻脱粒的下部设备。桶内有稻床，上部有篷帐，70年代使用打稻机后被弃用。

稻床　用五根硬木制作，呈梯形，平面用毛竹丬串成，放在稻桶或稻床架子里，使稻把甩打在稻床上脱粒。随着打稻机的推行而弃用。

甩筐　用竹篾编织而成，有四根硬夹，围在稻床架子上，在甩稻时防止稻谷撒在田野里。

篷帐　用麻布缝制而成，有四根小竹插在稻桶的四角，把篷帐张开在稻桶上，三面围护，不使稻谷外撒。与稻床一样都是桶的配套工具。

谷箩　用竹篾编成而成，底方口圆，有篾丝箩和板箩两种，篾丝箩适应存放稻谷，板箩适应存放大米和米糠，把脱粒下来的稻谷运送到家，是粮食运输工具。

翻晒工具

晒筐　亦叫谷垫，竹篾编织而成，约长4米、宽3米，比甩筐大一倍，用于翻晒粮食，如稻谷、大小麦、蚕豆等。20世纪80年代初无论集体或个人浇筑水泥场后被弃用。

闯板　有单人板、双人板两种，木板上装柄，主要用于翻晒稻谷，抄堆起来和分摊开来的作用。

畚箕　俗称“篓箕”，竹篾编织而成，硬竹口，用藤串边。20世纪50年代后采用铁皮火油桶做成，称为“洋油篓箕”，竹篾畚箕逐渐减少。畚箕用于扫接垃圾和笨稻谷等。

扫帚　清扫地面工具，有硬质和软质两种，硬的是指竹屑扫帚；软的是指高粱秆、芦苇花、棕榈皮等，硬的适应室外，软的适应室内。

拉扒　俗称“拉拉扒”，有竹齿，用于拉乱稻草等；木齿，用于翻谷；铁齿，用于拉乱柴、翻谷、摊田等。

搬运工具

土埭　底部好似三角形，面似半圆形，用竹篾编织而成，属竹器生产工具，有大、小之分，小土埭上部用绳索，大土埭上部用硬夹（亦称绍兴土埭），用于挑土、挑猪羊灰或窖头灰、秧苗、砖石料、各种柴草等。

夹担　竹制生产工具，底部用竹篾或竹片编成长方形，四周有边，上部两侧有一米左右竹条硬夹，故称夹担。用于挑柴、挑灰、挑秧等。

担绳　麻皮或塑料丝三股绞成，粗约一厘米，长3.5～4米，一头装有树枝或竹片钩子，用于挑柴等。

粪桶　木板拼装而成，有直板和弯板两种，弯板的底略小于口，口的两侧有柏木条弯成的耳朵，耳朵上可装竹爿硬夹或绳索，两只成双，用来存放大粪，施肥等，体积较小的用来挑河泥。

料子　木质生产工具，圆形，有底无盖，有耳朵可装竹柄，粪料子在左侧装有一嘴巴，河泥料子比粪料子大，没有嘴巴。用来浇粪、“朵”河泥等。

扁担　肩挑工具，有毛竹和树木两种，又有长短之分，短扁担1.5米左右，用来挑谷、挑灰等，长扁担2米左右，用来挑柴草等。

农船　用木板拼装而成，两头小中间大，配琵琶橹，形状各地都有差异，大小有差异3～5吨不等，3吨以下为捕鱼网船，5吨以上一般为机动船。农船既是交通工具，又是生产工具，如装载货物、载人、捻河泥、捞水草等。

捻部　由捻杆、捻网、铁脚等组成。捻杆在形式上分为竹捻和网捻两种；按产地又可分为绍兴捻和江北捻两种（都是外地引进的），其绍兴捻为直杆，江北捻为弯杆；在使用方法上可分为夹捻和撑捻两种。捻网用麻线织成麻布，经裁剪缝制而成，呈梯形，底部有钢绳，上部有4根领头绳，做成后用猪血浸透，晒干，放进锅内蒸煮，再晒干，经久耐用，不会腐蚀。铁脚由熟铁打成，分雌雄两瓣，底部分别装上毛竹爿，两端固定，中间随便可以开闭。捻部用来捻河泥，作为肥料。

竹编的捻部

耕种工具

曲辕犁　翻耕工具，用牛拉。由犁头、犁底、犁套、犁镜（千斤板）、犁辕、横旦、犁柄组成。柄木制，犁辕（也叫曲辕）硬木制，它不但是上下曲，而且要左右曲，20世纪70年代改为铁制；犁头和犁镜均为铸铁制造。犁头三角形，犁镜是装在犁头上方，向一侧倾斜的一块弯板，其作用是把犁起的土，侧翻在一边。曲辕犁耕田至使用拖拉机后，连同耕牛一起淘汰。

木制的曲辕犁

脚耙　亦称“刀耙”，农田破碎土让工具。前后两根9寸宽的硬木各装七八片耙刀，长约2米，宽2尺。水田用犁翻耕后，再用牛拉着脚耙，人站在脚耙上，将土破碎。使用拖拉机后停用。

钉耖　水田平土工具，有铁耖和木耖两种，各装有耖钉（铁钉和木钉）若干，水田翻耕后，先用脚耙破碎，再用牛拉着铁耖进行平整，铁耖耖平后再用木耖刮平。使用拖拉机后铁耖淘汰，木耖继续使用，拖拉机代替耕牛拉着木耖刮平。

耘耥　苗田除草工具，长1尺，宽5寸木板，装有5排铁钉，钉子有阔钉和尖钉两种，每排4～5只，上面有耳朵可装竹柄一根，旧时，用耥在行间推拉松土除草。20世纪60年代推广小株密植后淘汰。

种田绳　旧时种田打埭，用茅草搓成绳放在水田里，按照每埭种6棵插秧，后来改为用麻线，20世纪70年代改为尼龙线或者塑料线。

种田架子　木质插秧工具，有四根短木材和一根钎子组成，插种秧苗时，绕放种田绳的架子。

犁刀　铁制片状如刀，装木或竹柄，用于春花田开沟划开缝子的刀。使用时，1人扶刀，2～3人拉刀。

第二节　取水工具

牛力车水

牛车棚　是保护车水工具的简易建筑物，形似六角亭子，无墙壁，棚顶盖稻草，毛竹和树木两种屋架，是固定的车水地点。

传统的车水工具牛车和车盘

牛车盘　是木制的牛拉车水工具。车盘呈圆形，牛就拉动牛车盘上一根大于车盘直径的毛竹，牛车盘的直径约3米，周边装有98～108个木齿的圆盘，圆盘上下分别装有8根通向圆心的定心柱上的平撑和斜撑。车盘转动时，圆盘上的木齿拨动地轴上的12个旱脱木齿，以齿轮传动的原理进行车水。

旱脱　是木制的齿轮。有12个较短的木齿，与车盘齿轮吻合，安装在地轴上，由旱脱木齿带动地轴转动。

地轴　硬木制成的圆形轴，两头方形，一头安装旱脱，一头安装水脱，两端又圆形，分别安装在轴座上（俗称碾扭），作用于力的传递。

水脱　木制齿轮，齿比旱脱齿长而大，共有12～14个水脱木齿，旱脱和水脱均安装在地轴上，地轴转动时水脱木齿带动活膝链，活膝上套有车辐板，活膝链上的车辐板从上到下把河里的水从车厢里刮上来，进入水沟。

碾扭　碾扭是用石灰石凿成的，有一个凹槽，地轴的两端固定在碾扭上，好比机器上的轴承座。

活膝　木制的车水链，活膝长25厘米，宽7厘米，厚5厘米，前半部分为凸形，后半部分为凹形，凸形部分装有车辐板，每个活膝由销子连接成活膝链。水链的长短由车身长短而定。

车辐板　车辐板呈正方形，边长19厘米，是用香樟树锯成的薄板，与活膝配套成为水链。

水车　是木制的车水工具，牛车较长，有二丈八尺，由扶栏、墙板、底板、吊脚和横旦组成。横旦上铺有两根竹片，活膝链通过竹片上下转动车上水来。

人力车水

人轴　木制装有四人踏步的人力车水轴，简称人轴。由总轴、步迟、水脱组成，人轴的两头安装在轴座(辗扭)上。

扶横　是一根约3～4米长的木头，两端固定在左右两根木冲上，人力车水时，双臂靠在扶横上以固定人的位置，车完水，可用扶横把水车抬回家。

木冲　圆形小木头，下端尖，可在碾扭的两边插入土中，支撑扶横作用。

木碾扭　木制人字形，上部刻有凹槽，支撑人轴作用。

水车　人力车较短约一丈六尺至一丈八尺。包括活膝、车辐板、小水脱等。

第三节　粮食加工工具

石磨

两片圆形石片组合而成，中间相合的磨面凿成不同方向的斜形凹槽，下爿中间有一定心，可根据需要进行调节，上爿有一圆形加料孔，设有一个木横旦，供磨方转动。是把大米或麦子加工成粉的一种工具。

传统的磨粉工具石磨

木砻

用树木做成，形似石磨，分上下两爿，下爿有底，安装在木架上；上爿无盖，有一横闩，上下合起来的平面凿成不同方向的凹槽。转动上爿时把稻谷加工成糙米。20世纪60年代使用碾米机后废止。

砻方

木制圆杆呈丁字形，一头装有铁头弯钩，握住砻方把手，把手两端用绳索吊起，弯钩勾住木砻上爿转动时，磨去谷壳，变成糙米。

米筛

竹制圆形方格筛子，直径约0.6米，格子大小以保留稻谷，漏去米和粞为准。是筛米存谷的一种工具。

麻筛

竹制圆形方格筛子，直径约0.5米，格子大小以保留大米，漏去粞为准。是去粞存米的一种工具。

糠筛

竹片夹，麻布底，直径约0.3米，用于去糠存粞的一种工具。

绢筛

也叫粉筛，竹片夹，金属网或尼龙网底，直径约0.3米的圆形筛子，用于过滤米粉的一种工具。

谷筛

竹篾编织而成,有大小之分,大筛直径1.2～1.5米,使用时,需搭起三脚架子,中间用绳索吊起筛子筛谷;小筛直径0.8米左右,用双手托起可筛谷,是去谷存柴的一种工具。

磨方

木制圆杆呈丁字形,推拉石磨的工具,与砻方相似但比砻方粗大。

磨床

木制长方形架子,上放石磨,下放粉匾,与石磨配套的磨粉工具。

石臼

石头凿成的,形状似碗,中间放米,用石锤不停地在米中打击,使米糠经过打击后脱落成为白米,是一种传统加工方法,20世纪60年代使用机器碾米机后废止。

传统的打米工具脚臼

脚臼

一种陶器或木制的盆,用来存放糙米,盆上有一架子,架子上有一个跳板,上面有扶手,人站在架子上,分别用脚踩踏跳板,跳板头上装有石锤,利用杠杆原理击打糙米,使之成为白米。

手臼

比石臼小的石制圆形臼,是用手捧舂米锤的方法把糙米加工成为白米的一种工具,专供无强劳动力的家庭使用,也是最原始的粮食加工工具。

风车

木制扬谷工具,由风车身、风叶轮、风车斗、开关调节器等组成。通过手摇风叶轮鼓风的方法,把风车斗里的毛谷经过开关调节器,去掉秕谷和柴叶而得到净谷的一种工具。使用电动扬谷工具后风车被弃用。

第四节　蚕桑生产工具

育蚕工具

蚕架　是养蚕搁匾的架子,3只木头脚,10挡竹头横杆,小脚方木横杆,小方木与竹头横杆之间用竹片做活膝,可张开,可收回靠边,机动灵活。

蚕匾　竹篾编织而成,底下有硬夹,圆形有匾拦,高5厘米,面用藤条锁口,是原始的育蚕工具。

蚕凳　木制3只脚,高约0.8米,与蚕架一样可张开收回靠边,用于搁匾喂蚕的架子。

叶墩　用稻草做成,先用竹篾箍把稻草扣紧,再用铡刀铡成3寸高的柴墩,用于切桑叶喂养小蚕。

蚕架蚕匾

叶刀 铁制片状刃具,也叫菜刀,有木柄,用于切断桑叶喂养小蚕。

火缸 陶器小缸,缸内放硬柴或木炭,用来生火取暖,蚕房加温保暖的工具。

蚕帐 用布或塑料薄膜做成的帐子,专供堆放蚕架上部,起到保温作用。

防干纸 一种表面涂抹材料的纸,不透气,能保持稳定的湿度。

鸡毛 公鸡翅膀上的硬毛,或者用鹅毛,在小蚕收蚁时,用来掸拨蚕蚁用。

蚕埭 竹篾编织而成,比匾小的蚕具,在小蚕时使用。

蚕台 用竹子和芦连搭成,在大蚕期间缺少蚕匾时采用。

蚕网 开始时用稻草绳编成,后用塑料线结成,也有用塑料薄膜打眼,比蚕匾稍大,使用前先张网于匾内,然后喂叶,待蚕爬上叶面吃叶时,提出蚕网到另一只匾,为了加快替蚕的速度而发明了蚕网。

蚕山柴 是蚕"熟"以后上山做茧的地方,也叫"蔟"。用晚稻柴去壳烫光,把口大小,在一把处扎紧,总长为7手把,这蚕山柴用于上"高山";有的地方使用"蜈蚣山";也有的使用"灯笼山";也有双折"小山"等,都是用于蚕熟做茧的地方。

蚕凳脚 木制的三脚架子,旧时上蚕采用"高山",架子高约1～1.1米,用来支撑毛竹或木头。

山棚 底下用蚕凳脚,上放毛竹或木头为梁,再分别铺上小竹,绑扎完毕,铺上芦连即为山棚。

芦连 用小草绳把芦苇茎编成的连子叫芦连,用来搭山棚或蚕台。

炭盆 在山棚底下用来加温的陶器盆子,比碗稍大,中间有一块多孔炉垫,上面加炭,下面有通风口。

栽桑工具

桑剪 铁制的刃具,形似剪刀,但头短体长,也就是说力臂比重比长,利于剪断桑条。

接桑刀 形如水果刀,有木把手,头尖肚大,有锋利的口,嫁接桑苗时,用来削桑条。

片锯 薄片钢锯,一端装有把手,用来修整桑树之用。

喷雾器 桑园除虫、防病、叶面施肥等用。但这是20世纪50年代以后才开始使用,最初使用圆形气压喷雾器,60年代用14型背包式人力喷雾器,70年代起使用16型背包式人刀力喷雾器。

第二章 农业机械

20世纪30年代开始出现机械农具,主要有蒸汽机带动水泵进行农田灌溉。

中华人民共和国建国初期,仍以手工农具为主,人民公社化运动、"大跃进"后,农村流行了一句话,道出了农民的梦想,即"点灯不用油,耕田不用牛"。农具改革逐步迈进,技术革新成了热门话题,农业机械事业发展日新月异,从翻耕到脱粒以及灌溉基本实现了机械化或半机械化,农业机械的发展,大大解放农村劳动力,发展了农业生产。至21世纪,农业全面实现了机械化和电气化。

第一节　耕作机械

耕作机械最早出现是在1958年冬季“大跃进”时期，试制的绳索牵引犁，木制，用人力推动盘车，盘车牵引绳索使木犁向前移动，达到翻耕春花麦田目的。

1958年使用的双轮双铧犁，铁制。有两个犁头、两个大轮和一个小尾轮。用两头耕牛拉动，后因效率增加不明显，常有耕牛打架事故而停用。

1965年开始使用电耕犁，到1969年圩城全公社有电耕犁14台，1972年发展到24台，1974年达到37台。操作时在田的两头安装电动机，用钢丝索拉动电犁，来回操作。后因电耕犁搬动费时费工大，总的效率不高，且有触电伤亡事故发生。至1983年全部停用。

1968年圩城公社有了拖拉机。拖拉机有三种型号，即手扶拖拉机、船型拖拉机、中型拖拉机。是年红旗大队第2生产小队，购进全公社第一台手扶拖拉机。至1970年全社共有手扶拖拉机5台，1971年15台，1972年19台，1973年25台，1974年29台。1982年138台。1995年全镇手扶拖拉机315台。

1974年，圩城公社拖拉机站建立，先后购进丰收-35型中型拖拉机2台，配有机引犁和机引旋耕机，还配有四轮拖车。巡回为生产队耕田，农闲季节搞运输服务。中型拖拉机因不适应本地翻耕被淘汰，1980年拖拉机站解散。

1978年，江渭大队4生产队购进第一台船型拖拉机，能解决深田、烂田的矛盾，耕作效率也高于手扶拖拉机。到1982年，全乡共有船型拖拉机20台，1990年达到98台。

1991年5月，圩城乡组建“圩城乡机耕专业协会”。全乡现有农用拖拉机413台全部加入协会，其中13台为组所有，400台为户所有，参加人数434人。后因耕作制度的变革，采用了无耕直播办法，拖拉机逐年减少。

2005年，有手扶拖拉机177台。后因土地流转，产生了种粮大户，全镇拖拉机数量有增有减。2011年为233台。2012年有手扶拖拉机204台，船型拖拉机24台。

2014年，全镇有中型拖拉机17台，手扶拖拉机188台、船型拖拉机23台。

第二节　插秧机械

1960年，吕冢大队第3生产小队曾使用人力插秧机。1971年，全公社有72型小苗带土人力插秧机44台。后因使用条件要求高，即田里水满不插、岸脚有草不插、田面有新鲜猪羊灰不插、田耖得勿平不插，其次是需3人操作，其中1人插秧、1人洗秧、1人负责摊秧，重要的一点是使用人力插秧机，秧苗必须洗干净秧根部上的泥，插下去转青慢，会影响粮食产量，因多种弊端人力插秧机被淘汰。

2000年，于城水机站购买水稻直播机一台，价格6500元；鸳鸯村东9组吴培军购进机械插秧机1台。

2008年，于城镇鸳鸯村有39户使用BR6型插秧机单季晚稻插秧，机插面积达171.4亩。

县财政补贴每亩40元。

2014年，于城镇有插秧机8台，主要用于种粮大户的秧苗插种。

第三节　收割机械

1965～1972年试用手推割稻器，因稻把较乱，总体效果不及人工割稻而淘汰。收获机械有人力打稻机、电动打稻机、脱粒机、收割机四种。

人力打稻机即脚踏打稻机，1957年开始使用，圩城全乡共有115台。1960年有人力打稻机506台。1965年开始使用电动打稻机，全社共有1台，1969年发展到36台，1972年809台，1974年840台。20世纪70年代中后期，人力打稻机被电动打稻机后取代。80年代初，联产承包责任制后，个别农户因资金原因，一时无法购置电动打稻机，故又重新出现人力打稻机。1995年由于电力改造，农田无电线杆出现，加上联合收割机的出现，电动打稻机被淘汰。

1992年，江渭村周家组农民周永敏购进第一台收割机。2000年千福村殷福根和于城村江张法购买常柴-160型联合收割机各一台，每台价格5万元，国家补助2万元。2007年构塍村沈培贤20.60万元购入一台Ce－2型半喂人联合收割机，至2014年，全镇有收割机35台。

脱粒机（俗称大包机），主要用于脱去乱柴中的麦和稻谷等粮食。一度有很多生产队拥有脱粒机，分田到户后渐被淘汰。

第四节　植保机械

最早出现的植保机械是在20世纪50年代的圆形气压喷雾机，装水7.5公斤。60年代起，使用14型背包式人力喷雾器，装水10公斤左右，全公社有15台。还有单管喷雾器、脚踏手摇式气压喷雾器。70年代后使用16型背包式人力喷雾器，装水12.5公斤左右，1972年全公社有755台，1983年达到3166台。还有动力离心泵喷雾器和动力活塞式喷雾器。但大面积还是使用背包式人力喷雾器。

1982年，软城公社各大队试办植保公司，购入东方红-18型汽油机动喷雾器18台，为广大农户有偿服务。

2007年，于城镇有3MF－50制型背负式机动喷雾机120台，用于植物保护。

2014年，全镇有植保机械总动力919千瓦，有喷雾器590台。

第五节　农副产品加工机械

农副产品加工机械有加工粮食的碾米机、磨粉机、加工饲料的饲料粉碎机、打浆机，加工棉花的轧花机、梳棉机等。

碾米机历史最早，1957年6月，创建软城电米厂，是县内最早的乡办企业。

白天碾米晚上发电，供应集镇居民用电。农民加工粮食可到电米厂以谷调米。1960年起，各大队陆续办起电力灌溉机站，购进铁滚筒碾米机，饲料粉碎机，农民加工粮食可直接用船运到机站把稻谷加工成白米。

1963 年吕冢大队建起棉花加工厂，为棉农加工棉花脱籽、皮棉加工等，1965 年全公社有轧花机 3 台。

1960 年起，各生产队办起畜牧场，配置了青饲料打浆机，加工青菜、南瓜、水草等青饲料。

1972 年，全镇有粮食加工机械 25 台，饲料粉碎机 20 台；1976 年，全镇有粮食加工机械 28 台，饲料粉碎机 24 台；1978 年，全镇有粮食加工机械 31 台，饲料粉碎机 27 台。

1982 年，全镇有粮食加工机械 30 台，饲料粉碎机 29 台。

1995 年，全镇有农副产品加工机械总动力 1479 千瓦。

2000 年，农副产品加工机械总动力 1812 千瓦。

2005 年，农副产品加工机械总动力 911 千瓦，其中粮食加工机械 87 台。

2011 年，全镇农副产品加工机械总动力 758 千瓦，其中粮食加工机械 56 台。

2014 年，全镇农业机械总动力 19592 千瓦，其中农副产品加工机械总动力 758 千瓦，粮食加工机械 56 台。

第六节　排灌机械

排灌机械以抽水机为主，水泵有轴流式、离心式、混流式等。解放前，全镇无机械灌溉。1960 年以前用蒸汽机、汽油机、柴油机作为动力，带动水泵进行灌溉，1958 年，全乡有火力抽水机船 3 艘，流动为农田灌溉。1960 年后以电动机为主要动力，名为电力灌溉，各村建立机站分片进行排灌。2012 年，全镇排灌机械总动力 2241 千瓦，其中电动机 483 台，比 2011 年的 458 台增加 25 台。

表 8—2—1　　**于城镇主要农业机械、器具统计表**

年份	中型拖拉机(台)	手扶拖拉机(台)	船型拖拉机(台)	电耕犁(台)	插秧机(台)	联合收割机(台)	电动打稻机(台)	人力打稻机(台)	机动喷雾器(台)	人力喷雾机(台)	农用水泵(台)	排灌机械(套)	碾米机(台)	饲料粉碎(台)	轧花机(台)	农船(条)
1960					1			506	21	67	27			2		
1962								545	21	52	29	49		2		414
1965							1	450	25	55	36	33	16	5	3	435
1967							9	504	36	117	38	28	30	18	3	437
1969		1		14			35	493	47	233	69	21	26	16	3	491
1972	4	19		24	44		108	451	54	755	109	33	25	20	3	503

续表 8－2－1

年份	中型拖拉机(台)	手扶拖拉机(台)	船型拖拉机(台)	电耕犁(台)	插秧机(台)	联合收割机(台)	电动打稻机(台)	人力打稻机(台)	机动喷雾器(台)	人力喷雾机(台)	农用水泵(台)	排灌机械(套)	碾米机(台)	饲料粉碎(台)	轧花机(台)	农船(条)
1974	5	29		36	16		135	289	57	759	122	37	25	26	3	512
1976	6	30		62	12		200	157	84	812	141	41	28	24	3	583
1978	6	39	1	72	10	2	281	185	91	869	166	45	31	27	3	597
1980	6	45	12	75	12	2	84	128	119	990	181	66	22	27	3	609
1982	6	138	20	77	15	2	366	133	143	1172	211	72	30	29	3	557
1983		184	44	/	15	3	1072	198	165	3166	241	293	43	34	2	605
1984		144	64	/	/		1562	34	85	4211	255	301	44	33	3	587
1986		165	87	/	/		1589	13	75	5256	267	325	48	36	4	566
1988		198	93	/	/		2624	2	66	5476	269	336	50	33	4	521
1990		215	98	/	/		2655	/	52	5468	277	368	54	34	4	337
1992		313	146	/	/		3278	/	48	5890	279	379	61	37	5	335

表 8－2－2　　于城镇主要农机具统计表

年份	农机械总动力(千瓦)	耕作机械(千瓦)	手扶拖拉机(台)	机耕船(艘)	收获机械(千瓦)	联合收割机(台)	机动打稻机(台)	植保机械(千瓦)	排灌机械(千瓦)	农副产品加工(千瓦)	运输机械(千瓦)	运输拖拉机(台)	渔业机械(千瓦)	其他机械(千瓦)
1994	16926	3352	255		7041		5014	46	1594	1424	2522	44	247	700
1995	17036	3052	234		7145		5087	46	1594	1479	2697	68	251	772
1996	17052	3008	229		7180		5111	38	1605	1512	2727	62	253	729
1997	17641	2822	208		7303		5164	45	1606	1727	2911	67	370	857
1998	17773	2796	204		7375		5183	45	1606	1701	2944	79	475	831
1999	17845	2708	197		7472		5294	45	1652	1811	2913	15	418	826
2000	17494	2658	194		7545		5299	40	1704	1812	2811	29	234	924
2001	17737	2640	192		7615		5303	40	1716	1811	2870	23	284	1045
2002	19035	2496	182	101	7725		5320	35	1843	901	2857	72	934	2244

续表 8—2—2

年份	农机械总动力(千瓦)	耕作机械(千瓦)	手扶拖拉机(台)	机耕船(艘)	收获机械(千瓦)	联合收割机(台)	机动打稻机(台)	植保机械(千瓦)	排灌机械(千瓦)	农副产品加工(千瓦)	运输机械(千瓦)	运输拖拉机(台)	渔业机械(千瓦)	其他机械(千瓦)
2003	18245	1552	176	97	5329	15	5314	35	1878	901	2813	70	892	2326
2004	18455	1552	176	97	7915	16	5314	48	1920	901	2730	45	894	2523
2005	18317	2400	177	94	8306	25	5315	56	1987	941	2236	70	843	2391
2006	17485	2433	235	45	8079	29	4809	320	1960	723	1728	72	876	2192
2007	17507	2678	243	41	7727	31	4786	448	1986	766	1711	71	863	2191
2008	18711	2697	245	38	7747	33	4743	614	2033	766	1656	68	854	1679
2011	18466	2743	233	26	1303	34	4473	923	2162	758	1684	46	865	1421
2012	17912	2721	204	24	1152	30	4343	919	2241	758	1424	33	855	1241
2013	17912	2609	194	24	1287	33	/	948	2245	758	1418	39	855	1230
2014	19592	2655	188	23	1394	35	/	970	3725	758	1428	34	855	1230

第三章 农田水利

水利是农业的命脉,历代农民开河筑堰,以抗旱涝。海盐,唐代已有官塘(盐嘉塘),宋淳熙九年(1182),县府组织民工重新疏浚。清《海盐县续图经》载:“官塘一带以灌十乡之田,每十日不雨,车戽一动则其水立涸,农田龟圻,是以多置堰闸之设较他邑尤为急务。古人多置堰闸以阻遏水势,每岁二月筑塞,九月始开。”

砍城地势低洼,南部地形稍高,庄家村南片、何家村、构塍村南部,平均田面高程分别为 2.97 米、3.01 米、2.92 米,全镇平均海拔 2.62 米(黄海高程)左右。水域面积 433.3 公顷。全镇有县级河道酱油港、盐嘉塘、里洪塘、吕冢港 4 条,全长 24.61 公里;镇级河道 25 条,全长 60.08 公里,村级河道 58 条,全长 51.69 公里,县、镇、村三级河道全长 144.11 公里。水域面积占总耕地的 18.1%。

第一节 疏浚河道

宋淳熙九年(1182)秀州知府赵善悉奉令重浚官塘(盐嘉塘)和招宝塘(今里洪塘),其中盐嘉塘修竣 16.5 公里 274 步。

民国19年(1930)、20年时,先后疏浚盐嘉塘,挖土8.8立方米,耗资2.4万元。由于当地人不罱河泥,少数有钱人请来苏北人罱一些河泥,河浜淤浅,由于单家独户,很难组织大批民工进行开挖,一遇洪涝干旱排灌受阻,农田就得受洪涝灾害。民国23年是近代干旱最严重且影响最大的年份,民间流传了“民国23年,黄塘河里开茶店”的顺口溜。是年沿塘河乡镇组织民工乘干旱进行疏浚,但规模很小,收益不大,农业生产仍然没有保障。

中华人民共和国成立后,20世纪50～60年代,钦城区委组织发动各乡、村利用冬春农闲季节,结合积肥组织民工对河浜进行较大规模的疏浚整治。如1951年4月,钦城乡十二村开挖西石桥港,南北二段长120米,面宽约7米,底宽2米,开挖后河底挖深1米,加宽3米,搬运土方1200立方米。同年,还开挖了钦城乡十一、十二村交界处的东石桥港,长度200米,水深1米,河面宽度6米,底宽2米,挖深1.2米,加宽2米,搬运土方2200立方米。是年全区共疏浚河道28段,受益面积4414亩,投放劳动力17190人次。其中钦北乡1段,投放劳动力3000人次,钦城乡15段,投放劳动力7470人次,张鼎乡12段,投放劳动力6720人次。

1952年4月,钦城区8个乡出动民工27845人,其中妇女5823人,开挖和疏浚河港19条,河浜12条,总长度29787米,总投人工84237工,得益面积9593亩。

1968年春,疏浚钦城枫桥南到构媵庙附近段的里洪塘,长500米,拆迁房屋750平方米,砌石驳岸240米,建造29米单跨双曲拱桥1座,挖土2.5万立方米,用工1.5万工日。

1972～1974年,跃新大队利用冬闲时间,开挖跃新河。跃新河总长为1970米,共投放劳动力4.48万工,完成土方9.35万立方米。受益面积达105公顷。

第二节 排灌设施

中华人民共和国建立前,农田耕作用水的排灌都是单家独户的,而灌溉工具只有古老传统的水车,水车有人车和牛车之分。人车动力靠脚踏和手摇两种,人力车较短(5.5～6米)可排灌两用,牛力车靠牛拉。

人力车4个人合作用脚踏灌水,人力车是由人力轴带动水车车水的过程。人力车辗轴上装有四对不同角度的步跳,间距60厘米左右,轴的中央装有一个水脱(实际是个木齿轮),6米左右的水车,以及步跳、活膝、车辐、辗扭(木制丁字形)、木冲、扶横等组成。车水时,排好水车,水车吸水的下端装上小水脱,岸上摆放好辗扭、搁上人力轴,接好活膝链,笃好两根木冲,驾上扶横,开始踏车。一般四人,上臂的肘靠在扶横上,脚踏人轴上的步跳,转动水脱,水脱木齿带动活膝链,连同水车下端上的小水脱,活膝链上的车辐板往下,把河里的水从车厢里刮上来,进入水沟,活膝链经过轴上水脱的拨动从上面的竹片缓缓地转到水里,这样来回复辙,水就源源不断地经过车沟(放水沟)流淌到农田里。20世纪60年代后,各地建起抽水机站,灌溉靠电动机带动水泵抽水,人踏车退出历史舞台。

牛车用耕牛在车棚拉动车盘灌水。牛力车由车盘、地轴、旱脱、水脱、碾扭、水车、活膝、车辐、牛扁担等组成。车水前,先排好车,牛车长8.6米到9.3米左右,水车是由一块底板和两块墙板组成,犹如一条水沟。两侧墙板安装在两侧的管脚上,墙板占管脚的一半高,管脚上面有横档，横档上面左右各安装一根扶栏，车排得深与浅是关键，一方面考虑到水的多少，另一方面要考虑牛的拉力，太深了牛拉不动，太浅了水量太少，所以排车（俗称支车）很要紧，深浅主要靠横旦落在立柱上的高度而定。水车内每根横档间距约一尺，上铺二根刨光的毛竹爿，车水时，牛驾着牛扁担，戴上牛眼罩，牛眼罩用20厘米长的毛竹筒做成，竹筒一端有节，把它分成两瓣，节巴在上，空的在下。牛管绳系在牛车盘上，这样，牛在拉着水车转圈时，只能看到地面上，避免产生头晕。喊一声“驾”，牛就拉动牛车盘上一根大于车盘直径的毛竹，牛车盘的直径约3米，周边装有98～108个木齿的圆盘，圆盘上下分别装有8根通向圆心的定心柱上的平撑和斜撑。车盘转动时，圆盘上的木齿拨动地轴上的12个旱脱木齿，由旱脱木齿带动地轴上的12～14个水脱木齿，旱脱和水脱均安装在地轴上，地轴的两端固定在碾扭上，牛车的碾扭用石灰石凿成一个凹槽，水脱木齿带动活膝链，活膝长25厘米，宽7厘米，厚5厘米。活膝上套有车辐板，车辐板呈正方形，边长19厘米。每个活膝由销子连接成活膝链，活膝链上的车辐板从上到下把河里的水从车厢里刮上来，进入水沟，活膝链随着上下两个大小不同的水脱的转动，水就源源不断地流淌到农田里。20世纪60年代起，有了抽水机站实行电力灌溉之后，牛灌水淘汰。

当河水位很低时，还需用翻车车水，即先用人车把河水车到一个坑里，再从坑里车到岸上的水沟里，再顺着水沟放到田里。遇到干旱年成，所有劳力投入车水抗旱也很难解决旱情。遇到洪涝灾害，无法排水，低田一片汪洋大海。

20世纪50年代后，农田排灌逐渐以火力蒸汽轮机带动水泵抽水代替水车。这些抽水机多数安装在宽大的木船上，开始时手摇橹流动灌水，后改用出水管装在船尾，利用冲水流动到各生产队的灌溉点灌水。如1958年建立在沈荡的海盐县抽水机站，在欤城建有2个流动灌溉点，灌溉点一般选在中间地段的河畔，用块石砌筑，在田漾中开始修筑渠道。

表8－3－1　　于城镇农田水利工程建设情况表

年份	建设内容								总投资额（万元）
	新建机站		改建排涝站		机房改造		明渠衬砌		
	座	金额（万元）	座	金额（万元）	座	金额（万元）	长度（公里）	金额（万元）	
2000	11	37.2	22	37.4			57.18	225.54	300.14
2003	3	11.6	3	14			38.68	156.31	343.04
2005	9	31.5			2	4.6	17.31	86.55	118.05
2006	9	27	1	5			19.08	76.31	108.31
2007	5	15					11.24	50.58	65.58
2008	9	7.2					15.85	20.61	29.45
2009	11	33					11.30	49.64	82.64
2010	10	45					10.92	52.42	132.8
2011	12	54			1	29.25	11.64	55.87	141.3

20世纪60年代，农田排灌从机械排灌向电力排灌发展，1959年，钦城公社第一座电力灌溉机站在跃新大队建成。1960年全公社有电灌站4座，装机容量48千瓦，电灌农田面积2315亩。1964年4月，在东堰桥新建排灌两用机站一座，灌溉面积1450亩，是年，电灌站发展到6座，其中排灌两用机站2座，装机容量36千瓦。电灌面积1860亩，占水田总面积85%。1966年5月，鸳鸯和红旗两大队在粮船港合建一座排涝水闸。1974年全公社有电灌机站26座，变压器25台，1140千伏，大小电动机198台，994千瓦；柴油机41台，296马力(217.56千瓦)。1976年全公社共有电灌机站30座，变压器33台，1540千太容量，大小电动机352台，柴油机45台，农用水泵141台。

表8—3—2　　**钦城公社各村电灌建设表**

年份	当年新建机站（座）	机站保有量（座）	计划灌溉面积（亩）	实际灌溉面积（亩）	平均灌区面积		电动机（台/千瓦）	变压机（台/千瓦）	每千瓦负担面积	
					计划（亩）	实灌（亩）			计划（亩）	实灌（亩）
1960	9	9	58949	13500	6550	1500	28/280	9/500	209	48.2
1961	2	8	39361	25996	4920	3250	25/254	8/400	155	102
1962	9	17	42986	34283	2529	2017	46/546	18/870	79	63
1963	3	20	42986	37660	2149	1833	48/574	19/820	75	65
1964	—1	16	35714	30450	2232	1903	38/470	14/650	76	65
1965	1	17	35714	30390	2100	1788	38/470	15/700	76	65

1981年，红卫大队九队新建低压机站1座，灌溉面积400亩，配备13千瓦电动机1台，10英寸水泵1台；东风大队西新建高压机站1座，灌溉面积375亩，配备13千瓦电动机1台，10英寸水泵1台，KB50变压器1台。

1990年，改造泵房10座，改造机泵10台套，渠系改造3250米；新建扩建机站6座，电动机2台；重建机灌两用桥4座。

1993年，庄家村庄柴湖新建高压机站1座，灌溉面积450亩，配备50千伏安变压器1台，12英寸水泵1台，15千瓦电动机1台。太平桥村南、中、北机站变压器增容，新购买100千伏安变压器1台。何家村肖水埝机站变压器增容，新购买50千伏安变压器1台。

1996年冬，南圣村、太平桥村各建造灌溉人行两用桥梁1座。于南、南圣、千福、八字、于北5个村明渠改造3800米，南圣、千福、八字、江渭、坛墩5个村建成地下渠道2000米，采用混凝土现场浇筑。后因漏水严重，于1999年部分改为埋设地下的、手工制作的、无钢筋网片水泥管1300米。

1999年起，开展农田土地整理工程，农田排灌水利设施进一步改善。无论灌渠还是排渠，大到干渠、支渠，小到毛渠、斗渠得到全面改造；从泥沟灌排到明渠衬起再到素混凝土U型管铺设，全面实施了排灌渠道硬化工程。

2007年，全镇共有高低压机站71座，电力排涝站9座，永久性落河缺25处。明渠衬砌432.21公里，砼管暗渠26.95公里。

2012年，全镇农业机械总动力为17912千瓦，其中排灌机械为2241千瓦。

表8—3—3　　于城镇2011年电力排涝站情况表

村名	站名	建造年份	排灌性质	排涝设备			
				电动机		水泵	
				台	千瓦	台	英寸
鸳鸯村	小汇里排涝站	2003	排涝站	1	14	1	10
鸳鸯村	埭廊排涝站	2001	排涝站	1	18	1	12
鸳鸯村	林池排涝站	2001	排涝站	1	18	1	12
鸳鸯村	王家田漾排涝站	2001	排涝站	1	18	1	12
鸳鸯村	三家村排涝站	2001	排涝站	1	18	1	12
吕冢村	长港堰排涝站	2001	排涝站	1	18	1	12
吕冢村	蒋家排涝站	2001	排涝站	1	14	1	10
吕冢村	陈家港排涝站	2001	排涝站	1	18	1	12
吕冢村	杨家浜排涝站	2001	排涝站	1	18	1	12
吕冢村	金家娄排涝站	2008	排涝站	1	14	1	10
三联村	长浜排涝站	2011	排涝站	2	36	2	12
三联村	丁家木桥排涝站	2011	排涝站	1	18	1	12

表8—3—4　　于城镇新建标准化机站表

年份	村名	机站名称	地点	投资(万元)
2009	鸳鸯村	荡湾机站	南俞组	33
	何家村	王家埭机站	14组	
	八字村	王家浜机站	东港组	
		塔老浜机站	八字5组	
	江渭村	网船组机站	盛建良屋后	
		珠砂堰机站	珠砂堰北桥堍	
		东堰桥机站	徐家组	

续表 8－3－4

年份	村名	机站名称	地点	投资(万元)
2009	三联村	丁家浜机站	太平桥 7 组	33
		2 组机站	陈家门 2 组	
		3 组机站	于北 3 组	
		6 组机站	于北 6 组	
2010	八字村	牛桥港机站	蒋家牛桥头	45
		王家浜北机站	东港吴陈根前	
		三环洞机站	1 组	
		景新桥南机站	景新桥南	
	吕家村	南木桥机站	北 3 组	
		长港堰桥机站	北 14 组	
	三联村	太平四组机站	太平桥 4 组	
		邱家浜底机站	太平 10 组	
		丁家桥机站	太平桥 7 组	
	构塍村	厉家组机站	厉家组	
2011	三联村	井里木桥机站	太平 4 组	54
		太平九组机站	太平 9 组	
		团于北四组机站	于北 4 组	
	八字村	千福泾桥东站	千福 9 组	
	构塍村	朱家木桥站	木桥组	
		张家站	张家组	
	江渭村	4 组机站	沈生林屋后	
		10 组机站	钱永法屋东	
		8 组机站	杨生贤屋后	
		11 组机站	钱关法屋后	
		董家机站	立新桥桥北过西	
		6 组机站	盛孝生屋东	

表 8－3－5　　于城镇 2011 年底新型农田排灌设施统计表

村名	灌溉站(座)	排涝站(座)	两用站(座)	灌渠 U 槽(公里)	排渠 U 槽(公里)	排灌两用(公里)	节水管(公里)
鸳鸯村	8	5	2	27.445	7.95	15.67	

续表 8—3—5

村　名	灌溉站（座）	排涝站（座）	两用站（座）	灌渠 U 槽（公里）	排渠 U 槽（公里）	排灌两用（公里）	节水管（公里）
吕家村	20	5	4	43.84	4.455	81.548	
庄家村	13	4	2	25.269	2.16	16.71	
何家村	14	3	3	25.05	3.45	18.25	
构塍村	15	4	2	43.132	3.515	31.41	
八字村	17	5	3	38.49	14.504	16.355	
江渭村	18	5	3	36	0.83	31.45	
三联村	19	2	2	45.02		35.175	
合　计	124	33	21	284.246	36.864	246.568	

表 8—3—6　　2005 年于城镇各村渠道硬化率表

村名	灌渠（公里）					排渠（公里）			硬化率（%）	
	总长度	其　中		硬化形式		总长度	其　中		灌　渠	排　渠
		土渠	已硬化	暗渠	明渠衬砌		土　渠	已硬化		
鸳鸯	33.14	0.25	32.89	3.34	29.55	19.57	2.45	17.12	99.2	87.5
吕家	40.9	1.26	39.64	5.91	33.73	22.76	1.76	21.33	96.9	92.3
庄家	33.93	0.91	33.02	1.23	31.79	16.09	5.40	10.69	97.3	66.4
构塍	38.23	0.20	38.03	9.04	28.99	23.96	1.26	22.70	99.5	94.7
八字	35.77	11.39	24.38	1.34	23.04	23.40	11.85	11.55	68.2	49.4
何家	27.34	0.49	26.85	3.31	23.54	12.81	1.84	10.97	98.2	85.6
江渭	27.54	0.50	27.04	1.37	25.67	23.11	0.36	22.75	98.2	98.4
三联	51.29	18.02	33.27	1.41	31.86	29.32	13.53	15.79	64.9	53.9
合计	288.4	33.02	255.12	26.95	288.17	171.02	38.45	132.57	88.5	77.5

表 8—3—7　　2005 年底于城镇各村机站情况表

村名	8 英寸以上机站（座）					变压器（台/千伏安）	电动机（台/千瓦）	其中单排（台/千瓦）	8 英寸以上水泵（台）				6 英寸泵（台/千瓦）	灌溉面积（亩）	排涝面积（亩）
	合计	形式		作用					合计	其　中					
		高压	低压	单灌	单排					8 英寸	10 英寸	12 英寸			
鸳鸯	11	5	6	8	3	5/620	16/193	5/67	16	2	3	11	9/34	3412	590

续表 8—3—7

村名	8英寸以上机站（座）					变压器（台/千伏安）	电动机（台/千瓦）	其中单排（台/千瓦）	8英寸以上水泵（台）				6英寸泵（台/千瓦）	灌溉面积（亩）	排涝面积（亩）
	合计	形式		作用					合计	其中					
		高压	低压	单灌	单排					8英寸	10英寸	12英寸			
吕家	23	5	18	19	4	5/560	23/253	4/52	23	8	1	14	4/10	3740	925
庄家	12	4	8	12		4/320	13/159		13	4	3	6	5/20	3224	
何家	13	3	10	13		3/285	13/128		13	8	2	3	5/16	2728	
构塍	16	6	10	16		6/600	19/202		19	4	10	5	4/14	3330	
八字	17	3	14	17		3/300	18/186		18	8	5	5	5/129	3487	
江渭	12	4	8	12		4/405	12/132		12	3	3	6	5/11	3360	
三联	16	7	9	16		7/800	20/221		20	6	5	9	12/30	4856	

第三节　农田基本建设

解放前，钦城乡农田生产条件长期得不到改善，田块高低不平，大小不一，方向杂乱。每逢旱涝灾害，农民有句俗话叫“高田晒煞，低田没煞”。合作化后期，各村开展了以增加粮田面积为目的的农田改造，挑高地，填废浜、废溇潭，结合兴修水利，修筑渠道等工程，但规模小、速度慢，面貌改变不大。

1968年以后，农田水利建设转入以治水改土为重点的农田基本建设，公社党委组织大队干部去嘉兴曹庄公社参观取经。各大队组织人员绘制地形图，结合新农村建设进行农田基本建设规划，建设的目标是：“水田成方，桑园成片，渠道成网，居住成庄，绿化成行”，使农田做到三统一，即方向统一，长短统一，宽狭统一。排灌渠系配套，干渠—支渠—毛渠—斗渠，从机站到田间，实行一头灌一头排，叫作“单房间灌溉”模式。同时实行渠路结合，有利于发展农业机械化，有利于农业生产合理布局，有利于科学种田和合理用水，有利于用水管理和田间管理，有利于提高抗灾能力。

1974年冬到1975年春，全公社14个大队163个生产队，农田水利基本建设共出动人数5102人，投工65392工，累计搬动土方241965立方米，新增排灌系统564亩，其中格子化面积260亩；填平废浜废溇潭122处，扩大耕地面积96.7亩，平整土地面积230亩，建成排灌分系渠道27条，长度7100米，其中红旗大队25条，全长6600米。

1975年11月，圩城公社163个生产队实施农田基本建设，出动劳动力4552人，累计投工218300工，累计完成土石方787067立方米，新增排灌分系面积1250亩，其中格子田面积1150

亩，填浜填溇135只，新增面积325亩，平整土地面积581亩，新建机耕路50条，共17公里。

1976年冬至1977年春，全公社14个大队共投放劳动力12190工，完成土方124.5万立方米，平均每人102.1方，其中平整水田4710亩，旱地444亩，新种专业性桑园732亩，排灌分系面积10258亩，农田格子化面积8750亩。

20世纪80年代起，农村实行联产承包责任制后，平整土地机械化，解放了农村劳动力。

第四节　出海排涝

20世纪70年代，圩城公社出动民工参与了出海排涝工程的建设。欤城地处杭嘉湖平原，河道纵横，地势低洼，历史上受过不少的洪涝灾害。地区间，每年度常遇黄霉期与秋季发大水，一般年景，洪水排入江苏太湖。洪灾年景，汛期太湖受到黄浦江高潮顶托，水位高于本土，因此，洪水排入太湖受阻，且流入本土形成涝灾。杭嘉湖地区的洪水入海，是遏制涝灾的最好办法。70年代初，国家出台了太湖流域洪灾综合治理工程建设规划，即建设出海排涝工程。出海排涝工程总体规划共建4个排涝闸，海盐县有澉浦长山闸、海盐南台头闸，加上海宁盐官2个闸。工程拓宽和疏浚4条排水干河，共挖土方为3836万立方米，镶砌石方为36万立方米，拆建桥梁286座，砌筑石护岸150公里。工程受益面积，排涝为350万亩，抗旱为150万亩。总投工量为4500万工。

1976年，经太湖水利局多次勘察，确定了长山闸为首期工程——长山河出海排涝工程。该工程东起澉浦镇长山西首，西北直达桐乡县羔羊乡与京杭运河连接，全长56.22公里。1976年底，海盐县政府分配给圩城公社的土方量为437256立方米。

1977年冬季，长山河出海排涝配套工程——洗马池和运输河先行动工建设。圩城公社组织民工开挖运输河、洗马池的工程段，共计投工75748工，其中运输河工程段为66928工，洗马池工程段为8820工，当年完成了工程量。按当年政策每工补贴粮票为0.25公斤，圩城民工共补贴的粮票为18937公斤。

长山河出海排涝第一期工程于1978年底开工，欤城公社组织民工302人，开挖土方98673立方米。

南台头出海排涝工程，是海盐境域的第二期出海排涝工程。工程分两期建设。一期有南台头闸枢纽工程，盐平南河工程，新开南台头干河工程，1992年11月下旬起，于城镇出动民工470人，完成土石方47821立方米。工程至1993年6月竣工。二期1995年7月动工，采用了机械开挖为主、人工为辅的方法，工程东起盐嘉塘大曲港，经于城集镇到沈荡镇彭城港口止，长11.67公里，开挖土方196.46万立方米。1998年12月工程竣工。工程实施了拓宽和疏浚，于城集镇东面盐嘉塘上，河面宽达到了74米，河底宽33米，河底高程-3米；于城集镇以北至沈荡集镇段河道，河底宽30米，河底高程-2米。工程拆除和搬迁了阻碍水流瓶颈的横跨盐嘉塘的欤城桥及永庆塘桥2座。

第五节　抗洪救灾

防洪标准

从1991年至2014年，每隔1至2年有一次不同程度的洪涝灾害发生。主要原因是大范围的连续暴雨以及外来洪水的涌入，又由于大量抽取地下水，造成地面沉降，再是河道河床抬高，蓄水能力下降，多方面因素造成灾情频发。

表8－3－8　　于城镇部分年度涝情情况表

年　份	出　现　时　间	持续时间（天）	平均水位（米）	最高水位（米）
1991	6月11日～6月20日	10	3.63	3.90
	7月1日～7月15日	15	3.51	3.94
1993	7月1日～7月31日	25	3.38	3.84
	8月16日～8月25日	9	3.78	4.18
1994	6月11日～6月20日	10	3.41	3.86
1995	6月21日～6月25日	5	3.38	3.93
	7月1日～7月10日	10	3.83	4.39
1996	7月1日～7月5日	5	3.82	3.96
1997	7月6日～7月15日	9	3.45	4.30
1999	6月25日～7月5日	11	4.21	4.50
2001	6月21日～6月29日	8	3.69	4.43
2007	9月19日～10月9日	20	3.19	3.77
			3.16	3.97
2008	6月11日		3.22	4.06
	9月5日		3.21	3.66
2009	7月30日		3.66	3.06
	8月2日		3.79	3.24
2010	3月6日		3.25	4.03
	7月5日		3.21	3.79
2011	6月19日		3.21	4.09
	8月25日		3.22	3.93

续表 8－3－8

年份	出现时间	持续时间（天）	平均水位（米）	最高水位（米）
2013	6月27日		3.10	3.79
	10月8日		3.35	4.59
2014	7月16日		3.10	3.63
	8月20日		3.18	3.86

说明：此表由于城水文站提供

根据上述数据情况，经有关专业人员计算，得出洪水的频率为：5 年一遇 4.22 米，10 年一遇 4.45 米，20 年一遇 4.65 米，50 年一遇 4.87 米，100 年一遇 5.03 米。按照频率，作为防洪标准，实施圩区建设。

防洪措施

根据于城镇实际情况，防洪分为一般洪水、较大洪水、特大洪水三种类型编制。1. 一般洪水：于城水位 3.80 米以下；2. 较大洪水：于城水位 3.80～4.10 米；3. 特大洪水：于城水位 4.10 米以上。通过组织领导、工程调度、抢险部署等几个方面落实相应措施：

（一）一般洪水，于城水位在 3.80 米以下

1. 组织领导保障措施：镇农技水利服务中心，各村加强值班，领导到岗，及其向镇领导、县防汛办汇报汛情、灾情。

2. 工程调度保障措施：根据天气变化趋势分析，并通报雨情、水情，全镇所有圩区工程按各自区域方案，及时采取堵缺排水。

3. 抢险应急部署保障措施：努力做好防汛抢险物资的调用准备工作，各村及相关部门及时统计灾情，并将灾情、抢险情况上报镇政府，集中上报县防汛办公室。

（二）较大洪水，于城水位在 3.80～4.10 米时

1. 组织领导保障措施：镇主要领导到岗坐镇指挥，及时召开会议，通报全镇汛情灾情，根据需要组织镇工作组下村指导抗洪救灾，各部门立即到岗到位。

2. 工程调度保障措施：根据气象消息，做好趋势分析，镇农技水利服务中心和各村做好圩区排涝站管理工作，确保工程安全，及时开启运行，全力抢排，全镇各圩区工程全面投入运行。

3. 抢险应急部署保障措施：镇农技水利服务中心和各村及时掌握防汛物资的耗用和库存情况，并做好防汛抢险物资的补充工作，各村及相关部门逐日掌握并上报受淹情况和灾情损失。

（三）特大洪水，于城水位在 4.10 米以上

1. 组织领导保障措施：在镇党委领导下，按照“行政首长负责制”的原则，镇长到岗，主持防汛工作，镇政府主要工作转移到抗洪抢险上来，镇长召开广播会紧急动员，镇防汛领导小组宣布进入防汛紧急期，镇农技水利服务中心，各村加强值班，投入防汛工作，一日三次上报灾情和抗洪抢险工作情况，并上报县防汛办公室。

2.工程调度保障措施：电力部门保证24小时正常供电，电信部门保证通信线路畅通，各村做好圩区排涝站工程安全，发动全社会力量进行抢修加固圩堤，确保不漫顶，做到24小时不间断巡查，确保工程正常运行。

3.抢险应急部署保障措施：全镇防汛抢险应急物资统一调度，重点保证灾区，各村及相关部门落实抢险队伍9个，总人数460人，24小时待命，由镇防汛领导小组调用。

表8—3—9　　2007年于城镇防汛物资储备表

物资名称	规　格	个数	物资名称	规　格	个数	物资名称	规　格	个数
潜水泵	15.25厘米	8	电动机	5.5千瓦	8	15.25厘米弯头	45°	6
混流泵	15.25厘米	3	电动机	4千瓦	3	15.25厘米弯头	90°	3
轴流泵	20.32厘米	8	铁水管	直径20.32厘米长1米	2	20.32厘米弯头	75°	8
锦塑管	15.25厘米	5	铁水管	直径20.32厘米长2米	6	3.5米硬管	15.25厘米	2
锦塑管	10.16厘米	1	铁水管	直径15.25厘米长2米	6	7米硬管	15.25厘米	3
空气开关		2	水泵脚架	15.25厘米	3	混流泵垫片	15.25厘米	6
闸刀	380v60A	1	橡胶垫	20.32厘米	4	铁法兰	15.25厘米	4
三角带	B1905	8	垫片	20.32厘米	4			

表8—3—10　　2005年于城镇排涝包围圈情况表

村　名	圩区名	受益面积(公顷)		排　涝　设　施			圩堤长度(公里)	建成年份
		总面积	其中水田	单排站(座)	装机容量(台/千瓦)	流　量(立方米/秒)		
吕家村	杨家浜	17.47	14.00	1	1/13	0.22	2.30	2002
吕家村	长港堰	12.87	9.00	1	1/13	0.22	2.10	2002
构塍村	蒋家浜	12.27	9.67	1	1/13	0.22	2.60	2002
鸳鸯村	陆家港	14.40	11.33	1	1/13	0.22	1.70	2002
鸳鸯村	三家村	11.33	10.00	1	1/13	0.22	1.40	2002
鸳鸯村	林池漾	32.00	26.67	3	3/39	0.22	4.00	2002

表8—3—11　　2012年于城镇排涝包围圈情况表

序号	圩区名称	圩区面积(亩)	包围圈长度(公里)	排涝水泵(台)	排涝动力(千瓦)	永久性落河缺(处)	建成年份	堤顶高程(米)	田面平均高程(米)
1	小汇里	165	1.3	1	11	2	2003	3.99	3.70
2	林　池	450	2.6	3	39	5	2001	4.30	3.46

续表 8—3—11

序号	圩区名称	圩区面积（亩）	包围圈长度（公里）	排涝水泵（台）	排涝动力（千瓦）	永久性落河缺（处）	建成年份	堤顶高程（米）	田面平均高程（米）
3	三家村	60	1.1	1	13	2	2001	4.11	3.26
4	长港堰	225	2.1	1	14	4	2001	4.35	3.58
5	蒋家浜	270	2.5	1	11	4	2001	4.06	3.54
6	杨家浜	247.5	1.8	1	14	3	2001	4.43	3.78
7	金家类	187.5	2	1	11	2	2008	4.01	3.54
8	陈家港	240	1.6	1	17	3	2001	4.38	4.14
9	长浜	452	1.5	2	30	6	2001	4.50	3.30
10	肖家浜	255	0.8	1	15	4	2011	4.50	3.40
	合计	1552	17.3	13	175	35			

圩区建设

于城圩区主要分布在镇境西北部。民国至解放初期，各圩区小则几亩，大则上百亩，形状各异，高低参差，抗洪能力差。

20 世纪 50 年代后，政府组织农民修筑圩堤，疏浚河道，以增强洼地防洪排涝能力。60 年代，在低洼的鸳鸯、吕冢开始按自然条件建设小包围圩区，设置排灌两用机站，以排除包围圈内的积涝。

70 年代起，着手洪、涝、渍、旱综合治理，河、沟、渠、路、闸、桥、田、林全面配套园林化建设。圩堤建设标准达到（吴淞）高程 5 米，顶宽 1.5 米，边坡为 1∶1.5～2。

1991 年，省水利厅批准海盐圩区专项建设资金，实施圩区整治工程，钦城乡吕冢村被列入小格局规模改造。工程总投资 80 万元，1995 年竣工。共新建水闸 3 座，排灌站 5 座，过水桥梁 1 座，地下渠道 10 公里，明渠衬砌 1 公里，受益面积 1500 亩。

2005 年，全镇共有圩区 7 个。主要分布在鸳鸯村西片和吕冢村，其中鸳鸯村有林池圩区、叶家小圩区；吕冢村有杨家浜圩区、长江堰圩区、蒋家浜圩区和陈家港圩区。

表 8—3—12　　**2005 年于城镇圩区情况表**

圩区名称	保护面积（亩）	包围圈长度（公里）	排涝水泵（台）	排涝动力（千瓦）	永久性落河缺（处）	田面高程（米）		
						最高田面	最低田面	平均高程
杨家浜	244	2.3	1	14	3	4.28	3.68	3.98
长江堰	227	2.1	1	14	4	4.28	3.78	4.02

续表 8—3—12

圩区名称	保护面积（亩）	包围圈长度（公里）	排涝水泵（台）	排涝动力（千瓦）	永久性落河缺（处）	田面高程（米）		
						最高田面	最低田面	平均高程
蒋家浜	280	2.6	1	10	5	4.28	3.35	3.93
陈家港	174	1.7	1	17	3	4.58	3.78	4.18
三家村	150	1.4	1	13	2	3.98	3.58	3.78
林　池	440	4	3	39	6	4.38	3.58	3.98
小汇里	160	1.6	1	12	2	4.48	3.8	4.15
合　计	1675	15.7	9	120	25			

由于地面沉降，三联、八字两村圩区遭受低水位影响。该区域面积 152.33 公顷，其中水田面积 117.33 公顷，区域田面高程在 2.9～3.7 米。2008 年受洪涝灾害 100 多公顷。

2009 年，三联村拟建 7 个小包围，八字村拟建 3 个小包围，工程包括加固加高圩堤、永久性落河缺、拦河工坝工程建设，设计五年一遇防洪工程。是年，购置排涝泵 11 台套，其中 8 寸轴流泵 4 台套，6 寸潜水泵 7 台套，10 个小包围修筑圩堤 3.2 公里，土方 17600 立方米，修建永久性落河缺 38 处，总投资 16.68 万元。

表 8—3—13　　2009 年于城镇三联、八字村圩区工程建设情况表

序号	村名	圩区名	排涝泵		圩堤		落河缺（处）	土坝（座）	合计金额（万元）
			规格（英寸）	数量（台套）	长度（公里）	土方（立方米）			
1	三联	陈家门 4 组	6	1	0.4	2200	4		1.47
2		陈家门 6 组	6	1	0.6	3300	5		2.065
3		太平桥 4 组	8	1	0.8	3880	8		1.90
4		太平桥 5 组（北）	8	1	0.4	2200	6		1.79
5		太平桥 5 组（南）	8	1	0.3	1650	4		1343
6		太平桥 6 组 7 组	8	1				1	3.8
7		太平桥 8 组	6	1	0.5	2750	2		1.517
8	八字	蒋　家	6	1	0.6	3300	3		1.945
9		东港南	6	1	0.2	1100	3		0.875
10		东港北	6	1	0.2	1100	3		0.875
		合　计	6=7 8=4	11	3.2	17600	38		16.68

2011年,启动了海盐县庄柴湖森林湿地工程建设。该工程地势低洼,故纳入圩区工程建设。庄柴湖森林湿地圩区工程建设涉及庄家村的庄柴湖,鸳鸯村的孤岛圩区,共计受涝面积380亩,计划新建圩堤1850米,排涝站2座,排水渠300米,总投资29.62万元。

表8—3—14　　于城镇庄柴湖、孤岛圩区工程项目表

<table>
<tr><th rowspan="2">工程名称</th><th colspan="3">圩　堤　工　程</th><th colspan="2">明渠衬砌</th><th colspan="2">排涝站</th><th rowspan="2">配　电
金　额
(万元)</th><th rowspan="2">合　计
金　额
(万元)</th></tr>
<tr><th>长度
(米)</th><th>土方
(立方米)</th><th>金　额
(万元)</th><th>长度
(米)</th><th>金　额
(万元)</th><th>座数</th><th>金　额
(万元)</th></tr>
<tr><td>庄柴湖(庄家)</td><td>800</td><td>4800</td><td>5.76</td><td>300</td><td>3</td><td>1</td><td>5.5</td><td>2</td><td>16.26</td></tr>
<tr><td rowspan="2">孤岛(鸳鸯)</td><td>650</td><td>3900</td><td>4.68</td><td rowspan="2"></td><td rowspan="2"></td><td rowspan="2">1</td><td rowspan="2">5</td><td rowspan="2">2</td><td rowspan="2">13.26</td></tr>
<tr><td>400</td><td>1400</td><td>1.68</td></tr>
<tr><td>合　　计</td><td>1850</td><td>10100</td><td>12.12</td><td>300</td><td>3</td><td>2</td><td>10.5</td><td>4</td><td>29.62</td></tr>
</table>

说明:圩区原基础以吴淞高程3.5米,加高1.5米,底宽6米,顶宽2米

2012年11月15日,于北圩区整治工程项目动工建设。该项目涉及八字、江渭、三联三个行政村,区域面积1353公顷(2.03万亩),其中水域面积77.8公顷(1167亩),大包围新建堤防13.46公里,新建单闸17座,闸站4座,排水渠系2.86公里;小包围新建堤防15.885公里,排涝泵站12座,闸站5座,涵洞3座,新建排水渠道5.72公里,项目总投资5921.59万元。

2014年末,于北圩区整治工程已完成工程量的98%,2015年全面竣工,投入运行,受益面积为1333.53公顷。

第六节　河道整治

20世纪80年代初,家庭联产承包责任制后,农民不罱河泥,河道疏浚滞后、机动船行船波的冲击,河道淤泥增多,出现河床普遍抬高的现象,针对引水排涝能力下降等情况。80年代后期,河道疏浚以泄洪、蓄水、引水、航道通畅为目的,对河道实施挖深、拓宽工程。

21世纪初,于城镇全镇河道总长度111.77公里,水域面积433公顷,总淤泥积土方131.42万立方米。其中镇级河道11条,全长38.36公里,淤泥积土方39.91万立方米,村级河道58条,全长60.08公里,其他浜、湾、潭51.69公里,淤泥积土方91.51万立方米。

2003年,根据县政府提出的利用五年时间完成对重点河道整治的要求,于城镇党委、镇政府建立于城镇河道整治工作领导小组,各村相应建立工作小组。实施疏浚和拓宽河道工程,砌筑护岸工程;于城镇政府制定了重点河道分年实施计划。河道整治在泄洪、蓄水、引水、航道通畅外,还有清洁水源的目的。2003～2008年,共整治102条,全长80.29公里;投入资金633.01万元。2009～2014年继续实施河道整治工程。

表 8－3－15　　于城镇历年河道整治情况表

<table>
<tr><th>年份</th><th>涉及村</th><th>河道名称</th><th>长度（公里）</th><th>疏浚（万立方米）</th><th>绿化带</th><th>护岸工程（米）</th><th>总投资（万元）</th></tr>
<tr><td>2003</td><td>鸳鸯村、吕家村、庄家村、何家村、构塍村、八字村、江渭村、三联村</td><td>鹭鸶桥港、新开河港、林佰堰港、纯白塘桥港、王马埝港、千步泾港、徐家桥港、八字桥港</td><td>10</td><td>10.56</td><td>3678
平方米</td><td></td><td>105</td></tr>
<tr><td>2004</td><td>鸳鸯村、吕家村、庄家村、何家村、构塍村、八字村、江渭村、三联村</td><td>鹭鸶桥港、姚家桥港、殷家港、叶家浜、千步泾港、八字桥港、吾家港、吕家陈家浜、纯白塘桥港、里洪塘、南桥塘</td><td>11.6</td><td>13.32</td><td>46400
平方米/
8.6 公里</td><td>420</td><td>123.2</td></tr>
<tr><td>2005</td><td>鸳鸯村、吕家村、庄家村、何家村、构塍村、八字村、江渭村、三联村</td><td>粮船港、王马堰港、跃新河、金家娄浜、长江堰港、粪桶泾港、纯白塘桥港、林佰堰港、档浜、新桥港、徐家桥港、钱家湾、八字新桥港</td><td>16</td><td>18.31</td><td>12.6 公里</td><td>1005</td><td>182.75</td></tr>
<tr><td rowspan="8">2007</td><td>鸳鸯村</td><td>打纸浜、坟西浜、上南港、王家浜</td><td>2.13</td><td></td><td>1.78 公里</td><td></td><td rowspan="5">101.09</td></tr>
<tr><td>吕家村</td><td>何家漾浜、亭子桥港、新开河</td><td>2.79</td><td></td><td>2.23 公里</td><td></td></tr>
<tr><td>庄家村</td><td>床庄堰港、夏叉浜、黄石堰东浜、杨家浜</td><td>2.45</td><td></td><td>1.95 公里</td><td></td></tr>
<tr><td>何家村</td><td>沈家浜、马油车港、蒋夏浜</td><td>3.51</td><td></td><td>2.8 公里</td><td></td></tr>
<tr><td>构塍村</td><td>太平桥港、胡家木桥港、钱家汇浜</td><td>2.44</td><td></td><td>2 公里</td><td></td></tr>
<tr><td>八字村</td><td>新桥港、塔老浜、千步泾港</td><td>3.99</td><td></td><td>3.19 公里</td><td></td><td rowspan="3">65.11</td></tr>
<tr><td>江渭村</td><td>新桥港、孙家坟桥港</td><td>2.30</td><td></td><td>1.84 公里</td><td></td></tr>
<tr><td>三联村</td><td>南桥港、肖家浜、新安桥港、苏家浜</td><td>2.39</td><td></td><td>17.92 公里</td><td></td></tr>
<tr><td rowspan="2">2008</td><td>鸳鸯村</td><td>火叉浜、长柳浜、钱家湾、坟西浜</td><td>0.79</td><td rowspan="2">7.13</td><td rowspan="2">3.6 公里</td><td></td><td rowspan="2">55.86</td></tr>
<tr><td>吕家村</td><td>墙里浜、密家浜、虾船浜、郁家浜、何家漾浜</td><td>2.29</td><td></td></tr>
</table>

续表 8—3—15

年份	涉及村	河道名称	长度（公里）	疏浚（万立方米）	绿化带	护岸工程（米）	总投资（万元）
2008	庄家村	尤家西港、西王家浜、孙家浜、金家南浜	1.18	7.13	3.6公里		55.86
	何家村	姚家堰东浜、姚家堰西浜、蜡烛桥西浜、曹家浜、薛家浜	0.93				
	构塍村	马家浜、赵家浜、厉家湾、吾家港、太平桥港、钱家汇浜	3.425				
	八字村	小堰浜、金家浜、徐家埭浜、潘家浜、长浜、张家浜、王家浜	2.35				
	江渭村	鹤鹊桥港、徐家浜、古荡河	3.68				
	三联村	古荡河、乔浜、印家石桥浜、陈家门浜、姚家浜、徐家桥港、千步泾港、肖家浜、苏家浜	6.04				
2009	庄家村	厉家湾	16.2	22.02	1.5公里	600	217
	三联村	徐家桥港			1.3公里	415	
2010	吕家村	杨家浜、郁家埭浜、新开河浜、碟子浜、陈家场浜、汤家浜、长寿港	4.103	73465.54	6公里	1510	255.27
	庄家村	袁家浜、董家南浜、亭子桥港	1.396	27005.71			
	何家村	沈家浜、姚家堰西浜、小圩头西浜	0.905	15748.18			
	构塍村	俞家堰浜、叶家浜、吾家港	1.457	17796.04			
	八字村	古荡河、南桥港	1.460	25294.45			
	江渭村	王家汇浜、小桥浜、军田村浜、夏家浜、周家汇浜、李家汇	1.921	31354.68			
	三联村	张家浜、丁家浜、三里桥浜、金家浜、缪家堰浜、占家浜、西港	2.709	41795.08			
2011	鸳鸯村	大浪浜、金家浜、叶家浜、叶家北浜、鹭鸶浜、钱家湾、王家西浜、北俞浜、夏塘浜、火叉浜、西井浜、长柳浜、邱家浜、朱家浜/打纸浜、上南浜、王家浜、鹭鸶桥港、粮船港、东港、长江堰港、墙里浜、密家浜	13.951	231633	1.5公里	1473	359.12

续表 8－3－15

年份	涉及村	河道名称	长度（公里）	疏浚（万立方米）	绿化带	护岸工程（米）	总投资（万元）
2014	鸳鸯村	火叉浜、长柳浜、朱家浜	712.5	5873.77			
	吕家村	金家溇浜、陈家场浜、许家浜、周家浜	2286.2	27919.86			128.90
	庄家村	枸塍浜、北金家浜、王家浜、黄石堰东浜	1603.1	14558.37			
	何家村	南漾浜、万家浜、小圩头西浜、龙石嘴浜、蜡烛桥西浜、顺风堰港、夏家浜	2153.3	19516.49			
	枸塍村	王马堰港、朱家木桥港	2139	21991.78			
	八字村	档浜、柴堰桥港、王家浜（东）、东陈兜港、小堰浜、金家浜、徐家浜、安浜	3070	25781.99			
	江渭村	周家汇浜、叶家浜、翁家浜、夏家浜	1452.8	15417.06			
	三联村	汤家浜、王家西浜、占家浜、亭子西浜、乔浜、孙家浜	1364	11358.81			

第七节　综合开发

2009 年 8 月，于城镇政府 2010～2011 年度农业综合开发项目：

一、位于于城镇庄家村、何家村、枸塍村，项目名称为 2010 年于城南片低产田改造项目。总面积为 833.33 公顷，涉及农户 2328 户，农业人口 7393 人，其中劳动力 5043 人。改造中低产田面积 666.66 公顷。项目改造完成后，年增产粮食生产能力每公顷 1500 公斤；通过泵站改造，渠系硬化，提高泵站装置效率和渠系输水能力，可每亩节约用电 10 千瓦时，节约电费 6 万余元。

二、位于吕家村、鸳鸯村、江渭村，项目名称为 2011 年于城西片中低产田改造项目。总面积为 800 公顷，其中低产田面积 666.66 公顷；农户 2352 户，农业人口 5641 人，其中劳动力 4100 人。改造中低产田面积 600 公顷。项目改造完成后，年增产粮食生产能力每公顷 1500 公斤，可增产粮食 70 万公斤，增收 140 万元；通过泵站改造，渠系硬化，提高泵站装置效率和渠系输水能力，可每亩节约用电 10 千瓦时，年节电 9 万千瓦时，节约电费 5.4 万余元。

2013 年，于城镇农村土地综合整治项目涉及江渭村、三联村，项目经省国土资源厅核准、审批。该项目涉及水系调整。江渭村浦家浜：需调整长度 72 米，平均宽度 11.51 米，829 平方米。

江渭村堰桥浜:需调整长度50米,平均宽度12.46米,623平方米。江渭村北夏家浜:需调整长度193米,平均宽度16.02米,3092平方米。三联村三联浜:调整长度34米,平均宽度13.29米,452平方米。合计调整水系4996平方米。该项目新增耕地面积19.8256公顷;安排新区建设用地23.9117公顷;征收集体土地11.37公顷,使用集体土地12.41公顷;使用国有土地0.1287公顷。

2013年度中央财政小型农田水利重点县建设工程项目、于城镇喷、微灌项目为120.1公顷(1802亩)。详见附表:

表8—3—16　于城镇2013中央财政小型农田水利重点工程补助明细表

<table>
<tr><th>序号</th><th>项目名称</th><th>建设内容</th><th>金额(万元)</th></tr>
<tr><td>1</td><td>江渭村泵站建筑工程</td><td rowspan="2">新建3座</td><td>21.72</td></tr>
<tr><td>2</td><td>江渭村泵站安装工程</td><td>16.38</td></tr>
<tr><td>3</td><td>江渭村管道工程</td><td>铺设安装dn200PE管0.275公里,dn315PE管2.946公里,dn400PE管3.847公里,dn500PM管0.946公里,dn315PM拖拉管0.030公里,dn400PM拖拉管0.030公里,以及相应配套设施。</td><td>268.58</td></tr>
<tr><td>4</td><td>八字村泵站建筑工程</td><td rowspan="2">新建1座</td><td>7.45</td></tr>
<tr><td>5</td><td>八字村泵站安装工程</td><td>6.43</td></tr>
<tr><td>6</td><td>八字村管道工程</td><td>铺设安装Φ63UPVC管0.876公里,Φ90UPVC管1.516公里,Φ110UPVC管0.347公里,Φ160UPVC管0.326公里以及相应配套设施。</td><td>56.17</td></tr>
<tr><td>7</td><td>合计</td><td></td><td>376.73</td></tr>
</table>

第九编 邮政 电信 电力

第一章 邮 政

第一节 历史沿革

古代通信,官方经过驿道从驿馆送达到递铺,明初,县城有总铺,设在海盐武原惠人桥北。西线沿官塘(盐嘉塘)设朱公亭铺,县西10里;周墩铺,县西北20里;黄泥铺,县西北30里;县境内3铺,与嘉兴界马泾铺相接。清顺治二年(1645),实行州县铺司铺兵之制度,设县前、朱公亭等9铺,每铺各有邮亭,铺司9人,铺兵32名。近代邮政兴起,驿站衰落,至民国2年(1913),驿站全部裁撤。

民间由民信局转递。钦城于清宣统三年(1911)开办邮政代办所,民国十二年(1923)建立海盐电话公司钦城分所,地址设在老枫桥南街东侧老招宝桥以南街东侧,其时邮电设备简陋,业务量很小。新中国成立后邮电事业不断发展,1953年6月,海盐邮电局成立,1955年4月,钦城区建立钦城、钦北、鸳鸯、得胜、富亭、塘南等6个乡级乡邮收发站,下半年设立海盐邮电局钦城邮政营业处。其主要职责是报送本地区报纸杂志邮件;代寄报刊,代收信件。1956年成立钦城邮电所。1962年精简机构,钦城邮电所转为钦城公社邮电所(全民转集体),1964年10月又转为国有,仍为钦城邮电所。1980年1月,原有两层混合结构房屋187平方米,1990年又建成局房182平方米,是年底有农村投递路线2条61公里,除投递于城乡邮件外,还兼投富亭乡汶桥村和菜塘村的邮件,有职工25人。

表9—1—1　　1986～2005年各支局、所业务完成情况表

单位:万元

支局所名称	1986年		1990年		1995年		2000年		2005年	
	业务总量	业务收入	业务总量	业务收入	业务总量	业务收入	业务总量	业务收入	业务总量	业务收入
于城所	3.51	3.54	2.12	11.52	117.76	112.34	1.45	17.21	49.98	55.37

说明:1986年、1990年、1995年业务总量指邮电业务总量,业务收入指邮电业务收入;2000年、2005年业务总量指邮政业务总量,业务收入指邮政业务收入

1988年开办邮件、包裹特快专递业务。1998年邮政与电信分别营业。

第二节　邮政网络

新中国成立前，海盐至邻县没有自办邮政线路，清宣统三年(1911)钦城代办所的邮件主要委托给栈船、航快船、轮船等转送到各地。

新中国成立初期，钦城代办所委办邮件的轮船航线有钦城至海盐8.8公里；钦城至嘉兴27公里；钦城至沈荡5公里；钦城至硖石17公里。除此直接委办之外还有上海、杭州等地均送往海盐县邮政局转发。

1955年4月，钦城区建立钦城、钦北、鸳鸯、得胜、富亭、塘南等6个乡级乡邮收发站。各配备乡村邮递员1名。1957年上半年，钦城乡各村开通邮路。

1985年底，钦城邮电所有委办机动船邮路2条，摩托车邮路3条，自行车邮路3条；设信报站16个，邮件接转点1个。随着公路建设的发展，主干邮路逐步由委托办理转向自行办理，水路办理转向陆路办理，并对邮路作相应调整和完善。20世纪90年代起，邮运和投递设备全部改为自行车、摩托车、汽车，函件、报纸等邮件投递点增多，投递速度加快，效率提高。

1994年8月29日起，开通县局至于城代办所的自办汽车邮路，同时停止原海盐—于城自办摩托车邮路。1995年8月，调整海盐至于城、沈荡、百步、横港、石泉、通元县内西南片自办汽车邮路运行时间。1997年4月11日，县内自办汽车邮路调整为东北片和西片两条，运行也相应作了调整。

1999年4月1日起，调整县内邮运邮路，由原来的东北片、西片混合形邮路调整为一条环形邮路。环形邮路自海盐出发，途经于城、沈荡(齐家)、百步、横港、石泉、通元、六里、澉浦、秦山、杨柳山、官堂、元通、西塘桥，终点海盐，行程136.8公里。

2003年9月1日起，调整县内自办邮车邮运线路，调整后的线路分南片和北片两条。北片为海盐—于城—百步—横港—沈荡—齐家—元通—西塘桥—海塘—海盐。

2005年，县内邮路共3条，均为自办汽车邮路。其中，县城内邮路1条，5公里；农村邮路2条，177公里，总长度为182公里。海盐经于城至百步1条。

2014年，于城镇邮政营业1处，邮政储蓄营业1处。

邮件分发

1985年，钦城邮政所建立起以自办、委办、投递邮路和信报站、接转点多种形式组成的全镇农村投递网络。农村投递邮路共16条，92公里，全部为步班；集镇投递邮路1条，1.7公里；另有信报站18个，均为自行车班投递，单行程为46.3公里。

1988年，全县农村投递路线均为自行车班。钦城镇农村16个行政村全部通邮，邮件报刊投递频率每天一次。

1990年底，钦城镇农村投递邮路16条(到达16个行政村)，集镇投递邮路1条，另有信报站2个，单程长度为75.5公里。

1998年，邮政、电信分开营业后，农村投递路线单程总长度为48公里。

2005年，农村投递路线到各行政村，共8条，单程总长度为54公里。

2014年全镇共有信箱、信筒9个，每日开箱2次，上午为11:30，下午为16:30。县邮车到达后立即处理进口邮件、报刊，每日营业终止后开始封发出口邮件。在进出口邮件上，严格执行“交接验收、勾剔核对、平衡合拢”的邮件三项基本制度，及时处理批转退邮件，并在分发完后，做到“格眼清、地面清”。

邮政编码

1986年6月，邮电部核定海盐县邮政编码为314300。是年11月，浙江省邮电管理局核定海盐县各乡镇邮政编码，钦城乡的邮政编码是314308。1987年9月，开始推行邮政编码。1990年10月起，邮政部门不再收寄未写收、寄人邮政编码信件。是年11月起，邮政部门对信件实行人工按邮政编码分拣，用户寄信使用标准信封，准确填写收件人和寄件人的邮政编码。

第三节　邮政设施

中华人民共和国成立前，钦城邮政所租用民房，地址在老枫桥南小街，营业和工作场所十分简陋陈旧，日常用具仅日戳、油墨盘、木杆提秤、铅志夹钳、邮袋、木信箱等简单手工工具。

中华人民共和国成立后，随着邮政事业的发展，设备不断更新。1995年，于城镇邮政大楼在于城镇南市邮电路建成，大楼建筑面积1544平方米。后因邮政和电信体制分开。是年，配备邮用自行车2辆。1998年配备机要通信用两轮摩托车2辆。

2002年投资88万元新建邮政大楼一幢，位于于城镇西桥北堍于中路南侧、昌平路东侧。2003年7月竣工，新建的邮政大楼共有四层，占地面积1330平方米，建筑面积600平方米。内部设施齐全，有电脑2台，摄像头1个，汇兑、储蓄等业务全国联网。

第四节　邮政业务

2005年，于城镇邮政业务收入55.37万元。收订各种报纸杂志0.83万件，出口邮件0.87万件，包裹业务0.07万件，出口汇票0.32万件。

长期以来邮政资费过低，严重制约了邮政通信事业的发展。平信邮资从1950年起核定为0.08元，直到1990年7月31日才调整到0.2元。邮政资费提高后，停收给据邮件附加费，并取消回执和收件人总付邮资业务。1996年12月1日，国内平信资费由本埠0.1元，外埠0.2元调整为不分本、外埠一律0.5元，挂号费每件由0.3元调整为1元。1999年3月1日，对部分邮政资费进行调整，平信本埠0.6元，外埠由0.5元提高到0.8元；明信片由每件0.4元提高到不分本外埠均为0.6元，外埠印刷品资费由原0.3元提高为0.6元；挂号信由每件1元提高为2元。自新资费执行之日起，所有邮政附加费一律取消。1988年5月11日起，对国际邮件资费调整，信函每重20克及20克以下，收费1.2元；印刷品每重20克及以下，收费0.8元；航空费每重10克或其零数，收费0.4元。2004年1月1日起，调整出口国际函件资费、计费方式和部分国际邮件特别资费以及国内邮件挂号费。国内邮件挂号费由每件2元调整到每件3元。

明信片

明信片属函件的一种，因资费低，邮寄时不用信封而得到广泛使用。

1990 年 7 月 31 日，明信片资费由每件本埠 0.02 元、外埠 0.04 元调整到本埠 0.1 元、外埠 0.15 元。1996 年 12 月 1 日调整为每件 0.4 元，1999 年 3 月 1 日，又由每件 0.4 元提高到不分本外埠每件 0.6 元。

1991 年 12 月 1 日，邮电部首次发行中国邮政贺年(有奖)明信片，省局分配海盐局 10 万枚，于城所分配到 4500 枚。1997 年邮政贺年(有奖)明信片按调整后的资费标准，加盖改值邮戳，面值 0.15 元改为 0.40 元，售价为每枚 1 元。

1995 年 1 月，开办"中国邮政回音卡"业务，用户按明信片纳费，邮局按平常邮件寄送。1999 年 3 月 17 日，县局发出通知，大力发展商业信函、有奖明信片、企业金卡、普通邮资广告明信片业务，对函件业务进行结构调整，突出重点抓好"三片一函"的发行。

2000 年 8 月，团省委与省邮政局联合发行"希望工程"爱心互动公益有奖邮资明信片，全县认购 4800 套。2002 年 5 月，市残联、市邮政局、团市委联合发行"爱心助残"公益明信片，于城全镇销售 250 套。2003 年，成功开发南北湖明信片门票。随着交往的不断深入，邮政礼仪函件深受群众欢迎。2004 年 11 月，县政协办委托县邮政局制作邮政贺卡型有奖明信片"春满人间"3000 枚，于城所销售 350 枚。2005 年全年制作邮资广告封片共 279500 件，于城所销售 220 枚。

包裹

包裹业务属于物品传递业务，分为普通包裹、快递小包、航空包裹、保价包裹、商业包裹等；1969 年 4 月起，将包裹资费计费单位从 500 克降至 100 克。1983 年开展商业包裹收寄业务。1986 年 7 月起，包裹分民用和商品两种，商品包件资费在民用包件资费基础上加收 50%。1996 年 12 月，国家取消商品包件业务，统一为包件。2002 年 3 月，国家试用新式"国内快递包裹详情单"。

汇兑

钦城邮政所建立后开办汇兑业务，但业务量很小。1958 年 1 月起，汇费按汇款金额的 1%收取。1965 年 4 月起，使用信封式汇款通知单。

1988 年 6 月 1 日起，每笔汇款收取省邮政建设附加费 0.1 元，电报汇款的资费，除按汇款金额的 1%收取汇费外，每笔加收电报费 1 元和附加费 0.4 元。1990 年 7 月 31 日起，每笔汇款最低汇费改为 0.3 元，附加费取消。1999 年 3 月 1 日起，对部分邮政资费进行调整，每笔汇费的最高标准为 50 元，最低 2 元。

2002 年，开通电子汇款业务，2003 年 8 月 30 日，调整国内邮政资费，收取邮政汇兑超字段附言费，从第 7 个字起每超 1 个收取 0.1 元，最多 30 个字。

2004 年，加大对 24 小时汇款、2 小时汇款和实时汇款的宣传，提高自行通知类汇款比重，新增回执业务。

报刊发行

中华人民共和国成立前，由私人报贩流动推销报纸杂志。解放后，钦城邮政所开始办理报刊销售业务。1957 年 1 月起开始发送《海盐报》，全年发送 45 份。1985 年订销报纸 4 种，即《人民日报》《解放日报》《浙江日报》《农民大众报》;刊物3种,即《红旗》《展望》《时事手册》。是年,社会报刊发行站1个。

2000年,结合党报党刊征订,邮政所向《浙江日报》私人订户赠送1个邮政专用信报箱,凡个人订户满300元赠送1个信报箱。2005年,全镇报刊发行站1个,发行员2人,订销报纸560份,报刊邮发业务收入13万元。2014年,全镇报刊发行站1个,发行员2人,订销报纸期发数610份,报刊邮发业务收入14.5万元。

第五节 邮政储蓄

储蓄业务

1995年9月,於城邮电所开办邮政储蓄业务,受理个人现金存款。2014年末,从业人员4人,邮电储蓄余额7600万元。

储蓄种类

邮政储蓄业务刚开始时,业务种类分整存整取、零存整取和活期储蓄三种。按国家规定的利率计息。1987年,海盐县邮政局开始举办实物有奖储蓄。1988年县局再次举办实物有奖储蓄,并参加了省邮政储汇局举办的全省性"六月乐""中秋乐""母子乐"和"全家乐"等形式多样的实物有奖邮政储蓄,奖品有金饰品、彩电、名酒及儿童玩具等。是年于城所相应举办实物有奖储蓄,收到一定效果;1989年7月份起,办理"双定"邮政储蓄,即定额定期储蓄业务,在县内可通存通兑,定期一年,面额分20元、50元、100元、500元四种,可提前支取。7月1日起开始办理代兑国库券。1991年9月20日,全省举办第一期邮政有奖储蓄,2万户为一个开奖组,每张面额20元,存期一年。

1992年12月28日,县局发售省邮政储汇局在全省范围内举办的"汽车、住房"邮政有奖储蓄奖券,全省试发50万张,面额50元,存期一年,以奖代息,海盐县共发售5000张,于城邮政所共发售380张。1993年1月,海盐县邮电局举办一期"摩托车、电话机"邮政有奖储蓄,奖券面额50元,存期一年,以奖代息,二万张为一个开奖单位。1999年8月8日,邮政绿卡工程开通,于城邮政所开办代缴电话费等代理收缴业务。10月12日,于城所开通本镇活期储蓄异地存取业务,规定在本地区内各市(县)局活期储蓄异地存取不收手续费。

2000年10月18日,于城邮政所开办邮政储蓄卡业务。2001年1月18日,邮政绿卡并入全国网,实现在全国范围内通存通兑。2004年5月1日开始,县局组织"爱我邮政,刷我绿卡"竞赛活动。8月1日,县局与农行海盐县支行达成业务合作协议,在双方金穗绿卡通程序正式启用前,由于城、横港、元通、海塘四个邮政所采用无存折方式代理经销烟草户的烟草电子结算款。

2005年4月1日,于城所取消省内邮政储蓄绿卡用户本地跨行业交易的免费服务,收取每笔2元的跨行业取款手续费。11月10日,开展邮政储蓄转账业务有奖酬宾活动。11月15日,于城及全县各邮政储蓄网点开展代理联通话费充值业务。

代办业务

1999年3月1日,人民银行海盐县支行对邮政储蓄机构负责进行业务培训考核和任职资格审查。8月8日,全县包括于城在内的14个邮储网点的绿卡工程正式开通。于城邮政所发挥网点优势开拓邮政代办新业务。是年,开展代办移动公司手机入网、销售业务,开办“中邮专送广告”业务。2000年10月,开办邮政储蓄卡业务。全年代办保费3笔,合计1.3万元;2001年1月18日,于城等14个邮政储蓄绿卡网点正式与全省、全国实现联网,邮政绿卡并入全国网。

2005年7月25日,中国银行业监督管理委员会嘉兴监管分会对海盐县邮政储蓄机构名称进行确认,统一规范为海盐县于城镇邮政储蓄所。是年,共有代理业务客户2300余户,其中代理保险50户,代发工资2户,代收电信费用2100户,业务收入500万元。

2014年,共有代理业务客户5000余户,其中代理保险500户,代理国债发行兑付95户,代发养老金40户,代发工资7户,代收电信费用2100户。

第二章 电 信

第一节 电报业务

钦城在解放前和解放初没有电报设备,1958年6月,海盐邮电局开始安装莫尔斯人工收发报机,钦城的电报业务只能通过电话传送到县局,由县邮电局转发。1968年钦城邮电所购进和安装了莫尔斯收发报机,开始电报业务。

1986年初,根据邮电部信息局《国内公众电报业务规程》,电报分为天气、水情、公益、政务、新闻、普通、汇款和公电8类,于城邮电所开放特急、加急和邮送3种电报特别业务,并开办用户电报业务。

1992年1月,于城电信所开办庆贺、吊唁两种礼仪电报和请柬电报新业务,有“玫瑰”“水仙”“花篮”3种慰问卡。2005年12月起,停止办理公众礼仪电报、鲜花礼仪电报业务。

第二节 固定电话

民国12年(1923),海盐电话公司在钦城设立电话分所。抗日战争开始,线路被毁而停办。中华人民共和国成立后,海盐县成立乡村电话管理所。线路通到钦城,为14号铁质单线。1956年3月,钦城乡设立电话交换所。只有1台24门台式磁石交换机,开始自办长途电话业务。

1962年海盐县电信局圩城邮电支局与公社协定移交钦城公社代办,名为钦城公社电话代办所,职工有机线员王妙法和话务员王美芬二人。海盐至钦城电路、社以上中继线、代办所总机,镇上用户及木杆,镇上用户电话单机,公社党委电话单机等设备,产权属全民所有制。

1974年12月安装单路载波机1架,有海盐、海宁、嘉兴3条线路。1980年起,对钦城集镇上的农话线路进行全面整治,以水泥杆和架空电缆更换原来的木杆和铁质导线。至1982增加到2台360门,实际占用机258门,农话12路载波机1架,三路载波机1架,电话会议机1架,并有24

伏电池2组。

1989年6月22日上午,为了换装自动电话,82部电话机并入沈荡自动交换网,架设欤城至沈荡200对电缆6.5公里,又架设欤城至吕家20对电缆3.5公里。保留欤城所磁石交换机,拆去三路载波机,保留欤城至海盐中继电路和会议电话电路。1990年开通程控自动电话,1991年电话号码由5位升至6位。1992年开通移动电话。1993年欤城全乡固定电话号码由6位升至7位。在发展传统的电话业务同时,开展信息服务、无线寻呼、移动通信等新业务。1995年,新建于城邮政电信大楼,开通2000门程控电话,开通数据通信和互联网。1996年2月,全镇电话用户达502户;1998年邮政与电信分别营业。全镇有农户6096户,已安装住宅电话1927部,每百户电话率为31.61%。

2000年达到"电话乡镇"标准。固定电话用户达到4297户,电话普及率67.15%。2007年5月19日零时固定电话号码由7位升至8位。2014年于城镇有固定电话3900户。

第三节　无线寻呼

1989年8月,海盐县邮电局开通无线寻呼"126"人工台。使用上海邮电一所生产的无线寻呼发送设备,服务范围仅嘉兴市区城内,此年底,欤城全乡开通寻呼机业务。1993年,开通无线寻呼第二频点,增开"127"自动寻呼和中文寻呼业务,此年底,欤城全乡开通寻呼机用户。1995年,开通无线寻呼第三频点,实现三省一市(山东、江苏、浙江省和上海市)联网。1996年1月,海盐八一寻呼台开业,使用特服"95810"(人工)、"95811"(自动)。是年,邮电局开增本地网"997""998"业务,开通"128""129"全省联网无线寻呼频点。是年,欤城全乡开通寻呼机业务。2000年10月,浙江国信有限公司海盐分公司整体融入中国联通嘉兴分公司海盐办事处,是年,欤城全乡开通寻呼机用户业务。

随着移动通信迅速发展,寻呼机业务滑坡较快,用户逐年递减。2010年底,八一寻呼台关闭。2005年6月,海盐寻呼机站正式关闭,寻呼机业务退出历史舞台。

第四节　移动电话

1992年8月,县邮电局开通移动通信模拟A网,有模拟信道8个。是年末,全镇开通移动电话业务。1994年,县邮电局在县城、沈荡、澉浦增设基站,对原基站进行扩容,增加数字移动通信G网,新增模拟、数字移动通信信道各36个,年末全镇开通移动电话业务。1995年,模拟移动通信A网扩容106个信道,1996年,县局新建模拟移动通信B网,并对A网和数字移动通信G网进行扩容,全县新增基站5座,信道达356个,于城镇新增移动电话用户250户。1997年,全县关闭4座模拟基站,新增数字移动通信(GSM)基站。

2002年4～8月,浙江移动海盐分公司在于城何家村建基站房49平方米、吕冢村建基站30平方米、集镇建基站30平方米,并各架设铁塔一座。2003年6月,浙江移动海盐分公司在于城江渭村建基站语房20平方米,并架设铁塔一座。

第三章　电　　力

第一节　概　况

解放前，于城镇没有供电设施，也没有发电能力。老百姓照明用菜油灯，抗日战争期间开始用煤油灯。生产上没有发电能力更没有电动机。

1957年6月，钦城乡创建钦城电米厂，是县内最早的乡办企业。内配40马力（29.4千瓦）蒸汽机及10千瓦一套220伏发电机组。白天碾米，晚上发电供应集镇居民照明用电。

1959年开始建造钦城变电所，翌年接通杭州临平等变电所，开始使用水力发电。1961年10月，海盐县电力公司建立，接通新安江电网，转自发电为供电。1981年圩城成立农村用电管理站（简称农电站）加强对农村用电管理；1982年，海盐县供电局成立，至1985年底，全县已形成电网结构分布比较合理的供电系统。1999年农电站并入县供电局。

第二节　供电设施

变电设施

钦城变电所　位于钦城集镇北侧。1959年底开始基建，变电所占地面积6亩。次年架设了海盐县首条硖石至钦城35千伏线路并投入运行，主变压器1台，容量1800千伏安。其35千伏电源来自杭州临平等变电所。10千伏出线有通元、钦城、沈荡、武原、西塘5条。1977年12月，淘汰原有的3台单相变压器，新置1台6300千伏安主变投入运行。1985年底，钦城变电所35千伏出线有钦城、钦通、武原、钦沈4条。10千伏出线有通元、百步、沈荡、江渭、城西、武原6条。

跃新变电所　1997年，由浙江省电力公司投资，在于城镇建成220千伏跃新变电所，主变压器1台，容量15万千伏安，电源自嘉兴发电厂、秦山核电站接入。2001年增加主变压器1台，增容15万千伏安。

线路设施

钦城313线　始建于1960年初，由硖石至嘉兴的35千伏木杆线路上23号杆支出，至钦城13公里。采用A－35铝绞线木杆线路，是县境内第一条35千伏电源进线。1964年，木杆换成水泥杆，导线调为LGJ－70，是县内首次自行施工的水泥杆线路，总投资26.24万元。

钦通328线　是通元变电所电源进线，1976年7月建成，全长9.06公里，投资4.68万元，导线采用LGJ－70钢芯铝绞线，电源由硖石经钦城引入，1981年由海盐经钦城引入。

钦海380线　1981年6月25日建成投入运行，全长7.78公里，投资11.63万元，导线采用LGJ－70钢芯铝绞线，此线路为钦城、通元两变电所主要电源进线。

钦沈408线　1983年2月建成投入运行，长5.35公里，投资7.15万元。导线采用LGJ－70，为沈荡变电所的电源进线。

2004年9月，于城镇政府因3＃～6＃杆间线路从于城中心小学校园内通过，向县供电局提出改道申请。由嘉兴市恒创电力设计有限公司海盐分公司设计，海盐南原电力工程有限责任公司施工。投资72500元，2004年10月竣工。

表9—3—1　　2011年海盐供电局于城区域内所辖线路及负荷指标情况表

所在村	线路名称	容量(千伏安)	可用负荷	备　　注
八字村	千福841线	7955	795.5	
	八字735线	2525	252.5	
	黄桥845线	160	16	
何家村	何家843线	8415	841.5	
鸳鸯村	鸳鸯836线	9150	915	
吕冢村	于三840线	9641	964.1	
江渭村	齐星842线	3220	322	
	南星247线	4230	423	
	江渭835线	1625	162.5	
	坛墩848线	5280	528	
	萧家263线	2275	227.5	
三联村	于北846线	2455	245.5	
	于东834线	300	30	
构塍村	南圣844线	4385	438.5	
吕冢村	新升204线	1251	125.1	百步、于城共用
八字村	麻泾276线	12578	1257.8	武原、于城共用

第三节　用电管理

计划用电

20世纪70年代开始实行计划用电，平衡用电负荷，挖掘低谷潜力，提高用电负荷率。电力供应根据省、市、县逐级安排，逐月下达用电指标，由供电部门负责编制用电方案，电量分配到乡，负荷控制到线，超过拉闸，保证农忙用电。1984年起对建材生产企业实行有计划的高峰用电控制，1985年开始对水泥、石料、砖瓦第建材行业用电大户安装高峰用电定时器，提高电力利用率。

安全用电

20世纪60年代普及用电后，农村触电事故频繁。县供电部门、乡农电站利用广播、电影、幻灯、橱窗等各种方式宣传安全用电知识。

1970年8月2日，五星大队第7生产队青年社员沈林荣在操作电耕犁时，发生触电事故，不幸身亡。

1971年7月13日，东风大队第6生产队副队长陈顺林，男，34岁，在检查电动脱粒机故障时，造成触电事故，不幸身亡。同年8月1日，立新大队第6生产队青年社员张迟法，男，28岁，在移动电动脱粒机时，接触带水接头时发生触电事故，经抢救无效而不幸身亡。

1980年3月30日，圩城粮站职工戴观荣的女儿(12岁)，路过圩城预制场至农中机站变压器时，不幸碰到下垂离地面仅0.5米的电线，造成触电经抢救无效而身亡。

农电管理

1961年沈荡电力维护站建立，管辖区域百步、横港、齐家、沈荡、钦城5个公社及沈荡集镇。其职责为线路维护及检修。

1981年6月钦城公社农电站建立，配备人员2人，负责农村低压电网的整修和改造，电费的收缴等。隶属于城乡(镇)管辖。1997年，全县农村执行统一电价。1999年，设电管理体制改革，农村集体电力资产无偿移交县供电部门统一管理。2001年4月，撤销于城镇电管站，成立海盐县供电局于城供电营业所。主要负责农村低压电网改造、维护管理和抄表、收费等用电服务工作。同年，农村照明用电实行与城镇同价。2009年8月撤销于城镇供电营业所，并入沈荡供电营业所。

1992年8月11日，根据县电力局与物价局核定，钦城乡政府发出通知指出：一是钦城乡分类综合电价为农业灌溉用电0.19元/千瓦时，农副产品加工用电0.27元/千瓦时，工业用电0.41元/千瓦时，其他照明用电0.48元/千瓦时，农户照明用电0.25元/千瓦时。二是加收低压线损比例为25%的有钦城、庄家、钦南、南圣、钦北、江渭6个村；加收低压线损比例为35的有吕家、鸳鸯、钦三、何家、构塍、千福、八字、坛墩、太平、陈家门10个村。

1996年6月1日起，于城镇政府根据县物价、电力局文件精神，对农村电费电价作了相应调整：收费范围为全镇16个行政村；包括工业用电(包括照明、动力、粮饲加工)、农业用电(包括农业灌溉和脱粒)、农户建房用电等。

表9—3—2　　1996年综合电价表

用电性质	用电分类	电价(元/千瓦时)	备注
工业用电	专用变、力电、灯电、粮饲加工	0.818	加表损、铜铁损
	综合变、力电、灯电	0.828	加表损、线损
	装峰谷表力电	0.818	加表损、线损、峰电

续表 9—3—2

用电性质	用　电　分　类	电　　价 (元/千瓦时)	备　　　注
农业用电	农业灌溉和脱粒	0.382	小水泵加表损、线损
照明用电	生活照明	0.460	加表损、线损、(包括村办公室、学校)

说明:表损,单相 1 千瓦时/月,三相及三相四线 3 千瓦时/月;线损统一按用电量的 15%收取,峰谷、负荷量峰谷罚款为 0.50 元/千瓦时;基建用电,楼房两层按建筑面积以 1 元/平方米收取,围墙烧铁栅按 5 元/米收取

电费管理

2011 年,海盐县供电局推行电费集中管理。实行电费集中管理模式,主要是以电网智能化手段为支撑,电费管理中心对电费管理的各环节统一计划、统一协调、统一控制,电费专职人员通过用电信息采集系统,对客户用电信息集中采集,之后进行计算、复核,通过智能语音催费系统对欠费客户集中告知、催收。电费集中管理模式实现了电费管理从分散到集中的转变,加快了营销管理向集约化管理迈进的步伐。据了解,海盐县供电局在智能电网建设中,实现了全县 13 万客户用电信息的全采集、全覆盖,信息采集率、完整率均达 95%以上,准确率 100%。

自 2014 年 3 月 15 日"全国消费者权益日"起的一个月时间里,国网浙江海盐县供电公司实行电费充值卡充值。

电费充值卡以其使用灵活、快捷高效等特点,与传统营业厅缴费的方式相比,电费充值卡全省统一发行,可在全省范围内跨地区使用,无论您身处何地,只要一卡在手,便可轻松缴纳电费,突破了地域限制。面值分为 50 元、100 元、200 元、500 元四种,可自由选择,通过电话、短信或者关注国网浙江省电力公司的公众微信来充值。此外,供电营业厅内也有专业人员可进行现场充值。

用户可在海盐供电营业厅、沈荡供电营业厅、于城供电营业厅、购买电费充值卡。

第十编 农 业

第一章 生产关系

新中国成立后，全国农业生产关系的变革和调整经历了五个步骤，依次为土地改革、农业合作化、人民公社化运动、农村家庭联产承包责任制、土地流转。

第一节 中华人民共和国成立前的土地状况

中华人民共和国建立前土地实行私有制度，土地的占有量极不平衡，大量的土地在少数人手里。例如钦城乡沈家浜杜氏一家4人，占有水田2.7公顷，地1公顷，宅基地0.067公顷，人均占有土地0.944公顷，而贫苦农民却只占有极少数，有的农户根本没有土地，迫于生活只得租种地主的土地或者做长工度日。

1949年，廉义乡1村有267户，总人口1059人，总田地267.25公顷，户均1公顷，人均0.252公顷。地主、富农少数人家占有田50.83公顷，地2.39公顷，占总田地的22.9%；中农占有水田53.48公顷，地28公顷；占总田地的30.49%；贫、雇农大多数人家只有87.99公顷，地36.57公顷，占总田地的46.61%。

贫苦农民租种地主土地，必须每年向业主交纳地租。交地租以米为主，亦有豆麦或折钱交纳。佃户无力交租者，业主往往仗势逼租，甚至抽回土地，断绝佃户生路，以致惨事时有发生。地租有押租、包租、折租三种。

押租：农民租地时先向业主交纳抵押金。如农民无力交租，业主就在抵押金中扣除。抵押金与欠租额相等时，业主抽回土地，租期内无欠租，租约期满，业主退回押金。

包租：又叫板租。业主与佃农议定租额，“荒熟无饶”，佃农要按契约规定的租额向业主交租。

折租：又叫活租，是主要的地租形式。近代租额多为“石二起租”，有高至“石四起租”的，也有乡村视当年收成丰歉决定纳租成数。

清末民初租额很重，一般一亩水田丰年收米不到2石，租额却要米0.8～1.2石，外加脚米（一般每亩数升）、酒席、鸡等杂项。民国17年（1928）浙江省提倡“二五减租”，因遭顽固封建势力反对未能实行。经过抗日战争，农村经济萧条，租额有所减少，杂项取消，但田赋转由佃农交纳，佃农仍然不堪负担。民国36年（1947），县佃租委员会公布佃租标准（按糙米计算）：“甲等地区，田亩年收一石六斗，租额六斗；乙等地区，田亩年收一石四斗，租额五斗二升五合；丙等地区，田亩年收一石二斗，租额四斗五升；丁等地区，田亩年收一石，租额三斗七升五合。”实际租额不受此限。

地主还雇农民二。有长工、忙工、月工、短工、童工等。长工工资，一般为全年3～5石米，年终还要找种种借口，七折八扣，只够自己勉强吃用。忙工、月工、短工工资，按农时闲忙，每工1～2升米。有些佃农养不起孩子，送到地主家放牛、打杂工，吃饭不拿钱，年夜给点“好看铜”。地主还通过高利贷盘剥农民，一般春天借米1石，秋收连本带利共还2石，有的甚至要按月交息，如借米1石，一年为期，按月还息1斗，不能按时还息的，要利上加利。农民在青黄不接时为了应急，忍痛把自己将要收割的田稻以极低的价格预卖给地主，俗称“卖青苗”。地主趁机买进，转瞬之间，其所得利息倍于本金，甚至有达本金两倍以上者。

第二节　土地改革

中华人民共和国成立初期，在抗美援朝战争进行的同时，中共中央按照《共同纲领》的规定，从1950年到1953年春，领导人民群众在农村开展土地改革运动。其间，在中共海盐县委、钦城区委的领导下，进行了土地制度改革，彻底废除了封建土地所有制，使深受剥削压迫的广大农民获得了土地等基本生产资料。实现了农民土地所有制，解放了农村生产力，为翻身农民走上富裕道路奠定了物质基础，从而促进全县农村经济迅速走向恢复和发展。

1950年6月28日，中央人民政府委员会第八次会议通过了《中华人民共和国土地改革法》(以下简称《土改法》)。《土改法》规定土地改革的基本目的是：废除地主阶级封建剥削的土地所有制，实行农民的土地所有制，借以解放农村生产力、发展农业生产，为新中国的工业化开辟道路。为了达到土改的目的，党中央确定的土地改革的总路线是：“依靠贫农、雇农，团结中农，中立富农，有步骤有分别地消灭封建剥削制度，发展农业生产”。

1950年6月，钦城区张鼎乡7村5组有65户，人口266人，其中男126人，女136人，雇工1人，军烈属3人。全劳动力122人，半劳动力42人，低劳动力35人，无劳动力67人。总土地面积926.72亩，其中自耕田372.695亩，地137.6亩，杂地3.85亩，屋基地14.19亩，坟地2.4亩。其中，贫下中农租入地主田176.2亩，地44.58亩；地主富农出租田164.5亩，地6.4亩。

1950年8月4日，政务院发布《关于划分农村阶级成分的决定》(以下简称《决定》)。海盐县委、县人民政府坚决贯彻党中央的指示，认真执行《土改法》。从1950年春开始，经过土地改革准备、典型试验、逐步开展、全面开展以及检查结束土改、颁发土地证等阶段。

从1950年12月初开始，至1951年4月，全区土改基本结束。土改经过以下五个阶段：

第一阶段：开展宣传教育，放手发动群众。土地改革是一场尖锐激烈的阶级斗争。要顺利开展土地改革，必须把贫雇农为主体的农民阶级发动起来，通过阶级诉苦，揭露恶霸地主的罪行，提高农民的阶级觉悟，击退地主阶级的反攻，打掉地主阶级的威风，懂得谁养活谁的道理。改选乡、村农民协会，加强土改领导。

第二阶段：划阶级成分阶段。土改工作队认真贯彻执行政务院的《决定》。首先，召开各种会议进行阶级教育，指出划阶级是一场严重的尖锐的阶级斗争；其次，讲明白为什么要划阶级，怎样划阶级，如何正确掌握各阶级成分的分界线。根据占有土地、生产工具及其他财产的多少划分为地主、富农、中农、贫农、雇农等成分，由群众讨论、公布、再讨论，做到三榜定案。

欤城乡第八村（现庄家村）的黄石埝、桃花浜、夏家浜、润文桥、夏义浜、西港等自然村共有 94 户。全村人均土地 3 亩。其中划分为地主 2 户，富农 3 户，小土地 4 户，富裕中农 11 户，中农 49 户，贫农 24 户，雇农 1 户。

欤城乡八村（现何家村）的冯家场、董家浜、袁家场、张家浜、新木桥、钱家场等自然村，在土改时有 58 户。划为地主 3 户，划为富农 4 户，小土地 1 户，富裕中农 5 户，中农 19 户，贫农 19 户，雇农 7 户。

欤城八村（现庄家村）的沈家浜、陆家浜、孙家浜、林百堰、王家浜、宋家浜、枸塍塘、袁家木桥、水门头、苏家、林家浜等自然村，在土改时有 64 户。划为地主 5 户，划为富农 9 户，小土地 1 户，富裕中农 9 户，中农 23 户，贫农 9 户，雇农 8 户。

第三阶段：没收征收阶段。这是贫雇农、中农与地主阶级开展短兵相接、面对面斗争阶段，是彻底废除封建剥削土地制度的关键时刻。各乡都分别召开农民代表大会，总结前阶段的工作，交流情况，明确没收、征收的范围、对象及方法，研究可能出现的问题，重申土改工作八项纪律。在各乡农会领导下，成立乡没收、征收管理委员会，由乡农会主席兼任保管委员会主席，统一领导没收、征收工作。村相应成立没收征收保管委员会，由村农会主要干部任主任，委员由各代表小组长及积极分子组成，下设没收征收、搬运、宣传检查 3 个小组，吸收立场坚定、办事公道、了解政策的贫雇农骨干参加。并安排当地教师和有文化的合适人员协助登记、造册、计算和张榜公布等业务工作。同时，加强民兵对地主的监督，防止发生转移财产等破坏活动。没收征收以村为单位进行，村根据没收征收对象、居住地点等具体情况，统一安排先后次序，上门执行。对地主分子先责令交出地契和图照，逐块查证、核对亩数。然后，清点应予没收的多余粮食、耕牛、农具（水车、风车、犁耙、锄头、船只）和房屋，并进行登记，地主本人过目后，由宣传检查组逐屋检查无遗留后，农具、家具由搬运小组搬至集中地点，多余粮食（留地主自食口粮）运走，房屋（留地主家庭住房的一份）贴上封条，耕牛落实专人饲养。地主的其他财产一律不动，使他们成为自食其力的劳动者。同时征收其他公地和富农的部分土地。

第四阶段：合理分配果实。合理分配土改果实，是农民内部问题，大量工作集中在土地分配上。各乡以村为单位举行有全体群众参加的没收分配会议。由农民协会向群众公布没收、征收清单，宣布分配给每个人的土地拥有量，根据自己原有占有量，抽出超过部分，凡不到平均数的予以补足，使贫雇农和部分中农分得土地。对没收地主的房屋、农具、粮食等优先分给雇农、贫农，再多余的可分给下中农。着重进行“天下农民是一家”的团结互让教育，提倡先人后己。土改工作人员以身作则，从自己带头做起。

在这个阶段，根据海盐县盐区废场盐民转业安置的实际情况，结合土地改革做好盐民转业安置及分配土地。海盐县沿海的澉浦区、西塘区决定在 1951 年分批全部废场转业。内地有关区、乡分配土地时留给盐民的土地 153.3 公顷，其中欤城区 33.33 公顷。至 1951 年 8 月，欤城区、沈荡区、澉浦区共转入基本盐民 148 户，653 人，分得土地 65.4 公顷、地 20.06 公顷，房屋 12.5 间；沈荡区、欤城区共安置地主、反动分子盐民 70 户，361 人，分得土地 35.2 公顷，地 11.05

公顷，房屋3间。

第五阶段：总结土改，组织生产。1951年4月，土地分配基本完成，土改基本结束。各乡村分别召开农民代表大会或乡村干部大会，初步总结土改，庆祝胜利。把工作重点转到解决翻身农民发展生产的困难，发动群众开展爱国生产竞赛运动，掀起开垦荒地、兴修水利、增积土杂肥等生产热潮。同时，进行土改检查，继续处理好土改遗留问题，加强对地主的管制，巩固土改胜利成果。

1951年3～4月，在春耕大忙到来之前，全区土地分配已基本完成。5～8月，转入检查土改、结束土改工作阶段。县人民政府向农民颁发了土地证。

第三节 互助合作

土地改革以后，土地的私有制并未改变，贫苦农民分得土地后，由于资金短缺、农具缺乏，难以做到精耕细作，单家独户更是无法抗拒各种自然灾害。党和政府及时发出“组织起来，发展生产”的号召，引导农民走上合作化道路。

农业合作化是在中国共产党领导下，通过各种互助合作的形式，把以生产资料私有制为基础的个体农业经济，改造为以生产资料公有制为基础的农业合作经济的过程。这一社会变革过程，亦称农业集体化。大体分为互助组、初级农业生产合作社、高级农业生产合作社三个阶段。

互助组

第一阶段是1949年10月至1953年，以办互助组为主。软城农村素有“伴工”的习惯，互相伴工互相调工是一种“穷帮穷”的自发性互助组织，得到广大贫雇农的拥护，大家纷纷组织起来，成立了互助组。

互助组有临时性和常年性两种，临时性互助组带有很大的季节性和不固定性，它的特点是农忙互助，农闲单干，大活重活互助，小活轻活单干；常年性互助组是从临时性互助组巩固提高而来的，不分农忙农闲常年实行互助。

软城区最早出现的常年互助组是1951年3月，软城乡西十村许来珍等13户成立的县内第一个互助组。1952年春，鸳鸯乡有7个行政村，1206户，土地14209亩，其中水田9999亩，旱地41210亩。共有临时性互助组20多个，在总路线的指引下互助组有了很快发展，入组农户达到70％以上。

由于互助组并没有改变生产资料所有制，劳动互助是建立在个体经营基础上的集体劳动，互相争着要先种自家的土地，特别是遇到灾害时争先恐后。因此，党和政府领导农民在互助组的基础上建立土地入股、统一经营的农业生产合作社。此时的合作社属于半社会主义性质，称之为初级农业生产合作社。

初级农业生产合作社

1951年9月，软城区委根据中共中央《关于农业生产互助合作的决议》，使农业互助合作运动取得了较大的发展。1953年秋至1954年春，软城乡试办了6个小型农业生产初级合作社，由于合作社比互助组发展了生产，增加了收入，群众纷纷加入合作社或办起了新社。到1954年冬季，全乡已扩建了26个农业社，入社农户共948户，占全乡可参加农户的96％以上。与此同时，

1954 年秋，掀起办初级社高潮，鸳鸯乡共建立了农业生产合作社 36 个，入社农户 548 户，占总农户的 45.5%。1955 年春在发展农业互助合作运动中出现了急躁冒进倾向。为纠正这种倾向，贯彻中共中央《关于缩减农业增产和互助合作五年计划的指示》，解散了 13 个初级社，有的转为互助组，有的转为单干。此后又贯彻执行了《中共中央关于农业生产互助合作的决议》。本着"全面规划，稳步前进"的方针。12 月 16 日，中共中央公布了《关于发展农业生产合作社的决议》，此后，农业合作社从试办进入发展时期。到 1955 年 10 月，鸳鸯乡共有农业合作社 23 个，入社农户 518 户，占全乡总农户数的 51.8%，互助组 40 个，入组农户 350 户，占总农户的 29%，除地主、富农、反革命不准入社 122 户外，其他农户大部分加入了初级社。基本实现初级合作化，也是农业合作化运动的第二阶段。

初级社的优越性

1. 合作社能增加生产，增加收入。欤城全乡 22 个合作社，增产 1 成的有 11 个社，增产 2 成的有 7 个社，增产 2.5～3 成的有 2 个社，不增不减的有 2 个社。

2. 合作社有力量改变耕作制度，推广先进技术。全乡合作社共有水田 8000 余亩，改种单季晚稻的有 4160 亩，由于推广了落谷稀、小株密植、深耕等先进技术，基本上获得丰收，每亩可收 225 公斤左右，比上年增产 1 成；尤其是红星社，每亩平均 247.5 公斤。

3. 合作社能够有力量扩大耕地面积。欤城乡扩种春花面积 1 倍以上，如原来单干时小麦只种 60 公顷，而办起合作社后种了 153.33 公顷，油菜面积也扩大 1 倍以上；如光明社单干时小麦只种 8.67 公顷，而办起合作社后种了 25.13 公顷，增加了近 3 倍。

4. 合作社能够发挥劳动积极性，多积土肥。如捻河泥每亩平均 11 船，比单干时的 4.5 船增加了 1 倍多；还有发动妇女参加集体劳动，如春花田抄麦沟，桑树地挑稻秆泥，早晚稻田耘苗等农活。

5. 合作社能够运用集体力量战胜自然灾害。如晚稻田发生严重的稻包虫、二化螟、三化螟危害，采取很多措施，在晚上每天点 160 多盏汽油灯和人工捕捉的方法战胜了虫害，还有战胜了晚稻从耘耥到收割没下 1 天雨的旱灾。

6. 合作社采用合理施肥，减少了落脚田。据统计全乡 22 个社，减少了落脚田 1024 亩，每亩比往年多收 50 公斤左右，全乡可多收粮食 7 万公斤左右。

7. 合作社有力量解决困难户。据统计全乡办社前有缺粮户 119 户，办社一年就减少到 24 户；其次是生活水平提高，办社前卖房子的有 39 户，卖田地的有 72 户，做长工的 28 户，办社后这些情况没有了。

表 10—1—1　　1954 年欤城区各乡初级农业生产合作社统计表

乡别	合作社数	入社农户	人口(人)			劳动力(个)					入社土地(亩)			自留地(亩)	农船(条)		耕牛(头)	
			合计	男	女	合计	男		女		合计	其中			公有	私有	公有	私有
							正	半	正	半		田	地					
欤南	30	565	2212	1073	1139	1323	451	151	513	208	6532	3909	2623	231	19		131	
富亭	2	47	209	101	108	100	34	10	36	20	509	378	131	16	4		6	

续表 10－1－1

乡别	合作社数	入社农户	人口(人)			劳动力(个)					入社土地(亩)			自留地(亩)	农船(条)		耕牛(头)	
			合计	男	女	合计	男		女		合计	其中			公有	私有	公有	私有
							正	半	正	半		田	地					
钦城	26	948	3825	2202	1803	2105	844	236	742	283	11150	8050	3100	316	49	43	240	6
钦北	25	732	2906	1412	1494	1650	600	200	570	280	9743	6745	2998	241		293		74
得胜	11	302	1273	633	640	665	253	103	242	67	3718	2741	977	101	5	74	60.5	
张鼎	39	957	4201	2138	2063	2418	1166	109	1025	118	16426	11319	4927	227	3	58	74	100
钦东	31	962	3668	1938	1730	2060	769	280	705	279	9338	6897	2441	227	23	42	12	54
石泉	24	528	2262	1104	1158	1282	508	140	490	144	6717	4957	1760	193	5	15	49.5	
鸳鸯	27	688	2753	1356	1397	1510	558	195	532	225	7771	5670	2101	136	34	26	157.5	11
合计	235	5729	23309	11777	11532	13113	5210	1424	4855	1624	71731	50671	21060	1497	142.5	551	730.5	245

表 10－1－2 1954 年钦城区 9 个乡初级社组织情况表

乡别	合作社党团组织						合作社领导人(人)								
	共产党组织			共青团组织			正社长	成分		副社长	成分		委员	成分	
	支部(个)	小组(个)	党员(人)	支部(个)	小组(个)	团员(人)		贫农	中农		贫农	中农		贫农	中农
钦南			14			50	16	9	7	26	12	14	91	38	53
富亭						3	2	1	1	3	3		13	7	6
钦城	1	4	25	5	14	126	25	15	10	39	22	17	157	63	94
钦北			7	8	9	44	6	2	4	12	7	5	41	2	39
得胜			3		3	20	4	1	3	7	6	1	74	45	29
张鼎	1		12	1	3	81	36	28	8	46	34	12	227	171	56
钦东			5			37	13	8	5	19	11	8	210	100	110
石泉			8	3	5	61	19	15	4	16	13	3	144	84	60
鸳鸯			8		3	84	32	12	20	30	15	15	155	83	72
合计	2	4	82	16	37	506	153	91	62	198	123	75	1112	593	519

高级农业生产合作社

当初级合作社克服了互助组不能克服的矛盾后，它自身又产生了新的矛盾，即初级社以土地入股，要付出一定的土地报酬，如水田报酬占三定产量的 45%，最高不超过 50%；旱地产量低、成本小,土地报酬低于水田,一般按评产的30%~35%。而粮食增产,土地分红的数量也随之增加,强劳动力不能发挥劳动积极性。1955年7月31日,中共中央召开了省、市、自治区党委书记会议,毛泽东在会议上作了《关于农业合作化问题》的报告,对党的农业合作化的理论和政策作了系统阐述,并对合作化的速度提出新的要求,将规模小的初级社合并,办起以主要生产资料归集体所有,实行"按劳分配"为特点的社会主义性质的高级农业生产合作社,简称高级社。

高级社的分配制度是农副业总收入扣除生产成本、农业税和公积金、公益金后,净收入全部按社员劳动日分配,以户为单位结算。高级社的经营管理水平不断提高,社以下分为若干个生产队。

1955年11月中旬,钦城乡成立全县第一个完全社会主义性质的高级农业生产合作社(简称高级社),名为钦城高级社,由光明社、红星社、夏家堰社等7个低级社合并建立的,入社农户406户,水田4031亩,旱地1296亩,男女正半劳动力920个。高级社在处理经济关系上,土地归社所有,取消土地报酬。农业税由高级合作社向国家交纳,桑树归合作社所有,桑叶按春叶17%附加报酬照顾(秋叶不算)。生产现金投资,以全年计算,按劳动底分分摊,分期交款。自留地按全社总面积平均3%划给社员。社员私有的耕牛和农具,原则上按初级社办法处理。

据1956年8月10日统计,钦城乡共办起高级社13个,入社农户3204户,占全乡总农户4202户的75.5%,另有初级社30个,入社农户933户,占全乡总农户的22.64%。到1958年春,全乡高级社仍为13个,入社农户4137户,实现了农业生产高级化。

农村高级合作化的实现,结束了土地私有制的历史。

第四节　人民公社

人民公社时期,土地和大型农具归集体所有,铁搭等小农具归社员所有。社员有按人口分配的少量自留地,自留地上的收入归社员所有。其分配制度是,生产队全年总收入扣除生产成本,提取公共积累金和留开下年成本后,按照劳动工分和畜肥工分进行分配,一般一年有春花—早稻—年终三次分红(红即钱的意思),粮食是按照年龄段规定的口粮加畜肥粮进行分配;柴草等其他物资均按照社员工分分配。

人民公社制度(1958~1978)年,是土地改革完成后,农村历经了互助组、初级社和高级社形式的合作化道路后,1958年确立了人民公社制度,是从农民私有、集体统一经营使用的土地的制度,改革为集体统一所有、统一经营的土地制度。1958年5月,中国共产党第八次全国代表大会第二次会议正式提出了建设社会主义的总路线。8月,中央政治局在北戴河举行扩大会议,作出《关于在农村建立人民公社问题的决议》。党中央提出了总路线、"大跃进"和人民公社,是全党、全国人民在社会主义道路前进中的"三面红旗"(总路线、大跃进、人民公社)。海盐县委迅速贯彻落实"中央决议",作出了《关于建立人民公社的规划(草案)》,并在钦城、横港两个乡试点。1958年9月19~22日,县委召开三级干部大会,县、乡、社干部1825人参加会议,提出9月底在全县实现人民公社化。钦城乡率先建立了钦城人民公社委员会,10月,钦城人民公社成立后,下设8个管理区,管理区下设15个生产大队。

根据中央《关于在农村建立人民公社问题的决议》精神，钦城人民公社实行工农商学兵五位一体、政社合一的体制；生产上实行“五个统一”，即：统一领导、统一经营、统一计划、统一核算、统一分配。关于公社和社员的关系规定：(1)社员自留的鱼塘、坟地、荒山、空地，一律无代价归公社所有，自留地由食堂经营，私有竹园折价归食堂所有，零星果树归社员私有。(2)社员私有的家畜、家禽，如果社员同意也可折价归社。(3)公社可根据工农业生产与文化福利事业发展的需要，对房屋过多的社员进行必要的调整与使用。这些规定消灭了“私有制尾巴”。在“一大二公”(第一规模大，第二公有化程度高)思想指导下，人民公社推行组织军事化、生产战斗化、生活集体化(简称“三化”)。1958 年当年收益分配仍以小社为核算单位，而且实行了“粮食供给制”“吃饭不要钱”和“按月发基本工资加奖励”的制度。

1958 年，大批农村劳动力被无偿抽调去“大办钢铁”“大办工业”，严重影响农业生产。人民公社初期的特点是“一大二公”，实际上是“一平二调”，即平均主义和无偿调拨劳动力、财产，出现管理上过于集中、经营上统得过死、分配上存在严重平均主义的现象。由于实行“三化”，出现天天喊整风、事事搞辩论、处处插红旗、拔白旗，批判所谓的右派、促退派、算账派、观潮派和右倾保守派，助长了干部工作作风简单化，形成“共产风”、浮夸风、强迫命令风、干部特殊化风和生产瞎指挥风的现象，挫伤了广大干部群众的积极性，造成了农业生产的连续滑坡。如浮夸风，是年，吕家大队出现亩产 30 万公斤的试验田；所谓“放卫星”，结果是颗粒无收。

1959 年 3 月，中共中央在郑州召开政治局扩大会议，制定了《关于人民公社管理体制的若干规定(草案)》。钦城公社党委贯彻落实中央制定的“统一领导，队为基础；分级管理，权力下放；三级核算，各自盈亏；分配计划，由社决定；适当积累，合理调剂；物资劳动，等价交换；按劳分配，承认差别”的整社建社方针。是年 4 月，贯彻了中共中央政治局上海会议纪要《关于人民公社的十八个问题》，检查在过去工作中存在的执行政策、粮食安排和群众路线三方面主要问题。同年 7 月，重点解决“一平二调”“共产风”和过分集中两种倾向，下放权力，实行以生产队为基础、以生产小队为包产单位的三级核算制度。是年，全公社划分为 10 个生产大队，149 个生产小队，入社农户 6191 户，入社人数 24838 人，占总人数的 98.1%。是年底，实行粮食供给制度的还有 2 个生产大队，以生产大队为经济核算单位有 7 个生产大队。

1960 年春，由于种种原因遭遇历史少有的困难时期。党中央针对“大跃进”和人民公社化运动中存在的严重问题，在调查研究的基础上，制订了一系列方针、政策。于城镇党委贯彻党中央方针政策，对国民经济实行“调整、巩固、充实、提高”的八字方针，对人民公社实行整顿，肃清“共产风”、浮夸风、强迫命令风、生产瞎指挥风和干部特殊化风等“五风”。逐步纠正“大跃进”和人民公社化造成的各种失误。根据中共中央“十二条”精神，调整社队规模，实行“三级所有，队为基础”，由原来的大队核算改变为生产队为基本核算单位，解决了所有制问题和分配关系问题，纠正了“一平二调三收款”的错误。停办了公共食堂，整顿了集体牧场，重新划分了社员自留地，允许社员家庭饲养畜禽。

1961 年 5 月，钦城公社党委贯彻落实《农村人民公社工作条例(草案)》(简称“农业六十条”)，调整公社和大队规模，钦城公社由原来的 15 生产大队，划分为 18 个生产大队，设 267 个生产小队。

1967 年 5 月，由于极“左”路线的影响，钦城公社农村全面推行“大寨式”评工记分制。“大寨式”评工记分制的做法是:每天只记社员干活的内容和工时,不记工分。间隔一段时间后,按政治思想表现来评工分,先是民主评定标兵工分,然后每个社员对照标兵,自报工分,再由大家公议评定。大寨式评分带来了“平均主义”的弊端,通常一个全劳力干一天活男的得10分,女的为8分,同等劳动力得工分大体相同,相差也不过1分上下,形成了干多干少一个样,有违按劳取酬公平性质,挫伤了农民的劳动积极性,形成“出工一条龙,干活磨洋工,收工一阵风”的出工不出力的现象,不能保证农业生产的季节性特点,如全公社有不少生产队没有达到不种立秋后田的要求,影响晚稻产量,也影响了农业生产的发展。

1968年3月12日,钦城公社贯彻海盐县革命委员会召开的“三忠于(永远忠于毛主席、永远忠于毛泽东思想、永远忠于毛泽东革命路线),抓革命促生产誓师大会”精神,向全社发出倡议,并召开“三忠于”誓师大会,开展“献忠”活动,提出了“忠不忠、看行动”的口号,全公社不少社员“献”出自留地和竹园地。

1972年后,钦城公社逐步贯彻“各尽所能,按劳分配”原则,生产队对割稻、拔秧、插秧、罱河泥、耕田等农活开始实行以量计工或定额计工的办法,不计量的农活叫“零工”也有的叫“杂工”,但未抹去“平均主义”的情形,有强劳动力半天可干完一天的定额量,可是只能停工,不可多挣工分,也有季节性的农活不定量,如夏收夏种,也叫“双抢”,为做到插秧不过“立秋关”,社员可超量多挣工分,强弱劳动力的工分拉开距离,时谓“抢工分”。此办法延续至1978年。这期间,劳动力少的户,因为工分折算后不够口粮等食物分配的折算款,年终分红要“倒找钱”给生产队,同时有不少户下一年春季有“青黄不接”的情况,当然不会饿肚子,那时期生产队都有储备粮可以借,借后用当年的“口粮”来还。

第五节　联产承包责任制

1978年中共十一届三中全会以后,出台了一系列改革开放政策,首先在农村推行以联产承包责任制为主要形式的生产责任制。1982年秋,钦城公社开始实行农村家庭联产承包责任制,全公社16个大队234个生产小队5571户,除江渭大队1个生产队采取小段包工定额计酬外,其余各队以户为单位划分口粮田和商品粮田。口粮田按人口年龄定粮划分,商品粮田按社员劳动底分划分,对外出务工人员划一半,桑地按务农社员劳动底分划分,务工人员划一半。要合理确定口粮田和商品粮田的比例,首先要做到田定产、人定量。以田定产是根据前三年的平均产量加可靠增产因素确定标准产量;以人定量是按后三年以人定量的平均数,计算出每户口粮数,由各户口粮总数÷(每亩标准产量-每亩应留种子、饲料粮、提留粮、公粮)即为每户的口粮田,余下的即为商品粮田。与此同时把原集体的中小农具、种子等折价分配到户。第一轮生产队与社员签订15年土地承包合同和包工结算合同。合同规定:承包户向国家交售粮、油、蚕茧等任务和交纳农业税;还要向生产队交纳集体公共积累和集体统筹资金等。

1983年3月,钦城公社有16个大队235个生产队实行家庭联产承包责任制;1984年根据中央(84)一号文件和海盐县委(84)70号文件精神,中共钦城乡党委、钦城乡政府制定了《关于调整土地承包、延长承包期的实施办法》,进行了延长土地承包期工作,将水田承包期延长为16年

(1985～2000 年),桑地为 21 年(1985～2005 年),对人口变动情况按 15 年推测,口粮变动按动粮不动田的即增减出售国家任务粮的办法加以调节,取消了机动田。最后发给承包户“土地使用证”。承包期延长后,农民增加了对土地的投资,积极扩种桑树地,加强了对桑树地的管理,调动了广大农民培养地力、发展生产的积极性。

1985 年 7 月,海盐县在沈荡乡沈荡村试点,将蚕室、仓库等集体公房采用投标方法,拍卖给农户。钦城乡党委在 10 月作出决定,将全乡各生产队的集体房屋有的经折价卖给农民个人所有,有的直接分房屋到户。

1992 年全乡有 16 个村,235 个承包组,农户 6565 户,总人口 22878 人,劳动力 14603 个,承包土地 2569.47 公顷,其中水田 2164.93 公顷,旱地 27.27 公顷,桑地 377.27 公顷,上交国家粮食任务 745.88 吨,农业税 45.78 万元。应交集体 77.24 万元,其中公积金 31.95 万元,公益金 11.13 万元,管理费 18.48 万元。

1996 年,全镇有 16 个村,235 个承包组。承包经营土地面积 2530 公顷,实行“双田制”面积 2063 公顷,其中口粮田面积 660.53 公顷,责任田按劳面积 1402.53 公顷。当年转让土地 345 户,转让面积 79.13 公顷。规模经营土地面积 49.46 公顷,最多的八字村有 24 公顷。有南圣村专业队 1 个,经营土地面积 2.53 公顷。

1998 年 5 月,海盐县委、县政府发出《关于做好延长承包期工作,稳定和完善农村土地承包关系的意见》指出,凡第一轮土地承包合同到期后,必须抓紧做好第二轮土地承包工作,承包期延长 30 年。是年,于城镇实施并完成了第二轮土地承包工作。土地承包后,根据有关政策,开展了土地流转工作。

第六节 土地流转

土地流转是让农民不仅拥有土地使用权,而且拥有在承包期内的土地经营转让权。2002 年 8 月全国人大通过了《中华人民共和国农村土地承包法》,规定了家庭承包取得的土地承包经营权可以依法采取转包、出租、互换、转让或者其他方式流转。土地承包经营权流转要遵循以下原则:1. 平等协商、自愿、有偿,任何组织和个人不得强迫或者阻碍承包方进行土地承包经营权流转;2. 不得改变土地所有权的性质和土地的农业用途;3. 流转的期限不得超过承包期的剩余期限;4. 受让方须有农业经营能力;5. 在同等条件下,本集体经济组织成员享有优先权。

土地流转是要实现农地资源的优化配置,必须坚持“农民自愿”,必须坚持“与农业劳动力转移进程相适应”,必须坚持“家庭经营”,必须坚持“保护耕地”。其目的是要实现农业规模经营,提高农业效率,建设现代农业。

于城镇土地流转的五种形式:

土地转包

通过家庭承包取得的土地承包经营权,在承包期内,承包方将部分或全部承包土地的使用权,以一定条件转给本集体经济组织内的其他成员从事农业经营。原承包方与发包方的承包关系不变,与发包方签订的土地承包经营合同继续有效,所承担的权利和义务应继续履行。

土地出租

通过家庭承包取得的土地承包经营权，在承包期内，承包农户将承包的部分或全部承包土地的使用权出租给本集体经济组织成员以外的经营者从事农业经营。承租人只向承包方交纳土地租金，原承包方与发包方的权利和义务关系不变。

土地转让

通过家庭承包取得的土地承包经营权，在承包期内，承包方经发包方同意，将部分或全部承包土地的使用权转让给本集体经济组织内的其他成员从事农业经营。转让后，原承包户相应的土地承包经营权自然丧失，原与发包方确立的权利和义务关系自然终结。由受让方同发包方确立新的承包关系。

土地互换

通过家庭承包取得的土地承包经营权，在承包期内，对属于同一集体经济组织的土地，承包方之间为方便耕种或者各自需要，交换其承包地块仍从事农业经营。互换后原土地承包合同规定的权利和义务，经发包方同意后随互换而转移，也可以仍由原承包者承担。

其他方式

通过其他承包方式取得的土地承包经营权。只有经依法记取得土地承包经营权证，土地承包经营权才能进行流转。依法登记取得证书，是流转的前提条件。流转方式没有规定转包，只有转让、出租、入股、抵押。

表 10－1－3　　于城镇 2002 年各村土地流转(签合同)情况表

单位：户、亩

村名	退包		委托转包		转包		租赁		承包		合计	
	户数	面积	户数	面积	户数	面积	户数	面积	户数	面积	户数	面积
鸳鸯												
吕家	2	16.94	4	3.641							6	20.401
庄家									2	26.99	2	26.99
何家	11	12.625			9	21			1	12.60	21	46.225
构塍	7	11.569							3	64.18	10	75.749
八字												
江渭												
三联	3	3.84	31	25.56	17	42.60	2	42.80			53	114.80
合计	23	44.974	35	29.021	26	63.6	2	42.80	6	103.77	92	284.165

于城镇加强土地流转工作，以土地流转为抓手，促进土地规模化经营。制定了有关政策措施：1.强化考核，建立完善土地流转机制。2.突出重点，加大土地流转力度。以整村流转为重

点，以整组搬迁为前提，确保完成任务。3.招商引资，积极培育农业经营主体。4.规范管理，进一步完善土地流转机制。根据县政府要求，出台了土地流转的计划，详见表10—1—4：

表10—1—4　　于城镇家庭承包土地面积流转计划表

单位：户、亩

年份	流转涉及总户数	其中：流出户数	流转总面积	其中					总农户数
				转包面积	转让面积	互换面积	出租面积	股份合作面积	
2002	92	84	284	64		29	43		
2005	1579		2067						
2006	2065	1259	2183						6328
2009	2985	2985	5665	2292	22	3	3127	221	6423
2010	3653	3653	6862	2105	22	3	4459	273	6423
2011	4664	4664	9864	3238	22	4	5833	767	6423
2012	5067	5067	11754	3289	22	4	7285	1154	6423
2013	5265	5265	13549	3760	22	4	8609	1154	6423
2014	5443	5443	14683	3760	22	4	9732	1165	6423

2014年，于城镇新增3.3公顷以上连片土地流转面积101公顷。是年止，全镇有5443户农户流转地面积978.87公顷(14683亩)，共办起家庭农场8家。

表10—1—5　　于城镇2014年度土地流转经营情况表

单位：亩、户

村名	流转总面积	转包面积	转让面积	互换面积	出租面积	股份合作面积	总农户数
鸳鸯	1511	260			611	640	696
吕家	1626	163			1463		855
庄家	1684	724	18		942		467
何家	1112	434		2	676		348
构塍	1352	222	4	2	851	273	644
八字	1732	137			1343	252	806
江渭	2922	51			2871		667
三联	2744	1769			975		960
合计	14683	3760	22	4	9732	1165	5443

第二章　粮油生产

粮油生产历来是钬城的主要产业，粮食作物主要是水稻、大小麦和豆类，油料作物主要是油菜。解放前，生产条件差，工具落后，肥料贫乏，自然灾害严重，粮油生产发展缓慢，产量极低，一般水稻亩产只有二三百斤，油菜亩产仅四五十斤，因此农民长期缺粮少油。解放后，党和政府十分重视粮油生产，在变革生产关系上，积极改善生产条件，改革耕作制度，推广优良品种，提高栽培管理技术，粮油产量逐步提高。

1950 至 1957 年，这个时期内经过土地改革、农业合作化等生产关系的变革，提高了农民生产积极性，粮油产量不断增长。1958 年后的几年中，由于干部瞎指挥，浮夸风等影响，到 1960 年粮豆产量减产二成。1961 年后，经过调整，粮地总产连年增长，1964 年粮地亩产超过 800 斤，突破了中共中央制定的 1956 年到 1967 年《全国农业发展纲要》的目标。1966 年后，尽管受“文化大革命”影响，但粮地产量稳中有升，每产超千斤。党的十一届三中全会改革开放后的十年，粮地总产量连续增长。特别是推行农村家庭联产承包责任制后，春粮和油菜面积不断扩大，甚至达 100%。油菜籽全部出售给国家，农民经济收入不断提高。

表 10－2－1　　于城镇水稻产量表

年份	早稻			连作晚稻			单季晚稻		
	面积（亩）	亩产（公斤）	总产（吨）	面积（亩）	亩产（公斤）	总产（吨）	面积（亩）	亩产（公斤）	总产（吨）
1955	12404	158	1959	/	/	/	17899	198	3544
1958	30472	226	6887	30570	140	4280	20439	141	2891
1959	25821	167	4775	25921	183	4732	21064	256	5392
1960	34531	146	5040	34531	165	5705	17987	220	3957
1965	19901	261	5240	19943	153	3050	9847	258	2535
1968	24463	247	6045	33047	215	7110	7643	251	1918
1970	26489	263	6958	26489	204	5404	6503	254	1652
1972	27299	355	9694	27280	319	8701	153	362	55
1974	26950	299	8050	32684	249	8138			
1978	26131	382	9984	32402	338	10950			
1980	25551	412	10527	32071	374	11998			
1982	25185	440	11067	31796	331	10504			
1984	25090	467	11722	31388	451	14162			

续表 10—2—1

年　份	早　　稻			连作晚稻			单季晚稻		
	面积（亩）	亩产（公斤）	总产（吨）	面积（亩）	亩产（公斤）	总产（吨）	面积（亩）	亩产（公斤）	总产（吨）
1986	24645	458	11276	30703	389	11949			
1988	25864	402	10409	31222	412	12863	84	445	37
1990	26053	443	11548	31770	417	13254	21	429	9
1992	26037	421	10969	31314	415	12985	99	424	42
1994	20112	455	9142	27288	491	13394	3415	530	1810
1996	22534	400	9014	27698	477	13201	1660	540	896
1998	17978	457	8215	27593	488	13455	5168	559	2890
2000	7608	463	3523	27323	504	13771	17300	513	9311
2001	4474	441	1975	24701	516	12757	21700	542	11767
2003	323	430	139	330	400	132	25053	5061	12687
2004	/	/	/	4130	535	2208	21312	571	12178
2005	/	/	/	1863	495	908	23022	528	12160
2006	/	/	/	723	535	387	22909	590	13510
2007	/	/	/	283	488	138	23293	568	13238
2008	/	/	/	76	508	39	24286	573	13910
2009	/	/	/	250	498	125	24455	559	13665
2010	/	/	/	80	575	46	24463	571	13968
2012	/	/	/	/	/	/	22548	582	13127
2013	/	/	/	/	/	/	21855	580	12681
2014	/	/	/	/	/	/	21813	585	12761

表 10—2—2　　　　于城镇农作物播种和产量统计表

年　份	总播种面　积（亩）	粮豆合计			小　　麦			大　　麦			玉　　米			其他谷物			豆　　类		
		面积（亩）	亩产（公斤）	总产（公斤）	面积（亩）	亩产（公斤）	总产（公斤）	面积（亩）	亩产（公斤）	总产（公斤）	面积（亩）	亩产（公斤）	总产（公斤）	面积（亩）	亩产（公斤）	总产（公斤）	面积（亩）	亩产（公斤）	总产（公斤）
1950		8146	171	1393															
1955	38033	28828	169	4872	9577	54	517	219	65	14									
1958		100046	151	15123	9524	55	520	1408	88	123	26	25	0.7	1522	25	38			

续表 10－2－2

年份	总播种面积（亩）	粮豆合计			小麦			大麦			玉米			其他谷物			豆类		
		面积（亩）	亩产（公斤）	总产（公斤）	面积（亩）	亩产（公斤）	总产（公斤）	面积（亩）	亩产（公斤）	总产（公斤）	面积（亩）	亩产（公斤）	总产（公斤）	面积（亩）	亩产（公斤）	总产（公斤）	面积（亩）	亩产（公斤）	总产（公斤）
1959	169616	98808	267	26442	10415	63	628	1044	49	70	74	237	26.5	186	87.5	16.2			
1960		112281	110	12322	10082	61	613	980	72	71	36	49	1.8	433	22	9.6			
1965		66368	185	12334	3800	71	269	964	78	75									
1968	95277	66151	213	13964	1734	100	173	1233	96	118									
1970	96707	69038	234	16180	2807	86	240	1624	101	164				156	267	42			
1972		71332	278	19782	1635	108	127	5726	121	705	3	52	0.16	21	250	5.30			
1974		69941	252	17599	1418	108	153	5754	141	812				8	305	2.45			
1978		67822	330	22332	1791	146	257	4258	156	663				3	315	0.95			
1980		68143	346	23577	1771	185	327	4759	193	919									
1982		65531	354	23171	1608	180	289	5730	205	1175	16	82	1.30	38	75	2.85			
1984		69805	414	28865	1168	220	257	11898	227	2692									
1986		68849	382	26268	1208	230	278	10049	247	2484				29	78	2.25			
1988		74876	366	27390	1173	203	235	12583	240	3286				13	62	1			
1990		76613	377	28906	929	198	184	15481	232	3596	2	200	0.40						
1992		13564	378	22786	151	219	33	14036	248	3482	2	600	1.20	8	150	1.20			
1994	81023	60786	419	25492	180	217	39	11069	222	2461	63	620	39				1666	180	300
1996	85495	65260	406	26190	112	241	27	12338	298	3671	72	625	45				2108	184	388
1998	85540	63501	401	25467	103	223	23	14143	201	2837	177	486	86	9	210	2	2786	174	485
2000	80508	54117	417	22580	961	298	286	12844	282	3616	346	639	221				4316	192	830
2001	78434	46575	438	20409	1039	286	297	10168	296	3014	311	498	155				2789		526
2002	68910	40439	442	17878	960	294	282	9903	258	2252	172	547	94	7	428	3	2963	192	569
2003	63734	38152	428	16329	958	282	270	7948	241	1916	191	529	101	9	380	3.4	3273	170	556
2004	63337	38872	478	18563	961	305	293	4403	305	1341	2323	533	1239	9	300	3	5391	195	1053
2005	66044	39639	442	17522	2651	324	860	5729	292	1675	1137	522	593	18	440	8	4775	204	978
2006	65889	42367	471	19950	6362	336	2135	5521	292	1610	1130	509	575	0	0	0	5168	240	1240
2007	63590	47866	453	21700	12697	361	4587	4311	306	1319	1525	565	861	0	0	0	5186	223	1155
2008	65242	49041	450	22078	13443	345	4636	3416	307	1067	1350	507	685	0	0	0	5599	213	1193
2009	67001	50128	422	21166	14670	326	4786	2833	271	769	1357	344	467	0	0	0	5834	180	1052

续表 10—2—2

年份	总播种面积（亩）	粮豆合计			小麦			大麦			玉米			其他谷物			豆类		
		面积（亩）	亩产（公斤）	总产（公斤）	面积（亩）	亩产（公斤）	总产（公斤）	面积（亩）	亩产（公斤）	总产（公斤）	面积（亩）	亩产（公斤）	总产（公斤）	面积（亩）	亩产（公斤）	总产（公斤）	面积（亩）	亩产（公斤）	总产（公斤）
2010	67706	51466	424	21797	16507	319	5260	2216	271	600	1385	320	443	248	576	143	5857	178	1042
2012	63158	48819	426	20788	17719	305	5379	1196	274	328	1358	355	482	/	/	/	5249	210	1103
2013	62079	48158	430	20538	17730	316	5605	1076	275	296	1395	348	486	/	/	/	5397	210	1131
2014	62081	48501	429	20784	17915	315	5640	1023	286	293	1445	359	518	/	/	/	5610	220	1232

表 10—2—3　　　　**于城镇种粮大户直补资金表**

年份	农户数（户）	承包面积（亩）	复种面积（亩）						省补资金（元）	县补资金（元）	镇补资金（元）	补贴合计（元）
			小计	大麦	小麦	早稻	连作晚稻	单季晚稻				
2007									47680.4	9420.5		51700.9
2008	21	1088.56	1949	58	841.23	0		1049.78	38980	9745	9745	58470
2009	26	982.34	1961.18		978.84	0		982.34	39223.6			
2010	35	2156.66	4085.5		1928.84	0		2156.66	81710			
2011	35	2611.16	5113.04	0	2534.06	0	0	2578.99	127826	25565.2	0	153391.2
2012	24	2745.23	5490.46	0	2745.23	0	0	2745.23	137261.5	27452.3	0	164713.8
2013	32	3624.95	5880.38	0	2914.76	0	0	2965.62	147009.5	29401.9	0	176411.4
2014	27	4686.253	6870.665	0	3179.526	0	0	3691.139	171766.63	34353.325	0	206119.95

第一节　耕作制度

软城传统的农业耕作制度历来是以一年只种一季早稻或中稻，春粮以少量的大小麦、蚕豆，以白田过冬居多数。20 世纪 20 年代起开始在冬季发展绿肥花草田。50 年代初党和政府十分重视耕作制度改革，直至联产承包到户止，这个时期内耕作制度经历了六个阶段：

单季稻中稻改晚稻阶段（1950～1953 年）。这一阶段主要缩小中稻面积，扩大单季晚稻面积，试种双季稻。春粮、花草田面积基本稳定。1950 年全部种植单季稻，以种中稻为主。1954 年开始缩小中稻面积，扩大单季晚稻面积，结果产量比中稻每亩高出 60 公斤，提高了农民种单季晚稻的积极性。1955 年全区大面积推广单季晚稻。

单季稻改双季稻阶段（1956～1967 年）。这一阶段主要进行单季改双季，积极发展连作稻，形成绿肥—早稻—连作晚稻的耕作制度，在1955年试种成功的基础上1956年开始在全乡推广，1957年种植面积达到30%以上。到1962年由于改制受实际条件限制，虽然双季稻面积迅速扩大，但因劳动力、牛力等紧张，栽培技术跟不上，单产增产幅度不快等原因，调整了双季稻面积。1963～1967年，加快发展了电力灌溉，使旱涝保丰收面积扩大，加上矮化育种成功，尼龙薄膜育秧的推广，双季稻种植面积进一步扩大，单产也迅速提高。1964年停种中稻。

扩种大麦三熟制阶段（1968～1977年）。这一阶段提出"以粮为纲"的口号，各级政府领导狠抓粮食生产，以大麦为主的春粮作物不断扩大，形成了大麦—早稻—连作晚稻的三熟制耕作制度。

扩种油菜三熟制阶段（1978～1982年）。1978年前后，推广九二13系油菜新品种，成熟期比常规品种普遍提早，加上油菜抢青收割打堆技术的推行，油菜田的翻耕时间提前，油菜田插种早稻的矛盾得到缓和。形成了油菜—早稻—连作晚稻的耕作制度。

继续扩大三熟制面积阶段（1983～1993年）。推行联产承包责任制后，免耕麦、免耕油菜的推广，节约了劳动力，春粮和油菜面积达100%。形成了大麦（油菜）—早稻—连作晚稻的三熟制耕作制度。但在此期间，逐渐推行免耕稻（直播），因此开始试种小麦，收获后改种单季晚稻。

三熟制又改为两熟制阶段（1993～2014年）。随着农业多种经营的发展，由于化肥和农药品种的增加，除草剂的推广应用，春粮普遍改种小麦和少部分油菜，早稻面积逐年减少，收获后直播单季晚稻（免耕稻），就又回到了一年两熟制。即小麦—单季晚稻，2003年起全镇三熟制基本消失，成为单纯的单季晚稻地区。

第二节　种　子

种子类型

早稻种子　20世纪50年代有海盐六十日，嘉兴白皮、紫皮，川沙早粳等。60年代推产莲塘早、陆财号、矮脚南特、矮南早一号、团粒早等品种。70年代广陆矮四号、中杆早、先锋一号、二九南一号、二九青、珍圭51、原丰早、珍龙13。80年代有浙辐802、二九丰、加籼222等，90年代起至21世纪初有嘉育293、嘉早05、Z91-43、嘉育143等。

中稻种子　民国时期有矮露白、大谷种、红壳洋尖和白壳洋尖等。

晚稻种子　民国时期有晚粳129号。1956年推广连作晚稻品种有红须粳、老来青、落霜青、金谷黄等，60年代有农垦58、八五三、四上裕、桂花黄等。70年代有农虎5号、6号，加湖四号、东方红、农红73、加农14号、双丰1号等。80年代有测30、测48、测24、秀水06、农虎3-2、东选4号、81-115、82-04、82-27、83-46、84-11、85-24等。90年代至21世纪初有秀水42、秀水63、秀水110等品种。

糯稻种子　民国时有白壳糯、50年代有红壳糯，60年代有紫乌糯，70年代有京引15、京引58、双糯4号，80年代有祥湖47、加香糯、祥湖25、祥湖47、84、丙92-148、丙93-02、祥湖914等。

杂交稻种子　70年代推广杂交水稻，主要品种为籼优6号。90年代开始，有寒优湘晴、8优

161、闵优 128、常优 1 号、嘉优 1 号等品种。

大麦种子　民国至 50 年代有立夏黄、二棱大麦。60 年代有早熟 3 号、早熟 7 号、浙农 12。70 年代有矮早三、沪麦 4 号。80 年代有浙皮 1 号、浙农大 2 号、3 号。1990～1995 年起以浙农大 6 号成为当家品种，1996～1998 年浙原 89－5 为当家品种，2000 年，浙农大 92－11 当家；2001～2005 年，花 30 为当家品种。

小麦种子　民国时有纯系 9 号，红蒲、白蒲。50 年代后有蒲头穗、矮粒多、万年 2 号、杨麦 1 号、丰产 3 号、苏麦 1 号、钱江 1 号等。90 年代后以钱江 1 号、扬麦 5 号为当家品种，2000 年后，扬麦 158 成为当家品种。

油菜种子　民国时有本地土油菜。50 年代甘蓝型胜利油菜、加油 4 号、三月红等。80 年代为九二 13 系；90 年代引进浙油 758、浙双 72、油研 9 号等；21 世纪初，“双低”品种与九二 13 系各占一半。

种子场

1976 年 9 月 17 日，海盐县革命委员会批准圩城公社建立种子场。地点在原于城村 7 组于城农业中学内，有水田 39 亩，旱地 18 亩，场员 16 人，耕牛 1 头，全年饲养猪 59 头，其中母猪 8 头，养兔 60 只。种子场的主要职责其一主要是培育和提纯常规的优良品种种子，其二是繁育杂交水稻籼优 1 号、2 号种子，供应本公社各生产队种植。1981 年停办，种子基地改作渔荡。

良种补贴

根据省财政厅、省农业厅《关于安排国家农作物良种补贴资金的通知》，对水稻、棉花每亩 15 元，小麦和玉米每亩 10 元实施良种补贴，首先由各行政村对农户种植面积进行核实，同时上报用于补贴发放的信用社账号。然后要张榜公示一周后上报，待县财政下拨后，通过“一卡通”形式，及时将资金发放到农户手中。

表 10—2—4　　历年农作物良种补贴资金表

单位：亩、元

年　份	补贴农户数（户）	承包面积（亩）	晚稻面积（亩）	玉米面积（亩）	小麦面积（亩）	棉花面积（亩）	中央补贴（元）
2008	5595		22420.5				336307.5
2009	5732	22811.75	41547.42	11	18724.67	0	451534.12
2010	5649	27500	43455.42	10.7	20559.1	0	548982.3
2011	5545	31795	22840	10	22074	13	563638
2012	5348	28626	22319	11	21332	0	548209
2013	5136	27532	21536	11	20976	5.8	532996
2014	4933	26694	21361	38	20386	0	524649

第三节 肥 料

欤城当地农作物所施的有机肥料有:绿色植物,如花草(紫云英)、青蚕豆蔓、青草、水草、绿萍等;土杂肥有:猪羊灰、牛粪、河泥、焦泥灰、烟囱灰、生活垃圾、豆饼、菜籽饼、棉籽饼、糠饼、人粪、蚕沙等。

民国时期,农民无钱购买化肥,即使有钱也买不到化肥,以农家的有机肥猪羊灰和花草为主,其次就用草木灰、人粪以及河泥。1946 年起海盐县开始首次使用化学肥料 10 吨,推广面积 1400 亩左右。

解放后,党和政府十分重视农业生产,俗话说:"庄稼一枝花,全靠肥当家。"每年冬季发动群众大搞积肥运动,春季积足绿肥,夏季捞水草、秋季削草皮泥、冬季开浜罱河泥。

河泥

河泥中含有丰富的有机质,例如磷氮等,能够促进植物的生长,可以改良耕地养分。河泥是沉淀在河底的烂泥,用作肥料由来已久。解放前本地农民没有船,少数人家请苏北人来罱河泥,以船为单位计费。罱到船里后用河泥桶肩挑到田间倒入塘内,称白塘河泥,存放到第二年春耕时节,再用土汰挑到花草田或白田里作肥料。解放后,人民公社时期,到了冬春两季,投入大量劳动力罱河泥,生产队集体有农船,20 世纪 50 年代是 2～3 吨木船,70 年代 3～5 吨水泥船,用来罱河泥。除了白塘河泥,春、夏两季还用要河泥加猪羊灰搭窖头。搭窖头要开窖头潭,挑好猪羊灰,再把河泥和猪羊灰一层一层搭配好,让其互相发酵,肥料效率会更高。到了冬季,当地农民还稀释河泥直接浇在稚嫩的麦苗上,这样麦苗犹如盖上了一条厚厚的棉被过冬。

厩肥

厩肥俗称猪羊灰,是家畜粪尿和垫棚材料、饲料残茬混合堆积并经微生物作用而成的肥料。富含有机质和各种营养元素。各种畜粪尿中,羊粪的氮、磷、钾含量高,猪粪次之,牛粪最低;排泄量则牛粪最多,猪次之,羊粪最少。垫圈材料有稻草为主麦柴次之。厩肥的作用:一是提供植物养分。二是提高土壤养分的有效性。三是改良土壤结构。四是培肥地力,提高土壤的保肥、保水力。厩肥腐熟后主要作基肥用。新鲜厩肥的养分多为有机态,碳氮比值大,直接施用会损苗,故采用搭窖头的办法。

人民公社时期,社员私人养猪养羊产生的猪羊灰,以每百斤为计算单位,投售给生产队集体,猪灰每担 8 分(合一个女全劳动力),羊灰每担 10 分(合一个男全劳动力),数量在出棚时以过秤为准。一年中有多次清棚,有春节过后开始搭窖头,再是春粮收割后、早稻收割前搭窖头,还有晚稻插种时施面肥。

堆肥

用作物的茎秆、绿肥、杂草等植物与泥土、垃圾等混合堆置,经过微生物分解而成的肥料。多作基肥,施用量大,可提供营养元素和改良土壤性状,尤其对改良黏土有较好效果。

"焦泥灰",它是由草皮泥与垃圾堆积而成。多数是在秋收冬种前进行,这段农闲时间里,生产队组织妇女劳动力在岸边、地边、河边等地方,拿起锄头把杂草和泥土一起削落,在烈日下晒干，然后挑到一块空地上，下面铺上干稻草，上面放10～13厘米草皮泥，再放一层干稻草，上面再放草皮泥，一层一层放上去，到放不下为止，在最下一层的稻草用火点燃，让其自然连柴带草烧尽，这些草皮泥变成有红有黑，故称之为"焦泥灰"。待到晚稻收获大小麦播下种后，把焦泥灰撒到麦田里，既盖住了"露水麦"又起到了保暖和肥料的作用。

"水草发酵"。20世纪70年代为了积肥想尽办法，一种是把田头地头水沟里的杂草用镰刀割或用手拔，集中堆放到田头的"灰潭"里，此时的"灰潭"里的窖头灰已经出空，放入杂草让其自然发酵腐烂，要保持适当的含水量，是促进微生物活动和堆肥发酵的首要条件。一般以堆肥材料量最大持水量的60%～75%为宜。这是一举两得的好事，因为既清除了放水沟的杂草，让水流动通畅，再则利用沟里的杂草增加了有机肥料。

80年代实行家庭联产承包后，化肥的大量增加，大部分人家不罱河泥，个别有船人家罱些秧田河泥或者窑潭河泥，90年代起，再也没有农民罱河泥的农活了，单一地靠施化肥种田了。

花草(紫云英)

花草，又名紫云英，是豆科黄芪属越年生草本植物，多在秋季套播于晚稻田中，作早稻的基肥，是稻田最主要的冬季绿肥作物。花草多分枝，匍匐，高10～30厘米左右。喜凉爽气候，可在晚稻齐穗期即收获前25天左右播种，每亩播种量1.5公斤，播种前要"烤"好稻田，防止积水，干旱田要灌一次跑马水。种子要经晒种、擦(碾)种处理。春耕时将成熟的花草翻入土中发酵，发酵腐烂后，再耕种。花草种植历史久远，民国时期大面积播种。20世纪50年代，花草田面积占水田总面积的80%左右。

沤肥

沤肥，又称农家肥，是天然有机质经微生物分解或发酵而成的一类肥料，即把猪羊灰、绿肥、杂草等植物性物质与河泥同置于积水坑中，经微生物厌氧呼吸发酵而成的肥料。一般作基肥施入稻田。沤肥的堆制：先在屋旁或田角挖一个坑(灰潭)，坑深1米左右，坑的大小根据原料而定，一般是2米×2米正方形，还有三角形的。如果在水田沤制，坑要浅些，比田面低30～50厘米，坑的四周要做12～16厘米高的土埂，以免田里的水流入坑内，然后把猪羊灰、草皮、杂草等原料倒进坑里，倒一层猪羊灰加一层水河泥，加满以后用水河泥封顶。每两爿田开一个灰潭，开潭时有的撒在花草田或者春花田作底肥，也有田抄平后作面肥。用竹篾小土汏挑到田里均匀地撒开。20世纪80年代联产承包农民不再捻河泥，也不再堆制沤肥。

田菁

田菁喜温好湿，种子在12℃时才能萌发。出苗后30天内生长迟缓，以后进入快速生长期，在高温多湿条件下，每天可生长3～5厘米。耐淹能力强，如水不淹没顶端，仍能继续生长。20世纪70年代县农技站在软城推行试种，后在早稻田埂或地边播种，作为晚稻基肥；桑园地也曾经试种；每公顷可产鲜草15吨左右。鲜草含水分80%左右，氮0.4%～0.6%，磷酸0.1%左右，氧化钾0.15%～0.2%。配合其他饲料可喂牛、羊或打浆喂猪。不久停种。

稻草还田

20世纪70年代，在肥料短缺的情况下，一般是将早稻田的稻草切断撒入田中翻耕，弥补作连作晚稻有机肥的还足。进入21世纪，稻草既不作燃料又不作养猪羊垫圈材料，加上采用联合收割机收割，把稻草打碎后作冬小麦防露籽盖面，采用稻草代替猪羊灰还田，增加有机肥，改善土壤结构。

化肥

20 世纪 70 年代起逐步发展化肥生产，有了县内小化肥厂，生产碳酸氢铵。除碳酸氢铵还有国产氯化铵和进口尿素等。有机肥料和无机肥料的使用比例 70 年代为 7∶3;80 年代为 3∶7。其施肥方法有深施(即塞秧根)，根外追肥(即叶面喷施)，配方施肥。化肥的种类由单纯的氮肥，增加到氮、磷、钾三结合，90 年代起研制了氮磷钾按一定比例配制的复合肥料。施肥方法总结出“三结合”“三为主”的施肥原则。即有机肥料和无机肥料相结合，以有机肥为主;基肥和追肥相结合，以基肥为主;前期追肥和后期追肥相结合，以前期追肥为主。

80 年代联产承包责任制以后，有机肥料逐渐改少，无机肥料大量增加，导致土壤板结，后来采用稻草还田，弥补了有机肥料逐渐改少的状况。

第四节 栽 培

据明天启二年(1622)《海盐县图经》载:“农家凡种稻者，先择种，一亩大田用种谷约 3.5～5 公斤。立夏前后开始做秧田，用人工挑水或人工踏车灌水，用铁耙(板齿)垦田，摊平，同时浸种，浸 5 日，用人粪泼于秧田面层，把种谷播入秧板，又 5 日秧出齐。芒种后，夏至前，此时雨水较多，适宜大田翻耕、摊平、灌水，此时秧苗茁壮成长，约 35～40 天，苗有一拳余长，便拔秧移栽。”

育秧

民国后期到解放初期，大部分农户每年种一熟水稻，且以中稻为主，凡是种早稻的，清明前后开始播种，中稻谷雨前后播种，晚稻芒种前后播种。做秧田用牛翻耕、耙平，不分沟板，种谷不催芽，秧板上灌水后，落盲谷。随着耕作制度的改革，改中稻为早稻和连作晚稻两季，20 世纪 50 年代以后，育秧技术不断革新。1953 年推广“盒子式秧田”，即秧板四周有边，宽度 1.5 米，为了培育壮秧，采用“落谷稀”播种。1956 年推广双季稻后，秧田实行催芽后落谷。催芽方法有草囤催芽、泥潭催芽、稻草堆催芽等多种，做到高温破胸，适温催根，保湿催芽。二熟制早稻育秧，播种期在四月初(最早的在 3 月 20 日)，由于气温较低需保温育秧。用毛竹劈成竹弓上面用油纸覆盖，苗高 10 厘米时揭去油纸，日光练苗 7 天后拔秧移栽。油纸易破，1964 年推行塑料薄膜育秧，每亩用种量 100 公斤，实行小苗带土移栽，也就是用抄扦连土抄起，抛入大田，托在手心里插种，5 月上旬就可移栽。1 亩秧田可种 10 亩大田。但极大部分只能是露天秧田，下种后撒上砻糠灰，70 年代改用塌谷。晴天平沟水，阴天半沟水，雨天排干沟里水，30～35 天拔秧移栽。

移栽

传统习惯以手拔秧移栽，农民用秧凳坐在秧田里，用双手拔秧，分左右两把用稻草扎牢，挑入耖平的大田插种。插种时用田丝绳打样，6 棵为埭。民国时 33 厘米见方。30 年代行距 33 厘米株距 16 厘米。1953 年，推广小株密植，缩小行距 20～21.6 厘米，株距 18.3～20 厘米，每亩 1.6 万丛，每丛 6～8 根。1959 年插种规格为 16.67×10 厘米，每亩 4 万丛，每丛 5～6 根，每亩 20 万基本苗。70 年代推行 13.3×10 厘米，每亩 5 万丛。

表 10—2—5　　　　1957 年春耕插秧季节与技术规格表

类别	春耕时期	技术规格			插秧时间	技术规格			
		深度	次数	质量		行株距	每亩棵数	每丛根数	质量
连作早稻	4 月中旬	10～13 厘米	二耕三耙一耖	松软平整好插	4 月 25 日～5 月 3 日	16.6 厘米或 16.6×18.3 厘米	22000～24000	早籼 7～8，早粳 8～10	浅插、直插、匀插
间作稻 早稻	花草田 4 月中旬、春花田随收随种	同上	同上 花草田一耕二耙一耖	同上	花草田 5 月 1～10 日，春花田 5 月 20～25 日	16.6×26.6～30 厘米	13300～15000	早籼 8～9，早粳 10	同上
间作稻 晚稻				同上	早稻插后 12～16 日嵌插，春花田插后 7 天	同上	同上	晚籼 10	同上
单季晚稻	4 月下旬至立夏	13.3～16.6 厘米	同上	同上	6 月 10～25 日	16.6 厘米		5～7 根	同上

1982 年起由于体制改革，废除集体经营，实行分田到户承包经营，早稻面积逐年减少，单季晚稻面积逐年增加，21 世纪起全面实行一季春粮（大、小麦、油菜）、一季单季晚稻。单季晚稻插秧 20×20 厘米，每丛 3～5 株，每亩 16 万基本苗，2003 年起，推广毛板田散播稻，也叫直播，2008 年部分又实行机耕耙平散播稻，每亩用种子 3.5～4 公斤。省去了拔秧种田弯腰、脸朝黄土背朝天的劳苦。

管理

提倡浅水种田、满水护苗、浅水发棵，浅灌勤灌的原则。施足底肥，早施追肥，看苗补肥。民国时期，秧苗移栽后 20 天后即便开始做耘耥，苗耥用一块木板，板上有丛钉，装有一长柄竹竿，人用苗耥在苗肋中推拉，然后人穿短裤跪在田里用手拔草，20 世纪 50 年代以后，推广小株密植，苗耥淘汰，而人仍跪在田里双手拔草，谓之耘苗。早稻插秧后 7 天开始耘头遍田，前后一共要耘 2～3 次。20 世纪六七十年代，由于化肥少，苗田里杂草丛生。都是人穿短裤双膝跪倒在苗田里，用两手拔掉所有杂草，后两次禾苗已长高，苗叶逐渐变老，臂和腿常被苗叶划破，就采用苗骑、头套、臂套来保护。

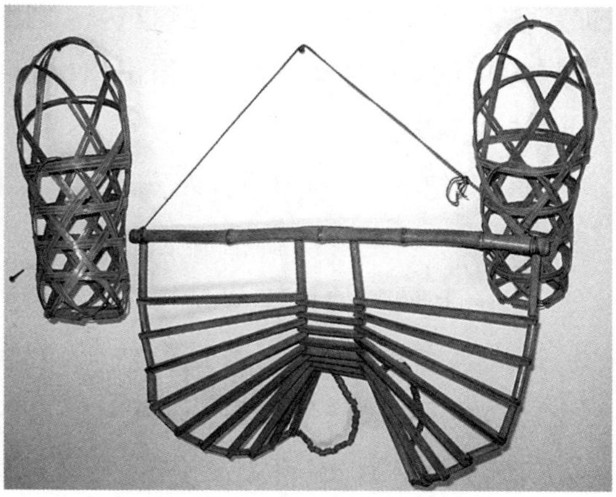

苗　骑

1985 年以后由于化肥的使用量大大增加，各种除草剂的推广应用，免去耘苗之苦，拔去少数杂草即可。季节要求早稻不种六月田，晚稻不过立秋关。水浆管理逐步形成“寸水插秧、满水护苗、浅水发棵、圆杆搁田、适水养胎、干湿养籽、养根保叶”等一套措施，确保单产提高，丰产丰收。分蘖末期排水搁田，开好“丰产沟”，烤田后合理用水，干干湿湿，养根保叶，防止早衰，防止病虫害。

第五节　植物保护

民国时期，农作物受病虫危害，轻则减产减收，重则颗粒无收。解放初期，以人工防治为主，以掘稻根、捉卵块、点灯诱蛾到烧制土农药，20 世纪 70 年代起用农药治虫防病。

人工防治

掘稻根

20 世纪 50 年代，冬季发动群众掘稻根，消灭害虫越冬。是一种防治螟虫的土办法，掘稻根用的是一把“三面快”半圆形刀，上面有一个管子，装上一把短柄和一段短横挡，正好一只手握住，掘的时候顺着稻部头一半钦下去，拔起来换个方向再钦下去，另一只手握住稻部头拔起来，一个一个地拔，一个人管 6 棵，人多了排列在一行向前拔，直到整爿田拔完为止。水稻二化螟越冬代幼虫的化蛹部位，都是在稻根内化蛹。所以，一爿田拔起来的稻部头用担子挑到空场上堆起来，中间夹此干稻草，用火把稻部头烧焦，也就达到烧死躲藏在稻部头里的越冬二化螟虫。

捉卵块

20 世纪六七十年代二化螟在稻苗上产卵部位是在秧苗上，主要分布于叶片反面，返青稻苗和分蘖的稻苗，则以叶片正面为多。老壮秧苗主要在第二、三、四叶片上产卵。叶片上产卵部位距叶尖平均为 8.7 厘米，最大 17 厘米，最小 1.5 厘米。圆杆拔节后的稻苗，产卵部位集中在叶鞘上，并以第二个叶稍为主。

采摘卵块也是一种土办法。在田间二化螟成蛾高发期后 3～5 天左右，去水稻田直接采集二化螟卵块。一般说来都是在跪着耘苗的时候，眼睛离苗的叶子最近，看得也最仔细，发现后用手摘取带有卵块的叶子，塞入田中泥土里。也有在拔节时集中力量地毯式采集，把采集来的卵块一起烧掉。

人工捕捉蝗虫

20 世纪 50 年代初期，蝗虫、蚱蜢泛滥成灾，农药还没有研制出来，只有通过原始办法进行捕捉。钦城区委号召大家捕捉蝗虫，人们有的拿着罐头，罐头口上封一张纸，中间挖了一个洞，用来放蝗虫的，有的拿竹筒，到稻田里去捕捉蝗虫，以捕捉数量来计算工分。

点灯诱蛾

20 世纪 50 年代中期，农药稀少，除掉稻麦田里的害虫以靠人工捕杀为主，点灯诱蛾也是初级阶段的一项重要防御措施。

水稻上最怕的虫害就是螟虫。夏天，螟虫大量繁殖，危害水稻生长，螟蛾产卵孵化出来的幼虫，钻进水稻苗心里，稻苗就会枯死（农民叫它白“莳头”）。因此，诱杀螟蛾是防治螟害，减少损失的有效途径。诱蛾灯，就是利用昆虫的聚光习性，土法上马自制的用来诱杀螟蛾的一种灯。

1955 年 8 月，二化螟第三代发展迅猛，来势之凶自解放以来少见，严重威胁着钦城乡当年推广种植的单季晚稻。县委生产办公室发出的《关于克服松劲情绪，继续战胜螟虫的紧急通知》。

乡政府立即召开分管农业乡长会议，会议布置了继续坚持发动群众，男女老幼齐动手，白天在田里捉卵块，夜间点灯在田头诱杀螟蛾，确保晚稻丰收。

点灯是在稻田田埂上垒起略高于稻苗的土墩，或者放一只凳子，上面放上脸盆，盆里装半盆水，水里滴几滴菜油，让跌下去的螟蛾飞不起来，水里填上一块砖，上面放置一盏灯。螟蛾随着亮光从远处飞来，在灯泡上一碰跌倒水中。第二天早晨，每个脸盆的水面上都浮着一层螟蛾。这种放盆的方法要白天收晚上放，很不方便。

还有一种是在田埂上放一只缸，缸口要略高于稻(麦)苗的面。缸里放大半缸水，水里滴上几滴菜油。在缸的外面摆上一只用竹竿做成的“三脚架子”，架子顶端中心最早是挂上汽油灯的，后来挂着一盏煤油灯。这种放缸的方法只要把灯收回就可以了。比放脸盆容易些。到了70年代用荧光灯来诱蛾，80年代起由于农药增加，点灯诱蛾废止。

试制土农药

20世纪50年代“大跃进”时期，钦城公社遵照毛主席“同病虫害作斗争”的教导，在防病灭虫工作中坚持土洋结合，以防为主，大力制造和使用土农药。既保证了水稻生产防病除虫的需要，又节省农药开支。其做法是：采集了苦楝树的果、野烟草叶，在野外地上挖一个小坑，用砖搭起土灶，上面放上铁锅，把采集了苦楝树的果和野烟草叶加水放入铁锅内烧煮一个小时，然后把苦楝树的果和野烟草叶捞出，凉透后用粪桶泼浇在苗田里。还有几种配方是：1. 烟草水：取烟叶、烟梗、烟筋等1两加清水约1.5公斤，浸泡一昼夜，在浸泡过程中，反复揉搓数次后捞出过滤。在滤液中再加入中性洗衣粉并搅拌均匀即可喷洒。烟草水可以防治蚜虫、红蜘蛛、粉虱、叶蝉、蓟马、蝽象、卷叶蛾等害虫。杀虫的主要成分是烟碱。2. 蓖麻水：取蓖麻种子1两捣碎，加入1斤水浸泡数小时，另加少量中性洗衣粉，再加水4～6公斤，拌匀过滤后即可喷洒。可以防治蚜虫、叶蝉、金龟子、佥花虫等。3. 大蒜水：将紫皮蒜捣烂，浸提汁液，加水20～25倍，搅匀过滤后应立即喷洒，可似防治蚜虫，红蜘蛛、介壳虫若虫以皮灰霉病、根霉病等。

1976年7月，农村稻田害虫猖獗，农药匮乏，各大队、生产队又一次组织社员用枫杨叶，黄荆紫、油桐果、辣椒等配制土农药，施药后收到一定的效果。

药剂防治

20世纪70年代起，公社配专职植保员，大队、生产队也设植保员，形成健全的植保网络。通过会议或者有线广播，及时传达病虫情报，掌握时机防治病虫害，提高防治效果。80年代起，村村办起配药站，指导农民除虫防病的技术问题。90年代起，统一由镇农技站配药并当场指导。

水稻虫害有三化螟、二化螟、大螟三种，纵卷叶虫、稻虱等。防治农药有六六六、二二三、1605、苏化203、敌百虫等有机农药。70年代使用杀螟松、杀虫双、乐果等，80年代使用甲胺磷、

水稻病害有稻瘟病、纹枯病、白叶枯病、穗颈瘟等。防治农药先后用西力生、赛力散、稻瘟净、多菌灵、托布津、三环唑、井冈霉素等。

大小麦病害有赤霉病，采用多菌灵防治；条纹病，采用402液或福美双千倍浸种12小时，清水洗后播种。黏虫采用防治。

油菜有菌核病。防治方法主要是轮作，打老叶，始花期、盛花期用多菌灵或托布津防治。蚜虫，采用移栽时乐果蘸叶或大田喷雾防治。

第六节　粮食示范区

2002 年 6 月，海盐县农业综合开发规划编制领导小组，对全县制定农业综合开发规划。于城镇规划了 2000～2010 年粮食示范区建设，全镇各村在示范区立碑并制订了目标。示范区建设规模不断壮大，2010 年，于城镇三联村实施千亩粮食生产功能示范区建设项目，项目计划总投资 49.82 万元，规模 78.666 公顷(1180 亩)。主要是改善和提高项目区内农田基础设施条件以及科技提升推广。其中维修机耕路 1.2 公里，投资 8.82 万元；排灌渠道建设 2.9 公里，投资 17.4 万元；新建排涝站 2 座，投资 12 万元；绿化面积 0.333 公顷，投资 1 万元；排涝坝基 2 座，投资 6 万元；地力提升项目投资 1.5 万元；科技提升项目投资 1.9 万元；机制创新项目投资 1.2 万元。项目总投资 49.82 万元。项目建成后，将扩大粮食种植面积，建设成为先进科学技术应用区、统一服务的先行区、高产高效种植模式的示范区，实现每亩增产粮食产 50 公斤，增加效益 100 元。2010 年示范区等粮食订单农业情况是：于城镇吕冢村蒋正文晚稻种植面积 210 亩，订单粮食任务 84000 公斤；蒋正军晚稻种植面积 35 亩，订单粮食任务 14000 公斤；吴子能晚稻种植面积 96 亩，订单粮食任务 38400 公斤；吴文圣晚稻种植面积 130 亩，计单粮食任务 52000 公斤；陈炽根晚稻种植面积 76.5 亩，计单粮食任务 30600 公斤；尹金桃晚稻种植面积 129 亩，订订单粮食任务 51600 公斤；八字村韩建祥晚稻种植面积 35 亩，订订单粮食任务 10000 公斤；三联村张冯良晚稻种植面积 400 亩，订订单粮食任务 160000 公斤；黄顺军晚稻种植面积 168 亩，订订单粮食任务 70000 公斤；王必保晚稻种植面积 150 亩，计单粮食任务 65000 公斤；庄家村王桂弟晚稻种植面积 130 亩，订订单粮食任务 55000 公斤；构塍村郑春根晚稻种植面积 80 亩，订订单粮食任务 25000 公斤。

2011 年，以粮食生产功能区建设为抓手，保障粮食生产能力，政府部门出台了有关措施：1.要切实抓好冬种生产，确保绿色过冬 90％以上。2.大力支持农业主体，建成两个粮食生产功能区。依托宏亮农场在三联建立粮食生产功能区，依托永军现代科技有限公司在吕冢建立粮食生产功能区。3.全面落实粮食生产各项扶持政策，充分调动农民的种粮积极性。认真落实省、县对种粮大户直接补贴、良种补贴、农机具补贴、粮食收购补贴等政策。4.积极推广优良品种、运用先进技术和先进农业机械，努力提高粮食单产。

2014 年，于城镇建立了 8 个规模型家庭农场。是年，省农业综合开发办公室批准了于城镇高标准农田示范项目，开发面积 633.33 公顷，总投资 1596 万元，涉及八字村、江渭村、三联村和构塍 4 个村。6 月各标段进行公开招投标。至年底，完成计划工程量的 60％。翌年全部完成。

第三章　蚕桑生产

据明天启《海盐县图经》载：“按盐邑素不习于蚕，近三四十年中，蚕利始兴，今则桑拓遍野，无人不习蚕矣。饲蚕法多学之吴兴……”可见海盐早在明代就有养蚕之习惯。

民国时期，蚕桑生产有所发展，由于缺乏科学技术指导和防病治病的药剂，蚕茧产量低，培桑缺少肥料，广种薄收。

中华人民共和国成立后，蚕桑生产快速发展。

1950～1956 年，农民经过土地改革，种桑养蚕的积极性空前高涨。1956 年全乡养蚕 6758 张，单产 26.59 公斤，总产 179.74 吨。

1957～1960 年，由于桑园地上间作或套种粮油作物，导致桑树衰败，养蚕张数大幅度提升，而蚕茧产量急剧下降。1960 年全公社养蚕 12301 张，单产只有 8.75 公斤，总产只有 108 吨。

1961～1965 年，全公社桑园面积为 3636 亩，1965 年养蚕数量下降为 4302 张，单产达 22.1 公斤，总产 95.4 吨。

1965～1977 年，调整蚕茧收购价格和实行奖励政策，桑园退出间作，稳定桑园面积。1974 年，桑园面积扩大到 5525 亩，全年养蚕数量增加到 8013 张，平均张产 33.5 公斤，总产达 266.6 吨。

1978～1986 年，农村经济体制改革，进一步调整蚕茧收购政策，1982 年全公社桑园面积达 5588 亩，全年养蚕数量增加到 9755 张，张产达 37.5 公斤，总产达 365.4 吨。

1988 年，全乡桑园面积达 5785 亩，全年养蚕数量增加到 16852 张，张产只有 30 公斤，总产达 512 吨，比 1986 年增长 13.52%。

1994 年，全镇桑园面积达 7712 亩，全年养蚕数量增加到 21350 张，张产达 33.2 公斤，总产达 708 吨，比 1988 年增长 38.28%。

2002 年，桑园面积不断扩大，全镇桑园面积达 7708 亩，全年养蚕数量增加到 20072 张，张产达 40.79 公斤，总产达 818.7 吨，比 2001 年的 944 吨历史总产最高年低 125.3 吨。

2003 年起至 2014 年，桑园面积逐年减少，2014 年比 2002 年减少 2753 亩；全年养蚕数量比 2002 年的 20072 张减少 14635 张，减少 27.08%；总产为 242.82 吨，比 2002 年的 944 吨减少 701.18 吨，占 74.27%。

第一节　栽　桑

据清乾隆《海盐续图经》载：“墙隙田旁悉树桑……”足见种桑见缝插针。

育苗

旧时，蚕农自行栽桑，先把成熟的桑果采集来，装在麻布袋内，放入粪坑中浸上 1～2 天，把桑果用手勒在稻草绳上，埋在地垄沟里，上面盖些泥和砻糠灰，出苗后浇上淡人粪尿。锄草培育，一年后长高 66～100 厘米，成为毛桑。第二年春分时节，用接桑刀进行嫁接，嫁接方法有“杀头接”和“抱娘接”，1～2 年进行移栽，每亩白地种桑 600～800 株，第一年只采叶不回条，第二年开始回条，三年后开始留拳。1956 年，于城根据县蚕业指导推广采用桑果育苗法。20 世纪 70 年代推广压条法，桑根代接法等。

品种

民国时期欤城蚕农主要种高杆桑为主，主杆高 2 米以上。品种有密眼青、湖桑、火桑等。湖桑主要是晚生大种桑和中生密眼青；火桑是早生品种，发芽比湖桑早，叶片成熟早，小蚕用叶以火桑为主。大蚕用叶以湖桑遴主。1954 年𨐨城境内品种有富阳桑、密眼青、海盐面青、桐乡青、荷叶白。1966 年起推广白条桑。1975 年后推广团头荷叶白、湖桑 197、荷叶白、桐乡青。1985 年有桐乡青、荷叶白、湖桑 197、团头荷叶白。1996 年推广农桑 8 号品种。1999 年推广盛东 1 号、农桑 12 号和农桑 14 号品种。

栽桑

20 世纪 50 年代后期𨐨城开始改种密植桑，亩栽 800～1000 株，品种有湖桑、荷叶白。60 年代开始推广无杆密植桑，亩栽 2000 株，桑叶普遍提高，但泥叶多，质量欠佳。70 年代改种低杆密植。亩栽 800～1000 株，主杆高不超过 80 厘米，亩产桑叶 500～750 公斤。

管理

解放前，𨐨城蚕农桑地每年翻垦两次，即冬天一次，落叶后一次；削草两次，即黄梅天一次，大伏天一次。施肥以冬季挑稻秆泥加河泥培土为主。解放后提倡科学管理，春季桑树发芽前施足催芽肥，一般以开穴施猪羊灰、碳酸氢铵、磷肥或油（豆）饼肥等。春蚕上蔟后伐条，除草松土施好夏肥，并用农药打好白拳防治病虫害。另外，70 年代起采用桑叶摘心、叶面追肥等技术，提高桑叶的产量。21 世纪以来，推广使用草甘膦除草剂。

第二节 养　蚕

家蚕，一年可养 5 期，即春蚕、夏蚕、早秋、中秋和晚秋蚕。质量是春蚕和晚秋蚕最好，蚕茧产量是春蚕和中秋蚕最高。

中华人民共和国成立前，海盐县内没有蚕种场，只能靠蚕农自己育蚕种，蚕熟前先选好身体健壮的蚕宝宝单独上蔟，采下茧子后等待它成蛹变蛾，人工选雌雄蛾相对，对蛾时间以点燃一枝线香的时间为准（大约 1～2 小时），据老蚕农经验，蚕蛾交配时间短，蚕宝宝眠讯齐，交配时间长，眠讯参差不齐，香烧完后去掉雄蛾，把雌蛾安放在一张较硬的纸上产卵。产满一张后保管起来，待明年开春再用石灰或卤池腌种。

腌蚕种有两种方法：一种是石灰水腌种，即用适当浓度的新鲜生石灰水泡好，放在一个容器内，蚕种放到石灰水里浸泡一段时间，然后挂起来晾干保存起来。一种卤池腌种，配好适当浓度的盐水（或盐卤），放在一个容器内，把刚生好的蚕种放到盐卤里，浸泡一段时间，取出后挂起来晾干，用纸包好保存起来。到明年春季催青收蚁。解放后，蚕农自腌蚕种淘汰。

1958 年秋季，县政府要求全县 8 个乡自制蚕种。圩城乡秋制春种 6750 张，秋制夏种 1650 张。1962 年，县政府在𨐨城与沈荡中间的千亩荡建立蚕种场，改良蚕种，推广杂交新品种，取消了土法制种。春蚕，从 20 世纪 50 年代用改良种蚕替代土种，60 年代春蚕种有东肥华合、苏十六、苏十七，70 年代用杭七、杭八取代，90 年代有青松皓月、浙雪春晓等。夏秋蚕种有蓝天白云、薪杭科明、星明芳山、浙农 1 号、苏 12。2002 年起，春蚕改为秋用蚕种，品种为 54A×丰 1、薪杭×白云。晚秋蚕品种，1999 年从省农科院引进雄蚕品种试养，后逐步扩大。2005 年主要品种有 54A×丰 1、秋丰×白玉、雄蚕秋华×平 30 等。

催青与收蚁

催青是指蚕卵在孵化前1～2天呈青色的过程。传统催青方法主要以人体焐种和自然温度暖种，历史上一直没有一种科学的方法催青，直到民国22年(1933)才有少量的蚕种采用加温催青。民国24年县府组织在城区、沈荡、练浦三处设催青室，民国36年蚕种在嘉兴集中催青。

1950年起由国家掌管发放蚕种工作，在沈荡、通元两地利用公房催青。1953年开始分别在沈荡、通元、武原利用蚕业指导所办公室催青。1956年在武原镇建造全县第一座催青室。1959年、1970年又先后在沈荡、通元两地建造两座催青室，由简易电气催青发展到电气自动加温催青。欤城的蚕种只能到沈荡催青室领取后分发到各大队直至生产队共育室。

20世纪50年代，收蚁采用“桑引法”和“打落法”。后来制种采取“散卵种”，后用“棉纸吸引法”和“防蝇网收蚁法”。1977年推广“纸包隔天收蚁法”，1980年后推广采用“棉纸纸包隔天收蚁法”。

春蚕：50年代收蚁在4月28～30日，60年代在5月1日左右。1970年华合×东肥品种在4月29日收蚁，由于发种过早，大眠期间叶荒。1971年起改在5月1～5日之间发种收蚁。

夏蚕：50年代，6月22～28日发种收蚁。

秋蚕：早秋蚕发种一般在8月10日左右；中秋蚕一般在8月底至9月初为宜，晚秋蚕发种收蚁一般在9月24日，最迟不超过9月30日。

收蚁方法：解放前到50年代前期，采用桃叶引蚁法和鹅毛掸蚁法收蚁。50年代后期采用棉纸覆蚁法，60年代开始采用网收法，70年代中期起改用纸包收蚁法至今一直沿用。

饲养

小蚕历来由蚕农分散单独饲养。抗日战争胜利后，全县各地纷纷建立蚕业合作社，由合作社组织稚蚕共育。中华人民共和国建立后，农业合作社组织稚蚕共育外，蚕农家里的蚕具如蚕匾、蚕架、箩莲等全都折价归为公有，大蚕也共育。推广高温快速养蚕法。人民公社化开始后生产队开始建造蚕室，添置小蚕加温、大蚕通风排气设备，队队建起共育室。稚蚕收蚁后用防干纸加强保温保湿，夏蚕、早秋、中秋自然温度很高，不需要加温，采用防干纸饲育。

小蚕加温方法很多，主要有火炉加温、火缸加温、煤球炉加温、沼气加温、电热器加温、地火龙加温等。

60年代推广小蚕防干纸覆盖育和小蚕坑床育。70年代采用瓦管地火龙加温，塑料薄膜围台育。1976年，早、中、秋蚕推广“小蚕低放，平面湿匾覆盖育”。1983年家庭联产承包后，共育室解散，又回到单家独户饲养。

小蚕给叶用切叶刀切成叶丝片，随着龄期的增加，叶片也随之放大。大眠开始可给原张桑叶。

大蚕(4～5龄)饲养方法有室内蚕匾育、室内蚕台育、室内地面育等。60年代推行多喂薄饲育蚕法，70年代采用分次定量给叶，保证旺叶期吃饱吃足。80年代总结推广彻底消毒，小蚕防干，大蚕防闷，稀放稀养，良桑饱食，节叶增茧的经验。欤城传统养蚕工具用蚕匾与蚕架，小蚕数量少的用箪，大蚕即用匾，圆形竹篾编成有匾筴、匾栏、蚕架三足鼎立，上下十档，可张开并拢。育蚕主要掌握“彻底消毒，小蚕防干，大蚕防闷，良桑饱食，节叶增茧”的经验。

上蔟

20世纪四五十年代，蚕熟后上山头柴。先在室内用蚕凳（离地面高1.2米）、用木头、毛竹在蚕凳上搭好架子，上面铺上箩莲，竖起山头柴，60年代起，由于养蚕数量的增加，搭山棚材料缺乏，改用地面上蔟，并采用蜈蚣蔟、伞形蔟，70年代推行纸板方格蔟。

俗话说："麦熟一夜、蚕熟一时。"蚕"熟"之后，所有劳力全力以赴投入上蔟，人工捕捉蚕之盆，送之上蔟，让其自然作茧。遇天寒需在山棚底下加温，3日落窝后开门窗曰"亮山"，7日采茧称"落山"。

防病消毒

蚕病有真菌性白僵、黄僵、褐僵、灰僵；病毒性血液型脓病、中汤型脓病、软化病；细菌性败血病、猝倒病、肠胃病；寄生性蝇蛆病、壁虱病，以及各种中毒症。

防治方法：50年代初，用硫璜在室内熏烟，消灭白僵病菌。后用冰醋酸、福尔马林液作蚕室蚕具消毒剂。60年代用漂白粉、赛力散、西力生消毒剂。1964年采用灭蚕蝇防治寄生虫病。70年代初，使用福尔马林伴砻糠灰进行蚕体消毒。80年代采用复方402防僵粉作蚕具蚕体消毒。还采用防病1号蚕室、蚕具、蚕体消毒，蚕熟上蔟后进行回山消毒。总之，现代育蚕主要做好蚕室、蚕具、蚕体消毒，才能确保蚕茧丰收。

中毒事故

70年代起，随着农村社队工厂的兴办，水泥厂、砖瓦厂、缫丝厂的高烟囱出现，废气污染日益严重，给蚕桑生产带来危害。其次是水稻农药的普遍使用，田边的桑叶受到农药的污染，蚕食桑叶就会不同程度的中毒。中毒后的蚕体大小不匀，发育缓慢不齐，不会上蔟结茧，严重影响产量。

还有小蚕采用煤球炉、木炭加温，煤和炭燃烧时放出一氧化碳，蚕农进入蚕室给桑，容易引起一氧化碳中毒，轻者头痛头昏，重者窒息死亡。

第三节　土法加工

剥丝棉

先将下脚茧的茧衣用手剥去变成光茧，称为"剥茧衣"。剥去茧衣后放入锅内加碱煮一个时辰，然后捞出去河水中清洗，回来后开始扯丝棉，先准备一只水缸或一只水桶都可以，旁边准备一只竹弓，双手拿起茧子放人水中，先把茧子破出一个洞，洞越扯越大，漾出蚕蛹，双手在水中进入洞内使劲往两侧张拉，拉到洞口约16.67厘米左右时拿上水面往弓上使劲地套住，套到弓底为止，这才完成一个茧子的剥棉任务。连续剥下去扯下去，直到弓上有厚厚的一皮（大约30～40个茧）才算剥好一张丝棉。弓上取下来的湿丝棉中间用一根红头绳穿起来，挂在竹竿上让其

正在扯丝棉比赛

太阳晒干。

蚕丝棉是一种绿色环保产品。桑蚕丝因蚕的生长中不能碰农药等化学药品，绝对不会对人体有过敏的不良反应，是标准的无污染产品，最佳天然填充料。桑蚕丝棉具有优良的透气性、吸湿性、排湿性、保暖性。因蚕丝的主要成分为动物蛋白纤维，含几十种氨基酸，因而桑蚕丝棉与人体接触，令人体肌肤滑爽、洁净、促进人体表皮细胞的新陈代谢，对皮肤有保健作用。可做棉被也可做棉袄棉裤。蚕丝是自然界中最轻最柔最细的天然纤维，撤销外力后可轻松恢复原状，内胎不结饼，永远不会发闷，不缩拢，均匀柔和，可永久免翻使用。

缫土丝

土法缫丝是旧时蚕农一种很重要的手工制丝方法，也是一种独特的手工技艺。先把新茧采摘后剥去茧衣，去掉杂质挑出双宫茧（俗称大头茧）以及烂瘪茧作为打汰头用。缫丝工具有泥涂行灶一台，行灶上装有 2 尺 4 寸直径的镬子。缫丝车一架（包括左右摆动装置、踏脚板、丝车轴、丝车架、五娘部等），还有配套的缫丝筷、铜针、新领头。如果烧砻糠的话还要有手拉风箱。在铁锅内放水，点火将水烧开。此时，开始下茧，用丝筷不停地捞动茧子，若做成细丝，用八九个茧子的丝头组成一根丝；若做成粗丝就要 15 个茧子的丝头组成一根丝，然后用丝筷挑上丝头，穿进铜针，经过五娘部到丝车的轴头上，用脚踏转动丝车，把茧丝缠到丝车上。缫丝娘不停地加入茧子、抽丝、搭丝、捞出蚕蛹，待到做完茧子为止。新中国成立后，国家茧站收购茧子，蚕农单家独户缫丝废止。

捻棉线

捻棉线是用缫丝剩下的下脚料用手工捻成的线称为棉线，俗称打棉线。专用工具为锭子、竽子芯、棉线桩。把要打（捻）的箪头安放在棉线桩上，棉线桩是用一米多点的竹竿，竹竿上留有若干个短丫枝，装在一块有孔的凳面大小的石头里，以防倾倒。拿出棉线锭子，套上竽子芯，芋子芯的下面有七八个铜钿固定（要有重心），在箪头上拉出纤维并用手捻转锭子使其棉线跟着锭子旋转，并逐渐拉长，拉出的丝头就绞成了线，这根丝线就称棉线，达到一定长度时，拿起锭子，另一手掐住箪头出线处，把捻成的棉线缠到锭子上，等到锭子上的竽子满了以后就取下来，这个过程就叫打棉线。

再用棉线经过加工织成的布称为“绵绸”，明清时期织绵绸是海盐的一种产业，蚕农在家里打棉线成为钦城乡一种家庭副业。

鞭箪头

在旧时，茧子采下后就要用上等茧做（缫）丝，拣出来的下脚茧如双宫茧、蚕屎茧、烂瘪茧只能鞭打箪头。先把这些茧子在浓碱水中烧熟，剥去蚕蛹，在河里放一只箪，底朝天，把茧放在箪上面用一根细竹棒鞭打，鞭打到茧衣完全融合为止，就成了箪头。一时没工夫打完可浸泡在缸甏里，有空时再取出来去河里在水中鞭箪头。箪头可做被絮翻被头，也可翻横絮。除此之外可打成棉线，织成绵绸，染成各种颜色，做成衣裳或裤子，此鞭箪头已基本淘汰。

表 10－3－1　　于城镇 1954～2000 年部分年份蚕桑生产统计表

年份	桑园面积（亩）	合计			春蚕			夏蚕			秋蚕		
		张数	单产（公斤）	总产（吨）	张数	单产（公斤）	总产（吨）	张数	单产（公斤）	总产（吨）	张数	单产（公斤）	总产（吨）
1954		810	31	2.50							810	31	2.50
1956		6758	26.59	179.74	4760	25	119	200	7.2	1.44	1798	33	59.30
1958		6046	23.8	144	3386	26.5	89.7	660	6.5	4.29	2000	25	50
1959	11285	11725	14	161.4	4962	24.3	121	1118	5.6	6.35	3474	8.5	29.65
1960		12301	8.75	108	5343	14.3	76.4	2058	7.8	16.05	4925	3.1	15.23
1965	3636	4302	22.1	95.4	2139	29.88	63.93	204	11.78	2.40	1959	14.83	29.06
1970	5381	7625	23.4	178.8	3374	30.23	102	503	22.27	11.20	3748	17.49	65.55
1972	5520	7865	26.5	209	3199	35	111.25	535	27	13.50	4131	20	84.25
1974	5525	8013	33.5	266.6	3199	43	134.75	821	36	29.55	3993	25.5	102.35
1978	5492	7409	30	221.7	3233	42	135.85	746	28	21.00	3430	19	64.90
1980	5588	9755	37.5	365.4	3466	47	161.90	897	40	37.75	5397	31	167.70
1982	5569	9775	35	340.4	3746	42.3	158.40	879	38.7	34.00	5150	28.75	147.95
1984	5577	10993	33	358.9	4102	35.2	144.10	676	27.5	18.55	6214	31.6	196.25
1986	5613	16937	26.5	451.1	5446	37	200.80	1350	29	40.80	10142	20.5	209.8
1988	5785	16852	30	512	6271	39	246	1084	22	24	9497	25	242
1990	5935	21121	29	615	7472	39	284	1278	23	30	12371	24	291
1994	7712	21350	33.2	708	7767	38	296	1273	27.5	35	12310	30.6	377
1996	7727	19334	35.4	685	8014	43.6	349	864	24.3	21	10456	30.1	315
1998	7708	22437	40.9	918	8956	43.5	390	921	31.2	28.7	12560	39.6	499.4
2000	7686	23024	37	853	10033	40	401	755	33.5	25.3	12234	34.9	427

表 10－3－2　　于城镇 2001～2014 年蚕桑生产统计表

年份	桑园面积（亩）	合计			春蚕			夏蚕			秋蚕		
		张数	单产（公斤）	总产（吨）	张数	单产（公斤）	总产（吨）	张数	单产（公斤）	总产（吨）	张数	单产（公斤）	总产（吨）
2001	7413	22599	41.77	944	9766	45.05	440	817	34.06	27.13	12016	36.12	434
2002	7708	20072	40.79	818.7	9082	43.94	399.1	476	23.32	11.1	10514	38.85	408.5
2003	6943	15391	38.97	599.8	6948	51.19	355.7	181	27.62	5	8261	30.96	255.8

续表 10—3—2

年份	桑园面积（亩）	合计			春蚕			夏蚕			秋蚕		
		张数	单产（公斤）	总产（吨）	张数	单产（公斤）	总产（吨）	张数	单产（公斤）	总产（吨）	张数	单产（公斤）	总产（吨）
2004	6253	15785	44.37	700.42	6612	49.90	330.1	167	43.47	7.26	9005	40.35	363.35
2005	6409	16054	41.79	670.94	7064	52.99	374.3	144	33.75	4.86	8846	32.98	291.77
2006	6468	17265	46.58	804.16	7356	52.60	387.1	190	34.8	6.61	10775	38.01	409.54
2007	6392	16824	45.33	762.77	7248	48.22	349.46	231	36.75	8.50	9345	43.32	404.82
2008	6360	14296	44.10	630.41	6965	51.59	359.36	31	31.29	0.97	7300	36.99	270.08
2009	5976	9859	45.18	445.41	4805	51.03	245.18	0	0	0	5054	39.62	200.23
2010	5921	9311	41.13	383.02	4234	52.34	221.60	595	19.00	11.30	4482	33.49	150.10
2012	5849	7652	46.56	356.27	3956	53.20	210.46	/	/	/	3696	39.45	145.81
2013	5092	6438	46.70	300.65	3351	52.78	176.88	/	/	/	3086	40.10	123.77
2014	4955	5437	44.66	242.82	2925	50.00	143.32	/	/	/	2512	39.61	99.50

第四章 畜牧生产

畜牧业是于城农村的一项重要产业，又是20世纪80年代以前的农业肥料的重要来源。其经济收入仅次于粮油与蚕桑。

解放前，于城的畜牧生产落后，只有田地较多的富裕农民才能养猪，贫苦的只有几家合养一头，饲料以蚕豆、大小麦为主，自给自足。有田较多的农户饲养耕牛，用于翻耕农田。解放后，畜牧生产开始发展，50年代仍以私养为主，60年代开始生产队集体办畜牧场。1978年改革开放后，畜牧生产迅速发展。

于城畜牧以养猪、羊为主，牛次之，鸡、鸭、鹅、兔养殖较少。20世纪80年代起，耕牛淘汰并逐渐绝迹，猪、羊发展较快，出现了养猪、养兔专业户。

第一节 家 畜

养牛

牛是一种哺乳动物，身体大，趾端有蹄，头上长有一对角，尾巴尖端有长毛，是反刍类动物，力气很大，耕牛供使役，菜牛供食用，奶牛供乳汁，皮、毛、肉、骨都有用处。我们海盐地区据明代天启《海盐县图经》载："高阜者佯水用牛车，而耕田仍用人。"清康熙《海盐县图经》载："牛不任耕。”直至晚清牛才开始耕田。20世纪50年代初，全县耕牛饲养发展最快，达到将近一万头。其中90%以上是水牛。因为水牛力气大，动作敏捷。㺯城与全县各乡镇一样，为了耕田而多数养水牛，有少量的黄牛。

牛是主要的生产资料，1953年，海盐县政府对淘汰老牛作出规定：首先凡水牛年满15岁，黄牛13岁以及失去耕作能力的，且有严重的调皮或者残废的方可经批准屠宰；其次要经乡政府三联单批准才能出境交易或屠宰。1959年㺯城全公社有耕牛1218头。

1960年，圩城公社有耕牛1139头，有水田52271亩，平均每头耕牛负担47.6亩，去掉95头没有耕作能力的后，平均每头耕牛负担51.3亩。自1959年入冬后，全社耕牛死亡率很高，至6月底，先后死亡114头，占总耕牛数的9.1%，其中1月份死亡71头，占总耕牛死亡数的62.5%。其死亡原因是年老体弱、管理不当和疾病等。至年底牛存栏1014头。

1966年，全公社有耕牛624头，比1960年的1139头减少54.78%，624头耕牛其中黄牛40头，水牛584头其中能耕田的有576头。

1974年，全公社年末存栏总头数430头，其中黄牛只有1头，能耕田的416头，能繁殖的母牛有24头，年内出生的仔牛有3头。

80年代起全公社耕牛饲养逐渐减少，1982年统计圩城公社有耕牛273头。其中，能耕田的有270头，八字村最多有27头，其次是千福村有26头；能繁殖的母牛5头，江渭村3头、庄家村2头。实行家庭联产承包责任制后，机械化程度提高，耕牛饲养和使役急剧下降，至1987年底，除千福村7组1头出售给市场外，只剩下八字村的东港组和俞家组各1头。1988年起㺯城乡耕牛绝迹。

养猪

新中国成立初期，猪的饲养量仍很少，据1955年统计，圩城区共养猪2526头，1956年春节前收购任务315头。1956年后，贯彻“私有、私养、公助”方针和“私有、私养、公助为主，集体饲养为辅”的政策，鼓励农民多养猪、多积肥，养猪生产开始发展。1958年“大跃进”时期，刮起“共产风”，私人猪、羊全部归公，集体畜牧场管理不善，养猪数量下降。1959年底，全乡养猪为9978头，比1955年全区增长3.47倍。1960年4月，养猪存栏达到14360头，比1959年增长43.9%，母猪从1959年的1714头增加到4251头，增长1倍以上。全公社10个生产队148个小队共办起畜牧场164个。1960年公社畜牧场1个，大队畜牧场11个，小队畜牧场99个，总存栏4059头。1961年纠正“共产风”，继续实行“公私并举”的养猪方针，并对投资畜肥实行奖励措施，养猪又恢复起来，1966年底，全社生猪存栏16111头，平均每户6.25头；“文化大革命”期间，养猪当作资本主义倾向而受到限制。1973年生猪存栏22008头，1974年生猪存栏20186头，1976年生猪存栏18040头，1977年全社生猪存栏17684头，其中集体饲养7770头。其中五星大队8个生产队，队队办起了百头养猪场，全大队共存栏850头，其中母猪140头。20世纪80年代因实行联产承包责任制，集体牧场全部解散。

1978年改革开放后，全乡养猪业再一次掀起，尤其是母猪发展更快。所养母猪大多是嘉兴（本地）黑猪，与长白山、约克夏、杜洛克公猪交配后所产仔猪，头尖体长，生长快，品质优等特点，深受本县以及上海、萧山、椒江等地客户欢迎。

1984 年，钦三村 9 组韩言林一家饲养公猪 2 头，庄家村宣家组王寿康饲养公猪 1 头，千福村 11 组曹凤祥饲养公猪 1 头，钦南村姚家组张水京饲养公猪 1 头钦南村亭子队高金观饲养公猪 2 头，何家村 6 队曹其观饲养公猪 1 头，全乡共有公猪 8 头，全年自然配种约 5000 余头，后发展到人工授精。

1986 年，全乡有母猪 5154 头，向省内外出售仔猪 39055 头，经济收入 390 万元；生猪饲养 59359 头。

90 年代起，为了提高肉猪的瘦肉率，改良母猪品种为二元杂交，所产仔猪大多数为黄毛、花白、铜钿斑等毛色的仔猪。除了改良猪的品种外还使用“瘦肉精”即瘦肉型饲料添加剂，使猪的胴体降低肥肉增加瘦肉。

猪的饲料民国时期主要是蚕豆、渣类、黄豆、南瓜等。50 年代起，猪饲料以糠类为主，还有麸皮、豆渣、酒糟，60 年代起，有了饲料粉碎机后，各种柴糠如麦柴、稻柴、菜花柴、豆柴粉碎后与米糠混合喂猪。80 年代起，科研成果不断出炉，配合饲料、全价饲料、仔猪饲料等登场，使养猪业得到飞速发展。

2008 年全镇有养殖场（户）4070 个，能繁殖母猪存栏 8693 头，获得上级补贴资金 86.93 万元，其中省级补贴 20%，县级补贴 60%，镇级补贴 20%。

2013 年起因猪粪造成环境污染，政府提倡产业结构调整，对猪舍进行拆除，每平方米补贴 200 元，2014 年每平方米补贴 150 元，2015 年无补贴。

养羊

羊是哺乳动物，属于反刍类动物，于城主要饲养湖羊，也有少量绵羊，很少人养山羊。除湖羊外绵羊和山羊头上长有一对角。

湖羊在于城已有 800 多年的饲养历史，是中国著名的白色羔羊皮品种，是杭嘉湖地区的特产，它具有耐热、生长快、成熟早、四季发情、产羔多等优点。小湖羊皮为传统出口畜产品，名闻国外。羊是食草动物，其饲料粗糙，有各种杂类青草、树叶、湖羊草（河草）、稻草、豆壳、桑叶、蚕沙等，成本较轻。羊肉是一种绿色无公害食品，到了冬天，人们喜欢吃羊肉。羊灰还可以作肥料，也是一种家庭副业，所以于城农民喜欢养羊。

一棚母爱的湖羊

表 10－4－1　　于城镇农户养湖（绵）羊情况表

单位：只、吨

年份	年末存栏数	其中		全年饲养数	其中出栏数	羊毛产量
		湖羊	绵羊			
1959	10709	7863	2846	11236	527	
1960	12361	9797	2564	12903	542	32

续表 10－4－1

年　份	年　末 存栏数	其　　中		全　年 饲养数	其　中 出栏数	羊　毛 产　量
		湖　　羊	绵　　羊			
1965	9956	7971	1985	10628	672	27
1970	7241	5781	1460	7753	512	20
1974	6906	5844	1062	7338	432	18
1980	9213	7653	1560	9781	568	24
1986	3420	3054	366	3591	171	10
1988	4755	4370	384	5625	870	5
1994	15862	15463	399	24245	8383	53
1995	16680	16278	402	26511	9831	42
1996	18183	17730	453	29796	11613	42
1997	17080	16634	446	29825	12745	44
1998	15604	15149	455	26892	11288	40
1999	16123	15684	439	27469	11346	45
2000	16445	16022	423	28945	12500	37
2001	15758	15342	416	29023	13265	38
2002	14313	13931	382	30144	15831	35
2003	13030	12709	321	26126	13096	
2004	13741	13399	342	28428	14687	
2005	14472	14114	358	33019	18547	
2006	17420	17031	389	34654	17234	
2007	17866	17463	403	33243	15377	
2008	14757	14401	356	31633	16876	
2009	13383	13021	362	18303	4920	
2010	14831	14447	384	16831	2000	
2011	13244	12889	355	29069	15825	
2012	12714	12412	302	27186	14472	
2013	12802	12459	343	30771	17969	
2014	14735	14347	388	35596	20861	

养兔

兔子是一种哺乳动物，头部略象鼠，耳大，上唇中间开裂，尾短而向上翘，前肢比后肢短，善于跳跃，跑得很快，有家兔和野兔等种类。家兔有毛兔、皮兔、和肉兔之分。兔毛可以纺织，皮可制衣，肉可食用。兔子繁殖能力很强，配种受精后一个月分娩，一胎可产仔6～8只，怕热，怕湿，御寒能力强，适宜冬季或春季繁育。长毛兔习惯以笼养为主，而且宜单独饲养。饲料主要以青饲料为主，搭配少量精饲料，如黄豆、大小麦、谷类、高粱等。按收购要求一般在3～6个月剪一次毛，西德长毛兔种每只一次产毛50—100克。

长毛兔在笼中

民国时，欤城农民很少饲养兔子，以肉用为主，50年代前后海盐全县年平均约3万头。后由畜牧兽医局陆续引进大耳兔，皮用力克斯、青紫蓝和安哥拉长毛兔。后与本地草兔杂交选育，形成本地长毛兔。1960年欤城公社家兔存栏4737只；60年代起提倡以长毛兔为主发展养兔业，开始有人饲养安哥拉长毛兔。70年代后以发展集体养兔，并引进德国长毛兔种，进行杂交改良，欤城全公社办起集体养兔场，发展集体养兔生产，兔子存栏猛增至12000多只，1981年由于兔毛价格上涨，养兔量迅速增加，集体养兔场161个，养兔子后期发展到21230多只，全年盈利10.30万元。1982年，集体兔场增加到183个，养兔量增加到25788只，将获利10.48万元。1986年统计，全乡共有养兔重点户11户，共养兔子496只。其中欤城7队蔡刘仁养兔30只，鸳鸯10队蔡金林养兔76只，欤三3队马关良养兔40只、11队吴春法养兔50只，齐心2队印刘法养兔50只，八字陈家队陈刘法养兔50只，坛墩12队陈张仁养兔40只，庄家金介金善男养兔30只，南圣俞家队沈全和养兔30只，欤南东港队王巨龙养兔50只、张云生养兔50只。90年代起出现了许多养兔专业户，最多的有上千只的养兔大户。养兔业随波浪式市场经济时兴时衰，2014年，于城镇尚有几十户养殖户。（详见附表）

第二节　家　禽

禽是鸟类的总称，家养的禽叫家禽，有鸡、鸭、鹅等。于城农民历来重视养家禽，曾以禽蛋出售收入换购油、盐、酱、酒、糖等副食佐料，是农家经济生活的补充。20世纪40年代全乡养家禽13400余羽，农村平均每户3羽多。70年代初，农村普遍禁养、限养，平均每户只有2羽多一点。80年代起开始回升，出现了许多专业户，禽存栏达到75万多羽。

养鸡

鸡的嘴很短，上嘴稍弯曲，头部有鲜红色肉质的冠，翅膀短，不能高飞。鸡品种很多，传统鸡种为萧山杜孵鸡和九斤黄，20世纪50～70年代先后引进来克航、洛岛红、芦花鸡、澳洲黑、白洛克、浦东鸡等。80年代引进新浦东鸡、罗斯鸡、海星鸡、红育鸡。肉用鸡品种以海星、新浦东、红育鸡三种为主，蛋用鸡品种以罗斯鸡为主。

由于农民习惯养放养鸡，鸡要糟蹋农作物，“文化大革命”时期生产队限制农户养鸡，规定每户1～2只，不准多养，在水稻抽穗至成熟期内，规定由农户自行圈养，并用农药浸米施于田横，以防鸡偷吃。80年代起，不再禁养，1982户年全公社集体养鸡场3个，养鸡7500只，户均3.6只，还出现养鸡大户1家。1984年全乡共有养鸡重点户5家，共养鸡800只，其中钦城7队陈全林养鸡50只，钦三2队蒉其余养鸡300只，钦三3队袁炳唐养鸡300只，陈家门7队蒋自强养鸡100只，南圣虎哨队叶恒荣养鸡50只。21世纪起，于城镇有不少的养鸡大户，还成立了专业合作社。（具体养殖情况见附表）

小种母麻鸭

养鸭

鸭嘴扁腿短，趾间有蹼，善游泳，有肉鸭和蛋鸭之分，肉和蛋都可以吃，毳毛可以用来絮被子、填充枕头。肉用鸭以北京鸭和樱桃谷鸭为主，后又发展杂交一代的呆大鸭，体型大，个体重可达4～5公斤，肉质好，生长快，瘦肉率高等优点。蛋用鸭以绍兴麻鸭（俗称肖顶头）为主，体型小，食量少，个体重量只有1～1.5公斤，产蛋率高，年产蛋在200个左右，不抱窝；也有大种麻鸭（俗称雷猛火），产蛋比绍兴麻鸭少，个体重量在2.5～3.5公斤，可蛋肉兼用。1982年钦城乡有集体养鸭场6个，养鸭子4336只，计盈利3900元。1984年统计，养鸭重点户9家，养鸭2400只，其中钦城15队金士妹养鸭子150只、16队金法祥养鸭子200只，鸳鸯3队俞仑明养鸭子300只，俞玉男养鸭子200只，钦三10队赵仁良养鸭子300只、11队吴许荣养鸭子300只、12队赵关法养鸭子300只，陈家门1队苏张法养鸭子500只，跃新北徐队徐桂良养鸭子150只。

养鹅

鹅羽毛有白色和灰色两种，人称白鹅和灰鹅，头部有鲜红色肉质突起，雄的突起较大。颈很长，嘴扁而阔，脚有蹼，能游泳，吃青草、蔬菜、谷类。个体重量在4～5公斤，雌鹅比雄鹅小些，年产蛋在50个左右。鹅从小喜吃鲜嫩的青草，它具有生长快，食料省，肉质好等优点，肉蛋兼用，毳毛可以用来絮被子、填充枕头。

第三节　规模化养殖

2007年7月，为进一步促进畜牧业的持续稳定健康发展，优化区域布局，转变养殖方式，改善环境，确保食品安全，根据海盐县政府2005年《关于开展畜牧业用地规划的通知》文件精神。由沈玉祥和高志峰俩在江渭村建立“海盐江渭生态牧业小区”。

2009年，江渭村网船组海盐惠丰生猪养殖专业合作社建立，从业人员65人，其中雇用57人，有技术人员8人，养殖场地占地总面积34800平方米，其中生产用房3200平方米，当年获得国家专项扶持资金80万元，当年累计银行贷款800万元，营业总收入1367万元，总支出2284万元，劳动报酬100万元。年末存栏23000头。其中能繁育的母猪3200头，年内肥猪出栏15100

头，猪肉产量1359吨。

2014年，规模化养殖场45户（母猪存栏5头以上或生猪存栏50头以上），年末生猪存栏21880头，全年出栏生猪78500头。

第四节　疾病防治

寄生虫病

家畜和家禽的寄生虫病主要有猪的蛔虫病、姜片虫病、羊兔肝片吸虫病、鸡兔球虫病以及牛血吸虫病。

畜禽寄生虫调查情况：1980年11～12月，根据海盐县高级畜牧兽医工作站《关于积极开展我县农村猪羊寄生虫病驱虫工作意见》，于城镇开展猪、羊、兔粪检工作。调查表明：猪蛔虫病占42.5%，姜片虫占30.2%；兔子球虫病占40.8%。

对畜禽寄生虫的防治措施有：1.药物驱虫。猪、羊、兔线虫类用左旋咪唑等，吸虫类用阿苯唑等，兔、鸡球虫用磺胺五甲氧嘧啶等。牛血吸虫先用锑剂及血防-846，后改为敌百虫。牛血吸虫病在20世纪70年代流行较为突出，发病率较高，1979年推广硝硫氰胺，此后，牛血吸虫病渐渐减少，至80年代未发现牛血吸虫病。2.杀灭外部环境中的虫卵、幼虫和成虫。采用畜禽的粪便进行及时堆积发酵处理。3.消灭钉螺，防止血吸虫的寄宿和传播。

传染病

畜禽的传染病主要有猪瘟、猪丹毒、猪肺炎、猪喘气病、仔猪副伤寒、猪乙型脑炎、仔猪白痢、猪传染性胃肠炎、猪水肿病、猪红皮病、破伤风、牛恶性卡他热、牛黑疫、羊快疫、兔瘟、兔魏氏梭菌病、鸡新城疫、禽出败、鸡痘、鸭瘟等。

猪瘟　由病毒引起的一种急热性、接触性传染病。民国期间就有发生，20世纪50年代流行较广。据资料反映：

1955年，千福村12组徐关德有1头母猪、12头白猪发病死亡。

1958年，钦城粮站牧场发生猪瘟。

1959年，开始用猪瘟兔化弱毒冻干苗。

80年代起，采取窝内苗猪免疫注射等综合防治措施后得到控制。1983年11月起，用猪瘟丹毒二联苗。1984年10月经省市验收，达到控制猪瘟标准，获得了防猪瘟合格证。

猪丹毒　是一种急热性传染病。曾在民国期间就有部分地方发生。20世纪50年代发病比较普遍。60年代起，注射猪丹毒疫苗后得到控制。

牛黑疫、羊快疫　是一种急性致死性毒血病。1966年7月，在吕冢西隔壁的百步公社发现首例牛黑疫病。受牛黑疫影响和流行，传染到羊，石泉、钦城等地流行羊快疫，大批羊死亡。发病后，经省农科院和县农科所畜牧兽医站重视，注射牛羊黑快疫二联疫苗后得到控制。

兔瘟　由病毒引起的急性败血病。

鸡新城疫　俗称鸡瘟，由病毒引起的急性败血病，此病流行已久，发病面广。70年代前常有一户或者一村坊“倒棚”（死光）现象，80年代起，注射新城疫苗后基本得到控制。

畜禽防疫

1986年开始，钦城兽医站在海盐县畜牧兽医工作站指导下，对农户饲养的25～60日龄的原窝仔猪强制性注射猪瘟免疫苗。1992年起，原窝仔猪按免疫程序实施猪瘟疫苗二次免疫。1995年起，强制注射口蹄疫灭活疫苗。2000年6月起，开始注射口蹄疫浓缩疫苗，使猪病疫苗、口蹄疫苗在全乡普及。其他注射的猪疫苗有猪丹毒疫苗、猪肺疫苗、猪伪狂犬病疫苗、猪链球菌苗、猪气喘病苗、猪乙型脑炎疫苗、猪细小毒苗、猪大肠杆菌苗、和猪流行性腹泻疫苗等。

注射家禽疫苗的有鸡新城疫苗、禽出败苗、鸡痘苗、鸡法氏囊病苗、鸡传染性支气管炎苗、鸭瘟苗、鸭细小病毒病苗和小鹅瘟苗等。另外还有兔瘟疫苗、狂犬病疫苗等。1999年起，苗猪阉割及注射疫苗后，猪耳朵上打上编有邮政编码的塑料耳标和产地检疫证明。对规模养殖户，实行户口簿管理制度。2005年，针对国际和国内禽流感频发的严重威胁，政府为农户免费注射禽流感灭活疫苗。

检疫

畜禽检疫包括畜禽产地检疫、市场检疫、运输检疫和屠宰检疫。1999年，产地检疫实行报检后24小时内上门服务制度；市场检疫实行每天点时定点服务；屠宰检疫实行宰前检疫和宰后检疫。

表10－4－2　　于城镇1959～2000年部分年份畜牧生产情况统计表

年份	一、生猪(头)					二、牛(头)		三、羊(只)		四、家禽(只)				养蜂(箱)	五、兔(只)	
	存栏数	其中 母猪	其中 仔猪	肥猪出栏	全年饲养	存栏数	其中黄牛	存栏数	其中湖羊	存栏数	其中 鸡	其中 蛋(吨)	出栏数		其中 存栏	其中 兔毛(吨)
1959	8766	1214				1218	39	10709	7863	83248	63149	251	23467		9684	
1960	4059	619			6339	1014	204	12361	11367	42970	34678	145	15341		4737	
1965	13396	825	1252	9576	23157	616		9956	8672	13322	11234	68	4137		2198	
1966	16111	1114	2403	10194	26495	624	40	9563	8363	11123	10765	66	3589			
1970	8355	1855	5353	7867	26462	598		7241	5781	10321	9865	67	4217			
1972	20568	1616	5484	10055	30823	544	5	8153	4082	10275	9928	66	4128			
1974	20186	2129	5839	12339	32875	430	1	6906	3844	10121	9879	64	3169			
1976	18508	1524	6089	10685	19033	387	/	7720	4235	10231	9786	62	4518			
1978	24869	2786	7825	11180	36561	375	/	7769	5081	10437	9675	61	4417			
1980	25030	2279	9020	20327	46222	321	/	8820	6836	10658	9786	57	4672		34967	
1982	27616	3123	13750	19728	47625	273	/	7052	6200	11836	7500	34	3789		25788	
1984	29044	2685	16059	14393	43437	28	/	5852	5207	17358	46211	95	23142	12	26654	
1986	46709	5626	34007	8781	56705	3	/	3420	3054	55251	43568	98	24070	15	24074	7.7
1988	54885	5959	44772	7850	62735	1	/	4755	4370	70582	54372	117	32764	50	10746	7

续表 10—4—2

年份	一、生猪(头)					二、牛(头)		三、羊(只)		四、家禽(只)				养蜂(箱)	五、兔(只)	
	存栏数	其中		肥猪出栏	全年饲养	存栏数	其中黄牛	存栏数	其中湖羊	存栏数	其中		出栏数		其中	
		母猪	仔猪								鸡	蛋(吨)			存栏	兔毛(吨)
1990	49885	6214	39568	9556	59441	/	/	6486	4969	76400	55623	125	34924	108	12709	3.3
1992	66571	11360	5614	10345	76916	/	/	8119	7771	90727	76582	136	75097	116	20805	1.8
1994	60527	7120	45030	23849	84376	/	/	15862	15463	141304	107650	177	132597	200	24711	14
1995	67712	7137	53788	19581	82793	/	/	16680	16278	11129	95634	168	104017	120	24666	13
1996	66114	7496	55303	20495	86609	/	/	18183	17730	114741	97873	183	105746	135	21949	13
1997	75091	9389	64472	21908	96999	/	/	17080	16634	121465	101385	172	119329	195	26264	13
1998	61019	9513	47144	18740	79759	/	/	15604	15149	99422	76439	187	88527	500	25971	16
1999	68066	9581	52363	25974	94040	/	/	16123	15684	98652	76548	163	83996	700	24320	16
2000	68326	9531	48720	33162	101488	/	/	16445	16022	103063	88965	188	102939	600	28142	17

表 10—4—3　　于城镇 2001～2014 年畜牧生产情况统计表

年份	一、生猪(头)					二、牛(头)		三、羊(只)		四、家禽(只)					五、兔(只)	
	存栏数	其中		肥猪出栏	全年饲养	存栏数	出栏数	存栏数	出栏数	存栏数	其中		出栏只数	其中	其中	
		母猪	生猪								肉禽	蛋禽		鸡	存栏	兔毛(吨)
2001	60464	9427	51037	47770	108234	0	0	15758	13265	85043	29252	55791	113232	76158	22030	14.80
2002	53923	7669	46254	54804	108727	0	0	14313	15831	117821	60136	57685	180879	134940	20031	13.04
2003	47485	6810	34622	51938	99423	6	70	13030	13306	126211	85132	41233	128592	99880	17863	12.45
2004	63589	7350	56239	61191	124780	0	0	13741	14687	94928	62073	32855	182272	143737	17600	13.09
2005	62715	7422	55293	76248	138963	0	0	14472	18547	92647	54979	37668	186125	151254	18563	14.7
2006	50018	7290	42728	56107	106125	0	0	17420	17234	131018	95827	35191	205760	174816	21847	14.90
2007	55181	7867	47314	57510	112691	0	0	17866	15377	122413	83183	39230	256844	237352	19871	14.40
2008	62659	10929	51730	60529	123188	0	0	14757	16876	91389	53546	37843	302310	277102	20573	11.35
2009	71412	10984	60428	67757	139169	0	0	14936	13702	224597	185908	38689	435872	404857	15597	9.94
2010	71532	9545	61987	100020	171552	0	0	14789	15980	247293	216368	30955	632873	596866	13388	9.85
2011	69624	9049	30575	90957	160581	0	0	13244	15825	230449	200882	29567	798958	63581	11431	8.50
2012	62763	8762	54001	98694	161457	0	0	12714	14472	192732	164081	28651	1105124	96254	9726	3.70
2013	38926	5060	33866	123441	162367	0	0	12802	17969	90173	62968	27205	829575	807869	7891	3.56
2014	28004	3598	24406	67280	95284	0	0	14735	20861	788950	760606	28344	1576895	1562228	10630	2.60

第五章　渔业生产

于城渔业生产历史悠久，境内水乡泽国，河浜纵横，全镇水域面积达3.88平方公里，适宜各种淡水鱼的养殖，素有“鱼米之乡”之称。水产资源十分丰富，尤其是甲鱼、虾、牛蛙成为名优产品。

1956年组织了钦城乡渔业生产合作社，1958年在合作社基础上建立钦城公社渔场，渔业生产得到很大发展，改变了单一的捕捞为养捕结合的生产方式。

1968年3月，盐嘉塘沈荡中钱港以南到三环洞水面46.66公顷左右的官塘河面划归钦城渔场建立生产基地后，年产量迅速提高。

1969年年产鲜鱼200余吨，外荡亩产超百斤，集体积累资金4万多元。还办起了面粉加工厂、养鸡场；开辟了鱼种塘，以渔为主多种经营。

1973年，圩城公社渔场有渔民40户，总人口140人，外荡水面120公顷(1800亩)。

1992年全乡有渔业户124户，渔业人口319人，渔业专业劳动力105人，其中捕捞75人，养殖25人；兼业劳动力162人。全年淡水养殖面积102.5公顷，其中内荡19.2公顷，外荡83.3公顷；养殖牛蛙等其他面积6.66公顷。全年淡水产品产量204吨，其中捕捞产量54吨，养殖产量150吨。在养殖产量中，青鱼1吨，草鱼28.2吨，鲢鱼51.5吨，鳙鱼11吨，鲫鱼17.6吨，鳊鱼16.4吨，鲤鱼21.87吨，甲鱼1吨，牛蛙1吨，珍珠54公斤。1996年淡水鱼养殖面积168公面，产量达1016吨。

20世纪80年代，于城镇农户开始经营水产养殖，实行了稻田挖塘，养殖牛蛙、甲鱼、虾、黄鳝等鱼类。于南村亭子组被称作“牛蛙专业组”，养殖牛蛙9.53公顷。

构塍村张李生是最早养甲鱼(鳖)的专业户，开始时用水缸试养，1984年，在自家门前自留地上挖建了40平方米的甲鱼池，2年后，张李生售出了第一批商品甲鱼，获得净收入500多元，相当于他当时做村会计一年的收入。经过多年的小打小闹，并从海盐新华书店购买了养鳖技术书潜心研究，每天记录饲养情况及心得。他要打有把握之仗，直到1990年，他在自己0.17公面的承包田挖荡规模养殖甲鱼，并在实践中摸索出养殖经验和技术，编写了《甲鱼养殖实用技术手册》。1994年，张李生已担任村委会主任，是年，村里流转了50亩连片土地，经村班子研究由他承包，以壮大集体经济。是年在流转土地上建管理房、建甲鱼池。1995年，村里决定把养殖场转资给他。是年，他向信用社贷款28万元开始个体经营，建了第一座600平方米的温室养鳖池，实施立体养殖。这一科技成果，让幼鳖到商品甲鱼只需1年多一点时期，1996年净收入40多万元。1997～1998年他先后投资50万元扩建了2000平方米的温室。全镇其他农户先后实行挖塘养鳖，并采用了简易温室养鳖技术，至1999年，共建简易温室11座，面积1000多平方米。据1999年末统计，全镇年产商品鳖2万多公斤，总产值500多万元。2003年，“于城牌”甲鱼被评为省优质产品，市名牌产品。

钦城乡从1989年开始引进古巴牛蛙，牛蛙养殖面积18.35公顷。2001年5月，经国家工商管理局批准，注册“于城牌”牛蛙商标。是年，“于城牌”牛蛙被评为省级优质产品银奖；于城镇被评浙江省海洋与渔业局授予“牛蛙之乡”称号。

第一节　圬城渔场

1958年圬城公社渔场建立，驻地菊花芯（现名菊花新村）。放养水面为盐嘉塘北至沈荡中钱港南为界，东南到三环洞，西至百步、沈荡两乡鱼簖为界，南至通元鱼簖为界。水域总面积87.3公顷。从事淡水养殖、捕捞生产和鱼苗、鱼种培育。

1959年末实有渔船66艘，参加渔场的有72户，渔民177人，劳动力110人，放养鱼苗15万尾。

1964年3月15日，圩城公社管理委员会决定：把原有3个渔场合并为1个，成立圩城公社养鱼场。由许金元、陆天荣、陈掌法、沈水林、许新仁等5人组成场务管理委员会，许金元任场长。

1973年底，渔场有39户，从事渔业人数144人，劳动力92人。淡水鱼种放养35.50万尾，鱼种生产10.40万尾。有渔业木船52艘，水泥船1艘。全年水产品总产量113吨。外荡养殖面积106.6公顷，总产量59吨。

1974年，有渔民42户，其中连家船29户；年末人数140人，其中劳动力83人，固定资产总值7.45万元。淡水鱼种生产9万尾，放养鱼种30万尾。有捕捞木船53艘，5吨水泥船1艘。全年总收入7.22万元，成本及费用支出3.21万元，上缴国家税金0.21万元，工资及福利支出0.29万元，利润0.98万元。

1976年，年末职工146人，固定资产总值8.43万元，总收入8.00万元，各项支出合计7.02万元，其中生产费用3.92万元，折旧0.25万元，劳动报酬付给生产队的2.74万元，管理费用0.11万元，上缴国家税金0.26万元，利润0.72万元。

1978年圬城公社渔场有42户，连家船户有30户，总人口128人，劳动力86人。全年淡水生产鱼种6万尾，外荡放养25万尾。全年淡水生产鱼养殖面积1800亩，全年捕捞淡水鱼100.70吨，其中养殖类49.50吨，虾蟹类1.25吨。当年渔场根据渔业生产季节性强、产品每日见面、生产流动分散等特点，5月份起实行了定额管理、定额记工的方法，充分调动渔民的捕鱼积极性。搞了三种定额管理，其一是对以船为单位的小捕捞生产按产量、质量进行定额记分；其二是以大型生产项目为作业组的，实行产量、成本、工分定额到组，超产奖励，减产少赔，全年落实，分段结算；其三是对技术性较强的工种如机手等实行技术奖和责任奖赔到人。同时还建立了产品管理、成本管理、现金管理等规章制度。此外，还办起了一个120吨级拖驳船水上运输队，安排16个渔民到运输线，增加了收入。

1985年，实行集体承包。全场有渔民50户，渔业人口160人，劳动力110人，其中捕捞18人，养殖10人，工副业774，后勤5人；渔船42艘，其中渔用机动船2艘，共122匹马力，木船40艘，总吨位80吨，水泥船11艘，总吨位445吨；大小拖网数千米，水产养殖外荡面积100公顷。水产品总产量87.70吨。

1986年，圬城渔场有职工105人，其中捕捞18人，养殖业16人，从事工副业71人。淡水外荡养殖面积98.4公顷，内荡养殖鱼种0.66公顷。渔业用机动船2艘，14吨位，24匹马力；木质渔船 40 艘，总吨位 80 吨，水泥船 11 艘，鱼苗生产 4 万尾，夏花生产 25 万尾，放养老口鱼种 6500 公斤，仔口 24 万尾。当年渔业产值 17 万元。

1990 年，钦城渔场有渔民 37 户，渔业人口 125 人，专业劳动力 72 人，其中捕捞 72 人，从事工副业 14 人。淡水外荡养殖面积 83.33 公顷，内荡养殖鱼种 3.11 公顷。渔业用机动船 5 艘，8 吨位，25 匹马力；木质渔船 72 艘，总吨位 36 吨，水泥船 5 艘，总吨位 10 吨，柴油机 8 台，70.59 千瓦；淡水产品产量 137 吨，其中捕捞 70 吨，其中鱼类 135 吨，虾蟹类 2 吨；放养老口鱼种 2500 公斤，仔口 6.50 万尾。当年渔业产值 67.76 万元。

1992 年，全场有渔业户 40 户，渔业人口 142 人，渔业专业劳动力 90 人，其中捕捞 75 人，养殖 10 人。拥有渔用机动船 12 艘，总吨位 20 吨，动力 35 千瓦，木船 80 艘，总吨位 40 吨，水泥船 7 艘总吨位 14 吨；电动机 12 台，功率 38 千瓦。全年淡水外荡养殖面积 1250 亩，放养鱼种仔口 4.70 万尾，2643 公斤。全年淡水捕捞产品产量 82 吨，其中青鱼 1 吨，草鱼 5 吨，鲢鱼 20 吨，鳙鱼 20 吨，鲫鱼 10 吨，鳊鱼 10 吨，鲤鱼 15.50 吨，珍珠 54 公斤。年产值 45 万元，其中淡水产品 40 万元，珍珠 5 万元。

1994 年，全场有渔业户 42 户，渔业人口 144 人，渔业专业劳动力 92 人，其中捕捞 77 人，养殖 10 人。拥有渔用机动船 26 艘，52 吨，动力 200 千瓦，木船 80 艘，总吨位 40 吨，水泥船 10 艘总吨位 20 吨。全年淡水外荡养殖面积 1250 亩，放养鱼种仔口 5.49 万尾，1600 公斤。全年淡水捕捞鱼类产品产量 100.5 吨，珍珠 70 公斤。年产值 70 万元，其中淡水产品 66 万元，珍珠 4 万元。

1996 年，钦城渔场有渔民 40 户，总人口 154 人，劳动力 96 人，退休职工 20 人，淡水鱼养殖面积 166.38 公顷，产量达 1016 吨；由于海盐南台头出海排涝工程（简称南排）的实施，主干河道穿过钦城渔场养殖、捕捞中心（盐嘉塘河）地段，占全场水域面积的 80%左右。南排二期主要是河面拓宽、河底挖深、钦城大桥被拆毁，加快了泄洪速度确保了农业生产旱涝保收。但是，对钦城渔场的渔业生产带来严重损失，其主要是开闸放水时，流量大，流速急，鱼簖、渔具、鱼类等均被冲垮，甚至于冲向海洋。因此，鱼类捕捞产量明显下降，比前几年减少 25 吨，经济损失 22 万余元。1999 年 4 月，根据南台头出海排涝二期工程渔业补偿意见，补偿干河沿线固定捕捞渔具 26 袋，每袋补偿费 1500 元，计 3.19 万元；外荡养殖 13 公顷，每亩补偿费 350 元，计 6.83 万元，358 亩干河水面使用权收回国有后，每亩补偿费 1000 元，总计补偿费 46.57 万元。

钦城渔场建立后，渔民生活水平不断提高，50 年代初劳均收入不足 400 元，1966 年为 800 元，1978 年为 1000 元，1985 年集体承包后增加到 4500 元，1995 年劳均收入 6000 元，2005 年增加到 8000 元，2014 年为 10000 元。

1969 年 1 月，经县革命委员会批准，开始建起第一幢渔民新村，新建房屋 14 间，财政补贴资金 6500 元。至此，部分渔民开始陆上定居，住进新楼房。

第二节　外塘捕捞

民国时期，渔民仅在外塘捕捞自然生长的野生资源，不搞水产养殖。渔民大多数来自长江以北，他们以船为家，常年漂泊在河荡内，捕一天鱼就即到附近的集镇出售，遇到风雨交加和捕捞淡季，难以维持生活。当地也有不少农民在农闲时从事外塘捕捞，这些农民都有小渔船，俗称“网船”，半吨左右，有棚船，用琵琶橹手摇；还有一种比网船小，赤膊船，用桨划。这些农民称为“半渔民”。

解放以后，人民政府为渔民组织起来建立渔场，渔民在外荡捕捞自然资源的同时，进行外荡养殖，为水产资源增强的活力。1986 年，颁布了《中华人民共和国渔业法》，实行捕捞许可制度，于城渔场有专业捕捞的有 18 人，农民兼业捕捞的有 113 人，全年捕捞量有 110 吨。

2006 年于城渔场有外荡养殖面积 83.3 公顷，渔民 44 户，渔民 148 人，渔业劳动力 72 人，从事捕捞 52 人，其他 20 人。拥有机动船 25 艘，总吨位 50 吨，动力 360 千瓦；其中木质非机动渔船 30 艘。渔用柴油机 20 台，60 千瓦。

2007 年，海盐县海洋与渔业局因对嘉于硖航道升级改造，收回于城渔场的吕冢港 94.5 亩和庄柴湖 42 亩的外荡水域养殖使用权。

表 10－5－1　　于城镇历年捕捞产量统计表

单位：吨

年　份	合计	青鱼	草鱼	鲢鱼	鳙鱼	鲫鱼	鳊鱼	鲤鱼	甲鱼	黑鱼	其他	河蟹	沼虾	贝类
1958	1000	5	10	350	400	20	20	20	5	5	2	10		10
1960	800	5	10	200	300	50	30	40	10	10	2	6		
1965	400	2	3	120	180	30	20	20	8	5	20	4		10
1970	1400	5	10	600	700	30	20	30	5	3	20	7		5
1974	1500	2	5	600	800	40	10	20	6	3	30	4		3
1978	1450	5	5	552	750	70	15	25	3	2	12	5		3
1980	1350	5	5	500	650	70	25	25	2	2	5	4		4
1985	82	1	5	20	20	10	10	30	2	2	4	4		3
1992	204	1	28	51	11	18	16	22	1	2	2	3		1
1995	777	23	83	137	135	40	/	43	8	/	304	2	5	/
1998	941	16	118	141	102	130	69	83	28	/	215	1	175	29
1999	774	14	80	183	48	103	39	68	15	15	110	/	36	/
2000	900	19	86	183	29	122	50	72	30	15	6	1	168	30
2001	1081	19	82	206	27	107	55	67	33	24	95	3	364	30
2004	1123	14	30	40	29	23.5	16	60	40	8.5	4	1	459	71
2005	1342	8	30	52	21	23.5	16	60	614	8.5	4	2	463	71
2006	1371	9	30	40	12	23.5	16	60	620	8.5	5	2	463	96
2007	1480	7	30	40	12	23.5	16	60	625	8.5	3	2	463	190

续表 10—5—1

年　份	合计	青鱼	草鱼	鲢鱼	鳙鱼	鲫鱼	鳊鱼	鲤鱼	甲鱼	黑鱼	其他	河蟹	沼虾	贝类
2008	1436	7	28	43	10	25	14	62	639	7.5	3	3	458	137
2009	1648	9	28	43	10	25	14	62	689	7.5	3	3	620	137
2010	1347	4	28	43	10	25	14	62	800	8	12	0	242	100
2012	3708	6	65	81	70	55	32	10	3100	/	23	0	80	100
2013	3715	4	68	40	35	65	24	27	22	0	25	17	18	20
2014	3478	3	98	56	45	71	23	30	2771	5.5	30	5	115	150

第三节　水产养殖

外荡养殖

1958年，软城渔场建立后开始在外荡养殖花鲢、白鲢，养殖面积150公顷，放养鱼种30万尾。

1960年，淡水外荡放养面积100.66公顷，捕捞淡水鱼80吨，其中捕捞养殖鱼类600吨。放养鳊鱼种8万尾。1970年放养蟹苗30万只。

1970年，圩城渔场外荡放养花鲢7万条，白鲢5万条，草鱼12万条，鳊鱼3万条。1984年外荡养殖面积100公顷，总产量达到91.5吨。

80年代每年放养花鲢6万尾，白鲢8万尾，草鱼2万尾，鳊鱼2万尾。90年代每年外荡放养花鲢4万尾，白鲢5万尾，草鱼1万尾，鳊鱼1万尾。2000年后，每年外荡放养花鲢2万尾，白鲢3万尾，草鱼1万尾，鳊鱼1万尾，渔业捕捞总产量200吨。2010年后每年外荡放养花鲢2万尾，白鲢2万尾，草鱼1万尾，鳊鱼1万尾。

内塘养殖

人民公社时期，有条件的生产队利用断浜、池塘进行内塘养殖，均由集体放养鱼种，多数是白鲢，到了年底，由集体打坝车水捕捉，分配给社员作为过年鱼。1983年后，内塘由个人或联户承包经营。1984年内塘养殖面积84亩，总产量为1.8吨。

挖塘养殖

1983年，农村实行联产承包责任制，不少农民将稻田挖塘养鱼、养虾、养牛蛙。2007年，海盐县人民政府办公室下发《关于印发海盐县万亩生态型水产养殖标准化建设实施意见的通知》，三联村徐建华投资4.81万元建起2.1公顷生态型水产养殖场，苏龙飞投资5万元建起3公顷生态型水产养殖场，赵建祥投资5万元建起2公顷生态型水产养殖场；江渭村周忠良投资6万元建起5.55公顷生态型水产养殖场，庄家村张社明投资6万元建起2.35公顷生态型水产养殖场，张顺奎投资5.5万元建起2.15公顷生态型水产养殖场；构塍村施建荣投资5万元建起2.06公顷生态型水产养殖场；鸳鸯村蔡韩林投资5万元建起3.15公顷生态型水产养殖场。

2010年，海盐县财政局、海盐县海洋渔业局下达《生态型水产养殖塘标准化建设项目财政补助资金的通知》，三联村华海鸣建起 2.25 公顷生态型水产养殖场，庄家村徐水荣建起 3.05 公顷生态型水产养殖场，构塍村张李生建起 3.33 公顷生态型水产养殖场，鸳鸯村王国军建起 1.04 公顷生态型水产养殖场、韩建明建起 6.66 公顷生态型水产养殖场，共计获得县财政补贴 4.89 万元。

稻田养鱼

稻田养鱼是一项投资小、收益大，技术简单、经营方便的农村副业生产。鱼在稻田里吞食水稻害虫和蚊子幼虫；能消化有机肥料为无机肥料，以利于水稻吸收；还能疏松土壤、起到耘田的作用。1958 年 6 月 4 日，圩城公社圩城耕作区在 6 亩晚稻田中试养鲤鱼 2400 条（鱼苗身长不足 3 厘米），经过 4 个多月饲养，平均身长长到 20 厘米左右，体重 3 两。海盐县人委在 10 月 30 日组织各人民公社代表 63 人，到圩城公社实地参观学习。但是由于水稻田时干时湿，养鱼条件不成熟而没有全面推广。

第四节　鱼　种

软城水域广阔，淡水鱼资源丰富。主要经济鱼类有青鱼、草鱼、白鲢、花鲢鳙鱼、鲤鱼、白鲫、团头鲂、三角鲂、翘嘴红白、蒙古红白、短尾白、长春鳊、鳡鱼、黄鳝、泥鳅、鲹条鱼、鳑鲏鱼、鲈鱼、梭鱼、鳜鱼等。其他水产品有青虾、河蟹、乌龟、鳖、螺蛳、田螺、蚬子、三角帆蚌、褶纹冠蚌、背角无齿蚌等。特别是庄柴湖乌背鲫鱼较为有名。

第五节　鱼病防治

常见的鱼病有出血病、肠炎病、烂鳃病、癫狂病等 10 余种。20 世纪六七十年代农田使用六六六、889 等农药，田里的水往河道里排，鱼中毒事件时有发生。鱼病大多发生在内塘养殖，外荡鱼病除鲢鱼癫狂病外，其他鱼病很少发生。出血病、肠炎病、烂鳃病通称青鱼、草鱼三病，发病轻重与环境、人为、生物等因素有关。

鱼病防治贯彻“无病早防，有病早治”的原则，做好清塘消毒，改善环境，放养优质鱼种等工作。细菌性鱼病常用漂白粉和硫酸铜防治，寄生虫鱼病常用硫酸铜、硫酸亚铁、敌百虫等药物防治。

群浮头一般发生在 5～9 月间，常出现在大雨前、无风闷热天气或投饵施肥过多的鲜塘内。防治方法是及时消除残余饵料，适时注入新水。

表 10－5－2　　于城镇历年水田挖塘养殖统计表

单位：亩、万元

年份	合计		鱼类		甲鱼		牛蛙		虾		蟹		黄鳝		捕捞产品	
	面积	收入	面积	收入	面积	收入	面积	收入	面积	收入	面积	收入	面积	收入	吨	收入
1984															96	
1992	288														122	58

续表 10－5－2

年份	合计		鱼类		甲鱼		牛蛙		虾		蟹		黄鳝		捕捞产品	
	面积	收入	面积	收入	面积	收入	面积	收入	面积	收入	面积	收入	面积	收入	吨	收入
2000	1140	529	733	214	31	49	255	734	121	77					12	11
2002	1604	1390	577	225	210	369	34	28	776	716	5	3	2	2	22	26
2003	1542	1531	540	224	279	434	38	31	911	800	5	3	2	2	25	36
2005	1902	1478	609	274	302	457	8	12	977	553	6	3	0	0	26	84
2006	1958	1933	572	341	354	739	8	13	1021	719	3	9	0	0	11	91
2007	2229	2845	559	319	426	1674	6	13	1195	738	3	10			9	91
2008	2489	3460	526	351	589	2124	0	0	1374	871	0	0			11	114
2010	3483	6420	661	298	1082	4482			1741	1358					17	166
2012	5534	13008	731	291	4091	11557			712	839					17	136
2014	4536	12902	402	163	3541	11117			592	1147					18	190

表 10－5－3　　淡水渔业组织、人口、劳力设备统计表

年份	单位	渔业户数	渔业人口(人)	渔业劳动力(人)					机动渔船		非机动渔船		柴油机		电动机		泥浆泵		增氧机		挖泥机	
				合计	专业劳动力			兼职	艘	总吨位	木船		台	千瓦	台	千瓦	台	千瓦	台	千瓦	台艘	千瓦
					捕捞	养殖	其他				艘	吨位										
1973	全镇																					
	其中:渔场	39	124	92	81	11					52	104										
1982	全镇	104	288	227	72	20		135	8	15	80	42	5	116.13	8	30						
	其中:渔场	53	155	97	20	13	64		2	39	40	80	5	116.13	5	4						
1984	全镇	72	178	139	110	17	12		2	39	40	80	5	116.13	5	4						
	其中:渔场	50	160	110	30	17	63		2	39	40	80	5	116.13	5	4						
1986	全镇	50	160	223	18	10	82		2	14	40	80	3	91.14	7	46						
	其中:渔场	50	160	105	18	16	71		2	14	40	80	3	91.14	5	40						
1990	全镇	42	136	72	72	15	14	2	5	8	72	36	8	70.56	6	24						
	其中:渔场	37	125	72	72	18	14		5	8	72	36	8	70.56	/	/						
1994	全镇	126	331	117	77	35	4	162	26	52	80	40	10	88.2	15	48						
	其中:渔场	42	144	92	77	10	4		26	52	80	40	10	88.2	/	/						

续表 10—5—3

年份	单位	渔业户数	渔业人口(人)	渔业劳动力(人)					机动渔船		非机动渔船		柴油机		电动机		泥浆泵		增氧机		挖泥机	
				合计	专业劳动力			兼职	艘	总吨位	木船		台	千瓦	台	千瓦	台	千瓦	台	千瓦	台艘	千瓦
					捕捞	养殖	其他				艘	吨位										
1998	全镇	158	389	125	81	12	5	223	26	52	60	30	12	105.84	22	66						
	其中:渔场	51	148	65	40	12	25		20	40	20	20	18	35.28								
2002	全镇	189	423	211	65	115	25	208	26	52	55	27	16	141.12	28	82						
	其中:渔场	52	150	65	40	12	25		20	40	20	20	18	35.28								
2007	全镇	293	504	346	52	163	20	109	27	64	30	15	58	393.23	34	86	12	48	180	403	1	100
	其中:渔场	44	148	72	52	/	20	/	25	50	30	15	20	44.1	/	/	/	/	/	/	/	/
2012	全镇	331	552	502	57	15	22	345	22	44	28	14	22	48.51					220	484		
	其中:渔场	52	150	70	48	14	18		20	40	24	24	24	52.92								
2014	全镇	344	522	452	55	12	20	502	22	44	26	26	24	52.92					268	589		
	其中:渔场	52	150	70	48	14	18		24	48	24	24	24	52.92								

第六节　捕捞方法

传统的捕捞方法很多,有的已经淘汰,有的还在沿用,有的在改进,还有的在创新。

已经淘汰的

排筒　用1～2米长的毛竹,敲通筒内节结,形成一根竹筒,隔夜放入河底,鳜鱼喜欢钻在里面。第二天早上捕捉时,月网拦住竹筒一端,迅速将竹筒提出水面,将鱼倒入船内。50年代被废弃。

搭鱼窠　入冬前,用竹技、树枝等堆放在河荡中,引鱼钻入其中过冬,然后将鱼窠用渔网围住,将树枝清除,缩小范围。一只鱼窠可捉几十担。50年代被废弃。

鸬鹚捕鱼　鸬鹚俗称“衔鱼鸟”,羽毛黑色,如鸭子大小,会钻入水中捕鱼,捕前,用绳子扎住脖子,捕捉到的鱼在喉下颈部,渔民抓住头颈将鱼吐出。1965年渔业管理部门禁止渔民饲养,鸬鹚捕鱼绝迹。

继续沿用的

张朝天袋　在河荡内,插上竹竿,放一段稻草绳一头系在竹竿上,在草绳的另一头用茭箬或湖羊草给即将孝籽(产卵)的鲫鱼做上一个孝场。傍晚,划小舟去张天袋,天袋口圆形,后有一条袋形尾巴,把天袋张在孝场下面,口朝上,孝草中间挖一孔,待孝籽的鲤鱼、鲫鱼跃出水面落在孝草的孔中,次日清晨去收获天袋时,即捕捉。

抄网抄鱼　清明前后,在河荡内,插上竹竿,放一段稻草绳一头系在竹竿上,在草绳的另一头用茭箬或湖羊草做上一个孝场。清晨，由一人一手划桨，一手拿抄网，轻轻划桨时必须无水花无声音，临近孝场时，把抄网伸向水中，在孝草下面抄过去，使其正在产卵的鱼被抄入网中。

放小麦弓　麦弓，顾名思义是在竹弓上安装上小麦为鱼饵的捕鱼工具。竹弓用毛竹削成1～1.5寸长的竹弓，两头尖，中间扁。装麦时，须小麦浸泡，把竹弓两头合起来扦上浸泡的小麦，竹弓中间系上5股洋纱线，线长一尺，一端系在另一根洋纱线上，每隔一尺系一麦弓，全长10～20米不等。下午3时后划船去放麦弓，以捕浅水鱼为主，半夜后收起麦弓，多为鲫鱼、小鲤鱼、鲹条鱼之类。

鲤鱼引包　淡水鱼一般在清明前后产卵，若二月清明即在清明前产卵，若三月清明即在清明后产卵，掌握这一规律后，把一条捕获的雌鲤鱼作为诱饵，在雌鲤鱼背鲚上系上苎麻线，吊在孝场下面，每隔一段时间划船去孝场下面抄一下，如果有雄鲤鱼在此必将捕获。

放白鱼钓　白鱼钓又称小钓，钓子上系洋纱线，线长半尺至1尺，另一头系到总线上，每隔1.5米装一只钓子。放白鱼钓时，沿河滩平行两端插上竹竿，总线系于竹竿上，钩子上装小鱼、葛多、蟋蟀等诱饵，一般在夜快天黑前放钓子，半夜过后去收捕。这种方法以白鲹、黑鱼、甲鱼居多。

踏网捕捞　踏网用苎麻线结成，长10～12米，宽3米，上有钢绳及浮子，下有钢绳及铁匙子，主要捕捉黑鱼之类。一般在白天，趁黑鱼在产卵时，在浜口拦网，从浜底驱赶鱼类，使其在慌忙中逃入网中而捕之。

滚钓捕鱼　滚钓是一种极为锋利的鱼钩，用线串成，每只钓子距离约10～15厘米，总长度可达到几十米乃至上百米。捕捞方法：在河边扦上竹竿，竹竿上系有铁皮筒作为响铃，把钩子放入河水中，当鱼儿游过，利用钩子的锋利把鱼钩住，大都是鲤鱼之类。

拦网赶鱼　渔网用苎麻线结成，长20多米，宽1.5米左右，上面有浮子，下面有匙子。作业时，先把渔网横跨在河道里，两端用竹竿扦牢，然后用渔船驱赶鱼群，使之自投罗网，这种方法一般在黄梅天河水涨满时夜间捉横鲇。

驱赶鲢鱼　渔网用较细的苎麻线结成，宽2米余，长15～20米。一般在夏季的夜间，在河浜口拦网，两端用竹竿扦牢渔网，然后用渔船送鱼，因鲢鱼胆小，从浜底驱赶出来，那些胆小的鲢鱼就自投罗网，被绞在渔网内。

提网捕鱼　提网俗称提子网，用苎麻线结成，四方形，大小有8尺至1丈6尺不等，布网时，用两根4～5米长的石淡竹对角绷紧，交叉处用绳索缚住两根3～4米长的撑竿，撑竿撑在河滩上，提子网放入水中，每隔一段时间把网用绳索拉起来，鱼正好在网中游过被提了上来。

塘罾捕鱼　罾，一种用木棍或竹竿做支架的渔网，它要根据河港大小而定做的，用较粗的苎麻线结成。布网时，需在塘河的对岸设10余米高的冲天一根，拉住一网角，另一角用一根毛竹作为扑水，随着钢绳的拉紧而上下起卧。这边一网角固定在岸边，另一个角安装在盘车上，起网时，盘车盘起渔网角上钢绳，对岸的扑水立起，罾网就露出水面，过往的鱼就在网

塘罾网在晒网

中了。这种捕捞规模大，捕捉的鱼也较多，可捕各种淡水鱼。

还有张河蟹网、张蟹提子、张蟹篓子、獭狮吊蟹、河草抖虾、白水打虾、甩网捕鱼、叉刺鲈鲴、叉刺甲鱼、退笼捕鱼、放八脚笼、鱼竿钓鱼、扒趟螺蛳、蚌耙扒蚌等。

创新捕鱼

牵塘捕鱼　采用竹莲牵塘，竹莲是用劈好的4米长的毛竹片用苎麻线结成，后来发展用牵塘网，宽4米，长几十米至上百米，上有浮子，下有铁匙子。牵塘时需要几户乃至几十户渔民联合作业，先把鱼塘团团围住，有拉钢绳、踏钢绳，慢慢地围拢来，一网有几十担乃至上百担，这种方法都用来捕捞内塘养殖为主。

电捕鱼　20世纪70年代，钦城渔场开始采用电捕鱼，在机动渔船上安装一台小型发电机，发出的电用电线通过竹竿插入水中，鱼被电击后浮上水面，后面有几条小船用抄斗网捕捞。电捕鱼对水产资源破坏较大，后来国家禁止使用。

第六章　林　　业

于城属水乡平原，种植粮桑为主，故园林面积较小，2014年全镇林地面积5909亩，森林覆盖率为9.18%。

民国时期，粮地利用率不高，荒芜杂地较多，树木品种名目繁多，极大部分都是自生自长，特别是河边、地边、池边、坟边、房前屋后的零星土地上，有大量的大树和古树。除了这些地方的树木外还有不少的土竹园，大多是早笋竹和迟笋竹，还有少量的石淡竹、糖心竹，而没有山毛竹。

中华人民共和国建立后，中国共产党和人民政府十分重视绿化工作，群众性的植树造林蓬勃开展，在河道边，房前屋后杂地上种植树木日益增多。20世纪50年代以种植生长快、材质细、品质好的楝树为主，又是制作家具的理想材料，到了70年代，苦楝的细菌病大量发生，影响了苦楝的生长和品质而被逐渐淘汰；60年代以种植硬性的刺槐树为主；70年代以种植挺拔高大的白榆和生长期短的泡桐为主，而白榆树刺毛虫多，而且在树内打孔而被淘汰，而泡桐由于生长快造成材质疏松而不受欢迎；80年代以种植水杉、类杉和池杉“三杉”为主；90年代种植香樟、株树等为主。特别是1979年，在邓小平提议下，第五届全国人大常委会第六次会议决定每年3月12日为中国的植树节。政府号召和群众自发相结合的办法每年种植大量的树苗。

回顾新中国成立以后的几十年，植树造林曾经辉煌也曾经受到挫折。1958～1960年间，在“大办钢铁”“大烧木炭”运动中，大批古树、大树被砍伐，河边地头高大树木荡然无存。1967～1969年“文化大革命”中的“三忠于”运动中，将私人自留地上的树木和竹园献给集体，砍伐相当严重。1971年开始，在县政府、乡政府的倡导下，在机耕路、渠道、河岸两旁，建起农田防护林。至1980年间，这10年也是砍多种少，由于管理上的原因成活率很低。

80年代起，开展农田林网化建设，1984年钦城乡成立了绿化委员会，各村成立绿化领导小组，领导绿化工作，乡农科站配备了林业技术员，各村设置护林牌，制定护林公约，并落入林业生产责任制，号召广大民众切实做好防护林带的保护工作，养成“护林光荣，毁林可耻”的好风气。

1986年钦城乡基本实现农田林网化。1988年当年四旁植树造林26595株。

1999年3月，于城镇八字村被全国绿化委员会授予"全国绿化千佳村"称号。

2012年于城镇辖区内绿化造林46公顷，投入资金1059.37万元。一是标准农田林网绿化：1.鸳鸯桥新、老湖盐公路连接线长600米、南王公路连接线两处种香樟300棵；2.枫桥连接线、粪桶径桥连接线两处共种香樟200棵；3.钱家堰桥以北、老砖瓦厂两处种香樟340棵。二是河岸绿化：粮船港2500米、鹭鸶桥港1500米、斜港800米，三处共长4800米，种植杨柳树940棵。三是城镇、企业绿化。四是新社区绿化。五是庄柴湖湿地公园等。

2014年全镇新增绿地面积13.5公顷，植树25000株。

第一节　农田防护林

1958年4月，圩城乡7个高级社在路旁、河旁、沟旁、屋旁（四旁）植树造林243876株，其中有6个合作社植树1万株以上。平均每户植树56株。

1981年开始，在全公社范围内的机耕路、渠道、河道、公路等旁边植树造林，进行农田防护林建设，种植树种大部分是"三杉"（水杉、迟杉和类杉）。1982年县农林局制订全县农田防护林规划。并指导钦城公社合理布局农田林网格子化，在公社党委领导下全面开展了大规模的农田防护林建设。此年冬共种植机耕路23条，长18公里，种植"三杉"树苗12327株。渠道17.735公里，种植"三杉"12950株。至1987年全乡已完成农田林网建设的80%。并落入了管理人员。

农田林网建设由乡农科站统一购买树种，农技人员统一实地放样，做到统一种植规格，统一种植树苗。要求树苗挺拔直线，开潭大小深浅统一。种好后在当地落入护林员，制订维护管理树林责任和制度。其主要职责是：做好每年二季树下松土、施肥，对树苗进行防病治虫。

2008年造林面积20亩，零星植树造林1万株，幼林抚育面积200亩，林产品鲜笋折笋干40.85吨，杂竹96.3吨。

2014年底，全镇有防护林带371条，总长度155公里，共有树木84925株，总蓄积量为13121立方米。建设农田林网，调节了农田小气候，促进农业生产，有益于生态环境。

第二节　苗木基地

1997年，于城镇江渭村花木协会成立，有会员23户。全村种植花卉面积6.13公顷（92亩），其中"于城景天花木有限公司"土地面积4.67公顷（70亩），种植花木50多种。当家的花卉有五针松、湿土松、樟树、桂花树、含笑等。

2014年有苗木基地4家，基地面积160公顷（2402亩）。

第三节　庄柴湖湿地

2010年4月于城镇政府为了净化周边地区空气环境，决定实施庄柴湖湿地项目，该项目涉及鸳鸯、吕冢两个村，区域内农户314户，总人口1116人，工业企业10家，区域总面积126.66公顷，其中村庄面积18.8公顷，水面积41.3公顷。

2011年11月，顺利完成第一期土地流转49.2公顷，2012年，第二期流转土地9.8公顷，共计59公顷(885亩)。并在此土地上普遍种上树木。

2014年湿地面积保持不变，主要乔木有榉树、香樟、银杏、杨柳等，主要灌木有黄杨、红叶直楠等，并将在此套种各种灌木树种，加强管理。

第七章　蔬菜瓜果

瓜果蔬菜是农业的主要组成部分之一，农民通过栽培各种农作物取得植物性产品。通常指蔬菜以及西瓜、葡萄、桃、梅、李、杏等水果作物。据明天启《海盐图经》记载:“菜之品种有芥菜、胡葱、白菜、青菜、苋菜、荠菜、菠菜、萝卜、茄子;果之品种有李、杏、梅、桃、枣、枇杷、樱桃、橙、葡萄、莲、菱;瓜之品种有甜瓜、黄瓜、菜瓜、葫芦、地蒲等。”

于城镇有:蔬菜、西瓜、葡萄、甘蔗、棉花、红菱、食用菌、草莓等。20世纪70年代前，农村土地集体经营，以粮食生产为纲，很少种植瓜果之类。主要是社员自留地上种植少量瓜果蔬菜。80年代起，农村土地承包到户，由集体经营转变为家庭经营，瓜果蔬菜很快地发展起来，形成了许多种植专业大户，并成立了各种专业合作社，为农户的产、供、销做好服务。

第一节　蔬　菜

于城农村历来有种蔬菜的习惯，家家户户房前屋后都有菜园子。种植的蔬菜以自食为主，多余部分上市销售。春季主要种植南瓜、地蒲、茄子、豇豆、慈姑、茭白、刀豆、黄瓜、西瓜、甜瓜、雪团瓜、丝瓜、芋艿等;秋季种植的有白菜、青菜、芥菜、雪菜、苋菜、韭菜、菠菜、萝卜、大蒜、胡葱、晚菜(土油菜)等。

蔬菜类

于城农民素有种植蔬菜的传统习惯，家家均有菜园子。品种有青菜(青部头)、白菜(白部头)、黄芽菜、韭菜、花菜、芹菜、胶菜、菠菜、芥菜、榨菜、萵笋、萝卜、胡萝卜、湖葱、洋葱、大蒜、菜薹、苋菜、土豆、芋艿、竹笋等。

青菜　也叫青部头，分为8月青菜、四季青菜。叶圆而阔，深绿色，茎浅绿色似瓢，有矮、长两种。籽乌黑而粗。8月播种，土翻垦好做成6尺宽的畦，到平落细，下种后泼上人粪尿，一星期内泼水保湿，3天发芽，5天出苗，1个月后可移栽，小菜时也可食用叫小白菜，上海人叫鸡毛菜。移栽时先浇上水，有利保根，以条栽为主，一星期内泼水保湿，长新根后施淡粪，1个月长成大青菜。食用方法有炒、蒸、腌等。以炒最佳，因炒青菜主要是吃叶为主。

白菜　也叫白部头，有长梗白、矮脚白，叶绿色，茎白色，形如同青菜。播种和栽培与青菜相同。白菜以腌菜见长，腌菜主要是吃茎为主，因为它的茎比青菜鲜嫩。

胶菜　叶子很大，浅黄色，叶向内包紧，茎很阔，个体粗壮，大的有2～2.5公斤。原产于胶东半岛，清末到了浙江很高贵，商家用红头绳串起倒挂，过年时才去买胶菜。现代已经普遍种植，8月播种，以点播为主，出苗后逐渐筛苗，最后每个潭剩下一棵。秋末冬前施足基肥，冬季才能包得很紧。

韭菜　多年生蔬菜。叶子细长而扁，花白色。结三角形籽，可播种移栽，也可用根茎移栽。其特点是再生能力很强，用刀割去叶子后，一天就长出嫩芽。

黄芽菜　形状如胶菜，叶片有皱纹，黄中带白，肥料施足时，叶片也包得很紧，但个头较小。8月播种，点播为主，出苗后逐渐筛苗，最后每个潭剩下一棵。

芥菜　一年生或二年生草本植物，开黄色小花，果实细长。种子黄色，有辣味，磨成粉末，叫芥末，用做调味品。芥菜的种类很多，形态各异，按用途分为叶用芥菜（如雪里蕻亦称雪菜、黄种芥、瘤芥、鸡脚芥等），茎用芥菜（如榨菜、娃娃菜等）和根用芥菜（如大头菜）。芥菜一般在8月播种，1个月移栽，独棵条栽为主，第二年春季收获。叶用芥菜收割后去老叶，晒瘪，洗净，一般以盐水腌制，20天以上腌熟后可生吃，也可炒、炖、煮与笋、肉等食物共烹调。吃不完的腌菜可切成末晒干后成了霉干菜。另外还可经洗净后晒干切成段，与洋芋艿合腌在甏里，几个月后开甏食用干菜。

菠菜　一年生或二年生草本植物，叶子略呈三角形，根略带红色，是普通蔬菜。7～8月播种，施足基肥，以散播为主，10天内保湿以促齐苗，成菜后连根、茎、叶一起以炒为主，可与豆腐共煮。

花菜　植物学名叫花椰菜，二年生草本植物，叶子大。花呈块状，黄白色，是蔬菜。10月播种，11月移栽，做好越冬施肥保暖工作。第二年春天结花蕾，5月收获。

芹菜　一年生或二年生草本植物，羽状复叶，小叶卵形，叶柄肥大，绿色或黄白色，花绿白色，果实扁圆形。是普通蔬菜。7～8月播种，以散播为主，出苗后施肥，并根据密度进行疏苗，主要食茎叶次之，以芹菜炒肉丝最佳。

榨菜　芥菜的变种。二年生草本植物，叶子椭圆形或长卵形。茎部膨大成瘤状，栽培与芥菜相同。食用方法有炒、水腌、干腌等，干腌主要是收割后去叶，洗净，先放盐水腌，捞出榨干加入辣椒（或辣粉）再干腌，可切成片、切成丝、可整个腌，出甏后为副食品。

莴笋　本地称莴苣笋菜，其实莴苣与莴笋是两种菜，莴笋是莴苣的变种。一年生或二年生草本植物，叶子长圆形，茎部肉质，呈棒状，是普通蔬菜。秋季播种，冬季栽培，第二年春天收获，主要食茎，削皮，切成丝或切成片炒肉丝为主，叶可煮菜饭。

萝卜　二年生草本植物，叶子羽状分裂，花白色或淡紫色，籽较粗棕色。主根肥大，回柱形或球形，皮的颜色因品种不同而异，是普通蔬菜之一。白露前播种，以点播为主，也有条播，打足底肥，施好追肥，冬季或春季收获。

胡萝卜　本地人叫“洋花萝卜”。二年生草本植物，羽状复叶，开白色小花，果实长圆形外表有毛，整体像喷水龙头。根长圆锥形，肉质，有紫红、橘红、黄色等多种，是常见的蔬菜。处暑前后播种，散播为主，适当掌握密度，今冬明春季收获，以炒煮为主。

湖葱　北方有大葱，江南有湖葱，主要产地在平湖，故本地人叫湖葱。多年生草本植物，叶子圆筒形，开小白花，种子黑色。繁殖可播种，也可分瓣种，因为它的分蘖能力很强。7月移栽，俗话说："7月葱，8月蒜，9月种来像支钻（很小）。"湖葱烧鱼最佳，也有烧豆腐。葱也有细管种，叫香葱，用来做调味品。

洋葱　多年生草本植物，花茎细长，中空，花小，白色。根部有扁球形的鳞茎，层层包得很紧，白色或带紫红色，8月播种，10月移栽，第二年5月收获。食鳞茎，切片后炒菜，如炒蛋、炒鳝片等。

大蒜　多年生草本植物，花白色带紫红色，叶子和花轴嫩时可以做菜。根部鳞茎味道辣，有刺激性气味，可以做作料，也可以入药，有杀菌和抑制细菌的作用。特别是海盐西北于城等地区的大蒜种植历史悠久，其特点是：散瓣少，无贴瓣，肉质洁白，味道鲜。一向以"六瓣至八瓣"著称，大如茶盅口。大蒜以鳞茎分瓣条播为主，叶片可炒肉、炒千张（皮子）；端午前后抽出蒜薹（花轴），称为"蒜苗"可炒肉丝；鳞茎（亦叫蒜头）切捣成蒜泥，用来拌菜或蘸菜吃。蒜头还可以腌制，吃后有杀菌作用。

菜薹　本地人叫土油菜，亦叫晚菜。一年生草本植物，秋分前后播种，霜降前后移栽，清明前后抽薹，摘薹10～16厘米长，晒瘪，用盐腌水菜，入甏封口，待1个月后（或更长）腌"熟"后可生吃，也可炒、炖，煮后吃，是海盐土特产，亦叫"水花菜"。

苋菜　俗称"晦头"，一年生草本植物，茎细长，叶子椭圆形，有长柄，暗紫色或绿色，花绿白色，种子黑色。茎和叶是普通蔬菜之一。另有一种是苋菜的变种，叶和茎均绿色，比紫叶的要高大，主要食茎，繁殖能力很强，籽掉在地里后，第二年夏季自然出苗，不用施肥，房前屋后均有生长，高1米以上，粗2～3厘米，秋季取茎切成段，用清水浸一天后第二天用盐水入甏腌制，3～5天后可捞出洗净，在煮饭时炖熟后就可吃，味道十分鲜美。

土豆　俗称"洋山茹"，亦叫马铃薯。多年生草本植物，羽状复叶，小叶有柄，卵圆形，花白色或蓝紫色。地下根部有许多块茎，很肥大。立春前整地，用块茎作种子，大的可根据芽头切开，多施磷钾肥，端午前后长成块茎，可收获。

竹笋　竹子根部（也叫竹鞭）长出来的嫩芽，圆锥形，有竹节，头尖中间空，外有竹壳，有早竹和迟竹两种，迟竹笋俗称"孵鸡笋""屎桩头"，早竹清明见笋，迟竹立夏见笋，壳薄味鲜，无毛竹笋的涩味。

芋艿　有白梗和香酥两种。多年生草本植物，块茎椭圆形或卵圆形，叶子略呈卵形，有长柄，花穗轴在苞内，雄花黄色，雌花绿色。块茎含淀粉很多，供食用。旧时留种都把翻进来的芋艿藏在屋内用稻草盖好，由于冬季温度在零度以下容易冻害，损失很多。现在改为原畦保暖过冬留种，冻害较少。第二年春天先做好1尺半宽的条畦，待东南风时挑芽头好的种芋，按间距约33厘米梅花形排列，每畦两棵。上面铺上猪羊灰，苗高33厘米以上2～3张叶子时，看东南风时清除杂草，抄通水沟，抄起来的泥覆盖猪羊灰并且把次芽灭掉，留好一个主芽，立夏前后沟中灌水，施足厩肥和人粪尿，大暑前后叶片覆盖满沟，不让太阳光直射沟中水，这样才能达到丰收，寒露前后可以收获。

腌制蔬菜

苔心菜　是本地的土油菜，俗称晚菜，在秋天播种，1个月后移栽，第二年春天抽薹含苞时，摘其薹心，晒瘪加入适量食盐（1∶0.2），揉搓到有盐卤为止，装入容器三个月后，开启封口可生吃，也可用菜油炖或炒熟吃。

盐齑菜　秋季取白菜或青菜种子播种，1个后移栽，霜降后经霜打收割后晒瘪，洗净，加适量盐，放入缸内，用人工将缸内踩踏结实，上面加压石块，使其在食盐作用下，产生盐卤，浸泡一个月左右，菜就“熟”了，这就是盐齑菜。除了白菜和青菜外，还有榨菜、雪菜、芥菜等都可以腌水菜。

坛菜　腌坛菜的品种很多，有洋芋艿加青菜、榨菜加辣椒或辣粉、黄种芥、瘤芥菜、大头菜、萝卜干等。其方法是收割其菜后，晒瘪、堆积发黄不能烂，洗净、晾干、用适量食盐揉搓“熟”了为止，装入坛子内，用棍加压，使其菜在坛内压实、塞实坛口、再用稻草塞结、坛口用青紫泥和软封口，把坛子倒置半年左右，所以也有叫作“倒笃菜”。开启封口去掉面头菜，一股香味扑鼻而来，坛菜既可生吃也可炒熟吃。

第二节　地上瓜果

在传统农业上于城农民就有种植瓜果的习惯，瓜类主要种植有：南瓜、地蒲、冬瓜、西瓜、生瓜、丝瓜、雪团瓜、黄瓜、黄金瓜、枣子瓜、茄子等。

南瓜

一年生草本植物，能爬蔓（延藤），茎的横断面呈五角形。叶子心脏形。花黄色，果实一般扁圆形、梨形或柱石形，嫩时绿色，成熟时赤褐色，皮上有棱，有平光皮或懒蛳皮。腹中有瓜练（即瓤）和瓜子。南瓜清明前倒扦瓜子于地上或盆中，上覆油纸或薄膜，出苗顶籽壳即移栽。移栽前做好墩子，先挖坑，坑中放畜肥，泥土覆盖，四周开沟，每墩种3～4棵，发出芯叶开始施淡人粪尿，蔓出墩后即会开花结果，一根蔓可长到十余丈，节节有根。夏秋季节均可食用，一直要到打霜蔓才会枯死。青南瓜可炒着当菜肴，老南瓜煮烂后食用，籽可炒熟吃，可驱除绦虫。

地蒲

一年生草本植物，蔓很长，叶子像蒲扇，茎空心，叶和茎表面均有毛，开白花，果实鲜嫩，蔓踩踏后结出的果实是苦的。清明前倒扦瓜子于地上或盆中，出苗顶籽壳即移栽，可条栽也可墩栽棵间距约33厘米，施足底肥，出心叶后逐步施淡人粪尿，每档叶脉上部开花下部生根，所以果实累累。

冬瓜

一年生草本植物，茎上有卷须，能爬蔓，叶子大，开黄花。果实球形或长圆柱形，瓜嫩时绿色表面有毛，熟后变青色，皮坚厚有白粉，瓜肉肥白，瓜练（瓤）像絮一样白而虚松，可用来洗衣服。练中的籽排列生长。是普通蔬菜之一。皮和种子可入药。

西瓜

一年生草本植物，茎蔓延生长，叶子羽状分裂，花淡黄色。果实是大型的浆果，球状或椭圆形，颜色是青绿色的，皮上有纹路，瓜瓤有白、黄、红三种。子有黄、红、白、黑四种。果实水分很多，味道很甜，是夏季防暑果品。2月下种，做好营养播，带土移栽，瓜墩下施足鸡粪，瓜蔓出墩后即开花，雌花开出后用小块泥巴压蔓，防止大风吹来瓜蔓翻身，影响西瓜生命力。做到早播、早栽、早发、早熟，争取黄梅瓜熟。梅瓜为最佳。7—8月成熟的瓜已经皮厚肉薄籽多了。

黄瓜

有的地区叫胡瓜，一年生草本植物，茎蔓生，有卷须，能爬蔓，叶子互生有毛，花黄色。2月播种在盆中或地上，出苗后即可移栽，施足底肥，勤浇灌，蔓延一尺长时，插小竹搭架子，让其蔓攀登，4月开花结果，结的瓜果圆形，长的可达33厘米，瓜皮青色，皮上有小刺，皮到老的时候变成黄色或乳白色。有练和籽，练白籽黄。

生瓜

一年生草本植物，茎蔓延生长，叶如心脏，有叶柄，花黄色。2～3月播种在盆中或地上，瓜板顶出即可移栽，先做好瓜畦，施足底肥，勤浇灌，4～5月开花夏季成熟，瓜呈圆柱形，皮白中带绿有瓜棱，33厘米多长，内有练(瓤)和籽。生瓜皮薄肉嫩，水多很脆，略带酸味。有青皮变种，大如腿。

丝瓜

一年生草本植物，茎蔓生，叶子通常有3～7裂叉，叶尖有细毛刺，花单性，黄色。果实长圆形，皮深绿色有斑点，有很浅的棱，嫩时可作蔬菜，一般泡汤为主。成熟后肉变成网状纤维，叫作丝瓜筋，可入药，也可用来洗刷碗、锅等器皿。丝瓜春季播种，夏季开花秋季成熟，打霜后蔓枯萎。但它生命力很强，籽落在地上第二年春节季，天气转暖自然会出苗生长，对肥料要求不高。

黄金瓜

一年生草本植物，茎蔓延生长，长的可达10多米，叶子如同生瓜叶，栽培同雪团瓜，瓜比雪团瓜略长，皮金黄色有棱，练白籽黄，有醇香带甜头味。

枣子瓜

也叫青皮绿肉，一年生草本植物，茎蔓生，随着地面延伸，2～3月播种在盆中或地上，出苗后即可移栽，可条栽或墩栽，栽培同雪团瓜一样，5～6月开花结果，皮墨绿色有棱，形状如同黄金瓜，皮薄肉绿色脆嫩，练乳白色籽黄，有醇香带甜头味。地产瓜类属上等。

雪团瓜

一年生草本植物，茎蔓生，叶子如同生瓜而略小，花黄色，2～3月播种在盆中或地上，瓜板顶出芯叶未出即可移栽，先做好畦或墩，每棵间距一脚长，施足底肥，合理追肥，5～6月开花，夏秋季节成熟。皮白体圆肉嫩，嫩时皮青无甜味，练和籽带苦味，成熟后皮呈白色，练(瓤)奶白籽黄色，有醇香带甜味。

雪团瓜

葫芦

一年生草本植物，茎蔓延生很长，叶子互生，花白色，果实心脏形，中间小像两个球连在一起，表面光滑，皮在嫩时可与肉一起食用，以炒煮为主。老后只能做器皿，也供玩耍。

茄子

又叫落苏，一年生草本植物，茄的株杆有2～3尺高，叶子大如手掌，椭圆形，花紫色有五瓣相连。果实灯泡型或长圆形，根据品种不同有白色、淡绿色或紫色，皮表面有光泽，是普通蔬菜之一。秋天茄老熟摘下后放入水中浸泡数日，皮和练腐朽后捞出，籽用清水洗净晒干后保存过冬，第二年惊蛰前后用温水催芽，做好苗床，出芽后播于床，上面搭棚覆盖油纸或塑料薄膜，温度控制在30～40℃之间，清明前后移栽，端午前后收获。茄子在大暑天叶子枯黄，所结茄籽多，有苦味，处暑前后又长出新叶，又开花结果，秋分至霜降的茄子又很鲜嫩。直至霜冻后为止。

第三节　树上水果

树上水果是我们喜爱的食品之一，它含有丰富的维生素，但是因为它是生冷食物，多吃可造成消化不良等症状，俗话说："桃饱李伤人"意思是桃子吃饱了不要紧，而李子多吃就会伤害身体。于城种植有：桃子、李子、梅子、杏子、葡萄等。

桃子

桃树是落叶小乔木，品种很多，海盐地区常见的有五月桃、小暑桃、水蜜桃、李光桃、黄桃、盘桃、毛桃。桃的核抛在地上第二年春天就会出苗，这是毛桃，结出来的桃子很小，必须在第二年春分前后进行嫁接。桃树很容易栽种，一般三年就会结果。桃树栽种后五年后就要败落，所以应当用刀割树皮，让它流出脂液，就可以多活数年。桃花有粉、红、紫、白等色，有千叶单瓣的区别；它的果子嫩时皮青，表面有毛，味酸并带有微辣，成熟后有红桃、碧桃、绯桃、缃桃、白桃、乌桃、金桃、银桃、胭脂桃等。清明前开花，先开花后长叶，最早的5月成熟，6月成熟的就叫小暑桃；水蜜桃最佳，果大肉嫩，味有醇香带鲜甜味。水蜜桃也有早、中、迟之区别，迟熟的"玉露"最好吃。

李子

李子树属落叶小乔木，叶子倒卵形，清明前开白色花，先开花后长叶，李树的果实叫李子，果实呈球形，嫩时皮青，成熟后皮黄色或紫红色。肉厚而核小，嫩果味酸并带有苦味，但它的核仁能入药，李时珍说：李，绿叶白花，树的存活期很长，品种也很多，最有名气的是姑苏的"南居李"，嘉兴的"槜李"。春秋时期的西施从越国到吴国，半路上病危时，途经嘉兴饮用"槜李"救活了西施，此后闻名。清代著名诗人朱彝尊在《鸳鸯湖棹歌》中写道："徐园青李核何纤，未比僧庐味更甜。听说西施曾一掏，至今颗颗爪痕添。"就是说，在徐园里，有一颗李子的核如豆，用丝线挂起来，好比僧庐(指净相寺)味更甜。嘉兴净相寺产槜李，每颗都有西施的爪痕，槜李，嘉兴著名特产，其果扁圆形，皮色殷红，果肉呈琥珀色，多浆法，味甜醇，微有酒味，为果中珍品。

杏子

俗称杏梅，也叫甜梅。杏树属落叶乔木，叶子宽卵形带尖，有很多种，黄色的叫金杏，也叫梅杏，花单性，白色或粉红色，果实圆形，成熟时黄红色，味酸甜。有像梅的酸味，像桃的甜味。凡杏子成熟时，可以榨出浓汁，涂在盘中晒干，再摩刮下来，和水调麦面吃，是五果类最常用的调味配料。杏仁可入药。

葡萄

落叶藤本植物，叶子如掌状分裂，但有五尖。有须藤很长。圆锥花序并连着果实。3月开黄绿色小花。果实圆形或椭圆形，7～8月成熟时紫色或黄绿色，味酸甜、多汁，是常见的水果，也是酿酒的原料。葡萄剪藤可扦插栽种，容易成活，也可嫁接。春季萌苞生叶，栽培上需搭棚或搭架，让其攀登，第三年可开花结果。葡萄味甘、涩，甜。

蜜梨

梨树，是落叶小乔木或灌木，叶子卵形很光滑，2月开白色小花，呈丛形，有5～10朵不等，梨的品种也很多，皮有青、黄、棕、紫等。果实圆形或椭圆形，梨味甘、微酸，鲜嫩有甜味。

柿子

柿子树属落叶乔木，品种也很多，叶子椭圆形或倒卵形，背面有绒毛，4月开黄白色小花。结浆果有核，扁圆形或圆锥形，嫩时呈青绿色，8～9月成熟，颜色为橙黄色或红色，生柿收藏后自行变红的叫烘柿；晒干的叫白柿；用火熏干的叫乌柿；水泡储藏的叫酸柿；生石灰呛的呛柿；烧酒点的叫酒柿。生柿很涩，吃后会拉舌头。柿根很牢固，也叫柿盘。柿核呈扁状而坚硬，自然出苗后生出来的柿子叫"油漆"柿子，果实小，皮外有一层油，故称"油漆柿子"。所以必须通过嫁接。

枇杷

枇杷树属常绿乔木，树高1丈有余，叶子茂盛长椭圆形，叶的背面有黄色绒毛，四季不凋谢。隆冬时候开小白花，圆锥花序。到3～4月份结出像球一样的果，端午前后成熟，俗话说："蚕熟枇杷黄"。果实淡黄色或橙黄色，外皮上有细毛。适宜于江南地区生长，果实可以吃，皮肉很薄，肉中有核，核像茅栗。叶子可入药，有镇咳作用。

第四节　水下果类

红菱

属一年生草本植物。二角为菱，也叫环菱；而三角、四角的叫芰，海盐的四只角也叫菱，皮红色；嘉兴南湖无角的叫南湖菱，皮绿色。也有野菱就叫"鬼车菱"。它生在池沼中或河浜里，根生在泥里，叶子浮在水面上，略作三角形，边缘略有锯齿，菱老熟后就会掉脐，落在河泥里，第二年春天，3月萌芽生长，蔓逐渐延长浮在水面上，扁而有尖，很是光滑，叶下的茎根据水的深度自由生长，5—6月在夜间开小白花，白天闭合，随月亮的圆缺而转移。果实的硬壳有角，皮红色，故称"红菱"。果肉可生吃，也可煮熟吃，还可烧菜吃。

茭白

植物名叫"菰"。多年生草本植物，生长在池沼地里，花单性，紫红色。嫩茎的基部经某种菌寄生后膨大。茭白以部头再生分蘖后，清明前后移植，秋分后可以割取嫩茎食用，可切成丝、片、块，可炒、炖、烧均可吃。

荸荠

俗称"地栗"，二年生草本植物，叶子细长管子形，中间空，根系发达果实铜鼓形，皮紫红色，肉白嫩，上

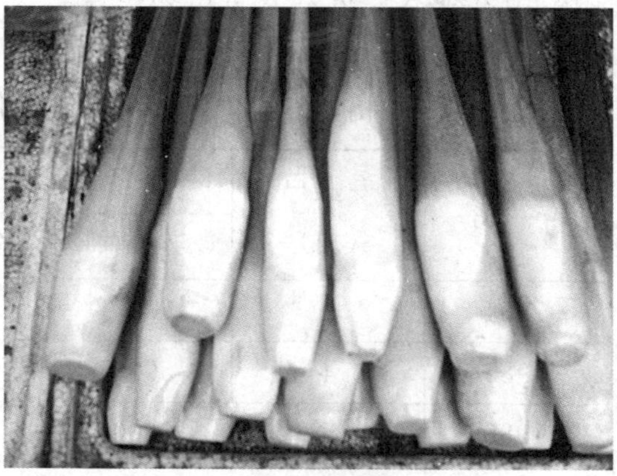

削白了的茭白

面有芽，底部有脐。在冬季从田里挖出，去泥不清洗，晒干后放入甏内过冬留种，第二年春天清明后从甏中拿出，做窖育苗。先用河泥铺底，芽头向上一只只排列，上面覆盖松泥（冻松的耕作土），保持面土湿润，出苗后移栽到大田，行间距约一尺。施足厩肥，随根系发展分蘖，冬季待叶黄枯萎后可翻垦收获。

莳菇

亦叫"莳萝"。多年生草本植物，羽状复叶，花黄色，根部果实椭圆形。籽实含有芳香油，可以制香精。莳菇在冬季从田里挖出，去泥不清洗，晒干后放入甏内过冬留种，第二年春天从甏中拿出，切开芽头，寄生在水田或水沟里，让其自然生长，水田里收起早稻（大暑前后），移植到田里，行间距约 66.6 厘米，白露前不能断水，冬季收获。

第五节　食用菌

食用菌，野生的称之为"蕈"。据清道光《澉水新志》载："春生名松花蕈，秋生名寒露蕈。"在春夏季的雨水时，在荒芜了的茅草地、坟地常有野生的木耳和蕈可采摘。较为多见的是桑树上的"桑木耳"茅草地里的"地木耳"（俗称"地滑塌"），还有一种生长在竹园里的"鸡丝蕈"，味道尤为鲜美。

于城历来没有种植食用菌的习惯，20 世纪 80 年代开始由镇农科站多种经营办公室引进外地种植食用菌经验，在本地推广。目前能够人工栽培的品种有 50 多个品种。但在于城种植的有平菇、金针菇、鸡腿菇、姬菇、草菇、双鲍菇等。

1992～1997 年于城镇种食菌为高峰期，2004 年 3 月，于城镇成校举办草菇栽培技术培训班，有学员 18 人学会了草菇栽培技术。4 月，又举办了金针菇栽培技术培训班，有学员 24 人参加培训，学会了栽培技术。10 月，举办平菇栽培技术培训班，学员 28 人参加培训，学会了平菇栽培技术。

2005 年 7 月，于城镇成校举办反季节珍稀秀珍菇栽培技术培训班，有学员 33 人学会了秀珍菇栽培技术。

2007 年起，由于市场经济等原因，食用菌生产渐渐地减少，2010 年后基本没有人生产食用菌。由外地农户进入农贸市场销售。

表 10—7—1　　于城镇历年食用菌生产统计表

年份	专业户（户）	生产品种及数量（公斤）					
		平菇	金针菇	鸡腿菇	草菇	秀珍菇	黑木耳
1984	1	2000					
1985	4	5000					
1986	5	6000					
1987	6	7000					

续表

年份	专业户(户)	生产品种及数量(公斤)					
		平菇	金针菇	鸡腿菇	草菇	秀珍菇	黑木耳
1988	6	7000					
1989	6	7000					
1990	10	10000					
1991	10	10000					
1992	15	15000	1000				
1993	20	20000	1000				
1994	20	20000	2000				
1995	20	20000	3000				
1996	20	20000	3000				
1997	20	20000	3000				
1998	16	16000	3000				
1999	15	15000	3000				
2000	12	12000	3000				
2001	10	10000	3000				
2002	10	10000	3000				
2003	10	10000	3000		2000		
2004	10	10000	3000		3000	40000	
2005	12		3000	1000		40000	
2006	11	10000	3000	1000			1500(干)
2007	6		6000	1000			
2008	6		6000	1000			
2009	6		6000	1000			
2010	1			2000			

说明:表内数据由于城镇农业技术与农机水利服务中心提供

第六节 效益农业

西瓜

钦城种西瓜的历史悠久,早在500年前的明代就有种西瓜的习惯。民国时期,有人家种植西瓜,数量少,以自食为主。

20世纪50年代后，以粮为纲，水田不准搞副业。有的生产队集体在桑树地上种植些草瓜，按照社员工分进行分配。直到80年代实行家庭联产承包到户后，由社农民自主经营，农户开始种植西瓜。

表 10—7—2　　于城镇分村西瓜种植统计表

单位：亩

村名	部分年西瓜种植面积										
	1981	1985	1990	1995	2000	2002	2005	2006	2010	2012	2014
鸳鸯村	/	24	/	25	236	800	262	285	150	275	66
吕家村	/	41	4	60	269	267	611	727	305	182	193
庄家村	/	73	35	213	983	1117	805	512	528	437	375
何家村	/	18	/	40	500	323	326	422	366	320	267
构塍村	/	26	6	37	260	388	475	456	433	269	198
八字村	11	55	4	227	871	940	439	365	116	130	8
江渭村	/	15	/	146	1126	600	229	202	96	76	78
三联村	/	29	49	192	733	804	407	388	420	185	150
合计	11	281	98	940	4978	5239	3554	3357	2414	1874	1335

葡萄

葡萄历来由农民在房前屋后庭园零星栽植，20世纪80年代引进巨峰、欧亚等新品种，开始有农户规模种植并经营。

八字葡萄，闻名遐迩。1994年7月，八字葡萄专业协会成立，为嘉兴市第一家葡萄协会，成员16个后发展到26名会员，后来发展到563户，种植面积1890亩；1997年，该协会获得了海盐县"葡萄优质高效栽培模式丰收计划"三等奖；1998年，八字全村葡萄种植面积为500余亩，产量达160余万斤，葡萄产值占该村农业总收入的43.8%，被县政府命名为"1997年农产品葡萄专业村"。随后，该村投入50万元建立了"八字葡萄专业示范场"。这个场不断引进园内外优质葡萄品种，并搞好产前、产中、产后服务。1998年，经八字村葡萄协会组织外销的葡萄达20多万斤。

2000年，八字村又获海盐县"葡萄保护无公害配套栽培技术科技进步"三等奖；2001年，在嘉兴市农博会上，于城镇八字村生产的葡萄获得了"优质农产品"称号。是年7月，还组建了"海盐八字葡萄(果业)合作社"，吸收入股社员户数118户，股数139股，入股资金达69500元。之后，又与580户果农建立了联系，入社葡萄面积1250亩，其中610亩的葡萄产业一条龙服务已经形成，为当地农户增加净收入200多万元。

2002年，于城镇种植葡萄1600亩，葡萄总产量达400万公斤，总产值800多万元，其中设施栽培已达280亩，种植欧亚葡萄达200多亩，一个以早熟、名特优的葡萄品种格局逐步形成。这一年10月，由县政府牵头，于城镇和省农科院园艺所签订了葡萄“新品种、新技术、新模式”合作协定，引进欧亚种等红色品种6个，并由镇农科站建立了60亩葡萄引进基地。在探索于城镇拳头产品“兴华1号”“早熟欧亚种”的基础上，于城镇成为全省欧亚种红色品种引种中心，及栽培示范基地和种植欧亚种红色品种的大镇，将“于城牌”葡萄形成自己的特色，立足于江、浙、沪市场。2001年，八字葡萄的“翠冠”“脆梨”被评为市优质产品。2002年，八字周玉良家庭被省科协评为：“农村科技示范户”。同年11月，八字果业合作社被县政府命名为“县级农业龙头企业”称号。

2004年，于城镇八字葡萄果业合作社在发挥效益农业上起“龙头”作用。该合作社已拥有资产60多万元。八字葡萄果业合作社被评为“嘉兴市示范合作社”。“于城牌”葡萄被评为省优质产品。合作社采取统一收购，统一质量和包装，统一价格的方法，帮助果农销售优质产品。是年，该社外销葡萄、梨1000多吨，产品远销上海、江苏、福建等地；该协会还被中国科协命名为“全国百强农业专业技术协会”；八字村被县政府命名为葡萄专业村。2006年3月，八字葡萄果业合作社党支部成立，有15位党员，建立了每位党员带10户社员的创业帮扶制度，多年来提供产前、产中、产后服务，带动农民致富，发挥党员先锋模范作用。

2007年，进一步优化调整农业产业结构，力争高效生态农业有新的突破。进一步开拓农产品市场，积极推广优质新品种，改良老品种，提高葡萄质量，打响“于城牌”葡萄，同时，要积极探索葡萄园养鸡，走种养结合模式的立体农业。

2008年，葡萄种植面积达163.33公顷，新增36.66公顷。

2010年，八字葡萄专业合作社经县农业发展基金管理委员会、县财政局考核为优秀农民专业合作社，并属第二期补助资金6万元。第三期资金补助中，葡萄新增设施：合作社9.89公顷，社员4.81公顷，农户3.59公顷，补助金12.3万元，葡萄、梨获无公害农产品认证，补助金2万元，创建2010年嘉兴市名牌产品，补助金3万元。

2014年，有社员139户，基地面积27.33公顷，销售葡萄602吨，销售额达3313万元。

表10—7—3　　于城镇历年水果种植统计表

单位：亩、吨

年份	合计		柑橘		梨		桃子		柿子		枇杷		葡萄		李子		猕猴桃		其他	
	面积	总产	面积	总产	面积	总产	面积	总产	面积	总产	面积	总产	面积	总产	面积	总产	面积	总产	面积	总产
1990	19	6.35	10	2.75							1	2.3	8	3.8						
1992	161	23	10	1	20	0.9	30	0.85			1	2.2	89	21					11	1
1994	1145	573	36	23	201	10	121	30			6	4	774	504					7	2
1996	1383	1241	34	19	200	50	119	30			12	4	1016	1136					2	2
1998	1550	1671	37	22	358	252	106	31			67	7	980	1357					2	2
2000	2114	2184	41	25	812	695	110	40			20	11	1101	1407					30	7
2001	1844	2345	36	24	603	796	114	45			23	19	1072	1458	3	3				

续表 10—7—3

年份	合计		柑橘		梨		桃子		柿子		枇杷		葡萄		李子		猕猴桃		其他	
	面积	总产	面积	总产	面积	总产	面积	总产	面积	总产	面积	总产	面积	总产	面积	总产	面积	总产	面积	总产
2002	2170	2977	85	57	767	1358	112	44			25	20	1141	1484						
2003	2682	3227	128	76	1203	1398	198	68	6	6	26	20	1220	1660	0	0	0	0	1	5
2004	2714	3463	131	77	1012	1351	121	84	12	16	35	27	1430	1921						
2005	3263	13883	168	314	1213	1938	185	367	35	59	50	45	1612	2635					1	1
2006	3509	16167	166	264	1273	2833	135	195	31	71	50	72	1850	2798					4	4
2007	4191	14635	157	244	960	1652	133	151	49	77	51	54	2837	4124					4	5
2008	4357	6560	162	251	917	1607	142	161	53	83	55	50	3040	4417					4	5
2009	5035	15262	166	232	871	1348	152	184	64	63	62	57	3716	7014					4	8
2010	5112	14876	167	274	825	1532	157	185	63	63	57	57	3839	6740					4	8
2012	6807	14806	145	167	684	1032	175	215	73	78	69	65	5461	8365			200	50	3	6
2013	7644	16042	98	181	677	940	154	155	51	69	65	74	6597	10520					2	4
2014	8534	17656	87	174	652	1201	166	228	258	340	47	42	6960	12040	0		350	2	2	4

第八章　养殖专业户

1984 年统计，软城乡有专业户和重点户 73 户，其中养猪重点户 17 户，养鸭重点户 9 户，养兔专业户 11 户，养鸡专业户 5 户，养鱼重点户 5 户。

第一节　养甲鱼

甲鱼也叫鳖、团鱼。可在水中和陆地生活，脊背隆起与龟相似，甲壳的边缘有肉裙。鳖没有耳朵，全凭眼睛。鳖只有雌的，鼋才是雄的，它与蛇或鼋交配。鳖的种类有中华鳖、日本鳖、台湾鳖等。体长一般在 20～30 厘米之间，呈椭圆形，体表面有柔软的皮肤。颈部较长，头与颈均可缩入壳内。四肢较扁，后肢与前肢相同。行动比较快，白天出水晒太阳，晚间上岸活动。以甲壳动物、蚯蚓、昆虫鱼类等为食，也吃水草。但长期不吃也不会饿死。寿命较长，一般可活几十年。每年春季在水中交配，5～8 月产卵，每次产卵 2～20 个不等，每年可产卵 3～5 次。

于城镇自 1985 年开始囤养甲鱼，至 1989 年已逐步发展到自繁自养的商品鳖生产，1991 年开始实行工厂化温室养殖，1996 年开始探索简易养鳖技术，于 1997 年获得成功，并通过县科委组织的专家鉴定，从而促进了于城镇甲鱼养殖业的发展。至 2001 年底，全镇亲鳖饲养 4340 只，幼鳖饲养1162400只，商品鳖饲养89300只，温室水体面积9100平方米，并有工厂化养鳖温室5座，简易温室养鳖16座。全镇甲鱼养殖面积225.8亩，产值达283.5万元。2001年“于城牌”商品鳖被评为市级优质产品银奖。2003年，“于城牌”甲鱼被评为省优质产品，市名牌产品。

2008年，在海盐县海洋渔业局积极推进“海盐县生态型水产养殖塘标准化建设”中，三联村赵建祥计划投资4万元，31.4亩规模养殖塘，钱鸣华投资4.91万元，35.7亩规模养殖塘。2014年底，全镇养甲鱼336公顷，总产量达3000吨。

第二节　养　虾

虾，节肢动物，身体长，分为头部、胸部、腹部和尾部，体外有壳质的软壳，薄而透明，背弓呈节状，腹部由多数环节构成，它的子在腹部外，尾部有硬鳞，头部有长短触角各一对，都有胡须钩鼻，胸脯的脚第一对最大，末端的形状像钳子。生活在水中，会跳跃，捕食小虫，种类很多，有青虾、龙虾、对虾、漕虾、基围虾等。味很鲜，人们喜欢吃，现在都在水田里开挖虾塘，属于内塘养殖发展很快。2014年底，全镇养虾110亩，总产量达115吨。

第三节　养牛蛙

欤城乡从1989年开始引进古巴牛蛙，牛蛙养殖面积278亩。2001年于城镇养牛蛙已成规模。5月，经国家工商管理局批准，注册“于城牌”牛蛙商标。这一年，“于城牌”牛蛙被评为省级优质产品银奖；于城镇被评浙江省海洋与渔业局授予“牛蛙之乡”称号。

2014年底，全镇养牛蛙20亩，总产量达2.5吨。

第四节　养蜜蜂

蜂是一种昆虫，它的种类很多，有胡蜂、蜜蜂、黄蜂等。人类能饲养的只有蜜蜂，主要以供采蜜的蜂，主要有两种：一种是采蜜蜂，一种是印度蜂。由蜂王、工蜂和雄蜂组成，营大集团的群体生活，除生产大量蜂蜜外，还生产蜂蜡、王浆、蜂毒等；又能为农作物授粉，提高作物产量。海盐农家素以零星经营中国蜂为主。民国31年(1942)引进意大利蜂，中国蜂逐年减少，20世纪50～60年代于城没有人养蜂，70年代后期改革开放后养蜂有了发展。1997年三联村太平邬雪松开始养蜂，饲养意大利蜂40箱。1998年起逐年增加，从1997年的40箱发展到2004年的160箱。而且在1998年收了2个徒弟，1999～2004年增加到3个徒弟，2005～2006年因家中父亲去世而基本停养。2007年又购买40箱，尔后发展到100多箱，又收了2个徒弟。2009年起有蜂100多箱，仅由夫妻二人放养，不收徒弟。2014年底，邬雪松放养下意大利蜜蜂108箱。邬雪松放养下意大利蜜蜂每年从3月下旬到9月，有6个月可生产蜂王浆，每月每箱可生产蜂王浆约1公斤；每年可生产蜂蜜少者5～6吨，多者7～8吨。

第十一编　工　业

第一章　乡镇企业

乡镇企业是指农村集体经济组织在乡镇(包括所辖村)举办的各类企业。乡镇企业是中国乡镇地区多形式、多层次、多门类、多渠道的合作企业和个体企业的统称,包括乡镇办企业、村办企业、农民联营的合作企业、其他形式的合作企业和个体企业五级。

乡镇企业是独立自主的经济实体,它的特点是:1.产供销活动主要靠市场调节;2.职工大都实行亦工亦农的劳动制度和灵活多样的分配制度;3.与周围农村联系密切,便于利用本地各种资源;4.分布点多面广,便于直接为各类消费者服务;5.经营范围广泛,涉及各行各业;6.规模较小,能比较灵活地适应市场需求的不断变化;7.在现阶段大多是劳动密集型的经济组织,技术设备比较简陋,能容纳大量农村剩余劳动力。这些特点使得乡镇企业具有极大的适应性和顽强的生命力,也具有较大的盲目性和不稳定性,劳动生产率一般都比较低。

第一节　乡村集体企业发展概况

于城镇集体工业从无到有,由小变大,通过原始积累,逐步组织发展起来的。

20世纪50年代末,软城公社有纸浆厂、草绳草包厂、砖瓦厂、石灰厂、土硝厂、酒菜厂、机械厂、加工厂、肥料厂、农药厂、糖果饼干厂、竹器厂、缝纫厂、运输组、淀粉厂等15家。

1975年,全公社有社办集体企业7家,年平均职工380人,固定资产总值33.12万元,全年总产值43.78万元,工资及福利支出12.87万元,上缴国家税金2.41万元,利润6.18万元,其中上缴公社0.06万元。

1976年,圩城公社有社办企业7家,有职工266人,固定资产总值19.93万元,全年总收入38.98万元,成本及费用支出20.61万元,工资及福利支出9.57万元,上缴国家税金1.47万元,获得利润5.28万元。

1978年,软城公社有工业企业5家,职工455人,工业总产值151万元,利润20.2万元。

1980年3月,圩城公社砖瓦厂建办,规模为28门轮窑。5月,与红卫大队联合新办印染厂。

1982年,有社办企业11家,包括机械厂、加工厂、预制厂、建筑队、竹器厂、丝厂、丝织厂、砖瓦厂、经理部、印染厂、搬运站等。年末职工1161人,完成年产值564.73万元,总收入547.09万元，各项支出合计435.73万元，上缴国家销售税金44.78万元，获得税利107.39万元，获净利润84.13万元，上缴所得税23.27万元。

1983年，工业办公室对下属企业开始实行改革，2月份颁布关于《社办企业若干经济政策的暂行办法》的通知。通知规定：1.关于劳动出勤和加班工资问题；2.关于劳动定额管理问题；3.行政管理人员的月奖、年终奖问题；4.关于医疗费报销问题等作出规定。

1984年，钦城乡有工业企业12家，已全部建立经济责任制，其中劳动报酬实行计件制的有1家，定额到组联产计酬的有9家。村办企业42家，联户企业24家，户办企业6家。村办企业工业总产值131.56万元，比1983年增长25.25%，利润达到11.56万元，比1983年增长38.6%，联户企业的工业总产值和利润分别达到6万多元和5千多元。

1986年，钦城乡的乡镇企业异军突起，实行"四个轮子一起转"，坚持集体、联户、个体工业一起上的方针，使全乡工业经济得到快速、协调地发展。是年，钦城乡企业职工为1747人，工资总额252.9万元，乡村工业总产值1567.05万元，上缴国家税金170.6万元。

1987年，全乡有乡办企业13家，村办企业42家，职工4316人。有轻纺、砖瓦、建筑、缫丝、印染、服装、紧固件、机械等行业。固定资产950.08万元，工业总产值3536.95万元，利润264.72万元。为了适应市场竞争机制，钦城乡各企业完善了生产经营责任制，厂长、经理任期目标制，并调整了企业行业、产品结构、扩大适销对路产品的生产。乡政府批转乡工办《钦城乡1987年乡村企业经营承包责任制的实施意见》，特作"一推行"，即全面推行联利计酬浮动工资制；"一试行"，即试行厂长（经理）负责制和任期目标责任制；"一改革"，即改革工资发放办法；"八规定"，即1.企业要照章纳税，按期归还贷款；2.企业要提留各项基金；3.固定资产投资和基建投资要按规定及时转账；4.乡办企业按销售收入的0.5%，村办企业按销售收入的0.3%上缴工办管理费；5.企业用于辅助性社会开支，实现利润的10%上交政府使用；6.贷款实行到账结算，发出商品一律不作销售收入，不计利润也不得计提工资；7.职工工资超过计税工资标准，不准在企业留存中列支；8.库存产品的年终余额，根据不同行业，分别控制在当年产值的5%～20%以内。这一年，钦城乡外向型经济有了发展，成为全县乡村企业排名的第3位。

1988年，钦城乡普遍实行了厂长承包经营责任制、任期目标制，引进竞争机制、风险抵押，实行租赁、兼并等多种形式。同时，调整了企业行业、产品结构，扩大适销对路的产品，主要有：白厂丝、软段被面、灯泡、小五金、羽绒服装、锦伦丝、袜子等产品。另外，钦城乡的外向型经济有了发展。由丝厂、羽绒服装厂、紧固件厂、吕家灯泡厂所生产的外贸收购额达到325万元，位居全县乡村企业第3位。这一年，全乡工业总产值4425.25万元，完成县下达计划的134.3%，比上一年增长24.23%；乡村工业销售收入2969.50万元，比上一年增长30.25%。乡村工业销售利润总额达到235.10万元。

1990年，全乡实现工业企业产值5790万元，比上一年增加1275万元，增长22%。其中乡办企业实现利润189.63万元，比上年增加3.36万元，增长1.3%，村办企业亏损15.12万元。乡村两级企业上缴国家税金286.43万元。

1992年，钦城的乡村企业再掀改革高潮。镇党委和政府确定了以轻纺工业为龙头，多业并举，多路进军。乡村企业共同发展的新思想。这一年，钦城乡村企业达54家，产值首次突破亿元大关。是年，钦城乡投资1191.77万元，兴建了海盐丝料厂（海盐绢纺实业有限公司的前身），于5月份投产。钦城印染厂、钦城丝织厂、鸳鸯工艺品厂、坛墩造纸厂等乡村企业进行了技术改造。这一年年底，钦城乡村企业达54家，拥有固定资产原值1684.80万元，全员人数3080人。全乡工业销售收入达5570.67万元，其中外贸销售额1578.28万元，上缴国家税金388.37万元，盈利企业40个，经营利润达到6.29万元，比1991年159.81万元，减少了73.35万元。亏损企业14个，亏损额达103.06万元。

1993年5月，钦城丝厂加入了力海丝绸制品有限公司；10月，海盐丝料厂兼并了钦城紧固件厂和钦城纺织器材厂；12月，又将钦城水泥制品厂、钦城家具厂、钦城建筑工程队三家企业合并，更名为“钦城建筑装潢公司”。到年末，全乡50家村办企业中盈利43家，利润仅21万元。其中亏损企业7家，亏损额12万元，比上一年增加9万元，增加了75%。是年，钦城镇重点骨干企业有3家，钦城金城丝绸印染实业公司产值1个亿，海盐绢纺厂和力海丝绸制品有限公司产值分别为千万元以上。全乡兴办了三资企业2家，引进68.80万美元，出售产品交货额16252万元，增幅为全县第一，绝对值为全县第二。1994～1996年3年中，累计创汇29000万元，其中1995年出口1亿元，比1992年增长8.8倍。

1993年，钦城乡办企业兼并了6家“小、微、亏”企业，组建了五大公司。其中，海盐绢纺实业有限公司还实行了股份合作制企业。全乡以建材为基础，纺织为龙头的企业基本形式。是年，钦城乡工业产值20776万元，比1992年新增10110万元，增长98.8%；实现利润616万元，比上一年增长6倍；上缴国家税金712.44万元，比上年增加了24.21万元，增长了83.5%；发放职工工资1315.97万元，比上年增加664.7万元，增长102%。乡企业职工人数已达4385人。

1993年4月，海盐县对外经济贸易委员会同意海盐县钦城丝织厂与香港大建设有限公司成立合资经营“嘉兴力海丝绸制品有限公司”。合营公司总投资为100万美元（折合人民币580万元），注册资本为75万美元，其中甲方（丝织厂）出资55万美元，占注册资本的74%，乙方（香港）以现汇出资20万美元，占注册资本的26%。合资公司生产规模初期为年产各类丝绸、针纺织制品150万米。11月，钦城丝料厂兼并钦城紧固件厂、钦城纺织器材厂翻建成紬丝分厂，改组股份制企业，名称为“海盐绢纺实业有限公司”，注册资本550万元。公司下设生产技术科、财务科、供销科、后勤科；绢纺、紬丝等5大车间。

1994年，工业企业生产实行集体承包，经营自主，酬效挂钩的承包办法。企业工资采取以下4种：1.丝料厂、砖瓦厂等4家企业实行联产计酬，丝料厂以每吨绢丝1.35万元联产计酬，3家砖瓦厂以每万块标准砖275元联产计酬；2.粮业公司实行联产计酬，联利调，以每吨饲料22元、每吨大米16元联产计酬；3.力海公司、金城公司（印染厂）两家企业实行每人每月200元为基础工资、利工挂钩，按利工率（力海公司57%、印染厂38%）计算效益工资；4.建装公司实行包干利润指标5万元，不足时利润补足后再自行分配。另外，各厂长实行组合工资制，即每人每月基本工资250元，年工资3000元；职务工资按企业不同规模分档。据年末统计，全镇工业产值41691万元，比1993年增长100.7%，名列全县第三。

1995年底，于城镇共有个体、私营企业315家，实现产值1.5亿元，成为于城镇经济一个新的增长点。是年，全镇工业产值达到了5.09亿元，发放职工工资总额1691万元。

1996 年，于城镇村办企业固定资产 10100 万元，海盐绢纺实业有限公司、金城丝绸印染实业公司、港城纺织有限公司被列为海盐县“优势工程”。与此同时，于城镇加大企业转制力度，拍卖了建装公司，解体并转制了管理不善、亏损严重的力海公司。

1997 年，海盐绢纺公司购买了官堂绢纺厂，租赁了港城公司绢纺车间。

1998 年，海盐绢纺公司实现产值 1.4523 亿元，销售收入 1.5863 亿元，利税 1300 万元，为于城镇经济发展挑了大梁。

这一年，于城镇先后有 5 家企业进行了改制。全镇个私企业 183 家，其中鸳鸯丝绸印花厂、海盐民政羽绒服装厂、于城丝绸印染有限公司已发展为产值超千万的中等规模的私营企业。到年末，全镇个私企业实现工业产值 2.22 亿元，占镇工业总产值的 51.5%。

90 年代末，海盐县委发出《关于进一步完善乡镇企业政策的若干意见》指出，继续深化乡镇企业产权制度改革，要明晰产权、政企分开、完善机制、确保集体资产保值增值为目标，积极鼓励企业实行股份合作制、股份制、租赁、兼并、拍卖等各种形式的改革。

1999 年，于城镇党委、政府对于城一砖厂、于城二砖厂、县绢纺公司等企业实行租赁、关停、股权重新配置等转制方式，规范了企业运作。同时，对全镇 14 家“戴帽”(集体企业)企业进行摘帽，已完成 12 家，使全镇转制面达 95%以上。在这过程中，海盐绢纺公司兼并了县三环丝绸(集团)公司于城丝厂。是年，海盐绢纺公司实现产值 17880 万元，销售收入 17233.47 万元，利税 1672.9 万元，发放职工工资 1689 万元，产销率、资金回收率及流动资金周转率三项指标在优势企业中名列榜首。全镇个私企业已有 144 家，有 5 家年产值超千万元，2 家超 500 万元，实现产值 2.17 亿元。

这一年，于城镇实现工业总产值 4.35 亿元，实现销售收入 1.97 亿元，实现利税 1844.59 万元。全年发放职工工资 2155.48 万元。全镇有 5 家企业产值超千万元，2 家企业产值超 500 万元。

表 11—1—1　　转制前镇办企业经营基本情况表

单位：万元

年份	企业个数	年末人数	总产值	年末总资产	总收入	总费用	国家税金	利润总额	工资总额
1975	7	380	43.78	33.12	43.12	36.74	2.4	6.18	12.87
1976	7	266	39.82	29.93	38.98	30.61	1.48	5.28	9.57
1978	5	455	151	41.69	147	122	6.3	20.20	22.89
1982	11	1161	565	426.31	547	436	44.8	107.4	82.72
1985	12	1550	1244.81	1205.02	893.19	697.66	99.62	146.33	128.59
1994	8	3326	27479	10050	13861	13033	1023	564	1454
1995	7	2088	18360	9985	10189	10153	566	-101	1275
1996	6	1996	9768	7702	9169	9159	686	-188	1291
1997	5	2608	16135	6016	15921	15674	1050	-3	1720
1998	4	2511	17782	5619	17717	17149	1219	263	1806
1999	1	2150	17356	4968	17233	16463	1361	465	1689

1999年底，于城镇乡镇企业全部实行转制。

2000年，全镇实现工业现价产值53041万元，比上年增加11366万元，增长27.27%。其中，年产值500万元以上规模企业完成28269万元，500万元以下企业完成24772万元。骨干优势企业绢纺公司及小型巨人企业浩圣服装公司实现产值26167万元，占全镇工业产值的49.33%。个私企业已达到156家，并初步形成一定的规模，年产值超1000万元的企业有4家，超500万元的企业有2家，超300万元的企业有4家，100万元的企业有8家。按行业分：服装行业有19家，印染行业有4家，饲料行业有2家，砖瓦建材行业有5家。

2001年，全镇工业企业252个，企业年末职工5093人，全年实现总产值66265万元。其中，私有企业年末总资产21484万元，企业总收入64143万元，实现利润782万元。全年发放工资3873万元。年产值500万元以上2家，现价总产值26711万元，利润30万元。

2002年，于城镇工业经济以“抓骨干、强管理、重投入、促园区”为工作重点，形成服装、绢纺、印染等特色工业。全镇工业总产值6.2亿元，销售收入5.2亿元，实现税利2837万元，其中骨干企业浙江恒越绢纺有限公司和嘉兴浩圣服装用品有限公司实现产值2.1亿元。全镇有个私企业252家，其中产值超500万元有17家。

2003年，于城镇完成工业产值6.4亿元，销售收入5.97万元，实现税利3480万元。其中浙江恒越绢纺有限公司和嘉兴浩圣服装用品有限公司实现产值1.8亿元，直接出口101万美元。全镇有个私企业267家，其中年产值500万元的企业有19家。全镇8家骨干企业共征地122亩，办理厂房建筑批准面积为68103平方米，计划投资5240万元。

2004年，于城镇个私企业303家，产值超500万元的有22家。其中，骨干企业浙江恒越绢纺有限公司和嘉兴浩圣服装用品有限公司实现产值1.8亿元，实现外贸直接出口1149万美元。全镇个私企业303家，其中产值超500万元的有22家。

另外，于城镇庄家村重视企业发展，辟出25亩征用土地。有10家袜厂，9家服装厂，3家紧固件厂，共21家企业落户。

是年，于城镇招商引资初显成效。海盐亿诺制衣有限公司、海盐葳妮服饰有限公司、海盐金狮印染服装有限公司、于城丝绸印染有限公司、海盐鸳鸯印花厂、海盐科艺包装有限公司6家新建和扩建企业先后投产，总投资1亿多元。

2005年，于城镇工业产值超1000万元的有10家，最高达11500万元，年销售收入100万元以上的有183家。

2006年，全镇实现工业总产值6.9亿元，比去年同期增长22.4%。其中，500万元以上规模企业可完成4.2亿元，比上年同期增长13.5%；500万元以下企业完成2.7亿元，比上年同期增长28.6%。实现利税2600万元，其中税金1800万元，利润800万元。

2008年，全镇有企业385个，其中外资企业1个，有限责任公司91家，私营企业21家，个人独资企业46家，其他226家。现价工业总产值149389万元，工业销售产值149031万元，利润总额2082万元，应交所得税323万元。从业人员7089人，劳动报酬10906万元。

2009年，全镇实现工业总产值136500万元，其中500万元以上规模企业42家，工业总产值99800万元，利税7600万元。

2010 年，全镇共有企业 447 家，实现工业总产值 20 亿元，其中 500 万元以上规模企业 47 家，实现产值 16.33 万元，利税总额 7403 万元。全镇完成自营出口贸易 3513 万美元，比上年增长 46.70％；全镇工业性生产投资 3.3 亿元，比上年增长 22.78％；引进县外内资 2.85 亿元。全镇工业产值达到亿元以上有 3 家，2000 万～1 亿元的企业有 27 家。

2011 年，全镇共有企业 459 家，实现工业总产值 23.70 亿元，其中 500 万元以上规模企业 53 家，实现产值 18.61 亿元，利税总额 5768 万元。全镇完成自营出口贸易 4259 万美元，比上年增长 21.20％；全镇工业性生产投资 3.3 亿元，基本与上午持平；引进县外内资 2.52 亿元。全镇工业产值达到亿元以上有 4 家，2000 万～1 亿元的企业有 25 家。

2012 年，全镇工业企业 492 个，其中外资企业 8 个。年末实现现价工业总产值 265308 万元；工业销售产值 263186 万元，利润总额 4474 万元，实交所得税 4974 万元。从业人员 7502 人，劳动报酬 20192 万元。

2013 年，全镇经济保持较快的增长，全镇共有企业 718 家(包括个体工商户 420 家，规上企业 36 家)，年末从业人员 10968 人；全镇实现产值 33.55 亿元，其中规上企业实现产值 24.34 亿元，同比增长 39.64％，实现利税总额 9540 万元，年末从业人员 4146 人。全镇完成自营出口贸易 9392 万美元，比上年增长 70.9％；全社会固定资产投资 6.07 亿元，比上年增长 31.95％；引进县外内资 2.34 亿元，新增注册资本 1.38 亿元。全镇工业产值达到亿元以上有 7 家，5000 万～1 亿元的企业有 11 家。

2014 年，于城镇已形成了服装、绢纺、印染、食品、印刷等工业门类体系。全镇有大小企业 714 家，其中有中外合资企业 4 家，个体工商户 396 家，规上企业 34 家，年末从业人员 10806 人；全镇实现产值 35.43 亿元，其中规上企业实现产值 25.22 亿元，同比增长 6.69％，实现利税总额 11302 万元，年末从业人员 4281 人。全镇完成自营出口贸易 11877 万美元，比上年增长 15.36％；全社会固定资产投资 6.96 亿元，比上年增长 14.76％；引进县外内资 2.21 亿元，新增注册资本 1.09 亿元。全镇工业产值达到亿元以上有 8 家，5000 万～1 亿元的企业有 11 家。

表 11－1－2　　转制后企业经营基本情况表

单位：万元

年份	企业个数	年末人数	总产值	年末总资产	总收入	总费用	国家税金	利润总额	工资总额
2000	156	4852	53041	12000	27563	27157	1306	461	2318
2001	252	5093	66265	21484	61413	58141	2291	782	3873
2002	252	5365	62013	23047	55676	51779	2472	765	4344
2003	267	5677	63864	25843	59733	55259	2614	866	4861
2004	303	5850	70617	31259	67111	62042	2777	870	5560
2005	306	5842	58204	39951	57809		2531	826	5432
2006	335	5911	67890	54866	62694		2071	337	6349
2007	363	6322	100517	73442	98592		3223	2902	8862
2008	385	7089	149389	96691	146522		4648	2082	10906

表 11—1—3　　500 万元产值以上企业经营基本情况表

单位:万元

年份	企业个数	年末人数	总产值	年末总资产	总收入	外贸出口	国家税金	利润总额	工资总额
2010	47	5141	163315	116658	155367	27313	5032	2372	11724
2011	53	5075	186193	141038	182206	32129	4509	2892	13394

表 11—1—4　　2000 万元产值以上企业经营基本情况表

单位:万元

年份	企业个数	年末人数	总产值	年末总资产	总收入	外贸出口	国家税金	利润总额	工资总额
2012	30	3903	174316	127615	159570	35890	3569	3275	11848
2013	33	4147	243383	166734	235573	41111	5986	3555	14794
2014	34	4281	250087	175635	241523	44304	7297	4005	18559

第二节　乡镇集体企业简介

于城乡镇企业(社队企业)是在农村手工业生产的基础上发展起来的集体所有制企业。

20 世纪 50 年代起,由于农村经济的恢复和发展,由乡政府把分散的农村手工业者组织起来,进行农副产品的初加工、小型农具的制造修理以及从事建筑业的泥木工匠从事房屋修缮和建造。

软城机械厂

1959 年,软城机械厂建立。1960 年底,有固定资产 0.59 万元,工业总产值 17.33 万元,商品销售收入 1.82 万元,全部流动资金平均余额 0.67 万元,实现利润总额 0.20 万元,比 1959 年的 178 元增长 11 倍。上缴公社利润 0.11 万元,应交所得税 233 元。

1969 年工业总产值(按 1957 年不变价)7.04 万元,职工 38 人,其中学徒 10 人。1970 年工业总产值 7.17 万元,年末职工 40 人,其中学徒工 10 人。1974 年有职工 58 人,总收入 11.84 万元,上缴国家税金 0.45 万元,利润 1.85 万元。

1976 年,年末职工 69 人,固定资产总值 7.12 万元,总收入 12.79 万元,各项支出合计 10.88 元,其中生产费用 7.70 万元,折旧 0.26 万元,劳动报酬付给生产队 1.64 万元,付给职工 1.04 万元,管理费用 0.13 万元,其他费用 0.12 万元,上缴国家税金 0.59 万元,利润 1.31 万元。

1982 年,年末职工 101 人,完成年产值 19.94 万元,总收入 21.80 万元,各项支出合计 19.29 万元,上缴国家税金 0.81 万元,获得税利 2.76 万元,获净利润 2.38 万元,上缴所得税 0.38 万元。

1983 年,在原有设备和厂房转产为电磁产品,并更名为海盐磁材厂。

圩城公社水泥制品厂

1974 年,有职工 27 人,固定资产总值 1.35 万元,全年总收入 5.84 万元,上缴国家税金 0.15 万元,成本及费用支出 3.25 万元,工资及福利支出 1.39 万元,利润 1.04 万元。

1976 年,年末职工 59 人,固定资产总值 3.84 万元,总收入 23.25 万元,各项支出合计 18.71 万元,其中生产费用 16.14 万元,折旧 0.37 万元,劳动报酬付给生产队的 1.25 万元,付给职工本人的 0.74 万元,管理费月 0.13 万元,其他费用 802 元,上缴国家税金 1.33 万元,利润 3.21 万元。

1982 年,年末职工 45 人,完成年产值 31.49 万元,总收入 29.90 万元,各项支出合计 241.02 万元,上缴国家税金 1.57 万元,获得销售税利 7.86 万元,获净利润 6.35 万元,上缴所得税 1.51 万元。

1992 年,年末职工 37 人,固定资产原值 17.01 万元,完成年销售总收入 50.63 万元,获得销售税利-6.57 万元,比上年同期减少 1.14 万元。

1993 年 12 月,欤城水泥制品厂、欤城家具厂、欤城建筑工程队三家企业合并,更名为“欤城建筑装潢公司”。

欤城电米厂

1957 年 6 月,欤城乡创建欤城电米厂,是县内最早的乡办企业,有职工 20 人,半机械化生产,白天碾米晚上发电供应部分居民照明。

1960 年底,有固定资产 1.64 万元,工业总产值 17.33 万元,商品销售收入 2.80 万元,全部流动资金平均余额 0.21 万元,实现利润总额 0.41 万元,比上年亏损 0.23 万元增长 1.78 倍。上缴公社 0.86 万元,上缴所得税 0.10 万元。

1970 年全年总产值 2.90 万元,主要业务是稻谷加工、饲料加工、弹棉花与轧棉花;期末职工 18 人,其中学徒工 1 人。

1974 年有职工 20 人,固定资产总值 6.16 万元,全年总收入 2.53 万元,上缴国家税金 793 元,费用支出 1.46 万元,工资及福利支出 0.70 万元,利润 0.28 万元。

1976 年,年末职工 28 人,固定资产总值 11.63 万元,总收入 3.53 万元,各项支出合计 2.83 万元,其中生产费用 1.45 万元,折旧 0.36 万元,劳动报酬付给生产队的 0.44 万元,付给职工本人的 0.53 万元,管理费用 0.04 万元,上缴国家税金 0.13 万元,利润 0.57 万元。

1982 年 11 月 12 日,欤城电米厂因发电业务早已不存在,增加了金属拉丝、饲料加工等业务,故更名为欤城公社粮食加工厂。至年底,有职工 23 人,完成年产值 7.22 万元,总收入 7.71 万元,各项支出合计 4.57 万元,上缴国家税金 0.08 万元,获得税利 2.99 万元,获净利润 2.88 万元,上缴所得税 C.10 万元。

1983 年,转产为原子笔芯,同年底关闭后,由海盐粮业公司接管。

竹器社

1974 年有职工 20 人,固定资产总值 0.92 万元,全年总收入 3.78 万元,成本及费用支出 2.16 万元,上缴国家税金 0.10 万元,工资及福利支出 1.31 万元,利润 0.31 万元。

1976 年,年末职工 25 人,固定资产总值 1.75 万元,总收入 3.37 万元,各项支出合计 3.18

万元,其中生产费用1.91万元,折旧521元,劳动报酬付给生产队的0.49万元,付给职工本人的0.70万元,管理费用287元,上缴国家税金702元,利润1236元。

1982年,年末职工39人,完成年产值5.84万元,总收入5.77万元,各项支出合计5.11万元,上缴国家税金0.06万元,获得税利0.75万元,获净利润0.70万元,上缴所得税541元。

1983年后,利用原厂房开办海盐羽绒服装厂,1992年并入力海公司。

建筑队

1974年有职工34人,固定资产总值1.03万元,全年总收入5.42万元,成本及费用支出2.66万元,上缴国家量销售税金0.38万元,工资及福利支出2.24万元,利润0.52万元。

1976年,年末职工103人,固定资产总值2.27万元,总收入6.04万元,各项支出合计5.14万元,其中生产费用1.04万元,折旧0.12万元,劳动报酬付给生产队的2.81万元,付给职工本人的0.91万元,管理费用0.06万元,上缴国家税金0.34万元,利润0.55万元。

1982年,年末职工103人,完成年产值14.96万元,总收入15.20万元,各项支出合计12.61万元,上缴国家销售税金0.64万元,获得税利2.68万元,获净利润2.20万元,上缴所得税0.48万元。

1992年,年末职工134人,固定资产原值16.17万元,完成年销售总收入77.31万元,获得销售税利0.89万元,比去年同期减0.42万元。

1993年12月,欤城水泥制品厂、欤城家具厂、欤城建筑工程队三家企业合并,更名为“欤城建筑装潢公司”。

搬运站

1974年有职工24人,全年总收入2.35万元,成本及费用支出0.29万元,工资及福利支出1.68万元,上缴国家税金0.10万元,利润0.29万元。

1976年,年末职工22人,固定资产总值0.62万元,总收入1.98万元,各项支出合计1.72万元,其中生产费用0.40元,折旧153元,劳动报酬付给生产队的0.39万元,付给职工本人的0.84万元,管理费用741元,上缴国家税金0.10万元,利润0.16万元。

1982年,年末职工23人,完成年产值26.6万元,总收入2.62万元,各项支出合计2.05万元,上缴国家销售税金0.82万元,获得税利0.49万元,获净利润0.45万元,上缴所得税370元。

1992年,年末职工31人,固定资产原值3.01万元,完成年销售总收入10.28万元,获得销售税利100元,比上年同期减少0.11万元。

1993年2月10日,乡政府根据搬运站的经营情况和内外部环境变化,决定对搬运站关停歇业。

圩城砖瓦厂

1980年3月圩城砖瓦厂建立。

1982年,年末职工286人,完成年产值109.87万元,总收入111.98万元,各项支出合计80.06万元,上缴国家销售税金5.50万元,获得税利25.47万元,获净利润20.47万元,上缴所得税5.01万元。

1992年,年末职工259人,固定资产原值114.13万元,完成年销售总收入335.21万元,比上年同期251.52万元,完成销售率105.9%,获得销售利润20.86万元,占年计划的122.7%,比上年同期增长15.63万元。

1997年，转制为民营企业，业主宋金生，至1999年根据《海盐县砖瓦行业整顿意见》，于城三砖瓦厂强制关闭并歇业。

砖瓦二厂

1992年，年末职工228人，固定资产原值150.40万元，完成年销售总收入316.38万元，比上年同期241.41万元，完成销售率103.9%，获得销售利润14.86万元，占年计划的123.8%，比上年同期增长12.06万元。

2000年4月30日，镇工业办公室与法人代表陆玉平签订租赁协议，将设备、房屋、场地等固定资产租赁给陆玉平，租赁期为4年。每年租赁费为25万元。至2014年，每年续租，继续经营。

砖瓦三厂

1992年，年末职工216人，固定资产原值171.50万元，完成年销售总收入383.20万元，比上年同期129.27万元，完成销售率108.4%，获得销售利润13.02万元，占年计划的217.0%，比上年同期增长29.21万元。2000年，根据《海盐县砖瓦行业整顿意见》，于城第三砖瓦厂关闭歇业。

东方红农具厂

1970年，有职工16人，其中学徒工4人，全年总产值2.00万元。主要生产猪栏栅、煤箩、竹榻、巴莲、土挞、夹担、扁担、草部、畚箕等等。

1978年5月圩城公社东方红农具厂有职工27人，其中竹器12人，铁器4人，木器2人，服装4人，行政5人。资产总额4.61万元，其中固定资产3.12万元，流动资金1.39万元，银行借款2.29万元。由于经营不善，领导班子不团结，资金短缺等原因只能停产整顿。经公社党委同意，将东方红农具厂并入通元轻工机电厂。原铁、竹、木、服装4个行业的人员设备并入公社办集体企业。

圩城丝厂

1976年10月25日，经浙江省第一轻工业局批准圩城公社丝厂正式筹建，预算总投资37.00万元，其中基建投资15.86万元，设备投资21.40万元。

1977年3月第一批招收职工208人。1982年，年末职工398人，完成年产值286.64万元，总收入279.72万元，各项支出合计226.17万元，上缴国家销售税金33.47万元，获得税利47.05万元，获净利润33.20万元，上缴所得税13.85万元。

1992年，年末职工489人，固定资产原值230.16万元，完成年销售总收入1129.60万元，上年同期1022.10万元，完成销售率102.1%，获得销售利润51.79万元，占年计划的97.7%，比上年同期减少53.09万元，减幅50.6%。

1993年5月25日，中共欤城乡党委决定，欤城丝厂并入力海丝绸制品有限公司。

1996年1月11日，为了适应企业转换经营机制的需要，经于城镇政府报县计划经济委员会同意在原嘉兴力海丝绸制品有限公司原有的立缫机176台以及配套设施的基础上，不搞新的土建工程和增加其他设施，恢复“海盐县于城丝厂”建制。注册资本220万元，经济性质属镇集体所有制企业，实行独立核算，自负盈亏。

1999年3月23日，于城镇政府决定关停于城丝厂。

圩城丝织厂

1982年,年末职工91人,完成年产值57.62万元,总收入44.66万元,各项支出合计41.50万元,上缴国家销售税金2.13万元,获得税利6.10万元,获净利润5.32万元,上缴所得税0.77万元。

1992年,年末职工106人,固定资产原值149.61万元,完成年销售总收入570.50万元,上年同期519.72万元,完成销售率91.1%,获得销售利润-63.52万元,占年计划的-635.27%,比上年同期减少63.74万元。

1993年5月,圩城丝织厂并入了力海丝绸制品有限公司。

经理部

1980年,11月14日,圩城公社地方工业经理部建立。1982年2月5日,县政府批准同意钦城公社建立"社队工业供销经理部",由公社工业办公室直接管理,业务上受县社企局指导。

1982年,年末职工6人,完成年产值4.09万元,总收入0.41万元,各项支出合计0.37万元,上缴国家销售税金0.12万元,获得税利0.42万元,获净利润0.40万元,上缴所得税194元。

1991年,由于私营商业的掀起,经理部关闭。

圩城印染厂

1982年,年末职工44人,完成年产值24.40万元,总收入23.64万元,各项支出合计14.38万元,上缴国家销售税金0.69万元,获得税利10.83万元,获净利润9.77万元,上缴所得税1.05万元。

1992年,年末职工370人,固定资产原值306.43万元,完成年销售总收入564.05万元,上年同期591.81万元,完成销售率15.7%,获得销售利润18.24万元,占年计划的36.5%,比上年同期减少36.06万元,减幅66.4%。

1996年,圩城印染厂转制,更名为金城丝绸印染实业公司。

海盐丝料厂

1990年3月,县计经委批准"海盐丝料厂"建办。企业性质为钦城乡乡办集体企业。1993年实行了股份合作制企业,更名为海盐绢纺实业有限公司。

钦城服装厂

1992年,年末职工61人,固定资产原值95.05万元,完成年销售总收入176.04万元,上年同期135.24万元,完成销售率97.6%,获得销售利润-8.42万元,占年计划的-84.2%,比上年同期减少16.15万元,减幅208.9%。

1993年,并入海盐力海公司。

钦城衬衫厂

1992年,年末职工13人,固定资产原值1.57万元,完成年销售总收入45.10万元,上年同期24.35万元,完成销售率85.0%,获得销售利润-9.51万元,占年计划的-951.0%,比上年同期减少8.96万元。1993年,并入海盐力海公司。

钦城家具厂

1992年,家具厂年末职工17人,固定资产原值9.95万元,完成年销售总收入12.89万元,上年同期13.55万元,完成销售率122.6%,获得销售利润-1.03万元,占年计划的-558%,比上年同期增长 1.63 万元。

1993 年 12 月，钦城水泥制品厂、钦城家具厂、钦城建筑工程队 3 家企业合并，更名为“钦城建筑装潢公司”。

钦城纺器厂

1992 年，年末职工 45 人，固定资产原值 29.87 万元，完成年销售总收入 51.70 万元，上年同期 37.11 万元，完成销售率 74.0％，获得销售利润－1.79 万元，占年计划的－267％，比上年同期减少 5.61 万元。后改为紧固件厂。

钦城紧固件厂

1992 年，年末职工 39 人，固定资产原值 63.60 万元，完成年销售总收入 92.55 万元，上年同期 54.82 万元，完成销售率 81.1％，获得销售利润－4.00 万元，占年计划的－266.7％，比上年同期增长 0.68 万元。

钦城饲料厂

1992 年，年末职工 46 人，固定资产原值 53.57 万元，完成年销售总收入 494.93 万元，上年同期 417.06 万元，完成销售率 102.7％，获得销售利润 7.10 万元，占年计划的 142％，比上年同期 7.62 万元减少 0.52 万元。后并入粮业公司。

第三节　村(队)办企业

1982 年，全公社队办企业年末职工 402 人，完成年产值 83.59 万元，总收入 90.07 万元，上缴国家销售税金 4.45 万元，获得税利 11.33 万元，占总产值的 13.6％，获净利润 9.63 万元，上缴所得税 1.70 万元。生产各种产品：农机配件 22245 件，铁制农具 10193 件，木制农具 2139 件，粮食加工 2649 吨，饲料加工 2878 吨，钢材拉丝 378 吨，木质家具 1668 件，生产袜机 155 台，水泥梁条 8002 根，水泥电线圆杆 4020 根，桥梁构件 5 座，五孔楼板 8246 块，水泥门窗框 2229 个，竹制农具 22231 件，烧制红砖 3260 万块(其中 95 红砖 1930 万块、青砖 182 万块)，小青瓦 684 万张，白厂丝 60.13 吨，被面 38039 条，尼龙丝袜 35.08 万双，服装 15300 件，粉丝 18.7 吨。

1990 年，全乡村办企业有 40 家，年末职工 819 人，完成年产值不变价 419.67 万元；总收入 389.65 万元，其中销售收入 373.70 万元；费用支出合计 379.06 万元，其中生产费用 294.49 万元；职工工资 78.68 万元；上缴国家税金 24.22 万元；获得盈利企业 17 个，获利 4.95 万元；亏损企业 18 个，亏损额 18.58 万元；固定资产原值 246.12 万元。

1992 年，全乡村办企业 39 个，年末职工 1046 人，完成年产值现行价 1254 万元，按照 1990 年不变价 1314 万元；总收入 1345.54 万元，其中销售收入 1345.54 万元；费用支出合计 1219.67 万元；职工工资 111.29 万元；上缴国家营业税金 66.16 万元；获得盈利企业 29 个，获利 62.60 万元；亏损企业 6 个，亏损额 2.89 万元；固定资产原值 273.90 万元。

1996 年，全镇村办企业 25 个，年末职工 650 人，完成年产值现行价 7687 万元，按照 1990 年不变价 7833 万元；总收入 2228 万元；职工工资 478 万元；上缴国家税金 103 万元；获得盈利 8 万元；固定资产净值 2537 万元。

表 11－1－5　　村办企业经营基本情况表

单位：万元

年份	企业个数	年末人数	总产值	年末总资产	总收入	总费用	国家税金	利润总额	工资总额
1975	22	211	24.49	16.98	24.15	19.13	2.03	16.24	5.55
1982	16	402	84	66.94	90	75.3	4.5	11.3	17.22
1985	40	1106	275.05	226.05	256.67	227.94	9.0	20.12	65.4
1988	36	1331	634	221	584	526	44	17.5	143.72
1989	41	1184	642.05	618.1	873.8	831.95	51.78	－5.16	135.86
1990	40	819	420	246	390	379	24	5	79
1992	39	1046	1254	274	1345	1220	66	63	111
1994	34	1161	6087	4372	5386	5294	379	43	506
1995	23	924	14758	7404	3107	3361	219	29	416
1996	19	759	8404	8385	1714	2275	127	－16	372
1997	22	650	7678	2537	2228	2244.26	103	8	478
1998	16	648	3758	2398	3338	3214.5	159	18	479
1999	14	542	2609	2126	2474	2291	160	16	466

红旗大队（钦城村）

1989 年，钦城村有村办集体企业 5 个，包括联合丝织厂、地毯厂、五金三厂、铸件厂、小农具加工厂。固定资产原值 14.52 万元。年末职工 65 人，年总产值达到 27.26 万元，总收入 27.29 万元，其中销售收入 27.26 万元，费用支出合计 24.61 万元，其中生产费用 16.81 万元，职工工资 2.79 万元，上缴国家营业税金 1.06 万元，至年底，盈利企业 4 个，利润 2.07 万元，亏损企业 1 个，亏损 0.45 万元。

表 11－1－6　　钦城村村办企业基本情况汇总表

单位：万元

年份	企业个数	职工数	总产值	总收入	其中销售收入	费用支出合计	其中		上缴国家税金	盈利金额	固定资产原值
							生产费用	职工工资			
1989	5	65	27.26	27.29	27.26	24.61	16.81	2.79	1.06	2.07	14.52
1990	4	41	23.61	21.77	21.75	21	16.51	1.68	0.81	－0.02	14
1992	3	62	63.95	56.92	56.92	50.84	35.09	2.12	4.08	2.00	6.55

砍城粉丝厂

1982年，年末职工23人，完成年产值2.89万元，总收入2.89万元，上缴国家销售税金0.02万元，获得税利0.48万元，占总产值的16.7%，获净利润0.39万元，上缴所得税0.95万元。

1992年，又增加了针织厂和小农具厂。针织厂有职工36人，总产值9.22万元，费用支出8.19万元，其中职工工资0.31万元，上缴国家营业税金0.66万元，获利0.37万元。小农具厂有职工3人，总产值1.03万元，费用支出0.94万元，其中上交国家税金0.06万元，获利0.03万元。

表11－1－6　　砍城村粉丝厂基本情况表

单位：万元

年份	年末职工人数	总产值	总收入	其中销售收入	费用支出合计	其中		上缴国家税金	盈利金额	固定资产原值
						生产费用	职工工资			
1982	23	2.89	2.89	2.67	2.01			0.02	0.48	
1990	8	12.12	11.36	11.35	11.11	9.7	/	0.14	0.11	11.09
1992	36	9.22	9.10	9.10	8.19			0.66	0.37	

砍城地毯厂

1988年，年末职工25人，完成年产值2.56万元，总收入2.60万元，其中销售收入2.56万元，费用支出合计2.82万元，其中生产费用1.08万元，职工工资1.32万元，上缴国家营业税金0.14万元，获得税利－0.35万元，上缴所得税0.00万元。

表11－1－7　　砍城村地毯厂基本情况表

单位：万元

年份	年末职工人数	总产值	总收入	其中销售收入	费用支出合计	其中		上缴国家税金	盈利金额	固定资产原值
						生产费用	职工工资			
1988	25	2.56	2.60	2.56	2.82	1.08	1.32	0.14	-0.35	
1990	16	1.32	1.33	1.32	1.47	0.54	0.62	0.09	-0.23	1.55

砍城五金三厂

1988年，年末职工14人，完成年产值2.43万元，总收入2.43万元，其中销售收入2.43万元，费用支出合计2.64万元，其中生产费用1.58万元，职工工资0.61万元，上缴国家营业税金0.14万元，获得税利-0.35万元。

表 11—1—8　　　　钬城村五金三厂基本情况表

单位：万元

年份	年末职工人数	总产值	总收入	其中销售收入	费用支出合计	其中		上缴国家税金	盈利金额	固定资产原值
						生产费用	职工工资			
1988	14	2.43	2.43	2.43	2.64	1.58	0.61	0.14	-0.35	
1990	15	8.38	8.38	8.28	7.55	5.84	1.06	0.54	0.09	1.36
1992	23	53.7	46.67	46.67	41.71	37.77	1.81	3.36	1.60	2.13

钬城铸件厂

1988 年，年末职工 8 人，完成年产值 2.54 万元，总收入 2.54 万元，其中销售收入 2.50 万元，费用支出合计 2.31 万元，其中生产费用 1.68 万元，职工工资 0.30 万元，上缴国家营业税金 0.14 万元，获得税利 0.09 万元。

表 11—1—9　　　　钬城村铸件厂基本情况表

单位：万元

年份	年末职工人数	总产值	总收入	其中销售收入	费用支出合计	其中		上缴国家税金	盈利金额	固定资产原值
						生产费用	职工工资			
1988	8	2.54	2.54	2.50	2.31	1.68	0.3	0.14	0.09	
1990	2	0.7	0.7	0.7	0.67	0.43	0.07	0.04	0.01	/

红心大队(鸳鸯村)

1989 年，鸳鸯村有村办集体企业 1 个立窑厂。固定资产原值 154.87 万元。年末职工 64 人，年总产值达到 27.02 万元，总收入 25.95 万元，其中销售收入 23.90 万元，费用支出合计 23.01 万元，其中生产费用 12.89 万元，职工工资 9.80 万元，上缴国家税金 2.73 万元，利润 0.21 万元。

表 11—1—10　　　　鸳鸯村村办企业基本情况汇总表

单位：万元

年份	企业个数	职工数	总产值	总收入	其中销售收入	费用支出合计	其中		上缴国家税金	盈利金额	固定资产原值
							生产费用	职工工资			
1989	1	64	27.02	25.92	23.90	23.01	12.89	9.80	2.73	0.21	154.87

续表 11－1－10

年份	企业个数	职工数	总产值	总收入	其中销售收入	费用支出合计	其中		上缴国家税金	盈利金额	固定资产原值
							生产费用	职工工资			
1990	2	70	9.75	10.27	9.27	9.30	5.03	2.9	0.97		16
1992	1	112	401.1	476.4	476.4	404.8	320.69	12.5	21.53	50.08	49
1996		96	447	444	444	442	350	65	25	2	374

红心电料厂

1978 年 9 月，圩城公社红心大队电讯材料厂建立。

鸳鸯窑厂

1982 年，年末职工 12 人，完成年产值 3.98 万元，总收入 5.30 万元，上缴国家销售税金 0.45 万元，获得税利 0.39 万元，占总产值的 9.8％，获净利润 0.36 万元，上缴所得税 0.03 万元。

1988 年，年末职工 75 人，固定资产原值 14.03 万元。完成年产值 20.97 万元，总收入 21.15 万元，其中销售收入 21.11 万元，费用支出合计 18.56 万元，其中生产费用 11.57 万元，职工工资 6.99 万元，上缴国家营业税金 2.24 万元，获得税利 0.35 万元，上缴所得税 0.01 万元。

表 11－1－11　鸳鸯村窑厂基本情况表

单位：万元

年份	年末职工人数	总产值	总收入	其中销售收入	费用支出合计	其中		上缴国家税金	盈利金额	固定资产原值
						生产费用	职工工资			
1988	75	20.97	21.15	21.11	18.56	11.57	6.99	2.24	0.35	14.03
1990	48	8.84	8.72	7.72	7.32	4.38	2.07	0.9		15.87

鸳鸯工艺品厂

表 11－1－12　鸳鸯村工艺品厂基本情况表

单位：万元

年份	年末职工人数	总产值	总收入	其中销售收入	费用支出合计	其中		上缴国家税金	盈利金额	固定资产原值
						生产费用	职工工资			
1992	112	449.37	476.39	476.39	404.78	320.67	12.5	21.53	50.08	49.08

红卫大队(吕冢村)

1989年,吕冢村有村办集体企业3个,包括灯泡厂、立窑厂、土窑厂。固定资产原值25.50万元。年末职工163人,年总产值达到55.37万元,总收入61.54万元,其中销售收入61.54万元,费用支出合计65.00万元,其中生产费用51.72万元,职工工资13.28万元,上缴国家营业税金3.10万元,至年底,亏损企业3个,亏损6.56万元。

表11—1—13　　吕冢村村办企业基本情况汇总表

单位:万元

年份	个数	职工数	总产值	总收入	其中销售收入	费用支出合计	其中		上缴国家税金	盈利金额	固定资产原值
							生产费用	职工工资			
1989	3	163	55.37	61.54	61.54	65.00	51.72	13.28	3.10	-6.56	
1990	3	88	45.06	45.37	45.35	43.07	35.32	7.55	3.18	-0.88	29.7
1992	3	115	86.28	77.21	77.21	70.68	53.40	10.75	5.15	1.38	39.53
1996		15	89	89	88.5	78.21	71.21	7	5	1	176

红卫大队砖瓦厂

1982年,年末职工15人,完成年产值3.74万元,总收入3.72万元,上缴国家销售税金0.28万元,获得税利0.12万元,占总产值的3.00%,获净利润0.12万元,上缴所得税0.00万元。

1988年,年末职工79人,固定资产原值15.25万元。完成年产值24.99万元,总收入23.03万元,其中销售收入21.67万元,费用支出合计20.62万元,其中生产费用13.03万元,职工工资7.52万元,上缴国家营业税金2.44万元,获得税利0.03万元。

表11—1—14　　吕冢村砖瓦厂基本情况表

单位:万元

年份	年末职工人数	总产值	总收入	其中销售收入	费用支出合计	其中		上缴国家税金	盈利金额	固定资产原值
						生产费用	职工工资			
1982	15	3.74	3.72					0.28	0.12	
1988	79	24.99	23.03	21.67	20.26	13.03	7.52	2.44	0.03	15.25
1990	25	3.79	3.79	3.79	4.22	2.85	1.37	0.42	0.85	15.42

吕冢灯泡厂

1984年10月建成投产,生产2.5电珠、3.8电珠、6.8电珠,当年产值12200元,利润1980

元，职工80人。12月更名为海盐县特种灯泡厂。

1988年，年末职工130人，固定资产原值8.38万元。完成年产值44.00万元，总收入31.93万元，其中销售收入31.67万元，费用支出合计30.46万元，其中生产费用24.83万元，职工工资5.53万元，上缴国家营业税金1.83万元，获得税利0.35万元，上缴所得税0.01万元。

1992年增加了手绘厂和化工厂。手绘厂年末有职工41人，总产值26.66万元，费用支出22.75万元，发放职工工资2.13万元，上缴国家营业税金1.86万元，盈利1.96万元。固定资产原值12.94万元。化工厂年末有职工3人，总产值1.36万元，费用支出1.21万元，发放职工工资0.08万元，获利0.10万元。

表11－1－15　　吕家村灯泡厂基本情况表

单位：万元

年份	年末职工人数	总产值	总收入	其中销售收入	费用支出合计	其中		上缴国家税金	盈利金额	固定资产原值
						生产费用	职工工资			
1984	80	1.22							1.98	
1988	130	44	31.93	31.67	30.46	24.83	5.53	1.83	0.35	8.38
1990	58	40	40	39.98	37.46	31.95	5.5	2.58	－0.03	12.6
1992	70	67.72	49.28	49.28	46.72	34.93	8.54	3.25	－0.68	21.99

吕家绣花厂

1982年，年末职工19人，完成年产值3.40万元，总收入3.58万元，获得税利0.21万元，占总产值的6.2%，获净利润0.21万元。

红卫土窑厂

1988年，年末职工10人，固定资产原值1.71万元。完成年产值8.48万元，总收入8.25万元，其中销售收入3.04万元，费用支出合计7.79万元，其中生产费用6.41万元，职工工资1.38万元，上缴国家营业税金0.75万元，获得税利0.29万元，上缴所得税0.00万元。

1990年，年末职工5人，固定资产原值1.70万元。完成年产值1.58万元，总收入1.58万元，其中销售收入1.58万元，费用支出合计1.40万元，其中生产费用0.72万元，职工工资0.68万元，上缴国家营业税金0.18万元，获得税利0.09万元，上缴所得税0.18万元。

红光大队(钦三村)

1989年，钦三村有村办集体企业3个，包括立窑厂、拉丝厂、纱布厂。固定资产原值30.92万元。年末职工166人，年总产值达到63.77万元，总收入63.88万元，其中销售收入62.23万元，费用支出合计61.49万元，其中生产费用42.18万元，职工工资19.31万元，上缴国家税金6.57万元，至年底，亏损企业3个，亏损4.18万元。

表 11－1－16　　砍三村村办企业基本情况汇总表

单位：万元

年份	企业个数	职工数	总产值	总收入	其中销售收入	费用支出合计	其中		上缴国家税金	盈利金额	固定资产原值
							生产费用	职工工资			
1989	3	166	63.77	63.88	62.23	61.49	42.18	19.31	6.57	－4.18	30.92
1990	2	113	20.76	21.1	20.76	26.08	17.13	8.95	2.02	－7	30.92
1992	2	80	23.21	23.21	23.21	21.11	7.25	11.76	1.79	0.31	28.56
1996		7	8.50	7.50	7.50	7.50	5.50	1.00	1.00	0	11

砍三药棉厂

1982 年，年末职工 58 人，完成年产值 2.48 万元，总收入 2.50 万元，上缴国家销售税金 0.08 万元，获得税利 0.33 万元，占总产值的 13.4％，获净利润 0.33 万元，上缴所得税 64 元。

1988 年，年末职工 41 人，固定资产原值 1.01 万元。完成年产值 3.82 万元，总收入 3.84 万元，其中销售收入 3.84 万元，费用支出合计 4.30 万元，其中生产费用 2.04 万元，职工工资 2.26 万元，上缴国家营业税金 2.22 万元，获得税利 0.68 万元。

表 11－1－17　　砍三村药棉厂基本情况表

单位：万元

年份	年末职工人数	总产值	总收入	其中销售收入	费用支出合计	其中		上缴国家税金	盈利金额	固定资产原值
						生产费用	职工工资			
1982	58	2.48	2.50	2.50	2.17	1.00	1.12	0.07	0.33	
1988	41	3.82	3.84	3.84	4.30	2.04	2.26	2.22	0.68	1.01
1990	54	7.3	7.41	7.3	7.28	2.18	5.1	0.47	－0.34	1.6
1992	80	17.21	17.21	17.21	15.78	5.62	8.73	1.12	0.31	3.92

砍三立窑厂

1988 年，年末职工 71 人，固定资产原值 17.29 万元。完成年产值 32.42 万元，总收入 33.49 万元，其中销售收入 33.49 万元，费用支出合计 29.15 万元，其中生产费用 18.67 万元，职工工资 10.48 万元，上缴国家营业税金 3.60 万元，获得税利 0.74 万元。

表 11—1—18　　**砍三村立窑厂基本情况表**

单位:万元

年份	年末职工人数	总产值	总收入	其中销售收入	费用支出合计	其中		上缴国家税金	盈利金额	固定资产原值
						生产费用	职工工资			
1988	71	32.42	33.49	33.49	29.15	18.67	10.48	3.60	0.74	17.29
1990	59	13.46	13.69	13.46	18.8	14.95	3.85	1.55	-6.66	24.9
1992	48	6	6	6	5.33	1.63	3.03	0.67		24.9

1995 年 8 月,根据县政府有关规定,砍三村办立窑厂停办。1996 年 9 月底窑厂场地 21.83 亩复耕完成。

砍三五金拉丝厂

1988 年,年末职工 22 人,固定资产原值 3.69 万元。完成年产值 12.74 万元,总收入 12.91 万元,其中销售收入 12.91 万元,费用支出合计 12.12 万元,其中生产费用 9.54 万元,职工工资 2.58 万元,上缴国家营业税金 0.75 万元,获得税利 0.04 万元。1990 年歇业。

东风大队(庄家村)

1989 年,东风大队有队办集体企业 1 个,固定资产原值 17.08 万元。年末职工 16 人,年总产值达到 2.40 万元,总收入 1.02 万元,其中销售收入 0.98 万元,费用支出合计 0.96 万元,其中生产费用 0.48 万元,职工工资 0.48 万元,上缴国家税金 0.06 万元,至年底,盈利企业 1 个,利润 0.01 万元。1990 年关闭。

1992 年,庄家村有村办集体企业 4 个,固定资产原值 19.74 万元。年末职工 64 人,年总产值达到 32.48 万元,总收入 21.34 万元,其中销售收入 21.34 万元,费用支出合计 20.12 万元,其中职工工资 1.35 万元,上缴国家税金 0.47 万元,至年底,盈利企业 1 个,利润 0.75 万元。

表 11—1—19　　**庄家村村办企业基本情况汇总表**

单位:万元

年份	个数	职工数	总产值	总收入	其中销售收入	费用支出合计	其中		上缴国家税金	盈利金额	固定资产原值
							生产费用	职工工资			
1989	1	16	2.40	1.02	0.98	0.96	0.48	0.48	0.06	0.01	17.08
1992	4	64	32.48	21.34	21.34	20.12	17.55	1.35	0.47	0.75	19.74
1996		54	451	40	39.50	39.50	14.50	21	4	0	20

东风袜厂

1977年2月,海盐县革委会社队业办公室批准,建立试产。厂名为浙江海盐圩城东风袜厂,主要生产尼龙袜和卡普隆丝袜。

1982年,年末职工77人,完成年产值32.18万元,总收入32.63万元,上缴国家销售税金1.65万元,获得税利6.05万元,占总产值的18.8%,获净利润4.90万元,上缴所得税1.15万元。

1988年,年末职工63人,固定资产原值17.16万元。完成年产值30.01万元,总收入20.46万元,其中销售收入20.44万元,费用支出合计16.56万元,其中生产费用12.66万元,职工工资3.84万元,上缴国家营业税金1.74万元,获得税利2.23万元,上缴所得税0.55万元。1990年关闭。

1992年,东风袜厂年末职工8人,总产值5.58万元,费用支出0.87万元,发放职工工资0.45万元,上缴国家税金0.07万元,固定资产原值17.08万元。

是年,增加了搪瓷厂和矿烛厂。搪瓷厂年末有职工12人,总产值16.5万元,费用支出15.75万元,发放职工工资0.30万元,上缴国家营业税金0.20万元,固定资产原值0.56万元。矿烛厂年末有职工8人,总产值4.40万元,总收入3.80万元,费用支出3.50万元,其中发放职工工资0.60万元,上缴国家所得税金0.10万元。固定资产原值0.20万元。

表11－1－20　　东风袜厂基本情况表

单位:万元

年份	年末职工人数	总产值	总收入	其中销售收入	费用支出合计	其中		上缴国家税金	盈利金额	固定资产原值
						生产费用	职工工资			
1982	77	32.18	32.63	32.60	26.55	17.20	7.70	1.65	6.05	
1988	63	30.01	20.46	20.44	16.56	12.66	3.84	1.74	2.23	17.16
1992	8	5.58	5.58	5.58	5.58	5.06	0.45	0.07	0.00	17.08

钦南大队(光明大队)

1989年,钦南村有村办集体企业2个,包括长袜子厂、窑厂。固定资产原值33.58万元。年末职工104人,年总产值达到42.14万元,总收入36.37万元,其中销售收入35.28万元,费用支出合计36.10万元,其中生产费用20.77万元,职工工资15.33万元,上缴国家营业税金3.12万元,至年底,亏损企业2个,亏损2.85万元。

1992年,增加了针织服装厂和工艺品厂。针织服装厂年末有职工35人,总产值21.01万元,总收入16.25万元,费用支出13.20万元,其中发放职工工资1.51万元,上缴国家营业税金1.10万元,获利润2.55万元,固定资产原值3.20万元。工艺品厂年末有职工4人,总产值4.95万元,费用支出4.60万元,其中发放职工工资0.77万元,年终亏损0.02万元。

表 11－1－21　　　　软南村村办企业基本情况汇总表

单位：万元

年份	个数	职工数	总产值	总收入	其中销售收入	费用支出合计	其中		上缴国家税金	盈利金额	固定资产原值
							生产费用	职工工资			
1989	2	104	42.14	36.37	35.28	36.10	20.77	15.33	3.12	－2.85	33.58
1990	2	46	20.56	10.81	10.81	10.5	6.71	3.78	0.75	－0.44	36.67
1992	3	62	30.42	25.94	25.94	21.25	12.85	3.71	1.94	2.75	21.62

软南袜厂

1988 年，年末职工 76 人，固定资产原值 19.32 万元。完成年产值 43.83 万元，总收入 37.78 万元，其中销售收入 37.66 万元，费用支出合计 30.92 万元，其中生产费用 23.12 万元，职工工资 7.80 万元，上缴国家营业税金 2.55 万元，获得税利 4.31 万元，上缴所得税 0.38 万元。

1990 年，年末职工 18 人，固定资产原值 18.76 万元。完成年产值 17.63 万元，总收入 9.74 万元，其中销售收入 9.74 万元，费用支出合计 9.57 万元，其中生产费用 6.61 万元，职工工资 2.95 万元，上缴国家营业税金 0.63 万元，获得税利－0.46 万元。

软南窑厂

1985 年软南村办起小型立窑厂，属村办集体企业。1988 年，年末职工 67 人，固定资产原值 15.11 万元。完成年产值 32.55 万元，总收入 32.60 万元，其中销售收入 32.60 万元，费用支出合计 28.23 万元，其中生产费用 27.54 万元，职工工资 9.72 万元，上缴国家营业税金 3.65 万元，获得税利 0.72 万元，上缴所得税 0.21 万元。

为了发展生产，于 1993 年改为 12 门小轮窑，至 1995 年 10 月，根据县政府有关规定正式停产。1996 年 3 月窑厂场地 31 亩复耕。

表 11－1－22　　　　软南村窑厂基本情况表

单位：万元

年份	年末职工人数	总产值	总收入	其中销售收入	费用支出合计	其中		上缴国家税金	盈利金额	固定资产原值
						生产费用	职工工资			
1988	67	32.55	32.60	32.60	28.23	27.54	9.72	3.65	0.72	15.11
1990	28	2.93	1.07	1.07	0.93	0.1	0.83	0.12	0.02	17.91
1992	20	4.46	4.14	4.14	4.45	2.33	1.43	0.47	0.22	17.91

挺进大队（何家村）

1989 年，何家村有村办集体企业 4 个，包括服装厂、砖瓦厂、旅游厂、丝料厂。固定资产原值

27.36万元。年末职工186人,年总产值达到179.38万元,总收入185.80万元,其中销售收入185.04万元,费用支出合计178.31万元,其中生产费用156.72万元,职工工资21.59万元,上缴国家营业税金10.50万元,至年底,盈利企业3个,利润3.70万元,亏损企业1个,亏损6.71万元。

表11—1—23　　何家村村办企业基本情况汇总表

单位:万元

年份	企业个数	职工数	总产值	总收入	其中销售收入	费用支出合计	其中		上缴国家税金	盈利金额	固定资产原值
							生产费用	职工工资			
1989	4	186	179.38	185.80	185.04	178.31	156.72	21.59	10.50	3.70	27.36
1990	4	157	126.74	91	91	83.7	63.38	15.33	4.74	2.56	12.94
1992	3	211	322.76	433.42	433.42	416.47		23.01	15.69	1.26	21.83
1996		184	5333	908	908	908	677	209	22	0	1627

何家竹器厂

1982年,年末职工5人,完成年产值1.01万元,总收入0.98万元,上缴国家销售税金78元,获得税利0.12万元,占总产值的11.9%,获净利润0.12万元。

何家服装厂

1982年,年末职工75人,完成年产值1.69万元,总收入2.48万元,上缴国家销售税金748元,获得税利668元,占总产值的3.9%,获净利润668元。

1988年,年末职工64人,固定资产原值2.97万元。完成年产值19.24万元,总收入20.85万元,其中销售收入20.85万元,费用支出合计18.63万元,其中生产费用8.91万元,职工工资9.92万元,上缴国家营业税金0.78万元,获得税利1.24万元,上缴所得税0.21万元。

表11—1—24　　何家村服装厂基本情况表

单位:万元

年份	年末职工人数	总产值	总收入	其中销售收入	费用支出合计	其中		上缴国家税金	盈利金额	固定资产原值
						生产费用	职工工资			
1982	75	1.69	2.48					0.07	0.07	
1988	64	19.24	20.85	20.85	18.63	8.91	9.92	0.78	1.24	2.97
1990	75	25.29	25.74	25.74	24.03	11.7	10.7	1.12	0.59	3042

何家绣花厂

1982年，年末职工5人，完成年产值0.22万元，总收入0.46万元，上缴国家销售税金218元，获得税利11元，占总产值的5.0%，获净利润11元。

表 11－1－25　　何家村时装厂基本情况表

单位：万元

年份	年末职工人数	总产值	总收入	其中销售收入	费用支出合计	其中		上缴国家税金	盈利金额	固定资产原值
						生产费用	职工工资			
1982	5	0.22	0.46					0.02	0.01	
1990	40	11.03	6.3	6.3	4.49	1.06	2087	0.28	1.53	2.28
1992	58	35.93	37.48	37.48	34.96	21.48	11.01	2.15	0.32	11.17

何家砖瓦厂

1988年，年末职工87人，固定资产原值17.33万元。完成年产值29.29万元，总收入29.29万元，其中销售收入29.29万元，费用支出合计26.19万元，其中生产费用16.49万元，职工工资9.70万元，上缴国家营业税金3.08万元，获得税利0.02万元，上缴所得税0.00万元。

何家用品厂

1988年，年末职工24人，固定资产原值3.30万元。完成年产值35.60万元，总收入35.60万元，其中销售收入35.60万元，费用支出合计30.40万元，其中生产费用28.20万元，职工工资2.20万元，上缴国家营业税金2.00万元，获得税利3.20万元。

1990年，年末职工16人，固定资产原值4.23万元。完成年产值38.05万元，总收入12.27万元，其中销售收入12.27万元，费用支出合计11.37万元，其中生产费用11.21万元，职工工资0.16万元，上缴国家营业税金0.90万元。

表 11－1－26　　何家村丝料厂基本情况表

单位：万元

年份	年末职工人数	总产值	总收入	其中销售收入	费用支出合计	其中		上缴国家税金	盈利金额	固定资产原值
						生产费用	职工工资			
1990	26	52.37	46.69	46.69	43.81	39.41	16	2.44	0.44	3.01
1992	83	285.5	395.94	395.94	381.51	355.08	12	13.54	0.89	10.66

胜利大队(南圣村)

1989年，南圣村有村办集体企业3个，包括砖瓦厂、预制厂、制针厂。固定资产原值12.15

万元。年末职工69人,年总产值达到43.13万元,总收入44.95万元,其中销售收入42.56万元,费用支出合计42.35万元,其中生产费用35.64万元,职工工资6.75万元,上缴国家税金3.06万元,至年底,盈利企业2个,利润0.19万元,亏损企业1个,亏损0.69万元。

表11—1—27　　南圣村村办企业基本情况汇总表

单位:万元

年份	企业个数	职工数	总产值	总收入	其中销售收入	费用支出合计	其中		上缴国家税金	盈利金额	固定资产原值
							生产费用	职工工资			
1989	3	69	43.13	44.95	42.56	42.35	35.64	6.75	3.06	-0.50	12.15
1990	4	80	30.98	35.19	35.19	33.35	25.99	7.36	2.14	-0.3	14.31
1992	4	102	63.38	62.75	62.75	59.61	41.50	14.97	4.11	-0.97	20.49
1996		130	149	141	141	141	34	91	16	0	27

胜利大队砖瓦厂

1982年,年末职工16人,完成年产值5.38万元,总收入6.30万元,上缴国家销售税金0.46万元,获得税利1.27万元,占总产值的23.6%,获净利润1.08万元,上缴所得税0.19万元。

1988年,年末职工12人,固定资产原值2.11万元。完成年产值13.42万元,总收入14.10万元,其中销售收入13.42万元,费用支出合计12.26万元,其中生产费用10.12万元,职工工资7.14万元,上缴国家营业税金1.60万元,获得税利0.33万元,上缴所得税0.09万元。

表11—1—28　　南圣村砖瓦厂基本情况表

单位:万元

年份	年末职工人数	总产值	总收入	其中销售收入	费用支出合计	其中		上缴国家税金	盈利金额	固定资产原值
						生产费用	职工工资			
1982	16	5.38	6.30					0.46	1.08	
1988	12	13.42	14.10	13.42	12.26	10.12	7.14	1.60	0.33	0.09
1990	12	11.47	11.47	11.47	10.13	7.28	2.85	1.24	0.1	2.1
1992	9	12.85	11.23	11.23	9.72	6.10	2.11	1.45	0.06	2.40

南圣水泥制品厂

1988年,年末职工17人,固定资产原值4.85万元。完成年产值15.10万元,总收入15.47万元,其中销售收入15.11万元,费用支出合计14.13万元,其中生产费用11.87万元,职工工资2.16万元,上缴国家营业税金1.04万元,获得税利0.30万元,上缴所得税0.05万元。

表 11－1－29　　南圣村水泥制品厂基本情况表

单位:万元

年份	年末职工人数	总产值	总收入	其中销售收入	费用支出合计	其中		上缴国家税金	盈利金额	固定资产原值
						生产费用	职工工资			
1988	17	15.10	15.47	15.11	14.13	11.87	2.16	1.04	0.30	4.85
1990	15	19.75	19.75	19.75	18.98	16.59	2.39	0.66	0.11	5.31
1992	14	23.68	22.11	22.11	21.23	16.87	3.48	0.77	0.11	7.00

南圣针织厂

1988 年,年末职工 33 人,固定资产原值 3.02 万元。完成年产值 11.98 万元,总收入 11.98 万元,其中销售收入 11.98 万元,费用支出合计 10.65 万元,其中生产费用 6.70 万元,职工工资 3.95 万元,上缴国家营业税金 0.86 万元,获得税利 0.47 万元,上缴所得税 0.17 万元。

表 11－1－30　　南圣村针织厂基本情况表

单位:万元

年份	年末职工人数	总产值	总收入	其中销售收入	费用支出合计	其中		上缴国家税金	盈利金额	固定资产原值
						生产费用	职工工资			
1988	33	11.98	11.98	11.98	10.65	6.70	3.95	0.86	0.47	3.02
1990	36	44.4	3.29	3.29	3.59	1.69	1.9	0.21	-0.51	5.44

南圣包装材料厂

1988 年,年末职工 4 人,固定资产原值 1.97 万元。完成年产值 8.00 万元,总收入 1.49 万元,其中销售收入 1.49 万元,费用支出合计 1.42 万元,其中生产费用 0.19 万元,职工工资 0.63 万元,获得税利 0.07 万元,上缴所得税 0.00 万元。

表 11－1－31　　南圣村服装厂基本情况表

单位:万元

年份	年末职工人数	总产值	总收入	其中销售收入	费用支出合计	其中		上缴国家税金	盈利金额	固定资产原值
						生产费用	职工工资			
1990	17	1.37	0.68	0.68	0.65	0.43	0.22	0.03		1.46
1992	48	17.04	16.16	16.16	14.95	7.42	6.32	1.02	0.19	5.09

南圣制针厂

1992年，有职工31人，总产值10.21万元，总收入13.25万元，费用支出13.71万元，其中发放职工工资3.06万元，上缴国家营业税金0.87万元，亏损1.33万元，固定资产原值5.96万元。

跃新大队(构塍村)

1989年，构塍村有村办集体企业5个，包括丝织二厂、砖瓦一厂、五金厂、塑料厂、地毯厂。固定资产原值18.11万元。年末职工80人，年总产值达到41.86万元，总收入41.59万元，其中销售收入40.45万元，费用支出合计37.63万元，其中生产费用28.87万元，职工工资8.69万元，上缴国家税金2.64万元，至年底，盈利企业4个，利润1.79万元。

1992年增加了日用化工厂。年末有职工3个，总产值2万元，费用支出1.85万元，发放职工工资0.43万元，上缴国家营业税金0.13万元，获得利润0.02万元，固定资产原值0.59万元。另有跃新服装厂，年末有职工34人，总产值5.68万元，总收入7.5万元，费用支出6.97万元，发放职工工资4.97万元，上缴国家税金0.54万元，年终亏损额0.01万元。

表11－1－32　　构塍村村办企业基本情况汇总表

单位：万元

年份	企业个数	职工数	总产值	总收入	其中销售收入	费用支出合计	其中		上缴国家税金	盈利金额	固定资产原值
							生产费用	职工工资			
1989	5	80	41.86	41.59	40.45	37.63	28.87	8.69	2.64	1.79	18.11
1990	5	49	35.25	34.02	22.38	31.39	18.87	12.42	2.23	1.02	14.62
1992	4	53	18.4	20.22	20.22	17.86	2.81	12.69	1.47	0.89	7.51
1996		120	1026	429	408.50	407.50	315.50	72	19	1	234

构塍(跃新)砖瓦厂

1980年底，有职工43人，有固定资产1.90万元，商品销售收入4.92万元，全部流动资金平均余额0.64万元，实现利润总额0.76万元，比1959年的703元增长11倍。上缴公社0.54万元，应交所得税0.11万元。

1982年，年末职工19人，完成年产值8.35万元，总收入9.03万元，上缴国家销售税金0.76万元，获得税利1.01万元，占总产值的12.5%，获净利润0.87万元，上缴所得税0.14万元。

1988年，年末职工15人，固定资产原值4.43万元。完成年产值11.51万元，总收入12.12万元，其中销售收入11.64万元，费用支出合计10.41万元，其中生产费用8.26万元，职工工资1.70万元，上缴国家营业税金1.16万元，获得税利0.55万元，上缴所得税0.70万元。

表 11－1－33　　构塍村砖瓦厂基本情况表

单位：万元

年份	年末职工人数	总产值	总收入	其中销售收入	费用支出合计	其中		上缴国家税金	盈利金额	固定资产原值
						生产费用	职工工资			
1980	43		4.92	4.92				0.11	0.76	
1982	19	8.35	9.03	0.76					1.01	
1988	15	11.51	12.12	11.64	10.41	8.26	1.70	1.16	0.55	4.43
1990	16	6.12	5.54	5.54	5.43	3.99	1.44	0.73	－0.62	4.43

跃新五金厂

1982 年，年末职工 17 人，完成年产值 4.10 万元，总收入 4.19 万元，上缴国家销售税金 0.99 万元，获得税利 0.23 万元，占总产值的 5.5%，获净利润 0.23 万元，上缴所得税 0.00 万元。

1988 年，年末职工 6 人，固定资产原值 0.90 万元。完成年产值 3.67 万元，总收入 3.67 万元，其中销售收入 3.67 万元，费用支出合计 3.17 万元，其中生产费用 2.61 万元，职工工资 0.54 万元，上缴国家销售营业税金 0.12 万元，获得税利 0.38 万元，上缴所得税 0.01 万元。

表 11－1－34　　构塍村五金厂基本情况表

单位：万元

年份	年末职工人数	总产值	总收入	其中销售收入	费用支出合计	其中		上缴国家税金	盈利金额	固定资产原值
						生产费用	职工工资			
1982	17	4.10	4.19	4.19					0.22	
1988	6	3.67	3.67	3.67	3.17	2.61	0.54	0.12	0.38	0.90
1990	6	2.89	2.89		2.22	1.27	0.95	0.29	0.38	0.90
1992	6	2.41	2.41	2.41	1.88	0.77	0.58	0.15	0.38	0.90

构塍丝织厂

1988 年，年末职工 30 人，固定资产原值 11.19 万元。完成年产值 30.34 万元，总收入 27.38 万元，其中销售收入 27.38 万元，费用支出合计 24.11 万元，其中生产费用 20.29 万元，职工工资 3.65 万元，上缴国家销售税金 1.81 万元，获得税利 1.46 万元，上缴所得税 0.11 万元。

1990 年，年末职工 14 人，固定资产原值 7.94 万元。完成年产值 6.81 万元，总收入 3.57 万元，其中销售收入 3.57 万元，费用支出合计 3.39 万元，其中生产费用 2.56 万元，职工工资 0.83 万元，上缴国家销售税金 0.16 万元，获得税利 0.02 万元。

表 11－1－35　　构塍村地毯厂基本情况表

单位：万元

年份	年末职工人数	总产值	总收入	其中销售收入	费用支出合计	其中		上缴国家税金	盈利金额	固定资产原值
						生产费用	职工工资			
1990	7	8.75	8.75		8.58	1.03	7.55	0.14	0.03	0.6
1992	7	8.31	8.31		7.16		6.71	0.65	0.5	0.6

表 11－1－36　　构塍村塑料厂基本情况表

单位：万元

年份	年末职工人数	总产值	总收入	其中销售收入	费用支出合计	其中		上缴国家税金	盈利金额	固定资产原值
						生产费用	职工工资			
1990	6	13.62	13.27	13.27	11.77	10.02	1.65	0.91	0.59	0.75

向阳大队（千福村）

表 11－1－37　　千福村村办企业基本情况汇总表

单位：万元

年份	企业个数	职工数	总产值	总收入	其中销售收入	费用支出合计	其中		上缴国家税金	盈利金额	固定资产原值
							生产费用	职工工资			
1989	7	4.33	8.20	8.18	8.61	7.51	1.10	0.34	－0.74	6.12	
1990	1	7	3.44	3.72	3.72	3.38	1.61	0.8	0.07	0.27	5.03

千福布厂

1988 年，年末职工 37 人，固定资产原值 6.12 万元。完成年产值 21.83 万元，总收入 22.90 万元，其中销售收入 22.90 万元，费用支出合计 21.90 万元，其中生产费用 19.15 万元，职工工资 2.75 万元，上缴国家销售税金 0.89 万元，获得税利 0.11 万元，上缴所得税 0.00 万元。

1989 年，千福村布厂年末职工 7 人，固定资产原值 6.12 万元。年总产值达到 4.33 万元，总收入 8.20 万元，其中销售收入 8.18 万元，费用支出合计 8.61 万元，其中生产费用 7.51 万元，职工工资 1.10 万元，上缴国家销售税金 0.34 万元，至年底亏损 0.74 万元。

表 11－1－38　　千福村布厂基本情况表

单位：万元

年份	年末职工人数	总产值	总收入	其中销售收入	费用支出合计	其中		上缴国家税金	盈利金额	固定资产原值
						生产费用	职工工资			
1988	37	21.83	22.90	22.90	21.90	19.15	2.75	0.89	0.11	6.12
1989	7	4.33	8.20	8.18	8.61	7.51	1.10	0.34	－0.74	6.12
1990	8	2.59	5.4	5.4	5.4	4.83	0.62	0.14	－0.19	6.16
1992	7	3.44	3.72	3.72	3.38	2.24	0.80	0.07	0.27	5.03

五星大队（八字村）

1989 年，八字村有村办集体企业 2 个，包括节水泥制品厂、五金厂。固定资产原值 134.77 万元。年末职工 45 人，年总产值达到 37.30 万元，总收入 36.55 万元，其中销售收入 35.49 万元，费用支出合计 35.95 万元，其中生产费用 30.52 万元，职工工资 5.43 万元，上缴国家销售税金 1.83 万元，至年底，亏损企业 2 个，亏损 1.23 万元。

表 11－1－39　　八字村村办企业基本情况汇总表

单位：万元

年份	个数	职工数	总产值	总收入	其中销售收入	费用支出合计	其中		上缴国家税金	盈利金额	固定资产原值
							生产费用	职工工资			
1989	2	45	37.30	36.55	35.49	35.95	30.52	5.43	1.83	－1.23	134.77
1990	2	21	11.51	20.14	19.7	23.91	21.80	2.11	1.05	－4.82	13.78
1992	2	36	26	28.44	28.44	26.28	22.80	1.32	1.83	0.33	9.79

八字五金厂

1988 年，年末职工 15 人，固定资产原值 1.12 万元。完成年产值 12.10 万元，总收入 11.25 万元，其中销售收入 11.19 万元，费用支出合计 11.43 万元，其中生产费用 9.29 万元，职工工资 2.14 万元，上缴国家销售税金 0.62 万元。

表 11－1－40　　八字村五金厂基本情况表

单位：万元

年份	年末职工人数	总产值	总收入	其中销售收入	费用支出合计	其中		上缴国家税金	盈利金额	固定资产原值
						生产费用	职工工资			
1988	15	12.10	11.25	11.19	11.43	9.29	2.14	0.62	0.00	1.12

续表 11－1－40

年份	年末职工人数	总产值	总收入	其中销售收入	费用支出合计	其中		上缴国家税金	盈利金额	固定资产原值
						生产费用	职工工资			
1990	11	1.33	6.56	6.27	8.89	8.19	0.7	0.36	－2.69	8.44
1992	21	21.26	23.80	23.80	21.84	19.28	0.60	1.60	0.36	4.60

八字水泥制品厂

1988 年,年末职工 22 人,固定资产原值 5.30 万元。完成年产值 21.62 万元,总收入 21.00 万元,其中销售收入 20.64 万元,费用支出合计 19.87 万元,其中生产费用 16.94 万元,职工工资 2.93 万元,上缴国家销售税金 1.06 万元,获得税利 0.07 万元。

表 11－1－41　　八字村水泥制品厂基本情况表

单位:万元

年份	年末职工人数	总产值	总收入	其中销售收入	费用支出合计	其中		上缴国家税金	盈利金额	固定资产原值
						生产费用	职工工资			
1988	22	5.30	21.00	20.64	19.87	16.94	2.93	1.06	0.07	5.30
1990	10	10.18	13.58	13.43	15.02	13.61	1.41	0.69	－2.13	5.34
1992	8	5.30	4.64	4.64	4.44	3.52	0.72	0.23	－0.03	5.34

建新大队(江渭村)

1989 年,江渭村有村办集体企业 3 个,包括语水泥制品厂、冲板厂、装潢厂。固定资产原值 11.11 万元。年末职工 32 人,年总产值达到 34.30 万元,总收入 29.96 万元,其中销售收入 29.90 万元,费用支出合计 29.05 万元,其中生产费用 28.95 万元,职工工资 5.65 万元,上缴国家销售税金 1.78 万元,至年底,盈利企业 1 个,利润 0.12 万元,亏损企业 2 个,亏损 0.99 万元。

1992 年,新增塑料制品厂,年末有职工 5 人,总产值 5.58 万元,总收入 5.69 万元,其中销售收入 5.69 万元,费用支出 5.34 万元,其中发放职工工资 0.7 万元,上缴国家税金 0.34 万元,年终获得利润 0.01 万元,固定资产原值 5.01 万元。

表 11－1－42　　江渭村村办企业基本情况汇总表

单位:万元

年份	个数	职工数	总产值	总收入	其中销售收入	费用支出合计	其中		上缴国家税金	盈利金额	固定资产原值
							生产费用	职工工资			
1989	3	32	34.30	29.96	29.90	29.05	28.95	5.65	1.78	0.12	11.11

续表 11—1—42

年份	个数	职工数	总产值	总收入	其中销售收入	费用支出合计	其中		上缴国家税金	盈利金额	固定资产原值
							生产费用	职工工资			
1990	3	24	25.37	22.87	20.71	21.63	16.88	4.75	1.24	0	8.78
1992	3	29	20.68	19.67	19.67	18.5	13.50	3.83	1.01	0.16	15.07
1996		27	139	140	140	137	115	9	9	3	66

建新窑厂

1982 年，年末职工 17 人，完成年产值 4.10 万元，总收入 4.19 万元，上缴国家销售税金 0.99 万元，获得税利 0.23 万元，占总产值的 5.5%，获净利润 0.23 万元，上缴所得税 0.00 万元。

建新农机厂

1982 年，年末职工 117 人，完成年产值 2.14 万元，总收入 2.13 万元，上缴国家销售税金 0.03 万元，获得税利 0.26 万元，占总产值的 12.1%，获净利润 0.26 万元，上缴所得税 0.00 万元。

江渭水泥制品厂

1988 年，年末职工 21 人，固定资产原值 6.68 万元。完成年产值 22.45 万元，总收入 16.98 万元，其中销售收入 16.98 万元，费用支出合计 16.98 万元，其中生产费用 13.68 万元，职工工资 3.06 万元，上缴国家营业税金 0.82 万元，获得税利 0.02 万元，上缴所得税 0.00 万元。

表 11—1—43　江渭村水泥制品厂基本情况表

单位：万元

年份	年末职工人数	总产值	总收入	其中销售收入	费用支出合计	其中		上缴国家税金	盈利金额	固定资产原值
						生产费用	职工工资			
1988	21	22.45	16.98	16.98	16.98	13.68	3.06	0.82	0.02	6.68
1990	20	20.75	19.18	19.18	18.29	14.83	3.46	1.02	-0.13	5.09
1992	20	13.53	12.44	12.44	11.83	8.82	2.40	0.58	0.03	7.64

江渭冲板厂

1988 年，年末职工 4 人，固定资产原值 2.06 万元。完成年产值 1.28 万元，总收入 1.28 万元，其中销售收入 1.28 万元，费用支出合计 1.13 万元，其中生产费用 0.95 万元，职工工资 0.38 万元，上缴国家营业税金 0.06 万元，获得税利 0.09 万元。

表 11—1—44　　江渭村冲板厂基本情况表

单位：万元

年份	年末职工人数	总产值	总收入	其中销售收入	费用支出合计	其中		上缴国家税金	盈利金额	固定资产原值
						生产费用	职工工资			
1988	4	1.28	1.28	1.28	1.13	0.95	0.38	0.06	0.09	2.06
1990	4	2.16	2.16	2.16	1.91	1.16	0.75	0.12	0.13	2.04
1992	4	1.54	1.54	1.54	1.33	0.39	0.73	0.09	0.12	2.42

江渭丝织厂

1988 年，年末职工 7 人，固定资产原值 2.94 万元。完成年产值 3.92 万元，总收入 3.92 万元，其中销售收入 3.92 万元，费用支出合计 3.19 万元，其中生产费用 3.27 万元，职工工资 0.49 万元，上缴国家营业税金 0.12 万元。

表 11—1—45　　江渭村丝织厂基本情况表

单位：万元

年份	年末职工人数	总产值	总收入	其中销售收入	费用支出合计	其中		上缴国家税金	盈利金额	固定资产原值
						生产费用	职工工资			
1988	7	3.92	3.92	3.92	3.19	3.27	0.49	0.12	0	2.94
1990	6	2.25	1.53	1.53	1.42	0.89	0.54	0.10	0	1.65

坛墩大队

1989 年，坛墩村有村办集体企业 3 个，包括礼炮厂、皮鞋厂、造纸厂。固定资产原值 9.36 万元。年末职工 67 人，年总产值达到 30.95 万元，总收入 32.94 万元，其中销售收入 32.93 万元，费用支出合计 29.99 万元，其中生产费用 22.45 万元，职工工资 7.29 万元，上缴国家营业税金 2.88 万元，至年底，盈利企业 2 个，利润 0.21 万元，亏损企业 1 个，亏损 0.14 万元。

表 11—1—46　　坛墩村村办企业基本情况汇总表

单位：万元

年份	个数	职工数	总产值	总收入	其中销售收入	费用支出合计	其中		上缴国家税金	盈利金额	固定资产原值
							生产费用	职工工资			
1989	3	67	30.95	32.94	32.93	29.99	22.45	7.29	2.88	0.21	9.36

续表 11－1－46

年份	个数	职工数	总产值	总收入	其中销售收入	费用支出合计	其中		上缴国家税金	盈利金额	固定资产原值
							生产费用	职工工资			
1990	3	62	55.26	48.55	48.55	44.84	36.85	7.78	3.5	0.26	11.17
1992	3	49	65.41	54.31	54.31	49.63	37.10	7.85	4.28	0.4	11.20

坛墩皮鞋厂

1988 年，年末职工 6 人，固定资产原值 0.19 万元。完成年产值 9.88 万元，总收入 9.88 万元，其中销售收入 9.88 万元，费用支出合计 7.80 万元，其中生产费用 7.70 万元，职工工资 3.95 万元，上缴国家营业税金 0.53 万元，获得税利 2.08 万元，上缴所得税 0.17 万元。

表 11－1－47　　坛墩村皮鞋厂基本情况表

单位：万元

年份	年末职工人数	总产值	总收入	其中销售收入	费用支出合计	其中		上缴国家税金	盈利金额	固定资产原值
						生产费用	职工工资			
1988	6	9.88	9.88	9.88	7.80	7.70	3.95	0.53	2.08	9.88
1990	11	25	22.87	22.87	21.34	19.8	1.5	1.21	0.32	0.32
1992	6	14.97	11.44	11.44	10.86	9.96	0.32	0.45	0.13	0.35

坛墩冲板厂

1988 年，年末职工 3 人，固定资产原值 0.78 万元。完成年产值 0.60 万元，总收入 0.60 万元，其中销售收入 0.60 万元，费用支出合计 0.29 万元，其中生产费用 0.29 万元，职工工资 0.95 万元，上缴国家营业税金 0.01 万元，获得税利 0.31 万元。

和民木器厂

1988 年，年末职工 4 人，固定资产原值 1.10 万元。完成年产值 3.50 万元，总收入 3.50 万元，其中销售收入 3.50 万元，费用支出合计 2.31 万元，其中生产费用 2.21 万元，职工工资 0.15 万元，上缴国家营业税金 0.24 万元，获得税利 1.19 万元。

于城花炮厂

1996 年 11 月 8 日，海盐县于城花炮厂经批准建成，隶属于坛墩村经济合作社集体企业。厂房面积 800 平方米，生产设备木制卷筒机 10 台，制药机械设备 1 套，总投资 5 万元。

表 11－1－48　　坛墩村花炮厂基本情况表

单位：万元

年份	年末职工人数	总产值	总收入	其中销售收入	费用支出合计	其中 生产费用	职工工资	上缴国家税金	盈利金额	固定资产原值
1990	25	15.93	12.33	12.33	11.39	8.23	3.1	1.44	－0.5	3.63
1992	20	17.41	16.33	16.33	14.20	8.28	3.70	2.10	0.12	3.63

表 11－1－49　　坛墩村造纸厂基本情况表

单位：万元

年份	年末职工人数	总产值	总收入	其中销售收入	费用支出合计	其中 生产费用	职工工资	上缴国家税金	盈利金额	固定资产原值
1990	26	14.43	13.35	13.35	12.07	8.82	3.18	0.85	0.43	7.22
1992	23	34.79	26.54	26.54	24.57	18.77	3.83	1.82	0.15	7.22

齐心大队(太平桥村)

1989 年，太平桥村有村办集体企业 2 个，包括牌胶电厂、纸品厂。固定资产原值 4.95 万元。年末职工 68 人，年总产值达到 39.09 万元，总收入 40.87 万元，其中销售收入 39.08 万元，费用支出合计 38.84 万元，其中生产费用 34.58 万元，职工工资 4.26 万元，上缴国家营业税金 1.93 万元，至年底，盈利企业 1 个，利润 1.35 万元，亏损企业 1 个，亏损 1.25 万元。

表 11－1－50　　太平桥村村办企业基本情况汇总表

单位：万元

年份	个数	职工数	总产值	总收入	其中销售收入	费用支出合计	其中 生产费用	职工工资	上缴国家税金	盈利金额	固定资产原值
1990	2	40	14.23	15.58	15.46	16.08	14.6	1.48	0.91	－1.41	4.97
1992	2	37	34.99	29.62	29.62	26.77	22.29	1.63	1.93	0.92	0.58
1996		17	36.00	36.00	36.00	35.00	29.00	3.00	2.00	1.00	2.00

齐心胶电厂

1982 年，年末职工 20 人，完成年产值 4.65 万元，总收入 5.24 万元，上缴国家销售税金 0.23 万元，获得税利 0.69 万元，占总产值的 14.8%，获净利润 0.61 万元，上缴所得税 0.08 万元。

1988 年，年末职工 20 人，固定资产原值 4.97 万元。完成年产值 18.35 万元，总收入 15.99

万元，其中销售收入15.97万元，费用支出合计14.15万元，其中生产费用12.26万元，职工工资1.89万元，上缴国家营业税金0.91万元，获得税利0.93万元。

表11—1—51　　太平村齐心胶电厂基本情况表

单位：万元

年份	年末职工人数	总产值	总收入	其中销售收入	费用支出合计	其中		上缴国家税金	盈利金额	固定资产原值
						生产费用	职工工资			
1982	20	4.65	5.24						0.69	
1988	20	18.35	15.99	15.97	14.15	12.26	1.89	0.91	0.93	4.97
1990	32	10.5	10.84	10.72	10.64	9.69	0.95	0.7	-0.5	0.58
1992	27	27.69	29.62	29.62	26.75	22.27	1.63	1.93	0.92	0.58

软城纸品厂

1988年，年末职工38人，固定资产原值4.41万元。完成年产值30.54万元，总收入26.938万元，其中销售收入26.36万元，费用支出合计25.69万元，其中生产费用22.57万元，职工工资3.12万元，上缴国家营业税金0.98万元，获得税利0.26万元，上缴所得税0.00万元。

表11—1—52　　太平村软城纸品厂基本情况表

单位：万元

年份	年末职工人数	总产值	总收入	其中销售收入	费用支出合计	其中		上缴国家税金	盈利金额	固定资产原值
						生产费用	职工工资			
1988	38	30.54	26.94	26.36	25.69	22.57	3.12	0.98	0.26	4.41
1990	8	3073	4.74	4.74	5.44	4.91	0.53	0.21	-0.91	4.39

立新大队（陈家门村）

表11—1—53　　陈家门村村办企业基本情况汇总表

单位：万元

年份	个数	职工数	总产值	总收入	其中销售收入	费用支出合计	其中		上缴国家税金	盈利金额	固定资产原值
							生产费用	职工工资			
1990	3	30	7.95	7.58	7.35	8.8	6.83	1.93	0.54	-1.22	15.03
1992	1	27	13.34	12.38	12.38	12.39	8.40	3.00	0.81	-0.82	17.02

陈家门土窑厂

1988 年，年末职工 13 人，固定资产原值 3.74 万元。完成年产值 2.83 万元，总收入 4.57 万元，其中销售收入 2.83 万元，费用支出合计 4.13 万元，其中生产费用 3.10 万元，职工工资 1.03 万元，上缴国家营业税金 0.44 万元。

1989 年，年末职工 10 人，固定资产原值 3.63 万元。总产值达到 4.03 万元，总收入 3.77 万元，其中销售收入 3.60 万元，费用支出合计 3.83 万元，其中生产费用 2.73 万元，职工工资 1.40 万元，上缴国家营业税金 0.30 万元，至年底，亏损 0.36 万元。

表 11－1－54　　陈家门村土窑厂基本情况表

单位：万元

年份	年末职工人数	总产值	总收入	其中销售收入	费用支出合计	其中		上缴国家税金	盈利金额	固定资产原值
						生产费用	职工工资			
1988	13	2.83	4.57	2.83	4.13	3.10	1.03	0.44		3.74
1989	10	4.03	3.77	3.60	3.83	2.73	1.40	0.30	0.36	3.63
1990	12	1.8	1.78	1.56	2.83	1.96	0.87	0.17	－1.22	3.63

表 11－1－55　　陈家门村预制厂基本情况表

单位：万元

年份	年末职工人数	总产值	总收入	其中销售收入	费用支出合计	其中		上缴国家税金	盈利金额	固定资产原值
						生产费用	职工工资			
1990	6	2.13	1.77	1.77	1.6	1.2	0.4	0.11	0.06	0.8

表 11－1－56　　陈家门村管件厂基本情况表

单位：万元

年份	年末职工人数	总产值	总收入	其中销售收入	费用支出合计	其中		上缴国家税金	盈利金额	固定资产原值
						生产费用	职工工资			
1990	12	4.03	4.03	4.03	4.37	3.67	0.7	0.26	－0.6	10.6

八一大队(于北村)

圩北袜厂

1982 年，年末职工 29 人，完成年产值 5.07 万元，总收入 5.72 万元，上缴国家销售税金 0.23

万元,获得税利0.06万元,占总产值的1.2%,获净利润0.06万元。

1988年,年末职工15人,固定资产原值1.38万元。完成年产值3.60万元,总收入6.82万元,其中销售收入6.81万元,费用支出合计6.73万元,其中生产费用5.94万元,职工工资0.79万元,上缴国家营业税金0.38万元。

表11—1—57　　于北村袜厂基本情况表

单位:万元

年份	年末职工人数	总产值	总收入	其中销售收入	费用支出合计	其中		上缴国家税金	盈利金额	固定资产原值
						生产费用	职工工资			
1982	29		5.72					0.23	0.06	5.07
1988	15	3.60	6.82	6.81	6.73	6.73	0.79	0.38		1.38

第四节 民营企业

于城在20世纪80年代起随着经济体制改革的深入,开始出现以家庭为经营单位的个体工业、手工业为主的私营企业,主要从事服装加工、小五金等。到90年代初的1994年已发展到425户,从业人员达1288万元,总产值8917万元。

2014年,全镇共有民营企业318家,职工8020人,年产值354318万元,年末总资产69605万元。

表11—1—58　　民营企业经营基本情况表

单位:万元

年份	企业个数	年末人数	总产值	年末总资产	总收入	费用总额	国家税金	利润总额	工资总额
1994	425	1288	8917	14422	19247	18327	1402	607	1960
1995	251	1245	15772	17392	13296	13514	785	-75	1691
1996	307	1144	8843	16087	10883	11434	813	—204	1663
1997	264	1366	16142	20870	18149	18245	1153	5	2198
1998	183	1243	22295	22866	21055	20546	1378	281	2285
1999	144	1318	21710	22204	19709	13914	1522	481	2155
2000	152	2080	24772	17080	50158	45233	2085	776	3466
2001	67	3905	10452	21484	61413	58141	2291	782	3873

续表 11－1－58

年份	企业个数	年末人数	总产值	年末总资产	总收入	费用总额	国家税金	利润总额	工资总额
2002	67	4040	11834	23047	55676	51779	2472	765	4344
2003	70	4292	10060	25843	59733	55259	2614	866	4861
2004	72	4394	10918	31259	67111	62042	2777	870	5560
2005	12	647	4175	2760	57809		2531	826	5432
2006	12	423	5583	3625	5298		150	120	454
2007	21	650	4239	3978	4195		200	200	887
2008	21	650	4797	43725	4797		144	11	330
2012	129	3792	185814	45968	179685		3594	2309	10249
2013	288	8615	335462	60654					
2014	318	8020	354318	69605					

表 11－1－59　　于城镇民营企业规模以上纺织服装行业情况表

单位：万元

年份	企业个数	职工人数	总产值	外贸出口	业务收入	利润	税金	职工工资
2008	14	2742	15266	4553	13945	515	588	2891
2009	9	1781	20241	7122	19604	99	643	3516
2010	16	2442	40197	7704	38833	601	1705	5719
2011	17	2441	46686	10011	45090	769	1528	6615
2014	11	2182	62582	9999	61358	1352	2221	9588

表 11－1－60　　于城镇民营企业规模以上纸箱包装行业情况表

单位：万元

年份	企业个数	职工人数	总产值	外贸出口	业务收入	利润	税金	职工工资
2008	3	437	7031	461	7071	－192	205	485
2009	4	239	7116	160	6880－531	193	632	
2010	4	477	17336	205	15904	122	143	1067
2011	4	414	17169	341	17300	－406	118	1085
2012	3	338	13396	0	13439	－317	242	862
2013	3	336	16488	0	16772	－251	369	1092
2014	3	359	17181	0	17062	－289	397	1317

表 11－1－61　　于城镇民营企业规模以上其他行业情况表

单位：万元

年　份	企业个数	职工人数	总产值	外贸出口	业务收入	利　润	税　金	职工工资
2008	3	232	4091	0	4731	31	244	364
2009	7	495	8152	58	7177	75	213	812
2010	5	315	5928	0	5455	－32	249	443
2011	4	245	8068	0	7683	－32	148	501
2014	2	87	30624	0	30733	211	294	311

表 11－1－62　　于城镇民营企业规模以上五金机械行业情况表

单位：万元

年　份	企业个数	职工人数	总产值	外贸出口	业务收入	利　润	税　金	职工工资
2008	18	1302	73779	12540	74459	1579	1751	2809
2009	18	1292	56285	11333	56976	2187	1359	2571
2010	18	1378	87733	19308	86212	1073	2606	3821
2011	25	1538	104678	21650	103225	2075	1955	4400
2014	14	1177	119587	27353	113401	2132	2590	5346

第五节　部门企业

1959 年 6 月，圩城公社有圩城农具机械厂，有职工 34 人，隶属于海宁县工交局；圩城砖瓦厂，有职工 92 人，隶属于海宁县工交局，1960 年 9 月停办；圩城酒酱厂，有职工 19 人，隶属于海宁县粮食局，1960 年 9 月停办；圩城草包草绳厂，有职工 33 人，隶属于海宁县商业局，1960 年 9 月停办；圩城化肥厂，有职工 16 人，隶属于海宁县工交局。

1984 年 5 月，欤城乡渔场自筹资金 26000 元，利用空余房屋 4 间 100 平方米，建办海盐县欤城塑料厂。

第二章　企业转制

20 世纪末和 21 世纪初，由于市场经济的发展和国际国内社会环境的影响，集体企业大面积亏损，虽然镇村领导和企业领导采取了一系列扭亏转盈的措施，但效果不明显。因此从 90 年代起，对镇村部分企业进行产权制度改革，实行租赁制或厂长承包制。1991 年，欤城乡实行《乡村企业承包经营责任制修正试行条例》;1998 年,中共海盐县委办公室印发《海盐县乡镇集体企业改革试行办法》。于城镇对镇村企业产权制度进入了第二轮改革,镇办企业主要对欤城丝料厂实行为股份合作企业,对砖瓦厂等 5 家企业进行全额拍卖,转为私营企业。

1998 年 6 月,海盐金城有限责任公司总资产 685.9 万元,其中固定资产 493 万元,原材料 30.8 万元,应收款 146 万元,现金 7 万元,附加 10 万元。实际资产 482 万元。实际转让给沈飞华资金为 288 万元,其中有 100 万现金。其他转制企业见表 11－2－1。

表 11－2－1　　　　于城镇镇办企业转制情况表

转制前		转制后		转制时间
企业名称	厂长	企业名称	法人代表	
海盐绢纺实业有限公司	马福良	海盐绢纺实业有限公司	马福良	1999 年 9 月
海盐县金城丝绸印染实业公司	吴天雪	于城丝绸印染有限公司	沈飞华	1998 年 6 月
海盐县于城建筑装潢公司(建筑部分)	冯雪良	海盐县于城建筑装潢公司	陈观和	1995 年 8 月
海盐县于城建筑装潢公司(家具部分)	冯雪良	海盐县于城家具厂	苏国祥	1995 年 9 月
海盐县于城镇砖瓦厂	沈炳华	海盐县于城镇砖瓦厂	宋金生	1999 年 2 月
海盐县于城镇第二砖瓦厂	周凤其	海盐县于城镇第二砖瓦厂	陆玉平	1999 年 5 月
海盐粮业公司	潘建生	海盐粮业有限责任公司	潘建生	2001 年 4 月
海盐县于城镇第三砖瓦厂	冯阿良	海盐县于城镇第三砖瓦厂	冯阿良	1997 年 8 月

第三章　工业功能区

1999 年 12 月,于城镇党委、政府为了加快和鼓励发展个体私营经济,决定建立于城镇工业功能区。工业功能区建立后不断发展壮大。于城镇工业功能区位于于城镇海王公路沿线黄桥至鸳鸯村 6 公里区域内,由黄桥工业区、三联电子工业区等组成,规划总面积 2.7 平方公里。2000 年 7 月 31 日,中共于城镇委为了切实加强工业园区的管理,促进工业园区的健康发展,决定成立工业园区管理委员会。

2001 年 1 月 8 日,功能区第一家企业——于城服饰有限公司投入生产,该企业投资 248 万元,占地 5736 平方米(8.6 亩),建筑面积 2840 平方米。是年 8 月,征地 50 亩,投入 83 万元,完成区内供电、用水、通路等基础设施建设。为实施生产要素的有效集聚和优化组合,镇成立工业园区发展有限公司,对园区进行规划设计,制定政策。这一年,于城镇加大招商引资力度,到年底,引进县外企业 5 家,镇外企业 8 家,共征土地 15.41 公顷(231.2 亩),总投资 8985 万元,批准建筑面积 52517 平方米,在建厂房 9352 平方米,到位外资 108 万美元。其中海盐东诚包装有限公司于10月投入生产。这些引进的企业，均在工业园区落户。

2002年，于城工业园区扩大区域面积，地址选在八字村、海王公路北侧，交通十分便利，定名为“于城镇工业功能区”(俗称黄桥工业园区)。2003年，党委政府对工业区的产业定位、选址作出了重大决策，工业区发展以“打造黄桥五金标准件制造业、开发电子轻纺、双龙科技园为主线”产业格局，成立了专门从事工业区开发管理的机构于城工业发展有限公司，进行工业区的筹资、开发、招商引资。并对于城工业园区作了重新规划、扩容、整合，新规划面积2.7平方公里，开始了新的发展，真正负起了发展工业经济，肩负于城发展的重担。

2004年，于城镇的工业园区向北延伸，它位于八字村、三联村、鸳鸯村海王公路沿线——黄桥至于城加油站，自西向东沿途6公里，具有集聚功能。为此，镇政府投资746万元。到年底，园区拓展面积46.67公顷(700亩)，有16家企业进入园区建厂、生产。预计总投资3亿元，其中浙江华诚金属制品有限公司投资7000万元。至2005年末，于城镇累计投入资金2503.12万元。

2006年，园区内期末实有企业33个，年内新入园区18个；期末从业人员1185人，工业总产值21956万元，实现利润总额102万元，固定资产实际投入21669万元；园区已开发面积1957亩。

于城镇工业功能区2001年启动以后，于城镇加大投资力度。工业基础配套设施建设至2006年累计投入资金3100多万元(其中2006年投入600万元)。并且投入资金130万元，建成了3.5公里污水、雨水管网及自来水管道，确保企业污水排入污水管网和企业用水，实现经济发展与环境保护协调发展。投资100多万元改造了江渭124线10千伏高压线线路，架设了从君堂变电所至工业区的10千伏高压线路，新建基建专用电力设施，保证企业正常用电需要。投资110万元，浇筑1.8公里的道路等建设。年内还安置拆迁房8户，做好了土地征用等工作，并完成了10856平方米的标准厂房建设，便于引进企业投资办厂。工业区内电力、通讯、道路、污水排放管网、自来水工业用水管网、桥梁等基础设施建设日臻完善。建成了35千伏电力专线，设置3条低压线路，全程建成了下水道、污水排放管网、自来水管网，通信线路。新建桥梁一座。

2006年末，于城镇工业功能区累计开发面积1910亩(其中2006年153.22亩)，其中已出让的土地面积为1199亩(其中2006年187亩)，有33家企业在工业区内投资建厂，包括租房33家企业已投入生产。2006年产值在500万元以上的企业有8家，他们分别是：浙江华诚金属制品有限公司、海盐县于城漂染有限公司、海盐县亿诺制衣有限公司、海盐东诚包装有限公司、海盐县科艺包装有限公司、海盐于通管件制造有限公司、海盐多邦印刷有限公司、海盐汇联通用配件有限公司。投入生产的企业还有：海盐县于城服饰有限公司、海盐华祥高强度标准件有限公司、嘉兴新大金属有限公司、海盐县思美乐制衣厂、海盐县大安汽配有限公司、海盐华邦科纺有限公司、海盐县怡顺堂化工有限公司，海盐县双龙科技有限公司、海盐县双龙物资配载有限公司、海盐荣吉标准件有限公司、海盐易达标准件有限公司、海盐星辰工具有限公司，其中海盐双龙科技有限公司已租房进驻多家企业投入生产。有7家企业已有投资意向，落实了土地，用地面积86亩。

2006年在建企业是：海盐宝丰物资有限公司、海盐越唐金属制品有限公司、海盐常绿标准件有限公司、海盐瑞扬五金有限公司、海盐瀓标五金有限公司、海盐宏宇紧固件有限公司、海盐顺发包装厂、海盐三马标准件有限公司、海盐乐顶标准件有限公司、海盐远洋标准件有限公司、海盐顺通物流有限公司、海盐佳易特滑轮有限公司、海盐讯捷包装有限公司。

于城镇工业功能区是于城镇经过精心设计、规划、布局的工业区，又在大力招商引资工作中逐步建成的具有集聚功能的工业功能区。2006年，工业区已形成三个方面的特点：一是黄桥区域，是六平申线航道东侧靠河地段，海盐县双龙科技创业中心、海盐县双龙物资配载有限公司基地共占地460亩，首期投资为8000万元，2005年8月破土动工，2006年投入生产，是海盐五金标准件生产集聚地。二是于城北桥区域形成了电子、轻纺、包装集聚地。三是印染、服装的集聚地。

于城镇工业功能区地理位置优势明显。区域内公路有：海王公路、杭浦高速公路；航道有：嘉于硖航道、六平申线航道。

2008年，园区内期末实有企业69个，年内新入园区22个；期末从业人员3082人，工业总产值109485万元，实现利润总额5540万元，固定资产实际投入28621万元；园区已开发面积2330亩。

2008年底，开发土地面积155.3公顷(2330亩)，进区企业69家，进区企业用地面积102.8公顷(1542亩)，企业建筑面积58.22万平方米，存量土地52.5公顷(788亩)，工业区基础设施配套建设累计投入7142万元(包括供汽管网建设，电力设施建设等)，已建成基础设施完善，工业网络形成，产业链优势突出(特别是标准件产业，是年产值7.4亿元)，多种功能集聚的工业区域。

2009年，开发土地面积20.4公顷(306亩)，出让面积1.6公顷，累计出让面积92.93公顷(1394亩)。合计进企业64个，其中56个已建成投产，累计固定资产117776万元，其中当年14391万元，年产值91324万元，销售收入101998万元，利税总额3341万元，出口交货值19974万元。合同利用外资累计805万美元，本年151万美元。年引进内资21050万元。

2009年，于城镇人民政府委托于城镇工业发展有限公司在于城镇三联村实施征地拆迁工程建设。项目位于于城镇工业规划区内，海王公路北侧，嘉南大道(嘉兴至南北湖)东侧，涉及三联村3组、10组共119户农户，总征用集体土地23.6公顷，拆迁房屋29户，拆迁建筑面积8040平方米。

工业功能区已形成了以紧固件、包装和纺织、服装为主，电子和饲料加工为辅的产业格局。2009年，工业区第二期征地209亩完成土地测量、分户统计工作，黄桥工业区实施绿化、亮化、净化工程、完善三联电子工业区道路等基础设施建设。是年，基础设施建设投入3640万元。

2011年，当年开发土地面积21.2公顷(318亩)，出让面积3.6公顷(54亩)，累计用地面积104.4公顷(1566亩)。合计进区企业81家，新增10个。累计固定资产投入169400万元，其中当年29222万元，年产值202043万元，销售收入200068万元，利税总额21126万元，出口交货值14049万元。合同利用外资累计1160万美元，实际利用610万美元。年引进内资25220万元。是年，基础设施建设投资3600万元，历年累计投资19012万元。是年，新进区企业4家，已形成生产能企业75家，其中当年新增10家。年末从业人数4733人。进区企业总建筑面积731309平方米，其中当年新增38634平方米。是年，进区的4家企业是海盐家盛瑞精密五金有限公司、嘉兴艾格森电子科技有限公司、海盐天恩经编有限公司、海盐县成亿纸业有限公司。投资8010万元。

2012年，园区内期末实有企业79个，年内新入园区2个；期末从业人员4728人，工业总产值205685万元，实现利润总额14737万元，固定资产实际投入181552万元；园区已开发面积1859亩。

工业功能区累计完成开发面积123.93公顷(1859亩)，其中新征土地884亩，完成闲置土地开发107亩，整合企业面积72亩；累计出让1285亩；基础设施累计投入3016万元，其中由工业区投入2366万元，企业投入650万元；入区企业33家；区内企业固定资产投资累计达5.1亿元；年产值2.2亿元。工业园区已形成了以紧固件、包装和纺织服装为主，电子和饲料加工为辅的产业格局。

2012年，累计开发土地面积123.93公顷(1859亩)，企业用地面积2.07公顷(31亩)，进区企业总用地面积88.2公顷(1323亩)。合计进区企业79家其中当年新增2家。累计固定资产投入193255万元，其中当年23855万元，年产值205685万元，利税总额9021万元。是年实际利用外资131.5万美元。年引进内资30903万元。是年，基础设施建设投资3510万元，历年累计投资22522万元。进区企业总建筑面积764676平方米，其中当年新增33367平方米。是年，工业功能区有3家亿元企业，浙江华诚金属制品有限公司工业总产值1.93亿元；海盐三马标准件有限公司工业总产值2.02亿；海盐恒越绢纺有限公司工业总产值1.23亿元。

工业功能区现代物流企业崛起，共有服务业企业157家，累计用地面积7.13公顷(109.7亩)，当年新增用地面积3.83公顷(57.38亩)，总建筑面积46544平方米，当年新增29290平方米，从业人员376人，固定资产投入8092.53万元，当年新增5877.42万元，营业收入129828万元，利税总额290.30万元。

2013年，累计开发土地面积124.03公顷(1860.45亩)，是年企业用地面积2.16公顷(32.33亩)，进区企业总用地面积90.36公顷(1355.33亩)。合计进区企业80家，其中当年新增2家(倒闭1家)。累计固定资产投入193255万元，年产值2224358万元，同比增长29%，利税总额11860万元，其中利润3517万元，税收8343万元。是年实际利用外资92万美元。年引进内资15389万元。

2013年，基础设施建设投资4123万元，历年累计投资26645万元。进区企业总建筑面积764676平方米，其中当年新增35100平方米。为项目引进和企业发展搭建良好创业平台。加强园区整治与管理，加快园区内道路、桥梁、污水管网等建设，建成污水二级管网1570米，新增生活污水入网企业55家，封堵直排口24个，拆迁农户78户，征地面积310亩。

工业功能区有6家亿元企业，浙江华诚金属制品有限公司工业总产值2.36亿元；海盐三马标准件有限公司工业总产值1.87亿；海盐恒越绢纺有限公司工业总产值1.05亿元；浙江君悦标准件有限公司总产值1.96亿元；海盐兴原服饰有限公司总产值1.12亿元；海盐县石油化工有限公司总产值2.91亿元。

浙江创能新能源科技有限公司是于城镇工业功能区一家高新科技企业，集产品研发、生产、服务一体化。公司成立于2002年，2013年该企业有员工300余人，生产园区面积18000平方米。该企业生产产品有空气能热水系列、热水取暖系列、泳池恒温系列、中央冷暖系列、中央空调系列,太阳能智能测控仪、智能仪器节能等50多种产品。多年来“创能公司”与德国“达姆施塔特大学”合作,聘请德国专家共同致力于空气能技术应用的研究,建立六大科技实验室,研发国家认准专利18项。公司引进德国生产工艺技术,应用德国标准强化企业体制管理,其产品通过国际欧盟CE认证、国际标准质量体系ISO9001认证、国际环境管理体系ISO14000认证、嘉兴名牌产品等。至2013年,创能的产品和服务遍布20多个国家,覆盖中国30多个省、市、自治区。企业获得了“海盐县专利示范企业”,2011年“浙江省百家最具投资企业”“浙江省千家成长之星企业”。2013年企业总产值6808万元,出口额221万元,税利841万元。

2014年,于城镇工业功能区投入基础设施建设资金0.46亿元,累计3.12亿元;累计开发土地125.93公顷(1888.95亩);新增用地10.2公顷,累计97.05公顷;新增建筑面积4.8万平方米,累计81.27万平方米;固定资产投入3.56亿元,累计22.89亿元。合同利用外资和港澳台投资2100万美元,实际利用外资和港澳台投资800万美元,引进内资22360万元。加强园区整治与管理,加快区内道路、桥梁、污水管网等基础设施建设,海王公路于城支线贯穿八字、三联2个村,长2.78公里,年末,工程基本完工。八字村、三联村拆迁农户106户,建成污水二级管网1.6公里,新增生活污水入网企业38家,封堵直排口38个。功能区已形成以紧固件、印刷、包装、纺织、服装、印染为主导的优势产业,有饲料加工、电子仪表等新兴产业。年末,有进区企业92家(新增13家,倒闭1家,在建7家),职工3706人;是年销售收入2000万元以上企业32家,年利税总额100万元以上企业24家,其中浙江华诚金属制品有限公司、海盐三马标准件有限公司、海盐恒越绢纺有限公司、浙江君悦标准件有限公司、海盐兴原服饰有限公司、海盐县石油化工有限公司、海盐迅捷包装有限公司和嘉兴上翔钢材有限公司8家企业总产值均超亿元。区内企业获省著名商标1个、市名牌产品和市著名商标3个,获国家火炬计划项目1项,获省中小型科技企业称号2家,市级技术中心、专利示范企业各1家,获省级新产品立项19项,申报专利139项。

表11—3—1　　历年新进工业功能区情况表

年份	企业名称	产业	投资者所在地	购地面积(亩)	开、竣工时间	当年建筑面积(平方米)	当年固定资产投资(万元)	当年实现产值(万元)
2006	海盐远洋标准件有限公司	五金	海盐	12.08	2006年12月	4200	600	
	海盐迅捷包装有限公司	包装	海盐	17.34	2006年12月	8000	400	
	海盐三马标准件有限公司	五金	海盐	49.11	2006年12月	20000	3000	
	海盐雅贝针织制衣有限公司	服装	海盐	9.85	2006年12月	7500	700	
	海盐万盛达包装有限公司	包装	海盐	11.06	2006年12月	6000		
2007	海盐三鑫五金制造有限公司	五金	海盐		2007年1月		550	1937
	海盐富亭隆丰五金厂	五金	海盐		2007年1月		170	100
	海盐震东电机有限公司	五金	海盐		2007年1月		411	600

续表 11－3－1

年份	企业名称	产业	投资者所在地	购地面积（亩）	开、竣工时间	当年建筑面积（平方米）	当年固定资产投资（万元）	当年实现产值（万元）
2007	海盐超强标准件有限公司	五金	海盐		2007 年 1 月		1009	7300
	海盐哈德威尔紧固件有限公司	五金	余姚		2007 年 1 月		388	700
	海盐东源印刷包装有限公司	包装	海盐		2007 年 1 月		2500	4802
	海盐俊丰热处理有限公司	五金	海盐		2007 年 10 月		150	100
	海盐华邦科纺有限公司	纺织	海盐		2007 年 1 月		1500	600
	海盐天竺服饰有限公司	服装	海盐	14.43	2007 年 7 月	9618	207	800
2008	海盐双龙科技有限公司				2008 年	5880	459	
	海盐顺通物流有限公司				2008 年	5104	600	
	何家村经济合作社				2008 年	3902	220	
	海盐海贝服饰有限公司	服装			2008 年	2810	155	
2009	海盐城西热处理厂	机械	海盐	租赁				1193
	江南钢构有限公司	机械		租赁				500
	海盐好帮手智能电器厂	电器		租赁				56
	海盐昌隆电子电缆有限公司	电器		7.34				

表 11－3－2　　2008 年于城镇工业功能区情况表

单位：万元

序号	园区内企业名称	固定资产投入	现价工业总产值	其中主导产业产值	税利总额	引进内资	引进市外内资
	镇级工业区	28621	138317	105565	5540	15336	15336
1	海盐东源包装有限公司		6609	6609	－225		
2	海盐于通管件有限公司		694	694	22		
3	浙江华诚金属制品有限公司	300	25356	25356	3830		
4	海盐县于城漂染有限公司		1097	1097	－42		
5	海盐华邦科纺有限公司	300	359	359	－33		
6	海盐多邦印刷有限公司		1755	1755	53		
7	海盐汇联通用配件有限公司	150	1600	1600	24		

续表 11－3－2

序号	园区内企业名称	固定资产投入	现价工业总产值	其中主导产业产值	税利总额	引进内资	引进市外内资
	镇级工业区	28621	138317	105565	5540	15336	15336
8	海盐县亿诺制衣有限公司		365	365	7		
9	海盐荣吉标准件有限公司	301	3013	3013	14		
10	海盐县易达标准件有限公司		4677	4677	32		
11	嘉兴新大金属有限公司		6339	6339	48		
12	海盐三马标准件有限公司	6800	4354	4354	－209		
13	海盐天竺服饰有限公司	1200	1034	1034	61		
14	海盐雅贝针织有限公司	700	1077	1077	109		
15	海盐大大动物饲料有限公司		2736		5		
16	海盐恒越绢纺有限公司	1150	8084	8084	307		
17	海盐科艺包装有限公司		1471	1471	68		
18	海盐星辰工具有限公司		4031	4031	231		
19	海盐县澉标五金有限公司	2600	1568	1568	2		
20	海盐三鑫五金制造有限公司	514	1276	1276	80.53		
21	海盐超强标准件有限公司		9176	9176	296		
22	海盐瑞扬五金有限公司	550	1236	1236	15		
23	海盐宏宇紧固件有限公司		1155	1155	27		
24	海盐华祥高强度标准件有限公司	350	914	914	－14		
25	海盐远洋标准件有限公司	1500	874	874	14		
26	海盐恒越标准件有限公司		1874	1874	32		
27	海盐商华金属物资有限公司		3261	3261	13		
28	海盐新鑫金属回收有限公司		19631		10.23		
29	海盐富亭隆丰五金厂		63	63	6.20		
30	海盐震东电机有限公司	750	593	593	65.80		
31	海盐哈德威尔紧固件有限公司		528	528	25.31		
32	海盐五金标准件有限公司		6021	6021	118.5		
33	海盐东威紧固件有限公司	100	206	206	5.50		
34	海盐双龙科技有限公司	500	300		10.96		

续表 11－3－2

序号	园区内企业名称	固定资产投入	现价工业总产值	其中主导产业产值	税利总额	引进内资	引进市外内资
	镇级工业区	28621	138317	105565	5540	15336	15336
35	海盐祥龙物资配载有限公司		8535		257.00		
36	海盐桐基羊绒纺业有限公司	1210	0	0	0		
37	海盐小博士电子科技有限公司	880	0	0	0		
38	海盐东诚包装有限公司	1700	600	600	12.74		
39	海盐于城思美乐有限公司		315	315	12.14		
40	海盐于城服饰有限公司		663	663	118		
41	海盐大安汽配有限公司		120	120	4.50		
42	海盐华通针织有限公司	700	0	0	0		
43	嘉兴市家友豆制品有限公司	1	530	0	－42.76		
44	嘉兴怡顺堂日用化工有限公司	505	300	0	7.74		
45	海盐汇峰汽配有限公司		70	70	3.60		
46	海盐常绿标准件有限公司		860	860	44.2		
47	海盐县顺发包装厂		960	960	55.44		
48	海盐顺通物流有限公司	750	55	0	4.80		
49	海盐稳固贸易有限公司		126	0	1.00		
50	嘉兴远翔商贸有限公司		540	0	5.50		
51	海盐纳百川电子科技有限公司	500	0	0	0		
52	海盐久力紧固件厂	580	476	476	16.50		
53	海盐讯捷包装有限公司	1820	0	0	0		
54	海盐俊丰热处理有限公司		310	310	7.46		
55	海盐佳丽针织有限公司		315	315	12.76		
56	海盐德鑫铝业科技有限公司	180	200	200	6.57		
57	海盐万盛达包装有限公司	830	0	0	0		
58	海盐佳易特滑轮有限公司	1200	0	0	0		
59	海盐泰盛标准件有限公司	0	14	14	3.00		
	总计	28621	138317	105565	5540	15336	15336

表 11—3—3　　于城镇工业功能区指标概况表

名　　称	单　位	指　标　数　值				
		2006 年	2008 年	2010 年	2012 年	2014 年
园区个数	个	1	1	1	1	1
区内实有企业个数	个	33	69		79	714
其中:三资企业	个	1	1		5	6
本年新入企业	个	18	22		2	1
期末从业人员	人	1185	3082		4728	4281
园区内总产值	万元	21956	138317		205685	354300
其中:工业总产值	万元	21956	109485		205685	354300
企业营业收入	万元	19140	131044		203011	220000
企业利润总额	万元	102	5540		14737	
企业增加值	万元	3640	20747		32946	49000
企业实交税金	万元	250	3500		6389	
企业协议利用外资	万美元		1500		0	
企业实际利用外资	万美元	748	0		131	
企业累计利用外资	万美元	1748	1928		3780	
固定资产实际投资	万元	21669	28621		181552	69600
区内资产合计	万元		103385			
出口产品交货值	万元		12916			
批准规划面积	亩	2000	4050		4050	4050
其中:本年已开发数	亩	1957	2330		1859	
累计基础设施投资	万元	2366	7142		22523	
其中:本年投资	万元	600	4076		3510	4600

表 11—3—4　　2008 年于城镇工业功能区引进市外内资企业明细表

单位:万元、%

序号	投资单位名称	投资者姓名	投资者所在地	引进时间	投资产业	计划投资			注册资金			当年实到资金
						总额	其中内资	占总额比例	总额	其中内资	占总额比例	
1	越唐金属有限公司	孔庆丽	河北	2005 年 11 月	紧固件	2000	200	100	500	500	100	
2	嘉兴新大金属有限公司	车祥耳	杭州	2006 年 5 月	钢管	3000	3000	100	600	600	100	

续表 11－3－4

序号	投资单位名称	投资者姓名	投资者所在地	引进时间	投资产业	计划投资			注册资金			当年实到资金
						总额	其中内资	占总额比例	总额	其中内资	占总额比例	
3	嘉兴邦特厨具有限公司	陈其明	海宁	2006 年 8 月	厨具	1000	1000	100				50
4	海盐顺发外贸包装厂	吴结深	嘉兴	2006 年	木质托盘	1600	1600	100	30			100
5	海盐金鑫金属回收有限公司	刘宜庭	福建	2006 年	第三产业	1000	1000	100	1000	1000	100	
6	海盐哈德威尔紧固件有限公司	毛均晖	余姚	2007 年	标准件	1000	1000	100	50	50	100	
7	嘉兴东威紧固件有限公司	陆闻新	余姚	2007 年	标准件	1000	1000	100	100	100	100	100
8	海盐三马标准件有限公司	何马军	杭州	2007 年	标准件	11400	1600	14	3000	400	14	600
9	海盐宝隆针织有限公司	叶　斌	海宁	2007 年	纺织业	1900	1900	100	500	500	100	300
10	海盐于城丝绸印染有限公司	徐芬华	上海	2008 年	纺织业	2300	2300	100	1600	1600	100	3000
11	海盐县石油化工有限公司	卢其根	海宁	2008 年	第三产业	200	200	100	150	150	100	150
12	海盐大安汽配有限公司	安金良	温州	2008 年	药用材料	2000	1800	90	608	546.4	90	546.4
13	海盐佳易特滑轮有限公司	汪熊露	慈溪	2008 年	滑轮	1600	1600	100	300	300	100	1000
14	嘉兴远翔商贸有限公司	唐　强	宁波	2008 年	第三产业	100	90	90	100	90	90	90
15	海盐鑫达工具有限公司	陈达明	海宁	2008 年	标准件	500	500	100	60	60	100	200
16	海盐凯华仓储物流有限公司	朱顺良	上海	2008 年	第三产业	1800	1800	100	200	200	100	1200
17	海盐凯华市场管理有限公司	冯震华	上海	2008 年	第三产业	1000	1000	100	1000	1000	100	1000
18	海盐凯金贸易有限公司	廖金凤	福建	2008 年	第三产业	500	500	100	500	500	100	500
19	海盐和谐物资有限公司	谢友林	福建	2008 年	第三产业	500	500	100	500	500	100	500
20	海盐明定物资有限公司	林序静	福建	2008 年	第三产业	500	500	100	500	500	100	500

续表 11－3－4

序号	投资单位名称	投资者姓名	投资者所在地	引进时间	投资产业	计划投资			注册资金			当年实到资金
						总额	其中内资	占总额比例	总额	其中内资	占总额比例	
21	海盐齐展贸易有限公司	李克兰	福建	2008 年	第三产业	500	500	100	500	500	100	500
22	海盐宽储物资有限公司	黄惠华	福建	2008 年	第三产业	500	500	100	500	500	100	500
23	海盐诚信担保有限公司	林君达	福建	2008 年	第三产业	500	4500	90	5000	4500	90	4500
2008	合计					40900	27790		17398	14096.4		15336.4
2009	合计					47700	35495	100	27698	24906	100	21050

表 11－3－5　2014 年 12 月底规模以上工业企业分行业经济指标完成情况分析

单位：万元、%

行业	主营业务收入			利润			税金			工资		
	本年累计	上年同期	增长幅度	本年累计	上年同期	增长幅度	本年累计	上年同期	增长幅度	本年累计	上年同期	增长幅度
五金机械业	113401	112322	0.96	2162.3	1939.7	11.48	2634.4	2606.4	1.07	5534	4319	28.13
纺织服装业	61358	58803	4.34	1352.2	708.7	90.80	2221.8	2225.7	－0.18	9588	7974	20.24
其中：印染业	20389	17940	13.66	654.3	454.5	43.96	1170.8	855.7	36.82	4184	3268	28.02
纸箱包装业	17061	16773	1.72	－288.9	－250.7	－15.24	396.7	368.9	7.54	1317	1092	20.58
电子制造业	18969	16925	12.08	568.9	991.6	－42.63	1749.9	1160.7	50.76	1810	1277	41.79
其他行业	30734	37912	－18.93	210.5	214.9	－2.05	294.3	241.5	21.86	311	247	25.87
合计	241523	242734	－0.50	4005.00	3604.20	11.12	7297.1	6603.2	10.51	18559	14909	24.49

说明：1.表内企业除统计局已入库数企业外，还包括浙江君悦标准件有限公司数据；2.纺织服装业数据包括印染业

表 11－3－6　2012 年法人单位基本情况表

单位：万元

序号	名称	地址	法人	人数	业务收入	固定资产	建立时间
1	海盐万瑞标准件有限公司	三联村万瑞路 1 号	李寒文	24	3070	1082	2008 年 10 月
2	海盐兴原服饰有限公司	八字村	郑利明	217	6726	2885	2009 年 3 月
3	海盐六和药业有限公司	三联村	阮全法	49	2043	3026	2001 年 12 月

续表 11－3－6

序号	名　称	地　址	法人	人数	业务收入	固定资产	建立时间
4	于城丝绸印染	吕冢村	孙飞华	190	3309	4903	1998 年 8 月
5	于城丝绸印染锦辉分公司	吕冢村	沃金水	80	520		2008 年 1 月
6	海盐大大动物营养制品有限公司	三联村	许加生	38	4180	2561	1999 年 6 月
7	金狮印染有限公司	吕冢村	蔡张林	175	2908	4474	1999 年 12 月
8	海盐鸳鸯丝绸印染有限公司	鸳鸯村	许加生	276	4492	5955	1993 年 4 月
9	海盐南圣服饰有限公司	构塍村	朱胜君	380	4367	1993	2001 年 5 月
10	海盐星辰工具有限公司	八字村	许利英	249	6496	2876	2001 年 8 月
11	海盐超强标准件有限公司	八字村民委员会	赵建根	61	5943	5367	2001 年 12 月
12	嘉兴佳乐科仪有限公司	构塍村	肖海乐	132	4339	6155	2002 年 10 月
13	海盐多邦印刷有限公司	三联村	陆玉平	118	2066	2368	2006 年 2 月
14	浙江华诚金属制品有限公司	三联村	刘坚	249	18973	15301	2005 年 3 月
15	海盐荣吉标准件有限公司	八字村民委员会	蒋韫法	45	2850	2424	2005 年 11 月
16	海盐易达标准件有限公司	八字村民委员会	戴易生	42	3280	1466	2005 年 12 月
17	海盐商华金属物资有限公司	八字村民委员会	朱加华	22	1183	1356	2006 年 1 月
18	海盐宝隆针织有限公司	吕冢村	叶金良	105	2594	2914	2006 年 6 月
19	海盐远洋标准件有限公司	八字村民委员会	应水军	35	2092	1860	2006 年 8 月
20	海盐迅捷包装有限公司	三联村	卜利民	96	8165	5681	2004 年 2 月
21	嘉兴市新大金属有限公司	八字村民委员会	车祥云	44	7743	3090	2007 年 5 月
22	浙江创能新能源科技有限公司	三联村	夏青	287	6213	7129	2006 年 5 月
23	海盐国惠塑化电子有限公司	吕冢村	韩其良	26	3709	2553	2006 年 12 月
24	海盐三马标准件有限公司	八字村民委员会	马雪明	160	20980	12077	2007 年 1 月
25	海盐县石油化工有限公司	庄家村民委员会	卢其根	8	9286	1731	2012 年 1 月
26	浙江恒越绢纺有限公司	庄家村民委员会	鲍云庆	402	10788	11065	1993 年 5 月
27	海盐县于城漂染有限公司	三联村民委员会	张永君	128	2247	3757	2000 年 1 月
28	海盐明达标准件有限公司	庄家村民委员会	周传甫	37	3522	1216	1995 年 2 月
29	海盐常绿标准件有限公司	八字村民委员会	张建忠	64	4329	3493	1997 年 11 月
30	嘉兴上翔钢材有限公司	八字村民委员会	袁建明	51	6334	3321	2012 年 1 月
	合计			3790	164747	124079	

表 11—3—7　　于城镇 2014 年底规上企业情况表

单位：万元

序号	企业名称	企业负责人	企业经营地址	企业产值情况
1	浙江君悦标准件有限公司	姜文国	于城镇三联村	20000～30000
2	浙江华诚金属制品有限公司	刘其武	于城镇三联村	
3	海盐县石油化工有限公司	卢其根	于城镇庄家村	
4	海盐三马标准件有限公司	马雪良	于城镇八字村	10000～20000
5	海盐兴原服饰有限公司	郑利明	于城镇八字村	
6	海盐迅捷包装有限公司	卜利明	于城镇三联村	
7	嘉兴上翔钢材有限公司	袁建明	于城镇八字村	
8	浙江恒越绢纺有限公司	鲍云庆	于城镇庄家村	
9	浙江创能新能源科技有限公司	夏　青	于城镇三联村	
10	嘉兴市新大金属有限公司	车祥云	于城镇八字村	
11	嘉兴拓肯电子科技有限公司	舒华伦	于城镇三联村	
12	海盐鸳鸯丝绸印染有限公司	许加生	于城镇鸳鸯村	
13	海盐超强标准件有限公司	赵建根	于城镇八字村	
14	海盐星辰工具有限公司	张玉良	于城镇八字村	
15	海盐常绿标准件有限公司	张建忠	于城镇八字村	
16	海盐县金狮印染有限公司	蔡张林	于城镇吕冢村	
17	嘉兴市佳乐科仪有限公司	肖海乐	于城镇构塍村	
18	海盐天恩经编有限公司	金建定	于城镇三联村	
19	海盐商华金属物资有限公司	朱加华	于城镇八字村	
20	海盐桐基羊绒纺业有限公司	孙国良	于城镇三联村	3000～5000
21	海盐县于城漂染有限公司	张永君	于城镇三联村	
22	海盐县南圣服饰有限责任公司	朱胜君	于城镇构塍村	
23	海盐县于城丝绸印染有限公司	沃金水	于城镇吕冢村	
24	海盐县大大动物营养制品有限公司	许加生	于城镇三联村	
25	浙江海利印刷包装有限公司	方卫星	于城镇鸳鸯村	
26	海盐金凌标准件有限公司	张小林	于城镇三联村	
27	海盐县易达标准件有限公司	戴易生	于城镇八字村	2000～3000
28	海盐远洋标准件有限公司	应水军	于城镇八字村	

续表 11－3－7

序　号	企　业　名　称	企业负责人	企业经营地址	企业产值情况
29	海盐万瑞标准件有限公司	李寒文	于城镇三联村	2000～3000
30	海盐多邦印刷有限公司	陆玉平	于城镇三联村	
31	海盐宝隆针织有限公司	叶金良	于城镇吕冢村	
32	海盐荣吉标准件有限公司	蒋建荣	于城镇八字村	
33	海盐雅贝针织制衣有限公司	许加生	于城镇三联村	
34	海盐国惠塑化电子有限公司	韩其良	于城镇吕冢村	
35	海盐六和药业有限公司	阮全法	于城镇三联村	
36	浙江强农农业科技有限公司	沈玉祥	于城镇江渭村	
37	海盐县明达标准件有限公司	周明祥	于城镇何家村	

第四章　骨干企业介绍

第一节　浙江恒越绢纺有限公司

浙江恒越绢纺有限公司位于海盐县于城镇邮电路，法人代表鲍云庆，公司成立于 1997 年，占地面积 61.72 亩，注册资金 1551.5 万元，主要从事绢丝、棉织品、丝织品及服装加工等行业。企业总资产达 7600 万元，固定资产 6000 万元。

2000 年，海盐绢纺实业公司拥有资产 9000 多万元，成为浙江省骨干企业。该公司生产绢丝 1027.68 万吨，丝 396.3 吨，实现产值 2.23 亿元，销售收入 2.25 亿元，完成出口交货值 1.29 亿元，产品一等品率 99.1%。这家公司被嘉兴市评为“百强企业”，生产的“海首”牌绢丝产品荣获嘉兴市名牌产品，获得了嘉兴市著名商标荣誉称号。

2001 年，海盐绢纺实业有限公司再度进入全县 17 家重点骨干企业之列。2 月，被县委县政府列为“十大明星企业”；7 月，该公司被国家农业部、对外贸易经济合作部评为“全国出口创汇先进乡镇企业”。年内，公司生产的“海首”牌绢丝获“浙江名牌产品”称号。该公司是全县重点骨干企业，结合 ISO9002 培训要求，企业对职工实施专业技术培训，实行规范操作，并通过组

浙江恒越绢纺有限公司

织岗位操作竞赛，提高职工技术水平，使产品一等品率达99.1%。是年，公司出口交货值达1.31亿元。

2002年1月30日，经对外经贸合作部批准，获得蚕丝类商品直接出口权，成为国家首批蚕丝类商品直接出口企业之一。公司获浙江省质量诚信明星企业，嘉兴市优秀守信誉客户，海盐县十大工业纳税企业和十佳重点骨干企业等荣誉称号。该公司有员工2440人，生产绢丝1076吨，实现工业产值现行价17218万元，销售收入17129万元，年增加值5069万元，创税利995万元。产品一等品率达99%，产销率101.2%，资金回收率99.3%，流动资金产生率1：4，各项经济指标名列同行前茅。职工工资发放1937万元，福利费246万元。是年9月，海盐绢纺实业有限公司改名为浙江恒越绢纺有限公司。2014年产值为11311万元。产值及销售额每年超亿。

第二节　浙江华诚金属制品有限公司

浙江华诚金属制品有限公司位于于城镇三联村，法人代表刘其武，企业成立于2001年，注册资金1000万美元，员工人数150人，占地面积6.66公顷(99.94亩)，主要从事金属制品制造、加工。经过几年的发展，公司产值及销售额逐年增长，2014年总产值为21621万元，销售收入为21619万元。

浙江华诚金属制品有限公司

第三节　浙江佳乐科仪股份有限公司

浙江佳乐科仪股份有限公司成立于2002年，位于海盐县于城镇构塍村，法人代表肖海乐，占地面积6.67公顷(10亩)，办公及厂房面积12000平方米。注册资金1000万元，拥有“JAROL”和“JARCDRIVE”品牌注册商标。公司分变频事业部和核电事业部。变频器事业部专业研发、生产、销售变频器；销售网络遍布国内二十多个省(市)及德国和印度等多个国家；公司于2011年获得“国家高新技术企业”。核电事业部是具有中核集团兴原认证的业务部门。提供备品备件、仪控仪表、高压电气设备、管阀件、防护及劳保产品、工器具等销售及服务。2014年员工130人，产值5433万元，销售5433万元。

浙江佳乐科仪股份有限公司

第四节　浙江君悦标准件有限公司

浙江君悦标准件有限公司是2010年成立的一家专业标准件制造商，注册资本4000万人民币，总投资额为8000万人民币，公司位于于城镇三联村，总占地面积共5.61公顷(84.15亩)，法人代表姜文国，2014年员工170人，年销售产值21029万元。公司生产的主导产品为长丝杆，月产量4000～5000吨。产品标准包括美制、德标、英标；等级有B7，美制2级、5级，德制4.8、5.8、8.8、10.9级，铜质、S.S304和S.S316。

浙江君悦标准件有限公司

第五节　海盐三马标准件有限公司

海盐三马标准件有限公司

海盐三马标准件有限公司位于于城镇八字村黄桥五金标准件工业区，公司成立于2007年，法人代表马雪明，公司占地面积3.27公顷(49.10亩)。公司主要从事高强度紧固件生产，目前生产的产品集钢材酸洗、退火、冷镦成型、热处理等研发于一体，并拥有多台具有国际先进水平的生产设备，产品具有规格多、强度高、耐腐蚀等优点。公司已通过ISO9001：2000质量管理体系认证及ISO/TS16949：2002汽车质量管理体系认证。2014年员工130人，年总产值18481万元，年销售14869万元。

第六节　海盐县石油化工有限公司

海盐县石油化工有限公司位于于城镇盐湖公路北侧(庄家村宋家组)，成立于1998年，法人代表卢其根，厂区占地面积0.99公顷(14.81亩)，注册资金150万元。主要从事高清无铅汽油生产。项目总投资约3200万元，原料采用石脑油、轻质油、真馏油、甲基叔丁基醚，加入复合添加剂后调和。年生产能力5万吨。2014年企业员工15人，年总产值27272万元，销售产值27272万元。

海盐县石油化工有限公司

第七节　海盐兴原服饰有限公司

海盐兴原服饰有限公司

公司原位于武原街道经济开发区盐北路，2011年进行易地技改，搬迁至于城镇八字村。公司成立于2009年，占地总面积8.39公顷(12.58亩)，注册资金100万元，法人代表郑利明，主要从事服装生产。采用裁剪、缝纫、检验等工艺，购置电脑缝纫机、双针机、拷边机等设备。年生产能力为60万套服装。2014年员工260人，年总产值12837万元，销售产值12771万元。

第八节　海盐迅捷包装有限公司

公司位于于城镇海王公路，成立于2006年，法人代表卜利民，占地面积1.16公顷(17.34亩)，注册资金280万元，主要从事包装装潢、印刷品印刷、纸板容器、纸制品批发等行业。生产原料为牛皮纸，工艺为制楞、切片、堆码、检验、成品。企业总资产1400万元，固定资产1200万元。2014年企业员工110人，年总产值11883万元，销售产值11883万元。

海盐迅捷包装有限公司

第九节　海盐桐基羊绒公司

桐基羊绒始创于2004年，是一家专业从事高档羊毛、羊绒纱线研发、生产、销售为一体的具有综合服务能力的国家高新技术企业。目前已注册公司两家，海盐桐基羊绒纺业有限公司是企业的实业基地，装备了国内领先、国际先进的纺纱设备，年产各类针织绒线1000余吨。嘉兴赞绒电子商务有限公司作为企业互联网销售平台供应链，实行优势产品流行色全色系实样备货，保障客户以销定货的市场快速反应机制。

第十节　海盐星辰工具有限公司

海盐星辰工具有限公司位于鱼米之乡的嘉兴市海盐县于城镇黄桥工业园区，创办于20个世纪90年代初，是长期从事活扳手产品生产的专业厂家，产品款式有美式、欧式、日式等，规格配套齐全(4"—24")，现有员工195人，公司注重科技兴业，响应"转型升级"号召，投入1500余万元进行设备更新、技术更新，通过ISO90001：2008质量体系标准、ISO14001：2004环境管理体系管理产品的质量均能达到并超过ISO标准、GBT标准、ASME标准、JIS标准，并成为国内唯一一家手工具德国GS-VPA标准认证的企业和活动扳手行业名副其实的标杆企业，经过多年的努力，公司已成为具有一定规模的生产、贸易复合型企业，是国内外多家知名品牌企业的合作伙伴，并成为全球活动扳手知名品牌专业制造公司，产品远销欧美、东南亚等世界各地，并享有较高的声誉和良好的口碑。

第五章　名优产品介绍

第一节　太阳能热水器

浙江创新能源科技有限公司成立于2001年，时称海盐华海电子电器厂，2010年更名为浙江创能新能源技术有限公司，迁址海盐县于城镇，公司现厂区占地面积1.2公顷(18亩，新厂区1.6公顷尚在建设中)，员工250余人，其中技术人员65人，拥有国际一流的自动化生产流水线，国内前沿的科研中心，专业研制和开发太阳能热水器自动控制系统和空气能热泵热水器。

公司先后获得了国家高新技术企业、省中小型创新企业，浙江省中小型科技型企业，省级高新技术研发中心，AAA级信用企业，市级信用管理示范企业，嘉兴市标准化良好行为AA级企业、县级专利示范企业，市级管理创新示范企业，市级成长之星，省专利示范企业、县走新型工业化道路优胜企业等荣誉，是专业研发、生产、销售太阳能热水器自动控制系统和空气能热泵热水器的国家高新技术企业，产品获嘉兴名牌产品、嘉兴市著名商标。

公司重视研发工作，拥有省级高新技术研发中心，近三年承担直热式热泵热水器、模块化商用风冷式冷(热)水机组、无线遥控系列太阳能热水测控仪、太阳能集热工程远程控制器、语音系列太阳能热水器测控仪、项目运行远程监控系统等省级科技项目10项，拥有发明专利5项，实用新型67项，2012年与清华大学合作，引进清华大学先进的科研技术和理念，并进行项目成果转化应用，开展的"印染废水余热回收"项目获得"省重大专项"基金奖励。

第二节　"浮梦灵犀"丝织品牌

海盐彩逸工艺丝制品有限公司是一家专业从事设计研发生产各类中高档真丝、羊绒及纤维交织的混纺围巾、睡衣、女性饰品。公司拥有先进的数码喷绘设备及技术研发力量，坚持技术创新为依托，以品牌立企为宗旨。近年来，公司依托科技不断开发新产品，获得了省新产品称号和多项专利技术，先后被评为浙江省中小型科技型企业、嘉兴市高新技术企业、海盐县优秀大学生创业园。公司分别在国内、香港注册创立了“绮园”和“浮梦灵犀”商标品牌，在香港注册了灵犀时尚饰品有限公司，并已经在成都、上海、苏州、嘉兴、湖州等城市开设了多家品牌专柜。“绮园”品牌产品被评为2010年嘉兴市优秀旅游商品称号，2014年“浮梦灵犀”品牌被评为嘉兴市著名商标。

第三节　企业品牌产品

于城镇工业功能区自2009年至2014年列入美国注册商标1项，省级名牌产品1项，省级新产品项目7项，市级名牌产品4项，市级著名商标4项。

表11－5－1　　于城镇企业品牌产品、商标情况表

年　份	企　业　名　称	产品名称	商　　标	认证情况
2009	海盐三马标准件有限公司	螺母	SHS	美国注册商标
2010	海盐三马标准件有限公司	螺母	SHM	市级名牌产品
2011	浙江创能新能源科技有限公司	空气源热泵	创能	市级著名商标
2011	浙江创能新能源科技有限公司	空气源热泵	创能	市级名牌产品
2011	海盐星辰工具有限公司	工具扳手	SHIELD	市级名牌产品
2013	海盐星辰工具有限公司	工具扳手	SHIELD	市级著名商标
2012	海盐八字葡萄合作社	葡萄	八字	省级名牌产品
2013	海盐桐基羊绒纺业有限公司	纱线	桐基纺织	市级著名商标
2014	海盐桐基羊绒纺业有限公司	54nm/2纱线	桐基纺织	省级新产品
2014	海盐桐基羊绒纺业有限公司	48nm/2纱线	桐基纺织	省级新产品
2014	海盐桐基羊绒纺业有限公司	50nm/1纱线	桐基纺织	省级新产品
2014	海盐桐基羊绒纺业有限公司	70nm/3纱线	桐基纺织	省级新产品
2014	海盐彩逸工艺丝制品有限公司	丝巾	浮梦灵犀	市级著名商标
2014	嘉兴市佳乐科仪有限公司	变频器	JX通用	市级名牌产品
2014	嘉兴市佳乐科仪有限公司	变频器	JR矢量	省级新产品
2014	嘉兴市佳乐科仪有限公司	变频器	VF智能	省级新产品
2014	海盐星辰工具有限公司	紧锁螺母	SHIELD	省级新产品

第十二编 商业 贸易

第一章 商 业

于城地处水网地带，水路交通方便。在以木船为主交通工具的旧社会，占其得天独厚的地理优势，早在明代，已成为海盐中部农副产品的主要集散地。据明天启《海盐县图经》记载："……欤城，去县十五里……村落稠密，并有小市，百十余家……欤城左右，或隐鼓铸"。

清末民初，于城至海盐(县城)、盐官、硖石、平湖、嘉兴、新篁、枫桥、桐乡、嘉善、湖州等地均有航快船班次，往来客商频繁，成了著名的活水码头。解放后，轮船代替了航快船，交通发达。1986 年，于城至海盐公路筑成后，通往海盐、硖石、嘉兴、南北湖等地的客运班车正常运行，改变了过去单靠水路交通的局面，进一步促进了城乡物资交流。

于城自然条件优越，素有丝绸之府，鱼米之乡的美称。1960 年鲜鱼上市量 800 余吨，1967 年共收购粮食 9723 吨，尚有众多的土特产，如肉嫩黄多的大河蟹，其味鲜美；于城大蒜头，形扁圆而大，色白味辣；竹笋壳薄而味鲜；瘦肉型的苗猪体长而脚高。丰富的物产，吸引了不少外地客商，使于城市场日益繁荣。集镇不仅是商业服务中心，而且是于城镇的政治、经济、文化活动中心。

于城集镇占地 1.87 平方公里，20 世纪 90 年代起，以商业为主的文曲路和于中路，商店鳞次栉比，行人车辆川流不息，市容繁华整洁。2014 年集镇供销合作社各商店，个体、联户商业，农贸市场，餐饮业、服务业等门类众多，共有商业网点 250 多家，从业人员 543 人。

第一节 中华人民共和国成立前商业

商业兴衰

于城商业，历史悠久，早在明代，已很发达。民国初抗日战争前，丝茧行、竹木行、绸缎、南北杂货、纸马香烛、百货烟纸、瓷器宁席、桐油食锅、鱼行肉铺、地货水果、国药、食品、饮食服务等，全镇有 10 多个行业。

20 世纪 20～30 年代，欤城已成为方圆几十里内稻米、蚕茧(丝)、桑叶、湖羊(小羊皮)等物资的集散地。抗战期间，于城沦落，日军纵火焚烧集镇房屋，加上日机两度轰炸，百姓蒙难，商民苦不堪言，他们有的外流，有的置田产以求保险。经营规模随之缩小，商业渐趋萧条。据民国 34

年(1945)统计,仅有商店34家,大多为夫妻商店,雇员仅42人。抗战胜利后形势稍有转机,部分商店陆续复业,新的商店也相继开设。后因内战不息,通货膨胀,货币贬值,物价一日数涨,加上苛捐杂税和繁重的摊派,商业无法发展,较大商店仅凭赊进卖出套用客款以资维持,足见当时商界维业之艰。

表12—1—1　　抗日战争前砍城集镇商店一览表

原枫桥南街东侧下岸				原枫桥南街西侧上岸			
序号	商店名称	间数	业主姓名	序号	商店名称	间数	业主姓名
1	电话所	1		1	碾米厂	2	
2	昌记剃头店	1	厉昌观	2	面店	1	沈虎明
3	莫氏乌烟馆	1	莫德余	3	豆腐店	1	
4	茶馆店	1	戴老虎	4	小店	1	米送林
5	南恒兴肉店	1		5	南货店	2	南恒兴
6	茶馆店	1	徐连庆	6	同源堂药店	2	杨立中
7	天记鱼行	1	厉天观	7	染店	2	顾元观
8	元记糖果店	1	元观	8	圣太小吃店	1	
9	二徒茶店	1		9	茶馆店	1	顾二徒
10	小鸡店	1		10	一源南货店	1	
11	豆腐店	1		11	酒店	1	王桂庆
12	理发店	1	张贵庆	12	糖果店	2	李文龙
13	四宝豆腐店	1	四宝	13	木器店	2	
14	九九肉店	1	谢九九	14	理发店	1	陆顺德
15	老林剃头店	1	叶潘林	15	箍桶店	1	阿土
16	鼎兴铁店	2	凌鼎新	16	乃宝小店	1	张乃宝
17	鼎兴南货店	2	凌鼎新	17	警察所	2	
18				18	打铁店	1	金志慧
原枫桥位置在吕冢港口							
原枫桥北街东侧下岸				原枫桥北街西侧上岸			
序号	商店名称	间数	业主姓名	序号	商店名称	间数	业主姓名
1	朱记茶馆店	2	朱其观	1	苏北炒货店	1	
2	合盛鱼行	1	杨合盛	2	老头子食品店	1	
3	善记茶店	1	冯善善	3	公正昌酱油店	1	黄维岩

续表 12—1—1

原枫桥北街东侧下岸				原枫桥北街西侧上岸			
4	北木棺材行	1		4	北恒兴肉店	1	戴春良
5	杨氏小吃店	1	杨令囡	5	北恒兴南货	2	戴春良
6	李氏国药店	1	李春山	6	玉田酒店	2	许玉田
7	祥祥小店	2	沈祥太	7	韩记小店	2	韩再荣
8	阿坤小店	2	张阿坤	8	恒德堂国药店	2	
9	金记茶店	1	金金荣	9	许记杂货店	2	许正兴
10	高记豆腐店	1	高金荣	10	天林面饭店	1	韩天林
11	褚记茶店	1	褚金荣	11	周记豆腐店	1	周
12	许记杂货店	2	许记正	12	开泰染店	2	
13	王记木器店	1	王仁元	13	金记瓷器店	1	金仙梅
14	同仁泰南货	2	金伯勋	14	来福小吃店	1	王来福
15	蒋记茶店	2	蒋关余	15	沈记糖果店	1	沈祥宝
16	小林剃头店	1	小林	16	县立第八小学	8	
17	赵氏酒店	1	赵文	17	李记羊皮行	2	李天顺
18	赵记石灰行	1	赵定一	18			

商业组织

同业公会

于城商业同行业公会组织没有单独成立。民国 22 年(1933),南货茶食业、绸布估衣业、鲜肉业相继加入海盐县武原镇同行业公会。其后有国药、瓷席、面饭、茶店、丝茧、豆腐、烟百、酒酱、民船、皮毛丝吐、竹木农具制作等行业,也先后加入了武原镇同业公会。当时丝茧行业最早,于城地区有 2 家,镇上有 1 家。据民国 35 年统计,于城加入武原镇同业公会有国药业、豆腐业、八鲜业、丝蚕业、毛皮业、理发业、制面业、鲜肉业、竹器业、什货业等 10 余个,会员 25 户,从业人员有 39 人,其中雇员 10 人。尚未参加同业公会组织的有 24 户,从业人员 28 人,其余摊担未计。

主要行业和商店

民国初至抗日战争前,主要行业和享有盛名的商行、商店,简录如下。

丝茧行业。民国初欤城有全昌、元顺 2 家。全昌丝茧行最为著名也是全县茧行开业最早,民国 16 年全昌茧行有烘灶 12 具,曾创“鸳鸯”牌生丝,与上海谦信、百多两洋行交易,产品出口印度。

表 12—1—2　　1949 年加入武原镇同业公会钦城商店名录

行业名称	店号名称	业主姓名	从业人数	从业人员名单	营业地址
国药业	同源堂	杨立中	1	杨立中	钦城集镇
豆腐业	高源兴	高四庆	2	高四庆　高阿宝	钦城集镇
	朱合兴	朱雪官	2	朱桂宝	
	张荣记	张荣官	3	张荣官　张发余　张张氏	
八鲜业	合　大	王文魁	1	王文魁	钦城集镇
	杨合顺	杨士成	3	杨士成　谢珍寿　谢瑞林	
丝茧业	全　昌	周仰松	1	周仰松	钦城集镇
	元　顺	何伯涛	1	何伯涛	江渭桥
皮毛业	泰　成	崔建林	2	崔建林　崔炎宝	钦城集镇
理发业	合　记	叶潘林	3	叶潘林　徐武林　汪生全	钦城集镇
	张贵记	张贵庆	2	张贵庆　张有庆	
	陆顺记	陆顺德	1	陆顺德	
制面业	沈顺昌	沈虎鸣	2	沈虎鸣　沈徐氏	钦城集镇
鲜肉业	久　大	陈如山	2	陈如山　陈启英	钦城集镇
竹器业	周关记	周关荣	2	周关荣　宋毛毛	钦城集镇
染坊业	开　泰	韩福全	1	韩福全	钦城集镇
什货业	九　成	沈云霆	1	沈云霆	钦城集镇
	王合兴	王雪龙	1	王雪龙	
	李泰昌	李文虎	1	李文虎	
	恒兴昌	戴春良	1	戴春良	
	公正昌	黄维岩	1	黄维岩	
	许正兴	许惠卿	1	许惠卿	
	吴云记	吴云山	1	吴云山	
	韩再记	韩再荣	1	韩再荣	
	同仁泰	金伯勋	1	金伯勋	
点心业	丁广记	丁广福	1	丁广福	钦城集镇
纸烛业	王恒昌	王三新	1	王三新	钦城集镇

风味食品

于城镇有众多风味食品，其中较著名的有以下几种。

猪油豆沙大包。豆沙大包用上等赤豆煮烂去壳，加入等量糖后捣成沙泥状，放入块粒糖腌生猪油、胡桃肉、芝麻，制成馅球，在嵌入包子时，再加白糖撒面，谓之盖唐。经蒸笼蒸熟后，食时猪油豆沙馅甜而柔，刚出笼时，咬上一口，卤汁外溢，甜而不腻，乐在其中。

鲜肉包子。用上等猪腿瘦肉捣碎，加块粒冬笋，制作时须细致认真，壳外包皮犹如薄纸，不慎则易漏。制成后包子里面的肉馅，隐约可见，蒸熟出笼后，一经入口，卤汁外溢鲜美可口。

阿三蟹壳饼。蟹壳饼，亦称菊花饼和蟹壳黄。于城镇上王阿三独家经营最有名。他以面粉加水加苏打粉配制成白面，做外壳用，再取面粉 10 斤，加红糖 10 斤，搅拌后打成馅子。然后把白面切成大小均匀的胚子，在胚子两面各开一个洞，放进糖馅再合好，用擀筒均匀地擀平，另一面再用刀子切成一条一条月牙形的口子，放入火炉边上烘烤，待颜色黄中带红，中间鼓起即可。

第二节　中华人民共和国成立后商业体制

个体商业

20 世纪 50 年代初期以私营商业为主，政府采用银行贷款、降低批量起点、召开城乡物资交流会等方式，帮助个体私营商业户克服困难，恢复经济。

1950 年，钦城集镇主要集中在大桥西堍以南至枫桥两侧。共有 49 户，其中茶水业 9 户，酱酒业 1 户，南货业 3 户，什货业 5 户，皮毛业 2 户，裁缝业 1 户，鱼酱业 1 户，烟纸业 4 户，国药业 3 户，点心业 3 户，铜匠业 1 户，水作业 3 户，棉布业 1 户，理发业 4 户，水产业 1 户，木器业 2 户，染坊业 1 户，竹器业 1 户，制面业 1 户，制绳业 1 户，弹花业 1 户。

表 12—1—3　　1950 年集镇商业统计表

单位：人、间

序号	行业	店　号	地　址	业　主 姓　名	籍贯	家庭 人口	从业 人员	营　业　房	
								自产	租用
1	水作	刘记	北市 1 号	沈刘留	海盐	2	2	1	
2	什货	益茂	北市 2 号	韩再荣	海盐	2	1	2	
3	茶水	金记	北市 3 号	凌金顺	海盐	4	2	2	
4	茶水	福记	北市 4 号	张生法	海盐	2	1		1
5	南货	同仁泰	北市 5 号	金伯勳	海盐	6	2		2
6	点心		北市 6 号	许尚文	海盐	3	2	2	
7	什货	许正兴	北市 7 号	许惠卿	海盐	6	2	5	
8	国药	人和堂	北市 8 号	邵志明	海盐	5	4		2
9	茶水	云记	北市 9 号	朱子云	海盐	4	1	1	
10	烟纸		北市 10 号	张文英	海盐	3	1		1

续表 12—1—3

序号	行业	店　号	地　址	业　主 姓　名	籍贯	家庭 人口	从业 人员	营　业　房	
								自产	租用
11	烟纸		北市 11 号	王桂林	湖南	9	1	1	
12	点心	丁记	北市 12 号	丁广福	安徽	1	1		1
13	水作	荣记	北市 13 号	张阿荣	海盐	5	2		
14	烟纸		北市 14 号	沈云生	海盐	5	1	2	
15	南货	公正昌	北市 15 号	黄梅生	海盐	2	2	3	
16	理发	桂记	北市 16 号	张桂庆	海盐	2	2		1
17	茶水	金桂圆	北市 17 号	金京荣	海盐	3	1	1	
18	水产	澄记	北市 19 号	杨士澄	海盐	5	1	3	
19	茶水		西河滩弄	沈志清	海盐	1	1	2	
20	染坊	开泰	南市 1 号	韩福全	海盐	5	1	2	
21	点心		南市 2 号	徐大宝	海盐	3	1	1	
22	水作		南市 3 号	高四庆	绍兴	3	1		2
23	国药	永济堂	南市 4 号	马锡祥	海盐	5	1		2
24	圆木	箍桶	南市 5 号	陆金法	海盐	3	1	2	
25	弹花		南市 6 号	赵静澄	海盐	11	1	11	
26	竹器		南市 7 号	何关荣	海盐	4	1	2	
27	什货	李春昌	南市 8 号	李文虎	海盐	6	1	2	
28	茶店		南市 9 号	张官福	海盐	5	1	2	
29	酱酒	胡永昌	南市 10 号	胡岳明	海盐	4	1	3	
30	木器	周福兴	南市 11 号	周伯福	萧山	5	1		2
31	什货		南市 12 号	戴松林	海盐	1	1	1	
32	茶店		南市 13 号	戴昌观	海盐	6	2	3	
33	理发	合记	南市 14 号	汪水全	海盐	1	1	1	
34	理发		南市 15 号	陆顺德	海盐	2	1		0.5
35	皮毛	建记	南市 16 号	崔建林	寿昌	5	1	1	
36	什货	王顺昌	南市 17 号	王三新	海盐	1	1		1
37	国药	同源堂	南市 18 号	杨沈林	海盐	11	2	3	
38	茶水		南市 19 号	厉昌观	海盐	1	1	2	

续表 12－1－3

序号	行业	店　号	地　址	业　主 姓　名	籍贯	家庭 人口	从业 人员	营　业　房	
								自产	租用
39	南货	久盛	南市 20 号	沈云霆	海盐	1	1		1
40	茶水		南市 21 号	王关余	海盐	1	1		1
41	制面	沈顺昌	南市 22 号	沈虎鸣	海盐	4	1	2	
42	理发		南市 23 号	韩月新	海盐	1	1		1
43	鱼酱	万新	南市 24 号	吾雪生	海盐	5	1		1
44	皮毛	大顺	南市 25 号	李天顺	海盐	1	1		1
45	裁缝		北市	王福康	湖南	9	1		2
46	烟纸			吴玉山	海盐	1	1	1	
47	制绳			张金观	海盐	5	1		
48	铜匠			丁周云	绍兴	2	1		1
49	棉布	久大祥		沈则生	海盐	5	1	2	
合计						188	62	66	24.5

1953 年起，国家对私营商业实行“利用、限制、改造”的方针，对相应的生产资料采取赎买与和平改造政策。为制止私营商业中时有出现的投机倒把、哄抬物价等违法活动，政府及时开展“五反”运动，从而稳定了市场，并组织联营，调整产业结构，颁布新税制，简化纳税和让利办法，帮助改善劳资关系，组织城乡物资交流会等方式。1953 年，粮油实行统购统销。次年，棉布实行定量供应。米行业、绸布业则相继转业。在破除迷信活动后，纸马香烛行业亦随之改行。1954 年分散的渔民组织起来成立渔业合作社。

1955 年底至 1956 年上半年，开展工商业社会主义改造工作，集镇有私营商业 35 户，其中坐商 34 户，从业人员 47 人，有雇工 2 人；摊贩 1 户，从业人员 1 人。按阶段分属于小商小贩的有 35 户，从业人员 48 人，其中坐商 47 人、摊贩 1 人。纯商业总数有 20 户，从业人员 29 人，其中职工 2 人；摊贩 1 户，从业人员 1 人。

1956 年，完成私营商业社会主义改造了 41 户，从业人员 60 人，其中职工 4 人。通过改造后，按改造形式属于直接过渡的有 2 户，从业人员 2 人；属于合作商店的 36 户，从业人员 55 人，其中职工 4 人；属于合作小组的 3 户，从业人员 3 人。

是年 12 月 22～24 日，钦城乡举办为期 3 天的物资交流大会，有 13 个高级社 1.1 万人参加，成交额达 45762 元。

1961 年根据中央“调整、巩固、充实、提高”的方针，对出现少数个体商贩进行调整。1963 年对无证商贩进行清理整顿，对其中生活困难的商贩发给临时营业证。1964 年再次整顿。1966

年“文化大革命”开始后，个体工商户绝迹。

1980年开始恢复个体商业户，1983年，集镇有主要商业单位12个，包括粮站、供销社、食品站、水产部、信用社、商店、卫生院、药店、变电所、茧库、邮电所、渔场等。2014年个体商业户140户，餐饮业36户，服务业30户，其中理发9户，旅馆3户，照相2户，浴室3户。

表12—1—4　　2014年于城集镇商业一览表

序号	个体经营户名称	户主姓名	经营地址	证照	主要业务	从业人数
1	海盐县于城新诚窗帘店	孙志章	文曲路2号	有	窗帘加工	2
2	海盐县于城威光农具部	陈晓峰	于中西路	有	农具批发	2
3	海盐县于城镇文昌针棉商店	徐美芬	文曲路	有	针织品零售	1
4	于城镇水荣小百货店	王水荣	于城路西	有	百货零售	2
5	海盐县于城全明副食店	王全明	文曲路	有	文具零售	2
6	海盐县于城亚亚商店	庄小宝	文曲路	有	电饭煲零售	2
7	海盐县于城培根百货店	羊培根	镇和路	有	服装零售	2
8	海盐县于城炜炜童装店	张玉青	镇和路	有	服装零售	2
9	海盐县于城万金超市	董爱芬	集镇农贸市场旁	有	食品烟酒零售	2
10	海盐县于城家家福超市	沈静华	镇和路	有	食品零售	2
11	海盐县于城阳阳童装店	李传玲	镇和路	有	童装零售	2
12	海盐县于城镇肖玉英小卖部	肖玉英	镇和路与于城路交叉口	有	服装零售	1
13	海盐于城金感觉内衣秋冬店	赵国锋	政和路科邦小区	有	内衣零售	2
14	海盐县于城镇综合合作商店	朱汝成	于城路	有	香烟零售	1
15	海盐县于城雪林日杂商店	朱雪林	镇和路	有	日用百货零售	1
16	海盐县于城亚萍服装店	吴国良	于城路	有	服装零售	1
17	海盐县于城镇诚兴商店	许彩英	于城路	有	综合食品零售	2
18	海盐县于城镇朱英时装店	许朱英	于中桥西桥堍	有	服装零售	1
19	海盐县于城靓衣轩服饰店	殷去观	于城路	有	服装零售	2
20	海盐县于城水荣打金店	徐水荣	中学路	有	金银饰品加工	2
21	海盐县于城胡氏化妆品店	胡开红	文曲路27号	有	饰品零售	2
22	海盐于城镇西市日食品商店	蔡寅丽	文曲路	有	综合食品零售	2
23	海盐县于城磊磊窗帘店	顾根全	镇和路	有	窗帘加工	2
24	海盐县于城文英家纺商店	黄文英	文曲路15号	有	床上用品零售	1

续表 12－1－4

序号	个体经营户名称	户主姓名	经营地址	证照	主要业务	从业人数
25	海盐县于城灵灵通讯器材店	沈玲亚	于中路	有	通信器材零售	2
26	海盐县于城镇月月五金交电商店	殷红月	镇和路	有	农机配件批发	1
27	海盐县于城镇永忠通讯家电经营店	范永忠	镇和路	有	家电零售	3
28	海盐县于城雪军服装店	董雪军	镇和路	有	服装零售	1
29	海盐县于城心心圆服装店	谢华军	镇和路科邦小区	有	服装零售	2
30	于城快乐宝贝母婴用品店	顾朱群	镇和路	有	母婴用品零售	1
31	海盐县于城欣光皮鞋店	顾明光	于城路	有	鞋子零售	2
32	海盐县于城海英服装店	陈海英	镇和路	有	服装零售	1
33	海盐县于城开心桶装水店	褚琴凤	于城路	有	桶装水零售	2
34	海盐县于城五良百货店	沈五良	镇和路	有	服装零售	2
35	海盐县于城贴心女人服装店	李红玉	于城路	有	服装零售	1
36	海盐于城菲儿鞋店	韩宏敏	于城路	有	鞋子零售	1
37	海盐县于城镇忠芬副食店	马忠芬	于中桥西桥堍	有	综合食品零售	1
38	海盐县于城诊珍皮鞋店	董　良	于城路	有	鞋子零售	1
39	海盐县于城星宇通讯器材店	何伟忠	镇和路	有	手机零售	2
40	海盐县于城依加依服饰店	杨　燕	镇和路	有	服装零售	1
41	海盐县于城美又婷服装店	陈双南	镇和路 58 号	有	服装零售	1
42	海盐县心随衣动服装店	冯小燕	文曲路 23 号	有	服装零售	1
43	海盐县于城方缘男装店	金光耀	镇和路	有	服装零售	2
44	海盐超博太阳能自控阀门厂	顾亿文	于中桥西桥堍	有	太阳能侧推仪制造	27
45	海盐县衣柜服装店	钱阿玲	镇和路	有	服装零售	1
46	海盐县于城镇美轮美奂化妆品商行	张远帆	镇和路	有	化妆品零售	2
47	海盐县于城镇构塍打字社	蒋雪萍	于城路	有	打字复印	1
48	海盐县于城加衣站服装店	刘炳丽	镇和路 10 号	有	服装零售	1
49	海盐县于城镇佳佳百货商店	陆菊英	文曲路 33 号	有	床上用品零售	2
50	现代超市于城福又多加盟店	张建松	文曲路	有	食品零售	2

续表 12－1－4

序号	个体经营户名称	户主姓名	经营地址	证照	主要业务	从业人数
51	海盐县于城妞妞服饰店	陆　琴	于中路	有	服装零售	1
52	于城镇现代通讯店	王　勤	于中路	有	手机零售	2
53	海盐县于城三味音响店	蒉春培	于中路	有	文具零售	1
54	海盐县于城发洪皮鞋店	吴发洪	镇和路	有	鞋子零售	2
55	海盐于城镇叶生兽药经营店	蔡叶生	文曲路	有	兽药零售	2
56	海盐县于城朱记白铁店	朱国忠	农贸市场北门	有	白铁桶零售	2
57	海盐县于城玉英小店	陆长青	于中路	有	香烟零售	1
58	海盐于城镇你型我酷服装店	徐　玉	文曲路 21 号	有	服装零售	1
59	海盐县于城新利建材商店	韩利新	菊花新村 8 号	有	建材批发	2
60	海盐县于城潮流密码服装店	金建锋	镇和路 18 号	有	服装零售	1
61	海盐县于城趣珍百货店	叶趣珍	镇和路	有	服装零售	2
62	海盐县于城偶遇饰品店	赵亚佩	于城路	有	饰品零售	2
63	海盐县于城炫衣坊服装店	于培培	文曲路	有	服装零售	1
64	海盐县于城国芳服装店	王国芳	镇和路	有	服装零售	1
65	海盐县于城冬梅服装店	马东梅	于中路	有	服装零售	1
66	海盐县于城思诗化妆品店	盛永金	镇和路	有	化妆品零售	3
67	海盐县于城新超博电子厂	周忠明	邮电路	有	太阳能配件加工	7
68	海盐县于城集镇苗猪调剂站	沈中华	集镇南市	有	苗猪收购	1
69	海盐县于城镇南副食店	沈建军	邮电路 1 号	有	综合食品零售	3
70	海盐县于城镇金花百杂店	王金花	枫桥南路 26 号	有	食品零售	1
71	于城镇南市副食品综合商店	沈欢英	枫桥南路 13 号	有	食品零售	2
72	海盐县于城梓辰袜厂	徐厉宾	枫桥南路 19 号	有	袜子加工	2
73	海盐县于城生命世纪华联超市海城加盟店	傅妙葱	于中路 68 号	有	食品零售	2
74	海盐于城镇西桥电器维修部	李月明	于中西路	有	电动机修理	2
75	海盐县于城金菊芬水果店	金菊芬	于城路 74 号	有	水果零售	2
76	海盐县于城北市棉布店	许永兴	于城西桥北堍	有	机织服装加工	2
77	于城红门商务休闲茶楼	沈建明	海城宾馆北	有	棋牌服务	2
78	海盐县于城喜洋洋喜糖店	俞李伟	于中路	有	喜糖零售	2

续表 12—1—4

序号	个体经营户名称	户主姓名	经营地址	证照	主要业务	从业人数
79	海盐县于城城中购物超市	颜方园	文曲路 18 号	有	百货零售	2
80	于城兴达缝纫机设备商店	王临夏	于城西桥北堍	有	缝纫机配件	2
81	海盐县于城辉辉副食品店	徐天根	文曲路	有	文具零售	2
82	海盐县于城镇俊俊百货店	徐美英	文曲路 10 号	有	百货零售	2
83	海盐县于城刘炎家电维修部	刘　艳	于中路	有	家电维修	2
84	海盐县于城镇简约女装店	李红芬	于城路 72 号	有	服装零售	1
85	海盐县于城卫忠家具店	沈卫忠	于中路	有	家具零售	2
86	于城浩通通信器材商店	董科才	于中路	有	手机零售	2
87	海盐县于城李明摩配件商店	李　明	于城路 91 号	有	摩托车配件	2
88	海盐县于城兴望副食品商店	王雪良	文曲路	有	综合食品零售	3
89	海盐县于城王德娟超市	王德娟	于城西路 87 号	有	百货零售	3
90	海盐县于城永超打金店	王永超	于城路 97 号	有	金银饰品加工	2
91	海盐县于城望角商店	钱芬美	文曲路	有	文具零售	1
92	海盐县于城迅红通讯器材店	廖艳琴	于中西路	有	手机零售	2
93	海盐县于城兴平甲鱼养殖技术服务部	郑雪银	于城西桥北堍	有	甲鱼饲料批发	3
94	海盐县于城友谊便利店	赵道贵	学才路	有	综合食品零售	2
95	海盐县于城善良五交化商店	陆善良	文曲路 8 号	有	五金零售	2
96	海盐县于城镇留生五金店	许留生	镇中路	有	五金零售	2
97	海盐县于城镇日杂农具商店	陆国明	文曲路双号 10 号	有	农具五金批发	2
98	海盐县于城青宇服装厂	陆丹青	鸳鸯村东 4 组	有	机织服装加工	10
99	海盐县于城徐华丽服装店	徐华丽	于城路 99 号	有	机织服装加工	1
100	海盐县于城海滨家电维修部	卜海宾	于城路 12 号	有	家电零售	2
101	海盐县于城西市通讯商店	蔡炳根	于城路 93 号	有	通信器材零售	2
102	海盐县于城镇世纪心美超市	黄岩秋	于城路 76 号	有	百货零售	8
103	海盐县于城林达建材商店	吴林群	于城西桥北	有	瓷砖零售	2
104	海盐县于城镇平和农机商行	陆海英	于中路	有	五金零售	2

供销合作社

1950 年 11 月，欤城供销合作社建立，由农民自愿集资建社，入股社员 949 户，股金 2816 元。1952 年 12 月，于城、石泉、江渭、吕家、张鼎桥、何家桥等 6 个供销社组成欤城区供销社。

1956年3月撤区并乡后，建立软城、石泉二乡，13个高级农业生产合作社。集镇私营商贩响应国家号召，进行社会主义改造，区供销社原来所属5个分销店改组了8个商店，其中专业性商店3个，综合性商店5个，职工从原来的50人增加到65人。

1956年大力开展批发业务，改进批发手续，便利个体小商小贩进货，降低批发起点。全年批发总额达281795元，完成计划的108.4%，其中包括食盐64.6吨，食糖21.1吨，酒68吨，香烟70554条，酱油33.2吨，坑边纸1949捆，火柴331听，各种新药总额10312元。本年度收购商品有生猪1036头，绵羊587头，毛鸡25.3吨，鲜蛋24.5吨，稻草320.6吨，什铜8.4吨，什铁44.1吨，什锡4.7吨，废橡胶3.4吨，桑条皮10.4吨，中药材1743元。

1957年，90%以上的私营商业户改造成为公私合营、合作商店、合作小组等组织形式。1958年4月，私营商业户全部并入供销社，由软城人民公社供销社统一管理，而且供销社系统全部并入县商业局。成为全民所有制商业的基层组织。1961年9月供销社又从商业局分出，恢复原来机构，下设农业生产资料、生活资料、农副产品3个经理部。同时将并入供销社的原集体商业人员、个体商贩划出，重新组织合作商店，补发社员的股金分红。1964年1月6日，召开软城供销社第二届社员代表大会，选举产生理、监事会，恢复了供销社的集体经济性质。

1968年9月，县供销社再次并入商业局，供销社又转为全民所有制性质。1970年10月，软城供销社、软城食品站、医药商店合并，改称软城公社供销服务社。1978年12月，又恢复了供销社的集体经济性质，社员股金为1.409万元，占自有资金74.12万元的1.9%。

中共十一届三中全会以后，农村家庭联产承包责任制的推行，农副业生产和多种经营有较快的发展，农村社会商品流通量日益扩大，农民迫切需要有自己的商业组织和商品流通渠道为之推销产品，满足供应，提供优质服务。为此，1983年4月，软城供销合作社实行经济体制改革。第一，开展清股分红，增加民办因素，发动农民在自愿的原则下增股扩股，这一年新增股金1.74万元，全社社员股金总数为3.152万元，入股面占总农户数的90%以上。第二，召开软城供销社社员代表大会，选举产生第四届理事会，由顾雪林、钱春荣、吴利英、钟祖培、范稼辉、朱建浩等6同志组成；顾雪林任理事会主任，钱春荣、钟祖培任副主任；由周于、朱金荣、李利生、康阿坤、朱水囡、周金水、蔡叶明、沈利明、姚观林等9名同志组成第四届监事会，周于任监事会主任，朱金荣任副主任。第三，调整商业规模，缩小核算单位，落入经营管理责任制，实行独立核算、自负盈亏、向国家缴纳所得税制度，而且进一步改革了供销社内部的分配制度，实行岗位经营责任制，调整国家、集体、个人三者关系，克服分配上的平均主义。

1982年底，软城全乡有供销社1家，集镇门市部26个，职工93人。集体商业1家，门市部5个，职工41人。

1986年9月，召开第五届社员代表大会。选举产生第五届理事会，顾雪林为理事会主任；钱春荣、钟祖培两人为副主任。

1989年12月，召开软城供销社第六届社员代表大会，选举产生第六届社务委员会，由叶锡祥、钟祖培、钱春荣、李利森、韩良法、张玉良、董志康等7位同志组成。叶锡祥为会长；钟祖培为副会长。

2001年5月，供销社实行零资产转制，6月，组建于城供销社有限责任公司。

表 12—1—5　　2001 年前砍城供销社集体经营情况表

单位：万元

年份	职工人数	固定资产	流动资金	营业额	税金	利润
1956	65			108		4.6
1962	64	1.69	46.8	225.97	6.12	7.24
1964	65	1.87	43.55	249.72	5.51	10.35
1966		1.74	50.76	226.22	3.92	7.86
1968		1.97	48.21	227.94	3.55	7.55
1970	60	1.65	53.01	240.52	4.03	9.14
1972	89	4.46	55.82	349.58	8.31	9.1
1974	66	8.62	56.21	292.63	3.97	9.73
1976	68	12.59	61.11	294.95	4.10	11.36
1978	65	17.63	85.24	362.22	4.82	13.73
1980	76	23.24	96.16	570.63	7.82	22.17
1982	91	32.16	108.01	556.26	7.24	18.73
1984	80	45.44	141.33	616.14	6.32	17.34
1986	108	53.74	115.63	863.28	12.18	24.95
1988	105	64.44	210.35	1486.19	13.21	24.24
1990	97	68.73	164.26	1487.96	13.24	28.54
1992	87	71.97	193.92	1602.26	11.39	5.24
1994	97	226.37	213.12	1059.20	9.81	2.97
1996	83	243.19	221.19	1144.29	8.10	2.70
1998	40	248.35	272.87	725.20	5.80	-14.86
2000	40	187.99	208.71	449.50	7.10	2.49

说明：表内数据由于城供销社提供

表 12—1—6　　2001 年后砍城供销社有限责任公司经营情况表

单位：万元

年份	职工人数	固定资产	流动资金	营业额	税金	利润
2001	12	65.30	104.50	372.34	2.39	-17.16
2002	8	65.30	66.74	193.00	1.11	1.24
2004	8	59.45	114.10	147.72	2.22	0.01
2006	8	101.75	45.93	151.90	0.95	0.05

续表 12—1—6

年份	职工人数	固定资产	流动资金	营业额	税金	利润
2008	8	101.75	37.29	137.97	1.15	0.05
2010	8	97.28	38.15	143.62	0.85	0.16
2012	8	97.28	18.52	125.74	1.22	0.04
2014	8	92.80	10.63	169.09	1.19	0.13

说明:表内数据由于城供销社提供

第三节　农副产品收购

组织领导

1956 年 5 月,海盐县政府发出《关于 1956 年蚕桑生产和蚕茧采购工作的指示》。各乡镇加强领导,建立收售委员会组织,由乡支书或乡长任主任。具体领导桑叶调剂和蚕茧收购工作。1.加强技术指导,提高蚕茧的产量和质量。2.掌握桑叶产量余缺情况,做好余缺调剂。3.开展征收蚕茧副业税的宣传,同时掌握茧汛适时开好第一秤。

蚕茧收购

收购单位

软城茧站最早是民国元年(1912)成立的全昌茧行。1950 年 11 月供销社成立后,一直由供销社管理。1957 年起,建立蚕茧收烘站,组织收购和烘茧业务,成为供销社的一个部门,坐落在里洪塘原招宝桥东桥堍。

圩城茧站。收茧范围:圩城乡(除原圩北乡五村),百步乡(二、六、七村),石泉乡(一、二村)、沈荡乡(北十三村)。

何家桥站。收茧范围:石泉乡(第二社、三、四、五、十村)。

坛墩庙站。收茧范围:元通乡(原兴农全乡、原元通乡内石桥、郑王、盛家、陆家、王家、元通村),圩城乡(原圩北乡五村)。

1997 年,根据丝绸贸工农一体化经营体制改革要求,蚕茧经营划归县丝绸公司经营管理。2001 年,通过开发高新技术,蚕茧大面积增产,收购蚕茧 944 吨。2002 年起,受国际市场价格和气候影响,蚕茧收购逐年减少。

评茧标准

1956 年实行对样评茧,以缫折、烘折评估茧价;1958 年改以鲜茧茧层率为依据,结合解舒升降的新评茧标准。1967 年曾试行收购桑茧干茧。1972 年鲜茧评定改为 50 克鲜光茧干壳量评定基本等级,根据上茧率、色泽匀净度、潮燥程度加以补正。

收购价格

1956 年秋季,烘折 130 公斤、缫折 163 公斤的五级茧,每担 86 元,比上年同期提高 10.26%,

如缫折小于 140 公斤者，每小 5 公斤，按 1 级茧加 5 元计算；如缫折大于 200 公斤者，每大 5 公斤，按 13 级茧降低 3 元计算。1966 年浙江省物价委员会关于调整桑蚕收购价格的通知，基准级（即 11 级）收购价格由每市担 100 元提高到 110 元。

表 12—1—7　　1956 年夏茧收购价格表

单位：元/担

等级	1	2	3	4	5	6	7	8	9	10	11	12	13
价格	100	95	91	88	86	84	82	80	78	75	72	69	66

1979 年每担茧价 140 元，同时实行价外补贴。1980 年对超购蚕茧每担加价 27.32 元。1981 年对超购蚕茧按全县平均鲜茧价加 15%进行议价收购。1983 年为了适应农村家庭承包经营责任制，一律按固定比例价加价收购，即售茧量的 75%按每担 140 元牌价收购，25%按牌价再加价 15%收购。1985 年春茧开始，国家不再下达派购任务，价格政策不变。

收烘技术

鲜茧烘干是蚕茧收购中的重要环节。1957 年，致力于烘焙技术革新，将原始柴灶改为煤灶，以后又将 10 档煤灶改为 11 档大煤灶，灶内装脚踏土风扇，用输送带送茧。1978 年试改翻板灶成功。

表 12—1—8　　钦城供销社部分年收购蚕茧量情况

单位：吨

年份	1963	1964	1967	1970	1975	1978	1980	1983	1987	1990	1993	1996
春蚕	48	70	73	101	125	130	154	151	94.6	285	264	282
夏蚕	0.6	1.7	2	11.1	18.2	10.1	7	21.2	16.5	33.8	32	14.5
中秋	24	24	36	52.4	80.5	64	35.6	127	90.2	210	205	195
晚秋	1.4	1	1.7	13.3	12.1	12.2	0	35.2	47	52.3	50.2	48.4
合计	74.3	96.4	113	178	236	216	197	334	248	582	551	540

畜产品收购

畜产品有小湖羊皮、兔毛、绵羊皮，还有野生动物如黄鼠狼、狸猫、猪獾、狗獾、野兔以及他们的其他杂皮、羽毛、猪肠衣等。1961 年，对主要畜产品实行奖售政策，至 1983 年底停止奖售政策。1987 年起，国际市场畜产品价格下跌，大量个体商贩参与收购，供销社畜产品收购量逐年减少。1999 年县畜产公司撤销，于城供销社畜产收购门市部转行，畜产品收购由个体经营。

小湖羊皮

钦城是杭嘉湖地区主产小湖羊皮的乡镇之一，所产小湖羊皮毛色洁白光润，波浪花纹布及全身，皮板轻薄柔软、毛短紧贴、富有弹性、扑而不散、清晰美观，以“东路皮”闻名，是传统的出口商品。在县供销社的指导下，积极宣传使农民保留这优良品种，并且努力培育提高羊种质量。对于收购站，县供销总社多次举办小湖羊皮加工技术培训班，提高宰、剥、洗、钉等加工水平。1964～1966年是历史上小湖羊皮最高产量期，平均年收购15413张。为提高农民饲养湖羊的积极性和经济效益，国家曾先后6次提高小湖羊皮的收购价格，甲级皮每张从1957年的5元提高到1985年的20元。但是农民饲养湖羊的数量还是逐年减少，1985年收购小湖羊皮2811张，1990～1998年收购小湖羊皮18762张。1999年起小湖羊皮由个体商贩收购。

湖绵羊皮

有本地湖羊与考力代两种，本地湖羊毛稀疏，考力代绵羊毛绒丰厚，板质良好，可制裘革。1965年收购3104张，为历史最高水平，1975年收购93张，为历史最低水平。

羊毛

有湖羊毛和绵羊毛两种，钦城以湖羊毛为主，湖羊毛纤维均匀，手感柔软，一年剪两季，春毛色泽亚白，秋毛色泽亚黄，质量以春毛为佳。绵羊毛纤维细长，带有一定的弯曲度，净毛率高。1975年收购16820公斤，为历史最高水平，1989年收购4860公斤，为历史最低水平。2000年起，羊毛由个体商贩收购。

兔毛

养兔生产在解放初期20世纪50年代较少，而且有肉兔和皮兔居多，60年代开始发展长毛兔，70年代，钦城公社成为长毛兔生产基地。80年代初，兔毛滞销，出口量锐减，价格下跌，兔子而栏数急剧下降，兔毛收购也随之减少。1975年收购7950公斤，为历史最高水平，1956年收购235公斤，为历史最低水平。1987年起个体商贩参与收购，供销社收购量逐年减少，1990～1998年收购兔毛45550公斤。1999年起，兔毛由个体商贩收购。

羽毛

20进世纪50年代初期羽毛收购很少，随着产量和社会需求量的不断扩大，羽毛收购量也随之增加。1989年收购392公斤，为历史最高水平。

表12—1—9　　钦城供销社历年畜产品收购量统计表

年份	小湖羊皮（张）	黄狼皮（张）	羊毛（吨）	兔毛（吨）	芦竹（吨）	蜂蜜（公斤）	蜂花粉（公斤）
1956	3319	135	9	0.23			
1958	3218	247	6.35	0.37			
1963	15507	841	16.62	1.09	57.32		
1965	14711	235	7.96	0.35	74.86		
1967	16325	287	8.17	0.36	69.53		
1969	8063	202	7.45	0.51	78.19		
1971	5831	185	13.38	0.88	84.15		

续表 12－1－9

年　份	小湖羊皮（张）	黄狼皮（张）	羊　毛（吨）	兔　毛（吨）	芦　竹（吨）	蜂　蜜（公斤）	蜂花粉（公斤）
1973	4217	211	14.27	4.23	91.24		
1975	3433	257	16.82	7.95	107.16		
1980	3204	273	12.35	6.99	138.52		
1985	2811	102	5.84	3.98	92.00	980	
1989	664	132	4.86	1.66	175.5	1012	
1990	1228	112	7.24	3.34	111.00	1160	
1992	625	68	13.00	8.00	421.00	1231	
1994	1592	380	53.00	14.00	325.00	1800	
1996	1396	97	6.33	4.21	523.00	2730	
1998	5916	89	40.10	16.00	836.00	3100	
2000	7102	150	37.20	15.50	86.00	3600	
2001	6500	143	31.60	8.91	79.00	3351	14800
2005	7692	121	30.80	10.32	69.34	215	14700
2006	9839	115	35.30	8.97	89.98	180	5000
2007	13282	124	41.70	14.4	84.27	300	8000
2008	6599	165	39.00	11.23	124.56	456	7500
2009	11448	103	34.95	12.24	103.50	468	7800
2010	7995	66	30.03	10.98	151.00	561	7900

说明：表内数据由于城供销社提供

小宗产品收购

稻麦草

20世纪50～70年代实行派购任务，收购价格每50公斤为1.5～2.1元，1956年收购稻草3206担；1976年收购5300担，其中麦柴1700担。1979年试行合同制。1981年共收购398吨，为历史最高收购量，收购价格每50公斤3.6元，收购后调嘉兴民丰造纸厂。1990～1998年收购稻麦草1048吨。1998年起停止收购。

芦竹

秆含纤维素44%，可代替木浆生产高档纸张。1974年从外地引进种植，1976年开始收购，1982年收购量达287吨，收购价格每50公斤1.9～3元，1987年收购325吨，1992年供销社收购芦竹421吨。1993年起停止收购。

桑条皮

双条皮含纤维素48%,纤维韧性强,用于生产皮蜡纸、打字蜡纸等。1956年开始收购,圩城乡干燥桑条皮收购任务550担,实际完成104担;70年代初停收,由千亩荡蚕种场完成1000担,全部调给吴兴纤维板厂。1976年恢复计划收购20.4吨,1985年收购28吨,收购价格每50公斤为27元。1992年供销社收购桑皮35吨。1993年起停止收购。

楝树果

苦楝树果实含糖分、淀粉,能制作酒精,于是收购后调入酒厂制作酒精或烧酒。1970年开始收购,1984年停收。

草籽

1962年海盐县被列为浙江省红花草籽生产基地,由供销社收购外调,1981年撤销草籽生产基地,停止收购。

蚕沙

养蚕副产品。叶绿素含量13%。1976年开始收购,每50公斤干燥蚕沙6~7.5元。1993年起停止收购。

蒜苗、蒜头

大蒜是欤城主要产地之一,端午节前后,蒜薹开始抽穗,开始收购蒜苗。国庆前后鲜蒜头开始上市。1963年收购蒜头38.5吨,1987年收购蒜头164吨,1990年后停止收购。

废品

废旧物资包括废铜废铁、废塑料、废橡胶、废纸、废棉布、废电池、废牙膏壳等。1956年欤城供销社设有废旧物资收购点,是年。废旧物资收购总额达14.9万元。1989年国家开放废钢铁回收市场,1990年国家加强对废金属回收管理,明确供销社为废金属合法收购单位。1994年起,大批农村剩余劳动力涌入废旧物资收购和贩卖领域,个体废旧物资收购量迅速增加,供销社收购量逐年减少,收购品种由原来的4个大类14个品种逐步减少到废钢铁、杂铜、废纸、破布4个品种,经营业务逐渐萎缩。1999年起逐渐转为个体经营。

表12—1—10　　欤城供销社历年小宗产品收购量统计表

年份	稻麦草(吨)	桑条皮(吨)	蒜头(吨)	废铁(吨)	废塑(吨)
1956	320.6	10.4	68.9	44.1	3.4
1958	276.5	592.5	75.3	45.2	2.9
1963	215.3	312.1	38.5	54.7	2.7
1965	282.7	245.3	43.7	61.2	1.9
1967	299.4	112.5	65.2	83.5	2.8
1969	278.2	105.6	73.1	97.4	3.4
1971	305.5	89.5	96.8	112.9	3.9

续表 12—1—10

年 份	稻麦草（吨）	桑条皮（吨）	蒜 头（吨）	废 铁（吨）	废 塑（吨）
1973	337.6	35.7	102.4	136.2	4.2
1976	265.0	20.4	134.6	144.5	4.1
1980	351.7	21.5	164.9	151.7	3.7
1982	320.0	24.3	166.6	155.4	3.9
1987	213.8	28.7	151.2	163.8	4.9
1990	147.5	32.7	155.4	219.5	4.8
1992	154.8	35.1	158.2	234.6	5.1

说明:表内数据由于城供销社提供

畜、禽、蛋收购及奖励

1963 年 3 月,根据省人民委员会转发商业厅《关于一九六三年度收购猪、羊、禽、蛋的奖售标准和改进奖售办法的报告》,有利于畜禽生产的发展,保证国家出口和城市工矿供应的需要,海盐县政府作出奖售标准。猪、羊收购按出肉率计奖;活鸡分等级论奖;鲜蛋论斤计奖,4 月 1 日起执行。

出口生猪

每头白肉连头 46.5 公斤起奖,每头奖售化肥 75 公斤;超过 46.5 公斤的,每增加 0.5 公斤白肉,奖售化肥 2 公斤。1964 年 1 月起奖售化肥调整为 25 公斤,超过 46.5 公斤的,每增加 0.5 公斤,奖售化肥 1 公斤。1964 年 5 月 5 日起又作调整:以每头白肉 46.75 为起收标准,每头奖售布票 1.667 米,饲料票 50 公斤;超重部分,每增加 0.5 公斤,奖售饲料票 0.9 公斤。1976 年每头出口猪补贴化肥 10 公斤。

内销生猪

凡收购白肉连头 35.75 公斤的,每头奖售卷烟 2 条、化肥 20 公斤、饲料粮 15 公斤;每头白肉超过 35.75 公斤的,每增加 0.5 公斤奖售化肥 1 公斤。对白肉不到 35.75 公斤的原则上不予收购。1963 年 8 月调整后取消卷烟奖售,增加布票奖励;化肥 20 公斤,饲料票 15 公斤,布票按金额每元奖布票 1 市寸,超过 35.75 公斤的每公斤奖励氮肥 2 公斤。1964 年 1 月起,奖售化肥调整为 15 公斤,每头奖饲料票 10 公斤,布票 1.667 米,每头白肉超过 35.75 公斤的,每增加 0.5 公斤,奖售化肥 1 公斤。1964 年 5 月 5 日起又作调整,起收标准从原来的 35.75 公斤提高到 38.5 公斤,每头奖售布票 1.667 米,饲料票 25 公斤,超重部分每增加 0.5 公斤白肉,奖售饲料票 0.9 公斤。每头白肉不足 38.5 公斤,一般不予收购。

1978 年 7 月 1 日起,根据省革委会《关于实行收购大猪加奖励的通知》,统一每头合格生猪(连头白肉 38.5 公斤),奖售饲料粮 25 公斤,布票 0.667 米(2 市尺),化肥 3 公斤。凡金额超过 60 元的,每一元奖售化肥 0.25 公斤。

菜羊

净肉不足10公斤的菜羊不予收购，净肉10公斤起奖，每头奖售胶鞋一双；超过10公斤的，每增加0.5公斤羊肉奖售布票0.1米。同年8月起，按羊皮价值每元奖励布票0.233米(7市寸)。

鲜蛋

收购鲜蛋(鸡蛋、鸭蛋)每0.5公斤奖励食糖0.125公斤和卷烟1小包。同年8月取消奖励。1964年5月5日起，每收购0.5公斤鲜鸡蛋奖售食糖0.1公斤。

家禽

收购活鸡，每只1.25公斤以上的起奖，每只奖售布票0.4米，1.75公斤以上的，每只奖售布票。

粮食、菜籽、蚕茧收购及奖励

根据浙江省人民委员会《关于〈一九六三年度收购粮食、油菜籽奖售标准〉的通知》，海盐县执行以下标准。

粮食

收购春粮、早稻、中稻，每吨原粮奖售棉布5米、纺织品6.667米，胶鞋5双(或麻袋1条)，氮肥6.5公斤，食油1.5公斤，食糖1.5公斤，卷烟12包，棉絮0.4公斤。

1995年，继续实行定购粮价外加价政策。价外加价标准不变，即每50公斤定购粮3.74元。实行粮肥挂钩政策。每50公斤定购粮供应尿素8公斤，化肥价格每吨尿素1450元。是年，钦城乡粮食定购任务5650吨，奖励尿素904吨。

菜籽

每50公斤油菜籽，奖售化学氮肥5.25公斤，棉布0.583米(1.75市尺)，纺织品0.583米(1.75市尺)，食糖0.175公斤，香烟1.75包，棉絮0.35公斤。

蚕茧

1961年，实施蚕茧收购奖售政策，每50公斤鲜茧奖售粮食10公斤。1962年改为奖售化肥、煤油等工业品。1968年取消奖售政策，1973年又恢复奖售政策，1978年每50公斤奖售化肥56公斤，1979年每50公斤奖售化肥57.5公斤，1985年改奖售化肥为补贴化肥，补贴标准为“斤茧斤肥”。

第四节　物资供应

工业生产资料

金属材料

包括钢材、生铁、铜材、铝材等，1979年以前，金属材料属于计划供应，专材专用。1980年后参加市场调节，供应量迅速增长。

化工产品

包括硫酸、烧碱、纯碱、橡胶、炸药等。

建筑材料

包括水泥、平板玻璃、油毛毡等，解放以前的砖瓦均从嘉善、王店、下甸庙等地购进，没有本地生产的砖瓦。石灰是运输船从长兴购入销往本地到，20世纪60年代后，乡镇企业的崛起，自办土窑烧青砖和小青瓦，70年代后，县内各乡镇自办轮窑，水泥厂、石料厂、水泥构件预制场等企业，市场供应增加。平板玻璃自1963～1985年实行计划供应到企业基建和商业部门，1985年后计划放开。

机电设备

包括机床、电动机、变压器等，由县物资局供应。

农业机械

包括打稻机、水泵、电耕犁、拖拉机等。

1961年起农村开始建造机电排灌站，水泵和电动机开始使用，1965年开始供应脚踏打稻机，随着农村电网的建设，变压器、电动打稻机和脱粒机等进入市场。

石油煤炭

包括柴油、汽油和煤炭等。

农业生产资料

有机肥料

包括豆饼、菜饼、大粪和绿肥种子等。农用肥料历来以农家肥料为主，50年代起由供销社组织商品肥料供农业使用。50年代初以供应饼肥为主，杂肥主要供应上海大粪，1978年，圩城开始设上海大粪过驳站，每年调入上海大粪800余吨，1984年起停止调入。

化学肥料

包括尿素、硫酸铵、碳酸氢铵、硝酸铵、氨水、石灰氮、过磷酸钙、钙镁磷肥、氯化钾、氮磷钾复合肥等；化学肥料属于省管商品，实行计划调拨，不足部分由县农资公司采购调剂。1956年4月23日，海盐县水利局、县供销社分配给圩城乡颗粒肥料6450公斤。1958年分配粮食化肥88.5吨，1959年春花化肥分配27.9吨。1969年全年施用化肥576吨。

20世纪80年代，圩城供销社经营的化肥均由县农资公司下拨经营的。1989年，国家决定化肥由供销社专营。1999年取消化肥计划分配，货源全部根据市场需求自行组织购进。加之农业种植结构调整，化肥销售量有所减少。

农药

中华人民共和国成立后，圩城供销社采购部采取现售换货、赊销订购、出租药械等办法，推广农药除虫。1952年前后，开始供应有硫酸铜、砷酸钙、石灰硫黄合剂等，以后增加666粉剂、223乳剂、西力生、赛力散。1959年增加敌百虫、乐果等，1960年农药有可湿性666粉剂、223乳剂。1965年起，供应甲基1605控制螟虫，70年代起，农药品种逐年增多，1983年开始供应高效低毒、低残留的除虫菊酯类农药。1985年起，除敌敌畏、敌百虫、甲基1605、乐果、甲胺磷、井岗霉素6个品种的销售价格仍由省管外，其余均由县管理。除供应杀虫防病农药外还供应化学除草剂，如24D钠、除草醚、杀草丹、绿麦隆、草甘膦等。1989年，国家决定农药由供销社专营。1999年取消农药计划分配，货源全部根据市场需求自行组织购进。随着国家对农药残留的重视和科学技术的发展，剧毒农药陆续被禁用，高效低毒农药不断推出，加之农业种植结构调整，农药销售量有所减少。

中小农具

农村使用的中小农具分铁、木、竹、棕、麻五大类型150余种。

1956年软城供销社供应抽水机2台，双轮双铧犁97台，脚踏打稻机238架，轻便云锄、深耕犁等也不少。同时与手工业合作社签订合同28份，及时组织货源支援农业生产，供应旧式农具总额达29936元。其中，供应抗旱水车车辐(四方形的车辐板)1370块，活滕(绞链)8585个；柴油33.2吨，积肥用的料子(搬泥工具)1064个，捻部928个，土汏1558双，铁耙464把，锄头310把，犁头2545个。

70年代塑料制品兴起后，种田绳、粪桶、料子等用具以塑料制品取代。1969年推广塑料薄膜育稻秧、育瓜秧、蔬菜等作物，年销售量不断增长。铁器农具自产不足，软城供销社每年从上海郊县及平湖海宁等购进镰刀、铁鎝等弥补不足。农药机械70年代主要使用工农16型单管手动喷雾器，后来供应16型玻璃钢筒身喷雾器。

表12—1—11　　软城供销社历年生产资料销售情况表

年份	化肥(吨)	农药(公斤)	毛竹(支)	塑料薄膜(公斤)	木材(立方米)	中小农具(件)
1956	50	1127	1567	/	219.3	15574
1958	135	1246	2148	/	235.1	26731
1960	18	1050	3568	/	187.4	27891
1963	257	12750	5148	729.4	171.5	37865
1965	386	31924	4723	913.5	184.1	45683
1967	593	40518	4219	1027.3	151.3	39876
1969	576	53830	3057	1652.4	142.7	36211
1973	2131	61473	4351	2307.5	113.1	29837
1975	3965	83261	2608	2891.5	56.5	51723
1985	4176	96790	2765	2658.8	76.4	56438
1987	9013	91835	2915	2297.4	82.3	60135
1988	9300	97298	2764	2146.4	88.3	57834
1989	8553	80272	2669	1979.5	105.2	49231
1990	7894	102407	2583	1709.2	112.7	47063
1995	8546	149213	2476	1426.7	104.2	43151

说明：表内数据由于城供销社提供

生活资料

肉食禽蛋

肉食品种有猪肉、牛肉、羊肉、兔肉和咸腊肉；禽蛋品种有鸡肉、鸭肉、鹅肉，鲜鸡蛋、鲜鸭蛋、腌制蛋。

50年代初期，人民消费水平低，肉食供应供大于求。实行粮食统购统销后，饲料粮减少和外地饲料来源中断，生猪饲养发展缓慢，特别是在1955年出现猪肉供应紧张状况。1955年，全县人均食肉量为2.88公斤；1957年春节，圩城食品购销组供应生猪112头，按人口每人0.25公斤。1958年9月实行人民公社化后，畜禽饲养急剧减少，至1960年肉食供应极度紧张，猪、羊、兔、禽、蛋作为特需商品，只供应产妇、病员、儿童等，全县年人均食肉量仅0.095公斤，1961年人均食肉量仍只有0.16公斤。1962年春节县政府专门发出通知，提出春节供应副食品标准是：肉食，国家工作人员、国营工厂、供销社、手工业社、合作商店人员。每人供应150克；居民、合作小组、个体手工业、小商小贩，每人供应125克。蛋类、鱼类，分别每人供应500克或250克。食糖，城镇每人100克，农村每人50克。酒类，城镇每人黄酒或甜白酒500克，居民每户黄酒500克；农村每户黄酒500克、甜白酒500克，收回小杂粮250克。卷烟，每吸烟人1～3包。这一年为保证18类商品价格平稳，对肉食禽蛋采取定量供应，全年发给干部、职工荤菜券20张，居民10张，每张肉食禽蛋券可购买肉0.25公斤或蛋3只。

1963年以后，调整农村经济政策见效，生猪生产迅速发展，1965年肉食商品购大于销，猪肉实行敞开供应，全县年人均食肉量上升到5.92公斤。此后，猪肉供应逐年增长。1976年生猪生产一度下降，收购量明显减少。1977年1月再次对肉类实行凭票供应，有鲜、咸猪肉、猪头、猪脚、腰卫、板油、尾巴；牛羊肉以及火腿、风肉、香肠、干肉皮等。1979年11月，调整了八类主要副食品购销价格，猪肉零售价由每50公斤62.6元提高到98元，同时实行敞开供应，促进了生猪生产，满足了肉食消费的需要。

50年代初期，禽蛋自给有余。1954年由供销社购销，1956年后由县食品公司软城食品组统一经营。供应量最少为1961年，最多为1985年。2000年起停止收购。

淡水水产

市场供应的淡水产，鱼类有青、草、鲤、鳙、鲢、鲫、黑、鲑、鳊、白条、黄颡、塘里等；其他有鳗、蟹、虾、鳅、蚌、鳖、鳝、螺蛳等。素以鳙鱼、鲢鱼、鲫鱼销售比重较大。淡水鱼的货源基本上由软城渔场提供。20世纪90年代起，主要由经销商从外地采购进入于城农贸市场销售。

淡水鱼的供立每年初春为淡季，春末夏初黄鳝及零星捕捞鱼开始上市，7、8两月是淡水鱼销售小旺季，冬季为销售旺季。

海水水产

50～60年代初期，软城海水产品销售量不大，鲜黄鱼、鲜带鱼等主要商品年销售量在5吨左右，70～80年代，年销售量在10～12吨。1984年以前，水产品主要由食品站经营，实行派购统销。平时敞开供应，卖完为止，节日期间则凭票定量供应。1985年取消派购政策，鱼类水产品自由经营，一般都从外地购入在本地销售，价格随行就市，购销两旺。

日用工业品

50年代初期，软城的日用工业品大都从外地购进，大部分从上海进入，杭州为次。1953年，国家实行工业品计划调拨。1955 年,县国营商业相继建立各类专业公司,经营工业品购销业务,掌握批发环节。此后,日用工业品进入计划供应阶段。钦城乡供销社的货源大都从县各类专业公司和县供销总社进入。1954 年 9 月,国家对棉布实行计划供应,以人定量发放布票,其标准历年有所不同,1956 年最高,工人、干部每人 7.34 米(22 市尺),农民、居民、工商界每人 9.66 米(29 市尺)。1957 年 9 月～1958 年 2 月每人 3.33 米(10 市尺);1958 年 3～8 月每人 2 米(6 市尺),9～12 月每人 2.9 米(8.7 市尺);1961 年最低,每人只有 0.63 米(2.6 市尺);1971 年城乡居民棉布定量每人为 5.4 米(16.2 市尺);1973 年以后,每人每年 5.16 米(15.5 尺)。特殊用布如结婚以男女每人各供应 10～13.334 米;产妇生育在产前一次性供应每人 5～8.34 米;死亡丧事 8.34～11.667 米。1975～1979 年连续五年城乡居民棉布定量每人为 5 米(15 市尺),侨民 6.667 米(20 市尺),渔民 5.334 米(16 市尺)。

1955 年 1 月,钦城区供销社对照明煤油供应发出通知,本区农(居)民凭购油证煤油每月每户 0.1 公斤,或棉花油每月每户 0.2 公斤;机关团体学校一律用洋蜡烛代替。1957 年煤油凭票供应,按食油购买证每户每月 0.25 公斤。1958 年元旦起试行煤油凭证登记不限量的办法。1978 年 4 月 15 日起,对煤油的供应从原来凭证记数不限量的办法,改为凭证记数限量供应的办法,每张购货证每月供应 0.25 公斤。

1959 年以后,钦城日用工业品紧缺,棉布制品、针织品都要凭布票供应;其他日用工业品如火柴、肥皂、食盐、食糖、毛巾、胶鞋、煤油等 30 多种工业品凭购货证或购货券供应,最困难时凭票证供应的商品达到 100 多种。

1963 年凭票证定量供应的工业品减少 22 种。1964 年市场全面好转,大多数商品敞开供应。"文化大革命"期间,人民生活必需的日用工业品供应一度紧张,凭票供应的商品有所增加。

1975 年钦城集镇居民烧饭烧开水用的煤球开始凭票供应,1982 年城镇居民煤球票发放标准:1.凡从业人员和学生的 1 人户、退休回农村的职工、干部,每季每人 45 公斤;2.居委会非就业人员 1 人户,每季发给 90 公斤;3.以居民会户口册为依据,每户每季分别为:2 人户 135 公斤,3 人户 180 公斤,4 人户 210 公斤,5 人户 225 公斤,6 人户 270 公斤,7 人户 300 公斤,7 人以上的每增加 1 人,每季增加 15 公斤。

1979 年以后,日用工业品的供应日益丰富,票证相继逐个取消。80 年代后,随着人民消费水平的提高,高档商品逐渐进入市场,销售量迅速增长。

1998 年以后,受农村第三产业发展和多元化经营影响,于城镇供销社日用工业品销售不断下滑。2001 年 6 月以后,进行产权制度改革,于城供销合作社转制为有限责任公司。

表 12－1－12　　钦城供销社日用工业品消费量表

年份	棉布(百米)	食盐(吨)	食糖(吨)	卷烟(箱)	酒(吨)	茶叶(吨)	胶鞋(百双)	保温瓶(百个)
1956	1334	387.8	67.3	688	25.6		25	
1963	8163	471.3	71.4	1574	41.3	7.5	48	9.3

续表 12—1—12

年份	棉布（百米）	食盐（吨）	食糖（吨）	卷烟（箱）	酒（吨）	茶叶（吨）	胶鞋（百双）	保温瓶（百个）
1965	8597	462.5	73.2	1593	47.2	4.9	51	11.5
1967	9578	398.7	69.8	1685	50.6	6.4	56	12.7
1969	9491	401.3	70.6	1732	51.8	5.7	62	10.4
1971	8675	432.5	72.5	1756	52.4	6.5	66	11.4
1973	7859	476.2	68.9	1814	57.9	6.9	65	12.1
1975	8431	481.1	71.1	1795	60.2	7.3	68	10.8
1980	7952	507.4	73.2	1823	69.5	7.6	73	13.5
1987	6789	549.6	81.9	1862	72.4	8.3	79	15.6
1990	7143	584.7	84.3	1751	80.3	9.2	87	18.7
1994	7356	612.6	89.6	1921	95.6	10.5	95	21.5
1998	7481	635.7	92.3	1989	97.3	11.2	101	22.8
2000	7532	649.2	95.7	2021	105.6	13.8	115	27.5

说明:表内数据由于城供销社提供

日用杂品

日用杂货商品一向由磁席油锅行业经营为主,1949 年 10 月前,钦城有磁席业 2 家。50 年代初,钦城供销社烟杂门市部兼营日用杂品业务 3 家,货源由外地调入。1955 年 10 月,县日用杂品采购批发站成立后,大部分杂品从县曰用领购批发站批发。1956 年生活资料供应总额达 597684 元,其中毛巾 907 打,汗背心 168 打,棉毛衫 221 打,大小胶鞋 209 打,肥皂 101 箱,香烟 34413 条,酒 12.8 吨,肉类 31.5 吨,酱油 23.95 位吨,食油 54.65 位吨,食盐 193.9 吨,食糖 33.65 吨,木材 219 立方米,石灰 95.4 吨。

1978 年以前,一部分日用杂品属二类计划商品,如草纸、草席、铁锅、瓷器、陶器、箬叶、蒲扇等均按人口比例调拨供应市场,部分商品如草席、铁锅、瓷、陶器一度凭票凭卡供应。1983 年起,日用杂品逐渐转为直接向生产单位进货,货源逐年充足,经营品种由 60 年代的 300 多种发展到 800 多种。销售额也随之增长。

表 12—1—13 钦城供销社日用杂品消费量

年份	草纸（捆）	草席（条）	铁锅（只）	碗盏（只）	缸甏（只）	桐油（吨）
1956	949	1897	1124	25642	213	4.8
1963	2375	2459	1353	35899	223	6.9

续表 12－1－13

年份	草纸（捆）	草席（条）	铁锅（只）	碗盏（只）	缸甏（只）	桐油（吨）
1965	2583	2763	1916	41948	251	5.7
1967	2417	3125	2013	36967	308	5.4
1969	2531	3074	2192	30517	457	6.3
1971	2724	2815	1618	35300	514	5.5
1973	2936	2963	2036	39842	582	5.7
1975	2873	2819	1754	34217	647	4.8
1980	3149	3054	2187	40192	616	5.9
1987	3574	2961	2354	45765	524	5.6
1990	4165	3278	2013	49713	513	4.5
1994	4351	3326	2235	50056	553	5.3
1998	4571	3517	2451	52131	569	5.9
2000	4785	3691	2571	5468	581	6.2

说明：表内数据由于城供销社提供

第二章　餐饮　服务业

第一节　餐饮业

犾城饮食业包括菜馆、面饭馆、点心店、小食担、茶馆、熟食摊等等，不同种类的饮食各有特色，构成了饮食行业多门类的经营结构。

菜馆主要经营各式小锅炒菜，质、价比较高档，服务周全，预约点菜，送菜上门。在 1949 年前犾城镇无菜馆，20 世纪 50 年代有餐饮业 15 家，面饭 3 家，点心店 3 家。80 年代起逐渐增多。

面饭馆主要经营大众化饮食，出售面食、米饭及大锅烩制的熟菜，如肉丝面、猪肝面、腰子面、鳝丝面等，熟菜有红烧肉、油豆腐嵌肉等。

点心店经营品种较多，分为油货、粉货、面货三类。油货是经油煎、油炸的点心，品种有油馓子、油绳饺、油翻酥、油酥饺、牛舌头、油斗、麻球、油条、油煎饼、萝卜丝饼等；粉货多用米粉蒸制，品种有夹团、鹅头颈、水花糕、方糕、蜜长糕、板糖糕、薄荷糕、粢饭团、青团子、芙蓉糕、赤糕、出壳绿豆糕、夹饭绿豆糕、雪枣等；面货即以面粉为原料制作的点心，品种有麦糕、锅贴、水饺、小笼包、鲜肉大包、生煎包、百果包、烧卖、馄饨、葱卷、刀切馒头、大饼、套饼、油煎饼等。点心制作分工严格，油货店不经营粉货、面货，粉货店不经营面货、油货，面货店不经营油货、粉货，各类店家各司其职，技艺精巧。

欤城的行商小食担走街串巷，沿路叫卖。一种是出售干货的，如酱鸡、酱鸭、酱豆腐干及其他卤制品。解放初，经营者用一只带柄的木盆，盆内放卤制品，沿街叫卖，称作"拗桶"；另一种是挑担的，出售热货，例如扁豆汤、粉丝汤、豆腐花、五香豆腐干、油沸臭豆腐干、馄饨、酒酿糟等。小食担本钱轻微，经营灵活，每天午后上街，直至晚上方散。

1956 年工商业社会主义改造，实行公私合营，有 1 家合作商店，7 个门市部，从业人员 9 人。

1958 年"大跃进"时期，取消个体饮食摊点，饮食网点减少，有几种传统风味食品，因制作工艺复杂，或因利薄，或因原料缺少而消失，经营品种大大减少。

1979 年改革开放后，国营、集体、个体多种经济成分并存，饮食业又开始迅速发展，扩大经营范围，增设经营网点。1990 年后，集体餐饮纷纷转制。

1999 年，于城全镇饮食业共有 55 家，从业人员 77 人。何家村有 8 家，从业人员 10 人；庄家村与千福村各有 1 家。

2014 年底，于城集镇有餐饮业 36 家，注册资金 127.75 万元。乡村餐饮业 29 家，注册资金 167.4 万元。

表 12—2—1　　2014 年底于城集镇餐饮业一览表

序号	店　　名	业主姓名	注册资金（万元）	营　业　地　址
1	于城香飘飘小吃店	朱小云	2	于城镇于城路 89 号
2	海盐县于城镇三笑饭店	吴建华	2	于城镇于城路
3	海盐县于城九九土菜馆	王云华	1	海盐县于城镇于城路 86 号
4	海盐县于城南江包子店	江南江	0.7	于城镇于中路
5	海盐县于城老叶蛋饼店	叶红伟	15	海盐县于城镇于中路
6	海盐县于城镇开金包子店	沈开金	0.5	于城镇于中路
7	海盐县于城菊明酒店	唐菊明	20	海盐县于城镇于中路 68 号
8	海盐县于城丰丰点心店	陆利娟	1	海盐县于城镇于中路
9	海盐县于城鸿诗饭店	沈鸿诗	0.5	于城镇于中路
10	海盐县于城泾北饭店	赵俞斌	0.5	于城镇于中路 127 号
11	海盐县于城镇中路小吃店	周金妹	0.2	于城镇镇中路
12	海盐于城好灶头家常菜馆	张敏伟	1	于城镇于中路鸳鸯村新区
13	海盐县于城果果拉面店	许月明	5	海盐县于城镇文曲路
14	海盐县于城镇阿蔡饮食店	蔡福孝	1	于城镇文曲路
15	海盐县于城艾菲小吃店	陈浩伟	2	于城镇文曲路商业楼二～三层

续表 12—2—1

序号	店名	业主姓名	注册资金（万元）	营业地址
16	海盐县于城小张餐馆	张彪	6	海盐县于城镇文曲路 11 号
17	海盐县于城鑫鑫小吃店	谢国群	3	海盐县于城镇文曲路 4 号
18	海盐县于城佳烨小吃店	何值琴	6	海盐县于城镇文曲路 19 号
19	海盐县于城资溪面包房	黄志标	3	于城镇文曲路 9 号
20	于城香八方火锅涮烤吧	陈波	10	海盐县于城镇文曲路 1 号
21	海盐县于城镇新鸳鸯酒楼	江会华	5	于城镇学才路
22	海盐县于城参箕煲店	张世军	2	于城镇鸳鸯新区招宝路东侧
23	海盐县于城镇金龙快餐店	黄炳忠	1	于城镇水文站底层
24	海盐县于城欧尚烘焙店	林建标	2	于城镇政禾路
25	海盐县于城好人缘快餐店	黄巧英	2	于城镇学才路
26	海盐县于城镇车站饮食店	吴金英	5	海盐县于城镇邮电路
27	海盐县于城镇忠良小吃店	张忠良	1	于城镇镇中路水机站大楼底层
28	海盐县于城宸宸家甜品店	姜丽燕	8	海盐县于城镇镇禾路
29	海盐县于城乐口福小吃店	叶姝丽	1	于城集镇昌平践西桥北堍
30	于城镇农贸市场点心店	姚沈和	0.05	于城镇农贸市场
31	海盐县于城镇阿明小吃店	朱美芬	0.2	于城镇农贸市场
32	于城镇陶先秀熟食店	陶先秀	0.1	于城镇农贸市场
33	海盐县于城好运来小吃店	蔡建良	1	于城镇农技综合楼底
34	海盐县于城光检包子店	李光检	6	海盐县于城镇鸳鸯村王家塔 3 号
35	海盐于城镇大块头牛头馆	顾朱萍	10	于城镇昌平路西桥北堍
36	海盐县于城小林熟食店	徐晓林	3	于城镇卫生院对面 127.75

表 12—2—2　　2014 年底于城镇乡村餐饮业一览表

序号	店名	业主姓名	注册资金（万元）	营业地址
1	海盐县于城虹和面店	刘彩平	0.8	于城镇庄家村金家组
2	海盐县于城福旺饭店	王毛荣	10	海盐县于城镇吕冢村小集镇
3	海盐县于城玉华小吃店	范永良	0.3	海盐县于城镇吕冢村小集镇
4	海盐县于城正英小吃店	王正英	0.3	于城镇江渭村综合楼一楼北第五间
5	海盐县于城沥文小吃店	张玉香	1	于城镇何家村蒋夏浜

续表 12—2—2

序号	店　　名	业主姓名	注册资金（万元）	营　业　地　址
6	于城松茂洋农家菜饭店	徐张良	8	于城镇构塍村玉带组
7	海盐县于城福英小炒店	居力华	2	海盐县于城镇庄家村
8	海盐县绿色家园休闲农庄	张李生	5	于城镇构塍村(特种水产养殖场内)
9	海盐县于城老董小吃店	董水生	1	于城镇何家村小集镇
10	海盐县于城怡蕾小吃店	王建忠	1	海盐县于城镇何家村蒋夏浜
11	于城镇吕冢佳美饮食店	韩美珍	0.07	于城镇吕冢集镇
12	海盐县于城姐妹小吃店	沈林军	0.5	于城镇何家村小集镇
13	于城镇吕冢肖记饭店	肖美英	0.5	于城镇吕冢村村民委旁
14	海盐县于城镇田园餐馆	周沈英	0.5	于城镇八字村四组
15	海盐县于城镇何家饮食店	夏福良	0.5	于城镇何家村七组
16	海盐县通元天城食府	李先彪	5	于城镇何家村于六公路 888 号
17	于城镇吕冢岳忠包子店	郁岳中	0.5	于城镇吕冢村村民委旁
18	海盐县于城千福小吃店	陈克良	1.5	于城镇八字村底楼
19	海盐于城微微一家土菜馆	周春红	20	海盐县于城镇八字村新农村小区
20	海盐县于城晴天饭店	叶建芬	5	海盐县于城镇八字村
21	海盐县于城天天红小吃店	刘兴容	1	于城镇三联村叶家浜 5 号
22	海盐于城镇鱼米之乡酒店	吴跃红	15	于城镇吕冢村集镇桥北
23	海盐县于城千福人家菜馆	冯燕华	30	于城镇八字村 13 组
24	海盐于城敏敏农家菜餐馆	朱敏霞	10	海盐县于城镇八字村新农村
25	海盐县于城勇平大饼店	蒋勇平	0.3	于城镇吕冢村综合联建房底层
26	海盐县于城建南小吃店	黄进俦	4	海盐县于城镇吕冢村小集镇
27	海盐县于城实再来饭店	徐颖轶	2	于城镇吕冢村集镇
28	海盐县于城镇八鲜熟食店	任士军	1	于城镇吕冢村小集镇 16 号
29	海盐县于城千福人家菜馆	冯燕华	30	于城镇八字村 13 组 167.4

第二节　理发业

1949 年前欤城集镇有理发店 3 户，1950 年个体理发店、摊共有 4 户，1956 年在资本主义工商业改造时，理发业属于小商小贩的有 4 户，从业人员 7 人。1978 年以前，理发仅限于剃、理、洗、剪、钳、吹；以后，不分男女老少都进理发店洗、卷、烫、做、削等项目，经营面貌大有改观。

1999 年，于城全镇理发业 39 家，从业人员 42 人，最多的江渭村有 5 家，最少的是于城村和八字村各有 1 家。2014 年底，于城集镇有理发店 9 家，注册资金 14.77 万元。乡村理发店 6 家，注册资金 5 万元。

表 12－2－3　　2014 年底于城集镇理发业一览表

序　号	商店名称	业主姓名	注册资金（万元）	经　营　地　址
1	于城非尚理发店	邓天明	5	于城镇政禾路
2	于城镇雪明理发店	张雪明	1	于城镇于中路
3	于城张家发屋	张海明	1	于城镇文曲路 5 号
4	于城忠永理发店	俞永忠	0.5	于城镇文曲路十七号
5	于城镇利平美发屋	沈利平	0.1	于城镇于城路
6	于城镇永军理发店	沈永军	0.1	于城镇于城路口
7	于城镇小旋风理发店	陆建峰	0.07	于城镇于城路
8	于城一剪美发店	钱勤伟	5	于城镇政禾路
9	于城镇艾菲理发店	陈浩伟	2	于城镇于城路

表 12－2－4　　2014 年底于城镇乡村理发业一览表

序　号	商店名称	业主姓名	注册资金（万元）	经　营　地　址
1	海盐县通元永兴理发店	姚永兴	0.5	于城镇吕冢村集镇
	我型我秀理发店	许建飞	1	于城镇吕冢村集镇
2	海盐县于城虎荣理发店	盛虎荣	1	于城镇江渭村民委底屋
3	何家小会理发店	周会平	0.5	于城镇何家村集镇
4	八字理发店	沈　明	1	八字村千福泾桥附近
5	千福理发店	唐红军	1	八字村村民委楼下

第三节　旅馆业

解放前欤城集镇无旅馆。20 世纪 70 年代初，圩城合作商店在吕冢港口老枫桥南堍开设旅馆，有房屋 5 间，建筑面积 165 平方米。1976 年 6 月扩建为两层，12 间房，面积 230 平方米，70 多个床位。同年 11 月 1 日起，移交给圩城供销社经营，名为圩城旅馆。80 年代以后，旅馆业发展起来，

1983年9月，供销社再投资建造房7间3层，床位83床。1999年，构塍村张关其开设私人旅馆，有床位29张，从业人员3人。2014年底，于城集镇有旅馆3家，有客房41间，床位75张。

第四节 其他服务业

照相馆

欤城集镇第一家照相馆在于城西桥北堍东侧，20世纪80年代以后，照相业发展起来，2005年，坐落在于中路的妞妞照相馆开张营业。2014年底，有照相馆2家，从业人员2人。

录像放映室

1999年于城全镇录像室有6个，从业人员11人，主要分布在于城村、构塍村、八字村、太平桥村和陈家门村。

浴室

20世纪80年代后，浴室业发展起来。2014年底，有浴室3家，分设男子部和女子部，而且有大浴池和淋浴单间包厢。

修理业

1999年全镇修理业有摊位51个，从业人员54人。最多的是于城集镇有7个摊位，从业人员7人。

复印

1999年，有复印店2家，从业人员3人。

2014户年底，集镇服务业21家，注册资金6142.1万元。乡村服务业50家，注册资金416.3万元。

表12—2—5　　2014年底于城集镇服务业一览表

序号	名称	业主姓名	注册资金（万元）	营业地址
1	海盐县海城商务宾馆	马福良	15	于城镇于中路68号
2	海盐县于城零度网络会所	韩其英	45	于城镇于中路盐湖线交叉口
3	海盐诚信担保有限公司	林君达	5000	于城镇勤俭南路8号
4	海盐县于城林波洗涤服务部	周林波	10	于城镇勤俭路8号
5	海盐县于城足之堂足浴店	周乐菊	9	于城镇于中路民欣花苑4号
6	海盐县于城靓洁干洗店	王先军	2	海盐县于城镇于中路
7	海盐县于城刘炎家电维修部	刘　艳	1	于城镇于中桥西堍
8	海盐县于城老蒋电机修理店	蒋祖良	2	于城镇于中桥西北堍
9	于城珊珊电动自行车修理店	王国庆	1	于城西桥北堍（水文站用房）

续表 12—2—5

序　号	名　　称	业主姓名	注册资金（万元）	营　业　地　址
10	海盐县于城镇明军浴室	蒋明军	6	于城镇老农贸市场东二号
11	海盐县于城海滨家电维修部	卜海宾	1	于城镇于城西路
12	海盐现代税务师事务所有限公司	陆其祥	30	海盐县于城镇镇西路 1 号
13	海盐县于城镇雅园旅馆	王火生	2	于城镇政禾路
14	海盐凯华市场管理有限公司	冯震华	1000	于城镇于城老大桥北堍
15	海盐县于城会良农机修理店	王会良	1	于城镇于城路西首
16	海盐县于城新鸳鸯婚纱摄影店	韩燕杰	3	于城镇于中路
17	海盐县于城镇丁记车行	丁祖新	0.1	于城镇老汽车站东
18	海盐县于城伟伟摩托车修理店	沈卫树	2.5	于城镇集镇大桥西
19	海盐县于城王辉电瓶车修理部	王　辉	1	于城镇于中桥西堍
20	海盐县于城壹贰叁咨询服务中心	王水家	10	于城镇政和路 29 弄 9、10 号
21	海盐县于城镇八方旅馆	吴建生	0.5	于城镇邮电路

表 12—2—6　　　　2014 年底于城镇乡村服务业一览表

序　号	名　　称	业主姓名	注册资金（万元）	营　业　地　址
1	海盐县于城伦海畜禽服务站	张伦海	30	海盐县于城镇江渭村七组
2	海盐县于城东达船舶咨询服务部	叶美芬	50	于城镇三联村东大桥北堍
3	海盐县于城雪仁摩托车维修部	王雪仁	5	于城镇庄家村村委会底楼
4	海盐于城柴载俊自行车修理店	柴载俊	1	于城镇庄家村金家组
5	海盐县于城凯利浴室	王凯利	10	于城镇吕冢小集镇
6	海盐县通元洁清干洗服务部	许晓淳	5	海盐县于城镇鸳鸯村 2 幢
7	海盐县于城红门商务休闲茶楼	沈建民	5	于城镇鸳鸯村东四组
8	海盐县于城惠民浴室	王小妹	20	于城镇何家村蒋夏浜
9	海盐县于城玉泉字牌制作店	张安军	0.5	于城镇构塍村南徐 7 号
10	海盐利平保洁服务有限公司	夏玉华	50	于城镇庄家村孙家 8 号
11	于城艾米丽纺织品洗涤服务部	金水根	50	海盐县于城镇吕冢村 1 组
12	海盐县于城嘉旺钢管租赁站	于掌明	50	于城镇八字村千福九组
13	海盐县于城镇广源修理部	杨领兵	2	于城镇构塍村顾家 8 号

续表 12－2－6

序　号	名　　称	业主姓名	注册资金（万元）	营　业　地　址
14	海盐县于城王良棋牌室	夏王良	1	何家村 7 组蒋夏浜 25 号
15	海盐县于城平建车行	冯平建	0.5	于城镇八字村 9 组
16	海盐县于城镇西桥电器维修部	李月明	0.5	于城镇鸳鸯村安浜 8 号
17	海盐县于城小于铁皮加工店	于允涛	0.3	于城镇吕家村墙里浜 1 组
18	海盐县于城镇岳良废品收购站	邱岳良	2	于城镇三联村太平九组
19	海盐县于城镇建梅废品收购站	邱建梅	2	于城镇三联村太平九组
20	海盐县于城镇华军废品收购站	华　军	2	于城镇三联村太平九组
21	海盐恒胜经济信息服务有限公司	朱胜良	50	海盐县于城镇何家村 1 幢
22	海盐县于城镇吕冢农机修理部	孙耕强	0.5	于城镇吕冢集镇
23	海盐县于城镇许记车行	许利军	2	于城镇庄家村金家组
24	海盐县于城金培棋牌室	许金培	1	于城镇吕冢村十二组
25	海盐县于城伟军农机修理店	顾伟军	5	于城镇庄家村金家组
26	海盐县于城昌顺车辆维修部	屠克顺	3	于城镇构塍村南徐组
27	海盐县于城云燾家电维修部	郁云燾	3	于城镇吕冢村小集镇
28	海盐县于城为民棉絮加工店	胡　涛	5	于城镇吕冢村 11 组
29	海盐县于城爱车行修理部	叶　巧	2	于城镇庄家村金家组
30	海盐县于城镇利华汽车修理部	赵利华	0.6	于城镇黄桥工业区振兴路 1 号
31	海盐县于城吕冢利生车行	许利生	0.1	于城镇吕冢桥南
32	海盐县于城河道疏浚服务队	马百生	18.8	于城镇吕冢村 14 组
33	海盐县于城国平五金修理店	吴国平	1	海盐县于城八字村四组
34	海盐县于城镇兴达机械修理部	马华军	5	于城镇三联村十一组
35	海盐县于城镇镇南车行	姚水明	0.2	于城镇鸳鸯村东 2 组
36	海盐县于城建法农机修理部	沈建法	0.15	于城镇构塍村俞家组
37	海盐县于城何家电动车精修	吴松良	0.15	于城镇何家村七组
38	海盐县于城忠良电动车行	王忠良	0.2	于城镇何家村蒋夏浜
39	海盐县于城千福家电维修部	魏小林	0.2	于城镇八字村 9 组
40	海盐县于城小华棋牌室	吴小华	1	于城镇八字村村民委综合楼
41	海盐县于城欣恒包装厂	赵　莹	10	于城镇庄家村东港组
42	海盐县于城永旺五金修理部	徐李明	3	于城镇八字村 4 组东陈儿 12 号

续表 12－2－6

序号	名称	业主姓名	注册资金（万元）	营业地址
43	海盐县于城工达装潢服务部	韩建学	5	于城镇庄家村 1 幢
44	海盐县于城袁伟废品收购站	袁　伟	10	海盐于城镇构塍村俞家 25 号
45	海盐县于城敏敏农家菜餐馆	朱敏霞	10	海盐县于城镇八字村新农村
46	海盐县于城勇平大饼店	蒋勇平	0.3	于城镇吕冢村综合联建房底层
47	海盐县于城婷婷洗衣店	易启群	3	海盐县于城镇构塍村厉家组
48	海盐县于城镇新大陆电动车行	蒋林君	3	于城镇三联村于北 11 组
49	海盐县于城刘厚贝农机维修站	刘厚备	10	于城镇构塍村南徐 24 号
50	海盐县于城实再来饭店	徐颖铁	2	于城镇吕冢村集镇

第三章　集市贸易

集市贸易又称自由市场。民国时期，钦城四周乡民群众借助庙会、草台戏演出之机，集千人之众进行物资交流。米行业在蚕农饲蚕时期，兼营桑叶，形成一个非常活跃的桑叶市场。邻近蚕农，遇到桑叶余缺，纷纷来到叶市交易，成交额数以百担计。还有定期开放的耕牛市场，近郊数十里农民，逢期前来赶集，每期总有几十头在牛市场调剂。1949 年 10 月后，政府为维护产销者的利益，稳定市场经济，先后设立由国营的粮食、牲畜、蚕茧、生猪收购市场，多次以物资交流大会的形式，推动集市贸易的发展。

第一节　耕牛市场

民国 9 年(1920)全县有耕牛 2477 头。民国中期钦城乡江渭桥也曾经开办耕牛市场，占地 0.7 公顷，每月逢 3、6、9 日开业。20 世纪 50 年代，钦城农村主要依靠牛力耕田，于是就形成了耕牛买卖市场。每年的春季，特别是春节过后各地的耕牛市场开始活跃起来。据统计，1954 年全县达 9572 头，平均每头负担 38 亩，到 1957 年只有 7837 头，平均每头负担 46 亩，为历史最高年。1953 年，钦城集镇开设耕牛交易市场在庙山广场上。每月逢 1、7 日定期开市(沈荡逢 2、5、8 日，西塘桥逢 3、6、9 日，于城逢 1、7 日，石泉逢 4、10 日。)，每年向温州、天台、泗门等地组织耕牛上百头，全年交易耕牛也有百头以上。1959 年，钦城全公社共有耕牛 1218 头。1960 年后逐年减少，耕牛市场停办。1984 年全乡仅有 28 头，1986 年只有 3 头，1988 年仅存八字村 1 头，1989 年耕牛绝迹。

第二节 桑叶市场

民国时期，钦城有“叶行”3家，地址在大桥漾河里。大眠开叶以后的一个星期内河道内停满叶船，素有“叶山”之称。有本地的也有来自外地的如嘉兴、平湖、硖石的叶船停靠在叶行下面的河埠。作为叶行的老板，一般都是镇上较有名望或经济殷实的人。负责桑叶买卖中牵线搭桥，才能开办叶行，从中赚取差价获得利钱。其中有一种交易方式叫作卖青梢者，一般均由“叶举人”(经纪人)收进，待蚕宝宝做大眠后出售，也有胆大的“叶举人”，把刚入账的青梢叶数，加价后同时卖出，例如在民国二十五年(1936)于城集镇上“叶举人”蔡建范，当时把刚收进来的青梢叶卖给一位平湖人，结果几百担青梢叶落空了而被迫逃到杭州。因此，卖“青梢叶”也叫卖“空桑叶”。卖青梢叶的价格特别低，不到正常叶价的一半，所以叶行要担一定的风险。

叶行里的“叶举人”往往在叶行开市前作一番市场预测，根据每年天气对桑叶的影响，估计本年桑叶宽紧情况，如预计紧俏年份就提早收购大量廉价桑叶，当然也有风险，而且有其手段，譬如大家都来卖，他就暂停收购，越是停，蚕农以为还要降价，越争先恐后来卖。结果后期叶价暴涨。早卖掉的人眼睁睁地吃了亏。如果叶行高价收进，后期叶价暴跌，那么叶行要吃大亏。

桑叶交易中相当重要的一点是讲信誉，以诚信为本。因为桑叶市场价格瞬息万变，人们常说：“立起一个价，匐倒一个价”。特别是大眠开叶三四昼时时，叶价更是反复无常，难以预测，一旦价格谈妥，有的无须预付定金或找人担保，只要双方点头承诺，不管以后叶价是涨是跌，便无反悔，讲究信誉，这叫叶点头。

1951年5月，海盐县政府发出《关于桑叶调剂工作的意见》。意见指出：供销社不搞桑叶调剂市场，而由供销社组织当地私商开设桑叶市场。规定如下：1.以市场形式进行桑叶买卖，一个镇设立一个市场，若有多个叶商可搞联营市场，推选一个负责人，代表市场对外交易。2.只收蚕农多余桑叶，将桑叶挑入市场，不得收购缺叶户桑叶，更不能收购桑叶而导致倒蚕卖叶现象。3.桑叶价格在3～3.5元/担，不得抬价或压价。

第三节 集市贸易

1956年12月，第一次开放国家领导下的自由市场，产销直接见面，市场活跃，钦城农民的农产品上市量剧增。1957年春节，在大桥到枫桥一条街上自由市场的禽、蛋、水产品类商品充足，价格比国营公司牌价平均高出0.2元/公斤左右，4月，县人委发出《关于开放国家领导的农村自由市场的指示》，规定开放农村自由市场的范围是：木柴、塘柴、肠衣、猪鬃、鸡蛋、丝瓜络、桑皮、绵羊、海蜇、羊油、牛油、稻草、杜瓜、兔毛、大蒜、橘子、柏子、毛鸡、养殖鱼。1958年下半年“大跃进”开始，自由市场被取消。

1962年重新开放自由市场，钦城老街自钦城大桥至枫桥街道两边摆满农产品。1966年“文化大革命”运动开始后，集市贸易又被取消。1979年再次开放自由市场，允许农民在保证完成属于国家统购的一、二类农副产品交售后，多余的粮油和不属于统购派购的第三类农副产品均可上市。在指定地点进行交易，价格由双方议定。贸易市场主要地段在钦城大桥至枫桥一带。2001年起主要集中在文曲路以及农贸市场北大门一带。

第四节　农贸市场

1985年1月，钦城乡政府筹资在集镇建立了第一个农贸市场，坐落在于城路南，东临镇广播站路，西接绢纺厂，南靠吕家港，北临于城路。占地面积3583平方米，营业面积1944平方米，营业房38间，摊位38个，投资100万元，经营户48户。1999年转制给马福良。2000年，由马福良投资移地建立了新的农贸市场，新市场北临(文和)街，东通政和路，西接文曲路，营业和管理用房占地面积2000平方米，总投资150万元，2001年11月18日开业，内设水产、肉食、禽蛋、蔬菜、熟食、南北干货、豆制品等8大门类，摊位60个。集体单位和个人均可进内交易。市场流量每天约500人次。2014年底，常年固定总摊位由原来的34个增加到71个。其中，鲜鱼3个，豆制品2个，鸡鸭肉2个，蔬菜9个，冷冻杂货7个，鲜肉10个，配菜等34个，自产自销临时流动摊40个。

表12—3—1　　2014年于城集镇农贸市场摊贩一览表

序　号	个体经营户名称	户　主 姓　名	经营地址	有　无 证　照	主要业务	从　业 人　数
1	于城沈生荣肉摊	沈生荣	集镇农贸市场	有	鲜猪肉零售	1
2	于城方红水果店	金方红	集镇农贸市场	有	水果零售	1
3	于城徐雪明蔬菜摊	徐雪明	集镇农贸市场	有	蔬菜零售	2
4	于城镇何家豆制品摊	朱李渊	集镇农贸市场	有	豆制品零售	2
5	于城学高杂货摊	徐学高	集镇农贸市场	有	杂货茶叶零售	1
6	于城董陆良蔬菜摊	董陆良	集镇农贸市场	有	蔬菜零售	1
7	于城宋传良肉摊	宋传良	集镇农贸市场	有	鲜猪肉零售	1
8	于城何玉琴鸡肉摊	何玉琴	集镇农贸市场	有	鲜家禽肉零售	2
9	于城沈范良鱼摊	沈范良	集镇农贸市场	有	鲜鱼零售	1
10	于城镇重庆面店	王福宝	集镇农贸市场	有	面条店餐饮服务	4
11	于城其英蔬菜摊	程其英	集镇农贸市场	有	蔬菜零售	2
12	于城镇阿明小吃店	朱美芬	集镇农贸市场	有	包子等小吃服务	2
13	于城足登天下鞋店	刘兰珍	集镇农贸市场	有	鞋子零售	2
14	于城哎呀呀饰品店	陈响娥	集镇农贸市场	有	饰品零售	2
15	于城钱国良肉摊	钱国良	集镇农贸市场	有	鲜猪肉零售	1

续表 12－3－1

序号	个体经营户名称	户主姓名	经营地址	有无证照	主要业务	从业人数
16	于城姚法林肉摊	姚法林	集镇农贸市场	有	鲜猪肉零售	1
17	于城丽秀杂货店	杜丽秀	集镇农贸市场	有	干菇零售	1
18	于城顾其良蔬菜摊	顾其良	集镇农贸市场	有	蔬菜零售	1
19	于城福珍服装店	王福珍	集镇农贸市场	有	服装零售	1
20	于城好家乡小吃店	张和珍	集镇农贸市场	有	中式快餐服务	2
21	于城海良鸡肉摊	王海良	集镇农贸市场	有	鲜家禽肉零售	1
22	朱林祥鲜肉摊	朱林祥	集镇农贸市场	有	鲜猪肉零售	1
23	于城朱振华配菜摊	朱振华	集镇农贸市场	有	冻海鱼零售	1
24	于城陶先秀熟食店	陶先秀	集镇农贸市场	有	熟食禽肉零售	3
25	于城理芬蔬菜摊	徐理芬	集镇农贸市场	有	蔬菜零售	1
26	于城镇张小红副食摊	张小红	集镇农贸市场	有	干菌菇零售	1
27	于城镇利祥冷冻摊	步利祥	集镇农贸市场	有	海水产冷冻零售	1
28	于城王国军鱼摊	王国军	集镇农贸市场	有	鲜鱼虾零售	2
29	于城陈李军肉摊	陈李军	集镇农贸市场	有	鲜猪肉零售	1
30	于城召夫肉摊	姚召夫	集镇农贸市场	有	鲜猪肉零售	1
31	于城王建生杂货摊	王建生	集镇农贸市场	有	酱菜零售	1
32	于城跃良蔬菜摊	戴跃良	集镇农贸市场	有	蔬菜零售	2
33	于城五金农具店	朱炳良	集镇农贸市场	有	农具批发	2
34	于城镇雪华店	秦雪华	集镇农贸市场	有	蔬菜零售	1
35	于城李全明肉摊	李全明	集镇农贸市场	有	鲜猪肉零售	1
36	于城薛福君鱼摊	薛福君	集镇农贸市场	有	鲜鱼零售	1
37	于城秋兰小百货店	王秋兰	集镇农贸市场	有	酒零售	1
38	于城马少良肉摊	马少良	集镇农贸市场	有	鲜猪肉零售	1
39	于城镇中路白酒店	吴岸林	集镇农贸市场	有	白酒零售	1
40	于城镇俞永炎水作店	俞永炎	集镇农贸市场	有	豆制品零售	2
41	于城镇肖奎良鲜肉摊	肖奎良	集镇农贸市场	有	鲜猪肉零售	1
42	于城张建东蔬菜摊	张建东	集镇农贸市场	有	蔬菜零售	1
43	于城国祥冷冻摊	莫国祥	集镇农贸市场	有	海水产冷冻零售	2

第五节　苗猪市场

1991 年钦城有钦城集镇苗猪调剂站、钦北片苗猪调剂站、吕冢苗猪调剂站等三家苗猪调剂站。年末职工 21 人，营业收入 15.4 万元，成本费用 12.9 万元，其中人工工资 4.60 万元，职工福利 0.3 万元，国家税金 1.7 万元，利润 0.8 万元。

跃新小猪行，1984 年 6 月，由钦城乡陈家门小学创办建立，地点在跃新村于城南桥东堍，租用陈祖德房屋 3 间，临时搭建草棚内建猪棚 20 多个，负责人王来法。1987 年转让给构塍村经营。跃新小猪行迁移到于城路原粉丝厂地块，更名为钦城集镇苗猪调剂站，日最高收购量在 1000 头以上；至 1994 年又转让给于城村经营，由于紧靠农贸市场，对集镇公共卫生、市容造成诸多问题，根据乡政府要求迁移到庄家村粪桶泾桥北堍金家组，并投入资金 6 万元，新建平房三间建筑面积 120 平方米，以及猪棚 50 余只，场地等共 540 平方米，苗猪主要销往福建、本省的诸暨、萧山、江山等县市，1994 年因多方面原因而关闭。

吕冢小猪行，1990 年建立，地点在吕冢小集镇，由郁周法、沈初明、金关法 3 人经营。

于城村苗猪行，1993 年 11 月建立，地点在集镇王家浜西，老盐湖公路南侧。有房屋 4 间，面积 100 平方米，猪舍 100 平方米，场地 450 平方米。最高日收购量 500～600 头仔猪，主要销往福建省的厦门、泉州、福清等以及浙江的诸暨、绍兴等市县。1996 年转制为个体商业，由王姚观与王其明经营。2008 年搬迁到鸳鸯村鹭鸶桥南堍。2015 年关闭。

兽医站苗猪行，1993 年建立，地点在庄家村林百堰，负责人姚建观。2005 年停业。

兽医站黑小猪行，1996 年由于城兽医站建立，地点在兽医站内，猪棚面积 60 平方米，负责人曹建明、陈雪良。2012 年停业。

何家苗猪行，2001 年建立，地点在何家村小集镇，负责人陈社荣、陈玉祥。2014 年停业。

第四章　粮油购销

第一节　管理机构

1949 年 7 月以前商品粮主要流通渠道是私营粮行和米店，没有管理机构。1949 年 7 月成立钦城区粮库，1950 年起县供销社系统开展粮食购销业务。翌年 4 月，中国粮食公司嘉兴分公司设海盐办事处，同时委托各基层供销社代购代销，经营作风一扫私营粮商习气，购销业务迅速发展。私营粮商纷纷停业或转业。1955 年 3 月，钦城供销社的粮食购销业务由粮食部门接管，称为钦城粮管所；1965 年 3 月，改为武原粮管所钦城粮站，从此，粮食完全由国营粮食部门经营。

钦城粮站建于 1965 年，地址在圩城集镇。所属仓库有吾家埭粮库、圩城粮库、鸳鸯桥分仓。

1968 年钦城粮站建立革命领导小组，1972 年 5 月 2 日改称为县粮食局钦城粮站革命委员会；。1985 年 4 月，钦城粮站新建 25 万吨容量仓库；并建造保管营业用房 150 平方米、器材仓 100 平方米、食堂 30 平方米、化验室 15 平方米、厕所 10 平方米。修筑帮岸 140 米、围墙 170 米、河埠 3 个、铁门 3 对；浇筑水泥道路 2000 平方米。1987 年 4 月为海盐县郊区粮管所钦城粮站。2002 年更名为海盐县粮食局粮食收储总公司武原分公司于城粮站。2015 年海盐县粮食局并入海盐县商务局，更名为海盐县商务局粮食收储有限责任公司于城中心粮库。

表 12—4—1　　　　1983 年圩城粮站职务编制情况表(一)

单位：人

合　计	管　理　人　员							保管员	营业员	服务人员	编外人员
	小　计	粮站领导	会计统计	收购销售	证票	调拨运输	保管化验				
38	9	2	3	1	1	1	1	8	18	2	1

表 12—4—2　　　　1983 年圩城粮站职务编制情况表(二)

合计	营　业　员								保　管　员			
	专管员	机修员	收购出纳	供应出纳	开票员	登记员	化验员	购销业务	小计	圩城分仓	三环分仓	吕冢分仓
18	2 人	3 人	2 人	2 人	2 人	1 人	1 人	5 人	8 人	4 人	2 人	2 人

第二节　粮食购销

民国三十四(1945)年 12 月份，抗日战争胜利后，各种粮食价格波动很大，详见如下表：

表 12—4—3　　　　海盐县 1945 年 12 月各种粮食价格表

单位：元

日　期	熟　米		稻　谷	小　麦	大　豆
	每　石	每　斗	每　石	每　石	每　石
1 日	6700	670	3350	4500	4250
6 日	6750	675	3375	4500	4300
11 日	6650	665	3325	4200	4100
16 日	6250	625	3125	3800	4250

续表 12—4—3

日期	熟米		稻谷	小麦	大豆
	每石	每斗	每石	每石	每石
19日	6400	640	3200	4250	4400
26日	6900	690	3450	4650	4800
平均	6608	661	3304	4316	4350

表 12—4—4　　海盐县 1945 年 9～12 月大米价格表

单位:元

日期		熟米		糙米	
		每石	每斗	每石	每斗
9月	上半月	4266	427	4095	410
	下半月	2600	260	2496	250
10月	上半月	2950	295	2832	283
	下半月	3933	393	3776	378
11月	上半月	7466	747	7167	717
	下半月	9133	913	8768	877
12月	上半月	6700	670	6432	643
	下半月	6517	652	6256	626

表 12—4—5　　1949 年 10 月砍城区秋收征购任务分配表

乡别	村(个)	户(户)	人口(人)	田(亩)	地(亩)	荡(亩)	折田(亩)	税率(斤)	任务(斤)
砍城	13	9824	12392	27612	10171	56	37812	90	3403
廉义	8	6756	7864	18368	8402		26771	90	2409
得胜	14	6003	9474	20240	8946	22	29199	90	2628
石泉	14	6621	12110	23239	8578	16	31826	90	2864
合计	49	29204	41840	89461	36098	97	125610	90	11304

1953 年 11 月,国家实行粮食计划收购(统购)和计划供应(统销)政策。至此,在以后的 30 多年中,经历了一个不断补充、不断完善的发展过程,大致分为以下五个阶段。

第一阶段:1953～1955 年,实行粮食统购统销。

第二阶段:1955～1965 年,实行农村粮食产、购、销“三定”和城镇居民口粮按类分级、按人分等定量供应办法。根据劳动强度分类型定量标准为:职工、干部脑力劳动者每月定量 13～16 公斤,轻工每月定量 13～17 公斤,重体力劳动者每月定量为 17.5～22 公斤。

表 12—4—6　　一般城镇居民定量标准

单位:公斤

年　龄	定　量	年　龄	定　量	年　龄	定　量
不满 1 周岁	3.5	不满 6 周岁	9	不满 16 周岁	12
不满 2 周岁	5	不满 7 周岁	10	16～50 周岁	12.5
不满 3 周岁	6	不满 8 周岁	10.5	50 周岁以上	12
不满 4 周岁	7	不满 9 周岁	11		
不满 5 周岁	8	不满 10 周岁	11.5		

1957 年,对粮食购销工作作了补充规定,提出国家对粮食分配必须统筹兼顾,全面安排。在三定基础上实行以丰补歉,购销包干办法,从而保证国家对粮食的正常征购。

早中稻公粮收购标准:水分 13%～14%,杂质不得超过 1%;早中稻购粮收购标准:水分 14%,杂质不得超过 1%。无论公粮与购粮做到无虫害。

1958 年受“大跃进”“共产风”“浮夸风”影响,打乱了原定包干任务,出现了高指标、高征购的偏向。加上农村办起“集体食堂”、实行“吃饭不用钱”,粮食浪费严重,造成 1961 年春季历史罕见的粮荒。

第三阶段:1965～1982 年,政府为稳定农民负担,对农村社队粮食任务,1971 年春实行“一定三年不变”,1972 年 4 月根据省、地指示实行“一定五年不变”。对增产的粮食采取超购加奖的办法,加价幅度为统赊价的 30%。结算单位由生产大队改为生产队。1972～1976 年,圩城公社征购基数为 6640 吨,加价粮 300 吨,奖励化肥 225 吨。1979 年 5 月起,以 20%的幅度调高粮食统购价格,超购部分加价幅度,从 30%调整为 50%,同时开放粮食集市贸易。

1972 年 4 月 30 日,海盐县粮食局直属“海盐县圩城粮食购销站”成立。5 月 1 日起对外营业。

第四阶段:1983 年,国务院决定对各省市自治区粮食征购征销、调拨包干“一定三年”的办法,扩大了地方职能的作用,建立了粮油贸易公司,有利于搞活粮油经营。

第五阶段:1985 年,取消粮食统购统销,改为合同订购和继续实行统销办法,使粮食生产适应市场需要,使农村产业结构调整合理。

1991 年,粮食订购任务仍按 1990 年不变,允许 5%的大麦抵粮食订购任务,收购任务仍按照“三挂钩”政策。每百公斤定购粮奖售平价尿素 16 公斤,柴油 2 公斤;为鼓励农民交售晚粳谷,对定购任务内交售晚粳谷的,每百公斤奖售平价标准氮肥 10 公斤。

表 13－4－7　　城镇居民调整粮食两统销价格情况

年份	粮食品种及价格(元/公斤)									
	标二早籼米		标二晚籼		标二晚粳米		标准面粉		标二糯米	
	原价	调整后	原价	调整后	原价	调整后	原价	调整后	原价	调整后
1953		0.220				0.264		0.328		
1955	0.22	0.224				0.264		0.334		0.274
1965	0.228	0.244			0.266	0.278	0.340	0.340	0.284	0.326
1966	0.276	0.292		0.284		0.316		0.340	0.326	0.374
1985	0.274	0.334		0.346	0.316	0.372	0.340	0.400		0.436
1987	0.334	0.360	0.346	0.394	0.372	0.420			0.436	0.490
1988	0.360	0.450			0.420	0.500	0.400	0.438		
1991	0.450	0.500			0.500	0.580	0.438	0.540		
1992	0.500	0.720			0.580	0.900	0.540	0.780		
1994		1.64			0.900	1.920		2.040		

1991 年，粮食收购由合同订购改为国家定购。

1992 年 3 月 12 日，国务院〔1992〕15 号文件以及浙政〔1992〕7 号《关于提高粮食统销价格的决定》，从 4 月 1 日起执行，国家物价局、商业部下达浙江省的粮食统销价格(每 50 公斤)标准面粉由 27 元提高到 39 元；标二早籼米由 25 元提高到 36 元；标二晚粳米由 29 元提高到 45 元。并相应对职工增加粮食补贴，补贴标准为 1991 年每人每月按 6 元补贴的，1992 年每人每月补 5 元，1991 年每人每月按 4 元的，1992 年每人每月补 3 元。

1992 年 3 月 18 日，海盐县粮食局、海盐县物价局联合发文，从 4 月 1 日起提高粮食定购价格：1. 早籼谷(每 50 公斤下同)由现行的 22.20 元提高到 24.60 元；晚籼谷晚杂交谷由现行的 24 元提高到 28 元；晚粳谷由现行的 26.80 元提高到 31.80 元；晚粳糯谷由现行的 31.70 元提高到 36.90 元；小麦由现行的 24.50 元提高到 30.40 元；玉米由现行的 18.30 元提高到 21.30 元。

1993 年 1 月 1 日，全县粮油取消凭票定量供应，实行放开粮食购销和价格。粮油价格和经营全面放开后，原国家给农民粮食定购任务改为与农民签订意向性合同，农业税改征现粮。是年，粮食系统转换企业经营机制，走向市场，参与竞争。

1993 年，全省放开粮食购销和价格，国家定购改为合同订购，城镇居民粮油取消凭票供应，农村和行业用粮油实行议价销售。除军用粮票外不再使用其他粮票，继续保留城镇居民购粮证和口粮定量档案关系，实行保量不保价。放开粮价后，对城镇职工每人每月补贴 3 元，城镇居民口粮供应全部进入市场。

1994 年 6 月 10 日，海盐县粮食局、物价局通知：1. 原国家定购任务内的粮食收购价格每 50 公斤早籼谷为 44 元，任务内实行价外加价 3.74 元的政策不变，晚籼谷为 53 元，晚粳谷为 54 元，小麦为51元，玉米为46元。2.销售价格实行国家定价，菜油销售价格执行市场定价。每50公斤早籼米82元，晚籼米95元，晚粳米96元，上白粉102元，富强粉113元。

2001年，浙江省在全国范围内率先取消粮食订购任务，全面放在粮食市场，实行粮食购销市场化。县粮食部门通过订单形式向农户订购粮食。2002年后订单粮食收购逐年减少，2003～2014年，进入市场化。

表12－4－8　　1962～1990年钦城乡粮食征购任务表

年　份	大　队（个）	小　队（个）	征购任务（吨）	实际完成（吨）	超　购（吨）	议　价（吨）	减　免（吨）
1962	18	327		5400.95			
1963	15			5691.85			
1964	15			7241.50			
1965	15			5547.75			
1966	15		6131	8208.65	1250	827.65	
1967	15		6455	9723.55	1898	1370.55	
1968	15	145	6678	6479.75		1568	－198.25
1972	15	145	6678	6689.06	11.06	1287	
1974	15	163	6939	6942.48	3.48	1087	
1975	15	164	6944	6956.27	3.20	950	
1976	15	164	6644	6654.04	3.02	702	37.5
1979	15	163	6644	6673.08	9.02	200	
1980	16	169	6634	5263	10.00	94	1475
1984	16	235	7877	7930	12.00	41	
1990	16	235	7470	7483	13.00	56	

第三节　食油购销

食油是人民生活的必需品。钦城农民食油以菜油为主。1953年后，国家将食油列为统购统销物资，由国家统一管理。对农村菜籽收购和菜油统配作了规定，大致与粮食统购统销相似。1957～1961年实行全购退油办法，农民出售100公斤油菜籽，返给菜油4.5公斤和菜饼10公斤；城镇居民每人每月0.125公斤。1962年起实行大包干政策，以生产队为单位划分余缺，余油队确定包干任务，因灾完不成任务的，经县批准可适当减免。1962～1968年国家收购油菜籽奖售平价化肥和棉布等工业品。1978～1982年对生产队完成统购任务后超售部分，除加价30%

(1979年起调整为50%)外,每百公斤油菜籽补贴原粮票100公斤,1983年取消统购任务外超购加价办法,改按倒四六比例价收购(即四成按原统购价,六成按原超购价)。1984年起取消统购制度,按原比例价敞开收购,并停止"以籽换油",农村食油按成本价敞开供应,1986年又恢复"以籽换油"和"倒四六"比例计价(四成按原统购价,六成按原超购价)收购,每50公斤标准价46.80元,退菜饼22.5公斤。棉籽按"顺四六"比例计价(六成按原统购价,四成按原超购价),每50公斤12元,由粮食部门敞开收购。1987年,改全购全销为合同定购,油菜籽收购价提高,按"八二"比例混合计价(80%按"倒四六"比例价,20%按超购价),每50公斤油菜籽标准价提高到48.30元,退菜饼比例不变,棉籽价格调整为每50公斤12.10元。合同定购外多余的菜籽和油料,农民可以以籽换油,也可以由粮食部门议价收购,价格随行就市,但最高价不得超过原超购价。1991年,为鼓励农民种油菜,县政府决定对每50公斤油菜籽收购奖励平价尿素4公斤。1993年起,油菜籽全部议价收购。

城镇居民用油,1954年后,食油凭供应卡,实行限量或不限量供应,1957年第一季度起实行按人定量供应,钦城集镇居民户每人每月125克,后受原油影响几经变动。1965年10月1日起,集镇居民户调整为200克,1964年起逢国庆、春节各增加100克。1981年起,每年增加补助食油1.5公斤。议价菜油常年供应。1986年,城镇居民每人每月0.2公斤。1993年起,粮油购销全面放开,城镇居民用油取消凭票供应。

第四节　粮油加工

稻谷加工

稻谷脱壳,糙米出白,历来沿用人力操作的木砻、石臼、脚碓等古老工具。第一步先由木砻把稻谷磨脱谷壳(砻糠)变成糙米,经过风车把糙米和砻糠分开,再在匾里用米筛把糙米与尚未碾出的稻谷分开;第二步把糙米上的清糠剥离,其间有三种工具,一是双人打米的石臼,有单打和双打两种,二是单个槌的小石臼,三是用脚踏的脚臼,这三种都经过石榔头打击后把糙米变成白米后食用。

1946年,钦城乡陈家门陈鹤汀购入碾米机一台。1957年6月,钦城乡创建钦城电米厂,是县内最早的乡办企业。业务以代客加工为主。1965年后农村各大队利用农田灌溉动力,置办铁滚筒碾米机和粉碎机等粮食加工设备,为农户加工粮食。1999年起,各村电灌站的粮食加工设备转制或拍卖到个人,由个体户经营,据2014年统计,全镇有粮食加工机械设备15户。

油菜籽加工

油菜籽加工成菜油,在旧时全部依赖牛力和人力,采用铁锅炒、石磨碾、木榨床榨等传统工艺。到了民国2年(1913),海盐县城才有了第一家油坊,即泰森油坊。

1950年后,全县只有县供销社租赁润泰公油坊全部生产设施,建立总社直属油脂加工厂,1952年正式投产。1955年由省公安厅接管。1958年7月县供销社直属油脂加工厂划归粮食局主管,承担全县油菜籽、棉籽等油料加工任务,1979年更名海盐油脂化工厂。至80年代止,这个时期内于城城乡居民的吃油均依靠县油脂化工厂供应,居民发油票,农民靠油菜籽调换。

1981 年后，由于政策的放开，科学技术的发展，大量的食物油上市。有个别个体油菜加工作坊出现，农民自种油菜籽加工菜籽油。

饲料加工

旧时期畜禽饲料由农民自产自给，一般采用不经加工的原材料喂养。1950 年后，逐渐趋向社会化经营。由工厂加工成商品饲料，最早的是钦城乡碾米厂利用碾米机设备，将谷壳、米糠按比例掺和碾成粉状，供应给养猪户作为饲料。1965 年起各生产大队建立抽水机站，利用电动机为动力，带动饲料粉碎机将米糠、砻糠、稻麦草、蚕豆柴、油菜柴等加工成粗饲料；1978 年起，国营米厂根据养分标准，将杂粮、糠麸、棉籽饼、蚕蛹、鱼粉以及矿物质等多种单一饲料，按比例加工制成粉状或颗粒的配合饲料。1999 年，海盐县大大动物营养制品有限公司在盐嘉塘北，于城小桥南建成投产，主要生产仔猪配合饲料、肉猪饲料，年产量 2 万吨以上；2005 年扩大饲料品种，增加生产水产动物营养制品，生产甲鱼、罗氏沼虾等饲料；2014 年由于养猪量减少年产量减少到 1 万吨左右。

第十三编　金融　财税　保险　工商

第一章　金　　融

第一节　民间借贷

民国时期，钦城乡民众大量的信用活动依赖于民间借贷。其形式最普遍的是“纠会”，也称“乘会”，大部分属于互助性质，也有高利贷的。纠会者一时困难，发起亲友组会。纠会者为会头，被纠者为会脚，一般10合1会，会期有长有短，其利息根据先后得款次序在会款中伸缩。当年盛行的主要有摇会、坐会、标会三种形式。摇会，第一次归会首，第二次起，临时掷骰，点多者得。坐会先议定各会脚次序。标会不预定次序，看谁愿意多付利息就由谁得，带高利贷性质。

除了上述的纠会外，钦城还有另一种民间借贷是重利盘剥。这种形式虽然不多见，但在农村有所表现，大多以实物的形式进行。年利息有50%～100%。据民国19年(1930)8月《浙江建设》月刊杂志上登载：“海盐有一种‘利米’，佃农向业主借得10元，予以田1亩作押，年纳米6斗，荒熟无让。甚至有先写就绝卖契，交业主收执。”在纸质贬值年代，几乎全用实物借贷，高利贷者稳收高利，不受物价影响。由于利上滚利，借高利贷者倾家荡产者甚多。

据1954年钦城乡组织信用合作社时调查，钦城乡南六村借过实物高利贷者占总农户的90%。借高利贷即使时间仅半月、一月，利息照样要付出50%。解放初期高利贷活动猖獗，直至1954年组织信用合作社后才渐匿迹。

第二节　信用合作社

1954年4月29日，钦城乡信用合作社在县内率先成立。入股社员802户，占全乡可参加信用社总户数的77.4%。集体股金4010万元(旧币)，股金红利按年度分配。除股金外，余为储蓄和乡村个人存款。信用社实行社员代表大会制度和理事会、监事会制度，建社初期仅有职工3人。同年，钦北乡信用社、鸳鸯乡信用社相继成立。1956年3月合并建立钦城信用社，1958年10月易名为钦城公社信用社，1968年改为圩城公社信用社，1983年10月改称钦城乡信用社，1994年改为于城信用社，2001年6月改称海盐县信用联社于城信用社。

农村信用合作社是海盐县农业银行在农村的基层单位，其主要业务一是储蓄，有定期、活期、定活两便、零存整取、整存零取、有奖储蓄、代办贴花等7项；二是信贷，有农业、渔业、乡镇企业、联户工商企业、个体工商户和农户贷款等6项。

1962年，发放贷款11.65万元，其中社员贷款0.98万元，集体贷款10.68万元；在这些贷款中，其中放于电力灌溉资金3.41万元，农业基本建设0.10万元，生产费用8.70万元，生活费用0.98万元。收回集体贷款6.79万元，其中生产队0.03万元。

表13—1—1　　于城信用社存贷款年末余额表

单位：万元

年份	全年存款		年末存款余额		全年贷款		年末回收贷款		年末贷款余额	
	合计	其中居民	合计	其中居民	合计	其中居民	合计	其中居民	合计	其中居民
1995	1064	987	5133	4754	5178	468	4679	298	3451	284
1996	2457	1457	5744	5214	6317	2388	5588	1092	4180	1580
1997	2466	1239	7210	6453	23415	2582	18309	3138	9286	1024
1998	2468	1415	8207	7456	12056	1260	12063	1314	9279	970
1999	6327	1684	10293	9034	12550	1332	12340	1295	9489	1007
2000	7248	1934	10625	9464	13054	1580	12746	1401	9797	1186
2001	7444	2027	11814	10565	12208	1338	12440	1476	9565	1048
2002	8688	4607	12502	11172	12347	1611	12385	1416	9527	1243
2003	9276	5442	14779	12615	17272	1967	15321	1903	11478	1307
2004	12989	6165	17769	15780	17403	2561	16365	2026	12516	1842
2005	13327	7452	21096	18232	20114	2449	18530	2574	14100	1717
2006	13324	8439	24320	20711	17891	1828	18083	2124	13908	1421
2007	27934	13341	23341	28043	17682	2023	17856	1873	13734	1571
2008	25216	17616	33458	32690	24512	2917	21843	2536	16403	1952
2009	32780	22900	41405	36836	41634	7190	34249	5034	23788	4108
2010	42615	29771	49315	39940	46536	8756	40430	7239	29894	5625
2011	55399	38702	55142	48673	53043	10055	47349	8934	35588	6746
2012	68228	39896	62274	54342	58330	11634	53383	10295	40535	8085
2013	83507	41618	76356	67207	67378	11952	61380	11783	46533	8254
2014	100208	49941	96087	82610	94090	16487	81067	14305	59556	10436

说明：表内数据由于城信用社提供

第三节 农村合作基金会

1994年3月9日，县农经村济委员会批准钦城乡建立农村合作基金会。由县工商行政管理局注册登记，颁布了行业执照，在本镇范围内开展资金入股、资金代管、融通借款业务，是社区内的资金融通业务组织，业务上受上级合作基金会和人民银行管理监督。

农村合作基金会对于管好用好集体资金，巩固壮大集体经济，搞好内部融资，为银行、信用社拾遗补阙，支持农村经济的发展具有重要意义。

1995年12月28日召开第一次股东大会，成立董事会，选举葛其林、钱金荣、陈关明、金建良、王社生、赵和松、王沈林为董事会董事，葛其林为董事长，钱金荣任经理，业务员陈张葆，会计张冰良，出纳任王荣，监事员王社生。讨论通过了《于城镇农村合作基金会章程》和《于城镇农村合作基金会制度》。

1997年7月18日，于城镇农村合作基金会第二届第一次会议召开。出席会员代表38人，特邀代表10人，列席代表44人。会议听取第一届董事会工作报告，通过于城镇农村合作基金会章程，选举产生第二届理事会和监事会人员。选举王菊良、邱唐明、沈火良、金建良、钱金荣、黄岳明、葛其林等7人为理事；选举王社生、徐仁观、韩法良3人为监事会监事。

表13—1—2　　　　1997年入股代管资金收益率标准

期　限	月基准利率（‰）	月分红率（‰）	月合计收益率（‰）	每1000元到期收益（元）
活　期	2.625	0.525	3.15	
三个月	5.55	1.11	6.66	19.98
六个月	7.50	1.50	9.00	54.00
一年期	9.15	2.85	12.00	144.00
二年期	9.75	2.55	12.30	295.00

1998年，于城镇合作基金会可融通资金1426万元，融资组织自有资金86万元，农户股金1329万元。累计发放贷款1928万元，其中种植业200万元，养殖业563万元，工业404万元，其他761万元。年内累计收回资金1887万元，逾期未收回资金41万元。融资组织获得总收入125万元，融资总支出111万元，融资获得收益14万元。

第四节 公　债

清代以前无公债制度。财政不景气时，采取加征附加税、各种摊派、巨商报效三种办法，但都是有征无还。

清代后期，因朝廷腐败，库银空虚，财政入不敷出，受日本明治维新的影响，效法欧美，发行公债、金库券，以增加财政借款，逐年还本付息。此后又出现募捐、献金、献粮等。

民国时期的国债形式，一是派购公债和国库券；二是发行省、县地方公债；三是其他劝募，如建国储蓄、献金、献物等。

公债有国、省、县统一公债，赈济公债，国防、军需公债，建设公债，胜利同盟公债，复兴公债，省、县地方公债。

国库券有国、省金库券，整理旧欠债券等。

钦城镇在民国34年(1945)当局为嘉属七县联中教职工筹募棉制服，捐法币3万元；民国35年1月的劝募公债，沈钦区摊派15万元，其中沈荡镇8.5万元，钦城镇6.5万元。

1950年，发行人民胜利折实公债。

1951年9月，抗美援朝期间，钦城人民捐献飞机大炮款9875.3万元(旧币)。10月21日，钦城捐献(旧人民币)52633.34万元；黄金0.495公斤；白银1.565斤；银圆206元。

1954～1958年，每年发行经济建设公债。1954年圩城区3550万元，其中钦城镇(包括吕家)800万元。1955年5531万元，1956年8128万元，1957年3567万元，1958年2142万元。这批建设公债于1968年底已全部偿清。

1981年，国家向国营、集体企业，企业主管部门和地方政府首次发行国库券。

1982～1987年，国库券发行对象扩大到城乡居民，每年抽签一次，分5次还本付息。

第二章　财　　政

第一节　乡镇财政

中国乡镇政府管理的一级财政。是乡镇政府根据国家赋予的职能，在乡镇范围内参与社会产品和国民收入分配、再分配的主要形式。

中国国家财政分为中央、省(自治区、直辖市)、省辖市、县(市)、乡(镇)五级财政。乡镇财政是地方财政的基层单位。它作为国家财政的组成部分和乡镇政府的职能部门，具有不同于其他几级财政的特征。1956年5月18日，省人委《关于建立乡级财政的指示》，6月，钦城乡建立乡级财政办公室，配备1名工作人员。

管理范围

乡镇财政管理的资金有预算内资金、预算外资金和乡镇自有资金三部分。前两部分属于国家财政资金，第三部分则属于集体财政资金。

乡镇预算内资金　是由乡镇管理、纳入国家预算的资金。它是国家预算资金的一个组成部分。乡镇预算内资金主要有农村范围内的各项税收，如乡镇企业所得税、农牧业税等。

乡镇预算外资金　是根据国家财政制度规定，不纳入国家预算，由乡镇各部门、企事业单位自收自支的财政资金。可分为乡镇财政管理的预算外资金，乡镇事业、行政单位管理的预算外资金，乡镇国营企业和主管部门管理的预算外资金。乡镇财政管理的预算外资金主要来源有：农牧业税附加、城镇公用事业附加、渔业建设附加、农林特产税附加、其他附加和企业、事业单位上交的收入等。

乡镇自有资金　是乡镇政府及农村合作经济组织按照国家政策或经乡镇人民代表大会批准，自行筹集和安排的资金。按照资金来源渠道可以分为自筹和统筹两部分。自筹是指按照国家有关政策规定筹集的资金，包括乡镇政府管理的部分（如乡镇企业上交的利润、管理费、折旧基金、固定资产变价收入、乡镇办事业收入等）和农村合作经济组织管理的集体提留（如向村办企业或农民个人筹集的公积金、公益金、管理费等）；统筹是指在国家法律、政策允许的范围内，乡镇政府或农村合作经济组织自行规定、并经乡镇人民代表大会批准，向农民个人筹集的资金，俗称“乡规民约款”。乡镇政府管理的自有资金中，属于乡镇财政掌握的部分主要有：乡镇企业上交的利润、乡镇办事业收入、集中的折旧基金、固定资产变价收入、其他收入和乡镇一级统筹款。

乡镇财政的性质

乡镇自有资金不属于全民所有的资金性质，而是乡镇集体经济的内部积累，具有较强的独立性。此外，乡镇自有资金的主要收入来源和资金流向都是定向的、专用的。因此乡镇财政在管理自有资金方面，必须坚持与预算内、预算外资金分别核算和专款专用的原则，不能任意平调、挪用。

中华人民共和国建立后，从1950年开始，在全国乡镇政府普遍配备了专职财粮助理员。1954年颁布的第一部《中华人民共和国宪法》，规定国家设中央、省（自治区、直辖市）、县和乡四级政权，各级政权均有审批预、决算的权力，为建立乡镇财政提供了法律依据。随着农村经济的日益繁荣，各地开始建立乡镇财政机构。1958年，实行“政社合一”体制，乡镇财政与集体经济组织财务合并，改称为公社财政。1983年以后，全国各地陆续重建乡镇一级政权，乡镇一级财政也随之逐步建立起来。

为了调动乡镇一级当家理财的积极性，按照“划分收支，分级包干”原则，1985年12月建立乡级财政，设欤城乡财政组。财政组系乡政府的一个行政性职能机构，由三人组成，组长由乡长兼任，总会计、征收员任组员，业务上受县财政局指导。2002年6月，根据嘉兴市政府〔2000〕153号和县政府〔2002〕63号《关于进一步加强乡镇财政工作建设的通知》精神，按照《中华人民共和国预算法》“一级政府、一级财政”的要求，建立独立的财政机构，将原海盐县于城镇财政组改为海盐县于城镇财政所。

乡镇一级财政实行“定收定支，超收分成，一定三年”的财政管理体制，按照统一领导，分级管理原则，划定乡镇财政的收支范围。

2003年9月，海盐县人民政府123号文件《关于调整镇（区）财政管理体制的通知》指出：“统一领导、分级管理”和“财权和事权相结合”的原则；新一轮镇财政管理体制的基本内容为：县对于城镇实行“划分收支、核定基数、超收分成、歉收赔补、自求平衡”的财政管理体制。2003年核定于城镇财政收入基数为300万元，支出基数为53万元，上缴基数为247万元。

2006年，根据海盐县人民政府《关于调整镇(区)财政管理体制的通知》指出，于城镇镇财政收支范围为镇行政区域内各类企业、单位和城乡个体户实际缴纳的增值税25%、营业税、企业所得税40%、个人所得税40%、房产税、城市维护建设税、城镇土地使用税、印花税、土地增值税。镇级财政支出范围为按照财权与事权相结合的原则，应承担政府机关运转、经济、事业发展和社会管理职能。主要包括：农业、林业、利和气象、文体广播、科学、医疗卫生、抚恤和社会福利救济、社会保障、社会治安、行政管理、城市维护和交通基础设施建设等各项事业发展，所需经费由镇级财政支出。

第二节　乡镇财政资金收支

乡镇财政收支由国家预算内资金收支，预算外资金收支和乡镇自筹资金收支三部分组成。

国家预算内资金收支

按财政管理体制划归乡镇财政征收的农业税、农业特产税、农村工商税和其他财政收入，县政府将欤城乡(镇)范围内的各项税收收入，全额列入镇财政的定收范围。着乡镇企业和个体民营企业的不断发展，乡镇各项税收和其他财政收入不断增长。国家预算内资金支出项目：于城镇有农村农技推广和植保补助费；农业、农机、水利事业费、水产事业费；文化事业费；广播电视、计划生育、教育事业费；卫生事业费；抚恤事业费；社救事业费；救灾费；于城镇人大经费；于城镇政府机关经费；中共于城镇委机关经费；社会团体机关经费；城市建设维护费；其他支出等22项。其中，最大支出为城市建设维护费，教育事业费。

表13—2—1　　于城镇财政预算内支出情况表

单位：万元

年份	支出合计	其中				
		上解支出	农林水事业费	文教卫生费	抚恤社救费	行政管理费
1994	554.29	481.13	2.15	42.97	5.17	22.87
1995	555.95	471.40	3.58	57.57	8.69	14.71
1996	525.42	435.15	2.43	56.76	9.11	21.97
1997	502.06	397.73	1.55	60.84	14.64	27.30
1998	278.14	150.64	1.64	85.91	11.49	28.46
1999	202.04	38.36	4.45	112.04	20.19	27.00
2000	215.53	27.31	2.07	138.49	12.32	35.34
2001	260.65	22.60	5.48	168.60	18.26	45.71
2002	315.15	29.05	8.60	226.20	20.80	30.50
2003	279.20	72.02	16.00	114.95	34.06	42.17

续表 13－2－1

年份	支出合计	其中				
		上解支出	农林水事业费	文教卫生费	抚恤社救费	行政管理费
2004	325.86	118.48	16.20	112.86	26.97	65.75
2005	283.75	171.51	16.09	81.95	13.42	80.78
2006	331.20	28.48	16.10	5.62	13.42	267.58
2007	401.46	79.01	29.00	8.83	13.42	271.20
2008	794.00	46.00	197.00	13.00	81.00	457.00
2009	1146.00	6.45	185.00	20.80	455.75	478.00
2010	1047.00	1.58	178.60	18.72	386.70	462.00
2011	1622.23	545.84	215.56	35.89	312.48	512.46
2012	1414.65	583.04	200.29	60.28	249.06	321.98
2013	2668.12	0.41	1350.00	220.50	485.01	612.20
2014	2732.44	0.00	1372.24	219.60	490.30	650.30

预算外资金收支

预算外收入主要是教育费附加收入(企业部分)以及农村教育附加收入,人民教育基金收入。其中,教育费附加收入与县财政分成。镇财政得 79%,县财政得 21%。征收范围为镇村办企业、个体民营企业和服务行业等。对设在乡镇、村办工业企业,以实际缴纳的增值税、营业税和消费税的税额为计征依据,原规定征收率为 1%,后来几经调整,1995 年起提高到 3.5%。自开征起收入不断增长。预算外支出主要是用于弥补教育经费预算内支出不足部分。2014 年全年预算外资金支出 5705.56 万元。

自筹资金的收支

镇财政自筹资金的收入,主要是镇企、事业单位上缴的收入,集体办公益事业的专项资金。支出,由镇自筹资金安排的各项建设和公益事业的支出。2010 年起停止收取镇企事业单位上缴款。

表 13－2－2　　**1986～2014 年于城镇财政收支一览表**

单位:万元

年份	合计		预算内资金		预算外资金		自筹资金	
	收入	支出	收入	支出	收入	支出	收入	支出
1986	39.13	85.05	25.30	26.98	2.12	9.47	11.71	9.47
1987	44.22	51.03	26.72	29.17	2.50	3.61	15.00	18.25

续表 13—2—2

年份	合计		预算内资金		预算外资金		自筹资金	
	收　入	支　出	收　入	支　出	收　入	支　出	收　入	支　出
1988	62.95	72.17	32.04	38.94	9.97	10.95	20.94	22.28
1989	97.77	108.23	53.13	53.87	16.73	18.91	27.91	35.45
1990	117.94	110.12	46.29	66.82	16.69	18.00	23.60	25.29
1991	118.75	131.19	45.11	60.06	16.19	20.26	57.45	50.87
1992	147.44	153.76	42.41	58.46	23.16	23.11	81.87	72.19
1993	290.50	237.36	91.90	58.20	41.90	40.80	156.70	138.36
1994	839.47	853.71	562.20	554.29	72.16	80.89	205.11	218.53
1995	882.43	823.96	618.45	555.95	57.27	78.80	206.71	189.21
1996	802.88	889.82	477.41	525.42	84.29	105.30	241.18	269.10
1997	761.60	886.83	453.16	502.06	82.68	150.73	225.76	234.04
1998	713.26	817.15	187.14	278.14	98.87	134.33	427.25	404.68
1999	733.42	791.50	181.97	202.04	116.11	134.50	435.34	454.96
2000	893.61	921.29	291.90	215.53	76.44	180.80	525.27	524.96
2001	894.64	789.15	415.53	260.65	99.38	113.67	379.73	414.83
2002	1080.36	917.95	508.14	315.15	162.47	125.83	409.75	476.97
2003	1160.33	887.24	514.28	279.20	155.55	166.92	490.50	441.12
2004	1344.82	1200.31	528.06	325.86	166.23	157.15	650.53	717.30
2005	847.45	687.44	512.82	283.75	172.26	189.48	162.37	214.21
2006	1190.00	738.69	685.40	331.20	/	2.89	404.60	404.60
2007	1338.16	668.06	1077.00	401.46	975.57	975.57	261.16	266.60
2008	1552.00	1365.00	1447.00	794.00	764.13	757.38	1144.67	571.00
2009	3277.99	2422.49	1885.00	1146.00	1000.93	812.50	392.06	463.99
2010	5135.60	2948.39	2250.00	1047.00	2885.60	1901.39	/	/
2011	3657.11	2693.85	2993.60	1662.23	663.51	1031.62	/	/
2012	4982.36	1774.07	2766.14	1414.55	2216.22	359.52	/	/
2013	5144.99	4011.89	3983.10	2668.12	1161.89	1343.77	/	/
2014	10352.04	8438.00	4053.03	2732.44	6299.01	5705.56	/	/

第三章 税 务

第一节 田 赋

田赋是历代政权的主要财政收入。宋代保留唐代夏秋两季征收形式，一半收钱，一半收谷物的“两税”制度。明、清时期，欤城乡实施“一条鞭”税法，同治四年(1865)，欤城每亩征银：田8分1厘3毫5丝4忽，地7分6厘1毫6丝3忽，水面1厘3毫9丝8忽。

民国时期欤城根据县政府规定，自28年至35年7年间作了3次调整，收田捐，每亩田、地收捐0.3元，30年(1941)田赋收归中央，省核定海盐县赋额每亩田0.75元，地0.6元，山、荡各0.3元。按上述赋额，每元征实稻谷3斗。抗日战争期间，改为折币征收。34年因抗战胜利免征一年。

民国35年，田赋每元征收稻谷3斗、征借1斗、公粮9升，全年缴纳每亩稻谷3斗6升7合5勺，地2斗9升4合，山、荡1斗4升7合。翌年，奉令按抗战前正附税赋额，每亩田、地1.053元，山0.35元，荡0.345元，五折实征，而征借附加又逐年增加，至37年全年每亩田、地缴纳稻谷增至4斗4升2合3勺，山1斗4升8合7勺，荡1斗4升6合6勺。

解放后，废除田赋制，改征农业税，实行合理负担和减税政策。

第二节 农业税

1949年，田赋改为农业税。海盐县欤城乡农村的田亩根据土质优劣，产量多少分为甲、乙、丙三个等级(旱地、山地、河荡折田亩计算)。规定每户在12亩以下者，扣除免税基地1.2亩，25亩以上者，按累进率加征，全县每亩平均负担稻谷30公斤。同年7月进行预借公粮和柴草，对象主要是大户和富农。1950年按每亩人均全年粮食收入不满75公斤者免征，75公斤以上未满100公斤者税率为7%。最高为24级，收入在975公斤以上者，税率为30%。

1951年欤城乡根据《浙江省农业税实施细则》，计算方法有三种：即自耕土地的依税率计征；佃入土地按本县平均税率18%(包括附加)定率计征；统由佃户交纳。业佃负担由双方协商解决。使用公田的是租税合一，由承种人交纳，租税率25%(包括附加)，不另收租。为照顾贫苦农民新分得土地，在其自耕土地负担部分，凡贫农成分的减征7%，雇农成分的减征10%，社会灾情减免另外。

1951年，华东土改地区定为23级税率，土地证照费共分甲、乙、其他三类计收。凡占有土地(自耕、租出、典当、代管)都收取土地证照费1.甲类土地中的田、宅，每亩大米2.5公斤，折稻谷3.625公斤；2.乙类土地中的地以及有收益的荡，每亩大米1.25公斤，折稻谷1.8125公斤；3.其他类土地是山、什地、无收益的地、荡，每亩大米0.5公斤，折稻谷0.725公斤。

1957年农业合作化后，以农业生产合作社为单位，按社员1956年计征税额汇总计算，由合作社缴纳。1958年废除累进税制改行比例税制，以正常年景评定计税产量，按规定税率征收。

1985年钦城乡农业税改为按“倒三七”比例价(即30%按原粮统购价，70%按原粮超购价)折征代金。早稻谷价每百公斤折征代金30.10元，晚稻谷价每百公斤折征代金38元。

随同农业税征收地方附加，1950年为正税的15%，1951年为20%，后停征。1954年凡每户人均全年粮食收入225公斤以上者，按正税的7%征收。1955年改为5%。1957～1960年按正税征收5%省附加，7%乡自筹经费附加。对种植荸荠、西瓜、生姜等，每亩分别加征稻谷30公斤、40公斤、90公斤的农业税。1961～1963年地方附加降低为正税的10%，1964年提高为15%，至1985年未变。

农林特产税，由收购单位代扣农业税，零星自售或自用产品，采取查账征收或由纳税人向当地税务机关报缴。对难以确定面积和计税产量的水面，用估产计征或查账征收的办法。

农业税的优待和减免，可分社会减免、灾情减免和政策性优待减免三类：1.社会减免，凡分配收入人均80～100元的生产队，减免2～4成，50～80元的生产队减免5～6成；2.灾情减免，以当年受灾后的实收产量与最近正常年景产量对比，歉收2成半起不满3成半的按歉收成数减征，歉收3成半起不满4成半的按歉收数加一成减征，歉收4成半起不满5成半的按歉收数加2成减征，歉收5成半以上全免。3.政策性优待减免，对依法开垦荒地海涂，从有收入之年起，免税5年。1951年对新分得土地的农民每亩减征稻谷7.5公斤。1955年对农民饲养役用幼牛和配种公牛，每头减征稻谷10公斤。1961年起按规定分给社员的自留地免征农业税。1963年起圩城公社对繁殖良种的种子场免征农业税。

1985年，农业税按照“倒三七”比例价折征代金(30%按原粮食统购价，70%按超购价)，每50公斤早稻谷折价调整为15.50元，晚稻谷为19元。

1987年，钦城乡应征农业税面积74275亩，每亩征粮24.78公斤，年征收粮食1840.53吨，以每公斤早稻谷0.34元计算，共计缴纳农业税62.5782万元。

2005年，根据浙江省人民政府《关于进一步做好深化农村税费改革工作的通知》及省财政厅《关于印发农村税费改革办法的通知》精神，海盐县于城镇免征农业税。

第三节 工商税

海盐县自从唐代起已开征茶、盐、酒等税收。宋代海盐经济得到发展，征税围扩大到茶、盐、香、矾、竹、木、铁、布等税种。元代在秀州、澉浦、广陈、乍浦等设税务。明代初改税课局。清咸丰三年(1853)创办厘金。正项税收有百货厘金、丝厘金、茧捐、茶糖烟酒加成厘金，厘金按货物价值百抽一，嗣后逐渐增加至十二。此外，还征当铺税、牙税、契税、牛税等。民国时期，工商税分为国家税和地方税，税种税目繁多。中华人民共和国建立后，工商税经简化、合并、分设，至20世纪80年代有税种10余种。

1982年，钦城乡贯彻执行国务院《关于调整农村社队企业工商税收负担的补充规定》，第一条，列举的社队企业生产销售的产品，一律按照统一规定征收工商税，不再给予减免照顾。社队企业生产自行车、缝纫机、钟表和电风扇的零部件，也比照办理。第二条，社队企业生产的产品和提供劳务，直接为本社队农业生产和社员生活服务的，除有关规定外，可给予免税照顾。

1984年，软城乡工商业者根据我国工商税共有21种缴纳。按性质划分，可分为6种类型：1.属于流转税性质的有3种：产品税、营业税和增值税。2.属于所得税性质的有6种：工商所得税、外国企业所得税、中外合资经营企业所得税、个人所得税、国营企业所得税和调节税。3.属于特定资源级差收入性质的有2种：盐税和资源税。4.属于特定目的性质的有4种：烧油特别税、建筑税、奖金税和城市维护建设税。5.属于行为性质的有3种：屠宰税、牲畜交易税和集市交易税。

进入21世纪，工商税收是中国现行税制的主体部分。于城镇工商业者缴纳工商税包括增值税、消费税、营业税、资源税、企业所得税、个人所得税、城市维护建设税、房产税、土地增值税、印花税等。工商税收的征收范围较广，既涉及社会再生产的各个环节，也涉及生产、流通、分配、消费的各个领域，是筹集国家财政收入，调节宏观经济最主要的税收工具。

第四节　其他税

契税

契税起于元代。清代契税按契价每两银征税3分，至宣统元年(1909)改为卖契每两征银9分，典契每两征银6分。

民国时契税税率变化甚多。初期征卖契税20%，典契税15%，押契税13%。民国4年(1915)按卖四典二征收，6年增为卖六典三。32年5月把契税分为6种，税率6%～15%，嗣后曾多次修正。

1950年3月规定契税征收由承受人缴纳，买契税按买价征6%，典契税按典价征3%，赠予契税按现实价征6%。单位购买免征契税。1951年办理城市契税业务，1953年办法农村契税业务，1956年后，征收范围逐步缩小，税率仍按1950年办理。

货物税

民国时期的货物税是由晚清厘金演变而来，先办统捐、统税，后改成货物税。货物出产时征税，税后通行全国，不再重征。分10个税率，最高烟酒为100%，最低日用工业品2.5%。

营业税

民国20年(1931)3月开征，由牙税、当税等整改而成。按营业收入额计征，分行业确定税率。它是就营业行为征税的税种。1950年中华人民共和国成立后就已实行。1958年并入工商统一税。1973年又与其他税并为工商税。1984年10月1日分解为独立税种，共设11个税目。税率最高30%，最低10%。

印花税

民国2年(1913)开征。印花税课税凭证分商事、产权、人事、许可、其他五类。贴花金额分比例和按件定额贴花两种。

屠宰税

民国4年(1915)开征，分猪、牛、羊三种，按头定额征收，每头税额，猪0.3元，牛1元，羊0.2

元。民国35年改为从价征收,税率不超过5%,36年调整税率为10%。解放后,1953年开征。向屠宰猪、羊、牛的单位和个人征收。1973年前工商企业原来交纳的屠宰税简并入工商税中征收,屠宰税仅对乡、村、个人和集体伙食单位等屠宰牲畜时征收。税率4%。2002年7月1日起取消屠宰税。

产品税

50年代初国民经济恢复时期和第一个五年计划时期开征,由货物税、商品流通税演变而来。自1984年10月1日从原工商税中分出。征税产品分24类260税目,税率最高60%,最低3%,以发挥税收调节生产和流通的杠杆作用,是工商税中的主要税种。

增值税

从原工商税中分出,目的是避免重复征税,贯彻合理负担,进专业化协作生产。1983年1月1日起试行。以部分工业产品法定增值额为课税对象。税率最高43%,最低8%。

工商所得税

原属工商业税的一个税目。1958年税制改革时始为独立税种。以从事工商业经营的单位和个人,就其利润为征收对象。税率实行八级超额累进,最高55%,最低7%。1978年,社队办粉坊、缝纫等小型服务业,按规定应照征工商所得税。从事运输、装卸业务,并实现利润的,应按规定应照征工商所得税。社队企业征收所得税起征点,税率适用,速算扣除,应以整个企业全部利润衡量计算。

牲畜交易税

1953年11月开征,1959年9月停征,1983年3月恢复。仅就牛交易行为发生时,由买方以成交价交纳5%税款。

渔业税

1956年4月10日开征。所有湖、荡、塘从事渔业生产收入销售者,均为纳税义务人。渔业社、国营、地方和公私合营的水产企业的率为38%;个体渔民每次出售量不满10公斤的,免征渔业税,超过10公斤的按收入的税率为39%。

建筑税

属中央收入,1983年10月1日起征,以自筹资金投资额为征收依据,税率10%。

国营企业奖金税

1984年开征,以企业为纳税义务人,常年计算交纳,税率分3级,超额累进。

国营企业所得税

1984年10月1日试行,对实行利改税的国营企业,将原上缴利润改为依法缴纳所得税。税率,大中型企业55%,小型企业8级超额累进,饮食服务企业省定15%。

城市维护建设税

1985年1月1日开征,随同产品税、增值税、营业税征收,并以此3项税额为依据。税率,县城和建制镇5%,其他地区1%。

第四章　保　　险

海盐县保险业务始于1950年10月，由县人民银行特约代理。1984年正式成立县保险公司。钦城乡保险业务，由于城信用社代办。1985年，设置乡保险业务专职代办员1名。

于城乡于1950年起，对农村耕牛实行保险，按年龄、体膘估价，收取保险费。1984年起，对家庭、乡镇企业资产实行保险；1985年，增办联户企业财产保险；1986年起，开办企业职工养老保险、农民建房保险、独生子女健康保险、师生平安保险。2006年5月1日，于城镇贯彻执行县人民政府第26号令《海盐县社会保险费征缴管理暂行办法》，包括基本养老保险费、基本医疗保险费、失业保险费、工伤保险费、生育保险费等5种统称社会保险。社会保险费征缴综合费率为28.9％，其中基本养老保险18.5％，基本医疗保险7.1％，失业保险2％，工伤保险0.8％，生育保险0.5％。

2014年，于城镇全年承保企业财产保险、农村建房保险、家庭财产保险、机动车保险、人身意外保险等各类保险收入金额69.48万元，处理赔偿给付出金额22.43万元。

1995年2月，于城镇贯彻执行县人民政府《海盐县农村社会养老保险暂行办法》。《办法》规定从1995年起农村养老保险在全县范围内实施，由县民政部门主办，与此同时以往由县保险公司经办的相同险种停止办理，1995年前办理的在适当时候由县保险公司移交县民政局。1995年起，共开办企业财产险、家庭财产险、团体人身意外伤害险、农民建房综合险、简易人身险、师生平安险、个人养老金险、厂长经理终身医疗险、养殖业险、独生子女教育及子女婚嫁险等10余种保险。

2007年12月，海盐县政府印发《海盐县城乡居民社会养老保险实施办法》的通知。规定本县行政区域内，年满16周岁，职工基本养老保险或现有各类社会养老保险对象之外的城乡居民，均可以参加城乡居民社会养老保险。个人缴费为8％。县、镇财政按缴费基数的5％给予补贴。参保人员年满60周岁，缴费年限满15年以上的，可按规定办理城乡居民社会养老保险养老金领取手续，由社会保险机构发给，从核准享受养老保险待遇的次月起领取养老金，直至死亡。

2013年城乡居民社会养老保险缴费标准每人每年分别为1200元、1850元及2500元。

表12—4—1　　　　社会保险费征缴标准统计表

单位：元

年份	基本养老保险		医疗保险	工伤保险费		生育保险费
	个　人	单　位		一　档	二　档	
2004	70.32	162.62	26	13	8	13
2005	112.08	172.79	28	14	9	14

续表 12—4—1

年份	基本养老保险		医疗保险	工伤保险费		生育保险费
	个　人	单　位		一　档	二　档	
2010	23	510	38	8		21
2011	26	564	43	10		25
2013	37	803	51	30		30
2014	37	803	51	30		30

表 12—4—2　　于城镇保险业务情况表

单位：万元

年份	企业财产险		建　房　险		家庭财产险		机动车险		人身意外险	
	收入	支出	收入	支出	收入	支出	收入	支出	收入	支出
1995	36.49	25.54			2.03	3.45	11.23	5.69	1.09	0.06
1996	29.85	8.79	6.82	2.89	1.48	1.80	12.45	7.85	2.50	4.46
1997	27.58	17.50	4.77	2.58	1.29	1.68	11.67	5.34	0.79	0.00
1998	33.68	8.97	4.87	2.29	2.05	2.13	13.56	6.83	1.04	0.00
1999	16.8	8.07	3.38	0.79	0.88	1.15	14.56	5.98	12.68	2.24
2000	17.96	10.50	2.37	1.20	0.72	1.30	16.36	8.77	14.02	2.80
2001	10.00	5.60	1.80	0.90	0.76	0.89	20.00	7.00	13.45	3.56
2002	17.80	24.00	1.20	0.20	3.50	2.80	13.00	3.50	12.36	3.12
2003	21.62	5.00	3.07	0.00	1.82	0.70	10.15	1.00	11.78	2.67
2004	20.67	32.50	3.88	10.50	1.90	0.86	9.44	5.50	9.78	2.56
2005	17.56	23.00	2.50	1.80	3.00	5.30	12.00	4.50	8.88	2.90
2006	13.88	7.00	1.39	1.50	7.95	3.90	11.75	5.00	5.04	2.50
2007	14.41	13.70	0.64	0.38	7.00	3.56	11.53	3.80	2.40	3.78
2008	22.06	42.50	1.28	0.05	13.88	5.01	15.37	3.60	3.87	2.10
2009	21.5	8.30	6.25	0	13.76	6.35	15.70	2.80	3.10	0.10
2010	21.7	6.10	2.85	0	13.54	7.83	16.30	2.60	3.30	0.50
2011	22.4	5.60	1.05	0	13.47	11.28	16.50	3.10	4.10	0.50
2012	15.80	3.80	1.30	1.70	13.50	7.30	15.60	6.70	3.80	2.80
2013	22.70	375.90	7.55	2.75	13.68	9.48	16.70	3.30	5.10	0.70
2014	23.50	4.80	11.50	3.16	13.78	10.67	16.90	2.90	3.70	0.90

第五章 工商行政管理

1949年前,民国政府县级以下钦城乡尚无工商管理机构,钦城集镇商业由武原镇商会分担部分工商管理职责。1949年10月后,先后由县人民政府工商科、市场管理委员会主管。1973年成立县工商行政管理局,并相继在武原、沈荡、澉浦、西塘桥、通元成立工商行政管理所,负责市场管理、工商企业登记、合同、商标、广告等行政管理工作。钦城镇先后分别隶属于武原、通元、沈荡工商行政管理所兼管。2014年9月,于城镇工商管理所、于城镇市场监督所建立,开启了于城镇工商行政管理职能。

第一节 对私营工商业的改造

1953年3月1日,海盐县人民政府成立工商登记处,开始有计划、有步骤地对私营工商业进行社会主义改造。1956年2月举行海盐县工商联第一次会员代表大会,通过响应政府号召积极完成工商企业改造的决议,推进全行业社会主义改造工作。

手工业的改造

1953年初,县人民政府工商科在武原镇竹器行业开展社会主义改造试点工作。1954年,扩大手工业合作组织试办工作,1955年全面推广试办手工业合作组织试点工作经验,至1956年第一季度形成手工业社会主义改造高潮。至10月,钦城全乡共组织高级形式(生产资料折价归集体,统一经营,按劳取酬)手工业生产合作社1个,从业人员66人。

1957年,钦城手工业生产合作社经过整顿,经济效益提高。1958年,有15个合作社升级过渡为合作工厂。

商业的改造

1950年,钦城全乡共有商业行号49户,其中纯商业26户,手工自产自销6户,饮食业3户,服务业14户,大都是小本经营。

解放初期,人民政府为了活跃市场,两次调整公私关系,国营商业收缩零售业务,多做批发业务,扩大批零差价,降低批发起点,鼓励私营商业在国营商业领导下经营零售、贩运业务。1953年起,国家对私营企业实行利用、限制、改造政策,关系国计民生的粮、棉、油三大类产品先后实行统购统销,对私营粮、油、棉布商店实行全行业的经销和代销。

1956年对私营工商业进行社会主义改造。2月26日县工商联第一次会员代表大会结束后,钦城乡于3月20日召开全乡工商界大会,宣布批准私营商业企业20户实行社会主义改造。其中,没有公私合营;成立合作商店50个,从业人员过渡到供销社的有12户17人。

表 12—5—1　　1956 年底私营商业社会主义改造情况表

项　目	商业		饮食业		服务业	
	户数	人数	户数	人数	户数	人数
合　计	20	29	21	29	9	9
已改造部分	20	29	21	29	9	9
1.转为国营	3	7	0	0	0	0
2.公私合营	0	0	0	0	0	0
3.合作组织	17	22	21	29	0	0
(1)合作商店	7	8	0	0	0	0
(2)合作小组	10	14	21	29	9	9

实行公私合营的，采取定息办法，对私营工商业者的生产资料进行“赎买”政策。欤城全乡没有公私合营企业。

放心示范店

2005 年，根据县食品安全委员会《关于命名“浙江省百县万村放心店工程”的通知》，于城镇被评为“放心示范店”的有：沈国忠副食品店、江渭副食品店、集镇爱萍小店、镇联佳超市、万家乐超市、善良副食品商店、鸳鸯妹英副食品店、于城为民商店等 8 家，其中于城镇联佳超市为优秀示范商店。

2011 年，位于于城镇文曲路的于城镇现代超市加盟店，业主马善良被海盐县食品安全委员会认定“海盐县二星级食品安全示范店”称号。

第二节　企业登记管理

1953 年 1 月，县人民政府部署全县私营工商业登记以及重估财产工作。3 月成立县工商登记委员会和县人民政府工商业登记处。10 月底登记工作全部结束。全镇共登记工商业 36 户，其中个体工商业 36 户。

1964 年 3 月，对工商业(包括良种场、蚕种场、渔场以及“五匠”即泥、木、竹、铁、缝纫匠)进行全面普查登记。同年 12 月，圩城市场管理委员会成立，管辖范围为圩城公社、石泉公社。

1979 年，通元工商所对圩城全公社工商企业进行调查摸底和核发营业执照，并通过银行清理整顿企业账户。除了 1978 年 8 月前开办的社队企业、校办企业和少数服务单位外，登记并发临时营业执照的工商企业。纠正工商企业随意开业、歇业以及企业经济性质混淆等现象。同年 12 月对旅馆、刻字、旧货、修理四个特种行业进行清理整顿，并登记核发营业执照。

1981 年起，城乡个体工商业有较快地发展，新办工商企业急剧增加，原有企业要求放宽原核定的生产经营范围，更改企业名称。针对这一情况，工商所改革原来开业登记程序，简化登记手续。并对已登记的工商企业加强经营活动的监督管理。

2014年9月，于城工商管理所、于城市场监督所建立。地址在于城西桥北堍西侧，原农水服务中心办公用房，实行两块牌子一副班子管理。

新组建的于城市场监督管理所为县市场监督管理局派出机构，实行“双重管理、以条为主”的管理体制，并纳入镇公共安全监管体系，融合一体开展工作。主要承担于城镇市场监管日常工作，食品药品安全监督管理，市场交易、商标使用、广告活动和合同的监督管理，消费者权益保护等职责，以及承办县局交办的其他事项，配合街道开展相关工作。

2014年，全镇共有工业企业714家，其中个体企业396家，职工10806人；规模以上企业37家，职工4281人。全镇实现工业总产值35.43亿元，完成自营出口贸易11877万美元，全社会固定资产投资6.96亿元。全镇服务业1104户，其中批发及零售业574户，仓储运输业258户，住宿餐饮业80户，娱乐业45户，居民服务业76户，个体918户。

第三节　价格管理

物价演变

民国初年到抗日战争前，正常年景物价相对稳定，凡遇农业丰收或者歉收，则有较大变动。如稻谷价格指数，民国20年(1931)与民国元年相比，19年间仅上升20%。民国22年农业丰收，米价下跌，稻谷价格指数仅元年的77%。23年大旱成灾，农业歉收，粮价上涨，至民国24年1月稻谷价格指数比22年1月上涨46%。

表12—5—2　　民国时期5种主要商品物价指数

商品名称	元年1月	20年1月	21年1月	22年1月	23年1月	24年1月
稻　谷	130	156	141	100	82	146
小　麦	101	131	125	100	82	111
大　豆				100	81	109
耕　牛	63	93	105	100	95	87
棉　花	94	87	97	100	83	87

说明：表中的物价指数以民国22年1月为基准

抗日战争期间，海盐沦陷，生产遭受破坏，物价不断上涨。抗战胜利后又发生全面内战，通货恶性膨胀，物价急剧上涨。民国36年1月，海盐市场中等熟米每75公斤(每石)为5.77万元(法币，下同)，12月份涨到75万元。翌年8月19日高达5500万元。

民国37年8月19日以金圆券替代法币，同时采取强制限价措施。县政府于9月8日组织物价工资审查委员会，对县内包括于城镇在内的粮食等31个行业的价格进行审查核定。但是在10月2日烟酒等7种商品提高税率，卷烟平均批发价比8月19日提高76%，土酒提高70%。

限价措施失败，黑市复活，抢购物品风潮骤起，物价暴涨风越刮越烈。38 年 4 月 16 日，中等白米每石涨到金圆券 50 万元。比上年 8 月 19 日限价时的 18.33 元上涨 27277 倍。据于城镇鸳鸯村一位 20 世纪 30 年代初出生的老年人回忆，当时卖掉一头耕牛的钱，过 3 天后只能买到一根油条，还有人说，卖掉一头耕牛的钱过 3 天只能买到一包水烟。

20 世纪 50 年代初，物价一度还不稳定。譬如 1950 年 1 月 27 日猪肉市场价每公斤为 0.8 元。2 月 25 日上涨到 1.4 元，涨幅为 75%。百货、粮食等一批国营企业和县供销社建立后，对稳定市场物价起到一定作用。

1953 年先后对粮食、棉花、油料、生猪等主要农产品实行统购统销和派购政策，提高部分农产品的收购价格，取消粮、油、棉等农产品的季节差价，农产品价格偏低的状况部分得到改善。翌年根据“统筹兼顾”的原则，对私营商业进行全面安排，扩大工业品批零差价、调整批发起点，国营商业和供销社实行统一销售价格。

1955 年和 1956 年，市场价格比较稳定。1955 年 3 月 1 日，新的人民币开始发行。币改前几天曾出现短暂的抢购商品现象，通过采取合理调拨货源和加强市场管理等措施，市场物价随即趋于稳定。

1959～1962 年，于城镇与其他乡镇一样，商品供求矛盾突出。牌价商品虽未调高，但集市价格大幅度上升。为了稳定物价，1960 年、1961 年国家先后提高粮食、油料、生猪等主要农副产品收购价格，稳定粮食、棉布等 18 类商品的销售价格，控制非商品收费标准，对定量以外部分商品采取高价供应政策，加快货币回笼。随着经济形势的好展，以及供销社全面开展自营业务，1962 年下半年集市贸易价格比上半年降低 50%以上，1963 年继续有所下降。1964 年高价商品基本退出市场，集市贸易价格政党趋于基本平稳。

1966～1976 年“文化大革命”期间，实际上冻结了物价，零售商品价格基本未变。

1979 年起，国家对一些极不合理的商品价格进行调整。首先对粮食、棉布、食油、蚕茧、生猪、水产品等 25 种主要农副产品收购价格进行大幅度提高。为了缓解农副产品提价后主要副食品严重倒挂的情况，1979 年、1981 年分别提高了 8 种副食品和烟、酒的销售价格。为了解决纺织品比价严重不合理的状况，1983 年初降低化纤织物的销售价格，同时提高纯棉织物的销售价格。并适当提高农用柴油、农用塑料薄膜、化肥、中小农具等农业生产资料的价格。饮食、修理、服务、医疗、教育等收费标准亦适当提高。同时对三类农副产品和完成统派购任务后的一、二类农副产品开展议价议销，放开三类工业小商品和蔬菜价格。市场零售物价总指数 1984 年比 1978 年上升 19.2%。到了 90 年代，逐步从计划经济转入市场经济，1999 年后中国加入世界贸易组织，完全进入市场化经济。各种商品应市场供需随市场定价。

表 12－5－3　　部分年份主要农副产品收购价格

品名	规格	单位	价格（元）				
			1950 年	1956 年	1962 年	1979 年	1985 年
稻谷	四等早籼	公斤	0.122	0.146	0.174	0.234	0.310

续表 12—5—3

品名	规格	单位	价格（元）				
			1950 年	1956 年	1962 年	1979 年	1985 年
小麦	统货	公斤	0.169	0.176	0.228	0.314	0.424
大豆	三等	公斤	0.139	0.224	0.302	0.470	0.710
油菜籽	含油率 38.5%	公斤		0.284	0.470	0.720	0.936
棉花	皮棉 327	公斤	1.747	1.760	1.760	2.650	2.916
蚕茧	11 级干壳茧 7 克	公斤 g	1.628	1.660	2.000	2.800	2.800
茶叶	杭炒青五级九等	公斤	1.167	1.340	1.500	2.000	2.000
生猪	出肉率 70.5%	公斤	0.600	0.730	0.980	1.270	1.680
母鸡	二级	公斤	0.920	1.360	1.900	1.780	2.380
白鲢	活 2 斤以上	公斤	0.340	0.430	0.570	0.900	2.200
小湖羊皮	丙级	张		3.000	3.000	11.00	12.00
欢蛋	新鲜统货	公斤	0.64	0.960	1.700	1.800	1.800

表 12—5—4 部分年份部分商品销售价格

品名	规格	单位	价格（元）				
			1952 年	1958 年	1963 年	1979 年	1985 年
籼米	标二早籼	公斤	0.228	0.222	0.222	0.276	0.276
菜油	二级	公斤		1.150	1.420	1.500	1.500
猪肉	带骨统货	公斤	1.220	1.320	1.600	1.920	2.620
白鲢	1 公斤以上	公斤	0.440	0.600	0.660	1.060	2.500
食盐	浙盐	公斤	0.250	0.280	0.280	0.280	0.320
食糖	一级白砂	公斤	1.170	1.460	1.760	1.560	1.560
香烟	简装西湖	包		0.310	0.350	0.340	0.440
黄酒	地产冬酿	公斤	0.660	0.660	0.740	0.660	0.660
肥皂	西湖 333 克	条	0.330	0.280	0.360	0.360	0.470
毛巾	沪 414 钟牌	条	0.820	0.860	0.860	0.880	1.070
自行车	沪永久 12	辆	158.2	158.2	161.1	153.0	153.0
硫酸铵	含氨 20%	公斤	0.390	0.340	0.340	0.270	0.270

续表 12－5－4

品　名	规　　格	单位	价　　格　　(元)				
			1952 年	1958 年	1963 年	1979 年	1985 年
1605 乳剂	45%～50%瓶装	公斤		30.00	30.00	6.600	6.600
尖齿铁搭	1.5～1.65 公斤	把			2.400	1.690	2.060
木质粪桶	直板	付			7.380	6.240	10.410

生产资料价格

政府为扶持农业生产，长期执行低价薄利或财政补贴的农业生产资料供应政策。1962 年农船、风车、镰刀、谷箩等 30 种竹、木、铁制中小型农具平均降价 15.8%；1963 年 52 种铁器产品平均降价 21.37%；1965 年 49 种木制农具平均降价 16%，67 种竹制农具降价 6%～7%。为了理顺农业生产资料价格，1980 年 155 种中小农具的平均售价在 1966 年价格基础上提高 18.62%。因原料提价又先后调整化肥、柴油、薄膜、中小农具的价格。1984 年铁、竹、木、绳等小农具全部列入放开产品，实行工商企业协商定价。1984 年与 1978 年相比，农业生产资料价格指数提高 18%。

工业生产资料长期实行计划调拨，其价格偏低。流通过程实行“不赔不赚、收支平衡”的定价原则。物资部门经营生产资料只收取定额进货费和 2%～3%的经营管理费。1983 年 9 月，物资经营定价原则逐步改为“合理计费、合理盈利”，生产资料开始进入商品市场，物资经营企业随之增加，适应了工业发展的需要。双轨制价格的实行，使计划外组织的生产资料的价格都比较高，如钢材、煤炭等计划外和计划内差价达到 1 倍以上，这对加工工业的生产成本影响较大。

地方产品中的石料、砖瓦、水泥等三类建材，1980 年后价格都有较大幅度的提高。1985 年，石料平均价格比 1965 年提高 103%，95 红砖出厂价比 1972 年提高 20.6%，325 普通水泥比 1980 年提高 21.42%。

工业消费品价格

县内市场日用工业消费品价格主要随产地价格变动，1950 年以来是稳中有升有降。以工业原材料为加工对象的产品价格多数有不同程度的降低。手表、化纤织物、电子电器产品价格曾多次或大幅度降价。电子产品 1963～1983 年累计降低幅度达到 80%以上。上海牌全钢防震手表零售价格，1985 年比 1964 年降价 50 元。以农副产品加工对象的产品价格在 1979 年以后有所提高。1981 年糟烧白酒每公斤零售价和啤酒每瓶零售价均提高 0.14 元，黄酒采取商业返利的方式提高出厂价格，零售价格未动。甲级卷烟平均每包提高 0.27 元，乙、丙级烟分别提高 0.08 元和 0.02 元。木制品、皮革制品、纯棉织物等都随原材料价格相应提价。80 年代后，日用工业消费品价格已呈逐年上升趋势。

非商品收费

非商品收费主要涉及以服务业为主的第三产业。由于长期以来把服务业放在较次要地位，使得非商品收费标准偏低并得不到调整。教育、医疗等部门也作为社会福利的一部分，收费一降再降。为了发展经济和适应人民生活需要，从1980年后，对一些主要的非商品收费标准作了调整。1983年提高搬运装卸收费标准，1984年提高中小学学杂费和部分医疗收费，1985年提高饮食业、旅馆、理发、洗澡等收费标准，还调整了内河航运运价、电报和农村长途电话收费标准。

第四节　计量管理和演变

解放前，钦城无工商行政管理机构，工商业只能按照县政府或者以上管理部门颁布的计量标准执行。

清代计量单位

长度　里、引、丈、尺、寸、分、厘，1里等于15引，引以下均为十进制。

面积　顷、亩、分、厘、毫、丝、忽、微、纤、沙，其中1顷合100亩；1亩等于60平方丈；亩以下均十进制。

重量　一般使用斤、两、钱，1斤合16两，1两合10钱；银锭计量为两、钱、分、厘、毫、丝、忽、微、沙、埃、渺、漠，均为十进制。

容积　石、斗、升、合、勺、抄、撮、圭、粟、粒、黍，均为十进制。

中华民国计量单位

民国时期大致沿用清代的计量单位，但同一计量单位在不同的场合所表示的计量不尽相同。以市石、市担为例：1市石稻谷为108斤，糙米为150斤，上等米为160斤；1市担麦子、番薯为100斤，稻谷为130斤，烟叶为70斤(民国17年以前为60斤)。斤、尺、升的制数亦有多种。据民国26年(1937)1月的调查，旧制度量衡情况如表12－5－5。

表12－5－5

旧器名称	式　样	单　位	合标准制数	合市用制数	使用范围
裁　尺	长方形	尺	36.35厘米	1.0905市尺	布　业
营造尺	长方形	尺	28.34厘米	0.8503市尺	建筑业
鲁班尺	曲　形	尺	30.00厘米	0.9000市尺	木　工
米　升	圆柱形	升	1.1223公升	1.1223市升	通　用
一六秤	长圆柱形	斤	556.0克	1.112市斤	通　用
红花秤	同　上	斤	587.5克	1.175市斤	京　果
鱼　称	同　上	斤	572.7克	1.1455市斤	鱼　货

民国31年，县政府开始在全县推行新制计量单位，统一计量标准。新制标准计量单位长度为公尺，容量为公升，重量为公斤，市制计量单位的1市尺为1公尺的三分之一；1市斤为1公斤

的二分之一，每市斤为16两，每两等于10钱；1市升相当于标准容量1公斤。民间流行的粮食计量单位以糙米计，1石等于150市斤，1斗等于15市斤，1升等于1.5斤。石、斗、升、合均为十进制。

中华人民共和国计量单位

1949年，海盐县欤城乡区域内仍沿用民国时期的计量单位。1959年3月，改市制的1斤等于16两为1斤等于10两，但中药行业及个别单位仍使用16两为1斤的旧衡器。1977年4月开始进行中药处方用药计量单位改革的宣传，1979年中药用药计量单位改为以克为主单位，至此，两、钱、分等市旧制重要单位被彻底取消。只有打金店中的金银饰品仍采用两、钱、分制。

1982年10月，欤城乡开始进行“改革旧计量单位、使用法定计量单位”的宣传。1985年7月，禁止购置市制单位的计量器具，一律购置法定计量单位的千克(公斤)秤和米尺。1986年1月1日，欤城乡推广千克秤和米尺。1988年，主要计量单位重量为吨、千克(公斤)、克；长度为公里(千米)、米、厘米、毫米；容积为升、毫升；面积为亩、平方公里、平方米；体积为立方米；动力为千瓦；发电量为千瓦小时(度)。

1986年1月1日，欤城乡计量器具和设备上的计量器具采用国家统一法定计量单位。6月1日公文、统计报表、报刊广播电视的节目报道、制订技术标准、企业参加评优的产品技术标准说明书、铭牌、包装物均统一使用法定计量单位；印刷厂承接的业务亦统一使用法定计量单位印制，停止承印非法定计量单位的印刷品。7月1日停止销售非法定计量单位的计量器具。

第十四编　党政社团

第一章　中国共产党

第一节　中华人民共和国成立前中国共产党在澉城的活动

1940年5月，中共海北地区工作委员会(简称海北工委)在平湖成立。9月前后，海北工委派马雨亭、陈真、谢奠宁到海盐开展工作。马雨亭、陈真以国民党省政工队员身份分别在澉通区公所(当时设在石泉)和交通站任职，谢奠宁以国民党县政工队员身份任第十一军民联络站站长，驻待封庙。

1940年，马雨亭、谢奠宁等在彭家堰一带(隶属澉城区)，向农民群众宣传抗日救国道理，组织开展除奸活动。从中发现和培养积极分子。10月，马雨亭在彭家堰先后发展吴文荣等人入党。11月，建立中共石泉彭家堰小组。开始时隶属于中共海盐工作团，工作团撤销后，直属海北工委领导。

1940年12月初，马雨亭、陈真、蒋绍洲三人因中共海北工委书记于以定在去浙西途中，被国民党桐乡县政府逮捕，搜去随身所带文件，致使中共海北党组织暴露而撤离海盐。1941年2月，谢奠宁被国民党县政府怀疑，也辞去军民联络站站长职务，中共海盐工作团活动中止。

1942年5月，中共路南特委决定派刘明(化名李福奎)为海北特派员。次年1月，刘明到六里堰，以惠泉乡公所事务员的身份作掩护，领导海北地区党的活动。同月，成立中共六里堰支部，设贺祥、张湾、孙湾、彭家堰4个党小组，党员20余人。1944年5月，在彭家堰党小组的基础上建立支部，书记陈克骏(陈老虎)任职至1945年8月。从此，海盐人民的革命斗争进入了一个新的阶段。党组织发动群众、依靠群众，开展反"清乡"和锄奸斗争，配合新四军部队开辟海北抗日游击区等活动，沉重打击了日伪统治和国民党反共摩擦，并在斗争中不断壮大自身力量。

1944年7月2日，海北支队在六里堰击退澉浦据点100余日伪军骚扰，毙伤敌20余人，俘4人。此后，海北支队活动范围扩展至石泉、澉城、长川坝及海宁县黄湾、袁花一带。

第二节　中华人民共和国成立后澉城区(乡)党组织

1949年5月，海盐县解放，6月建立中共澉城分区委员会，驻地澉城集镇。1951年4月改称斩城区委，区下属斩北、斩城、斩东、鸳鸯四乡均建立人民政府。在此期间区委派出干部下到各村，发动群众成立农民协会。废除保甲制度，成立村民委员会；开展剿匪反霸、减租减息；组织民兵自卫队，维护农村秩序，组织群众恢复生产。1950 年 5～6 月，配合公安基本肃清匪患。1955 年 12 月中共斩城区委下辖中共斩城乡支部（1953 年 12 月成立）、中共斩北乡支部（1953 年 10 月成立）、中共斩东乡支部（1954 年 3 月成立）、中共石泉乡支部（1953 年 7 月成立）、中共张鼎乡支部（1952 年 8 月成立）、中共鸳鸯乡支部（1954 年 3 月成立）、中共得胜乡支部（1954 年 12 月成立）、中共塘南乡支部（1952 年 11 月成立）、中共富亭乡支部（1955 年 12 月成立）9 个乡党支部。1956 年 3 月区委撤销。

1949 年 6 月，县委派徐永三、丁慎宁等同志到斩城区开展工作，吸收第一批农民积极分子加入中国共产党，他们是蔡振明、俞沈荣、俞常和、俞吴余、韩阿福、许增荣，共 6 人。同年，中共斩城分区委在彭家堰重建党支部，这是解放后全县第一个农村党支部。

1950 年冬季，在区委领导下深入农村帮助和指导农会开展土地改革，至 1951 年春，全区土地改革基本完成。随后区委组织群众投入镇压反革命分子和抗美援朝运动，在斩城区开展镇压反革命分子运动的同时纷纷出资捐献飞机大炮，青年踊跃报名参加志愿军，支援抗美援朝。1952 年起，区委引导农民组织起来，走互助合作道路。1953 年 3 月，区委在斩北乡建立全区农村第一个党支部。

1956 年 3 月，全县撤区并乡，斩城区建制撤销，中共斩城区委员会随之撤销。斩城、斩北乡及斩东、鸳鸯乡各一部分合并建立斩城乡，同时建立乡党总支，下辖 7 个高级社党支部。这个时期内，在党总支领导下农会、青年团、妇联、民兵等群众组织也随之建立和发展。

1958 年 2 月，重新设立中共斩城区委员会，由县委领导担任区委书记，区委不设工作机构，由秘书负责上下联系。10 月，斩城乡及石泉乡一部分合并建立斩城人民公社，同时建立公社党委，1958 年 11 月起经批准撤销海盐县建制，隶属于海宁县委。

1961 年 4 月，贯彻中共中央《农村人民公社工作条例（草案）》，调整社队规模，5 月，原石泉乡一部分划出，重新建立斩城公社党委。隶属于海宁县委，同年 10 月恢复海盐县建制，此斩城公社党委隶属于海盐县委。

1966 年 5 月，“文化大革命”开始，斩城公社党委受到“红卫兵”冲击，党委主要领导被揪斗，党组织瘫痪，被迫停止活动，由公社人武部主持日常工作。1968 年 4 月，把“斩城”改为“圩城”，成立圩城公社革命委员会，实行党政合一。1969 年，建立公社革命委员会党的核心小组。1970 年 9 月，恢复建立中共圩城公社委员会，党组织活动得到恢复。

1976 年 10 月，粉碎江青反革命集团后，公社党委成员作了调整充实。1979 年，中共十一届三中全会召开后，把工作重点转移到以经济建设为中心的轨道上来。在农村推行家庭联产承包责任制，大力发展乡镇企业，使农村面貌发生根本转变。1984 年 1 月，公社实行政社分设，圩城公社改为斩城乡，公社党委改为乡党委。

1994 年 7 月 14 日，撤乡建镇，斩城乡党委改为于城镇党委。

1999 年底，全镇共有党支部 30 个，党员 846 名。

2000 年 12 月，于城镇委下属 34 个党支部，52 个党小组。其中，18 个农村支部，3 个工业支部，1 个商业支部，1 个金融保险支部，1 个卫生体育支部，2 个文化教育支部，1 个机关团体支部，7 个其他支部。

2014 年 12 月，于城镇委下属 9 个党总支部，61 个党支部。其中，26 个农村支部，28 个工业支部，1 个商业支部，1 个金融保险支部，1 个卫生体育支部，3 个文化教育支部，14 个机关团体支部，4 个其他支部。党员 1171 人，其中女党员 316 人。在党员中有硕士研究生 1 人，本科 148 人，大专 179 人，高中 235 人，初中 355 人，小学 253 人；在党员中 25 岁又下 32 人，26 至 35 岁 254 人，36 至 45 岁 212 人，46 至 54 岁 225 人，55 至 59 岁 118 人，60 岁以上 330 人。

表 14—1—1　　中共钦城乡委员会历年所属党支部情况表

年份	党委个数	党总支部个数	党支部个数	党小组个数	其中支部个数							
					农林渔业	工业	商业	金融保险	卫生体育	文化教育	机关团体	其他
1952			1								1	
1953			1								1	
1954			3								1	
1955			5		4						1	
1957		1	6		6							
1958	1		9		8	1						
1959	1		15		10	1	1		1	1	1	
1961	1		22		18	1			1	1	1	
1962	1		22		18	1			1	1	1	
1963	1		23		18	1	1			1	1	1
1965	1		19		15	1	1			1	1	
1966	1		21	30	14	1	1	1		2	1	1
1967	1		20		15	1	1		1	1	1	
1968	1		19		14	1	1		1	1	1	
1969	1		19		14	1	1		1	1	1	
1970	1		19		14	1	1		1	1	1	
1971	1		18	62	14	1	1			1	1	
1972	1		19		14	1	1	1	1		1	
1973	1		19	73	14	1	1	1		1	1	
1974	1		19		14	1	1	1		1	1	

续表 14—1—1

年份	党委个数	党总支部个数	党支部个数	党小组个数	其中支部个数							
					农林渔业	工业	商业	金融保险	卫生体育	文化教育	机关团体	其他
1976	1		19		14	1	1	1		1	1	
1977	1		19		14	1	1	1		1	1	
1980	1		19		14	1	1	1		1	1	
1986	1	1	30		16	10	1	1		1	1	
1987	1	1	30		18	8	1		1	1	1	
1988	1	1	32		17	10	1		1	1	1	1
1990	1	1	32		17	10	1		1	1	1	1
1992	1	1	34	103	17	11	1		1	2	1	1
1994	1		33	103	18	8	1	1	1	2	1	1
1995	1		32	106	17	7	1	1	1	2	1	2
1996	1		32	103	17	7	1	1	1	2	1	2
1997	1		32	105	17	7	1	1	1	2	1	2
1998	1		31	28	17	6	1	1	1	2	1	2
1999	1		30	57	17	1	1	1	1	2	1	6
2000	1		34	52	18	3	1	1	1	2	1	7
2001	1		28	67	9	8	1	1	1	2	1	5
2002	1	1	32	51	14	10	1	1	1	2	1	2
2005	1	2	35	52	20	10		1	1	2	1	
2007	1	5	46	23	27	12		1	1	3	2	
2008	2	7	54		29	18		1	1	3	2	
2009	2	7	60		32	17		1	1	3	6	
2010	2	7	74		32	25	1	1	1	4	7	2
2011	2	8	66		27	25	1	1	1	3	8	
2012	2	8	70		24	29	1	1	1	3	11	
2013	2	8	70		26	28	1	1	1	3	10	
2014	2	8	78		26	28	1	1	1	3	14	4

表 14—1—2　　2001 年 8 月中共于城镇委员会并村前所属党支部一览表

序号	支部名称	书记	序号	支部名称	书记
1	中共庄家村支部	王金良	20	中共小学支部	章驰冠
2	中共于南村支部	钱褚荣	21	中共供销社支部	汪民强
3	中共何家村支部	陈社良	22	中共工办支部	沈虎良
4	中共于城村支部	叶宋明	23	中共渔场支部	徐学高
5	中共鸳鸯村支部	金建良	24	中共砖瓦二厂支部	董留金
6	中共于三村支部	朱沈良	25	中共卫生院支部	周亚萍
7	中共吕冢村支部	吴祥明	26	中共信用社支部	姜钧良
8	中共构塍村支部	徐仁观	27	中共联合支部	彭大妹
9	中共于南村支部	庞张明	28	中共政法支部	褚金虎
10	中共千福村支部	冯士良	29	中共集镇民营支部(2002.4 撤销)	陈建华
11	中共于北村支部	詹陈铭	30	中共海盐绢纺实业有限公司支部	马福良
12	中共陈家门村支部	陈超钧	31	中共嘉兴浩圣服装用品公司支部	叶新宝
13	中共八字村支部	周金连	32	中共鸳鸯丝绸印花厂支部	马关法
14	中共江渭村支部	王社生	33	中共于城丝绸印染有限公司支部	马金明
15	中共坛墩村支部	王良观	34	中共于城金狮印染服装公司支部	吴天雪
16	中共太平桥村支部	陈爱明	35	共海盐南圣服饰有限公司支部	沈留金
17	中共于城镇机关支部	张冠群	36	中共港城纺织品有限公司支部	江荣生
18	中共事业单位支部	黄岳明	37	中共海盐粮业公司支部(2002 年 4 月建)	潘建生
19	中共中学支部	袁金林	38	中共枫桥社区支部(2002 年 4 月建)	韩法良

表 14—1—3　　2014 年中共欤城乡委员会所属党支部一览表

序号	总支名称	书记	支部名称
1	中共鸳鸯村委员会	吴燕萍	中共工业支部、中共农业支部、中共老龄支部
2	中共吕冢村总支委员会	朱金华	中共工业支部、中共农业支部、中共老龄支部
3	中共庄家村总支委员会	吴建慧	中共工业支部、中共农业支部、中共老龄支部
4	中共何家村总支委员会	董云升	中共工业支部、中共农业支部、中共老龄支部
5	中共构塍村总支委员会	张胜明	中共工业支部、中共农业支部、中共老龄支部
6	中共八字村总支委员会	冯明达	中共工业支部、中共农业支部、中共老龄支部
7	中共江渭村总支委员会	唐惠平	中共工业支部、中共农业支部、中共老龄支部

续表 14—1—3

序号	总支名称	书记	支部名称
8	中共三联村总支委员会	沈菊娥	中共工业支部、中共农业支部、中共老龄支部
9	中共经济建设服务中心总支委员会	陈晓明	中共于城镇经济建设服务中心支部、中共海盐星辰工具有限公司支部、中共海盐汇联通用配件有限公司支部、中共海盐县易达标准件有限公司支部、中共海盐县超强标准件有限公司支部、中共嘉兴市佳友豆制品有限公司支部、中共海盐天竺服饰有限公司支部、中共海盐桐基羊绒纺业有限公司支部等9个支部。
10		钱林祥	中共社会管理中心支部委员会
11		沈建友	中共农业水利服务中心支部委员会
12		张炳良	中共征迁办支部委员会
13		郑桂红	中共于城镇国土资源所支部委员会
14		徐海卫	中共于城信用合作社支部委员会
15		黄雪良	中共于城镇广电站支部委员会
16		干学华	中共于城镇中学支部委员会
17		袁卫红	中共于城镇中心小学支部委员会
18		周玲芬	中共于城镇卫生院支部委员会
19		黄　昕	中共于城镇供销社支部委员会
20		王权法	中共于城镇渔场支部委员会
21		许文龙	中共海盐县国税局郊区分局支部委员会
22		沈良芬	中共于城社会事业服务中心支部委员会
23		朱其良	中共于城镇机关第一支部委员会
24		王后法	中共于城镇机关第二支部委员会
25		彭菊芬	中共海盐恒越绢纺支部委员会
26		沈周良	中共于城镇南圣服饰支部委员会
27		张佳生	中共海盐鸳鸯丝绸印染有限公司支部委员会
28		张勤飞	中共海盐丝绸印染有限公司支部委员会
29		崔周明	中共海盐金狮丝绸印染有限公司支部委员会
30		董留金	中共海盐于城第二砖瓦厂支部委员会
31		潘建生	中共于城粮业公司支部委员会
32		陈爱明	中共海盐漂染有限公司支部委员会
33		陈孔煌	中共海盐华诚金属有限公司支部委员会

表 14—1—4　　于城(乡)镇历年党员人数表

年份	党员数		年份	党员数		年份	党员数	
	总数	其中女		总数	其中女		总数	其中女
1957	153		1977	518	59	1997	802	99
1958	164		1978			1998	818	111
1959			1979	579	59	1999	846	118
1960	483	66	1980	579	59	2000	851	120
1961			1981	596	56	2001	879	131
1962			1982	602	58	2002	895	135
1963	463	70	1983	609	59	2003	906	143
1964	465	70	1984	631	60	2004	909	147
1965	363	41	1985	657	64	2005	923	155
1966	418	52	1986	685	67	2006	919	160
1967			1987	679	70	2007	941	175
1968			1988	685	71	2008	971	192
1969			1989			2009	1010	212
1970			1990	687	72	2010	1049	241
1971	416	53	1991			2011	1089	274
1972	432	49	1992	725	78	2012	1124	288
1973	480	56	1993	738	92	2013	1145	302
1974	480	56	1994	755	93	2014	1171	316
1975	487	57	1995	762	92			
1976	506	58	1996	780	93			

表 14—1—5　　于城镇历年党员基本情况表

单位:人

年份	党员总数	文化程度							年龄结构					
		硕士生	本科生	大专生	高中专	初中生	小学生	文盲	25岁以下	26至35岁	36至45岁	46至54岁	55至59岁	60岁以上
1957	153													
1958	164													

续表 14—1—5

年份	党员总数	文化程度							年龄结构					
		硕士生	本科生	大专生	高中专	初中生	小学生	文盲	25岁以下	26至35岁	36至45岁	46至54岁	55至59岁	60岁以上
1960	483													
1963	463				11	8	280	164	95	140	208	11	9	
1964	465			1	2	18	279	165	11	94	290	18	52	
1965	363			1		19	228	115	6	61	258	20	18	
1966	418					36	281	107	54	67	258	20	19	
1971	416				7	33	267	109	27	102	260	18	9	
1972	432				9	42	263	118	14	100	265	47	6	
1973	480				15	49	298	118	15	118	276	46	25	
1974	480				15	49	298	118	15	118	276	46	25	
1975	487				16	54	301	116	14	112	288	48	25	
1976	506				18	55	318	115	19	118	290	51	28	
1977	518				18	58	325	117	15	121	292	55	35	
1980	579				18	94	335	124	25	122	167	180	59	26
1982	602				35	116	333	118	11	141	158	177	62	53
1984	631			1	44	125	357	104	20	141	149	212	66	43
1985	657			2	55	146	354	100	40	139	161	194	72	51
1987	679			4	80	168	391	56	45	141	159	185	81	68
1988	685			4	83	177	370	51	32	150	165	175	85	78
1990	687		3	4	93	182	366	49	21	157	158	175	90	86
1992	725		3	6	105	229	339	43	10	152	191	151	106	115
1994	755		4	6	116	254	336	39	22	140	203	153	94	143
1995	762		6	10	122	240	340	44	14	143	200	149	103	153
1996	780		5	15	126	258	335	46	18	147	209	161	79	166
1997	802		4	12	138	279	337	32	21	155	206	169	67	184
1998	818		5	14	139	297	332	31	21	147	218	178	64	190
1999	846		15	18	154	321	268	70	34	132	225	186	67	202
2000	851		16	19	161	328	261	66	35	120	217	198	77	204

续表 14—1—5

年份	党员总数	文化程度							年龄结构					
		硕士生	本科生	大专生	高中专	初中生	小学生	文盲	25岁以下	26至35岁	36至45岁	46至54岁	55至59岁	60岁以上
2001	879		8	35	178	338	256	64	35	136	206	186	89	227
2002	895	/	7	38	285	351	253	61	36	116	228	191	90	234
2003	906	/	15	43	205	352	251	40	35	117	227	197	91	239
2004	909	/	10	51	205	352	255	36	39	118	216	197	86	253
2005	923	/	12	63	206	357	252	33	33	126	227	192	84	261
2006	919	/	20	49	212	361	245	32	39	110	222	193	81	274
2007	941		36	57	218	370	230	30	36	130	227	188	83	277
2008	971	1	49	80	217	324	250	50	33	155	205	208	87	283
2009	1010	1	68	91	225	330	250	45	32	176	205	202	102	293
2010	1049	1	88	106	233	349	240	32	30	206	197	196	117	303
2011	1089	1	108	129	234	355	234	28	35	214	207	207	114	312
2012	1124	1	129	142	236	354	234	30	31	202	207	213	119	322
2013	1145	1	140	156	231	350	235	32	36	234	205	217	118	335
2014	1171	1	148	179	235	355	253	0	32	254	212	225	118	330

第三节　党组织机构及领导人

中共轪城乡党委自20世纪50年代初建立后，随着社会主义建设和经济建设需要，党的队伍不断扩大，党的机构逐步完善，至2014年，于城镇党委设党委办公室、组织办公室、宣传办公室、共青团委员会、妇女联合委员会、人民武装部、党校、科学技术普及协会等组织机构。

1949年6月成立中共轪城分区委员会，1951年4月改称中共轪城区委员会，历任区委领导人由上级党委任命。1958年第一次党员代表大会起，党委领导人由大会选举产生，20世纪中后期任期一般为3年，21世纪起改为5年。在此期间，部分领导人由上级党委任免。1965年2月轪城公社星火、菜塘2个大队划入富亭公社；高竹、彭家2个大队划回石泉公社。“文化大革命”期间，公社党委受到冲击瘫痪。1968年4月成立轪城公社革命委员会，实行党政合一，1969年建立公社革命委员会党的核心小组。1970年4月召开中共轪城公社第五次代表大会，恢复并从此开始起党委领导人由大会选举产生，少数领导人因工作需要由上级党委任免的领导干部任免制度。

表 14—1—6　　中共钦城区委历任领导人情况表

区委成立时间	职　务	姓　名	任职时间
1949 年 6 月～1956 年 3 月	书　记	王化东	1949 年 11 月～1950 年 6 月
	书　记	庄子祥	(代)1951 年 10 月～1952.2 (兼)1952 年 2 月～1953 年 6 月
	书　记	华文财	1954 年 9 月～1955 年 11 月 (兼)1955 年 11 月～1956 年 3 月
	副书记	徐忠常	1949 年 9 月～1950 年 3 月 1951 年 5 月～1952 年 9 月
	副书记	林元济	1950 年 6 月～1951 年 5 月
	副书记	华文财	1953 年 2 月～1954 年 9 月
	第一书记	丁沧水	1953 年 6 月～1953 年 12 月
	第一书记	刘玉华(女)	1954 年 1 月～1954 年 11 月
	第二书记	周鹏海	1953 年 12 月～1955 年 8 月
	委　员	韩世瑞　辛　瑄　王悦刚 李增义　鞠　忠　孙锡余 王贵泉　张秀行　朱志明 赵菊英(女)　徐小宝(女)　蒋金昌 周阿林　朱森林　陈志潜 任华英(女)	1949 年 6 月～1956 年 3 月
1958 年 2 月～1958 年 10 月	书　记	吴　凯	1958 年 2 月～1958 年 8 月
	委　员	郑顺和　华文财	
	委　员	朱仕良　姜逊荣	

表 14—1—7　　中共钦城乡支部历任负责人情况表

组织名称	职　务	姓　名	任职时间
支　部	书　记	朱森林	1953 年 12 月～1956 年 3 月
	副书记	冯田法	1955 年 3 月～1956 年 3 月
总　支 1958 年 2 月建立党委	书　记	朱森林	1956 年 3 月～1958 年 2 月
	书　记	吴　凯	(兼)1958 年 2 月～1958 年 8 月
	副书记	陈老虎	1956 年 3 月～1958 年 2 月
	副书记	汤小迷	1956 年 3 月～1958 年 10 月
	副书记	朱仕良	1957 年 8 月～1958 年 9 月
	副书记	朱森林	1958 年 2 月～1958 年 10 月

续表 14—1—7

组织名称	职　务	姓　名	任职时间
总　支 1958年2月建立党委	委　员	陈老虎	1958年2月～1958年10月
	委　员	张老虎	1958年2月～1958年10月
	委　员	杨泉全	1958年2月～1958年10月
	委　员	吴六华	1958年2月～1958年10月

说明：1956年3月，钦城乡、钦北乡及钦东乡、鸳鸯乡一部分合并为钦城乡，同时建立党总支

表 14—1—8　　中共钦北乡支部历任负责人情况表

组织名称	职　务	姓　名	任职时间
支　部	书　记	徐小宝(女)	1953年10月～1954年7月
	书　记	陈老虎	1955年3月～1956年3月
	副书记	徐乃娥(女)	1953年10月～1955年9月
	副书记	陈老虎	1954年7月～1955年3月
	副书记	李周伦	1955年9月～1956年3月

说明：1956年3月，钦北乡并入钦城乡，建立党总支

表 14—1—9　　中共钦东乡支部历任负责人情况表

组织名称	职　务	姓　名	任职时间
支　部	书　记	丁有庆	1954年3月～1954年7月
	书　记	凌虎君	1954年7月～1956年3月
	副书记	徐关余	1955年12月～1956年3月

说明：1956年3月，钦东乡一部分并入钦城乡，一部分并入官堂乡，各建立党总支

表 14—1—10　　中共石泉乡支部历任负责人情况表

组织名称	职　务	姓　名	任职时间
支　部	书　记	陈有林	1953年7月～1954年8月
	书　记	张顺荣	1954年8月～1955年12月
	书　记	姜周周	1955年12月～1956年3月
总　支	第一书记	姚雪观	1957年4月～1957年10月
	书　记	许德法	1956年3月～1957年8月

续表 14-1-10

组织名称	职　务	姓　名	任 职 时 间
总　支	书　记	王悦刚	1957年10月～1958年2月
	书　记	郑和顺	1958年2月～1958年10月
	副书记	姜周周	1956年3月～1957年9月
	副书记	戴富林	1956年3月～1957年9月
	副书记	许德法	1957年8月～1957年10月
	副书记	王悦刚	1958年2月～1958年10月

说明:1956年3月,石泉与张鼎两乡合并建立党总支

表 14-1-11　中共张鼎乡支部历任负责人情况表

组织名称	职　务	姓　名	任 职 时 间
支　部	书　记	丁慎宁	(兼)1950年3月～1951年12月
	书　记	戴富泉	1951年12月～1953年4月
	书　记	戴富林	1953年4月～1955年4月
	书　记	许德法	1955年4月～1956年3月
	副书记	戴富泉	1953年4月～1956年3月
	副书记	戴富林	1955年4月～1956年3月

说明:1956年3月与石泉乡合并建立石泉乡总支

表 14-1-12　中共鸳鸯乡支部历任负责人情况表

组织名称	职　务	姓　名	任 职 时 间
支　部	书　记	许珍荣	1953年～1954年3月; 1954年7月～1955年3月
	书　记	陈美英(女)	1954年3月～1954年7月; 1955年3月～1956年3月
	副书记	杨泉全	1954年7月～1955年3月
	副书记	许珍荣	1955年3月～1955年12月

说明:1956年3月,鸳鸯乡一部分并入欤城乡,一部分并入沈荡乡,一部分并入百步乡各建立党总支

表 14—1—13　　中共得胜乡支部历任负责人情况表

组织名称	职　务	姓　名	任职时间
支　部	书　记	张仕荣	1954 年 12 月～1956 年 3 月
	副书记	李能伧	1955 年 10 月～1956 年 3 月

说明：1956 年 3 月，得胜、百步及鸳鸯、张鼎一部分合并为百步乡，建立党总支

表 14—1—14　　中共塘南乡支部历任负责人情况表

组织名称	职　务	姓　名	任职时间
支　部	书　记	戴富林	1952 年 11 月～1953 年 4 月
	书　记	沈桂余	1953 年 4 月～1953 年 8 月
	书　记	沈金宝(女)	1953 年 8 月～1956 年 3 月
	副书记	朱福三	1955 年 3 月～1956 年 3 月

说明：1956 年 3 月，塘南乡并入城郊乡，建立党总支

表 14—1—15　　中共富亭乡支部历任负责人情况表

组织名称	职　务	姓　名	任职时间
支　部	书　记	李雪芬(女)	1955 年 12 月～1956 年 3 月

说明：1956 年 3 月，富亭乡并入城郊乡并建立党总支

表 14—1—16　　中共欤城公社(乡、镇)历任主要领导人情况表

组织名称	职务	姓名	性别	任职时间
1958 年 10 月，欤城乡及石泉乡一部分合并建立中共欤城人民公社第一届委员会(1958 年 11 月～1961 年 5 月)隶属于海宁县委	书　记	郑和顺	男	1958 年 10 月～1959 年 2 月
	书　记	相起范	男	1959 年 2 月～1961 年 2 月
	书　记	沈振昌	男	1961 年 2 月～1961 年 5 月
	副书记	朱森林	男	1958 年 10 月～1961 年 5 月
	副书记	王悦刚	男	1958 年 10 月～1961 年 5 月
	副书记	袁文彬	男	1958 年 10 月～1960 年 4 月
	副书记	肖良观	男	1958 年 10 月～1960 年 3 月
	副书记	吴顺全	男	1959 年 11 月～1961 年 3 月
	副书记	曹金观	男	1959 年 11 月～1961 年 5 月
	副书记	范关德	男	1960 年 2 月～1961 年 5 月
	副书记	俞戌生	男	1960 年 2 月～1961 年 5 月

续表 14－1－16

组织名称	职务	姓名	性别	任职时间
1958年10月， 砍城乡及石泉乡 一部分合并建立 中共砍城人民公社 第一届委员会 （1958年11月～1961年5月） 隶属于海宁县委	副书记	陈老虎	男	1958年10月～1961年5月
	委 员	范关德	男	1959年11月～1960年2月
	委 员	王悦刚	男	1958年10月～1961年5月
	委 员	袁文彬	男	1958年10月～1961年5月
	委 员	肖良观	男	1958年10月～1961年5月
	委 员	杨泉全	男	1958年10月～1961年5月
	委 员	吴六华	男	1958年10月～1961年5月
	委 员	戴付全	男	1958年10月～1961年5月
	委 员	顾火荣	男	1958年10月～1961年5月
	委 员	李雪芬	女	1958年10月～1961年5月
	委 员	吴顺全	男	1958年10月～1961年5月
	委 员	张老虎	男	1958年10月～1961年5月
	委 员	姚雪观	男	1959年11月～1962年2月
	委 员	沈墨卿	男	1959年11月～1962年2月
	委 员	褚流通	男	1959年11月～1962年2月
	委 员	周阿林	男	1959年11月～1961年5月
	委 员	林志成	男	1959年11月～1961年3月
	委 员	黄 达	男	1959年11月～1962年12月
	委 员	沈其岐	男	1959年11月～1961年5月
原石泉乡部分划出后， 中共砍城人民公社 第二、三届委员会 （1961年5月～1966年5月） 隶属于海宁县委 1961年10月改 属于海盐县委	书 记	沈振昌	男	1961年5月～1962年5月
	书 记	周文良	男	1962年6月～1966年12月
	副书记	朱森林	男	1961年5月～1962年1月
	副书记	范关德	男	1961年5月～1962年5月
	副书记	陆友铭	男	1961年12月～1962年1月
	副书记	赵叙昌	男	1962年7月～1966年12月
	副书记	张仕荣	男	1962年9月～1965年4月
	委 员	张仕荣	男	1965年4月～1966年12月
	委 员	姚雪观	男	1962年2月～1966年12月
	委 员	顾虎荣	男	1962年2月～1962年12月

续表 14—1—16

组织名称	职务	姓名	性别	任职时间
原石泉乡部分划出后，中共钦城人民公社第二、三届委员会（1961年5月～1966年5月）隶属于海宁县委 1961年10月改属于海盐县委	委员	沈其岐	男	1962年2月～1966年12月
	委员	韩伍观	男	1962年2月～1962年12月
	委员	张老虎	男	1962年2月～1966年12月
	委员	王妙娟	女	1961年5月～1962年12月
	委员	戴周林	男	1962年12月～1966年12月
	委员	宋阿毛	女	1962年12月～1966年12月
	委员	周阿林	男	1962年12月～1966年12月
中共钦城人民公社第四届委员会（1966年5月～1968年4月）	书记	周文良	男	1966年12月～1968年4月
	副书记	赵叙昌	男	1966年12月～1968年4月
	副书记	钱其康	男	1966年12月～1968年4月
	副书记	戴周林	男	1966年12月～1968年4月
	委员	顾法林	男	1966年12月～1968年4月
	委员	朱金荣	男	1966年12月～1968年4月
	委员	殷凤岐	男	1966年12月～1968年4月
	委员	沈其岐	男	1966年12月～1968年4月
	委员	宋阿毛	女	1966年12月～1968年4月
钦城公社革委会党的核心小组	组长	周文良	男	1969年4月～1970年9月
	副组长	戴周林	男	1969年4月～1970年9月
	副组长	沈其岐	男	1969年4月～1970年9月
恢复中共钦城公社第五届委员会（1970年9月～1976年10月）	书记	周文良	男	1970年9月～1971年4月
	书记	万云	男	1971年4月～1976年10月
	副书记	万云	男	1970年9月～1971年4月
	副书记	茹本初	男	1971年4月～1976年10月
	副书记	金逸	男	1971年8月～1976年10月
	副书记	冯新观	男	1973年12月～1976年10月
	委员	陈水林	男	1970年9月～1976年10月
	委员	顾法林	男	1970年9月～1976年10月
	委员	徐文生	男	1970年9月～1976年10月
	委员	金逸	男	1970年9月～1971年8月

续表 14－1－16

组织名称	职务	姓名	性别	任职时间
恢复中共钦城公社第五届委员会（1970 年 9 月～1976 年 10 月）	委员	顾关顺	男	1970 年 9 月～1971 年 2 月
	委员	戴周林	男	1970 年 9 月～1976 年 10 月
	委员	冯新观	男	1972 年 5 月～1976 年 10 月
	委员	王豪	男	1972 年 5 月～1976 年 10 月
调整中共钦城公社委员会（1976 年 10 月～1980 年 3 月）	书记	万云	男	1976 年 10 月～1977 年 11 月
	副书记 主持工作	茹本初	男	1976 年 10 月～1979 年 4 月 1977 年 11 月～1979 年 4 月
	书记	茹本初	男	1979 年 4 月～1980 年 3 月
	副书记	金逸	男	1976 年 10 月～1979 年 4 月
	副书记	冯新观	男	1976 年 10 月～1980 年 3 月
	副书记	陈水林	男	1977 年 10 月～1977 年 12 月
	委员	陈水林	男	1976 年 10 月～1977 年 10 月
	委员	顾法林	男	1976 年 10 月～1980 年 3 月
	委员	戴周林	男	1976 年 10 月～1980 年 3 月
	委员	王后法	男	1979 年 4 月～1980 年 3 月
	委员	任金新	男	1979 年 11 月～1980 年 3 月
	委员	徐文生	男	1976 年 10 月～1979 年 6 月
中共钦城公社第六届委员会（1980 年 3 月～1983 年 12 月）	书记	茹本初	男	1980 年 3 月～1983 年 12 月
	副书记	许水观	男	1980 年 3 月～1983 年 12 月
	副书记	夏留荣	男	1983 年 3 月～1983 年 12 月
	委员	王后法	男	1980 年 3 月～1983 年 12 月
	委员	顾法林	男	1980 年 3 月～1983 年 12 月
	委员	任金新	男	1980 年 3 月～1983 年 12 月
	委员	刘六明	男	1980 年 3 月～1983 年 11 月
	委员	蒋凤林	男	1980 年 3 月～1983 年 12 月
	委员	沈惠芬	女	1980 年 3 月～1983 年 12 月
	委员	戴周林	男	1980 年 3 月～1983 年 12 月
改称中共钦城乡第七届委员会（1983 年 12 月～1987 年 3 月）	书记	夏留荣	男	1983 年 12 月～1987 年 3 月
	副书记	王后法	男	1983 年 12 月～1985 年 11 月
	副书记	盛关法	男	1985 年 8 月～1987 年 3 月

续表 14－1－16

组织名称	职务	姓名	性别	任职时间
改称中共钦城乡第七届委员会（1983年12月～1987年3月）	委员	江海林	男	1983年12月～1987年3月
	委员	叶锡祥	男	1983年12月～1987年3月
	委员	沈惠芬	女	1983年12月～1987年3月
	委员	周荣祥	男	1983年12月～1984年5月 1985年9月～1987年3月
	委员	张瑞祥	男	1983年12月～1987年3月
	委员	周　于	男	1985年11月～1987年3月
中共钦城乡第八届委员会（1987年3月～1990年2月）	书记	夏留荣	男	1987年3月～1990年2月
	副书记	盛关法	男	1987年3月～1990年2月
	副书记	周　于	男	1987年3月～1990年1月
	副书记	江海林	男	1989年12月～1990年2月
	委员	江海林	男	1987年3月～1989年12月
	委员	周根明	男	1987年3月～1990年2月
	委员	周荣祥	男	1987年3月～1990年2月
	委员	张美芬	女	1987年3月～1990年2月
中共钦城乡第九届委员会（1990年2月～1993年2月）	书记	夏留荣	男	1990年2月～1992年12月
	书记	盛关法	男	1992年12月～1993年2月
	副书记	盛关法	男	1990年2月～1992年7月
	副书记	江海林	男	1990年2月～1992年8月
	副书记	鲁瑞良	男	1992年8月～1993年2月
	副书记	叶玉英	女	1992年12月～1993年2月
	副书记	郑其良	男	1993年9月～1994年1月
	委员	周根明	男	1990年1月～1994年1月
	委员	张美芬	女	1990年1月～1994年3月
	委员	李月中	男	1992年12月～1994年1月
改称中共于城镇第十届至十五届委员会（1993年2月～2016年9月）	书记	盛关法	男	1993年2月～1995年8月
	书记	陈　伟	男	1995年10月～1998年10月
	书记	干海明	男	1998年10月～2001年10月
	书记	张伟明	男	2001年10月～2002年11月

续表 14-1-16

组织名称	职务	姓名	性别	任职时间
改称中共于城镇第十届至十五届委员会（1993年2月～2016年9月）	书记	陈志良	男	2002年12月～2005年5月
	书记	金爱明	男	2005年5月～2006年9月
	书记	吴国飞	男	2006年9月～2008年12月
	书记	苏建良	男	2008年12月～2010年12月
	书记	郭腾辉	男	2010年12月～2011年9月
	书记	卫沈弘	男	2011年9月～2016年9月
	副书记	鲁瑞良	男	1994年1月～1995年3月
	副书记	叶玉英	女	1994年1月～1994年7月
	副书记	郑其良	男	1994年1月～1996年7月
	副书记	冯宴冬	男	1995年2月～1998年4月
	副书记	陈志良	男	1997年11月～2002年12月
	副书记	张冠群	男	1998年10月～2006年9月
	副书记	王申峰	女	2002年12月～2004年1月
	副书记	吴国飞	男	2004年1月～2006年9月
	副书记	朱建军	男	2004年1月～2004年8月
	副书记	郭真	女	2004年3月～2006年9月
	副书记	苏建良	男	2004年11月～2008年12月
	副书记	郭腾辉	男	2008年12月～2010年12月
	副书记	周雪军	男	2006年9月～2007年12月
	副书记	朱其良	男	2008年3月～
	副书记	于国海	男	2007年8月～2014年9月
	副书记	王雪君	男	2010年12月～2014年9月
	副书记	吴雪红	女	2014年9月～2016年2月
	副书记	王建根	男	2014年9月～2016年9月
	委员	李月中	男	1994年1月～1998年4月
	委员	周荣祥	男	1994年1月～1996年1月
	委员	周根明	男	1994年1月～1995年3月
	委员	张美芬	女	1994年1月～1994年3月
	委员	王菊英	女	1994年3月～1998年10月

续表 14－1－16

组织名称	职务	姓名	性别	任职时间
改称中共于城镇第十届至十五届委员会（1993年2月～2016年9月）	委员	张冠群	男	1995年2月～1998年10月
	委员	徐凤飞	男	1995年10月～1998年10月
	委员	严姚良	男	1998年4月～2001年10月
	委员	汤芳英	女	1998年10月～2004年11月
	委员	胡新良	男	1998年10月～2004年11月
	委员	龚佳泳	女	1998年12月～2001年10月
	委员	马建新	男	1999年11月～2006年9月
	委员	姚伟栋	男	2001年10月～2006年9月
	委员	韩国金	男	2001年10月～2004年11月
	委员	熊善明	男	2001年10月～2002年1月
	委员	顾小丰	男	2004年10月～2006年10月
	委员	姜金凤	女	2004年11月～2007年3月
	委员	王永军	男	2004年11月～2011年9月
	委员	张明	男	2004年11月～2009年9月
	委员	王芳	女	2009年11月～2011年9月
	委员	徐培良	男	2007年3月～2009年9月
	委员	顾小丰	男	2007年3月～2011年9月
	委员	周海军	男	2011年9月～2016年9月
	委员	许卫娟	女	2011年9月～2016年9月
	委员	徐李烨	女	2011年9月～2016年1月
	委员	沈国平	男	2016年1月～
	委员	周利明	男	2011年9月～
	委员	唐惠平	女	2013年11月～2016年9月

第四节　中国共产党于城镇历次代表大会

1959年1月8日，中国共产党钦城乡第一次代表大会在钦城镇举行，出席代表387名，大会听取和审议了《党委工作报告》，选举产生中共钦城公社委员会。选出书记1人，副书记4人，委员9人。

1961 年 1 月 19～23 日，中国共产党钦城公社第二次代表大会在圩城人民公社举行，出席代表 542 名。大会听取和审议了《党委工作报告》，选举产生中共钦城乡委员会，选出书记 1 人，副书记 3 人，委员 7 人。

1962 年 12 月 7～9 日，中国共产党钦城公社第三次代表大会第一次会议在钦城镇举行，出席代表 96 名，列席代表 3 名，大会听取和审议了党委书记作《党委工作总结报告》、《开展增产节约运动》和《今后任务的报告》的三项决议。选举产生中共钦城公社委员会 9 人，选出书记 1 人，副书记 2 人，委员 6 人。选出出席中共海盐县第三届代表大会代表 24 人。

1966 年 12 月，中国共产党钦城公社第四次代表大会在钦城镇举行，出席代表 98 名，大会听取和审议了《党委工作报告》，选举产生 9 人组成中共钦城公社第四届委员会。选出书记 1 人，副书记 3 人，委员 5 人。

1970 年 9 月 25～27 日，中国共产党圩城公社第五次代表大会在钦城公社举行，出席代表 288 名，大会听取和审议了《党委工作报告》，选举产生中共钦城乡委员会。选出书记 1 人，副书记 1 人，委员 6 人。

1980 年 3 月 24～25 日，中国共产党圩城公社第六次代表大会在钦城公社大会堂举行，出席代表 230 名，列席代表 25 名，大会听取和审议了《党委第五届工作报告》，选举产生 9 人组成中共钦城乡委员会。选出书记 1 人，副书记 1 人，委员 9 人。

1983 年 12 月 22 日，中国共产党钦城乡第七次代表大会在钦城镇举行，出席代表 206 名，列席代表 25 名，大会听取并审议了《公社党委工作报告》，选举产生中共钦城乡第七届委员会。选出书记 1 人，副书记 1 人，委员 5 人。

1987 年 3 月 8～9 日，中国共产党钦城乡第八次代表大会在钦城镇召开，出席代表 137 名，女代表 17 名，大会听取并审议了《乡党委工作报告》，选举产生中共钦城乡第八届委员会。选出书记 1 人，副书记 2 人，委员 4 人；选举产生 12 人出席县第七届党代会代表。

1990 年 2 月 14～15 日，中国共产党钦城乡第九次代表大会在钦城镇召开，出席代表 130 名，大会听取并审议了《乡党委工作报告》，选举产生中共钦城乡第九届委员会和出席县第八次党代会代表。选出书记 1 人，副书记 2 人，委员 3 人。

1993 年 2 月 12～13 日，中国共产党钦城乡第十次代表大会第一次会议在钦城镇举行，应出席代表 168 名，实到代表 162 人。大会听取和审议了《党委工作报告》，选举产生中共钦城乡第十届委员会。选出书记 1 人，副书记 2 人，委员 4 人。

1996 年 1 月 17～18 日，中国共产党于城镇第十一次代表大会第一次会议在钦城镇召开，应到代表 145 名，实到代表 142 名，列席代表 16 名，大会听取并审议通过了党委书记所作的题为《解放思想，真抓实干，为加快社会主义新农村建设而奋斗》的工作报告，听取和审议通过了党委副书记所作的题为《履行纪检职能，深化纪检工作，为加快于城经济发展保驾护航》的工作报告。选举产生中共于城镇十一届委员会。选出书记 1 人，副书记 2 人，委员 4 人。

1999 年 1 月 15～16 日，中国共产党于城镇第十二次代表大会第一次会议在钦城镇召开，出席代表 126 名，大会听取并审议通过了党委书记作的题为《团结奋进，争创新业，为实现于城跨世纪的历史任务而奋斗》的党委工作报告，听取和审议通过了纪委书记所作题为《以党的十五大精神为指导，推进我镇党风廉政建设深入开展》的纪委工作报告，通过《关于加快社会主义农业和农村现代化建设步伐的决议》。选举产生中共于城镇第十二届委员会和纪律检查委员会。选出党委书记1人，副书记2人，委员4人。

2002年1月14～15日，中国共产党于城镇第十三次代表大会第一次会议在欤城镇召开，应到代表59名，实到代表58名，大会听取并审议通过了党委书记所作的题为《抓住机遇，加快发展，为建设现代化新于城而努力奋斗》的工作报告；听取并审议通过了纪委书记所作的题为《围绕经济中心，履行纪检职能，为加快于城经济发展保驾护航》的纪委工作报告；审议通过《关于实践“三个代表”重要思想，加强和改进党的作风建设的决定》。大会选举产生中共于城镇第十三届委员会和纪律检查委员会。选出书记1人，副书记2人，委员4人。

2006年10月30～31日，中国共产党于城镇第十四次代表大会第一次会议在于城镇召开，应到代表59名，实到会议代表58名，大会听取并审议通过了党委书记所作的题为《自信自省自强，创业创新创先，全面建设富裕民主文明新于城》的工作报告，听取并审议通过了纪委书记所作的题为《标本兼治，惩防并举，努力开创全镇党风廉政建设新局面》的纪委工作报告。审议通过《关于加快于城镇社会主义新农村建设的建议》和《于城镇党代会闭幕期间发挥代表作用的制度》的决议。选举产生出席中共海盐县第十二次代表大会代表14名。选举产生中共于城镇第十四届委员会和纪律检查委员会。选出党委书记1人，副书记2人，委员3人。

2011年9月29～30日，中国共产党于城镇第十五次第一次代表大会在欤城镇举行，应到正式代表63名，实到代表63名，大会听取和审议了党委书记《中共于城镇第十四届委员会工作报告》、听取审议纪委书记作《中共于城镇第十四届纪律检查委员会工作报告》、选举产生中共欤城乡十五届委员会和十五届纪律检查委员会、选举出席中共海盐县第十三次代表大会代表、审议《关于基层党组织在加强和创新社会管理中更好发挥作用的意见(草案)》。选举产生书记1人，副书记2人，委员5人。

表14—1—17　　于城乡出席嘉兴(地区)市历次党代会代表名单

届次	时　间	人数	代表名单
一	1970年12月20日	1	沈余松
二			
三			
六	2006年12月30日	2	吴国飞　周亚萍

表14—1—18　　(欤、圩)于城镇(乡、公社)出席县历次党代会代表名单

届次	时　间	人数	代表名单
一	1956年6月5日	14	顾关顺　吴美琳　朱森林　朱福昌　陈老虎　沈留和　邱金观　王保官　徐桂荣　潘雪花　吴　凯　朱正华　马桂余　冯田法

续表 14－1－18

届次	时　间	人数	代　表　名　单
二	1959 年 12 月 6 日	19	
三	1962 年 12 月 25 日	24	周平臣　赵嘉祥　周文良　宋阿毛(女)　张老虎　朱良仁　李周论　吴马男　马保荣　吴春春　朱三男　富亚男　孙阿荣　陈菊囡　顾关仁　姚有林　沈阿荣　张许福　宋金泉　陆天观　褚流通　周保荣　陈银和　赉其余
四	1970 年 9 月	26	陈海林　朱金荣　王胜昌　吾德法　何多伦　叶王荣　朱天观　周文良　冯田法　顾天顺　金　逸　褚流通　张炳荣　顾法林　朱雨鑫　吴马男　沈余松　朱马仁　苏顺林　朱三男　金连荣　朱水囡(女)　肖凤珍(女)　郁重宝(女)　俞重宝(女)　陈美英
五	1979 年 3 月 8～14 日	33	张振凯　茹本初　董周法　苏子根　朱马顺　马荣山　朱连德　潘其荣　倪金法　许小妹　韩张林　江林法　朱三男　朱金荣　钱来仁　李周伦　张云虎　沈刘荣　宋金泉　褚王荣　王天林　朱天观　张生发　邱林宝(女)　朱水囡(女)　吴凤英(女)　韩大宝(女)　陈美英(女)　郁重宝(女)　叶玉英(女)　万昂生　顾法林　赉金法
六	1984 年	13	赵嘉祥　夏留荣　沈士祥　周玫芬　顾勤林　吴天雪　周行英　何雪观　马福良　潘其荣　方伯生　董留金　黄留法
七	1987 年 4 月 8～11 日	12	张惠君　周文良　夏留荣　盛关法　周　于　周荣祥　叶玉英　周顺祥　马保荣　李瑞珍　陈雪妹　何雪观
八	1990 年 4 月 11～15 日	12	丁师尹　马保荣　马福良　叶锡祥　陈雪妹　周文良　周行英　周顺强　赵建英　夏留荣　盛关法　董留金
九	1993 年 3 月 24～28 日	12	马关法　叶玉英　李建飞　吴国林　沈玉祥　张美芬　金建良　金瑞良　周文良　周根明　费金海　盛关法
十	1998 年 2 月 24～28 日	13	马福良　王社生　冯宴冬　沈虎良　陈　伟　陈志良　陈雪妹(女)　林周良　周水金　金建良　贺伟明　陶时梅(女)　黄岳明
十一	2003 年 2 月 24～28 日	15	马福良　王申峰(女)　方　敏(女)　叶宋明　朱引良　汤芳英(女)　沈虎良　张冠群　陈志良　陈社良　姚伟栋　袁金林　彭大妹　谢剑华　詹陈铭
十二	2006 年 12 月 26～30 日	15	马福良　王永军　叶宋明　朱沈良　朱胜君　朱蓓华(女)　许明华　苏建良　吴国飞　沈虎良　陆忠祥　周雪军　姜金凤(女)　曹建妹(女)　潘育萍(女)

续表 14－1－18

届次	时　　间	人数	代　表　名　单
十三	2011 年 9 月 29～30 日	14	卫沈弘　王雪君　朱其良　许卫娟(女)　许文龙 吴燕萍(女)　张　妩(女)　陈社良　周玲芬(女) 周海军　俞建明　唐惠平(女)　黄博武　蔡张林

第五节　纪律检查

解放初期，中共钦城区委十分重视党的纪律检查工作，由党委书记负责处理人民来信来访，教育和处理违反党纪国法的党员干部，保证了党的路线、方针、政策的贯彻执行。1953 年以来，随着党组织队伍的不断扩大，为进一步抓好党风廉政建设和党纪工作，区委确定党的纪检工作由 1 名委员兼管。

1958 年，钦城公社党委设立监察委员会。设主任 1 名，副主任委 1 名，委员 7 名。

1962 年，钦城公社党委设立监察委员会。按照“有错必究”的原则，对在“整风整社”“反右倾”中受到处分的党员、干部，予以甄别平反；1980 年，公社复查“文化大革命”中的案件和历史遗留问题，平反了一批冤假错案；1985 年起，在全镇范围内开展整党活动，各支部党员在接受教育的基础上，实行自我教育，提高政治素质和思想觉悟。其中有个别犯有严重错误的党员受到党纪处分。

1990 年 3 月，根据海盐县委决定，设立中共钦城乡纪律检查组，设组长 1 名，副组长 1 名。1991 年 11 月纪律检查组改为纪律检查委员会，组长改为书记。

1993 年 2 月 12～13 日，中国共产党钦城乡第十次代表大会第一次会议在钦城镇大会堂举行，出席代表 168 名，大会听取和审议了《纪委工作报告》，选举产生 5 名同志组成钦城镇第十届纪律检查委员会，选出书记 1 人，副书记 1 人，委员 3 人。

1996 年 1 月 17～18 日，中国共产党于城镇第十一次代表大会第一次会议选举产生 5 人组成中共于城镇十一届纪律检查委员会，选出书记 1 人，副书记 1 人，监察组长 1 人，委员 2 人。

1999 年 1 月 15～16 日，中国共产党于城镇第十二次第一次会议选举产生中共于城镇第十二届纪律检查委员会，由 5 人组成，选出书记 1 人，副书记 1 人，委员 3 人。

2002 年 1 月 14～15 日，中国共产党于城镇第十三次代表大会第一次会议选举产生中共于城镇第十三届纪律检查委员会，由 5 人组成，选出书记 1 人，任副书记 1 人，委员 3 人。

2006 年 10 月 30～31 日，中共于城镇第十四次代表大会第一次会议选举产生中共于城镇十四届纪律检查委员会由 5 人组成。选出书记 1 人，副书记 1 人，委员 3 人。

2011 年 9 月 29～30 日，中国共产党于城镇第十五次代表大会第一次会议选举产生由 5 人组成中共于城镇十五届纪律检查委员会。选出书记 1 人，副书记 1 人委员 3 人。

表 14－1－19　　中共于城镇历届纪委主要领导人名单

届　次	职　务	姓　名	性　别	任　职　时　间
监察委员会	兼管副书记	陈老虎	男	1956 年 6 月～1958 年 10 月
	主任	陈老虎	男	1958 年 10 月～1961 年 1 月
	副主任	吴春春	男	1958 年 10 月～1961 年 1 月
	主　任	韩五观	男	1961 年 1 月～1966 年 5 月
	副主任	沈子文	男	1961 年 1 月～1966 年 5 月
	副主任	沈阿荣	男	1961 年 1 月～1966 年 5 月
	专职监察	沈墨卿	男	1964 年 4 月～1966 年 5 月
	专职纪检委员	周　于	男	1984 年 4 月～1990 年 1 月
第九届 （1990 年 3 月成立）	组长、书记	盛关法	男	1990 年 3 月～1991 年 11 月（组长） 1991 年 11 月～1992 年 12 月（书记）
	书　记	叶玉英	女	1992 年 12 月～1993 年 2 月
	副书记	周根明	男	1990 年 3 月～1991 年 11 月（副组长） 1991 年 11 月～1993 年 2 月（副书记）
第十届	书　记	叶玉英	女	1994 年 1 月～1994 年 7 月
	书　记	郑其良	男	1994 年 7 月～1996 年 1 月
	副书记	周根明	男	1994 年 1 月～1995 年 2 月
	副书记	张冠群	男	1995 年 2 月～1996 年 1 月
	监察组长	葛其林	男	1995 年 2 月～1996 年 1 月
第十一届	书　记	郑其良	男	1996 年 1 月～1996 年 7 月
	书　记	陈志良	男	1997 年 11 月～1998 年 10 月
	副书记	张冠群	男	1996 年 1 月～1998 年 10 月
	监察组长	葛其林	男	1996 年 1 月～1998 年 10 月
第十二届	书　记	张冠群	男	1998 年 10 月～2002 年 1 月
	副书记	龚佳泳	男	1999 年 1 月～2001 年 10 月
	副书记	马建新	男	1999 年 11 月～2002 年 1 月
第十三届	书　记	张冠群	男	2002 年 1 月～2004 年 3 月
	书　记	郭　真	女	2004 年 3 月～2006 年 9 月
	书　记	周雪军	男	2006 年 9 月～2006 年 10 月
	副书记	马建新	男	2002 年 1 月～2006 年 9 月

续表 14－1－19

届　次	职　务	姓　名	性　别	任　职　时　间
第十四届	书　记	周雪军	男	2006 年 10 月～2008 年 2 月
	书　记	朱其良	男	2008 年 3 月～2011 年 10 月
	副书记	王永军	男	2006 年 9 月～2011 年 9 月
第十五届	书　记	朱其良	男	2011 年 10 月～2016 年 9 月
	副书记	许卫娟	女	2011 年 10 月～2016 年 9 月

第六节　党　校

中共钦城党校是镇党委培养教育干部的学校。主要职责是：在中共钦城镇委领导下，培训和轮训镇、村、组的党、政干部及后备干部教育；学习党的基本路线、方针、政策教育；更好地发挥党员和干部在中国特色社会主义建设中的模范带头作用。

1986 年 2 月，中共钦城乡委党校成立。校址设在乡政府机关大院东南侧，总占地约 5 亩，总建筑面积 1982 平方米，配备 50 个座位教室 2 个，添置课桌椅 60 套，1991 年起配备电化教学，有专职教师 4 人。与成人文化技术学校合聚办公和开展教育、教学活动。

党校校长由乡党委书记兼任，副校长由乡党委副书记、分管副乡长兼任；校务委员会由团委、妇联、农科站、工业办公室、科协、中小学校等负责人组成。

1992 年 1 月，钦城党校荣获县先进基层党校，是年 12 月荣获市先进基层党校，1994 年 3 月荣获省先进基层党校。

党校教学采用集中短训、辅导、分组讨论和自学相结合的方法。进行党各阶段性的形势教育、法制教育、《党内监督条例》教育、建党对象培训、《中国共产党章程》教育等。

于城镇党校被中共海盐县委组织部、宣传部、纪委、党校四部门授予 2000～2002 年度海盐县红旗基层党校。

2010 年，被中共嘉兴市委宣传部命名为先进基层党校；7 月，被中共浙江省委宣传部评为浙江省先进党校。

2011 年 7 月，被中共浙江省委宣传部评为浙江省先进党校。

第二章　地方人民代表大会

第一节　概　况

中华人民共和国成立初至 2014 年，于城镇人民代表大会已召开 16 届，历届乡（公社）镇人民代表大会根据中华人民共和国和全国人民代表大会组织法、选举法以及浙江省县、乡两级人民代表大会选举实施细则，并在县委、县政府的直接领导下进行的。每届选举都以村（大队）或单位划分成若干选民区，审查选民资格，发给选民证，公布代表候选人名单，以选区为单位，进行无记名投票，产生正式代表，报上级批准后，发给代表当选证书，然后召开乡（公社）镇人民代表大会，选举乡（公社）镇人民政府领导成员和县人民代表。1980 年后，由选民直接选举产生县人民代表。镇人民代表大会不设常设机构。

第二节　历届人民代表大会

1953 年 3 月，砍城乡在砍城集镇召开第一届人民代表大会第一次会议。出席代表 78 人，大会听取和审议通过了乡长所作的《政府工作报告》，选举产生乡长 1 人，副乡长 1 人。选出出席县人民代表大会代表 31 人。

1957 年 1 月 9～10 日，砍城乡人民委员会在砍城集镇召开第二届人民代表大会第一次会议。出席代表 70 人，女代表 18 人，大会听取和审议通过了乡长所作的《人民委员会工作报告》，选举 13 人组成砍城乡人民委员会，选举产生乡长 1 人，副乡长 3 人。选出出席县人民代表大会代表 9 人。

1958 年 3 月 25～26 日，砍城乡人民委员会在砍城镇召开第三届人民代表大会第一次会议。出席代表 77 人，列席代表 15 人，大会听取和审议通过了乡长所作的《政府工作报告》，选举产生乡长 1 人，副乡长 7 人。选出出席县人民代表大会代表 14 人。

1962 年 1 月 8 日，砍城公社管理委员会在砍城镇召开第四届人民代表大会第一次会议。出席代表 80 人，列席代表 18 人，大会听取了党委书记沈振昌作《目前形势报告》、褚流通作的《三年来工作总结报告》和沈子文的《关于提案审查报告》，选举 13 人为社管理委员会，选举产生社长 1 人，副社长 5 人。选出出席县人民代表大会代表 16 人。

1963 年 5 月 16～17 日，砍城公社管理委员会在砍城集镇召开第五届人民代表大会第一次会议。出席代表 301 人，大会听取党委的《政治报告》和审议通过了社长所作的《社管会工作报告》，选举产生社长 1 人，副社长 3 人。选出出席县人民代表大会代表 16 人。

1966 年 12 月 19 日，砍城公社第六届人民代表大会第一次会议召开。大会应到代表 283 人，实到代表 281 人。大会听取社长所作的《公社管理委员会工作报告》，选举产生 11 人组成第六届砍城公社管理委员会，选举产生社长 1 人，副社长 3 人，委员 7 人。

1981 年 10 月 6～8 日，砍城公社第七届人民代表大会第一次会议召开。出席代表 273 人，列席代表 32 人，大会听取和审议通过了社长所作的《政府工作报告》，选举产生 9 人组成圩城公社第七届管理委员会，选举产生主任 1 人，副主任 3 人，委员 5 人。选举人民陪审员 7 人。选出出席县人民代表大会代表 16 人。

1983 年 12 月 23～24 日，砍城乡第七届人民代表大会第三次会议暨砍城乡经济联合社第一次社员代表大会召开。大会选举产生乡人民政府乡长 1 人，副乡长 2 人；选举产生砍城乡第一届经济联合社主任 1 人，副主任 3 人，委员 3 人。大会审议通过《计划生育民约》《绿化造林护林民约》《护鱼民约》《村民建房用地管理民约》。

1984 年 6 月 29～30 日，砍城乡人民政府在砍城镇召开第八届人民代表大会第一次会议。

出席代表81人,列席代表19人,大会听取和审议通过了乡长所作的《政府工作报告》,选举产生乡长1人,副乡长2人。

1987年4月16～17日,钦城乡人民政府在钦城镇召开第九届人民代表大会第一次会议。出席代表78人,列席代表25人,大会听取并审议通过了乡长所作的《政府工作报告》,选举产生乡长1人,副乡长3人。

1990年3月10日,钦城乡人民政府在钦城镇召开第十届人民代表大会第一次会议。出席代表79人,大会听取并审议通过了乡长所作的《政府工作报告》,选举产生乡长1人,副乡长3人;人民陪审员2人。并开始设立人大主席团,设常务主席1人。

1993年3月21～23日,钦城乡人民政府在钦城镇召开第十一届人民代表大会第一次会议。应到代表86人,实到代表84人。大会听取并审议通过了乡长所作的《十届政府工作报告》《1992年财政决算和1993年财政预算报告(草案)》《人大主席团工作报告》《议案情况处理结果报告》,大会选举产生乡人大主席团常务主席1名,选举产生乡长1名,副乡长3名,人民陪审员2名。1994年7月14日,钦城乡改为建制镇,并更名为于城镇。

1996年2月9～10日,于城镇人民政府在于城镇召开第十二届人民代表大会第一次会议。出席代表56人,大会听取和审议通过了镇长所作的《镇人大主席团工作报告》与《政府工作报告》;审查批准了《于城镇1995年财政预算执行情况和1996年财政预算草案的报告》,大会选举产生人大主席1名、副主席1名和镇长1名,副乡长4名,人民陪审员2名。

1999年1月22～23日,于城镇人民政府在钦城镇召开第十三届人民代表大会第一次会议。出席代表56人,大会听取和审议通过了镇人大主席作的《镇人大主席团工作报告》与乡长所作的《政府工作报告》,审查批准了《于城镇1998年财政预算执行情况和1999年财政预算草案的报告》,审议通过了《代表意见、建议办理情况的报告》和《于城镇村庄总体规划的报告》。大会选举人大主席1人,副主席1人;选出镇长1人,副镇长4人。选出出席县人民代表大会代表10人。

2002年1月22～23日,于城镇人民政府在钦城镇召开第十四届人民代表大会第一次会议。出席代表55人,大会听取和审议通过了镇人大主席作的《镇人大主席团工作报告》与镇长所作的《政府工作报告》,审查批准了《于城镇2001年财政预算执行情况和2002年财政预算草案的报告》,审议通过了《实施依法治理第二个五年计划和开展法制宣传教育第四个五年规划》和《于城镇人民代表大会议事规则》。大会选举产生人大主席1名、副主席1名,镇长1名,副乡长4名。选出出席县人民代表大会代表9人。

2007年1月23～24日,于城镇人民政府在钦城镇召开第十五届人民代表大会第一次会议。出席代表56人,大会听取和审议通过了镇人大主席作的《镇人大主席团工作报告》与镇长所作的《政府工作报告》,审查批准了《于城镇2006年财政预算执行情况和2007年财政预算草案的报告》,审议通过了《于城镇法制宣传教育第五个五年规划》。大会选举人大主席1名、副主席1名,镇长1名,副乡长4名。选出出席县人民代表大会代表10人。

2010年1月22～23日,于城镇人民政府在钦城镇召开第十六届人民代表大会第一次会议。出席代表56人,大会听取和审议通过了镇人大主席作的《镇人大主席团工作报告》与镇长所作的《政府工作报告》,审查批准了《于城镇1998年财政预算执行情况和1999年财政预算草案的报告》，审议通过了《代表意见、建议办理情况的报告》和《于城镇村庄总体规划的报告》。大会选举人大主席1名、副主席1名，镇长1名，副乡长4名。选出出席县人民代表大会代表12人。

表14—2—1　　　　欤城镇(乡)历届人民代表大会主席团领导人名单表

届　次	职　务	姓　名	姓　别	任　职　时　间
第十届	常务主席	盛关法	男	1990年3月～1993年3月
第十一届	常务主席	盛关法	男	1993年3月～1995年9月
第十二届	主　席	陈　伟	男	1996年2月～1998年10月
	副主席	周荣祥	男	1996年2月～1999年1月
第十三届	主　席	干海明	男	1999年1月～2001年10月
	副主席	周荣祥	男	1999年1月～2002年1月
第十四届	主　席	张伟明	男	2002年1月～2002年12月
	主　席	张冠群	男	2003年1月～2007年1月
	副主席	熊善明	男	2002年1月～2007年1月
第十五届	主　席	胡少萍	女	2007年1月～2011年9月
	副主席	熊善明	男	2007年1月～2011年11月
第十六届	主　席	龚野法	男	2011年11月～2017年1月
	副主席	熊善明	男	2011年11月～2014年9月
	副主席	笪加元	男	2014年9月～

表14—2—2　　　　欤城区出席海盐县历次各界人代会代表名单表

届次	时　间	人数	代　表　名　单
一	1949年 11月3～5日		
二	1950年 3月26～29日	29	张坤乾　赵其法　王四卿　沈茂顺　萧年寿　张福昌　汤宝法　姚高林　吴沈农　干月昌　吴林法　韩进才　陈三官　翁天云　张三信　沈金安　沈天观　沈瑞林　张仁林　张留林　沈孙荣　姜浩如　沈虎鸣　丁世观　孙孝佳　王根山　任和良　王秉之　吴孝若
三	1950年 10月25～29日	26	辛　瑄　徐徇得　徐水荣　许来珍　周四卿　孙立高　顾刘荣　许刘刘　沈云福　王吴良　许召林　王沈荣　沈茂顺　张其芳　王土荣　田顺观　张彦林　吴王林　吴孚成　袁关湘　王玉生　金志成　许成功　沈虎鸣　王涤凡

续表 14－2－2

届次	时间	人数	代表名单
四	1951年 3月19～21日	28	辛　瑄　徐雪荣　马永林　何连子　吴至林　张平书　钱张荣 顾来果　姚正福　张彦林　许心荣　沈春法　林松全 许来珍(女)　陈小妹(女)　陈早花(女)　徐水荣 费腊妹(女)　周其顺　李治民　周合英(女)　徐其法 吴全法　王涤凡　金志成　叶潘林　薛马余　吴孚成
五	1951年 10月21～24日	24	时成发　吴雪初　谢国荣　沈虎鸣　褚　民　陆小迷　李国伦 俞上和　盛其福　陈生荣　吕林芳　杨全法　沈天荣　朱茂顺 冯林昌　马富泉　卫富顺　宋何荣　张贤林　张仁天 沈根荣(女)　许来珍(女)　陈菊囡(女) 周合英(女)
六	1952年 4月7～10日		
七	1952年 8月29～9月1日	18	孙芋甫　沈宝仁　宋林宝(女)　朱福三　许瑞安　王世广 钱张荣　吴关和　李周伦　吴生法　俞得荣　任翠凤(女) 尚良观　张仁荣　张言林　吕林芳　宣刘余　吴志芳
八	1953年 3月15－17日		

表 14－2－3　　于城镇(乡、公社)出席海盐县历次人代会代表名单表

届次	时间	人数	代表名单
一	1954年 7月12～18日	31	许德法　马稳囡　范培荣　徐云华　朱明明　张银观　舒顺林 吕银芳　任翠凤　张保华　沈松宝　戴付林　陈菊囡　杨泉泉 王志敏　李纪英　冯田法　陈留金　田蔡福　朱福山　吴三宝 钱张荣　姚金法　凌冯法　顾关仁　沈锦仁　张仕荣　沈志贞 谢四英　吴美林　吴娟娟
二	1956年 12月4～8日	9	沈刘和　陈老虎　冯田法　吴漠生　许小妹　张三姓　袁文彬 金李珍(女)　王金囡(女)
三	1958年 5月27～30日	14	朱森林　褚流通　周阿林　沈阿关　吴金余　朱关德 金里珍(女)　孙阿妹(女)　陈菊囡(女) 马和老(女)　董小南　王中西　张许福　陈友珍(女)
四	1962年 3月8～11日	16	许美娥(女)　朱关保　孙阿妹(女)　陈菊囡(女) 陈有珍(女)　何进余　冯福珍(女)　姚发春　董志南 赵加祥　孙雪余　陈全法　马和老(女)　张老虎　褚流通 张许福

续表 14－2－3

届次	时　间	人数	代表名单
五	1963 年 12 月 28 日～1964 年 1 月 4 日	16	赵叙昌　陈全法　胡雪荣　张许福　陈银和　姚发春　肖天来　董志南　吴汉生　袁田珍(女)　许美娥(女)　陈月珍(女)　俞雪珍(女)　吴刘英(女)　张宗淑(女)　陈菊囡(女)
六	1981 年 7 月 8～11 日	16	万昂生　马文英(女)　马法良　王天林　江叶法　朱金荣　许水观　吴天雪　苏子根　张云虎　张阿坤　俞雪珍(女)　夏益昌　董周法　蔡金昌　潘水林
七	1984 年 7 月 7～10 日		步松华
八	1987 年		沈文豹
九	1990 年		
十	1993 年 3 月 24～28 日		
十一	1998 年 2 月 24～28 日	10	周玉祥　李文华　沈菊英　冯小宝　李瑞珍　陶时梅　马福良　夏建明　陈　伟　马关法
十二	2003 年 2 月 24～28 日	9	曹建妹(女)　张冠群　朱沈良　谢剑华　周亚萍(女)　庞张明　马福良　夏建明　陆玉平
十三	2006 年 12 月 26～30 日	10	马福良　陆玉平　周亚萍(女)　曹建妹(女)　朱沈良　庞张明　金爱明　张冠群
十四	2012 年 2 月 13～18 日	12	卫沈弘　龚野法　朱金华　沈菊娥(女)　曹建妹(女)　郑桂红(女)　许加生　鲍云庆　刘其武　朱胜君　朱蓓华(女)　沈玉祥

第三章　地方人民政府

第一节　中华人民共和国成立后区级机构

1949 年 5 月海盐县解放，6 月成立欤城区公所，辖区内建立欤城镇人民政府、石泉镇人民政府和狮岭乡人民政府。8 月，建立廉义、得胜两个乡人民政府；10 月，欤城、石泉两镇调整为乡人民政府。1950 年 4 月，欤城区公所下辖欤城、廉义、石泉、得胜、狮岭 5 个乡镇人民政府。

表 14－3－1　　软城区政府(区公所)以及所属乡政府主要领导人情况表

名　　称	职　务	姓　名	性　别	任　职　时　间
欤城区人民政府（1949 年 6 月～1950 年 6 月）	区　长	韩世瑞	男	1949 年 6 月～1949 年 8 月
	区　长	辛　瑄	男	1950 年 3 月～1950 年 6 月
	副区长	辛　瑄	男	1949 年 8 月～1950 年 3 月
欤城镇人民政府（1949 年 6 月～1949 年 10 月）	镇　长	潘国玉	男	1949 年 6 月～1949 年 9 月
	镇　长	陶觉明	男	1949 年 9 月～1949 年 10 月
欤城乡人民政府（1949 年 10 月～1950 年 6 月）	乡　长	俞沈荣	男	1949 年 10 月～1950 年 6 月
	副乡长	陶觉明	男	1949 年 10 月～1950 年 6 月
廉义乡人民政府（1949 年 8 月～1950 年 6 月）	代乡长	周文斌	男	1949 年 9 月～1949 年 11 月
	乡　长	屠元骏	男	1949 年 10 月～1950 年 1 月
	乡　长	周文斌	男	1950 年 5 月～1950 年 6 月
	副乡长	周文斌	男	1949 年 11 月～1950 年 5 月
	副乡长	成春林	男	1950 年 5 月～1950 年 6 月
石泉乡(镇)人民政府（1949 年 5 月～1950 年 6 月）	镇　长	陈克骏	男	1949 年 5 月～1949 年 12 月
	乡　长	陈信人	男	1949 年 12 月～1950 年 6 月
	副乡长	陈克骏	男	1949 年 12 月～1950 年 5 月
得胜乡人民政府（1949 年 8 月～1950 年 6 月）	乡　长	林振汉	男	1949 年 10 月～1950 年 6 月
	副乡长	俞其林	男	1949 年 8 月～1950 年 3 月
狮岭乡人民政府（1949 年 5 月～1950 年 6 月）	乡　长	肖世犇	男	1949 年 6 月～1949 年 10 月
	乡　长	林振涵	男	1949 年 11 月～1949 年 12 月
	乡　长	陈春林	男	1950 年 1 月～1950 年 5 月
	乡　长	陈克骏	男	1950 年 5 月～1950 年 6 月
欤城区公所（1950 年 6 月～1956 年 3 月）	区　长	辛　瑄	男	1950 年 6 月～1951 年 3 月
	区　长	赵菊英	女	1953 年 4 月～1954 年 4 月
	区　长	王贵泉	男	1954 年 4 月～1955 年 5 月
	副区长	孙锡余	男	1951 年 10 月～1952 年 8 月
	副区长	赵菊英	女	1952 年 9 月～1953 年 4 月
	副区长	沈锦仁	男	1954 年 1 月～1956 年 3 月
	副区长	朱仕良	男	1954 年 8 月～1955 年 12 月

续表 14－3－1

名　　称	职　务	姓　名	性　别	任　职　时　间
钦城乡人民政府（1950 年 6 月～1955 年 11 月）钦城乡人民委员会（1955 年 11 月～1956 年 3 月）	乡　长	沈仕林	男	1950 年 6 月～1952 年初
	乡　长	王关荣	男	1952 年 4 月～1952 年 10 月
	乡　长	俞小荣	男	1952 年 10 月～1953 年 10 月
	乡　长	朱森林	男	1953 年 10 月～1955 年 12 月
	副乡长	王关荣	男	1950 年 6 月～1952 年 4 月
	副乡长	朱森林	男	1953 年 1 月～1953 年 10 月
	副乡长	王海章	男	1953 年 12 月～1956 年 3 月
钦北乡人民政府（1950 年 6 月～1955 年 11 月）钦北乡人民委员会（1955 年 11 月～1956 年 3 月）	乡　长	张锦荣	男	1952 年 10 月～1953 年 10 月
	乡　长	沈留和	男	1953 年 11 月～1956 年 3 月
	副乡长	张锦荣	男	1950 年 6 月～1952 年
	副乡长	徐乃娥	女	1953 年 11 月～1955 年 9 月
钦东乡人民政府（1950 年 6 月～1955 年 11 月）钦东乡人民委员会（1955 年 11 月～1956 年 3 月）	乡　长	俞小荣	男	1950 年 6 月～1952 年 10 月
	乡　长	丁有庆	男	1952 年 10 月～1954 年 1 月
	乡　长	凌虎君	男	1954 年 1 月～1954 年 3 月
	乡　长	汤小迷	男	1954 年 3 月～1956 年 3 月
	副乡长	汤小迷	男	1953 年 11 月～1954 年 3 月
	副乡长	胡新宝	女	1953 年 11 月～1956 年 3 月
	副乡长	朱福珍	女	1953 年 11 月～1956 年 3 月
石泉乡人民政府（1950 年 6 月～1955 年 11 月）石泉乡人民委员会（1955 年 11 月～1956 年 3 月）	乡　长	朱子奎	男	1950 年 6 月～1950 年 10 月
	乡　长	沈瑞林	男	1950 年 10 月～1951 年 5 月
	乡　长	朱再华	男	1951 年 5 月～1952 年 1 月
	乡　长	张顺荣	男	1953 年 1 月～1956 年 3 月
	副乡长	朱再华	男	1950 年 6 月～1951 年 5 月
	副乡长	薛马余	男	1951 年 5 月～1952 年 10 月
	副乡长	朱月林	男	1954 年 2 月～1956 年 3 月
	副乡长	马秀珍	女	1954 年 10 月～1956 年 3 月
张鼎乡人民政府（1950 年 6 月～1955 年 11 月）	乡　长	金后林	男	1950 年 6 月～1951 年 4 月
	乡　长	姚福林	男	1951 年 4 月～1952 年 4 月

续表 14－3－1

名称	职务	姓名	性别	任职时间
张鼎乡人民委员会（1955 年 11 月～1956 年 3 月）	乡长	马生荣	男	1952 年 4 月～1953 年 1 月
	乡长	戴富林	男	1953 年 4 月～1956 年 3 月
	副乡长	姚福林	男	1950 年 6 月～1951 年 4 月
	副乡长	马生荣	男	1951 年 7 月～1952 年 4 月
	副乡长	钱上荣	男	1951 年 10 月～1952 年 6 月
	副乡长	沈墨卿	男	1951 年 10 月～1952 年 6 月
	副乡长	许兆林	男	1952 年 6 月～1956 年 3 月
	副乡长	陈菊囡	女	1952 年 6 月～1956 年 3 月
鸳鸯乡人民政府（1950 年 6 月～1955 年 11 月）鸳鸯乡人民委员会（1955 年 11 月～1956 年 3 月）	乡长	沈金林	男	1950 年 6 月～1951 年 6 月
	乡长	潘金林	男	1951 年 6 月～1952 年 10 月
	乡长	张仕荣	男	1952 年 10 月～1953 年 8 月
	乡长	王蔡荣	男	1953 年 8 月～1953 年 11 月
	乡长	陈美英	女	1953 年 11 月～1956 年 3 月
	副乡长	王蔡荣	男	1951 年～1952 年 4 月
	副乡长	杨泉全	男	1953 年 8 月～1956 年 3 月
得胜乡人民政府（1950 年 6 月～1955 年 11 月）得胜乡人民委员会（1955 年 11 月～1956 年 3 月）	乡长	俞其林	男	1950 年 6 月～1951 年 3 月
	乡长	王蔡荣	男	1952 年 4 月～1953 年 8 月
	乡长	张仕荣	男	1953 年 8 月～1956 年 3 月
	副乡长	丁有庆	男	1950 年 6 月～1952 年 10 月
	副乡长	陈法林	男	1953 年 11 月～1955 年 12 月
塘南乡人民政府（1950 年 10 月～1955 年 11 月）塘南乡人民委员会（1955 年 11 月～1956 年 3 月）	乡长	戴富林	男	1950 年 10 月～1953 年 4 月
	乡长	宣世余	男	1954 年 3 月～1956 年 3 月
	副乡长	宣世余	男	1951 年 10 月～1954 年 3 月
	副乡长	沈金宝	女	1951 年 10 月～1956 年 3 月
	副乡长	范关德	男	1951 年 10 月～1953 年 2 月 1954 年 3 月～1956 年 3 月
塘南乡人民政府（1950 年 8 月～1955 年 11 月）塘南乡人民委员会（1955 年 11 月～1956 年 3 月）	代乡长	赵希岭	男	1951 年 8 月～1951 年 10 月
	乡长	王洑荣	男	1951 年 10 月～1952 年 10 月
	负责人	富忠祥	男	1952 年 10 月～1954 年 3 月
	乡长	李雪芬	女	1954 年 3 月～1956 年 3 月
	副乡长	蒋利宝	女	1954 年 3 月～1956 年 3 月

第二节　于(欤、圩)城镇(乡、公社)政府

1956 年 3 月,撤销欤城区建制,合并乡镇。欤城区公所下辖欤城、欤北、欤东、石泉、张鼎、鸳鸯、得胜、塘南等 8 个乡人民政府(人民委员会),隶属于县政府领导。同年,欤城、欤北两乡及欤东、鸳鸯乡的一部分合并为欤城乡,建立乡人民委员会。

1958 年 10 月,欤城乡及石泉乡的缪家、高竹、彭家村合并为欤城人民公社,同时建立公社管理委员会,同年 11 月,海盐、海宁合并隶属海宁县。

1961 年 5 月,调整公社规模。缪家大队划归石泉乡。同年 10 月拆县,欤城乡又隶属海盐县。

1965 年 4 月,欤城公社又将星火、菜塘、彭家、高竹等 4 个大队划出。

1966 年 5 月,"文化大革命"开始后,公社管理委员会逐渐瘫痪。1967 年公社政权组织受到冲击,被迫停止活动,由公社人武部牵头成立"抓革命、促生产"领导小组。1968 年 4 月,公社成立革命委员会,取代了公社政权组织。至 1980 年间,欤城公社改写成圩城公社。

1981 年 10 月,圩城公社恢复建立公社管理委员会。

1983 年 12 月,取消公社管理委员会,实行政社分设。建立乡人民政府。

1994 年 7 月 24 日,欤城乡改为建制镇,并更名为于城镇。

附:

乡镇政府办事机构

解放以来,于城镇(乡、公社)政府办事机构几经改革,变化较大,办事人员也随着增加。

1999 年欤城镇政府机构设置

隶　属	常设机构	分管领导	所辖部门	编制
镇政府办公室	行政办公室		法律服务所	2
	城镇办公室	城建副镇长	城建管理办公室	3
			交通管理办公室	2
			自来水供应站	4
			市容管理办公室	6
	工业办公室	工业副镇长	工业办公室	7
	农村工作办	农业副镇长	经营管理站	3
			农技推广站	6
			农机水利站	3

续表

隶　　属	常设机构	分管领导	所辖部门	编制
镇政府办公室	农村工作办	农业副镇长	畜牧兽医站	3
			土地管理办	3
		文卫副镇长	计划生育服务站	2
			文化站	2

2001 年，根据《中共海盐县委、海盐县人民政府关于印发〈海盐县机构改革方案〉的通知》(县委〔2001〕69 号)和《海盐县机构编制委员会关于海盐县镇机关人员编制和内设机构设置的若干意见》(盐编〔2001〕25 号)结合于城镇实际，制定于城镇机关职能配置、内设机构和人员编制方案如下：

2001 年于城镇事业单位法人情况

单位名称	住　　所	法人代表	经费来源	人员编制	从业人数
村镇建设管理办公室、交通管理站	于城镇政府院内南小三楼	姚军良	自筹加财政拨款	5	4
于城法律服务所	于城镇政府	郁建芬	政府拨款、业务收入	2	3
自来水供应站	镇政府大院西首	许明华	自收自支	4	11
工业办公室	于城西桥南堍勤建路 8 号	沈虎良	自筹加财政拨款	7	7
农业经济管理站	镇政府大院	钱金荣	财政拨款	3	3
水利农机管理站	于城镇文昌路	黄岳明	差额补贴	3	3
农业技术推广站	于城镇	俞建明	差额拨款	6	6
文化站	于城镇政府大院内小三楼	王德生	政府拨款	2	1
计划生育服务站	镇政府大院	徐　丽	全额拨款	2	2

2002 年欤城镇政府机构设置情况

隶属	内设机构	领导职位	职　　位	编　　制
于城镇党委政府	党政办公室	主任 1 名 副主任 2 名	工会主席、纪委副书记、秘书、人大工作人员、妇联主席、科协秘书长、团委书记、组织人事干事、人武部副部长(或干事)、信访员、关工委工作人员、文书(档案员)等。	15 个 职位可交叉兼职

续表

隶属	内设机构	领导职位	职　　位	编　　制
于城镇 党　委 政　府	经济发展 办公室	主任1名	工业助理、科技助理、环保助理、劳动保障助理、计划(综合)统计员等职位。	6个 职位可交叉兼职
	农业经济 办公室	主任1名 副主任1名	经营管理员、农业助理等职位。	4个 可兼职
	社会事业 办公室	主任1名 副主任2名	文卫助理、民政助理、残联助理计划生育专管员等。	7个 可兼职
	规划建设 办公室	主任1名 副主任1名	村镇建设管理员等。	3个 可兼职
	政法 办公室	主任1名 副主任1名	司法助理、综合治理专职干部等。	4个 可兼职
	财政所 (审计办公室)	所长1名	财政总会计、行政事业财务监管员、会计管理员、审计员等。	5个 可兼职

2006年10月,中共海盐县委〔2006〕87号文件,关于印发《海盐县各镇机构改革实施意见》的通知精神,于城镇机关内设党政办公室、经济发展办公室、社会管理办公室、综合治理办公室和财政办公室等5个内设机构。并对现有的9个镇属事业站办职能调整为4个事业机构,即:(1)镇工业办公室改组为经济建设服务中心,挂镇劳动保障事务所、安全生产监督管理站牌子。(2)镇农业技术推广站、镇水利农机(管理)站合并为镇农技水利服务中心。(3)镇村镇建设服务站、镇交通管理站合并为镇村镇建设交通管理服务中心,挂城建监察中队、招投标分中心牌子。(4)镇计划生育服务站、镇文化站合并建立镇社会事业服务中心。(5)镇农业经济(营)管理(服务)站改组为镇农村经营服务中心,挂镇会计预算核算服务中心、统计信息服务中心牌子。整合后,镇"服务中心"均为纯公益全民所有制事业单位。

2007年,中共于城镇委、于城镇政府《关于调整充实新农村建设等协调组织及其组成人员的通知》。

2013年4月,根据《海盐县机关事业单位机构编制实名制管理暂行办法》、《海盐县事业单位机构编制管理暂行办法》,经政府研究决定如下表:

单位名称	机构规格	编制数	在编数	实有领导	领导职数		内设机构名称
					正职	副职	
经济建设服务中心	镇属事业	12	11	4	2	2	统计中心、人力社保所、安全生产监督管理站、三产服务中心、企业服务管理中心
村建交管服务中心		5	7	2	2	2	征迁办、城建监察中队、招投标分中心

续表

单位名称	机构规格	编制数	在编数	实有领导	领导职数		内设机构名称
					正职	副职	
农技水利服务中心	镇属事业	9	7	2	1	2	
社会事业服务中心		6	6	2	2	2	计划生育服务站、文化站、社会服务管理中心、敬老院
财政支付核算中心		4	3	1	1	2	

一、经济工作

1. 壮大村级集体经济工作领导小组，2. 小城镇建设工作领导小组，3. 科技工作领导小组，4. 全面小康新农村建设领导小组，5. 完善农村土地承包工作领导小组，6. 农业承包合同管理委员会，7. 生猪定点屠宰管理领导小组，8. 村庄规划领导小组，9. 水上航道安全管理领导小组，10. 民间桥梁维修改建工作领导小组，11. 康庄工程领导小组，12. 道路交通安全管理领导小组，13. 安全生产委员会，14. 消防防火工程领导小组，15. 生态镇建设工作领导小组，16. "五好"平安企业活动领导小组。

二、党群、纪检工作

1. 精神文明建设领导小组，2. "双学双比"领导小组，3. 考评小组，4. 老龄工作委员会，5. 老年人体育协会，6. 关心下一代工作委员会，7. 中共于城党校校务会，8. 效能建设领导小组，9. 招投标工作领导小组，10. 村务公开领导小组，11. 镇务公开领导小组，12. 非公企业党建工作领导小组。

三、社会事业发展工作

1. 党管武装领导小组，2. "双拥"领导小组，3. 国防动员工作领导小组，4. 后备力量整合工作领导小组，5. 征兵工作领导小组，6. 人民防空领导小组，7. 人口与计划生育领导小组，8. 计划生育宣传协调小组和人口学校领导小组，9. 流动人口计划生育管理领导小组，10. 成人教育委员会，11. 社区教育中心校务会，12. 成人文化技术学校校务会，13. 高等教育自学考试联络站，14. 社区教育讲师团工作组，15. 农民技术讲师团工作组，16. 公共卫生应急委员会，17. 新型农村合作医疗工作领导小组，18. 河道整顿工作领导小组，19. 防汛防旱领导小组，20. 县长公开电话办理小组，21. 残疾人康复工作领导小组，22. 机关事务管理领导小组，23. 内审小组，24. 体育运动委员会，25. 劳动关系三方协调领导小组，26. 行政执法责任制领导小组，27. 法制学校，28. 农民负担监督管理领导小组，29. 农业综合开发工程建设领导小组，30. 创建劳动关系和谐企业和开展劳动竞赛活动领导小组，31. 治理商业贿赂领导小组，32. 清理和拆除违章建筑工作领导小组，33. 品牌工程建设领导小组，34. 行政事业单位资产清查工作领导小组。

2007 年，于城镇机关内设机构：1. 于城镇党政办公室，2. 于城镇经济发展办公室，3. 于城镇社会管理办公室，4. 于城镇综合治理办公室，5. 于城镇财政办公室。

2014年欤城镇政府机构设置情况

隶属	常设机构	分管领导	所辖部门	编制
党委、政府	党政办公室			
镇政府	经济建设服务中心	周海军	全镇各企业、三产服务中心、人力资源、社会保障	12
	农技水利服务中心	裴　佳	各行政村	9
	社会事业服务中心	胡国杰	文化站、图书分馆、计划生育办公室	6
	村镇建设交通管理服务中心	吴群伟	规划、市政、监察、环卫、招投标、征迁办公室	5
	财政支付(核算)中心	王雪君	会计预算核算中心	4
	行政办			
	农村经营管理办公室			
	社会管理服务中心	张六峰	合作医疗、城乡居保、就业服务、残联、民政、消费维权、司法、矫正	
	两新工程办公室	朱其良		

于(欤、圩)城镇(乡、公社)人民政府(人民委员会)主要领导人情况

名称	职务	姓名	性别	任职时间
欤城乡人民委员会(1956年3月～1958年10月)	乡长	沈留和	男	1956年3月～1958年2月
	乡长	杨泉全	男	1958年3月～1958年10月
	副乡长	杨泉全	男	1956年3月～1958年3月
	副乡长	王海章	男	1956年3月～1958年10月
	副乡长	朱玉珍	女	1956年3月～1958年10月
	副乡长	吴六华	男	1958年3月～1958年10月
欤城公社管理委员会(1958年10月～1961年5月)	社长	朱森林	男	1958年10月～1962年1月
	社长	范关德	男	1962年1月～1962年5月
	社长	张仕荣	男	1962年5月～1965年4月
	社长	赵叙昌	男	1966年12月～1968年4月
	副社长	吴六华	男	1958年10月～1960年4月
	副社长	戴富泉	男	1958年10月～1960年4月
	副社长	张老虎	男	1958年10月～1962年6月
	副社长	褚流通	男	1958年10月～1962年5月

续表

名　　称	职　务	姓　名	性别	任　职　时　间
欤城公社管理委员会（1958 年 10 月～1961 年 5 月）	副社长	姚雪观	男	1958 年 10 月～1963 年 4 月
	副社长	朱玉珍	女	1958 年 10 月～1961 年春
	副社长	杨泉全	男	1958 年 10 月～1959 年 8 月
	副社长	范关德	男	1959 年 9 月～1962 年 1 月
	副社长	沈其岐	男	1960 年 2 月～1962 年 6 月
	副社长	沈墨卿	男	1960 年 5 月～1964 年 4 月
	副社长	沈宗良	男	1963 年 4 月～1964 年 1 月
	副社长	周阿林	男	1963 年 4 月～1966 年 12 月
	副社长	吴孝若	男	1963 年 4 月～1965 年 8 月
	副社长	钟凤林	男	1963 年 10 月～1966 年 12 月
	副社长	钱其康	男	1965 年 8 月～1968 年 4 月
	副社长	宋阿毛	女	1966 年 12 月～1968 年 4 月
圩城公社革命委员会（1968 年 4 月～1981 年 10 月）	主　任	周文良	男	1968 年 4 月～1971 年 4 月
	主　任	万　云	男	1971 年 4 月～1977 年 11 月
	主　任	菇本初	男	1977 年 11 月～1980 年 3 月
	主　任	许水观	男	1980 年 3 月～1981 年 10 月
	副主任	沈其岐	男	1968 年 4 月～1970 年 3 月
	副主任	单忠林	男	1968 年 4 月～1976 年 10 月
	副主任	万　云	男	1970 年 11 月～1971 年 4 月
	副主任	茹本初	男	1971 年 4 月～1977 年 11 月
	副主任	冯新观	男	1973 年 12 月～1980 年 3 月
	副主任	陈水林	男	1977 年 10 月～1977 年 12 月
	副主任	王后法	男	1979 年 4 月～1981 年 10 月
	副主任	任金新	男	1979 年 11 月～1981 年 10 月
欤城公社管理委员会（1981 年 10 月～1983 年 12 月）	主　任	许水观	男	1981 年 10 月～1983 年 3 月
	主　任	夏留荣	男	1983 年 3 月～1983 年 12 月
	副主任	王后法	男	1981 年 10 月～1983 年 12 月
	副主任	任金新	男	1981 年 10 月～1983 年 12 月
	副主任	沈惠芬	女	1981 年 10 月～1983 年 12 月

续表

名　　称	职　务	姓　名	性别	任　职　时　间
钦城乡人民政府（1983 年 12 月～1994 年 7 月）	乡　长	江海林	男	1983 年 12 月～1992 年 8 月
	乡　长	鲁瑞良	男	1992 年 8 月～1994 年 1 月
	副乡长	徐加良	男	1983 年 12 月～1986 年 6 月
	副乡长	董取珍	女	1983 年 12 月～1986 年 6 月
	副乡长	钱土林	男	1985 年 10 月～1987 年 2 月
	副乡长	许其明	男	1987 年 4 月～1990 年 3 月
	副乡长	张瑞祥	男	1987 年 4 月～1990 年 3 月
	副乡长	夏国法	男	1987 年 4 月～1989 年 11 月
	副乡长	鲁瑞良	男	1990 年 3 月～1992 年 8 月
	副乡长	叶玉英	女	1990 年 3 月～1992 年 12 月
	副乡长	葛其林	男	1990 年 3 月～1994 年 1 月
	副乡长	朱沈良	男	1993 年 3 月～1994 年 1 月
	副乡长	李月中	男	1993 年 3 月～1994 年 1 月
于城镇人民政府（1994 年 7 月～2014 年）	乡(镇)长	鲁瑞良	男	1994 年 1 月～1995 年 3 月
	镇　长	冯宴冬	男	1995 年 3 月～1998 年 4 月
	镇　长	陈志良	男	(沈荡人)1998 年 4 月～2002 年 12 月
	镇　长	王申峰	女	2002 年 12 月～2004 年 2 月
	镇　长	吴国飞	男	2004 年 2 月～2007 年 1 月
	镇　长	苏建良	男	2007 年 1 月～2009 年 1 月
	镇　长	郭腾辉	男	2009 年 1 月～2011 年 1 月
	镇　长	王雪君	男	2011 年 1 月～2014 年 9 月
	镇　长	吴雪红	女	2014 年 9 月～2016 年 2 月
	镇　长	朱其良	男	2016 年 2 月～
	副乡、镇长	朱沈良	男	1994 年 1 月～2001 年 10 月
	副乡、镇长	李月中	男	1994 年 1 月～1998 年 4 月
	副乡、镇长	葛其林	男	1994 年 1 月～1998 年 10 月
	副镇长	陈阿祥	男	1996 年 2 月～2002 年 1 月
	副镇长	严姚良	男	1999 年 1 月～2005 年 1 月
	副镇长	富守中	男	1999 年 1 月～2003 年 7 月

续表

名　　称	职　务	姓　名	性别	任　职　时　间
于城镇人民政府（1994 年 7 月～2014 年）	副镇长	朱建军	男	2002 年 1 月～2004 年 8 月
	副镇长	许晓英	女	2002 年 1 月～2006 年 9 月
	副镇长	笪加元	男	2004 年 2 月～2011 年 9 月
	副镇长	姚伟栋	男	2005 年 1 月～2006 年 9 月
	副镇长	韩国金	男	2005 年 1 月～2006 年 9 月
	副镇长	沈金良	男	2007 年 1 月～2011 年 11 月
	副镇长	周海军	男	2011 年 11 月～2016 年 9 月
	副镇长	姜金凤	女	2007 年 1 月～2011 年 9 月
	副镇长	蔡耀明	男	2007 年 1 月～2012 年 5 月
	副镇长	徐李烨	女	2011 年 11 月～2013 年 7 月
	副镇长	裴　佳	女	2011 年 11 月～2013 年 7 月
	副镇长	吴群伟	男	2013 年 7 月～
	副镇长	胡国杰	男	2013 年 7 月～2016 年 9 月

第三节　站办组织

1991 年 10 月 31 日，海盐县编制委员会《关于乡镇站（办）机构设置、人员编制和工资基金管理的通知》。机构设置应本着“精简、效能、统一”的原则，从有利于促进乡镇经济和社会事业发展需要出发，结合乡镇机构现状，一般可设置农技推广站、畜牧兽医站、水机交管站、农经服务站、农电管理站、文化电影站、广播电视站、工业办公室、计划生育办公室、土管城建办公室、法律服务所和乡镇派出所等 12 个站办。

1999 年，按照“精简、统一、效能”的原则，又一次机构改革，共设置 10 个站办并核定人员编制：即经营管理服务站 3 人、农业技术推广站 6 人、水利农机管理站 3 人、文化站 2 人、计划生育服务 2 员人、自来水供应站 4 人、工业管理办公 7 人、村镇建设管理办公室 3 人、交通管理站 2 人、法律服务所 2 人。

工业办公室

工业办公室简称“工办”，始建于 1974 年，1984 年改称欤城乡工业公司，1985 年 9 月恢复欤城乡工业办公室，1992 年 6 月恢复公业公司名称，并实行两块牌子一套班子，隶属关系不变，人员编制不变。承担两种职能，工业办公室作为乡镇政府管理机构，承担行政管理职能，又是经营实体，实行独立核算，可根据工商管理部门核准的经营范围，开展各种经营业务活动，为乡镇企业的发展服务。1994 年 6 月，经乡政府批准在钦城西桥南堍建造一幢钦城工业大楼，征用庄家村金家组土地 2.94 亩，建筑面积 1700 平方米，投资 85 万元。2006 年 10 月更名为经济建设服务中心。2013 年 1 月，经镇党委、政府研究决定，经济建设服务中心下设企业服务办公室、统计信息服务中心、人力资源和社会保障所、安全生产监督管理站。

农业科学技术推广站

农业科学技术推广站简称农科站，始建于 1955 年 10 月。农业技术推广站简称农技站。是年，在县农业局的指导下，钦城区农业技术推广站建立，配备 1 名农业技术干部。农技站推广先进的生产技术，宣传学习农业科学知识。1957 年 5 月建立联乡农业技术推广委员会。1959 年建立钦城公社农业技术推广站。1960 年起，开展农业科学实验，负责农作物布局，推广优良品种，指导栽培管理、植物保护、养蚕养鱼、绿化管理、能源管理、多种经营等。1969 年改建为钦城公社农业技术指导站，后改称钦城公社农科站。1978 年，海盐县农业办公室下发《关于稻区十二个公社农技站配备杂交水稻辅导员的通知》文件，圩城公社农科站配备了杂交水稻辅导员 1 名，主要负责杂交水稻的示范推广。

1983 年 12 月改称钦城乡农科站，1989 年 7 月，县政府批准农科站编制 8 人，水机站编制 3 人。为县级大集体编制。1994 年 7 月改称于城镇农科站。人员编制 5～8 人，设种子、栽培、植保、蚕桑、林果、渔业、能源土肥等 7 条线，专人负责管理。2007 年实行机构改革，与水机站合并建立于城镇农技水机服务中心。

1984 年农科站开办钦城农业综合服务公司，地址设在于城路，经营良种、化肥、农药、蚕药等。2003 年转为个体承包经营。

1986 年农科站人员增加 1 人，共有 11 人。

于城镇农科站获得了 1995 年度农业部颁发的“全国农牧渔业丰收奖”和“1996 年度葡萄配套技术栽培”三等奖。

1998 年于城镇农科站对简易温室快速养鳖技术作了探索，年末，有关专家验收鉴定。专家们评价：这项技术成果立题正确，数据可信，效果显著，具有高产高效的功能，在嘉兴市处于领先地位。

2000 年，于城镇农科站“优质水蜜梨”产品系列获得了“县科技进步奖”。

2006 年 10 月，农科站与农机水利站合并建立农技水利服务中心。

水利农机管理站

水利农机管理站简称水机站，始建于 1958 年 2 月，其前身是钦城乡电灌管理所。担负指导各大队建立电灌设施，并管理水利、农电等，后又增加农机管理工作。1973 年更名为公社机电排灌管理站；1976 年改名钦城公社水电农机管理站（简称机电站）。1981 年 6 月更名为钦城公社水利农机管理站。

1982 年农村电力管理站成立后，农村电力管理从机电站划归农电站，更名为钦城公社水利农机管理站（简称“水机站”），1983 年 12 月改称钦城乡水利农机管理站；1989 年县人事局、劳动局核定县级大集体编制 3 人；1994 年 7 月改称于城镇水利农机管理站。人员编制 3～4 人，设农田水利、机电排灌、防洪抗灾、农村道路、桥梁施工等工作。

1984年水机站成立农机服务站，地址设在枫桥南路、原招宝桥西堍，经营农机及配件和农机修理。

2006年10月，农科站与农机水利站合并建立农技水利服务中心。

畜牧兽医站

钦城地区畜牧兽医站简称兽医站，始建于1957年8月，有兽医2名，1958年12月转为海宁县钦城(大)人民公社畜牧兽医站，负责全公社的畜禽防疫治病工作。1960年1月，除公社兽医站外还成立了大队兽医组。公社兽医站有兽医4名以及1名母猪人工配种员；大队兽医组：倪墺组3人，吕冢组2人，庄家组、齐心组、陈家组各2人，缪家、鸳鸯、构塍、于东、江渭各1人。1961年分公社后仍为钦城公社畜牧兽医站，设兽医7名；1964年10月，有兽医6人，其中站长陈林荣，医务施关兴、金月荪、鲍其福、陈小弟(兼出纳)，阉割员邱志凡。1970年兽医站成立革命领导小组，向公社革命委员会申请精减人员，保留4人，而且以治牛病为主。

20世纪80年代起，特别是实行家庭联产承包责任制后，养猪业迅速发展，从1980年的25000头增加到1986年的46000头，到1996年达到66000多头；母猪存栏从1980年的2200多头，到1996年发展到7500头，增长了3倍。所以繁育小黑母猪成了农民养猪的热点。同年，为了更好地加强对小黑母猪交易的管理，经镇政府同意在兽医站内开设小黑母猪交易所，面积60平方米。

1987年在于城镇南桥建造6间3层220平方米诊疗部。

兽医站自负盈亏。主要为畜禽疫病防治，指导饲养管理，畜禽阉割及苗猪检疫等。

广播电视站

广播电视站简称广电站，始建于1960年，名称为圩城公社广播站；1981年为钦城公社广播站；1984年更名为钦城乡广播站；1994年8月更名为于城镇广播电视站。

文化站

始建于1953年，名称为圩城区文化站；1958年为钦城公社文化站；1968年为圩城公社文化站；1981年为钦城公社文化站；1984年更名为钦城乡文化站；1994年8月更名为于城镇文化站。2007年7月文化站与计划生育办公室合并建立社会事业服务中心。

农村电力管理站

20世纪70年代前，钦城公社不设农电管理站，设电管所，由海盐电力公司革命委员会沈荡工段管理。1978年5月更名为嘉兴供电局海盐电力公司沈荡供电管理站。钦城农村电力管理站，简称农电站，始建于1981年6月。2001年4月改称供电营业所，2009年8月并入国家电网沈荡供电所。

城镇建设办公室

钦城乡村镇建设办公室简称村建办，始建于1990年4月。

1999年10月，县机构编制委员会根据省编委、省建设厅编办通知精神，乡镇村镇建设办公室为乡镇人民政府职能机构，承担行政管理职能；将乡镇村镇建设办公室更名为村镇建设服务站，性质为集体所有制事业单位，以乡镇人民政府主管，业务上受县建设主管部门指导。

2007年10月，城建办与交通管理站合并建立村镇建设交通管理服务中心。

2013年2月，新设立政府性投资项目工程管理办公室，与村镇建设交通管理服务中心合署办公。

自来水供应站

自来水供应站简称水站，始建于1986年。1993年8月，县编制委员会批准欤城自来水供应站编制3人。至2009年6月，因机构改革和水务集团体制调整而移交给县水务集团统一用水管理。

四个服务中心

2006年10月，工业办公室改称经济建设服务中心；农科站与水机站合并建立农业水利经管服务中心；村建办与交管站合并建立村镇建设交通管理服务中心；文化站与计划生育办公室合并建立社会事业服务中心。

除上述站办组织外还有计划生育服务站、镇财政办公室、会计预算核算中心、土地管理办公室、派出所、居民委员会、敬老院、镇司法所、新居民事务所、征迁办公室、三产发展服务中心、农村经营管理办公室、社会服务管理中心、人力资源和社会保障所、法律服务所、综合行政执法中队等机构。

第四章　政协组织

第一节　联络组

1993年3月～1998年3月，第四届海盐县政协设立学习、提案、文史资料、经济、教育体育、文化、农业科技、工业科技、医药卫生、城乡建设、工商财贸、社会法制、祖国统一联谊（“三胞”联谊）13个专门委员会，除沈荡镇、澉浦镇、西塘桥镇3个已设立联络组外，新增通元镇和六里乡、官堂乡、元通乡、富亭乡、石泉乡、百步乡、于城乡等8个联络组。

1998年4月～2000年2月，第五届海盐县政协设提案、学习文史资料、经济工作、文化卫生等8个专门委员会，下设沈荡片、通元片、澉浦片、武原片、元通片5个联络组，于城镇属于武原片。

2003年4月～2005年9月，第六届海盐县政协设提案、文史资料、工业经济、农业经济、财贸、社会法制、城乡建设、科技、教育、卫生、文化、“三胞”联谊12个专门委员会，下设武原、沈荡、百步、于城、秦山、澉浦、通元、西塘桥等8个联络组。

第二节　政协（联络组）活动组历任领导

表14—4—1

隶　属	名　称	职　务	姓　名	性　别	任职时间
政协县四届委员会	政协于城镇联络组	组　长	龚佳泳	女	1993年3月～1998年3月
政协县五届委员会	政协武原片联络组	组　长	张冠群	男	1999年1月～2004年3月
		副组长	郭　真	女	2004年3月～2005年9月

续表 14—4—1

隶属	名称	职务	姓名	性别	任职时间
政协县六届委员会	政协于城镇联络组	组长	周雪军	男	2005 年 9 月～2008 年 5 月
政协县七届委员会	政协于城镇活动组	组长	朱其良	男	2008 年 5 月～2010 年 12 月
		主任	朱其良	男	2010 年 12 月～2011 年 9 月
政协县八届委员会	政协于城镇活动组	组长	朱其良	男	2011 年 9 月～2016 年 2 月

第五章　民国时期行政机构

第一节　民国时期选举

民国 17 年(1928)，全县开始实行村里制，设正副村里长各 1 人。百户以上的乡镇增设副乡长或副正长 2 名，百户以下的乡镇设 1 名。

村里制选举规定：邻居民大会选举邻长，邻长集会选举正副村长、里长以及闾长，或由闾居民会议选举闾长。乡镇大会选举正副乡镇长。

民国 23 年，实行保甲制，乡镇以下设保，保以下设甲，由居民会议选举保甲长。

民国 36 年 4 月，欤城乡、廉义乡分别召开首届一次乡民代表大会，选举正副乡长。

民国 38 年 2 月，欤城乡 12 日、廉义乡 13 日分别召开二届一次乡民代表大会，选举正副乡长。

民国 38 年 5 月，海盐县解放，国民党的行政机构全部瓦解。

第二节　区级行政机构

清光绪三十四年(1908)至民国初，海盐分为 6 个自治区。区设自治委员，下设坊。

民国 19 年全县 6 个区，成立区公所。

民国 23 年属欤城区，辖欤东、欤西、欤南、欤北、倪墺 5 个乡。

民国 27 年 10 月调整乡镇保甲机构，欤城区辖欤城镇、欤北乡、欤西乡、欤东乡、欤南乡等 5 乡(镇)，45 保，423 甲。

民国 28 年，为抗战需要，沈荡区与欤城区合并为沈欤区，区署设在沈荡镇。

民国 29 年 11 月，沈欤区的欤东、欤南两乡划归澉通区管辖。

民国 33 年 3 月 25 日，将盐嘉塘以东塘东南、塘东北、欤北 3 个乡划归城西区管辖，澉通区的欤南乡划归沈欤区。

民国34年9月25日，县政府训令更定各区界划，抗日战争期间区公所转入农村，无固定地点。日军在欤城期间扶植汪伪政府建立伪区公所。11月，塘东北乡一部分并入廉义乡，此至，全县整编成3个区(城西区辖14乡镇、溦通区辖11乡镇)，沈欤区辖13乡镇，即沈荡、欤城、欤西、塘东北、廉义、乐安、篁墅、横山、长青、丰泉、练浦、福田、端平。区公所设在沈荡镇。12月，省民政厅发文裁撤3个区，不设区署机构。

民国35年7月，全县17个乡镇，欤城、欤东、欤西的大部分，倪墺乡东北、城南镇西北、欤北及西四两乡西南各一小部，欤城乡公所设在欤城集镇，共辖27保，248甲。塘东南与欤北两乡大部分，行府与西四两乡的西部并为廉义乡，乡公所设坛墩庙，辖17保，148甲。

民国36年4月，全县整编保甲，为17个乡镇，欤城乡辖13保187甲；廉义乡辖8保118甲。

民国38年5月前，仍为17个乡镇，欤城乡辖13保187甲，2975户，12395人；廉义乡辖8保118甲，1832户，7913人。

民国时期区署除设区长1名外，还有区指导员3名，事务员2名，技佐1名，会计员1名，书记2名，区丁3名。下设区建设委员会，委员10～11人。

表14—5—1　　沈欤区区干部名单表

隶属	职务	姓名	任职时间	地址	书记	任职时间
伪县政府	区长	陈仲平	1935年～1942年10月	沈荡镇	王士敏	1945年12月
	区长	萧齐贤	1943年11月～1945年12月			
	指导员	徐潜安	1943年12月～1945年9月			
	指导员	陈坚	1943年12月～1945年12月			
	指导员	张志远	1944年7月～1945年12月			
	指导员	李大同	1945年9月～1945年12月			
	事务员	周雪勤	1943年11月～1945年12月			

第三节　乡镇公所机构

民国时期乡镇组织机构根据乡镇规模大小分甲、乙两种机构，甲级机构设乡(镇)长1名，副乡(镇)长2名，股主任2名，干事4名，事务员1名，会计员1名，书记1名，乡镇丁2名。乙级机构设乡(镇)长1名，副乡(镇)长1名，股主任2名，干事3名，事务员1名，会计员1名，书记1名，乡镇丁2名。下设乡(镇)财产保管委员会与乡(镇)民代表会。乡镇以下设保甲制，每个保设保长1名，副保长1名，保干事2名。

民国35年(1946)五月十六日，欤城镇镇民代表会第二次代表会议于镇公所召开，出席会议代表15人，列席代表4人。会议选举陈如山当选镇长，王介洪当选副镇长。

民国38年2月12日，钦城乡乡民代表会第二届第一次代表会议在钦城第一中心学校召开，出席会议代表18人，列席代表8人。会议选举陈如山当选乡长，朱士芬、韩明德当选副镇长。因陈如山当选参议员，于3月24日重选结果张荫阶当选乡长。

表14—5—2　　钦城乡(镇)长名单表

隶属	职　务	姓　名	保数	任　职　时　间	地　址	乡民代表主席	任职时间
沈钦区	镇　长	陈如山	58	1943年12月～1946年5月	钦城集镇		
	副镇长	王介洪		1946年5月～1946年5月			
	副镇长	王洪声		1946年4月～1946年5月			
	总干事	王介洪		1946年1月～1946年5月			
钦城区	乡　长	王介洪	27	1946年5月～1948年12月	钦城集镇	潘福昌	1946年5月～1948年10月
	副乡长	韩明德		1946年5月～1948年12月			
	副乡长	吴希礼		1946年5月～1948年10月			
	总干事	庄里候		1946年5月～1948年10月			
	乡　长	陈如山	13	1949年2月～1949年2月	钦城集镇	潘福昌	1948年10月～1949年5月
	乡　长	张荫阶		1949年3月～1949年5月			
	副乡长	朱士芬		1949年2月～1949年5月			
	副乡长	韩明德		1949年2月～1949年5月			
	总干事	顾省非		1949年2月～1949年5月			

表14—5—3　　廉义乡(镇)长名单表

隶属	职　务	姓　名	保数	任　职　时　间	地　址	乡民代表主席	任职时间
沈钦区	乡　长	陈圩民	16	1946年3月～1946年4月	坛墩庙	王雨金	1946年3月～1948年3月
	副乡长	沈家强		1946年3月～1946年4月			
	副乡长	陈志民		1946年3月～1947年3月			
钦城区	乡　长	沈家强	178	1946年4月～1947年2月	张家桥	肖海鹤	1948年3月～
	乡　长	陈志民		1947年3月～1947年6月			
	乡　长	沈家强		1947年6月～1948年3月			
	乡　长	陈志民		1948年3月～1949年5月			

续表 14－5－3

隶属	职　务	姓　名	保数	任　职　时　间	地　址	乡民代表主席	任职时间
钦城区	副乡长	陈福民	178	1948 年 3 月～1949 年 5 月	张家桥	肖海鹤	1948 年 3 月～
	副乡长	陈圩民		1947 年 3 月～1949 年 5 月			
	总干事	罗　律		1946 年 4 月～1948 年 3 月			
	总干事	任柏森		1948 年 3 月～1949 年 5 月			

表 14－5－4　　钦东乡(镇)长名单表

隶属	职　务	姓　名	任　职　时　间	地　址	乡民代表主席	任职时间
钦城区	乡　长	王瑞芝	1946 年 5 月～1946 年 10 月	泾塘桥		
	副乡长	沈乐平	1946 年 5 月～1946 年 10 月			
	副乡长	朱筱梅	1946 年 5 月～1946 年 10 月			

表 14－5－5　　钦北乡(镇)长名单表

隶属	职　务	姓　名	任　职　时　间	地　址	乡民代表主席	任职时间
钦城区	乡　长	陈鹤汀	1946 年 5 月～1946 年 10 月	陈家门	王雨金	1946 年 10 月～
	副乡长	萧兆祥	1946 年 5 月～1946 年 10 月			
	总干事	金汤池	1946 年 1 月～1946 年 10 月			

表 14－5－6　　钦西乡(镇)长名单表

隶属	职　务	姓　名	任　职　时　间	地　址	乡民代表主席	任职时间
钦城区	乡　长	俞士英	1944 年 4 月～1946 年 5 月	鸳鸯桥		
	副乡长	俞侠飞	1944 年 4 月～1946 年 5 月			
	副乡长	马贵华	1944 年 4 月～1946 年 5 月			
	乡　长	韩大祯	1946 年 5 月～1948 年 4 月			
	副乡长	俞振亚	1946 年 5 月～1948 年 4 月			

表 14—5—7　　欤南乡(镇)长名单表

隶属	职　务	姓　名	任　职　时　间	地　址	乡民代表主席	任职时间
欤城区	乡　长	宋凤鸣	1944 年 2 月～1946 年 5 月			
	副乡长	俞炳炎	1944 年 2 月～1946 年 5 月			

第四节　群众组织

妇女会

廉义乡妇女委员会　民国三十六(1947)年 12 月 29 日，廉义乡妇女会成立大会在廉义乡公所(江渭桥)召开。出席会议代表 17 人，县政府社会科指导员沈峻德以及乡长沈家强列席了会议并在会议上致辞。会议选举产生第一届妇女委员会，奚贵红、施震芬、陈佩德 3 人当选理事，奚贵红当选常务理事；叶柏慧当选为监事，叶荷英当选为候补监事。

欤城乡妇女委员会　有会员 206 人，负责人戴宝英。

合作社

廉义乡合作社　为了共谋农村福利事业，由陈鹤汀等人发起筹备农村合作社，并报县政府同意，于民国 36 年(1947)4 月 4 日，廉义乡合作社在陈家门保国民学校召开廉义乡合作社成立会议。出席会议 32 人，缺席代表 4 人。会议推选陈鹤汀为临时主席，陈士亮为书记。选举产生廉义乡合作社第一届委员会，选举陈士亮、陈志民、陈圩民、夏周林、徐鸿声、萧永观、马立民当选为理事，选举陈鹤汀、萧海鹤、邱树荣当选为监事。会议通过了合作社章程。其合作社主要业务为生产、供销、信用等，地址在圩城北市街许正兴百货号，共认 2 万股，每股金额 10 元，社员人数 360 人。

欤城乡第六保合作社　为遵照合作社法实施细则以及合作社各级组织大纲之规定，于民国 37 年(1948)5 月 30 日在欤城镇第六保十四甲召开成立会议，选举产生由潘福昌、沈人英、沈志奇、顾和尚、葛四庆等 5 人组成首届理事会，潘福昌当选理事会主席；由陈如山、蔡人逵、胡苏顺等 3 人组成监事会，陈如山当选监事主席；经理潘福昌(兼)，司库，会计。该社社员 58 人，出席会议 49 人，共认股 276 股，每股 5 万元，主营蚕丝、棉花、生产等事业。任期至 1949 年 5 月 29 日。

欤城乡第九保合作社　民国 37 年(1948)7 月 21 日成立，选举产生首届理事会，顾慕莲当选理事主席，王介洪当选监事主席，经理顾慕莲(兼)，司库张雨霖，会计王洪声。任期至 1949 年 7 月20 日。

欤城乡第十保合作社　为遵照合作社法实施细则以及合作社各级组织大纲之规定，于民国 37 年(1948)5 月 31 日在所在地鸳鸯桥十保三甲召开成立会议，选举产生由韩敦谦、陈潘法、韩敦年、何新伯、许文伯等 5 人组成首届理事会，韩敦谦当选理事会主席；由韩毓桢、赵金昌、赵姚官等3人组成监事会，赵姚观当选监事主席；经理韩敦谦（兼）。该社社员60人，出席会议50人，共认股311股.每股5万元，主营蚕丝、棉花、生产等事业。任期至1949年5月30日。

钦城乡第十一保合作社　为遵照合作社法实施细则以及合作社各级组织大纲之规定，于民国37年(1948)7月21日在所在地鸳鸯桥召开成立会议，选举产生由俞士英、韩一如、俞先珍、马锡祥、吴铁洲5人组成首届理事会，韩一如当选理事会主席；由俞德麟、俞树培、许潘荣等3人组成监事会，俞德麟当选监事主席；经理韩一如（兼），司库马锡祥，会计吴铁洲。该社社员57人，出席会议48人，共认股255股，每股5万元，主营蚕丝、棉花、生产等事业。任期至1949年7月20日。

农会

抗日战争胜利后，在县农会指导下各乡镇相继成立农会组织。以发展农村经济，增长农民知识，改善农民生活而图农业之发展，并协助政府关于国防及生产等政令的实施为宗旨；举办农民识字教育夜校，举办农民福利社，推行农村合作事业等。

表14—5—8　　钦城区农会组织情况表

名称	地址	成立时间	会员	职务	主持人	任职时间
钦城镇农会	镇公所	1946年3月	274	常务理事	王洪声	1946年3月～1949年4月
				理事	沈人英	1946年3月～1949年4月
				理事	王介洪	1946年3月～1949年4月
				监事	韩大桢	1946年4月～1949年4月
				监事	陈如山	1946年3月～1949年4月
钦东乡农会	泾塘桥	1946年3月	300	常务理事	金肇声	1946年3月～1949年4月
				理事	沈乐平	1946年3月～1949年4月
				理事	王赞民	1946年3月～1949年4月
				监事	朱汉民	1946年3月～1949年4月
钦西乡农会	鸳鸯桥	1946年3月	259	常务理事	韩敦谦	1946年3月～1949年4月
				理事	马锡祥	1946年3月～1949年4月
				理事	俞振华	1946年3月～1949年4月
				理事	俞树培	1946年3月～1949年4月
				监事	韩大桢	1946年3月～1949年4月
钦北乡农会	戎田漾	1946年3月	87	常务理事	陈志民	1946年3月～1949年4月
				理事	王雨金	1946年3月～1949年4月
				理事	陈圩民	1946年3月～1949年4月
				理事	徐顺泉	1946年3月～1949年4月

续表 14－5－8

名　称	地　址	成立时间	会　员	职　务	主持人	任　职　时　间
钦北乡农会	栈田漾	1946 年 3 月	87	理　事	夏周林	1946 年 3 月～1949 年 4 月
				监　事	陈士亮	1946 年 3 月～1949 年 4 月
				监　事	周有顺	1946 年 3 月～1949 年 4 月
廉义乡农会	乡公所	1946 年 3 月	232	常务理事	盛谓滨	1946 年 3 月～1949 年 4 月
				理　事	罗　律	1946 年 3 月～1949 年 4 月
				理　事	何玉夫	1946 年 3 月～1949 年 4 月
				监　事	沈家强	1946 年 3 月～1949 年 4 月

第十五编　群众团体

第一章　农民协会

1949年6月，中共钦城区委员会成立后，即配备专职农会干部，首任会长王悦刚。1950年3月，组织全区各乡镇干部，深入农村，发动群众，组建以贫农为主体的农民协会，至年底全区9个乡镇中有钦城、钦北、鸳鸯3个乡建立农民协会。名个村全部成立了村农民协会。形成了区、乡、村三级农民协会(简称农会)。

1950年10月，农会成立后，在中共钦城区委领导下，在张鼎乡搞土地改革试点，同时，农会帮助贫苦农民解决生产、生活上的困难，组织农民学习有关政策；组织领导农民实行减租减息，协助区、乡政府进行土地改革，恢复和发展生产以及互助合作运动；完成征借粮草任务，发动参军，抗美援朝，开展捐款购买飞机大炮，发挥了重要作用。至1953年全区有区农会1个，乡农会8个，村农会51个。1954年随着农村合作化运动的掀起，全区各级农民协会组织完成历史使命。

1964年钦城乡贫下中农协会成立。1965年2月，海盐县第一次贫农、下中农代表大会召开，钦城公社18个生产大队先后建立贫下中农协会，为依靠贫农、下中农开展农村社会主义教育运动，提供组织保证。1966年由于一场史无前例的"文化大革命"运动开始，公社贫下中农协会受到冲击，被迫停止活动。1968年后由造反派组织了"贫代会"所取代，1970年第二届贫代会召开选举7人为常务委员会委员，选举产生主任1名，副主任3名，委员10名。1978年1月22～23日，恢复贫下中农协会活动，第三届贫下中农代表大会召开，选举产生第三届贫下中农协会。1980年后，撤销贫下中农协会组织机构。

表15－1－1　　钦城区(乡、公社)农民协会组织领导人名录表

隶属	名称	职务	姓名	性别	任职时间
县农民协会	钦城区农民协会	副会长	王悦刚	男	1949年6月～1950年3月主持工作
		主任	王悦刚	男	1950年3月～1950年8月
		副主任	陈信人	男	1951年5月～1952年8月主持工作
		副主任	姚福林	男	1952年9月～1952年11月主持工作

续表 15－1－1

隶属	名称	职务	姓名	性别	任职时间
区农民协会	软城乡农会	主任	王关荣	男	1950 年 3 月～1950 年 10 月
		主任	金全余	男	1950 年 10 月～1956 年 3 月
	软北乡农会	主任	陈老虎	男	1951 年 3 月～1956 年 3 月
	鸳鸯乡农会	主任	沈妹答	男	1950 年 3 月～1950 年 10 月
		主任	沈桂泉	男	1950 年 10 月～1956 年 3 月
海盐县贫农、下中农协会(简称县贫协)	软城公社第一届贫协	主任	周文良	男	(兼)1964 年～1966 年 12 月
		主任	戴周林	男	1966 年 12 月～1967 年 4 月
	软城公社第二届贫农、下中农协会	主任	徐吴法	男	1970 年 7 月～1976 年 12 月
		副主任	董周法	男	1970 年 7 月～1976 年 12 月
		副主任	冯志明	男	1970 年 7 月～1976 年 12 月
		副主任	钱去珍	女	1970 年 7 月～1976 年 12 月
海盐县贫农、下中农协会(简称县贫协)	圩城公社贫下中农管理委员会	主任	金逸	男	1976 年 12 月～1978 年 4 月
		副主任	陈水林	男	1976 年 12 月～1978 年 4 月
		副主任	叶王荣	男	1976 年 12 月～1978 年 4 月
		副主任	冯志明	男	1976 年 12 月～1978 年 4 月
		副主任	沈真瑞	男	1976 年 12 月～1978 年 4 月
海盐县贫农、下中农协会(简称县贫协)	软城公社第三届贫农、下中农协会	主任	戴周林	男	1978 年 2 月～1979 年 10 月
		副主任	王永彪	男	1978 年 2 月～1979 年 10 月
		副主任	朱雪珍	女	1978 年 2 月～1979 年 10 月
		副主任	范来顺	男	1978 年 2 月～1979 年 10 月

第二章　共产主义青年团

1949 年 6 月，中国新民主主义青年团(简称青年团)软城区工作委员会成立。团区委成立后即在青年群众中开展工作，经过剿匪反霸、土地改革、抗美援朝等运动，把在运动中涌现出来的青年积极分子发展起来，吸收为青年团员。至 1951 年底，全区建有团工作委员会 1 个，乡支部 9 个，村支部 28 个，团员 506 人，其中女团员 137 人。

1953 年，软城区各乡均建立团总支委员会。1956 年撤区并乡，由软城、软北、软东、鸳鸯合并建立钦城乡，同时建立乡团委。同年9月27～28日，钦城乡召开首届一次团员代表大会，历时1天半，应到代表143人，实到代表134人，其中列席代表5人。大会由总支书记作《团总支并乡半年工作报告》、《团费收缴管理工作》分村公布，选举产生23人组成中国新民主主义青年团钦城乡第一届委员会，其中妇女占30%，女党员12人占50%以上。

1957年5月，新民主主义青年团改名中国共产主义青年团(简称共青团)。

1959年8月，共青团钦城公社召开第二次团员代表大会，大会听取党委书记所作指示，听取团委书记《工作报告》以及各总支5位同志发言，提出8项工作：建立团小组生活制度、要求团员“五破五立”、开展积肥除虫超百斤粮、学习许七男活动、大搞试验田、开展多面手活动、争做突击手、参加文艺活动。选举产生共青团钦城公社第二届委员会。

1960年3月，共青团钦城公社召开第三次团员代表大会，选举产生共青团钦城公社第三届委员会。

1961年10月，在整团基础上，恢复了团的组织生活，12月共青团钦城公社召开第四次团员代表大会，选举产生共青团钦城公社第四届委员会。

1963年4月，共青团钦城公社召开第五次团员代表大会，选举产生共青团钦城公社第五届委员会。

1966年12月，共青团钦城公社召开第六次团员代表大会，选举产生共青团钦城公社第六届委员会。

1966年5月，“文化大革命”开始，团组织停止活动。1974年1月，共青团钦城公社召开第七次团员代表大会，选举产生13人组成共青团钦城公社第七届委员会。

1978年10月，共青团钦城公社召开第八次团员代表大会，选举产生处15人组成共青团钦城公社第八届委员会。选出团委书记1人，团委副书记2人，委员12人。

1982年6月26日，共青团钦城公社召开第九次团员代表大会，到会代表303人，其中女代表116人，特邀代表15人。大会听取党委作报告，听取团委工作报告，选举产生15人组成共青团钦城公社第九届委员会，选出书记1人，副书记2人，委员12人。选出出席县八次团代会代表25名。

1984年10月10日，共青团钦城公社召开第十次团员代表大会，到会代表173人，选举产生9人组成共青团钦城公社第十届委员会。选出团委书记1人，副书记2人，委员6人。

1986年7月13～14日，共青团钦城公社召开第十一次团员代表大会，大会听取《十届团委工作报告》、党委领导讲话、少先队致辞。会议选举产生7人组成共青团钦城公社第十一届委员会，选出团委书记1人，副书记1人，委员5人。

1988年8月15日，共青团钦城公社召开第十二次团员代表大会，大会听取《十一届团委工作报告》、党委领导讲话、少先队致辞。会议选举产生7人组成共青团钦城公社第十二届委员会，选出团委书记1人，副书记1人，委员5人。

1990年8月5日，共青团钦城公社召开第十三次团员代表大会，到会代表90人，大会听取《十二届团委工作报告》、党委领导讲话、少先队致辞。会议选举产生5人组成共青团钦城公社第十三届委员会，选出团委书记1人，副书记1人，委员3人。

1992年9月8日，共青团钦城公社召开第十四次团员代表大会，大会听取《十三届团委工作报告》、党委领导讲话、少先队致辞。会议选举产生7人组成共青团钦城公社第十四届委员会，选出团委书记1人，副书记1人，委员5人。

1994年6月15日，共青团钦城公社召开第十五次团员代表大会，到会代表70人，大会听取《十四届团委工作报告》、党委领导讲话、少先队致辞。会议选举产生7人组成共青团钦城公社第十五届委员会，选出团委书记1人，副书记1人，委员5人。

1997年7月9日，共青团钦城公社召开第十六次团员代表大会，到会代表66人，大会听取《十五届团委工作报告》、党委领导讲话、少先队致辞。会议选举产生7人组成共青团钦城公社第十六届委员会，选出团委书记1人，副书记1人，委员5人。

2000年8月29日，共青团钦城公社召开第十七次团员代表大会，应到代表70人实到代表61人，大会听取《十六届团委工作报告》、党委领导讲话、少先队致辞。会议选举产生7人组成共青团钦城公社第十七届委员会，选出团委书记1人，副书记1人，委员5人。

2003年7月18日，共青团于城镇第十八次团员代表大会召开，大会应到代表52人，实到代表48人。选举产生7人组成共青团于城镇第十八届委员会。选出团委书记1员会人，副书记2人，委员4人。

2006年4月28日，共青团于城镇第十九次团员代表大会召开，大会应到代表54人，实到代表50人。选举产生7人组成共青团于城镇第十九届委员会。选出团委书记1人，副书记2人，委员4人。选举13人出席县第十六次团代会代表。

2009年6月19日，共青团于城镇第二十届团员代表大会召开，大会应到代表51人，实到代表47人。选举产生7人组成共青团于城镇第二十届委员会。选出团委书记1人，副书记2人。选举产生11人出席共青团海盐县第十七次代表大会代表。

2011年6月28日，经镇党委研究，同意增补谢会德、郭伟、陈玉菡、王建红、任婕等6位同志为共青团于城镇委员会第二十届委员。

2012年5月22日，于城镇召开第二十一次团员代表大会，大会应到代表65人，实到代表62人。大会听取并审议共青团于城镇第二十届委员会工作报告；听取团县委、镇党委领导讲话；选举产生13人组成共青团于城镇第二十一届委员会。选出团委书记1人，副书记3人。选举产生11人出席共青团海盐县第十八次代表大会代表。

表15—2—1　　钦城区(乡、公社)共青团组织领导人名录表

名　称	届　次	职　　务	姓　名	性别	任　职　时　间
团工委	一	书　记	朱仕良	男	1952年6月～1954年5月
		副书记	朱仕良	男	1952年6月～1953年5月主持工作
		副书记	朱志明	男	1951年2月～1952年2月主持工作
		副书记	张家欢	男	1954年8月～1956年1月主持工作

续表 15－2－1

名　称	届　次	职　　务	姓　名	性别	任　职　时　间
乡团委	一	书　记	朱福昌	男	1956 年 3 月～1958 年 10 月
公社团委	二	书　记	朱福昌	男	1958 年 10 月～1960 年 3 月
		副书记	沈玉书	男	1958 年 10 月～1960 年 3 月
		副书记	冯吴龙	男	1958 年 10 月～1960 年 3 月
	三	书　记	韩五观	男	1960 年 3 月～1961 年 4 月
		书　记	韩玉英	女	1961 年 5 月～1961 年 10 月
	四	书　记	肖义宾	男	1961 年 12 月～1962 年 4 月
		副书记	韩五观	男	1961 年 4 月～1963 年 4 月
	五	书　记	戴周林	男	1963 年 4 月～1966 年 12 月
	六	书　记	姜生法	男	1966 年 12 月～1968 年 4 月
		副书记	陈水林	男	1971 年 2 月～1971 年 5 月
		副书记	单忠林	男	1971 年 2 月～1974 年 1 月
	七	书　记	陈水林	男	1971 年 5 月～1973 年 6 月
		第一副书记	单忠林	男	1974 年 1 月～1978 年 10 月
		副书记	王菊英	女	1974 年 1 月～1978 年 10 月
		副书记	王国翼	男	1974 年 1 月～1978 年 10 月
		副书记	费留观	男	1974 年 1 月～1978 年 10 月
	八	书　记	夏建明	男	1978 年 10 月～1980 年 1 月
		副书记	陈定珍	女	1978 年 10 月～1980 年 1 月
		副书记	苏祥观	男	1978 年 10 月～1980 年 1 月
	九	书　记	郑玉林	男	1980 年 1 月～1983 年 12 月
		副书记	冯建明	男	1982 年 6 月～1984 年 11 月
		副书记	步媛玉	女	1982 年 6 月～1984 年 11 月
乡团委	十	书　记	何柏良	男	1984 年 11 月～1986 年 2 月
		副书记	冯建明	男	1984 年 11 月～1986 年 8 月
		副书记	张建良	男	1984 年 11 月～1986 年 8 月
	十一	书　记	张建良	男	1986 年 8 月～1988 年 7 月
		副书记	童良观	男	1986 年 8 月～1988 年 7 月
	十二	书　记	童良观	男	1988 年 9 月～1990 年 9 月

续表 15－2－1

名　称	届次	职　　务	姓　名	性别	任　职　时　间
乡团委	十二	副书记	宋　华	男	1988 年 9 月～1990 年 9 月
	十三	书　记	宋　华	男	1990 年 9 月～1992 年 9 月
	十四	书　记	朱　平	男	1992 年 9 月～1994 年 6 月
		副书记	张佳生	男	1992 年 9 月～1994 年 6 月
镇团委	十五	书　记	朱　平	男	1994 年 6 月～1997 年 7 月
		副书记	张佳生	男	1994 年 6 月～1997 年 7 月
	十六	书　记	朱建忠	男	1997 年 7 月～2000 年 9 月
		副书记	钱松明	男	1997 年 7 月～2000 年 9 月
	十七	书　记	王小凤	女	2000 年 9 月～2003 年 8 月
		副书记	宋　奇	男	2000 年 9 月～2003 年 8 月
	十八	书　记	王小凤	女	2003 年 8 月～2006 年 5 月
		副书记	陈敏军	男	2003 年 8 月～2006 年 5 月
		副书记	潘华琰	男	2003 年 8 月～2006 年 5 月
	十九	书　记	王小凤	女	2006 年 5 月～2009 年 7 月
		副书记	陈敏军	男	2006 年 5 月～2009 年 7 月
		副书记	冯　瀛	女	2007 年 3 月～2008 年 12 月
	二十	书　记	张喆晔	男	2009 年 7 月～2011 年 8 月
		书　记	谢会德	男	2011 年 8 月～2012 年 6 月
		副书记	陈敏军	男	2009 年 7 月～2012 年 6 月
		副书记	倪海杰	男	2009 年 7 月～2012 年 6 月
	二十一	书　记	谢会德	男	2012 年 5 月～2015 年 5 月
		副书记	周　巍	男	2012 年 5 月～2015 年 5 月
		副书记	董雪峰	男	2012 年 5 月～2015 年 5 月
		副书记	潘　俊	男	2012 年 5 月～2013 年 8 月

表 15－2－2　　共青团团员情况统计表

年份	团组织			现有团员（人）								经济类团员分布情况（人）						
	团委数	团总支数	团支部数	总数	14～18周岁	19～25周岁	26～28周岁	28周岁以上	男团员	女团员	新团员	事业单位	党政机关	农业	工业	商业	私营企业	联户企业
1951	1	8	28	506	127	258	75	46	369	137	35	46	6	435	22	12		

续表 15－2－2

年份	团组织			现有团员（人）								经济类团员分布情况（人）						
	团委数	团总支数	团支部数	总数	14～18周岁	19～25周岁	26～28周岁	28周岁以上	男团员	女团员	新团员	事业单位	党政机关	农业	工业	商业	私营企业	联户企业
1955	1	8	20	256	57	136	38	25	186	70	58	12	10	211	8	4		
1973	1		18	1056	625	235	182	14	681	375	172	82	11	897	44	12		
1981	1	1	26	1116	708	269	98	41	583	533	220	84	13	846	186	11		
1982	1	1	27	1170	726	321	96	27	618	552	198	88	14	856	226	18		
1983	1	1	29	1212	775	242	123	72	683	529	79	79	16	927	206	16		
1984	1	4	26	1299	818	356	125	48	641	658	47	49	14	891	325	20		
2000	1	1	23	386	175	148	51	12	169	217	18	36	9	125	206	5	41	
2001	1	1	15	371	156	156	52	7	191	180	94	7	3	138	232	17	16	11

第三章　少年先锋队

1994 年，中国少年先锋队于城镇第一次代表大会召开。应到代表 78 名，实到 76 名。大会听取镇党委、上级少工委领导讲话；听取少先队于城镇第三届工作委员会工作报告；选举产生 5 人组成中国少年先锋队于城镇第一届工作委员会，选出少工委主任 1 人，副主任 2 人，委员 2 人。

1997 年 11 月 14 日，中国少年先锋队于城镇第二次代表大会召开。应到代表 79 名，实到 78 名。大会听取镇党委、上级少工委领导讲话；听取少先队于城镇第三届工作委员会工作报告；选举产生 5 人组成中国少年先锋队于城镇第二届工作委员会，选出少工委主任 1 人，副主任 1 人，委员 3 人。

2000 年 11 月 24 日，中国少年先锋队于城镇第三次代表大会召开。应到代表 72 名，实到 68 名。大会听取镇党委、上级少工委领导讲话；听取少先队于城镇第三届工作委员会工作报告；选举产生 5 人组成中国少年先锋队于城镇第三届工作委员会，选出少工委主任 1 人，副主任 2 人，委员 2 人。

2003 年 11 月 28 日，中国少年先锋队于城镇第四次代表大会召开。应到代表 76 名，实到 74 名。大会听取镇党委、上级少工委领导讲话；听取少先队于城镇第三届工作委员会工作报告；选举产生 6 人组成中国少年先锋队于城镇第四届工作委员会，选出少工委主任 1 人，副主任 2 人，委员 3 人。

2008 年 5 月 29 日，中国少年先锋队于城镇第五次代表大会召开。应到代表 67 名，实到 66 名。

大会听取镇党委、上级少工委领导讲话;听取少先队于城镇第三届工作委员会工作报告;选举产生6人组成中国少年先锋队于城镇第五届工作委员会,选出少工委主任1人,副主任2人,委员3人。

2011年4月28日,中国少年先锋队于城镇第六次代表大会召开。应到代表72名,实到71名,列席代表4名。大会听取镇党委、上级少工委领导讲话;听取少先队于城镇第五届工作委员会工作报告;选举产生6人组成中国少年先锋队于城镇第六届工作委员会。选出少工委主任1人,副主任2人,委员3人。

2014年6月18日,中国少年先锋队于城镇第七次代表大会召开。应到代表75名,实到74名,列席代表8名。大会听取镇党委、上级少工委领导讲话;听取少先队于城镇第五届工作委员会工作报告;选举产生6人组成中国少年先锋队于城镇第七届工作委员会,选出少工委主任1人,副主任2人,委员3人。

表15-3-1　　于城镇少先队工作委员会主要领导人名录表

组织名称	届次	职务	姓名	性别	任职时间
中国少年先锋队于城镇工作委员会	第一届	主任	朱平	男	1994年5月～1997年11月
		副主任	林周良	男	1994年5月～1997年11月
		副主任	周顺祥	男	1994年5月～1997年11月
中国少年先锋队于城镇工作委员会	第二届	主任	朱建忠	男	1997年11月～2000年11月
		副主任	周顺祥	男	1997年11月～2000年11月
中国少年先锋队于城镇工作委员会	第三届	主任	王小凤	女	2000年11月～2003年11月
		副主任	宋奇	男	2000年11月～2003年11月
		副主任	章驰冠	男	2000年11月～2003年11月
中国少年先锋队于城镇工作委员会	第四届	主任	王小凤	女	2003年11月～2008年5月
		副主任	周玉良	男	2003年11月～2008年5月
		副主任	章驰冠	男	2003年11月～2008年5月
中国少年先锋队于城镇工作委员会	第五届	主任	冯瀛	女	2008年5月～2011年4月
		副主任	陆晓立	男	2008年5月～2011年4月
		副主任	徐卫	男	2008年5月～2011年4月
	第六届	主任	谢会德	男	2011年4月～2014年6月
		副主任	冯洪良	男	2011年4月～2014年6月
		副主任	陆晓立	男	2011年4月～2014年6月
	第七届	主任	顾晨熠	男	2014年6月～
		副主任	冯洪良	男	2014年6月～
		副主任	袁卫红	男	2014年6月～

表 15－3－2　　　　于城镇少年先锋队组织情况统计表

年份	学校数		建少先队数		少年儿童数				少先队员数	辅导员数		
	小学	中学	小学	中学	总数	在校学生		校外		总数	校内	
						小学	中学				大队	中队
1981	16	5	16	5	3913	2684	423	61	2667	89	`16	73
1982	13	1	13	1	3172	2335	837	13	2335	75	13	62
1983	16	4	16	4	2732	2193	454	85	2503	87	17	70
1984	16	2	16	2	2050	1714	336	/	2050	66	18	48
1985	16	2	16	5	1937	1705	232		1932	63	16	47
1986	15	2	15	5	1660	1443	217		1653	61	15	46
1987	15	2	15	4	1747	1538	209		1743	61	15	46
1988	15	2	15	5	1752	1527	225		1748	61	15	46
1989	15	2	15	5	1860	1627	233		1851	62	15	47
1990	15	1	15	4	1720	1522	198		1710	62	15	47
1991	15	1	15	5	1728	1515	213		1719	62	15	47
1992	14	1	14	4	1708	1532	176		1701	61	14	47
1993	14	1	14	5	2017	1764	253		2006	62	14	48
1994	14	1	14	5	2032	1788	244		2021	63	14	49
1995	14	1	14	6	2098	1812	286		2088	60	14	46
1996	13	1	13	6	2019	1777	242		2011	63	13	50
1997	12	1	12	4	2061	1881	180		2052	62	12	50
1998	11	1	11	6	2236	1958	278		2226	63	11	52
1999	9	1	9	8	2258	1881	377		2248	56	9	47
2000	5	1	5	7	2179	1832	347		2170	46	5	41
2001	5	1	5	6	2244	1962	282		2235	49	5	44
2002	5	1	5	5	2432	2189	243		2423	51	5	46
2003	5	1	5	6	2564	2263	301		2552	53	5	48
2004	5	1	5	7	2502	2158	344		2493	53	5	48
2005	5	1	5	6	2373	2055	318		2364	52	5	47
2006	3	1	4	7	2219	1876	343		2210	48	3	45
2007	3	1	3	8	2125	1669	456		2116	41	3	38

续表 15－3－2

年份	学校数		建少先队数		少年儿童数				少先队员数	辅导员数		
	小学	中学	小学	中学	总数	在校学生		校外		总数	校内	
						小学	中学				大队	中队
2008	2	1	2	8	1908	1460	448		1897	36	2	34
2009	1	1	2	7	1667	1322	345		1665	35	3	32
2010	1	1	2	6	1529	1286	243		1526	33	3	30
2011	1	1	2	6	1369	1163	206		1357	31	3	28
2012	1	1	2	6	1338	1143	195		1326	31	3	28
2013	1	1	2	6	1311	1103	208		1299	31	3	28
2014	1	1	2	6	1254	1079	175		1243	31	3	28

第四章　妇女联合会

第一节　概　况

1949 年 6 月，中共软城区委建立后，在区委领导下，配备了专职妇女干部，发动广大妇女组织起来，并组建各乡、各村民主妇女联合会。1951 年起，改称村妇女代表会。1952 年改称民主妇女联合会。其间，区、乡、村三级妇女联合会组织广大妇女群众参加冬季夜校，学文化、扫除文盲；积极参加兴修水利、防汛抗旱、稻田除虫等生产劳动；组织妇女参加土地改革运动；宣传我国第一部婚姻法，摆脱封建包办婚姻，废除童养媳制度，提倡男女平等，婚姻自由；组织妇女参加抗美援朝运动，出现了姑娘送未婚夫参军、妻子送丈夫参军、母亲送儿子参军、送兄弟参军的感人场面，向志愿军送慰问袋等活动。

1956 年撤区并乡后，1957 年 11 月又称软城乡妇女联合会，配备了专职妇女干部。其间，乡、村二级妇联为解放妇女劳动力，积极办好托儿所和幼儿园；并投入互助合作和爱国增产运动。1958 年 10 月，人民公社建立后，称软城公社妇女联合会。

1966 年 5 月，“文化大革命”开始后，公社妇联被迫停止活动，1968 年被“工代会”“贫代会”“红代会”等造反派组织所取代。1971 年开始，妇联组织恢复活动。

1976 年，粉碎江青反革命集团后，公社妇联在党委领导下，经过整顿调查后，以崭新的面貌，发动全公社妇女群众，积极投入各行各业的改革，深入开展“五好”家庭评选活动，充分发挥了妇女群众在社会主义现代化建设中的积极作用。其间，妇女重点开展晚婚晚育和计划生育的宣传和教育活动。

1978年，中共十一届三中全会后，随着改革开放的深入，公社妇联在妇女群众中重点开展争当三八红旗手，争创五好家庭（热爱祖国，热爱集体，遵纪守法好；努力学习，完成任务好；实行计划生育，教育子女，勤俭持家好；移风易俗，文明礼貌，清洁卫生好；尊老爱幼，家庭和睦，邻居团结互助好），围绕经济建设中心开展各种竞赛活动。1984年乡妇联协同有关部门开展维护妇女儿童合法权益的法制宣传月活动。90年代起，镇妇女联合会在各行业职业妇女中开展双学双比（学文化、学技术、比成绩、比贡献）活动，在各行业中开展巾帼建功活动，鼓励妇女岗位成才，岗位上多做奉献。1994年，构塍村妇女王代妹承包经营的特种水产养殖场被评为省"双学双比"十佳基地。1998年，镇妇联在镇党委领导下，在全镇广大家庭中继续开展五好文明家庭竞赛活动，进一步倡导平等、和睦、文明家庭，涌现了一批先进集体和先进个人。其中县级先进集体1个，县级先进个人1个，县级五好文明家庭2家；镇级妇女工作先进集体1家，镇级妇女先进个人5人，镇级五好文明家庭10户，镇级双学双比女能手10名。

20世纪末21世纪初，镇妇联以"一手抓发展，一手抓维权"为主线，以培养"四有"（有理想、有道德、有文化、有纪律）、"四自"（自尊、自重、自立、自强）新女性目标。根据《公民道德建设实施纲要》提出"爱国守法、明礼诚信，团结友善，勤俭自强，敬业奉献"二十字要求，以"树文明新风，建美好家园"为主题，认真组织实施"双学双比"（学文化、学技术、比成绩、比贡献）竞赛活动，以该活动为载体，突出科教兴农、基地建设和巾帼扶贫三个重点，全面实施"巾帼科技致富工程"注意抓好多渠道、多层次、多形式的科技知识培训。

2001年，构塍村王代妹和她的基地被评为浙江省农村妇女"双学双比"竞赛先进女能手和示范基地。2002年，在"巾帼建功"（学政治、学文化、学科学、学技术、学管理，比思想、比质量、比服务、比成绩、比贡献竞赛活动的简称），活动中，紧扣"爱岗敬业、岗位建功、岗位成才"为主题，开展岗位练兵、技术比武、劳动竞赛等活动，评比出绢纺公司二分厂精纺车间2个"巾帼示范岗"和于城卫生院"无私奉献，爱岗敬业示范岗"。创建"五好文明家庭"（爱国守法，热心公益好；学习进取，爱岗敬业好；男女平等，尊老爱幼好；移风易俗，少生优育好；勤俭持家，保护环境好），评出了"五好文明家庭"1979户，贤内助32人。依法维护妇女儿童合法权益。

2006年，于城镇妇联组织开展创建"平安家庭"活动。

2012年，于城镇妇联开展"优美庭院"创建工作，健全"巾帼清洁志愿队""庭院环境监督队""庭院环境评审队"3支队伍。是年，评出三联村陈家门蒋自强家庭为县"优美庭院"示范户。

2014年，镇妇联开展"一村一品"基层妇女特色工作，打造基层妇女工作新名片；开展"下基层、访妇情、送温暖、办实事"活动。同时贯彻县妇联下发的《"清河治水·巾帼在行动"主题活动方案》，动员全镇妇联干部、广大妇女参与庭院整治、植绿护绿、清"三河"、家庭节能节水活动。同年，创建"优美庭院"工作，"梦想家园"少儿创意绘画比赛、万株苗木进农家、创意花盆征集等活动。还有以"争做最美家庭·共享幸福生活"为主题，开展寻找"最美家庭"暨城乡户户创文明活动。与县委宣传部推荐评选海盐"优雅人家"，与县文化局推荐评选海盐"书香之家"。

第二节 妇联代表大会

1956年3月，圩城公社召开首届妇女代表大会，党委副书记作报告，大会选举产生了由首届䢵城公社妇联执委会。

1958年5月，圩城公社召开第二届妇女代表大会，由首届妇联主任作工作报告，大会选举产生了第二届䢵城公社妇联执委会。

1961年5月，圩城公社召开第三届妇女代表大会，由二届妇联主任作工作报告，大会选举产生了第三届䢵城公社妇联执委会。

1964年5月，圩城公社召开第四届妇女代表大会，由三届妇联主任作工作报告，大会选举产生了第四届䢵城公社妇联执委会。

1968年5月，圩城公社召开第五届妇女代表大会，由四届妇联主任作工作报告，大会选举产生了五届䢵城公社妇联执委会。

1972年5月，圩城公社召开第六届妇女代表大会，由五届妇联主任作工作报告，大会选举产生了第六届䢵城公社妇联执委会。

1978年12月，圩城公社召开第七届妇女代表大会，五届妇联主任工作报告，大会选举产生了16人组成的七届䢵城公社妇联执委会，选出妇联会主任1人，副主任2人，委员13人。

1982年9月5～6日，䢵城公社召开第八届妇女代表大会，到会代表438名，党委副书记到会讲话，大会听取上届妇联工作报告，选举产生了13人组成的八届䢵城公社妇联执委会，选出主任1人，委员12人。

1987年1月14日，䢵城乡召开第九届妇女代表大会，应到代表92名，实到代表84名，列席代表4名。大会听取党委书记讲话，听取乡团委、乡人武部以及少先队领导致贺词；听取八届妇联工作报告。大会选举产生了7人组成的九届䢵城乡妇联执委会；选出主任1人，副主任1人，委员5人。

1989年8月27日，䢵城乡召开第十届妇女代表大会，到会代表90名。县妇联主任陶时梅到会讲话；乡党委书记讲话；九届妇联主任作《工作报告》；大会选举产生了7人组成的十届䢵城乡妇联执委会。选出主任1人，副主任1人，委员5人。

1992年12月29日，召开第十一届妇女代表大会，到会代表96名，列席代表4人，党委副书记作报告，听取审议《十届妇联工作报告》，大会选举产生了由7人组成的七届䢵城乡妇联执委会，选出主任1人，副主任1人，委员5人。

1996年6月7日，召开第十二届妇女代表大会，应到代表80名，听取审议镇十一届妇联工作报告；大会选举产生了由等7人组成的十二届䢵城镇妇联执委会，选出主席1人，副主席1人，委员5人。

1999年7月16日，召开第十三届妇女代表大会，应到代表80名，实到代表78名，大会听取和审议于城镇妇联第十二届执委会工作报告，大会选举产生了7人组成第十三届䢵城镇妇联执委会，选出执委会主席1人，副主席1人，委员5人，委员5人。选举产生20名出席海盐县第十二次妇女代表大会代表。

2002 年 7 月 30 日，召开第十四届妇女代表大会，应到代表 63 人，实到代表 60 名，特邀代表 7 人。镇党委宣传委员作《高举邓小平理论旗帜，发挥妇女优势和作用，努力为我镇两个文明建设作贡献》报告；一致通过妇联主席所作《解放思想，与时俱进，团结带领全镇妇女为率先基本实现现代化而努力奋斗》的报告；大会选举产生了 7 人组成的十四届㰖城镇妇联执委会，选出妇联主席 1 人，副主席 1 人，委员 5 人。

2006 年 11 月 28 日，于城镇第十五届妇女代表大会召开，应到代表 61 名，实到代表 60 人，列席代表 32 人。会议听取镇团委书记作《工作报告》，大会选举产生了 7 人组成第十五届会妇联执行委员会。选出妇联主席 1 人，妇联副主席 1 人，委员 5 人。

2011 年 12 月 15 日，召开第十六届妇女代表大会，到会代表 61 名，大会听取并审议妇联主席所作的《振奋精神、创新创业，团结引领全镇妇女为共建和谐于城、共创美好生活而努力奋斗》的报告，大会选举产生了 7 人组成的第十六届㰖城公社妇联执委会。选出妇联主席 1 人，副主席 1 人，委员 5 人。

表 15—4—1　　㰖城区民主妇女联合会主要领导人名录表

组织名称	职　务	姓　名	性　别	任　职　时　间
区民主妇联	副主任	赵菊英	女	1951 年 5 月～1952 年 9 月主持工作
	主　任	徐小宝	女	1952 年 3 月～1954 年 10 月

表 15—4—2　　㰖城公社(乡、镇)妇女联合会主要领导人名录表

组织名称	届　次	职　务	姓　名	性别	任　职　时　间
㰖城乡妇联 㰖城公社妇联	一	主　任	陈美英	女	1956 年 3 月～1958 年 5 月
	二	主　任	李雪芬	女	1958 年 5 月～1959 年 2 月
		主　任	朱春妹	女	1959 年 2 月～1961 年 1 月
	三	主　任	王妙娟	女	1961 年 5 月～1961 年 12 月
		主　任	陈美英	女	1961 年 12 月～1962 年 5 月
	四	主　任	宋阿毛	女	1962 年 5 月～1968 年 4 月
		副主任	陈菊囡	女	1962 年 1 月～1968 年 4 月
		副主任	张其英	女	1962 年 1 月～1968 年 4 月
	五	主　任	宋阿毛	女	1968 年 4 月～1971 年 8 月
	六	主　任	张　琳	女	1972 年 5 月～1978 年 12 月
	七	主　任	张　琳	女	1978 年 12 月～1979 年 7 月
		主　任	沈惠芬	女	1979 年 7 月～1982 年 9 月

续表 15－4－2

组织名称	届　次	职　务	姓　名	性别	任　职　时　间
钦城乡妇联 钦城公社妇联	七	副主任	沈惠芬	女	1978 年 12 月～1982 年 9 月
		副主任	朱雪珍	女	1978 年 12 月～1982 年 9 月
钦城公社妇联 钦城乡妇联	八	主　任	沈惠芬	女	1982 年 9 月～1987 年 1 月
	九	主　任	张美芬	女	1987 年 1 月～1994 年 3 月
		副主任	叶玉英	女	1987 年 1 月～1989 年 8 月
	十	主　任	张美芬	女	1989 年 8 月～1992 年 12 月
		副主任	叶玉英	女	1989 年 8 月～1992 年 12 月
	十一	主　任	张美芬	女	1992 年 12 月～1993 年 3 月
		副主任	王张芬	女	1992 年 12 月～1994 年 2 月
于城镇妇联	十二	主　席	王菊英	女	(城西)1994 年 3 月～1998 年 11 月
		主　席	汤芳英	女	1998 年 11 月～1999 年 7 月
		副主席	徐　丽		1996 年 6 月～1999 年 7 月
	十三	主　席	汤芳英	女	1999 年 7 月～2001 年 12 月
		主　席	郁建芬	女	2001 年 12 月～2002 年 7 月
		副主席	徐　丽	女	1999 年 7 月～2002 年 7 月
	十四	主　席	郁建芬	女	2002 年 7 月～2004 年 12 月
		副主席	徐　丽	女	2002 年 7 月～2004 年 12 月
	十五	主　席	王小凤	女	2006 年 12 月～2010 年 2 月
		主　席	姜金水	女	2010 年 2 月～2011 年 12 月
		副主席	姜金水	女	2005 年 4 月～2010 年 2 月
	十六	主　席	姜金水	女	2011 年 12 月～
		副主席	张六峰	女	2011 年 12 月～

第五章　工　　会

于城镇工会成立于 1999 年 10 月，设主席 1 名、副主席 1 名。

1999 年 10 月 22 日，于城镇工会成立大会，41 名代表，选举产生 7 人组成于城镇工会第一届委员会，工会主席 1 人，副主席 1 人。选举产生 4 人组成于城镇工会第一届经费审查委员会，选出工会经费审查委员会主任 1 人。

2004年12月29日，海盐县总工会同意于城镇工会第二届委员会委员、副主席、主席任免的批复，同意增选三位同志为于城镇工会第一届委员会委员。2006年12月1日，于城镇工会第三次代表大会召开。应到代表45人，实到代表43人，会议听取县总工会和镇党委领导讲话；听取和审议《镇工会第二届委员会工作报告》；听取和审议《经费审查委员会工作报告》，选举产生9人组成于城镇镇工会第三届委员会，选出主席1人，副主席1人；由5人组成经费审查委员会，主任1人。

2010年9月23日，于城镇总工会召开第一次代表会议，本次会议应到代表65人，实到代表61人，大会选举产生第一届于城镇总工会委员会委员。经海盐县总工会批准于城镇总工会第一届委员会由9人组成。选出总工会主席1人，副主席1人。由5人组成第一届经费审查委员会。选出主任1人。本届任期5年(至2015年9月)。

表15－5－1　　于城镇工会主要领导人名录表

组织名称	届次	职务	姓名	性别	任职时间
于城镇总工会	一	主席	张冠群	男	1999年11月～2001年11月
		副主席	汤芳英	女	1999年11月～2001年11月
		主任	马玲娟	女	1999年11月～2001年11月
	二	主席	庞德金	男	2001年10月～2004年11月
	三	主席	郭真	男	2004年12月～2006年12月
		副主席	朱明祥	男	2004年12月～2006年12月
	四	主席	周雪军	男	2006年12月～2008年5月
		副主席	朱明祥	男	2006年12月～2008年5月
	五	主席	朱其良	男	2008年5月～2010年9月
		副主席	朱明祥	男	2008年5月～2010年9月
	六	主席	朱其良	男	2010年9月～2014年12月
		副主席	朱明祥	男	2010年9月～2014年12月

第六章　残疾人联合会

第一节　乡镇残联代表大会

1991年5月2日，软城乡第一届残联大会召开，70名代表参加了这次会议，大会由党委书记致开幕词，县委有关领导讲话，群团组织代表贺词，乡残协筹备组作工作报告，听取审议并通过残疾人联合会章程。会议选举产生乡残联理事会成员，聘请名誉主席 1 人，选出主席 1 人，理事长 1 人，副理事长 1 人，理事 11 人。

1994 年 3 月 5 日，钦城乡残疾人联合会第二次代表大会召开，大会选出主席 1 人，副主席兼秘书长 1 人。

1999 年 6 月 7 日，于城镇残疾人联合会第三次代表大会召开，大会应到代表 71 人，实到代表 67 人，这次大会审议通过《残联第三次代表大会工作报告》、选举主席团委员成员、选举产生主席 1 人，副主席 1 人，理事长 1 人，副理事长 1 人，理事 2 人，聘请名誉主席 2 人。

2002 年 7 月 5 日，于城镇残疾人联合会第四次代表大会召开，应到代表 57 名，实到代表 52 名。第三届执行理事向大会作《心系百姓，情系弱势，为开创我镇残疾人事业的新局面而努力》的工作报告。选举产生 11 人组成第四届残疾人联合会，选出主席 1 人，副主席 1 人，理事长 1 人，副理事长 1 人，理事 2 人，特邀名誉主席参加了这次大会。

2007 年 7 月 11 日，于城镇残疾人联合会第五次代表大会召开，应到代表 51 名，实到代表 48 名，第四届执行理事向大会作《继往开来，开拓创新，为积极推进残疾人事业而努力奋斗》的工作报告。选举产生 7 名同志组成第五届残疾人联合会，选出主席团主席 1 人，副主席 1 人，执行理事长 1 人，副理事长 1 人，理事 1 人。

2012 年 9 月 19 日，于城镇残疾人联合会第六次代表大会召开，应到代表 41 名，实到代表 41 名，大会听取了第五届执行理事向大会作《工作报告》。选举产生 7 名同志组成第六届残疾人联合会，选出主席团主席 1 人，副主席 1 人，执行理事会理事长 1 人，名誉主席 1 人。

表 15－6－1　　于城镇残疾人联合会领导人名单表

组织名称	届次	职务	姓名	性别	任职时间
于城镇残疾人联合会	一	主席	江海林	男	1991 年 5 月～1994 年 3 月
		理事长	叶玉英	女	1991 年 5 月～1994 年 3 月
	二	主席	周荣祥	男	1994 年 3 月～1999 年 6 月
		副主席	姜顺泉	男	1994 年 3 月～1999 年 6 月
	三	主席	陈志良	男	1999 年 6 月～2002 年 7 月
		理事长	胡新良	男	1999 年 6 月～2002 年 7 月
		副理事长	陈瑞云	男	1999 年 6 月～2002 年 7 月
	四	主席	陈志良	男	2002 年 7 月～2007 年 7 月
		理事长	韩国金	男	2002 年 7 月～2007 年 7 月
		副理事长	陆福明	男	2002 年 7 月～2007 年 7 月
	五	主席	苏建良	男	2007 年 7 月～2012 年 9 月
		副主席	姜金凤	女	2007 年 7 月～2012 年 9 月
		副理事长	张喆晔	男	2007 年 7 月～2012 年 9 月

续表 15—6—1

组织名称	届次	职务	姓名	性别	任职时间
于城镇残疾人联合会	六	主席	徐李烨	女	2012 年 9 月～2013 年 8 月
		主席	吴国杰	男	2013 年 8 月～2014 年 8 月
		主席	秦顾良	男	2014 年 8 月～
		副主席	朱明祥	男	2012 年 9 月～

第二节　残联主要工作

评残发证

1996 年 7 月，对全镇已发残疾人证进行全面核实登记。1998 年 5 月，开展规范化核发残疾人证工作，统一使用中华人民共和国残疾人证。2003 年 3～8 月，开展全镇持证残疾人调查，建立残疾人台账。

表 15—6—2　　**2010 年于城镇残疾人情况表**

村名	总人数	性别（人）		类别（人）					
		男	女	视力	肢体	听力	言语	智力	精神
鸳鸯	15	13	2	2	9	/	1	1	2
吕冢	14	8	6	/	8	1	/	4	1
庄家	10	6	4	1	5	1	/	1	2
何家	8	6	2	/	6	1	/	/	1
构塍	11	7	4	1	9	/	/	1	/
三联	13	9	4	1	9	/	/	1	2
江渭	11	7	4	1	7	/	/	2	1
八字	7	4	3	2	3	/	/	1	1
合计	89	60	29	8	56	3	1	11	10

表 15—6—3　　**2014 年于城镇残疾人情况表**

村名	总人数	性别（人）		类别（人）						
		男	女	视力	肢体	听力	言语	智力	多重	精神
鸳鸯	94	55	39	6	55	13	0	12	0	8

续表 15－6－3

村　名	总人数	性别(人)		类　别　(人)						
		男	女	视力	肢体	听力	言语	智力	多重	精神
吕　家	123	67	56	12	66	13	0	20	0	12
庄　家	90	43	47	8	42	11	2	14	1	12
何　家	52	27	25	5	28	4	0	7	2	6
构　塍	93	49	44	10	47	10	2	11	0	13
三　联	132	77	55	15	61	15	4	14	2	21
江　渭	84	40	44	9	46	9	1	5	0	14
枫桥社区	12	7	5	0	8	2	0	1	0	1
八　字	70	37	33	8	28	14	0	4	0	16
合　计	750	402	348	73	454	91	9	88	5	103

助残扶贫

1995 年 9 月，县政府印发《关于推行按比例分散安置残疾人劳动就业的通知》，规定国家机关、企事业单位、城乡集体经济组织、私营企业均应按在职职工总数的 1.5％安置残疾人就业，安置残疾人不足单位，每年须缴纳残疾人就业保证金。2001 年全镇共有 2 家福利企业集中安置残疾人就业 45 人，与县残联、镇农发基金及镇成校建立獭兔养殖扶贫基地，带领 10 户残疾户到外地参观取经，并赠送每户一对獭兔，鼓励发展养殖业。

2001 年 3 月，县政府签发了《海盐县扶持残疾人规定》，镇政府近 3 年来学校为 82 人次减免学生学杂费 23780 元，平均每人 290 元；为 136 户次减免农业税 15160 元。社会临时救济发放 112 户次，42330 元救助款；全镇共有 57 户残疾家庭享受低保补助，共计 68172 元，户年均享受 1196 元，占全镇低保户数的 43％，其中 4 户领到县特困残疾人优惠证。1999 年洪灾中，有 16 户残疾人家庭得到救助金 66600 元，最高户为 4500 元，最低户为 600 元。镇领导在节日期间走访残疾人困难户 50 户次，送去慰问金 25000 元，有 10 户残疾危房户进行改建，平均每户补助 5000 元。

2008 年春节期间，为全镇 47 户残疾人发放各项补助款共计 27000 元；临时救济困难残疾人 17 人，共 3400 元；发放 12 个月重残定补共计 21900 元，临时救济 2 户 700 元，为 4 位学生发放就学补助金 1600 元；在全国助残日期间，开展 23 户一户多残家庭走访慰问活动，共计发放慰问金 14300 元，为镇敬老院送上一台 21 英寸彩色电视机，丰富了残疾老年人生活。

康复工作

为充实和完善残疾人共享小康工程的实施内容，加快建立残疾人康复保障长效机制，实现残疾人“人人享有康复服务”的目标。根据《浙江省残疾人康复与儿童残疾预防“十二五”实施方案》(浙残联康复〔2012〕76 号)的文件精神，进一步完善残疾人康复补助。于 2012 年 3 月建立于城镇残疾人康复工作领导小组。2014 年申报白内障补助共 60 人，10 人为小康工程，每人补助 800 元，50 人为县内白内障补助，每人补助 500 元。共 33000 元，申报困难残疾人精神住院补 7 人，共补助 14993.8 元，申报儿童抢救性康复补助 1 人，补助 13600 元，申报儿童居家康复 3 人，共补助 6800 元，申报辅助器具购买补助 8 人，共 14212 元。

2014 年 5 月，在全国助残日到来之际，县残联适时对全县需训练的 40 余名视力残疾人开展盲人定向行走训练，于城镇 4 名视力残疾人参加。为盲人提供独立，安全，有效的行走指导和生活自理技巧指导，使盲人和低视力者走出家门，融入社会。

第七章　计划生育协会

根据《于城镇计划生育协会章程》规定，计划生育协会实行例会制度，协会每年召开2～3 次协会理事会扩大会议。每 5 年召开一次代表大会，根据计划生育工作新要求修订章程，制定规划，选出新的理事。同时建立村级计划生育协会，每月召开村计生秘书长例会。1998 年全镇 17 个村达到合格协会准。2002 年于城镇计划生育协会被评为市级示范协会。2001 年底，全镇有镇、村、企业计划生育协会 9 个，会员 2354 人，占全镇总人口的 10％以上，实现村村有计划生育协会，每组有计划生育协会小组。

1989 年 8 月 14 日，软城乡计划生育协会第一届代表大会召开。

1995 年 12 月 7 日，于城镇第计划生育协会第二届会员代表大会召开。大会由郑其良主持，到会正式代表 78 名，列席代表 16 名，代表了全镇 17 个基层协会，1841 名会员。大会听取副镇长所作的《第一届工作报告》；修改并通过《镇计划生育协会章程》；选举产生 21 位同志组成新一届理事会。选出会长 1 人，副会长 1 人，专职副会长 1 人，秘书长 1 人。

2002 年 7 月 19 日，于城镇第计划生育协会第三次会员代表大会召开。大会由张冠群主持，到会正式代表 72 名，列席代表 15 名，代表了全镇 9 个基层协会，2354 名会员。大会听取副镇长所作的《第二届工作报告》；修改并通过《镇计划生育协会章程》；选举 21 位同志组成新一届理事会。选出会长 1 人，副会长 1 人，专职副会长 1 人，秘书长 1 人。聘任名誉会长 1 人，顾问 1 人。

2007 年 7 月 31 日，于城镇计划生育协会第四次会员代表大会召开。大会由周雪军主持，应到会议正式代表 70 名，实到代表 64 名。镇党委书记吴国飞同志致开幕词，大会听取副镇长所作的《以服务群众为根本，以计生工作为中心，努力开创协会工作新局面》第三届理事会工作报告。听取修改《计划生育章程》说明，并通过《于城镇计划生育协会章程》；选举产生 15 人组成新一届理事会。选出会长 1 人，副会长 1 人，专职副会长 1 人，秘书长 1 人。聘请名誉会长 2 人。

2012 年 12 月 13 日，于城镇计划生育协会第五次会员代表大会召开。大会由朱其良主持，应到会议正式代表 56 名，实到代表 54 名。镇党委书记卫沈弘同志致开幕词，大会听取副镇长所作的《第三届理事会工作报告》。听取并通过《于城镇计划生育协会章程》修改稿；选举产生 16 人组成新一届理事会。选出会长 1 人，副会长 1 人，专职副会长 1 人，秘书长 1 人。

表 15—7—1　　于城镇计划生育协会领导人名单表

组织名称	届次	职务	姓名	性别	任职时间
计划生育协会	一	会长	江海林	男	1989 年 8 月～1995 年 12 月
		副会长	周荣祥	男	1989 年 8 月～1995 年 12 月
		专职副会长	张美芬	女	1989 年 8 月～1995 年 12 月
	二	会长	冯宴冬	男	1995 年 12 月～2002 年 7 月
		副会长	朱沈良	男	1995 年 12 月～2002 年 7 月
		专职副会长	王菊英	女	1995 年 12 月～2002 年 7 月
	三	会长	陈志良	男	2002 年 7 月～2007 年 7 月
		副会长	张冠群	男	2002 年 7 月～2007 年 7 月
		专职副会长	许晓英	女	2002 年 7 月～2007 年 7 月
	四	会长	苏建良	男	2007 年 7 月～2012 年 12 月
		副会长	周雪军	男	2007 年 7 月～2012 年 12 月
		专职副会长	姜金凤	女	2007 年 7 月～2012 年 12 月
	五	会长	王雪君	男	2012 年 12 月～2014 年 9 月
		副会长	朱其良	男	2012 年 12 月～2014 年 12 月
		专职副会长	徐李烨	女	2012 年 12 月～2014 年 12 月

第八章　关心下一代协会

1992 年，钦城乡关心下一代协会(简称关工会)第一次会员大会召开，大会选举产生理事长 1 人，副理事长 1 人，理事 7 人，秘书长 1 人(兼)。

1994 年 6 月 10 日，钦城乡关心下一代协会(简称关工会)第二次会员大会召开，大会选举产生会长 1 人，副会长 2 人，秘书长 1 人(兼)。

1997 年 3 月 14 日，于城镇第三届关心下一代协会会员大会召开，大会听取审议了第二届理事会工作报告；选举产生 9 人为第三届关协理事会理事。选出会长 1 人，副会长 1 人，秘书长 1 人(兼)。

2002 年 3 月 20 日，调整镇关工委组成人员，主任 1 人，常务副主任 1 人，副主任 1 人，委员 5 人。下设办公室，办公室主任 1 人。

2005 年 1 月 5 日，调整镇关工委组成人员，设主任 1 人，副主任 3 人，委员 3 人。下设办公室，1 人兼办公室主任。

2007年4月，调整镇关工委组成人员，设主任1人，副主任3人，委员3人，下设办公室，1人兼办公室主任。

2012年3月，调整镇关工委组成人员，设主任1人，副主任3人，委员6人。下设办公室，1人兼办公室主任。

2014年3月，调整镇关工委组成人员，设主任1人，副主任2人，委员4人。下设办公室，1人兼办公室主任。

表15—8—1　　于城镇关工会领导人名单表

组织名称	届次	职务	姓名	性别	任职时间
关心下一代工作协会	一	理事长	盛关法	男	1992年6月～1994年6月
		副理事长	姜顺泉	男	1992年6月～1994年6月
	二	会长	叶玉英	女	1994年6月～1997年3月
		副会长	周根明	男	1994年6月～1997年3月
		副会长	姜顺泉	男	1994年6月～1997年3月
	三	会长	陈志良	男	1997年3月～2000年3月
		副会长	陈云瑞	男	1997年3月～2000年4月
	四	会长	张冠群	男	2000年3月～2002年3月
		副会长	陆福明	男	2000年4月～2002年3月
关心下一代工作委员会	五	主任	张冠群	男	2002年3月～2005年1月
		副主任	周荣祥	男	2002年3月～2005年1月
	六	主任	郭真	女	2005年1月～2007年4月
		副主任	周荣祥	男	2005年1月～2007年4月
		副主任	许晓英	女	2005年1月～2007年4月
		副主任	顾小丰	男	2005年1月～2007年4月
	七	主任	周雪军	男	2007年4月～2012年3月
		副主任	周荣祥	男	2007年4月～2012年3月
		副主任	姜金凤	女	2007年4月～2012年3月
		副主任	顾小丰	男	2007年4月～2012年3月
	八	主任	朱其良	男	2012年3月～2014年3月
		副主任	熊善明	男	2012年3月～2014年3月
		副主任	徐李烨	女	2012年3月～2014年3月
		副主任	周利明	男	2012年3月～2014年3月

续表 15－8－1

组织名称	届　次	职　　务	姓　名	性　别	任　职　时　间
关心下一代工作委员会	九	主　任	朱其良	男	2014 年 3 月～2014 年 12 月
		副主任	熊善明	男	2014 年 3 月～2014 年 12 月
		副主任	周利明	男	2014 年 3 月～2014 年 12 月

第九章　科学技术协会

钦城乡科学技术协会(简称乡科协)是钦城全乡科学技术工作者的群众组织，是在中共钦城乡党委领导下的人民团体，是党和政府联系科技工作者的纽带和发展科技事业的助手。主要开展学术交流，提高学科水平；普及科学知识，推广先进技术，开展青少年的科技教育活动；开展科学论证，进行科技咨询服务，兴办科技经济服务实体；促进并开展科技人员的继续教育和技术培训工作。钦城乡科协成立于 1985 年，1994 年 7 月起改为于城镇科协。并按时进行换届选举，科协领导人由乡(镇)分管领导兼任。在前 6 年中，认真贯彻党的基本路线和“经济必须依靠科技进步，科技工作必须面向经济建设”的指导方针，带领各会员在普及科技知识，推进两个文明建设，解决实际问题等方面，做了不少工作。

1985 年 10 月 28 日，钦城乡第一届科协代表大会召开，大会听取筹备委员会工作汇报，会议通过了《于城乡科协章程》，选举产生第一届委员会，选举产生主任 1 人，副主任 1 人，秘书长 1 人。

1987 年 10 月 30 日，钦城乡第二届科协代表大会召开，大会听取一届委员会工作报告，会议选举产生 3 人组成第二届委员会，选出主任 1 人，副主任 1 人，秘书长 1 人。

1988 年，钦城乡党委政府重视科技服务于农业，举办了农村培训班 5 期，受训人员 255 人次。同时推行良种面积 60000 亩，比上一年增加 25％。良种覆盖率达 91％，到 1989 年提高到 96.5％，还建立了两个良种基地，面积 263.5 亩。

1990 年 8 月 18 日，钦城乡科学技术协会第三届会员大会召开。大会对近三年来钦城乡开展的科教活动作了总结：1.举办各种实用技术培训班 17 期，培训人员 920 人次；科普广播 13 次，选送稿件 42 篇，发行科技报刊 12000 余份。2.评定科技职称。全镇评出首次农技师 11 名，会计师 2 名，助理农科师 7 名，助理会计师 15 名，农技人员 16 名，会计员 25 名，助理技术员 4 名，较好地发挥了技术人员的作用。选举产生钦城乡科学技术协会第三届委员会，选出主任 1 人，副主任 2 人，秘书长 1 人。

1993 年 12 月 7 日，钦城乡科学技术协会第四次会员大会召开。大会听取县科协领导讲话、乡党委领导讲话、三届乡科协工作报告，通过《钦城乡科协章程》选举产生 7 人组成钦城乡科学技术协会第四届委员会，选出主席 1 人，副主席 2 人，秘书长 1 人(兼)。

1996 年 12 月 26 日，于城镇科学技术协会第五次会员大会召开。出席代表 53 人。大会审议并通过《于城镇科协四届工作报告》选举产生 7 人组成于城镇科协第五届委员会。选出主席 1 人，副主席兼任秘书长 1 人。

1999 年 6 月 9 日，于城镇科学技术协会第六次会员大会召开。出席代表 58 人。大会审议并通过《于城镇科协五届工作报告》选举产生 8 人组成于城镇科协第六届委员会。选出主席 1 人，副主席 3 人，秘书长 1 人(兼)，委员 4 人。

2002 年 6 月 25 日，于城镇科协第七次会员大会召开，出席会员 62 名。8 个行政村建立科普小组，企业中建立科技联络员。大会听取审议通过了科协主席张冠群所作《明确目标，坚定信心，再创佳绩，为实现"科教兴镇"的宏伟目标而努力奋斗》的报告。本次会议有四项议程，包括讨论修改章程，选举产生第七届委员会由 9 名同志组成，大选出科协主席 1 人，副主席 2 人，秘书长 1 人。

2005 年 1 月 10 日，调整科技办公室人员，由姚伟栋、陆福明、沈虎良、俞建明、张水冠 5 人组成，姚伟栋任办公室主任。

2007 年 12 月 19 日，于城镇科协第八次会员大会召开，大会应到会员 58 名，实到 49 名。会议按照有关规定，审议并通过周雪军作的《全面贯彻落实科学发展观，为构建和谐于城作出新贡献》的镇科协工作报告、审议修改并通过《协会章程》，选举产生新一届镇科协委员会。选举产生了 9 人组成于城镇科协第八届委员会。选出主席 1 人，副主席 2 人，秘书长 1 人。

2012 年 11 月 10 日，于城镇科协第九次会员大会召开，大会应到会员 61 名，实到 59 名。会议按照有关规定，审议并通过于城镇科协工作报告、审议修改并通过《协会章程》，选举产生新一届镇科协委员会。选举产生了 9 人组成于城镇科协第九届委员会。选出主席 1 人，副主席 2 人，秘书长 1 人。

表 15－9－1　　　　于城镇科技协会主要领导人名录表

名　称	届　次	职　务	姓　名	性　别	任　职　时　间
软城乡科协	一	主　任	盛关法	男	1985 年 10 月～1988 年 1 月
		副主任	叶锡祥	男	1985 年 10 月～1988 年 1 月
	二	主　任	周　于	男	1988 年 1 月～1990 年 8 月
		副主任	夏国法	男	1988 年 1 月～1990 年 8 月
	三	主　任	盛关法	男	1990 年 8 月～1993 年 12 月
		副主任	叶锡祥	男	1990 年 8 月～1993 年 12 月
		副主任	宋　华	男	1990 年 8 月～1993 年 12 月
	四	主　席	叶玉英	女	1993 年 12 月～1994 年 7 月
		副主席	李月中	男	1993 年 12 月～1996 年 12 月
		副主席	朱　平	男	1993 年 12 月～1996 年 12 月

续表 15－9－1

名称	届次	职务	姓名	性别	任职时间
于城镇科协	五	主席	陈志良	男	1996 年 12 月～1999 年 6 月
		副主席	朱平	男	1996 年 12 月～1999 年 6 月
	六	主席	张冠群	男	1999 年 6 月～2002 年 7 月
		副主席	富守中	男	1999 年 6 月～2002 年 7 月
		副主席	严姚良	男	1999 年 6 月～2002 年 7 月
		副主席	朱平	男	1999 年 6 月～2002 年 7 月
	七	主席	张冠群	男	2002 年 7 月～2006 年 9 月
		主席	郭真	女	2006 年 9 月～2006 年 10 月
		主席	周雪军	男	2006 年 10 月～2006 年 12 月
		副主席	朱建军	男	2002 年 7 月～2004 年 8 月
		副主席	富守中	男	2002 年 7 月～2003 年 7 月
	八	主席	周雪军	男	2007 年 12 月～2012 年 11 月
		副主席	沈金良	男	2007 年 12 月～2012 年 11 月
		副主席	笪加元	男	2007 年 12 月～2012 年 11 月
	九	主席	朱其良	男	2012 年 11 月～2014 年 12 月
		副主席	周海军	男	2012 年 11 月～2014 年 12 月
		副主席	裴佳	女	2012 年 11 月～2014 年 12 月

第十章 工商业联合会

1956 年 2 月 20 日，海盐县工商联召开第一届第一次工商联会员代表大会，时间 5 天。欤城乡代表私营业主叶潘林出席。

2006 年 9 月 29 日，海盐县于城工商业联合会（简称“商会”）成立。是日，召开第一次代表大会。有 42 名会员参加了会议并通过了《于城镇商会章程》。选举产生 12 名同志组成商会执行委员会。选出会长 1 人，副会长 5 人，秘书长 1 人。

2010 年 6 月 10 日，于城镇商会第一届会员代表大会召开。会议选举产生了 12 名同志组成于城镇商会首届执行委员会委员。选出执行委员会会长 1 人，副会长 6 人，秘书长 1 人。

2011 年 10 月 31 日下午，于城镇商会第二届执委会召开换届选举大会，64 家企业的会员参加了会议。于城镇党委书、县工商联副主席、镇党委副主记、镇长等领导应邀出席了会议。会议选举产生了20名同志当选于城商会第二届执行委员会委员，其后又在这新一届的20名委员中，选举产生了新一届于城镇商会领导班子。于城商会选出第二届执行委员会会长1人；副会长9人，秘书长1人。会议决定聘请第二届执行委员会名誉会长1人。

表15－10－1　　于城镇工商业联合会领导人名录表

组织名称	届　次	职　　务	姓　名	性　别	任　职　时　间
工商业联合会	一	会　长	马福良	男	2006年9月～2010年6月
		副会长	刘其武	男	2006年9月～2010年6月
		副会长	许佳生	男	2006年9月～2010年6月
		副会长	张火其	男	2006年9月～2010年6月
		副会长	沈虎良	男	2006年9月～2010年6月
		副会长	鲍云庆	男	2006年9月～2010年6月
	二	会　长	马福良	男	2010年6月～2011年10月
		副会长	姚军良	男	2010年6月～2011年10月
		副会长	刘其武	男	2010年6月～2011年10月
		副会长	鲍云庆	男	2010年6月～2011年10月
		副会长	许佳生	男	2010年6月～2011年10月
		副会长	张永君	男	2010年6月～2011年10月
		副会长	张火其	男	2010年6月～2011年10月
	三	会　长	许佳生	男	2011年10月～2014年12月
		名誉会长	马福良	男	2011年10月～2014年12月
		副会长	马雪良	男	2011年10月～2014年12月
		副会长	刘其武	男	2011年10月～2014年12月
		副会长	朱凯黎	男	2011年10月～2014年12月
		副会长	朱胜君	男	2011年10月～2014年12月
		副会长	张永君	男	2011年10月～2014年12月
		副会长	张玉良	男	2011年10月～2014年12月
		副会长	姚军良	男	2011年10月～2014年12月
		副会长	夏　青	男	2011年10月～2014年12月
		副会长	鲍云庆	男	2011年10月～2014年12月

第十一章　老年人体育协会

2001 年 6 月 8 日，于城镇老年人体育协会成立。第一届老年人体育协会由 6 人组成。主席 1 人，副主席 1 人，副主席兼秘书长 1 人。

2005 年 1 月 5 日，调整老年体协于城代表处组成人员，主任 1 人，副主任 3 人，委员 3 人；秘书长 1 人(兼)。

2007 年 4 月，调整老年体协于城代表处组成人员，主任 1 人，副主任 1 人，委员 2 人，秘书长 1 人(兼)。

2012 年 4 月，调整老年体协于城代表处组成人员，主任 1 人，副主任 1 人，委员 2 人；秘书长 1 人(兼)。

2014 年 3 月，调整老年体协于城代表处组成人员，主任 1 人，副主任 1 人，委员 2 人；秘书长 1 人(兼)。

2014 年 12 月，调整老年体协于城代表处组成人员，主任 1 人，副主任 2 人，委员 3 人，秘书长 1 人(兼)。

表 15－11－1　　于城镇老年人体育协会领导人名录表

组织名称	届次	职务	姓名	性别	任职时间
于城镇老年人体育协会	一	主席	周荣祥	男	2001 年 6 月～2005 年 1 月
		副主席	汤芳英	女	2001 年 6 月～2005 年 1 月
		副主任	王小凤	女	2001 年 6 月～2005 年 1 月
	二	主任	许晓英	女	2005 年 1 月～2007 年 4 月
		副主任	周荣祥	男	2005 年 1 月～2007 年 4 月
		副主任	王永军	男	2005 年 1 月～2007 年 4 月
		副主任	陈阿祥	男	2005 年 1 月～2007 年 4 月
	三	主任	姜金凤	女	2007 年 4 月～2012 年 4 月
		副主任	周荣祥	男	2007 年 4 月～2012 年 4 月
	四	主任	徐李烨	女	2012 年 4 月～2014 年 3 月
		副主任	朱明祥	男	2012 年 4 月～2014 年 3 月
	五	主任	秦顾良	男	2014 年 3 月～2014 年 12 月
		副主任	朱明祥	男	2014 年 3 月～2014 年 12 月
	六	主任	朱其良	男	2014 年 12 月～
		副主任	徐李烨	女	2014 年 12 月～
		副主任	秦顾良	男	2014 年 12 月～

第十二章　海盐县慈善总会于城分会

慈善于城分会在县慈善总会与中共于城镇党委领导下，多渠道、多形式募集慈善资金，组织开展政府社会保障职能以外的社会慈善救助活动，通过助医、助学、助困、助残等各种形式，为全镇困难群体提供物质帮助和精神抚慰，以及积极参加政府组组的其他社会公益性慈善福利援助活动。

2005 年 11 月 17 日，于城小学全体教师在多媒体教室举行了“心连心，细流汇爱泉”慈善募捐活动，共募集资会 7900 元，为海盐县的助困、助病、助残、助学籍慈善事业做出贡献。

2005 年 12 月 12 日，于城镇慈善分会发动全社会募捐活动，共收到慈善捐款 218985 元(支票 123500 元，现金 95485 元)。其中，机关干部 12100 元，站办人员 5300 元，中心小学 7900 元，中学 5400 元，幼儿园 540 元，卫生院 3045 元。

表 15—12—1　　海盐县慈善总会于城分会主要领导人名录表

名　称	届　次	职　务	姓　名	性　别	任　职　时　间
于城慈善分会	一	会　长	张冠群	男	2005 年 10 月～2006 年 9 月
		会　长	胡少萍	女	2007 年 7 月～2010 年 8 月
		副会长	张　明	男	2005 年 10 月～2007 年 7 月
		副会长	周荣祥	男	2005 年 10 月～2010 年 8 月
		副会长	姜金凤	女	2007 年 7 月～2010 年 8 月
	二	会　长	胡少萍	女	2010 年 8 月～2011 年 9 月
		副会长	周荣祥	男	2010 年 8 月～2011 年 3 月
		副会长	姜金凤	女	2010 年 8 月～2011 年 9 月
	三	会　长	龚野法	男	2011 年 11 月～2014 年 12 月
		副会长	徐李烨	女	2011 年 11 月～2014 年 12 月
		副会长	姜金水	女	2011 年 3 月～2014 年 12 月

第十三章　老龄工作委员会

为进一步加强对老龄工作的领导，健全老龄组织机构，根据县老龄委盐老字〔2005〕3 号文件精神，经中共于城镇委研究决定(成立)调整于城镇老龄工作委员会。

镇老龄工作委员会为党委、政府领导下的老龄工作部门，负责组织协调和抓好本镇的老龄工作。老龄委每年至少召开一次全体会议，研究老龄工作，规划老龄事业，解决本地区一些突出的老龄问题。老龄委成员可由镇有关领导、镇民政、司法、妇联和老干部等人员组成。

表 15—13—1　　　　于城镇老龄工作委员会人员表

隶　属	届　次	职　务	姓　名	性　别	任　职　时　间
中共于城镇委	一	主　任	张　明	男	2005 年 7 月～2007 年 4 月
		副主任	周荣祥	男	2005 年 7 月～2007 年 4 月
		副主任	陈阿祥	男	2005 年 7 月～2007 年 4 月
	二	主　任	姜金凤	女	2007 年 4 月～2012 年 3 月
		副主任	周荣祥	男	2007 年 4 月～2012 年 3 月
	三	主　任	朱其良	男	2012 年 3 月～2014 年 3 月
		副主任	徐李烨	女	2012 年 3 月～2014 年 3 月
		副主任	朱明祥	男	2012 年 3 月～2014 年 3 月
	四	主　任	朱其良	男	2014 年 3 月～2014 年 12 月
		副主任	秦顾良	男	2014 年 3 月～2014 年 12 月
		副主任	朱明祥	男	2014 年 3 月～2014 年 12 月

第十六编　军　事

第一章　驻　军

第一节　历代驻军

东周周敬王六年至十年(公元前514～510),吴越争战筑于城城池驻军。

东晋隆安五年(401),吴郡太守袁山松第二次筑欤城城池,高一丈,周一里,驻军抵御孙恩。

清咸丰十一年(1861)二月二十七日,太平军占领海盐县城,后遇清军几路围攻,被迫退出。三月初七再克海盐县城,在县城、欤城、沈荡、通元、澉浦着手建政。太平军在欤城设立局、馆,职务分军帅、师帅、旅帅。

第二节　民国时期驻军

民国27年(1938)9月20～21日,驻欤城日军纵火焚毁欤城老街,撤退至沈荡。之前,侵华日军盘踞于城,并在于城大桥北侧、盐嘉塘西河岸边筑有碉堡。

民国28年6月至是年冬,国民党部队独立第四十五旅李新贵营驻欤城、沈荡一带。

民国29年3月,日军独立十一旅团第四十八大队187人,分别盘踞县城、欤城、沈荡、澉浦、长川坝、通元等地,大队长裕保宗明。

民国30年4月,国民党部队暂编32师进驻海盐县,兵力分布在欤城、长川坝、甪里堰、沈荡等处,师长黄权。

民国33年7月2日,海北支队在六里堰击退澉浦据点。此后,海北支队活动范围扩大至石泉、欤城、长川坝以及海宁县黄湾、袁花一带。

第二章　地方武装

第一节　民国时期地方武装

民国元年(1912)1月,海盐县民团总团成立,于城亦建民团组织。

民国20年4月,海盐县保卫团总团部成立。8月钦城区团部成立。钦城区区长兼团长,下辖区基干队和常备队。区基干队下辖若干个班,区常备队下辖各乡常备队,乡以下有各保安队,保以下有各甲常备队。

民国27年12月9日,海盐县抗卫队独立中队成立,辖钦城、沈荡、西塘、澉浦4个区队。

民国34年3月1日,建立城西、沈钦、澉浦3个区队武装,其任务是负责警卫工作,区长萧齐贤兼沈钦区区队长。

民国37年1月1日,海盐县民众自卫总队成立,下设澉通区大队、沈钦区大队、西塘区大队。乡建立中队,保建立分队。沈钦区大队下辖廉义、钦城、沈荡、狮岭、得胜、横港、圣安7个中队。

第二节　人民武装部

1949年5月海盐县解放,6月中共海盐县委建立武装科,7月20日成立中国人民解放军海盐县大队,下辖2个连队和4个区中队。钦城有一个区中队,担任剿匪、反霸、建立政权、保卫政权的任务。

1950年,建立海盐县人民武装部(简称人武部)。1951年1月4日,撤销县大队,建立独立营。是年4月,钦城区中队撤销。

1952年6月25日,嘉兴军分区调整,加强县人武部建设,下辖4个区人武部,建立钦城区人武部。区人武部属军队建置。

1954年10月,县人武部改为兵役局,撤销区人武部。

1958年10月,成立钦城人民公社,设钦城公社人武部。是年12月,县兵役局改为海盐县人武部。公社人武部设人武部部长。人武部的主要任务是做好征兵工作,民兵建设工作,烈军属优抚工作和维护地方治安等。从战事需要出发,组织军训。做好复员退伍军人的教育安置工作。

1962年1月10日,成立钦城公社人民武装委员会。由范关德任主任、沈其歧任副主任。1965年5月13日,中共海盐县委批复调整人民武装委员会主任,由周阿林任主任。翌年3月,根据上级党委指示,加强人民武装工作的领导,建立钦城公社人民武装委员会,由公社党委书记兼任主任,人武部长为副主任。至"文化大革命"期间,公社人民武装委员会自然终止。"文化大革命"期间人武部一度曾因实行"军管"而接管全面工作,至公社革命委员会成立终止,恢复人武部正常职责。

1967年3月7日，县人武部通知公社人武部启用印章。

1970年3月9日，海盐县人武部任命金逸为圩城公社人武部部长。

1970年5月22日，海盐县革命委员会免去沈其歧圩城公社人武部部长职务，任命沈其歧为东风公社人武部部长。

1971年10月2日，海盐县人武部任命：徐文生为圩城公社人武部副部长，免去金逸人武部部长职务。10月6日，姚生发担任人武部干部。1972年12月23日，海盐县革命委员会任姚生发为圩城公社人武部干事。

1978年1月7日，海盐县人武部任命徐文生为圩城公社人武部部长。

1981年10月20日，中共海盐县委、县人武部任命刘六明为圩城公社人武部部长。是年11月16日，圩城公社改为欤城乡，圩城公社人武部改为欤城乡人武部。

1985年8月14日，海盐县人武部任命周荣祥为欤城乡人武部部长。

1994年7月14日，欤城乡改为于城镇，欤城乡人武部改为于城镇人武部。

1995年10月31日，海盐县人武部任命徐凤飞为于城镇人武部部长。

1998年8月，胡新良任于城镇人武部部长。

2002年，韩国金任于城镇人武部部长。

2004年11月，张明任于城镇人武部部长。

2007年3月，徐培良任于城镇人武部部长。

2010年5月，阚建平任于城镇人武部部长。

2013年，于城镇获得嘉兴市征兵工作先进单位。

表16—2—1　　历届人武部主要领导人名录表

部长姓名	任职时间	部长姓名	任职时间
张秀行	1953年～1954年10月	徐凤飞	1995年10月～1998年8月
沈其歧	1958年10月～1970年3月	胡新良	1998年8月～2002年
金　逸	1970年3月～1971年10月	韩国金	2002年～2004年11月
徐文生	副部长：1971年10月～1977年12月、部长：1978年1月～1981年10月	张　明	2004年11月～2007年3月
刘六明	1981年10月～1985年8月	徐培良	2007年3月～2009年9月
周荣祥	1985年8月～1995年10月	阚建平	2010年1月～2014年12月

第三章　民　　兵

第一节　民兵组织

1949年6月中共犾城区委成立，设专人负责人民武装工作，实施加强基层民兵建设。是年7月，犾城区组建民兵组织。犾城乡建立一个民兵队和一个民兵自卫队，民兵的主要任务是自卫，并配合区中队做好剿匪以及治安保卫工作，是乡（镇）的一支机动性武装力量。

1953年3月，全县开始实行普遍民兵制，凡18～40周岁，政治、身体素质较好的男性公民全部参加民兵组织，接受军事、政治训练，作为国防后备力量。其中18～25周岁为基干民兵，其余编为普通民兵。乡（镇）成立队部，设队长1人，副队长2人，配正副指导员各1人，乡以下根据人数多少，编中队、分队和小队，设正副队长各1人。是年，犾城实行普遍民兵制。

1958年9月29日，毛泽东号召"大办民兵师"，实行全民皆兵。犾城公社成立民兵团，生产大队、生产队设民兵连、排，并吸收女青年参加民兵组织；10月8日，中共海盐县委员会任命圩城人民公社民兵团组织的领导，郑和顺为政委，朱森林为团长。

1960年8月13日，建立基干民兵营，齐心、构塍、圩东大队建机枪连，农业中学、圩城集镇、庄家大队建迫击炮连，鸳鸯、吕家、陈家门、江渭大队建步兵连。

1962年，民兵进行组织整顿，在基干民兵中增加了武装基干民兵。6月19日，中共中央主席毛泽东指示"民兵工作要做到组织落实、政治落实、军事落实"。按照"三落实"指示，民兵有了武装民兵加基干民兵和普通民兵三种类型。

1963年，开展民兵整组，全公社18个生产大队（包括后来划出犾城的高竹、彭家、菜塘、星火大队）和农业中学及集镇建立20个民兵连。

1964年，全公社建有16个民兵连。

1966年，实施民兵整组，全公社14个生产大队和农业中学、集镇、东方红苗圃建制为17个连。

1970年3月24日，公社成立民兵团，海盐县人武部任命金逸为圩城公社民兵团团长，周文良为圩城公社民兵团政治委员，赵叙昌为副政治委员，徐文生、单忠林、朱为民、郭爱宝为副团长。

1971年7月17日，海盐县人武部任命：万云任圩城公社民兵团政治委员，茹本初为副政治委员，戴周林为副政治委员；海盐县民兵独立团任命：徐文生为海盐县民兵独立团圩城连连长，茹本初为连政治指导员，殷风歧为副政治指导员。

1973年1月，圩城公社成立武装基干民兵独立连1个。

1974年，全公社有16个民兵连。

1975 年，圩城公社民兵建置为 1 个基干民兵团。

1976 年 9 月 29 日，圩城公社民兵组织有 17 个连。

1977 年 10 月 9 日，圩城公社红旗大队民兵连开展民兵工作“三落实”成绩显著，得到海盐县革命委员会奖励。

1979 年 7 月 13 日，县人武部批复建立圩城公社基干民兵营。

1980 年，进行民兵组织调整。全公社组建民兵组织单位 25 个。公社组建基干民兵营。

1981 年，取消民兵团，改编为营。是年，1 月 4 日，海盐县人武部任命刘六明为武装基干民兵营营长，茹本初为政治教导员。9 月，全公社进行民兵组织调整工作，参加民兵组织的年龄改为 18～35 周岁，基干民兵为 18～28 周岁，取消武装基干民兵制，简化为基干民兵和普通民兵两种，普通民兵不再吸收女民兵。对符合民兵条件的 28 周岁以下的复员退伍军人和经过基本训练的人员编为基干民兵，其余编为普通民兵。是年 1 月 15 日，建立东风大队、光明大队武装基干民兵排。

1985 年对民兵组织作了进一步调整，减少数量，精悍组织。是年，欤城乡全乡建有“一营二连”制。

1988 年，于城乡组建民兵快速小分队。

1995 年，对民兵整组、点验时间和方法进行改进，由原来的夏季农忙时节调整到春节前后农闲季节，改分散为统一。

1996 年，于城镇组建 1 个应急排。

1997 年 2 月，于城镇民兵营建置为 3 个基干民兵连，16 个普通民兵连。

1999 年，实施民兵组织调整改革，基干民兵分为预备役部队、民兵应急分队、专业技术分队和步兵分队 4 种。

2001 年 9 月，民兵组织调整改革，经党委研究决定：陈志良任于城镇基干民兵营第一营长，胡新良任于城镇基干民兵营营长，干海明任于城镇基干民兵营教导员，张冠群任于城镇基干民兵营副教导员，朱建忠任于城镇基干民兵营副营长。

2003 年 6 月 23 日，于城镇基干民兵营干部任职：王申峰任第一营长，韩国金任营长，陈志良任政治教导员，胡新良任副营长，张冠群任副政治教导员。

2004 年 3 月，陈志良任政治教导员，吴国飞任营长。

2005 年 6 月，金爱明任政治教导员，吴国飞任营长。

2007 年 4 月，吴国飞任政治教导员，苏建良任营长。

2009 年 3 月，苏建良任政治教导员，郭腾辉任营长。

2010 年 3 月～2014 年 12 月，阚建平任营长。

2011 年 3 月，郭腾辉任政治教导员。

2012 年 4 月～2014 年 12 月，卫沈弘任政治教导员。

2014 年，于城镇设民兵营。

第二节 民兵训练

解放初期，民兵军事训练限于村中队长以上干部，每年冬季，乡组织3～4天的军事训练。

1955年后，每年训练时间增至7～8天。

1958年10月，建立钦城公社人武部，配备专职人武部干部，民兵训练更趋向正规。

1959年，圩城公社人武部组织民兵训练活动第一批2月28日开始训练，第二批3月10日集中进行训练。

1960年3月3日，圩城公社人武部出台基干民兵予编整训。训练时间100～120小时，3月25日起开始训练。

1963年，于城公社人武部组织参加县人武部小教员培训，训练民兵连排干部、民兵教员、预备役军官。训练时间7～10天。10月1日，圩城公社召开民兵检阅大会，公社主要领导作《高举毛泽东思想红旗乘胜前进》的报告。

1964年，民兵班排之间和公社之间进行战术、技术比赛。是年，于城公社人武部派民兵参加了县人武部组织的在城郊公社进行的为期3天的比武。

1972年10月，圩城公社各大队民兵连长，参加县人武部组织的集训，每人携带一件武器，自带15天粮食、伙食费、被头、衣服等日用品。

1974～1980年，民兵军事训练按照国务院、中央军委颁发的民兵军事训练《三年〔1973～1975〕纲领》和《四年1977～1980年纲领》进行。民兵营〔连〕长、武装基干排长及各专业骨干人员每年参加县人武部组织的训练，时间15天。

1981年，民兵实行周期训练，每二年为一个周期，每个周期为30个训练日。

1986～2005年，每年选送民兵参加县人武部组织的民兵训练，训练合格率100％。

1986年，组织炮兵专业人员和民兵干部参加训练，时间为12月初至月底结束。

1987年，步兵专业人员参加训练。

1988年，步兵分队人员和干部参加训练。

1989年，防化专业民兵参加训练。

1990年，参加步兵训练。

1991年，女民兵参加集训，应急分队人员和民兵连长参加训练。

1996年，民兵应急连骨干参加了为期22天民兵防化训练。

1997年，民兵连长参加集训，民兵参加步兵专业训练。

1998年，步兵专业集训。

1999年，其中应急连、基干民兵、民兵干部参加训练。

2000年，其中普通民兵、专业技术人员、应急连、专武干部、民兵干部、炮兵参加训练。

2001年，应急连、专武干部参加训练。

2002年，民兵连长、应急分队、工兵参加训练。

2003年，普通民兵、应急连进行训练。

2004年,组织为期一个月的防化训练。

2006年,组织步兵实施三个实地训练。

2008年,高炮分队骨干、普通民兵训练。

2011年,民兵连长参加集训。9月,10人参加了预备役转服现役大会。

2012年,专武干部参加集训。

2013年,开展森林防火分队训练,并在市领导的军事日活动中进行汇报表演。

2014年,参加2期集训,民兵连长参加县选拔比武。

第四章 兵 役

第一节 解放前兵役

兵役制度是国家的重要军事制度之一。它随着国家的经济情况、政治制度和军事需要而变化。从古至今,我们国家有过多种不同的兵役制度。夏、商、周时代有“民军制”,秦始皇统一中国后有“征兵制”,两魏开始有“府兵制”,北宋时有“募兵制”,从三国两晋开始至元、明、清又有“世袭兵役制”。

民国初期,一般采用“募兵制”,民国22年(1933)6月,政府颁布《兵役法》。

民国23年2月,海盐县各保安队调整为第一后备队和第二后备队,规定凡在本县内居住二年以上,有固定住所,年龄在20~40岁的男子,均有编入保卫团受训练及服役的义务。

民国25年3月1日又颁布征兵令,实施国民兵训练。民国27年制定《海盐县各区乡〔镇〕征集志愿兵法》,其中规定“年满18岁至35岁的壮丁,不论签号远近,如志愿应征者,皆得征集之”。志愿兵送县验收合格的,每人发给安家费,安家费由各保向保内各家摊派。

民国28年为了严格管制壮丁,防止外逃,制订了《海盐县制止逃亡偷渡壮丁暂行办法》。

民国35年10月,海盐县政府颁布海盐县民众自卫队组织实施法,规定18~45岁的男子,在不妨碍生产与中签服役原则下,均应参加民众自卫组织。10月10日,国民党政府又重新颁布《兵役法》,规定男子18~45岁服兵役。海盐县成立新兵征集所,实施征兵。乡(镇)队附、保队附为兼职兵役干部。乡(镇)造适龄壮丁名册送县政府军事科,由县政府主持,乡(镇)依年龄分甲乙两级抽签编号,军事科根据每期征集名额多少、签号先后,把填有被征壮丁姓名、住址、签号的征集票发到乡(镇)公所,乡(镇)把被征壮丁带到县里,经1~2周训练后,移送部队。应征壮丁不愿当兵,可以出钱或米买人替代。当时欤城地区的壮丁价格为20~30石米。乡(镇)采用由壮丁分担壮丁米,买志愿兵办法交兵丁。征兵人员和兵贩子从中牟利,于是地方上出现捉人去充当壮丁。民众不胜兵役重负。

民国37年7月,省参议员周仰松(民国7年8月曾任欤城开智初等小学堂校长)在省参议会上指出:“买卖壮丁,每名需米三十石,此外又需担负军事科、卫生院及接收部队等三种活动费,再加上保干事渔利，一个壮丁，需化四五十石米，才能过门。以全县三百五十名计算，年需两千亿(法币)以上，海盐(百姓)尽其一年丝茧之收入，尚不及此项”。

第二节　解放后兵役

解放后，先后实行志愿兵和义务兵兵役制。1969年9月，登记在册的军属为50户；1970年1月，登记在册的退伍军人为103人。1978年开始，实行以义务兵役制为主体的义务兵与志愿兵相结合、民兵与预备役相结合的兵役制度。

志愿兵役制

1949年5月至1950年底，青年自愿报名参军。1951年3月，县成立动员参军委员会，徐永三任主任委员。是年3～4月和7～8月开展2次动员参军运动。

义务兵役制

1954年冬，国家实行义务兵役制。嘉兴军分区在海盐县通南乡进行义务兵征集工作。1955年县成立兵役委员会。之后，每年征集义务兵新兵。软城乡征兵工作由人武部管理，负责实施体检、政审、后勤工作。

1973年8月31日统计，圩城公社有复员(转业)军人43人，退伍军人55人。

1998年7月28日，于城镇出台《于城镇征兵、优抚、安置工作实施办法》。征兵办法规定了镇政府要做好兵役登记工作；做好目测初检和送检工作；征兵政审工作实行逐级分工负责制；坚持党委政府集体定兵制度，下发好《应征公民入伍通知书》。附则规定了依法履行兵役义务的公民拒绝、逃避兵役登记，应征公民拒绝、逃避征集，经教育不改的，情节严重的，依法报上级处置。以下情况由镇政府处理：适龄青年逃避兵役登记者，处500元以下罚款；应征公民拒绝、逃避目测初检者，处1000元以下罚款；预征对象拒绝、逃避体检者，处2000元以下罚款。个体工商户，会同工商部门注销营业执照。优抚规定：农村义务兵优待，按上级规定执行，春节前兑现到户；为新入伍的义务兵投养老保险，为现役军人投家庭财产保险，一次性交纳。及时发放“三属”定补；定期走访优抚对象；对农村籍退伍兵，发放一次性安置费。

预备役

根据《中华人民共和国兵役法》，军士与士兵服役期满后转为一类预备役，18～40岁的公民编为二类预备役。1956年3月，软城乡第一次登记了符合一、二类预备役的人员。登记后分批训练，训练主要内容是队列、射击。

1957年9月，停止二类预备役登记。

1962年，根据中央军委指示，对1950年1月1日至1954年12月31日期间转业、复员的副排级以上干部和1955年1月1日至1962年8月其间授予准尉以上军衔的转业、复员干部进行预备役军官登记。

1981年，根据国务院、中央军委规定，对在部队服现役期满1年以上年龄在28岁以下的退伍军人，进行预备役登记，并服预备役。把民兵制度与预备役制度结合起来，确立基干民兵为第一类预备役，普通民兵为第二类预备役。

第五章 战 事

第一节 晋至清战事

晋朝隆安五年(401),孙恩攻打海盐,吴郡太守袁山松筑欤城城池,晋将刘裕在故县治筑寄奴城,击败孙恩。

明嘉靖三十三年(1554)四月初八,有一伙倭寇自海上来袭,攻破后直窜嘉兴府,次日败退。海盐参将卢镗率兵至欤城孟家堰截击,遭预伏倭寇突起攻杀,官兵战死溺死者1475人。沈荡镇中钱村原礼部给事中钱薇等人前来收葬,开河堆坟,就有了"九坟十三浜"地名。

明嘉靖三十四年(1555)正月初一,倭夷数千出沙口(塘南乡长沙村),焚掠而行,次日过海盐,是晚分宿茶院、六里堰,初三日掠出袁花抵硖石镇,经三宿西犯崇德,旋还柘林。四月二十三日倭夷自金山乍浦到海盐,至赖头门,复抵欤城,海盐及郡城发兵夹击斩获数百级。

清咸丰十一年(1861)五月十三日,澉人沈掌大率民团伙同清军攻打欤城,至枸塍桥,为太平军击溃。十八日,欤城太平军大举进攻澉浦,把沈掌大抓到欤城处死。

清同治二年(1863)十一月十三日,太平军海盐守将降清。次日,太平军澉浦守将降清。十四日,嘉兴太平军反攻沈荡。十八日,嘉兴太平军又攻打欤城。二十日,盐官、嘉兴、硖石、桐乡诸路太平军同时进攻海盐乡镇,未能再次占领县城。同治二年十二月二十七日太平军战事失败,在海盐县的历史结束。

第二节 抗日战争

民国27年(1938)9月5日,浙江国民抗敌自卫第五支队,会同青年营渡江开进海北地区,经欤城、三环洞等地与驻欤城日军数次交战。9月20～21日,驻欤城日军纵火焚毁欤城老街,撤退至沈荡。

民国39年(1940)5月30日,海盐县抗敌自卫大队(简称"抗卫大队")袭击日军欤城大桥碉堡,遭日军顽抗后撤。转攻欤城伪警察所,俘伪警12人,缴获步枪7支。

民国30年(1941)5月28日,暂编32师师长黄权亲率一个营从于城孟家堰西渡,团长关震东率一个营由半路西渡,师指挥部驻扎于沈荡港南耶稣堂内。29日与日军激战一天,歼敌31人。

第三节 人民防空

20世纪60年代中期开始,中共中央主席毛泽东强调要突出备战问题,要准备粮食和布匹,要挖防空洞,要修工事。1969年8月,中共中央正式决定成立全国性的人民防空领导小组,各省市、自治区也纷纷成立各级人防领导小组，1969 年 10 月，根据上级指示，圩城公社革命委员会建立人民防空领导小组。各村各单位相应建立战备防空领导小组。

1969 年 10 月起，中国开展“深挖洞、广积粮、不称霸”的全国性战备运动。欤城公社全面开展挖防空洞的备战工程，大都以生产队为单位开挖，也有的家庭在自己家宅院开挖防空洞。

20 世纪 70 年代，由于美国侦察机曾经飞越圩城上空，为防空需要，鸳鸯桥南东侧桑园地上有一座标志性的牌坊用炸药炸毁，周边民宅窗玻璃被震碎。

1987 年 2 月，欤城乡建立警民联防组织，要求联防队员加强对空警戒，做好人民防空工作。

2004 年，于城中学由县教育局、县国教办确定为人防教育学校，组织学习宣传《中华人民共和国人民防空法》。

2005 年，于城、秦山、澉浦、通元、百步、沈荡、西塘桥镇 7 个人防重点镇均成立人防工作领导小组，下设人防办公室。2005 年 5 月 22 日，于城镇政府建立于城镇人民防空领导小组，吴国飞任组长，张明、韩国金，任副组长，阚建平、张国生为组员。下设办公室，张明任主任。(2001 年，县政府、县人武部成立制订人民防空预案工作领导小组，制订了防空袭预案，包括 2 个人口疏散接收方案。)至 2005 年，于城镇作为人防重点镇完成了人口疏散拟制工作。

2005 年底，全县有警报器 14 台，其中于城镇设 1 台。每年国庆前夕，开展一次检验性试鸣，试鸣信号为预先警报、空袭警报、解除警报 3 种。

2010 年 5 月 4 日，于城镇政府印发《于城镇 2010 年人防工作要点》，强化应急准备，提高应战能力。

2011 年 6 月 8 日，于城镇政府调整人民防空工作领导小组，王雪君任组长，阚建平、蔡跃明任副组长，成员 3 名。下设办公室，阚建平任主任，成员 2 名。同时建立于城镇村级人防(民防)工作站，各村和枫桥社区各设站长 1 名，联络员 1 名。

2014 年，人民防空工作领导小组由吴雪红任组长，阚建平、吴群伟任副组长，姚军良、郭伟为组员。下设办公室，阚建平兼任办公室主任。是年，开展了人防“五进”宣传，防空防灾演练和“5・12”警报器试鸣等人民防空工作。

附：

日本侵略军暴行录

据 2007 年于城镇抗日战争时期人口伤亡和财产损失调查，于城镇抗战时期直接被日寇残害而伤亡人员 134 人，这些伤亡人员中，大部分是被日本侵略军枪击所致。其中被枪杀 86 人，刺死 5 人，淹死 2 人，国民党军人战死 14 人，枪伤 4 人，刺伤 9 人；还有被强奸 7 人。全于城地区共烧毁房屋 1311 间(其中楼房 176 间、平房 1120 间、草棚 15 间)，屋内财产大部分同时被毁。又据 1965 年 6 月 13 日《圩城公社受日寇暴行调查材料》反映：“据不完全统计有 87 人被日本鬼子杀害。”“全公社被烧民房 1034 间，有 177 户人家流离失所。”

一、焚烧欤城镇

1938 年 9 月 20 日(农历闰七月二十七日)下午，日本侵略军驻海盐八木警备队窜到于城镇纵火。当时，镇上居民看到日本侵略军来了，都纷纷逃往乡下。日本侵略军先从于城大桥北堍全昌茧行开始放火，再到镇上放火。顿时，于城镇北街(于城镇依镇中枫桥分为南北两街)，浓烟滚滚，火光冲天，大火一直烧到傍晚时分，才渐渐熄灭。这次纵火，烧去全昌茧行、海盐县第八小学(于城小学)、关帝庙及镇上46户人家的商铺、住宅、房屋180多间。同时，南街凌鼎兴铁店女店主林大囡，到枫桥上去望望火烧情况时，被日本侵略军枪杀死亡。

第二天上午，日本侵略军又再次来犯，继续在镇上南街放火。又烧去"萧相国庙"庙宇一所。内有文物檀香木精制的"香香亭"一件。私立小学一所(后为佑民小学)，及南街51户人家的商行及住宅，房屋150余间。在两天的焚烧中，这些被焚烧的商家店铺内的所有商品及家具同时化为灰烬。经过两天的焚烧，于城镇成了一片废墟。这座始建于春秋战国时期，坐落在海盐腹地的水乡古镇就这样毁于一旦。镇上居民无家可归，都逃往乡下避难。

二、毁桑事件

1951年5月7日，日本侵略军在于城镇维持会会长沈照德(汉奸)带领下，"清乡"到吕冢镇。一路上，看见吕冢港河岸两边桑叶茂密，日本侵略军轮船经常沿塘巡逻，茂密的桑叶遮住视线，有碍于他们瞭望，又恐桑园地里藏国民党军队伏击。就从附近农村抓来30余人的劳工。几天之内，砍去沿塘两岸六华里长，五十多亩桑园。致使当地蚕农多年不能养蚕，无蚕桑收入。

三、水门头惨案

1938年3月(农历二月二十六日)，日本侵略军乘4艘轮船从海盐出发，途径于城镇后，又沿里洪塘进犯通元。一路上，探知水门头(今于城镇庄家村林家组)有国民党军队(62师某旅)驻扎，就上岸搜查，因搜不到国民党部队，就放火烧房。一时间，水门头成了一片火海。王叶昌、王时观、袁观生等几十户人家的房屋100多间及屋内粮食、牲畜、家具等全部被烧毁。

焚烧时，村民们夺路而逃，袁李生背着6岁的大女儿袁小迷逃出火屋，正好被日本侵略军看见一枪将他打死，尸体倒在女儿袁小迷身上，袁小迷在小腿上和屁股上中弹，未伤及要害，免于一死。被枪击后伤口经常复发，疼痛难熬(2007年"抗损"调查，袁小迷在世)。小女儿袁叶珍，年仅3岁，在屋内被活活烧死。同时被枪杀的还有袁观生夫妇俩人及儿子袁关荣、袁关明。袁关荣媳妇被日本侵略军奸污。

随后，这股日本侵略军又窜至王家浜(今于城镇庄家村王家组)继续行凶，枪杀村民王纪寿、王小宝、王金荣的娘，王金荣的妹子生下来才3个月被烧死，有人看见焚烧时放出蓝色火焰，惨不忍睹。

四、吕冢集镇枪杀事件

1943年2月(农历正月初二)，吕冢集镇上杨兴和渔行的店主，抓到一名在鱼行偷鱼的小偷。押解到于城镇维持会。会长沈照德授意将小偷在吕冢镇上游街。此时，正值新年，镇上看热闹的人很多，惊动了于城镇上据点的日本侵略军，怀疑吕冢那边有"支那兵"(国民党军人)闹事，就派兵前往镇压。来到吕冢镇边一高地架起机枪扫射。郁家堰(今吕冢村郁家组)村民陆李珍，在镇上看热闹见日本侵略军来了，拔腿便逃，逃至吕冢镇东一田横头，当即被日本侵略军机枪扫射击中身亡。另有在场看热闹的许来福、李子庆均被机枪打死。许松全被子弹横穿口中，伤势严重，经治疗后免于一死。

五、随意枪杀事件

1938 年 5 月，鸳鸯村西井浜出殡，一群人抬着棺材去安葬，开枪打死了年仅 10 岁的韩小迷。

1938 年 6 月，日军扫荡至三联村汤家浜时，看到王阿福在路边茅厕方便，开枪杀死在茅厕边。

1938 年 10 月，庄家村董家村民董雨生在地头放牛，被扫荡的日军一枪打死。

1939 年 5 月，江渭村陆家宅基 70 岁老人盛正观，拄着枴杖去茶馆喝茶，被日军打死在途中。

六、用人当把子事件

1938 年 6 月，居住在欤城集镇枫桥南街的儿童(是年 9 岁)陈炳初在街上玩耍，日本侵略军在欤城大桥顶上炮楼瞄准射击而死于非命。

1939 年 6 月，三联村亭子浜邱志福的母亲，在地里对南瓜花(给南瓜授粉)，日本侵略军在于城大桥顶上炮楼瞄准射击，把她打死。

匪患一则

1949 年 9 月，流窜于欤城、西塘桥等地的“海北纵队第二支队突击大队”大队长方中立以下匪徒 28 人，在欤城区某村使用火烤农妇乳房等酷刑，逼勒、抢劫财物。1951 年 1 月 20 日，在平湖捕获这股匪徒，缴获机枪 2 挺、步枪 32 支、子弹 2000 发。

第十七编 公安 司法

第一章 公 安

第一节 组织机构

清宣统元年(1909),海盐县设城区警务长公署,钦城设置分署。

民国元年(1912),海盐县城区警务长公署改为海盐县城区警察公署,钦城设分署。

民国2年(1913),海盐县城区警察公署改为海盐县警察事务所,钦城分署改为警察事务分所。

民国3年(1914),海盐县城区警察事务所改为海盐县警察所,钦城事务分所改为警察分所。

民国25年(1936)2月,成立海盐县警察局,设沈钦区警察所。

民国26年(1937),日军占领海盐,县警察局迁址乡下,改为海盐县政府警佐室。

民国27年(1938),沈钦区警察所有官佐3人,长警30人,夫役3人,共36人。

民国33年(1944)9月,撤销县政府警佐室,成立海盐县警察大队,11月复称警察局。至民国34年(1945)3月,重建沈钦区警察所。

民国35年(1946),沈钦区警察所设于沈荡集镇,共置官佐长警31名,配备步枪18支,管辖12个乡镇。

民国36年(1947)7月10日,沈钦区警察所有37人,其中警官2人,行政人员2人,长警30人,夫役3人。

解放后,1950年5月,钦城区成立派出所,管辖钦北、钦城、钦东、鸳鸯4个乡。是年8月,钦城区派出所管辖得胜、钦北、钦城、钦东、鸳鸯、石泉、张鼎、塘南8个乡。

1966年12月,在沈荡恢复成立派出所,钦城归属沈荡派出所管辖。

1986年10月13日,建立钦城乡民警值勤室,配备人员4人。

1996年10月28日,建立海盐县公安局沈荡派出所于城警务区,实行警长制,警长由公安派出所副职担任。

1997年6月16日,撤销于城警务区,成立海盐县公安局于城派出所,派出所有警务人员5人。

2014年,于城派出所有民警14人,协警41人。

第二节 社会治安管理

1951年底，建立乡镇治保委员会。至1953年底，大部分村建立治保小组。1956年起，在农业生产合作社内，根据规模大小，分别建立治保组织或设治保员。50户以下的社设治保员。50～100户的社设治保小组，100户以上的社设治保委员会。1963年，农村以大队、城镇以居民区建立治保组织。1966年，人民公社建立治保委员会。1968年起，公社治保组织处于瘫痪。1970年开始恢复和整顿，生产大队建立治保委员会；是年5月3日，海盐县革命委员会任命戴周林为圩城公社治安保卫委员会主任，徐吴法、孙富生为副主任。1977年12月，圩城公社各基层治保组织代表参加了全县治安保卫工作会议，会议表彰了治保工作先进集体和治保工作积极分子。

1982年，钦城乡成立治安联防队。有3名专职联防队员。

1983年8月起，开展了严厉打击严重刑事犯罪的斗争，社会治安明显好转。

1984年，钦城乡实施军警联防方案，钦城联防区由乡人民政府负责，在所辖区内组织民兵联防，协助公安机关维护社会治安，加强与友邻联防区协作，随时准备在钦城乡(81·94)设卡，保障盐嘉塘、里洪塘、吕冢港航道畅通，在钦城开设水上运输调整哨。

1989年10月14日，海盐县公安局决定，给钦城乡民警值勤室集体嘉奖。表彰民警值勤室在侦破海盐历史上罕见的特大杀人分尸案件中作出的成绩。

1991年2月28日，成立钦城乡社会治安综合治理领导小组。

1991年4月6日，成立钦城乡依法治理委员会。

1993年，钦城乡设有专职联防队1个，3人，护村队16个，125人，护厂队17个，114人。是年，开展严厉打击严重刑事犯罪和经济犯罪活动，落实社会治安综合治理，维护社会稳定，全乡签订综合治理责任书368份。是年，定期开展各类专项斗争7次；组织开展治安巡逻，全乡各单位合计2756次，出动人员6420人次。是年，治安案件立案2起。民警值勤室查处治安案件4起，调处民间纠纷32件。

1995年3月13日，建立于城镇综合治理委员会。4月14日上午，镇政府召开全镇治安工作会议，组织开展了反盗窃专项斗争。4月18日夜间组织了巡逻、守候、设卡，抓获盗窃嫌疑犯2人，同时缴获4辆自行车和一批赃物，价值2000多元。是年，建立联防分队3个，有8名队员，其中绢纺公司3人，金城公司2人，砖瓦二厂3人。是年，建立的综合治理领导小组27个，113人，治保会27个48人，调解会24个72人。建有护村队16个113人，护厂队6个，30人。民兵应急分队1个，29人。是年，继续坚持“严打”方针，依靠广大人民群众，深入开展了以打击团伙犯罪为重点，打击车匪路霸，打击拐卖妇女儿童，查禁卖淫嫖娼活动的“三打一禁”斗争。是年，查处治安案件20起，调处各类治安纠纷60起，查获赌博案件22起，抓获参赌人员183人，没收赌资3万余元。是年，镇综治办、民警值勤室、联防队组织夜间巡逻和设卡，全年共149次，出动人员890人次，查获赃车20辆。是年，针对1～3月份发生偷盗案件30多起，是年共开展反盗窃设卡行动26次，出动450人次。改善了社会治安。

1996年3月15日，成立于城镇调解委员会和治保委员会，加强于城镇治安联防队组织，设联防队队长和指导员，共5名成员组成，设置综合治理办公室。是年12月4日，成立于城镇江渭治安联防分队，共4名队员。是年，组织开展了治安大排查工作。县、镇抽调10名干部参加，协助派出所、联防队下基层实施地毯式排摸。全镇查获民用枪支63支，收缴非法枪支58支、凶器3件；收缴赃车有自行车48辆、三轮车3辆、摩托车2辆；收缴煤气灶(瓶)2套。

1998年6月20日，成立于城镇社会治安综合治理委员会；8月16日，成立于城镇刑释解教人员安置帮教工作领导小组，下设办公室。

2009年3月13日，江渭村、圩墩村、何家村、构塍村、庄家村、于南村被海盐县社会治安综合治理委员会评为1998年度平安村，于城村、于三村、南圣村、于北村继续保持平安村。

1999年7月9日，于城镇党委决定实施依法治镇。围绕经济建设，依据宪法和法律，深入普法，严格执法，强化监督。是年7月29日，建立于城镇纠纷调解中心，在于城司法所底楼设置办公室，以及时化解矛盾，消除不安定因素。提出了小事不出村，大事不出镇，矛盾不上交要求。

2001年9月20日，撤销于城镇治安联防队，建立于城镇社区保安队。

2002年3～5月，于城镇实施治安大排查活动。建立了大排查领导小组。大排查目标：1.摸清社会不安定因素，突出的社会治安问题。2.化解矛盾。针对不安定因素做好化解工作，防止民事纠纷化为刑事案件。3.深挖犯罪。4.改进管理。加大社会治安管理。5.推进建设。建立打、防、控一体化的社会治安管理机制，群防群治网络建设。排查重点人、重点事、重点物，重点地区、部位、单位。

2003年2月13日，海盐县人民政府〔2003〕17号文件《关于表彰2002年度“见义勇为”先进个人的决定》，吕冢村14组马浩明评为“见义勇为”先进个人。2月15日，海盐县社会治安综合治理委员会〔2003〕1号文件《关于表彰2002年度社会治安综合治理先进集体、先进个人的决定》，浙江恒越绢纺有限公司被评为先进集体，朱玉茹、蔡张良评为先进个人。县综治委表彰吕冢村、庄家村、构塍村、八字村、三联村、江渭村为2002年度“平安村”；是年授予于城中学、于城中心小学“安全文明校园”称号；同时表彰了于城中学连续三年获得“安全文明校园”称号。

2004年1月15日，于城镇成立反邪教警示教育活动领导小组。3月5日，于城镇党委出台了《社会治安综合治理工作要点》。健全正确处理人民内部矛盾的疏导化解机制，完善打防并举、专群结合的治安防控机制，实施“四五”普法教育，推进依法治镇，检查考核，落实社会治安综合治理领导责任制。6月24日，于城镇成立禁毒领导小组，下设办公室。7月25日，于城镇成立建设“平安于城”领导小组，下设办公室。9月14日，于城镇成立道路交通安全管理站。

2005年1月27日，海盐县社会治安综合治理委员会发文表彰2003～2004年度全县社会治安综合治理先进集体和个人，于城镇三联村村民委员会评为先进集体，蔡张良、邱唐明被评为先进个人。3月25日，于城镇政府与8个行政村签订了水上交通安全管理责任书。6月8日，于城镇政府建立于城镇水上交通安全管理领导小组。9月1日，于城镇成立交通安全管理领导小组，下设安全管理站。11月8日，成立于城镇社会治安综合治理工作中心。12月1日党委发文完善调整镇属组织。1.镇社会治安综合治理委员会，下设办公室。2.镇维护社会稳定领导小组。3.镇综治、司法、信访联动中心领导小组。4.镇防范和处理邪教问题领导小组。5.镇流动人口管理工作领导小组。6.镇预防青少年违法犯罪工作领导小组。7.镇归正人员安置帮教工作领导小组,下设办公室。8.镇禁毒领导小组。9.镇水上航道安全管理领导小组,下设办公室。10.镇道路交通安全管理领导小组。

2006 年 10 月 16 日,调整于城镇水上交通安全管理领导小组。

2007 年 4 月 10 日,于城镇成立"天网 1 号"专项行动领导小组,打击、遏制盗窃破坏电力、通信、农机、水利设施违法犯罪。7 月 31 日,镇党委发文,成立于城镇打击盗窃破坏"三电"设施违法犯罪专项斗争领导小组。12 月 7 日,成立于城镇交通安全委员会,下设交通安全管理工作站。12 月 13 日,调整了《于城镇重特大事故应急处置预案》。

2008 年 9 月 18 日,于城镇党委出台《关于进一步推进综治工作中心规范化建设的实施意见》。11 月 5 日,镇党委、镇政府出台《社区矫正工作实施方案》。同时成立于城镇社区矫正工作领导小组。11 月,于城镇政府启动打击安全生产非法违法行为专项行动工作领导小组。重点打击四类严重违反安全生产法律法规的行为:1.无证无照、证照不全进行生产活动;2.依法关闭取缔后,擅自恢复生产活动;3.蓄意瞒报事故、隐瞒事故真相;4.抗拒安全执法,拒不执行政府及有关部门下达的停产整顿、关闭取缔指令的企业及相关责任人的责任追究。

2009 年 3 月 20 日,于城镇政府成立禁毒工作领导小组。11 月 5 日,于城镇综合治理工作相关的领导组织有:1.于城镇建设"平安于城"领导小组。2.于城镇人民调解委员会。3.于城镇普法、依法治理领导小组。4.于城镇归正人员安置帮教工作领导小组。5.于城镇安全消防工作委员会。6.于城镇邪教问题处理工作领导小组。7.于城镇创建平安企业领导小组。8.于城镇流动人口管理领导小组。9.于城镇预防青少年违法犯罪工作领导小组。10.于城镇维稳专项资金管委会。

2010 年 3 月 10 日,于城镇政府印发 2010 年禁毒工作计划。同时,印发了 2010 年于城镇禁毒宣传教育计划。提高人民群众禁毒意识。

2012 年,于城派出所共接处警 993 起,受理治安案件 122 起,查处 36 起,处罚各类违法人员 91 人,其中治安拘留 34 人。是年,于城派出所取得了打防控工作考核第一名,巡防工作一等奖。

2013 年 6 月和 8 月及 11 月,开展了三次打击防范电信(网络)诈骗犯罪宣传周活动,设置防范点,宣传板展示,发放宣传资料,利用广播电视宣传。是年,于城镇强化社会治安综合治理工作,调处矛盾纠纷 587 件。办理各类信访事项 35 件,接待来访群众 37 批 108 人次,办结县长电话 188 件,调处劳动争议 55 起。有效化解了社会矛盾。是年,全镇共发生刑事案件 115 件,破案 23 件。是年,于城派出所共接处警 1048 起,受理治安案件 110 起,查处 25 起,处罚各类违法人员 74 人,其中治安拘留 16 人。

2014 年,于城派出所共接处警 1161 起,加强了社会治安管理,其中刑事警情 157 起;治安警情 486 起(即打架斗殴 121 起、治安纠纷 325 起、故意损坏公私财物 23 起、家庭暴力 8 起、强迫交易 1 起、非法侵入他人住宅 1 起、使用假币 2 起、盗窃 4 起、诈骗 1 起);交通事件 12 起,火警 27 起,群众求助 294 起,社会联动 2 起,内部协助 37 起,举报线索 119 起,其他 27 起。全年受理治安案件 114 起,查处 29 起,其中盗窃案件 2 起,涉赌案件 12 起,涉黄案件 3 起,涉毒案件 9 起,共处罚各类违法人员 101 人。全年无政治案件发生,无治安灾害事故发生,无群体性事件发生。

第三节　惩治罪犯

解放初期，新中国成立前遗留下来的土匪、惯窃、流氓、恶棍仍在作案犯罪，当地民众群情激愤，纷纷控诉其罪行，人民法庭判决多名罪犯，其中陈家门自然村有2人被执行死刑。1955年7月开展大规模的打击刑事犯罪活动，集中收捕刑事犯罪分子。1958年开展破案战役，集中围歼刑事惯犯，收捕了一批有现行破坏活动的地、富、反、坏分子及其他刑事犯罪分子。其间，刑事案件有所减少。“文化大革命”期间，法制遭到破坏，民间有“砸烂公检法，打人不犯法”之说，社会秩序混乱。

1983年起经过严打斗争，抓捕了各类刑事犯罪分子，重点打击流氓团伙，对严重犯罪分子处极刑1人。严打斗争的开展，打击了犯罪分子的嚣张气焰，巩固了安定团结的局面，刑事案件发案率明显下降。1993年严打斗争，全乡刑事案件县立案12起，重大案件县立案3起，判刑10人。是年在“三打一禁”过程中，破获案件7起，抓获违法犯罪分子45名。1995年严打斗争，公安机关收审了自称江渭帮的10余人流氓敲诈团伙，该团伙长期以来以拳打、脚踢、威胁、恐吓、动刀危害社会治安，其中处极刑1人。是年，全镇公安机关破获各类刑事案件16起，破获重大刑事案件9起。1996年，破获刑事案件9起，破获大案3起。1998年6～7月，于城地段多次发生下班女工金耳环被抢案件，派出所、联防队组织了巡夜、设卡，7月6日深夜，在盐湖公路抓获了再次作案的朱某。1998年1月至2000年8月，开展“严打、禁毒、打拐”专项斗争，实施了各种治安大清查，抓获和惩治了一批违法犯罪分子，破获了拐卖人口，盗窃、抢劫等一批案件。三年中，于城派出所、联防队配合刑侦部门共破获各类刑事案件118起，其中大案26起，抓获犯罪嫌疑人42名，查处治安案件95起，其中赌博案件62起，查处违法人员565名，其中治安拘留43名，治安罚款522名。

2000年，打击拐卖妇女儿童工作中。解救被拐卖的外来妇女24名，抓获人贩子2名。2012年，于城派出所立刑事案件137起，破刑事案件62起，打击各类犯罪人员49名，其中侵财犯罪人员24人，涉经济犯罪人员15人，涉黄人员2人，涉赌人员4名，涉毒人员2名。2013年，于城派出所共打击各类犯罪人员43名，其中侵财犯罪人员13人，涉黄人员2人，涉赌人员8名，涉毒人员8名等。

2014年，于城派出所共打击各类犯罪人员34名，其中侵财犯罪人员17人，涉黄人员2人，涉赌人员8名，涉毒人员3名等。在治安查处方面，已处罚各类违法人员101人，其中侵财型违法嫌疑人2人，涉赌人员71人，涉黄人员9人，涉毒人员16人，共治安拘留44人，罚款62人。是年11月21日晚，于城派出所民警通过前期排摸、蹲点守候，在于城镇某棋牌室内抓获一名网上逃犯郑某，经审讯，郑某对自己敲诈他人钱财的犯罪事实供认不讳。是年11月26日，于城派出所民警通过线索在于城镇紫金花苑工地上抓获一名公安部网上逃犯金某。经查，犯罪嫌疑人金某在陕西省城固县承包了一搬迁小区的建筑工程，于2014年8月3日，携60余人的工资款，共计80余万元外逃，后被陕西省城固县公安局列为网上逃犯。抓获后，犯罪嫌疑人郑某、金某被刑事拘留。

第四节 消 防

钦城救火会成立于清末民初，系民间义务消防组织。民国以前，钦城区设有水龙坊。民国中期钦城设水龙会。水龙会在每年农历五月二十日分龙日，举行试龙演练。

解放后，原有消防组织改组为人民义务消防队。1964年4月17日，海盐县人民委员会同意给钦城公社配备七匹机动泵浦一台，由县公安局代办配置。是年6月15日，配备机动泵浦后，钦城公社管理委员会向县人民委员会申请添置配套设施，以备实用。1965年12月，钦城消防屋动工建造，1966年建成，放置消防机动泵浦等消防设备。

1989年，钦城乡建立义务消防队。

1992年起，协助县消防大队每年开展“119消防宣传日”活动，张贴标语，悬挂横幅，出宣传橱窗。

1993年，钦城乡有义务消防队1个，12人。

1995年，钦城乡建立义务消防队2个，36人。

1999年4月2日，建立于城镇消防领导小组，加强对消防工作的领导。

2004年5月26～28日，于城镇各村治保主任，消防安全重点单位责任人，公共娱乐场所从业人员参加了县政府组织的消防业务知识培训。9月，于城镇建立专职消防队，有专职队员6人，配置了一辆值勤消防车和手抬泵等消防设备。8～10月，于城镇在全镇范围开展了消防安全专项治理工作。建立了整治领导小组，朱建军任组长，共15名成员组成。专项治理工作经过了调查摸底，自查自纠，集中治理，消除隐患，总结提高几个步骤。排查了企业火灾隐患，集镇公众聚集场所，直接与工办签订安全责任书的企业车间，员工集体宿舍，学校，幼儿园。检查了经营单位的疏散通道、楼梯和安全出口是否符合消防安全要求，是否建立安全管理制度，灭火器材是否配齐有效，人员是否落实，是否建立火灾、火警、防火预案及适时消防演练，员工灭火技能、逃生自救知识现场抽查，设备的电器保护装置是否规范，移动电器设备是否单独设立触电保护装置。10月25日，于城镇政府印发《于城镇重特大事故应急处置预案》。12月20日，于城镇防火委员会进行了调整。

2005年1月9日，于城镇建立公众聚集场所消防安全工作专项治理领导小组。对容纳20人以上人员密集的公众聚集场所影剧院、网吧、桑拿浴室、旅馆、饭店、超市等进行了整改治理。同时要求切实做好2005年“两节”“两会”期间消防安全工作。3月28日，海盐县政府办公室发文，通报表彰2004年度消防工作先进集体和个人，于城镇工办陈建华，于城镇派出所陈卡建获得表彰。4月4日，海盐县政府与于城镇政府签订了消防安全管理责任书。

2006年6月20日，成立于城镇集中开展“多合一”建筑消防安全专项整治工作领导小组。

2010年7月8日，于城镇政府印发构筑社会消防安全“防火墙”工程实施方案，以提高社会单位四个能力：消除火灾隐患能力，组织扑救初起火灾能力，组织人员疏散逃生能力，消防宣传教育培训能力；夯实火灾防控四个基础：机构建设基础，设施建设基础，群防群治基础，消防队伍建设基础。

2011年3月31日，于城镇政府成立了消防安全委员会。11月10日，于城镇政府出台《推进“清剿火患”战役行动强化措施工作方案》，整合各村各单位消防监管力量，不断拓展消防监管层面，提升火灾防控能力。

2012年，于城镇政府消防安全、安全生产综合目标管理考核结果：镇属优胜单位4个，庄家村、何家村、镇经济建设服务中心、镇村镇建设交通管理服务中心，达标单位9个；企业先进单位有海盐县南圣服饰有限责任公司等8家，达标单位33家。2012年度评出了先进集体于城镇庄家村等12个单位；先进个人陈爱民等18人。

2013年，于城镇政府与8个行政村、1个居委会、4大中心签订了安全生产目标管理责任书，与89家重点企业签订安全生产责任书。镇安监站与黄桥、三联、集镇工业区所在地22家企业签订安全生产消防工作综合目标管理责任书；与18家烟花爆竹经营户和1家批发公司、4家油漆经营店签订安全生产责任书。各行政村分别与规下企业(252家)签订安全生产消防工作综合目标管理责任书；落实新办企业及时任命专、兼职安全生产管理员。6月6日下午，于城派出所在嘉兴市佳乐科仪有限公司开展消防演练。演练项目为自救逃生、灭火器及消防栓的使用方法、消防专职队扑救火灾三个方面。在专职消防队员现场讲解和指导下，部分员工进行了灭火技能现场实战演练。

2014年春节期间，开展了烟花爆竹专项执法行动，组织执法检查2次，检查批发经营和零售经营单位16家，查处安全隐患27处，整改安全隐患27处，发出限期责令整改通知1份。期间，于城镇政府与4个中心站办、8个行政村、1个社区和94家企业签订安全生产责任书，于城镇安监站与37家企业、22家烟花爆竹经营单位、4家危化生产经营单位签订安全生产责任书，行政村及社区与257家村级企业签订安全生产责任书，共签订责任书427份。2月24日，于城镇召开今冬明春火灾防控消防安全专项治理工作会议，全镇39家劳动密集型企业的负责人、安全管理员和8个行政村书记参加会议。通报了火灾形势和特点，部署了专项治理工作实施方案，开展了专题消防培训。根据专项治理实施方案，实施自查自纠的基础上，镇消委会、安委会成立了专项治理行动工作督查组，组织抽查和督查。并建立企业消防应急预案、做好消防宣传、教育、培训工作。2月，于城镇开展塑料及涉纸行业火灾隐患整治专项行动，镇级组织检查4次，检查企业17家，发现隐患37处，整改隐患37处，下发责令整改通知书1份，至月底已整改验收完毕。村级组织检查21次，检查企业107家，发现隐患66处，整改隐患66处。

是年3～5月，于城镇实施小微企业安全生产专项整治行动，共检查企业226家，发现隐患97处，现场整改81处，限期整改16处。9月，实施消防安全“大排查、大整治”工作，重点检查了疏散通道不畅通、安全出口堵塞、占用消防车道、“三合一”等火灾隐患及违法行为。严防火灾事故发生。9月9日购置消防特种车辆一辆，型号为五十铃2.5吨水罐消防车(发动机型号4KHI-TC)，购置费为27万元。

是年11月6日下午，于城派出所组织民警、消防队员到于城镇中心幼儿园开展了消防演练活动。伴随着一阵刺耳的警报声，一场消防演练活动拉开了帷幕。200多名小朋友用毛巾捂住口鼻、弯着腰，在老师、消防员的指引下，迅速且有序地逃离危险地带。疏散逃生环节结束后，消防队员向全校师生详细地介绍了灭火器的使用方法。随后，幼儿园的师生在消防队员的指导下，进行灭火器的实际操作。11 月 14 日，于城镇政府任命林玉龙为于城镇专职消防队队长，抓好了各级、各岗位、各类安全生产人员的配备与落实，镇辖 34 个规上企业、8 个行政村及各规下企业共配备专(兼)职安全生产管理人员 300 多人，建立了镇域安全生产管理队伍。

是年，于城镇组织开展有限空间、可燃粉尘和喷涂工贸企业专项整治工作，全镇共有有限空间企业 8 家、涉及可燃爆粉尘企业 7 家和喷涂企业 8 家。共组织检查 6 次，出动人员 18 人次，检查企业 23 家次，发现隐患 25 处，整改隐患 25 处。

是年 12 月，于城镇消防安全委员会部署今冬明春火灾防控和劳密企业消防安全专项治理工作，推进全镇劳动密集型企业消防隐患的监管整治。

表 17—1—1　　　　重大火灾事故情况

发生日期	起火单位或个人	起火原因	人员伤亡和经济损失
1959 年 1 月 15 日	圩城公社缪家埝胜利小队	儿童玩火	烧毁 5 间房屋及家具，烧掉羊 5 头
1959 年 2 月 29 日	圩东生产大队港家埝小队	饲养员烧水失火	烧毁房子 3 间，烧掉 1 百斤以上毛猪 2 头和牛 2 头。经济损失 1800 元
1978 年 12 月 18 日早晨	于城公社胜利大队第十一生产队朱水荣、朱姚法	朱水荣六岁小孩不慎将煤油灯倒翻在被头上起火，又烧着电线，后又烧着沼气皮管，沼气之火冲天，房屋迅速穿顶	朱水荣家 1 岁小孩被烧死。5 间瓦房全部烧毁，家中财产无一抢出(包括刚分到的 500 余公斤大米)，共计经济损失 3000 余元
1984 年 9 月 7 日	吕冢村 14 组马孝奎户	养中秋蚕火炉加温失火	烧毁 1 间半房屋和部分财产，经济损失 1500 元
1998 年 7 月 6 日	构塍村北窑组王志明家	煤气罐泄漏起火爆炸	三间瓦房倾倒，包括屋内财产受损，共计经济损失 6000 余元
2005 年 1 月 10 日	海盐县金狮印染服装有限公司	用电不慎	过火面积 697 平方米，烧毁砖木结构厂房、激光照排机、网框、乔其纱等物品，直接经济损失 14.35 万元
2005 年 12 月 22 日晚	于城富士装饰材料厂职工林登贵	在租房内采用明火取暖，入睡后发生火灾	林登贵被火烧死
2008 年 7 月 8 日早晨	吕冢集镇从事地摊生意的新居民黄辉(河南人)	电器设备老化，租房内起火	其子 4 岁男孩黄亚超遇难，部分商品、生活用品受损
2010 年 3 月 18 日上午	海盐博恒针织厂	发生火灾，原因不明	烧毁厂房 3 间，袜机 7 台，空调 1 台

第二章　司法行政

第一节　组织机构

1984年4月，钦城乡配备司法助理，成立司法办公室，协助政府管理调解委员会工作。

1986年，钦城乡招聘了司法助理员1名，筹建钦城乡法律服务所，法律服务所受人民政府的领导，县司法局的指导，由司法助理员管理，服务人员统称为“乡镇法律工作者”。是年10月15日，成立“钦城乡法律服务所”。

1998年11月11日，成立于城镇司法所，与法律服务所合署办公，陈雪祥任所长。

2000年起，因撤乡并镇等原因，乡镇法律服务所停办。

2001年5月，钦城乡法律服务所恢复办公。更名为“海盐县于城法律服务所”，有法律工作者3人。

2003年4月1日，于城镇政府调整司法所组织成员。

2004年，成立于城镇法律援助工作站。

2005年11月1日，海盐县机构编制委员会发文，撤销于城镇法律服务所等7个法律服务所事业单位编制。

2009年3月18日，根据中央和省关于加强基层司法所建设的精神，海盐县编制委员会同意将镇机关内设机构综合治理办公室挂牌的司法所，调整为海盐县司法局于城司法所，隶属于县司法局的派出机构，编制2名。

2014年，于城镇司法所有6名人员，主要职责包括法制宣传、人民调解、法律援助、社区矫正、安置帮教等工作。按照法律法规开展工作，贯彻落实《中华人民共和国人民调解法》，依法组建调解组织和队伍开展纠纷调解工作；依据《社区矫正实施办法》《浙江省社区矫正实施细则》和《嘉兴市社区矫正人员监督管理办法》开展社区矫正等工作。是年，于城司法所办公地址在于城镇文化活动中心，隶属有人民调解室、法律援助办、法制宣传办、社区禁毒办、安置帮教办。

于城镇法律服务所1995年被省司法厅授予一等法律服务所，1996年3月被评为市级先进集体。1999年，于城镇司法所获得浙江省文明司法所称号。

第二节　法制宣传

全国五届人大二次会议通过七个重要法律后，根据县委宣传部部署，1979年10～11月，钦城乡开展了法制宣传月活动，组织宣讲、学习刑法和刑事诉讼法。1982年8月，开展了普及刑法、刑事诉讼法、婚姻法的宣传教育活动。1983年9月，张贴全国人大常委会《关于严惩严重危害社会治安的犯罪分子的决定》和《关于迅速审判严重危害社会治安的犯罪分子的程序的决定》

布告。

1986～1990年实施“一五”普法。1986年，根据县委转发县委宣传部、县司法局关于《海盐县普及法律常识教育规划》，开展普法教育。是年5～6月，组织干部参加县普法办公室先后举办的6期干部轮训班，颁发了“普及法律常识合格证书”。普法对象为工人、农民、干部、学生、知识分子及其他劳动者和城镇居民。普法内容是宪法、刑法、刑事诉讼法、婚姻法、继承法、经济合同法、兵役法、民法通则、民族区域自治法、治安处罚条例、土地管理法等法律法规。1987年，组织农民学完规定的普法内容，接受了县考核验收。“一五”普法期间，欤城举办法制讲座，发放宣传资料，上法制课，出刊宣传橱窗、黑板报，组织法律知识竞赛2次，举办法制图片展，发放法律书籍，组织5名人员参加了县普法学习。1991年起“二五”普法、“三五”普法、“四五”普法期间，欤城镇干部、执法工作人员、宣传教育工作者和青少年、企业管理人员、农民和市民，接受了国旗法、国徽法、选举法、行政处罚法、合同法、担保法、国家赔偿法、行政诉讼法、未成年人保护法、预防未成年人犯罪法、老年人权益保障法的普及教育，学习了《邓小平论民主法制建设》《社会主义法制建设若干问题的讲话》。

1993年，做好综合治理宣传工作，开展法制宣传活动30次，举行广播专题法制宣传20次，印发宣传资料780份，出刊黑板报12期。

1995年，运用多种形式，全年开展法制宣传15次；出版黑板报和宣传橱窗22期；组织法制培训教育课6次，授课200多人次；邀请县司法局干部为学生开展法制课讲座，听课师生972人。

1996年9月25日，成立于城镇“三五”普法教育领导小组。召开了全镇“三五”普法动员大会，利用广播进行法制讲座4次，积极开展“三五”普法教育。

1998年，《中华人民共和国老年人权益保障法》颁布。利用多种形式开展宣传，并贯彻落实老年人权益保障法，至2001年6月，于城镇，为“老有所乐”提供条件，筹办了老年活动中心，成立了老年人体协，组织了象棋、乒乓球和体操比赛。

2004年1～3月，于城镇农村反邪教警示教育活动领导小组在全镇组织了农村反邪教警示教育活动。发放了宣传资料，悬挂和张贴反邪教宣传挂图及图片。围绕“崇尚科学、关爱家庭、珍惜生命、反对邪教”主题，举办反对邪教专题培训班二期，在各村组织播放了反邪教VCD专题片，组织参与书面反邪教知识问答，在中小学组织警示教育活动。

2004年3月起，于城镇组织“法律进基层”活动，提高群众法律意识，推进依法治理。法律进基层活动中，各村建法制宣传栏一个，配置法律图书一套，镇建立法律宣传教育和法律服务志愿者队伍一支，是年3月3日，成立“于城镇法制学校”，法制学校设在镇成校，开展对青少年、暂住人员、无业人员、和老年人的法制宣传教育。加强对民间纠纷的法律服务，抵制“法轮功”邪教组织非法活动。

2006年，是“五五”普法第一年，制订了《于城镇开展法制宣传教育第五个五年规划》。是年12月4日是全国法制宣传日，于城镇法制宣传教育领导小组组组织司法所、计生办、土管所卫生院等单位，在于城集镇开展法律咨询活动。发放宣传资料105份，接待法律咨询45人。是年，发放宣传图片603幅，法律读本83本。

2009年4月28日，于城镇政府出台法制宣传工作要点：1.开展宪法学习宣传和法治理念教育；2.结合各种专项治理工作，开展道路交通安全法等法律法规宣传教育；3.开展“12·4”全国法制宣传日活动；4.抓好重点对象的法制宣传教育；5.教育结合实践，推进依法治理。

2010年3月10日，于城镇政府印发2010年于城司法所工作要点。

2010年4月7日，于城镇党委、政府印发《2010年于城镇法制宣传教育工作要点》。制定了实施社会主义法治理念教育等7个方面的计划。

2011年4月11日，于城镇党委印发《于城镇2011年法制宣传工作要点》。制订了实施“六五”法制宣传教育开局之年学习宪法等7个方面的工作计划。

2013年，于城镇司法所采用会议、广播、电视、宣传栏等多种形式进行反邪教宣传，提高广大公民群众崇尚科学，反对邪教的意识。全年累计开展进村入企和上街宣传4次，发放禁毒和反邪教宣传材料900余份，制作宣传图版4块，张挂宣传横幅4条，营造了浓厚的宣传氛围。是年，开展平安建设宣传，结合“六五”法制宣传教育规划，利用广播、宣传栏（板）、橱窗等方式在全镇范围内大力开展法制宣传教育，增强全镇人民的法制观念，法律意识，全年共开展上街宣传5次，入校宣传2次，新增宣传栏（板）9块计45平方米，发放“平安建设”倡议书12000份，群发短信7000余条，营造了浓厚的“平安建设”工作氛围。

2014年，组织开展形式多样的法制宣传活动，做好法制宣传上街入户工作。共发放宣传资料千余份，接待群众300余人次；利用“3·15”消费者权益保护日、5月依法信访宣传月、“6·26”国际禁毒日、10月平安主题宣传月、“12·4”全国法制宣传日等开展各项法律法规宣传；借助普法宣传栏、于城司法所官方微博等载体，发布各类普法信息，增强群众法律意识；创新普法形式，联合镇广电站等部门，在于城当地开通了广播普法宣传平台；做好专题法律宣讲活动，围绕“五水共治”“三改一拆”中心工作，就特定事件、敏感问题进行法律宣讲，举办了于城镇新《中华人民共和国环境保护法》宣读会和新《中华人民共和国安全生产法》宣传培训会，解答群众疑难问题。是年7月6日上午，八字村举办了一场法律知识宣传讲座，联村马惠律师就婚姻矛盾、土地纠纷、环境保护等问题进行了讲解，50多名村民聆听了讲座。

第三节　人民调解

1951年欤城地区先后建立区、乡、村三级人民调解委员会、小组。1957年9月17日，县人委决定建立各乡治安委员会，由政法乡镇长兼任主任。欤城乡由沈留和任主任。1958年12月2日，欤城公社治安保卫委员会成立。肖良观任治保委员会主任，富亚男、钱来顺任副主任。“文化大革命”期间调解组织一度瘫痪。1973年9月3日，建立圩城人民公社调解委员会，6名成员，张琳任主任，相继成立生产大队调解小组。1980年止全公社有调解组织16个。调解委员会的职责任务是：1.调解处理各类民间纠纷，接待处理有关人民调解工作的来信来访。2.开展法制教育和道德风尚教育。3.研究辖区内发生纠纷的原因、特点和规律，并实施防范措施。

1984年起，欤城乡对各村各单位调解主任实行岗位责任制考核。内容是组织建设，调解纠纷率，调解成功率，会议出勤率，统计、登记和回访制度，法制宣传等。岗位责任制考核增强了调解干部的责任感，及时处理各类纠纷。

1986年，嘉兴市司法局在海盐进行调解工作试点，钦城推行村调解主任岗位责任制。

1988年，钦城乡法律服务所成功调处民事纠纷43起。

1991年，实行统一的民间纠纷调解文书格式，实施《人民调解委员会及调解员奖励办法》。

1993年，各村各企事业单位建立了综合治理领导小组。全乡有调解会32个98人，有治保调解员271人，有治保会33个117人。

1996年，开展民间纠纷集中疏导排解活动。

1997年，开展社会不稳定因素排查调处工作。

1999年，开展标准化调委会达标活动。

据2002年6月30日于城镇政府执行《中华人民共和国老年人权益保障法》工作汇报。1998～2002年，于城镇执行《中华人民共和国老年人权益保障法》工作中，镇司法所受理老年人合法权益案件20起，调解解决20起，其中法院解决7起。保护了老年人合法权益。

2003年5月15日，于城镇人民调解委员会成立。镇人民政府发文于6月18日启用人民调解委员会印章。

2013年，于城镇切实抓好矛盾纠纷调解机制的建立与运行，按照上级规定，进一步完善镇、村、企业人民调解室建设；加强信访、经济建设服务中心和经管办等部门的沟通，搭建部门联动调解平台；加强与县级部门的联系，沈荡检察室在于城设立联络点，于城派出所设立调解室，建立了检、法、司的人民调解的网络体系。全年于城镇共调处矛盾纠纷587起，其中形成案卷109件，有镇案卷58件，村案卷51件；办理县转办各类信访事项20件，接待来访群众37起108人次，集体来访6起76人次。重大矛盾纠纷的有效化解和信访案件的成功办理，维护了社会和谐稳定。

2014年，由司法所牵头，各级调解委员会共调处了各类矛盾纠纷619起，其中镇调解委员会调处385起，成功调处616起，调处成功率为99.5%。其中，对来访群众做到热情接待，认真办理，件件有答复，事事有落实；办理县转办各类信访事项14件，共接待来访群众27起97人次，其中集体来访6起70人次。是年，于城镇建立了以党委分管书记为主任，于城司法所，于城派出所、沈荡法庭、民政办和土地所等相关单位为成员的人民调解委员会；8个村成立了以村委会主任负责的调委会、治保会、中心户参与的纠纷调处工作站。形成了镇、村、组三级调解网络。

表16—2—1　　于城镇人民调解工作情况

年　份	纠纷调处（起）	调处成功（起）	防止非正常死亡（人）	防止群体性事件或上访（起）
1996	45			
2012	788	788	1	1
2013	587	587		6
2014	619	616		6

第四节 法律工作者服务

1986年10月，成立“软城乡法律服务所”，至2005年撤销。1988年，法律服务所由县司法局调解股和律师事务所共同管理。是年，参加了县优质法律服务竞赛和司法文书写作专项竞赛活动。1990年，贯彻县司法局制定的《乡镇法律服务所参与行政诉讼活动的若干意见》。1991年9月起，实施《乡镇法律服务业务工作细则》。1992年，法律服务所参加县开展为骨干企业提供优质服务竞赛。1993年，实施标准化乡镇法律服务所达标工作。1998年起，贯彻实施《海盐县乡镇法律工作者职业道德和职业纪律若干规定》。2000年3月起，执行司法部《基层法律服务所管理办法》和《基层法律服务工作者管理办法》。2002年5月起，统一使用办案质量监督卡。2003年5月8日，于城镇政府出台“于城镇司法所2003年度工作思路”：1.协助人民政府开展依法治理、行政执法检查监督工作。2.指导、管理辖区内人民调解工作参与重大疑难民间纠纷调解工作。3.指导法律服务工作。4.代表人民政府处理民间纠纷。5.组织开展普法宣传和法制教育工作。6.组织开展对归正人员的过渡性安置和帮教工作。7.参与社会治安综合治理工作。8.完成上级司法机关和人民调解委员会工作。2004年4月28日又出台工作思路。2014年8月19日，“于城综合法律服务中心”更名为“于城镇公共法律服务中心”。是年，开展各项法律援助业务，有涉及道路交通事故人身伤害赔偿案件、追讨工资、工伤赔偿等案件，共办结法律援助案件19起，其中诉讼8起，非诉讼11起，具体涉及交通事故3起，催讨工资7起，工伤赔偿9起，涉案金额共计131.63万元。

表16—2—2　　于城镇法律服务工作者业务情况

年份	顾问单位（家）	办理诉讼案件（件）	办理非诉讼案件（件）	解答咨询（人次）	办理见证（件）	挽回经济损失（万元）	业务收入（万元）
1996	30	119	45	158	359	347.12	
1999	45		104			354	
2010	9	2	5	160	20	40	0
2011	9	3	7	200	15	50	0
2012	9	2	4	240	26	28	0
2013	9	4	6	280	22	35	0
2014	9	2	3	260	30	45	0

第五节 安置帮教工作

1998年，于城镇成立刑释解教安置帮教领导小组，村(居委会)企事业单位建立帮教小组16个，有兼职帮教二作人员16人。2002年，刑释解教人员改称归正人员，安置帮教工作组织相应更名。2014 年，全镇村(居委会)有归正人员帮教小组 8 个，专职帮教工作人员 1 人、兼职帮教工作人员 8 人。

表 16－2－3　1998 年～2015 年于城镇刑释解教(归正)人员安置帮教工作情况表

单位：人、%

年份	刑释解教(归正人员)人			安置就业		帮教		重新犯罪率
	总数	刑释	解教	人数	就业率	人数	帮教率	
1998	78	78	2	78	100%	78	100%	1%
1999	85	85	0	85	100%	85	100%	2%
2000	65	65	1	65	100%	65	100%	2%
2001	78	78	2	78	100%	78	100%	1%
2002	85	85	0	85	100%	85	100%	2%
2003	74	74	0	74	100%	74	100%	2%
2004	78	78	1	78	100%	78	100%	1%
2005	85	85	0	85	100%	85	100%	2%
2006	89	89	2	89	100%	89	100%	2%
2007	78	78	0	78	100%	78	100%	1%
2008	81	81	0	81	100%	81	100%	2%
2009	89	89	2	89	100%	89	100%	2%
2010	78	78	1	78	100%	78	100%	1%
2011	85	85	0	85	100%	85	100%	2%
2012	89	89	0	89	100%	89	100%	2%
2013	78	78	0	78	100%	78	100%	1%
2014	85	85	0	85	100%	85	100%	2%

第十八编 教　　育

于城教育，古代主要是各种形式的私塾，聘师来家里、族里，为子弟授课；有的称蒙馆，塾师在自己家里或租赁房屋开馆授徒。此外是秉承家学，祖孙、父子或兄弟，世代相传，是谓家学渊源者也。个别还有负笈求教，执弟子礼，拜师受业者。近世以蒙馆为主。

据志书记载，旧时有镇学、社学和书院。据清光绪《海盐县志》引吴府志“明天启中城乡各有社学”，又引刘府志“社学五所，一在城……四在各镇长平仓侧”。又据明天启《海盐县图经》载：欤城、澉浦、茶院、白马庙镇各有常平仓，天启元年知县樊维城重建。且于城史上曾二度筑城，按此推测，欤城明代时就有社学，应在长平仓侧，但史书无记载，无法查证。

清末朝廷下诏：改科举，废八股，令各省设大学堂，府城设中学堂，州县设小学堂。光绪三十二年(1906)，停止乡会试及岁试、科试，裁撤学政、教谕改设浙江提学使司。光绪三十三年(1907)，海盐县设立劝学所，总揽全县教育行政。这年，欤城区设区立完全小学。民国后，县政府设立教育科(局)，管理全县教育。

解放前，欤城乡教育事业发展缓慢，据民国乡公所在解放前夕统计，文盲率达83.6%。

解放后，教育事业蓬勃发展。欤城民办学校迅速发展，私立小学逐步改为公办。逐步完善了小学教育，初中教育，幼儿教育和扫盲教育及成人教育，取得了不少的成就。1991年11月，成人文化技术学校获得“全国农村成人教育先进学校”。1994年9月，于城镇获得“全国农村教育综合改革先进单位”。2000年1月26日，于城镇获得“浙江省教育强镇”称号。2004年，于城中学被浙江省教委评为省级“示范初中”。2007年，于城镇中心小学被评为浙江省示范小学，成人文化技术学校获得浙江省示范性成人文化技术学校。

第一章 私　　塾

私塾在于城镇教育史上起到了一定作用。兴办私塾最盛时期在清末至抗日战争前，其时私塾布及小村镇头共20余所，学生每年约100人。

这些私塾创办的缘由不一，主要分为三类：

一是出于自族的需要。如集镇的戴家私塾，千福私塾等，由东家开办。所聘请的私塾先生学诣较高，如戴家私塾先生张鑫元是当时知名人士，后考入中央大学。这类私塾学生大多是自族子弟，也稍带邻居子弟，学生不多，10人左右。

二是出于谋生性质的。这类私塾诸多，塾师的资历不等，其中胸怀抱负的则治学严谨，如南圣塾师朱秉钧。西庄、庄介等塾师颇有影响。这类私塾学区范围狭小，大多是十多户的自然村，学生20人左右。

三是乡绅出面创办的。此类私塾的学区方圆大一些，一般有学生30人左右，治学方法较严谨，开办时间也长，声誉高的有陈家门私塾、何家桥私塾。

塾师，多为当地人，间有外籍者。有的终身授徒，有的暂时担任塾师，年龄不拘。

私塾设备简陋，校舍以学屋(即东家屋宅)居多，少许是寺庙，明代时有“长平仓”，桌凳诸类皆由学生家自带。

私塾的学生几乎都是男孩，年龄不一，小的八九岁，大的十二三岁，招收时间也不限，家长可随时送子女上学。学生在校专修语文，和习字两课。其内容没有统一规定，随先生各其选择，基本上学文有《百家姓》《千字文》《千家诗》《神童诗》《三字经》，再高一些有“四书五经”、《古文观止》。上午，先生把一个个程度不同的学生轮流叫到书案前教字识文；中午，习字一小时，初学描红，而后临帖；下午，学生各自读背；晚学前要向先生背出当日的功课，如背诵不出，轻者关晚学，重者用戒尺打手心，以示警罚。

私塾学制不限，深浅不一，一般学生上学两三年则转学。

私塾先生的“束修”由家长随意送纳，一般一年按节日(如清明、端午、八月半、除夕)四次送呈，有的送钱，从几角银元到一、二元银洋钿，有的送米，从九升到一斗。先生一般不计轻重。

明清时期，私塾为科举服务，读书为了登科第，忝列衣冠，改换门庭。私塾办学形式落后，内容单一呆板，塾生死记硬背，少思考应用。但有识文，习字上的长处。据老人回忆，在清末欤城人曾有人中举，以后在商界和文化科技界中也出过贤达人士，如庄家村有名医庄功原、邮电工程师王伯年。

私塾这种办学形式在抗战胜利后逐渐淘汰消失，取而代之的是学堂的兴起。

第二章　幼儿教育

第一节　概　况

于城幼儿教育，一向在家庭中进行。抗战胜利以后，县内部分乡镇在集镇小学中附设幼稚班，民国36年(1947)，于城乡中心国民学校附设幼稚班，招收学龄前儿童20多名，有专职教师任教，开设识方块字、数数、劳作、唱歌、游戏等课程。

解放后，幼稚班改称幼儿班，幼儿教师改称教养员。1952年停办。此后，在互助合作时期，农业生产队集体时有兴办季节性托儿班，农忙设置，农闲停办，不固定，仅暂时托儿而已。

1958年，人民公社化时期，农村普遍集体举办幼儿班，欤城公社8个管理区共设幼儿园8所，入托儿童甚众，有教养员8名。

1959年，全公社有托儿所88个，教养员123人，托儿人数789人；有幼儿园10所，保育员71

人，幼儿705人。1960年后陆续停办。

1963年，钦城集镇居民创办镇幼儿班1个，招收学龄前儿童25名，教养员1名。

1966年，“文化大革命”开始后停办。

1969年春季恢复集镇幼儿班，有幼儿31名，设1个班。至1971年再次停办。

1976年以后，掀起兴办农村幼儿班热潮，全公社14个生产大队都在民办学校设置幼儿班，共有农村幼儿班15个，教养员15人。

1978年，恢复了集镇幼儿班。

1980年8月，圩城公社中心小学开办幼儿学前班，附设在中心小学内。学前班开设大班，招收5～6周岁也有7周岁幼儿。后为幼儿园。

1986年9月镇中心小学幼儿园增加到2个班级。

1987年，全乡有幼儿园16所，17个班，入园幼儿569人，教养员17人；托儿所2所2个班，入托孩子42人，保育员3人。

1990年9月镇中心小学幼儿园增加到3个班级，3位教师。1992年9月镇中心小学幼儿园增加到4个班级，5位教师。

1993年起，使用省编幼儿园系列教材，课程设置体育、智力游戏、语言、常识、计算、美术。

1996年起，执行国家教委新颁《幼儿园工作规程》，加强幼儿园制度建设，注重幼儿园一日活动，定期举办运动会、全园开放日；开展家园同乐、亲子游戏、走进社区、走进大自然等活动，寓教育于活动之中。

2000年起，幻儿园开设幼托班（或称小小班），开始招收2～3周岁幼儿。

2001年起，于城镇幼儿园执行教育部《幼儿园教育指导纲要（试行）》，课程设置健康、语言、社会、科学、艺术。

2002年起，幼儿园统一招收3～5周岁幼儿，使用省编新系列幼儿课程指导教材。

2005年，全镇学前三年教育幼儿入园率为96.60％。

2008年8月14日，县机构编制委员会明确8所镇（区）幼儿园为全民事业单位，“海盐县于城镇中心幼儿园”确定为准公益类全民事业单位，办理了事业单位法人登记手续。

2002年起，逐步撤并撤销村级幼儿园，有的采用了个体承办，至2014年，全镇只存1所南圣幼儿园，属个体承办。

第二节　村级幼儿园

1958年，圩城公社8个管理区共设幼儿园（班）8所，入托儿童甚众，有教养员8名。1960年后陆续停办。

1976年以后，兴办农村幼儿班，圩城公社14个生产大队在民办学校设置幼儿班14个，幼儿教师14人。

1986年，钦城乡15个村在15所民办学校设置了15个幼儿班，有幼儿教师15人，入学幼儿542人，最小的幼儿班（钦三村）20名学生，最大的幼儿班（何家村）43名学生。

2000年，于城镇政府出台了《于城镇2000～2005年幼教事业发展规划》，加强全镇幼教建设与管理，调整布局；对村级幼儿班设点散、设施设备差，安全隐患多，进行规划设点办园，结合行政村合并小学布局调整实施幼儿园建设，提出了规范、安全办园条件，要求提供饮食、午睡等活动场地。对不规范的幼儿班，实施撤班并园。至2002年9月，坛墩村幼儿班与江渭村幼儿班合并为江渭村幼儿园；2003年2月，陈介门村幼儿班与千福村幼儿班合并到八字村幼儿园；同年9月，撤销了构塍村、太平村、于城村3个幼儿班，合并到镇中心幼儿园，幼儿教师转入镇中心幼儿园任教。到2003年9月，13个幼儿班合并为6所幼儿园，利用原村办小学校舍的是鸳鸯幼儿园、南圣幼儿园；新建校舍的幼儿园有于西幼儿园、何家幼儿园、八字幼儿园、江渭幼儿园；每所幼儿园开设班级2个以上。其中鸳鸯幼儿园、南圣幼儿园，是1999年12月3日海盐县教育局批复同意，性质为私立幼儿园。

以上6所幼儿园在2006～2015年期间逐年撤销并入于城镇中心幼儿园。2006年下半年撤销了鸳鸯幼儿园，2009年上半年撤销了江渭幼儿园，2010年下半年撤销了于西幼儿园，2011年上半年撤销了何家幼儿园，2012年下半年撤销了八字幼儿园，2015年下半年撤销南圣幼儿园，全镇只有1所镇中心幼儿园。

表18—1—1　　1986年钦城乡幼儿园(班)情况表

园　名	园　址	班级个数	幼儿人数	教职工人数
钦城乡中心幼儿园	于城镇文昌路28号	2	75	2
钦城乡于城村幼儿班	于城村小学内	1	25	1
钦城乡鸳鸯村幼儿班	鸳鸯村小学内	1	40	1
钦城乡吕冢村幼儿班	吕冢村小学内	1	42	1
钦城乡钦三村幼儿班	钦三村小学内	1	20	1
钦城乡庄家村幼儿班	庄家村小学内	1	24	1
钦城乡钦南村幼儿班	钦南村小学内	1	18	1
钦城乡何家村幼儿班	何家村小学内	1	43	1
钦城乡南圣村幼儿班	南圣村小学内	1	36	1
钦城乡构塍村幼儿班	构塍村小学内	1	25	1
钦城乡太平村幼儿班	太平村小学内	1	39	1
钦城乡陈家门村幼儿班	陈家门村小学内	1	22	1
钦城乡江渭村幼儿班	江渭村小学内	1	35	1
钦城乡坮墩村幼儿班	坮墩村小学内	1	30	1
钦城乡千福村幼儿班	千福村小学内	1	32	1
钦城乡八字村幼儿班	八字村小学内	1	36	1
合　计		17	452	17

第三节　镇中心幼儿园

于城镇中心幼儿园是镇政府主办的全民事业单位，2008年入编。中心幼儿园的前身是中心小学学前班，学生少，后改为中心小学幼儿园，1985年只有2个班，2014年为15个班。

1994年3月28日，县计经委批复同意建造中心幼儿园综合教育用房，1995年10月，于城镇中心幼儿园落成，建址在镇中心小学南面，占地面积为2810平方米，建筑面积1516平方米，绿化面积1139平方米，户外活动场地2260平方米，总投资120万元。1996年3月18日，原附设在镇中心小学的幼儿班搬入了新园舍，于城镇中心幼儿园成为独立建置单位；是年，有教师和职工5人，4个班级，入学幼儿145人。

发展过程中，2000年11月，于城镇中心幼儿园被海盐县人民政府评为海盐县文明单位；2001年7月被海盐县教育局评定为县二级幼儿园；2003年12月通过审核验收，评为嘉兴市达标乡镇中心幼儿园；2005年7月被海盐县教育局评定为县一级幼儿园。是年，于城镇中心幼儿园有7个班，其中设置了托儿班，教师和职工共17人，幼儿入园率为98%。2012年11月被评定为省二级幼儿园。

于城镇幼儿园不断完善设施，改善环境条件。

1999年镇中心幼儿园投入2.2万元，园舍窗户装上不锈钢防盗窗和地板、课桌椅、大型玩具油漆更新，新建了停车棚。

2003年9月添置大型玩具2件，新建室外宣传橱窗、沙池，2004年8月添置1件大型玩具。

2007年6月，于城镇中心幼儿园扩建了一幢二层的多功能室与食堂，建筑面积为380平方米，配套设施完善，投资45万元。

2010年2月，幼儿园扩建了幼儿活动室，建筑面积为160平方米，投入18万元。

2012年3月，于城镇中心幼儿园扩建一幢四层的新园舍，占地面积为2785平方米，建筑面积1114平方米，投入198万元。幼儿园还扩征土地2.6亩，新建了塑胶操场，面积为1185平方米，投入38万元。

2013～2014年期间，幼儿园继续加大投入，为每个班级配备了电脑、液晶电视机，实现了网络环通，为现代化的教学提供了保障；完成了旧教学楼卫生间改造、重新油漆门窗、粉刷墙壁；对多功能室、保健室进行了装修，为幼儿健康成长及全面和谐发展创设了良好的环境；开辟了美术特色活动室、科学探索室、音乐室、图书室等多个专用教室，进一步完善了幼儿园的办园条件。

表18－1－2　　1987年～2014年于城镇幼儿教育情况表

年度	班级个数	入园幼儿人数	教职工人数	年度	班级个数	入园幼儿人数	教职工人数
1987	17	534	17	1990	18	595	18
1988	17	526	17	1991	18	589	18
1989	17	586	17	1992	19	622	20

续表 18－1－2

年度	班级个数	入园幼儿人数	教职工人数	年度	班级个数	入园幼儿人数	教职工人数
1993	19	602	20	2004	21	574	33
1994	19	613	20	2005	21	558	35
1995	19	586	20	2006	20	561	35
1996	19	618	22	2007	20	599	35
1997	21	669	24	2008	19	564	24
1998	21	729	26	2009	19	508	26
1999	23	847	30	2010	16	538	26
2000	24	813	30	2011	15	515	34
2001	26	877	32	2012	14	492	34
2002	25	771	35	2013	15	489	35
2003	21	594	33	2014	15	510	35

于城镇中心幼儿园注重教学改革，提高教育的有效性，教学内容上幼儿园遵循《纲要》《指南》精神，建立了科学的一日生活作息制度，合理安排活动内容，内容涉及健康、语言、社会、科学、艺术五大领域。

表 18－1－3　　　　中心幼儿园活动内容、作息时间表

活动内容	时间			
	托班	小班	中班	大班
晨间接待、区域活动、户外活动、早操、晨间谈话	来园～9:00	来园～8:45	来园～8:45	来园～8:45
集体教学活动(一)、户外游戏活动、集体教学活动(二)或游戏活动	9:00～10:20	8:45～10:30	8:45～10:30	8:45～10:30
餐前活动与准备	10:20～10:40	10:30～10:50	10:30～10:50	10:30～10:50
幼儿午餐	10:40～11:20	10:50～11:20	10:50～11:20	10:50～11:20
餐后活动	11:30～12:00			
幼儿午睡、午点、喝水	11:50～15:10	12:00～15:00	12:00～15:00	12:00～15:00
集体教学活动或游戏活动、户外活动	15:10～15:50	15:00～16:00	15:00～16:00	15:00～16:00
离园准备及活动	15:50～16:30	16:00～16:30	16:00～16:30	16:00～16:30

第三章　小学教育

第一节　概　况

解放前办学概况

据《海盐县教育志》记载：于城小学的前身是光绪三十三年（1907）正月开办，名为开智初等小学堂，校址设于钦城区庙山大王庙内，学生20余人，由乡绅钟其书筹集，校长吴荪梅。后一度停办。民国元年（1912）复设。民国7年8月，周仰松出任校长，迁址于钦城大桥东塊北庙内。12年，改称钦城区区立第一完全小学。24年，改称县立钦城小学。25年8月，戴瑞荣接任校长后，原"海盐县第八小学"改名为"钦城县立小学"，又在校旧址庙山另设"钦城镇立小学"。27年，校舍被日军焚毁，两所小学被迫停办。34年秋，借集镇戴宅复校，校名为钦城镇中心国民学校。35年7月，成立钦城镇筹建中心国民学校校舍委员会，钦城庄家村人士王柏年任主任委员，筹款在庙山建造校舍180平方米。36年8月迁入新校舍，校名为钦城乡第一中心国民学校，设四个级学，韩大桢任校长，教师有左寿银、陶菊民、陈士英；同时有钦城乡第二国民学校，设三个级学，校址在善勲庙，朱群任校长，教师有潘家钰、胡孚成、施剑华。

民国时期，钦城区设立的学校还有：

民国元年2月，开办钦城区区立第一初级小学，校址设于菜塘堰。

民国2年3月，开办钦城区区立第二初级小学，校址设于鸳鸯桥。

民国4年11月，开办钦城区区立第三初级小学，校址设于湛田漾。

民国6年8月，开办钦城区区立第四初级小学，校址设于纯万塘桥。

据于城小学校史记载：民国6年，何家村、江渭村设小学。民国7年，陈家门设小学。民国12年，吕家村设小学。

民国8年2月，开办钦城区区立第五初级小学，校址设于泾塘桥。

民国37年，编制在钦城乡的保校有11所。第一保校，地址在施王庙；第三保校，地址在霸佑寺；第四保校，地址在毅常庙；第五保校，地址在俞家埝；第六保校，地址在构塍庙；第七保校，地址在西庄；第八保校，地址在姚家木桥；第十保校，地址在崔家石桥；第十一保校，地址在鸳鸯桥；第十二保校，地址在老屋上；第十三保校，地址在泾塘桥。

解放后办学概况

中心小学

1949年，钦城乡第一国民中心学校更名为钦城乡中心小学，设4个班，学生97人，教职工7人。

1950年3月，钦城区有完全小学1所，教师9人，学生195人。（全区有初级小学31所，教师47人，学生1580人。）

1952年，学校人数增加，扩建了两间教室。1953年，易名为钦城区第一中心小学。

1956年复称钦城乡中心小学。1957年，学校学生增加到208人。

1958年，改称圩城公社中心小学，校舍扩建到540平方米，学校操场分大小操场2个。

1969年起，先后由圩城集镇竹器厂和公社渔场管理，改名为东方红小学，公办教师由生产大队管理。

1972年5月，校舍改建为公社丝厂，学校迁至枫桥北堍加工厂旧址，更名为圩城小学。

1978年11月，复为圩城公社中心小学。

1981年11月，改为钦城公社中心小学。

1984年3月，改称钦城乡中心小学；是年，省普及初等教育检查组到钦城乡验收，全乡入学率99.6%，巩固率99.9%，普及率98.3%，毕业率99.5%。同年8月，始建有12个教室4个办公室的教学楼；是年，被评为海盐县普及初等教育先进单位、嘉兴市先进单位。

1985年，县、乡筹资11万余元，建成1040平方米的三层教学楼。设8个班，学生380人；附设幼儿班2个，幼儿75人；教职工共26人。学校占地面积2533.50平方米，校舍建筑面积1737平方米。学校被评为浙江省普及初等教育先进单位和浙江省少先队大队部活动先进单位。

1999年，于城镇中心小学搬入原于城中学校舍，占地面积为1.7万平方米，建筑面积为7651平方米。

2005年4月，于城中心小学扩建项目破土动工，2006年3月竣工；坐落在于城镇北区，占地面积39亩，建筑面积9000平方米。整座校园按省级农村示范性小学设计，投资1400多万元；形成了布局合理，环境优美的校园，有行政楼、教学楼、实验楼，15个专用教室；配备了有280个座位的多功能阶梯教室，安装了双向闭路电视、多媒体、电脑、语音、校园音响五大系统；筑有200米标准环形跑道，校园绿化面积9390平方米。

2012年4月，于城小学新建了塑胶田径场，总投资148万元。

于城中心小学先后被评为教育部基础教育课程改革“综合实践活动研究与实验”重点研究项目全国先进实验单位，浙江省示范小学，浙江省义务教育标准化学校，嘉兴市科技教育先进集体，嘉兴市科普工作先进学校。

2014年，于城小学有专任教师79名，其中高级教师3名、一级教师51名。本科以上学历为48人，占教师的60.76%。教师队伍逐步趋向年轻化，35周岁以下教师占41.8%。

民办学校

据圩城公社中心小学1964年1月20日民办小学基本情况统计，是年，全公社民办小学有15所，即黄石埝小学(庄家大队)，学生31名，3～4年级复式班，1名教师；葫芦浜小学(彭家大队)，学生31名，1～2～3年级复式班；圩东完小，学生61名，2～4年级复式班，1名教师；灵佑寺小学(星火大队)，学生40名，1年级1个班；南桥小学(南圣大队)，学生32名，1～2～3年级复式班，1名教师；宋桶浜小学(吕冢大队)，学生36名，1～2年级复式班，1名教师；吕冢完小民办班(吕冢大队，原新开河小学并入)，学生29名，1名教师；吕冢完小民办班(圩三大队)，2～4年级复式班，1名教师；老屋小学(吕冢和鸳鸯大队合办)，学生37名，1～2～3年级复式班，1名教师；鸳鸯小学民办班(鸳鸯大队)，学生32名，2年级1个班；利民小学(红旗大家)，学生36名，1名教师；八字小学(八字大队)，学生28名，1～2～3年级复式班，1名教师；江渭小学(江渭大队)，学生 54 名，1 名教师；南齐小学（齐心大队），学生 22 名；1～2～3 复式班，1 名教师；千福小学（千福大队），学生 64 名，1～3、2～4 二个复式班，2 名教师。

1968 年，以生产大队为基础兴办民办学校，由生产大队管理，教师以民办编制为主。是年民办学校有红卫小学、红光小学、红星小学、红旗小学、挺进小学、东风小学、跃新小学、胜利小学、建新小学、立新小学、齐心小学、向阳小学、五星小学、八一小学。

办学过程中，随着大队（村）的增减，民办学校也相应增减和合并，至 2010 年，民办学校全部撤销，并入中心小学。

表 18－3－1　　1983～2006 年小学合并和新建情况表

学校名称	撤并、新建日期	并入学校名称	并入学校建筑面积（平方米）	投资（万元）	合并新建后学校规模		
					班级个数	学生人数	教师人数
八一小学	1983 年	中心小学	1935	15	7	346	20
红旗小学	1985 年 8 月	中心小学	1935				
坛墩小学	1990 年 8 月	江渭小学	290.2		5	164	7
江渭小学	1991 年〔新建〕		620	11	5	135	7
陈家门	1991 年〔新建〕		600	13	4	111	7
何家小学	1994 年〔新建〕		695	26	5	172	7
于三小学	1995 年 8 月	于西小学〔新建〕	757	32	5	206	7
吕冢小学							
庄介小学	1997 年 8 月	镇南小学	200	33	3	81	4
于南小学							
构塍小学	1998 年 8 月	南圣小学	550		2	57	2
齐心小学	1999 年 8 月	中心小学	5847		19	938	42
鸳鸯小学	1999 年 8 月						
南圣小学	2000 年 8 月	何家小学	1397.5	30	6	311	10
镇南小学	2000 年 8 月	中心小学	5847		19	908	48
八字小学	2000 年 8 月	江渭小学			5	180	8
千福小学	2000 年 8 月	陈家门小学	600		5	87	9
中心小学	2006 年〔新建〕		9057	1400	26	1237	57
陈家门小学	2006 年 8 月	中心小学	9057	1400	28	1257	73
于西小学	2006 年 8 月	中心小学	9057	1400	28	1210	73
江渭小学	2008 年 8 月	中心小学	9057	1400	28	1338	76
何家小学	2010 年 8 月	中心小学	9057	1400	28	1473	78

第二节　小学教育发展简介

光绪三十三年(1907)正月，由乡绅士钟其书先生出面，在于城镇南区庙山开设学堂，校名为"开智初等小学堂"，吴荪梅出任校长。"庙山"因建有大王庙宇，且地势高而得名，学校建在庙山北面，校舍面积为40平方米，学生约二十多名。

1918年，校舍迁至欤城大桥东堍北庙区，校舍是一幢楼房，分上下两层，建筑面积150平方米。是年8月，周仰松任校长，易名为"海盐县第八小学。"

1929年，欤城第八小学有学生100人左右，设一至六年级，有4个教学班。开设国语、算术、劳作、图画、体育等课程，海宁黄湾人徐贤勋任校长，教师有潘人英、高韵生、陆亚明、周加生、赵定一。

1935年8月，乔泽民任校长时，为学校编写《欤城学校校歌》，其歌词为：

"我们欤城小学校/似塘河水灌禾苗/我们欤城小学校/好似浙江潮翻高/愿我后起小英豪/同把生活来改造/改革旧村新村造/建设祖国在我曹"。

1937年8月，戴瑞荣接任校长，易名为"欤城县立小学"，又在庙山旧校址另设"欤城镇立小学"。

1938年9月20～21日，日军焚烧于城集镇，两所学校化为废墟。学校被迫停办。

1945年抗日战争胜利，在欢庆锣鼓声中复学，名为"欤城乡国民中心小学"，校舍借用欤城北市戴家老宅。1947年8月，迁入庙山新建校舍。

1947年8月，韩大桢接任校长，学校注重教育研究，是年12月，成立"欤城乡国民第一中心小学教育研究组"，编辑了《欤城乡国民教育会》月刊，共出刊了4期。

解放前，欤城乡教育事业发展缓慢，据国民党乡公所在解放前夕统计，文盲率达83.6%。解放前几年，学杂费每学期为：高年级二斗半大米(1斗为15斤)；中年级一斗半大米；低年级一斗大米，但大多数农民生活贫困，还是上不起学，只有少数较富裕家庭的孩子才去上学。

表18—3—2　　1949年欤城乡文化程度统计表

单位：人

全乡人数		高等教育		中等教育者				初等教育者				私塾教育	文盲
		毕业	肄业	高中		初中		高小		初小			
				毕业	肄业	毕业	肄业	毕业	肄业	毕业	肄业		
男	5014	0	1	3	8	16	38	30	33	93	708	451	3636
女	5187	0	0	0	1	15	11	10	18	45	165	34	4888
合计	10201	0	1	3	9	31	49	40	51	138	873	485	8524

1949年5月，海盐县解放。县人民政府委任朱大昀为欤城乡中心小学校长，主持全面工作。刚解放，学校制度，课程设置用老解放区的办学经验。学校向工农开门，学生大部分时间学习文

化知识，每周有半天参加垦荒种地劳动。解放初期，小学普及率很低。学校千方百计让更多的农民子女上学，教师白天维持正常教学秩序，上课批改作业，晚上下村搞社会工作，开展家访，办民校。1952年，中心小学学生有所增加，扩建了两间教室。1957年，学校人数增加到208人，比解放初增加了一倍多。

解放初，教师联系政治运动。1950～1952年，教师先后参加土改、镇反、肃反、思想改造学习、宣传抗美援朝运动。1953年学习宣传过渡时期总路线，1955年参加社会主义改造运动和农业合作化运动。1956年组织师生贯彻党的过渡时期的总路线。1957年，由于肃反扩大化，学校教师中有2人被错划右派，后来纠正平反。

1958年校舍扩建到540平方米，中心小学操场分大小2个操场，小操场150平方米，供学生做体操，组织体育活动，大操场5000多平方米，用于运动会或乡里召开万人大会。学校上下课铃声是敲击一口5公斤重铜钟发出的，悬挂在小操场东侧的一棵百年银杏树上。

1959年2月，黄达任"钦城公社中心小学"校长。

1959～1962年是国家经济困难时期。学校全面贯彻毛泽东提出的教育方针："要使受教育者在德育、智育、体育几方面都得到发展，成为有社会主义觉悟有文化的劳动者"和"教育必须为无产阶级政治服务，教育必须与生产劳动相结合"。围绕"低段识字教学"和"高段的启发式教学"开展教学研究，组织教师听课交流，提高教师的业务水平。学校在重视教学质量的同时，关心教师生活。利用课余时间，组织教师在庙山东地段开垦2亩多荒地。当时教师吃住在校，利用晚学后的时间开展垦荒种菜。种植蔬菜品种颇多，有青菜、萝卜、马铃薯、芋艿、南瓜等，当时粮食紧缺，但学校教师蔬菜充足，改善了教师生活。

海宁县圩城人民公社中心小学第一届高小毕业生留念

1961年9月，赵民强任校长，学校十分重视对学生政治思想教育工作，开展了"学英雄，争三好"活动，先后开展了学习黄继光、邱少云、向秀丽、刘文学、雷锋、王杰等英雄人物活动。

1963年深入开展"向雷锋同志学习"的活动，好人好事不断涌现，学校呈现出遵守纪律，勤奋学习，助人为乐，奋发向上的好风气。

1964年，学校贯彻"两条腿走路"的办学方针，从农村实际出发，在办好全日制小学的同时，积极创办半日制和一揽子耕读小学。当时，群众办学积极性高，耕读小学遍地开花，有的是半日制巡回耕读小学，有的是全日制耕读小学，校舍采用搭建茅屋或借用民宅，由于学校办到了家门口，农民子女入学热情高涨。据教导处1965年9月统计，全公社小学普及率上升到96%。学校也因此被评为县先进单位。

学校重视师生体育锻炼活动。教师队伍成立了"钟声篮球队"，晚学过后，学校操场经常可以看到不同形式的篮球赛。这期间，学生实行"少年劳卫制"锻炼，除了体育课外，学生常常自觉

钟声篮球队队员合影

地在体育场地参加自己爱好的体育活动。1964 年，中心小学学生吾蕴玉、高美儿代表学校参加县小学生乒乓赛，获得了海盐县"女子乒乓团体赛冠军"。

1966 年 6 月，"文化大革命"开始，在"斗、批、改""反二月逆流""清理阶级队伍"等群众运动中，学校党支部的组织生活停止。部分教师挨批斗，发生多起冤案、错案。

1969 年，教师回队任教，粮户下放。同年成立公社贫管会、大队贫管组，教师接受贫下中农再教育。是年，实行贫下中农管理学校，大队兴办学校，中心小学南边 200 平方米的校舍划归"跃新小学"，公社中心小学改称"东方红小学"。是年，中心小学在校学生数降为 150 人。

1971 年，称教师为"资产阶级知识分子""臭老九"，一度下乡劳动，接受再教育。

1972 年，学校大操场建了丝绸仓库，公社丝厂在庙山筹建，学校迁移到集镇原公社加工厂旧址，校园面积缩小到 590 平方米。

1974 年，学校实行开门办校，学工、学农、学军，批判"师道尊严"，学生受到"读书无用论"的影响。

1978 年，"文化大革命"结束，全公社在其间停职的 11 位教师重返教育岗位。是年 12 月，恢复圩城公社中心小学体制，有 9 名教师职工，190 名学生。万昂生任中心小学校长，步松华任副校长兼教导主任。

1979 年，学校响应省教育厅、省科协、团省委等单位提出的"爱科学、学科学、用科学"的号召。开展小实验、小制作活动。

1982 年，原欤城水泥预制厂场地划给中心小学，面积增加到 2268 平方米。

1984 年 3 月，省普及初等教育检查组到学校验收，全乡入学率 99.6%，巩固率 99.9%，普及率 98.3%，毕业率 99.5%。同年 9 月 10 日，欤城乡党委政府组召开了 300 余人参加的第一个教师节庆祝大会。是年 10 月，周仁强任校长，周彬松任教导主任。是年，欤城乡政府拨款 84000 元，县教育局拨款 33500 元新建教育楼，同年 8 月破土动工，1985 年 11 月建成，建筑面积 1040 平方米，共三层，4 个办公室，

中心小学兴建的第一座教学大楼

12个教室。

1994年10月，教师宿舍楼竣工，24户教师乔迁新居。钦城乡政府投资60万元。是年，中心小学少先队为西藏希望小学捐款1288.09元。

1995年，少先队为赵勤献爱心，捐款2880元。

1996年3月，少先队“学赖宁，规范章儿胸前戴”主题活动；是年6月，陈国祥荣获省“优秀少先队辅导员”称号。同年9月，学校成立教科组，由金宏章负责教科研工作，申报立项了首个县级课题“围绕目标训练，提高学生课堂整体参与意识”。

1997年3月，校长室、教导处搬到新建行政楼；是年6月，组织喜迎香港回归游行活动。

1998年8月，章驰冠调入，任镇中心小学校长。撤销构塍小学，并入中心小学。

1999年5月，省特级教师王永初和县教育局语文教研组组长高锡琪到学校听课指导，王永初为教师作了《作文教学的现状及对策》专题讲座。是年8月，撤销齐心小学、鸳鸯小学，并入中心小学；同年9月，镇中心小学由于班级扩充，原于城中学校舍划入中心小学，学校分为本部和分部。同年10月，镇中心小学精选小学生作文60篇，结集印刷成册；同年11月，印了第四集《教师论文选》。

2000年9月，撤销千福小学、南圣小学、八字小学、镇南小学，并入中心小学；全镇形成1所中心小学，4所村校的布局。是年，镇政府投资80万元，征地15亩，在原于城中学划给中心小学的校址东面新建了200米标准田径场。是年，中心小学的小记者团被《南湖晚报》聘为小记者，小记者向报社投稿，录用13篇。是年，学校组织的“走向新世纪”读书教育活动，获省级团体优胜奖。

2001年7月，学校制作四大展板，庆祝建党82周年。

2002年10月，编排的舞蹈节目《红头巾》获县文艺会演获金奖。少先队总部获县“十佳红旗少总部”。少先队员范银燕被评为“省十佳优秀队员”。

2003年4月，40岁以上教师参加电脑培训。是年9月，徐立恒被评为嘉兴市先进教师，马中明被评为县“十佳师德标兵”。

2004年2月，县教科所到中心小学进行教科研基地验收，获“教科研基地”铜牌。是年3月，省、市、县三级领导督查开展反邪教教育活动，学校编排的文艺节目《妈妈的红头巾》《辣椒红了》参加县文化局举办的反邪教巡演活动。同年9月，教师王月观制作的电器教具获省第四届“优秀自制教具”比赛三等奖。是年9月份起，启动本部旧校舍全面拆除项目，中心小学全部集中到原中学校址。是年10月，召开于城镇第三十一届小学田径运动会。

2005年8月，教师俞土明指导的小发明“安全镰刀”获省三等奖，并发表在《动手报》上。是年，金宏章老师撰写的论文《走近“一优二高”农业》获省级三等奖，俞士明指导的学生习作《听妈妈讲那自己的婚姻》发表在《江苏少年文艺》杂志上。

2006年3月，于城镇中心小学改扩建工程竣工，配备28个教学班、18个专用教室、音舞厅和280座的多功能阶梯教室。安装了双向闭路电视、多媒体、微机、语音、校园音响五大系统，筑有200米标准环形跑道。同年8月，陆晓立任于城中心小学校长，王卫琴任教导主任。教师金宏章、沈雪明合作撰写的论文《综合实践活动实施模式的初步实践与探索》获省一等奖。金宏章

于城中心小学操场

指导的“水乡溢彩——走进民间灶头画”活动项目，获嘉兴市首届小学生综合实践活动学习成果现场展评一等奖。是年10月，开始筹备百年校庆，组织人员撰写校史。

2007年6月，肖金良主持的课题“小学综合实践活动中教师有效指导的策略研究”立项为中央教科所“十一五”国家重点课题分课题“综合实践活动课程有效实施与评价研究”的子课题，学校也成为中央教科所“十一五”国家重点课题子课题实验学校。9月，开始编撰校报《七彩于小》。11月，举办了建校100周年庆祝活动。同年，金宏章老师主持撰写论文《亲近校园植物》获嘉兴市三项教学评比一等奖，校长陆晓立主持撰写的论文《数学因“需要”而学》发表在全国级刊物《小学教学参考》上。金宏章获嘉兴市基础教育课程改革实验工作先进个人。

2008年1月，学校被立为海盐县第四轮教科研基地。5月，邀请海盐县文化馆馆员胡永良、海盐民间灶头画师傅赵祥松到校向学生指导、传授海盐灶头画艺术。9月，获浙江省卫生厅颁发的食品卫生等级A级单位。金宏章的《综合实践活动德育功能初探》发表在《小学德育》2008年8月刊。

2009年10月，于城小学在圆弧三楼建立了一个120平方米的综合实践活动成果展览室，有学生的各类实践活动展板、小发明作品、实践活动成果集、科幻画等350余件。11月，学校获得由浙江省教育技术中心颁发的“浙江省中小学书香校园工程示范性图书馆”称号。肖金良荣获“嘉兴市优秀教师”称号。

2010年7月，县电视台《科技之光》和《七彩田野》栏目组分别到校拍摄学生小发明专题片；学校组织学生到苏州参加全国中小学劳技教育创新大赛，获“一金三银”。肖金良老师获得全国创新教育优秀指导教师，江晨轶同学获全国优秀创新青少年。12月，学校获得由浙江省教育技术中心颁发的浙江省农村中小学远程教育工程先进单位。

2011年5月，荣获首批“嘉兴市中小学示范标准化实验室学校”。6月，获得由嘉兴市教育局，嘉兴市科技局颁发的嘉兴市科技教育先进集体；9月，肖金良老师被评为嘉兴市第十批学科带头人；王卫琴被评为第三批海盐县名师。10月，沈许华老师参加浙江省首届中小学教师实验技能操作大赛获得二等奖。同年，俞亚老师荣获浙江省优秀少先队辅导员，陆晓立荣获嘉兴市科研型校长。

2012年2月，被评为嘉兴市少先队规范化建设示范学校。5月，于城镇中心小学经县教育局批准易名为于城小学。6月，组织参加第八届全国中小学教师论文大赛，有13篇教师论文获全国一等奖。7月，组织学生参加在山东枣庄举办的第六届全国劳技创新大赛，获得银奖3枚和铜奖4枚。12月，陈雯佳同学获嘉兴市学雷锋美德少年。

2013年4月，经申报和实地考核，学校被授予第六轮嘉兴市教育科研基地；肖金良老师被评为第二届"'浙江、上海、江苏'长三角地区"教科研标兵。8月，袁卫红从沈荡小学调任于城小学任校长。8月，李青老师的《科技创新活动，引领学生成长》发表在《少年发明与创造》2013年第8期上。9月，肖金良老师荣获由浙江省人民政府颁发的第二届浙江省农村教师突出贡献奖；同月，肖金良老师被嘉兴市教育局授予第四批嘉兴市名师，王卫琴老师被授予嘉兴市优秀教师。10月，被共青团浙江省委、浙江省教育厅、少先队浙江省工作委员会授予浙江省优秀少先队大队。李青、陈国强指导的小发明成果《方便捉鸡具》发表在《少年发明与创造》2013年6月刊上。

2014年，李青、陈国强指导的科技小论文《假如我有三只眼》发表在《少年发明与创造》2014年6月刊上。9月，王利平老师被评为嘉兴市第十一批学科带头人，沈许华、郑全明老师被评为海盐县第四批名师。李青老师的《家长的转变》发表在《班主任》2014年7月刊上。10月，学校开展"海盐非遗"进校园活动，镇文化站王德生老师和非遗传承人吴留法到校授课。

第三节　特色教育选介

综合实践活动是于城小学10多年来形成的特色教育。

1999年，于城中心小学申报了市级课题"参与现代农业实践，提高学生科技素质"。是年6月，成立了课题组，建立了8个爱农科技小组，选派了科技辅导员，从全镇一批科技含量高的种植养殖专业户中，选取8个基地，如八字葡萄园、构塍特种水产养殖场等，开展现代农业科技实践活动。各科技小组围绕一个"农"字，选择一个项目，采用"基地—学校—家庭"三点循环模式，参与农业实践。2001年，课题被评为2000年浙江省年度基础教育成果三等奖。中心小学获"嘉兴市科技活动优秀组织奖"。

2002年起，全镇一至六年级设置了综合实践活动课程。

2003年，中心小学以1999年课题为基础，继续开展农业科技综合实践活动探索。挖掘地方资源，实施课题研究，选择了"养殖与环保的探讨""葡萄丰产栽培的调查""春蚕丰产饲养管理的研究""小甲鱼互咬原因的探究""农村娱乐活动的调查"课题。

2006年6月，学校被授予县综合实践活动学科基地。课题成果"农村小学综合实践活动模式的研究"获得嘉兴市第三届基础教育教学成果二等奖。12月，中央教育科学研究所"研究性学习的理论与实践研究"总课题组授予于城中心小学为参与全国教育科学实验"十五"规划重点课题先进集体。

2007年6月，中心小学课题"小学综合实践活动教师有效引领策略的研究"列为"十一五"国家重点课题的子课题。同月，学校与于城水产特种养殖场、江渭大地园艺公司、于城八字葡萄种植基地、于城何家梨种植基地四家校外实践基地进行了授牌与校外辅导员聘请仪式。10月，学校教导副主任肖金良指导的调查课题"乡野心韵—农村一亩田效益的调查"在"嘉兴市第二届小学生综合实践活动学习成果展示与评比"活动中获得一等奖。同年，学校编纂了《走进缤纷的生活》学生综合实践活动成果集。

2008年4月25日，中央电视台七套《致富经》栏目来到综合实践活动校外基地——于城特种水产养殖基地拍摄专题片，实地采访、拍摄学生在实践基地的活动情况。6月，肖金良参与中央教科所综合实践活动资源包的教材和教师用书的编写。11月26日,嘉兴市举办第三届小学生综合实践活动成果现场展评,小课题“找寻失落的蚕乡——蚕乡现状的调查”获嘉兴市第一名。12月,肖金良编著的论著《农科技综合实践活动指南》一书出版。

2009年10月,于城小学在圆弧三楼建立了一个120平方米的综合实践活动成果展览室,有学生的各类实践活动展板、小发明作品、实践活动成果集、科幻画等350余件。小课题“农家庭院与农民生活”获得嘉兴市第四届小学生综合实践活动成果展评一等奖。是年,学校在《中国综合实践教育》等杂志发表综合实践活动论文、案例共9篇。是年,由肖金良主持撰写的论文《综合实践活动框架下小学劳技教育的现状与反思》获得浙江省论文评比的一等奖。学校论文《小学综合实践活动中教师有效指导的策略探析》发表在《新课程研究》(基础教育)2009年11月刊上。

2010年9月,学校开展了“小小百草园,生活大世界”综合实践活动。同月,学校被教育部基础教育课程改革综合实践活动项目组、授予“教育部基础教育课程改革‘综合实践活动研究与实验’重点研究项目全国先进实验单位”。陆晓立、肖金良分别被评为“全国基础教育课程改革综合实践活动先进工作者”。10月,浙江教育报社“浙江省特色学校”栏目组以《浓情乡韵润心灵,十年磨剑谱新篇》为题介绍了于城小学10年综合实践活动的实践探索历程。同年,在第五届全国中小学劳技教育创新作品大赛暨全国青少年创新人物评选活动,于城小学的综合实践活动成果共有11件作品参赛,获得“一金三银七铜”的佳绩。肖金良被评为全国创新教育优秀指导教师,陈国强、李青被评为第五届全国劳技创新优秀辅导员。江晨铁同学被评为小学组十大“全国优秀创新青少年”之列。肖金良主持撰写的论文《小学综合实践活动目标、资源与方式的层次性建构》发表在《综合实践活动研究》2010年第6期。《综合实践活动:学校文化重塑的有效载体》发表在《教学与管理》2010年第1期。《综合实践活动框架下小学劳动与技术教育的现状及其思考》发表在《新课程研究》(基础教育)2010年6月刊。陆晓立主持撰写的《用心弹奏综合实践活动新曲,倾心铸就学校特色办学新篇》文章,获浙江省2010年综合实践活动课程建设经验评比一等奖。

2011年1月,于城小学的《浓情乡韵润心灵,十年磨剑谱新篇》,入选《浙江省特色学校风采》一书。6月,肖金良主持的课题“校本化综合实践活动师生评价的策略研究”立项为2011年度浙江省规划课题,同时该课题被中央教科所立项为全国社科基金子课题。11月,在嘉兴市小学综合实践活动说导比赛中叶惠芳老师获得一等奖。在嘉兴市第五届综合实践活动现场展评中小课题成果“清洁家园,我们在行动”获一等奖。12月,肖金良主持的科研成果“农村小学综合实践活动校本化课程体系的建构与实践”获得浙江省第四届基础教育教学成果(人民政府奖)的二等奖和嘉兴市第四届基础教育教学成果(人民政府奖)一等奖。

2012年2月,被评为嘉兴市综合实践活动样本学校。7月,肖金良参与省教育厅教研室编纂的《新课程综合实践活动——学生活动手册》,由浙江科学技术出版社出版。

2013年10月,嘉兴市综合实践活动90学时实践培训在于城中心小学举行,李青老师上了展示课“我要有个计划”。11月,学生综合实践活动成果“海盐好味道——大头菜的宣传与推广”荣获嘉兴市第六届小学生综合实践活动现场展评一等奖。12月,浙江省教育厅厅长刘希平在市县领导的陪同下到学校考察综合实践活动特色课程建设。同年，肖金良主持取得的实践活动成果“小学综合实践活动校本化资源库开发的实践与探索”“小学综合实践活动多元评价的建构”，获2012年全国综合实践活动优秀成果一等奖。

2014年，结合于城中心小学实践活动，由肖金良参编的《综合实践活动样本学校的课程实践》由浙江教育出版社出版。是年，学校开展“百草园”实践园地建设活动，学生纷纷种植花草，并进行观察实践。

表18—3—3　于城小学综合实践活动获国家级先进情况表

年份	授奖单位	奖项
2006	中央教育科学研究所	中央教育科学研究所“研究性学习的理论与实践研究”总课题组授予于城中心小学参与全国教育科学实验“十五”规划重点课题先进集体
2010	教育部	教育部基础教育课程改革“综合实践活动研究与实验”重点研究项目全国先进实验单位
2015	中国教育科学研究院	中国教育科学研究院“综合实践活动有效实施与评价研究”总课题组授予于城小学参与全国教育科学“十一五规划课题”综合实践活动课题研究先进集体

表18—3—4　于城小学综合实践活动全国、省级获奖、发表论文情况表

年份	级别	等次	获奖内容	发表情况	作者
2006	省级	一等奖	论文《综合实践活动的实施模式的初步实践与探索》		金宏章 沈雪明
2006	省级	三等奖	论文《开发校本课程创建学科特色》		陆晓立
2007	全国级	一等奖	“新课程、新教材”探究教学研讨暨综合实践活动成果交流活动“以综合主题融合四大领域的课程模式初探”		金宏章
2007	全国级	一等奖	中央教科所2007年度全国综合实践活动课程方案设计大赛：《海盐县于城镇中心小学综合实践活动课程实施方案》		肖金良
2007	全国级	二等奖	中央教科所2007年度全国综合实践活动方案设计大赛：《乡野心韵——农村一亩田效益的调查》活动方案设计		肖金良
2007	全国级	二等奖	中央教科所2007年度全国综合实践活动方案设计大赛：《寻民间游戏　扬传统文化》活动方案		俞　亚

续表 18－3－4

年份	级 别	等 次	获 奖 内 容	发表情况	作 者
2007	全国级	二等奖	中央教科所2007年度全国综合实践活动方案设计大赛:《寻找家乡的民间文化——灶头画》活动设计		金宏章
2007	全国级	二等奖	“新课程、新教材”探究教学研讨暨综合实践活动成果交流活动“开发数学实践活动资源,点燃数学实践活动魅力”		俞 亚
2007	全国级	二等奖	“新课程、新教材”探究教学研讨暨综合实践活动成果交流活动“悠悠乡野情 无处不飞花”		肖金良 季 春
2007	全国级	三等奖	“新课程、新教材”探究教学研讨暨综合实践活动成果交流活动“洒金珊瑚焦叶之谜的探究”		沈许华
2007	全国级	三等奖	爱满天下杯第六届全国教育论文《农村少先队体验教育和综合实践活动的有机融合》		肖金良
2007	省 级	二等奖	2007年度浙江省优秀教科研论文评比《小学综合实践活动中教师有效指导的策略探析》	《新课程研究》(基础教育)2009年11月(总167期)	肖金良
2007	省 级	三等奖	2007年浙江省教研系统三项教学评比《亲近校园植物》案例		金宏章
2007	全国级		《乡野心韵——农村一亩田效益的调查》教学设计	《中国综合实践教育》2007年第6期	肖金良
2008	省 级	二等奖	省三项教学评比《“农科技综合实践活动”校本课程评价策略及其思考》		肖金良
2008	省 级	三等奖	省三项教学评比《定位教师角色,提高有效指导》		金宏章
2008	省 级	三等奖	省三项教学评比《综合实践活动德育功能初探》		金宏章 杜伟明
2008	全国级		《在综合实践活动的世界里放飞学生》	《网络科技时代》2008年第1期	肖金良
2008	全国级		《乡野心韵——农村一亩效益的调查》教学案例	《网络科技时代》2008年第5期	肖金良
2008	全国级		《利用“基地”让学生亲近农业》	《中国综合实践教育》2008年第2期	金宏章

续表 18－3－4

年份	级　别	等　次	获　奖　内　容	发表情况	作　者
2008	全国级		《农村学校综合实践活动课程实施的探索与研究》	《中国综合实践教育》2008年第6期	肖金良
2009	省　级	一等奖	2009浙江省三项论文评比《综合实践活动框架下小学劳动与技术教育的现状及其思考》	《新课程研究》(基础教育)2010年6月刊	肖金良
2009	全国级		《“农村老年人生活现状调查”选题指导》教学设计	《中国综合实践教育》2009年第1期	肖金良
2009	全国级		《一份调查表引出的思考》	《综合实践——劳动技术教育》2010年第3期	肖金良
2009	省　级		《和孩子一同享受成长的快乐》	《浙江教学研究》2009年2期	肖金良
2010	省　级	一等奖	浙江省2010年综合实践活动课程建设经验评比《用心弹奏综合实践活动新曲,倾心铸就学校特色办学新篇》		陆晓立 肖金良
2010	省　级	一等奖	浙江省2010“三项教学评比”论文《小学综合实践活动目标、资源与方式的层次性建构》	《综合实践活动研究》2010年第6期	肖金良
2010	省　级	一等奖	浙江省2010年综合实践活动教师活动指导案例《低碳绿色,让校园更美丽》		肖金良
2010	全国级		《综合实践活动:学校文化重塑的有效载体》	《教学与管理》2010年第1期	肖金良
2011	全国级		论文《羊城之行——番禺综合实践活动经验解读》	《综合实践活动研究》2011年第1・2期合刊	肖金良
2011	全国级		论文《小学劳技有效教学:理性的审视及其策略建构》	《综合实践——劳动技术教育》2011年第3期	肖金良
2012	省　级	三等奖	浙江省中小学综合实践活动论文评比《“主题研究”走出一片更广阔的天地》		叶惠芳
2012	全国级	一等奖	2012年全国综合实践活动优秀成果评选《小学综合实践活动校本化资源库开发的实践与探索》	《浙江教学研究》2009年第4期	肖金良
2012	全国级	一等奖	2012年全国综合实践活动优秀成果评选《小学综合实践活动多元评价的建构》	《新课程研究》2012年11月刊	肖金良
2012	全国级	三等奖	2012年全国综合实践活动优秀成果评选《论小学综合实践活动小课题的选题指导》		李　青

续表 18－3－4

年份	级 别	等 次	获 奖 内 容	发表情况	作 者
2012	全国级	三等奖	2012年全国综合实践活动优秀成果评选《走进民间艺术——我的一堂综合实践活动评价课设计与反思》		徐沈洁
2012	全国级	三等奖	2012年全国综合实践活动优秀成果评选《评价让实践更多彩——“校园内杂草资源的调查与开发利用研究”活动案例》		李 青
2013	省 级	二等奖	2013年浙江省义务教育综合实践活动优秀实施方案评比《基于“农情乡韵”的小学综合实践活动课程实施方案》		肖金良
2013	省 级	三等奖	2013年浙江省义务教育综合实践活动优秀活动案例评比《这些年,我们一起成长——“我们的毕业典礼”综合实践主题活动案例》		肖金良
2013	全国级		论文《科技创新活动,引领学生成长》	《少年发明与创造》2013年第8期	李 青
2014	全 国		论文《如何培养学生科技创新能力》	《少年发明与创造》2014年3月	李 青
2015	省 级	一等奖	浙江省义务教育段地方课程、校本课程教学评比《课程整合:让地方课程与综合实践活动同生共长》		肖金良
2015	全国级		《综合实践活动校内小基地的构建与实施》	《综合实践活动研究》2015年5月刊	肖金良

学生在综合实践活动校外基地观察甲鱼的生长

2008 年 4 月 25 日中央电视台记者采访在校外基础实践的同学们

学生在校内“小农人”实践基地开展种植活动

2013 年 12 月 18 日省教育厅刘希平(中)厅长到校考察,参观学校的综合实践活动成果展览室

第四章　中学教育

第一节　概　况

于城中学教育始于1958年，是年9月，创办了海盐县欤城公社红专中学，校址在欤城公社朱家场。学校面向全县招生，首批招收113人，设初中、小学共4个班，有教职工20人，其中专任教师2人，设有农场、渔场、禽场，有场员18人。学生实行半工半读。同年11月，易名为海宁县欤城公社红专中学。1959年2月，改称海宁县欤城公社农业中学(简称欤城农中)。是年，建立党支部；学校被评为浙江省教育战线先进集体。1961年12月，易名为海盐县欤城公社农业中学。1968年9月，转为公办，易名为欤城公社农业中学，始招全日制初中新生200人，设4个班。

1970年，全公社16个大队民办小学，有9所小学办起了附设初中班。

1971年3月，欤城农中增设高中班，首批招收54人，设1个班；至1979年9月，停止招收高中新生；共招7届高中学生，培养毕业生356人。

1978年11月，易名为圩城公社农业中学。

1981年11月，复称欤城公社农业中学。1984年3月，改称欤城乡初级中学。1985年，新建校舍，学校占地7667.05平方米，校舍建筑面积3288平方米，有12个班，学生602人，教职工32人。

1994年，学校易名为于城镇初级中学。

1998～1999年，浙江恒越绢纺有限公司捐款500万元，筹建校舍，学校由朱家场迁址鸳鸯村斜港桥西南50米处，易名为于城绢溢中学。

1999年9月1日，学校搬进新校舍，总投资700万元；是年，学校有18个班，学生832人，教职工63人。学校占地面积25308平方米，建筑面积8273平方米，校区绿化面积1250平方米；建有田径场、篮球场、排球场，单双杠区等配套体育设施；有计算机房，教师电子备课室(45台微机)，语音室，多媒体教室，理、化、生实验室，体育器材室，图书室，阅览室，劳技室，音乐室，美术室，乒乓室，广播室，体育卫生保健室等。

于城绢溢中学

学校1998～2001被评为“嘉兴市群众体育先进集体”，2002获“嘉兴市文明单位”，2003获“嘉兴市绿色学校”，2004被授予“浙江省示范初中”等。

2014年，于城中学有教职工68人，设18个班，有学生630人。

第二节 中学教育发展简介

1958年9月1日，海盐县钦城公社红专中学开学，学校艰苦创业，开办初期，借用朱家场王仁荣、朱良仁等十余家农户房子作教室、宿舍；课桌椅、床铺由学生自备。负责人蒉其余。公社拨给学校132亩土地，是年10月，又把200亩公社试验田拨给学校，学生实行半天劳动半天读书。10月下旬，海盐并入海宁县，易名为海宁县钦城公社红专学校。

1959年2月，钦城农中称三农合一，即农中、农场、农科站。是年，招生办法是自愿报名，大队推荐，公社批准；是年，招收学生161人，教师增加到4人，兼职农技教员6人，职工15人；学生年龄差异大，小的12岁，大的23岁，学习程度参差不齐，新招的学生分成扫盲班、初小班和初中班3个班级。是年，省教育厅拨款1万元，建造了两幢校舍，建筑面积459.2平方米，设4个教室、2个办公室，又建造了学生宿舍、食堂等。是年，公社的畜牧场和40多亩土地并入农中；学校有土地总面积332亩，其中水田204亩，旱地、专桑128亩。办起了农场、牧场、禽场、良种试验推广场、小桑苗嫁接基地，四场一个基地也建造了宿舍和食堂。学校采取隔日和“一·二·九”制，即农闲隔天读书隔天劳动，全年一个暑假假期，农忙二个月全部参加劳动，九个半月实行半工半读。免收学生书学费，每月给学生发放奖学金。开设课程有政治、语文、数学、物理、化学以及农业基础知识课。课本采用全日制中小学课本外，自编油印扫盲课本，农业基础知识课本。是年，钦城农中被评为浙江省文卫战线先进集体、浙江省农业战线先进集体。蒉其余校长出席了省教育战线的“群英会”，受到表彰奖励；奖品有水泥船、打稻机、化肥、1500倍显微镜等。

1961年3月，归还借用的民房，学校有3个班级，学生123人，教师6人，职工41人。

1962年，学校招生扩展到横港、齐家、沈荡、富亭、石泉、通元公社，武原镇限招收城镇户口的小学毕业生，共招学生60多人，设2个班；1962～1964年，三年共招收三批学生115人。

1963年，学校办起了会计班，招收学生30人，学制两年；毕业后分配到各生产队担任会计。

1964年9月，钦城农中举办了建校七周年校史展览。是年，办起了扫盲耕读班，学生上午和晚上上课，下午老师和学生一起参加农场劳动。学校耕地尚有120亩。

1966年，有5个班级，学生223人，教职员工19人。办学8年，毕业学生807人，先后16次受到省、地、县人民政府的表彰和奖励。1966年5月，“文化大革命”开始，江叶法任农中负责人。

1967年1月24日，学校废除招生考试制度，实行自愿报名，群众推荐，学校复查，领导批准的招生办法。

1968年，贫下中农管理学校，是年1月，汤勤明负责学校教学工作；2月贫下中农管理学校宣传队（简称贫宣队）进驻学校。是年9月，学校首次招收全日制初中一年级新生，学制为2年，有学生335人，设7个班，教职工26人。是年10月，陈水林任负责人，沈真瑞任教导主任。

1969年2月，改每年秋季招生为春季招生。

1971年3月，招收了首届高中班，学生由大队推荐。陈水林兼首届高中班思想政治课。学制改为“二二”制，即高、初中分段，各二年毕业。高中学生全部住校。实行开门办学，组织学工、学农、学军活动。是年4月，建立团支部，储关良任团支部书记。是年5月，新建校舍、食堂，共29间。

1972年2月，叶旺荣任校长；招收了第二届高中班，学生54名。是年，考试由开卷考改为闭卷考。

1973年初，首届高中班毕业，毕业46人。

1974年，学校招收初中学生151人，设3个班。

1975年6月12日，创办“五七”农大，学生116人，学制一年。开设畜牧、兽医两个专科，同年10月，“五七”农大又增设了医学卫生专科，招生49人。是年，还开办了短期种子训练班，学员56人。陈海林担任“五七”农大负责人。

1976年，学校恢复了以教学为中心的教学体制。

1977年2月和8月，储关良、顾留增分别任教导主任和负责人。是年7月，全国恢复了高考制度。

1978年，步松华任初级中学校长、沈文豹任教导主任。9月秋季，学校恢复招收三年制初中新生。

1979年3月，学校最后一届高中（4个班198人）毕业。毕业生进入县高考复习，有12人考上大学。是年，应届初中生（4班191人）升学率在全县中名列前茅。其中考上中专的有9人，技校的有4人，重点高中22人，普通高中47人，居全县第四名。是年上半年，学校自筹资金，新建一幢二层楼房，下面设教室，楼上是10小间的单身教工住宅。

1983年，学校新建两层教学楼，建筑面积为670平方米，设8个教室、4个办公室。是年11月，县教育局确定学校为海盐县实验中心学校。是年，学校对民办教师实行统筹工资制。

1984年，学校把农场的92亩土地全部承包给潘建生，年上缴学校3500元；禽场承包给金茂观，年上缴学校1000元。

1985年9月10日，全校师生热烈庆祝全国第一个教师节。是年，步松华被评为嘉兴市优秀共产党员。

1986年8月，取消了初中招生考试制，小学毕业生全部升入初中。是年，投资了20多万元，新建了三层教工宿舍楼，设6个小套，12间单人宿舍。12月，学校召开首届教师代表大会，全体教师听取了校长步松华的工作报告，讨论并通过了《岗位责任制》和《教职工奖励工资发放标准》及学校内改方案，从此，学校教职工代表大会形成了制度。

1987年1月，学校首次为全校师生办理了平安保险。是年6月，县教育局公布第一次教师职称评定结果，于城中学有3名中级职称（中学一级）教师。是年7月，学校建造了灯光篮球场。

1988年9月1日，于城中学开始实行升国旗的制度。是年，在校学生12个班，571人。是年9月，学校办起了“2＋1”（初中二年后加一年职业技术教育）的2个职业技术教育班，共72人，开设丝织服装专业38人和农职业专业34人。其余学生毕业后进行为期一个月的职业技术培训。是年10月，国务院决定中小学教师提高工资标准10％。是年12月，教师实行专业技术职务聘任制度。

1989年7月，李建飞任校长。是年，实施九年义务教育，在校学生巩固率为95％。是年，学校被嘉兴市定为农职业技术教育重点实验学校。

1990年，学校新建了800多平方米的四层教学楼。是年9月，全省群众体育教育现场观摩会在于城中学召开。是年10月，嘉兴市副市长范巴凌就开展农村职业技术教育来校视察。

1994年8月，林周良任校长。是年9月，于城镇被国家教委命名为“全国农村教育综合改革”先进镇。是年，李细怀主编的《嘉禾》第一期校刊出版。是年，在校学生643人，设12个班，当年毕业204人，升学73人。有教师37人。

1997年，全校教师集资10600元，捐给修复海塘乡境内被洪水冲毁的海塘。

1998年8月，袁金林任校长。沈玉林任教导主任。1999年新校舍建成，9月1日搬进于城绢溢中学。是年，学校“鸳鸯桥文学社”发稿量为370多篇，其中，省内外刊物录用31篇。

2000年，各年段的文化课统考科目成绩列入全县第三位，有41名学生考上海盐县元济中学。是年1月，开始实行教师住房公积金制度。是年2月共青团于城中学总支成立，陆云良任学校团总支书记。是年9月11日，学校接待日本福冈町中学生代表团来校访问，中日学生合影留念。是年学校被评为海盐县文明单位，袁金林被评为嘉兴市优秀教师。

2002年，被评为嘉兴市文明单位；袁金林获得了浙江省第十五届“春蚕奖”。

2003年8月，袁金林校长调离本校，徐卫任校长。

2004年，被授予省级示范初中学校；被评为嘉兴市现代教育技术实验学校；学校图书馆被评为海盐县一级图书馆。是年，在中考中，有41位同学被元济高级中学重点班录取，名列第三；赵丽娜以总分727列全县中考第一名。

2005年，设19个班，学生966人，其中初一6个班，318人；初二7个班，345人；初三6个班，303人；有住校生67人，外来民工子女40人。是年，学校新生入学率为100％，毕业率99.2％；在校学生

巩固率 99.6%;学区残疾学生入学率 98%;升入高中比例 95.1%。

2006 年,于城中学被评为“浙江省绿色学校”,授予嘉兴市“现代教育技术实验学校”“海盐县行为规范示范学校”。学校响应上级课程改革的要求,开发了校本课程,编写了教材,有七年级《蔬菜栽培技术》,八年级《果树和食用菌栽培技术》,九年级《经济类水产养殖技术》。制定了《于城中学 2006 年初中毕业生综合素质评价方案》。学校教代会讨论通过了《于城中学课题管理规章》和《于城中学教科研资助经费使用办法》。完成了市级课题“‘成长记录袋’——学生发展性评价”。

2007 年,本年度新生入学率 100%,毕业率 99.2%,在校学生巩固率 99.6%,学区残疾儿童少年入学率 100%,升入高中段比例达到 95.1%。实施了市级课题“农村中学‘以班主任为主’的心理辅导策略研究”。学校被评为 2007 年海盐县“电子化学籍管理先进单位”。

“菲特”强台风引发水灾

2008 年,8 月徐卫校长调离本校,冯洪良到校任校长。有教学班 20 个,在校生 1111 人。在职公办教师 62 人,在在职教师中,有中学高级教师 7 人,中学一级教师 29 人,本科学历及以上的占 76.27%。参加海盐县第十一届中小学生计算机操作比赛中学校获得中学组团体一等奖。初三提前批重点高中推荐 25 人参加考试,录取了 20 名,名列乡镇中学的前茅。升学率为 96%。

2009 年,初三提前批实验班录取了 21 人,升学率达 95%以上,升入本县职高的百分率为 84.5%。

2010 年 7 月,周永光任教导主任。是年,升学率为 96.6%,有 30 名学生升入元济高级中学。陆雪群的论文获第六届全国中小学教师论文大赛一等奖。9 月,庆祝第 26 个教师节,组织全体教师去上海参观世博园。

2011 年,学校被教育局定为海盐县“小班化”教育试点学校。

2012 年 7 月,投资 600 万元,对校教学设施进行了一体化改造。原有校舍实施了屋顶平改坡和墙体贴砖改造,修建了塑胶跑道和塑胶篮球场、塑胶排球场,学校其他的设施设备实施了更新和提升。

2013 年 10 月 7 日,受 23 号“菲特”强台风外围影响,学校场地积水达到 60 厘米,底层教室积水近 30 厘米,整个校园一片汪洋。学校实施抗洪救灾,停课 5 天。

2014 年 8 月,陆永祥任于城中学校长。

第五章　成人教育

第一节　概　况

解放前，教育落后，大多数农民上不起学，据1950年统计，全乡文盲人数为8524人，占人口总数的83.6%。解放后，人民政府重视成人教育工作。

1950年起组织扫盲教育，办起农民冬学识字班，1951年转为常年民校。后改为夜校，一般设在全日制小学堂，夜校经费由各村自筹，课桌椅不足由学员自带，灯、油、书、簿学员自理，民师是义务教学。60年代初，夜校经费由生产大队公益金支出，民师报酬由生产大队记工分解决。

1962年，全乡18个生产大队相继办起了夜校，农民上夜校的积极性高。"文化大革命"期间扫盲夜校停办。

1978年10月，成立圩城公社工农教育委员会，聘任顾留增为扫盲专职干部，负责全公社扫盲工作，全公社15所夜校复办。

1984年经县考核，扫除文盲537人。同年12月，经省市人民政府验收，钦城乡评为基本无盲乡。后扩展年龄段和外来人员继续抓好扫盲工作。

1985年5月，创办钦城乡成人教育学校，设在钦城集镇钦城路20号乡中心小学内，教育重点开始转入以农业技术培训为主。

1986年4月，整修乡政府原食堂3间瓦房，作为成校专用教室。投资4500元，购置了60套单人课桌椅和讲台、办公桌、资料橱等。是年，学校推出系列培训，其中举办了2期配方施肥培训班，当年落实水稻配方施肥试验田1564亩；翌年，全乡推广。6月，钦城成校被省教委确定为浙江省成人教育工作联系点，全省共22所。

1991年，建成钦城成校新教育楼，建址在钦城乡政府东侧，建筑面积444平方米，设有3个教室、2个办公室。是年4月，易名为钦城乡成人文化技术学校。同年，经县政府批准为独立建制，具有法人资格；6月10日，县编制委员会核准全民事业编制人员4人，其中教师3人，工作人员1人。

1993年，经县政府批准为初中建制。

1995年1月，易名为于城镇成人文化技术学校，是年，成校开始实施学历教育。

1998年8月18日，于城镇成人文化技术学校被确认为省二级乡(镇)成人文化技术学校。

1999年11月，于城镇政府把原于城中心小学老校舍划给成校使用，占地面积为3333.5平方米，校舍建筑面积1982平方米。成校有了教育楼、综合楼，配置计算机房，有计算机24台，设多媒体教室、多功能教室、图书室，安装了宽带网络。12月24日，于城镇成人文化技术学校经达标评估评为浙江省一级成人文化技术学校。

2006年，成校有专职教师4人，其中有中学高级教师1人，小学高级教师1人，被评为全国优秀教育工作者1人，聘业余兼职教师48人；是年，在校大中专函授生有369人。

2007年6月，于城成校被评为“省级示范性乡镇成人学校”。

2008年11月18日举行奠基仪式，启动土建工程，新建于城成校校舍（与于城镇文化站站舍合建）。工程占地面积5040平方米，建筑面积3098平方米，总投资420多万元。2010年5月，整幢大楼全面竣工，于城镇成校挂牌正式投入使用。大楼命名为于城镇文化活动中心，后更名为于城镇社会服务管理中心。

2014年，于城镇成校有教职员工6人，设施设备有计算机房1个，共有计算机60台，教室4个，有多媒体教学用具4套，设办公室3个。共享使用的有多功能厅，室外有文化广场，灯光塑胶篮球场，塑胶羽毛球场，健身路径，休闲亭，水池等。

第二节 特色教育

于城成校特色教育一是为效益农业服务，二是学历教育。

1988年，学校先后建立教育实验基地3个，种养殖业基地9个，科教扶贫示范基地1个，组织农民专业协会和合作社6个。镇、村（企业）、户三级培训网络健全，1986～1990年，成校举办10多个门类的农业适用新技术培训班共87期，受训农民8800人次。

1989年6月，钦城乡构塍村创办全县第一所村级农民科技学校，设专用教室，首期举办发展庭园经济、果树栽培技术培训班，从外地引进各种名优品种果树4420余株，有52户农户参训。接着，村级农民技术学校推广全乡各村。

1989年8月，钦城乡被确定为浙江省首批实施“燎原计划”示范乡镇，重点实施推广甲鱼人工繁殖孵化，葡萄、梨树栽培技术。至2007年，经培训后成为农民技术员191人，“绿色证书”持证农民553人。

1986～2014年，成校大力推广新技术，加强培训工作，推进了农业产业化进程，全镇形成了八字葡萄千福梨，江渭花木构塍鳖优势产业及其一村一品产业格局。科教扶贫工作中，在示范基地的技术服务与培训传授技术中，有不少贫困户实施种植、养殖业，逐步摆脱了贫困。贫困户金顺生，在成校资助和技术服务中实施种植业脱贫致富后还建了楼房。低保户周金良，受资助成为葡萄种植户后脱贫致富。2006年，于城牌中华鳖被评为嘉兴市名特优新农产品展销会金奖，于城牌红地球葡萄被评为浙江省精品水果金奖。成校举办职业教育。

1986～1990年，接受职业技术培训有1814人次。

1999年起，学校实施教育基地建设的研究，课题“农村成校教学实验生产示范基地建设的科学研究”，获浙江省三等奖。

2009年和2011年，成校连续3年被嘉兴市人民政府评为市农村劳动力转移与培训工作先进集体；连续3年被海盐县委县政府评为农村劳动力培训基地考核一等奖。

1995年9月，学校开始实施学历教育，挂靠湖州师范学院、温州医学院、浙江工业大学、嘉兴学院等成教院校，设立函授教育点，开设英语、汉语言文字、数学与应用数学、美术教育、护理、临床医学、工业与民用建筑、文化艺术教育、教育学9个专业。至2014年，20年共招收学员近千名，为农村、农民、农业培养人才。

于城镇成人文化技术学校先后获得全国农村成人教育先进学校；全国农村教育综合改革先进单位；浙江省先进乡镇成人文化技术学校；浙江省乡镇自学考试联络站建设先进集体；省级示范性乡镇成人学校。

第三节 农民教育

扫盲教学

扫盲教学以识字为主，兼学算术。教材有省、县编辑的《冬学课本》《扫盲识字课本》《记工识字课本》《农民识字课本》等。据统计，1950年，钦城乡总人口10201人，初中以上文化程度92人，文盲8524人，半文盲873人，文盲与半文盲占总人口的92.1%。不少农民迫切需要学习文化。

1950年冬，全乡48个村农会都开办了农民冬学班，有学员500余人。

1951年起，冬学班转为常年夜校，利用晚上读书识字。扫盲工作持续开展，逐步提高部分农民的文化水平。

1958年，成立人民公社，钦城公社辖圩东、钦城、鸳鸯、吕冢、陈家门、江渭、倪墺、缪家等8个管理区，是年采用了"同音识字法"开展扫盲工作。

1959年4月起，撤销公社下辖的管理区，建立生产大队，继续开办夜校。

1964年，有5所学校兼办农民夜校，全公社共有学员900多人。60年代起，夜校办校经费由生产大队公益金列支，夜校老师报酬采用大队记工分，年终决算"分红"解决。1965年统计，全公社青中年非文盲率为68.5%。

1966年起，"文化大革命"期间，夜校停办。

1978年10月，15所夜校恢复开办。

1984年，据少、青、壮年农民文化程度汇总表反映，总人数13118人，其中文盲1214人，半文盲359人，初小2069人，高小5300人，初中3580人，高中596人。非文盲人数11545，非文盲率为88%。是年，脱盲537人。同年12月，经省、市人民政府验收，钦城乡评为基本无文盲乡。

1989年10月，贯彻国务院《扫盲条例》，开办长日制扫盲班，经考核，扫除文盲373人，是年，据人口普查统计，钦城乡15～40周岁总人数12472人，半文盲411人，非文盲12061，非文盲率96.7%，被定为基本完成了扫除文盲乡。但是，扫盲工作仍在进行，并扩展到40周岁以上人员和外来人员。据1998年7月1日，于城镇政府转发成人学校《于城镇一九九八年扫盲工作意见》记录，1997年脱盲110人，1998年脱盲76人。

2013～2014年，于城镇成校开展扫盲工作后测试，有741人通过脱盲测试，其中56周岁以上人数为594人，55周岁以下人数为147人。

农民科学技术教育

1985年，成人教育开始转入以农业技术培训为主，是年，招收农技班学员81人，学习期限一年。1986～1988年，成校共办实用技术培训班123期，培训学员10286人次。

1988年，根据水稻的大面积病虫害情况，开办病虫害防治和农药性能和使用培训班。是年7月，成校联合中学建立3个农业实验基地，即桑苗培育基地，珍稀果树基地和水稻良种基地。是年起，连续两年邀请嘉兴农校和县蚕桑技术指导员来校培训蚕桑技术人员，全面落实桑枝摘心、叶面施肥、小蚕共育、严格防病消毒等技术措施。

1989年，于城成校开办增产菌和化肥的作用等培训班，聘请县技术员作水稻栽培新技术讲座，为水稻高产提供科技援助。是年在构塍村开办庭院经济专业班，引进珍稀果树4420棵。是年8月，钘城乡被省教委定为国家“燎原计划”示范乡。

1989年冬，全乡各村创办了村级农民文化技术学校或村级农民文化技术教学点，其中构塍村是全乡重点村级农民文化技术学校之一。

1992年6月，成校创立首个养殖基地，占地2亩，进行鳖的人工繁殖孵化及养殖试验，举办38期甲鱼养殖培训班，分发养鳖技术资料400份，有100多人前来咨询。是年，成校提供了1.5万只幼鳖，获利6.83万元。

1994年5月，学校实施科教扶贫活动，组织15户贫困户实行种养植技术培训，把钘北村特困户金顺生列为扶贫重点户，学校和民政办资助他家栽培了蜜桃、枇杷和饲养兔子，建立了科技扶贫示范基地。至1998年，金顺生种收入超万元。建造了125平方米的新楼房。

于城成校采取建立示范基地，向农民传授科技知识。1997～1999年，先后建立八字村周玉良“葡萄丰收技术栽培示范基地”，江渭村周忠良“罗氏沼虾养殖示范基地”，构塍村张李生“立体种养示范基地”，三联村华海明“土法养鳖示范基地”，构塍村马雪观“二元母猪饲养示范基地”，千福村冯根“良种水蜜梨示范基地”，吕冢村王许明“牛蛙养殖示范基地”，江渭村唐明英“良种长毛兔养殖示范基地”。

2000年，建立江渭村景天园艺公司苗木示范基地。是年，实施的课题“农村成校经济发展结合的研究”，获省级二等奖。

2001年1月8日～10月8日，开办农函大“绿色证书”培训班，开设专业有特种水产养殖，课程有甲鱼人工养殖、土法快速养鳖和农业经济管理。是年3月，兴建懒兔养殖场，作为科技助残扶贫实验基地。4月29日，引进300头懒兔、长毛兔。5月6日，成校组织全镇各村妇女主任懒兔场基地参观培训。

2003年，成校举办了甲鱼温室管理、甲鱼生态养殖与疾病防治、养兔技术、葡萄栽培技术、生猪饲养技术等培训班。是年，实施的课题“教学实验、生产示范基地建设的研究”获市级二等奖。

2004年1月，于城成校成立了农民技术讲师团，讲师团共21人，有水产养殖、果业种植、畜禽饲养、作物栽培等技术成员。是年，学校先后举办草菇栽培技术培训班，学员18人；举办计算机培训班，学员16人；举办金针菇培训班，学员24人；举办葡萄栽培技术培训班，学员23人；举办花卉苗木培训班，学员46人；葡萄种植培训班，学员22人；举办无公害大米推广技术培训班，学员80人；示范基地果树栽培培训班，学员28人；举办蜜梨种植培训班，学员22人；举办澳洲淡水龙虾养殖培训班，学员61人；举办平菇栽培技术培训班，学员28人。

2005年，于城成校举办特早熟葡萄栽培技术培训班，学员36人；举办葡萄管理培训班，学员39人；举办日本甲鱼养殖培训班，学员47人；举办SO4砧藤稔葡萄栽培技术培训班，学员79人；

举办白条鱼养殖技术培训班，学员 34 人；举办反季节珍稀秀珍菇栽培技术培训班，学员 33 人；举办特种水产养殖技术培训班，学员 55 人；举办澳洲淡水龙虾培训班，学员 28 人；举办失土农民面点制作培训，学员 52 人；举办横港蜜梨育苗及技术管理培训班，学员 34 人；举办葡萄、梨树冬季修剪及管理培训班，学员 73 人。2005 年获县委、县府颁发的金桥工程“SO4 砧藤稔葡萄高产栽培技术推广”科研三等奖。

2008 年，举办甲鱼养殖新技术培训班，聘请了浙江金大地生物工程股份有限公司、天津傲绿神农科技有限公司，浙江科峰生物技术有限公司，海盐县水产站等有关部门专家来培训班上做讲座。培训的主要内容：甲鱼温室饲养与外塘饲养新技术，甲鱼品种习性发病及其防治，甲鱼养殖营养学新技术的研究与开发，注意甲鱼养殖细节管理与打造优质生态甲鱼品牌。是年，联合八字葡萄果业专业合作社举办葡萄栽培新技术推广培训班 4 期，100 多位种植户参加了培训，主要内容为葡萄生产管理及病虫害防治。

2009 年，于城成校组织了跨区养殖种植大户实用技术培训长年班。养鸡技术长年班，全年共举办了 7 期。学员有于城镇、澉浦镇、通元镇、沈荡镇、武原镇、秦山镇，共 62 人。甲鱼养殖技术常年班，全年共举办了 5 期。学员有于城镇、秦山镇、通元镇、沈荡镇，共 70 多人。是年，申报课题“葡萄、甲鱼种养业校本课程开发与实施的策略研究”被立项，2010 年获得海盐县第七届优秀科研成果评比三等奖。是年编辑了《葡萄栽培》《鳖的养殖》实用技术书刊，作为教材发放。

2013 年，成校邀请专家组织葡萄栽培技术培训，上半年，特邀了北京农学院教授、中国葡萄学会会长晁无疾专家给葡萄种植户上课，授课采用常规课堂、咨询课堂、田间课堂三结合进行授课与培训。下半年，邀请了中国农业科学院植保研究所葡萄病虫害研究中心任献来专家给葡萄职业农技员与广大葡萄种植户授课，有学员 730 人。

2014 年成校组织农业培训的项目有：葡萄栽培专业技能培训，设成校、江渭、何家、吕家 4 个点，共 200 人参加，合计培训 25 期；职业农技人员培训，有 50 人参加，培训 12 期；葡萄生产能手培训，有 60 人参加，培训 12 期；甲鱼养殖技术培训，有 266 人参加，培训 2 期；蚕桑生产技术培训，有 19 人参加，培训 1 期。是年 12 月 6 日起，聘请浙江农科院吴江教授到于城，为全镇葡萄种植户授课。授课运用多媒体，用展示实物图片讲解，并采用了“常规课堂”“咨询课堂”“田间课堂”“外出考察”四结合的方法，从科学管理，更新优质品种，种出精品葡萄着眼，传授了葡萄种植管理的科技知识。

第四节　职工教育

1985 年，钦城乡成校在 4 家乡办企业开办职工文化技术学校。在丝织厂实施“先培训，后上岗”培训工作，同时对在职职工普遍进行技术指导培训，提升职工技术水平，提高产品质量，企业核心竞争力有所提高，扭亏为盈，是年，企业被评为省级企业职工教育先进集体。至 2005 年，成校共举办企业职工培训班 138 期，3130 人参加培训学习。

1988 年，成校举办“机械识图”“机械制图”电视课程讲座活动，组织 15 名企业职工学员参加，学以致用，砖瓦厂步冬良成功改造制砖机易损部件“绞龙”，提高了工作效率。1989 年，7 位学员担任了企业技术员及技术副厂长。是年，成校在钦城中学初三班设职业班教学，36 名学生毕业后被挂钩企业录用为企业职工。

1998 年 11 月 18 日，成校 17 名学员获得乡镇企业管理中专毕业证书。

2001 年 1 月，成校建立工业缝纫机、横机操作技术培训基地，共办培训班 5 期，培训学员 63 人。

2003 年 12 月，成校组织实施全镇骨干企业安全生产巡回演讲，部分企业职工进行安全生产管理知识书面考试，对考试合格者颁发安全生产管理岗位证书。是年 12 月 29 日，海盐教育局、海盐县劳动和社会保障局确立于城镇成校等 7 所学校为第二批海盐县就业再就业培训定点学校。

2004 年举办特种作业安全生产培训班，学员 57 人。

1986～2005 年，于城成校共举办企业职工培训班 138 期，培训人次为 3130 人。

2008 年，于城成校先后在于城镇服饰有限公司、南圣服装有限公司开展"双百"职工岗位培训。项目为服装缝纫工初级工，两个企业 400 多人共 12 次集中学习，内容有职业道德、安全生产、基本缝纫工原理等，进行了考试、考级。是年，于城成校与于城中学、职成教中心三校联合举办后备劳动力烹饪培训班，参加培训班学员共 30 人。

2009～2012 年，成校与县职成教培训中心联合组织培训，项目有冷墩工岗位技能、冷作工岗位技能、电子装配工技能、缝纫工技能，以及电子商务淘宝网网上创业与物流工培训，共培训 500 多人。

2010 年 3 月，于城成校被评为 2009 年度嘉兴市农村劳动力转移与培训工作先进集体。

2011 年，成校对全镇 9 个企业 910 个职工进行安全生产教育培训。

2012 年，组织海盐凯华公司员工商务会计与市场营销专业技能培训 45 人，组织海盐 SYB 与淘宝网创业培训班，结业 85 人。是年，组织农产品经纪人培训，共 132 人。

2013 年，于城成校计划 8 个企业职工培训项目：实施了企业员工高技能培训，有 44 人；企业安全教育培训，有 1000 余人；社会消防知识教育培训，有 100 余人；企业员工高级皮衣工技能培训，有 250 余人；企业外来民工技能培训，有 140 余人；后备劳动力培训，34 人；成人双证制培训，12 级 75 人、13 级 70 余人；农产品经纪人培训，130 余人。是年对 527 名学员进行了职业资格证书、职业理论考试、职业技能操作考核。

2014 年，组织浙江佳乐科仪有限公司举办员工高新技能培训班，共 4 期。组织工业园区管理人员开展企业管理培训班，共 2 期。

第五节　学历教育

1995 年起，成校与高等院校联合办学，挂靠大中专院校招收学员，实施学历教育。9 月 11 日，学校举行了首届中专班开学典礼，设 2 个专业班，即全日制机电专业和乡镇企业管理专业，挂靠了省农村广播电视学校。11 月 28 日，建立镇自学考试联络站。

1996 年 10 月，乡村经济管理专业中专班于城镇成校输送学员 24 人，在武原点学习。

1998年11月18日,学校举行首届乡镇企业管理中专班毕业典礼,有17人获得农广校中专毕业证书。

2001年,成校挂靠大学院校,设立大学本科班2个,大学专科班3个,共招收学员280人。

2002年7月,组织参加全国成人高等学历教育秋季招生入学考试,3个专业的业余夜大函授共录取139人。是年,成校挂靠浙江工业大学、温州医学院、湖州师范学院、嘉兴教育学院,开设英语、汉语言文学、数学与应用数学、工业与民用建筑、临床医学、护理学、文化艺术、美术、教育学等专业课程,设有大学本科班3个,大学专科班5个,共有学员430人。

2005年1月,组织全国成人高等学历教育春季招生入学考试,大专有5个专业、本科有业余函授班,挂靠湖州师范学院、嘉兴教育学院。是年,举办农函大培训班,学员43人。

1995～2005年,于城成校开设经济管理中专班、高等教育学历进修专科、本科函授班等共9个专业,其间共招收学员476人,其中毕业78人。至2005年,大专及本科学员毕业人数为331人。

2009～2011年,浙江电大海盐学院于城工作站设有"乡镇企业管理"大专班6个、"畜牧兽医"大专班4个、"农业经济管理"大专班1个。成校与海盐卫校合作办学,设有"护理""临床""药学"大专及本科班共7个。

2010～2012年,组织学员参加学历教育考试,培训135人;组织"农广校"农民中专学历教育培训81人。

2011年,组织农民大专学历教育培训活动,乡镇企业管理大专班11人,畜牧兽医大专班46人。

2013年,于城成校组织农业专业的大、中专学历教育培训176人。是年,于城成校学历教育的专业及人数是:中央农广校中专班果树生产技术42人,中央电大乡镇企业管理(2011年秋季招生)大专班11人,中央电大畜牧兽医专业2011年秋季招生46人、2012秋季招生35人、2013年秋季招生30人。其中毕业40人。

2014年,农民大、中专学历教育有9个班级,共420名学员。其中2011秋乡镇企业管理大专班11人,2011秋畜牧兽医大专班46人,2012级畜牧兽医班35人,2012级农广校中专班41人,2013级畜牧兽医班42人,2013级成人双证制78人,2014秋畜牧班兽医班35人,2014级成人双证制人85人,2014级农广校中专班47人。是年,成校组织学员培训共5700人次。

第六节　老年教育

2007年,于城镇建立浙江老年大学海盐分校于城教育点。是年秋季鸳鸯村开办了老年电视大学教学班;2007～2009年,成校组织老人开办了"营养配餐与健康生活""老年实用保健""健康12345的养生之道""健康快乐100岁""健康自我管理"等专题讲座。

2009年3月,建立于城镇社区教育老年电大工作站领导小组,同时组建了浙江省老年电视大学海盐分校于城教育点校务委员会。是年7月,海盐老年电大分校在于城召开了全县老年电大工作现场会,观摩了于城教学点电大班的辅导公开课,介绍了于城镇老年电大规范化建设情况。是年秋季，老年大学入学人数达到361人，入学率为8.73%。是年，于城镇举行了首届老年人运动会。是年，于城教育点被嘉兴市老龄委评为“嘉兴市老年电大规范化示范教学(班)点”称号。

2012年，老年电大组织专题讲座13期，参加260人次。组织32位老人参加了社区太极拳培训班，柔力球训练班。

2013年，组织了老年电大教育。组织老年柔力球培训活动，增设了江渭村、吕冢村2个柔力球培训教学点，提供教练、赠送球拍等器材。

2014年，组织20位老人参加老年电大教育，共5期。组织老年中医养生推拿培训活动，共7期，培训230人次。

第十九编　科学技术

第一章　单位　队伍

第一节　科技单位

农业技术指导站

1955年10月，在县农业局的指导下，软城区农业技术推广站建立，配备1名农业技术干部。农技站推广先进的生产技术，宣传学习农业科学知识。1959年建立软城公社农业技术推广站。1960年起，开展农业科学实验，负责农作物布局，推广优良品种，指导栽培管理、植物保护、养蚕养鱼、绿化管理、能源管理、多种经营等。1969年改建为软城公社农业技术指导站，后改称软城公社农科站。1973年，各大队建立科学实验小组；1976年建立公社良种场，在公社良种场的辅导下各大队建立种子场，开展杂交水稻新品种育种，贯彻"四化一供"的种子工作方针，即"种子生产专业化、种子加工机械化、种子质量标准化、品种布局区域化"以县为单位统一供种。至1980年前后大队种子场停办。1983年12月改称软城乡农科站，同时，四级农科网除县乡两级继续保留外，生产大队改为配药站，生产队农科组自行解体。1984年，公社农技站人员经全省统一考核，核定人员8人。设种子、栽培、植保、土肥、蚕桑、林果、经管等职位。1996年于城镇农科站注重技术改造，提高葡萄种植质量。在栽培上，用"双十字""V"型架式代替了原来的平面和双层篱架，增加光照，提高了藤稔葡萄的质量，产品销往嘉兴、苏州、福建、厦门等地。于城镇农科站获得了1995年度农业部颁发的"全国农牧渔业丰收奖"和"1996年度葡萄配套技术栽培"三等奖。

1998年于城镇农科站和一些农户经过二年多时间，探索简易温室快速养鳖技术，即利用保温材料，使用具有升温、保温、控温、调温为一体的温室，创造了最适应鳖生长的温度条件，达到了快速生长的目的。是年年末，有关专家对于城镇简易快速养鳖技术的成果进行验收鉴定。专家们评价：这项技术成果立题正确，数据可信，效果显著，具有高产高效的功能，在嘉兴市处于领先地位。

2000年，于城镇农科站在梨树之乡——千福村不断引进高档新品种。翠绿梨，特点是果大，圆球形，外形美丽。另一种翠冠梨，味甜，肉质细嫩，成熟早，最大可长到450克。还有青香梨，形状椭圆形，果大，糖度高，水分足。千福梨科技含量高，管理好，闻名遐迩。这一年，于城镇农科站"优质水蜜梨"产品系列的引进推广获得了"县科技进步奖"。

2003年，于城镇科协、镇农科站申报嘉兴市科协“金桥工程”立项有：1.温室幼鳖健康养殖技术推广；2.乐昌含笑的引种栽培和推广；3.南方水果蔬菜保鲜技术引进。2008年，于城镇农技水利服务中心与浙江省农科院园艺所实施“红地球优质高效标准化栽培技术的研究与探索”计划。海盐县金狮印染服饰有限公司的“大豆蛋白纤维针织布”列入市级星火计划。

2006年10月，农科站与农机水利站合并建立农技水利服务中心。

2007年，经县文明办验收评审，命名于城镇为海盐县第四批科普镇；吕冢村、构塍村为第四批科普村。

2008年，于城镇农技水利服务中心的“实施水稻重大病虫害预警系统，夺取粮食高产丰收”项目，获县农业丰收二等奖。

第二节　科技队伍

队伍构成

民国时期，欤城地区没有科技队伍，只有几个科技人员，主要是几个中医和教师。1950年以后通过学校毕业生分配和外地调入、在职教师培训，科技人员逐渐增多。随着科学技术的发展，确立科学技术是第一生产力，科技人员的技术职称评定也越来越细。有中小学教育类、工程技术类、农业技术类、卫生技术类、会计专业类、统计专业类、文博专业类、艺术专业类、思想政治工作类等。他们主要分布在行政事业单位和各集体、民营企业。

1986年前，全乡农技人员只有2名，经过各类培训，到1990年止有农技人员109名，其中助理工程师1人，企业技术员10人，农民技师11人，农民会计2人，助理技师7人，助理会计员15人。

1989年，镇科协协助县科技局以及县人事局，做好农民技术职称评定工作，全镇评出首批农技师11名，会计师2名，助理农科师7名，助理会计师15名，农技人员16名，会计员25名，助理技术员4名，较好地发挥了技术人员的作用。

至2014年底，于城镇有高级职称科技人员7名。中级职称科技人员57名，分布为于城中学一级教师26人，于城镇中心小学高级职称2人、中级职称50人，初级职称26人；幼儿园高级教师8人。镇政府事业单位共10人，其中经济建设服务中心会计师1人，村镇建设交通管理服务中心工程师2人，社会事业服务中心副研究馆员1人，主治医师1人，计生药具管理师1人，农机水利服务中心工程师1人、农艺师2人，财政支付中心经济师1人。工业系统工程技术人员85人，其中高级工程师1人，中级职称17人(包括工程师7人，经济师5人，会计师5人)，初级职称67人；于城卫生院副主任医师4人，主治医师8人，主管药师1人，主管护师2人，初级职称33人；财政金融系统经济师6人，助理经济师2人，经济员1人；助理会计师1人。

科技人员

于城镇自1991～2013年，专业技术人员数量逐年增长，专业技术层次不断提高。据镇级站办和小学幼儿园不完全统计表明：1991年有经济员19人，助理经济师5人；2001年新增技术员2人，经济员1人，助理会计师1人，小学一级1人，幼儿一级2人；2002年新增经济师1人，农艺师1人；2003年新增助理农艺师3人，农艺师1人；2005年新增技术员1人，会计员1人，经济师2人，小学一级 4 人，幼儿一级 1 人；2007 年新增计划生育医师 1 人；2008 年新增助理工程师 2 人；2009 年新增助理工程师 1 人，经济师 1 人；2011 年新增工程师 1 人；2013 年新增药具主管技师 1 人，工程师 1 人。

表 19－1－1　　　　教育系统科技人员情况表

单位：人

年份	于城中学			于城中心小学			于城幼儿园	
	高级	中级	初级	高级	中级	初级	中级	初级
	中学高级教师	中学一级教师	中学二级三级教师	中学高级教师	小学高级教师	小学一级教师	幼儿高级教师	幼教一级教师
1995				0	15	32		
2005				0	36	29		
2013	4	26		3	51	21	8	9
2014				5	52	17		

表 19－1－2　　　　镇属事业单位科技人员情况表

单位：人

年份	经济建设服务中心			村镇建设服务中心		农技水利服务中心					社会事业服务中心			财政中心	征迁办公室		招商办
	中级	初级		中级	初级	中级		初级			高级	中级	初级	中级	初级		初级
	会计师	会计员	助理统计师	工程师	助理工程师	工程师	农艺师	助理农艺师	助理会计师	助理工程师	副研究馆员	主治医师	计生药管员	经济师	助理工程师	助理会计师	技术员
2003						1	1	3									
2011	1	5	2		4	2	2	2	1		1	2	5				
2014	1	2	2	2	2	1	2	2	1	1	1	2	1	1	1	1	1

表 19－1－3　　　　医务人员、金融系统科技人员情况表

单位：人

年份	卫生系统								金融系统					
	高级	中级			初级				中级		初级			
	副主任医师	主治医师	主管药师	主管护师	医师医士	药师药士	护师护士	技师技士	会计师	经济师	会计员	助理会计师	经济员	助理经济师
2010	/	1	/	/	/	2	/	1	/	2	/	/	/	1
2014	3	8	1	2	14	3	14	2	/	6	/	1	1	2

第三节 科技服务

主要活动

帮困扶贫，使贫困户脱贫致富　1985年10月，县民政局组织召开全县科技扶贫工作经验交流会后，建立于城镇科技扶贫领导小组，帮助贫困户脱贫致富。

科普宣传，提高科技意识　镇科协积极、广泛地组织了各种形式的科普宣传活动，通过广播讲座、宣传橱窗、科普宣传周、典型报道和征订赠送科技资料等办法，进行科学技术宣传普及和技术推广活动，促进了农业技术在农村中的应用，有效地提高了全民科技意识。

举办培训班，提高技术水平　镇科协以“农函大”为主要办学形式，认真抓好农村实用技术的培训。对各类科技骨干进行科技新知识培训。结合农事举办以水产、蚕桑、水果、畜牧等为主要内容的各类业务技术培训。1999～2002年，举办各类业务技术的培训184期，受训人数6976人次，开办农函大及绿色证书岗位培训班4期，学员171人。

建立各专业协会，发挥桥梁作用　在充分发挥葡萄协会、养兔协会作用的基础上，2000年以后，成立了千福果树协会、于城养鳖协会、江渭花木协会，全镇共有专业协会5个。2002年种植葡萄面积1072亩，梨树面积603亩，水产养殖场面积1194亩，2001年，八字葡萄、千福梨、于城生态鳖在嘉兴市农展会上，被评为优质农产品。

服务农业

镇科协在服务农业上，重点抓好农业科学新技术的配套服务和新品种的引进与推广工作，为实现吨粮田工程和“一优两高”农业创造条件。

1978年，海盐县农业办公室下发《关于稻区十二个公社农技站配备杂交水稻辅导员的通知》文件，圩城公社农科站配备了杂交水稻辅导员1名，主要负责杂交水稻的示范推广。1981年建立种子场的有红旗、红卫、红光、胜利、向阳、五星、建新、齐心、立新和农业中学等10个。

1986年，圩城成校举办二期配方施肥培训班，落实水稻配方施肥1564亩，翌年在全乡推广；1988年7月，圩城镇成人文化技术学校与圩城中学联合建立面积为15亩的三个教学实习基地：即桑苗培育基地、珍稀果树基地和水稻良种培育基地；同年，开办病虫害防治和农药性能和使用培训班；开办节约能源(节柴灶)培训学习，全乡改建和新建省柴灶4151户，占总农户的95.7%；1989年开办增产菌和化肥作用培训班。

1996年10月，在江渭村唐明英家建立良种长毛兔示范基地；1997年1月，在八字村张家组葡萄种植大户周玉良建立葡萄丰收技术栽培示范基地；3月，构塍村东港组张李生建立立体种养示范基地；千福村14组冯根建立良种水蜜梨示范基地；三联村太平4组华海明建立土法快速养鳖示范基地。1997年4月，江渭村叶家组建立罗氏沼虾养殖示范基地。1998年10月，构塍村南圣马介组马雪观建立二元母猪示范基地；1999年3月，吕冢村王介组王许明建立牛蛙养殖示范基地；2000年12月，江渭村景天园艺公司建立苗木示范基地。2001年3月，组建科技助残扶贫獭兔养殖实验基地，4月，引进第一批獭兔300只。

1997～2002年，第四届科协曾广播录音辅导20次，发各类农技资料5000余份。在三联村开辟1个吨粮田工程示范中心方共78.666公顷(1180)亩。示范中心方实行统一产品结构,统一品种,统一管理,亩产达到吨粮,为全镇农户作出示范。推广方配方施肥350亩,“稻草还田”580亩,为粮食生产稳步发展打下基础。还组织各村科技小组负责人到外地学习鉴定晚稻品种,引进水稻新品种0.6万公斤,使全镇农田良种覆盖率达到90%以上。

2002~2007年,五年来,镇科协举办各类活动50多项,受教育面3万多人次,其中上街宣传咨询服务10次,科技下乡5次,科普电影20场,科普广播讲座10场,科普橱窗联展8期,科技帮扶结对8对。五年来结合农事举办了以水产、蚕桑、水果、畜牧等技术短训班115期,参加培训8000等余人次。五年来招收农函以及大绿色证书岗位培训班7个,320多名学员结业,300多人获得了绿色证书。

开展科普宣传

于城镇科协配合计划生育工作,开展人口宣传教育,配合司法部门进行法制教育,进行法律知识宣传,破除迷信、崇尚科学教育。几年来,每年印发各种宣传资料1000多份,科普专题图片展览3~5多次,每年在文化广场宣传柜窗制作宣传墙报2期。

围绕科学发展观,抓好科技活动周、科技下乡和科技扶贫等活动。开展领导联系科技型企业制度,宣传科技政策,发挥企业科技创新主体作用。加强对科技的宣传,积极提高公众科技文化素养,不断增强全社会的科技意识。

第二章 项目 创新

第一节 科研项目

科研项目分重点科研项目和一般科研项目。2000年,由于城农技站实施的县级以上一般项目“葡萄保护地无公害生产配套栽培技术探索研究”;2009年,于城镇嘉兴佳乐科仪有限公司,实施县级重点科研项目1项,项目名称JR900-OR7G-4变频器;2010年市级科研项目1项,嘉科高45号,由金狮印染高新技术研发中心实施。

表19-2-1 科技项目成果表

年 份	获奖单位	科研成果	获得等级	颁奖单位
2002	于城镇农技站	葡萄保护地无公害丰产配套栽培技术开发项目	二等奖	海盐县委、县人民政府
2002	于城镇农技站	推广罗氏沼虾、高效养殖技术推广开发项目	三等奖	海盐县委、县人民政府
2003.2	于城镇农技站“金桥工程”	葡萄无公害栽培技术	二等奖	海盐县科技局
		罗氏沼虾养殖技术开发	三等奖	

续表 19—2—1

年份	获奖单位	科研成果	获得等级	颁奖单位
2003.2	于城镇农技站“农业丰收计划”	提高甲鱼生产效益	二等奖	海盐县科技局
		虫草灵农药推广	三等奖	
2003.10	于城镇农技站	于城牌甲鱼	市级名牌	嘉兴市名牌产品评审委员会
2003.12	于城镇农技站	于城牌甲鱼	省级优质产品	浙江省农业博览会
2005	于城镇成人文化学校	SO4 砧藤稔葡萄高产栽培技术推广	三等奖	海盐县委、县政府
2007	于城镇农技水利中心	龟鳖无公害标准化技术的应用与推广	三等奖	海盐县办公室
2011	于城镇农技水利中心	三联市级粮食生产功能区	三等奖	县农经局
2012	于城镇农技水利中心	推广二段养殖模式，实现甲鱼生产稳产高效	三等奖	海盐县政府

第二节　科技创新

1993 年，欤城工艺品厂的科研创新项目“雾渗花”经省级科技部门鉴定、评审、验收合格。

2005 年 12 月，海盐金狮印染服装有限公司的“大豆蛋白纤维织物印染工艺技术开发”项目获县科技局、财政局批准，经验收通过并补助资金 10 万元。

第三章　科技协会与合作社

第一节　专业协会

八字葡萄专业协会

海盐县于城镇八字葡萄专业协会于 1994 年 7 月 18 日成立。成立时有 26 名会员，逐步扩展会员达到 563 户，葡萄种植面积 1890 亩，2002 年收入 965 万元，会员户均年纯收入 4786 元。

2001 年 7 月，组建了“海盐八字葡萄(果业)合作社”，社长周金连。吸收入股社员 118 户，股数 139 股，入股资金 69500 元。已有 580 多户果农建立联系，入社葡萄种植面积 1250 亩。

葡萄生产现已成为于城镇的一个特色产业，葡萄收入 965 万元，约占全镇农业收入的 10%。早在 1992 年获得嘉兴市“葡萄优质栽培”丰收计划三等奖，1995 年获得农业部“藤稔葡萄优质栽培”丰收计划三等奖。1997 年获得了海盐县“葡萄优质高效栽培模式丰收计划”三等奖；2000 年获得了海盐县“葡萄无公害栽培技术”科技进步三等奖；2001 年在嘉兴市农博会上，获得了“优质农产品”称号。1999年和2001年,两年被嘉兴市评为“中介服务组织先进单位”;2000年被省科协评为“全省农村协会百家骨干单位”。八字村葡萄专业户周玉良成为海盐县首批市级科技示范户。

2006年,有会员103户,基地面积1338亩,销售葡萄347吨,销售额达386万元。

海盐县八字葡萄专业合作社被海盐县农经局授予2008年度示范性农民专业合作社、第一批监测合格(AAA)“五化”农民专业合作社;海盐县江渭苗木专业合作社被海盐县农经局新认定的第二批(AA)“五化”农民专业合作社。

2014年底,有社员139户,基地面积410亩,销售葡萄602吨,销售额达3313万元。

千福梨树专业协会

于城镇千福村梨树专业协会于2001年6月20日成立。有会员80名,是日召开成立大会,会议通过了协会章程并选举产生第一届理事会。冯士良当选理事长,徐虎当选秘书长,冯根当选理事。协会为规范梨树管理,提高果品质量,拓展销售市场,打响于城牌水果系列千福梨品牌而成立梨树专业协会。种植梨树面积已达350亩,其中基地面积75亩,有23户种植户。

江渭花木协会

海盐县于城镇江渭花木协会于2002年5月22日成立。有会员23名,该协会旨在交流花木种植技术和信息,推广新品种、新技术,提高花木种植质量,发展花木种植面积。并召开第一次会议,通过了协会章程,选举产生协会理事会成员,理事长钱丽娟,副理事长董雪良,理事叶张明、王菊良、王社生、周善良,秘书长唐惠平。

江渭苗木专业合作社于2005年6月成立,社长张胜祥。注册资金5万元,注册商标“江渭牌”。2006年有专业合作社社员100户,基地面积达280亩,销售额达11.75万元。2014年底,有会员101户,基地面积2000亩,销售额达77万元。

何家果业协会

于城镇何家村为了进一步发展果业生产,推广新品种、新技术,提高产品质量,于2002年12月28日成立何家果业协会。同时召开第一次会议,并通过了协会章程,选举产生协会成员。名誉会长:俞建明、陈社良;会长:董云升,副会长:朱会良;秘书长:王晓勤,副秘书长:曹建妹。

2014年底,有会员65户,基地面积270亩,销售水果298吨,销售额达953.6万元。

养兔协会

1998年2月24日,于城镇养兔协会成立。理事长陈志良,副理事长顾留增、张跃良、孙国明、金顺生、朱坤荣、曹建明;秘书长沈文豹、副秘书长唐明英、张岳英。

于城镇养鳖协会

2000年10月26日,于城镇科技协会批准成立于城镇养鳖协会,聘请名誉会长池晓明、富守中,张李生当选理事长,顾留增任秘书长,华海明、陈水良任副秘书长,周金连、施建荣任理事。

第二节 专业合作社

于城鳖业合作社

于城鳖业合作社成立于2006年6月。基地在构塍村,有社员53户,带动农户102户当年全社销售收入200余万元。组织培训社员102人次，召开理事会4次，社员大会2次。

2008年，于城鳖业专业合作社被海盐县农经局新认定的第二批(A)“五化”农民专业合作社。

于城特种水产养殖场

2009年，于城特种水产养殖场被海盐县科学技术协会命名为第二批“海盐县农村科普示范基地”。场长张李生。2014年底，有基地面积53亩，销售水产品20吨，销售额达85万元。

嘉兴市诚德农副产品专业合作社

2011年嘉兴市诚德农副产品专业合作社建立，社长贺方伟。注册资金50.8万元，有社员53名，基地面积138亩。

2014年底，社员58名，基地面积700多亩，其中甲鱼200亩，葡萄400亩，各类瓜果100亩，总销售额1500万元。

浙江强农农业科技有限公司

浙江强农农业科技有限公司位于于城镇江渭村4组，始建于2009年。是于城镇规模最大的农业龙头企业，是浙江省农业科技型企业、嘉兴市农业龙头企业。建起千亩猕猴桃基地，猕猴桃精品园已于2011年通过省级农业现代园区精品园验收，为于城镇第一个省级精品园。

海盐惠丰生猪养殖专业合作社

海盐惠丰生猪养殖专业合作社成立于2007年，法人代表陈展望，位于于城镇江渭村。属于农业龙头企业，饲养母猪2000头，年出栏生猪3.5万头，年销售额4500万元，带动周边农户50户。2013年2月，扩建牧场干粪收集处理中心，采用钢结构工棚200平方米，污水沉淀分流池一只，350立方米，设备有固液分离机2台，2.2千瓦水泵4台等。总投资30万元。

2014年底，饲养母猪1400头，年出栏生猪2.3万头，年销售额3500万元，带动周边农户55户。

鸳鸯禽业专业合作社

2008年5月，海盐县鸳鸯禽业合作社成立。社长吴孝锋，有社员33户，基地面积40亩，设施建筑面积2.3万平方米，养殖禽类50万羽，销售额285万元。2014年底，有社员169户，基地面积54亩，设施建筑面积3.6平方米，养殖禽类74万羽，销售额达1300余万元。

黄桥水产专业合作社

2006年8月，海盐县黄桥水产专业合作社成立。社长潘许金，有社员106户，基地面积240亩，主要养殖甲鱼、明虾、对虾、花鲢、鳙鱼。年销售额105万元，2014年底，有社员98户，基地面积210亩，年销售额96万元。

何家西红花专业合作社

2012年8月，海盐县何家西红花专业合作社成立。社长王忠良，有社员6户，基地面积50亩，主要种植水稻与西红花；年销售额20万元，2014年底，有社员7户，基地面积52亩；年销售额21万元。

江渭果蔬专业合作社

2011年8月，海盐县江渭果蔬专业合作社成立。社长叶张明，有社员151户，基地面积1500

亩，主要种植葡萄、桃子、梨等水果以及各种蔬菜。年销售额 1950 万元，2014 年底，有社员 155 户，基地面积 1550 亩，年销售额 2019 万元。

表 19—3—1　　**于城镇农民专业合作组织情况表**

年份	专业合作组织（个）										收益情况		
	总数	其中：		其中：行业				成员（人）	带动农户数	代销农产品（吨）	总收入（万元）	总支出（万元）	盈余（万元）
		协会数	合作社	种植业	畜牧业	渔业	农机						
1991	1	1					1	34	433	2417	560	492	68
1994	2	2		1			1	26	563	3565	965	820	145
1998	3	3		1	1		1	33	856	13674	1246	1032	214
2000	4	4		1	1	1	1	141	1125	22548	1056	867	189
2005	7	5	2	5	1	1		313	1417	34477	1447	1446	141
2009	6	5	1	3	2	1		468	2184	46743	3751	3493	258
2010	8	5	3	3	2	3		629	2781	48761	6974	6509	465
2011	12	5	7	3	2	2	1	1349	2120	38967	7828	7562	266
2014	19	5	19	5	2	2	1	857	1257	23451	12924	11616	1308

第三节　技术服务

机耕专业协会

1991 年月 9 日，钦城乡“机耕专业协会”创建。主任葛其林，副主任顾其良（兼），委员：叶锡祥、朱建浩、徐建荣、邱春良。协会拥有农用拖拉机 413 台全部加入协会，其中 13 台为组有，400 台为户有，参加人数 434 人。

标丰农机专业合作社

2011 年海盐县标丰农机专业合作社建立。拥有农用拖拉机 6 台，插秧机 4 台，收割机 5 台，参加人数 8 人，社长葛魁彪。

2014 年底，有会员 8 户，农用拖拉机 7 台，耕作面积 4500 亩，收入额达 60 万元。

第四节　企业科研

2008 年 10 月 17 日，海盐县八字葡萄专业合作社、嘉兴市家友豆制品有限公司、于城镇恒达冷冻厂被海政县政府确认为新一轮县级农业龙头企业。12 月 30 日，海盐县金狮印染服装有限公司被海盐县科技局认定为市级高新技术企业。

2010年，海盐小博士电子科技有限公司被认定为浙江省科技型中小企业；浙江强农农业科技有限公司被认定为省级农业科技企业；浙江创能新能源科技有限公司、嘉兴市佳乐科仪有限公司的jR9000系列通用矢量型变频器研发及产业化被认定为嘉兴市高新技术企业。

表19—3—2　　科技生产示范基地

建立时间	基地名称	经营项目及其规模	负责人	地　址
1996	良种长毛兔示范基地	品种：1. 上海2071新品系；2. 金系1号；3. 新昌“白雪公主”。规模：124只笼位，养兔150只	唐明英	江渭村唐家组
1997	立体种养示范基地	1. 工厂化快速养鳖温室4只，养鳖11万能胶只； 2. 鱼、虾、鳖养殖面积180亩； 3. 黄花梨、桃、枇杷、柿600棵	张李生	构塍村东港组
1997	良种密梨示范基地	良种梨：黄花梨、翠冠、翠绿、矮档梨； 面积：43亩	冯　根	千福村14组
1997	葡萄栽培技术示范基地	品种：巨峰、滕稔、八字一号、八字二号； 面积：100亩	周玉良	八字村张家组
1997	土法快速养鳖示范基地	土温室一间，面积100平方米； 室外养鳖面积3.5亩	华海明	太平村四组
1997	罗氏沼虾养殖示范基地	品种：罗氏沼虾、本地青虾； 规模：20亩	周忠良	江渭村叶家组
1998	科教扶贫示范基地	品种：1. 良种桃104棵，2. 枇杷30棵，3. 兔50只，4. 鸡、鸭1000只/年	金顺生	于北村11组
1998	二元母猪示范基地	品种：1. 二元母猪50头； 2. 三元母猪1500头/年	马雪观	南圣村马家组
1998	美国王鸽养殖示范基地	品种：美国王鸽 规模：100笼位，400只/年	徐仁观	构塍村南徐组
1999	牛蛙养殖示范基地	品种：牛蛙、美蛙； 规模：5亩	王许明	吕家村王家组
1999	獭兔养殖示范基地	品种：獭兔养殖； 规模：100头(114只笼位)	顾元华	构塍村顾家组
1999	白鹅养殖示范基地	品种：大白鹅； 规模：200只	王玉良	庄家村西庄组

第二十编　群众文化

第一章　文化服务单位

第一节　文化站

1953年，建立钖城区文化站（由石泉集镇迁至钖城），性质为国办站。1958年10月改名钖城公社文化站。1961年12月后性质转为民办站。“文化大革命”期间停办。1979年1月恢复，名圩城公社文化站。1981年复名钖城公社文化站。1983年10月改名钖城乡文化站。1994年6月更名为于城镇文化站。1989年，省文化厅全省第一次文化站考评定级，钖城乡为三级文化站；1995年，省文化厅公布全省第四次文化站考评定级，定为二级文化站；2000年5月10日，定为浙江省三级文化站；2012年，定为浙江省一级文化站。2000年2月，建立于城镇文化活动中心，面积550平方米，建址于集镇枫桥南路原供销社旅馆，内设图书室，阅览室、桌球室、乒乓球室、棋牌室、文体团队活动室、老年活动室，外聘1名管理人员。2000年12月，于城镇经考核验收命名为“嘉兴市东海文化明珠”。2006年7月，机构改革，文化站、计生办合并为社会事业服务中心。2008年3月18日，县改革发展局同意建造于城镇文化活动中心，建立工程立项，总建筑面积1500平方米，同时建造室外广场、健身场等其他配套设施。项目总投资200万元。2008年11月18举行文化活动中心奠基仪式，启动土建工程。2010年5月全面竣工正式投入使用。文化活动中心占地面积5040平方米，建筑面积3098平方米（与于城镇成校合用），投资420多万元。室内有多功能厅、图书馆、阅览室、舞蹈室、老年人活动室、书画室、乒乓室、健身房；室外有文化广场、灯光塑胶篮球场、塑胶羽毛球场、健身路径、休闲亭、水池。2010年9月，浙江省文化厅授予于城镇“浙江东海文化明珠”。2011年9月，于城镇文化站重组独立机构。文化站职责主要是组织开展文化娱乐活动、文化宣传、文化辅导工作，做好所在区域内的文化市场、文化遗产、业余文艺团队管理工作。

2006年前，文化站在编人员1人。1985年1月，专职文化干部经考试考核被录用为国家全民事业干部，1999年晋升中级（馆员）职称；2010年12月晋升副高级（副研究馆员）职称。2006年6月起，在编人员2人。2014年，在编2人，合同制2人，文化馆下派员1人。

第二节　图书(室)馆

1986年,图书室开办,建筑面积50平方米。地点在影剧院东侧,有图书500册,2个书橱。1989年底,图书室经修缮后,图书增加到2000多册,聘请了1位义务管理员,实行对外开放借阅。

1999年,于城镇政府发出《关于开展“捐书建室,发展文化事业”活动的通知》〔1999〕97号文件。共收到捐赠书籍2000多册,购置图书2000多册,张元济图书馆流通及赠予2000多册,到2000年底,合计藏书6000多册,做书柜15个,在枫桥南路文化活动中心建立图书室和阅览室,共3间平房70平方米,聘请一位图书管理员,每天开放半天。2007年下半年因水利工程房屋拆除搬迁至成人教育学校。

2010年5月28日,张元济图书馆于城分馆开馆并举行开馆仪式。分馆坐落在于城镇文化活动中心底楼东面大厅,馆舍面积500平方米。设图书库区、阅览区、少儿读物区、电子阅览区四个区域,藏书8000册。聘用2名合同制专职管理员。2014年,藏书增加到23200册,报纸杂志107种,阅览座位80个,阅览电脑14台。设施完善,具有图书借阅、报刊阅览、电子阅览、信息查询、在线借阅等功能,实行自动化管理,与海盐县张元济图书馆联网,实行一卡通服务。图书馆每周开放6天,周三休馆。2014年,有借书证的读者962人。图书馆还组织开展文化活动。

表20—1—1　　2010～2014年订阅报刊及借阅图书情况表

年份	征订报纸(种)	征订期刊(种)	持证读者(人)	接待读者(人次)	图书流通量(人次)
2010	32	71	574	43250	8874
2011	26	77	712	76640	13133
2012	26	75	1416	80735	17540
2013	30	72	896	87879	21125
2014	27	80	962	82270	21279

表20—1—2　　张元济图书馆于城分馆2014年组织活动情况

组织单位	活动主题	活动时间	活动地点	人数
张元济图书馆于城分馆	“我的书屋我的梦”征文比赛	2014—08—31	于城分馆内	15
张元济图书馆于城分馆	图书馆文明标语征集活动	2014—08—02	于城分馆内	18
张元济图书馆于城分馆	“我的未来　我的梦”手抄报比赛	2014—07—05	于城分馆内	16

续表 20—1—2

组织单位	活动主题	活动时间	活动地点	人数
张元济图书馆于城分馆	“千年脉动·故事海盐”民间故事演讲比赛	2014—07—01	于城分馆内	15
张元济图书馆于城分馆	“诵读经典·爱我家园”读书征文活动	2014—06—30	于城分馆内	12
张元济图书馆于城分馆	元宵猜灯谜活动	2014—02—14	文化广场	650
张元济图书馆于城分馆	“艾香书赠”读书节活动	2014—06—01	于城分馆内	19
张元济图书馆于城分馆	“劳动最光荣”大扫除活动	2014—05—01	于城分馆内	20
张元济图书馆于城分馆	“我们的地球”绘画展	2014—03—16	于城分馆内	12
张元济图书馆于城分馆	热门大片连轴看	2014—02—04	于城分馆内	60
张元济图书馆于城分馆	“读名著、讲故事”活动	2014—02—03	于城分馆内	10
张元济图书馆于城分馆	“喜迎马年，送福送春联”活动	2014—01—24	集镇江渭村	800
张元济图书馆于城分馆	新春“祝福寄语”活动	2014—01—31	于城分馆内	180

第三节 电影队

始建于1974年8月，有3名放映员，配置16毫米电影放映机1台。巡回放映15个生产大队。1976年4月，添置8.75毫米电影放映机1台，增加2名放映员；同年8月再添置1台8.75毫米放映机，又增加2名放映员，共有放映员7人。3台放映机配置了3艘小型挂桨船，分成三个放映组，巡回各个生产大队，平均每个生产大队每月轮到5场左右。每场收费16毫米最高30元，8.75毫米10～20元，视大队人口多少而定。

1981年12月21日，公社礼堂改装影剧院竣工，总建筑面积294平方米，东侧建放映室6平方米，设座位702个。12月31日，经县文教局批准，同意1982年元旦对外开放，正式营业，票价每位0.10元。影剧院购置16毫米放映机1台，固定在放映室放映电影。是年有电影放映员5人，2台8.75毫米仍到各个生产大队巡回放映。至1992年9月，农户普及电视机，电影队留2名放映员在影剧院放映电影，取消巡回放映。1994年4月，电影队撤销。

第四节 文艺工厂

1983年10月，文化站开办“海盐县于城镇文化站胶塑工艺厂”，地址在枫桥南路南端，6间平房，乡镇政府拨6700元资金。主要生产电熨斗炳、插头、插座、灯头等产品。1985年7月文化站又开办了“于城工艺针织厂”，主要生产纱手套。职工为当地文艺爱好者，其中文艺骨干组建文艺演出队和器乐队。文艺工厂实行亦工亦艺，享受国家税收优惠政策。1984年9月，文艺工厂组建表演队，共18人参加县文化馆主办的全县文艺工厂调演，创作的上海说唱《一张存折》获优秀创作奖和优秀节目奖，说唱演员顾顺英获优秀演员奖等。1987年底，文艺工厂有职工60人。1988年8月停办。

第五节 文化经营服务单位

1991～1999年，挂靠文化站的文化经营服务单位有：1991年12月12日，在钦城集镇枫桥南路开办"于城镇文化站梦神歌舞厅"，投资18万元，场地面积145平方米。1995年12月开办"于城镇文化站录像室""于城镇文化站电子游戏室""于城镇文化站录像带出租店"。1999年，挂靠单位向文化站交纳管理费2580元。至2000年，挂靠单位先后停办，转为个体经营工商户的有VCD零售(出租)店2家。2005年，开办了个体"科宇网吧"1家，地址在邮电路，2010年停业。2006年8月，开办个体"零度网吧"1家，地址在镇中路。至2014年，于城集镇有DVD零售(出租)店1家，网吧1家。

第六节 村级文化服务单位

解放初，各村成立俱乐部，俱乐部有活动场所，并开展了拥军等文艺演出活动。"文化大革命"时期，各大队改俱乐部为毛泽东思想宣传队，有活动和排练场所。"文化大革命"结束后，又重建俱乐部，有的村还设有图书室。1984年，钦城乡对全乡各村俱乐部进行评比。至2008年，各村都建了文化活动室。

2014年，于城镇8个行政村招聘文化管理员8人，江渭村、吕冢村、庄家村已建文化礼堂，鸳鸯村、何家村、构塍村、八字村、三联村已建文化活动室，各村都建有图书室。其中，江渭村文化礼堂2013年建成，项目总投资100万元，占地面积1400平方米(包括篮球场和健身苑点)，二层楼房，建筑面积400平方米，其中老年活动中心200平方米。

第二章 群众文化事业

第一节 概 述

解放前，民间群众文化、娱乐活动主要有：1.庙会。2.骚子文书说唱。3.牌子，也叫"座唱班""奏郎担"，吕冢有三乐堂(蒉姓)。4.吹鼓手也称"鼓手"或"吹手"，也叫"四个头"。1986年，开展民间音乐调查活动。组织千福村"四个头"演奏了《苦黄连调》《接亲调》《拜堂调》，由镇文化馆录音。吕冢也有"四个头"班子(原钦三村朱姓)。这些民间团队承办婚礼、葬礼、做寿等活动。

5.民间艺人说书活动。6.唱民间田歌、情歌的活动,有《十二月花名》《绣花娘子绣平台》等。这些活动延续至解放初期。

1953年起,农业合作化时期,村村创办俱乐部,开展文娱活动,以文艺形式慰问烈军属。1964年,圩城公社文工团排练腰鼓舞,开展了移风易俗办婚丧喜事活动。"文化大革命"期间,以生产大队和生产队为单位成立毛泽东思想文艺宣传队(简称文宣队)。文宣队跳秧歌舞、采茶舞,排表演唱,演小戏剧《一担水草》,唱京剧样板戏,唱毛主席语录歌,说三句半、对口词。每个队有一二十名宣传队员。文宣队活动频繁,排练节目以晚上为主,白天排练记"工分"。文宣队在生产小队田头宣传演出,在大会演出,在生产大队间搞调演,在人民公社或县里会演,以政治思想宣传为主。1975年,全公社(生产大队和生产队)有文宣队40个,文宣队员550人。1976年后,文宣队演出活动逐渐减少,文宣队的锣鼓乐队为农村婚庆活动服务,收取服务费。该团队20世纪90年代起,改为铜管乐队,迎娶新娘。至2014年,全镇有铜管乐队5个。

1981年起,以人民公社为单位抽调农村文艺骨干组建钦城公社文艺演出队,有器乐组和演唱队,共30人左右。1983年10月恢复钦城乡建制,为"钦城乡文艺演出队",1994年6月钦城乡更名于城镇建制,为"于城镇文艺演出队"。文艺演出队集中到文化站排练节目,形成一台1～2小时的节目,节庆在影剧院演出,观众需买票(每位0.10元);配合中心工作宣传演出,下村宣传巡回演出;参加县文艺会演;参与乡镇之间联合文艺演出,全县最多一次组团有8个乡镇,每个乡镇演出1场,一台节目有演职人员200多人,十分隆重,一直延续到2001年。2000年,组织举行了于城镇首场广场文艺晚会。广场文艺晚会容纳观众人数不受限制,至2014年,镇党委政府主办每年组织至少一场的大型广场演出活动。

1999年,组建于城镇南圣唢呐队,参与嘉兴市和海盐县文艺会演获二等奖和三等奖。2001年5月,组建于城镇滚灯队。

2002年5月,组建于城镇蚌舞队,被选送参加嘉兴市"中国移动·全球通相约南湖国内友城民族文艺大会演行街活动"。1995年后,于城镇民间组织的文艺团队有10多个:"五梅花"传统舞蹈队,铜管乐队,送葬乐队,以有偿服务形式活跃在农村村坊。

2011年,于城镇文化站整合全镇文化资源,成立了有120多名人员组成的"于城镇新农民文化艺术团"。艺术团集结了7支不同艺术门类的团队,即"舞蹈队""民乐队""民俗文艺队""戏曲曲艺队""歌曲演唱队""摄影队""书画队"。

2012年,镇文化站被浙江省文化厅评为一级综合文化站,获得全国乡镇体育健身示范工程荣誉称号;建成市级公共文化服务体系示范镇。

2014年,于域镇组建的具有民俗特色的文艺团队有何家舞狮队,江渭女子舞龙队,鸳鸯扇子舞队,排舞队,"五梅花"舞蹈队,其中"何家舞狮队""江渭女子舞龙队"参加嘉兴市文艺会演演出获得过金奖、银奖,2013年2月,"五梅花"舞蹈队参加市民俗文化展演获银奖。

第二节　组织活动

1958年,成立圩城公社文工团,团员18人。是年,文工团编排节目,组织演出宣传活动,其中会前演出10次、街头演出10次、食堂演出6次。9月14～17日到钦东耕作区等4个耕作区巡回演出。

1981年9月，录制宣传“五讲四美”广播文艺节目10个，在镇广播站播放，县广播站播放部分节目。1981年12月19～26日，组织举办了为期8天24名成员参加的文艺骨干培训班。培训班吃住在钦城茧站。培训内容有舞蹈表演基本功，识简谱，学乐器、上海说唱、小调等。培训班后期，在公社广播站录制《婚事新办》等文艺节目向全社播放。

1982年1月5日，组织“迎春文艺晚会”。文艺晚会在影剧院举行，观众1000多人。是年春节期间，乡文化站组成文艺演出队，准备了22个节目，下村进行巡回演出5场。是年1月19日，于城镇文艺演出队联合百步文艺演出队在吕冢村大会堂演出。是年2月21日，组织举行全镇文艺会演，全镇8个单位98名文艺骨干42个节目参加会演。当天晚上，评选出23个节目在于城影剧院演出，观众700多人。是年9月28日，组织举行“迎国庆歌曲演唱赛”，15个单位172人参加演出，在镇影剧院举行。用1天时间演出节目72个，评出先进集体3个，优秀歌手10名。是年国庆期间，乡文化站组织参加县文教局等6个单位主办的“庆国庆广播演唱会”，共抽调15人(包括乐队)，在乡广播站录制节目14个，送县参加评奖并由县广播站选播，王德生演唱的《红星照我去战斗》等两个节目获三等奖。是年，乡文化站组织了宣传中共十二大精神、宣传计划生育文艺演唱广播录音播放宣传。是年，乡工办、文化站组队参加了县文化馆、社队企业局主办的“第一届全县社队企业文艺调演”，共抽调文艺骨干11人，演出节目6个，其中获奖节目1个。

1983年春节期间，在镇影剧院举行迎春文艺晚会。是年春节期间，乡文化站组织文艺演出队，分4个片(江渭村、陈家门村、于城村、吕冢村)巡回演出4场，演出节目32个，观众2000多人。是年，组织文艺节目广播录音(播出)4次，宣传计划生育2次，文明礼貌月活动和纪念毛主席诞辰90周年活动。

1984年春节，乡文化站组织迎春文艺晚会，晚会在乡影剧院举行，共演出节目27个，观众700多人。5月4日，乡文化站、团委组织举行全镇歌咏会，8个单位参加演出。观众650人。9月，组队参加全县文艺工厂(8家)会演，18名文艺骨干参加演出，参演节目7个。上海说唱《一张存折》获优秀节目奖、创作奖，越剧表演唱《姐妹喜看文明村》获节目奖，顾顺英获优秀演员奖。9月31日，组织庆国庆文艺联欢晚会，14个单位40个节目参加演出。

1985年1月，文化站组织春节文艺演出前歌手比赛，共23人参赛，8人获奖。2月，举行迎春文艺联欢晚会。组成文艺演出队，演出组14人、器乐组7人，排练节目18个。并与百步演出队串联演出(百步1场、于城1场)。“五四”青年节，为开办“于城工艺针织厂”招骨干举行全乡歌曲比赛，34名业余歌手参加比赛，挑选11人录制了文艺广播节目在广播站播出。7月，组织智力竞赛活动。15个单位67名选手参赛，比赛采用答卷形式，评出一等奖3名，二等奖10名，三等奖20名。是年，组织了文物普查工作，开展了骚子歌、民间艺术收集工作。收集到20多件文物交博物馆。骚子先生吴其荣、周金观演唱了骚子歌，由县文化馆顾希佳录音。

1986年春节期间，钦城乡文艺演出队联合沈荡镇文工团在乡电影院举行“迎春文艺晚会”，钦城文艺演出队演出节目18个。1000多人观看表演，电影院挤得水泄不通。3月8日，钦城乡文艺演出队在“全乡党员大会”上演出12个节目。3月10日，又在“全乡先进表彰大会”演出18个节目。9月18日，钦城文艺演出队配合“钦城乡整党工作大会”演出文艺节目，有创作的越剧表演唱《党委书记下村来》。是年，配合文化馆调查民间音乐，组织了千福“四个头”演奏了民间音乐《接亲调》《拜堂调》《苦黄连调》。5月，全县故事演讲赛在钦城举行。15个乡镇22人每人演讲了一则故事。9月26～28日，钦城乡组队参加县第二届乡镇企业文艺调演，其中越剧表演唱《党委书记下村来》、舞蹈《我的心上人》获节目奖，《燕归来》获创作奖，唢呐独奏《浪柳圆》《一枝花》获二等奖。10月1日，钦城乡举行“庆国庆文艺会演”，全镇11个单位在乡影剧院演出45个节目，25个单位450人参加活动，会演进行了评奖。

1987年1月5日，文化站组织迎春文艺联欢会。1月25日，乡文化站组织广播文艺录音播出。4月17日，乡文化站组队参加百步乡影艺晚会演出。

1988年2月1～2日，钦城乡文化站与电影队联合组织影艺晚会(文艺演出加电影放映)，两场晚会共有观众1200多人。2月7日晚，乡文化站在乡影剧院举行“电影歌曲大奖赛”，全乡13名歌手参加，观众550人，共评出一、二、三等奖6人，陈利明获一等奖。是年7月，镇法律服务所、团委组织“法律知识有奖竞赛”，共发卷250份，设一、二、三等奖。9月30日，乡文化站、工办组织“乡办企业‘迎国庆’文艺调演”，丝织厂等4家乡办骨干企业参加，共演出节目29个，评出一等奖2个、二等奖4个、三等奖4个。12月，举办钦城乡10年改革成果图片展，共10幅作品，由金宏章绘制。是年12月12日，乡办丝织厂举行“形势教育文艺联欢晚会”。

1989年2月3日，乡文化站组织迎春文艺晚会，晚会在镇影剧院举行，乡文艺演出队共演出节目15个，观众250人。4月15日，乡文化站、团委联合主办“迎‘五·四’文艺联欢晚会”，晚会在镇影剧院举行，共演出节目21个，观众700多人。9月30日，全县7个乡镇(钦城、沈荡、百步、横港、通元、石泉、六里)71名业余演员在钦城影剧院举行“迎国庆四十周年文艺联欢晚会”。共演出25个节目，观众700余人。12月26日，钦城乡组织“党的基本路线教育迎春文艺晚会”。乡业余文艺演出队联合县业余艺术团在乡影剧院演出，演出20多个节目，观众720人。是年，配合党的基本路线教育等中心工作，编排文艺节目，在广播站录制4期文艺宣传节目播出。

1990年9月组织举行全乡“迎国庆革命歌曲演唱会大奖赛”。10月4日，七乡镇(钦城、石泉、横港、百步、通元、六里、齐家)卡拉OK歌曲演唱赛在石泉举行，14名歌手演唱了28首歌曲，钦城乡获团体第二名。12月16日，钦城乡文化站组织举行“党的基本路线教育文艺晚会”，晚会在乡影剧院举行，共演出节目28个，有观众700多人。

1991年2月9日，西部六乡镇(钦城、六里、石泉、百步、通元、横港)联合举行“六乡镇越剧选段赛”，比赛在钦域乡影剧院进行，11名选手共演唱了19个选段，横港姬许君获第一名。2月10日，钦城乡文化站组织迎春文艺晚会，晚会在乡影剧院举行，乡文艺演出队和邀石泉、六里、百步乡文化站代表队参与助演，共演出节目21个，有观众650人。2月18日，乡文化站、印染厂联合举行春节文艺联欢晚会，在印染厂会堂共演出节目16个。6月28日下午，乡文化站在乡影剧院举行“‘七一’文艺会演”，共演出节目26个，丝厂、印染厂、中心小学获集体组织奖，获得一等奖的是中心小学的合唱《花儿含笑迎七一》和乡文艺演出队的唢呐独奏《欢乐曲》。6月25日～7月1日，联合举办海盐县七乡镇“七一颂”文艺巡回演出，6月28日晚，钦城、深荡、横港、百步、通元、石泉、六里代表队在欤城影剧院联合演出，观众700多人。9月29日晚，乡文化站组织“社会主义思想教育文艺晚会”，晚会在乡丝厂会堂举行，200多人观看。12月17日，“海盐县社会主义思想教育文艺演出”在欤城影剧院举行，由县委宣传部、文化局主办，由县文化馆、海盐业余艺术团、欤城乡文化站承办。

1992年1月1日，欤城乡文化站组织了“庆祝元旦文艺联欢会”，联欢会有120余人参加，演出文艺节目8个，同时开展了游戏活动项目。1月18日晚，欤城乡文化站组织“计划生育专场文艺演出”，专场演出在乡影剧院举行，发电影票组织观看。2月1日，组织了“春节文艺联欢晚会”，联欢晚会乡办印染厂会堂举行，共演出节目19个。“五四”青年节，文化站组织了“书法美术展”“‘五四’文艺联欢晚会”等。10月24～25日，欤城乡组队参加“海盐县第三届乡镇企业文艺调演”，演出3个节目。其中，舞蹈《跳吧—欢乐的企业主人》《唢呐独奏》《欢庆锣鼓》均获二等奖。是年，组织5家歌舞团在乡影剧院进行营业演出。

1993年9月29日，欤城乡举行“庆国庆文艺联欢晚会”，晚会在乡办企业海盐丝料厂举行，近200位干部职工参加。国庆期间，组队参加百步乡庆国庆文艺演出联谊活动。12月26日，欤城乡举行“纪念毛主席诞辰100周年文艺会演”。

1994年5月4日，组织五四青年节文艺联欢会。10月1日，于城镇组织“庆祝中华人民共和国成立45周年联欢晚会”，晚会在镇影剧院举行，共演出节目15个。是年，组织承接专业文艺演出团在镇影剧院共演出6场。

1995年5月10日，镇团委、文化站组织举行“读《生命之歌》，学英雄事迹”学习刘玲英演讲比赛。设一、二、三等奖共6个。5月29日，于城镇中心小学、镇文化站举行“庆祝‘六一’国际儿童节文艺会演”，会演在镇影剧院举行，全镇12所小学共演出节目22个。6月29日下午，于城镇举行“迎七一诗歌朗诵会”，朗诵会在镇影剧院举行，全镇26位选手朗诵了《人民不忘党恩情》等21篇诗歌，镇中心小学陆燕娟、力海公司钱利娟分别获得一等奖。9～10月，联合举办国庆46周年海盐、海宁两县(市)11乡镇(于城、六里、石泉、通元、齐家、湖塘、袁化、谈桥、黄湾、新仓)书画巡回展览，每个乡镇参展作品均在2幅以上。9月29日，于城镇举行“迎国庆文艺会演”，会演在镇影剧院举行，全镇各单位共参赛演出节目19个，绢纺公司的舞蹈《在希望的田野上》获得一等奖。是年，编辑出刊《于城镇年鉴(××××年)》，宣传橱窗制作12期展板，举办展览4期。

1996年9月29日，组队参加通元镇、于城乡等九乡镇在海宁谈桥举行的“宁盐两县(市)乡镇卡拉OK邀请赛”，沈文伟获得二等奖。是年，组织专业剧团在镇影剧院演出3场。

1997年1月28日，组队参加在城西乡文化站举行“海盐县乡镇卡拉OK联谊赛”，全县11个乡镇16位歌手参赛，于城镇歌手郁建忠获二等奖、沈文伟获三等奖。1月31日，于城镇组织“迎春文艺联欢会”，邀请县工人文化宫艺术团在镇影剧院演出节目14个，有观众700多人。5月17～18日，组织了“迎香港回归　送电影下乡”活动，在吕冢村、陈家门村共放映2场。6月3日，镇文化站、于城中学联合举行“知香港迎回归”演讲比赛，于城中学22名选手参加演讲。6月28日，镇党委、政府主办，镇文化站承办了“迎七一，迎回归”文艺演出，在镇影剧院举行的全镇“迎回归　庆七一”大会上演出节目13个。以及科教片展映活动和迎回归电影下乡活动(吕冢和陈家门两村放映)。10月，组织文学创作组人员参加张元济图书馆举办的“新农民读书征文活动”，钱利娟撰写的《情缘》（市图书馆征文鼓励奖）、俞士明的《一枝独秀》、金宏章的《知识使她擎起半爿天》、陈沈华的《开启致富之门的金钥匙》均获得三等奖。

1998年1月8日，组织了文化下乡活动。8月11日，组织散文、诗歌写作培训班。于城镇创作组11名成员参加，邀请作家龙彼德在镇政府三楼会议室作辅导讲座。9月30日下午，于城镇举行“庆祝国庆改革开放二十周年成就演讲赛”，演讲赛由镇党委主办，镇文化站承办，比赛在绢纺公司会议厅举行，全镇有11位选手参加演讲，演讲赛评出一、二、三等奖共6名，镇中心小学王卫琴的《喜看于城二十年》获得一等奖。12月18日晚，镇文化站承办组织了“海盐县计划生育文艺宣传演出”，演出在镇影剧院举行，海盐县文化馆、业余艺术团共表演节目11个，并穿插进行了计生知识问答有奖活动。12月31日下午，镇文化站和于城中学联合组织“迎’99元旦文艺演出”，镇中学14个班在镇影剧院共演出舞蹈、小品、相声、独唱等24个节目。是年，党员电化教育共放映电教片31场次。

1999年2月12日，于城镇组织文化三下乡送春联活动。5月7日，于城镇文化站组织代表队参加了县委宣传部、文化局、中国银行海盐支行主办的“‘中行杯’全县乡镇文艺会演”，于城代表队的歌舞《颂歌一曲唱海盐》获优秀节目奖，唢呐独奏《欢庆锣鼓》获节目奖。9月5日，组织散文创作培训班，文学创作组8名人员参加，邀请县政协王英授课。9月28日，“于城镇‘庆国庆迎新世纪’文艺会演”在镇影剧院举行，全镇18个单位选送26个节目参加演出，会演评出了舞蹈《走进新时代》等6个节目为最佳演出奖，19个节目为优秀演出奖。11月13日晚上，于城镇组织的“海盐县农业农村现代化教育文艺演出”在镇影剧院举行，演出了由文化馆编排的15个节目。9月5日，组织散文写作培训班，邀请县政协王英作辅导讲座。是年，组织电化教育（电教片下村巡回放映）4期，放映《时代风范》《警世的欢笑》等7部电教片。

2000年1月31日，于城镇组织实施送春联、送科技信息、送图书文化下乡活动。4月28日，于城镇组队参加了“海盐县红五月”广场文艺演出，歌舞《颂歌一曲唱海盐》获演出奖。于城镇文化站、镇中心小学、中心幼儿园等11个单位联合举行“庆六一文艺会演”活动，参演节目共15个，评出一、二、三等奖6个，中心小学的舞蹈《盲童与海鸥》和江渭幼儿园的舞蹈《拨浪鼓》分别获得一等奖。9月22日，由镇党委政府主办、镇文化站等单位承办，组织举行了“于城镇‘海首杯’迎国庆暨现代化教育广场文艺晚会”，晚会有全镇12个单位和县业余艺术团选送的19个节目参加演出，评出了歌舞《爱我中华》等8个节目为最佳演出奖，有2000多名观众参加了文艺晚会。9月27日，组队参加海盐县“大红鹰杯”“唱响主旋律 迎接新世纪”职工卡拉OK比赛，郁建中获二等奖、沈文伟获三等奖。9月29日，组队参加“海盐县国庆文艺大会演舞蹈专场”演出，王耶勤表演的独舞《傣族姑娘》获金奖。是年，组织放映电教片各村巡回放映4期、8部碟片、60场。

2001年3月8日，镇妇联、文化站组织“庆‘三八’暨各界妇女联欢会”，有80多位妇女代表在绢纺公司会议厅举行。4月29日，组织“迎‘五·四’卡拉OK演唱大赛”，全镇13个单位18位选手参加比赛，6名选手分别获一、二、三等奖，朱建明获一等奖。6月1日晚，于城镇滚灯队编排的《好日子》参加了文化局主办的、在枣园广场举行的“2001中国·海盐滚灯艺术节海盐民间舞蹈《滚灯》选拔赛”，获铜奖。6月27日，于城镇举行“‘于城儿女心向党’建党80周年文艺会演”。全镇15个单位选送15个节目参加会演并评奖。9月28日晚，于城镇文化站组队参加在百步镇影剧院举行的六乡镇(百步、石泉、于城、通元、沈荡、横港)联合举办的庆国庆文艺晚会。是年，钱利娟创作的《真情换来众心暖》演讲稿，被选送参加嘉兴市计生委主办的演讲比赛，获一等奖。

2002年4月24日，于城镇团委、文化站在镇工业大楼会议厅举行“庆祝‘五四青年节’诞生80周年联欢会”。是年5月18日，于城镇组建蚌舞队参加了“2002年·海盐南北湖旅游节之滚灯暨民俗表演行街活动”。6月15日，于城镇编排的民俗舞蹈《蚌舞》经县文化局选送参加了“嘉兴市南湖船文化节‘中国移动·全球通’相约南湖国内友城民俗文艺大会演行街活动”。10月23日，于城镇举行“颂歌献给党，喜迎十六大广场文艺会演”。由镇党委、镇政府主办，镇文化站、镇团委、镇妇联、镇工会承办，在镇中心小学操场举行，全镇14个单位选送17个节目参加会演，会演设集体组织奖和金奖、银奖，绢纺公司党支部等3个单位获集体组织奖，三联村的腰鼓舞《爱我中华》等9个节目获金奖。10月，参加“海盐县迎接十六大文艺会演”。舞蹈《祖国，祖国，我爱你》获金奖，女声独唱《今夜无眠》获银奖。是年，于城镇组织放映电教片112场次。

2003年1月17日，于城镇组织“文化三下乡”活动，即送春联、送科技资料、图片展览下乡。7月31日，于城镇组队参加“海盐县纪念八一建军节广场文艺晚会”。9月29日、10月2日和4日，于城镇举办3场“庆国庆爱国主义教育广场露天电影放映”。9月28日起，镇文化站举办“迈向新的辉煌征程”庆国庆宣传展览，展出了78幅全国取得重大成就的画面。是年，组织参加“海盐县廉政建设书画展”，金宏章的国画《安得广厦千万间》获优秀作品奖。

2004年3月27日，于城镇组织在镇影剧院举行“崇尚科学，反对邪教”文艺专场演出，观众680人。5月29日晚，于城镇组队参加了“2004年中国·海盐南北湖旅游节滚灯文化创意大赛”，参赛节目《月光下的夜明珠》获表演银奖，滚灯制作银奖。9月组织百场电影进社区活动。全镇8个行政村35毫米放映机共免费放映24场次，观众6000多人次。10月30日，组织观看浙江省钱江艺术团在于城中学体育场举行广场文艺演出，观众1500人。10月20日晚，组队参加在武原镇南门广场举行的“海盐县农民歌手大赛”。于城镇歌手蒋中平演唱的《霸王别姬》获二等奖。10月30日，镇文化站组织了“浙江省钱江浪花艺术团下乡演出”，演出在镇中学操场举行，有观众2000多人。11月，选送于城镇庄家村吴其荣(是年85岁)参加《海盐骚子》抢救工作，由县文化局、馆组织培训录音。11月19日，文化站干部王德生参加文化局主办在秦山核电会堂举行的“海盐腔·骚子专场演出”，参与伴奏、帮唱演出。

2005年，配合中心工作，举行广播文艺录音宣传6次。春节期间，与百步乡举行对口文艺演出活动，共2场，欤城影剧院、百步影剧院各一场，欤城乡文艺演出队演出18个节目。组织歌曲演唱赛2场，春节前在乡影剧院举行，23名选手参加，8位选手获奖；五四青年节举行第二场比赛，有34名选手参加，选出11位优秀者参加广播文艺节目录制并播放。是年3月27～28日，在于城供销社旅馆承办了县文化馆组织主办的故事演讲赛。是年，组织了文物普查工作，收集到古陶罐等20余件上交县博物馆。4月28日，于城镇在八字村杭浦高速公路十一标建设指挥部举行了“迎五一‘建设者之歌’广场文艺晚会”。晚会由镇党委、镇政府、中国建设局十一标、海盐县土地管理局主办，于城镇文化站、八字村党支部承办，800多位观众观看了文艺表演。9月21

日晚，于城镇党委三办，镇文化站等单位承办的“迎国庆·保持共产党员先进性教育活动广场文艺晚会”在构塍村叶家场建杭浦高速公路十标段举行，各单位编排演出了18个节目，有合唱、独唱、舞蹈、小品等。党委书记金爱明致辞，2000余人观看。6～7月，于城镇文化站、国土所、镇中心小学联合举办了“‘国土杯’党在我心中和保护国土资源征文”活动。共有参赛作品59件，俞士明的《国土资源保护神》获一等奖，16篇文章获一、二、三等奖和鼓励奖。10月，镇体委镇文化站组织代表队参加县第二届农民文化体育节，其中参加“海盐县乡村文艺大会演”演奏民乐合奏《海盐骚子变奏曲》获三等奖。卡拉OK赛沈荡预赛获第一名，县决赛获第三名。12月28日，组织了嘉兴市群艺馆群星艺术团送戏下农村广场演出，在吕冢村于西小学操场举行，观众500多人。

2006年5月19日，于城镇党委、镇政府主办，于城镇文化站、镇团委、镇中心小学、鸳鸯丝绸印花厂、鸳鸯村党总支、江渭村党支部承办了“于城镇唱响社会主义新农村广场文艺晚会”。晚会在镇中心小学操场上举行，晚会表演了骚子歌说唱《唱唱于城大变化》等17个节目，近2000位观众观看了文艺演出。

2006年6～7月，于城镇举办“‘移动杯’我为保持共产党员先进性·建设社会主义新农村献一计”征文、摄影、书画竞赛活动。收到征文作品38篇，摄影作品7件，书法美术作品38幅。获奖作品：

征文。一等奖：1.《新农村建设关键是人》(唐惠萍)。2.《于城镇农民专业经济组织的调查与思考》(笪加元)。二等奖：1.《要切实加大我镇建设新农村的宣传力度》(李细怀)。2.《在提高执政能力中推进党的先进性建设》(姜金凤)。3.《于城铺就致富路》[徐子祥(元济中学)]。三等奖：1.《培养新型农民 建设社会主义新农村》(王晓勤)。2.《建设新农村 造就新农民》(吴燕萍)。3.《大力发展一村一品 加快新农村建设步伐》(陈沈华)。4.《承包组长是建设社会主义新农村的中坚力量》(詹陈铭)。5.《乘势而上 打造黄桥五金机械制造业基地》(曹秀明)。6.《关于开辟于城镇文化广场的建议》(俞士明)。7.《共产党员先进性应该体现在本职工作中》(吴佳妮)。

书画。一等奖：1.《保障》(金宏章)。二等奖：1.《于城提倡八荣》(姜建康)。2.《姐姐当上鸭司令》(王羽茜)。3.《致富图》(陈志良)。三等奖：1.《我家的养鸭场》(陈瑜曦)。2.《金扁担》(董聪慧)。3.《于城新农村一角》(赵留金)。4.《六月农家采莲》(构塍村)。5.《八荣八耻》(董海华)。6.《树文明新风 建和谐社会》(沈中华)。

摄影。纪念奖5个。

2006年7月17日，组织文艺下村文艺晚会在何家村小学操场演出，由县文化馆主办，镇文化站协办，共演出节目17个，观众600多人。7月18日，组织文艺下村文艺晚会在吕冢村演出，由县文化馆主办，镇文化站协办，共演出节目15个，观众500多人。7月21日晚，于城镇举行“于城镇大家唱广场歌会活动”。由海盐县文学艺术界联合会主办，海盐县港航管理处赞助，于城镇文化站、构塍村党支部组织承办。歌会在构塍村举行，共表演节目18个，800多位观众观看演出。10月20日晚，构塍村南圣民乐队参加“嘉兴市农民文化艺术周‘新农村·文艺风’村落民间文艺会演”，演奏民乐合奏《海盐骚子变奏曲》获二等奖。

2007年2月15日，于城镇组织社会主义新农村主题教育活动“五送文化”下乡活动，活动有送春联、送科技资料、送图书、送法律咨询、送文艺节目等内容。邀请海盐县滨海艺术团演出2

小时文艺节目,有1000余名群众参加。4月29日下午,于城镇组织举行了“共建新农村,唱响新生活”青年卡拉OK大赛,大赛在于城镇中心小学阶梯教室举行,全镇工会团委下属21个单位21名选手参加了本次比赛,有300多名青年及学生观看了比赛演唱。比赛评出一等奖1名,二等奖2名,三等奖3名。镇中心小学冯超演唱的男声独唱《心碎了无痕》获得一等奖;何家村陈玉军、小学胡红月分别获二等奖;江渭村董佳浩、于城中学陈建玲、恒越绢纺公司张祥分别获三等奖。5月12日晚,于城镇“建设新农村 和谐奔小康”广场文艺晚会在镇中心小学操场举行。广场文艺晚会由于城镇党委、政府主办,浙江恒越绢纺实业有限公司、海盐县于城漂染有限公司、海盐鸳鸯丝绸印花厂、海盐多邦印刷有限公司联办;于城镇文化站、镇团委、镇工会、镇社区教育中心承办。县委宣传部、县团委、文化局等领导应邀观看。有1000多位观众观看了节目。6月,于城镇中心小学、于城镇团委、文化站联合组织举办了“于城镇新农村建设之歌”征文活动。征文活动共收到作品近百篇,由俞士明编辑,经过筛选,有86篇稿子结集出版。6月18日晚,组织“弘扬法治精神 构建和谐社会——法制宣传暨廉政文化文艺演出”,演出在中心小学举行,共演节目12个,有观众800多人。10月,江渭村组建了女子舞龙队。参加2008年元宵节嘉兴市第二届调龙灯大赛获铜奖。是年,组织了百场电影下农村活动。

2008年6月,何家村组建了舞狮队。7月,于城镇举办了改革开放30周年成果展览,共展出9个板块28幅图片。11月1日,参加嘉兴市群艺馆主办的嘉兴市百镇千村原生态文艺会演获金奖。11月16日晚,于城镇“纪念改革开放三十周年‘浦发杯’广场文艺晚会”,广场文艺晚会由于城镇党委、人大、政府主办、于城镇文化站、海盐浦发金属材料有限公司承办。全镇15个单位组队参加了演出。1000多名观众观看了文艺晚会。晚会组织评委进行评奖,海盐浦发金属材料公司叶震洲表演的男声独唱《母亲》获一等奖;海盐县于城漂染有限公司选送的女声独唱和江渭女子舞龙表演获二等奖;于城镇中心小学、鸳鸯村、吕家村选送的男声独唱、男、女声二重唱、舞蹈获三等奖。

2009年正月十五,江渭村女子舞龙队参加“中信闹新春第三届嘉兴市调龙灯大赛”获银奖;5月22日,于城镇在镇中心小学操场举行“深入学习实践科学发展观”主题宣传广场文艺晚会,千余位观众观看表演。6月18日,于城镇构塍村南圣唢呐队的器乐合奏《海盐骚子变奏曲》参加“弘扬民俗文化 守望精神家园”海盐县乡村民间文艺展演;9月26日,于城镇在于城镇文化活动中心广场举行“庆祝建国60周年广场文艺晚会”,演出了合唱、独唱、舞蹈、小品等14个节目,有观众2000多人。9月4日,于城镇编排的小品《超生游击队》参加海盐县“香溢杯”海盐县新居民文艺会演;9月15日,于城镇文化站编排的龙狮合舞《欢庆》节目,参加盐邑风华海盐县非物质文化遗产宣传主题晚会演出。9月14~25日期间,共组织学习贯彻科学发展观送戏下村巡回演出6场。是年,共组织送戏下村6场,送电影下村共96场。

2010年2月28日,于城镇龙狮合舞队编排的《欢庆》节目参加了“‘中信杯’第四届嘉兴市调龙灯大赛”获铜奖。4月9日下午,于城镇党委、镇政府主办,于城镇文化站、团委、工会承办了“‘秀出真我风采’于城镇首届农民才艺大赛”。大赛评出一等奖2名,二等奖3名,三等奖5名。于城镇信用社选送的小品《微服私访》、于城漂染有限公司的女声独唱《女人花》分别获得一等奖。5月28日,海盐县委宣传部、海盐县文化局、于城镇党委、镇政府、主办,海盐县文化馆、于城镇文化站承办了海盐县文化科技示范户试点启动·张元济图书馆于城分馆开馆·于城镇文化活动中心落成广场文艺晚会。海盐县文化馆艺术团、于城镇新农民文化艺术团联合演出。2000多位观众观看文艺晚会演出。10月1日～11月10日，于城镇党委、政府举办“新农村、新生活、新家园—照片上的新于城”摄影比赛、获奖作品展。是年，共组织送戏下村进企6场；组织送电影下村共96场。

2011年1月9日，于城镇举行“浙江省书法家协会‘书法进万家’启动仪式暨浙江省书法家协会走进海盐活动”，由浙江省文明办、浙江省文联主办，浙江省书法家协会、海盐县委宣传部承办，于城镇文化站组织。浙江省书法家协会50多位知名人士聚会于城镇，为于城镇民众送上春联和“福”字500余幅。1月18日，于城镇在江渭村举行“迎新春、同欢庆文化下村入户活动”，活动由县文化局、镇文化站联合主办，内容有送春联，送福字，送科技资料，猜灯谜有奖，走访文化科技示范户等。2月26日，于城镇举行“共欢聚、凝心力、同致富、促发展，文化科技示范户庆元宵联欢晚会”，县委宣传部、县文化局和镇党委的领导参加了晚会。4月8日，于城镇党委、镇政府主办，镇文化站承办了“于城镇学习党的十七届五中全会精神形势政策宣教活动广场文艺晚会”。晚会邀请了嘉兴市歌舞团表演文艺节目，县委宣传部领导、镇村干部参加及1000多位观众观看了文艺晚会。5月27日，于城镇在文化活动中心多功能厅举行了“纪念中国计生协会成立31周年暨‘5·29’协会会员活动日演讲比赛”，300多人参加活动。7月3日，于城镇举行“庆祝建党90周年大型广场文艺晚会”，晚会由镇党委、镇政府主办，镇文化站承办。邀请浙江省钱江浪花艺术团在于城镇文化活动中心广场演出，千余名观众观看了文艺表演。7月，于城镇举办“纪念建党90周年廉政书画优秀作品展”，展出了获得一、二、三等奖的9幅作品。是年，共组织送戏下村8场，乡镇之间“文化走亲”演出活动7场。是年，组织了扇子舞培训班11期，排舞培训班30期。

2012年6月21日，由海盐县总工会主办，于城镇总工会、于城镇文化站承办的“送戏进企促和谐职工文化欢乐行”系列活动在于城镇文化中心广场上举行，600多位观众观看演出。演出了歌伴舞《好日子》、萨克斯独奏《天路》、杂技《晃板踢碗》、戏曲联唱《女驸马》、女生独唱《康美之恋》等11个节目。7月12日晚，嘉兴市“文化有约大篷车”开进于城。本次活动是由嘉兴市文化广电新闻出版局主办，嘉兴市文化馆、海盐县新闻出版局、海盐县文化馆承办，于城镇文化站组织的“善待自然美丽家园”为主题的广场文艺晚会，演出地点在于城镇文化活动中心广场。参加演出的有嘉兴市歌舞团，海盐县文化馆文艺组，2000多位观众参加了晚会。10月14日晚，“于城镇首届全民运动会闭幕式暨‘我们一家人’文化走亲活动文艺会演“在镇文化中心广场举行。县委宣传部常务副部长吴雄飞、县文化局副局长刘支群及镇相关领导出席闭幕式。在闭幕式上，宣布了首届全民运动会获奖团队，共有9个团队获团体奖，2个团队分获优秀组织奖和精神文明奖，县镇相关领导为获奖者颁奖。随后，文艺演出开始，于城文化站、沈荡文化站及部分单位企业演出了精彩的节目，有大合唱《超越梦想》、舞蹈《吉祥红》、歌舞串烧《青春舞曲》、小品《热线电话》及男女生独唱等。

2013年2月23日，于城镇传统舞蹈《五梅花》参加了“中信杯”嘉兴市“金蛇报春·福满禾城”民间艺术优秀节目展演。传统舞蹈《五梅花》在这次优秀节目展演中获得银奖。

2014年，首届“水墨·于城”文化艺术节于5月下旬拉开帷幕，文化艺术节由镇党委、政府主办，镇文化站承办，策划了形式多样的文艺活动。5月22日，在于城镇文化活动中心广场举行“‘水墨·于城’文化艺术节开幕式暨于城镇文联成立庆祝典礼及非遗专场演出”。7月31日，在文化广场举行了“海韵江南　献礼海盐——于城镇广场文艺晚会”。11月13日，在文化广场举行了“海盐县于城镇‘水墨·于城’闭幕式暨‘于城好人’乡风评议文艺晚会”，对前期在全镇各村、社区评选出的10位“于城好人”和60户乡风评议先进家庭系列进行了表彰。11月18日，在文化广场举行了“于城镇草根才艺秀暨村企文艺团队展演”。从5月至11月期间，还组织了现场书画展示，开展了“梦回春秋”系列等共17项活动。

第三章　文学艺术创作

1998年10月25日，于城镇文化站举办散文诗歌写作培训班。邀请杭州作家龙彼德辅导，创作组10位人员参加。文艺创作人才屈指可数，有《江南》杂志社编辑蒉坚良，于城小学金宏章在杂志社发表散文。于城小学俞士明写的小说散文曾在《人民文学》等杂志发表。鸳鸯村周卫东发表诗歌散文。于城镇文化站王德生有散文和民间故事发表获奖，创作曲艺演出获奖。等。

第一节　文　学

于城镇文学作者在报刊杂志社和出版社出版的书籍上发表了小说、散文，诗歌、故事、民间传说、民间歌谣等作品。出生于吕冢村的蒉坚亮，1982年起发表了小说、诗歌、散文、报告文学等10余篇，曾任职江南杂志社编辑。于城中心小学金宏章老师的小说1987年7月创作的《古树上的谜》发表于《当代少年》。浙江少年儿童出版社；小说《快乐的星期天》发表在1987《当代少年》第二期；小说《小船的故事》发表在1989年市级刊物《烟雨楼》。寓言《牵牛花与短竹梢》1991年7月编入由中国寓言文学研究会所编的《寓言·幽默·笑话》一书等。于城中心小学老师俞士明的散文《余华来信》2001年发表于《北京文学》第7期。散文《余华在海盐文化馆》2005年发表于《山西文学》第1期。于城镇文化站副研究馆员王德生的散文《天堑变通途》发表在《从此岸到彼岸》，珠江文艺出版社。传记《此生痴迷是滚灯——访海盐滚灯传承人万文观》，2009年发表在《守望与传承》，中国文史出版社。民间故事《端午吃饭米膳》，2010年发表在《嘉兴端午习俗民间故事》西泠印社出版社。

表20—3—1　　市级以上规模发表、出版、获奖文学作品一览表

年份	作者	作品名称	体裁	发表、出版情况	主办单位、征文情况	获奖级别
1982	蒉坚亮	玫瑰，红玫瑰……	小说	《青海湖》第11期		
		美		《花溪》第11期		

续表 20—3—1

年份	作者	作品名称	体裁	发表、出版情况	主办单位、征文情况	获奖级别
1982	黄坚亮	妈妈，我是你的孩子	诗	《江南》第 4 期		
		中国——一台革新的机器		《浙江日报》9 月 6 日		
	坚　亮	油菜花开了 热闹的早市	歌词	《花港》第 2、3 期		
1983	黄坚亮	雨港	小说	《攀枝花》第三期		
		海·沙滩		《奔流》第 10 期		
		鸥鸟·潮汐〔两首〕	诗	《青年文学》第 1 期		
		我的太阳		《文学青年》第 3 期		
	坚　亮 黎　吟	雪花飘飘	小说	《青海湖》第 8 期		
1984	黄坚亮	雁荡雨景	散文	《文学报》5 月 28 日		
		赠 S	诗	《雪莲》第 4 期		
		张建一的路是用歌声铺成的	报告文学	《文学报》8 月 13 日		
		水乡的小河	歌词	《花港》第 6 期		
1985	金宏章	菜花	散文诗	《人民文学之友》，人民文学杂志社		
1986	金宏章	牵牛花与短竹梢	寓言	《寓言与幽默笑话》，中国少年儿童出版社		
1986		花·路·泉·山	散文		《班主任》编辑部征文	
1986	金宏章	这条河	微型小说		《黑龙江水利》编辑部征文	
1987		快乐的星期天	小说	《当代少年》第 2 期		
1987		妈妈，你知道吗？	散文		《家庭教育》编辑部征文	
1987		江南雨	散文	《嘉兴报》4 月 8 日		
1987		小船故事	小说		嘉兴市文联主办，《烟雨楼》编辑部征文	

续表 20－3－1

年份	作者	作品名称	体裁	发表、出版情况	主办单位、征文情况	获奖级别
1988	金宏章	古树上的谜	小说	《当代少年》第10期		
1989	金宏章	五月	散文	《嘉兴日报》5月17日		
1993	金宏章	净化	小说	《小溪流》第6期		
1994	金宏章	手抄书的回忆	散文	《嘉兴日报》6月15日		
1995	金宏章	上学	散文	《嘉兴日报》8月4日		
2001	金宏章	初见余华	散文	《嘉兴日报》2月4日第4版		
2006	金宏章	水乡渔趣	散文	《嘉兴日报》7月11日第12版		
2006	金宏章	当年我学画	散文	《嘉兴日报》9月27日第12版		
2001	俞士明	余华来信	散文	《北京文学》第7期		
2005	俞士明	余华在海盐文化馆	散文	《山西文学》第1期		
2006	何留法	阿牛与假币	故事		嘉兴市文化局、市群艺馆主办，嘉兴市农民文化周“新农村·故事会”农村新故事创作大赛	三等奖
2008	王德生	天堑变通途	散文	《从此岸到彼岸》，珠江文艺出版社	嘉兴市文联主办，“中国·桥”征文大赛	三等奖
2009	王德生 张祖良 宓瑞良	此生痴迷是滚灯——访海盐滚灯传承人万文观	传记	《守望与传承》，中国文史出版社	嘉兴市群众艺术馆，嘉兴市民间艺术家从艺生存状况课题调研	二等奖
2010	王德生	端午吃饭米膳	民间故事	《嘉兴端午习俗民间故事》，西泠印社出版社	嘉兴市节庆活动组委会办公室、中共嘉兴市委宣传部、嘉兴市文联主办，2010中国·嘉兴端午习俗民间故事征集活动	三等奖

续表 20－3－1

年份	作者	作品名称	体裁	发表、出版情况	主办单位、征文情况	获奖级别
2013	王德生	绝症患者的图腾	散文		嘉兴市文联主办，最美嘉兴人征文	铜奖
2013	王德生	于城蚕俗	散文	《嘉禾寻梦录》，吴越电子音像制品有限公司		
2014	王德生	沉睡的狮子已醒来	童谣		嘉兴市文明办、市文联主办，优秀童谣征集评比活动	三等奖
1992	周卫东（笔名：东东、周昳、周西西）	拥抱明天的太阳	散文	《浙江法制报》		
1993	周昳	秋天，深宫中的女子	诗歌	《青年诗人》1～2期合刊		
1993	周昳	永远的怀念——冬至祭父	散文	《九州诗文》第5期		
1994	周昳	汲水的人	诗歌	《东海》第3期	浙江省文联	
1994	周昳	雪	诗歌	《青年作家》第6期		
1994	周昳	飞鸟	诗歌	《东海》第7期	浙江省文联	
1994 1995.2	周昳	鹰	诗歌	《世纪的太阳》，中州古籍出版社	“‘太白杯’全国青年诗歌赛”	一等奖
1995	周昳	有关锯树的一次	诗歌	《东海》第3期	浙江省文联	
2011	周西西	经历		《南湖晚报》1月9日		
2013	周西西	新实验主义写作·诗（二首）	诗歌	《烟雨楼》第2期	嘉兴市文联	
2014	周卫东	冬天的行走与传达（组诗）	诗歌	《南湖晚报》11月25日		
2001	褚深灵	水乡“村姑”庄柴湖	散文	《南湖晚报》3月30日12版		
2014	何留法（整理）	镇海石与镇海塔	民间传说	《民间文学》，西泠印社出版社		
2014	董福林（整理）	借伞	民间笑话	《民间文学》，西泠印社出版社		

续表 20—3—1

年份	作者	作品名称	体裁	发表、出版情况	主办单位、征文情况	获奖级别
2014	蒋自强（整理）	迎花烛	民间歌谣	《民间文学》，西泠印社出版社		
2014	俞云鹤（整理）	绣花娘子绣平台	民间歌谣	《民间文学》，西泠印社出版社		
2014	王觉明（记录）	1.月婆婆，拜三拜 2.一个星，结玲玲 3.月亮婆婆	童谣	《民间文学》，西泠印社出版社		
2014	吴其荣（演唱），顾希佳（记录）	对鸡	童谣	《民间文学》，西泠印社出版社		
2001	祝留山	乘栈船	散文	《海盐民俗风情》，西泠印社出版社		
2001	祝留山	看草台戏	散文	《海盐民俗风情》，西泠印社出版社		

表 20—3—2　其他作品县级以上报纸发表情况表

姓　名	作者单位	体裁	作品名称	发表报纸	发表时间
金宏章	于城中心小学	通讯	知识富了王代妹	嘉兴日报	1997—02—24
金宏章	于城中心小学	通讯	要重视讲科学反迷信教育	浙江日报	1999—10—14
金宏章	于城中心小学	散文	和余华相聚的日子里	海盐日报	2000—03—23
金宏章	于城中心小学	散文	画缘	海盐日报	2003—11—10
金宏章	于城中心小学	散文	山涧的诗韵	海盐日报	2003—02—10
俞士明	于西小学	散文	余华来信	海盐日报	2004—04—26
李细怀	于城中学	散文	海盐这片土地	海盐日报	2000—01—27
马中明	于城镇中心小学	散文	校园纸鸢	海盐日报	2000—03—16
祝留山	庄家村	散文	乘栈船	海盐日报	2000—08—02
马玲芳	于城中学初一（七）班	散文	姑妈	海盐日报	2000—05—15
钱萍霞	于城中学初二（一）班	散文	悔	海盐日报	2000—12—11

第二节　曲艺　音乐　舞蹈

曲艺

王德生创作的上海说唱《一张存折》1982 年 4 月刊登在县文化馆编印的《曲艺节目选》中；5

月8～14日，县文化馆参加在湖州工农兵剧场举行的嘉兴地区第四届“南湖之春”音乐会获节目奖；1984年9月，参加县文艺工厂会演获优秀节目奖和创作奖。周珠法创作的骚子歌说唱《唱唱于城大变化》参加镇广场文艺调演。1986年，王德生作词、钱向阳作曲创作的越剧表演唱《党委书记下村来》，9月26～28日参加县第二届乡镇企业文艺调演获演出节目奖。1991年，在欤城乡影剧院举行“六乡镇越剧选段演唱比赛”。1999年4月，王德生创作的《颂歌一曲唱海盐》和《创业者之歌》，分别获文化局等“建国五十周年海盐县曲艺作品征文作品奖”。2011年1月，镇文化站专职干部王德生参加“浙江省首届乡镇文化员才艺大赛”，表演京剧《知取威虎山》“誓把反动派一扫光”选段，获表演艺术类戏剧小品优秀奖。

附：

唱唱于城大变化

1＝bB或A　　（骚子歌说唱）　　周珠法编写

2/4

中速、欢快、歌颂、豪放地

角　角 61 | 54 35 | 6 · 5 | 61 21 | 61 56 | 16 12 | 35 32 |
17 61 | 2 · 3 | 1 · 3 27 | 6 · 1 | 54 35 | 6 67 |
111 65 | 553 21 | 6 · （7 | 6765 66） | 3 · 5 66 | 5 · 3 2 |
东西　南北　开新　花　　　　　　　　绿水　青山　美
1 65 | 6 · （7 | 6765 66） |
如　画。　（乐板）

看一看　活拉于城　　　　格两年　变化蛮大；
开发了　工业园区、五金基地，　多样化　产业结构，组合优化；
产业化　优高农业效益高，　重科技　打造特色品牌；
实施了　村庄、环境整治，　新农村　建设加快步伐……

22 35 | 3 · 2 1 | 2 · 3 | 123 21 | 653 21 | 6 · （1 |
团勒　四转　兜　一　兜　于城　变化　实在　大。
5654 35 | 6 6 5 | 6123 2165 | 1 1 6 | 116 12 | 35 32 |
1217 61 | 2 2 3 | 1 · 3 27 | 6 · 1 | 5654 335 | 6 6） |
11 65 | 33 61 | 2 · （3 | 2321 2） | 53 66 | 5 · 3 2 |
说变　化来　唱变　化　　　　于　城交　通真
1 6165 | 6 · （7 | 6765 66） |
发　达　（乐板）

嘉于线、六平申线穿境而过，　盐湖路、杭浦高速公路四通八达。
搞产业，充分利用区域优势，　抓机遇，政府作了全面规划；

你看那，黄桥的工业建设，搞得来，热火朝天规模宏大；

公路上，车来人往，河港里，停满了轮拖船只。

2 2　3 5 | 3 · 2　1 | 2 1 2　3 | 3 3　2 1 | 5 · 6 | 1 6　2 1 |

"财神菩萨"　请　进　来，　于城　经济　要　大

6 · (1 | 5 6 5 4　3 5 | 6　6　5 | 6 1 2 3　2 1 6 5 | 1　1　6 | 1 1 6　1 2 |

发。

3 5　3 2 | 1 · 7　6 1 | 2　2　3 | 1 2 3 5　2 3 1 7 | 6　6　1 | 5 6 5 4　3 5 |

6　6) | 1 1　6 5 | 3 3　6 1 | 2 · (3 | 2 3 2 1　2) | 5 3　6 6 |

说变　化来　唱变　化，　于城农村

5 5 3　5 | 6 6 5　3 5 6 | 5 · (7 | 6 7 6 5　3 5 6 | 5 3　5) | 6 1　6 1 |

大变　化　大呀么大变　化，　各项事业

2 1 2　3 | 0 5　3 5 | 6　5 | 5 · 3　2 | 1　1 2 6 5 | 3　(5 | 6 7 6 5　6 6) |

齐发　展　推进了　城乡　一体　化一　体　化　（乐板）

清河道，村庄整治，水泥路通组到家；

装上了照明路灯，种花木，环境美化；

创建了科技文化活动中心　健身场造了十七八埸；

成立了社区卫生服务站所　看毛病省工省钱方便大家。（活拉）

2 2 2　3 5 | 3 · 2　1 | 2 1 2　3 | 1 · 3　2 1 | 6 5 3　2 1 | 6 · (1 |

生活　质量　大　提　高，　男　女　老少　乐开　花。

5 6 5　3 5 | 6 · 5 | 6 6 1　2 1 | 6 1　5 6 | 1 · 6　1 2 | 3 5　3 2 |

1 2 1 7　6 · 1 | 2　2　3 | 1 3　2 7 | 6 · 1 | 5 6 5 4　3 5 | 6　6) |

1 1　6 5 | 5 · 3　2 1 | 6 · (7 | 6 7 6 5　6 6 | 5 · 3　6 6 | 5 · 3　2 |

说变化来唱　变　化，　于　城农业　变

1　6 5 | 6 · (7 | 6 7 6 5　6 6) |

化　大　（乐　板）

机械化　整理土地　格子化，田块齐扎；

无公害　建立万亩水稻基地，精选良种当家产量高，

再讲那　江渭的苗木基地大得来，野野歪歪；

桂花树　樟树、五针松品种蛮多，买苗木，要啥有啥。

2 2 2　3 5 | 3 · 2　1 | 2 1 2　3 | 5 · 3　2 1 | 5 · 6 | 5 . 3　2 1 | 6 . (1 |

生态化建设新　农　村，　保　你　长寿　到　一　百。

5 4　3 5 | 6 1　2 1 | 6 1　5 6 | 1 6　1 2 | 3 5　3 2 | 1 7　6 1 | 2 · 3 |

1 . 3　2 7 | 6 · 1 | 5 4　3 5 | 6　6) | 1 1　6 5 | 3 3　6 1 | 2 . (3 |

再　唱农业　大变　化，

2321 2） | 5.3 66 | 53 2 | 1 65 | 6.（7 | 6765 66）|
优高 产品 发展快 发 展 快： （乐 板）

产业化 调整种植结构， 大家是 八仙过海神通广大；
专业化 成立合作组织， 学科技 创立优质品牌；
就讲那 八字葡萄何家蜜梨 名气是 早就大来呀煞；
一到那 秋天的收获季节 田漾里 客户成群道道大太。
合作社 做好销售服务工作，
果品要 销到嘉兴、湖州、苏州、上海、石化，
打品牌 抢占市场优势，
创优质 经济收效很大。

22 35 | 3.2 1 | 2· 3 | 5·3 21 | 5· 6 | 53 21 | 6·（ 1 |
你发 财来我 发 家， 困头梦里笑 哈 哈。
5654 3235 | 6 6 5 | 6123 2165 | 1 1 6 | 1.6 12 | 3.5 32 |
1·7 61 | 2 2 3 | 1·3 27 | 6·1 | 5654 335 | 6 6）|
11 65 | 553 21 | 6·（ 7 | 6765 66 | 5·3 66 | 5·3 2 |
说变化来 唱变 化， 于城 人民 有
1 65 | 6·（ 7 | 6765 66）|
气 魄 （乐 板）

党中央 六中全会决定， 新农村建设要干在实处要靠大家，
到将来 活拉于城 变化是着实还大。

222 35 | 3·2 1 | 212 3 | 33 21 | 5·6 | 5.3 21 | 6.（7 |
树立 科学 发 展 观 小康路上 大 步 跨
6765 35 | 65 6）‖

音乐

1982年10月，王德生作词、肖社良作曲创作的歌曲《春光洒在咱们厂》和《南北湖畔风光美》参加县第一届乡镇企业文艺调演获奖。1986年9月，王德生作词、滕英盛作曲创作的歌曲《燕归来》参加第二届乡镇企业文艺调演获奖；同时刊登在县文化馆编印的《歌词小辑》。2005年9月20日，钱建中作曲、于城镇构塍村南圣唢呐队民乐合奏《海盐骚子变奏曲》参加嘉兴市“新农村·文艺风”村落民间文艺精品会演获银奖。2011年1月，文化站专职干部王德生参加“浙江省首届乡镇文化员才艺大赛”，表演男声独唱《红星照我去战斗》，获表演艺术类声乐优秀奖。

附：

海盐骚子变奏曲

钱建中作曲

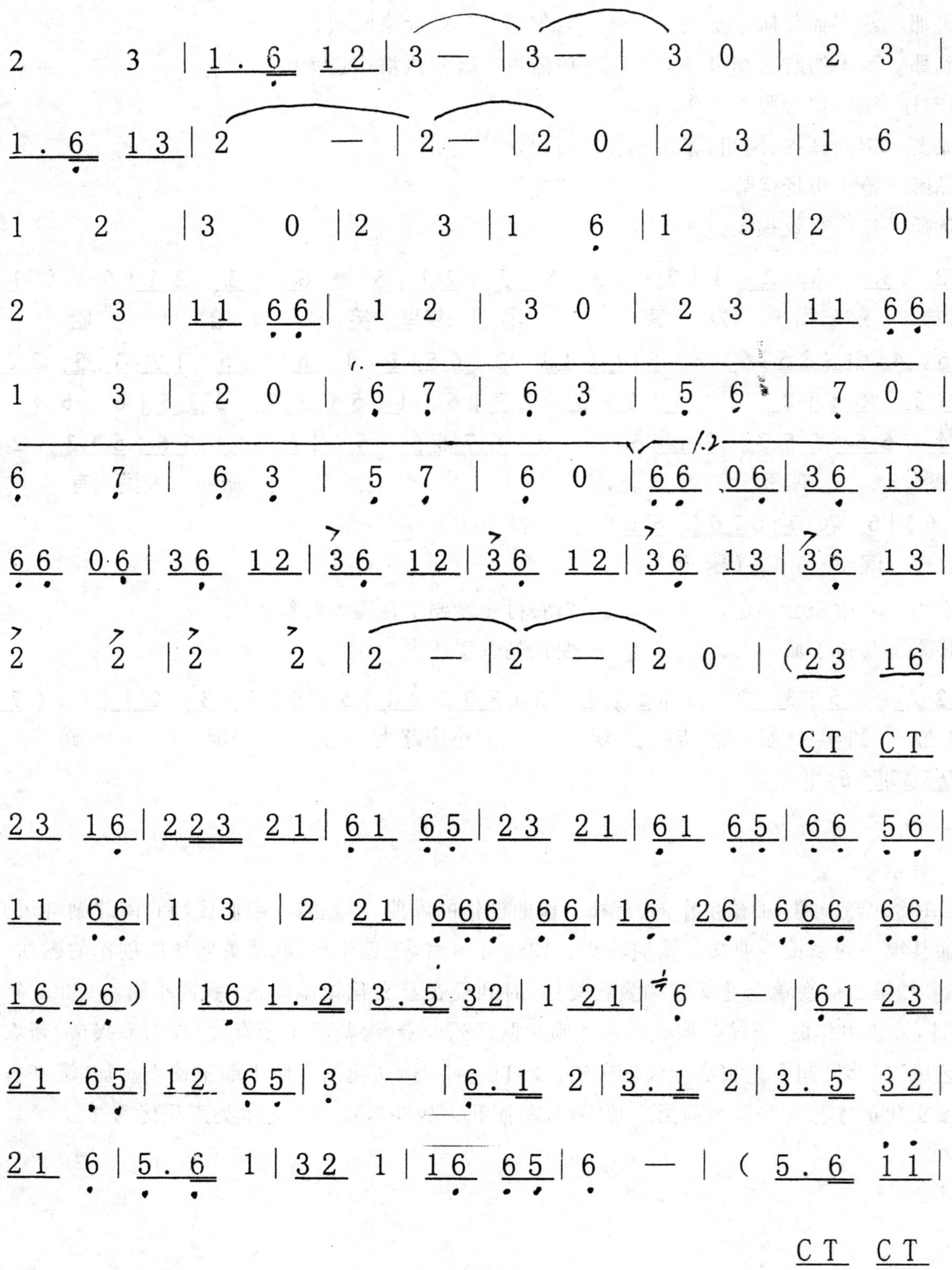

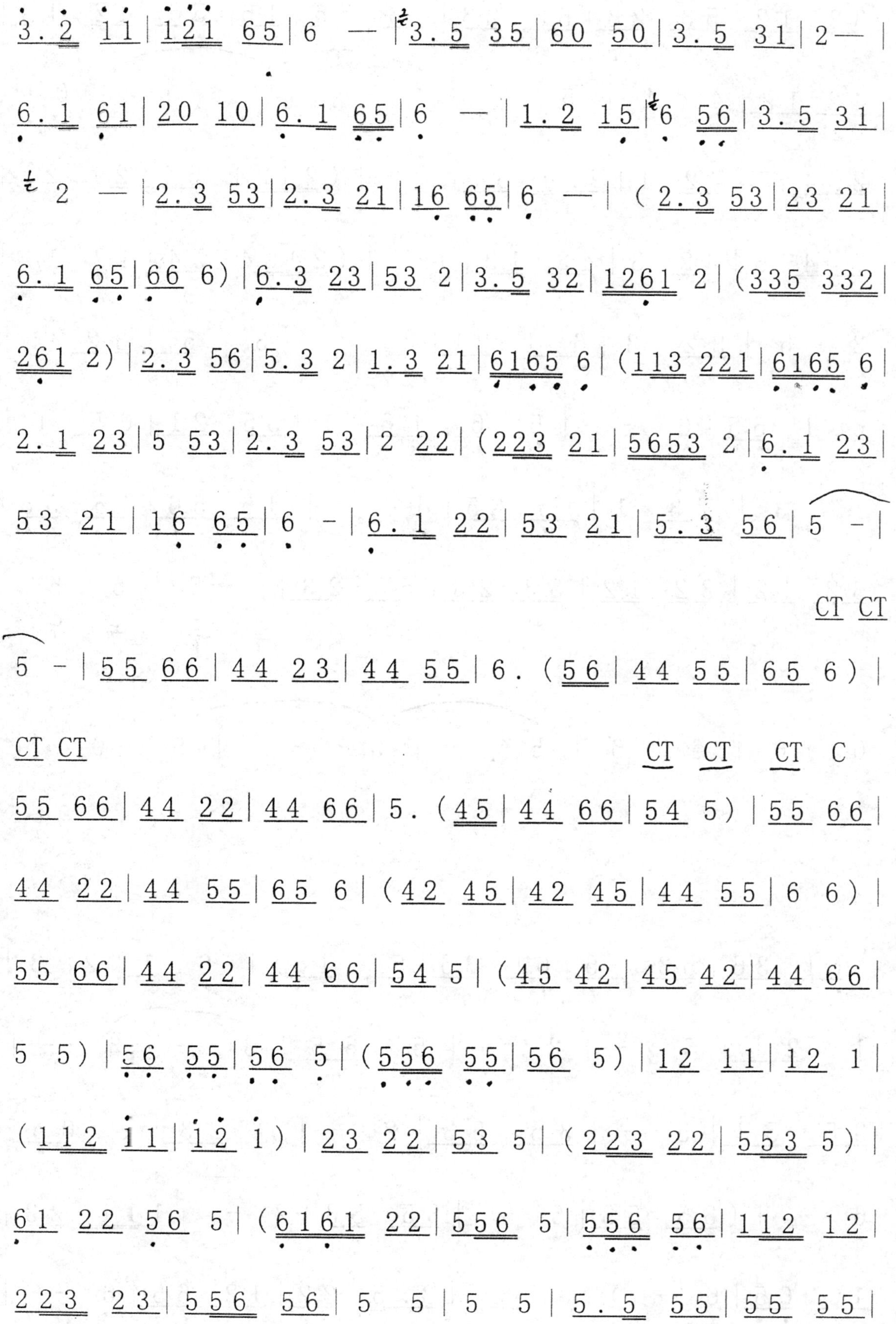
CT CT
CT CT
CT CT CT C

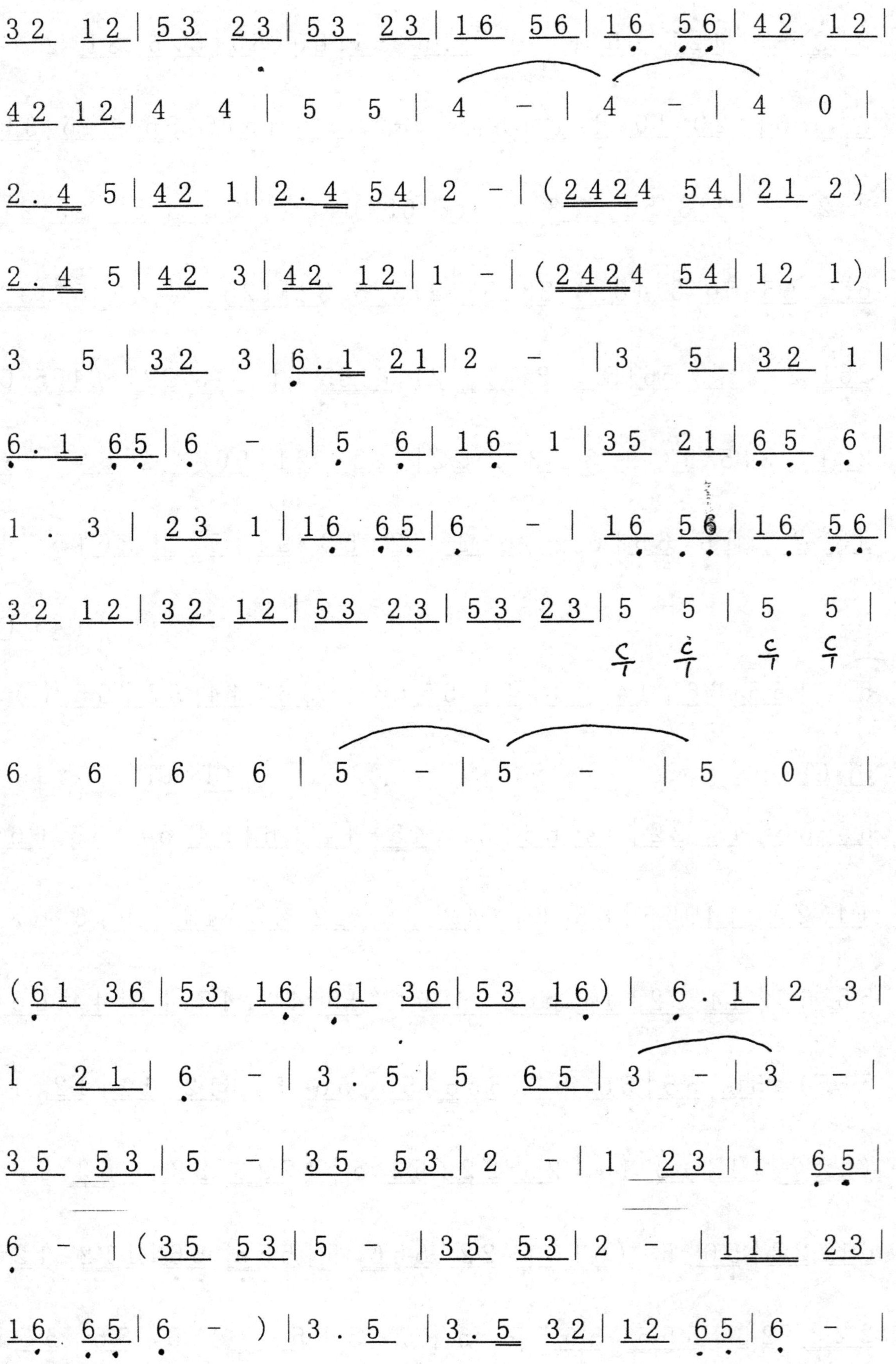

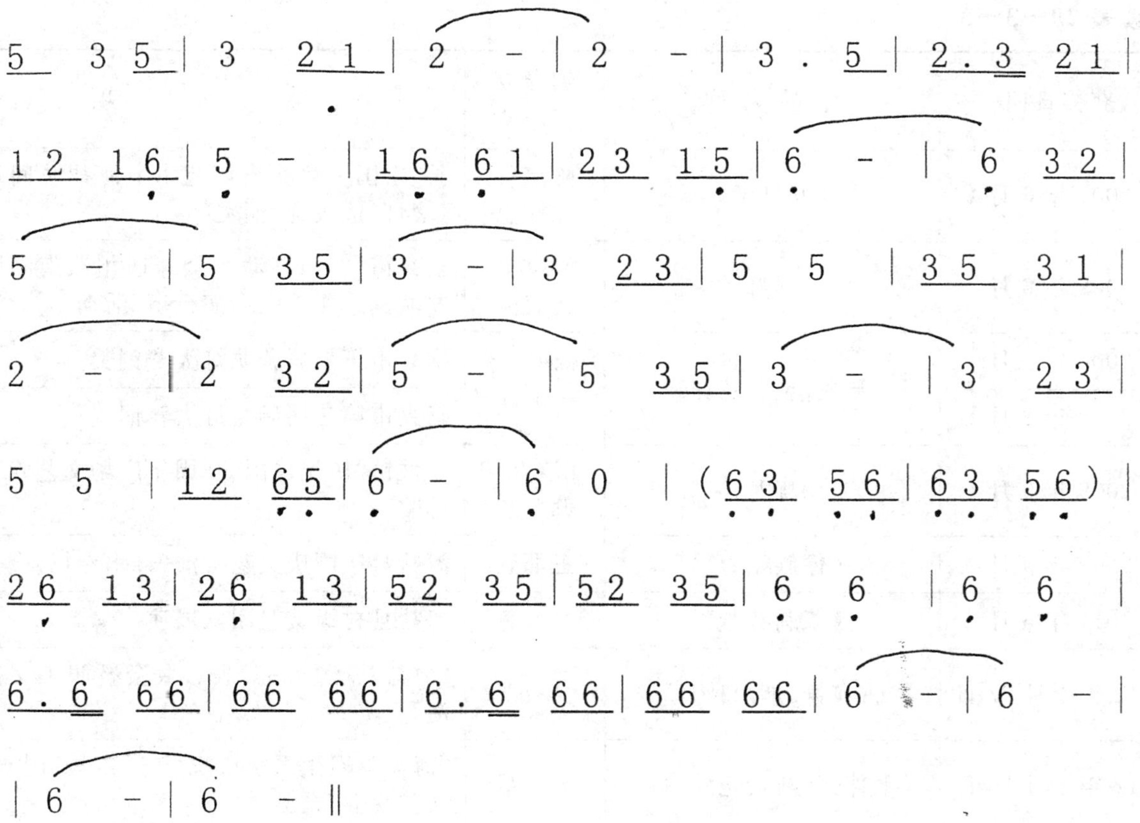

舞蹈

于城舞蹈具有地方特色，组建的舞蹈团队有：滚灯队、蚌舞队、五梅花民俗舞蹈队、女子舞龙队、舞狮队、扇子舞队、排舞队。在传承发掘民俗民间间舞蹈的基础上再创作，赋予时代特色，2011年，县文化馆实行下派员制度，下派了舞蹈专业人员，进一步推进民间民俗舞蹈、现代舞蹈普及提高。镇村（社区）单位建立自己的舞蹈队伍。在各类文艺会演中获奖。民俗舞蹈《五梅花》，2013年2月23日，参加嘉兴市委宣传部、文化广电新闻出版局、文学艺术界联合会主办的中信杯“金蛇报春·福满禾城”嘉兴市民间艺术优秀节目展演。创编的舞蹈《新五梅花》2013年参加县职工文艺会演。

表 20—3—3　　部分舞蹈作品演出获奖情况表

获奖日期	作品名称	编导或代表队	奖项
1986年9月	《我的心上人》	钱巧女 陈张葆	“海盐县第二届乡镇企业文艺会演”节目奖
1992年10月	《跳吧·欢乐的企业主任》	陈定珍	“海盐县第三届乡镇企业文艺会演”二等奖
1999年5月	《颂歌一曲唱海盐》	陈定珍	“纪念海盐解放五十周年‘中行杯’全县乡镇文艺会演”优秀节目奖

续表 20—3—3

获奖日期	作品名称	编导或代表队	奖项
2001 年 6 月	《好日子》	陈定珍 沈文惠	县“中国·海盐滚灯艺术节海盐民间舞蹈《滚灯》选拔赛”铜奖
2002 年 6 月	《蚌舞》	于城中学代表队	嘉兴市“中国移动·全球通相约南湖国内友城民族文艺大会演行街”活动
2008 年 2 月	舞龙《金龙戏珠》	江渭女子舞龙队	嘉兴市第二届调龙灯大赛铜奖
2009 年 2 月			嘉兴市第三届调龙灯大赛铜奖
2009 年 9 月	舞龙	江渭女子舞龙队	于城镇“庆祝建国 60 周年广场文艺晚会一等奖”
2009 年 9 月	《傣族姑娘》	王耶勤	海盐县庆国庆文艺会演(舞蹈专场)金奖
2011 年 6 月	《茉莉芬芳》	吴　慧	海盐县村级文艺团队展演
2012 年 4 月 27 日	古典舞《烟雨秋月》	吴　慧	“海盐县庆‘五一’表彰大会暨职工文艺会演”金奖
2012 年 5 月 16 日	歌伴舞《新贵妃醉酒》	吴　慧	“海盐县卫生系统庆祝‘5·12’国际护士节文艺晚会”金奖
2012 年 10 月 26 日	排舞表演《蓝色婚礼》	吴　慧	“第六届嘉兴市乡村文化艺术周——嘉兴市新农村排舞大赛”银奖
2012 年 10 月	《蓝色婚礼》	吴　慧	海盐县村级文艺团队会演银奖 第六届嘉兴市乡村文化艺术周的“舞动乡村”嘉兴市新农村排舞大赛获得银奖
2013 年 2 月	《五梅花》	朱和明	中信杯“金蛇报春·福满禾城”嘉兴市民间优秀节目展演银
2013 年 6 月	《新五梅花》	吴　慧	2013 年海盐县非物质遗产专场演出获得金奖
2013 年 9 月	《布兰妮玫瑰》	吴　慧	在“越跳越美丽”2013 海盐县“迎中秋”排舞大赛中获得银奖
2014 年 6 月	《欢乐滚灯》	吴　慧	2014“滚灯之夜”海盐县滚灯艺术团队比赛中获得银奖

第三节　书法　美术

1981 年 10 月举办庆祝国庆书画展,《浙江日报》报道了时任镇党委秘书张瑞祥的一篇书画展简讯。1982 年春节,组织举办了婚事新办漫画展。1982 年 10 月 1 日举办庆国庆书画展览。展出 18 人创作的书法 7 件、画 32 幅。1983 年 12 月 27 日,举办元旦书画展,作者 11 位,5 幅画、11 幅书法参加展出。1984年10月，组织庆国庆书画篆刻展览，7位创作者提供篆刻36件、书法11幅、画14幅。1985年12月，组织迎元旦书画展，作者8位，展出画11幅、书法14幅。1989年，欤城乡举办“十年改革看欤城”“《奋进四十年”“别了，迷信，愚昧”画展。1990年5月起，欤城、六里、石泉、横港、百步、通元6个乡镇文化站联办书画巡回展览，展出作品均为6个乡镇业余美术作者的近期创作，有书法、国画、农民画、水画、素描等50余幅作品。1991年1月，欤城、通元、六里、石泉、百步、横港6乡镇举办农民书画联展。1992年4月，举行书法美术展览，10位作者14件作品展出。1992年12月28日起，欤城乡团委、文化站举办“画与书法展览”，有9位作者展出作品11件。1992年11月，欤城乡参加县文化馆举办的“纪念《在延安文艺座谈会上的讲话》发表五十周年全县乡镇美术比赛”，欤城乡获比赛组织奖，作者范连明的作品《雏鸟展翅》获优秀作品奖。1995年10月，举办庆国庆书画展，选取8位书画作者的8幅书法、美术作品展出。2009年6～7月，于城镇党委政府主办了“移动杯”我为保持共产党员先进性暨建设社会主义新农村书画、摄影大赛。2000年6月举行小学生书画比赛，46名小学生参与美术、硬笔和毛笔书法比赛，获美术比赛一等奖是王洁婷、盛卯恒、肖梦丹，书法比赛一等奖是戴晓培、许燕敏。2000年“七一”，镇文化站出刊了金宏章个人山水小画展，画展在镇宣传橱窗展出，展出作品8件。2001年1月12日，于城镇组织文化下乡活动。2001是年1月，镇文化站组织“庆元旦小学生书画展”活动，展览选取了镇中心小学15位“小画家”的15件作品，作品在镇宣传橱窗展出。2001年国庆期间，镇文化站举办了“庆国庆于城人民爱祖国书画展览”，展览在镇政府宣传栏展出，共展出书法美术组成员的书法、篆刻、山水画等12件作品。2002年5月28日起，镇文化站、中心小学联合举办“庆‘六一’剪纸和美术作品展”，展出了18名小学生的33件作品，其中剪纸28件、美术作品5件，评出了一、二、三等奖。2005年12月底，组织举办了迎元旦书画展，8位业余书画作者展出25幅作品。2006年6月初至7月初，于城镇举行了“移动杯”我为保持共产党员先进性建设社会主义新农村书画征文摄影比赛。本次活动共收到书画作品38幅、摄影作品8幅，征文38篇。经过筛选于6月28日和7月1～3日进行展示活动。展出的作品有：书法9件，画8幅，征文8篇，摄影7幅。此外，经专家评选，金宏章的国画《保障》获一等奖。2009年3～7月，于城镇党委政府主办了“移动杯”我为保持共产党员先进性暨建设社会主义新农村书画、摄影作品大赛。其中书画大赛评出了一、二、三等奖作品各3件。鲁瑞良的作品《和谐社会》，姜沈丹的作品《正德厚生 臻于至善》，常凤祥的作品《架设通讯桥梁》分别获一等奖。2011年7月，于城镇举办了纪念建党90周年廉政书画优秀作品展，共有9副作品获一、二、三等奖并进行了展览，作品有《一身正气》《一清二白》《出淤泥而不染》等。2011年10月，于城镇举办了书画联展，书画联展由于城镇文化站、海盐县文联、海盐县总工会、海盐县书画苑联合举办，展出地点在于城镇文化活动中心，展出作品45件，书画联展进行了评奖活动。

表20－3－4　　　　美术作品获奖情况表

获奖日期	作品名称	作者	奖项
2008年	《安得广厦千万间》	金宏章	县廉政书画展三等奖
2008年10月	《佛眼》	金宏章	县财政局、教育局书画展评三等奖

续表 20－3－4

获奖日期	作品名称	作者	奖项
2010 年 3 月	《红船向未来》	赵留金	“写红歌·唱红歌全国书画邀请赛”新锐金奖
2011 年 6 月	《红岩》	金宏章	教育工作者协会建党 90 周年比赛一等奖
2011 年 2 月	《高瞻》	赵留金	“老骥伏枥·首届全国离退休老干部书画作品邀请展”金奖
2011 年 7 月	《一身正气》	赵留金	于城镇廉政书画征集活动二等奖
2010 年 5 月	故乡情同治	王羽茜	全国中小学幼儿优秀美术书法摄影作品大赛金奖
2011 年 5 月	写意山水	王羽茜	全国中小学幼儿优秀美术书法摄影作品大赛金奖
2015 年 12 月	《新家》	金宏章	嘉兴市委宣传部、文化广电新闻出版局“美丽乡村”视觉艺术作品展三等奖

第四节 摄 影

相机购置

于城镇文化站 20 世纪 80 年代末购买了“海鸥”普通照相机，90 年代购买“理光”单反相机；2006 年购买“佳能”数码相机；2008 年购“佳能”28－55 单反数码相机。2014 年，购置“佳能”28－135 单反数码相机。21 世纪初，于城镇各村和有关单位都购置了工作照相机。

摄影作品展和比赛

党代会、人代会及镇重要活动进行摄影图片展示宣传。1995 年，镇文化站摄影作品《于城大桥》参加县文化馆“海盐的桥”摄影比赛获优秀作品奖。1998 年国庆期间，镇文化站举办“于城镇 20 年成就摄影展”，共 43 幅照片在镇政府宣传橱窗展出。2001 年 7 月，纪念中国共产党诞辰 80 周年，举办于城镇 2000 年先进党支部优秀党员事迹摄影展览。2006 年 6～7 月，于城镇举办了“移动杯”我为保持共产党员先进性暨建设社会主义新农村书画、摄影大赛。其中，摄影大赛评出了一等奖作品 2 件，二等奖作品 3 件，三等奖作品 6 件，吴雪宝的作品《我们有了篮球场》、方锋娟的作品《竹》获一等奖。2000 年 9 月，组织了校园风采摄影展览，共 9 个展板。2010 年 10 月 1 日～11 月 10 日，于城镇党委、政府举办“新农村、新生活、新家园——照片上的新于城”摄影比赛、获奖作品展。展览由镇文化站、宣传办、工会、团委、妇联承办，比赛设一等奖 3 名，二等奖 4 名，三等奖 5 名。胡周峰的摄影作品《丰收采摘的喜悦》、胡海的《气派的文化活动中心》、金宏章的《摄不完的家乡美》分别获得一等奖。

摄影培训

全镇组织摄影培训 3 次，其中邀请文化馆摄影师陈家龙作辅导讲座 2 次，2005 年聘请了摄影家协会主席谢兆林给文化站人员和村文化管理员系统授课 1 次。

摄影作品获奖和使用

1999 年 8 月 25 日，王德生摄影作品《八字葡萄协会周玉良“传授管理知识”和“组织购销”》刊登在《海盐报》第 2 版。2000 年 3 月 2 日，王德生摄影作品《省级文明司法所》刊登在《海盐日报》上；3 月 7 日，《接待来访者》刊登在《嘉兴日报》上；8 月 2 日，《葡萄满枝》刊登在《海盐日报》上。2000 年 12 月 1 日，王德生的摄影作品《电脑进农家》，获海盐县文化局主办的全县文化站干部“双思”教育摄影展二等奖。2010 年 8 月，王德生的摄影作品《岛上有戏》，获嘉兴市群艺馆、嘉善县姚庄镇政府等单位组织主办的“畅想美景、姚庄风情”农民摄影比赛优秀奖。2013 年 7 月 1 日，陈建华的摄影作品《一丝不苟查隐患》，获海盐县安全生产委员会办公室、安全生产监督管理局、文联主办的“强化安全基础、推动安全发展”安全生产摄影比赛二等奖。

第五节　群文理论

于城镇群文理论研究最初在 1995 年，论文《文化与经济浅说》发表在浙江农业大学主办的《成人教育通讯》上。21 世纪起，于城镇群文理论研究成果频频在全国和省、市、县理论调研工作中获奖和发表。课题涉及文化力促进经济发展，公共文化服务体系建设，文化网络建设，民间艺术品牌打造，民俗文化传承保护，农民工文化，企业文化建设等。

表 20—3—5　　群文理论研究获奖情况表

论文题目	获奖级别	颁奖单位	作者姓名	获奖日期
促进经济发展的动力和源泉——加强基层文化建设的思考	优秀奖	中国群众文化学会	王德生	2002 年 12 月
	二等奖	嘉兴市群众文化学会 嘉兴市群众艺术馆		2002 年 12 月
文化站长谈文化站发展趋势	三等奖	中国群众文化学会	王德生	2005 年 10 月
海盐骚子的传承与保护	三等奖	中国群众文化学会	王德生	2005 年 10 月
用科学的发展观建设小康社会文化	二等奖	嘉兴市群众文化学会 嘉兴市群众艺术馆	王德生	2005 年 6 月
海盐县通元镇通北村农民文化生活田野调查	一等奖	嘉兴市群众艺术馆	王德生 宓瑞良	2006 年 11 月 14 日
作为课题组成员，参加的浙江省百村农民文化生活调查课题成果《浙江省新农村文化报告——来自 118 个行政村农民文化生活的田野调查》	全国第十四届群星奖（服务奖）	浙江省群众艺术馆	王德生	2007 年 11 月 22 日

续表 20－3－5

论　文　题　目	获奖级别	颁　奖　单　位	作者姓名	获奖日期
论农民工文化是农民工融入城市生活的桥梁	三等奖	浙江省群众艺术馆	王德生	2007 年 7 月
浅析乡镇公共文化服务供给网络建设	优秀论文奖	中国群众文化学会 《文化大视野》编委会	王德生	2008 年 9 月
端午节庆的历史渊源与民间影响	优秀论文奖	中国群众文化学会 《文化大视野》编委会	王德生	2009 年 10 月
海盐民间艺术品牌打造的调查报告	三等奖	嘉兴市群众艺术馆	王德生	2009 年 6 月
群众文化回归群众与文化品牌打造刍议	三等奖	浙江省群众艺术馆	王德生	2010 年 12 月
乡镇公共文化服务创新的调查报告	三等奖	浙江省群众文化学会 浙江省文化馆	王德生	2011 年 10 月
构建公共文化服务体系 推进农村“两新建设”——于城镇强化社区文化产品供给机制的调查报告	二等奖	嘉兴市群众文化学会 嘉兴市文化馆 嘉善县文化广电新闻出版局	王德生	2012 年 5 月
党建工作工作要在求真务实上务求实效的思考	二等奖	中共海盐县委宣传部等	王　芳 王德生	2011 年 6 月 27 日
浅谈优化农村群众文化设施环境	三等奖	海盐县人民政府	王德生	2004 年 2 月
镇级大型文艺活动社会化的实践与思考	三等奖	海盐县委宣传部	王德生	2007 年 1 月
企业文化建设浅谈	优秀调研文章	海盐县总工会	王德生	2010 年 4 月
实现先进文化的前进方向与加强农村群众文化建设的思考	嘉兴市首届群文论文比赛入选奖	嘉兴市群众艺术馆 嘉兴市群众文化学会	王德生 汤芳英	2001 年 12 月

表 20－3－6　　群文理论研究发表情况表

发表年份	作　者	论 著 题 目	登载书刊	出版单位	研讨活动名　称	主办单位
1995	王德生	文化与经济浅说	成人教育通讯(第 1 期)			浙江农业大学
2004	王德生	促进经济发展的动力和源泉—加强基层文化建设的思考	文化大视野(第 6 卷)	中央文献出版社	全国群众文化论文 2002 年度评奖	中国群文学会、文化部社文司

续表 20－3－6

发表年份	作　者	论著题目	登载书刊	出版单位	研讨活动名　称	主办单位
2005	王德生	海盐骚子的传承与保护——文化站长谈文化站发展趋势能否巩固关键在于是否发展	文化大视野（第 7 卷）	中央文献出版社	全国群众文化论文××××年度评奖	文化部社文司、中国群文学会
2006	王德生郑凤月	月科学发展观建设小康社会文化	中国群众文化论坛文集	中国文联出版社	首届中国群众文化论坛	中国群众文化学会
2008	王德生	浅谈优化农村群众文化设施环境	文化大视野（第 10 卷）	中央文献出版社	全国群众文化论文评奖	文化部社文司、中国群文学会
2008	王德生	浅谈民间文化在社会主义新农村建设的作用——以海盐民间文化保护与发展为例	守卫与弘扬	大众文艺出版社	2007 年 9 月第二届江南民间文化保护与发展论坛	浙江省民间文艺家协会、嘉兴市委、市政府、文广局、海盐县委、县政府、文广局
1999	王德生	农村文化市场浅谈	海盐日报（6 月 15 日第 3 版）	海盐日报社		
2000	王德生	农业农村现代化建设和精神文明建设应该是相得益彰、相辅相成	海盐日报（2 月 12 日第？版）	海盐日报社		

第四章　广播　电视

第一节　有线广播

1958 年建立圩城公社广播放大站，地址在公社机关院内。

1969 年下半年，建设农村广播网。公社和大队、小队广播线路和机器设备，由社、队集体投资，社员装广播喇叭和入户线用户自理。

1970 年，新建圩城公社广播放大站站舍楼，地址在公社机关大院西面，其中二层均为 3 间，三层只有 1 间。

1971 年 7 月 9 日，海盐县生产指挥组财税办公室同意圩城公社有线广播建设购 500 瓦扩音机1台以及部分广播高音喇叭，财政补助1500元。是年，全公社有有线广播4598户。

1977年，有1750瓦功率广播扩大机5台，村村有广播室。全公社广播线路68.4公里，有线广播喇叭5895只，入户率91.5%。是年架设铜芯铝包线39.3公里，广播质量达到省指标规定。

1980年，收取广播网络维修费，每户年收1.5元，高音喇叭每只年收12元。全公社有收费广播5295户，高音喇叭37只。

1984年，广播放大站更名为广播站。

1985年，钦城乡有线广播入户5862户，各村和企业有高音喇叭28只。每户年收维修费2元，高音喇叭12元。

1986年，钦城乡有线广播已经普及。此后，转入以提高质量为中心，网络整顿为重点，巩固发展农村有线广播。广电站对专用的机器设备更新换代，为部颁甲、乙机。

1990年，钦城乡广播站获省广电厅颁发的整网合格证书。到1993年，达到了部颁一级标准；先后购置播控桌，输出配电馈、电源配电馈、4×250瓦扩大机、录音机和采访机。

钦城乡广播站1991年被市广电局授予三级站证书，1993年又被市广电局授予一级乡镇站。

1993年，原钦城广播站更名为钦城广播电视站。同年，该站由县属大集体事业单位转为全民事业单位。经费来源：小额由镇财政拨款，主要费用自行解决。是年，改造机房、播音室，安装了1000瓦扩音机、输出配电盘，调换进出连接线、总地线。改造线路（包括入户线）94.1公里，全镇安装乙级音响喇叭1158只。

1995年，全镇共有广播喇叭6450只，其中乙级音箱3540只。农户入户率达98%，架设广播干线67.17公里，支线300公里。

2006年，于城镇实施调频广播通响工程，镇广电站经过网络改造，实现了广播与有线电视的共缆传输，确保了广播通响率和安全播出及有线电视的安全传输且便于维护。新安装了调频广播5300只，广播通响率达到86.7%。

第二节　有线电视

1994年3月，于城镇开始筹建有线电视。这一年，镇政府投资40万元开通了有线电视网络。在安装有线电视过程中，广电站实行自收自支。筹备时，镇政府拨款20万元，部门资助15万元，作为启动资金。有线电视开通得到了海盐绢纺实业公司的大力支持，承诺每发展一个村，资助2万元。

1994年6月，有线电视前端设备安装调试完毕，架设传输干线3.5公里。7月18日，开始入户安装，至8月18日，首批开通集镇的终端用户200余户。是年8月23日，通过了嘉兴市广电局验收；于城镇有线电视站采用了美国亚特兰大公司生产的设备，具有国际先进水平。是年年底，第一期有线电视工程投资40万元，全镇共安装终端为350户。

1995年，于城镇广电站购置了摄像机一台，开始在有线电视中举办社区性宣传节目，并开办了电视点歌活动。是年，有线电视继续向集镇外的农村辐射延伸，南圣、鸳鸯、吕冢、千福、陈家门、于北六个村先后开通。

1996年，投入40多万元又开通了何家、庄家，有500多户安装了有线电视，建立了两个有线电视村，增设主干线，增加有线电视用户700多户。10月初，镇有线电视联网县台，用户增加到23套节目。

1997年，又开通了于三、太平和八字等共10个村。终端服务已发展到1500多户。

1998年，继续发展有线电视村，共14个村开通了有线电视网络，占16个村总数的87.5%，共有2150户安装了有线电视，占农户总数的30.5%。

2000年，全镇有线电视入户2212户。

2004年3月，于城镇党委、政府提出了实施有线电视入户工程。全镇新增光接点4个，投入资金60多万元。镇党委、政府建立了有线电视入户工作考核责任制，纳入镇机关干部联村工作和村干部年终考核。2004年新增用户550户。

2005年，于城镇有线电视已架设干线13.72公里，全镇8个行政村全部开通了有线电视，是年全镇新入户有线电视1341户，安装终端用户为4243户，入户率为83%。

2006年，于城镇广播电视站实施有线电视与广播共缆传输，年底开通了高清晰、多频道、程序化数字电视，提高了有线电视收视质量。是年11月起，投入60万元，新架设光缆23千米，新增光接点21个，共有光接点49个，每个光接点可带170户用户。当年安装有线电视517户，全镇用户为4760户。

2009年10月于城镇率先在全县完成有线电视数字化整体平移，有线数字电视用户达6000余户。

2013年，新增加数字电视用户100户，新增机顶盒380台，新增高清互动电视82户、宽带用户231户。全年新增光点82个。全镇共有数字电视用户数6517户，正常用户6254户，拆迁户长期不住人等报停用户263户。全站事业收入160万元。

2014年，全镇共有数字电视用户数6647户。全年新增光点88个，新增高清互动电视160户、宽带用户42C户。是年，数字电视网络双向化改造已覆盖5315用户，双向化改造率为80%。全年事业收入总计为180万元。是年6月，新站房动工建设，迁址在鸳鸯村斜港桥东，建筑面积为953平方米，投资额200万元，2016年4月投入使用。

第三节　自办节目

1984年3月起，广播站新闻节目稿件实行稿酬制，凡被采用的稿件，每篇酌情付给写稿人0.2～0.3元。

1993年，乡广电站自办节目，播出报道员稿件676篇，向县台和报社发稿386篇，在县新闻工作者协会、县广播电视局一周新闻抽查评奖活动中获一等奖。

1994年，于城镇广播电视站获广电局一周节目评比二等先进奖。

1995年，于城镇广电站组建了25名人员组成的通讯员队伍。围绕党委政府中心工作，组织了计生宣传等专题节目和广播征文活动，用稿787篇。上级媒体用稿300多篇。自办节目获县局抽查评比一等奖，市局评比三等奖。

1996年，于城镇广电站积极发挥“喉舌”作用，办好新闻为主的自办节目，同时主办经济信息有偿服务。配合各部门组织了计划生育、卫生园地、广播家长学校、农保、普法、路线教育等18个专题节目。全年组织通讯员培训活动3次，播出稿件789篇。向县台选送自办节目评比获二等奖。

1998年，于城镇广播电视站邀请县广播电视台总编室主任对镇通讯员实施业务培训，办好自办节目同时，向县广播电视台发稿250篇；是年《海盐日报》用稿18篇，嘉兴市台3篇，《嘉兴日报》4篇。

2013年，办好每周3期的广播自办节目，配合党委政府中心工作，即“三改一拆”“清洁家园美丽于城”“预防禽流感”等；举办专题讲座节目，即“广播党校”“卫生与健康”“农民之友”“法制大讲堂”等；其中向县广播电视台发送广播稿130篇、电视稿件80篇。

2014年，于城广播电视站办好每周三期广播新闻自办节目，配合政府各个时期的重点工作，有“五水共治”“三改一拆”“无违建镇创建”“于城好人好家庭事迹宣讲”；举办专题节目有“广播党校”“卫生与健康”“农民之友”“法制大讲堂”共312期，播出各类稿件676篇；向县广播电视台发送广播稿135篇、电视稿件89篇。是年，广播自办节目获得嘉兴市“十佳节目”称号。

第二十一编　历史文化遗产

于城镇历史悠久，文化积淀深厚，文化遗产源远流长，门类繁多，丰富多彩。于城文化遗产分二类，一是物质文化遗产，通常我们说的文物，分不可移动文物和可移动文物；二是非物质文化遗产。解放后，于城镇经过三次文物普查工作，至2015年，列入县级文物保护单位有6个，县级文物保护点有3个。1981年1月12日，海盐县博物馆曾公布圩城公社跃新大队三队古遗址“构塍庙桥遗址”，1973年出土绳纹红陶罐1只，青瓷尊1只，印纹陶片若干；红旗大队有“祝家汇遗址”，1973年出土石刀一把，印纹陶片若干。2008年3月25日，成立了于城镇非物质文化遗产普查工作领导小组，建立普查工作组，实施全镇性非物质文化遗产普查工作，非物质文化遗产形成了资料集成。至2015年，于城镇列入县级以上非物质文化遗产代表作名录共10件，其中列入市级3件，省级1件。

第一章　物质文化遗产

于城镇物质文化遗产中，不可移动文物有古桥梁、古遗址、古墓葬、古石帮岸、古石埠和近现代建筑等；可移动文物有古式家具、农耕用具、生产生活用具等家庭遗存。重要的文物采取了定级保护。

第一节　县级文保单位

海盐县人民政府发文公布，县级文物保护单位有6个，即郑晓墓、重建太平桥、牛桥、重建冯师娘桥、京新桥、潘陈庙遗址。下列是文保单位的基本情况。

郑晓墓

位于于城镇构塍村中泾堰、村级公路西15米处；年代为明朝，类型属古墓葬。是海盐县政府2000年11月1日公布的、第五批5个县级文保单位之一。

重建太平桥

位于于城镇吕冢村小集镇西南部，年代属清道光年间，类型属古建筑。桥为七孔六墩三联石梁桥，东西向。桥长28.70米，桥面宽1.45米，由两端向中间略呈弧形升起。桥额中间跨桥面板外侧阳刻“重建太平桥”，清道光二十七年(1827)重建，“里人公助”“道光丁未年立”。桥枕为椭圆形条石，伸出桥面石约30厘米。桥台：条石错缝砌筑。桥柱上有桥联。2010年列入县级文保单位。

牛桥

位于于城镇八字村牛桥港南部，年代为明天启元年(1621)，类型属古建筑。南北向，横跨牛桥港，五孔四墩。桥面为砖木结构，长木为梁，横钉檩条，上面用砖块竖铺加土而成，由两端向中间略呈弧形升起；桥枕为椭圆形条石；桥墩为条石排架。桥长21.16米，桥面宽1.27米。2010年列入县级文保单位。

重建冯师娘桥

位于于城镇三联村占家浜自然村与于北十组交界，年代为清乾隆年间，类型为古建筑。南北向、三孔二墩，桥板为三联排架的石梁桥。桥台阶由条石、块石错缝砌筑，桥墩分别为三块条石直立并列构筑。桥长21.20米，桥面宽1.63米。2015年列入县级文保单位。

京新桥

位于于城镇八字村马家塔自然村，始建于民国3年(1914)，类型为古建筑。桥面为三联排架的石梁桥，桥长22.3米，桥面宽2.5米。桥枕均阳刻有图案，北边第二桥墩柱石上刻有捐款人姓名，其中陈家门沈志裕捐银圆1000元，东西向柱石上刻有桥联。2015年列入海盐县文物保护单位。

潘陈庙①遗址

位于于城镇鸳鸯村潘墅庙自然村中部，新石器时代，类型是古遗址。2010年列入县级文保单位。

第二节　县级文保点

海盐盐县文化广电新闻出版局公布的文物保护点有3个，即重建构塍庙桥、重建纯万塘桥、孙家坟桥。

重建构塍庙桥

位于于城镇构塍村构塍庙漾北部，类型是古建筑。东西向、五孔四墩。桥面板为三联排架，石梁桥，桥长36.8米，桥面宽1.5米，由两端向中间略呈弧形升起。桥额阳刻有“方框”及框内“重建构塍庙桥”，民国3年重建(1914)。桥枕均为椭圆形条石。桥墩分别为三块条石直立并列构筑。2013年列入海盐县文保点。

重建纯万塘桥

位于于城镇庄家村冯家组，类型为古建筑。2015年列入海盐县文保点。东西向、三孔二墩共9块桥面石，桥面板为三联排架，石梁桥，桥长21.66米，桥面宽1.60米。桥额中间阳刻“重建纯万塘桥”，两边雕刻有纹饰图案。西南面桥枕石上方刻录有“乾隆岁次、甲辰年秋、玖月重建”字样，即为始建于清代1644年，重建于乾隆四十九年(1784)。中间桥墩内侧刻有莲花纹图及出资人姓名和年月。东面桥墩南侧桥柱有损坏，2015年用混凝土修缮。

① 《海盐图经》为潘墅庙。

孙家坟桥

位于于城镇江渭村(7组)孙家坟港,年代为清末至民国,类型为古建筑。南北向、五孔四墩。桥面板为三联排架,石梁桥,桥长24.3米,桥面宽1.6米。桥枕为椭圆形条桥,桥墩分别为三块条石直立并列构筑。2015年列入海盐县文保点。

第三节　重点文物登录名录

林池村古墓葬群

位于于城镇鸳鸯村林字村自然村,古墓葬,普通墓葬,年代不详。有2组墓用条形石筑穴。

汤家浜蚕室

位于于城镇吕家村汤家浜16号民居南6米处,现代重要史迹及代表性建筑,1969年建。

老屋上石傍岸

位于于城镇吕家村老屋上12号民居西3米处,古建筑,桥涵码头,清代(1644~1911)建。

王佰年墓

位于于城镇庄家村西庄组王雪平家东5米处,现代重要史迹,名人墓,1964年建。

西庄蚕室

位于于城镇庄家村西庄8号民居东3米处,现代重要史迹及代表性建筑,1980年。

王家蚕室

位于于城镇庄家村王家组王卫东家东5米处,现代重要史迹及代表性建筑,1964年建。

重建新津桥

位于于城镇何家村三组褚俞埭马建生家东南10米处,古建筑,1966年修缮通村道路。南北向、三孔二墩。桥面板为三联排架,石梁桥,桥长14.10米,桥面宽1.70米。有桥额,中间侧面阳刻“重建新津桥”两旁雕刻有纹饰图案,桥枕均阳刻有纹饰图案,桥柱上北向南柱面阳刻有纹饰图案,东西两边桥柱侧面阳刻有桥联。桥墩分别为三块条石直立并列构筑。2013年海盐县重点文物登录单位。

褚俞埭蚕室

位于于城镇何家村三组褚俞埭马建生家北20米处,现代重要史迹及代表性建筑,1969年。

于城粮站

位于于城镇镇中桥西南侧,现代重要史迹及代表性建筑,建于1956年。

第四节　文物登录名录

南俞河埠头

位于于城镇鸳鸯村南俞4号民居东南30米处,桥涵码头,年代不详。

床庄堰河埠头1

位于于城镇鸳鸯村床庄堰18号民居东南5米处,桥涵码头,年代不详。

床庄堰河埠头 2

位于于城镇鸳鸯村床庄堰 26 号民居东南 20 米处，桥涵码头，年代不详。

防备桥

位于于城镇鸳鸯村吕冢港中部，年代不详。东西向、一孔桥。桥面板为三联排架，石梁桥，桥长 27.8 米，桥宽 1.9 米。桥枕为长方形条石，桥墩连接桥堍墩。

火车浜蚕室

位于于城镇鸳鸯村火车浜自然村，现代建筑。

俞家坟

位于于城镇鸳鸯村俞家坟自然村，潘陈庙遗址西侧，古墓葬，年代不详。

新屋廊河埠头

位于于城镇鸳鸯村新屋廊 1 号民居南 20 米处，桥涵码头，年代不详。

庄家东庄河埠头

位于于城镇庄家村庄明福家西侧陈坟桥港东河滩，桥涵码头，年代不详。

褚俞埭小队食堂

位于于城镇何家村三组褚俞埭马建生家北 20 米，现代建筑，1969 年建。

南千福径桥

位于于城镇八字村千福自然村千福泾港中部，古建筑，建于民国六年。东西向、三孔二墩。桥面板为三联排架，石梁桥，桥长 15 米，桥面宽 1.6 米。有桥额，阳刻“南千福泾桥”，两端有阳刻图案。桥枕为椭圆形条石，两端未露出桥面石。

江渭港河埠头

位于于城镇江渭村江渭港 15 号民居东南 5 米处，桥涵码头，年代不详。

盛家古井

位于于城江渭村网船组盛 4 号民居东南 5 米处，池塘井泉，年代不详。

王氏老井

位于于城镇江渭村王家村王海明家。池塘井泉，年代不详。

小桥

位于于城镇江渭村小桥自然村，年代不详。南北向、一孔桥，桥面板为三联排架，石梁桥，桥长 12.2 米，桥面宽 1.8 米。桥枕为椭圆形条石，桥墩连接桥堍墩。

重建兴福桥

位于于城镇三联村（北 10 组）南桥自然村，年代不详。南北向、三孔二墩。桥面板为双联排架，石梁桥，桥长 14.1 米，桥面宽 1.1 米，由两端向中间略呈弧形升起。中间有桥额，阳刻“重建兴福桥”，两端有阳刻图案。桥枕为椭圆形条石，桥墩南北共四块条石，各有箭形状图案。

富贵桥

位于于城镇吕冢村富家汇港，东西向、一孔桥。桥面板为三联排架，石梁桥，桥长 17 米，桥面宽 1.5 米。桥枕为长方形条石，桥墩连接桥堍墩。

第五节　文物选介

钦城桥

钦城桥西侧

位于于城集镇东北，东西向横跨盐嘉塘。始建于宋绍兴三年(1133)，后几经重建。钦城桥用巨型条石砌成，长 49.9 米，桥面宽 5 米，高 7.52 米，南有石阶 54 级，北为 53 级。桥两侧拱圈间壁上各有楹联一副。东侧："西流硖石东接秦溪帆影飞归青雀舫，南注海昌北连鸳水橹声荡入碧云天。"西侧："虹影喜重辉试看秋水长天舳舻千里，鸠工成不日从此夕阳古渡锁钥双流。"大桥堍东侧有"徐来亭"一座，1973 年被八一大队购买，作建新校舍补充材料。1995 年因水利建设之需钦城桥被拆除，新建的钦城桥向东迁址，南北向横跨盐嘉塘，但新建的桥是钢筋混凝土结构。

重建冯师娘桥

冯师娘桥位于占家浜自然村，横跨冯师娘港，三孔二墩，南北长 21 米，宽 1.6 米，桥面是九块长条石组成。桥额阳刻"重建冯师娘桥"，额桥傍阴刻建造年款，建于清乾隆年间，桥身多处刻有纹饰图案，东侧桥联："东西桥已就寰村丰，南北方感阖境昌。"西侧为："水接胥溪渔艘摆浆，湖通沈荡商舫杨帆。"阖是否吴王阖闾，胥是不是伍子胥有待考证，如是指二位战国君王及其名臣，那便与亭子浜战国古遗址相吻合。冯师娘桥既是三联村亮丽的名胜古迹，也蕴藏着一为伟大的女性——冯师娘。县作家协会主席吴松良从《海盐文化丛书》查到，距桥北 100 米处，旧时有"冯师娘庙"。时至今日，庙虽已毁，时过境迁，但不少香客还在设台烧香。据传说，冯师娘是一位乐善好施的女性，后人为纪念而建庙立德，造桥立迹。

郑晓墓

位于于城镇构塍村"大坟山"①，明嘉靖四十五年(1566)葬。整个土墩面积 3419 平方米，墓东西向，圆形，直径 66 米，高 6.3 米。墓穴完整，墓前甬道和墓庐已废。墓东南向西至东北有河浜，是筑墓时开挖，其土筑起"大坟山"。墓表面及周围种植桑树和蔬菜。2005 年公布为县级文保单位。郑晓(1499－1566)，字窒甫，号淡泉，浙江海盐县人，罢官后居住在武原镇百可园，卒后落葬于构塍村，年六十八，墓尚存。嘉靖二年(1523)进士，授职方主事。喜披阅旧文牍，尽知天下扼塞和兵马虚实强弱。兵部尚书金献民嘱其撰《九边图志》，时人争相传抄。后以争"大礼"，被廷杖。大同兵变，郑晓极言叛军不可赦，为张孚敬所赏识，欲改置翰林及言官，郑晓皆不赴，不久即以父丧归家。至许赞为吏部尚书，调他为吏部考功郎中，逆大学士严嵩，被贬为和州(今安

① 大坟山是当地人对郑晓墓墓地的称呼。

徽和县)同知,迁太仆丞,历南京太常卿。后改兵部右侍郎,兼副都御史总督漕运。时大江南北皆为倭寇所扰,漕船几为阻塞。郑晓请发库银数十万,造战船,筑城堡,练兵将,积米粮,前后督兵斩倭九百余级。进吏部左侍郎,迁南京吏部尚书。世宗以郑晓知兵,改右都御史协理戎政,寻拜刑部尚书。因为上疏反对各衙门私自受理词讼,要求事权归一,为严嵩所陷,嘉靖三十九年四月十九日被罢落职。郑晓通经术。嘉靖四十五年九月十四日卒。隆庆初,赠太子少保,谥端简。著作有《禹贡图说》《吾学编》《端简文集》等。

林池村古墓葬群

位于于城镇鸳鸯村林池村自然村。年代不详。古墓葬群为一个家庭墓地,墓主人不详。土地整理后地面残存3座原始混凝土浇筑的墓圹,东西向排列。东面与中间的墓圹之间相距约20米,形制相同,东侧墓圹略大;西面墓圹距东墓圹约70米,其规格相对较小。1号墓南北长4.21米,东西宽3.58米,高1米。2号墓南北长3.6米,东西宽5.2米,高0.75米。3号墓南北长3.74米,东西宽2.14米,高约1米。

表21—1—1　　于城镇不可移动文物情况表

序号	名　称	修(重)建时间	类　型	地　址	保护级别	备　注
1	郑晓墓	明	古墓葬	构塍村	县级文保单位(2000年评定)	
2	俞家坟	不详	古墓葬	鸳鸯村	未定级	
3	潘陈庙遗址	新石器时代至战国秦汉	古遗址	鸳鸯村	县级文保单位(2010年评定)	
4	汤家浜蚕室	1969年	近现代重要史迹及代表性建筑	吕家村汤家浜16号民居南6米处	未定级	
5	老屋上石傍岸	不详	古建筑	吕家村老屋上12号民居西3米处	未定级	
6	重建太平桥	清	古建筑	吕家村西南部吕家港中段	县级文保单位(2010年评定)	有桥联、桥名石刻
7	王家蚕室	1964年	近现代重要史迹及代表性建筑	庄家村王家组王卫东家东5米处	未定级	
8	西庄蚕室	1980年	近现代重要史迹及代表性建筑	庄家村西庄8号民居东3米处	未定级	
9	重建纯万塘桥	清乾隆四十九年(1874)重建	古建筑	庄家村冯家组	县级文保点	有石雕图案和石刻

续表 21－1－1

序号	名　　称	修(重)建时间	类　　型	地　　址	保护级别	备　注
10	重建新津桥	1966 年	近现代重要史迹及代表性建筑	何家村三组	未定级	有石雕图案和石刻
11	褚俞埭蚕室	1969 年	近现代重要史迹及代表性建筑	何家村三组褚俞埭马建生家北 20 米处	未定级	
12	重建勾塍庙桥	民国 3 年(1914)	近现代重要史迹及代表性建筑	构塍村构塍庙自然村	县级文保点(2010 年评定)	有桥名石刻
13	八字村牛桥	明天启元年(1621)	古建筑	八字村牛桥港	县级文保单位(2010 年评定)	桥面用砖木结构
14	京新桥	民国 3 年(1914)	古建筑	八字村马家搭自然村	县级文保单位(2015 年评定)	有石雕图案和石刻
15	重建冯师娘桥	清乾隆年间	古建筑	三联村占家浜自然村与于北村 10 组交界处	县级文保单位(2015 年评定)	有石雕图案和石刻
16	陈家门店铺	清	古建筑	三联村陈家门 20 号民居东 10 米处	未定级	2010 年倒塌
17	于城粮站	1956 年	近现代重要史迹及代表性建筑	枫桥居委会东部镇中桥西南侧	未定级	
18	亭子浜古墓葬	唐至宋	古墓葬	三联村	未定级	
19	亭子浜遗址	战国	古遗址	三联村	未定级	
20	赵家浜战国墓葬群	战国	古墓葬	三联村	未定级	
21	枫桥遗址	春秋战国	古遗址	枫桥居委会	未定级	
22	防备桥	不详	古建筑	鸳鸯村吕家港中部	未定级	一孔
23	孙家坟桥	清末至民国年间	古建筑	江渭村 7 组，孙家坟港	县级文保点(2015 年评定)	三孔
24	小桥	不详	古建筑	江渭村	未定级	一孔

续表 21—1—1

序号	名　　称	修(重)建时间	类　　型	地　　址	保护级别	备　注
25	重建兴福桥	不详	古建筑	三联村于北 10 组	未定级	有石雕图案和石刻
26	南千福泾桥	民国 6 年(1917)	古建筑	八字村委东面	未定级	有石雕图案和石刻
27	富贵桥	不详	古建筑	吕冢村富家汇	未定级	一孔

第二章　非物质文化遗产

于城镇非物质文化遗产门类众多,丰富多彩。包括民间文学、传统音乐、传统舞蹈、传统戏剧、传统曲艺、传统体育、传统美术、传统技艺、传统医药、民俗等项目。20 世纪 80 年代后,特别是 2008 年经过非遗普查工作,非物质文化遗产保护逐渐成为文化部门的一项重要工作,经过申遗逐项列入非物质文化遗产代表作名录,同时传承、发展、创新,取得了显著成效和成果。

第一节　非遗代表作名录

2008～2015 年,于城镇列入非物质文化遗产代表作名录的有:传统舞蹈《五梅花》列入省级名录。传统音乐《迎花烛》、生产习俗《蚕桑习俗》、传统手工技艺《竹编》列入市级名录。民间文学《做魇阳》、民间歌谣《绣花娘子绣平台》《哈头歌》、传统美术《木雕》、传统手工技艺《明清家具制作工艺》《小湖羊皮加工技艺》共 10 个项目列入县级名录。

表 21—2—1　　　　于城镇非遗代表作名录情况表

编号	项目名称	项目类别	申　报　地	批　　次
1	哈头歌	传统音乐	于城镇	第二批县级
2	绣花娘子绣平台	传统音乐	于城镇	第二批县级
3	五梅花	传统舞蹈	于城镇及海宁市	第二批县级、第二批市级、第三批省级
4	木雕	传统美术	于城镇及通元镇	第二批县级
5	迎花烛	传统音乐	于城镇	第三批县级、第四批市级
6	小湖羊皮制作技艺	传统技艺	于城镇	第三批县级
7	竹编技艺	传统技艺	于城镇	第四批县级、第五批市级

续表 21—2—1

编号	项目名称	项目类别	申 报 地	批 次
8	明清家具制作技艺	传统技艺	于城镇	第四批县级
9	做魇阳	民间文学	于城镇	第四批县级
10	于城蚕桑习俗	生产商贸习俗	于城镇	第二批市级

第二节 传统舞蹈五梅花简介

2009 年，经于城镇文化站主持申报，海盐五梅花列入了第三批浙江省非物质文化遗产代表作名录。

五梅花，于城又称胡蜂叮瘌痢，也叫走花，流传于海盐、海宁及桐乡等地。是佛、道两教都有的一种传统舞蹈，集舞蹈与民间游戏、技艺于一身，是一种独特的舞蹈形式。舞者均是僧侣、道士、阴阳生(俗家道士)。表演五梅花在各种祈祷、祭祀场合或荐亡礼忏法事功德圆满后举行。它不在宗教仪式正规程序之内，而是依附于宗教仪式的艺术活动。

五梅花在于城流传已有 200 多年的历史。20 世纪 60 年代前后，由于“破旧立新”等原因而停止表演，20 世纪 80 年代开始偷偷地表演，1992 年，于城镇朱和明等学会并传承了五梅花舞蹈，组成了表演班子，一直至今，该班子每年都在海盐、海宁、嘉兴各地表演五梅花。

表演五梅花的班子，解放前大一点的寺、庙、观、殿都有。也有流散在民间的僧侣、道士、阴阳生，为了生活自愿组成班子。每个班子都由领头带领，遇有乡间做“法事”的人家邀请，就带领全班人员风雨无阻，准时去该家做法事和走花。

当时，有大户人家会邀僧、道等几个班子同堂做道场(俗称“对坛”)。遇到这种情况，班子之间形成竞争。在竞争过程中，同时也受戏曲的影响，逐渐发展到连蹦带跳，翻跟头，发虎跳，走矮子步等。节奏上也由慢到快，人数也由原来固定的六人增加到八至十二人。逐渐形成了武场，活动也不断普及，遍及全县城乡各地。

五梅花表演形式有“文”“武”之分，文者手操乐器以笛子、二胡、三弦、唢呐为主；武者手操木鱼、鼓、锣、钹为主。表演一般由六人组成。穿着有斜领长衫或袈裟。文场：每人操笛子、二胡、三弦、唢呐等，吹奏江南丝竹中的曲牌如《天下同》等，以盘圈、走三角、圆绞索等十多种形式，曲折围绕，边走边舞，表演不同的舞步，凝重而飘逸，转身抬足顺势而行，富有抒情脱俗之情趣，宛如正在引送亡魂升入琼楼仙阁。武场：每人手执一件打击乐器，有大锣、扁鼓、木鱼、钹等。以敲“木鱼”者为领舞人，边敲边舞，舞蹈者要有翻、滚、跳的技巧，气氛热烈，节奏明快。

于城五梅花从 20 世纪 80 年代起至今，表演的是文场形式，用的乐器是旧时武场乐器，即大锣、小锣、大钹、小钹、小木鱼、单面鼓等。表演时舞者穿长衫或袈裟，手操器乐，边奏边舞，并伴以唢呐乐曲。于城五梅花 12 套表演形式是：盘圈，走三角，绕花，圆绞索，绳绞索，推骨牌，胡蜂叮瘌痢，哈哈走，剪刀花，打水桩，打米和荷花对谢。19 世纪至 21 世纪传承人有贵太和尚、九太和尚、松元和尚、明水和尚、朱松观、顾松泉、朱和明、储雪军、朱金明、孙会良、沈金龙、吴其观、沈爱良等。

第三节　民间音乐迎花烛简介

农村婚礼中迎花烛的习俗由来已久，究竟源起何时难以考证，20 世纪 50～80 年代几乎消失，80 年后期又逐渐兴起，一直至今。

基本内容：新娘娶来后，举行拜堂仪式，礼毕，迎花烛开始。新郎、新娘面对面手执连理花(中间扎成大彩球)红绿巾，各牵一端，四名本族同辈兄长手持花烛，分别站在新郎、新娘后面，由掌礼人引路绕桌缓步行走六周(顺三周、逆三周)，掌礼人和前面的三人必须倒着走，乐队高奏乐曲。掌礼人用“落汤调”边走边唱十二个月花名(现在都是掌礼人自编唱词，风趣、有韵律)，绕桌行走六周后(现在按掌礼人唱词长短，绕桌次数有所增减)，新人在掌礼人引导下，缓步进入洞房。

于城流行“花烛夫妻”之言，意在夫妻恩爱，白头偕老。21 世纪来，农村举行婚礼盛行迎花烛。

附：

娶　亲　调

1＝C2/4

‖ i6535 | 6－ | 56i2165 | i612 | 3523 | i561 | 2－ | 3213 | 216·5 | 33235 | 6－ ‖

第四节　蚕桑生产习俗简介

于城镇古往今来被誉为杭嘉湖“鱼米之乡，丝绸之府”的区域之列。2013 年，蚕茧总产量 300.65 吨。浙江恒越绢纺有限公司生产的“海首牌”绢丝曾被评为浙江省名牌产品。据史书记载，嘉兴蚕桑业有 4700 多年的历史，唐宋时，丝绫被列为贡品，明清时更是“桑拓遍地，茧泊如山，蚕丝成市”。抗日战争前，于城镇上有“叶行”3 家，有叶山之称。自古以来，农户看重蚕桑生产，民间流行一句话叫：“吃饭靠种田，用钱靠蚕桑。”漫长的历史长河中，蚕农千方百计祈求蚕桑业兴旺发达，便催生出丰富多彩的蚕桑生产习俗，非遗普查中收集到的有 40 多项，传承至今仍有不少。收集到的蚕桑生产习俗，除了有不少祭祀奉神等仪式外，还有民间传说、故事、说唱文本、诗歌、歌谣、骚子歌中有唱给蚕神听的《马鸣王》《蚕花书》；婚丧喜事有相关的仪式活动，传统节日中有不少祈求形式。

2010 年，于城镇《蚕桑生产习俗》列入了嘉兴市非物质文化遗产代表作名录。蚕桑丝织是我国古代劳动人民的伟大发明。4000 多年来，形成的非物质文化遗产包含了栽桑、养蚕、缫丝、染色、丝织等整个过程的生产技艺，同时催生了相关的民俗文化。2009年，“中国蚕桑丝织技艺”及其相关民俗文化列入了世界非物质文化遗产代表作品录。嘉兴市被列为保护的基地，于城镇是这一基地的一个缩影。2008年非遗普查中，于城收集到的蚕桑习俗有40多个子项目，可谓是五花八门。其中，信奉祭祀祈求的蚕神就有马鸣王菩萨、马头娘、蚕花娘娘、华蚕老太、蚕丝仙姑等；占卜蚕桑生产丰歉的有淘箩头姑娘；民间蚕俗祭祀活动有祭蚕花、斋蚕花、接蚕花、插蚕花、请蚕花、谢蚕花、蚕生日；婚嫁中的蚕桑习俗有泼蚕花、拿蚕花、送蚕花、扫蚕花地、看花蚕、望蚕艳等；葬礼中至今还流行的蚕桑习俗有“讨蚕花”即“纤棉”、“兜蚕花”即“讨财香”。民间在旧时有关蚕桑文体活动有送蚕花、做蚕戏，踏白船、踏青等。

于城蚕桑民俗活动最为隆重的要数赕佛仪式，有接蚕花和送蚕花，解放前至新中国成立初，有19位骚子艺人在民间赕佛时传唱着《蚕花书》《马鸣王》等。2008年4月，中央电视台国际频道摄制组在海盐澉浦录制了《海盐骚子》赕佛仪式，于城有1人参加，有5位骚子艺人共同献艺，再现了包括蚕桑习俗的民间赕佛盛况及祀神场景，10月份选播。于城镇蚕桑生产习俗自古至今，承载着一代代蚕农的聪明才智和丰富的想象力，传播着蚕桑丝织技艺和民俗文化，愉悦百姓，抚慰民众心灵，对文化繁荣，蚕桑丝织产业的持续发展起到了不可替代的作用。

第五节　非遗传承人简介

2010年，鸳鸯村朱松观被评为第一批“浙江省优秀民间文艺人才”。2012年，朱松观被评为市级代表性传承人。2013年1月9日，中共浙江省委宣传部、浙江省文化厅、浙江省文学艺术界联合会发布4号文件，公布了第二批“浙江省优秀民间文艺人才”，于城镇朱和明、周巧观获此荣誉，每人获得3000元奖励。朱和明是省级非遗代表作名录传统舞蹈《五梅花》传承人，周巧观是嘉兴市非遗名录民间音乐《迎花烛》传承人。2015年，朱和明被评为市级代表性传承人。

朱和明　1950年8月生，海盐县于城镇构塍村朱家浜人，是浙江省非遗代表作名录传统舞蹈《五梅花》传承人，2012年，朱和明被评为浙江省第二批“优秀民间文艺人才”。1991年，朱和明组建了从事葬礼有偿服务班子，他跟六里茶园村（老和尚）姚水林之徒弟李连明学舞蹈《五梅花》（也叫“走花”），至1994年，他的徒弟有朱金明、王忠明、张少华、薛卫良、陈金观、孙会良、沈金龙等人，学成后开始在葬礼活动中加入了《五梅花》表演。他是于城《五梅花》表演班子的领班。朱和明会唱很多的佛教歌；会用毛笔写“疏”帖；会唢呐、笛子、二胡，会演奏打击乐，即锣、钹、鼓、角鱼等，边演奏边表演五梅花，是表演班子的领花人。浙江省非遗传承人朱松观（鸳鸯村人）当时还在从事农村葬礼活动，缺人手时，他两互邀参与，共十多年，几十场次。近二十年来，朱和明的《五梅花》班子演艺100多场，县外到过嘉兴王店、南湖、马桥和海宁双山、狮岭、黄湾、袁花等地表演。传承传统舞蹈《五梅花》，朱和明有重要贡献。近二十年来，带徒有100多人。曾去过秦山共联村，明珠村、落塘村、武原富亭片以及海宁和嘉兴等地传授“走花”。早年，他还和城西朱李法（和尚）、落塘吕品观（和尚）、于城镇庄家村全福（和尚）合作过“走花”，练就了精湛的“走花”表演技艺。《五梅花》成功申报浙江省非遗代表作名录的音像资料，是由朱和明表演班子演绎录制。2015年被评为嘉兴市非物质文化遗产代表性传承人。

周巧观 1953年5月生，海盐县于城镇江渭村人，2012年，评为浙江省第二批“优秀民间文艺人才”。他从宣传队队长一步步成长为民间艺人。在民间文艺界，他有不少才艺，会唢呐，二胡、笛子、打击乐，自编《迎花烛》唱词，并用骚子歌曲调演唱，担任婚礼主持人20多年，他主持婚礼幽默、风趣，深受于城及周边乡镇群众的喜爱。1986年，他组织了民乐娶亲乐队，1992年，组织了铜管乐乐队，以有偿服务形式活跃在农村文艺舞台上。由于他的婚庆班子长期以来传承了民间音乐迎花烛，列入了嘉兴市第三批非物质文化遗产代表作名录。《迎花烛》婚礼活动寓教于乐，宣传农村美好生活，宣传和谐婚姻，宣传对美好生活的憧憬，宣传婚姻法，宣传党的好政策。《迎花烛》是农村最具喜庆的婚礼活动，体现了民俗文化的魅力和独有的风骚，是农村新婚夫妻美好的记忆的载体。周巧观是新一代农村婚礼传承《迎花烛》活动的创始人。

民间音乐《迎花烛》列入嘉兴市第三批非遗名录。周巧观以主要传承人身份，曾三次参加了海盐县非遗文化展演（比赛）活动，2011年5月获得银奖。并参加于城镇2010年10月才艺大赛，获得三等奖。2004年，海盐电视台《七彩田野》栏目组采访了他，播出了他的事迹。

朱松观 （1920—2015），于城镇鸳鸯村人。2012年9月，海盐县于城镇鸳鸯村91岁的民间艺人朱松观经专家评定，列入了嘉兴市第二批非物质文化遗产代表性传承人。朱松观是海盐县传统舞蹈《五梅花》传承人，他12岁学艺，20世纪90年代还在从艺。他熟练传统舞蹈《五梅花》的12套动作表演。2008年“非遗”普查中被发现，于城镇在此基础上，寻到了活态的表演班子，传统舞蹈《五梅花》成功申报了浙江省第三批非物质文化遗产代表作名录。

第二十二编 医疗卫生

第一章 解放前医疗卫生

解放前，软城缺医少药。中药店均由私家开设，其历史长久，解放前夕有10余家，规模较小。药店一般有一位坐堂郎中，设一个小诊所，病情诊断后开出药方，然后从自己的药店配方。至解放前夕，全镇从医者不到20人。由于缺医少药，民间有刮痧，接手臂脱臼的医术，还有用偏方治病习惯，还有求神拜佛、巫术等乞求疾病痊愈的习俗。解放前，无防疫措施，疫情流行年月亡者甚众。民国18年(1929)春脑膜炎流行；民国22年，软城流行疟疾；民国35年4月，天花(出痧子)大流行；同年7月，发生霍乱；民国36年2～10月，天花、回归热、伤寒等疫病再度暴发；疫情期间，均有不少患者亡于疫病。解放前，血吸虫病、疟疾、丝虫、钩虫等地方性疾病流行极为普遍，防疫防治措施十分落后。

第一节 药 店

清代时期，软城镇已有药店多家，经营中药百余种，并制作丸、散、膏、丹等合成药。民国后期，软城集镇有药店3家。1.同源堂药店，店主杨德观。2.人和堂药店，店主顾松泉，张益人。3.永济堂药店，店主马雪祥。吕冢集镇有一家药店，店名叫杏生堂药店，店主李沛林。八字村集镇有一家药店，店名叫恒生堂药店，店主吴乃观。陈家门药店店主陈裕民。太平村药店店主肖海鹤。

第二节 民间医师

庄功原 (1907—1996)，于城镇庄家村人，就读于上海中医学校。1930年后，在于城镇同原堂药店坐诊。他应用中医四诊，即望、闻、问、切，自制秘方，十分灵验。1933年，于城地区流行疟疾。有镇上朱氏(中医)的病人，得了疟疾，十分严重，症状为伤寒火暴，牙龈发黑，腿足抽筋，神志不清。经朱氏医生诊治未能好转，朱氏说："此病内热难退，命濒危"。后找软城庄功原诊治，确诊病症，对症下药，开中药秘方，首服一贴见效，患者退热。又连吃几帖后身体康复。此件事传开后，患者盈门，得到有效医治。1954年，他与张荫阶等4位医师创办了软城联合诊所，一直至圩城公社卫生院退休。

韩兆祺　(1924.2—　)，于城镇吕冢村韩家汇人，杭州市中医院副主任医师退休。民国30年(1941)从医，王店中医内科医师朱鹿宾授业，为中医内科医师。曾在鸳鸯桥行医，行医其间曾任欤城镇小学义务医师。解放后在杭州市中医院任西医内科医师，以治疗胃病闻名海盐故乡，求医者络绎不绝。主编《病人饮食》养身书籍，1984年浙江科学技术出版社出版。

肖海鹤　(1918—?)，于城镇太平村人。解放前，他在自己家建水阁房开设诊所，并有药店，坐诊诊所为当地农民治病，民国39年(1940)行医，为内外科医师，是其兄长肖建中授业。1954年与庄功原等4名医师在于城集镇戴家开设欤城联合诊所，中西医内、外科。有较高的医术，时与庄功原、平剑维齐名。1978年圩城公社卫生院退休。

吴文彬　(1915—?)，于城镇八字村栈田漾人。解放前为八字村恒生堂药店店主兼坐诊郎中，内科祖传医师，民国23年(1934)从医。解放后，在欤城卫生院行医，1975年退休。

陈福民(禄观)　(1923—?)，于城镇陈家门村人。祖传外科医师，民国27年(1938)15岁行医，坐诊陈家门养真堂药店，后以中西医治疗伤科、痈疽远近出名。

黄维炎　(1914—1992)，于城镇鸳鸯村斜港桥人。中医内外科医师，由王店内外科医师潘韵泉授业，民国22年(1933)从医，在欤城集镇西俞家埭设门诊行医，外科能为疮疖患者开刀治疗。1954年，与肖海鹤等4名医师开办欤城联合诊所，后在于城卫生院任医师，“文化大革命”期间下派到红卫大队和建新大任医师。1975年从圩城公社卫生院退休。

张荫阶　(1905—?)，民国19年(1930)从医。民国35年前后在欤城镇行医。中医内科医师，石泉内科医师王和伯授业，1954年与庄功原等4名医师开办欤城联合诊所，1970年从圩城公社卫生院退休。

沈世昌　(1912—1978)，海盐大曲集镇人，家住于城镇吕冢村许网船。民国27年(1938)行医，陈其光授业，从事咽喉科、外科。解放后曾在于城卫生院从医，“文化大革命”期间与黄维炎下派到吕冢大队任医师。

第二章　中华人民共和国成立后医疗卫生

解放后，医疗卫生事业逐步发展。解放初，欤城根据自愿的原则组织建立乡医药合作商店；成立了乡联合诊所；1958年创建欤城卫生院。卫生院设施设备不断完善，医疗队伍逐步壮大，1985年，卫生院有医务人员17名，病床15张。2000年，新建2200多平方米的卫生院医疗大楼和综合楼。至2014年，建成了医疗大楼及综合楼，卫生院在职职工人数为62人。

村级医疗卫生同步发展，1959年，全公社各大队设立卫生保健室。1969年，各生产大队建立合作医疗保健站，每个大队有赤脚医生2～3人。1972年，圩城公社14个大队有赤脚医生48人，其中兼接生员14人。1985年，欤城乡设村级保健站16个，有乡村医生36名。2000年，全镇有村卫生室16个。2014年，全镇设社区卫生服务站8个。

第一节　中华人民共和国成立初医疗卫生

1949～1956年，药店药业维持解放前夕原状。1956年，经过社会主义改造，药店合并为一个独立核算单位，为钦城乡医药合作商店。

1952年，钦城建诊所。1956年，成立钦城乡联合诊所。有7位医生坐诊，设4个科室，中医内科医生有庄功原、王鹤年、张荫阶，中医外科医生有陈福民、黄维炎，中医喉科医生平剑维，中西医科医生肖海鹤。中医喉科自制秘方，药效很好，闻名周围乡镇，上诊所求医者络绎不绝。

第二节　于城卫生院

于城卫生院创建于1958年，属镇级医疗卫生事业单位。原址在枫桥南路戴家宅院，后在戴家宅院西面建医疗用房，20世纪80年代增建综合楼房一幢，形成四合院院落。2000年迁址至于城镇于中桥西桥堍南侧。至2014年，于城卫生院以几代名老中医祖传的中医喉科为特色，集预防、保健、医疗、康复、健康教育和计划生育指导六位一体的综合性卫生院。卫生院先后获得"省级巾帼文明示范岗""省级规范化社区卫生服务中心"、嘉兴市"文明单位"、省级"示范接种室"、市级"青年文明号""嘉兴市中医药进社区示范单位"等称号。卫生院始终坚持"服务至上、中西结合、预防为主、救死扶伤"的服务宗旨，弘扬"励精图治、创新求强"的精神，外树形象，内抓管理，以人为本，竭诚为广大就医者提供温馨的环境和优质的医疗保健服务。

1998年，于城卫生院健全和加强了各科室业务建设。是年5月，于城卫生院投资2万元增设了妇产科，添置了床位，并聘请了业务精湛的退休外科医师主持。全院妇产科有床位12张，空调房两间，给于城镇妇女带来了方便。是年，妇产科为50多名产妇接生。是年，其他各科室也增添了医疗设备，增设了病床、病房。还增设了特色专科门诊——牙科和喉科。1998年，于城卫生院业务总收入70.7548万元，比1997年增加了12.2264万元，增长率为21.58%，职工的人均收入提高率为25.9%。

2000年9月30日，于城卫生院投入170多万元，在于城集镇于中桥西南面新建占地3970平方米的于城卫生院大楼投入使用。大楼有二幢，均4层，其中医疗大楼建筑面积1280平方米，综合楼建筑面积953平方米。是年，卫生院同时投入25万元建造了放射科，投资10多万元增添了X光机。是年，添置血球计数仪，新增无荧灯、心电监护仪、麻醉机等医疗设备，改善了医疗条件。是年，于城卫生院建立了社会服务体系，该院派出10多名医务人员，走村串户免费为4446位农民建立健康档案，为部分农民建立了医疗保健卡。

2005年，于城卫生院新建门诊输液用房，并对食堂进行加层，总建筑面积250平方米，财政资金投资额20万元，本单位投资5万元，筹措15万元，合计投资40万元。当年施工并建成。是年下半年设置了残疾人康复室。

2014年，卫生院总占地面积6180平方，建筑面积5498平方，其中业务用房2043.2平方米。编制床位12张，实际开发床位5张。设有内科、外科、中医喉科，中医科、全科、儿科、五官科、妇产科、口腔科、化验室、放射科、B 超室、手术室、住院部、公共卫生科等科室。医疗设备有柯达 CR 机，迈瑞全自动生化分析仪，开立彩超，黑白 B 超，半自动血球分析仪，牙科治疗椅，奥林巴斯鼻咽喉镜，多功能心电监护仪，自动洗胃机，数字式心电图机，胎心监护仪，耳鼻喉治疗椅等一批先进医疗设备。卫生院在职职工人数 62 人，其中卫生技术人员 57 人，卫技人员中本科 12 人，大专 22 人，中专 9 人，大专以上比例为 59.6%。其中执业（助理）医师 13 人，执业护士 15 人，主治医师等中级职称 9 人。是年，于城卫生院被评为海盐县“群众满意基层站所（院）”。

于城卫生院在创造良好的硬件设施的同时，注重医院文化建设。近几年来，于城卫生院向职工发放《你在为谁工作》《细节决定成败》图书，组织开展有奖征文；组织了“如何打造卓越医疗团队”讲座活动；举办摄影比赛、文艺晚会，组队参加县、镇组织的演讲、文艺演出、体育比赛等文体活动，提高了职工凝聚力与团队意识，营造了“精诚、和谐、奋发、创新”的医院文化精神。

第三节　特色专科

于城卫生院中医喉科是“嘉兴市基层医疗机构特色专科（专病）”。于城卫生院中医喉科经过百年传承，成为传统中医与现代西医相结合的专科，在本县和周边地区具有较大影响。辐射范围为海盐县境内相邻的乡镇及海宁、平湖、嘉兴等临近县（市）的部分地区。解放前，于城中医喉科经过几代老中医诊断医治经验，研制开发的药品，治疗咽喉疾病十分有效，名声在外。解放后，又在传统中医、中药治疗的基础上与西医相结合，逐渐打造了独特的中西医相结合治疗科室，其治疗效果在周边地区形成了较高的声誉。至 20 世纪 60 年代起，祖传口腔咽喉科老中医平建维（1910 年生，祖籍海宁）在欤城卫生院坐诊，治疗喉咙药到病除，名声远播县内外。于城中医喉科采用传统药方合成的“绿云散”药物为敷粉外治、中医方剂为内治，与现代西医药物、诊疗设备及其检验技术相结合，正确诊断治疗咽喉疾病，效果良好。2011 年，于城镇卫生院的研究成果“‘绿云散’治疗口腔溃疡的临床研究”，成功申报了海盐县科技局科技项目。该科技项目经过 1 年多的考察研究，据统计，2012 年中医喉科门诊为 14076 人次，总治愈率 86%，总有效率 93%，无医疗投诉和医疗纠纷发生，是年通过了县科技局组织的专家组的验收。2004 年 2 月，于城卫生院中医喉科被嘉兴市卫生局授予“嘉兴市基层医疗机构特色专科（专病）”；2014 年 12 月 8 日，《南湖晚报》“健康 · 咨询”栏目刊登《嘉兴十大基层医疗机构特色科室巡展》，于城“特色专科”榜上有名。

第四节　村级医疗卫生

1958～1960 年，欤城卫生院下派医生在陈家门开设诊所，平剑维、庄水华下大队坐诊。平剑维医术远近闻名，特别是喉科，采用中医配方，临床应用效果好，就医者络绎不绝，北至余新，西至海宁袁花，东有平湖等地。患者摇船前往就医，陈家门浜上停满船只。

1959 年，各生产大队设立卫生保健室（站）为农民治疗小伤小病。1961 年纠正“一平二调”风时，保健室（站）陆续停办。

1965年1月，全县开始培训半农半医(赤脚医生)人员，圩城有8人参加。

1966年6月20日起，圩城公社开办第一期亦农亦医学习班，共培训学员26人。其中，圩北大队、陈家门大队各1人，其余大队为2人。

1969年5月，各生产大队建立了合作医疗保健站。

1972年，圩域公社14个大队有赤脚医生48人，其中兼接生员14人。101个生产队有卫生员。

1982年实行联产承包责任制后，保健站的体制改变，实行赤脚医生个人承包体制。

1985年，16个村设保健站，有乡村医生36名。

1997年1月15日，于城镇政府同意八字村翻建村甲级卫生室，建筑面积109平方米，村自筹资金3.8万元。同年4月4日，于城镇政府同意千福村建造卫生室114平方米，资金村自筹。

1997年9月，县政府推行乡镇卫生院和村卫生室一体化管理。是年起，县卫生局对乡村医生加强规范化培训。

1998年8月11日，于城镇政府同意建造陈家门村医疗卫生室35平方米，总投资1万元，资金村自筹。

1999年9月3日，于城镇鸳鸯村等15个村的卫生室获得海盐县卫生局发放的第三批医疗机构执业许可证。

1999年，经培训考核合格的乡村医生有了乡村医生执业许可证。

2000年9月5日，海盐县卫生局公布于城镇沈生泉等13名人员获第三批乡村医生执业资格。

2000年，于城卫生院在江渭村、三联村、庄家村建立了3个社区卫生服务站。

2000年后，全县实施镇村医疗卫生一体化管理，村卫生室与社区卫生服务站实行两块牌子一套班子，乡村医生逐步转型为社区医生，并从事医疗、预防、康复、保健、健康教育、计划生育等公共卫生服务工作。对乡村医生实行年限聘用制，试行药品、财务均由乡镇卫生院统一管理制度。

2001年，县卫生局制定《海盐县社区卫生服务机构设置规划》，推行乡镇村卫生一体化管理模式，于城取得了新进展。

2003年，全县施行《海盐县镇村卫生一体化管理实施办法》。是年年底，于城卫生院共投入81.4万元，在全镇建成了4个社区卫生服务站。

2006年，全镇设置了7个社区卫生服务站。有乡村医师20人，护士7人。

2010年，庄家村重建社区卫生服务站。

2012年，构塍村新建社区卫生服务站。

2014年，全镇社区卫生服务站有8个。配备医务人员18人，其中乡村医师10人，护士8人。社区卫生服务站体制为于城卫生院下设机构，财务归卫生院统一结算，乡村医生由卫生院聘用。每个服务站用房面积均在60平方米以上，设立诊疗室、健康教育基地、药房、输液室。镇卫生院下派骨干医师，对乡村医生进行培训，提高他们的业务水平。卫生服务站实行24小时值班制，免费为农民建立健康档案10017份，签订卫生服务合同2360人。

第五节 农村合作医疗

1972年，圩城公社14个大队建立合作医疗制度。初期，合作医疗基金实施社员自筹和集体补助相结合政策，按每人每年自负1.50元，大队公益金每人每年提取1.50元作补助。贯彻一人有病千家帮的合作精神，社员有病就医，无论在大队保健站、公社卫生院或转外地医治，均可报销50%医药费。

1973年5月16日，海盐县卫生局出台《合作医疗管理办法》。合作医疗实行大队办，以集体公益金和社员个人交纳每人每年3元相结合。圩城公社各大队建立了合作医疗管理委员会，保健站，保健站由公社卫生院负责业务指导。每个大队配备赤脚医生2～3名，生产队配备卫生员1名，他们都以不脱产为原则。大队保健站是农村县社队三级医疗网最基层医疗卫生机构，贯彻“预防为主”方针，普及卫生知识，防治常见病、多发病、传染病，进行各种预防接种及血防工作和幼妇保健工作。圩城公社大队保健站都设有门诊室和药库房及挂盐水房。赤脚医生经过培训学习后上岗，除行医外还参加集体生产劳动。合作医疗规定了报销药品范围，比率为70%。农村合作医疗体现互助合作，减轻了病人负担。

1978年后，各大队先后改为合医不合药，集体办医，大队为保健站铺药底，赤脚医生待遇按务工计酬办法解决报酬，不向社员收取合作医疗费，农民治病全部自负。

1997年，合作医疗保险以个人为主，镇村补助为原则，全镇投保人数9048人，筹措资金6万多元。

2000年，全镇各行政村合计参加合作医疗9048人，企业4007人，参加率56.69%。

2003年5月28日，于城镇成立“新型农村合作医疗工作领导小组”，王申峰任组长，许晓英任副组长，成员6名。下设办公室，周亚萍任办公室主任。是年，全镇新型农村合作医疗保险参保率为92.3%。

2004年参保率为93.9%。

2005年6月10日，于城镇政府出台2005～2006年新型农村合作医疗大病保险工作实施意见。参保对象为本地户籍的农村居民、农婚知青、符合计划生育政策的外来常住人口。交纳参保金每人全年20元。补偿办法，起付线为500元以上，从不同支出金额报销30%～50%。

2006年，新型农村合作医疗保险全镇参保率为91.5%。是年12月2日，于城镇政府发文制订完善2007年城乡居民合作医疗保险工作实施意见。实行以大病医疗保险与小病普通门诊报销相结合，逐步实现与城镇职工医疗保障制度接轨的保险制度。保险基金实行县、镇、村、个人四级筹资，实行县一级基金统一管理，县、镇分别核算。参保对象为农村城镇本地户籍居民和外籍就业就学办理居住证的人员。农村居民人均筹资总额118元，个人50元，村3元，镇财政30元，县财政30元，省财政5元。大病医疗保障起付线为500元以上，从40%～50%比率报销。住院最高累计报6万元/人，在校学生10万元/人。门诊报销为15%。

2009年于城镇农村居民合作医疗保险政策为人均筹资额218元，个人出资80元，村集体资助3元，镇财政资助48元，县财政资助55元，省财政补助28元，中央财政补助4元。补偿办法：

1.大病医疗保险基金起付线为500,按列报费用501～10000元部分补助55%,10000元以上部分补助65%。2.城乡居民合作医疗保险参保者本年度内住院补偿累计最高为70000元/人,在校学生最高为120000元/人。

2013年,农村居民合作医疗保险个人出资210元。是年又出台城乡居民合作医疗保险政策,提高城乡居民保障水平,切实改善民生。参保对象:1.本地户籍未参加职工基本医疗保险的农村居民、城镇居民。2.非本地户籍,户籍地没有参加新型农村合作医疗保险、职工基本医疗保险等由政府资助的医疗保障制度的、持有《浙江省临时居住证》的新居民本人及持有《浙江省居住证》的新居民本人及其未成年子女。3.大、中专学生没有参加异地政府举办的医疗保障制度的,按户口所在地参保。基金筹措为本地户籍的城乡居民每人每年个人出资240元,各级财政补助460元。低保户、五保户、城镇“三无”人员等个人出资由所在镇财政解决。补偿办法:1.住院费用报销起报线为本县镇(街道)卫生院为300元,本县县级定点医院为500元,嘉兴市内本县外定点医院为1000元,嘉兴市外定点医院为2000元。报销比例为本县镇(街道)卫生院按列报比列费用的85%报销,本县县级定点医院按列报比列费用的75%报销,县外定点医院按列报费用的55%报销。住院费用最高补偿为150000元。2.普通门诊报销的范围仅限于本县定点医疗机构就诊所支付的医药费用,标准限定每天就诊处方药费金额县级医疗机构不超过100元,比列为按列报费用的15%补偿;社区卫生服务中心不超过80元,社区卫生服务站不超过60元,比列都为40%。本年度内累计最高补偿为800元。3.恶性肿瘤、尿毒症等10种特殊病种按住院补偿办法给予报销,全年起付线为500元。4.重大疾病住院补偿为:终末性肾病等在嘉兴市内县级及以上定点医疗机构政策范围内医药费用补偿80%,嘉兴市外补偿60%。

2014年,增设大病再补助办法。海盐县人民政府办公室印发《2014年度城乡居民合作医疗大病补充医疗保险实施办法》,提高城乡居民医疗保障水平。办法采取凡参加城乡居民合作医疗的全体人员,在城乡居民合作医疗基金中每人划拨30元,年度内因大病住院发生的医药费用,按城乡居民合作医疗现行相关规定补偿后,对其个人累计自负的符合合作医疗报销范围的医药费用15000元以上给予补助,提供上不封顶的累进比例补偿,15000元至50000元之间,补偿比例为55%,50000元以上部分补偿60%。是年,农村居民合作医疗保险个人交费为240元。

表22—2—1　　2006～2014年新型农村合作医疗参保情况表

年份	人口总数	长期外出人口数	参加职工医保人数	应参保人数	实际参保人数	参保率
2006	22092	—	—	21924	20075	91.5%
2007	22076	—	—	21591	20322	94.12%
2008	22111	—	—	21265	19781	93.02%
2009	22324	—	—	20157	19662	97.54%
2010	22050	—	—	20392	19383	95.05%
2011	21962	—	—	19615	18748	95.76%

续表 22－2－1

年份	人口总数	长期外出人口数	参加职工医保人数	应参保人数	实际参保人数	参保率
2012	21958	569	4207	17182	17168	99.92％
2013	21973	363	5288	16382	16323	99.64％
2014	21948	299	5984	15665	15664	99.99％

第六节　药　店

1956 年社会主义工商业改造后，于城药店有药店 1 家，1978 年改革开放后，个体经营药店逐步开设。2014 年全镇有 9 家药店：

海盐县医药公司健民大药房于城药店，位于文昌路 2 号。

海盐荣氏药店，位于文昌路和镇中路交会路口。

海盐于城利民药店，位于于城路 80 号。

海盐县万寿堂医药于城连锁店，位于政和路 21～22 号。

海盐诚欣药店，位于庄家村石桥村 29 号。

海盐县千福平价大药房，位于八字村冯家场 23 号。

海盐县永康药店，位于何家村小集镇。

海盐吕冢大药房，位于吕冢村小集镇。

开心果大药房，位于于中路文化广场西侧。

第三章　预防　保健

第一节　疾病预防控制

1958 年，钦城公社联合诊所防治防疫小儿麻疹病、流行性脑膜炎、白喉等传染病 5685 人。

1958～1961 年，联合诊所治愈浮肿病 886 人。

2005 年 11 月 25 日，于城镇政府制定食品安全事故及肠道传染病应急预案，成立食品安全事故应急救援领导小组，吴国飞任组长，苏建良、许晓英、张明、顾小丰任副组长，有关单位负责人任组员。下设 3 个工作组，应急救援组，现场维护组，善后处理组。各村、企事业单位成立相应安全事故应急救援领导小组。

2006 年 9 月 6 日，于城镇政府出台《于城镇 2006～2010 年传染病防治规划》，加强对病毒性肝炎、霍乱、麻疹、脊灰、结核病、艾滋病的防治控制。

传染病疫情监测

霍乱　从1985年5月起，每年夏秋季于城镇卫生院兼设肠道门诊，对腹泻病人是“逢疑必采”，筛查可疑病人。2005～2014年，有两年发生霍乱病例，共11例。2005年9月发生1例，2007年9月，辖区共发生霍乱病例10例，无死亡病例。

麻疹　2005～2008年，辖区内发病人数为33例，其中确诊病例15人，临床诊断病例18人。2009～2014年无发病病例。

流脑　2005～2014年，辖区内无发病。

乙脑　2005～2014年，只有2011年发病3例。

痢疾　2005～2014年，共发病14例，其中2005～2007年连续三年发病，共发病10例，确诊病例3例，临床诊断病例11例。

伤寒和副伤寒　2005～2011年，伤寒发病7例，确诊病例6例，临床诊断病例1例。2012～2014年，无发病。

病毒性肝炎　2005～2015年，每年均有发病，发病230例。其中乙肝192例，甲肝3例，戊肝6例，丙肝3例，其他未分型肝炎26例。

狂犬病　2005～2014年，无发病。

猩红热　2005～2015年，共发病15例。

百日咳　2005～2014年，仅2009年发生1例。

流行性出血热　2005～2014年，未发现阳性病例。

流行性感冒　2005～2015年，共报告6例，其中2006年1例患者死亡。

免疫接种

1986年，于城镇开始开设计划免疫接种点；2003年，于城镇卫生院预防接种门诊成功创建省级示范接种门诊，是海盐县首家省级示范接种门诊；2012年，于城镇卫生院预防接种门诊通过了省级规范化接种门诊的审评；2014年，又通过了省级三星级预防接种门诊的验收。

2005年6月份起，开展儿童入托入学查验接种证工作，对辖区所有儿童(包括流动儿童)开展“一类疫苗”免费预防接种。2006年12月份，医院接种门诊配置了金苗系统信息软件，对辖区内的所有儿童进行系统管理，实现“一地建卡，异地接种”。

“五苗”接种　1986～1992年于城镇开展适龄儿童卡介苗、麻疹疫苗、脊灰糖丸、百白破疫苗“四苗接种”覆盖率92.56%，用以预防结核病、麻疹、脊髓灰质炎、百日咳、白喉、破伤风6种传染病；1993年，开始增加了乙肝疫苗，预防乙型肝炎。1993～2000年“五苗”覆盖率达到99.1%。2001～2005年“五苗”覆盖率为99.24%。2006～2015年“五苗”覆盖率达99.38%。2006年统计中增加了流动儿童五苗覆盖率，2006～2010年，流动儿童“五苗”覆盖率为86.36%，2011～2015年，流动儿童“五苗”覆盖率达96.26%。

乙肝疫苗接种　1993年开始接种乙肝疫苗，1993年乙肝疫苗接种率98.4%，乙肝疫苗首针及时率97.3%。2000年乙肝疫苗接种率达100%，首针及时率98.4%。2002年乙肝疫苗纳入儿童免疫规划。2015年乙肝疫苗接种率100%，首针及时率97.7%。

扩大免疫接种　1986～2008年期间，流脑疫苗、乙脑疫苗、白破疫苗均是采取集中式强化接种方式接种；1986～2000 年，疫苗接种率，流脑 96.5%，乙脑 96.7%，白破 95.9%。2001～2008 年，疫苗接种率，流脑 97.21%，乙脑 96.5%，白破 95.4%。2009 年 1 月份开始实施扩大免疫接种，将流脑疫苗、乙脑疫苗、甲肝疫苗、白破疫苗、麻腮风疫苗、白破疫苗纳入常规疫苗接种，2009 年，流脑疫苗接种 98.2%，乙脑疫苗接种 98%，甲肝接种 99.4%，白破接种 95.2%，2010～2015 年，流脑接种 98.12%，乙脑接种 98.06%，甲肝接种 99.6%，白破接种 97.1%。

2015 年，儿童预防接种规范实施，按照受种者的居住地实行属地化管理，并对预防接种对象实行网络信息化管理，建卡、发证率达到 100%。是年完成 15 种生物制品接种，共计接种 5257 针次，其中一类疫苗 3975 针次，二类疫苗 1282 针次，上半年完成了流动儿童麻疹查漏补种，共补种 19 人次；下半年麻疹查漏补种 29 人次，脊灰查漏补种 4 人次。完成了医务人员麻风强化工作，共接种新进人员 8 人；完成了春季秋季入托入学查验接种证工作，补种率达 95%以上。

慢性传染病防治

结核病　结核病在于城镇为多发常见病，2000～2015 年，每年均有发病，共登记管理患者 151 人，其中涂阳病人 68 例。2000 年和 2003 年各有 1 例患者死亡。

性病防治

自 2005 年至今，每年均有新发性病患者。2005～2015 年共发现淋病患者 132 人(127 例确诊病例，5 例临床诊断病例)。

第二节　地方病防治

血吸虫病防治

流行和危害情况　解放前，血吸虫病严重危害钦城地区，其严重情况有“无人村、寡妇村、女婿浜”之说，特别是血吸虫病人晚期，会出现大肚子，腹水现象，浑身无力；严重区域，田地荒芜，家破人亡。血吸虫病在钦城流传很广，尤其在齐心，江渭桥等地更为严重，据 1978 年调查统计，解放前，齐心大队 10 年中因患血吸虫病死亡 78 人，至解放初期，还有“大肚皮”31 人，有 350 多人因患血吸虫病而丧失劳动能力；江渭桥(五星大队)贾山队贾山浜共 27 户人家，因血吸虫病死亡男丁，其中 13 个妇女成了寡妇，后又招了女婿，被当地人称之为“女婿浜”。

1958 年上半年，钦城乡尚有 4000 多血吸虫病人未治疗。

1959 年，查出血吸虫病人 429 人。

1958～1961 年，全公社大便普检 60000 余人次，查出血吸虫病人 2568 人。

1963 年，钦城公社总人口 20701 人，5 月 11 至 7 月 31 日经检查，感染血吸虫病 3130 人，占总人口的 15.1%。耕牛感染 24 头，占总头数的 5.47%。

1964 年，钉螺分布面积 332100 平方米；查出血吸虫病人 3192 人，占受检人数的 19.9%。

1965 年底，钦城公社查出有钉螺的面积是 177602 平方米，灭螺 133157 平方米，查出血吸虫病人 3192 人，治疗 1443 人。

1971 年 4 月 14 日，钦城公社大便普检血吸虫病阳性统计报告，全公社受检查人数 19063 人，1970 年检出 321 人，1971 年检出 737 人，合计 1058 人，阳性率为 5.56%。耕牛二次普检查出血吸虫病牛192头。

1971年3次普检统计，共检查54559人次，合计查出血吸虫病人1648人；加上以前未治278人，1971年通过直肠镜查出41人，累计有血吸虫病人1967人。

1972年4月份普检，查出阳性病人206人。

1984年调查统计，解放后钦城全乡患血吸虫病总计有9360人，其中切脾病人118人。

防治措施　1953年，县政府派医生到钦城开展防治血吸虫病工作，组织查螺灭螺，开展粪水管理，实施治疗。

1956年，钦城乡联合诊所成立了血吸虫病治疗组。1956年下半年，钦城联合诊所锑剂治疗血吸虫病人254人，其中腹水病员60人。

1957年，钦城乡党总支、乡人民委员会联合通知，制定了“钦城乡9～12月血防工作计划”，该计划9月9日由血防三人小组和血防委员会会议通过。计划中的工作有：查钉螺；用药物灭螺、火烧、土埋、捕捉等方法灭螺；做好粪管工作；完成315名血吸虫病人的治疗工作。并建立组织，开展宣传教育工作。

1958年，钦城土埋钉螺65023平方米。普检大便25000多人次。

1959年，开展灭螺工作，填平废沟，用药杀、火烧灭螺。开展治病工作，全公社建立9个治疗小组，9天共治疗血吸虫病人346人。至年底，钦城公社已经治疗血吸虫病1060人（钩虫病1875人）。

1961年，已治血吸虫病人1968人，共治愈1693人。

1964年，钦城公社血防领导小组提出血防工作意见，要求以查螺灭螺为重点，做好粪便管理工作，治疗血吸虫病人。

1964～1965年3月，共治疗早期血吸虫病人1500余人，晚期病人做外科切脾手术治疗31人。

1966年8月19日，海盐县财政局、卫生局发文通知公社卫生院、县人民医院、防疫站、幼妇保健站，对血吸虫病的检查和治疗实行免费，一切医药费用全部免收，由国家负担。是年9月初，全公社14个大队和2个单位推荐19名血防员，9月18日，海盐县人民委员会发文通知，培训公社血防工作人员，圩城公社共选送20名人员9月25日前到县防疫站报到参加。

1967年治疗血吸虫病人284人。

1968年治疗血吸虫病人194人。

1970年治疗血吸虫病人293人。

1970年血吸虫病防治工作。1.查螺灭螺。1～4月，有螺环境实施二次灭螺；6月份全面复查钉螺，然后再用土埋、用药物喷洒方法灭螺一次。10月份灭螺一次，11月，复查灭螺一次。各大队组成血防专业队，20～30人左右，常年进行复查复灭钉螺工作。2.查病治病。3～6月份，普查病人一遍，然后对病人普遍治疗一次，做切脾手术，少数不宜切脾的病人，采用药物综合疗法。3.做好水源、粪便管理，提倡生活用井水。

1970～1972年，血吸虫病查病汇总，查出血吸虫病人3476人，其中晚期病人14人，已治病人数3139人，未治病人数337人。1973年5月，查出血吸虫病人126人，其中新增病人84人，累计病人数3560人，尚有病人数463人，已治病人数166人，未治病人数297人；是年10月，查出病人374人，其中新增病人256人，累计病人数3816人；尚有病人数671人，已治病人229人，未治病人数442人。3年治疗人数3155人，至1973年11月底，未治人数444人。

圩城公社采取饮用井水预防血吸虫病感染，开挖水井，至1971年全公社有水井393口，饮用户数1586户。

1971年，海盐县组织秋季血防卫生大检查。查螺灭螺：原来有钉螺面积13807平方米，减少到1300平方米；到秋季查螺60次；已筑灭螺带384350米，总投放劳动力42403工；反复灭螺32次，累计灭螺30905平方米。粪管：131个生产队，集中管理为328处。查病治病：查病3次，累计受检54559人次，1970年留存病人278人，实有总病人数1926人，已治疗1420人，未治506人；晚期血吸虫病人117人，已切脾93人，未切脾16人，有夹杂症8人。是年，5批次共治疗病人1606人，未治361人。

1972年3月，治疗血吸虫病采取经费补助，如晚期血吸虫病人内科住院治疗，期满两个月，每人补助40元；期满一个月以上，不足两个月，补助20元。4月，开展耕牛血吸虫病查治工作，同时做好耕牛粪便管理和用水管理；查治耕牛国家给予补助，粪检一头补0.3元，治疗一头补9元。6月份，开展了血防大检查工作。是年4月份一次普检，查出阳性病人206人，包括1971年未治病人进行了全部治疗，其中对晚期血吸虫病人共治疗352人，两年共切脾104人，还有280人有严重夹杂症，经过多次中西医结合治疗有明显好转；还治疗耕牛183头。是年，全公社有血防领导小组14个34名成员，有以赤脚医生为主体的血防专业队伍人员538人。

1973年，圩城公社血防普查20958人接受检查，共有408人患有血吸虫病，是年秋季进行了治疗，治愈327人。是年，全公社有耕牛539头，4月份查出10头患血吸虫病，当年治疗10头。是年，全公社出动197人，共用工601工查钉螺，查出20米钉螺段，实行灭螺。是年整修灭螺带266770米，用工12765工。

1974年4月起，抓好查治病人、病牛工作，查清钉螺，消灭残余钉螺，加强粪水管理。

1975年，圩城公社有血防专业队人员518人。全公社共筑起灭螺带238多公里。是年，开展七送七检大便检查共查出血吸虫病人399人，总计有血吸虫病人887人，治疗423人。是年，挖水井38只，全公社合计(尚用)水井298只，改善了水源卫生条件。

1976年9～10月份，开展查血吸虫病工作，查螺灭螺工作。9月20日，县里抽调50位赤脚化验员支持圩城公社进行了三送三检全面复查工作，受检率为95%以上，半个月完成查检工作。发动群众查螺，9月下旬组织实施大队与大队之间对口查螺，圩城公社出动了150名左右查螺员，用5天时间完成任务，找出残存钉螺后公布情况，整修螺带。

1977年，对晚期血吸虫病人建立病历卡，实行计划治疗制度。要求随时观察访问，寻找病源，进行杀虫治疗。

1978年，血吸虫病三送三检共检查62501人次，共查出血吸虫病人349人；4～5月份共组织治疗4期，收治血吸虫病人170人；尚存的病人中，其中杂症病人68人，晚期病人64人，实行分期分批治疗。

1984年䢴城乡实现消灭血吸虫病报告，经统计，解放后开展血吸虫病防治中，䢴城乡有螺面积为113.94平方公里，病人为9360人。1976～1984年全乡未查到过钉螺；1981年至1984年全乡未查到阳性病人。达到了消灭血吸虫病标准。

后续特例　1984 年 12 月 24 日，中共海盐县委批准钦城等 5 个乡镇报告全乡实现消灭血吸虫病。要求落实血防工作责任制，提高防治水平，切断传播途径，杜绝新感染。2013 年 4 月 7 日，海盐县地方病防治领导小组办公室给于城镇政府转发了嘉兴市血吸虫病监测方案。

疟疾防治

1962 年，辖区发现病例 1236 例；次年发病人数为 774 例，之后病例顺速减少。1987 年 11 月，经省考核，确认海盐县基本消灭疟疾。之后，1990 年，于城辖区出现 1 例病例，1991～2014 年，未有新发病例。

第三节　改善卫生环境

1989 年 9 月，钦城乡加强集镇市场卫生管理，建立了市场管理委员会和集镇卫生领导小组。

2000 年 11 月 1 日，建立于城镇爱国卫生运动委员会。

2005 年于城镇开展农村生活垃圾集中收集处理工作。8 月 17 日召开动员大会。9 月 18 日全面启动农村生活垃圾集中收集处理。全镇有保洁员 21 人。每户配垃圾桶一个，镇有三辆垃圾车清运 23 个垃圾堆放点，日收集处理垃圾 15 吨左右。同时开展了农户房前屋后集中整治，初步改变了脏乱差状况。

2005 年 9 月 5 日，于城镇政府出台《于城镇农村生活垃圾集中处理有偿服务管理办法》。

表 22－3－1　　2005 年末开挖自来水深井情况表

水井名称	开挖地址	开挖年份	井深（米）	日产水能力（立方米/日）	管道长度（米）
一号井	于城集镇	1983	162	2000	5000
二号井	江渭村	1998	165	1600	26000
三号井	何家村	2002	165	1600	18000
四号井	原陈家门村	2003	160	1600	20000
五号井	吕冢集镇	2005	155	1600	18000
六号井	吕冢村	2001	155	1600	25000

说明：因深井用水造成地面沉降，21 世纪后自来水利用地面水

2006 年，于城镇加强河道整治实事工程，锁定水清、水畅流、水环境美的目标，实施疏浚、保洁、石方护岸工程。是年，于城镇组建三个保洁队，对已疏浚的 38.6 公里河道实行长年保洁，并按保洁要求进行每月检查验收，河道保洁工作落到实处。是年，疏浚整治河道 16.9 公里，疏浚土方 20.76 万立方米；是年镶砌石方护岸 301 米。2006 年该镇河道整治工程投入资金为 150 万元。

2007 年 3 月 30 日，于城镇实施河道长效保洁，长度为 55.50 公里，分镇级和村级办法，镇

级长度15.50公里，村级40公里。镇落实3个保洁队。保洁要求达到河面无杂草、垃圾、漂浮废弃物。

2007年12月12日，于城镇成立污水处理工程管线借迁政策处理工作领导小组。于城段污水处理工程污水输送主管线长约3.96公里，涉及了征迁政策处理工作。

2007年12月25日，于城镇出台2008年度河道整治计划：鸳鸯村0.87公里，吕家村2.18公里，庄家村1.44公里，何家村1.08公里，构塍村0.77公里，八字村2.63公里，三联村3.23公里，总投资174.20万元。并确定在于城集镇西侧鸳鸯村斜港河道为示范点，长度0.3公里，实施疏浚河道淤泥、生态护岸、绿化两旁工程，总投资24万元。以改善水环境，增强河道综合功能。

2008年3月18日，镇政府出台《2008年于城镇食品安全工作思路》。建立安全监管责任网、现代流通网、群众监督网。对农产品质量、食品生产加工业、食品流通环节、餐饮消费环节加强管理。5月12日，于城镇成立镇食品药品安全监督站，聘任行政村等11位监督员。出台了《于城镇食品安全示范镇创建工作实施方案》。5月19日，镇政府出台《于城镇精神卫生工作实施方案》。5月20日，成立于城镇精神卫生工作领导小组。防治各类精神疾病，预防不良心理及行为发生。7月15日，于城镇爱国卫生运动委员会组成成员。是年，于城镇认真实施河道保洁专项整治工作，出台了《于城镇河道长效保洁实施意见》，成立了镇河道保洁专业队，落实了经费。是年，全镇疏浚河道18.7公里，投资160万元；新建斜港护岸0.82公里，投资27.1万元；对全镇144.11公里河道实施保洁整治工作，形成了河中无杂草，无漂浮物，无障碍，无垃圾的四无洁化河道，投入资金130余万元。9月5日，于城镇成立农业面源污染整治工作领导小组，下设办公室。是年9月26日，镇政府出台农业面源污染整治配套政策：1.建沼气池补助。建30立方米以下补助1000元/座，建50立方米以上补助1500元/座，建100立方米以上补助2000元/座。2.建干粪暂储池。以12平方米为基本单位，每单位补助300元。政策出台后，规模养殖户逐步建了沼气池，江渭唐惠平家养猪场建了第一座沼气池，实施猪—沼—苗（树苗）生态循环利用。

2009年1月15日，于城镇政府成立市容市貌整治领导小组。4月8日，于城镇政府建立创建市级卫生镇工作领导小组。领导小组下设一室七组：创卫办公室，环境卫生工作小组，除四害工作小组，健康教育工作小组，疾病控制工作小组，食品卫生、公共场所卫生工作小组，环境保护工作小组，改水改厕工作小组，由镇政府领导负责。同时建立于城镇“十小行业”整治与规范工作领导小组。又印发《于城镇创建市级卫生镇实施方案》，认真研究部署，把各项任务落实到人。4月9日，印发了《嘉兴市“十小行业”质量安全标准规范》。4月23日起，于城镇组织开展为期一周的春季灭鼠工作，整治城乡居民生活环境，改善城乡环境卫生。灭鼠范围：镇所辖的所有部门、单位和居民小区，公共场所、旅馆、饭店、农贸市场、建筑工地和垃圾箱（场）、厕所、公园、护城河坡、绿化带等滋生地。统一使用国家规定生产厂家的灭鼠毒饵——溴敌隆。严禁使用“毒鼠强”等国家明令禁止的灭鼠毒饵。

2009年4月，于城镇开展第二十一个“爱国卫生月”活动。1.集中整治环境卫生；2.完善卫生基础设施建设；3.开展全民健康教育；4.开展以春季灭鼠为主的除害防病工作；5.结合创建市级卫生镇的专项整治，各单位集中开展环境卫生大扫除活动。5月22日，于城镇政府出台《关于要求申报市级卫生镇的报告》。对创建市级卫生镇作出了技术工作的报告，从组织管理、健康教育、环境卫生和保护、病媒生物防制、食品与公共卫生场所、传染病防治、村和社区卫生作出了技术改造项目及实施方案。

2009年完成疏浚河道32条、16.16公里，被评为县河道整治工作先进集体。加强河道长效保洁。落实3个保洁队，全方位实施河道保洁。

2009年12月28日，于城镇被嘉兴市爱国卫生运动委员会命名为"嘉兴市卫生镇"。

2010年3月18日，于城镇调整社区公共卫生领导小组。是年，生态环境有效改善。根据《海盐县农业面源污染整治方案》，县、镇、村三级联动，切实抓好畜禽污染治理配套设施建设，深化畜禽养殖排泄物综合利用。对107户养殖生猪50头以上农户严格执行"三池配套""两个分离"治理模式；对4538户养殖生猪50头以下农户，全面封堵直排口，禁止直排，禁止污染。开展农村环境综合整治，推进农村垃圾集中收集处理工作，全年清运垃圾3170吨。狠抓节能减排工作，积极推行清洁生产，鸳鸯丝绸印染、于城丝绸印染中水回用工程如期完成。是年4月5日，于城镇政府调整"十小行业"整治与规范工作领导小组。4月8日，于城镇建立创建市级卫生强镇工作领导小组。4月23日，于城镇政府向县政府提出要求创建嘉兴市卫生强镇的报告，报告显示，于城镇从2004年起，完善乡村一体化管理，全镇设立社区卫生服务中心，有7个社区卫生服务站。社区卫生服务中心建筑面积3280平方米，床位5张。服务站建筑面积160平方米3个，100平方米以上4个。2008年获得嘉兴市规范化社区卫生服务中心；2009年获得浙江省规范化社区卫生服务中心。

2011年3月21日，于城镇政府出台了2011年爱国卫生要点，开展环境卫生整治。是年4月19日，出台了实行农村环卫"四位一体"(农村集镇、村庄、河道、道路)长效保洁工作实施方案。是年4月20日起，开展2011年卫生先进单位和卫生村(社区)创建工作。

2012年，于城镇推进绿化建设，完成绿化造林1567亩，其中经济林612亩、生态片林536亩。深入开展生猪养殖集中整治工作，生猪存栏控制在3.89万头。切实加强水环境整治，实施农村河道综合整治工程，水环境质量明显改善。是年，8个行政村都已创建成为市级生态村。全镇完成"三改一拆"整治总面积24.8万平方米，完成县下达任务的178%。其中旧住宅区改造7万平方米；城中村改造完成15户0.5万平方米；旧厂区改造完成鸳鸯丝绸、金狮印染、恒越绢纺、兴源服饰等企业4.12万平方米；拆除一般违法建筑面积2.8万平方米，拆除猪舍10.4万平方米。

2013年春季，于城镇开展以灭鼠为重点的"除四害"工作。根据盐爱卫办〔2013〕2号文件《关于开展2013年春季城乡统一灭鼠活动的通知》，镇爱卫办联合镇农水中心，积极开展除"四害"工作。全镇共投放灭鼠毒饵7箱，灭蟑药笔2箱，灭蟑颗粒1箱，除虫喷杀剂4箱，有效地遏制了"四害"的繁衍，降低了"四害"的密度。结合环境卫生集中整治，清除"四害"滋生场所125处。10月12日，"菲特"台风给于城造成灾后卫生安全问题，于城镇爱卫办组织灾后防疫防控工作，共发放漂白粉1500公斤、灭蚊灭蝇灭鼠药剂12箱。发放灾后防疫册子3000余份。11月19日，海盐县财政局、农业经济局下达于城镇1～5月份养殖环节病死猪无害化处理补助经费，规模养殖场自行处理4420头补助258128元，其中省以上补助212160元，县补助106080元，镇配套35360元;镇集中收集1457头补助116560元。12月9日,海盐县财政局、环境保护局拨付于城镇工业园区"十二五"污染减排财政补助资金50万元。是年底,于城镇开展"优美庭院"创建工作,2014年年初评选出十户优美庭院家庭。

2014年,于城镇认真策划全镇绿化造林工作,推进优化海盐生态和投资环境。年度全镇共绿化面积970亩,完成目标任务的194%,其中生态片林已完成210亩,占年度计划的210%;城镇绿化工程已完成51亩,完成年度计划的102%;社区绿化、经济林完成674亩,占年度计划的200%;农田林网绿化完成11亩,河道绿化24亩,共投入资金772万元。是年"三改一拆""五水共治"、大气污染治理重点工作全面推进。全年拆除违建猪舍15.59万平方米;拆除其他违建2.34万平方米;完成旧住宅、城中村改造11.25万平方米;完成旧厂区改造8.81万平方米。推进生猪"减量提质"工作,全年生猪存栏量2.8万头,较去年减少近1.1万头,做好生猪强制免疫工作,病死动物无害化处理暂存点完工,无害化处理工作有序开展。"五水共治"工作中,落实"河长制",建立健全治水奖惩机制和责任包干机制,首创以村规民约形式发动全民治水,组织渔民开展鱼簖自清工作。一季度在全县率先完成"垃圾河"整治工作,其中23条市级公示河道全部通过验收。推进河道"双清",完成河道清淤69条27公里、打捞沉船439艘。加快截污纳管工程,新建二级污水管网1170米,新增污水入网企业39家;启动农村生活污水治理项目,年内新增1000户农户。做好农业面源污染治理工作,甲鱼温室尾水治理面积2.9万平方米。整治印染、五金标准件等重点行业污染,实施提标设施改造。加大千亩荡饮用水源地保护力度,实施农房搬迁、养殖退养等工作。镇域水质明显提升,在四季度全县水质检测排名中,于城有4个村获得水质优胜奖,2个村获得水质进步奖。加强秸秆禁烧和综合利用工作,实行"小锅炉"煤改气、"黄标车"淘汰工作。

第四节　健康教育

于城卫生院从建院起至2008年,辖区健康宣教由原防保科,后改称公共卫生科人员协同镇爱卫办等相关部门共同开展健康教育系列活动。

2009年,于城卫生院成立了健康教育讲师团。是年,于城镇卫生院开展推进"亿万农民健康教育促进行动"的活动,利用宣传橱窗、黑板报、上街设摊、广播等方式,发放宣传资料8000余份,自制健康墙报37份,卫生院与镇广播站联办《卫生与健康》栏目,全年共播出卫生科普稿件23篇。组织中小学健康知识教育。组织知识讲座2次。

2010年,卫生院与镇广播站联办《卫生与健康》栏目,全年共播出卫生科普稿件21篇。利用多种形式开展宣传,是年发放宣传资料7000余份,自制健康墙报38份,向辖区内的人民群众开展知识讲座2次。

2011年,各村都建立了健康教育阵地。是年,八字村设为慢性病防治试点村,组织开展"高血压防治讲座"与"糖尿病防治讲座"。是年,对梅雨季受淹较严重的三联村,江渭村等,发放水灾后防病知识健康教育宣传资料300余份。是年,组织急救知识讲座4次,发放宣传资料7000余份,自制健康教育处方200份,自制健康教育墙报12份,全镇共设8个健康教育宣传栏,每季更换，向全民普及健康科学知识。

2012 年，全院开展健康教育促进年活动，开设居民健康学校，共开课 6 次。与镇广播站联办《卫生与健康》栏目，全年共播出卫生科普稿件 20 篇。

2013 年，健康教育讲师团每月下乡开课，全年共 40 场，其中慢性病防治 34 场，健康素养讲座 4 场，禽流感 H7N9 知识讲座 1 场，水灾后卫生防病知识讲座 1 场，全镇各村覆盖率达 100%。健康教育资料发放入户率为 100%。卫生院与镇广播站联办《卫生与健康》栏目，全年共播出卫生科普稿件 50 篇。开展健康科普知识上街宣传、义诊、健康咨询等活动，共发放宣传资料 1000 余份，接受各类健康咨询 500 余人次。

2014 年，健康教育讲师团每月下乡开课，全年共 41 场，其中慢性病防治 39 场，健康素养讲座 2 场。开展健康科普知识上街宣传、义诊、健康咨询等活动 9 次，共发放宣传资料 700 余份，接受各类健康咨询 500 余人次。健康教育资料入户率达 100%。卫生院和镇广播站联办《卫生与健康》栏目，全年共播出卫生科普稿件 26 篇。

第五节　慢性非传染性疾病的防控

2009 年起，于城镇卫生院开始开展慢性非传染性疾病的监测报告管理工作。对来院就诊的浙江省户籍的糖尿病、心脑血管急性事件、肿瘤等 4 类患者通过浙江省慢性病监测信息报告信息系统进行网络直报。各社区责任医生为辖区内的慢性病患者建立健康档案并进行健康管理。重点管理高血压、糖尿病、重症精神病患者。通过随访、进社区开展慢性病讲座、上街宣传义诊、建立慢性病自我管理小组等方式向辖区居民宣传慢性病防控知识。通过首诊测血压、健康体检等方式积极发现高血压、糖尿病患者以及高危人群，实现早发现、早干预、早治疗。2014 年，于城镇卫生院开始为辖区内糖尿病患者提供每年 4 次免费测血糖服务。截至 2015 年底，辖区内在册管理的糖尿病患者有 926 人，高血压患者有 2905 人，重症精神病患者有 118 人。2014 年，开始开展以儿童为重点的口腔龋齿检查，对患有龋齿的儿童及早进行充填，为符合适应证的适龄儿童提供窝沟封闭免费服务，结合每年学校体检，对辖区内小学、幼托机构为单位的儿童龋齿充填。

第六节　药品安全工作

2008 年，于城镇实施农村药品“两网一规范”建设，强化用药渠道管理，保障用药安全。建立药械购进、入库验收、存储、保管、退货等一整套药械质量管理制度，并指定专人负责制度的执行，在制度和人员上规范农村药品供应渠道。

2009 年，于镇镇药品零售店全部达到守信企业，辖区内药品经营环境良好，群众用药安全。是年，于城镇成立药品不良反应监测工作领导小组，落实专人负责日常工作，并制定出台药品不良反应报告和监测管理办法。至 2010 年 11 月，共发现 8 例药品不良反应，均在规定时间内上报，并及时给予患者正确处理，没有造成严重后果。

2010年，于城创建药品安全示范镇，8月23日，于城镇政府建立药品安全示范镇工作领导小组，郭腾辉任组长，姜金凤任副组长，5名组员。下设办公室，姜金凤任主任，2名成员。印发《于城镇药品安全示范镇创建工作实施方案》，以保障人民群众用药安全有效。方案提出工作任务，药品规范化管理和工作步骤。同时成立于城镇药品安全监督小组，姜金凤任组长，12名组员。建立药品安全监督办公室，设主任、专管员、协管员、信息员。并制订管理制度，工作职责，安全报告制度等。投入2800元制作了7000本《药品安全常识》小册子逐户分发；投入4000多元制作了镇级宣传栏、村级宣传栏和8套药品宣传展板，广泛宣传药品安全知识。8月18日，组织全镇药品安全工作人员参加县食品药品监督员演练培训，全面学习了药品安全示范创建中涉及的组织领导、药品监管网建设与运行、药品质量规范化管理、药品市场秩序、药品长效机制建设、宣传传播药品知识。9月15日，邀请县药监局药械监管科的领导，结合于城镇实际，开展了一次针对镇药品专管员、协管员、信息员的业务培训会，重点讲解了海盐县医疗机构、社区卫生服务站及药品零售企业等三类行业的日常检查记录单的填写和注意事项。10月26日，于城镇人大视察食品药品安全工作，镇政府邀请县食品药监局、卫生、工商及于城卫生院的工作人员对食品药品行业进行集中检查。11月1日，镇药品安全监督办公室联合镇卫生院对集镇6家药店的许可证管理、管理职责与制度、人员与培训、设施与设备、进货管理、验收和检验管理、储存于养护管理、特殊药品管理等项目进行了督查。11月8日，镇社区卫生服务中心举办药房管理人员培训，邀请县食品药品监督管理局的专业人员作辅导。11月9～12日，镇药品安全示范镇创建办公室邀请县药监局分别对各村社区卫生服务站药品安全示范镇创建台账进行指导，实地察看了各社区卫生服务站及药店，对规范化药房的运行、药械管理、检查记录等情况进行抽查。

2011年2月，于城镇获嘉兴市人民政府颁发的“嘉兴市药品安全示范镇”。同年11月，获“海盐县药品安全示范镇”。

2014年，于城镇在文化活动中心设置了药品安全宣传栏实施宣传。

第七节　食品安全工作

于城镇政府重视食品安全工作，2010年，于城镇获“海盐县食品安全工作先进集体”。

2013年5月8日，海盐县质量技术监督局发文，贯彻实施省局“蓝剑三号”食品安全专项执法行动。于城镇食品安全办配合行动，重点是对酒类、食用植物油、腌制肉制品、饮用水等地产产品和食品标签检查，打击违法行为。是年5月底，于城镇开展肉及肉制品专项治理行动，出动执法人员68人次，检查畜禽养殖场、屠宰场3个，集贸市场、批发市场、商场、超市、熟肉制品店15个，餐饮服务单位22个。对各单位许可证持有情况、从业人员持证、原料采购索证、加工情况进行检查。未发现不合格肉制品。同时结合“餐剑一号”专项行动，重点检查含铝膨松剂等食品添加剂的采购、使用情况，从检查情况，各单位均未使用含铝膨松剂。镇食安办与镇广播站联合播出《怎样分辨肉类食品优劣》的广播讲座，加大对《中华人民共和国食品安全法》及食品安全知识的宣传教育。

2013年5月26日5点30分，卫生院公共卫生科金国祥医师接到临床值班医生报告，先后有4名病例均出现呕吐、腹泻、腹痛、泻水样稀便等症状，其中一患者有发热症状，其余均无明显症状。经向病人核实，4名病例均因参加农户搬家酒席引起。镇应急办当晚召开全镇妇女主任与责任医生紧急会议，再次明确农村家宴申报流程，要求卫生院将做好农村土厨师健康体检、登记、宣传教育工作。截至5月27日未发现新增病例，出现的4例病例经治疗后均无大碍。

2013年6月，于城镇组织食品安全专项整治工作，出台了《于城镇食品安全专项整治行动工作方案》，召开了专项整治工作动员会暨工作部署会，明确了各部门工作职责，并组织了联合执法行动。截至6月中旬，共开展风险隐患排除5个，整治1个；检查75户次，出动检查人数105人次；发出责令整改通知书4份，经整改已全部符合要求；妥善处理食源性腹泻事件一起；发放宣传资料200余份，开展专题广播宣传2期，通过农民信箱发送食品安全宣传短信5条。

2013年9月，于城镇开展"强网清源、打非治违"食品安全集中整治行动，于城镇涉及食品生产企业QS认证共有5家食品生产企业，即家友豆制品厂、糖果厂、日用化工厂、纸杯厂2家。共统计到小吃店51家，农村厨师25名，摊点12个。镇食安办组织联合执法行动共5次，出动人员59人次，检查82家，查出安全隐患7个，落实整改7个。镇农水中心成立"清网行动"小组，共4人，共检查走访6次，其中检查葡萄种植户15家、农业龙头企业2家、水产养殖户4家、蔬菜种植户1家、农资经营店7家，检查中约谈25个生产主体和7个经营主体，发放宣传资料76份。9月22日，县畜牧局与镇兽医站联合，检查50头以上规模养殖户，查看检疫记录、用药记录是否完善，是否使用瘦肉精，保障畜产品安全。镇兽医站共出动42人次，检查牛屠宰场1个，检查生猪养殖户157户，其中瘦肉精采样38户，使用瘦肉精快速试纸条156条、合格率100%。

2014年2月，于城镇成立了乡村厨师管理小组，制定相关工作制度，组织厨师开展学习培训、办理健康证等活动，抓好厨师队伍综合管理工作。3月，于城镇推出了农村家宴食品安全责任保险，保费10元/桌，最高保额100万元，政府补助50%，厨师只要花5元/桌，就可以享受农村家宴食品安全责任保险，通过保险分摊风险，保障事主、厨师和用餐人等各方利益。是年7月9日上午，省政府副秘书长、省食品安全办主任朱志泉、市食品安全办主任王根良、县食品安全办主任王祖利等领导到于城镇调研农村家宴管理工作，听取了于城镇加强农村家宴管理工作情况汇报，对推出农村家宴食品安全保险，强化乡村厨师队伍组织管理等创新工作成绩给予肯定。到7月底，全镇共有40家513桌家宴购买了保险。8月，于城镇加强农产品质量安全监管，提升农产品质量安全，镇农技水利服务中心对葡萄农产品，实施抽样检测农药残留情况。共抽检葡萄样品44个批次，用CL－BⅢ型残留农药测定仪检测，44个样品农药残留均未超标，合格率为100%。

表22－3－2　　于城镇持有健康证乡村厨师名单

姓　名	所在村	姓　名	所在村
富明生	于城镇吕冢村	张雪芬(女)	于城镇江渭村
王利明	于城镇吕冢村	沈建明	于城镇江渭村
许学斌	于城镇吕冢村	周凤良	于城镇江渭村

续表 22－3－2

姓　名	所　在　村	姓　名	所　在　村
曹水金	于城镇何家村	吴建华	于城镇鸳鸯村
苏建明	于城镇何家村	蔡建其	于城镇鸳鸯村
马利军	于城镇何家村	华胜明	于城镇庄家村
马玉林	于城镇八字村	周忠良	于城镇庄家村
金仁荣	于城镇八字村	朱雪荣	于城镇庄家村
费乃根	于城镇八字村	张雪明	于城镇庄家村
马群华	于城镇八字村	陈水泉	于城镇庄家村
徐向东	于城镇八字村	富元林	于城镇庄家村
叶两明	于城镇三联村	许应祥	于城镇庄家村
楼世俊	于城镇三联村	高二观	于城镇何家村
沈国培	于城镇三联村	史再荣	于城镇何家村

于城镇加强食品安全监管，组织检查执法活动。2014年4月1日上午，镇食安办联合工商、卫生等部门，开展食品安全“百日严打”联合执法活动，重点检查了集镇超市和学校周边的饮食摊点，以及吕家、何家两个村级小集镇食品安全。4月10日上午，于城镇食安办和农水中心相关人员组成检查组，对于城部分农资店和规模种植户进行了一次专项检查。检查组抽检了3家农资店和2家规模种植户，检查是否经营假劣农资；是否出售、使用违禁农药。检查未发现违禁、假劣药品，但部分单位销售台账记录不完整，商品不按照标示牌放置，检查组提出立即整改的意见。4月21日上午，于城镇镇食品安全办会同兽医站、农水中心等单位，结合“百日严打行动”，对于城镇2家兽药店和3家规模养殖户抽检，检查兽药店和规模养殖户是否经营、使用假劣兽药；是否出售、使用国家禁止使用的兽药及禁止添加的“克伦特罗、莱克多巴胺、沙丁胺醇”未发现使用瘦肉精等违法现象。是年11月份镇食安办会同镇市场所、卫生、县行政执法综合中队对辖区内的食用油经营单位进行专项检查。在流通领域共出动人员6人次，检查单位32家，在餐饮环节共出动人员12人次，检查单位40家，

于城镇食品安全监管工作所2014年9月16日揭牌成立。10月，于城镇实施小餐饮整治工作，消除食品安全隐患，于城镇食安办会同镇市场监督所、卫生等部门对全镇的小餐饮进行了全面摸底，全镇共有持证小餐饮56家，无证小餐饮3家，有证食堂19家，其中学校食堂4家，无证企业食堂6家。对9家无证小餐饮和食堂，镇食安办发出整改通知书，会同相关部门多次上门进行检查督促，限期进行整改。不符合餐饮许可条件的予以取缔。是年年底，监管工作所检查了海盐县于城众旺食品厂生产的糖果产品工作；开展食用油质量安全检查，对村一级小食杂店、副食品超市进行全面排查，开展了节日市场食品安全联合检查，对辖区内的小餐饮、小超市有针对性的检查，对经营侵权仿冒、“五无”食品、“两超一非”等劣质食品进行排查，收缴了

一批超过保质期、腐败变质食品。开展农贸市场自制食品“清源”行动，对于城农贸市场内及周边所有经营熟食卤味、动物血制品、水发产品、酱腌菜、豆类制品、米面制品等自制食品开展地毯式检查，并登记索源，没有合法进货渠道及没有检验的一律不得进场交易。发挥各村（社区）食品安全协管员的作用，排摸所属辖区无证无照食品生产经营者情况，并将情况及时上报。排摸发现无证无照小食杂店1户，小餐饮3户，豆制品经营1户，发出了责令改正通知书，领取了营业执照。

第八节　妇幼保健

新法接生

解放前，于城无妇幼保健措施，妇女病极为普遍。产妇分娩，大多数请接生婆老法接生；有的产妇自产自包，婴儿和产妇感染较多，产褥热、大出血时有发生。婴儿破伤风死亡率较高。民国19年（1930）春，成立县立医院，内设妇产科，采用新法接生，但上县立医院接生者很少。解放后，1951年省卫生厅派助产士到海盐宣传妇幼卫生，全县推行新法接生。1952年，钦城派人参加县新法接生训练班，1953年，采用新法接生过半数。1958～1961年人民公社化后，各大队分别建立保健产院，配有2～3名不脱产接生员，新法接生率为90%以上。1961～1963年，钦城公社新法接生率达97%。20世纪70年代，农村接生工作主要由经过培训的女赤脚医生承担。80年代起，农村产妇大部分进医院分娩；1983～1985年，年均住院接生率为71.9%。1976～1985年，钦城采用新法接生率为98%。

设立妇产科

1998年5月，于城卫生院设立了妇产科，有床位12张，空调房两间。2008年起，于城镇卫生院妇产科撤销接生工作。

表22—3—3　　1998～2007年于城镇卫生院产科接生情况表

年　度	平产数	剖宫产数	年　度	平产数	剖宫产数
1998	48例		2003	21例	61例
1999	80例		2004	20例	54例
2000	98例		2005	13例	16例
2001	20例	108例	2006	13例	12例
2002	16例	75例	2007	1例	

妇女保健

1952年起，开展孕产妇检查登记。1958年，普遍实行产前检查和产后访视。1960～1962年，采用中西医综合疗法治疗闭经、子宫脱垂。1984年起，开展女工“四期”（经期、孕期、产期、哺乳期）保护工作。

表 22—3—4　　1988～2015 年于城镇卫生院孕产妇管理产前检查情况表

年　度	孕产妇产前检查	年　度	孕产妇产前检查	年　度	孕产妇产前检查
1988	371 人	1998	154 人	2008	92 人
1989	284 人	1999	211 人	2009	94 人
1990	289 人	2000	193 人	2010	108 人
1991	314 人	2001	204 人	2011	86 人
1992	354 人	2002	149 人	2012	123 人
1993	379 人	2003	134 人	2013	137 人
1994	336 人	2004	124 人	2014	125 人
1995	368 人	2005	115 人	2015	149 人
1996	324 人	2006	133 人		
1997	257 人	2007	108 人		

表 22—3—5　　2003～2015 年于城镇卫生院妇女病普查情况表

年　度	妇女病普查总人数	患病人数	年　度	妇女病普查总人数	患病人数
2003	1511	714	2010	1574	680
2004	1200	539	2011	2323	742
2005	1266	398	2012	1580	718
2006	1456	414	2013	3096	1402
2007	1646	226	2014	2141	1079
2008	2560	626	2015	2023	465
2009	1467	744			

儿童保健

1958～1960 年，农村普遍建立常年托儿所和幼儿园。1979 年 10 月，12 岁以下儿童进行免费驱蛔治疗。1981～1985 年为儿童接种卡脚苗。1985 年起，软城乡卫生院配有儿童保健医生，为儿童定期门诊、预防接种并建立健康档案。

表 22—3—6　　2000～2015 年于城镇卫生院儿童保健情况表

年　份	活产人数	儿童人数	7 岁以下儿童人数	7 岁以下保健管理人数	管理率
2000	193	192	1841	1685	91.5%

续表 22—3—6

年　份	活产人数	儿童人数	7岁以下 儿童人数	7岁以下 保健管理人数	管理率
2001	206	205	1725	1661	96.3%
2002	147	147	1495	1369	91.6%
2003	135	130	1298	1238	95.3%
2004	125	120	1183	1141	96.4%
2005	109	103	1061	1059	99.8%
2006	108	111	971	970	99.9%
2007	89	93	876	876	100%
2008	76	74	757	757	100%
2009	94	93	713	713	100%
2010	108	96	688	688	100%
2011	86	67	635	635	100%
2012	123	120	661	661	100%
2013	139	100	652	644	98.8%
2014	125	143	720	715	99.31%
2015	152	136	785	778	99.11%

第二十三编 体 育

民国期间，体育活动以学校体育为主，有足球、篮球、乒乓球、跳绳、踢毽子、放风筝等。民间有自发性的体育活动，活动人数较少，有象棋、高跷等。

解放后，学校体育运动不断加强。1951年，小学课程表列入体育课，并普遍推行广播体操。1956年，毛泽东主席提出了德、智、体全面发展的方针。是年学校使用教育部编的《体育教育大纲(草案)》。1961年参考使用教育部颁发的中小学《体育教材》，并逐步推行眼保健操，开展球类、田径运动。1974年，举行首届全公社小学田径运动会。1975年，圩城农中举行首届全校田径运动会。21世纪体育考核分记入高段年级升学总分。

民间体育活动得到政府重视。1956年8月17日，建立了海盐县体育运动委员会，乡镇相应建立分管机制，有组织地开展了群众体育运动。1958年10月20日，国务院批准国家体委发布劳动卫国体育制度(简称劳卫制)。"劳卫制"是国家根据社会主义建设事业需要，对人民在体育锻炼上的基本要求而制定的，其目的在于鼓励人民积极参加体育锻炼，促进体育运动的广泛开展，提高运动技术水平，使人民身强力壮，意志坚强，更好地为社会主义建设和保卫祖国服务。"劳卫制"规定，根据学生身体全面发展、循序渐进的原则和性别、年龄的不同，分为少年级、一级和二级三个级别。

1995年起，贯彻实施《中华人民共和国体育法》和《全民健身计划纲要》。

1999年1月，于城镇被评为浙江省体育先进镇。

2009年，于城镇被评为海盐县文化体育先进镇。

2010年4月25日，于城镇政府提出了创建浙江省体育强镇实施意见。提出了目标任务，工作步骤，工作要求。同时成立了创建浙江省体育强镇领导小组，成立了镇村体育指导站。

2010年12月，省体育局授予于城镇"浙江省体育强镇"称号。

2011年12月，国家体育总局授予于城镇为"乡镇体育健身示范工程"称号。

第一章 体育组织机构

于城镇体育组织机构是政府职能部门，设分管体育的领导，一般由副镇长担任；组织活动的策划与实施，长期以来主要由文化站负责。

1995年12月30日，成立于城镇体育运动委员会。下设体育辅导站。

1997年8月18日，重组于城镇体育运动委员会，下设体育辅导站。各村、企事业单位建立体育领导小组。

2001 年 6 月 19 日，成立于城镇老年人体育协会。

2010 年 4 月 13 日，于城镇政府成立创建浙江省小康型老年体育领导小组。

第二章　体育设施

第一节　文化活动中心体育设施

2000 年，于城镇文化活动中心在原枫桥南堍建立。有房屋 3 层，每层 6 间，建筑面积 462 平方米，有乒乓室、桌球室。

2010 年 5 月 28 日，投资 420 万元的于城镇文化活动中心建成，举行了落成典礼仪式。中心占地面积 5400 平方米，建筑面积 3098 平方米。室外体育设施有塑胶灯光标准篮球场、塑胶羽毛球场、健身路径；室内有乒乓室、音舞(体育)室、棋牌室即老年活动室、国民体质监测室。

第二节　中小学体育设施

2014 年，于城中、小学分别有田径运动场、篮球场、羽毛球场、足球场、乒乓球室、单杠双杠等体育场地和设施。

于城小学

1995 年建煤渣田径运动场 1 个，长度 200 米。2006 年建室内乒乓室 1 个，室外乒乓台 10 张，室外篮球场 2 个，排球、羽毛球(两用)场 1 个，体育器材室 1 个。2011 年，征地 10005 平方米，投资 70 万元，建 200 米跑道塑胶田径运动场。至 2014 年建有篮球场 3 个，羽毛球场 2 个，室内乒乓室 2 个，胶塑田径运动场 1 个，学校体育器材齐全。

表 23－2－1　　2014 年于城小学体育器材情况表

器材名称	数量(件)	器材名称	数量(件)	器材名称	数量(件)	器材名称	数量(件)
大海绵垫	8	垒　球	50	身高测试仪	2	秒　表	6
体操垫	65	接力棒	10	皮　绳	22	跳　板	5
实心球	89	6 号篮球	100	木哑铃	36	立定跳远测试仪	1
铁　饼	10	短　绳	40	长　绳	4	乒乓球拍	80
铅　球	13	钉　鞋	10	杠　铃	8	山　羊	3
小铁旗	30	铁　环	60	室外乒乓桌	6	手榴弹	10

续表 23—2—1

器材名称	数量（件）	器材名称	数量（件）	器材名称	数量（件）	器材名称	数量（件）
沙　包	60	足　球	40	室内乒乓桌	3	排　球	15
高　跷	35	网球架	1	画线器	2	羽毛球网架	3
跨栏架	10	哑　铃	26	充气泵	1	跳高杆	3
篮球架	6	飞　镖	2	肺活量器	2	藤　圈	17
跳　箱	2	体操棒	35	握力器	2	坐位体前屈	10
跳高架	3	羽毛球拍	80	标志杆	30		

于城中学

1998 年易址新建，当时建有煤渣田径运动场 1 个，篮球场、羽毛球场各 2 个。在 2012 年学校一体化改造时，改为塑胶田径运动场，室外塑胶篮球场，室外塑胶排球、羽毛球（两用）场。至 2014 年，于城中学建有 250 米跑道塑胶田径运动场 1 个，塑胶篮球场 3 个，塑胶羽毛球场 2 个，室内乒乓室 2 个，室外乒乓桌 3 张，设有单杠 6 个，双杠 7 个，平梯 1 个，沙坑 2 个，投掷区 2 个（配有安全护栏网）。其他体育运动器材齐全。

表 23—2—2　　2014 年于城中学主要体育器材情况表

器材名称	数量（件）	器材名称	数量（件）	器材名称	数量（件）	器材名称	数量（件）
大海绵垫	15	垒　球	40	身高测试仪	2	秒　表	10
体操垫	60	接力棒	12	皮　绳	12	跳　板	8
实心球	40	篮　球	50	木哑铃	10	立定跳远测试仪	6
铁　饼	15	短　绳	100	长　绳	20	乒乓球拍	20
铅　球	25	钉　鞋	30	杠　铃	3	山　羊	6
小铁旗	50	铁　环	10	室外乒乓桌	22	手榴弹	30
沙　包	80	足　球	20	室内乒乓桌	22	排　球	60
高　跷	20	网球架	1	画线器	1	羽毛球网架	1
跨栏架	70	铁哑铃	20	充气泵	4	跳高杆	3
篮球架	4	飞　镖	1	肺活量器	3	藤　圈	20
跳　箱	10	体操棒	10	握力器	3	坐位体前屈	2
跳高架	2	羽毛球拍	40	标志杆	20	标　枪	15
计时台	11	足球网架	22	平衡木	1		
投掷防护网	11	单　杠	4	双　杠	4		

第三节　村(社区)体育设施

20 世纪,村级体育设施贫乏,60 年代,乒乓球活动风行一时,村大会堂有乒乓球桌,中小学生和干部职工尤为活跃,各村都有一所学校,设操场,篮球场,乒乓室。2001 年,制定《海盐县全民健身苑(点)建设方案》,至 2005 年,全县投入资金 200 余万元建成 103 个健身苑(点),其中于城建了 6 个。2004 年 10 月,于城江渭村率先在江渭小集镇建健身苑,场地面积 120 平方米,投入资金 2.5 万元,安装健身器材 10 件。2010 年,于城各村都建成健身苑点,共 8 个点 80 件健身器材。2007 年 11 月,于城镇鸳鸯村联合于城服饰有限公司,在于城服饰有限公司职工宿舍楼广场上,建成了首个村级标准灯光篮球场。2010 年 10 月,全镇 8 个行政村有个体棋牌室 43 个。2007 年 9 月至 2014 年底,全镇 8 个村共建篮球场 18 个,其中村企共建篮球场 11 个,灯光篮球场 1 个,塑胶篮球场 1 个。全镇室内乒乓室 6 个,室外乒乓桌 6 张,村老年活动室 7 个,晨练点 7 处。企业有乒乓室 3 个。

表 23—2—3　　2014 年行政村体育设施情况表

村　名	篮球场(个)	健身路径器材(件)	室内乒乓球桌(套)	室外乒乓球桌(套)	老年活动室(平方米)
鸳鸯村	2	10	—	2	25
吕家村	3	10	1	1	50
庄家村	2	10	1	2	50
何家村	2	10	1	—	60
构塍村	3	10	—	2	60
八字村	2	10	1	2	30
江渭村	2	10	—	2	100
三联村	2	10	2	2	100

第三章　群众体育

第一节　竞赛竞技体育

1982 年 1 月 20 日,欤城公社团委、文化站组织体育游艺活动,有气枪射击、夹弹子、钓鱼等 15 个项目,全公社青年农民 150 人参加,活动在光明小学举行。是年 5 月 4～6 日,在圩城茧站组织游艺活动和有奖猜灯谜活动,全公社农民青年等 650 人参加了活动。

1984年3月5日，欤城乡文化站组织全公社首届乒乓球赛，球赛在圩城中心小学举行，全公社23个单位45名选手参加了比赛，比赛为个人淘汰赛制，分集镇组和农村组，每组取前6名发奖状奖品，集镇组8个单位参加，农村组15单位参加两组前6名决冠亚军，凌燕祥获得冠军。是年10月，组织了全公社体育游艺活动，设10个活动项目，全镇各村各单位400多人参加。

1986年5月4日，欤城乡组织了全乡第二届乒乓球赛，比赛在欤城中心小学举行，有20个单位54名选手参加，经过一天角逐，陈沈明获得冠军。是年9月，组织了全乡"迎国庆象棋赛"，全乡24个单位43名选手参加了比赛，土管所王沈林获得冠军。

1987年5月2～3日，欤城乡团委、文化站组织第三届全乡"迎五四青年节"乒乓球赛，比赛在欤城中心小学举行，18个单位40名选手参加了比赛，欤城农中朱汉华获得冠军。

1989年1月22日，镇文化站组织举行乡镇企业职工乒乓球赛，全镇7家企业27名选手参加比赛，比赛在文化站乒乓室和乡丝厂举行，分男子组、女子组，实行单打、淘汰赛制，男子取前5名，女子取前3名，设团体奖3个，男子组凌燕翔获冠军，女子组朱惠芬获冠军。是年3月5日，镇文化站、妇联联合举行全乡"三八"妇女节拔河比赛，全镇23个单位184位运动员参加比赛，比赛分集镇和农村组，集镇7个单位取前2名，镇第二砖瓦厂获第一名，农村16个单位取前3名，欤北村夺得第一名。是年5月1日，欤城乡工办、乡文化站组织全镇第二届纪念"五一国际劳动节"乡办企业职工象棋赛，全乡7家企业21名选手参加了比赛，比赛采用了个人淘汰赛制，取前6名发奖，紧固件厂曹炳林获得冠军。是年9月28日，欤城乡文化站组织全乡"庆国庆"成人乒乓球赛，比赛设农村组、集镇组、女子组。全乡各单位52名选手参加了比赛，三个组分别在文化站活动室、丝织厂乒乓室、丝厂乒乓室进行，每组取前3名发奖，陈国平、李召兵、李瑞芬分别获各组冠军。

1990年4月15日，欤城、百步、通元、横港、六里5乡镇联合举行乒乓球赛，地点在百步乡，欤城陈沈明获第六名。是年6月10日，欤城、百步、通元、横港、六里、石泉6乡镇在横港举行成人象棋赛，欤城周来根获得亚军。是年4月13日，欤城乡篮球队与齐家乡篮球队在欤城中学篮球场举行了友谊赛。是年7月5日傍晚，欤城乡文化站、团委组织篮球友谊赛，特邀县政府机关篮球队与镇篮球队在欤城中学篮球场举行，县政府机关篮球队以75∶68的比分获胜。

1991年9月11日，欤城乡篮球队与齐家乡篮球队在欤城中学篮球场举行友谊赛。

1993年5月4日，欤城乡团委、文化站在乡中心小学组织了"纪念五四青年节"成人象棋赛。12月1～3日，欤城乡组队参加县体委等4单位主办的"一九九三年海盐县农民篮球赛"，全县5个乡镇参赛，欤城乡获第二名。

1994年5月4～6日，乡文化站组织举行"第二届篮球赛"，比赛在镇中学篮球场举行，全镇共10支篮球队参加，绢纺公司篮球队获第一名。6月12日，乡文化站组织举行第二届乒乓球赛，比赛在中心小学举行，李召兵获冠军，许讯获亚军。6月12日，选派乡中学费建英、杨巧琴2位教师参联合举办的在百步中学举行的部分乡镇女子乒乓球赛。10月5日，于城、沈荡、百步、通元、横港、六里、石泉举行7乡镇成人象棋赛，地点在于城镇成人教育楼，13名选手参加比赛，沈荡镇吴皓获冠军。

1996年4月26～29日，于城镇举行第四届篮球赛，参赛球队10个、运动员150人。比赛在镇中学举行，制度采用10个队分二组，以组实行循环赛，二组之间决冠亚军，获奖取前6名。镇中学篮球队获得冠军，绢纺公司篮球队获亚军。5月5日，于城镇举行幼儿园幼儿体操比赛，全镇共20个代表队345名幼儿参加，比赛在镇中心幼儿园举行，取前6名获奖，镇中心幼儿园代表队获第一名。7月1日上午，于城镇举行拔河比赛，全镇共23个代表队325名运动员参加，比赛在镇中心小学操场举行，分农村、集镇组，比赛为组级淘汰赛，交叉实行半决赛制，决出冠亚军，获奖取前6名。于城砖瓦厂代表队获冠军，绢纺公司代表队获亚军，南圣村代表队获季军。7月8～9日，于城镇举行象棋赛，各村各单位85名选手参加，分农村、集镇组，采用一局定输赢淘汰赛制，取前6名获奖，机关站办队获团体第一名。7月17日，于城镇组队参加在横港乡联合组织的象棋赛。9月28日，于城镇组队参加"沈荡地区振兴杯篮球赛"获第四名。11月11日，于城镇举行自行车慢骑赛。全镇各单位307名选手参加，采用分小组半决赛制，比赛取前6名，陈留法获第一名。

1997年6月22日，镇文化站组织第三届暨"迎七一，迎回归"乒乓赛，全镇8个单位22位选手参加比赛，比赛在于城中心小学举行，采用单打、淘汰赛制度，比赛设团体奖和个人奖，于城中学获第一名，陈志诚获冠军。

1998年11月6日，于城镇组队参加在通元镇联合举行的六乡镇(通元、于城、六里、官堂、石泉、横港)成人象棋赛，于城镇获团体第三名。12月29日，于城镇文化站组织自行车慢骑、跳绳、投篮球比赛。比赛在恒越绢纺实业有限公司篮球场举行，全镇各单位选派65名选手参加比赛，沈建国、王全英、沈许华分别获第一名。

1999年4月25日，于城镇文化站、团委等单位组织"于城镇第四届乒乓球赛"，全镇22个单位29位选手参加，比赛采用单打、淘汰赛、三局二胜制制度，设团体和个人奖，比赛在乡丝厂、乡丝织厂乒乓室举行，集镇组李召兵、农村组陈国平、女子组李瑞芬分别获得冠军。5月20日，于城镇组队参加嘉兴市残联主办的残疾人运动会。江渭村徐红明参加乒乓球赛，吕冢村韩士明参加举重比赛(获冠军)，吕冢村单爱英参加女子游泳赛。9月28日，于城镇组队参加"'99南北湖观光旅游节划船比赛"。比赛在南北湖举行，全县各乡镇派代表队参加，于城镇渔场2位选手奋力拼搏，获得了第一名。是年12月，组织了机关、站办单位扑克牌比赛。

2000年1月16日，于城镇工会主办镇文化站承办组织了"于城镇工会迎新世纪职工乒乓赛"，比赛在镇中心小学举行，有29位选手参加比赛，比赛采用单打、淘汰赛制度，任建明获冠军。4月27～29日，于城镇工会、文化站组队参加海盐县总工会主办的"海盐县第三届'海达杯'暨第十一届职工乒乓球赛"，共6名选手参加。获道德风尚奖。6月28～29日，于城镇体委、文化站等组织全镇第三届"迎七一象棋赛"。全镇各村各单位25名选手参加，比赛在工办会议厅举行，吕冢村韩培庆获得冠军。

2002年5月12日，于城镇文化站、镇团委组织举行"于城镇首届三人制篮球赛"，全镇村、企事业8支篮球队参加了比赛。于城中学篮球队夺得冠军，鸳鸯村篮球队获亚军，绢纺公司篮球队获季军。

2003年5月4日，于城镇举行纪念五四青年节篮球友谊赛，比赛在于城中学举行，全镇有5个篮球队参赛。

2004年10月20～29日，于城镇文化站组织于城镇代表队参加"海盐县首届文化体育节农民运动会"。共102名运动员参加比赛，获田径赛1500米、跳远、飞镖第一名。

2005年10月，于城镇文化站组织参加“海盐县第二届农民文化体育节农民运动会”。于城镇代表队有76名运动员参赛。9月28日，于城镇政府发文，为贯彻落实《中华人民共和国体育法》，决定召开于城镇第一届农民体育运动会。第一届农民体育运动会设7个项目，有象棋赛、乒乓球赛、三人制篮球赛、拔河赛、奔小康挑担接力赛，100米心贴心背老婆赛，狮子吼选拔赛等。10月12日，举行了于城镇第一届农民体育运动会，运动会在于城镇中学召开。

2006年6月20日，于城镇组织全镇乒乓球赛，全镇各单位17名选手参赛。

2006年，于城镇组织代表队参加县第八届全民运动会。田径赛获镇、区第八名。

2007年10月27～28日，于城镇党委、政府主办了“华城杯”于城镇首届农民运动会，运动会在于城小学进行，举行了开幕式和闭幕式。全镇17支代表队、363名运动员参加运动会。运动会共设18个竞赛项目。中青年组设14个项目，老年组设4个项目。有数千人观看了比赛。江涓村代表队获团体总分第一名，鸳鸯村代表队和东源包装代表队分别获第二、第三名，何家村代表队和和华邦科纺代表队获得“体育道德风尚奖”，华城金属代表队和站办二队获得“优秀组织奖”。

2008年，于城镇组队参加海盐县第三届农民运动会，获得团体总分第五名。是年，于城镇组队参加海盐县新居民运动会，获团体总分第三名。

2009年11月7日，于城镇党委、政府主办了“于城镇‘雅恒杯’首届干部职工运动会”开幕式。运动会在于城小学田径运动场举行，有21支代表队398名运动员参赛。项目有拔河、跳长绳、两人三足、乒乓球、羽毛球、飞镖、40米障碍赛、定点投篮、100米短跑、男子1000米、女子800米长跑。设团体和个人奖项。于城丝绸印染有限公司代表队、海盐多邦印刷有限公司代表队、佳乐科仪代表队分别获团体前三名。其中乒乓球赛10月31日在于城小学举行，21支代表队96名运动员选手参加比赛，比赛分男子组和女子组，有男选手64人，女性选手32人。男子组王玉良获冠军，周建新获亚军，女子组张雪芬获冠军，吴佳妮获亚军。羽毛球赛10月31日在元济中学羽毛球馆举行，男子组阚建平获冠军，女子组郭丽月获冠军。

2010年10月23日，于城镇党委、政府组织主办“‘创强杯’健身活动日”专项比赛活动。项目有乒乓球赛、象棋赛、五子棋赛、团体跳绳比赛。10月31日，于城镇党委、政府主办，于城镇残联、镇文化站承办“于城镇首届残疾人趣味运动会”。运动会在文化活动中心广场举行。比赛项目有定点投篮、掷飞镖、夹弹子、简易保龄球。参赛运动员48人。

2012年10月13～14日，于城镇首届全民运动会在于城小学举行，各村各单位组成的29支代表队、运动员545人参加，运动会设青少年组、成年人组、残疾人组和老年人组四个小组，项目设有拔河、跳长绳、100米短跑、挑担接力、两人三足、袋鼠跳、抛秧苗等20个项目。县、镇相关领导出席开幕式。运动会开幕式由镇社会事业副镇长徐李烨主持，镇党委书记卫沈弘宣布运动会开幕。开幕式上，镇中心幼儿园、江涓村女子舞龙队、镇老年柔力球队等文体团队表演的文艺体育节目，赢得了全场的热烈掌声。各代表队的运动员们奋力拼搏，现场气氛热烈。

2014年11月1～2日，于城镇举行第二届全民运动会。运动会在于城小学举行，全镇各村各单位28个代表队参加，参赛运动员397人，分成人组、老年组、残疾人组，共设16个竞赛项目，有男子100米短跑，女子100米短跑，男子乒乓球赛，女子乒乓球赛，跳长绳，拔河，滚蚕匾，男子立定跳远，女子立定跳远，男子抛实心球，女子抛实心球，老年人定点投篮，老年人飞镖，老年人简易保龄球，残疾人投飞镖，残疾人原地抛秧苗。设团体奖、单项奖、优秀组织奖和精神文明奖。运动会举行了入场式和颁奖典礼。

第二节　老年人体育

2001 年 6 月 7 日，于城镇老年人体育协会成立，39 名会员参加会议，会上通过了协会章程。选举第一届协会委员会，由 6 名人员组成，周荣祥任主席，汤芳英任副主席，王小凤任秘书长。

2005 年 12 月 1 日，于城镇党委调整老年人体育协会组织，许晓英任主任，周荣祥、王永军、陈阿祥任副主任，王小凤任秘书长，3 名委员。

2006 年 6 月 21 日，于城镇组织举行“于城镇老年人象棋赛”，全镇各单位 20 名人员参赛。

2007 年 1 月 26 日，于城镇组织老年乒乓球赛，比赛在成校乒乓室举行，全镇各单位 28 位选手参加了比赛，吕冢村董进法获得冠军，陆虎顺获亚军，沈文豹获季军。

2009 年 9 月 28 日，于城镇老年体育协会组织举行老年象棋赛，比赛在镇成校三楼教室举行，全镇各村各单位 21 名选手参加比赛。庄家村金蔡良获冠军，吕冢村郁关庆获亚军，鸳鸯村李金泉获季军。是年 10 月 17 日，又组织老年乒乓球赛，比赛在镇中心小学二楼乒乓室举行，全镇共 19 名选手参加，分男子组、女子组。男子组褚深灵获冠军，金宏章获亚军，女子组张雪芬获冠军，王瑞芬获亚军。

2009 年，成立于城镇老年柔力球队，共有队员 20 人。4 月 15～16 日，于城镇老年体协组织了首期柔力球培训班，在镇政府二楼会议室观看了第一套柔力球规定套路 DVD 影碟，然后进行了辅导训练。初步掌握了第一套柔力球规定套路的 8 节基本动作。2009 年起，老年柔力球队员坚持每周定期活动，经过长期辅导训练，掌握难度较大套路。至 2014 年，柔力球队参加县组织的竞赛活动，为于城镇首届全民运动会开幕式表现。

2010 年 4 月 1 日，于城镇政府印发《2010 年老年体协工作要点》。加强老年体协组织建设，组织活动。是年 4 月 13 日，于城镇政府成立创建浙江省小康型老年体育镇领导小组。郭腾辉任组长、于国海、姜金凤、周荣祥任副组长，有 3 名组员。4 月 16 日，于城镇政府印发《于城镇创建省级小康型老年体育镇实施方案》。明确提出职责任务和目标要求及措施，并进行了任务分解。同年 4 月 27 日，于城镇政府向民政局申请镇老年活动中心设施设备补助资金。在 2009 年 12 月完成室内装饰的 3098 平方米的文化活动中心设立老年活动中心，提供老年人活动场所，镇政府已同意安排设老年电大教育点，老年棋牌室，居家养老服务中心，添置设备 60700 元。是年，老年体育协会共有会员 2564 人，占全镇老年人数的 52.15%。是年 10 月 31 日，镇文化站举行了于城镇首届老年趣味运动会，设飞镖、定点投篮球、简易保龄球、乒乓球赛 4 个项目，有 65 名老年运动员参加。

2012 年 10 月 13～14 日，于城镇首届全民运动会在于城小学举行，运动会设老年组比赛项目。

2014 年 11 月 1～2 日，于城镇举行第二届全民运动会在于城小学举行，运动会设老年组比赛项目。

第三节 残疾人体育

2009 年 11 月 30 日，海盐县第三届残疾人运动会在县体育馆举行，于城镇 11 名残疾人组成代表队参加。吴竞丽获女子组下肢残 200 米跑步决赛第一名，施敏峰获男子组上肢残 400 米跑步决赛第一名和 800 米第一名，沈慧晓获女子组低视力跳高第一名，彭鑫磊获男子组低视力跳高第一名，王晓峰获男子组下肢残铁饼第二名，朱小斌获标枪第二名。

2010 年 8 月 17 日，于城镇 6 位残疾人组队参加县第一届特殊奥林匹克运动会乒乓球赛，沈晓慧获男子甲组冠军。

2010 年 10 月 31 日，于城镇举行残疾人趣味运动会，项目有飞镖、定点投篮球、简易保龄球、夹弹子比赛，全镇 58 名运动员参加。

2012 年年 10 月 13～14 日，于城镇首届全民运动会在于城小学举行，运动会设残疾人组比赛项目。

2013 年，海盐县举行了第二届特殊奥林匹克运动会。于城镇 6 名运动员参加，其中有 4 人得奖。沈永飞获一金两银，100 米金牌，篮球和铅球银牌。朱国平获一金一银。

2014 年 7 月 18～19 日，海盐县第四届残疾人运动会在海盐高级中学，海盐游泳中心举行。于城镇有 12 位残疾运动员参赛，有 6 位选手取得名次。11 月 1～2 日，于城镇举行第二届全民运动会在于城小学举行，运动会设残疾人组比赛项目。2014 年，沈慧晓曾获得市级乒乓球赛金牌和省级乒乓球赛金牌。

表 23—3—1　　2014 年于城镇参加市残疾人运动会名册表

姓 名	性 别	镇街道	身 高	体 重
刘进琴	女	于城	165 厘米	59 公斤
沈慧晓	男	于城	178 厘米	71 公斤
刘佳乐	男	于城	178 厘米	85 公斤
吴竞丽	女	于城	150 厘米	30 公斤

第四章 学校体育

第一节 概 述

清光绪三十年(1904)颁行《奏定学堂章程》，首次把体操列为学堂正式课程。全县各小学堂遵章每星期开设体操课 3 节，内容为游戏和普通体操。光绪三十三年正月，钦城乡开办开智小学堂，为学堂体操课之初始。民国 12 年(1923)体操课改为体育课。

解放初，学校体育工作主要有三种形式，即体育课、课外体育活动，早操和课间操。学校体育工作不断发展创新，逐步形成内容丰富，形式多样的体育锻炼活动和体育竞赛活动。

1951 年，小学课程表列入体育课，并普遍推行广播体操。1956 年学校使用教育部编的《体育教育大纲(草案)》。1961 年参考使用教育部颁发的中小学《体育教材》，并逐步推行眼保健操，开展球类、田径运动。1964 年起，钦城农中、中心小学组队参加县中小学田径运动会。1965 年推行《青少年体育锻炼标准》。“文化大革命”期间，一度改体育课为军体课。1974 年，举行首届全公社小学田径运动会。1975 年，圩城农中举行首届全校田径运动会。1976 年开始推行《国家体育锻炼标准》，1978 年秋起，使用教育部颁发的《全日制中小学体育教育大纲》和教材进行教学，并将新公布的《国家体育锻炼标准》作为课外体育活动的主要内容，定期组织测验。1981 年 5 月，举行圩城公社中、小学生田径运动会。1984 年 5 月，举行小学生田径运动会。2007 年，于城中学出台《关于加强青少年体育增强青少年体质的实施办法》，2008 年 11 月，制定于城中学《学生体质健康标准》实施计划和于城中学阳光体育运动实施方案。2007～2010 年，于城小学每年制定《开展阳光体育活动具体实施工作》。20 世纪 80 年代起，中小学在年度内召开体育运动会的同时，还不定期组织单项性体育比赛活动，有广播体操比赛、跳绳比赛、拔河竞赛、冬季长跑比赛、乒乓球赛、篮球赛，中学还有武术比赛，并组织业余体育团队，开展业余训练活动等。至 2014 年，于城中学举行田径运动会共 40 届，于城中心小学共举行行田径运动会 41 届。

第二节　参加县级体育竞赛

于城中、小学参加海盐县教育局举行的“海盐县中、小学生田径运动会”，运动会上于城镇中小学有不少参赛运动员获取了第一、二、三名的好成绩。

表 23－4－1　　于城小学参加海盐县中、小学生田径运动会获奖情况表

姓　名	年　份	比　赛　项　目	获得名次
赵丽娜	2000	跳远	第一名
陆　飞	2000	800 米长跑	第一名
朱佳群	2000	铅球	第一名
陈　洁	2000	跳远	第二名
王陈超	2000	跳远	第三名
叶　凯	2001	100 米短跑	第一名
张庭龙	2001	跳高	第二名
泮佳煜	2001	铅球	第三名
王永超	2001	100 米短跑	第三名

续表 23－4－1

姓　　名	年　份	比　赛　项　目	获得名次
王陈超	2001	跳高	第三名
吴徐晓	2003	60 米短跑	第三名
顾际伟	2003	800 米长跑	第三名
王敏涛	2005	垒球	第三名
陆凌佳	2005	铁饼	第二名
苏　蕊	2005	跳高	第三名
王　洁	2005	铅球	第三名
张海涛	2005	立定跳远	第三名

表 23－4－2　　于城中学在海盐县中、小学田径运动会获奖情况表

姓　　名	年　份	比　赛　项　目	获得名次
马文超	2003	1500 米长跑	第一名
		800 米长跑	第二名
张庭龙	2003	三级跳高	第一名
		男甲跳高	第三名
孙　洁	2003	标枪	第一名
钟罗丹	2003	100 米跨栏	第一名
刘海斌	2003	跳远	第二名
		跳高	第三名
		100 米跨栏	第三名
董佳洁	2003	标枪	第二名
贺亚瑾	2003	铁饼	第二名
赵丽娜	2003	跳远	第二名
沈　捷	2003	100 米跨栏	第二名
邓　玲	2003	100 米跨栏	第二名
钱颖乐	2003	100 米跨栏	第三名
钟罗丹	2005	女甲跨栏	第一名
		200 米跑步	第三名
吴佳清	2005	800 米长跑	第二名
		1500 米长跑	第三名

续表 23－4－2

姓　名	年　份	比　赛　项　目	获得名次
沈　捷	2005	女甲跨栏	第二名
马超敏	2005	男甲跨栏	第三名
俞琴亚	2005	跳高	第三名
张露枫	2005	标枪	第三名
高哲浩	2005	男乙全能	第三名
陈美琴	2006	女甲 200 米	第三名
金　洁	2006	女甲 1500 米	第二名
吴徐晓	2006	女乙 100 米	第二名
沈　冲	2007	男乙跨栏	第三名
王　洁	2007	女乙铅球	第一名
王　洁	2007	女乙铁饼	第一名
覃小红	2007	女乙标枪	第一名
沈晓宇	2007	男甲 1500	第二名
陈梦婷	2007	女甲跨栏	第三名
钱洁伟	2007	男甲跳远	第一名
钱洁伟	2007	男甲三级跳远	第一名
陈　涛	2008	男甲铁饼	第三名
陈　丹	2008	女子 100 米	第二名
陈一丹	2008	女子 200 米	第二名
邓　威	2008	男子跳远	第二名
邓　威	2008	男子三级跳远	第一名
林　燕	2008	女子铅球	第二名
林　燕	2008	女子铁饼	第一名
钱洁伟	2008	男子三级跳远	第二名
王志宏	2008	男子五项全能	第一名
宋敏伟	2008	男子跨栏	第一名
宋敏伟	2008	男子跳高	第一名
吴春伟	2010	男子 400 米	第二名
王敏杰	2010	男子跳远	第三名

续表 23—4—2

姓　名	年　份	比　赛　项　目	获得名次
王　洁	2010	女子铅球	第一名
王　洁	2010	女子铁饼	第一名
邱博宇	2011	男甲三级跳远	第三名
赵林彬	2011	男甲铅球	第三名
汪芦燕	2011	女甲铅球	第一名
赵林彬	2011	男甲铁饼	第三名
汪芦燕	2011	女甲标枪	第三名
徐世杰	2011	男乙跨栏	第三名
徐世杰	2011	男乙跳远	第三名
顾云雯	2012	800 米	第三名
任海峰	2012	800 米	第三名
徐世杰	2012	跳远	第三名
王超鑫	2012	1500 米	第二名
苏依玲	2012	跳高	第一名
孙烨峰	2012	标枪	第三名
孙烨峰	2012	铁饼	第一名
付桂林	2012	400 米	第三名
刘玉婷	2012	100 米	第一名
刘玉婷	2012	200 米	第一名
孙烨峰	2013	男甲标枪	第三名
孙烨峰	2013	男甲铁饼	第一名
高俊杰	2013	男乙跳远	第三名
王超强	2013	男乙 800 米	第三名
王超强	2013	1500 米	第三名
谭　娜	2013	女乙 100 米	第二名
谭　娜	2013	女乙 200 米	第二名
顾芸雯	2013	女乙 400 米	第三名
时浩然	2013	男丙跳高	第二名
时浩然	2013	男丙跳远	第三名

续表 23－4－2

姓　名	年　份	比　赛　项　目	获得名次
张信衡	2013	男丙铁饼	第二名
周美玲	2013	女乙 200 米	第三名
顾鑫蕾	2013	女丙跳高	第二名
顾欣蕾	2013	女丙跳远	第二名
张　鹏	2014	男丙 200 米	第三名
陈　婷	2014	女甲 400 米	第三名
沈金涛	2014	男乙 800 米	第二名
沈金涛	2014	男乙 1500 米	第三名
朱腾佳	2014	男甲跳远	第二名
顾欣蕾	2014	女乙跳远	第一名
朱腾佳	2014	男甲三级跳远	第三名
王文强	2014	男甲标枪	第二名
沈　赟	2014	男丙标枪	第三名
史宁卫	2014	女甲 400 米	第二名
董孙玥	2014	女甲 800 米	第三名
沈金涛	2014	男丙 800 米	第一名
顾欣蕾	2014	女丙 800 米	第二名
沈金涛	2014	男丙 1500 米	第一名
朱腾佳	2014	男乙跳远	第一名
顾欣蕾	2014	女丙跳远	第一名
汪银徽	2014	男甲标枪	第二名

第三节　参加市级体育赛事

2008 年，于城中学学生何诗佳获得市级柔道比赛第三名。

2009 年，于城中学学生曹王喆、陈涛获得市级双人皮划艇第三名。

第二十四编　民　　政

第一章　拥军　优抚　安置

第一节　拥　军

中华人民共和国成立后，元旦、春节期间，乡(镇)人民政府组织向军属拜年，挂光荣灯、光荣匾，后改为赠年画、春联；少先队员为军属扛水、打扫卫生等；村文艺宣传队敲锣打鼓到部分军属家门前场上表演文艺节目。春节和“八一”建军节为拥军优属活动节，乡(镇)人民政府组织召开军属和转业复员退伍军人代表参加座谈会、茶话会，征求意见，总结交流经验，落实优抚政策；普遍走访烈军属，向他们拜年慰问；同时检查拥军优属措施落实情况；组织评比拥军先进模范，表彰先进，树立典型。1958年6月22日，中共海盐县委员会、海盐县人民委员会通知召开县烈军属、残废军人、转业、复员退伍军人积极分子大会的上报材料上，钦城乡有11位积极分子参加大会。现役军人在部队立功，乡(镇)人民政府、人武部向家属送喜讯，到立功者家里召集庆功会，并加以慰问。1979年，红卫(吕冢)4队许韩生在部队参加“中越自卫还击战”中荣立三等功，于城人民公社党委、社管委、人武部派代表敲锣打鼓送喜报到他家里，召集庆功会。转业复员退伍军人、现役军人及其家属和烈军属等军属是拥军优属的对象，一直以来受到党委政府的关心。

1965年春节期间，开展了多项拥军优属活动，召开残废、复员退伍军人座谈会；检查拥军优属政策执行情况；向军属、残废军人贺年、慰问，贴光荣春联和挂光荣牌；发动群众为军属做一件好事。

1972年春节，敲锣打鼓为烈属、现役军属发给“光荣人家”和《慰问信》各一件(份)；给残废军人、复退军人、复员干部、转业军人各发《慰问信》一份。

1979年1月10日，海盐县民政局拨给圩城公社慰问金250元，公社人武部春节期间对优抚对象、精减老职工进行了一次访问，发放了慰问金。

1980年1月22日，海盐县民政局转发了《圩城公社广泛开展拥军优属工作》典型事例。介绍解决红旗一队复员退伍单身军人吴文荣优抚费补助及住房困难问题。

1981年，广泛开展拥军优属工作，对优抚对象困难户进行调查访问，解决优抚对象实际困难，给1979年带病回乡的退伍军人安排进公社集体企业工作。

1989年9月25日，海盐县政府表彰“模范军属户、爱军精武现役军人、优秀退伍军人”，欤城乡太平村钱洪生，欤三村富培良为爱军精武现役军人，欤三村陈建华为优秀退伍军人，受到表彰。

2002年元旦春节期间，于城镇党委、政府领导干部走访慰问烈军属、因公牺牲军人家属、病故军人家属、在乡伤残军人、在乡重点复员军人家属，听取意见，帮助解决实际问题。

2005年4月12日，中共海盐县委、海盐县人民政府出台了《海盐县拥军优属若干规定》。是年5月22日，于城镇政府调整拥军优属工作领导小组成员，吴国飞任组长，张明任副组长，组员3名。是年7月4日，于城镇民政助理员阚建平担任县双拥工作联络员，协助县创省级拥军优属、拥政爱民双拥模范县城。是年“八一”建军节，于城镇根据县民政局开展拥军优属的通知，做好宣传教育活动工作，开展为优抚对象办实事活动。

2006年春节期间，于城镇政府组织了走访、爱心献功臣、帮扶结对、召开座谈会活动；给重点优抚对象的“三属”、残疾人员、在乡复员退伍军人以及2005年冬季新兵发放光荣牌34块。

2007年春节期间，镇政府、人武部干部走访慰问烈军属、因公、病故军人家属、在乡残疾军人、在乡重点复员退伍和现役军人家属。

2008年，于城镇有退伍军人423，现役军人58人；重点优抚对象24人(其中老复员军人12人，带病回乡退伍军人4人，伤残军人2人，病故军人家属1人，参战人员5人)；部队精减职工13人。是年7月24日，于城镇人武部、民政办干部走访慰问11位新兵家属和3位退伍军人，给每个慰问对象送上了300元慰问金和食用油2桶。是年7月30日，于城镇召开了全镇23位重点优抚对象的双拥工作座谈会。是年7月，于城镇八字村退伍军人蔡张良被评为“十佳和谐光荣之家”。据2008年双拥工作领导小组工作汇报材料记载，双拥工作五年来发放优抚金75.37万元；五年来走访经济困难退伍军人及新兵家属，发放慰问金慰问品3.5万多元。

2009年，于城镇重点优抚对象23人，有现役军人39人，退伍军人426人。4月24日，于城镇政府出台《于城镇双拥工作要点》。开展为军属家庭服务等六项活动。7月30日，镇党委召开双拥工作座谈会，23位优抚对象参加。“八一”建军节期间，开展慰问新兵家属等活动，送上慰问金慰问品。

2010年，于城镇重点优抚对象22人，老复员退伍军人11人，参战退伍军人5人，部队精减12人，退伍军人431人，现役军人64人。是年，镇民政办、人武部干部走访部分优抚人员，发放慰问品共计金额6400元；走访慰问新兵家属和困难的退伍军人，发放慰问金7200元；年终，镇政府召开了拥军优属座谈会，邀请当年度退伍军人、部分优抚对象、新兵家属参加。

2011年1月24日上午，于城镇人武部举行春节拥军优属座谈会。镇党政领导和退伍老兵及现役新兵家属欢聚一堂，共叙军民鱼水深情，同商双拥发展大计。

2012年“八一”建军节开展双拥活动。1.利用电视、广播等各类媒介大力宣传国防知识和双拥工作的相关政策。2.以纪念建军八十五周年为主题，制作墙报板报4块。3.制作横幅2幅，悬挂于镇政府大门和镇主要街道。4.发放双拥宣传资料150余份。5.做好节日走访慰问工作。7月30～31日，镇人武部长阚建平在镇民政助理和村干部的陪同下，走访慰问了褚小毛等25名优抚对象困难家庭，镇领导详细地询问了他们的工作、生活、存在困难等情况，给予节日问候，向每人送上了300元慰问金及慰问品。6.镇卫生院组织院内骨干力量，对全镇带病回乡复退军人和18名重点优抚对象进行了免费身体检查，并就个体情况给出了医嘱。

2013年，于城镇发放重点优抚对象和60周岁以上退伍军人春节生活补贴，共64人，每人360元，合计金额23040元。

2014年“八一”建军节，于城镇慰问重点优抚对象15人，发放慰问金4500元。

第二节　优待军属

党和人民政府对烈军属和残废军人十分关怀。解放初期，政府对烈军属实行土地代耕和生活补助。1955年为16户代耕，共55.8亩。合作化时期，实行困难补助和全年劳动日补助，参加当地社员一起分配，或者全年照顾一定数量的粮食、柴草和现金。

1956年，钦城乡烈军属27户，耕田280.72亩。是年3月27日，海盐县人民委员会发出通知，关于发放1956年贫苦烈军属，复员(残废)军人生产生活补助费办法。钦城乡烈军属困难户4户，发放生产投资实物生活补助费160元，复员军人生产生活疾病补助人数2人发放45元，两项合计205元。

1957年，钦城乡复员军人有27人，其中3人获得补助，1～9月补助121元。是年，钦城乡实行优待劳动日工分，全乡9户38人得到优待，优待工分数为13309分。

退伍军人还有物资供应等优待。1978年5月21日，海盐县内务局分配圩城公社4位退伍军人修建房屋用木材0.4立方米、毛竹18支；6月26日分配烈军属和复员退伍维修房屋木材1.3立方米。

1979年4月6日，海盐县革命委员会通知，圩城公社胜利大队7队范菊芳享受烈军属待遇。(她父亲范长根1947年在白沙陈家桥白莲塔被伪保安队枪杀，单位是浦东三五支队。)是年5月9日，海盐县民政局分配圩城公社退伍军人木材1.3立方米、毛竹20支、砖头3万块。是年，优待义务兵家属53户，发放优待金3800元。

1981年圩城公社当年退伍军人19人，县民政局分配木材1.9立方米、毛竹25支。

1982年3月21日，海盐县民政局通知分配退伍军人木材和毛竹计划，钦城公社当年退伍军人10人，分配毛竹25支、木材1立方米。是年4月3日，海盐县民政局下达1982年烈军属和复员退伍军人修建房屋木材和砖瓦分配计划，钦城公社分配到木材1.2立方米、砖6万块、瓦3.5万张。

1982年起，农村实行联产承包责任制，优待劳动日改为优待现金。

1985年，由乡统筹并发放义务兵家属优待金。

1986年，一人参军，家属全年补助现金350元；对于缺少劳动力的个别户，村里组织代耕队帮助耕种。城镇待业青年参军，由县民政局按月发给家属优抚费25元；城镇在职青年参军，按月发给优抚费30～40元，均由家属领取。对军人家属在物资、求学、招工等方面有一定的优待照顾。

1989年，提高现役军人家属优待金，平均每户从1988年的455元提高到567元。

1992年，义务兵家属年平均每户优待金从1991年的613元提高到640元。

1995年，现役军人优待金、退伍军人安置费统筹中，村和企业共筹集资金95000元。

1996年，兵役义务费和家属优待金实行全县统筹，提高各类优抚对象优待标准，义务兵家属户年均优待标准为3028元。

1998年，农村义务兵家属优待金为3000元，城镇待业入伍3200元，城镇在职入伍3500，赴西藏地区入伍9000元。优待金镇财政承担46000元，县财政承担127550元，共计173550元。

1999年，农村和城镇待业入伍义务兵家属优待金为3500元，城镇在职入伍4000元，赴西藏地区入伍9000元，赴新疆地区7000元。是年，优待金由于城镇财政承担4600元，县财政承担139400元，合计185400元。

2000年1月12日，县财政局、民政局下达1999年义务兵家属优待金和“三属”、两种对象优待金，农村和城镇待业入伍3500元，城镇在职为4000元，赴西藏9000元，赴新疆7000元。于城镇合计优待185400元，其中县财政139400元，镇财政46000元。

2001年，县政府下达义务兵家庭优待金和“三属”两种对象优待金，于城镇在乡复员军人新中国成立前4人，优待额4200元；新中国成立后23人，优待额16100元；在乡伤残1人，优待额1050元；义务兵家属优待金30人，105000元，冬季征兵13人3900元；2000年立功4人，优待额1600元；合计131850元，镇统筹46000元，县财政拨款85850元。

2002年11月20日，海盐县人民政府办公室〔2002〕198号文件要求，“革命伤残军人家属符合最低生活保障条件的，优先纳入保障对象，其伤残抚恤金不计入家庭收入”。

2003年1月20日，海盐县人民政府文件，盐政发〔2002〕387号，下达2002年义务兵家属优待金发放标准，农村和城镇待业入伍义务兵家属优待金为3500元；城镇在职入伍义务兵家属优待金为4000元；赴新疆地区高原地区入伍的义务兵家属优待金为7000元。

2004年，调整义务兵家属年优待金标准：农村、城镇统一为4300元。2004年8月20日，民政局发出盐民〔2004〕81号文件，于城镇重点优抚对象八字村病故军人家属陆照元、三联村在乡老复员军人邱关明，由民政局组织8月31日～9月6日赴省荣军医院疗养。

2005年1月25日，县财政局核拨2004年度义务兵家属优待金和重点优抚对象优待经费，于城镇在乡复员、病退军人，解放前3人，优待额3870元，解放后21人，优待额18060元；“三属”1户，优待额2150元；在乡伤残军人1人，优待额1290元。义务兵家属优待金(2003年及以前的义务兵共19人)81700元，2004年冬季入伍义务兵11人，优待额4400元。立功奖励2人，优待额1000元，优秀士兵2人，优待额400元，合计112870元。

2005年，义务兵家属优待金提高到5300元，其中去新疆义务兵家属优待金为10600元，去西藏义务兵家属优待金为15900元。是年，于城镇在乡革命伤残军人重点优抚对象吕家村赵金法、何家村陈金法，参加了民政局组织的赴省荣军医院疗养。

2006年度义务兵家庭优待金县定发放标准5900元/年，赴新疆地区入伍的义务兵家庭优待金发放标准为11800元/年，赴西藏地区入伍的义务兵家庭优待金发放标准为17700元。

2007年2月8日，县财政局、民政局发文，发放义务兵家庭优待金，于城镇西藏兵1人17700元，普通兵9人123900元，2006年立功1人500元，2006年优秀士兵18人3600元，合计150110元。

2007年12月21日，县财政局、民政局发文，发放义务兵家庭优待金，于城镇西藏兵1人

23900元，普通民19人，每人7970元，合计151430元；2007年冬季新兵9人，每人660元，合计5940元；2006年立功1人，奖金500元；2006年度优秀士兵15人，每人奖励200元；总计发放优待金184806元。

2008年12月15日，县财政局、民政局下达2008年度抚恤补助经费及义务兵家庭优待金，于城镇义务兵家庭优待金合计195610元。

2009年12月22日，县财政局、民政局下达抚恤优待经费，于城镇38人，优待金额251284元。其中，西藏兵1人，25995元；普通兵25人，每人8665元，小计216625元；是年冬季新兵12人，每人722元，小计8664元。

2010年12月24日，县财政局、民政局下达当年度义务兵家属优待金，于城镇36人，合计金额235896元。其中，普通兵24人，发放226464元；2010年冬季新兵12人，补1个月优待金为9432元。

2011～2012年，发放入伍士兵家属优待金共12户，每户14653元，合计金额175836元。

2013年义务兵家庭优待金标准：普通义务兵家庭为15600元/年，赴高原地区31200元/年，赴西藏地区46800元/年。

2014年义务兵家庭优待金标准：普通义务兵家庭18000元/年；赴高原地区36000元/年；赴西藏地区54000元/年；赴南疆地区27000元/年。

表24—1—1　　于城镇义务兵家属优待金发放情况

年份	优待户户数（户）	户平均优待金额（元）	合计年优待金额（万元）	年份	优待户户数（户）	户平均优待金额（元）	合计年优待金额（万元）
1979	53	72	0.38	2002	35	2620	9.17
1988	47	55	0.26	2003	32	2775	8.88
1989	3	860	0.26	2005	33	5079	16.76
1990	12	860	1.03	2006	30	6070	18.21
1991	10	800	0.80	2007	31	6064	18.80
1992	11	800	0.88	2008	31	7756	24.04
1993	11	800	0.88	2009	33	7542	24.89
1995	43	660	2.84	2010	36	8069	29.05
1997	39	662	2.58	2011	24	12383	29.72
1998	35	671	2.35	2012	27	16153	43.61
1999	36	2758	9.93	2013	38	12432	47.24
2000	44	3500	15.40	2014	37	14595	54.00
2001	30	3500	10.50				

第三节　抚恤补助

抚恤

中华人民共和国成立后，国家对革命烈士，因公牺牲或病故军人家属，伤残军人实行抚恤及生活补助。对烈士家属、牺牲或病故军人家属，实行一次性抚恤。1952 年前发放抚恤粮。1953 年起开始发放抚恤金，此后多次调高抚恤金标准。1962 年 10 月 25 日，成立欤城公社优抚工作委员会，由姚雪观、沈其歧为正副主任的 7 名人员组成。月底，各生产大队成立优抚小组。1985 年起对烈士、因公牺牲、病故军人家属实行终身抚恤制度，按月发放抚恤金。出台了军人抚恤还有安排家属就业、户口农转非等规定。范长根 1947 年 9 月系浦东三五支队，在白沙陈家桥白逢泾牺牲，1983 年 7 月 15 日，由中华人民共和国民政部批准为革命烈士，他的二女儿范菊芳从上海市川沙县嫁到欤城乡南圣村，县民政局根据《军人抚恤条例》第三十二条规定，县劳动人事部门应按排一名家属就业，同时转为非农业户口；2013 年 1 月，出台新的政策，范菊芳作为烈士子女享有定期生活费补助，每月 1539 元，并补给 2011～2012 年定期生活费补助 18194.50 元。对伤残军人实行终身抚恤，根据伤残轻重，划分残废等级，按月发给不同数量的伤残抚恤金。于城有二等残废军人 1 人。随着经济发展，抚恤金标准不断调高。

1961 年 1～5 月份，抚恤支出为 600 元。

1963 年，海盐县人民委员会分配给圩城公社优抚社救费 1800 元。用于包括复员军人、烈军属抚恤及五保户社会救济等。

1964 年 3 月 24 日，海盐县人民委员会分配给欤城公社 1964 年优抚费 200 元。

1966 年，海盐县人民委员会分配给欤城公社年度优抚费 300 元。

1967 年，海盐县人民委员会分配给欤城公社年度优抚费、社救费共 1550 元。

1969 年 8 月 16 日，海盐县革命委员会生产指挥组下达给圩城公社年度优抚费 900 元。

1972 年 6 月 10 日，海盐县革命委员会生产指挥组分配给圩城公社 1972 年度优抚费 976 元。

1975 年 7 月 8 日，海盐县革命委员会生产指挥组分配给圩城公社优抚费 890 元，其中固定优抚费 190 元，临时优抚费 700 元。

1976 年 5 月 24 日，海盐县革命委员会生产指挥组分配给圩城公社优抚费 890 元。

1977 年 8 月 11 日，海盐县革命委员会生产指挥组分配给圩城公社优抚费 1410 元。

1978 年 6 月 27 日，海盐县内务部下达 1978 年优抚费，圩城公社金额为 1300 元。

1979 年 7 月 18 日，海盐县民政局下达优抚费指标，圩城公社优抚费固定金额为 750 元，临时金额为 750 元，特殊情况增拨了 200 元，合计金额 1700 元。

1979 年，优抚对象实行副食品价格补贴，吕塚大队二等残废军人孙永付月补贴金额为 5 元。

1981 年 5 月 27 日，海盐县革命委员会下达残废军人抚恤金 296 元，临时性优抚费 1551 元。

1982 年 8 月对孤老烈属和孤老复员军人提高优抚补助标准：城镇每人每月金额 15～20 元，农村每人每月金额 10～15 元。是年残废军人年抚恤金标准 260 元/1 人，副食品补贴 3 元/月，全年合计金额 296 元。

1984年4月26日，发放残废军人抚恤金296元。

1985年，全年发放优抚金16690元。

1987年，提高补助标准，在乡复员军人每人每月金额增至20元。

1989年3月18日，县民政局、财税局下达调整部分优抚、社救对象补贴标准，欤城乡合计经费为40968元。

1996年，于城镇各类民政对象定恤定补费为64536元，镇负担金额31236元，其余县财政拨款。

1998年，于城镇各类民政对象定恤定补费为85260元，镇负担金额37490元，其余县财政拨款。

2001年，县政府下达提高定恤定补标准，于城镇伤残军人1人，年增抚恤保健金420元，年增生活补助金660元。

2005年8月1日，海盐县政府批转了县民政局、县财政局《在乡重点优抚对象优抚金和义务兵家属优待金实施办法》。享受优抚金的革命烈士遗属、因公牺牲军人家属、病故军人遗属、在乡复员军人和基本丧失劳动能力、生活困难的带病回乡退伍军人的优抚金，按上年度全县农村居民人均纯收入一定比例核定按月发放。

2007年12月21日，县财政局、民政局发文，核拨优抚对象抚恤补助金，于城镇经费总计192147元。实际下拨140071元，其余由镇财政负担，在乡复员军人和带病回乡退伍军人镇财政承担40%。在乡复员军人13人，年优抚金总额107184元，镇财政承担42874元；无工作残疾军人一至六级1人，优抚金12576元，七至十级2人，合计优抚金11318元；带病回乡退伍军人3人，年优抚金总额23004元，其中镇财政承担9202元。

2009年，于城镇"三属"1人，优抚金11652元。60周岁以上优抚对象28人，优抚标准为700元/年，年终一次性发优抚金，合计为19600元，

2010年12月24日，县财政局、民政局下达当年度民政抚恤优待经费，于城镇金额为204618元，县财政承担157175元，镇财政负担47443元。

2012年，于城镇重点优抚对象补助有17人，年共计发放优抚金185090元。

2013年，于城镇在乡复员军人和在乡伤残军人补助有12人，年共计发放优抚金164318元。

2014年，于城镇在乡复员军人和在乡伤残军人补助有12人，年共计发放优抚金16348元。

附抚恤金发放情况表和部分年段抚恤标准表：

表24－1－2　　于城镇在乡复员军人、在乡伤残军人抚恤金发放情况表

年　份	在乡复员军人				在乡伤残军人		合　计 〔元/年〕
	建国前人数（人）	优待额（元/年）	建国后人数（人）	优待额（元/年）	人数（人）	优待额（元/年）	
1990	4	1020	49	13836	1	740	15596

续表 24—1—2

年份	在乡复员军人				在乡伤残军人		合计〔元/年〕
	建国前人数（人）	优待额（元/年）	建国后人数（人）	优待额（元/年）	人数（人）	优待额（元/年）	
1991	—	—	46	12972	1	1050	14022
2000	4	4200	24	16800	1	1050	22050
2001	4	4200	23	16100	1	1050	21350
2004			14	40558	6	17568	58126
2005			14	75600	6	34056	109656
2006			14	91546	7	42084	133630
2007			14	91546	7	42084	133630
2008			12	102336	7	60648	162984
2009			11	94523	7	60732	155255
2010			10	91600	6	52056	143656
2011			9	89352	6	52128	141480
2012			5	655380	7	85260	150790
2013			5	66710	7	97600	164318
2014			5	66710	7	97600	164318

表 24—1—3　　于城镇重点优抚对象优抚金发放情况表

年份	人数（人）	人均金额（元）	年度合计金额（万元）	年份	人数（人）	人均金额（元）	年度合计金额（万元）
2006	21	5220.57	10.96	2011	20	8985	17.97
2007	21	7162.30	14.32	2012	17	10888	18.51
2008	19	688.7	15.7	2013	18	11196.50	20.15
2010	21	7702.86	16.18	2014	18	12482	22.47

说明：年度合计金额包括在乡复员军人、伤残军人、带病回乡退伍军人和参战人员，按 1 月份合计金额乘以 12 个月的数据

表 24—1—4 革命军人残废金标准

2012 年 1 月 1 日起执行金额 单位：元/年

残废等级		残废金					
		在乡			在职		
		因战	因公	因病	因战	因公	因病
特等		8400	8240		1800	1770	
一等		6480	6350	6220	1440	1400	1390
二等	甲级	3330	3220	3130	690	670	650
	乙级	2230	2150	2110	580	560	550
三等	甲级	1360	1340	—	440	420	—
	乙级	1210	1210	—	370	360	—

补助

定期定量补助　1961 年底对生活困难的烈军属实行定期定量补助。1963 年，定期定量补助的对象扩大到年老体弱、有病、生活有困难的复员退伍军人。补助标准：城镇烈军属，每人每月 4～6 元，每户最高不超过 15 元；农村烈军属每人每月 3～5 元，每户最高不超过 10 元；复员退伍军人每人每月 2～5 元。1965 年 12 月 3 日，海盐县人民委员会规定的定期定量补助对象是：1. 孤老的烈军属和孤老的病故、失踪军人家属；2. 烈士、病故军人的遗孤和虽有亲属而无力抚养的烈士、病故、失踪军人的未成年子女；3. 已经失去劳动能力而其子女又确无力供养的烈士、病故、失踪军人的父母和配偶；4. 生活有困难的在乡三等残废军人；5. 生活有困难的退伍老红军、年老体弱丧失劳动能力、生活经常有困难的复员退伍军人等。1979 年起，提高补助标准，城镇每人每月 10～15 元，农村每人每月 6～10 元。1982 年 8 月对孤老烈属和孤老复员军人提高补助标准，城镇每人每月 15～20 元，农村每人每月 10～15 元。

1980 年 4 月 8 日，海盐县民政局通知，圩城公社红卫大队 4 队优抚对象王金荣生活困难，经研究同意 1980 年 4 月到 1981 年 3 月每月定期定量补助 7 元。

1980 年，分配给圩城公社优抚对象定期定量补助费 522 元。

1981 年 5 月 27 日，海盐县革命委员会下达烈军属复员退伍军人定期定量补助费，软城公社补助金额为 1100 元。是年 7 月 2 日，海盐县民政局通知，红心大队俞树生补助每月 6 元调整为每月 8 元，从 7 月份起执行。

1982 年，王金荣等 6 位复员军人获定期定量补助每月 8～10 元不等，日期为 1982 年 3 月至 1983 年 2 月。

1984 年 4 月 26 日，海盐县民政局下达 1984 年度优抚定期定量补助费，软城乡金额为 1520 元。

1987 年起又提高补助标准，在乡复员军人每人每月增至 20 元。

1992 年 12 月 15 日，马国良等 6 位在乡复员军人提高定期定量补助费，月合计金额为 61 元。

1994年，于城镇发放民政对象定恤定补费金额为43800元，镇财政负担14949元。

1996年，于城镇各类民政对象定恤定补费合计为64536元，镇负担31236元，其余县财政拨款。

1998年，于城镇各类民政对象定恤定补费合计为85260元，镇负担37490元，其余县财政拨款。

2001年，县政府下达提高定恤定补标准。于城镇在乡复员军人27人，共月增1350元，合计年增定补额16200元；带病回乡退伍军人4人，月增定补额共计200元，合计年增定补额2400元，总计年增定补额为18600元。

2007年2月13日，县民政局向镇民政办公室下达了2006年度重点优抚对象抚恤、补助经费的通知，于城镇共计金额109734元，其中“三属”残疾军人1人，抚恤经费18216元；在乡复员军人和带病回乡退伍军人定补优抚经费为77018元，此项经费县财政补助60%，镇财政承担40%。是年12月27日，县民政局发文，关于首批参战退役人员参战身份认定和定补通知，全县95名。于城镇2名，庄家村东港组张福祥和鸳鸯村1组沈全林，每个人月定补标准为200元，从2007年8月1日起执行。

2008年，于城镇构塍村厉家组沈品林被认定为第二批参战退役人员参战身份，于城镇构塍村蔡张良、马金林被认定为第四批参战退役人员参战身份，获得每月200元的定补费。也从2007年8月1日起执行。

2009年，于城镇在乡复员军人定期定量补助11人，年补助总额为68260元。其中残疾人员3人，全年合计金额为26410元，带病回乡退伍军人3人，全年合计金额为27000元，参战退役人员5人，全年合计金额为14850元。

2010年，于城镇在乡复员军人、带病回乡退伍军人、无工作残疾军人、参战退役人员共21人，全年发放定期定量补助金额为85344元。

2011年，于城镇在乡复员军人、带病回乡退伍军人、无工作残疾军人、参战退役人员共20人，全年发放定期定量补助金94200元。

2012年，重点优抚对象17人，全年发放定期定量补助金185096元。

2013年，增加烈士子女1人，重点优抚对象18人，全年发放定期定量补助金201528元。

2014年，包括烈士子女，重点优抚对象18人，全年发放定期定量补助金224676元。

表24—1—5　　于城镇重点优抚对象定期定量补助发放情况表

年份	享受定补人数	其中（人）				年人均补助（元）	年定补额（元）
		在乡复员军人	残疾军人	带病回乡退伍军人	参战退役军人		
1972	1	—	1	—	—	95	95
1981	6	6	—	—	—	78	468
1982	6	6	—	—	—	114	684

续表 24—1—5

年份	享受定补人数	其中（人）				年人均补助（元）	年定补额（元）
		在乡复员军人	残疾军人	带病回乡退伍军人	参战退役军人		
1990	49	45	—	4	—	280.75	13756
1991	50	46	—	4	—	282.24	14112
2001	32	27	1	4	—	452.81	14490
2006	20	14	2	4	—	5482	109640
2007	22	13	3	4	2	6000	132000
2008	24	12	3	4	5	8264	198336
2009	24	13	3	3	5	7662.6	183902
2010	21	10	3	3	5	7702	161742
2011	20	9	3	3	5	8679	173580
2012	17	5	3	4	5	10888	185096
2013	17＋1	5	3	4	5	11196	201528
2014	17＋1	5	3	4	5	12482	224676

说明：表中“＋1”是增加构塍村烈士子女范菊芳 1 人

表 24—1—6　　2001 年于城镇在乡复员军人、退伍军人等定补名册表

	姓名	住址	入伍时间	复员时间	月补金额（元）
复员退伍	吴文荣	钦城村	1949 年 6 月	1952 年 6 月	185
	朱坤荣	钦城村	1949 年 12 月	1952 年 5 月	175
	吴志良	鸳鸯村	1949 年 10 月	1952 年 6 月	175
	马国良	鸳鸯村	1951 年 2 月	1958 年 4 月	175
	赵金法	钦三村	1949 年 9 月	1952 年 6 月	180
	赵荣	钦三村	1950 年 2 月	1957 年 12 月	175
	周仕荣	钦三村	1951 年 7 月	1956 年 7 月	175
	孙其荣	钦南村	1953 年 3 月	1954 年 4 月	185
	张阿德	何家村	1950 年 1 月	1956 年 3 月	175
	朱荣荣	何家村	1950 年 2 月	1952 年 2 月	175
	张保荣	何家村	1951 年 1 月	1957 年 7 月	175

续表 24—1—6

	姓　名	住　址	入伍时间	复员时间	月补金额（元）
复　员 退　伍	陈金法	何家村	1951 年 1 月	1952 年 5 月	175
	苏和荣	何家村	1951 年 2 月	1956 年 3 月	175
	范雪荣	何家村	1951 年 3 月	1957 年 4 月	175
	沈狗男	南圣村	1949 年 12 月	1952 年 3 月	175
	徐其荣	构塍村	1953 年 3 月	1955 年 5 月	175
	董法顺	千福村	1949 年 12 月	1952 年 5 月	175
	冯付林	千福村	1950 年 1 月	1952 年 3 月	175
	姚明观	千福村	1954 年 9 月	1958 年 5 月	175
	贺关林	八字村	1949 年 10 月	1953 年 3 月	175
	马桂余	八字村	1950 年 1 月	1956 年 6 月	175
	林成英	圵墩庙村	1950 年 1 月	1952 年 5 月	175
	邱关明	太平村	1949 年 6 月	1955 年 3 月	180
	王天荣	钦北村	1951 年 1 月	1956 年 3 月	175
	沈天荣	陈家门村	1951 年 2 月	1957 年 6 月	175
	朱金荣	陈家门村	1955 年 1 月	1957 年 9 月	150
退　伍 （带病、伤残军人）	史明法	南圣村	1975 年 1 月	1980 年 1 月	150
	叶关荣	南圣村	1964 年 3 月	1965 年 3 月	135
	褚小毛	何家村	1975 年 1 月	1979 年 2 月	135

表 24—1—7　2008 年于城镇重点优抚对象定期定量优抚金月标准名册表

村　名	姓　名	原月领标准（元）	7 月份起标准（元）
鸳鸯村	吴志良	679	701
吕家村	赵金法	718	744
	赵　荣	679	701
何家村	朱荣荣	679	701
	陈金法	679	701
	范雪荣	679	701
	褚小毛	1048	1048

续表 24－1－7

村名	姓名	原月领标准(元)	7月份起标准(元)
构塍村	沈狗男	706	731
	徐其荣	679	701
八字村	董法顺	679	701
	冯付林	679	701
	姚明观	679	701
	陆照元	819	859
	邱小波	476	476
三联村	邱关明	718	744
	朱金荣	639	701
江渭村	周佳晔	572	572

临时救济　对老弱病残、烈军属及复员退伍军人，优待后生活仍有困难的，政府给予救济补助。中华人民共和国成立初几年主要发放救济粮。1953年起改为发补助费。1961年底对生活困难的烈军属发放烈军属和复员退伍军人治病、修屋和生活困难补助款物。

1963年7月17日，海盐县人民委员会民政科分配给圩城公社7～10月份烈军属、复员退伍军人救济专款为150元。

1979年12月15日，圩城公社给退伍、伤残军人补助救济款物的有4人。其中，苏国生200元，木材0.43立方米，砖头1万块；褚小毛100元；陈董良80元；吴文荣建房经费250元，木材0.4立方米，砖头7000块，土瓦5000张。

1980年，圩城公社优抚对象临时补贴金额为750元。

1984年4月26日，海盐县民政局下达1984年度临时性补助，欤城乡补助金额为1500元。

1987年8月22日，县民政局、财税局下拨复员退伍军人临时性困难补助，欤城乡补助金额为1000元。10月26日，欤城乡何家村残废军人褚小毛开办小店，县民政局扶贫补助资金为3万元。

1994年9月30日，于城村一组老复员军人吴文荣，因6月23日大雨，部分房屋倒塌，县民政局补助修建房屋费500元。

2002年11月19日，海盐县人民政府办公室印发《海盐县重点优抚对象医疗费补助实施办法》。对享受定期抚恤的在乡革命烈士家族、因公牺牲军人家属、病故军人家属，持有劳动和社会保障部门核发失业证的原在职的三等革命伤残军人和在乡三等革命伤残军人等实行医疗补助办法。

2004年1月18日，民政局发盐民优医批〔2004〕01号文件，对于城镇在乡复员军人姚明观实行重点优抚对象医疗费补助639.16元。其报销比例为30%，全年住院可报经费为1500元。

2005～2006 年度，于城镇 60 周岁以上在乡老优抚军人对象一次性生活困难补助费金额为 14500 元。

2007 年 8～12 月，于城镇参战退役人员 2 人的医疗补助费金额为 2000 元，门诊医疗补助费金额为 200 元。残疾军人门诊费补助 1258 元；“三属”1 人，年门诊费补助 983 元；在乡复员军人 13 人，年门诊费补助 10718 元，无工作残疾人员一至六级 1 人，年门诊费补助 2300 元。

2007 年，60 周岁以上优抚对象 17 人，年终一次性补助经费 9520 元，每人 560 元。

2008 年 10 月，发放优抚对象补助金 39255 元。

2009 年，县财政局、民政局下拨 2009 年 1～4 月重点优抚对象医疗补助资金，于城镇 1 人，补助金额 107.17 元。5 月份 1 人，补助金额 977.11 元。6 月份 1 人，补助金额 2872.87。9 月份 1 人，1204.33 元。10 月份 1 人，1160.17 元。是年 12 月 22 日，县财政局、民政局下达军人门诊补助经费，于城镇合计金额为 16969 元。

2010 年，于城镇 60 周岁以上优抚对象临时补助 33 人，年终一次性发放金额为 24915 元。

2010 年，于城镇残疾军人年门诊费补助 1402 元；带病回乡退伍军人年门诊补助 2700 元。是年 10 月 22 日，县财政局、民政局下拨 9 月城乡重点优抚对象医疗补助资金，于城镇 2 人，2843.00 元。

2011 年 1 月 27 日，县财政局、民政局下达春节一次性生活补贴，是年春节前优抚军人对象于城镇 21 人，补贴金额为 3780 元。

2011 年，优抚对象医疗补助 30471 元。

2011 年度，于城镇 60 周岁以上退伍军人年度一次性补助 42 人，每人 847 元，合计补助金额为 35574 元。

2012 年，于城镇农村 60 周岁以上退伍军人发放临时生活补助 9 人，补助合计金额 11980 元。

2013 年春节，于城镇发放重点优抚对象临时生活补贴，共 18 人，合计发放金额为 6480 元。

2014 年“八一”建军节期间，共发放补助款及慰问金 15000 元。

第四节 安 置

1950 年，钦城乡政府开始办理复员军人安置工作。凡属“非农”居民、家在城镇的概由县民政部门负责安置。家在农村的由乡（镇）负责安置，其去向一般回农村从事农业生产，重点帮助解决住房、土地和生产工具等困难。对缺乏劳力、患有疾病，生活有困难的，采取群众代耕（补贴工分）和政府补助相结合的办法，帮助解决困难。

1958 年后，主要是退伍军人安置，钦城公社根据国务院“从那里来，回那里去”的规定，家在农村的退伍、复员军人由人民公社安置，一些复退军人充实基层领导班子或作为骨干。对有困难的，由生产大队和政府给予照顾和补助。

1979 年 2 月，圩城公社贯彻海盐县革命委员会做好退伍军人安置工作通知，农村入伍其中因公因战致残，评有残废等级的回乡退伍军人，由社队安排力所能及的劳动或工作；从集体所有制事业单位在职入伍，入伍前户粮关系在农村的，退伍后仍然回集体所有制单位工作，入伍前户粮关系在城镇，本人不要求复职的，可由国家统一分配。后又出台安置费、补助金、优惠政策等。

1981年5月27日，海盐县革命委员会下达当年退伍军人安置费，圩城公社安置费金额为150元。

1982年，结合推行家庭联产承包责任制，对退伍军人中的扶持对象，优先安排进乡镇企业就业。

1990年，于城镇安置退伍军人11人，安置费金额为23000元。

1991年冬，于城镇安置退伍军人6人，安置费金额为9000元。

2005年3月30日，海盐县政府发文，出台了《海盐县退役士兵安置工作暂行办法》。办法共15条，对不同情况的士兵实行不同的安置政策，有安置就业，复工复职，自谋职业，创业扶持，安置经费的保障与发放等。是年4月12日，县财政局、县民政局下达2004年冬季至2005年春季退役士兵转业士官安置补偿金标准，户籍在城镇的退役士兵、转业士官安置补偿金标准为21000元，服役军龄生活补助费一年军龄2000元（不足一年的按比例计算到月），待安置期间的生活补助费为每人每月242元。在农村的退役士兵安置补偿金为2000元，并实行全县统一标准，服役军龄生活补助费标准为每一年军龄1000元。户籍在农村的退役士兵的安置补偿金和服役军龄生活补助费由乡（镇）级财政承担。

2006年6月1日，县财政局、县民政局核定，2006年春季转业士官和冬季退役士兵安置补偿金标准，春季转业士官和冬季退役士兵自谋职业安置补偿金标准为23000元；冬季退役的农村籍士兵自谋职业安置费为2200元，农村退役士兵的服役军龄生活补助费为每服役一年军龄1000元。户籍在农村的退役士兵自谋职业安置补偿金、服役军龄生活补助费等由乡（镇）财政解决。

2007年7月30日，县政府批转《海盐县军队转业干部随调家族安置工作意见》。安排到实行聘用制事业单位的随调家族，应当给予3年适应期，适应期不得擅自解除聘用合同。对选择自谋职业的给一次性就业补贴，基数为每人15000元，随军后工作至安置当年每满1年增加1000元，最高不超过25000元。

2010年12月31日，县政府发文调整退役士兵安置补助办法和部分优抚金计发标准。1.一次性安置补助金：（1）城镇退役义务兵和复员士官一次性安置补助金标准为30000元；（2）转业士官一次性安置补助金标准为50000元；（3）农村退役义务兵和复员士官一次性安置补助金标准为8000元。2.服役军龄生活补助费（城乡统一标准）：（1）退役义务兵军龄生活补助费标准为2000元/年；（2）复员士官军龄生活补助费标准为2500元/年；（3）转业士官军龄生活补助费标准为3000元/年。

2011年，于城镇有8位退伍军人，每人安置一次性经济补助13000元，合计金额104000元。

2012年，于城镇退役士兵12人，每人安置一次性经济补助13700元，合计金额191800元。

2013年3月28日，海盐县财政局、民政局通知2012年冬季退役士兵地方一次性补助发放，自主就业后安置补助基数，城镇退役义务兵和复员士官为30000元；农村退役义务兵和复员士官为8000元；服役军龄补助标准城乡统一按3000元/年发放。是年，于城镇发放退役士兵一次性安置生活补助有8人，平均每人14000元，合计112000元。

2014年，于城镇发放2013年冬季退伍军人安置费，共10人，平均每人19540元，合计金额195400元。

第二章　社会福利

社会福利事业惠及城乡居民。1985年8月,实行了五保老人供养金标准。1989年,钦城乡建起了敬老院。1992年,钦城乡新办民政福利厂2家。1993年,年末有民政福利厂16家,安置残疾人97人;是年,钦城乡民政办被评为全县民政工作先进集体。1994年,于城镇被民政局定为社会福利企业3家,即海盐县钦城南圣制衣厂、海盐县于城服饰工艺精品厂、海盐鸳鸯丝绸印花厂;残联社会福利企业3家,即海盐县于城千福螺丝厂、海盐县于城塑料厂、海盐县自强地毯加工厂。1995年,实施了农村社会养老保险制度。1997年,实行了城乡居民最低生活保障制度。1997年,于城镇有民政福利企业9家。1999年,于城镇政府被海盐县政府评为全县民政工作先进单位。2005年成立了于城镇慈善分会。2013年度社区居家养老服务中心列入县政府实事工程,于城镇江渭村列入了社区居家养老服务中心建设村,建设标准是建立150平方米以上活动室,配备相应设施器材。一是日间照料室,配备躺椅、电视机、空调等。二是老年活动室,具备棋牌、茶室功能。三是通过资源共享,建立室内外活动场室,图书室、乒乓室、书画室、健身苑点等。2013年5月13日,海盐县民政局下拨于城镇2个村新建社区居家养老服务站(照料中心)建设补助经费,于城镇吕冢村为2.3万元,庄家村2万元。2014年,于城敬老院在重建工程中。

第一节　敬老院建设

1989年12月,建成于城镇敬老院,位于镇北桥西面村级公路向北300米处。占地面积3335平方米,建筑面积969.58平方米,房间24间,床位数24张,12月10日启用。有管理人员3人,入院老人25人。院内有宿舍、餐厅、活动室、办公用房等;备有电视机、洗衣机、电冰箱、电风扇等设备。1993年入院23人。1996年,于城镇五保户38人,入院22人。1997年五保户39人,入住敬老院21人,人均供养标准355元。1998年,镇敬老院投资15.8多万元,新扩建住宅和办公楼249.2平方米,食堂92.73平方米,是年6月2日通过了县验收。2011年,因立项建新院拆除旧院舍,2015年新院建成。

2004年5月11日,县政府出台《推进农村五保和城镇三无对象集中供养工作实施意见》,同时,对农村"五俣"和城镇"三无对象实行应保尽保"、着重做好敬老院建设、改造工作。

2005年完成敬老院提升改造任务,使集中供养率达到85%以上。

2006年3月15日,县财政局、县民政局核拨敬老院建设补助经费,一次性按每人1200元补助,于城镇供养对象人数29人,补助金额34800元。

2013年动工重建敬老院新院舍,地址位于于城镇鸳鸯村东7组孙家汇。房屋构建主体为2层12间,局部3层,土建工程占地面积3223平方米,建筑面积1581平方米,投资350万元。配套建设有餐厅、卧室、体育健身房、文化阅览室、棋牌活动室、电视教育室、医疗保健室、沐浴洗衣房、日托休息室、安全值班室等公共用房及相关设施。2015年底,重建于城敬老院全面竣工。2016年1月20日投入使用,入院人数17人,其中“五保”老人13人,精神残疾人4人。有专职管理服务人员3人。

第二节 五保户供养

解放初期,鳏寡孤独人员,主要由群众互助解决。此后,农村互助组无偿代耕,同时民政部门发放救济粮款,救济贫困户。1956年办起高级农业生产合作社后,对鳏寡孤独社员,由集体给予“五保”供给(保吃、保穿、保住、保医、保葬,孤儿则改保葬为保教),在公益金科目列支。1979年起实行生产队供养为主,政府适当补助救济相结合的办法。1983年12月,全县进行“五保户”普查登记,对卧床不起的五保老人,由民政部门拨款雇人护理,是月发送五保人员每个人一件棉大衣。1985年起,每年春节前县乡党政领导分别前去看望五保老人,带给慰问品。1985年8月,县人民政府发文,规定农村五保人员供养标准,每年粮食(原粮)300公斤,柴草400公斤,衣被50元,零用费72元,医药费40元,重病住院及修屋等费用100元,合计为410元(粮食、柴草折合人民币),由村统筹解决。1989年底,大部分“五保”人员入住敬老院,改分散供养为集中供养。1990年起,有关费用由所在村民委每年上缴给乡政府财务部门,再由乡拨给敬老院统一安排。

1996年1月,于城镇政府调整“五保户”供养标准,每人一年供给稻谷300公斤,柴草500公斤,折价200元;零用钱240元,衣着200元,医药费300元,一次性丧葬费400元,入敬老院管理费200元。

1997年,于城镇五保对象全额享受海盐县最低生活保障待遇。

1999年4月,五保供养经费实行乡镇统筹,建立以敬老院为中心的五保供养服务网络,将散居的五保户纳入镇和村双重管理。

2000年,全镇各村上交统筹供养经费25692元;是年,享受“五保”供养的鳏寡孤独年人均供养标准是2330元,敬老院入院五保老人20人;敬老院集中供养对象年人均为2690元,分散供养对象年人均1773元。

2002年9月,于城镇集中供养“五保户”23人,每人年供养额3000元,镇级承担1460元,村级承担1540元。年供养金额合计为69000元,分散供养五保户11人,每人900～1800元不等,年供养金额13920元,县级财政3360元,镇级3360元,村级7200元,其余部分用于集中供养。

2004年8月31日,县政府出台《农村五保供养暂行办法》,对无法定扶养人、无劳动能力、无生活来源的村民,在吃、穿、住、医、葬以及未成年人教育方面给予生活照顾和基本物质保障。60周岁以上“五保”老人实行集中供养为主,供养率不低于85%,供养标准一般不低于所在镇上年度农民人均纯收入的60%。

2004年12月2日,县民政局出台农村五保老人供养标准。规定了生活费每人每月120元,服装费每人每年240元,零用钱每人每月20元,医疗费每人480元,床位费每人每年920元,管理费每人每年720元的标准。

2005年1月25日，根据县财政局民政局下达五保供养经费，于城镇集中供养24人，每人每月为220元，月合计经费5280元，县镇财政各拨2640元，分散供养4人，每人每月为130元，县镇财政各承担50%。2005年度医疗费补助13440元，县财政拨10080元，镇财政拨3360元。

2006年1～12月，于城镇五保对象供养集中26人（每人每月220元）、分散1人（每人每月130元），年供养经费70070元。县镇财政各承担50%。

2007年1～12月，于城镇五保对象集中供养26人（每人每月268元）月供养经费6968元。人均医疗补助费1040元。

2008年1月，于城镇五保对象集中供养25人，人均月补250元，合计7500元，县、镇财政各承担50%。人均医疗补助费1040元，县财政负担780元，镇财政负担260元。于城镇民政办发敬老院集中供养人员元旦春节受助金27人2700元。

2009年1月16日，海盐县财政局、民政局下达1～2月份五保对象供养经费，于城镇25人（每人每月340元），每月8500元；县城财政各50%。下拨2009年医疗费补助金额26000元，县财政19500元，镇财政6500元，年人均为1040元。2009年度城镇“三无”和农村“五保”对象医疗补助经费，于城镇23人，医疗费总额11801.34元，县财政补助6089.59元。

2010年，全镇有22位五保供养对象，集中供养18人，户院挂钩供养4人，全年供养经费合计金额96040元。是年1月18日，县财政局、民政局下拨困难群众基本生活价格补贴，其中于城镇农村五保对象一季度22人，每人39.32元，合计865.04元。第二季度21人，每人62.66元，合计1315.86元。第四季度20人，每人62.66元，合计1253元。

2011年1月19日，县财政局、民政局下达2011年1～2月农村“五保”对象供养经费，于城镇集中供养20人，月补金额7840元；3～10月份相同；11～12月份21人，月补9765元。是年4月12日，县财政局、民政局核拨城镇“三无”和农村“五保”对象医疗补助经费，于城镇19人10138.80元。是年5月13日，县财政局、民政局关于发放一季度城乡困难群众基本生活价格补贴，其中“五保”对象20人，3210.60元。二季度20人，2928.4元。

2013年，海盐县财政局、民政局下达农村“五保”对象供养经费，于城镇1～2月份16人，月补7440元；4～9月份15人，月补6975元；10～12月15人，月补7875元。

2014年，于城镇1～4月份“五保”对象集中供养15人，5～12月份16人，年供养金额为98700元。

表24—2—1　　　　于城镇农村五保供养情况表

年份	集中供养人数（人）	年供养金额（元）	分散供养人数（人）	年供养金额（元）	其中			
					县财政（元）	镇财政（元）	村支付（元）	合计（万元）
2000	20	53800	11	19503				7.33
2002	23	69000	11	13920	3360	36940	42620	8.29
2005	24	63360	4	6240	34800	34800	—	6.96

续表 24—2—1

年份	集中供养人数（人）	年供养金额（元）	分散供养人数（人）	年供养金额（元）	其中			
					县财政（元）	镇财政（元）	村支付（元）	合计（万元）
2006	26	68640	1	1430	35035	35035	—	7.01
2007	26	83616	—	—	41808	41808	—	8.36
2008	25	90000	—	—	45000	45000	—	9.00
2009	25	102000	—	—	51000	51000	—	10.20
2010	18	84672	4	11368	96040	—	—	9.60
2011	21	97930	—	—	97930	—	—	9.79
2012	19	94860	—	—	—	—	—	9.49
2013	18	97830	—	—	—	—	—	9.78
2014	16	98700	—	—	—	—	—	9.87

说明：表中数据不包括医疗费

第三节 残疾人事业

概况

解放后，人民政府对生活困难的残疾人给予定期定额救济和临时救济。1956 年办起高级合作社后，对有困难的残疾人，由集体给予适当照顾。

1991 年，成立了钦城乡残疾人协会。是年，钦城乡有残疾人 1107 人，男性 675 人，女性 432 人。其中，肢体残疾人 770 人，听力残疾人 48 人，言语残疾人 52 人，视力残疾人 123 人，智力残疾人 76 人，精神残疾人 38 人，多重残疾人 166 人。

表 24—2—2 于城镇残疾人情况表

单位：人

年份	残疾人总人数	男性	女性	肢体残疾人	听力残疾人	言语残疾人	视力残疾人	智力残疾人	精神残疾人	多重残疾人
1991	1107	675	432	770	48	52	123	76	38	166
2005	538	328	210	362	15	26	55	48	32	
2012	630	—	—	348	54	9	65	77	75	2
2014	711	—	—	368	74	9	71	86	100	3

说明：1991 年为抽样调查人数，2005 年后为持证人数

1994 年 3 月，根据《中国残疾人联合会章程》要求，钦城乡残疾人协会变更为钦城乡残疾人联合会。

2005 年，于城镇持证残疾人为 538 人，男性 328 人，女性 210 人。持证残疾人得到扶助扶持，享受生活保障等。是年 10 月 10 日，海盐县政府批转了县财政局县残联扶助残疾人专项资金管理办法。扶助对象是持《中华人民共和国残疾人证》的户籍在本县的残疾人。扶助内容有 15 条(项)，其中有生活保障补助，教育补助，康复训练补助，安装假肢补助，白内障复明补助，助行、助视、助听用具补助，劳动技能培训补助，发展种养业和其他副业补助，扶贫基地补助，危房改造补助，特发性事件补助，参加基本养老保险补助等。

2007 年 4 月 27 日，县财政局、残疾人联合会发文，建立一户多残困难家庭救助制度。本县户籍，一户中有 2 名以上持有《中华人民共和国残疾人证》的困难残疾人家庭。1. 房屋修建补助为一户一次性 1000～3000 元；2. 残疾学生就学补助九年制义务教育时段每学年 300 元，高中、中专每学年 500 元，大专以上每学年 1500 元；3. 残疾人合作医疗参保金个人缴纳部分全额贴补；4. 重度残疾人补助每人每月增加 100 元。

2008 年 5 月 22 日，于城镇 8 个行政村建立了残协领导小组；9 月 29 日，县残联聘任了 7 名镇残疾人专职委员。

2009 年，于城镇有残疾人家庭 507 户，总人数 568 人，一户多残家庭 28 户。是年全镇有 14 名残疾人享受基本生活保障；13 名重度残疾人分别得到“居家安养”或“托安养”服务。

2010 年 6 月 8 日，县财政局、残联下达 2010 年“贫困残疾母亲援助行动”专项资金，于城镇 3 户，补助 3000 元。

2010 年 8 月 10 日，于城镇政府印发《于城镇扶助残疾人若干规定》，规定共 25 条，包括残疾人医疗补助，职业技术培训，种养殖业补助，义务教育补助的具体政策规定等。

2013 年，于城镇 8 个行政村 1 个居委会共有残疾人 689 人。

2014 年，于城镇共有残疾人 711 名，占全镇人口的 3.16%。

重度残疾人基本生活保障

2006 年 6 月 15 日，县残疾人联合会核拨 2006 年度重度残疾人生活补助款。于城镇有 16 位重度残疾人获得生活补助款，每人每月补助金额为 100 元。

2008 年 7 月开始实行重度残疾人基本生活保障。12 月 8 日，县财政局、民政局发文，下达 2008 年度城乡居民重度残疾人基本生活保障金、补助金〔即居家安养补助〕通知，是年 7 月 1 日起执行。是年，于城镇保障 14 户，每户每月 180 元，每月合计 2520 元，县、镇财政各承担 50%。是年，于城镇发放保障金合计为 30200 元。

2009 年，于城镇重度残疾人居家安养对象 14 户，全年合计发放保障金 39200 元。

2010 年，于城镇重度残疾人居家安养对象 14 户，全年合计发放保障金 39900 元。

2011 年，于城镇重度残疾人居家安养对象 18 户，全年合计发放保障金 52700 元。

2012 年，于城镇重度残疾人居家安养对象 18 户，全年合计发放保障金 85200 元。

2013 年，于城镇重度残疾人居家安养保障金一季度 18 户，4 月份起 24 户，每户每月补助 400 元，年补助合计金额为 108000 元。是年，还增设了一般户保障金，一季度 9 户，4～7 月份 18

户，8～12月份21户，每户每月补助200元，补助合计金额为40800元。

2014年1月8日，县民政局下达重度残疾人基本生活保障金，于城镇24人，月补金额为9265元。同时下达重度残疾人补助金发放金额，于城镇8人，合计月补金额为3040元。

表24—2—3　　于城镇重度残疾人基本生活保障金发放情况表

年份	人数	月补金额（元）	年度总额（万元）	年份	人数	月补金额（元）	年度总额（万元）
2008	14	2520	3.02	2012	18	7100	8.52
2009	16	3264	3.92	2013	24	9000	10.80
2010	16	3328	3.99	2014	24	9265	11.12
2011	18	4392	5.27				

残疾人家庭及学生就学补助

2005年10月11日，县政府批转了县财政局残联扶助残疾人专项资金管理办法中，接受九年制义务教育的残疾学生，每学年给予300元的教育补助；考取全日制高中或高中以上院校的残疾学生入学，一次性资助标准为中专（高中）每人500～1000元，大专每人3000元，本科以上每人4000元；自学考试获大专以上学历，凭毕业证书，大专每人1000元，本科以上每人2000元。残疾人子女，一次性补助中专（高中）每人500元，大专每人1000元，本科以上每人1500元。

2006年7月5日，海盐县残疾人联合会发文，补助残疾人学生及残疾人低保家庭子女就学。九年制义务教育残疾人学生每学年300元，中专（高中）每人500～1000元，大专每人3000元，本科以上每人4000元，自考生凭毕业证书大专每人1000元，本科以上每人2000元。

2009年9月17日，海盐县财政局、民政局下达2009年残疾人学生残疾人家庭学生助学补助资金，于城镇补助金额为6600元。

2010年9月17日，县财政局、残联下达是年残疾人学生、低保残疾人家庭学生助学补助经费，于城镇助学10人，其中残疾学生2人，残疾人家庭子女8人，合计补助金额7100元。

2011年8月29日，县财政局、残联下达2011年度残疾人学生残疾人家庭学生助学补助，于城镇助学10人，合计金额5900元。

2012年，于城镇补助残疾学生2人，金额600元。

2013年9月6日，于城镇年度残疾人学生家庭助学补助14人，每人300～1500元不等，合计补助金额为11400元。

2014年，于城镇助学补助低保家庭学生10人，残疾学生4人，合计补助金额11700元。

残疾人扶贫

2006年11月23日，县残疾人联合会下达2006年度残疾人扶贫补助经费，于城镇扶贫补助金额为30500元。其中，补助特困残疾人4800元；残疾人专业示范户2000元；残疾人种养殖户2700元；残疾人危房改建3000元；残疾人新办个体工商户1000元；残疾人扶贫基地15000元。

2009 年 12 月 16 日，县财政局、残联下达 2009 年度残疾人扶贫补助资金，于城镇扶贫合计金额为 42600 元。

2010 年 7 月，于城镇残联开展残疾人扶贫工作，共扶持 65 户，有种植葡萄、梨树，养猪、养鸡、养甲鱼。技术上组织培训班，资金上给予帮助。是年 12 月 17 日，县财政局、民政局下达是年度残疾人扶贫资金补助款，于城镇补助 33 户，金额 62000 元。其中，有特困户 4 户，补助 4800 元；种养殖基地 1 户 25000 元；种养殖示范户 4 户 4000 元；零星种养殖 16 户 4800 元；低收入就业创业 5 户 10000 元。是年，于城镇残疾人联合会举办了“残疾人种养业培训班”，培训葡萄品种及栽培技术和雪山草黄鸡的饲养与管理及操作规程，共三期 30 多名残疾人参加。

2011 年 12 月 15 日，县财政局、残联下达 2011 年度残疾人扶贫资金补助款，于城镇补助 38 户，合计金额 6600 元。其中，特困户 4 户 4800 元。

2012 年，于城镇残疾人扶贫补助总计金额 36800 元。其中，种养殖户 16 户，合计金额 4800 元；种养殖示范户 4 户，合计 4000 元；低收入创业补助 5 户，合计 10000 元；创业贷款贴息补助 5 户，合计 18000 元。

2013 年，于城镇残疾人扶贫共 59 户，合计补助金额为 79000 元。是年，于城镇残联还开展残疾人扶贫种植葡萄培训班，共 65 人参加培训，投入扶贫培训经费 10000 元；13 名残疾人种植葡萄，投入扶贫经费 20000 元。是年 12 月，于城镇残疾人扶贫资金由县财政补助 40 户，合计金额 77200 元。

2014 年，于城镇残疾人扶贫补助，种养殖 6 户，合计 6000 元；创业贷款贴息 5 户，合计 21200 元；扶贫补助 35 户，合计 49600 元；总计金额 76800 元。是年 4 月 17 日，于城镇为 13 户签订帮扶协议的困难残疾人，实施葡萄种植扶贫行动，在于城镇八字村葡萄合作社办公室，每户发放了价值为 1000 元化肥券。

残疾人康复服务

2008 年 5 月 18 日，镇政府出台《于城镇残疾人“人人享有康复服务”工作方案》。把精神残疾、听力残疾、智力残疾、视力残疾肢体残疾等残疾人作为康复对象，定期安排康复对象到卫生院进行康复训练。

2009 年 12 月 22 日，县财政局、残联下达 2009 年度残疾人小康工程及康复补助经费，于城镇 16 人，省小康工程补助 10 人（白内障补助），金额为 17945 元，康复补助 6 人，金额为 3000 元。

2010 年 11 月 29 日，县财政局、残联下达是年残疾人小康工程精神残疾人医疗救助及残疾人康复补助经费，于城镇 25 人，补助款总计 34775.34 元，其中残疾人康复补助资金 16 人 8000 元。

表 24—2—4　　2010 年于城镇残疾康复服务情况表

单位：人

总人数	康复服务内容						康复服务主要途径			康复训练效果		
	康复医疗服务	训练指导服务	心理疏导服务	知识普及服务	辅助用具服务	咨询转介服务	社区康复服务	上门服务	信息康复服务	显效	有效	无效
547	112	98	218	124	33	4	297	287	547	49	161	87

2011年12月15日，县财政局、残联下达2011年度残疾人小康工程精神残疾人医疗救助及残疾人康复补助经费，于城镇44人，补助金额113371.04元，省小康工程补助其中白内障11人，金额为16753.40元，抢救性儿童康复补助1人，金额为10000元；精神残疾5人，金额为23017.64元；残疾人康复补助其中白内障康复补助25人，金额为12500元，残疾人康复补助2人，金额为51100元。

2012年12月，实施残疾儿童抢救性康复补助，八字村张新阳获得了52821.28元补助，其中配置“人工耳蜗”为35621.28元。

2013年，于城镇实施小康·阳光残疾人康复补助、残疾儿童抢救性康复项目，于城镇救助人数为13人，是年12月县财政拨救助资金41921元。是年，于城镇八字村康复服务站被评为嘉兴市康复服务示范站。

2014年，于城镇有4名困难精神残疾人进行了康复补助，2名0～6岁残疾儿童进行抢救性康复补助，共发放补助金50501.31元。

一户多残补助

2010年6月8日，县财政局、残联下达了2009年一户多残困难家庭补助经费，于城镇38户，其中三低家庭14户，残疾人数79人，合计补助金额19000元。

2011年5月12日，县财政局、残联通知，于城镇“一户多残”残疾人困难户补助，于城镇46户96人，补助金额23000元。5月16日，于城镇残联发放2011年度“一户多残”补助金，46户家庭共发放23000元，每户500元。

2012年，于城镇一户多残家庭45户，每户补助600～1000元不等，年合计为28000元。

2013年度“一户多残”困难家庭补助，于城镇52户，补助金额32600元。

2014年，于城镇一户多残家庭51户，合计补助金额32000元。

无固定收入残疾人补贴

2013年5月7日，县政府办公室发文，实施无固定收入残疾人生活补贴，每人每月100元，从2013年1月1日起执行。于城镇2013年共计发放951人次，全年合计补贴95100元。2014年，1～12月份无固定收入残疾人生活补贴1055人次，全年合计补贴金额为10.55万元。

精神残疾住院补助

2010年12月20日，于城镇残联补助精神残疾人住院3名，共补助16125.74元。2012年，精神残疾人住院4人，合计补助17479.35元。2013年，精神残疾人住院4人，合计补助12680.31元。2013年12月，于城镇2013年度精神残疾人医疗救助县财政拨救助资金12680.31元，救助人数为4人。2014年，精神残疾人住院治疗6人，合计补助15864.50元。

白内障复明补助

2010年起，残疾人小康工程对白内障复明实施了补助政策。

表 24—2—5　　于城镇白内障手术补助情况表

年份	人数	金额(元)	年份	人数	金额(元)
2010	6	10649.60	2013	28	16421.00
2012	33	28834.00	2014	50	28000

第四节　慈善事业

慈善组织

海盐县慈善总会于城镇分会　2005 年 10 月 20 日,海盐县慈善总会发文,设立海盐县慈善总会于城镇分会。

福利企业　1997 年,于城镇被民政局、税务局检验合格的福利企业有 9 家:于城时装厂、海盐民政羽绒服装厂、海盐于城漂染实业公司,于城南圣制衣厂、海盐金狮工艺品厂、于城草塑品厂、于城华明服装厂、于城民政康达制衣厂、海盐鸳鸯丝绸印花厂。福利企业安置困难家庭残疾人就业。1999 年,县民政局、国税局、地税局公布福利企业年检合格单位于城镇有 6 家:于城时装厂、海盐于城漂染实业公司、于城南圣制衣厂、海盐金狮工艺品厂、海盐鸳鸯丝绸印花厂、海盐绢纺实业有限公司紬丝分厂。2000 年 8 月 17 日,县民政局、国税局、地税局公布福利企业年检合格单位于城镇有 3 家:海盐于城漂染实业公司、海盐鸳鸯丝绸印花厂、海盐绢纺实业有限公司紬丝分厂。

慈善募捐

1989 年,欤城乡政府筹建敬老院,征集社会福利基金,开展募捐,乡办企业欤城丝厂及站办 17 个单位征集了 5613 元,全乡募捐了 22370 元,合计 27983 元。

1991 年,欤城乡开展全乡参与的“为残疾人事业捐赠 1 元钱活动”,收到个人捐款为 20089 元,集体捐款为 3260 元。

2005 年 10 月,于城镇开展“扶贫济困送温暖,支援宁夏献爱心”活动,捐助衣被 481 件,送往县民政局。

2008 年,四川汶川县发生强烈地震,于城镇开展了抗震救灾工作,共募捐抗震救灾款 21.55 万元。

2011 年 11 月 28 日,海盐惠丰生猪养殖专业合作社和海盐县慈善总会在江渭村合作社内举行了慈善冠名捐赠签约仪式,合作社总经理徐泽民签署了 25 万元的慈善捐赠,该捐赠 5 年全部到账,每年 5 万元。按协议规定,冠名资金主要用于江渭村困难群众的救助。

2014 年,于城镇推进慈善事业发展,全年募集善款 150.18 万元。

慈善救助

2006 年,于城镇发放慈善大病救助款 12.35 万元,慈善助学款 1.5 万元,助困款 11.67 万元。

2008年春节，于城镇民政办给农村和城镇困难群众发放了慈善年货券，每户200元，全镇共138户27600元。

2008年7月3日、8月25日，于城镇民政办发放2007年度农村困难群众住房补助4户24000元。2008年1月28日，发放2007年困难人员医疗救助金84人80497元。10月20日，发放城乡困难人员医疗救助金29人16158人。

2010年7月2日，于城镇慈善分会在文化中心多功能厅举行“造血型”救助活动仪式。“授人以鱼，不如授人以渔”，对全镇18户低保户分别赠送了长毛兔和母猪及饲料，让他们通过养殖业增加收入，共捐赠折合人民币3.09万元。

2013年，于城镇切实做好帮贫扶困救助工作，大病救助26人，发放救助金29万元。是年累计发放慈善救助金41万元。

2014年，于城镇发放慈善救助金86.09万元。

第三章　社会救济

社会救济，主要是扶贫帮困，救济城乡困难户。解放以来，政府部门不断加大救济力度和范围，实施扶贫济困政策、以保障人民群众基本生活。实行了受灾救济，定期定量救济，临时救济，春夏荒救济，冬令救济，农村危房改建补助救济，助学救济，精减退职职工救济等扶助政策。1997年起，实施城乡最低生活保障制度，全社会困难人员基本生活得到了切实保障。2004年，建立医疗救助制度。

第一节　受灾救济

受灾救济用于台风、洪涝、梅涝、干旱、雪灾、冰雹等自然灾害困难家庭的救济。

1949～1954年，遭受数十年来未有的大旱灾、冰雹灾、强台风灾和大水灾，钦城乡党政领导帮助群众战胜灾害，组织生产自救，并发放救济粮、救济款。

1956年8月1日，遭受强台风，大树拔起，农作物和房屋损失严重。乡政府发放救济款。

1962年9月，遭受两次暴风和暴雨袭击，钦城乡政府组织力量帮助排涝，抢修民房，并救济木材、毛竹等物资，发放救济款。

1963年5月9日和9月12日，分别遭受了龙卷风和强台风袭击，水田受涝，房屋受损。钦城公社党委政府组织救灾，减少损失，并救济木材、毛竹、什竹和发放救济款。

1974年8月20日，受13号台风侵袭，塘堤冲塌，受淹严重。人民公社向受灾群众发放救济款。

1976年4月22日下午4时受龙卷风袭击20分钟，风力猛力，冰雹密集，春粮损失严重。人民公社给受灾户发放救济款。

1979年8月16～23日期间，遭受9号、10号台风影响，农业歉收，房屋倒塌。人民公社救济砖瓦，发放救济款。

1980年6月26日，先后遭风雹袭击，全县吹倒房屋近2000间，21人受伤，3人死亡，县政府拨给各乡镇救济款3.51万元，玻璃80箱，砖头118万块，木材13立方米，圩城人民公社救济受灾农户。

1981年晚稻受历史罕见的低温冷害，8月受14号台风袭击，9月中旬连续6天低温阴雨，10月份继续低温多雨，出现两次早霜，加重危害，农业减产。县政府给各乡镇拨救济款，钦城公社救助困难群众。

1982年7月30日，受9号台风袭击受灾。县政府给各乡镇拨救济款，钦城公社救助受灾群众。

1984年8月构塍村等全乡6个村有6户农户遭水灾，钦城乡政府共发放救济款900元。是年10月份又救济吕冢村、于三村2户农户，救济金额为650元。

1986年7月15日下午4时40分左右，钦城、沈荡、横港、百步、石泉等7个乡镇遭受龙卷风袭击。据统计共有受害农户2600多户，倒塌房屋134间，畜室74间，农作物受损16600亩。钦城乡政府发放救济款，拨给建筑物资。

1997年8月18日，11号台风在浙江登陆，于城镇8个村受灾。县政府拨给各乡镇救灾款，于城镇政府救济受灾群众。

1999年6～7月，梅雨期43天，雨日30天，降雨集中，范围广、强度大，全镇8个村235个村民小组不同程度受灾。于城镇政府下拨自然灾害救济事业费12000元给镇民政办，实施自然灾害救济工作。是年10月13日，海盐县民政局、财政局下拨洪涝灾害救济补助款。于城镇共发放救济款73600元，其中危房改建补助款66600元，紧急转移安置补助款1000元，敬老院维修款4000元，生活困难临时救济款2000元。

2000年5月18日，于城镇政府拨款23000元给镇民政办，用于2000年度地方自然灾害救济事业费。

2005年8月5～7日、9月11日，9号台风“麦莎”和15号台风“卡努”先后影响于城。是年12月15日，县财政局、民政局核拨救灾专项资金，救助因9号台风“麦莎”受灾户房屋改建和维修。于城镇发给4户农户补助款为23000元。

2007年12月24日，县财政局、民政局下拨省级救灾补助款为72250元。是年，于城镇救济农户140户，共384人，合计救济金额为96750元。

2010年7月，鸳鸯村一户农户发生火灾，获得救助金额为2000元。

2014年，于城镇发放低保家庭和低保边缘户家庭自然灾害生活补贴共162户363人，合计发放金额147400元。

表24—3—1　　　　于城镇自然灾害救济情况表

年　份	主　要　灾　害	救灾款和供应物资	救助群众(户)
1974	13号台风、大海潮袭击	800元	—
1975	1974年13号台风	2880元	—

续表 24—3—1

年　份	主　要　灾　害	救灾款和供应物资	救助群众(户)
1980	上半年风、雹袭击	钢材 2 吨	—
1982	9 号台风袭击	200 元	1
1984	雪灾	1100 元	113
1984	水灾	900 元	6
1986	7 月 15 日遭受雷雨暴风袭击	1200 元	4
1988	7 号台风	3000 元、木材 2 立方米	—
1990	15 号台风	9768 元	75
1991		82942 元	135
1992	16 号台风袭击	2800 元、大米 2800 斤	17
1996	梅涝、台风	5200 元	—
1997	梅涝、特大暴雨、台风	9850 元	—
1999	6～7 月历史罕见洪涝灾害	74200 元	40
2000	旱灾	赈灾粮 21690 斤(价值人民币 17026.65 元)	—
2005	台风	6000 元	—
2007	16 号台风“罗莎”影响	96750 元	140
2010	水灾	900 元	3
2011	全年各类自然灾害造成全国 4.3 亿人次受灾	14820 元(中央自然灾害生活补助)	146
2014.1.26	23 号台风“菲特”影响	277500 元	451

第二节　济困扶贫

城乡困难户救济

临时救济、定期定量救济　定期定量救济属国家救济，由政府财政拨款，主要对当年困难户(因病、缺劳力、无劳动能力、无生活来源等原因造成家庭生活困难、依靠自身能力无法维持正常生活人员)按照一定标准按月或按年给予救济。临时救济视当年度实际情况而定，由集体补助和政府财政拨款救济。1961 年 1～5 月份发放社会救济费 6528.91 元。1967 年，海盐县人民委员会分配给圩城公社年度优抚费、社会救济费 1550 元。1982 年 3 月 30 日县民政局批复给予集

镇困难户居民王胜权定期救济，每月15元，自1982年3月至1983年2月止。1982年9月29日，县民政局批复给予特赦战犯朱秉均定期救济每月10元，自1982年10月起列为社会救济定期项目。

1960年，海宁县人民委员会分配给圩城公社社会救济款3400元，分三次核拨，其中3月23日500元，5月21日1200元，7月3日1700元。

1957年，县人民委员会民政科规划给圩城乡社会救济款为792元。

1960年，海宁县人民委员会分配给圩城公社社会救济款3400元，分三次核拨，其中3月23日500元，5月21日1200元，7月3日1700元。

1963年7月17日，海盐县人民委员会民政科分配给圩城公社7～10月份社会救济款350元。

1964年3月24日，海盐县人民委员会分配给圩城公社1964年社会救济费3000元。

1966年2月23日，海盐县人民委员会分配给圩城公社年度救济款1200元。

1969年，海盐县革命委员会生产指挥组下达给圩城公社年度社会救济费3944.95元。

1972年6月10日，海盐县革命委员会生产指挥组分配给圩城公社社会救济费1640元。

1975年7月8日，海盐县革命委员会生产指挥组分配给圩城公社社会救济费1990元，其中固定款项金额240元，临时款项金额1750元。

1977年8月11日，海盐县革命委员会生产指挥组分配给圩城公社社会救济费1800元。12月8日，海盐县内务局追加款项500元。

1978年6月27日，海盐县内务部下达1978年于城镇社会救济费1800元。

2007年12月21日县财政局、民政局下达2007年度农村社会救济对象补助经费。于城镇精简退职老职工生活困难补助人数为13人，上半年每人月标准380元，下半年每人月标准440元，全年合计发放救济款为34320元。是年，40％救济人数1人，上半年月标准460元，下半年月标准520元，全年合计发救济款5880元。

2008年1月，于城镇民政办发放元旦春节特困户救助金20户10000元；发放孤儿救助金4人2000元。是年11月28日，县财政局、民政局发文，下达2008年度农村社会救济对象补助经费的通知，于城镇精减退职老职工定补13人，月标准工资510元；原工资40％救济1人，月标准工资590元；百岁老人补助月标准200元。

2009年1月8日，海盐县财政局、民政局下拨2009年城镇纯居民特困家庭春节生活救济补助款，于城镇救济27户52人，救济金额9350元。

2010年1月19日，海盐县财政局、民政局下拨城镇纯居民特困家庭春节生活救济补助款，于城镇29户57人补助救济金额11500元。是年7月23日，县财政局、民政局下拨一季度城乡困难人员临时救助资金，于城镇24人，救助金额6550元，镇财政负担1965元。二至三季度9人，4300元，镇财政负担1290元。是年12月24日，县财政局、民政局下达当年农村社会救济对象补助经费，于城镇合计102660元。其中，精减退职职工1人，按原工资40％救济，月标准800元，年合计9600元；精减(退职武警)11人，月标准705元，年合计93060元。

2011年1月20日，县财政局、民政局发文下拨给于城镇纯居民特困户家庭春节生活救济款，救助29户60人，救助金额14700元。是年5月12日，县财政局、民政局下拨一季度城乡困难人员临时救助金，于城镇 66 人，14500 元，县财政 8440 元，镇财政 6060 元。二季度 3 人 2200 元，县财政 1540 元，镇财政 660 元。三季度 6 人 2000 元，县财政 1400 元，镇财政 600 元。

2012 年 1 月 31 日，县民政局发文下拨给于城镇纯居民特困户家庭春节生活救济款 10750 元。原则上按每户基数 100 元，另每人按 50 元标准发放。

2014 年，于城镇临时救济为 30 人，金额为 2.52 万元。

表 24－3－2　　于城镇困难户定期定量救济临时救济情况表

年　份	定期定量救济		临　时　救　济		救济金额合计（元）
	人数	金额(元)	人数	金额(元)	
1972	—	—	—	300	300
1979	—	230	—	1770	2000
1981	—	—	—	2495	
1984	—	810	—	2400	3210
1986	39	146016	91	3076	149092
1987	22	46464	153	8275	54734
1988	24	55296	79	3073	58369
1989	27	69984	100	5200	75184
1990	35	117600	74	2610	12210
1991	31	92256	60	1828	94084
1992	27	69984	152	5572	150444
1993	30	86400	127	6667	93067
1994	31	92256	71	5615	97871
1995	29	201840	50	8810	210650
1996	29	201840	116	16580	218420
1997	25	150000	87	11940	161940
1998	26	162240	26	7060	169300
1999	25	165000	58	12370	177370
2005	—	—	67	7350	
2006	27	74520	91	22280	96800
2007	26	83616	52	5400	89016
2008	26	83616	51	7800	91416
2009	22	89760	52	9350	99110

续表 24－3－2

年份	定期定量救济		临时救济		救济金额合计（元）
	人数	金额（元）	人数	金额（元）	
2010	34	283560	57	22850	306410
2011	12	118500	135	33400	151900
2012	19	106020	45	21600	127620
2013	19	106020	317	140400	268020
2014	20	111600	30	25200	136800

春夏荒救济、冬令救济　1952年起，县政府发放春荒夏荒救济粮和救济款，春夏荒救济主要用于解决春夏荒阶段（每年3～5月）受灾群众生活口粮的救济，冬令救济主要用于解决冬令阶段（每年12月～次年2月）受灾和困难群众越冬衣被救济。1994年前主要通过临时性救济予以解决；1994年起，每年根据受灾群众的实际生活困难，由国家财政下拨一定数额救济经费，帮助解决口粮和衣被需求，安全度荒。

2002年6月7日，海盐县民政局、财政局联合发文，下拨于城镇春夏荒救济款12000元。重点解决缺粮缺钱“双缺户”、大病重病致困特困户的实际生活困难。

2003年1月3日，海盐县民政局、海盐县财政局发盐民〔2003〕3号文件，下拨给于城镇冬令救济款14800元，专项用于缺粮、缺衣被、因病造成生活困难的社会特困户和散居五保户、孤儿的生活救济。是年1月16日海盐县民政局下拨给于城镇城镇纯居民特困户家庭春节生活救济补助8300元。发放对象为2003年列入城镇居民最低生活保障对象和虽未列入城镇居民最低生活保障范畴，但家庭生活确实困难的城镇纯居民特困户户家庭。原则上按每户基数100元，另每人50元发放。每户最高不超过300元。

2003年12月15日，县民政局下拨给于城镇冬令救济款15000元，专项用于缺粮、缺衣被、因病造成生活困难的社会特困户和散居五保户、孤儿的生活救济。

2004年1月2日，县民政局下拨给于城镇2004年城镇纯居民特困户家庭春节生活救济补助款12850元。发放对象为2004年列入城镇居民最低生活保障对象和虽未列入城镇居民最低生活保障范畴，但家庭月人均收入低于264元的城镇纯居民家庭。

2005年1月25日，财政局、民政局核拨2005年城镇纯居民特困户家庭春节生活救济补助款，于城镇40户67人救助金为7350元。

2005年4月25日，财政局、民政局核拨2005年度春荒救济补助款，于城镇61户166人拨款11200元。

2006年1月，于城镇发放了城镇纯居民特困户春节生活救助款，每户100元加每人50元。是年1月，经户主申请，镇审核上报，县民政局批准，县财政局、民政局核拨2005年度于城镇冬令救济款28350元，解决农村特困户的实际生活困难状况。是年6月，县财政局、县民政局核拨2006年度春荒救济补助款，于城镇救济68户198人，救济金额为17000元。专项用于解决春荒期间受灾户、社会困难户，重点解决因灾造成的“三缺户”（缺粮、缺钱、缺劳力）的口粮救济。

2007年2月5日，县财政局、县民政局核拨给于城镇2006年冬令救济补助款23550元。12月24日，县财政局、民政局下拨2007年冬令救济及省拨救灾补助款，下拨于城镇冬令救济补助款24500元。

2007年2月9日，县财政局、县民政局核拨给于城镇纯居民特困户2007年春节生活补助资金28户52人5400元。补助标准为每户100元，每人50元。同时，核拨给于城镇2006年度城乡困难人员医疗救助资金76人109753元。同日，县财政局等发文通知支出“40%救助”“精减（退职武警）定补”“传统定期补助”及“百岁老人补助”经费，于城镇总计70140元。

2007年3月22日，县财政局、县民政局核拨给于城镇城乡居民最低生活保障对象春节期间慰问金131户，20500元。

2007年4月6日，县财政局、县民政局核拨给于城镇2007年度春荒救济补助款72户209人，17650元。

2008年12月25日，县财政局、民政局下拨2008年冬令救济补助款，于城镇合计21500元，重点解决“三缺户”（缺粮、缺钱、缺劳力）、散居“五保”户、孤儿的生活救济。

2009年6月10日，县财政局、民政局下拨2009年春荒救济补助款，于城镇151户458人，家庭类型为一般户，救济情况为伤病救济，救济金额23650元。12月17日，县财政局、民政局下拨2009年冬令救济补助款，于城镇155户457人，衣被救济8户，伤病救济147户，救济金额22700元。

2010年1月份于城镇发放2009年度冬令救济146户，发放金额21500元。6月22日，县财政局、民政局下拨是年春荒救济补助款，于城镇149户447人，低保户14户，困难户13户，一般户122户，分别给予口粮、衣被、伤病救济，救济金额30000元。12月17日，县财政局、民政局下拨冬令救济补助款，于城镇140户453人，家庭类型：边缘户30户，低收入户35户，一般户75户；需救济情况：口粮救济29户，衣被救济48户，伤病救济63户，救济金额20600元。

2011年8月2日，县财政局、民政局下拨2011年度春荒救济补助款，于城镇128户361人19300元。

2013年，于城镇发放冬令、春荒救济115户，合计发放金额70000元，其中春荒34100元，冬令35900元。

2014年，于城镇发放春夏荒救济款3万元，救助人数88人，发放冬令救济款3万元，救助人数109人。

表24—3—3　　于城镇春夏荒冬令救济款拨给发放情况表

年　份	春夏荒救济		冬令救济	
	户　数	发放（拨给）金额（元）	户　数	发放（拨给）金额（元）
1987	—	—	97	900
1989	—	—	161	3185

续表 24—3—3

年　　份	春夏荒救济		冬令救济	
	户　　数	发放(拨给)金额(元)	户　　数	发放(拨给)金额(元)
1990	—	—	85	3969
1992	—	—	106	3500
1994	—	2000	86	—
1995	—	1500	—	—
1996	—	13400	—	11480
1997	—	12300	67	3950
1998	18	5080	—	—
1999	—	3300	—	8570
2000	—	17026.65	—	10100
2001	—	—	—	17200
2002	136	12000	—	—
2003	—	—	—	15000
2004	—	14350	99	18600
2005	166	11200	160	28350
2006	198	17000	—	23550
2007	72	17650	130	203550
2008	375 人	36750	434 人	21500
2009	151	23650	146	22700
2010	149	30000	140	20600
2011	161	19300	249	17300
2012	120	20850	—	—
2013	115	34100	115	35900
2014	88	30000	109	30000

精减退职职工救济

部分精减退职老职工因年老体弱、丧失劳动能力或者无依靠等原因造成生活困难，由国家财政给予救济。

2010 年，于城镇发放精减退职职工定补合计 179898 元。

2011 年，于城镇精减退职职工定补有 11 人，1 月份共发放定补金 7850 元，全年合计 94200 元。

2012 年，于城镇精减退职职工定补有 11 人，全年发放定补金 119400 元。

2013 年，于城镇精减退职职工定补有 11 人，全年发放定补金 132060 元。

2014 年 1 月 1 日起，享受原工资 40%救助的精减退职职工的生活困难补助费标准由每人每月 1105 元调整为 1215 元。是年定补 11 人，补助金额为 160380 元。

表 24—3—4　　于城镇精简退职职工定补情况表

年份	人数	年度合计金额（元）	年份	人数	年度合计金额（元）
1982	5	756	2008	12	102336
1990	17	4080	2009	12	85440
1991	17	5712	2010	11	102756
2002	16	48000	2011	11	94200
2005	15	57600	2012	11	119400
2006	15	63000	2013	11	132060
2007	14	70200	2014	11	160380

表 24—3—5　　2002 年于城镇精减退职定补名册表

姓名	类别	月标准	备注	姓名	类别	月标准	备注
徐观法	精减定补	250		周叙林	退职武警	250	
吴森林	退职武警	250		富强观	退职武警	250	
俞玉男	退职武警	250		蔡金昌	退职武警	250	
金寒荣	退职武警	250		钱瑞荣	退职武警	250	
王金荣	退职武警	250		沈文龙	退职武警	250	
何月观	退职武警	250		朱其昌	退职武警	250	
孙王余	退职武警	250		徐关良	退职武警	250	
范林昌	退职武警	250		朱金荣	退职武警	250	

农村危房改建救助

1996 年起、县、乡镇两级财政安排专项资金，开展农村危房改建和维修工作。凡所住房屋确属危房且依靠自身能力无法建造三间平房的农村危房户，经本人申请、村民委员会调查、镇政府核实，县民政局审批，其建房纳入年度农村危房改建计划。按照“县级财政补一点，乡镇财政贴一点，村级组织帮一点，个人自己筹一点”的办法，县财政补助每户重建户 3000～4000 元，维修户 1500～2000 元；直接落实到户，乡镇政府补贴每户重建户不少于 1500～2000 元，维修户不少于 1000 元；各村给予每户重建户帮扶不少于 1000 元，维修户不少于 500 元。

1997 年，补助于北村金顺生，何家村陈昌男危房改建款共计 6000 元。

1998 年 7 月 28 日，县民政局、财政局下拨危房改建补助款 1.8 万元，镇财政补助 1.2 万元，合计 3 万元，6 户改建户平均每户 5000 元。

2008 年 2 月 25 日，县建设局、民政局、财政(地税局)发文下拨 2007 年度农村困难群众住房救助补助款，于城镇救助补助 12 户，合计救助款 46000 元。

2009 年 3 月 4 日，县财政局核拨 2008 年度农村困难群众住房救助专项补助资金，于城镇 12 户补助 114000 元。

2010 年 2 月 2 日，县财政局、民政局下达 2009 年度农村困难群众住房救助专项经费，于城镇 10 户，新建平房 4 户、楼房 5 户、修缮平房 1 户，合计救助金额 92000 元。

2014 年，实施农村困难群众建造住房救助办法。

表 24－3－6　　　　2014 年县救助标准情况表

单位：元

类　　别	新建、置换	改建、扩建	修　　缮
低保户	18000	10000	3000
低保边缘户	12000	8000	3000
低收入家庭户	10000	6000	3000
其他困难家庭	6000	4000	3000

说明：救助办法要求镇按照补助标准落实相应的 50％配套资金

第三节　医疗救助

解放后，人民政府逐步实施和完善医疗救助政策。1958 年 2 月 3 日，海盐县人民委员会分配给钦城乡贫困患病者医疗补助费 220 元。1960 年 4 月 8 日，海宁县人民委员会分配给圩城公社贫病补助上半年 150 元、下半年 300 元。2003 年 2 月 26 日，于城镇接受民政局第二批“爱心行动”救助资金为 9000 元，3 位重病患者每人发放 3000 元。2004 年起，人民政府明确了救助对象和救助额度。是年 11 月 18 日，海盐县政府出台了《海盐县城乡困难人员医疗救助暂行办法》。救助对象：1. 户籍在本县，持有效“城乡居民最低生活保障证”“城镇特困职工优惠证”家庭中的常住人员，持有效“困难重度残疾人优惠证”的重度残疾人员；2. 户籍在本县，持有效“五保供养证书”的城镇“三无”人员和农村“五保”对象。救助方式为 4 种。医疗救助标准：1. 门诊费用，个人自负金额 1000 元以上部分由医疗救助资金按自负金额的 25％给予救助。救助最高限额2000元。2.住院费用,个人自负金额3000元以上部分按以下标准分段给予救助。

2006年5月起,提高救助比例;是年出台的城乡困难人员医疗救助办法,救助对象是:1.户籍在本县,持有效"城乡居民最低生活保障证""城镇特困职工优惠证"家庭中的常住人员,持有效"困难重度残疾人优惠证"的重度残疾人员;2.户籍在本县,持有效"五保供养证书"的城镇"三无"人员和农村"五保"对象。救助方式为4种。医疗救助标准:1.门诊费用,个人自负金额1000元以上部分由医疗救助资金按自负金额的25%给予救助。救助最高限额2000元。2.住院费用,个人自负金额3000元以上部分按以下标准分段给予救助。

表24—3—7　　2006年5月起城乡困难人员医疗救助暂行办法情况表

自负医药费用分段(元)	救助比例	本段最高可救助金额(元)	累计最高可救助金额(元)
3001～10000	30%	2100	2100
1001～20000	35%	3500	5600
20001～35000	40%	6000	11600
35001～50000	45%	6750	18350
50000以上	50%	11650	30000

2008年1月29日,县财政局、民政局发文,发放2007年度第四批城乡困难人员医疗救助资金,于城镇6种类别中有100人,合计发放105812元。是年3月31日,县财政局、民政局发文发放2007年度第五批城乡困难人员医疗救助资金,于城镇6人,合计发放15346元。是年6月30日,县财政局、民政局发文发放2008年8月份城乡困难人员医疗救助资金,于城镇2人11170元。并发放重点优抚对象医疗补助费,于城镇1人557元。是年9月份,于城镇30人发放医疗救助款17162元。是年12月24日,县核拨2007年度城镇"三无"和农村五保对象医疗补助经费,于城镇16人,总额9358.52元,统筹补助额6565元。

2009年1月9日,海盐县财政局、民政局下拨2008年12月城乡困难人员医疗救助资金,于城镇救助9人,救济金额15893元。重点优抚对象1人1670元。是年2月26日,县财政局、民政局下拨2008年第二批城乡困难人员医疗救助资金,于城镇102人,补助资金177754元。2009年4月15日,县财政局、民政局下拨2008年12月第三批及2009年1～3月城乡困难人员医疗救助资金,于城镇12人,合计补助31715元,其中门诊1892元,住院29823元。是年5月22日,县财政局、民政局下拨2009年1～4月城乡困难人员医疗救助金,于城镇43人,补助金额8679.47元。6月份1人,补助金额957.62。7月份4人8283.76元。8月份3人,951.73元。9月份4人,15663.65元。10月份4人,3654.19元。

2010年1月14日,县财政局、民政局下拨2009年12月城乡困难人员医疗救助金,于城镇13人,救助金额20670.95元。是年1月23日,县财政局、民政局下拨1月城乡困难人员医疗救助资金,于城镇7人,救助金资15168.66元。2月份下拨1人1863.34元。3月份下拨77人

73657.10元。4月份4人6815.22元。5月份9人11864.72元。6月份8人17210.11元。7月份6人3203.61元。8月份5人30064.98元。9月份5人4351.42元。10月份3人697.10元。11月份2人2077.60元。12月份19人9710.46元。是年1月25日,县财政局、残联下达2009年度持证困难精神残疾人住院医疗救助经费,于城镇救助金额为4697.48元。

2011年2月24日,县财政局、民政局下拨城乡困难人员医疗救助金,于城镇45人,救助金额46355.65元。3月份2人514.56元。4月份9人29682.18元。5月份12人15085.39元。6月份6人16024.39元。7月份3人2655.43元。8月份7人2348.44元。9月份7人19930.66元。10月份4人18385.36元。11月份6人22194.56元。12月份3人1629.18元。

2012年,于城镇医疗救助55人次,救助金额为133827.83元。

2013年3月份1人2821.86元。4月份10人17589.56元。5月份2人5329元。6月份3人18818.37元。8月份3人52730.96元。10月18日县财政局、民政局下拨9月份城乡困难人员医疗救助金,于城1人441.08元。是年10月份,城乡困难人员医疗救助金和重点优抚对象3人,18115.42元。11月3人4450.30元。12月6人9320.70元。

2013年11月12日,于城镇2012年度县财政局、民政局核拨城镇"三无"和农村五保对象医疗补助费17人次9788元。是年12月,于城镇2013年度城镇"三无"和农村五保对象县财政拨医疗补助经费为22513.00元,补助人次为415人。

2014年度1月份,于城镇城乡困难人员医疗救助12人,救助额为58757.83元;2月为8人救助额22509.79元;3月为3人救助额25232.45元;4月为2人救助额5987.93元;5月为2人救助额29490.14;6月为3人救助额21744.19元;7月为3人救助额21253.27元;8月为5人救助额22485.10元;9月为4人救助额5211.29元;10月为5人救助额13827.34元;11月为2人救助额3986.79元;12月为5人救助额28418.17元。

第四节 生活保障

1996年,于城镇政府颁发了"关于建立最低生活保障制度的通知",并建立"于城镇最低生活保障制度领导小组"。1997年起,海盐县全县建立了城市和农村居民最低生活保障制度,最低生活保障由县财政局、民政局下达救助指标额,县、镇财政各承担50%。1997年1月24日,县民政局、财政局下达于城镇一季度城乡居民最低生活保障救助金为9660元,二季度为10500元;三季度10080元;四季度10080元。低保补贴的发放采取补差法,即在核定保障家庭年人均纯收入基础上,补足至最低生活保障标准。2014年,海盐县城镇居民最低生活保障标准为每人528元/月;农村居民最低生活保障标准为每人386元/月,不足部分由县镇两级财政各50%补给。城乡居民最低生活保障随着人民生活水平的提高而相应不断提高,并随着全镇居民收入的变化,不断更换低保户,年度中,月份之间随之变化。以保障困难户的最低生活费。

1999年2月1日,县财政局、民政局下达1季度城乡居民最低生活保障救助金,于城镇金额为14520元。城镇居民从7月1日起提高标准30%,每人每月130元提高到169元。12月1日,农村居民最低生活保障标准从原来的每人每月90元提高到105元。

2000年1月21日，县财政局、民政局下达1～2月份城乡居民最低生活保障救助金，于城镇15550元，县、镇财政各承担50%。3月份7775元，县、镇财政各承担50%。4～5月份15550元；6月份7825元，县、镇财政各承担50%；7月份8505元，县、镇财政各承担50%。8～12月份每月8505元，县、镇财政各承担50%。（当年城镇居民人均169元/月，农村居民人均105元/月。）

2001年1月，于城镇城乡居民最低生活保障对象99户233人，其中城镇居民6户9人，农村村民93户224人。1～3月，每月县、镇财政拨款8942元，县、镇财政各50%。4月份增2户，月增保障金240元，财政月拨9182元。5月份月人均保障金45元，全镇增135元，5～6财政月拨9317元。是年7月，盐民〔2001〕45号文件通知，4月1日起，城乡居民最低生活保障标准提高15%，城镇居民从169元提高到195元，农村居民从105元提高到121元，4～6月份补发11934元，县镇财政各承担5967元。是年12月，民政局发〔2002〕1号文件通知，于城镇城乡居民最低生活保障对象103户，其中城镇居民6户，9人；农村村民97户，237人。

2002年后，列入保障对象增加到134户297人，其中城镇居民7户13人，农村村民127户284人。1～5月份每月发放救助金13019元，6月份起发放救助金13180元，10月份起13480元。县、镇财政各承担50%。

2003年，于城镇2003年度城乡居民最低生活保障对象170户357人，其中城镇居民9户19人。城镇居民由2002年的每人每月210元调整为每人每月220元；农村居民由2002年的每人每月121元调整为每人每月130元。

2004年1月7日，民政局、财政局确定于城镇2004年度城乡居民最低生活保障对象为172户360人，其中城镇居民9户18人，农村村民163户342人。2004年4月30日，新增、变更、注销农村村民最低生活保障对象，新增1户1人，变更4户减少2人，注销2户4人。

2005年1月25日，县财政局、民政局下达的城乡居民最低生活保障救助金通知，于城镇保障对象149户343人，其中城镇居民9户18人（月补金额1531元），农村居民140户325人（月补金额14239元），县、镇财政各拨50%。是年1月25日，财政局、民政局出台困难群众基本生活物价补贴，2004度年于城镇城镇居民23户46人补助10120元，农村居民194户437人58250元，合计金额49230元，县和镇财政各拨款50%。

2006年1月，于城镇城乡居民最低生活保障救助共147户336人，其中城镇居民7户15人，农村居民140户321人。城镇居民救助金每人每月220元，农村居民每人每月130元。是年3月1日起，城镇居民最低生活保障标准提高到月230元，农村居民提高到每月140元。县、镇财政各承担50%。

2007年12月26日，成立于城镇低保资格审查领导小组。是年1月23日，县民政局下达于城镇城乡居民最低生活保障169户357人，城镇居民8户16人，农村居民161户341人。保障标准城镇居民由原来的230元调整为268元，农村居民由原来的140元调整为161元。

2008年1月14日，县民政局下达于城镇城乡居民最低生活保障138户322人，城镇居民8户16人，农村居民130户306人。自2008年1月1日起，城镇居民最低生活保障标准由原来的268元调整为300元，农村居民由原来的161元调整为180元。

2008年3月3日，于城镇民政办发放2008年低保户物价补贴29700元；9月24日发放26760元；年底增发328人，30560元。县、镇财政各承担50%。

2008年低保边缘户物价补贴发放，7月1日，共100人发放14752元；9月24日，35户88人，发放5424元。县、镇财政各承担50%。

2009年1月16日县财政局、民政局下达2009年1～2月份城乡居民最低生活保障救助金，于城镇135户321人，其中无田居民9户18人，每人每月340元；每月补3050元，有田居民126户303人，每人每月204元，每月补26117元，县、镇财政各负担50%。

2009年3月9日，县财政局、民政局发放2008年第四季度困难群众基本生活价格补贴，无田居民每人42元，有田居民每人30元。于城镇最低生活保障对象157户353人(其中无田9户18人，有田148户335人)补助金额10806元；低保边缘户38户100人(其中无田1户4人，有田37户96人)补助金额2440元。县、镇财政各承担50%。

2010年4月30日，县财政局、民政局发放一季度困难群众基本生活价格补贴，于城镇最低生活保障对象152户354人，其中无田居民9户15人，有田居民143户339人，无田居民每人发放64.26元，有田居民每人发放39.32元，合计发放14293.38元。第二季度156户364人，其中无田居民10户17人，有田居民146户347人，无田居民每人发放104.08元，有田居民每人发放62.66元，合计发放23512.38元。第三季度153户354人，其中无田居民10户17人，每人104.08元，有田居民75户178人，合计补贴额22885.78元。第四季度148户344人，其中无田居民10户17人，有田居民138户327人，合计发放22259.18元。县、镇财政各承担50%。

2010年12月底，全镇享受低保为148户344人，全年共计发放低保金51.09万元。

2011年1月19日，县财政局、民政局下达2011年1～2月份最低生活保障救助金，于城镇148户343人，其中无田居民10户17人月补金额4144元，有田居民138户326人，月补金额39408元。2月24日，县财政局、民政局下达3月份最低生活保障金，于城镇149户348人，无田10户17人，有田139户331人，合计发放金额为43852元。4月份151户357人，无田10户17人，有田141户340人，合计发放金额44392元。5～7月份152户358人，每月发放金额44420元，其中无田居民11户18人，有田141户340人。8月份153户，发放金额44660元，其中无田居民11户18人4344元，有田居民142户344人发放金额40316元。9月份145户347人，发放金额42298元，其中无田居民11户18人4344元，有田居民134人329人37954元。10月份147户351人，发放金额42530元，其中无田居民11户18人4344元，有田居民136户333人38186元。11月148户355人，发放金额75718元，其中无田居民11户18人5658元，有田居民137户337人70060元。12月145户348人，发放金额63872元，其中无田居民11户18人5062元，有田居民134户330人58810元。县、镇财政各承担50%。

2011年，增设的低保边缘户和低收入户加上低保户为三种不同保障对象。

低保边缘户：4月1日起，无田居民由原来的340元调整为392元，有田居民由原来的208元调整为236元。一季度38户102人，其中无田居民1户4人，有田居民37户98人，无田居民每人发放51.41元，有田居民每人发放31.46元，合计发放3288.72元。二季度38户98人，其中无田居民1户3人，每人发放83.26元，有田居民37户95人，每人发放50.13元，合计发放

5012.13元。四季度38户101人，其中无田居民1户3人，每人发放83.26元，有田居民37户98人，每人发放50.13元，合计发放5162.52元。县、镇财政各承担50%。

低收入户：一季度有田居民32户82人，每人发放23.60元，合计发放1935.20。二季度有田居民32户82人，每人发放37.60元，合计发放3083.20元。三季度38户，101人，无田居民1户3人，每人83.26元，有田居民37户98人，每人50.13元，合计补贴5162.52元。四季度有田居民32户81人，每人发放37.60元，合计发放3045.60元。县、镇财政各承担50%。

2012年，最低生活保障145户，发放保障金金额289842元。

2013年6月25日，县政府同意无田居民最低生活保障标准由原来的465元调整为525元，有田居民最低生活保障标准由原来的330元调整为380元，7月1日起执行。是年3～6月份保障121户262人37300元。7月份121户262人38149元。9～10月份119户256人37141元。11月119户255人37141元。12月120户257人37334元。

2014年，120户低保户，全年共发放低保金为41.34万元。

表24—3—8　　城乡居民最低生活保障救助金月补情况

年份	保障对象		其中				月补金额	
	总户数	总人数	无田居民		有田居民		无田居民	有田居民
			（户）	（人）	（户）	（人）	（元）	（元）
2001	102	244	6	9	93	224	1755	7187
2002	134	297	7	13	127	284	1265	11754
2005	174	372	7	12	168	359	1440	14532
2006	147	336	4	6	143	330	695	14620
2007	169	357	8	16	161	341	1391	17178
2008	138	321	8	16	130	306	1491	17050
2009	135	321	9	18	126	303	3058	26117
2010	152	354	9	15	143	339	2760	32315
2011	148	343	10	17	138	326	4144	39408
2012	116	260	7	11	109	249	2452	34290
2013	119	255	8	13	111	242	2880	34261
2014	121	256	7	11	114	24	2530	34646

说明：表中月补金额数据为每年年初数，不计年度内月份之间保障户数人数有增有减

第四章　社会行政事务管理

第一节　婚姻登记

民国时期，结婚沿袭旧制，“央谋说合，拜堂娶亲”即可，以社会承认为合法性夫妻，无婚姻登记制度。解放前可以一夫多妻，解放后为一夫一妻制。

婚姻登记

1950年5月《中华人民共和国婚姻法》颁布，废除旧的婚姻制度。婚姻登记由区政府办理。1956年撤区建乡后，改由乡（镇）人民委员会（政府）办理。1983年～2005年3月，婚姻登记由乡镇人民政府办理。2005年2月，根据省、市规定，建立海盐县婚姻登记处（隶属县民政局），3月28日办理婚姻登记，镇政府不再承办婚姻登记。1985年7月24日，县民政局通知各乡镇启用“结婚登记证明书”。

结婚登记

1950年5月颁布的婚姻法规定：凡男女双方达到法定年龄（男满20周岁，女满18周岁），双方自愿，持双方村（居）委会或工作单位证明，至当地人民政府申请结婚，经审核符合法律规定，准予办理登记，发给结婚证书，男女双方各一份，即成为合法夫妻。1980年新的婚姻法颁布，法定年龄为男满22周岁，女满20周岁。鉴于当地人口基数过多，县人民政府提出晚婚要求，规定按法定年龄推迟3岁为晚婚，凡男女双方达到晚婚要求，双方自愿，分别持本人的户口证明（身份证发放后还须持身份证），村（居）委会、派出所或工作单位出具的婚姻状况证明及体格检查合格证，至当地人民政府申请结婚，经审核符合法律规定和晚婚要求予以办理结婚登记，发给结婚证书。1986年1月～1994年1月，办理结婚登记的居民必须持本人户口簿、身份证、本人无配偶以及与对方当事人没有直系和三代以内旁系血亲关系的签字证明。再婚者还须持离婚证。现役军人申请结婚登记的，要持部队团级以上单位政治机关证明。婚姻登记机关对当事人的结婚申请进行审查，符合结婚条件的当即予以登记，发给结婚证。1994年2月起，规定申请结婚当事人必须到指定的医疗保健机构进行婚前健康检查，向婚姻登记管理机关提交婚前健康检查证明。2003年10月起，婚前健康检查不再作硬性规定。

离婚登记

1950年5月颁布的婚姻法规定，双方自愿离婚，在当地政府办理离婚手续，领取离婚证书。1986年起，办理离婚登记居民须出具本人户口簿、身份证、结婚证、双方当事人共同签署的离婚协议书，男女双方共同到一方当事人常住户口所在地婚姻登记管理机关申请离婚登记。男女双方自愿离婚，准予离婚，办理登记；男女一方要求离婚的，由有关部门进行调解或直接向人民法院提出离婚诉讼。

复婚登记

离婚当事人恢复夫妻关系，必须双方亲自到一方户口所在地婚姻登记管理机关申请，办理复婚登记。

表 24－4－1　　　　**1963～2014 年全镇婚姻登记情况表**

单位：对

年份	结婚	离婚	年份	结婚	离婚	年份	结婚	离婚
1963	149	—	1982	182	—	1999	175	8
1964	78	—	1983	110	4	2000	159	14
1966	90	4	1984	97	4	2001	111	9
1967	131	7	1985	288	—	2002	124	14
1969	119	1	1986	381	1	2003	135	17
1970	172	1	1987	215	2	2004	117	26
1971	105	1	1988	252	2	2005	112	24
1972	121	—	1989	273	7	2006	83	28
1973	143	1	1990	320	—	2007	115	23
1974	130	2	1991	246	2	2008	129	32
1975	130	1	1992	276	5	2009	160	30
1976	128	4	1993	380	1	2010	112	30
1977	155	5	1994	237	6	2011	167	23
1978	103	4	1995	240	5	2012	162	29
1979	235	2	1996	148	15	2013	173	35
1980	212	1	1997	144	5	2014	170	40
1981	431	—	1998	137	3			

第二节　移民安置

2000 年 8 月 10 日，成立于城镇移民安置领导小组。

2001 年，于城镇安置三峡库区移民 23 户，106 人。发放了安置费 774117.48 元，实施安置的 6 个村，划拨土地 134.23 亩，落实了移民承包土地，划出宅基地建房。2001 年 8 月，移民到达时，镇政府民政办购置生活食品，由安置村送到移民家中，每户大米一袋，食用色拉油 1 桶，酱油、醋各 1 瓶，味精、食盐各 1 袋，冬瓜、粉丝、腊肉、蚊香、鞭炮等。是年 8 月 19 日，海盐县三峡库区移民安置工作领导小组办公室 7 次拨款三峡库区移民安置经费，人均共 15020 元，于城镇共

106人为159.21万元。是年9月～2003年8月，三峡库区移民过渡期生活补助费人均930元，每月人均38.75元。2001年9月17日，海盐县三峡库区移民安置工作领导小组颁发了下拨生产资料购置补助费人均2945元，于城为31.22万元，一个月内发放到户。

据2002年下半年统计，于城镇安置移民23户，有22户移民建房建筑面积为3290平方米，1户移民购买当地农户住宅房，建筑面积为100平方米，全部解决了移民住房入住。是年，全镇移民种植水稻86亩，水果15亩。移民中，进企业14人，从事第三产业22人，保障了移民的基本生活问题。是年，解决学龄移民在于城镇当地就学共30人，其中初中6人，小学17人，幼儿园7人。是年，于城镇发放给移民个人资金款合计为74597.5元，补助建房款为662770元。

2004年3月18日，按县三峡库区移民安置工作领导小组7号文件，于城镇三峡库区移民，书面申请省拨扶持资金人均2000元，用于恢复和发展生产、移民安置规划编制、培训、科技推广应用和县镇两级工作经费。

表24—4—2　　于城镇移民安置承包土地落实情况表

（2001年7月11日）

序号	安置点			安置		已落实承包地		备注
	村名	组别	村人均耕地（亩）	户数	人数	总面积（亩）	人均面积（亩）	
1	何家	5	1.33	4	21	25.78	1.23	
2	南圣	钱家	1.15	3	13	17.42	1.34	
3	千福	15	1.50	7	26	31.20	1.20	
4	八字	贾山	1.56	3	13	16.70	1.28	
5	陈家门	5	1.61	2	9	14.33	1.59	
6	于北	5	1.38	5	24	28.80	1.20	
合计				24	106	134.23	1.26	

说明：村人均耕地面积按2000年报耕地面积除以农业人口加移民人口。8月份千福村有2户合并为1户

表24—4—3　　于城镇三峡库区农村移民到户安置资金情况表

安置点	移民户情况		迁出地补助款项			合计（元）
	户主姓名	安置人口（人）	房屋及附属设施补偿补助（元）	零星果木补偿（元）	搬迁损失误工补助（元）	
八字村	刘庆坤	3	16527.9	1614	1674	19815.9
	刘庆银	4	22381.5	2152	2232	26765.5

续表 24—4—3

安置点	移民户情况		迁出地补助款项			合计（元）
	户主姓名	安置人口（人）	房屋及附属设施补偿补助（元）	零星果木补偿（元）	搬迁损失误工补助（元）	
八字村	刘庆付	5	42649.71	2690	2790	18129.71
于北村	王宗明	5	21318.7	2690	2790	26798.7
	刘朝平	5	38907.15	2690	2790	44387.15
	刘天龙	4	13401.8	2152	2232	17785.8
	刘次军	4	16402.1	2152	2232	20786.1
	向　奎	6	46542.89	3228	3348	53118.89
千福村	曾学全	4	26266.8	2152	2232	30650.8
	曾学禄	5	40533.82	2690	2790	46013.82
	曾术清	2	4960	1076	1116	7152
	刘庆元	4	9982	2152	2232	14366
	白明平	3	14905.58	1614	1674	18193.58
	白明抗	5	19897.08	2690	2790	25377.08
	邓为松	4	38647.8	2152	2232	43031.8
何家村	邓相进	6	50051.4	3228	3348	56627.4
	刘庆祝	5	16476.7	2690	2790	21956.7
	翟术清	4	57135.2	2152	2232	61519.2
	曾广奎	6	30186.85	3228	3348	36762.85
陈家门村	陈治洪	5	33175.55	2690	2790	38655.55
	邓建平	4	50573	2152	2232	54957
南圣村	邓相珍	5	12400	2690	2790	17880
	邵东平	3	22217.96	1614	1674	25505.95
	郑发彬	5	12400	2690	2790	17880
合　计	24 户	106	6757941.48	57028	59148	774117.48

说明：迁出地补助给移民的房屋及附属设施补偿补助费中补助费为每人 2480 元，零星果木补偿费为每人 538 元，搬迁损失费、误工补助费为每人 558 元

表 24—4—4　　2001 年三峡库区部分移民建房情况表

迁入村名	户主姓名	建筑面积（平方米）	工程造价（元）	每平方米造价（元）
南圣村	郑发彬	120.2	40868	340
	邵东平	120.2	40868	340
	郑相珍	120.2	40868	340
何家村	刘庆元	120.2	40868	340
	郑相进	142.84	48565	340
	翟树清	142.84	48565	340
	曾广奎	142.84	48565	340
千福村	郑为松	133.9	45526	340
	曾学禄	142.84	48565	340
	白明抗	120.2	40868	340
	曾学全	120.2	40868	340
	刘庆元	120.2	40868	340
	白明平	120.2	40868	340
八字村	刘庆坤	120.2	40868	340
	刘庆银	120.2	40868	340
	刘庆付	142.84	48565	340
陈家门村	陈治洪	142.84	48565	340

说明：建房施工采用全承包办法，工期 4～7 月份

第三节　殡　葬

殡葬事业

解放前，农村有“义冢”，安葬鳏寡孤独人员。1968 年，开始实施尸体火化。21 世纪初，开始建造安息堂，存放骨灰盒。2001 年 1 月，于城镇庄家村建安息堂，可存放骨灰盒 650 个。是年 3 月，构塍村建安息堂，可存放骨灰盒 480 个。是年 6 月，于城镇鸳鸯村建安息堂，可存放骨灰盒 480 个。是年 12 月，吕家村建造安息堂。2002 年，三联村建造安息堂。2003 年，江渭村建造安息堂。2004 年，八字村建立 10 个树葬点。2014 年 4 月，何家村建造安息堂。

2009 年，海盐县民政局、财政局、劳动和社会保障局出台《海盐县城乡居民社会养老保险对象丧葬费用补贴办法》。

表 24—4—5　　丧葬费补贴情况表

补　贴　项　目	补贴标准(元)
一、丧葬费用补贴(包括火化费、骨灰盒等)	1500
二、骨灰盒存放费(10 年存放、保洁费)	360
合　　计	1860

表 24—4—6　　于城镇骨灰存放点建设情况表

安息堂名称	建成时间	投　资　额(万元)	可存放数量(个)	已存放数量(个)	收费标准(元/个)
鸳鸯村安息堂	2001 年 6 月	7.20	480	202	80
吕冢村安息堂	2001 年 12 月	10.00	1100	686	88
庄家村安息堂	2001 年 1 月	12.00	650	600	50
构塍村安息堂	2001 年 3 月	5.10	480	510	20
三联村安息堂	2002 年	5.00	700	630	—
江渭村安息堂	2003 年	11.00	1200	570	—
八字村树葬点	2004 年	2.00	10 个点	367	—
何家村安息堂	2014 年 4 月	9.00	140	127	—

注:已存放数量 2006 年统计数

殡葬改革

于城镇殡葬旧俗历来沿袭用棺木土葬,经济不富裕的则棺木暂厝田野,或砌飨亭,或用稻草盖顶包扎棺木,待后入土。富裕人家则用三合土(石灰、糯米饭、沙子)等厢筑后安放棺木,至 2014 年尚存的有鸳鸯村俞家坟,另外在文物普查中还发现了鸳鸯村林池村古墓葬群,有 2 组墓用条形石筑穴。

民国 34 年(1945)县政府曾经提出要深葬火葬,未能实现。解放初期,曾沿旧俗。1966 年国家提出实行殡葬改革,推行火化。1968 年海盐火化场在武原镇海滨西路新桥西堍建成开始火化,于城民众办理殡葬开始有火化者。建场初期,有用挂桨机船运尸体火化,1970 年改用小轮船,1977 年省民政厅拨给一辆接尸汽车。至 70 年代末,遗体火化率达到 90%以上;1984 年 8 月 14 日,钦城乡政府出台殡葬改革政策,规定全面实行火葬,凡在钦城亡故的人员不准土葬。1986 年起,全镇遗体火化率保持 100%。殡葬成为民众习惯。2001 年,清理沿河沿路修建建筑性坟墓,倡导骨灰多样化处理方式。21 世纪初,有人发起"海葬"新俗,提出"树葬"设想,2004 年,八字村辟出了 10 处树葬点,可葬埋骨灰盒 200 个。2013 年,移址新建成海盐殡仪馆。

表 24—4—7　　　　　　1980～2014 年火化尸体情况表

年　份	尸体数	年　份	尸体数	年　份	尸体数	年　份	尸体数
1980	146	1992	160	2000	161	2008	161
1984	154	1993	177	2001	164	2009	162
1986	141	1994	171	2002	189	2010	204
1987	—	1995	181	2003	176	2011	159
1988	187	1996	167	2004	185	2012	172
1989	—	1997	152	2005	167	2013	175
1990	174	1998	—	2006	169	2014	166
1991	184	1999	168	2007	170		

第二十五编　居民生活

第一章　衣食住行

第一节　服饰穿着

中华人民共和国成立前，软城人民生活贫困，大多数人穿土布衣裤。衣服式样一般男的是对襟，女的是大襟。裤子都是叠裆裤。衣服外面一般男的系作裙，女的束围裙。女的头上扎土布印花头巾。脚上晴天穿布鞋，雨天穿草鞋，冬天穿蒲鞋。下田劳动，一般是赤脚或穿草鞋。一件衣衫要穿好几年，新三年，旧三年，缝缝补补再三年。20 世纪 50 年代后，逐步以纺织机械织的布代替土织布，70 年代后，人造化纤六纶（涤纶、锦纶、腈纶、维纶、氯纶、氨纶）的出现，以及绸缎、毛纺、呢料等代替棉布，90 年代后，棉布面料、麻布面料、丝绸面料、呢绒面料、皮革面料、化纤面料、混纺面料、色织布面料、色织涤棉布等新型面料上市，人民穿着不断更新。脚上穿皮鞋、球鞋、运动鞋、休闲鞋等。衣裤不再自做，都从商店购买。

20 世纪 50 年代初，人们的服饰是新旧并存，中西皆有。衣着华贵者渐为新社会所不欢迎，衣着朴素的劳动者才是光荣。西装、长衫、旗袍被塞到了箱子底下。列宁装、人民装、中山装成为当时最时髦的三种服装。到了中后期，一度流行裙装，不过最终还是裤装，劳动工作的妇女更多选择裤装。旗袍渐从新社会生活中淡出，直至完全消失。

60 年代的“红卫兵装”是“男女同装”。这个时期的女装十分单调，均为直线造型。除去红卫兵装以外，农村女上装大致只有春秋衫和中式外衣，式样为前翻一字领或八字领，四粒扣，领子可开可闭，两只大贴袋，直筒不显腰身，只在肩部或腋部有省道。面料以素色的咔叽布、平纹布、斜纹布居多。

70 年代，女性们的专用服装基本还是春秋衫和中式袄衫。中西式棉袄罩衣普遍流行，西式装袖的中式立领外褂成为最主要的女装变化之一。其他的变化表现在口袋和扣子上，暗袋、斜插袋、明袋、挖袋。扣子也由原来单一的“算盘扣”变化成有机玻璃扣、布包扣、琵琶盘扣等。

80 年代起，西装开始慢慢地普及，表面上是对盛行多年的“老三样”的翻新，西服热也带动了其他西式服装的流行，有夹克衫、风衣等。反之，中山装、军便装开始萎缩，军绿色、灰色退位。城镇女性穿上了西装套裙，亦受到农村女性们的青睐。另外，体现女性曲线的裙装为女性的主要装束之一。

90 年代初的女装很快地发展至一步裙、超短裙的流行，层出不穷的休闲和青春意味的时装样式出现大街小巷、商场摊档。十年以前，“内衣外穿”是西方设计师在时装展演台上的创意，而今，露脐装、吊带衫、短裆裤等装束是中国大街上的风景。

21 世纪在时尚流行的潮流与国际接轨的同时，中国服装界出现了寻找和恢复本民族服饰文化和形式的意识，加之现代思潮的兴起，女子服装在新旧世纪交替的门槛上悄然兴起“唐装”热，立领、盘扣、斜门襟掀起了中国传统服饰时尚的盖头。

第二节　饮　食

主食

软城民间都是一日三餐，兼有夏季劳动时节下午加用一餐点心，称为“小昼”或“小点心”。以大米为主食，不习惯吃面食。20 世纪 70 年代前一般是早晚二餐吃粥，中午一餐吃饭，菜肴一般蔬菜为主，略有荤菜，吃粥菜肴冬天腌齑菜，夏天苔心咸菜。80 年代后，早晨一餐吃粥，中午和晚上吃饭，随着生活水平不断提高，菜肴越来越丰厚。

副食

农民自己加工之品有炒米粉、生米粉；加工成品的有年糕、松糕、团子。其中，实心团子有：草头团子、糖水团子、溜粉团子；有馅团子有：猪肉馅团子、咸菜笋馅团子、赤豆沙馅团子、蚕豆沙馅团子、绿豆沙馅团子、芝麻馅团子、萝卜丝馅团子。

汤圆有：鲜肉汤圆，芝麻豆沙汤圆等。

圆子有：豆粉圆子、桂花圆子、青菜圆子、橘皮圆子、白糖圆子、酒酿圆子、溜粉圆子等。

粽子有：红枣粽、蜜枣粽、咸肉粽、火肉粽、黄豆粽、赤豆粽、豆板粽、豆沙粽、蛋黄粽。

小麦有：炒小麦粉（俗称麦粕）、面粉、面筋、小粉（淀粉）、麸皮团子。

面粉加工之品有：面条、面饼、油煎饼、面疙瘩、手擀面、馒头。

包子有：菜馅包子、肉馅包子、糖馅包子、赤豆沙包子、蚕豆沙包子、猪油夹沙包子。

馄饨有：菜馄饨、肉馄饨、糖馄饨、麻条馄饨、南瓜馄饨。

豆类有：炒沙豆、芽蚕豆、酥胖豆、油盐豆、盐筋豆、茴香豆、盐水黄豆等。

汤羹类有：红糖赤豆汤、冬瓜绿豆汤、肉末粉丝汤、红枣莲子汤、八宝绿豆汤、白扁豆冰糖饮、肺心粉皮汤。

蒸类有：馒头、鲜肉包子、豆沙包子、小笼包子、鹅头糕、鲜肉方糕、猪油豆沙方糕、豆麦糕、糯米糖糕、重阳糕、绿豆糕、八珍糕、蛋糕、梅花糕、步步糕、油堆、蒸饼、胡饼、酥饼。

烤类有：烧饼、蟹壳饼、麻饼、月饼、雪饼、癞蛳饼、饼干。

油沸类有：油条、牛舌头、芝麻球。

烧制的菜

红烧猪肉、红烧羊肉、白切鸡、酱烧鸭、红烧鲫鱼、羊肉芋艿、红烧蹄髈、红烧东坡肉、红烧猪蹄、红烧猪头、红烧大排、乳腐烧肉、嵌宝鸭、萝卜夹肉、红烧牛肉、红烧大肠、红烧鳗鲤、慈姑夹肉、油豆腐嵌肉、霉菜夹肉、白切羊肉、白水焐肉等等。

炒蔬菜

炒青菜、香菇菜心、炒豇豆、炒韭菜、炒茄子、炒刀豆、炒胶菜、炒包心菜、炒花菜、炒耗菜、炒芥菜、炒黄芽菜、炒南瓜、炒菠菜、炒豆芽菜、炒萝卜丝、大蒜炒皮子、香干炒芹菜、咸菜炒笋、腐干炒花菜等。

炒荤菜

清炒肉丝、炒鳝丝、炒牛肉丝、油爆虾、炒三鲜、炒肚片、炒门腔、炒肺心、炒猪肝、炒肚肺、炒腰花、炒时件、炒鸡翅、炒螺丝、糖醋排骨、糖醋带鱼等。

荤素炒

韭芽肉丝、胶菜肉丝、冬笋肉片、木耳肉片、冬笋肚片、韭菜炒蛋、芹菜肉丝、地蒲黄鳝、茭白肉丝、青椒肚片、青椒墨鱼、慈姑炒鸡、番茄炒蛋、葫葱炒鱼、洋葱炒蛋、洋葱鳝片等。

炖菜

水花蛋、油炖咸菜、油炖盐齑菜、蒸茄子、蒸米粟、蒸南瓜、蒸山茹、炖苋菜、炖带鱼、炖鲳鱼、清蒸咸肉、清蒸咸鱼、清蒸鲫鱼等。

酱菜

酱萝卜、酱黄瓜、酱生瓜、酱什景、酱蒜头、酱腐乳等。

腌菜

其一是水腌，土油菜薹心，晒瘪加入适量食盐，揉搓到有卤为止，装入容器三个月后，开启封口可生吃，也可用菜油炖或炒熟吃。另外是冬季取白菜或青菜，晒瘪后，加适量盐，放入缸内，浸泡一个月左右，菜就“熟”了，这就是盐齑菜。除了白菜和青菜外，还有榨菜、雪菜、芥菜等都可以腌水菜。

其二就是干腌，也叫“坛菜”。腌干菜的品种很多，有洋芋艿加青菜、榨菜加辣椒或辣粉、黄种芥，瘤芥菜、大头菜、萝卜干等。

霉豆腐

霉豆腐是先将豆腐切成小方块，让它自然发酵，先见白毛，再变黑毛，最后变成黄毛，然后放进存放一定浓度盐水的容器里，数天后，豆腐呈乳白色时即可食用。

甜酒酿

俗称“酒酿糟”。先煮成糯米饭，摊开、凉透。洒上甜酒药入缸，中间挖一洞，冬天需保温，一星期左右，开始发酵有香味，揭盖观洞中酒满时，食之酒酿糟。用此酒酿再兑1～3倍的水稀释进一步酝酿，过滤后就是甜白酒。

打年糕

把米淘洗干净，用石磨磨成粉。由上蒸师傅收粉、蒸粉，生粉蒸熟后，放入石臼里打，一个人用年糕榔头在上面打，一个在石臼里把熟粉翻身，打成后再把熟粉做成若干块大小不等的扁圆形的年糕。

掐年糕

把生米粉加水做成坯，放入蒸架上蒸熟后，倒入面桶里用双手揉搓，揉得没有搭接时，做成大小不等的年糕。

八宝饭

在碗底放上蜜枣、冬瓜糖、红绿色素和一些猪油,然后放入半碗糯米饭,再放入豆沙、芝麻等馅,上面再盖上糯米饭至碗口平,上锅蒸透便是。

豆粉圆子

先将糯米浸七天以上,晾干磨成米粉,把炒熟的黄豆磨成豆粉,把米粉加入少量开水搓揉成粉巴,再用双手搓成圆子,放入锅内煮熟,食用时蘸黄豆粉加红糖。先祭灶神后食用。

糖水松糕

先将粳米加入少量糯米磨成米粉,和粉时的标准是用手捏得拢撒得开,把和好的米粉装入模具内,划分成 4×4=16 块,放入锅内煮熟,取出后放入匾内,中间点上红色花朵,称点红,寓意祝贺亲戚家红红火火。

糖水寿桃

先将粳米加入少量糯米磨成米粉,加入红糖水和粉,做成像桃子形状的团子,用调羹柄在寿桃上部按一下,形似一个水蜜桃,煮熟成了寿挑。

第三节 居 住

钦城地处杭嘉湖平原,俗话说:“上有天堂、下有苏杭”,历来比较富蔗,本地的农民大都有瓦房和田地,就是多少而已。而外地迁入的农民如民国时期的温州、台州、绍兴等地到海盐的移民(统称为“客帮人”),只能暂时住草棚。

草房

草房有横舍、直舍、箍桶式之分。墙壁都以 50 厘米厚,高约 1.8~2 米,长 2 米左右的模板人工打泥墙为主,搭建时先在结实的地基上抄平,搭好并校正泥墙模板,有一人用畚箕把松散的泥土倒入泥墙模板内,4~6 人手持手臂大小的用树干做成的专用“搡头子”在模板内搡结实,逐加土逐搡结实至模具满足为止,然后拆模继续延伸直到四周闭合,再在第一皮的上面继续打泥墙,打到符合高度为止。屋面形式有双坡或四坡,双坡的即前后落水,东西两侧要在泥墙上部除开窗外全部挂上草扇;四坡的即四面落水,形似倒转的“稻桶”。

简易平房

20 世纪 60 年代初,人们熬过了饿荒年代。贯彻落实了中央六十条精神,农业生产有了发展,收入有所增加。那些“上八府”移居在于城镇各村庄的农民开始萌发改善住房条件的念头,想方设法来把草棚翻建为简易瓦房。

建造简易瓦房时,基础要用块石叠好,用人工夯实,再用少量的碎砖砌平,上面把“大泥坯”采用三斗一油的方式一皮一皮垒上去,中间用泥浆涂抹。不管是两侧或分隔的伞墙还是前后墙均用“大泥坯”砌筑到设计高度。屋面采用毛竹或树木檩条按照开间尺寸架好,毛巾竹做椽子,椽子上铺上芦苞,用小青瓦铺面。

简易瓦房建好后,外墙一般不粉刷,内墙采用柴泥打底抹平,上面用纸筋石灰抹面,石灰水刷白两遍。

平房

到了70年代，软城公社人民生活水平有所提高，有10大队为解决老百姓建筑材料难开始兴办土窑厂烧8.5厘米青砖和小青瓦，虽然说部分地区办起土窑烧砖瓦，但是还是满足不了形势发展的需要，青砖、小青瓦都要用燃料去调换的，不是有钱就可以买到的。而且连三级砖都要“开后门”。

翻建新的瓦房都是块石基础，两侧伞墙用8.5厘米青砖，石灰砂浆砌筑，檩条不用柱直接搁置在砖墙上；前后墙采用乱砖或者三级砖砌筑，廊檩也不用柱子，直接搁置在砖墙上；中间的分隔内墙采用穿斗式柱子落地，每幅墙壁用小泥坯砌筑，木材十分紧张凭票供应，柱子有的用旧的圆木，有的用水泥预制方形柱；檩条有的用树木，有的用旧料，有的用挑头檩，椽子有的用旧料，有的用树木，还有的用毛巾竹。屋面大都采用望砖，有的采用笆莲，很少用芦莲，外粉刷大都采用纸筋石灰抹面，刷蓝(黛)色石灰水，内墙采用纸筋石灰抹面，白石灰水刷白两遍。

楼房

80年代初，由于农村经营机制的改革，农田家庭承包到户后，经济收入逐年增加，掀起建造楼房热潮。但在这个时期建造的二层楼房大都是比较简陋的，尤其是在建筑材料和建筑形式上。大都是块石基础，石灰浆灌缝；墙体采用8.5厘米或9.5厘米红砖三斗一平或五斗一平空斗墙，每层楼板均采用预制预应力五孔板，搁置承重墙的板下部位的腰箍上，也是用水泥砂浆砌砖，钢筋夹在中间的称为“砖腰箍”；早期的楼房也只有一层多孔板，后期逐步采用二层多孔板；屋面大都采用双坡顶，少数采用四坡顶。檩条有的用旧木檩，有的用钢筋混凝土预制檩，杉木椽子用望砖铺面，小青瓦屋面。

80年代后期才出现前立面和阳台上有局部贴墙砖的现象。90年代起外墙贴墙砖成为普遍。21世纪初，新农村建设中，单体别墅、联体双排出现，更加注重美观与实用相结合。

进入21世纪，建筑材料有很大的进步，大多是钢筋混凝土结构和框架结构，改变原来的大房间小客厅为大客厅小房间的局面，求大不求美转向适用、美观和增加使用功能，兴建小康型住宅，提高居住标准；一般每种户型均设有堂屋、厨房、餐厅、客厅、卫生间、居室、车库；层高底层3.60米左右，二至三层为3米左右，建筑面积约在200～300平方米左右，外墙采用面砖镶贴，屋面采用水泥平瓦或者琉璃平瓦；地面用地砖镶贴，卧室采用木地板；门窗采用铝合金或塑钢，设内装饰华丽。

表25－1－1　　于城镇家庭户住房情况统计表

统计时间	户数	间数	面积(平方米)
1960～1969年	4	5	180
1970～1979年	11	20	970
1980～1989年	179	559	32265
1990～1999年	448	1497	92389
2000年	128	285	15872

说明：以上根据县统计局提供

2010年普查中，于城镇常住人口家庭7594户，人均住房建筑面积中：无住房有3户，8平方米以下的有645户，9～12平方米的有306户，13～16平方米的有336户，17～19平方米的有93户，20～29平方米的有446户，30～39平方米的有328户，40～49平方米的有758户，50～59平方米的有944户，60～69平方米的有885户，70平方米以上的有2850户。

第四节　出　行

在漫长的封建社会里道路均是泥路，弯弯曲曲、高低不平，晴天尘土飞扬，雨天泥泞没脚，难以行走。交通工具主要有“北人骑马，南人乘船”的习惯，其次还有车和轿。

于城境内只有一条公路。民国23年(1937)12月修筑的沈荡镇到澉浦的简易公路路基。沿途经钦城、武原、秦山、澉浦。路面自民国26年8月开工，全长18公里，宽6米，铺设8厘米厚泥结碎石路面，到10月竣工，沿途桥梁有21座。该路修筑后因抗日战争爆发而未通车。抗日战争胜利后曾发动民工义务劳动以工代赈办法进行修复，半途停工后渐废弃。

旧时，人们出行的主要是步行，交通工具在北方靠骑马，在南方主要靠人力车、畜力车、船和轿子。20世纪20年代，于城乡下小集镇开始通往于城有栈船，采用人工摇橹，装货搭客，栈船早出城镇晚归村落。清宣统元年(1909)，县内商人朱兴郧首创通济轮船公司，购置县内第一艘客轮，海盐至嘉兴航运客轮开航。钦城的人可以乘客轮出行。

1981年，在县政府确定修筑海盐到海宁公路时，沈荡至于城支线作为县三级公路全线动工。全长5.5公里，沿途桥梁5座，1986年2月通车。1987年元旦，海盐至硖石三级公路通车，于城境内长21.8公里。1987年，六里至钦城四级公路筑通，于城境内长15公里。

80年代后，开始出现自行车、轻骑摩托；90年代初出现摩托车、电瓶助动车。21世纪初自行车逐渐减少，相应增加了二轮摩托车和二轮电瓶车还有大小不等的电动三轮车。与此同时，小轿车、面包车已经普遍进入家庭。

第二章　经济状况

第一节　中华人民共和国成立前农民租地耕种

20世纪50年代前，钦城大多数农民无土地或者少土地，生活贫穷。无田农民只能租田耕种。据资料表明民国16年(1927)前的地租金额：每亩八斗至一石二斗，视年成丰歉决定缴租成数，所谓：“石二起租”。“短额订租，契上载明‘荒熟无饶’四字，俗谓之板租者”。日军侵略期间，农民流离失所，苦不堪言。日军投降后，地租额虽有所降低，大约在五斗左右，而“壮丁安家费”“自卫特别捐”等各项摊派名目繁多，农民生活十分困苦。青黄不接之际，十之六七，借米度荒，借一石不数月要还一石五六斗，甚至高达二石。而借贷无门者，只得抛售青米，寅吃卯粮。农民糠菜度日,衣不蔽体。住房冷摊屋、草棚甚多。更有甚者,无米之炊,流离失所,求乞要饭,背人自尽,亦时有所闻。

表 25—2—1　　民国 17 年雇用农民工工资一览表

工资		壮农			童农		
		最高	最低	普通	最高	最低	普通
年给		48.00	24.00	36.00	15.00	5.00	10.00
月给		6.00	4.00	5.00	2.00	1.00	1.50
日给	常日	0.25	0.10	0.20	0.10	0.05	0.07
	忙日	0.60	0.30	0.40	0.15	0.06	0.10

说明:1.伙食均由雇主供给;2.资料来源:《浙江建设厅月刊》民国 18 年第 13 期

第二节　中华人民共和国成立后农民收支

1949 年 5 月海盐解放后,经过土地改革,农业生产逐年恢复,农民生活有所好转,1953 年合作化后,生产发展较快,农民生活进一步改善,至 1957 年,全县农民人均年收入(集体分配部分,下同)达到 78 元,钘城乡人均年收入 75 元;1968 年钘城公社农民人均年收入(集体分配部分,下同)增加到 111 元;1978 年钘城公社农民人均年收入 150 元;1984 年达到 554 元;1988 年钘城乡人均年收入猛增到 1335 元,比 1957 年增长 17.8 倍。

据 1992 年统计,钘城乡人均收入 1425 元,比 1989 年增加了 111 元,增长了 8.5%。全乡 6486 户农户中,有 65%的农户住进了崭新的楼房。各种高档消费品和家用电器正逐步进入寻常的百姓人家。这一年,城乡居民存款 1924 元,比 1989 年增长 80%。1993 年,农民人均收入 1877 元,增加了 452 元,个人储蓄 2580 万元,增长了 34.1%。1995 年,全镇人均收入已达 3500 元,比 1992 年增长了 145.6%,有 75%的农户住上了新楼。农民存款金额 4800 万元,比 1992 年增加了 2.5 倍。1999 年,于城镇农民人均收入 4136 元。2004 年,农民人均收入 6102 元。信用社个人储蓄 1.578 亿元,人均 6852 元。至 2005 年,农民人均收入 8556 元。个人储蓄 18232 万元,人均 8089 元。2009 年,全镇农民人均纯收入 12928 元,居民个人存款余额 3.48 亿元,人均储蓄 15595 元,年增长 13.7%。各种高档消费品和家用电器已普遍进入农家。人们追求的小康社会已初步成为实现。2008 年全镇农民人均纯收入 10379 元;2010 年全镇农民人均纯收入 13381 元;2012 年全镇农民人均纯收入 19154 元。2014 年全镇农民人均纯收入 25219 元,比上年增长 10.2%。

表 25—2—2　　　于城镇社会经济发展基本情况表

名　　称	单　位	1991	1995	2005	2006	2008	2012	2014
一、基本情况								
居民委员会	个		1	1	1	1	1	1
于城镇区域面积	平方公里	42.88	42.88	42.88	42.91	42.91	42.91	42.96
全镇总户数	户	6568	7034	6564	6673	6748	7143	8712
全镇总人口数	人	23008	23743	22537	22498	22421	30012	27915
其中:外来人口	人			268	4481	6453	7609	6982
乡镇从业人员数	人		14492	12951	13082	18916	18253	17336
其中:第一产业	人		7265	4323	4231	4365	4685	4553
第二产业	人		4963	6664	6837	11635	9879	8872
第三产业	人		2264	1964	2014	2916	3689	3911
二、农业生产条件								
年末有效灌溉面积	亩	35970	31973	31185	31744	32395	25885	25770
农业机械总动力	千瓦	17332	17036	19001	17485	18711	17912	
农村用电量	万千瓦时			4380	9884	14220	15537	
其中:工业用电量	万千瓦时			3258	8588	12327	12880	
农技与服务单位	个			4	4	3	2	1
农业技术人员数	人			17	29	30	20	14
其中:中高级农技人员	人			5	5	7	8	8
三、全镇经济情况								
全镇生产总值	万元	4015	15320	33816	42974		98100	116600
农村经济总收入	万元	8396	28938	88121	77901	179555	311802	47800
农民人均纯收入	元	2938	3577	8556	8904	12038	19154	25219
生产性固定资产原值	万元		12197	33478	45337	45862	45968	
其中:农村集体	万元		1021	1173	1273		900	
四、乡镇企业								
乡镇企业个数	个	63	72	306	335	385	446	650
企业从业人员	人	2968	4487	5842	5807	7089	7226	
企业工程技术人员	人		12	93	69		216	
其中:中高级技术人员	人		3	30	18		46	
全镇工业总产值	万元	7434	42200	58204	67890	149389	263186	354318

续表 25－2－2

名　　　称	单　位	1991	1995	2005	2006	2008	2012	2014
全镇企业利润总额	万元	177	607	645	337	2082	4474	4005
全镇企业实交税总额	万元		1402	2220	2071	4648	4974	7297
年实际固定资产投资	万元			21942	27233	68556	80775	69605
五、乡镇结构								
财政供给人数	人	22		79	78	81	88	
1.公务员	人	17		29	28	30	30	
2.事业编制	人			31	28	29	34	
3.其他人员	人			19	22	22	24	
六、社区环境								
汽车站	个		1	0	0	0	1	1
供水站	个		5	5	6	1	0	0
垃圾处理站	个		0	0	1	1	1	1
银行、信用社	个		1	3	3	3	3	5
全镇公路里程	公里		42	46	50	70		
农贸市场	个		1	1	1	1	1	1
七、文教卫生								
学校总数	个		15	6	4	3	2	2
在校学生总数	人		2341	3021	2897	2659	1780	1601
专任教师数	人		130	133	140	147	146	142
幼儿园、托儿所	个		16	7	6	6	2	2
文化站、图书馆	个		1	7	10	10	10	10
体育场馆	个		0	0	0	1	1	1
卫生机构数	个		16	8	8	8	8	8
其中：医院与卫生院	个		1	1	1	1	1	1
卫生技术人员	人		33	64	55	57	60	62
医生数	人		12	35	32	28	13	10
病床数	床		15	24	18	8	25	25
八、生活、社会福利								
固定电话装机数	部			6879	6956	7086		
移动电话拥有数	部			5100	5338	5538		

续表 25—2—2

名　　称	单　位	1991	1995	2005	2006	2008	2012	2014
自来水普及率	%		70	90	90	90.5	93	99
生活燃气普及率	%		85	88	90	90	96	98
有线电视入户率	%		0.43	65	88	93	87	93
敬老院、福利院	个		1	1	1	1	1	1
收养人数	人		23	25	26	23	16	21
敬老院床位数	床		40	40	40	35	35	35
医疗保险参保人数	人			20175	20322	19662	16523	15148
养老保险参保人数	人			1645	1428	3975	2793	6439
享受居民最低生活保障数	人			383	357	349	332	192
生活用轿车拥有量	辆			184	203			
九、镇区情况								
集镇总户数	户		435	327	309	283		580
集镇总人数	人		594	580	540	505		1500
镇区占地面积	方公		0.9	1	1	1.1		1.1
绿地面积	公顷		2.5	3.8	3	4.5		9.5
镇区人均住房面积	平方			48	50			

表 25—2—3　　　　于城镇历年农村经济基本情况表(一)

年份	行政村(社)数(个)	承包组数(个)	常住户数	非农户数	常住人口(人)	其中		劳动力(个)	其中		劳动力(个)					
						农业(人)	非农(人)		男(个)	女(个)	农业	工业	建筑	运输	商业	文教
1956	43		4436		17468	17322	146	4258	2054	2200	4184	21	38	2	5	8
1960	15	147	6431	13	25039	25411	271	10802	5277	5525	9633	47	67	4	19	14
1963	18	330	5445	69	22284	21871	413	9934	4909	5025	9685	122	87	4	21	15
1972	14	145	4677		22209	21647	562	11856	5873	5983	11275	365	152	26	22	16
1976	14	163	4895		22234	21778	456	12876	6328	6548	12135	458	195	35	36	17
1980	15	169	5453		22893	22381	512	13956	6933	7023	12478	1024	215	85	135	19
1984	16	235	5626		22336	21658	678	14752	7383	7369	11947	2254	211	124	198	22
1986	16	235	6355		23074	21358	1716	14911	7448	7463	11506	2756	218	125	285	21
1988	16	235	6910	381	23308	21778	1530	14866	7744	7122	9236	3477	224	129	316	22

续表 25—2—3

年份	行政村(社)数(个)	承包组数(个)	常住户数	非农户数	常住人口(人)	其中		劳动力(个)	其中		劳动力(个)					
						农业(人)	非农(人)		男(个)	女(个)	农业	工业	建筑	运输	商业	文教
1990	16	235	6575	392	22756	22209	547	15232	7894	7338	5936	4625	425	152	255	21
1992	16	235	6565	418	23587	23034	553	14307	7107	7200	7170	4036	862	280	225	31
1994	16	235	6609	421	23021	22435	586	15437	7505	7932	5946	4630	436	153	211	26
1995	16	235	7060	430	23762	23150	612	14492	7130	7362	5712	4141	822	289	235	25
1996	16	235	6583	430	23813	23203	610	14367	7289	7078	7172	4044	868	282	220	28
1997	16	235	6431	431	23828	23222	606	13834	7130	6704	7155	3411	873	314	244	28
1998	16	235	6419	432	23766	23164	602	13887	7016	6871	7387	3393	834	403	241	28
1999	16	235	6399	431	23648	23029	619	13523	6597	6926	5109	3705	762	383	391	30
2000	16	235	6441	434	23506	22877	629	13402	6735	6667	6834	3705	762	383	291	29
2003	8	235	6364	433	22974	22328	646	13270	6625	6645	4376	5592	916	440	292	30
2005	8	235	6564	488	21517	20824	1020	12951	6539	6412	4432	5842	822	266	878	30
2008	8	235	6686	490	22320	21292	1028	14916	7511	7405	4365	7240	1095	389	804	31
2010	8	235	6848	/	23129	/	/	15916	7956	7960	4474	7315	995	388	809	30
2012	8	235	7402	/	25927	/	/	16831	8372	8459	4611	7512	1088	411	836	30
2014	8	235	6807	/	22128	/	/	15895	7934	7961	4753	7632	1105	425	856	31

表 25—2—4　　于城镇历年农村经济情况表(二)

单位:万元

年份	一、经济总收入		1. 农业收入合计	(1)种植业收入			(2)林业收入	(3)畜牧业收入	(4)渔业收入	(5)工业收入	(6)建筑业收入	(7)交通运输收入	(8)商饮业收入	(9)服务业收入	(10)其他收入
	总计	其中出售产品		合计金额	其中:粮食	其中:蚕桑									
1960	269	247	263	237	215	22		2.58		2.35	5.78	1.26	2.55	8.67	2.95
1968	411	408	390	334	289	45		29.6		2.65	6.87	2.87	3.66	7.88	2.76
1974	564	543	512	447	321	126		35.8		2.88	15.87	3.66	4.13	9.86	16.35
1980	720	689	665	530	386	144	2.50	57.5	0.0030	3.07	21.55	22.247	7.07	13.90	7.61
1982	962	483	879	723	590	133	7.64	37.83	0.0920	2.67	20.55	23.78	6.87	34.00	22.78
1984	1659	1028	1018	999	852	147	0.08	383.3	0.0640	5.76	21.33	86.52	6.13	28.76	18.19
1986	2727	1281	1939	1343	880	216	/	581.74	12.05	479	22.47	8.08	9.86	19.80	248.94

续表 25－2－4

年份	一、经济总收入		1. 农业收入合计	(1)种植业收入			(2) 林业收入	(3) 畜牧业收入	(4) 渔业收入	(5) 工业收入	(6) 建筑业收入	(7) 交通运输收入	(8) 商饮业收入	(9) 服务业收入	(10) 其他收入
	总计	其中出售产品		合计金额	其中:粮食	其中:蚕桑									
1988	7021	5613	3861	2051	1153	632	/	1768	51.20	2794	81.33	26.43	91.44	99.87	58.15
1990	8316	6371	43221	2505	1472	681	/	1809	7.70	3599	72.78	29.16	30.54	145.21	117.2
1992	10949	9267	4961	24807	1339	733	/	2441	39.08	5544	90.96	68.07	31.49	194.94	57.56
1994	31090	27678	9110	4506	2244	1482	/	4321	255	21090	102	27	61	461	239
1996	25837	21230	5883	5835	3750	868	1	5552	591	12373	407	349	271	370	40
1997	36852	31648	6490	6490	3846	1428	6	8342	421	20128	354	364	427	282	38
1998	39613	34138	5865	5828	3328	1391	17	4869	488	26392	432	618	511	340	81
2000	50357	45698	6085	4084	2488	1665	21	5340	804	35727	464	870	597	369	80
2002	56623	52083	4787	4776	1984	1050	81	4371	1390	43423	453	976	552	471	119
2004	63503	58707	5874	5874	2384	1233	433	7377	1287	45470	471	1165	772	453	160
2006	83748	77900	7673	7673	5005	2668	387	7103	1933	62530	736	1289	1004	446	647
2008	179556	173579	8371	8356	5747	2609	0	13193	3510	148870	1031	1650	1422	742	763
2010	238060	226320	11866	11832	8659	1200	146	20768	7020	189886	1501	1971	1788	941	2173
2012	331802	315578	27335	12807			148	8479	5174					727	
2014	478146														

表 25－2－5　　　　**于城镇历年农村经济情况表(三)**

单位:万元

年份	二、各项费用								净收入合计	农民外出劳务收入	可分配净收入	国家税金	农民所得总额	人均所得金额
	合计金额	1. 生产费用	其中				2. 管理费用	3. 其他费用						
			种植业	林业	牧业	渔业								
1960			101.5	0.3	5.31		2.24							0.0059
1974	163.39	155.48					2.19	5.72				18.44	313.75	0.0142
1980	286.38	379.24	202	0.42	52.39	0.0031	3.90	3.24	434			20.80	357.85	0.0167
1982	285.19	271.73	218.8	1.60	22.93	0.0049	7.05	6.41	677			24.60	564.05	0.0270
1984	472.30	434.74	241	0.0033	183.58	/	7.20	10.29				21.78	1226.64	0.0554
1986	921.95	811.19							1805			63.07	1673.14	0.0746
1988	3505.5	3295.8	488.8						3515			319.77	3042.74	0.1335

续表 25—2—5

年份	二、各 项 费 用								净收入合计	农民外出劳务收入	可分配净收入	国家税金	农民所得总额	人均所得金额
	合计金额	1. 生产费用	其 中				2. 管理费用	3. 其他费用						
			种植业	林业	牧业	渔业								
1990	4742.28	4664.6					18.31	59.33	3574			307.04	3105.74	0.1365
1992	7072.39	6911.9	643.1	1.21	1310	240	41.94	118.55	3876			414.57	3263.42	0.1425
1994	21184	20062	1104	2	2582	258	774	348	9906			1523	7643	0.3320
1996	16980	15444	1781		3665	353	915	621	8856	525	9975	499	9233	0.4002
1997	24960	22985	1974	1	5224	282	1200	774	11892	382	12281	1371	10330	0.4473
1998	28559	27270	1667	3	3500	251	460	892	11054	658	11988	1788	9284	0.4030
2000	37250	36407	1583	1	3594	431	153	690	13107	545	13704	1594	10415	0.4583
2002	43111	42331	1636	37	3427	922	295	485	13512	698	14220	1838	10277	4527
2004	45058	43694	1936	295	5113	745	1297		9678	608	19053	2342	13443	6102
2006	59744	58208					1005		24004	792	24804	2706	17829	8207
2008	141208	140319					838		38347	1118	39465	4320	22852	10379
2010	193406	191790					1616		44654	1316	45971	5979	29360	13381
2012														19154
2014														25219

第三节 居民家庭生活

20 世纪 50 年代，农民、居民生活贫困，收入很低，年人均收入只有 59 元；60 年代生活温饱型，年人均收入 102 元，家庭耐用消费品极少人家有时钟和手表，有一台矿石收音机已经是时髦得很；到了 70 年代后期，农居民收入开始提高，手表、缝纫机开始进入农民家庭，1978 年，软城公社人均年收入达到 150 元；80 年代改革开放后，农民生活水平逐年提高，开始翻建平房，改善了居住条件，1984 年人均年收入 554 元，1988 年人均年收入达 1335 元，电风扇、黑白电视机开始进入农民家庭；到了 90 年代，人民生活快速提高，年人均收入从 1990 年的 1365 元提到 1996 年的 4002 元，掀起建造楼房热潮，高档消费品普遍进农村家庭，彩色电视机和摩托车进入农村，并安装了有线电视；到了 21 世纪，农民生活开始步入小康，人均年收入从 2001 年的 4494 元提高到 2010 年的 13381 元，彩色电视机、电冰箱、洗衣机、微波炉、摩托车等高档消费品大部分人家拥有。2014 年全镇人均年净收入达 25219 元，家庭高档消费品档次不断提高，30%的人家住房已从二层翻建为三层别墅式，电动车、轿车已将普遍拥有。

第四节　安置工作

精减下放人员安置

1958年"大跃进"时期，有农业人口进城镇工作，城镇职工增加。1961年起，开始精减职工和减少城镇吃商品粮人口。1962年砍城集镇全家下放去农村插队落户有8户，至1965年6月，共精减下放31人。1970年后又有20人下放农村，参加农业生产。

70年代初，从精减职工中招收部分人员进县内企业工作和支援内地建设，并从1957年底前参加工作的夫妻双精减职工中，回收本人或子女1人参加工作。1981年起对部分精减下放人员实行户粮回收。至1984年底，共有28人转为城镇户口吃国家商品粮，对其中符合招工条件的精减职工子女，逐步安排就业。至1990年止，精减职工子女已全部安置就业。

城镇下乡知识青年安置

1964年起，动员城镇知识青年(简称知青)下放到农村支援农业生产。1968年8月起，动员城镇知青上山下乡以及支援边区。至1979年4月，全镇共动员20人支援农村；与此同时，接收上海、杭州等地知青220人在砍城公社插队落户。1979年5月停止知青上山下乡。

1970年开始，从知青中招收职工，逐步安排就业。在安排就业招工时，对知青放宽条件，优先录取。知青参军从部队复员、退伍后，由劳动部门安置就业。下乡未婚知青，原则上由动员地回收安置，对一时无法就业的，均允许回城镇待业。对已与农民结婚的知青，转为城镇居民户口，主要安置在乡镇企业工作。提倡、鼓励知青自谋职业，劳动部门帮助联系解决部分营业场地、资金、原料、燃料和办理开业手续。对有病的知青，病退城镇养病待业。对少数犯罪判刑或劳动教养的知青，刑期或教养期满后，不再回农村，由动员单位作待业人员。至1981年底，全镇知青基本安置完毕。

1986～1992年，全镇城镇待业人员通过"双向选择"到国有、集体企业就业。1993年起，企业根据生产规模、经营需要、自主决定招工时间、条件和数量。不再受劳动部门条件限制。

被征地"农转非"人员安置

1983年后，浙江省允许城镇集体企业招用被征地农民(称为"农转非"人员)，重点建设项目国有单位有增人指标的也可招收。1988年，砍城乡首次为海盐县食品公司生猪仓库征用土地，安置庄家村宋家组农民土地工1人，办理农转非录用手续。2008年起对失地农民参加养老保险政府进行补助，男年满60周岁，女年满50周岁的失地农民可领取养老金。

表25－2－3　　1988年～2014年于城镇失地农民统计表

年　份	1988～2008	2009	2010	2011	2012	2013	2014	合　计
总人数	1051	120	341	164	185	102	507	2470
参保数	107	1120	330	146	128	101	404	2336

第二十六编　新风尚　民俗

第一章　精神文明建设

第一节　创建活动

1984年，钦城乡成立“五讲（讲文明、讲礼貌、讲卫生、讲秩序、讲道德）四美（心灵美、语言美、行为美、环境美）三热爱（热爱祖国、热爱社会主义、热爱中国共产党）”活动委员会，加强对全镇精神文明建设工作的组织领导。全镇开展“五讲四美三热爱”活动和创建文明家庭、文明单位、文明村组活动。1987年，镇活动委员会制定创建文明单位评比条件，各村各企业深入开展创建文明单位活动。是年以交通、商业、卫生等部门为重点，开展职业道德教育。中小学校普及法律知识教育。1991年，钦城乡“五讲四美三热爱”活动委员会改名为乡精神文明建设领导小组。是年，全乡开展“全党全民学雷锋、干部学焦裕禄、中小学生学赖宁”活动，团镇委表彰了学雷锋先进集体。1992年，钦城乡关心下一代协会（简称关工会）成立，乡关工委组织宣讲团到学校开展革命传统教育宣讲活动。1994年县、镇精神文明建设领导小组改名为县精神文明委员会（简称县、镇文明委），下设文明办公室，具体组织开展全镇精神文明建设工作。海盐绢纺实业有限公司、于城镇广播电视站、于城镇信用社、嘉兴港城纺织有限公司被县委、县政府命名为1993年和1994年度县级文明单位。构塍村被县委、县政府命名为1995年和1996年度县级文明单位。是年起，于城镇开始建立爱国主义教育基地，团镇委在全镇组织开展“青年文明号”创建活动和“青年志愿者”活动。1995年，镇委宣传、文化、教育等部门联合在全镇开展爱国主义歌曲演唱比赛、历史知识竞赛、家乡巨变摄影作品展览、黑板报展评等一系列爱国主义教育活动。1997年，县委制定《海盐县社会主义精神文明建设15年规划》，要求在全县范围内组织实施公民思想道德教育，加强思想道德建设，更加广泛深入地开展群众性精神文明创建活动。该活动从创建文明家庭、文明单位、文明村镇逐步扩展到创建文明行业、文明县城、文明社区和文明机关，同时开展军民、城乡、社区共建活动。是年起，于城全镇开始文明行业创建活动；工商、公安、卫生等十大系统开展评选“十佳”职业道德标兵活动，用典型实例来引导和促进各行各业道德水准的提高；镇妇联组织开展“五好文明家庭”创建活动。

1998年，镇妇联在镇党委领导下，在全镇继续开展五好文明家庭竞赛活动中，评出于城村妇代会为县级妇女工作先进集体，钱丽娟为县级妇女工作先进个人，韩建明和蔡娟芬2户为县级五好文明家庭。

21世纪开始，2000年，县妇联组织举办“文明传万家——美在家庭”报告会，报告团赴12个乡镇作巡回报告。于城镇敬老院、于城镇中心小学、于城供销社、海盐绢纺实业有限公司、于城镇广播电视站、于城镇信用社、于城镇构塍村等7家，经县文明办复评，被定为保持文明单位称号。

2001年，县委、县政府授予于城镇县级文明单位的有：千福村、于三村为县级文明村，于城派出所、嘉兴浩圣服装用品有限公司、绢溢中学三单位被授予县级文明单位。2002年，于城中学被授予市级文明单位。

2003年，文明行业创建活动扩展到27个行业，建成31个规范化服务达标单位。是年起，每年9月20日“公民道德宣传日”，宣传、文化、教育等部门和社区组织形式多样的宣传教育活动。2004年，于城镇敬老院、中心小学、绢纺有限公司、广播站、信用社、派出所、中学、浩圣服饰、幼儿园、卫生院等10个单位和构塍村、江渭村、庄家村、鸳鸯村、八字村等5个村经县政府复查继续保留县级文明单位和文明村荣誉称号。

2009年，于城镇卫生院被评为2007～2008年度市级文明单位称号。于城镇敬老院、于城镇中心小学、浙江恒越绢纺有限公司、于城镇广播电视站、于城镇信用社、于城派出所、于城镇幼儿园、海盐县南圣服饰有限责任公司等8家为2007～2008年度县级文明单位称号。

第二节　社会公德教育

1998年9月，于城镇党委为各村、各企业发放县文明办组织编写的《海盐市民必读》2500册，作为市民社会公德教育的教材。其中《海盐县文明市民守则》规定：要勤劳俭朴，不铺张浪费；要遵纪守法，不打架闹事；要团结互助，不损人利己；要礼貌待人，不谩骂吵斗；要讲究卫生，不随地吐痰；要爱护绿化，不攀折花木；要尊老爱幼，不虐待老少；要尊师重教，不轻文弃学；要自尊自爱，不赌博迷信；要计划生育，不早婚超生。并开展“十要十不要”宣讲活动。

2012年，于城镇党委为了进一步贯彻落实省市县关于加强和改进未成年人思想道德建设工作的指示，开展以“做一个有道德的人”为主题的未成年人思想道德建设工作。

一是公民道德教育。以“做一个有道德的人”为主题，组织未成年人广泛开展社会公德、家庭美德和个人品德教育实践活动。

二是文化繁荣教育。组织未成年人赴县张元济图书馆、张乐平纪念馆、县博物馆、绮园、秦山核电站等地参观学习，或参观于城镇庄柴湖湿地公园、美丽乡村等，使未成年人感受了解深厚的文化遗产、优秀文化，让未成年人感受改开放以来日益繁荣的社会发展。

三是综合知识教育。邀请有关专家，通过广播或讲座形式，开展各类知识教育，使未成年人丰富各种知识。

四是本土文化教育。邀请灶头画专家、竹编技艺传承人，木雕能手、哈头歌民歌手，为未成年人上具有文化传承体验课，使未成年人进一步了解家乡的传统文化，激发他们热爱家乡、热爱生活的情感。

第三节　家庭美德教育

“五好”家庭创建活动

20世纪80年代起，我国实行改革开放政策，提倡健康的民风民俗，大力加强社会主义物质文明和精神文明建设，在中共于城镇委、镇政府的领导下，镇、村妇联组织开展移风易俗、创建“五好”(遵纪守法好、学习工作好、勤俭持家好、移风易俗好、团结互助好)家庭活动，以改善农村家庭中的婆媳关系，促进家庭和睦、户户和谐。活动从抓典型开始，到全面铺开，经历8年时间，年年评比，年年表彰，家庭和睦的好风气逐渐形成。1985年被评为镇级计划生育先进工作者18名，好婆婆、好媳妇、好女婿有46名，五好家庭20户。他(她)们的勤俭持家，热心助人，体贴照顾年迈养母，以身作则教育女儿，家庭和睦，邻居融合等优良品德广泛传颂。1986年6月，钦城乡评“三户”活动中，全乡参加评三户的总户数6065户，共评出“三户”5760户，占94.97%，其中遵纪守法户3942，占总户数的64.99%；五好家庭户1819户，占总户数的29.99%，文明户60户占总户数的1%。钦城村村民范雪珍家庭受到全国表彰。

1988年钦城乡有16个行政村，235个组，5294户，23255人，自6月9日开始根据镇委统一部署，在全乡16个村和一个渔场开展评“三户”创新风活动。至8月底，全乡共评出三户5767户，占总农户数的97.43%。其中，遵纪守法户4248户，占总农户数的71.77%；五好家庭户1469户，占总农户数的24.65%；文明户59户，占总农户数的1%；未评上157户，占总农户数的2.57%。

五好文明新家庭

2000年，于城镇构塍村王代妹、张李生家庭是特种水产养殖大户，年产值超百万元。富裕后，他们无偿传授养殖技术给乡邻，先后扶持40多户养殖户，为村里公益事业建设捐款1.5万元；被全国妇联授予全国第四届“文明家庭”称号。是年，全镇共评出五好文明新家庭标兵户16户。

第四节　新风美德事例

中华人民共和国建立以后，在中国共产党领导下，中共于城镇党委、政府把为人民服务，以人为本作为全镇人民的共同宗旨，一心为公，关心集体，敬业奉献、孝老爱亲、助人为乐、拾金不昧、见义勇为、热心公益事迹时时出现，处处可见。男女平等，关心老人，敬老爱幼，新人新事层出不穷。拥军优属，移风易俗，助人为乐蔚然成风。

孝老爱亲

家住于城镇三联村钱家组的钱连明家庭，是由3个特殊的人组合而成。其中70多岁的姑姑钱乃宝自幼是个盲人，叔叔钱天钊与婶婶徐妹宝膝下无子女，由连明赡养。三年前连明的叔叔去世了，82岁的婶婶依然与这个大家庭在一起，并且得到了更多的关爱。姑姑钱乃宝身体不好，几次住院治疗，都是钱连明与家里人帮着医治、悉心照料。钱乃宝眼睛看不见行动不便，钱连明与家里人背她下楼吃饭、上楼休息,陪她去亲戚家做客、散心,给她买药治病,陪她聊天……叔叔生病期间,钱连明妥善照料,叔叔去世后,钱连明为叔行孝。姑姑的高血压时常发病,连明晚上睡觉关注着姑姑房间里的动静。特别是下雨天,姑姑睡的房间是平顶,一遇暴雨就渗水,已经修理过许多次了,但一直没有根除。等到雨停了,钱连明即爬上楼顶查找漏水原因。20 年来,大家庭里的人一如既往,敬老爱友,成为良好的家风。

吕家村南 1 组的陈汉观,1962 年娶了徐来慈做妻子。但在 1998 年的一次意外中,妻子瘫痪,失去了劳动能力。从此,陈汉观一个人挑起家庭重担,既要种田地又要做家务,还要照顾妻子和孩子。陈汉观有一个承诺:“她是我的妻子,需要我照顾,只要我还在,我就要让她过完过好下半辈子。”陈汉观这样说的,也是这样做的。自从老伴瘫痪后,一日三餐、大小便、洗尿布等一切都料理得有条有理,家里从未有过异味;一顿饭要喂半小时,特别是冬天,只好把饭碗放在热水盆里,边热边喂,换衣、洗身、按摩、煎药、翻身、梳头无所不做。陈汉观十几年来没有一句怨言。

原圩城大队第二生产队女社员范雪珍的公公沈桂法,在 1971 年一次发病中,大脑失去控制,大小便失禁,从此生活不能自理。范雪珍不管寒冬腊月还是酷暑盛夏,只要公公尿床了,总是默默无怨地把被子、衣服给换下来,把它洗净晒燥;每天的洗脸水和饭菜都送到床前;冬天气温低,中午还扶着公公到外面晒太阳。为了给公公理个发,有时把老人背到船上摇到镇上去理,或者向别人借一把剃刀自己给他理。她说:老人劳动一辈子,现在生病了,无法料理生活,我服侍他是做小辈的应尽责任。范雪珍长期以来照顾公公沈桂法,受到干部和社员的赞扬,1981 年范雪珍被评为县、社尊老爱幼先进个人。浙江日报 1983 年第二版刊登了她的感人的事迹。

助人为乐

20 世纪 60 年代初,陈家门大队党支部书记朱金荣,1955 年入伍服役,1957 年复员回乡,公社化后加入中国共产党;先后担任民兵连长、治保主任大队长、1961 年起担任大队党支部书记。

朱金荣对社员生活非常关心,别人遇到困难时,他总是尽一切力量热情帮助克服。1963 年 9 月 13 日,受 12 号台风袭击,朱金荣总是日夜奔波,到处检查社员的房子,看到有危险就立即动员迁移或者做好安全措施。当时新生小队张金龙的房子东倒西歪非常危险,朱金荣就去帮助张金龙全家连夜搬出,并向小队借了一支木头,向供销社买了几支毛竹,发动几个社员将张金龙的房子支撑好。1964 年春节下了一场罕见的大雪,眼看几家破旧房子有倒塌的危险,朱金荣首先想到的是张金龙的房子,就冒着大雪,爬过一条水泥管涵桥来到张金龙家里,立即拿起工具,借了一架梯子,动手将屋顶上的积雪扒掉。

还有一次,贫困户苏方珍、苏长法两人想养猪,可是没有钱捉小猪,朱金荣知道了,正好自己家的老母猪生了一窝,就主动将 11 只小猪分别赊给大队里的贫困农户,并吩咐说:“你们捉回去好好地养护,等养成大肉猪卖掉后,再来给我的小猪钱”。

见义勇为

1991 年 8 月 14 日夜,钦南村窑厂负责人邱社良得知有一歹徒在钦通公路拦路作案的情况后,当机立断及时组织本地村民赶赴现场堵截。在堵截过程中,歹徒拔出凶器将邱社良等七位村民刺伤、打伤。但邱社良等村民不畏强暴,不顾个人安危,带伤继续与歹徒展开了英勇搏斗,最后终于机智地将歹徒王某擒获。

对邱社良等七位村民见义勇为、奋不顾身擒获歹徒的英勇行为，县政府作出通报表扬和表彰，同时在欤城乡召开表彰大会，授予奖旗、奖状，并给予一定的物质奖励。并要求各乡镇、各部门、各单位要组织向邱社良等七位同志勇斗歹徒的精神学习。

2009年12月29日凌晨，在于城镇老枫桥位置，吕冢港与里洪塘交汇处河的北岸，有一老妇人正轻身投河，吕冢港南侧渔民发现后立即呼唤救人。招宝路西3号协警刘海华与民警殷永华正在巡逻，听到呼救把立即赶到现场，情况紧急，刘、殷俩人奋不顾身跳入冰冷的河水中，把老妇人救起送入于城卫生院，并通知其家人。事后，被海盐县政府授予“见义勇为先进个人”。

热心公益

1995年，于城小学少先队员为同龄人献爱心，为贫困学生赵勤捐款2880元。

2001年，于城镇团委努力为青少年的健康成长服务。全面实施中学生“曙光计划”。3月份开展植树造林活动；4月份为军属困难户顾金珍家收割油菜；5月份开展遴残疾人儿童捐款，共捐款1131无；6月份为于城中学贫困生褚雪佳同学捐款1800多元；同时组织初一、初二学生参加嘉兴市党史知识竞赛；发动团员为千福村7组白血病患者冯萍华捐款912元。

2005年11月17日，于城小学全体教师在多媒体教室举行了“心连心，细流汇爱泉”慈善募捐活动，共募集资金2825元，为海盐县的助困、助病、助残、助学籍慈善事业做出贡献。

第二章　民　　俗

一个地方的风俗习惯是在长期的历史过程中渐渐地由劳动人民自身创造的，但在传承过程中不断发展变化。在发展中有的也会消失，于城地区的习俗也如此。它不仅是传统民俗文化的载体，又是历史文化的积累和沉淀。通过调查，以及查阅有关资料，可以从中看出于城区域内的民俗归纳为生产商贸、生活消费、人生礼仪、节日节庆、社会杂俗、礼仪等六大习俗。

第一节　生产商贸习俗

于城自古以来农业发达，人们祈求粮食，桑蚕，棉花，畜牧以及一些手工业生产丰收。五谷丰登是人们的企盼，民间围绕种植、水利、桑蚕、畜牧、渔业、商业和手工业生产催生了许多习俗。

种植习俗

烧田财　旧时，正月十五黄昏时，于城农民吃过汤圆后，来到田里，用稻草扎成火把，点燃后高举火把在田间奔跑，甩上摇下，边跑边喊：“我家田里三石六，别家田里三蚌壳”“喔啦田里收财谷，人家田里收瘪谷”。此俗在20纪中后期，仍有很多人点燃火把，在田里举把烧火，所谓“烧田财”。新中国成立后基本废止。

开秧门和关秧门　第一天插秧称为开秧门，于城农民有许多忌讳：下田时，必须是左脚先下田，拔秧前先用三根秧苗搓烂，用烂秧在手上、脚上擦擦，然后插在头发上。拔或插第一只秧时不开口说话；插秧时如有余缺不直接互传秧把，只能放在一边；插秧结束之日称为关秧门，也称“了田”。是日，吃上一顿“了田酒”。此俗流传到20世纪末，实行直播稻后废止。

哈头歌　于城农民踏水车唱哈头歌新中国成立前就有，直至不用水车灌溉为止。旧时踏水车采用互相伴工的办法，为了计数，形成了唱“哈头”习俗。其方法是在水车的活膝上扎上一把稻草，上下转1圈称为1“哈”，转10哈叫1“扎”，20哈叫1“集”，也称为一班车，然后休息一会。20世纪70年代后废止。

蚕桑习俗

斋蚕花　于城蚕农在旧时每年的春节前买一张蚕花菩萨马幛，平时放在灶山上。清明节要位起来斋蚕花，以祈求在新的一年里蚕花茂盛、蚕茧丰收。待蚕熟上山时，连同楝树花、桃叶、蚕花马幛等插在山棚上。茧子采下后，买包子，裹粽子斋蚕花菩萨后焚烧马幛。新中国成立后，采用集体育蚕即废止。

接蚕花　农历腊月二十四送灶神之夜，在送灶神中，把灶山上的灶王爷神像，安置在一座轿子里，并把灶元宝，蚕花等一起送到户外点燃焚烧，当灶王爷的轿子烧到一半时，主人用火钳和淘箩把轿子里的“蚕火”接回家放入灶内，叫做“接蚕花”。80年代后，有些地方和人家又开始恢复。

插蚕花　除夕晚上，男主人做蚕花，把绕好的七枝蚕花插在大红纸元宝上，安放在灶头上灶神前面，意为明年蚕茧像蚕花一样茂盛。21世纪以来基本废止。

送蚕花　在旧时有许多外来行乞的人，采用唱道情的形式送蚕花，手捏木鱼及一面小旗，来到一户人家门前，敲起木鱼就开始唱起“蚕花经”来，唱完后，送上一张马鸣王菩萨像，各家蚕农接过菩萨像后给米谢之，当蚕讯开始时，把马鸣王菩萨像贴在蚕房里。此俗在20世纪60年代绝迹。

嫁蚕火　蚕火，即竹管做成的一盏用菜油为燃料，灯草为灯芯点燃的油灯架子，俗称“蚕火”。长辈们为了关怀自己的女儿，出嫁到了婆家要养好蚕，就在备嫁妆时，备上一盏“蚕火”作为一件必备的嫁妆，表示对女儿养蚕的支持，并且在蚕火上还要系上一缕红丝棉，寓意红红火火。此俗在60年代已经废止。

戴蚕花　蚕农收蚁这一天，蚕娘要点燃香烛，供蚕神像，把剪碎的灯草碎屑伴着野蔷薇花，用来撒在蚕种纸上，然后用鹅毛轻轻地将灯草末、野蔷薇花末和蚕蚁一起掸到蚕匾里，然后把早已准备好的桃树叶一部分放在匾内，一部分扎在蚕架上。待蚕蚁收好后，把野蔷薇当作蚕花插在自己的发髻上。21世纪废止。

泼蚕花水　钦城农村男家娶亲船离岸启程时，第一篙撑在岸上，称之为“旱篙”，新娘的母亲立即把一桶蚕花水泼向撑篙的人；如撑在水中，把这一捅蚕花水拎回家中。此俗至今尚在流行，娶媳妇不用船而用汽车，在汽车出发时，用水在汽车头上泼点水，表示一下，满足“避旱”要求，今仍延用。

扫蚕花　即“扫蚕花地”。是男女结婚后的第二天早上举行，一早起来在婆婆的指引下，先到灶间参拜灶神，然后，新夫妇各自拿起新扫帚，从大门口把“垃圾”扫向里屋，边扫边在口中念着“蚕花茂盛，王谷丰登”等吉祥语。此俗仍在流行。

撒蚕花　撒蚕花是男婚女嫁，新娘子进男家门时，喜娘要向四周撒一些果子，也叫扎帐果子，供人们拾取，后来改为糖果、花生、枣子等。同时要讨口彩，说吉利的话。后来逐步演变成撒五色纸屑，现代人多用彩色膏泥。

养蚕猫　蚕乡的蚕农视老鼠为养蚕大敌，所以蚕农绝大多数养家猫，因为猫可以捕鼠。除养真的蚕猫外，还在市场上购置泥塑的蚕花猫，让其威吓老鼠。蚕花猫也有经木刻版画，用色彩刷在红绿纸上，集镇上杂货店里有售，蚕农购回"蚕猫"贴在蚕匾上。今废止。

做茧圆　于城蚕农做蚕圆，谢蚕神多在蚕三眠以后，清代海盐诗人黄燮清有诗曰："蚕眠桑老红闺静，灯火三更作茧圆。"但是到了现代渐渐演变为清明节，蚕农在节日用糯米粉做有陷团子。在团子的上面顶上一颗小团子。形似茧子，谓之蚕圆。此俗至今尚有少数蚕农家流行。

蚕生日　农历腊月十二日是"蚕生日"，用老南瓜烧酥和米粉做成的南瓜团子，或用萝卜丝陷做团子，表示吃了团子明年养蚕好。有的只在这一天烧赤豆糯米饭斋灶，以表示庆贺蚕花生日。今部分人家延用。

蚕禁忌　器物禁忌：如小蚕蚕房内忌亮，所以用布把窗和门罩上；忌风，所以把门窗关好；忌声音响，所以走进蚕房说话小声，在外也不得大声叫喊，更忌锣鼓器乐和舂捣；忌生人进蚕房；忌有孕妇女，戴孝的人进出；忌在蚕房内熏烧油烟酒醋五辛、五香等。这种禁忌一直到了大眠开叶，就要通风开窗。今废止。

语言禁忌：如忌"亮"，"天亮了"要说"天开眼了"；忌"僵"，不能说"僵"，如"老姜"叫"辣哄哄"，"酱油"叫"颜色""鲜猛猛"等；忌叫"笋"，"笋"与"伸"同音，"伸"指"伸直"，而蚕有病而伸直，故忌之。今废止。

望蚕讯　蚕茧收获后亲戚之间开始走动，互相慰问庆贺，大都携带糕团、粉丝、咸鲞鱼、咸猪肉、时令水果（特别是枇杷）等等，互相馈赠。有的人家送糖陷包子，也有人家裹粽子，这种习俗也叫"望山头"。也有的人家姑娘出嫁第一年，娘家要到婿家"望蚕讯"，也叫"望蚕耙"。带上秧凳一个、拔秧伞一把、凉帽一顶、凉伞一把、蒲扇等，还有枇杷、咸蛋、黄鱼或鲞鱼、鲜肉或咸肉一方、松糕或团子或包子等挑上一担去"望蚕耙"。此俗仍在乡村部分蚕农家流行。

渔民习俗

祭水仙　渔民在新年伊始，第一天开船捕鱼，渔家备猪头、鸡鸭、原鱼等在船头拈香燃烛请水仙菩萨，祈求在新的一年里，保佑船家人口太平，捕鱼丰收。今部分渔民沿用。

新船落水　无论是新造一条渔船还是旧船大修，新船落水都要请顺风、水仙菩萨。祭祀后燃放鞭炮，请来十几个人抬起两边船舷，唱起拔船号子下水，新船下水后，跳下两三个人抓住两边船舷，用力往两侧晃动，直到河水泼进船舱水为止，称为"新船落水有进势"。今废止。

吉祥之兆　渔船早晨捕第一网捕到鲤鱼，认为是"鲤鱼跳龙门"预兆吉祥；捕到黑鱼认为是喜兆；捕到的鱼"身上有斑点"也是吉祥之兆。今废止。

邪恶之兆　渔船早晨在船头前面有蛇或鼠游过，野鸡在船头前面飞过、捕到白鲹，黑鱼跳在船头上都认为不吉利。今废止。

养鸭　鸭子，渔民认为是一种吉祥物，因为鸭子熟水性，就能压倒一切，故渔民都喜欢养鸭。把鸭子系在船尾，所谓"有尾巴"，又认为鸭子系在船尾，可"压后梢"。今废止。

畜禽习俗

请栏头　每年除夕，在猪舍置方凳，放上肉、鱼、鸡的、水果等，点燃香烛祭“栏头公公”，也叫“斋猪栏”。今部分人家沿用。

孵小鸡　在鸡窝内放一把铁件能避邪。放蛋时身体蹲，谓雌鸡多，站立或弯腰放蛋则雄鸡多；另一种说法：单日放蛋雄鸡多，双日放蛋雌鸡多。今废止。

鸡治牙百脚　人都知道鸡与八脚是冤家，就有鸡能治牙病的习俗，凡有人牙龈发炎下腮红肿，认为是生了“牙百脚”，就用鸡的嘴在患者的下腮红肿的地方，来回几次地撇一下，过了一二天就会好。今废止。

商贸习俗

接财神　农历正月初五的凌晨，商家在店内挂起财神像，供羊肉、鲤鱼，由店老板手持香，到室外的财神接到启中，祭拜之后，老板宴请众伙计聚餐，各商家店铺开门营业。今废止后改为企业自主接财神。

收徒拜师　学徒必须经人介绍，由介绍人带领学徒来到店家，备上鱼肉、香烛、面条等礼品。学徒期规定为三年，徒工主要学习业务，但也得兼做店中杂务，等老板招收新的学徒，杂务才由新的师弟接替。学徒每月除吃饭外，只发一些“月规钿”，发多少则由老板自定，到了年底再给一个红纸包，俗称“鞋袜帽子钿”，从十来元到数十元不等。今废止。

庆贺开业　商业店铺新开张，择定好日子，好钟点，在此良辰挂上招牌，燃放烟火、鞭炮庆祝一番。同时在这一天，老板还要请到各有关业务单位和有关人员，摆上几桌丰盛的酒席。同时，被邀单位和人员前来祝贺时赠送各种礼品，以示庆贺。

手工业

建筑业　建筑业收徒拜师，学艺必须经人介绍并立下“关书”，学徒期一般规定为三年。学徒选定日期备上礼品由家长陪同来到师傅家，师傅在鲁班像前，摆上供品，焚香燃烛，先参拜鲁班先师，然后向师傅跪拜。拜师后，第一年要挑工具担，到了东家，要代为东家泡茶，在吃饭时，先给师傅、师兄、师叔盛饭，吃饭要比师傅先吃好。收工后，要把工具洗干净、整理好，更换工地要挑回来。这一年报酬是有吃呒工钿。第二年如果师傅又收小徒弟，师兄可轻松一点，这一年师傅给一点月规钿(俗称剃头钿)。到了第三年师傅才发一半工钿，木匠师傅开始传授“鲁班书法”。泥水匠开始立墙角、做屋脊。此俗今已基本废除。

第二节　生活消费习俗

服饰习俗

钦城属于浙北杭嘉湖平原，旧称杭、嘉、湖为“下三府”。自古以来盛产麻、葛、棉，纺织业较为发达。自纺棉织白色土布，或织成白经蓝纬俗称为“污花布”，也有织成芦菲戗布。20世纪30年代起，机织洋纱细布渐渐取代了土布，社会上流行蓝色士林布。50年代起流行斜纹、卡其、府绸、纺绸。60年代流行灯芯绒。蚕桑业的发展又使丝绸织品成为人们制衣的重要原料。这些都为浙北地区服饰文化的兴盛奠定了坚实的基础。

男子服饰　男子服饰除城镇富豪人家之外，广大农民讲究着衣实用，有利于田间劳动。民国时期流行中式对襟圆领短衫，少数人穿斜襟长衫，冬季穿棉袄，外有罩衫，内穿单衬衣，中间有自编羊毛绒线衣；夏季穿葛布短衫，拷皮衫。下装穿大腰裤，亦称折腰裤，冬天内穿大腰棉裤，夏天穿大腰短裤。20 世纪 50 年代后，洋式衬衫、绒衣、针织衫、卫生衫、球衫，以及中山装、西裤、纱袜、胶鞋、皮鞋等等渐渐得到推广和普及，明显地出现青少年与祖辈、父辈所着服饰完全不同的风貌。70 年代男服流行卡其、涤卡和混纺或者全毛麦尔登呢中山装。80 年代流行圆角大西装，90 年代流行小西装、裘皮中长大衣、羽绒服装、滑雪衫。21 世纪流行拉链夹克衫、休闲装、牛仔衫、T 恤衫等。

女子服饰　饮城农村，妇女上装喜穿中式大襟，对襟衫，城镇和农村有钱人家女子喜穿旗袍。颜色根据不同年龄阶段而有变化，艳色为未婚女子所喜爱，出嫁后中年女子则多穿白色、浅蓝、蓝色等较素雅色彩；老年妇女则以蓝色、灰色、赤色为主，给人古朴持重之感。下穿黑色长裙（套裙），或以腰兜（俗称布拦）为裙。所以在旧时，裙子是水乡妇女最普遍的下装。尤其是农村女子比较传统，无论老幼，一年四季都离不开裙子，这与旧俗中的“三从四德”有着密切关系。

20 世纪 50 年代，提倡男女平等，同工同酬，妇女同样要参加田间劳动，因此穿长裙已不适应田间生产劳作了，裙子除儿童、城镇青年外，农民不穿裙子。80 年代后，农村分田到户，又从种双季稻改为种单季稻，田间劳动少了，进工厂的人多了，所以除冬季外女子穿裙子的人多起来了。21 世纪开始后，有的青年女子一年四季穿裙子。

儿童服饰　有斜襟衣、襁褓、百家衣、毛线衣、开裆裤、背带裤、小肚兜、围涎、胸聪袋、包胸衣、屎袋、尿布、斗篷等这些衣裤，取材细软，质料上乘，做工考究，式样奇特，现在这些童装至今仍保留了传统的式样和做法。

冠戴　清末民初男子戴瓜皮帽，后开始流行礼帽，俗称铜盆帽、面盆帽；20 世纪 30 年代城镇及部分农村中青年戴鸭舌帽、绒线帽，农民戴行灶帽，老年妇女一般戴尼姑帽、蚌壳帽。50 年代起青年戴八角帽，婴儿带虎头帽，60 年代后期，青年戴军帽（有单帽，海货绒藤斗帽）。80 年代起男子戴解放帽、工人帽、线帽，女子一般不戴帽，戴头巾。夏天均戴草帽、太阳帽、旅游帽等。

鞋袜　鞋袜是服饰的一个重要组成部分，于城民间自古以来鞋袜种类也十分丰富，材质各异，样式很多。随着社会的发展和纺织业的进步，鞋靴使用的材料也越来越广泛，有牛皮、丝织品、麻织品、棉织品以及现代的化纤织品等。袜子也从布袜、线袜、纱袜、丝袜发展称尼龙、卡普隆等。

服饰忌讳　老百姓民间也存在着许多服饰穿戴忌讳，因为人们总是企盼生活美满幸福，太平无事。因此，不管是服装的颜色、花纹、图案、款式还是穿戴上都希望吉祥如意，如果所穿戴的服饰有象征不吉利的地方，人们就会嘲笑或羞辱，意味着会给人带来灾祸。服饰的忌讳主要有避祸、避邪、避讳、避凶、避贪和避贱等。

居住习俗

饮城的乡村传统民居多数是聚集而建。十多户或二三十户自成一个村落，少数名门望族的住地有较大的村落，一姓为主兼有他姓。民居以水流河浜两侧而建。本地一般都住瓦房，客籍农户单家独户盖草棚，居住也较为分散。

定位择日　钦城居民建房前先请风水先生来选址定点。确定位置后再择定动土的日期，有了日期还得有时辰，如动土时辰、上梁时辰等。20 世纪中叶在破除迷信中破除，21 世纪初又有一些地方苏复。

动土奠基　钦城农民造房子，一般在这一天的天亮以前，东家用锄头在建房地基四周画上一个圈，并在这个圈的外侧用大米撒上一圈，意思是通知土地菩萨，我们要在这里动土了。并在地上放一只米筛，米筛里放上五只酒盅、五盅饭、一块肉、一条鱼，点燃香和蜡烛，东家跪拜三下，称为请到五方土地神。约一支香燃尽后，烧黄纤纸送土地神。该仪式结束后，就可在屋基上用铁锹垦上三下，表示已经开工动土了，以后就可顺利进行了。

上梁　上梁是建房的关键，东家要看日子，看时辰，请土地公公，祈求家庭平安富贵。祭祀的礼品大都是媳妇娘家拿来的猪肉、公鸡、鲤鱼，还有上梁团子，红灯笼、鞭炮、百响、糖果、糕饼、甘蔗等。上正梁时辰一到，东边木匠，西边泥师分别从两边梯子上去，木匠上梯子唱“上梁歌”。口彩连连不断，祈求发丁又发财，四季平安。上梁结束后东家摆竖屋酒招待泥师、木匠、小工、相帮。

装大门　装大门这一天，请来木工师傅，买鱼肉、鸡鸭，祭神、点香烛，作揖行礼。届时，亲戚还要送礼，东家摆装门酒，燃放鞭炮等。

搬家酒　凡建房造屋，亲戚朋友闻讯都来贺喜，媳妇娘家要送原猪 1 只，原羊 1 只，鲤鱼 2 条，公鸡 2～3 只，还有大红灯笼、糖果，还有鞭炮、百响等。也有送红包一个，内装现金几百至几千元。届时东家按亲戚朋友多少摆上几桌搬家酒，这种习俗是由农村上梁酒演变而来。

砌灶　砌灶之日，凡娘舅、姑夫至亲，闻讯后磨粉做团子，买些糖和糕点茶食爆竹之类前来贺喜。如果是兄弟分家砌新灶，岳家都要为婿家送上碗筷盒碟，镬子镬盖，蒸架火钳，淘箩等生活用品。晚上新灶头煮圆子谓之“暖灶”，而且要把圆子送到邻居家。然后，焚香祭灶，燃放爆竹。东家设“状十样”招待亲戚和泥水师傅。此俗一直流传至今。

相互帮工　农民建房大多是自备材料，大量的建筑材料需从外面运进，20 世纪 80 年代以前全部靠船运，凡是村上或亲戚家造房建屋，需要大量的劳动力，包括水上运输、上河装卸工等，只有靠邻居亲戚来互相帮工解决。逐渐形成了一种相互帮工的习俗。帮工习俗自古有之，只吃饭，不发工钱，不记账，帮工天数多少，不一定照常还工。

出行习俗

出行　3 岁以下特别是不满周岁的孩子，出行前给孩子带上银“百锁”，抱在怀里的孩子头上兜上一块尿布，臂上别上一只缝衣针，走在途中的路上碰到一“曲（放水小沟）”大人要对小孩说一声：“囡囡，来曲哩！”如果碰到会走路的小孩跌倒了，连忙说“囡囡勿惊”，并随手在地上拾起一块小的泥巴或小砖块放在小孩的口袋里。生怕孩子在途中受惊丢掉魂魄。

请顺风　购买私人汽车，车子到家，要给车装饰一下，车的前后左右挂上红绸，驾驶室挂上一路平安符，亲戚朋友们都要来祝贺，请顺风、放鞭炮成了购车时尚。

坐船　小孩第一次坐船要吃一点篙子水。就是撑篙人把插在水中的篙子提起来，抱小孩的人用手接一点水，喂给乘船小孩吃一点，说是“吃了篙子水，一世勿蛀船”。

第三节　人生礼仪习俗

诞生习俗

拿催生篮　孕妇产期将近，娘家拿催生蓝。催生的衣物有尿布、屎垫、围嘴兜及抱被、棉被等。20世纪60年代，一般人家仅有备好婴儿衣裤一至二套外，抱被一条，尿布若干块，还有鸡蛋、红糖、枣子、胡桃或者桂园以及其他糕点等送到女儿家，叫作“催生”。寄希望于孕妇临盆快，分娩早，生产顺利。如果催生蓝拿得较早，超过一个月的，外婆家还得要拿第二次。谓“补催”。

报生　欤城农村认为：如果产下男孩，为了使男孩健康成长，把真实消息封闭三天，把男的说成是女的，曰“瞒三朝”。20世纪60年代起，报生礼俗渐简化，产妇分娩后，女婿便往岳家及其他亲属家报生，打破了原来的“瞒三朝”旧俗。90年代，孕妇进医院生产，报生之俗仍然流行，但是有电话报生的，有骑自行车、摩托车报生的。信息化社会的到来，旧的礼俗也在逐渐演变。

拿蛋篮　三朝后，亲戚朋友闻知“添丁”，或者“添凤”，都会前去送礼祝贺，俗称“担汤篮”，也叫“送蛋篮”。旧时至亲礼重，主人家要以“蛋酒头”作点心招待；亲戚回家时，主家要把客人礼品退还一部分，称作“受出点，退还点”的礼俗。

满月酒　婴儿出生一个月称“满月”，亦称“弥月”，若是头胎，由外婆家送来礼品，为其“做满月”。是日，外婆家礼品有：糯米团子、猪条肉、猪蹄，以及摇篮、竹坐车、立车、立桶等，还有衣裤鞋帽、银脚（手）镯、银百锁等。

是日，主家设筵祭祖。设宴招待亲朋好友，并做圆子，分给邻居每户一碗糖圆子，以示“甜甜圆圆”。此时婴儿由娘舅抱着剃头，胎发做成发圆，用红丝线串起，挂在床头上，谓可镇邪。

吃过家饭　产妇在月子里，不允许出门到外面，满月后的下一天，要不带小孩到娘家或者其他亲戚朋友家里作客。吃上一顿饭，称为“过家饭”，说明从即日起，可以走亲访友，解脱禁锢。

婴儿开荤　婴儿长到周岁，就要给小儿开荤，开荤专门要用鸭舌头开荤。意思是鸭与压谐音，长大后能够压得倒别人。

婚嫁习俗

出贴　旧时，媒人说媒，若姑娘家父母应允，则将女儿出生的年庚八字书写于帖子上，由媒人送往男家。男家接到帖子后，把儿子的生辰八字，一起送往命馆请算命先生占卜，通过“八字”开与合来确定男女是否相配。今废止。

对亲　旧时，男女双方同意后，由姑娘家择定吉日，经媒人通知男家，男家便向姑娘家馈赠聘礼（俗称行小盘，亦叫“拿小篮头”），谓之对亲。男家聘礼之实物有金圈、金戒指，或者衣裤、布料等信物，礼金按“斤”计算，也有以大米代替彩礼，米的多少以女方年龄来确定。今废止。

话亲　话亲也叫“话日子”“着日子”。男女双方定亲之后，女方同意出嫁，男家便提前七八个月请人择定婚期，写在大红帖子上，放入拜盒内，由媒人送至姑娘家，征求意见。经女方同意后，男家在结婚前三四个月再次向姑娘家馈赠聘礼，谓“行大礼”（也称“行大盘”）。男方同样要封各种礼金红包。今已演变。

嫁妆　婚期临近，女方亲友前来送贺品，有送金银首饰的，有送铜脚（手）炉，铜脸盆等铜器的，锡制的茶壶、酒壶、饭盂、蜡钎等，以及瓷制的碗等生活用品。也有送棉被、衣料、床单、毯子等。姑娘父母也要为女儿积累资金置办陪嫁。富豪人家还要嫁田地，嫁寿板，嫁婢女等。这些都称"陪嫁"。今已演变。

各家无论贫富，必备一只"子孙桶"。另有一件就是"暖炉"。还有一件是新娘"百宝箱"。到了70年代，结婚嫁妆有电风扇、缝纫机、手表、收音机，即所谓的"三转一响"；还要三十六只脚。到了80年代末90年代初，出现了嫁自行车、缝纫机、沙发以及电冰箱、彩电等。进入21世纪，硬件有八仙桌加圆台、钢折椅、沙发五件套、煤气灶一套，家用电器有彩电、冰箱、洗衣机、放录像机、VCD等，还有跑车、赛车、摩托车、汽车、空调、电脑等。

启媒　"启媒"是在结婚前一天，男家备条肉、糕点、红糖、鱼以及红包一个，名曰"花红钿"。派人送到男女两方媒人家，双方媒人来到男家吃晚宴。俗称"待媒酒"，启媒之俗如今沿用。

排床　请来排床的人必须是花烛夫妻健在的丈夫，在每个床脚下放一个用红纸包好的"顺"字铜钿，主人要给排床的人吃上一碗"蛋酒头"，以表谢意。

开脸　开脸，俗称"开面""做面"。旧时，是用两根线互相绞合，绞尽脸上和脖子上的汗毛，修齐眉毛鬓角。民国时期，农村姑娘出嫁都采用丝线绞合"开面"。请来"开面"的人须儿女、丈夫双全的中年妇女，或者请喜娘来完成。今废止。

娶亲　旧时娶亲有两种，如是待佛好日，就要娶夜亲，黄昏开船，半夜回来，清晨送神后拜堂。其次是一般结婚，亲船在当天清晨开船，上午回来结亲拜堂。亲家之间距离不远可用花轿。花轿抬至姑娘家门前停下，男方递上开门包，姑娘家应允进门。女方主人设茶点招待娶亲者。稍待，吹奏者频频吹催妆曲三遍后，女方开始发嫁妆，有人到屋前檐头上取下小青瓦三张，连同万年青送到船里。新娘吃"上轿饭"，然后惜别父母，换新鞋，喜娘搀扶新娘上轿，轿至船头，新娘出轿进舱。娶亲船到男家，船停正石埠，燃放鞭炮。门前燃三扎稻草(称三墩火)，花轿即旋转数圈，从东南方向进入中堂，称"兜青龙头"，寓意兴旺发达，吉祥如意。花轿停妥后，由小姑前来开轿门，喜娘陪婆婆为新娘喂糖茶或者糖饭，轿前放一袋踏脚米，新娘出轿踏上米袋，由喜娘搀扶进婆婆房内歇息。脚踏米袋之意为可传宗接代。今废止。

忌撑旱篙　行亲船即将启程时，如果撑篙人把篙子第一篙笃在岸上，新娘母亲手中的一桶水立即往撑篙人脚上泼去。如果头篙笃在水里，象征性地往船头上泼一点水，然后把余下的作为蚕花水拎回家。今废止。

上轿换鞋　新娘子上轿或上船、上车时，都必须要换一双新鞋子。据说是为了新娘足下不踏土地(神)；也有说姑娘不沾去娘家的灰土，就不会带走娘家的福气。就由新娘的娘舅背着上轿、上船；有的让新娘的绣花鞋外面再套上一双大鞋上轿、上船后换新鞋；总之新娘双脚不能踏地，娘家的泥土不能带到婆家，否则要冲犯土地神的等等。今废止。

传宗接代　新娘的花轿到了男家，小姑去开轿门，喜娘陪婆婆为新娘喂糖饭(谓甜甜蜜蜜)，轿前由帮手放上一袋踏脚米，再铺上红毯或草席或麻袋，如果路程较长，有人前后传递接铺米袋或地毯。意为即传宗接代。今废止。

踏门槛　旧社会妇女地位低下，出嫁姑娘要做新媳妇，到了婆家要想有立足之地，在民间流传着"踏门槛"的旧俗。当新娘子走进正间堂屋时，有意或无意地踩踏大门门槛。寓意是新娘到了婆家后地位升高，一切都在她的脚下。今废止。

而婆婆也有一套办法暗中制服媳妇。还没有等到新娘子进洞房，婆婆早已在新床床顶上放上一只蚕匾和一条大袱，寓意要使新娘子扁扁服服。此俗基本废除。

拜堂　新人行三跪九叩首大礼，先拜天地，继拜高堂，夫妻对拜。20世纪60年代，拜堂仪式简单，向毛主席像三鞠躬，向来宾三鞠躬，80年代后，结婚拜堂又开始恢复传统，迎花烛仪式较为隆重。

吃花烛　拜堂仪式之后，上一桌"状"十样荤素菜肴。新郎新娘端坐在正堂。前面各放一盅一筷，开始吃"花烛"，吹鼓手奏"三汤三酒"，由喜娘主持，一边夹菜喂给新郎和新娘，一边念起顺口溜。例如："吃只鸡大腿，伴工摸大腿"等笑话。乐队奏"三汤三酒"后，表示花烛酒已用毕，开始迎花烛。今废止。

迎花烛　新娘新郎面对面站在桌前，手持"同心结"，二个青年在前，手捧陪烛台和龙凤烛台，倒走；二人在后，手捧花烛和陪烛在新郎后顺着走。由掌礼人为前导领唱，乐队用唢呐奏曲牌《迎仙客》(落汤调)。队伍绕礼桌顺走三转，倒走三转后，踏着麻袋缓步入洞房。今沿用。

撒帐　新郎新娘进入洞房，由掌礼边唱边撒果子。也有长辈中选一名吉祥人，手执托盘，盘中盛枣、桂圆、花生等，走进洞房，一边抓起果子，抛向床上帐子又向四方抛撒，一边唱"摸个枣，生个小"，"落花生，快快生"，等吉利话。大人小孩争抢喜果，谓之"撒福"。

结缘　新娘进入新房，喜娘吩咐结缘，也称"行见面礼""开金口"，也是新娘第一次叫阿公阿婆。此时，床前地上铺上红毡毯，长辈在上，新人在下，先从父母开始，再向祖父母、舅父母、姑父母、叔伯父母，而后再从堂到表以次从长到幼，新娘叫上一声俗称"开金口"，其余称"见面"，长辈要给新娘见面红包；小辈来见，新娘给晚辈红包，每见一位，新娘要从随身的"百宝箱"内赠送给各位糖果、茶食、花生等"喜包"封袋。今沿用。

开子孙桶　结婚仪式结束后，婆婆唤来一男童，揭开新娘嫁来的马桶盖，取出桶内所装的枣子(早生贵子)、桂圆(团团圆圆)、花生(落生就生)、荔枝(有利生子)、甘蔗(节节攀高)、红蛋5个(五子登科)等，然后请男童在马桶内撒尿，称为"送子"，也称为"开子孙桶"。今已演变成抽水马桶。

望朝　新娘子出嫁之后，娘家的兄弟，叔叔伯伯要前往新姑爷家探望称"望朝"，也称吊烟囱。望朝的人来到男方，新郎官前去迎接，并把望朝带来的礼品接下，把客人引到正堂，并与父母亲见上一面，新娘的兄弟叫一声太翁太婆，新郎的父母要给红包。接着茶肆款待，茶后，望朝人在桌上放一包红包，称"茶考"，谓答谢之意。厨房开始发酒水，席后，望朝的人都要在碗中留一口米饭，寓意下次再来吃，起身后在桌上放一包"席考"，以示谢意。

回门　男家备酒菜，新娘偕同新郎回娘家，女家设宴招待亲戚朋友，新郎要见岳父母及女方新娘的长辈，长辈给新郎见面钿，新郎给小辈红包。宴毕，新郎新娘原轿(船、车)返回，不留宿。

闹新房　闹新房是一种民间喜庆娱乐活动。邻里见新郎新娘回门返后，便闹起新房来，众人要求新娘摘下墨镜，面对众宾客，抬头让众人看，称"看新娘"，要求新郎抱新娘、吻新娘，同啃一只用线吊起来的苹果、枣子，还有双方点香烟，舌头舔瓜子，等等，此旧俗要持续三个晚上，寓意"闹发闹发，兴旺发达"。今基本停止活动。

邀新亲 婚礼结束以后，男方父母长辈向女方亲家发出邀请，请女亲家首次来婿家作客，凡在男方封上礼钿红包收受的所有与姑娘来往的人一概请到。作客时，新亲要备上一担团子、糕点、茶食之类。男家收到新亲的礼品后，在村上每户分上团子或包子之类，说明新客人已经来到。

旧婚陋俗

指腹婚 两家主妇同时怀孕，或男女双方均未出世，是男是女都尚无定论时，双方父母便指腹为媒，相约定下婚姻，这些都是双方家长交情较好，或是为了“门当户对”。今已废止。

对小亲 幼年子女，由双方父母做主定亲，至成年时结婚。对小亲时也有一定的仪式，如彩礼、红包、篮头、礼物、信物等。此俗今已废止。

童养媳 俗称“养媳妇”。大多是有了子嗣后，抱养别家女儿作为养女，适龄期再与本家儿子成婚。或者贫苦人家为生活逼迫，将未成年女孩给人家做童养媳，而男方亦因负担不了娶亲费用，或家中缺少人手，愿意接受。此俗即废止。

小婿婚 男方家境较好，但因早婚晚育，缺少劳动力，虽儿子尚为孩童，为其娶大姑娘为妻，服侍好“小老倌”。而女方父母多子女，而且多女儿，“吃口”重，生活条件贫穷。为了减轻负担，加上可以得到一些聘金，所以“舍得”把女儿给人家当“娘妻”。今已废止。

调门亲 “调门亲”也称“姑换嫂”，两个家庭的男子互相交换姐妹为妻，或互换其女儿为媳，是对等交换的议婚。多数调换亲是由于家贫兄长某些方面有缺陷，讨不起娘子。一时没有对象，而双方均有妹未嫁，为了照顾兄长或弟弟，延续香火，则以女换媳称调换亲。今个别地方仍有出现。

冲喜婚 一般是男尚幼或未成年而得病，要找对象订婚冲喜，以为婚礼可冲去疾病之“晦气”，遂举行婚礼。未婚夫病重不能拜堂的，由其姐妹代替拜堂。如未婚夫冲喜无效而病故，则认为新娘命硬克夫任其成为寡妇。今废止。

跨尸婚 民国时期，订小亲后女方得病夭折，男青年必须从其女尸上跨过或兜一圈，表示已经承认，死去的女孩已是男家的人，出殡的棺材埋葬于男方坟地上，立神主牌位。男方可得到女方一批嫁妆。结婚酒与丧酒一次摆设，四邻八方近邻远亲均送礼包与份贽一并相送。今废止。

阴阳婚 又称“冥婚”。男女订婚后，未婚夫亡故后男方同样用花轿迎娶新娘，新娘抱着未婚夫牌位举行婚礼，然后守寡。双方逢时过节照样礼尚往来。今废止。

抢亲 民国时男女双方已订婚，男方无钱迎娶，就抢亲完婚。大多在庙会上，男家七八个强壮男人，先由媒人指点，新官人上去拖一把姑娘，即可抢亲。几个强壮男人抓住姑娘，立即用剪刀把姑娘的裤子带剪断，姑娘要端牢自己的裤子无力反抗，就把姑娘拖到船里，放二个炮丈，迅速回到男家拜堂成亲。今废止。

招女婿 男方到女方落户，又称“入赘”。女家一般有女无子，以招婿来传宗接代和增加劳动力。男方大都兄弟多，无钱造房，无力娶亲，入赘到女家。

拖亲 民国时，男女从小已定亲，而婚龄未到，如果男方父母有一位丧亡，往往以缺人手为借口，强行到女方娶亲，逼着把婚事简单地办好，然后再办丧事，新郎新娘戴孝拜堂。今废止。

冥亲 “冥亲”就是鬼结婚。少男少女订婚后，因病双双亡故。老人们要为他们举行阴婚仪式，而且要将他(她)们的遗骨埋在一起，成为夫妻。而活着的兄弟姐妹代替死者作为亲戚往来。今废止。

望门寡　旧俗男女订婚后，未婚夫夭亡，未婚女子虽居家，也被认为“命硬”“克夫”“扫帚星”“白虎星”等罪名，以致终身不嫁，称为“望门寡”。此俗已废。

再醮婚　由男方差人说合，得同意后，男方买一个猪头，备香烛、爆竹、百响约朋友数人，黄昏后去寡妇家，烧猪头，祭祖先，然后放爆竹、百响。大家吃一餐，即为简单婚礼。寡妇要假装不同意，哭一场，否则，认为不光彩。今废止。

二度婚　也叫“改嫁”，是寡妇另嫁一夫，俗称“二婚头”，女方往往低人一等。前夫所生的儿女带去的话，称为“拖油瓶”。寡妇改嫁不坐轿，不拜天地，不受礼，受到歧视。待到后夫家生了儿子后，身份就此提高，儿子有继承的权利。

叔接嫂　旧社会，兄弟很多，兄长娶妻生子后，因病或因祸而死亡，兄嫂成了寡嫂，以下弟弟(小叔)均无成婚，但是无钱娶老婆。但对嫂子有了暧昧之情，两相情愿，小叔与兄嫂结婚称“叔接嫂”。

转房婚　即兄亡嫂转嫁其弟，弟亡弟媳转嫁其兄，姊亡妹续嫁姐夫。女方以小姨做填房，这样可节省一笔嫁妆，这常看见，这种婚姻叫作转房婚。今废止。

表亲婚　民国时，一般大户富豪人家，生怕一笔嫁妆嫁于非亲非故的人，叫作“肥水外流”，为了肥水不外流，通常有姑表婚、舅表婚与姨表婚，也就是直系亲属之间通婚。今废止。

共妻婚　是旧社会流行的血缘婚。大多为兄弟多、娶不起媳妇，结婚时兄为主夫，其弟为副夫。一般是不公开的公开，言下之意不办任何手续，不履行任何礼仪，其弟终身未婚。今废止。

新媳妇习俗

望对月　姑娘出嫁一个月内，娘家的人装满两篮团子及糕点，去女婿家探望姑娘。娘家的人包括叔伯父母、堂兄弟姐妹、表兄弟姐妹等，由婆婆把媳妇娘家的团子或糕点分送给村上的每户人家。

息月　姑娘出嫁满月后，回娘家探亲过夜。是日，新姑爷陪同新娘子到岳家，并随带团子、糕点和果品到岳家，新姑爷要帮岳家劳动两天，过上两夜便可回家，新娘子则要在娘家住上几天，甚至一个月，故称“息月”。

邀年酒　吃喜酒的直系亲属在吃好酒席回家告辞之时，向新人发出吃年酒的口头邀请，称之为邀新娘子，或邀新倌人。并且同时双方商定日期，至亲安排在前，一般亲戚安排在后。

望八月半　在中秋节前，新女婿、女儿要去岳家看望岳父母，送上礼品有：鱼、肉、烟、酒之类。同时一只鸭子和月饼是少不了的。俗称“望八月半”。

寿庆礼仪

过生日　人诞生后，第一个周年称“做周岁”或叫“抓周”。而每年的生日，父母、外祖父母都要为小儿过生日。在“生日蛋糕”中插上“生日蜡烛”(一岁插一支)点燃后。唱起《生日歌》，唱毕，由孩子吹灭“生日蜡烛”，用刀分割蛋糕食之，然后全家人聚宴。

斋佛　一般在新春伊始。岳家为年满30岁的女婿送来肉、鱼、面条以及蜡烛、寿字香、鞭炮等礼品，衣裤或布料。婿家正厅挂福、禄、寿三星神像，桌上放祭品，点蜡烛、寿香。敬酒斋佛。

然后，煮长寿糖面，分送给左邻右舍。中午主人设家宴请岳家客人。今废止。

做寿 钦城民间做寿，一般择定新春的年初一或初二，女儿家及至亲挚友送去寿礼，包括寿面、寿桃、寿烛、寿香。做寿前一天，要举行敬神（斋佛）、斋灶神等祭祀仪式。然后亲朋好友前来团聚小酌，吃长寿面，并向邻里分赠盖浇寿面一碗，以表示庆贺。小辈给老人行寿礼，老人给小辈寿礼红包。今个别人家采用。

丧葬礼仪

丧葬礼仪标志着人生旅途的终结，表示生者对死者的悲哀和悼念之情，故也是一项重要礼仪。

送终 老人在临垂之前，弥留之际，家里的直系亲人，包括在外地的子女，要回来日夜守候在旁，若有遗嘱，大家恭听记录，日后由长子负责保管。老人亡故后，在老人的口中放入一撮茶叶，认为是阎罗王就不会给吃迷魂汤，家中取少许银器放入死者口中，说明老人去阴间仍有人气。

批书 老人亡故后，到当地土地庙中请僧道推算殡殓时辰，忌讳生肖，领回一张黄色批书纸。回来后，用一把镰刀或一把稻锲（指铁件）安放在老人尸体旁，履行此手续谓批书。今废止。

守灵 老人亡故后，给遗体净身穿内衣，遗体上覆以被单。在户外烧小衣及一双鞋子。然后将遗体转至正屋门板上，当晚安排 4 至 6 人在旁守灵，通宵不眠。守灵主要是照看好长明灯，关注灯草和菜油，还要防止猫狗等进入。

报丧 报丧是指老人死了以后，小辈向亲戚朋友发出通知，也叫“讣告”，有书面和口头二种，农村一般均采用口头报丧，俗称“报老”或“报丧”。死者家人派遣族人分头向各路亲戚好友报丧，并交代殡殓时间。亲友烧“报老蛋”招待报丧者。亲戚接到讣告后，准备祭品前往吊唁。

奔丧 亲戚朋友接到报丧讯息后，准备去奔丧。姑娘家、媳妇娘家、外甥家等要办一桌“祭”；祭有荤祭、素祭和花祭之分。荤祭为四东坡、四条鱼、二糕点水果；素祭是八碗胡桃二碗糖；花祭为枣子、桂圆、胡桃、糕点、糖各二碗。女儿家要烧一盒羹饭，其次是一刀黄纸，一对素烛，一只七眼洋盒（果盒），内装糕点，另加六尺白布和一条“海被”。一般人家送份赀。

丧服 就是人们为哀悼死者而穿戴的衣帽鞋服。它根据与死者在血缘、姻缘方面的亲疏远近，在封建社会里有着严格的等级限制，而丧服是丧礼习俗的核心内容之一。形成了斩衰、齐衰、大功、小功、缌麻五种服制，人们习惯称它“五服制”，都是由白色棉布做成。

拜忏 守灵至入殓期间，雇请和尚或请道士拜忏做道场，为死者超度亡灵。和尚拜忏一般三天。有的还请老太婆念八仙佛，奉送给亡故之人。

放焰口 是农村中悼念老年人逝世，拜忏中最隆重的仪式，也是和尚在做佛事中高尚的祭祀礼仪。放焰口时有 8 个和尚共同做拜忏佛事，主要念佛经、唱诗经、配上拜忏时的乐器，还有撒米一节，由台上老和尚撒，表示将恩惠撒向人间，人人有饭吃；还有更精彩一节，叫作“胡蜂叮瘌痢”，也称“五梅花”。今废止。

穿衣 穿衣也叫“着老衣”。传统习惯为单数，要穿“七个领头五个腰”即 7 件上装 5 条裤子。戴帽子、穿鞋子等。穿衣时，所有子女都要手持烛光为其照明。

入殓 入殓俗称“落材”，又称“收作”。旧时睡棺材，土工用牛皮纸包石灰包，垫在棺材底，上铺被褥。此时,如是男性用烧酒剃光头,是女性由后辈女性梳妆,然后开始穿衣戴帽,所有晚辈手捏蜡烛火为死者照明,土工给死者穿衣裤,子女为死者“纤棉”。寓意是从此阴阳隔绝,互不干扰,同时土工还要给纤棉人“讨口彩”。纤棉完毕扣上纽扣,由长子捧头,次子捧脚,抬尸入棺,盖上棺材盖。由 4 至 6 名男子手托材底往户外长凳上停柩片刻,准备出殡。

出殡　由 4 名壮年男子抬杠,僧人乐队敲打鼓、锣,吹奏哀乐送殡,有 1 人在前面沿途抛撒纸钱纸锭谓“买路钱”开路,戴重孝的小辈血亲,披麻戴孝,亲朋好友白衣素服跟随送葬。帮工拿两条长凳遇到桥梁、沟道,或是路途较远,需将棺材暂放凳上一停,起材后哭声哀哀依次跟随在前,僧人吹打在后,送葬亲朋穿白衣素服随后,直至墓地。今已演变。

三年灵台　灵台俗称“座台”。棺材出殡后,在正屋后壁设灵台。后壁挂素幔,20 世纪 60 年代以前,座台上还有纸扎的座亭一座,亭中间供上死者的神主牌位,上供死者遗像。神主两旁灵幡上书亡故者生卒年月,以及挽联。桌上置香炉、烛台。灵台桌下放一只凳,凳子上放一双亡者生前的鞋子。在头七里,一日三餐点香烛,供斋饭斋菜,小辈媳妇守孝堂,早晨、傍晚要哭诉一场,痛惜长辈生前功德。家人及子女守孝三年惯例,也有两年除孝,三年除灵,灵台撤去。今废止。

二转排丧　排丧也叫“二转”。届时,亲朋好友仍然送上“份纸”,裹一篮粽子前来吊唁。家境一般的请道士做道场,富户人家请僧人拜忏。在死者断气的床上摆放 7 只粽子,用被单盖上,并在门槛上挂上粽子。道士手持宝剑口中念念有词。另在门槛上挂起左手稻草绳,其死者媳妇用菜刀劈断草绳,转身在“座台”上继续哭灵。座台上点香烛,设斋饭,供斋品祭典。道场结束大家抢粽子。尔后,给全村四邻八舍分粽子。此俗已废。

做“七”　每七天为一个“七”,亡故之日起经过头、二、三、四、五、六、七之日,为七七四十九天的最后一天称“断七”。家人逢七祭祀悼念。“头七”有儿媳“做晨朝夜”。前四“七”为六盆素菜素祭;后三“七”为一荤五素,荤素祭,祭品由女儿和媳妇家送来。“五七”前一天下午,子女要为先辈买纸屋、置家具、家电、交通工具;亲戚朋友送纸红箱、纸元宝。旧时裹粽子,邀僧人拜忏讲经,超度亡灵,老太婆念佛诵经。现今,如果“五七”除孝,在这一天(五七正日),僧人或念佛老太要为死者“赞屋”,众亲人披麻戴孝跪着,赞屋完毕后燃烧纸屋红箱等,主家设宴招待亲戚朋友。

关魂　“关魂”。是死者家属对死者的一种怀念。为了知道亲人死后在阴曹地府的处境,请巫师招来死者阴魂了解其情况。关魂必须在人死 35 天(五七)之日或至 49 天(断七)期间。家属在坟墓上取一件能表示的物品,巫师根据此物,点燃香烛,招来死者的魂魄,并附身于巫师,说出自己为何而死,死后目前如何如何,还说需要什么,等等。

除孝　死者在两周年时(实际是缺一个月)称为满年了,就要除去孝服灵台。亲戚均来参贺,扎纸屋、做牌位等,请来僧人拜忏念经,下午,拜忏或道场结束,纸屋、纸人等燃去,所有人除去孝服、孝衣、孝鞋,不再戴孝。满三年后,再请僧人道士念经拜忏、做道场。撤去祭桌,除帏幔,把素头、纸船火化,燃纸船称之为“散船”,送神主牌位入家堂或宗祠。

殡葬改革　50 年代以后葬礼亦日趋简单,从原始的停材,建厢亭屋,柴仙棺材等地面葬改为开潭挖坑地下深埋葬,继而 70 年代又从死者睡棺材改革为火葬。在礼仪上也逐渐简化,先城镇，后农村，逐渐采用戴黑纱，戴小白花替代了披麻戴孝；用送花圈替代香烛供品，用开追悼会替代祭奠吊唁，用行鞠躬礼替代跪拜礼。

除草与培土　清明节，子女要到祖墓上坟除祭祀外，还要把坟地上的杂树杂草清除掉；到了冬至要到祖坟上去培土保暖。80 年代殡葬改革后，改土葬为火葬，骨灰盒埋于土中，堆成坟墓。在冬至上日挑泥培土仍然在延续。今火化后的骨灰盒放入小房子（俗称厢亭）内，停放在地面上，不必在冬至之日挑泥培土，而在清明节除草清理环境，冬至演变为厢亭上盖一个稻柴的习俗。

人生杂俗

额头点红　逢年过节，许多做妈妈的要用红颜料给小孩眉间的上方涂个红点。这红点名曰“吉祥点”，据说涂个“吉祥点”可以避邪。为使孩子们顺利地成长，就把小孩的额头涂个“吉祥点”。就形成额头点红的习俗。

过继亲　钦城民间，自古至今流行着无血缘关系的亲戚，叫“过继亲”。有以下四种：

一是小孩生下来，请星家排“小八字”，认为小孩命里不好，或者是小孩偶然发生了一场病，认为是有“关煞”。为了消灾祛殃，想方设法寻找一位不同生肖的姑娘，认为“继伯”，攀上继伯亲，姑娘出嫁结婚，孩子父母准备礼物，在结婚仪式上举行过继仪式，俗称“筵上过继”或叫“花烛过继”。此后，相互来往做客，继子女均要带上礼品前往探望继爷继伯（娘）。继父母则赠予衣鞋之类物品和压岁钱。

二是为了孩子出人头地有靠山，以免被别人欺侮，需靠“帮派”而去过继一个有财有势的人为继爷。过继前，必须经人介绍或作保，过继仪式当场举行，过继礼品超过小孩过继，继爷继娘一般不给礼。此后逢年过节，继儿子要带礼品去探望，而继爷娘一般不回访、不回礼。

三是过继菩萨。在旧时，孩子生病常去庙里祈求菩萨，在菩萨的保佑下孩子才会健康地成长，于是便过继菩萨。由家长准备好鱼、肉以及果品香烛到庙内进行祭祀仪式。庙祝或方丈还给孩子取名，根据菩萨姓氏，孩子的名字也必须带有此姓。每年菩萨生日，继儿子或继姑娘都要去庙里烧纸钱，拜忏等仪式孝敬菩萨。

四是讨姓过继。由家长到村庄上 7 个不同姓氏人家，讨一根不同颜色的毛线，织成一段毛线绳，再带上香和蜡烛去附近的庙里过继大老爷，今后让大老爷来保佑孩子健康成长。回到家中，把毛线绳系挂在孩子的脖子上。

踩踏药渣　一般中草药煎两次后剩下的药渣倒在大路上，能使药渣置于众人踩踏之下，病人的病就会很快好起来。旧时，人们认为病就是一种邪恶作祟，邪除了避之外，避不掉就靠众人来踩踏。

兄弟分家　旧时，一户人家兄弟姐妹众多，长兄结婚成家后就有分家现象，也有兄弟几个都结婚成家后分家。分家前，先请兄弟们前来商量，议定一个基本方案，然后选择某一天，打分家灶头，娘舅姑夫全部到场。先分房产，再分田产，又分债权债务，还有棚里猪羊，最后分家具实物。所分东西多少，逐笔写在分家单上。统一思想后，大家在分家单上签名画押，按照兄弟多少一式几份，各自进行保管。最后请各家的亲家和娘舅、姑夫一起吃分家酒。祝贺分家后的各小家庭生活美满，团结和谐。

第四节　节日节庆习俗

节日习俗与人们的宗教活动、生产活动、纪念活动、社交活动、文化娱乐活动、岁时活动等都存在着较为密切的联系。从性质上可分为传统节日习俗、宗教节日、民国时期节日、民国传统节日。

传统节日习俗

春节　年初一凌晨，给神佛泡糖茶，用糖圆子“斋佛”。男女老幼穿戴新衣新帽新鞋新袜。全家喝糖茶，吃糖圆子、糖年糕。这一天不开荤，不动刀和礅板、不扫地，不洗东西，不做针线活，不骂人，不打小孩，不说不吉利的话。佛教信徒冒着严寒到附近庙宇烧头香，祈求新年大吉。新春伊始，各家各户在门上贴春联。年初二，小辈要向长辈拜年，长辈到小辈家吃年酒。

元宵节　正月十五日各家主人凌晨在正厅泡糖茶、红茶，摆圆子、糕饼、水果等祭神送佛回天宫。晚上吃汤圆、圆子、水粉圆子等。

请淘姑俗称请淘箩头姑娘。一般在春节到元宵节期间，十七八岁大姑娘用淘箩，灶山上点燃香与蜡烛，2 位姑娘蹲在烧火口地上，请出淘箩姑娘，占卜这一年蚕耙、田稻好不好。淘箩姑娘用淘箩上的竹筷或银针摆动，在桌面的米粉中画成一种符号，来预测一年农事的丰歉。

旧时，元宵节农民买不起汤圆，就吃糯米粉糖圆子，习惯吃菜煮年糕较多，于北一带的人去偷人家的土油菜，以油菜烧年糕，寓意年年登高。

二月二　农历二月初二是传统龙抬头节日。农民要吃“三宝”，即蒜煎豆腐；撑腰年糕，吃了之后种田插秧腰不酸；吃红萝卜称之为“人参萝卜”认为可代替人参，补补身体。

清明　祭祖有家祭、祠祭和墓祭，家祭以三代以内在家中祭祀，备四荤四素，桌子左右两侧摆上盅筷，点燃蜡烛儿孙晚辈跪拜。祠祭是大户望族，于城境内没有祠堂。墓祭，又称“上坟”“烧纸”“扫墓”。墓祭的场所在先祖墓葬之地，墓祭在礼仪、祭品方面都比祠祭简单，主要是化纸钱和添新土。

清明节有吃青团的风俗。将野外的嫩艾草加适量石灰水煮熟，把煮熟的嫩草伴米粉，做成坯子，包上赤豆沙等馅料做成团子，在锅水蒸熟即成为青团子。同时还在团子的顶上，做上一个似茧子一样的名谓“茧圆”，寓意蚕茧丰收。青团子是于城清明节最有特色的节令食品。

立夏　立夏节既是节气又是节日，立夏这一天外出带上锅、米、咸肉等去野外挖坑烧野饭，据说吃了立夏野饭，夏天不“蛀夏”。在旧时，有钱人家在这一天要吃四个三鲜，即地上三鲜：蒜苗、新蚕豆、鲜竹笋；树上三鲜：香椿头、杏子、梅子；海里三鲜：黄鱼、鲞鱼、海螺；河里三鲜：鳗鲡、鲫鱼、鲈鲷。人们习惯在这一天吃三白，即白水焐肉、白水焐蛋、生蒜拌豆腐。吃了之后夏天不疰夏。

端午　端午节，去野外采集菖蒲、桃枝、蒜头、艾草、挂于门框上或门的拉手上，除吃粽子外还吃“五黄”即黄鱼、黄鳝、黄瓜、黄泥蛋、雄黄酒，吃“五白”即白水焐肉、白水焐蛋、蒜泥拌豆腐、白鲞、白馒头。还有儿童穿虎衣、虎鞋、挂香袋、不理发，撇符念咒等习俗。民间认为五月为毒月，而初五那天又是毒日，有“五毒”俱出，即蛇虫、百脚（蜈蚣）、蝎子、壁虎、蟾蜍。所以要用各种方法避邪。

夏至 钦城人有吃麦粑习惯，还有夏至节前后做酱。豆瓣酱可作炒菜佐料，可代替酱油。

分龙日 农历五月二十日俗称“分龙日”。这一天于城集镇义务消防队在正午时分要进行演“龙”。通过演龙检查水龙的消防效能，达不到要求要检修。

天贶节 农历六月初六，古代称为天贶节，也称虫王节。这一天是最炎热的时候，皇家要晒鸾驾，读书人要晒书画，妇女要晒衣服，寺庙僧人晒经书，祠堂管家晒族谱，酱园工人要晒酱等等。民间相传，这一天晒衣衣不蛀，晒书书不蠹，家畜洗澡不生虱子，猫狗众生要到河里去洗澡。

中元节 又称“七月半”。钦城民间家家户户裹甜馅或肉馅馄饨。这一天还要祭祀祖先。一般都在家中备上一桌酒菜，不点线香只点蜡烛祭拜祖先，桌上有荤有素八盆。人死后遇到第一节七月半，俗称“新梦人”；死已多年的称“老梦人”。七月十一日晚上接“新梦人”，十二日白天祭祀。七月十三日祭祀“老梦人”。

地藏王生日 农历七月三十日是地藏王菩萨的生日，农村家家户户烧起芽蚕豆南瓜，摊起面饼，祭灶神，祭地藏王菩萨。这天晚上在厨房间的灶脚边、水缸边、室外的墙脚边等地上插上点燃的捧香（俗称狗屎香）。晚上，用稻草扎小舟，舟中载少许芽蚕豆南瓜和面饼，燃烛，放入河中随风漂流，称放“河灯”。

中秋 八月十五中秋节，钦城农村贫困人家以黄南瓜烧芽蚕豆，或以黄南瓜做团子代替月饼。是夜，备八宝鸭（嵌宝鸭）等丰盛菜肴，全家团聚合欢。富裕人家在家院内设宴邀请亲朋好友，饮酒赏月，并有歌女弹唱助兴。而且在这一天吃桂花糖的习俗。新婚人家在节前去岳父家看望岳父母，送上礼品很多，有鱼肉鸭酒及月饼等，俗称“望八月半”。

重阳 九九重阳有吃重阳糕习俗。重阳糕系糯米制成，上插竹篾五色三角小纸旗，旗上画有两只小羊，谓“重羊”，街坊糕团店有卖。以表示重阳（羊）之意。农村中习惯选择这一天新打柴灶，竣工后，还要“暖灶”煮圆子，将圆子先祭灶神，后分给村上的人家。东家摆暖灶酒，招待前来祝贺的亲戚和泥师师傅。20世纪末，政府把此日定为“老人节”“敬老节”。民政部门以及各团体都到敬老院，送上一份礼品，以示尊老孝老。

十月朝 每年农历十月初一，称为“十月朝”，又称“寒衣节”“祭祖节”“冥阴节”。这一天，特别注重祭奠先亡之人，谓之送寒衣。家人为死去的亲人买来纸衣、纸被、纸房子，祭祀后焚烧纸衣纸被，为亡者送衣御寒。寄托人们对亲人的怀念。

冬至 于城人有冬至夜吃赤豆糯米饭的习俗。还有“冬至进补，春天打虎”的俗语。从冬至这天起习惯烧夜壶肚子吃，服后耳聪目明，使人肌肤润泽、精力充沛。还有冬至祭祀祖先习俗，谓“做冬至”。去坟头加泥、除草、修基，以为此日动土大吉，否则可能会横遭不测之祸。

腊八 每年农历的十二月八日是腊八节，是中国传统节日。腊八节有喝腊八粥习俗，较大的寺庙都要烧煮腊八粥，分给各位香客。

蚕生日 农历十二月十二日为蚕花菩萨生日。旧时农村在这一天把自留蚕种用石灰水漂洗消毒。习惯在这一天用老南瓜烧酥和米粉做成南瓜团子，有的用萝卜丝馅做成团子，团子上面顶着一个茧圆，象征吃了团子明年养蚕好。

送灶日 农历十二月廿四日，白天家家屋内掸檐尘。傍晚，主人用糕点茶食、饴糖、赤豆糯米饭、糖圆子祭灶神。祭毕，把灶神菩萨送到户外，点燃纸马、纸轿送灶神升天。

除夕　俗称大年夜。上午在家祭祖，俗称“拜太太”，一般是四荤、四素、二荤素或四荤四素也可。然后桌子两旁各放酒盅若干只，烛台上点燃蜡烛，在盅内斟上酒。全家人跪拜三叩头。

吃年夜饭是人们最看重的家庭宴会。届时，无论家人相隔多远，工作有多忙，大家都想回到自己的家中，吃上一顿合家团聚的年夜饭，因此年夜饭也叫“合家欢”。饭毕喝爆米糖茶（寓意甜甜蜜蜜），有的人家还泡橄榄茶，称之为“元宝茶”。

饭后，长者要给幼者压岁钱；小孩子要被大人用糙纸擦嘴巴，意思是嘴巴当屁股，说了不吉利的话不算数。小孩子还要爬门，谓来年可以长得更快更高。还有一部分善男信女要到庙里去烧香，特别是有钱人要到海盐天宁寺，甚至要到杭州灵隐寺去烧头香，祈求在新的一年里财源茂盛，全家安康。

第五节　社会习俗

赕佛

旧时，赕佛也称敬神，赕佛是有两种情况，一种是有钱人，儿子结婚和老年人做寿等喜庆场合以及岁初祁福皆举行赕佛；另一种是时运不佳的穷人，他们在有病身痛时到庙里求神拜佛而许下的愿心，为了酬愿、禳灾亦要举行赕佛。赕佛规模排场颇大，经费昂贵，前后共一天两夜和三天三夜。

赕佛请骚子先生（传香人）主持，一般请二名。同时，还需要用“值筵童子”八人帮唱和歌。

一般人家赕佛是排五筵或者七筵。晚饭以后，骚子先生开始唱神歌书《土地》，先行招待本堂土地和三界符官。三更后开始赕佛仪式。整个过程持续一日一夜。

第二天晚上，骚子先生三汤九酒毕，半夜后“催圣”，并开始准备“发舟”，分别唱《五路财神》和《马福》，再唱汤书《茶叶汤》等一两部书。然后插入“迎华光”，祈求人间和睦、家庭团圆。接着“接蚕花”，最后谓之“交纳”，将这次赕佛活动，逐笔向各路神仙逐个交代。直到天明清晨送神，最后答谢本堂土地，仪式才告结束。此俗今已废止。

牌子

牌子又叫“堂名”“坐唱班”“奏郎担”，俗称“打唱”。是坐着唱的戏曲清唱班，流传于江苏南部和浙江北部。据传牌子始于明末，盛于清及民国。活动于城镇和乡村，为办喜事、做生日、儿孙满月，庙会和达官贵人宴请时庆贺助兴，以示欢乐吉祥。其特点是只唱不演，便衣相坐，6～8人为一台，以男角居多，也有男女混合班，围坐奏台（象征性的平台和洋台两种）两侧，人手一种或几种乐器。如板鼓、钹、大小锣、碰铃、京胡、二胡、琵琶、三弦、笙、笛、管、箫、唢呐等。根据剧目和曲谱边拉边唱，有时一人兼数角，生、旦、净、丑、末行当俱全，一人要轮换用几种乐器，以唱京剧为主，也有台词中的说白和音乐。

民国时期欤城境内有吕冢萧姓三乐堂牌子。

20世纪50年代以后，营业清淡，艺人转业或搭班入职业剧团。1963年以后牌子绝迹，80年以后又稍有出现，几个老艺人组织起来活动在县内外，大部分是在庙会期间演唱。

吹鼓手

吹鼓手俗称“四个头”也叫“佛迎师傅”。大都为婚丧喜庆和庙会等活动演奏，海盐县内各乡镇均有。于城镇在20世纪50～60年代主要是吕冢一班，由四至五人组成。

吹鼓手按传统习惯有一定的活动范围，雇主要按规矩在这个范围内雇用，一般不另找别人，这个范围旧时就叫“方(坊)”。

1986年，调查表明于城镇千福村、吕冢朱姓等有吹鼓手队伍。

20世纪50年代以来，由于婚事新办50年代停止活动，60年代初又恢复起来，“文化大革命”中停止活动，80年代改革开放后，又重新恢复起来。但是在丧礼僧人拜忏、送葬使用唢呐演奏，今举办婚礼被西洋铜管乐队所替代，吹鼓手乐队被淘汰。

第二十七编　宗教　语言

第一章　宗　　教

第一节　寺　庙

砍城全镇境内在旧社会寺庙繁多，一村一庙，一镇多庙，到处皆是。清末民初，部分庙宇坍毁，有的改作他用；抗战期间毁坏严重；20 世纪 50 年代初，庙宇改作校舍比较多见，1950 年庙祝、僧、道还俗分到土地。据 1966 年统计全镇有大小庙宇 15 所，2005 年起仅有萧相国庙经县政府批准恢复正常的宗教活动。

萧相国庙

据明天启《海盐县图经》载：在县西砍城，明洪武三十年（1397）建，嘉靖中（1507～1566 年）里人钱琦重修。另据清光绪《海盐县志》载：咸丰时毁于匪，光绪二年（1876）重建。但《仇志》《图经》称相国庙，《万历府志》则称于相国庙。《续图经》始云萧相国庙。彭孙贻诗："相国何年庙？西风系短舠。吴中诸弟子，谁识故功曹。谷水溪桥锁，砍城秋气高。丘陵入怀古，登览更萧骚。"

1966 年 12 月 8 日，县财政局（66）19 号文件《关于"肖相国寺"庙房材料作价处理的批复》，房屋作价 1799 元，由圩城（五星）粮站拆除后，重建粮食交易所和供应站。

2004 年 12 月 7 日海盐县人民政府《关于同意保留沈荡镇等宗教活动场所的批复》，于城萧相国庙列为其中，2005 年建成投入使用。2014 年经县民族宗教事务局批准更名为"相国寺"。

潘墅庙

据明天启《海盐县图经》载：在县西十八里，元大德二年（1298）僧至心建。

1970 年 11 月 10 日，圩城公社革命委员会同意红旗大队把潘墅庙作为危房拆除 1 间，其余改造为大队小学校校舍，竣工后产权仍属国有资产。2014 年前废止。

勾塍庙

据明天启《海盐县图经》载：在县西南十八里，嘉靖四十年（1561）郑端简重建，万历壬午（1642）年重修。2014 年前废止。

吕冢庙

据明《海盐县图经》载：在县西南三十五里，元至正八年（1346）建，隆庆二年（1568）重修。另据清光绪《海盐县志》载：同治七年(1868)里人重建。2014年前废止。

坛墩庙

据明《海盐县图经》载：在县西北二十里，宋景定二年(1261)初建，在郐家堰。明永乐五年(1407)修。《伊府志》载："万历元年(1572)里人周天袍舍宅移建山门、大殿。国(清)朝顺治十八年(1661)，天袍孙华宇复舍建后殿、讲堂。"另据清光绪《海盐县志》载：咸丰辛酉(1861)毁于匪，同治中(1861～1875年)重建。2014年前废止。

第二节 庙 会

庙会都是以神佛诞辰、出家、得道之日加以庆典而形成的庙会。有以一镇为中心，也有数村合办的，小庙会1天，大庙会2～3天。届时，四路八方的善男信女纷纷赶来，各路行商早就灵好市面，早一天就到场安排好地盘，搭起临时摊位，进足货源，借此机会做好生意。

稍微大的庙会，临时搭好戏台，邀请草台戏班，登台演出神戏一天。有的庙会，亦请坐唱班(牌子)唱神戏，庙会期间有来看戏的、烧香的、求神的、还愿的、购物的颇为踊跃。

欤城境内有农历二月十六日萧相国庙庙会、农历三月十六日坛墩庙庙会、农历二月初四日潘墅庙庙会等。

第三节 仪 式

进庙烧香

烧香是指佛教信徒走进庙堂寺院，燃烛拈香，叩头拜揖，焚烧纸锭、锡箔元宝的过程。佛教信徒绝大多数为老孺、少数男客。除老妇外，新媳妇也要进庙烧香。

在20世纪60年代以前，烧香的人在当地各自的庙界内，一般都是逢菩萨生日，如构塍村、庄家村、于北村等信徒在农历二月十六日去萧相国庙烧香，坛墩村、江渭村、千福村等地的信徒在农历每月十六去坛墩庙烧香。去海盐、杭州等地外出烧香需要一定的经费，一般来讲一年中外出一至二次，如六月十八海盐天宁寺。到江苏的苏州和连泗荡、杭州等远地方烧香，一年之中也只有一至二次。

21世纪初，烧香的人越来越多，有几个香头分别组织人员，有乘轮船到杭州、苏州的；也有乘汽车到普陀、王江泾连泗荡的。每年外出香客不计其数，并已发展为商业性旅游。

拜佛进香

民间有句俗语："念佛念来送老爷，拜佛拜来归自家"。民国时，妇女三十岁置香篮(俗称"念佛篮")，称为"金香篮"；四十岁置香篮，称为"银香篮"；五十岁置香篮，称为"讨饭篮"，说明越是年轻积累越多。同时买进蜡烛二对、香一封，锡箔一刀、毛巾一条、念佛珠一串、大袱一条。购入后，请一位福寿双全的念佛老太到家里念经，称为"开香篮"。并请识字人在香篮上用毛笔写上"×门×氏"，××年××月置，××庙界等字样。并设素斋招待其人。

20世纪50年代，每逢萧相国庙佛期，乡下的男女信徒来到庙堂正殿，按先后次序分别双膝盘坐在蒲蹲上，在两位僧人的超度下分别拜颂《万佛忏》《八字忏》《血和忏》和《水忏》，为先人祈求下世有好的八字。在此同时，嘴里“阿弥陀佛”念个不停，手里折起锡箔或者黄纸元宝。该纸元宝称“拜佛锭”，每100只为一堂，每一堂叠起来，用红色丝线捆起来。这一天跟随庙里的僧人一起拜上一天，也大概折起两堂左右。傍晚放课时，用此来送给庙里菩萨1斤(16只)至2斤纸元宝拜佛锭，作为感谢之意。自己念好忏名的元宝折叠后放入自己的香篮积累起来，作为人死后去阴界可以代替活着时的钱币来使用。

20世纪60年代寺院庙宇被拆，僧人还俗。21世纪初，拜佛习俗渐渐复兴。

念佛诵经

在民国时，新媳妇也要跟着老太婆进庙烧香、念佛诵经。信徒们逢庙宇佛期，吃素一天，去庙里念佛。所念佛经很广，有《弥陀经》《多心经》……边念经，边折元宝，拜揖装香，66锭元宝为一堂，折好元宝送菩萨。也有念《八仙佛》的，以八位念佛老太围坐在八仙桌旁，桌面中央燃烛点香。一人敲木鱼，一人敲磬铃，而且每人手里拿一把稻草蕊做成的108根佛草，同时念经并递送佛草，把每人手中的佛草(总864根)全部传递完毕，才算一堂《八仙佛》告终。《八仙佛》可在庙堂念，也可在人死了后超度亡灵时念，也可在信徒的家中念。

21世纪初，信仰宗教的人渐渐增多。俗家弟子也越来越多，所以除在庙堂里拜念散佛外，每个俗家弟子家中在一年内也要念上一两次佛。是日，广大的善男信女不远数里来到俗家弟子家中，念佛一天，送上厚厚的一叠“元宝”，中午俗家弟子设素斋，晚上杀鸡宰鸭，有的还杀猪，用“状”十样招待四邻八乡前来念佛的人，规模也比以前更大。

第二章 语　言

第一节 谚　语

气象类

时令谚语

一场春雨一场暖，一场秋雨一场寒。

最长夏至日，最短冬至夜，春分秋分日夜平。

白霜白咪咪，秋分稻秀[①]齐，寒露呒青稻。霜降捉早稻，立冬早晚一齐到。

夏至端午前，白种一年田。

夏至勿落谷[②]，老祖宗要哭。

芒种雨绵绵，夏至火烧天。

---

① 秀：抽穗。

② 落谷：下种。

夏至西南[1]漫小桥，小暑西南踏断腰。

八月热来蒸桂花，十月暖来小阳春。

天河对大门，挨家挨户吃馄饨。

天河对屋角，挨家扯被角。[2]

正月螺蛳二月蚌。

三月三，三只蝼蛄上岸滩。

四月四，小麦勿吃芒种水[3]。

五月五，买条黄鱼过端午。

六月六，狗入浴；六月六，晒得鸭蛋熟。

七月七，牛郎织女鹊桥来相会。

八月八，蚊子大如虾。

九月九，蚊子呆石臼。[4]

月半十六两头红[5]。（指月亮，下同）

十七八，褪毛鸭[6]。

二十夯夯，月上一更。

廿二三，月上半来摊[7]。

廿五六，月上四更足。

廿七八，东方月亮一齐白。

气象谚语

风：

西南转北，吹塌屋角，搓绳扳屋[8]。

早西晚东风，摆挺旱天公。

夏雨北风生，无雨也风凉。

五月南风大雨来，六月南风娄[9]朝天。

---

① 西南：指西南风和雨水。

② 扯被角：反映天气转凉。

③ 芒种水：指小麦要在芒种前收割。

④ 石臼：旧时用来把糙米打成白米的器具。

⑤ 两头红：指西边太阳下山，东方月亮升起。

⑥ 褪毛鸭：月亮要等褪尽一只毛鸭的功夫升起。

⑦ 半来摊：半夜。

⑧ 扳：拉牢。

⑨ 娄：水沟。

九月东风咣[1]陌圻[2]，十月东风毒如药[3]。

黑头风，白头雨。

云：

早霞不出门，晚霞千里行。

日晕三更雨，月晕[4]午时风。

清早薄薄云，晏来晒煞人。

日落云里走，雨在半夜后。

早上生云脚，落雨路滑塌。

乌云接日头，半夜来阵头。

天上鲤鱼斑，明朝晒谷不用翻。

乌云积得高，狗要晒断腰。

雾：

春雾雨，夏雾热，秋雾凉风冬雾雪。

雾露醒，跳落井。（指天气炎热）

三朝雾露发西风。（指冬雾）

五月雾，没塘河。（雨水多）

六月雾，河水当酒醋。（天旱）

霜：

霜重见晴天，

春霜不露白，露白要赤脚。

浓霜晏[5]暖热。

雪上加霜连夜雨。

雪：

雨夹雪，落起勿肯歇。（连续阴雨）

雪后冷，晴天长。

雨：

四月初八晴花花，鲶鱼游到灶脚下。（水漫）

四月初八雨麻花，高低田里种西瓜。（大旱）

九月十三晴，皮匠阿娘要嫁人；九月十三落，皮匠阿娘要吃肉。

十六夜里晴，还要十七夜里一片星。

---

① 咣：裂开。

② 陌圻：地面裂缝。

③ 毒如药：指雨水绵绵。

④ 晕：月亮或太阳外边环、圈。

⑤ 晏：晚，迟一点的意思。

三月廿三落，落到茧头白；三月廿三晴，晴到翻芋艿。

动物：

鸡晚怕进笼，雨在两天中。

蚂蚁结长线，大雨在眼前。

曲蟮往上爬，必有大水发。

雨中知了叫，天晴虹搭桥。

雄鸡高处啼，雨止天要晴。

蚂蚁搬家，有雨要下。

第二节　歇后语

火上加油——帮倒忙

夜壶呒环——拎勿牢

铜镬呒柄——托熟

师姑养囡——靠众人

八仙过海——各显神通

麻子涂粉——蚀煞老本

瞎子磨刀——快了

砻糠搓绳——难起头

瞎子点灯——白难为(白费劲)

海底捞月——一场空

猫哭老鼠——假慈悲

泥菩萨过河——自身难保

柴草人救火——自身难保

杀鸡用牛刀——小题大做

放屁脱裤子——小事大做

瘌痢头撑伞——无发(法)无天

大脚买套鞋——无号头

江西人钉碗——自管(顾)自

矮子打老婆——预先做步

哑子吃黄连——有苦难言

竹筒倒豆子——干干净净

老虎吃蝴蝶——勿经大嚼

聋子放炮仗——碎完碎完

瞎狗冲烂污——碰巧

门缝里看人——看扁了

黄胖炒年糕——出力不讨好

顶石臼做戏——硬要上

老和沿念经——有口呒心

和尚拜丈母——第一次

脚踏西瓜皮——滑到哪里是哪里

脚底上揩油——溜之大吉

火烧纸马店——迟早要归天

澄清捉螺蛳——清清爽爽

外甥拎灯笼——照舅(旧)

喉咙头搭脉——客气

潮烟管打鸟——不像腔(枪)

缺嘴吃鼻涕——扣卡扣(正好)

烧香碰到佛——鲁莽(大手大脚)

肉骨头敲鼓——昏咚咚

王二小二过年——一年不如一年

狗咬吕洞宾——不识好人心

棺材里伸手——死要

快刀斩乱麻——干脆

小狗落污坑——开心咯乐乐

大肚皮穿裤子——呒搭头(大脱攀)

老太婆吃馄饨——自顾自

老太婆坐花轿——浑登登

脚炉盖当镜子——看穿

王老婆绕脚布——又长又臭

十三岁做小娘——硬要饭吃

豆腐衣包善火——一定要戳穿
石臼里摆挎栳——稳牢牢
弄堂里掮木头——直出直进
叫花子打算盘——穷有穷打算
脚趾头打算盘——门槛精来
棺材横头画花——鬼讨好
门角落里拉屎——通天亮
吃素碰着月大——不凑巧
城头上出棺材——远兜转
饭店门前摆粥摊——多此一举
黄鼠狼给鸡拜年——不怀好心
黄鼠狼爬在鸡棚上——不偷也是偷
螺蛳壳里做道场——太狭窄
老虎头上拍苍蝇——不自量力(胆子太大了)
黄鼠狼咬杀只牛——无啥弄头
三个指头捉田螺——不费力
跟着和尚卖篦箕——无目的
驼子跌在高墩上——两头不着实
临时上轿穿耳朵——匆匆忙忙
赶出和尚让烧脚——喧宾夺主
造屋请了箍桶匠——找错人(外行)
脚馒头上打嗑充——自靠自
葛多参勒等盘里——自称自赞
拿着鸡毛当令箭——大惊小怪
羊肉勿吃惹身骚——晦气(倒霉)
新排毛坑三日闹——一撮头
新官上任三把火——一阵头
乌龟掼勒石板浪——硬碰硬
丈二和尚摸不着头脑——心中无数

第三节　俗　语

称谓

阿爸——爸爸
姆妈——妈妈
爹爹——祖父
亲亲——祖母
太太——曾祖父母
娘娘——姑母
夫夫——姑夫
娘舅——舅舅
丈人——岳父
丈母——岳母
伯姆——妯娌
新妇——儿媳妇
囡——女儿
娘子——妻子
大娘——媳妇
男客——丈夫
公公——叔伯祖父

时间

葛日子——前天
上昼——上半天
点心——中午
下昼——下半天
日脚——日子
小辰光/小时季——小时候
老底子/暴先子——以前
头先/头卯——刚才
起先——最初
才方——最近
噶(ga)噶点——过一会儿
晏歇点——待会儿
噶日点——过几天
后晚来——后来

搭未来——最后
有常时——有时候
豪燥点——赶紧

服饰

领褂——背心
圈——耳环
余身——围裙
暖鞋——棉鞋
绗絮——棉袄
料作——衣料
污衲——尿布
大袱——包裹布
头绳——毛线
娟头——手帕
门布——袼褙
钗针——发卡
洋袜——袜子
包布衫——外衣
二用衫——春秋衫
圩巾——围巾
衣裳——衣服

动植物

蒻蜢——蚱蜢
蒻多——泽蛙
田鸡——青蛙
癞师——癞蛤蟆
百脚——蜈蚣
泉龙——壁虎
曲鳝——蚯蚓
暂即——蟋蟀
倒欠虫——孑孓
麻鸟——麻雀
癞丫——乌鸦
蒲桃——核桃
地栗——荸荠
山薯——番薯
毛豆——黄豆
寒豆——豌豆
蒲头——根

人物

郎中——医生
船郎——船工
厨郎——厨师
泥水——泥瓦匠
邻舍——邻居
舍姆娘——产妇
叫花子——乞丐
师姑——尼姑
掼脱货——浪荡子
下作坯——下流的人
好户头——老实人
猪头三——蠢人(受人愚弄的)
呆大——呆子
大肚皮——孕妇
轻骨头——撒娇的孩子
吵客——老砂闹的孩子
小花颗/花颗头——婴儿
小韶头——半大小伙子
老背头——老爷子

疾病

搅肠痧——霍乱
痧子——麻疹
寒热——发热
冻瘃——冻疮

流火埂——丝虫病
乌青块——紫斑
头眩——头昏
疯子——瘫痪
盲子——双目失明的人
瞎子——一目失明的人
聋鬏——聋子
葛子——口吃的人
叼子——语言不正的人
麦西——近视眼
办勿倒——有病
哮大——哮喘病人
跷脚——瘸子
乌痧涨——中暑
烂猫——红眼病

品质

牢硬/硬着——坚强不惧痛楚
轻狂——轻浮
心凶——贪心
勤谨——勤劳
着实——守信可靠
结棍——强壮有力
体泰——不必急
做人家——节俭
木知木觉——反应迟钝
苦奶子——生活上可怜
识相——知趣
活龙——活泼
僻脱——灵巧敏捷
烦舌——啰唆
嵌韧——对衣食等挑剔
后生——年轻
齐整——漂亮
写意——舒服
勃涉——麻烦

动作

甫——抚摸
呶——揉抚
捞——用手推或敛
背——拉
兜——用碗盛饭等
扳——用手扶
日良——晒衣等
汏——洗
揿——按
本——给
划——泼水
斩——砍
缉——纳鞋底
焐——裹住使暖
掮——肩扛
荡——洗涤
回头——回答
关照——告诉
朵落——取笑、讥笑

方式

特为——特地
障困子——故意
碰着法——没准、随意
约莫着——马马虎虎
硬功手——硬要下手
生成功——天生
一淘生——一块儿
一门头——专心致志
悠悠叫——轻轻地
才落霍——总共

齐巧子——恰巧
扣扣叫——刚好
省省叫——节约点
白白叫——白白地
乐得希——额外(得到)
作兴道/作道——也许
重趟头——重复
倒头——反而
麻斗斗——快一点

家什

春凳——宽面直足长凳
行灶——可移动的灶
镬子——锅
抢刀——锅铲
蒸架——蒸屉
灶边——厨房
汤灌——盛汤水的铜罐
瓮缸——大口缸
甏——大型大腹陶器
雕——小型小口陶器
砦盆——喂狗、猪的容器
洋煤头/洋火子——火柴
墩头/墩板——砧板
条钩/调羹——汤匙
信壳——信封
印子——印章
木老头——木头
竹爿头——竹片
引线/拈线——针

第四节 习惯语

遽——回转
镐——玩、白相
九——走、洒
宽——慢慢地
光火——发脾气
倒灶——倒霉
吊酒——打酒
剪布——买布
挑花——绣花
坐喜——怀孕
赎药——买药
坍铳——丢脸
出门——出嫁
怨命——自杀
唤奶——催奶
辣奶——断奶
翘须——拍马屁
象意——心满意足
现世——出丑丢脸
白相——玩耍
落得——应该
失痦——睡过头
剃头——理发
汰头——洗头
在过——罪过
睿嘎——经常
难道——不相信
捉漏——修漏洞
对亲——订婚
会钞——付账
话招——认错
水兴头——富裕
罚愿——起誓
落痦——睡得安稳
做舍姆——生孩子
打木潭——潜入水下
打相打——打架
趁相骂——吵架
来拉哩——到来了
去拉哩——回去了
好拉哩——完成了
走拉哩——回转了
困拉哩——睡觉了
做拉哩——做好了
吃拉哩——吃过了
成毛病——留下后遗症
打疙瘩——说话中间停住
菩日旺——晒太阳
攻野心——开小差
成名堂——能做成正经事
朝掉哩——糟蹋掉

第五节　四字语

截树坌根——刨根问底
鞋袜相管——穿着整齐
心想勿定——心神不安定
瞎三话四——胡说八道
妖里妖气——打扮不正派
假痴假样——假装不懂
花头花脑——会献殷勤，花点子多
未完三四——很多很多
呒吃呒看——没有办法
勿上勿落/勿三勿四——尴尬的样子
敲钉转脚——办事牢靠，说到做到
搭里搭浆——干活不负责任
呒设呒法——焦躁不安
瞎七搭八——胡说八道
轧轧闹猛——看热闹心中加乱
半尴勿尬——用料或做事差一点儿
莽莽无头——无头绪
呒大呒小——没规矩
勿话虚头——讲话不夸张
死样怪气——有气无力的样子

第二十八编　人　　物

第一章　人物传

袁山松(？—401)　吴郡太守,陈郡阳夏(今河南太康)人。祖上数代为官,尚书郎袁乔孙。生年不详,卒于晋安帝隆安五年。博学有文章,著《后汉书》百篇,为吴郡(今江苏苏州)太守。东晋隆安五年(401),袁山松为御孙恩,在于城筑城(高1丈,周1里),名欤城;"欤"乃"安"之义,镇以城而得名。是年,袁山松固守城陷而死。据清光绪《海盐县志》记载:"欤城,〈仇志〉'县西十八里,晋将袁山松筑城以备孙恩'"。据《松江府志》卷之二十三与清《上海县志》:"吴国内史孙恩作乱,崧筑渎垒御恩,保障一方……""晋左将军、吴郡太守、湘西伯袁山松墓,在上海周浦悦和桥南"。

李　祥　(晋朝)海盐县欤城人,以孝义之士收入县志。据清光绪《海盐县志》记载:"李祥,海盐欤城里人也,少雄于力,知书史,每抱愤世嫉邪之志。乡中有争斗悖犯者,必折之以义,无少依违,人咸敬惮之。隆安初,孙恩寇海上,祥从内史袁山松讨贼,筑垒沪渎,相持久。恩骤至,山松战殁,祥突白刃收其尸归葬。时人义之,名祥所居里曰'教义里'"。

曹发余(1873～1938)　于城镇吕冢村徐家埭人。15岁学木工22岁迁居县城后开设曹森泰木作,延请金华、宁波等地木工,在县城等地为大户造屋,名闻邻县。曹发余擅长长木,精短木,自己打样,主持施工。建造堂楼,房屋设计新颖别致,如平顶翻矮楼、回字形走廊等等,当时海盐尚属罕见。内部装饰工艺精细,如升箩底翻线,蟠龙长窗、卐字栏杆、花式挂落等。使人感觉到宽敞、明亮、美观。经手营造海盐大礼堂,朱瑞家楼房、张家祠堂、天宁寺四面厅、天成丝厂办公楼等。今存绮园四面厅及武原镇印家弄口原冯家住宅、八尺弄原刘家洋房等。抗日战争前夕,曾与斜桥泥工诸全生合作,率50余名泥木工整修海盐镇海塔,时历年余竣工。曹发余讲信誉,曾承建武原镇叶家弄王姓楼厅,后木材涨价,仍然坚持按原定承包价造好,并命两个儿子义务帮工。一生收徒数十人,出师20多人,大多精于设计营造,擅写"鲁班字"。大徒弟高荣瑞是解放后武原镇建筑社木工组创办人,两个儿子木工技艺出众,抗战胜利后,分别修理海盐天宁寺千佛阁和绮园四面厅。

王伯年(1900～1970)　字静山,于城镇庄家村人。早年毕业于北京邮电学校,从事报务工作。民国22年(1933)后,任交通部驻烟台水线工程师,其间参与同丹麦大北公司谈判,收回了外国公司经办的上海、天津、烟台之间的海底电缆通讯线使用权,并为三地水线互相直接通报,提高通报准确率作出了重要改进。民国 26 年后任重庆市电报局工程师。28～30 年，在四川璧山县丁家坳任交通部技术人员训练所机工班班主任，讲授电报学。其学生大部分成为中国电报界骨干。著《实用电报学》，要求出版，未得到上级支持，全家节衣缩食自费石印，解放后此书列为邮电专业学校教科书，发行全国。34 年在南京任交通部材料司考验科科长，设计出一种有线电振荡器，构造简单，动作灵敏，通信距离可达 1000 公里。36 年赴四川泸州任交通部电信机料修造厂厂长，有线电振荡器在该厂试制成功。37 年经核准专利，定名为“王氏振荡器”，并在西南各局使用。37 年与电动中文打字机发明人高仲芹合作，试制成中文电报自动打字机，为改进中国通信技术做出了贡献。解放后，任邮电部长途电信总局电报处副处长，邮电部技术司主任、工程师等职。1964 年，总结中国 80 多年来电报设备发展情况，著《电报》一书。1949 年夏秋，曾为海盐家乡设计一台双人脚踏打稻机，并自费购买材料，托庄家村木工吴荣荣制成，在武原镇上展出。

庄功原(1907—1996)　于城镇庄家村人，就读于上海中医学校(是澉浦镇名中医毕云门开办人)。1930 年后，在于城镇同源堂药店坐诊。他应用扁鹊的中医四诊望、闻、问、切，自制秘方，十分灵验。1933 年，于城等地区流行疟疾。有镇上朱氏的病人，得了疟疾，十分严重，症状为伤寒火暴，牙龈发黑，腿足抽筋，神志不清。经朱氏医生诊治未能好转，朱氏说：“此病内热难退，命濒危。”后找到钦城庄功原诊治，确诊病症，对症下药，开中药秘方，首服一贴见效，患者退热。又连吃几帖后身体康复。此件事传开后，患者盈门，得到有效医治。1954 年，作为钦城联合诊所创办人医师之一，座诊治病，因医术高超，县内各地、嘉兴余新等地求医的病人闻讯而来。1976 年 5 月 1 日圩城公社卫生院退休。他被认定为海盐县六大名中医之一。1958～1960 年，国家三年困难时期，他享受政府额外补贴(粮票、油票)，退休后被聘在海盐县第二人民医院(设在沈荡镇)坐诊。其子庄建生，任安徽省立医院肿瘤科主任医师，安徽省医科大学肿瘤学校教授，联合国肿瘤协会副秘书长。

蒉坚亮(1953—2012)　于城镇吕冢村人，中专学历，是一位身残志高有作为的人士。曾任海盐县文化馆干部，浙江《江南》杂志社编辑。少时刻苦读书学习，在吕冢上初中时，秉烛夜读，多次灼焦头发，他的作文文笔流畅，全班第一。1982～1984 年，在省市级以上报刊《青海湖》《花溪》《雨港》《攀枝花》《江南》《文学青年》《雪莲》《文学报》发表作品，体裁有小说、诗歌、散文、报告文学等。后来他以文经商，是一名成功的商人。

沈子余(1891—1936)　字永庆，于城镇三联村陈家门人，读私塾多年。出身于富裕家庭，父辈留下田地共 370 亩。一生乐善好施，接济乡间贫者，捐赠钱款，建造桥梁。民国 4 年(1915)，沈子余牵头募捐筹资，建造“京新桥”，方便群众通行。沈子余卖掉了 200 余亩良田，得款 1000 银圆捐赠建“京新桥”，并走村串户募集。是年，动工建造“京新桥”，至民国五年“京新桥”竣工。该桥列入了县级文保单位，桥柱上刻有沈永庆捐赠银圆 1000 元和其他捐款人姓名。于城镇三联村邬家堰吴关元，家境贫穷，结婚前上门向他借钱，沈子余让他回去，并答应负担结婚一切开销。结婚那天，沈子余为邻居吴关元请了骚子先生，举行隆重的婚礼。当地还有不少里人受到他的接济。沈子余生前散尽家产施恩布德。民国 25 年卒，是年其子沈志雄当兵，是黄埔军校第二十期学员。

马文英(1949～1993)　女，于城镇吕冢村人，文化程度，小学。1970年担任红卫大队赤脚医生兼接生员。她用高度的责任感、担负起救死扶伤的天职。有一次，马文英去第一生产队为一位产妇接生，整整守了一夜，第二天，又护送产妇去沈荡医院住院。又有一次，她到第二生产队接生，产妇是第三胎，第二胎因为胎儿臀位被闷死了，马文英知道这件事，有点担心，担心的事让她碰到了，第三胎还是臀位，她镇定下来后，想方设法为产妇催生，产妇平安生下了孩子，可是孩子却浑身发紫，处于窒息，马文英不顾一切、俯下身子、嘴对嘴为婴儿做人工呼吸，把孩子从生死线上拉了回来。1971年冬，寒风呼啸，半夜里，第八生产队的乡亲把她从睡梦中叫醒，请她去接生，她立马起床，外面正飘着鹅毛大雪，马文英背上药箱，顶风冒雪，跟随乡亲踏雪去了产妇家里，平安地接下了新生儿。马文英把病人的安危放在第一位，先人后己，行医中到农户家出诊，随叫随到，从不拖延，时常从早到晚地忙碌。有时刚捧上饭碗，病人来了或是叫出诊，她便放下碗筷医治或出诊；有时出诊回家已经深夜，刚要就寝，又有人来敲门，她二话不说，便背起药箱去出诊治病。有时刚下班回家，附近的乡亲已经等着，有的打针，有的包扎，有的配药，她顾不上吃饭，先给病人治疗。她忘我地工作，从不计较个人得失的行医风格，得到了邻里乡亲的赞扬。

第二章　人物简介

俞桂林

俞桂林　1933年2月生，于城镇鸳鸯村荡湾里人。中共党员，研究员。1961年浙江大学毕业，在浙江农科学院工作。1981～1999年在中国水稻研究所工作，任研究室副主任等职。长期从事作物遗传育种研究，先后参与稻麦种资源和水稻育种工作。1971年开始主持晚稻遗传育种研究课题，参加国家和省"六五"至"八五"期间育种攻关。参加育成"爱武""矮粳23""浙粳66""春江1号""香糯4号"及"春江糯"等10余个品种，累计种植面积近200万公顷，改进了大米品质。参加云南稻种资源研究，发现新矮源"雪禾矮早"，打破矮秆基因单一化局面。在省级以上刊物发表论文12篇，获省部级科技成果奖6项。1993年10月起享受国务院特殊津贴。

马千益　1938年11月生，海盐县于城镇鸳鸯村鸳鸯桥人。1964年毕业于武汉水运工程学院港口机械系。毕业分配于交通部船舶设计院。1972年调交通部水运工业局技术处。1982年调中国船舶工业总公司修船局，任经营处处长。1994年任中国船舶工业贸易公司国际经济合作处处长，从事国际工程承包、劳务出口、修船、拆船、进口二手船及在中国船舶工业总公司系统内外商在华设立维修服务站(点)的归口管理工作。国际业务交往中，曾赴苏联、英国、挪威、希腊、印度、朝鲜、坦桑尼亚、乌克兰、越南等国家与中国香港地区进行考察，开拓市场与业务洽谈。1996年12月，任中国船舶工业贸易公司泰国代表处副(首席)代表。主要成果有主持设计了客货轮，400马力拖轮，沿海供油、供水船，联合检查船，长岭炼油厂石油囤船等十几种船型。主持起草《外轮修理价格表》与《外轮修理基本条款》。

庄建生 1936年11月生，海盐县于城镇庄家村人，1961年毕业于安徽医学院。省定县级名中医庄功原之子。中共党员，主任医师，教授。在安徽省立医院长期从事肿瘤化疗临床工作，擅长消化道恶性肿瘤、腺癌、肺癌、淋巴瘤的诊治。任肿瘤科主任医师、安徽省医科大学临床肿瘤学教授。主要成果获安徽省科技成果三等奖2项。参与《国家基本医保药品目录》《安徽省医保基本药品目录》的遴选以及安徽省药品招标、安徽省近40个新药品种的评审。发表论文40余篇。是《中国肿瘤临床》特约审稿专家、《中华实用医药杂志》常务编委。安徽省肿瘤学会主任委员、安徽省抗癌协会副理事长。1995年起享受"国务院政府特殊津贴"。

杨敬中 1927年9月生，海盐县于城镇人，1948年毕业于交通部电信总局上海训练所技术班。是年11月被分配到杭州电信局工作。任杭州市电信局总工程师，高级工程师。从1948年始，他历任技术员、载波室主任、新产品试制组组长、技术科科长、副厂长兼主任工程师、副总工程师、总工程师。还兼任浙江省通信协会载波通信设备部副主任委员、浙江省通信协会常务理事、水洗科学技术工作者协会杭州电信局分会副会长。主要科技成果有首创水洗单路、三路晶体管载波机；研发制成水洗自制12路载波机中导频自动调节系统样机，并在浙江全省推广；研制高三路、高12路、60路各式载波通信设备。发表《12路载波导频自动调节系统的基本原理与设计制作》《载波机振铃系统的原理》《24路脉冲编码调制同步系统原理》《30/32路群路编译码器的原理与设计》等论文。

顾兆琪 1936年1月生，海盐县于城镇庄家村人，1961年毕业西安交通大学无线电系。是年分配到中国科学院自动化研究所工作。1968年2月调航天部第五〇二研究所工作，任工程师。1984年6月调广东省电子局半导体器件厂，任整机车间主任。1986年8月调广州市城市规划局工作，任广州市城市规划自动化中心副主任、高级工程师。1996年任广州城市规划技术开发服务部经理、城市规划、城市建设新技术应用高级工程师。成果有主持研制的SWB－IA型数字万用表获中国科学大会奖。参加研制的中国东方红二号卫星姿态测量系统，获国防科委科研成果三等奖。主持研制的SWB－IB型八功能数字万用表获七机部科研成果二等奖。1984年6月中国(试验通信卫星)发射成功，顾兆琪被授予立功嘉奖证书。主持开发城市规划CAD系统软件，1993年获建设部部科技进步二等奖，次年被建设部授予重点推广产品。1993年主持"城镇规划建设管理信息系统"研制开发，任项目负责人，1997年该项目被评为广东省建设系统科技进步一等奖。

韩兆祺

韩兆祺 1924年2月生，于城镇吕冢村韩家汇(大船桥)人，杭州市中医院副主任医师[其父韩大桢民国三十六年(1947)第二学期起，任欤城乡第一中心国民学校校长]。民国三十年从医，王店中医内科医师朱鹿宾授业，为中医内科医师。解放前曾在鸳鸯桥行医，行医其间曾任欤城镇小学义务医师。解放后在杭州市中医院任西医内科医师，以治疗胃病闻名海盐故乡，求医者络绎不绝。主编《病人饮食》养身书籍，浙江科学技术出版社出版。

黄志华 1932年3月生，海盐县于城镇人，高级工程师。1946年赴沪谋生，他坚持学文化，勤奋好学。1951年考入长春电机高级职业学校，1954年入电力建设总局电力调整试验研究班，结业后在第一汽车制造厂跟随苏联专家学习电力调试技术。后就职于电力建设总局所属送变电第三工程局试验室，任试验室副主任。1964年赴电力部驻蒙古直属工程处工作，主持了中国驻蒙古使馆内部小型电话交换机的安装调试。1966年回国后在北京石景山发电厂工作，任工程师。1971年调华北电业管理局生产技术处工作，任生产技术处副处长、处长，高级工程师。

黄振华

黄振华　1936年9月生，于城镇构塍村人，中共党员，1962年浙江大学无线电技术专业毕业，留校任教。1981年1月～1983年1月在美国马里兰大学进修。曾任浙江大学外事办公室主任、国际贸易系主任、浙江大学外贸学院商检系主任、教授。1966年初调到光仪系，任项目党支部书记，参加研制用于记录氢弹和核试验爆炸的250万幅/秒高速摄影机项目，具体从事摄影机控制系统的设计、安装、调试。研制完成后，黄振华等三人两次在新疆核试验基地执行实地拍摄任务，取得了宝贵资料，受到部队嘉奖，记三等功。该项目1978年获全国科学大会奖。1968年起，他又参加条带高幅摄影机研制工作，前后达10年，大部分时间里担任项目负责人，曾5次去某基地对仪器进行调试、实验。该项目1982年获中国科学院科技成果一等奖。在美国马里兰进修期间，先后到日本、德国、美国、法国等10多个国家和地区作学术交流。发表了《一种非参数特征提取法》等论文。1983年回浙江大学光学仪器系工作，任浙江大学外事办公室主任。1993年任浙江大学国际贸易系主任直至1996年退休。他回国后，从事模式识别的研究工作，与其他教师一起建立了图像处理与模式识别实验室。在“具有四自由度的三维物体识别”“图像处理用于内燃机喷雾场全息图片研究”等课题的研究上取得了成果。在国内外杂志和国际学术会议上发表论文10余篇，第一署名或第二署名的主要论文有发表论文10余篇，有《用聚类技术识别三维物体》《一种直接角点检测算法》《柴油机喷雾场分布的计算机仿真》《模糊c—均值算法用于图像分割》等。合著科技书《模式识别原理》。1993年起享受国务院特殊津贴。

俞　明　1948年12月生于海宁硖石镇，籍贯海盐县于城镇鸳鸯村南俞。毕业于南京大学经济系、南京大学文学院。经济学硕士，文学博士学位。历任南京市人民政府副秘书长，办公厅主任，南京市下关区区长、区委书记，新疆伊犁州党委书记，南京市政协副主席，江苏省炎黄文化研究会副会长、南京古都学会会长。主要著作有：《〈南京条约〉与香港百年》《下关开埠与南京百年》《历史名胜与中国古代文学》以及论文百余篇等，共500余万字。主建项目：南京阅江楼、天妃宫、静海寺、南京南岸防洪墙、伊犁汉家公主纪念馆等。

赵新兵

赵新兵　1956年4月生，海宁硖石镇人，1972年毕业于海盐中学，1973～1976年，知识青年下乡插队落户圩城公社吕冢大队8队，其中1974～1976年任民办教师。1982年浙江大学金属材料工程专业毕业获工学学士，1985年浙江大学金属材料专业研究生毕业获工学硕士后留校任教，1986年考取浙江大学金属材料专业在职博士研究生，1987～1990年作为中德联合培养博士研究生在德国亚琛工大金属学与金属物理研究所学习，1990年获浙江大学工学博士学位。1992年晋升副教授，1995年晋升教授，1996年起任博士生导师。1993年起任浙江大学材料系副主任，1999～2006年任浙江大学材料系主任。曾任国家自然科学基金委金属材料学科专家评审组成员、教育部金属材料及冶金工程专业教学指导委员会委员。现为浙江大学求是特聘教授，并任中国材料研究学会理事、热电材料及应用分会理事长、中国稀土学会理事、稀土新材料专业委员会副主任、中国机械工程学会材料分会常务理事、国际热电学学会理事等。近年来主要从事热电材料和锂离子电池研究，主持国家“973”课题、“863”课题和国家自然科学基金项目十余项，发表SCI收录学术论文350余篇，被SCI论文他引7000余次，获国家授权发明专利30余项，出版学术专著1部，主编教育部规划教材1部，作为第一完成人获省部级科技一等奖和二等奖各一次。已培养毕业博士30余人、硕士50余人。

俞利军　1963年6月生，海盐县于城镇鸳鸯村北俞人。1986年6月毕业于浙江湖州师范学院英语专业。1990年6月以总分第一名考入北京外交学院外交英语专业，1993年6月获得硕士学位。2001年晋升副教授，2002年校破格晋为教授，2004年破格晋升教授。2008年1月起担任对外经济贸易大学英语学院副院长，2010年10月兼任MTI教育中心主任。国际营销专家、著名翻译家。曾担任伦敦工商会考试局协调人、北京新东方学校副校长、《北大商业评论》副主编等职。社会兼职有对外经济贸易大学人才培养委员会委员、中国翻译协会专家会员、海峡两岸口译大赛专家委员会委员、教育部学位中心评审专家、国家社科基金评委、国家人力资源与社会保障部特聘专家等。还兼任北京大学管理案例研究中心研究员，浙江海洋大学、宁夏银川大学等高校客座教授。学术成绩突出，多次受《英才》杂志、中央人民广播电台、中央电视台、《北欧时报》等国内外媒体的采访。在校内外用中英文讲授的课程有经贸翻译与实践、商务法律翻译、营销管理、国际营销等。在《国际商务》《管理现代化》《外国文学研究》《美国研究》等刊物发表论文50余篇，其中《关于高校管理的若干问题》获中国教育改革优秀论文一等奖。在商务印书馆、高等教育出版社、台湾五南出版社、英国新经典出版社、牛津大学出版社等国内外出版社出版专著、译著、工具书40多部，主要有《关注中国》《从优秀到卓越》《国家营销》《牛津英汉双解商务英语词典》等，其中《从优秀到卓越》获全国优秀畅销书奖。

俞利军

吴卫星

吴卫星　1958年7月生，于城镇三联村人，研究生毕业，硕士学位。1976年12月入伍，1979年2月入党，转业前任空军航空兵第十一师政治部主任，空军大校军衔。在部队3次荣立三等功。1994年10月任空军第一军政治部干部处副处长；1996年6月任空军航空兵某团政委；1997年2月任空军第一军政治部干部处处长；2001年4月任空军航空兵某师政治部主任。2006年2月转业后任杭州市直属机关党工委副书记、纪委书记；2009年9月任杭州市政协委员、工作委员会副主任；2016年1月杭州市政协办公厅副厅级巡视员。

沈忠民

沈忠民　1967年9月生，于城镇构塍村人。1986年入伍，1991年毕业于上海第二军医大学临床医学系。杭州解放军某部医院外科所所长。副主任医师，大校军衔。任全军军事训练伤防治委员会常务委员，原南京军区军事训练伤防治委员会特邀委员。在《浙江临床医学》《人民军医》《军事训练医学》等杂志发表专业论文十余篇。擅长骨科、关节病及军事训练伤的防治工作。

沈社良　1967年1月生，海盐县于城镇何家村人。浙江大学医学院硕士研究生毕业。浙江省人民医院麻醉科工作，主任医师。中华医学会浙江省分会神经外科麻醉学组委员。2011年以来，以第一作者发表论文共20篇，其中SCI 4篇。主持课题（项目负责人）共3项，其中浙江省自然科学基金1项，浙江省医学会科研基金（A类）2项。

张士军

张士军　1964年4月生，浙江省海盐县于城镇三联村人，中共党员。1985年7月毕业于华东水利学院水电站动力设备专业，学士学位。现任浙江华电乌溪江水力发电厂厂长、正高级工程师。专业技术职务晋升从技术员、工程师到正高级工程师。行政职务从主管、厂长助理、总工程师、常务副厂长到厂长。曾任衢州市四届、五届政协委员，衢州市六届人大代表。2009年被市政府授予衢州市劳动模范。2007年度获中国华电集团公司安全先进个人；2014年度获华电国际电力股份有限公司先进工作者。技术专利：2014年，“高精度免调节变形监测通用棱镜基座”作为主要完成人获得国家专利。技术成果：（一）作为主要负责人获得中国华电集团公司科学技术进步奖有：1.“水库汛限水位动态控制研究”2008年度获三等奖。2.“湖南镇电站5＃机组减振增容研究与实施”获2010年度三等奖。3.“水电厂厂级实时监控信息系统”获2012年度三等奖。（二）作为主要负责人获得浙江电力科学技术进步奖有：“AGC运行对水电机组的影响及控制策略的研究与实施”获2006年度三等奖。（三）主持或主要参加的营运改善、管理创新获电力行业管理创新成果奖有：1.“标准化管理信息系统的开发应用”获2008年度浙江省电力行业企业管理创新成果二等奖。2.“电力企业标准化工作大纲”获2009年度全国电力企业管理创新成果三等奖。3.“水电厂厂级实时监控信息系统在梯级水电厂的应用”获2012年度全国电力企业管理创新成果二等奖。4.“基于日耗水率指标考核下的多元化节水增发管理”获2014年度全国电力企业管理创新成果一等奖。5.“水电机组运行状态优化调整指导系统”获2014年第四届全国电力行业设备管理创新成果奖二等奖。论文发表：《湖南镇电站机组的减振增容技术改造》发表在2007年第2期《水电站机电技术》。《乌溪江电厂计算机监控系统改造》发表在2008年第1期《水电站机电技术》。《梯级水电厂水调自动化系统建设与应用》发表在2010年第3期《水电站机电技术》。《湖南镇电站机组减振增容改造的必要性及效益分析》发表在2011年第4期《小水电》。《湖南镇电站机组减振增容技术改造实践和效果》发表在2011年第4期《小水电》。《智能化水电厂在水电SIS实施过程中的探索》发表在2012年第3期《水电站机电技术》。《水电厂节水增发之路相关措施探讨》发表在2014年第2期增刊《中国电力企业管理》。

吾中良

吾中良　1964年9月生，海盐县于城镇构塍村人。毕业于浙江林业学校，大学学历，硕士学位。任浙江省林业有害生物防治检疫局副局长，（教授级）高级工程师。兼任全国林业植物检疫标准分委会委员、全国林业有害生物防治标准分委会委员、国家林业局林业检疫性有害生物审定委员会委员。主要成果：获浙江省科技进步二等奖3项；获浙江省林业厅科技进步一等奖1项，二等奖1项；获浙江省农业厅技术改进三等奖1项。他在国内各类杂志公开发表科技研究论文30余篇，2005年获国家发明专利1项（专利号为ZL03115289.9）、国家实用新型专利1项（专利号为ZL03228655.4）。2000年被省政府授予绿化先进工作者。主编《香榧病虫害防治彩色图谱》，2004年中国农业出版社出版。担任《松材线虫病的发生和防治》副主编，2003年中国农业出版社出版。

冯　军　1963年10月生，于城镇三联村人。1985年毕业于浙江农业大学。曾任浙江农业大学设备科科长，浙江科技学院教务处处长。1990年8月起任浙江科技学院党委委员、副院长。2004年任浙江科技学院研究员。主要编著有《高等职业教育专业设置的理论与实践》《普通高等学校本科毕业设计（论文）指导》。主要论文有《浙江农业大学全方位教育质量监控的认识与实践》《综合性大学农科人才培养模式的研究与实践》《具有国际化背景的高层次应用人才培养体系的创立与实践》等。曾先后荣获国家级教学成果二等奖和浙江省高等教学成果一等奖。

叶碧野

叶碧野　1971年10月生，海盐县于城镇三联村人。2008年被评为浙江省嘉兴市改革开放三十年杰出人物（共30位）。学习深造：1987年9月～1990年7月，浙江省平湖师范学校；1994年9月～1997年7月，上海大学影视艺术学院电视制作专业；1997年9月～1998年7月，上海戏剧学院戏文系干专班；2000年9月～2002年7月，中国传媒大学电视学院广播电视艺术学专业毕业。曾任平湖电视台、宁波电视台记者编导、主持人，文化部中国演出管理中心二部主任、北京浙江企业商会副会长、中国国际电视总公司中视艺仁公司总经理、北京东西南北中文化艺术有限公司董事长、承德大剧院总经理、大悦（上海）文化传播有限公司董事长。成功策划制作了上百台（部）舞台演出剧目、电视节目和大型文化活动，是资深演出制作人、电视制作人，中国演出家协会会员。曾与张艺谋合作策划了芭蕾舞剧《大红灯笼高高挂》、第六届全国德艺双馨电视艺术工作者颁奖典礼、中国梁祝爱情节、首届全国锣鼓大赛、中国端午民俗文化节、中国西瓜灯文化节等。担纲制作的MV《南湖之歌》囊括了CCTV2006年度全国城市形象歌曲金奖、最佳导演奖、最佳制作奖、最佳演唱奖及浙江省"五个一"工程奖。

吴锡荣

吴锡荣　1950年11月生，海盐县于城镇八字村吴家组人，中专学历，任于城镇八字村社区卫生服务站"乡村医生"。1968年从事"赤脚医生"。2008年12月，被中华人民共和国卫生部授予"全国优秀乡村医生"。2009年3月18日赴北京参加卫生部工作会议受表彰。吴锡荣回忆，他10岁时就失去了母亲，当年他母亲患血吸虫病，由于缺医少药，得不到及时治疗，30岁那年脾脏破裂，吐血窒息而亡。自那时起，吴锡荣就梦想长大当医生，治病救人。1968年从医起，他四十几年如一日，只要患者有求，不管狂风暴雨，严寒酷暑，白天黑夜出诊为老弱病残者治病。20世纪七十年代赤脚医生拿的是工分制，晚上出诊没有报酬，吴锡荣把它当作自己的职责。吴锡荣当赤脚医生起，就立志掌握医术本领，经自学、培训、函授，他获取了"乡村医生"证书。1994年，他成功地治愈了一例打算放弃治疗的小儿"破伤风"症。农民工罗远木经济拮据,老婆临产不上医院不请医生,按老传统自己接生,处理不当,新生儿感染了"破伤风",结果住院治疗,已无力支付医疗费,打算放弃。罗远木的再三请求,吴锡荣接手了病人。一个多月的精心医治,免去了手术费用,只化 100 多元药费,孩子得以奇迹般康复。2008 年夏天,东港组王林祥做了胃癌切除手术,每天打针输液度日,吴锡荣只要一接到电话,马上上门服务,以减少病人痛苦。8 月 6 日晚上,正遇台风"麦莎",风大雨大,接到电话,他马上冒着风雨赶上门就诊。吴锡荣说:"减轻病人痛苦是做医生的天职,虽然癌症晚期无力起死回生"。《嘉兴日报》记者采访他,在卫生服务站亲眼看到给病人挂盐水的吴锡荣对病人的悉心照料,也了解到吴锡荣对村民的健康状况了如指掌。

冯勤华 女,1961 年 11 月生,于城镇八字村徐家埭人。中共党员。1981 年到海盐丝织厂力织车间做挡车工。他苦练操作技术,打结速度提高到每分钟十四五个。1987 年后,连续多年被评为市级操作能手、巾帼英雄、质量标兵等。1991 年被评为县级劳动模范,1992 年被评为市级劳动模范。1992 年完成全年生产计划的 134.55%。1988~1995 年,共超产绸缎 18892 米,相当于每年多完成 2 个月的产量。1994 年被评为浙江省劳动模范。1995 年被评为全国劳动模范。2002 年,当选为中共浙江省第十一次代表大会代表。

肖金良

肖金良 1958 年 3 月生,海盐县于城镇鸳鸯村人,毕业于湖州师范学院,大学本科,中学高级教师,任于城小学教导处副主任。1990 年任教后,致力于综合实践活动课程的实践与研究,曾先后被评为"全国综合实践活动先进工作者""全国创新教育优秀指导教师""长三角地区教科研标兵""嘉兴市名师""嘉兴市学科带头人""嘉兴市优秀教师"等,2013 年被省政府授予"浙江省农村教师突出贡献奖"称号。出版个人专著《农科技综合实践活动指南》(陕西旅游出版社,2008 年 12 月),参与合作编写的著作有《综合实践活动活动样本学校的课程实践》《小学综合实践活动课程实施指南》《综合实践活动常态化实施实践与研究》均由浙江教育出版社出版,《综合实践活动》《新课程综合实践活动学生活动手册》分别由教育科学出版社、浙江科学技术出版社出版。撰写论文有 27 篇发表在《新课程研究》《浙江教学研究》《综合实践活动研究》《教学与管理》《综合实践——劳动与技术教育》等省级以上刊物上,并获省级以上一等奖等。

陆 瑛

陆 瑛 女,1965 年 10 月生,海盐县于城镇三联村人,中共党员,毕业于湖州师范学院,大学本科学历,西南师范大学教育经济与管理专业研究生在职学习毕业,中学高级教师。1986 年任职于嘉兴市吉水小学。1996 年调嘉兴市南杨路小学任校长,2003 年更名为嘉兴市辅成小学,2005 年先后合并了老城区 5 所小学,有 162 位教师,2900 多名学生,组建了嘉兴市辅成教育集团,任总校长。2013 年获首批"嘉兴市中小学名校长"。曾获全国群众运动先进个人,嘉兴市优秀教育工作者,南湖区十大青年标兵,南湖区优秀校长,嘉兴市优秀党员。任校长期间,学校获全国家庭教育实验基地,浙江省教育科研百强校,浙江省依法治校先进集体、浙江省书法特色学校、浙江省棋类特色学校、浙江省绿色学校等。

步玉琴

步玉琴　女，1964年5月生，海盐县于城镇庄家村人，1988毕业于安徽大学艺术系音乐专业，大学本科学历，副教授。1988～1990年在平湖师范担任音乐教师。1990～1995年任浙江供销技校音乐教师。1995年任职于绍兴文理学院音乐学院，是年至2007年担任钢琴教研室主任，学生数十人次在国内外钢琴演奏比赛中获奖，曾被浙江省音乐家协会授予“园丁奖”和“优秀导师奖”。《试论“海盐文书”及其与“海盐腔”的关系》《多情谁似牡丹亭》等十多篇论文发表于《中国音乐》《中国戏剧》等刊物。曾完成绍兴市社科联、教委重点建设项目及课题两项。

陈利民

陈利民　1968年6月生，于城镇三联村(陈家门)人，1991年毕业于浙江师范大学音乐学院，中学高级教师。嘉兴市秀州中学任音乐教师，师从男高音歌唱家郝军、刘志、刘迁、潘乃宪等。嘉兴市音乐协会声乐专业委员会会长。曾参加过国内外的声乐比赛，其中5次获浙江省声乐比赛金奖；2000年，代表浙江赴北京参加第九届全国青年大奖赛获得参赛奖；2012年参加拉菲尼契国际声乐比赛获中国赛区银奖。从事音乐教育工作中，培养了一批国内声乐人才，有钟丽燕、刘曙光、金莹、皇浦贝尼等。学生钟丽燕三次获全国青歌赛铜奖、金钟奖银奖。

王耶勤

王耶勤　女，1980年1月生，海盐县于城镇庄家村人，中共党员。2001年7月毕业于浙江师范大学杭州幼儿师范学院，大学本科学历。2001年8月任职于杭州市采荷第二小学，小学高级教师(2010年11月)。主要成果：参与省级教材《少先队活动》编写工作，负责其中“我们学习做人”等4个章节，该教材由浙江教育出版社出版。参与编写所在校《小学生荣辱观教育读本》《好习惯造就好人生》《走向“和”教育幸福教育丛书》。曾获得浙江省“教改之星”称号、“浙江省优秀少先队辅导员”。

林天仁

林天仁　1944年8月生，海盐县沈荡镇永庆村人，高中文化。2007～2011年聘任为于城镇村镇建设交通管理服务中心工作人员，2014年4月聘任为《于城镇志》副主编。浙江省民俗文化促进会会员，浙江省民间文艺界协会会员，嘉兴市民间文艺界协会会员，浙江省民间文艺人才。2010年9月受于城镇党委、政府推荐，被评为第二届“感动海盐”模范人物。主要成果：编著《越窑青瓷烧制技艺》(2015年12月，浙江摄影出版社)。著有《旧事如烟识乡愁》(2016年2月，浙江人民出版社)；《海盐庐江钱氏》《海盐钱氏故事》(2011年1月，银河出版社出版)，其中《海盐钱氏故事》2010年被列入浙江省非物质文化遗产代表作名录；《海盐灶头》(发表于省级刊物)；《林家浜志》(中国第一部自然村志)；《海盐习俗》《沈荡民间艺术》《朱聚生传》《沈荡镇党史》《百年沈荡》(内部出版)等。论文《关于沈荡渔文化保护与开发》获2013年嘉兴市社科联重点课题一等奖；《保护与传承海盐方言初探》获2012年市社科联二等奖；《感恩的花圈》获2011年省文化馆新故事征文二等奖、获县2013年海鹰奖等。

金宏章

金宏章　1948年12月生，海盐县于城镇江渭村人，祖籍海宁。毕业于平湖师范学院，中学高级教师。主要成果：43年教育工作中，曾获得“省级先进工作者”“浙江省优秀读书指导教师”“嘉兴市新课程改革先进个人”。主持课题“参与现代农业实践提高学生科技素质”2000年获浙江省基础教育成果三等奖；主持课题“农村小学综合实践活动模式的实践和研究”2006年获嘉兴市基础教育成果二等奖；参与课题“农村小学探究性实践活动的实践与研究”2002年获浙江省基础教育成果二等奖。撰写论文数篇在全国、省、市获奖。论文《参与现代农业实践研究报告》2001年获中央教育科学研究所基础教育课程教材研究中心一等奖。论文《综合实践活动的实施模式的初步实践和探索》获2006年度浙江省教学论文评比一等奖。15篇论文发表于《新课程研究》《小学德育》《中国综合实践教育》《浙江日报》《综合实践——劳动与技术教育》省级以上刊物。参与编写书籍《综合实践活动常态化实施实践与研究》(2006年10月，浙江教育出版社)。编辑书籍《海盐灶头画》(2012年2月，中国文史出版社)。小说《古树上的谜》《快乐的星期天》在《当代少年》发表，《小船的故事》在《烟雨楼》发表。寓言《牵牛花与短竹梢》编入中国寓言文学研究会《寓言·幽默·笑话》一书。

王德生

王德生　1955年3月生，海盐县于城镇吕冢村人，大专学历。任于城镇文化站副研究馆员，浙江省民俗文化促进会会员，嘉兴市民间文艺界协会会员，海盐县文联作家协会会员。担任于城镇《海盐县志》资料主编，先后负责参与《海盐县志》1992年版和2013年版修志工作。主要成果：作为课题组成员参加浙江省百村农民文化生活调查课题成果，获文化部“全国第十四届群星奖(服务奖)”。主持申报传统舞蹈《五梅花》列入浙江省非物质文化遗产代表作名录，民间音乐《迎花烛》列入嘉兴市非物质文化遗产代表作名录。散文《于城蚕俗》被收入《嘉禾寻梦录》一书(2013年8月，吴越电子音像出版有限公司)。传记《此生痴迷是滚灯——访海盐滚灯传承人万文观》被收入《守望与传承》一书(2008年12月，中国文史出版社)。论文《浅谈民间文化在社会主义新农村建设中的作用》被收入《守卫与弘扬》一书(2008年8月，大众文艺出版社)，《用科学的发展观建设小康社会文化》被收入《中国群众文化论坛文集》一书(2006年，中国文艺出版社)。《海盐骚子的传承与保护》获文化部社文司《文化大视野》编委会和中国群众文化学会论文评奖活动三等奖，《非遗保护视野下看嘉兴端午习俗回归群众的思考》获嘉兴市文化局读书征文一等奖。散文《天堑变通途》获嘉兴市文联2008年中国桥征文大赛三等奖。《绝症患者的图腾》在嘉兴市文联最美嘉兴人故事征文获铜奖。编辑《群文工作实践与探索论文集》《于城镇年鉴(2000年～2011年)》《于城民间老古话》(内部出版)等。2014年4月，担任《于城镇志》主编。

周卫东

周卫东(笔名：东东、周昳、周西西)　1971年8月生，于城镇鸳鸯村人，初中毕业，曾担任江渭村小学代课老师2年。1990年开始写诗歌散文，1992年在《浙江法制报》副刊发表处女作散文《拥抱明天的太阳》、《东海》刊物上分别发表诗歌《汲水的人》和《飞鸟》及《有关锯树的一次经历》。1993年创作的散文《永远的怀念》发表于《九州诗文》、1994年创作的诗歌《鹰》获"'太白杯'全国青年诗歌赛一等奖"、1995年诗歌《鹰》收录于河南中州古籍出版社编辑出版的《世纪的太阳》作品集。曾在《浙江教育报》《嘉兴日报》《南湖晚报》《烟雨楼》《海盐报》及《海盐文艺》发表作品数十篇。

周金连　1954年3月生，于城镇八字村人，高中毕业，是于城镇葡萄产业的领头雁、土专家。2004年9月，周金连被评为浙江省劳动模范。周金连1983年任村会计，1988年尝试葡萄种植，1991葡萄丰收，成为农村"万元户"。是年他担任八字村村委会主任，为了带动全村产业结构调整，1992年，他承包了十几亩地扩大规模，获得好收成。他的成功，调动了村民发展种植养殖业的积极性，特别是葡萄种植业迅速发展，1994年，全村种植面积为550亩。为了更好地发展葡萄产业，1994年7月18日，成立了八字葡萄专业协会，周金连任会长，为了提高葡萄产业的效益，他请进了浙江农业大学园艺系教授为常年技术顾问，葡萄产业融入了科技含量，形成了优质产品。2001年7月18日，海盐县八字葡萄(果业)合作社成立，周金连兼任了合作社社长。合作社注册了"八字牌"葡萄。周金连把工作重点放到打品牌上。2006年9月，"八字牌"红地球葡萄评为浙江省精品水果金奖。周金连创办的专业协会被评为中国科技协会全国农村百强技术协会。2004年，海盐县八字葡萄果业合作社被评为嘉兴市示范合作社。

张李生　1954年4月生，于城镇构塍村人，高中毕业，2004年被评为嘉兴市劳动模范。1983年，张李生买了4口大缸，饲养从小河里捕捉到的十几只小甲鱼，精心喂养，4个月后，一上秤，最大的长了250克，实验结果给了他信心。1990年，他在自己2.6亩的承包田挖荡规模养殖甲鱼，并在实践中摸索出养殖经验和技术，编写了《甲鱼养殖实用技术手册》。1994年，村里流转了50亩连片土地，经村班子研究由他承包。是年在流转土地上建管理房建甲鱼池。1995年，村里决定把养殖场转资给他，是年，他建了第一座600平方米的温室养鳖池，实施立体养殖。这一科技成果，让幼鳖到商品甲鱼只需1年多一点时期。1997～1998年他先后投资50万元扩建了2000平方米的温室。在他的带动下，于城养鳖业不断发展，张李生担任了欤城乡养鳖协会会长，向养殖户传授技术。他也多次受聘去了杭州浙江水产干部学校作讲座，传授技术。张李生实施了品牌战略，注册了"于城牌"中华鳖商标，2003年获得嘉兴市名牌产品。2004年，被省科技协会评为浙江省科技示范户。

第三章　人物录

本章设人物表5种，分别收录于城镇县级以上劳动模范23人、市级以上先进个人42人、副高级专业技术职务人员18人、于城人外地工作知名人士53人、于城籍旅外知名人士5人。于城人在外地知名人士，收录了于城籍在外地工作人员中具有副高级以上专业技术职务的专家学者、副县(处、团)级以上领导干部。

第一节　劳动模范

表 28－3－1　　　　　　于城镇获县级以上劳动模范情况表

姓　名	授予时所在单位	授　予　称　号	授予年份
冯勤华	海盐丝织厂（八字村）	全国劳动模范	1995
周金连	于城镇八字村	浙江省劳动模范	2004
张李生	于城镇构塍村	嘉兴市劳动模范	2004
朱坤荣	欤城城鸳鸯村	海盐县劳动模范	1951
王文昌	欤城乡吕冢村	海盐县劳动模范	1951
朱沈林	欤城乡第八村	海盐县劳动模范	1952
许金昌	欤城乡第十村	海盐县劳动模范	1952
冯田法	欤城乡第八村	海盐县劳动模范	1952
傅富荣	欤城乡第八村	海盐县劳动模范	1952
陈阿龙	欤城乡第十六村	海盐县劳动模范	1952
陈元福	欤城乡第六村	海盐县劳动模范	1952
沈水珍	欤城乡第三村	海盐县劳动模范	1952
陈小妹	欤城乡第五村	海盐县劳动模范	1952
杨全全	欤城乡吕冢村	海盐县劳动模范	1954
蒉金法	欤城供销社	海盐县劳动模范	1956
冯林昌	欤城乡庄家村	海盐县劳动模范	1956
石文俊	欤城供销社	海盐县劳动模范	1962
马新观	圩城公社农机厂	海盐县劳动模范	1978
李周伦	圩城公社江渭大队	海盐县劳动模范	1978
盛永观	欤城乡江渭村	海盐县劳动模范	1983
江叶法	欤城乡鸳鸯村	海盐县劳动模范	1983
董周法	欤城乡庄家村	海盐县劳动模范	1983
李光华	浙江恒越绢纺有限公司	海盐县劳动模范	2011

第二节　先进模范人物

表 28—3—2　　于城镇获市级以上先进个人情况表

姓　名	性别	授予时所在单位	授　予　称　号	获得年份	颁奖部门
朱文彬	男	于城水文站	全省水文系统优秀水文代办员	2002	省水文勘测局
唐惠平	女	于城镇江渭村民委	浙江省“双带”好党员	2004	省委
			全国农村妇女“双学双比”先进个人	2005	全国妇联
			嘉兴市十佳青年农业产业化带头人	2005	共青团嘉兴市委员会、嘉兴市农经局、科技局
			2007 年度浙江省“三八”红旗手	2008	浙江省妇女联合会
马雪观	男	于城镇构塍村	全国农村科技入户先进技术示范户	2005	农业部
黄金法	男	欤城供销社	浙江省先进(生产)工作者	1956	
陈海林	男	欤城乡户籍办公室	浙江省第四次人口普查先进工作者	1990	海盐县政府人口普查领导小组(通知书)
叶锡祥	男	圩城公社农科站	嘉兴地区先进工作者	1978	中共嘉兴地区委员会
周荣祥	男	欤城乡政府	嘉兴市第四次人口普查先进工作者	1990	海盐县政府人口普查领导小组(通知书)
			嘉兴市办学先进个人	2008	嘉兴市老龄工委办
马　荣	男	欤城乡欤三村	嘉兴市第四次人口普查先进工作者	1990	海盐县政府人口普查领导小组(通知书)
李周伦	男	圩城公社建新大队	1978 年度农业学大寨先进生产者	1979	中共嘉兴地区委员会
			嘉兴地区先进工作者	1978	
顾留增	男	于城成校	全国优秀教育工作者	1990	国家教委、人事部、中国教育工会
			浙江省第四届“春蚕奖”	1991	省教委、省人民教育基金会
			嘉兴市农村先进成教工作者	1999	嘉兴市教育委员会
王代妹、张李生家庭	女 男	于城镇构塍村	第四届全国五好文明家庭	2003	中宣部、全国妇联等 18 部委

续表 28－3－2

姓　名	性别	授予时所在单位	授　予　称　号	获得年份	颁奖部门
范雪珍	女	于城镇鸳鸯村	全国五好家庭	1987	中宣部等
董进法	男	于城小学	浙江省第四届“春蚕奖”	1991	省教委、省人民教育基金会
袁金林	男	于城中学	浙江省第15届“春蚕奖”	2002	省教育厅、省人民教育基金会
俞富民	男	于城镇鸳鸯村	嘉兴市优秀残疾人	2000	海盐县政府残疾人工作协调委员会公布表彰
叶玉英	女	于城乡政府	浙江省第四届“绿叶奖”	1993	省教委、省人民教育基金会
陈国祥	男	于城何家村小学	浙江省少先队优秀辅导员	1996	省教委、团省委
谢梅芳	女	于城小学	省优秀教师	1994	省教委
王卫琴	女	于城小学	嘉兴市优秀教师	2013	市教育局
			浙江省优秀中队辅导员	2003	省教委
陈张葆	女	于城镇工办	浙江省乡镇企业(中小企业)系统优秀统计财务工作者	2005	浙江省乡镇企业局
			浙江省中小企业局嘉兴市第二次农业普查先进个人	2007	嘉兴市第二次农业普查领导小组
			第二次全国经济普查先进个人	2010	浙江省第二次全国经济普查领导小组
郭水水	男	于城农技站	浙江省优秀乡镇农技员	2005	浙江省农技推广基金会
苏建良	男	于城镇政府	嘉兴市基层司法工作先进个人	2007	嘉兴市人民政府
蔡耀明	男	于城镇政府	嘉兴市杭浦/杭州湾跨海大桥北岸连接线/申嘉湖三条高速公路工程建设先进个人	2007	嘉兴市高速公路建设指挥部
阚建平	男	于城镇政府	嘉兴市人防警报社会化管理先进个人	2007	嘉兴市人防办公室
徐　虎	男	八字村村民委员会	嘉兴市(2006～2007)人民调解先进个人	2008	嘉兴市人民政府
吴锡荣	男	八字村社区卫生服务站	全国优秀乡村医生	2008	中国卫生部
沈良芬	女	于城镇社会事业服务中心	嘉兴市非物质文化遗产普查工作先进个人	2009	嘉兴市文化局

续表 28—3—2

姓　名	性别	授予时所在单位	授　予　称　号	获得年份	颁奖部门
顾　涛	男	于城镇政府	2008～2009 年度嘉兴市司法行政系统十佳社区矫正工作者	2009	嘉兴市人民政府
			浙江省社区矫正“环沪护城河”工程先进个人	2011	浙江省综治办、浙江省高级人民法院、浙江省人民检察院、浙江省公安厅、浙江省司法厅
			嘉兴市司法行政系统世博安保先进个人	2011	嘉兴市司法局
钱林祥	男	于城镇司法所	2008～2009 年度嘉兴市司法行政系统十佳法律服务工作者	2009	嘉兴市人民政府
陈水良	男	于城镇农技水利服务中心	2009 年度嘉兴市优秀气象协理员	2009	嘉兴市气象局
俞建明	男	于城镇农技水利服务中心	嘉兴市 2009 年度禁止开采地下水专项整治行动先进个人	2009	嘉兴市人民政府
徐利英	女	于城镇经济建设服务中心	嘉兴市第二次经济普查先进个人	2011	嘉兴市第二次全国经济普查领导小组
蔡朱英	女	于城镇鸳鸯村委会	嘉兴市第二次经济普查先进个人	2011	嘉兴市第二次全国经济普查领导小组
王永军	男	于城镇政府	嘉兴市纪检监察系统先进工作者	2011	嘉兴市纪委
王　芳	女	于城镇政府	嘉兴市“双十佳”优秀宣传思想工作者	2011	嘉兴市委宣传部
			嘉兴市实施“春泥计划”工作先进个人	2011	嘉兴市委宣传部
张冰良	男	于城镇农技水利服务中心	嘉兴市农村经营管理工作先进工作者	2011	嘉兴市农经局
李光华	男	浙江恒越绢纺有限公司	浙江省优秀职工	2011	浙江省委宣传部、浙江省总工会
陆群丽	女	于城镇经济建设服务中心	第一次污染源普查全国先进个人	2011	国务院第一次污染源普查领导小组办公室、国家环保总局、国家统计局、农业部
朱明祥	男	于城镇政府	嘉兴市优秀工会积极分子	2012	嘉兴市总工会
朱其良	男	于城镇政府	嘉兴市和谐劳动关系先进个人	2013	嘉兴市创建和谐劳动关系领导小组
熊善明	男	于城镇政府	嘉兴市关系下一代工作先进个人	2013	嘉兴市关公会

第三节　专业技术人员

表 28—3—3　　副高级以上专业技术职务人员表

姓　名	性别	籍　贯	出生年月	学历	专业技术职务名称	取得年份	取得时工作单位
袁金林	男	海盐	1963 年 5 月	大专	中学高级教师	2000 年 11 月	于城中学
徐　卫	男	海盐	1963 年 1 月	本科	中学高级教师	2001 年 11 月	齐家中学（于城中学任校长）
颜小良	男	海盐	1961 年 8 月	本科	中学高级教师	2002 年 11 月	于城中学
郁惠明	男	海盐	1967 年 5 月	本科	中学高级教师	2004 年 11 月	于城中学
王德生	男	海盐	1955 年 3 月	大专	副研究馆员	2010 年 12 月	于城镇文化站
陈留法	男	海盐	1953 年 10 月	大专	中学高级教师	2007 年 12 月	于城中学
沈玉林	男	海盐	1958 年 2 月	本科	中学高级教师	2001 年 11 月	于城中学
徐　遐	男	海盐	1956 年 1 月	大专	中学高级教师	2005 年 11 月	于城中学
顾咏鸣	男	海盐	1962 年 10 月	本科	中学高级教师	2006 年 12 月	于城中学
沈培芬	女	海盐	1968 年 4 月	本科	中学高级教师	2006 年 12 月	于城中学
陆晓立	男	海盐	1971 年 11 月	本科	中学高级教师	2007 年 12 月	于城小学
金宏章	男	海盐	1948 年 12 月	中专	中学高级教师	2007 年 12 月	于城小学
肖金良	男	海盐	1968 年 3 月	本科	中学高级教师	2011 年 12 月	于城小学
蒉雪良	男	海盐	1963 年 4 月	本科	高级工程师	2014 年 12 月	于城镇广播电视站
李金义	男	湖北武穴	1976 年 3 月	本科	社区副主任医师	2014 年 11 月	于城卫生院
徐爱军	男	海盐	1972 年 2 月	大专	社区副主任医师	2014 年 11 月	于城卫生院
张绍容	女	四川达州	1974 年 11 月	本科	社区副主任中医师	2014 年 11 月	于城卫生院
苏忠伟	男	海盐	1978 年 7 月	本科	副主任医师	2015 年	于城卫生院
鲁瑞良	男	海盐	1956 年 10 月	大专	高级经济师	2016 年 11 月	浙江恒越绢纺有限公司

说明：包括曾在于城工作的人员

第四节　于城人在外地知名人士

表 28—3—4　　2014 年于城籍在外地知名人士情况表

姓　名	性别	出生年月	原籍所在地	工　作　单　位	职务或职称
叶关林	男	1941 年 10 月	于城镇构塍村	解放军浙江省杭州军分区	副司令员

续表 28—3—4

姓　名	性别	出生年月	原籍所在地	工　作　单　位	职务或职称
俞　明	男	1948 年 12 月	于城镇鸳鸯村(西 2 组)	南京市政协	副主席
				江苏省炎黄文化研究会	副会长
				南京古都学会	会长
庄建生	男	1936 年 11 月	于城镇庄家村	安徽医科大学	教授
				安徽省立医院	主任医师
邵根良	男	1936 年 10 月	于城镇庄家村亭子头	上海《文汇报》报社	记者、(农村政法组)负责人
				上海市奉贤区星火农场	党委书记
黄振华	男	1936 年 9 月	于城镇	浙江大学贸易系	主任、教授
戴志强	男	1945 年 5 月	于城镇	中国科学院上海药物研究所图书情报室	主任、研究员
叶雪明	男	1950 年 3 月	于城镇鸳鸯村叶家场	杭州警备区政治部	主任、大校军衔
邹建中	男	1968 年 9 月	于城镇江渭村	中国电子科技集团公司第三十六研究所	总会计师 高级会计师职称
沈忠明	男	1967 年 9 月	于城镇构塍村南窑组	杭州留下部队医院	大校军衔 副主任医师
俞利军	男	1963 年 6 月	于城镇鸳鸯村北俞浜	对外贸易大学英语学院	副院长、教授
沈雪中	男	1963 年 9 月	于城镇三联村亭子浜	浙江省人民检察院公诉一处	处长
冯　军	男	1963 年 10 月	于城镇三联村丁家木桥	浙江科技学院	党委委员、副院长、研究员
吾中良	男	1964 年 9 月	于城镇构塍村	浙江省林业有害生物防治检疫局	副局长、高级工程师
周建平	男	1968 年 3 月	于城镇江渭村	中国人民对外友好协会文化交流部	处长
陈林峰	男	1979 年 10 月	于城镇三联村	国家安全部	处长
施建祥	男	1964 年 11 月	于城镇江渭村	浙江工商大学保险系	主任、教授
沈其明	男	1965 年 10 月	于城镇庄家村	兰州军区联勤部通讯修理所	所长、上校军衔
张建生	男	1966 年 10 月	于城镇构塍村	嘉兴市商务局	局长、书记
潘人伟	男	1963 年 10 月	于城镇构塍村	湖州市卫生局	副局长、副书记
				湖州市科协	副主任

续表 28－3－4

姓　名	性别	出生年月	原籍所在地	工　作　单　位	职务或职称
周拯晔	男	1964 年 10 月	于城镇江渭村	秦山核电厂	研究员级高级工程师
				嘉兴市政协	常委
陆秀良	男	1965 年 5 月	于城镇三联村	嘉兴市教育研究院	中学高级教师
俞慧明	男	1963 年 7 月	于城镇鸳鸯村	嘉兴市人民政府食品开发办公室	主任、高级农艺师
沈火明	男	1962 年 9 月	于城镇吕家村	嘉兴市农经局农业机械管理处	处长、高级农艺师
陆　瑛	女	1964 年 10 月	于城镇三联村	嘉兴市辅成教育集团	总校长、中学高级教师
王建芬	女	1965 年 9 月	于城镇构塍村	浙江师范大学文化创意与传播学院	副教授
王陈辉	男	1981 年 5 月	于城镇构塍村	浙江师范大学文化创意与传播学院	广告学专业主任、学科竞赛办主任
陈利民	男	1968 年 6 月	于城镇三联村	嘉兴市秀州中学	中学高级教师
				嘉兴市音乐协会音乐专业委员会	会长
王珊宝	女	1963 年 8 月	于城镇庄家村	嘉兴日报社	主任编辑
				南湖晚报	副总编
步玉琴	女	1964 年 5 月	于城镇庄家村	绍兴文理学院	副教授
范建忠	男	1960 年 3 月	于城镇构塍村	空军鹰潭汽车修理厂	业务处长
殷福祥	男	1973 年 7 月	于城镇八字村(千福)	宁波市象山边防大队	大队长
沈其鸣	男	1965 年 10 月	于城镇庄家村(钦南)	兰州军区联勤部通讯站	工程师、上校军衔
张士军	男	1964 年 4 月	于城镇三联村	浙江华电乌溪江水力发电厂	党委委员、厂长、高级工程师
褚　健	男	1963 年 4 月	于城镇何家村	浙江大学	副校长、教授博士生导师
周卫东	男	1966 年 10 月	于城镇江渭村	优能通信科技有限责任公司产品一部	部长、副教授
苏为群	男	1970 年 6 月	于城镇何家村	东海舰队训练基地崇明筹建办	副主任〔副团级〕
李卫军	男	1964 年 10 月	于城镇鸳鸯村	杭州市出入境检验检疫局食品处	副处长
沈社良	男	1967 年 1 月	于城镇何家村	浙江省人民医院麻醉科	主任医师

续表 28—3—4

姓　名	性别	出生年月	原籍所在地	工　作　单　位	职务或职称
俞桂林	男	1933 年 12 月	于城镇鸳鸯村	浙江省农科院、中国水稻研究所	人事处副处长 研究员
汤雪观	男	1963 年 5 月	于城镇三联村(汤家浜)	沈荡中学	中学高级教师
蔡玉鹤	男	1967 年 12 月	于城镇鸳鸯村	横港中学	中学高级教师
马忠明	男	1970 年 5 月	于城镇江渭村	通元小学	中学高级教师
徐立恒	男	1967 年 2 月	于城镇吕冢村	通元小学	中学高级教师
沈炳荣	男	1955 年 9 月	何家村	浙江浙能镇海发电有限公司	副总经理(1998 年 5 月～2008 年 5 月)
				浙江浙能金华燃剂发电有限公司	总经理、党总支书记(2008 年 5 月～2010 年 7 月)
				浙江浙能镇海发电有限公司	总经理、党总支书记(2010 年 7 月～2013 年 3 月)
				宁波海运集团公司	董事长、党委书记(2013 年 3 月～2015 年 10 月)
费建平	男	1972 年 1 月	于城镇八字村	微码科技北京有限公司	总经理
王沈英	女	1962 年 3 月	于城镇江渭村	北京名士迪文化投资有限公司 北京中联红月亮文化传播有限公司	董事长
				嘉兴英子文化创意有限公司	总经理
叶碧野	男	1971 年 10 月	于城镇三联村	北京东西南北中文化艺术有限公司 大悦(上海)文化传播有限公司	董事长
沈旭伟	男	1976 年 8 月	于城镇何家村 12 组	国家核电工程有限公司信息文档部 IWS	经理
沈玉龙	男	1964 年 9 月	于城镇何家村	上海本原企业咨询研究所	所长
何建军	男	1970 年 7 月	于城镇吕冢村	美国罗克韦自动化(中国)有限公司传动及动力控制事业部	上海
叶晓虹	女	1973 年 12 月	于城镇三联村	湖州市广播电视总台	新闻主播、记者 湖州市政协常委

续表 28—3—4

姓　名	性别	出生年月	原籍所在地	工　作　单　位	职务或职称
李松山	男	1974 年 1 月	于城镇江渭村	杭州豪运汽车动力配件有限公司	总经理
马燕华	女	1980 年 1 月	于城镇吕冢村 14 组	中国商会会长联盟	秘书长
				航天海鹰安全技术有限公司宁波公司	总经理
				宁波思博贝斯智能科技有限公司	
				宁波嘉兴商会	副会长
				宁波海盐同乡会	副会长
陈水林	男	1945.11	于城镇八字村	中共嘉兴市南湖区委组织部	部长（1991～1993）
				嘉兴市农经委	副书记（1994～1995）
				嘉兴市南湖综合开发区	副书记、副主任（1996～2001）
吴鹤芬	女	1957.7	于城镇集镇	湖州市中心医院	主任医师

说明：曾任（或相当于）副县处级以上职务和副高级以上职称及企业知名人士

第五节　于城人在外国知名人士

表 28—3—5　　　　**于城在外国知名人士情况**

姓　名	性别	出生年月	原籍地址	工作单位	职　务	学　位	备　注
陆赵良	男	1962 年	于城镇三联村			博士	定居美国费城
徐　飞	男	1965 年 1 月	于城镇八字村	美国国家药监局	评审员	博士	定居美国马里兰州
沈建祥	男	1962 年	于城镇吕冢村			博士后	定居美国费城
褚妙奇	男	1987 年 9 月	于城镇八字村	美国西北大学		博士生在读	美国
冯哲昀	女	1987 年 4 月	于城镇八字村	美国密歇根大学		博士	美国
				谷歌互联网公司	职员		

第二十九编　艺文选录

第一章　民间文学

民间文学收录了《非物质文化遗产普查成果集》中的传说、故事、笑话等。收录市级以上发表或获奖的有关民间文艺、文学方面的作品。

镇海石的传说

很久以前，于城西庄村来了一个和尚，边敲木鱼边在村上兜圈子。村里人问他："大师，你在村里兜来兜去，想要什么东西？"和尚说："我看中了村后边的那块大石头。"村上的长者看了看这块石头，石头有几间屋子那么大，又很厚实，埋在泥中，就是几十人也搬不动它。长者说："这石头你有本事拿回去，就送给你吧，我做主。"

和尚道谢了主人，然后从身上拿出一块花布大袱，罩在石头上。这时，天上突然狂风大作，乌云密布，村子里黑沉沉的看不清东西。过了一会后，黑云渐渐散去，四面又明亮起来。可村上的人却发现，那块无人能搬动的大石头竟不翼而飞，留下的是一个巨大的泥潭。

后来才知道，那块巨石飞到了海盐县城，落在了天宁寺后边的一块空地上。原来，那个到西庄讨要石块的和尚是"济颠僧"活佛。因他得知东海龙王要兴风作浪，将海盐县城淹没。活佛为了保住县城，到于城西庄来要那块石头，将石头压住了海龙王的后门口，镇住了海水的泛滥，故称此石头为"镇海石"。而在镇海石上，刻着"西庄"两个字。

过了一段时间，那和尚又来到西庄，手里拿着一个钵，走到了村上长者的门前。长者问他："大师，你这次来又想要点啥？"和尚说："这次是为化斋而来。"

长者见他只拿一只小小的钵，就唤仆人拿出一升白米倒入钵中，可倒进去的白米一下就没了。长者又叫仆人连续倒了几升，仍然倒不满。长者觉得奇怪，就再让仆人一斗一斗地捧出来，但这些米倒入钵中，那钵还是不满。长者发懵了，决定打开粮仓，将一袋一袋的大米倒入钵中。过了一会，长者家中的粮食已剩下不多了，可和尚的钵中还是空空的。此时，长者脸色惨白，颤抖着说："大师，现在我几乎把家中所有的粮食都给你了，你也该剩一点给我们糊口啊！"和尚点了点头，讲了声："阿弥陀佛"，只见钵中的粮食已堆得满满的，然后他微笑着走了。

殊不知，和尚在讨要粮食时，在西庄北面的庄柴河中，停着很多木船，钵中的粮食流入这些木船里，被运往海盐的。怪不得和尚的钵怎么也装不满。

和尚有了粮食，立即兴师动众，在镇海石上造一座宝塔，稳重地压住海龙王的后门，让它永远不能动弹，镇住海水泛滥，保护县城海盐。

正当工匠们在紧锣密鼓地建造宝塔时，工地上来了一个孩童，整天在那儿玩弄小木块。只见他将木块劈劈削削后，塞进了一个竹筒中。日子久了，工匠们讨厌他，赶走了那孩子。孩子离开工地时说："海盐宝塔造七层。"

当时宝塔已造到了七层，工匠们准备造八层，可怎么也造不高了。无奈之下，只能造到七层就收了顶。后来有人将小孩玩的竹筒劈开一看，里面有一个七层的小宝塔。

宝塔建好后，工地上设了竣工宴，还特邀西庄的代表赴宴。但西庄只去了个小孩子，酒席上，"帝点生"活佛向小孩敬酒后，说了这样的三句话："你们西庄人，富来不做官，穷来不讨饭，永不天火烧。"

后来西庄出了位大官，做到七省御史。御史的女儿嫁给了京城宰相的儿子。一天，御史的女儿在朝里偶然看到公公负责烧铸的铜钱，就无意地说："你们京城制造铜钱的方法和我娘家制造的方法竟是一样的。"可就这么一说，却遭了大祸。因烧铸铜钱是按皇帝的圣旨制造，公公监管的是国家合法的钱币制造处，而她娘家开设的是伪造钱币的地下工场。身为七省御史大官的人竟在制造假币，罪不可饶。于是，她娘家被满门抄斩，当时仅逃出了一个儿子。后来这儿子隐姓埋名，偷偷地生存下来，但他对养育女儿却痛恨之极。凡妻子生下的女儿全活活捏死，决心三代不留女，只留男儿根。

直到现在，西庄前面的河浜里，还深埋着许多当时伪造铜钱的瓦钵和煤渣。

另外，西庄到现在真的没有发生过火灾。据传在抗战时期，日本侵略者登陆海盐，一次扫荡到西庄，准备焚烧房屋时，西面天空突然乌云密布，雷声大作，瞬间下起了倾盆大雨，日本人来不及放火就逃之夭夭。

这些都应验了"帝点生"活佛的话，流传至今。

（讲述者：王士其，收集整理人：何留法，2008 年 4 月）

做魇阳[1]

从前，夏日的一天，赤日炎炎，有个泥师师傅走得汗流浃背，到村子里一户人家讨水喝。只见门槛上坐着个老太太愁眉苦脸的擦着眼泪，师傅说明来意后，老太太说道："家里穷，开水也没有，只能喝井水了。"师傅点点头说："井水也不要紧。"老太太赶紧到灶边间舀了一碗水给他。

师傅干渴得很，巴不得一口气喝完，可接过碗一看，水面上漂浮着砻糠，吹一下才能喝。师傅心里想："这老太太真的小气，讨一点水也舍不得"。

师傅慢慢地喝着水，问老人为何伤心。

这一问，老太太勾起了伤心的往事，便道："不瞒你说，以前我们家里不愁吃，不愁穿，还算富

① 《做魇阳》列入海盐县第四批非遗代表作名录。

裕。儿子勤劳,可是三年前造了房子后,不知道啥原因,他天天去赌博,而且每天都输,把家产都输光了。我们家都是好人那,不亏待人,还为他人着想,像你今天走得汗流浃背,我在水中放点砻糠,让你慢慢喝,不至于激坏身子”。

师傅一听说,心想,这老婆婆说得有理呀,这凉水吹一下,喝一口,一口一口地喝,倒也感觉舒服,如果一口气喝完,是会喝坏身子的,以前是我错怪她了。

老太太又说:“当年造房子格晨光,我家大鱼大肉待师傅们,还把鱼和肉中的骨头全部剔出,师傅们讲究吃得快,不让他们有麻烦,还可多吃点。想不到却得到了今天的报应。”

师傅听后恍然大悟,心里感到内疚,原本吃鱼肉无骨头以为是剩菜,却原来是老太太善待咱们哪,真是错怪她们了。其实这师傅就是三年前老太太家造房子的“作头”,那年泥木匠都嫌老太太寒酸,本是富裕人家,给工匠吃的菜肴有如吃剩的残羹鱼肉,碗里少有整块的。作头师傅也心怀不满,直至做屋脊时,在中间的“龙跃”里做了“魇阳”,偷偷地放了麻将小头子,正面向上。师傅想:“有了这‘魇阳’,料想这富裕人家再也发不了了吧,今天我来的目的是看看是否灵验”固然如此,却不料,错把好心当作驴肝肺。

喝完冷水,师傅到外面去转了转,回屋告诉老太太说:“你们屋上有几张瓦淌在一起,我去弄弄好!”老太太点了点头。师傅爬上屋顶后,把放在“龙跃”里的麻将头子翻了个身。下来告诉老太太说:“漏修好了。”老太太忙说感谢的话:“在过在过!”师傅告别了老太太,便赶路了。

自此以后,老太太儿子逢赌则赢。不久之后,老太太劝儿子说:“孩儿,你已赢回输光的钱,不要贪人家的财了,老古话说:‘君子爱财,取之有道’。还说了:‘十赌九输’”。儿子听了娘的话,洗手不赌。勤劳致富,娶了媳妇,过上了好日子。

消息传到作头师傅那里,他也如释重负,说道:“好人自有好报”。

(讲述者:王关昌,收集整理人:董福林、蒋自强、何留法,2008 年 5 月)

摇船问路

从前,有一个小青年要到外婆家去,去外婆家的路上有座桥断了,只好摇船去,他小时候跟着大人坐过一次船,现在不认得这条水路了,当船摇到了一只漾角上,有个大伯在杨树上砍树柴棒来烧饭,就随口问道:“杨树郎叔叔,我到赵家埭做客那哈以摇。”那大伯随口说:“板稍,板稍,再板稍,见人家屋子就到了。”结果小伙子摇了三个板稍,仍在老地方见到了他,就不好意思地又问:“叔叔,我到赵家埭那哈以摇”。那大伯说:“你原来啊这样问,赵家埭早就摇到哩,板稍,推稍,板稍,见人家屋子就到了”。当摇到外婆家时,他们饭都吃好哩,小伙子一说,大家都笑了。

(讲述者:苏吴奎,收集整理人:董福林、何留法、蒋自强,2008 年 8 月)

借　伞

从前,有一天天下着大雨,赵大林要去做客,向李小二借了把伞。可做客回来已经很晚,加上伞很湿,这样去还不太好,就把伞撑在自己家里,明天再去还。

谁知李小二既小气又愚蠢，到天黑时还不见赵大林来还伞，心里很不痛快。晚上偷偷到赵家窗外看个究竟。一看，原来把伞撑在他家里。李小二想："好一个赵大林，你借了我的伞，白天用了一天，夜里还要用一夜，真是个黑良心。"第二天，赵大林去还伞，李小二嘴上不说，却怀恨在心。

等到有一天又下雨了，路上很滑，赵家有双钉鞋，穿上它在泥路上走也不太会滑。

李小二怀着报复之心去向赵家借钉鞋，借来后李小二想，你把我的伞用了一天一夜，我要把你的钉鞋也用上一天一夜。所以，李小二白天穿了一天后，夜里睡觉也穿着钉鞋。这个笨蛋殊不知，他一夜翻来覆去，两只脚伸长缩短，撑得草席不成样子。天亮起身后才发现，草席已七疮八孔，不能再睡了。这时，李小二才后悔地说：我真笨，笨蛋一个。后来这事不胫而走，成了当地的一个笑话，广为流传。

（讲述者：范雪荣，收集整理人：董福林、蒋自强、何留法，2008年8月）

看草台戏

人们的文娱活动，不同时期有不同的内容和特点，解放前的草台戏，解放初的文工团，六十年代的电影，"文化大革命"期间的样板戏，现在的电视。

草台戏大多是地方庙会筹集资金请来的戏班子，当时的庙会是自发性的搞迷信活动的组织。演出的地点大多在乡村的小集镇，例如倪王庙、吕冢、于城等。这个集镇的草台戏收场了，另一个集镇的草台戏开始了。演出的时间，大多是春季农忙前，一年只有一次，因为这个时候气候宜人，农活不多。戏台搭在空地上，是用竹木临时搭的，上面铺木板，顶上用芦苇劈开编的芦菲盖着，也有用布遮的，防止日晒雨淋，造型非常注目，很吸引人。人们描绘它说："新造庙，四角翘，新装菩萨发虎跳。"看戏的人都在室外，前排近一点的观众坐着看戏，而大多数人是站着看，后边的人也有站在凳子上看的。草台戏在白天演出，高高的戏台，让人们很远就看到了，闹场的锣鼓很早就开始了，非常响亮。俗话说："锣鼓响，脚底痒。"当时，农村的文娱活动是比较枯燥的，听到锣鼓的声音，年轻人成群结队，大人带领孩子，向做戏的地方走去。锣鼓声一阵高过一阵，表示演出就要开始了。演出的内容大多是京戏，锣鼓、唢呐、二胡、京胡的调子非常动听。演员的服装也很讲究，宽大的官服，披甲战袍，还有表示骑马的马鞭挥动着。特别是翻筋斗、刀枪交会武打场面非常精彩。只可惜当时没有电，没有麦克风，场大人多，演员的唱词既听不清，也听不懂，只有看过此类小说的人，才懂一点故事情节。

看戏的场上非常热闹，名义上是看戏，实际上是人看人是人们谈心会友的好去处。中饭时，有人不回家了就近走亲访友，交流生产生活情况。戏场外边，临时摊位不少，有卖包子的，做蛋糕的，出售糖果糕点的，很多大人给孩子买吃的。还有玩洋片看图画的，卖小百货的洋货摊，使热闹的戏文场更加热闹。

下午三四点钟，草台戏散场了、人们依依不舍、意犹未尽地离开戏文场。一路上，人们议论着，如果在家里看戏文，那就更好了。

在家里看戏文，不就是今天的电视吗？前人的愿望实现了。

（收集整理：祝留山；原载于《海盐民俗风情》，西泠印社出版社，2001年5月）

乘 栈 船

从前，水乡农村没有轮船，没有汽车，农户出售农产品，买进生活用品上街进城，要么步行，要么乘栈船。

栈船是沟通城乡的主要交通工具。栈船不大，约两吨左右的客货船，船上搭棚，棚是用芦篾编成的芦菲，可以前后活动。船内的左右两排木板，是供乘客坐的。栈船开往附近的几个城镇，例如海盐、沈荡、硖石。具体日期一般是有规定的，或事先通知，但都是早出晚归。在途中的速度很慢，去的地方远，就在下半夜开船，到深黄昏才回来。船主在开船前会鸣锣为号，第一次是预备号，让乘船的客人起床吃早饭，锣声鸣得紧了，表示栈船就要开了。一路摇去需出街乘船的人会陆续在沿途上船，货装在坐人的木板下面。船是用人力摇的，船主只有一个人，乘船的客人需轮流摇船，船在途中，需要三至六个小时，乘客之间，大多是相识而不常见的农户。大家坐定后，话就多起来了，无所不谈，十分热闹。船里的乘客大多是男人，妇女和儿童较少，船摇一橹，晃一晃，时快时慢，时轻时重，船内的空气又不好，孩子上船前很快活，他可以出街玩了，但几经摇晃，他晕船了，头疼头晕，有的还呕吐，他的高兴劲早没有了。船在中饭时靠岸，有的在饭店里吃，有的在出街前带饭菜，吃的是冷菜冷饭。

以前，政府对疏通河道不重视，栈船摇到叫"狗头颈"的地方，河道又狭又浅，船摇不动了，客人们只好赤脚卷裤，下河推船前进。造桥时，讲究风水，有的桥门不是对着河道，船过桥时，不碰船头就碰梢，这时，船头上有人握着篙子，摇船的人小心翼翼，全神贯注地通过。栈船摇到硖石东面的"紧转桥"时，桥只有一孔，桥对面的视线被挡住了，水急船多过桥非常危险，选一名壮汉撑橹，靠右行进，船头上有人紧握篙子，大声呐喊："松摇"，桥那边如有来船，也会大声喊叫："松摇"，大家提心吊胆，船通过了桥门，才松了一口气。

船停妥后，大家顾不得一路颠簸疲劳，顾不得琳琅满目、目不暇接的商品，只记得自己拿去的农产品卖个好价钱，买进自己打算买的东西。只有孩子最快活，忘记了晕船的痛苦，眼睛盯着食品店、玩具店，家长多少会给买一点的，但玩具很少买。

生意做好后，就在栈船停靠的地方等候，一起出街的人集合后，在船主的带领下，开船回家，又要经过几个小时的颠簸，回家时已是黄昏了。

（收集整理：祝留山；原载于《海盐民俗风情》，西泠印社出版社，2001 年 5 月）

牵砻打米

旧时，农村没有电，没有柴油机，也没有碾米机，稻谷收获以后，加工成米的方式就是牵砻打米。

牵砻的工具叫作砻，砻是两片木制的圆形磨子，直径约一米多一点，下面一片是平的，用大的木料拼成圆盘，外侧用竹篾箍紧，圆盘朝上一面的外圈以半径方向均匀地凿着一条条小槽。上面的一片的中间是空的，也用大的木料拼成圆圈状，外侧同样用竹篾箍紧，圆圈朝下一面也与半径方向均匀地凿着一条条小槽。下面的一片固定在特别的木架子上，稳定不动，上面一片朝下同它相合，中间有一个固定点。稻谷放进上面一片的空洞中，用人力牵动磨子上面的一片，稻谷受到强烈挤压摩擦，使谷上的壳（砻糠）同米脱离，从边上的小槽中流出来，再用风车把砻糠和米分开。但米中仍夹着不少没有碾去砻糠的稻谷，要用米筛筛过。筛出来的稻谷再第二次、第三次到砻里去牵，用风车扇、用筛子筛。

当时有专门牵砻卖力的人，挑着两片砻，带着筛子，走村串户，上门为农民牵砻。牵砻的活是重活苦活，灰尘很多，一天约牵数百斤，一般农户需牵很多天，把全部稻谷一次性牵完，再贮存起来，而牵出来的米还是糙米，米上还有一层薄薄的皮，要把糙米成为白米，还需要打米。

打米的工具叫臼，臼有石制的石臼，也有从窑里烧出来的窑臼。把糙米放进臼里，用木制的榔头不停地打。这种木榔头一般还在碰着米的一头，镶嵌一块半圆形的球形石头，平面和木头相连，球面与米着力，糙米上的薄皮才慢慢磨下来，然后再用细一点的筛子筛去青糠，这才是白米。打米也是重活，一个劳动力一天可打米一百至一百五十斤。打米时，要顺着臼的圆周不停地转圈，可以使臼里的糙米着力均匀。一般两个男人一上一下地对着打，速度可以加快。

牵砻打米都是先辈们干的活，笔者见过却没有做过，如果他们看见今天的碾米机，不知会怎样高兴呢。

（收集整理：祝留山；原载于《海盐民俗风情》，西泠印社出版社，2001 年 5 月）

鸳鸯桥

鸳鸯桥是一段美丽的爱情故事传说而得名。

从前，在鸳鸯桥河的两岸，南岸住着一大户人家，姓氏为章，章家有房百余间，傍河还修建了休闲长廊，东面还造有牌坊，章家家财万贯，西面有通往六里山的河道，章家在河道的吕冢港口上建了“防备桥”，据老人说为防强盗抢。北岸住着佃户，姓查。查家虽说不穷，却不可与章家比，在农村叫作小拇指比大腿。很久以前，章家大户有位貌若天仙的姑娘，姓章名朝娥，不仅能说会唱，还会刺绣。查家有位帅小伙子，姓查名金文，读了多年私塾有文化，但他爱好竹编，编的篮子花样百出，既实用又十分好看。两人均年方“二九”。那时，河上没有桥，虽近在咫尺，但也只能隔河相望。章家大富，朝娥应为不“落”楼小姐，她却向往外面的世界，常下楼到自家河边长廊哼着祖母教给的《十二月花名》等等民歌小调，并拿着绣花针，刺绣着她喜爱的图案。查家金文则常在河边用茅草搭建的休闲工棚里编着他喜欢的竹篮子等，并哼着他偷学来的“骚子歌”。两人隔河相望，聆听着对岸的歌声，渐渐地都对对方有了好奇之心。日久生情，两人隔着河用“嗨”“呵”打招呼，叫着对方，并用歌声打动着对方。

说来也巧，这年春节，风和日丽，吕冢“庙会”搭台唱戏。章小姐耐不住寂寞，便偷着与丫鬟去逛庙会。节日里，查金文自然要“轧闹猛”。于是，两人意外相遇，格外兴奋。甭提有多高兴。章小姐支开丫鬟，两人找个僻静处谈起了家常，说起了悄悄话，用当地方言说：他们是干柴烈火。两人隔岸就有情意，今日却成了一见钟情，于是便私订了终身。一个说唯她不娶，一个是唯他不嫁。山盟海誓。

庙会散了，丫鬟找到他两才恋恋不舍离开庙会场回家。

查金文哼着小曲一路回到家里。把今天遇到的事禀告了父母，两老十分欣喜，夸儿子有才能。于是乎，便请媒人、备礼品，选吉日去章家说媒。章家闻言，嘴上不说，心里却不高兴，认为女儿大逆不道，竟敢私订终身。于是不接礼品，也不同意这门婚事，认为是门户不当对，再说“生辰八字”也没有看，生肖也不合。

章小姐得知此事，并挨了父母的训斥。当场与父母大闹，说出了唯金文不嫁的誓言。她父母自然转不过这个弯，坚决不同意这门婚事。章朝娥也挑明了自己是铁了心的，并以死相胁迫。但封建社会讲求的是“父母之命”。一个弱女子是顶不起这座大山的。

出了这件事后，章小姐便被家人软禁了。鸳鸯湖两岸好久听不到悠扬的民歌小调及骚子歌的调侃与说唱。章家为女儿章朝娥说了不少媒，每一回都遭她推绝。

相思难熬，章姑娘病了一场。

相思之苦，查金文茶不思，饭不香。

春光逝去，冬去又春来。

第二年，端午节倒了。这天，章小姐不顾一切地爬楼从家里溜了出来。她自己撑船到了对岸，找到了相思已久的情郎查金文，两人相见，便拥抱在一起，相互倾诉了相思之苦。

在查金文家用过午餐，两人合计后，决定摇船去庄柴湖“湖心岛”上游玩。他两在“湖心岛”在草地上铺上了查金文编织的席子，二人摆上食品，盘膝而坐，促膝谈心，无话不说。可谓是爱到深处不知返。直到夕阳西下，他两才记得该回家了。

一路摇来，小船经过牌坊处，章小姐坚持着要上牌坊再坐一会儿，查金文便把船停在上牌坊的石埠上，上岸坐在牌坊石凳上沉默着，二人默默地对视着。他们想到了私奔，可章家有“家规”，私奔要处“沉河”极刑。再说，章小姐是富户出生，平常连饮食起居都有丫鬟照料，受不了“私奔”流离失所之苦。

一轮明月升起，夜静悄悄。突然，章家亮起了点点灯火，喊着朝娥的名字正在四处寻找。

事到今日，两人坠入爱河，拥抱在一起发誓：死也要成双成对，做夫妻。可是谁不知封建这把刀，不知害了多少有情人。月光下，这对年轻人在牌坊下跪了下来，朝着家的方向拜了父母，又拜了天地，两人心中已把对方认作了夫妻。

乘月色，朝娥与金文搀扶着走下牌坊石埠，金文以为朝娥会乘船回家受父母责罚。谁知到了河埠头，这位美若天仙，温柔可爱的弱女子却选择了另外的路……为爱铁了心肠的路。

章朝娥没有上小船，而是沿着石埠一步步走向河水深处，两人拥抱在一起，双双沉入河底……为了爱情向封建制度抗争。

太阳升起来了，寻找了一个晚上的家人和家丁，在牌坊的石埠头找到了章家的小船，又看到了河面上有一对鸳鸯在戏水，这是朝娥与金文的化身，他们恩爱之情感动着天地，眼泪从人们的眼中夺眶而出。（据说他俩原本是天府银河里的神仙鸳鸯，因恩恩爱爱常相伴遭嫉妒被贬下凡。）

一对有情人实现了自己的心愿。他两热爱自己的家园，逗留了好长时间后，他俩驾云展翅升空，步入了琼楼仙阁，成了永久的恩爱夫妻。

自从朝娥升天成为仙女后，其母章氏思念女儿大病了一场，请了骚子先生摆 7 筵，唱了三天三夜。章氏病愈后，为了还愿，除了请骚子外，又为她女儿和金文在牌坊的西北河段建了一座石桥，名为鸳鸯桥，于是便有了鸳鸯桥也有了鸳鸯村的地名。

（讲述者：朱贤德，收集整理：王德生；原载于《海盐文艺》2013 年第一期）

再现杭嘉湖奇葩古韵　创新民俗舞蹈五梅花

民俗舞蹈《五梅花》，是杭嘉湖鱼米之乡的奇葩古韵。梅花有洁白芳香、凌霜傲雪的高尚品性，有在严酷的环境条件下坚守信念的顽强精神。古往今来，咏梅花的诗篇不少，有苏轼的《红梅》，陆游的《梅花绝句》，李清照的《玉楼春・红梅》，毛泽东主席的《卜算子・咏梅》等；武术界有“梅花桩拳”；古典音乐有古琴曲《梅花三弄》；当今，商界有工艺品“梅花伞”，江苏常州市有“梅花节”等等。但是，在舞蹈界、特别是古代民间民俗舞蹈中、以梅花命名的，只有我们杭嘉湖地区的五梅花，可谓独具匠心、独一无二。五梅花在杭嘉湖传承至今，至少有二百多年的历史，在海盐县于城镇[①]收集到的有十二套舞蹈表演形式，海宁袁花则更为丰富，表演五梅花配有曲谱、打击乐曲牌，是民间民俗舞蹈艺术之精品。2009 年，由于城镇文化站副研究馆员王德生主持申报，五梅花列入了第三批浙江省非物质文化遗产代表作名录。

一、什么是五梅花

五梅花是从古至今广泛流传于杭嘉湖地域海盐、海宁、桐乡等地的民间传统舞蹈。不同地方或不同年代叫法不一，同一区域也有多种名称，即五梅花又称“串树灯”“散花”“串花”“走花”，在海盐于城也叫“胡蜂叮瘌痢”[②]。五梅花在数百年的传承发展中，吸收了“虎跳”“抢背”等地方舞蹈、戏曲动作和“天下同”“八板调”“金铃子”等地方音乐元素，逐步从传统宗教舞蹈演变为自成一体、独具杭嘉湖地方特色、娱神娱人的民间传统舞蹈，是中国少有的、以动作形态传情达意的民间传统舞蹈。五梅花在古代是依附于宗教仪式的艺术活动，从超度演变到民间除座、祭祀、迎神等，在故世者家属做法事功德圆满后进行；每次表演人数为六至八人，最多十二人；表演者为僧侣、道士、阴阳生（俗家道士）和当地村坊民间艺人；表演着装为铁灰色或蓝色海青衫和僧侣、道士常穿的斜领长衫。古时，五梅花舞蹈分为文场、武场，文场以丝竹乐和打击乐伴奏，舞姿飘逸脱俗；武场用打击乐伴奏，边敲边舞，以僧、道等对垒场面出现，舞者要有翻、滚、跳的技巧，双方志在技压对方，故竞争激烈，技艺高超，龙腾虎跃。1990 年，五梅花被收入《中国民族民间舞蹈集成・浙江卷》[③]。

二、起源

五梅花起源于古代宗教祭祀仪式，南宋时期，王契真编纂的《上清灵宝大法》[④]中就有关于道家“烧香散花”的记载。据海宁市老艺人周祖庆（1921 年生）回忆说：“解放前在袁花崇教寺做小

---

① 据《清一统志》记载，于城始建于 2000 多年前的东周（前 770 年～前 476 年）。

② 舞蹈中舞者表演有头顶头，做腰子翻身的动作。因有和尚表演时是光头相顶而命名。

③ 1990 年，中国舞蹈出版社出版。

④ 中国道教灵宝派重要仪式、要典之一。

和尚的时候，有一次，听老师傅在禅房里指着一副木刻对联讲，‘串花早在这座禅房重修之前就有了’。”对联上有康熙甲戌年(1694 年)的落款，由此推测，五梅花已有三百多年的历史。据海盐县于城镇鸳鸯村人老艺人朱松观(1921.12～2015.3)回忆说：“我少年时在潘墅庙做小和尚，就已经看到师傅们表演五梅花，年长一点便跟师傅一起参加表演。曾听潘墅庙贵太和尚讲：在‘长矛’时期[①]，于城附近坛墩庙里的九太和尚，倪奥庙里的明水和尚，善熏庙里的松元和尚等，都会表演五梅花，而且技艺很高。”海盐县通元镇艺人沈毛毛(1923 年生)说：“五梅花有二、三百年的历史，民国时为鼎盛期。”20 世纪初至五十年代，海宁从事五梅花舞蹈的僧、道人士及当地村民有一百多人，每副班子六至十二人。二十世纪八十年代普查工作中，查实有传承谱系的五梅花表演班子尚有八个。海宁市沈少耕是浙江省非物质文化遗产代表性传承人，生于 1935 年，出生在世代表演五梅花的家庭(他父亲叫沈海昌)，1945 年开始表演五梅花，擅长翻跟斗、虎跳、燕子飞等高难度的武场动作。

三、表演形式

五梅花文场舞蹈。每人手持一件乐器，笛子、二胡、板胡、三弦、掌锣、钹、木鱼等，表演时，一边吹奏着江南丝竹中的曲牌和民间小调，一边穿插绕行，其舞步凝重而飘逸，转身抬足顺势而行，富有脱俗之情趣，宛似正在引送亡魂升入琼楼仙阁。据非遗普查记录，于城表演五梅花的主要形式有 1.盘圈，2.走三角，3.互绕步，4.圆绞索，5.绳绞索，6.推骨牌，7.胡蜂叮瘌痢，8.哈哈走，9.剪刀花，10.打水桩，11.打米，12.荷花对谢等各种不同的动作队形，海宁还有“旋一角”“篱笆阵”“水蛇形”“元宝形”等队形。表演过程中，须一边演奏江南丝竹曲牌，一边表演五梅花动作及队形，对舞者的器乐演奏功底和音乐修养有较高的要求。

五梅花武场舞蹈。每人手执一件打击乐器，有掌锣、大锣、小锣、大钹、小钹、扁鼓、角鱼等。敲掌锣或角鱼者为领花人，主要敲奏“锣鼓经”，表演时气氛热烈、节奏明快。动作、造型与文场大致相似，但加大了幅度和力度。另外，随着铿锵有力的锣鼓节奏，不时表演“矮子步”“抢背”“虎跳”“前滚翻”等动作。主要队形有“造桥”“紧四角”“元宝形”“走四角”“绳绞索”“蛇脱壳”“推骨牌”等。武场舞蹈动作难度高，技巧性强，更具观赏性。

四、音乐

五梅花的音乐带有鲜明的杭嘉湖地域特色的丝竹音乐、民间小调和戏剧曲牌为主，风格清新活泼、细致秀雅，曲调优美流畅、柔和婉转，具有浓郁的江南韵味。文场以丝竹乐为主，曲调婉转、清丽、悠扬；武场全部用打击乐，节奏热烈、高亢、活泼、多变。这使得五梅花在表演过程中既能展现严肃、端庄、高雅的一面，又能展示民间传统舞蹈轻快、活泼、热闹的一面。收集到《中国民族民间舞蹈集成・浙江卷》《五梅花》中的曲谱有《天下同》《八板调》《金铃子》《柳青娘》等，打击乐常用曲牌有[急急风][四击头][走马锣][冲头][七击头]等，由艺人们即兴敲击和自由组合这些曲牌的演奏顺序，不断反复，舞完曲终。传承至今，武场传统舞蹈几乎失传，乐曲和曲牌变得简单，下面是 2013 年于城镇五梅花班子参加“中信杯”嘉兴市“金蛇报春・福满禾城”民间艺术优秀节目展演的唢呐独奏曲谱。

---

① 是太平天国时期，太平军当地称“长矛”，一八五一年间。

五　梅　花(基本曲谱)

1=C　4/4

(唢呐) ‖ 5 65 32 1 | 56 i 65 3 1 | 23 5 56 i |

| 65 32 13 21 | 32 12 3 23 | 5 35 31 21 |

| 23 5·i 65 32 | 1 - - - ‖

五、传承

表演五梅花的班子,解放前大一点的寺、庙、观、殿都有,也有流散在民间的僧侣、道士、阴阳生(俗家道士)及村民,为了生活自愿组成班子。每个班子都由领头带班,遇有乡间做"法事"的东家邀请,就带领全班人员风雨无阻,准时去做法事和表演五梅花。"文化大革命"前后,五梅花表演销声匿迹。1991 年,于城镇构塍村朱和明(1950 年 8 月生)组建了从事葬礼的俗家班子,后来他跟六里茶园村(老和尚)姚水林的徒弟李连明学会表演五梅花,1994 年,他带徒组建五梅花表演班子,有朱佥明、王忠明、张少华、薛卫良、陈金观、孙会良、沈金龙等人,开始在葬礼活动中加入了五梅花表演,他成了五梅花表演班子的领班和领花人。嘉兴市非物质文化遗产代表性传承人朱松观,当时还能从事农村葬礼活动,缺人手时,他两互邀参与,十多年间,表演了数十场次,两人成了忘年之交。二十多年来,朱和明的五梅花班子表演有百余场,到过嘉兴王店、南湖,海宁马桥、双山、狮岭、黄湾、袁花等地。2012 年 11 月 13 日晚、于城镇文化站在绮园广场举行的"送戏进城"广场文艺演出,特邀了朱和明的五梅花表演班子,表演了传统舞蹈五梅花,五梅花首度登上舞台,赢得了观众热烈的掌声。2013 年 2 月 23 日,朱和明团队经海盐文化部门推荐,参加了"'中信杯'嘉兴市'金蛇报春·福满禾城'民间艺术优秀节目展演",于城镇传统舞蹈五梅花搬上了市级舞台,并获得银奖。2013 年,于城镇文化站编排了《新五梅花》,多次登台亮相。

《五梅花》不仅是杭嘉湖地区的奇葩古韵,浙江的非遗代表作,也是我们中华民族唯一的古代艺人以梅花命名的传统舞蹈杰作。从"烧香散花""串树灯"到"走花"、不断创新演变为"五梅花"的文场至武场的传统舞蹈,凝聚了古往今来一代代民间艺人的心血和创新精神,展示了中华文化的博大精深和源远流长。

(讲述者:朱松观、朱和明等,收集整理:吴慧、王德生;原载于《文化大视野》,中国文联出版社,2015 年 6 月)

于城蚕俗

于城——嘉兴市域的一个古镇,地处长江三角洲,是古代晋朝的战略重地筑城而冠名。蚕丝产业有 4700 多年历史,唐宋时丝绫被列为贡品,明清时"桑拓遍地,茧泊如山,蚕丝成市……"丝绸之府美名远扬。于城自古迄今流淌着蚕桑丝织民俗文化的潺潺溪流,璀璨如歌,在民间世代相传。

古今的于城,春暖花开之际,冬眠后的桑园里绿意盎然,蚕农们开始忙碌起来,栽桑培桑、挑稻秆泥、施肥、用药、捉洞里桑虫等等，不亦乐乎。明间流传着俗语“清明喜鹊口，买叶不用愁；清明浓滚头，饿刹大眠头”。以清明节为界，判定春蚕桑叶长势，且十分灵念。清明日民俗活动则有“请华蚕老太”，祈求菩萨保佑蚕农蚕茧高产，做好茧，出好丝，卖好价钿。

从古至今，于城蚕农传承着一套完备的蚕丝生产技艺。各个村坊上形成了缫土丝，清水丝棉制作，“翻”丝棉被、丝棉内衣。我至今还保存了一件上世纪的丝棉保暖内衣，严冬时才穿，十分暖和。桐乡洲泉蚕俗文化博物馆不知有否？还有织土布，捻棉线，下脚茧鞭箪头等等，这些土办法一直传承延续到二十世纪六七十年代。有的至今还在应用，如鞭箪头，老年人把下脚茧浸在水中十天半月或更长的时日，然后放在大筛子上在河水中鞭打，去杂质后晒干卖给绢纺厂，价钿要高好几倍。

时至当今，于城蚕桑丝织产业久盛不衰。于城镇 2011 年饲养蚕种 8618 张，总产达 388.1 吨。上世纪七十年代初，镇上办起了缫丝企业即“于城丝厂”，生意十分红火，是当时镇财政的顶梁柱。九十年代初又兴办了“海盐于城丝料厂”，很快就成了该镇亿元龙头企业，企业曾捐资 500 万元兴建于城中学，并更名为绢溢中学，企业转资后更名为“浙江恒越绢纺有限公司”至今。公司曾被列入嘉兴市百强企业。生产的“海首牌”绢丝通过了国家 ISO9002 质量体系认证，获得过嘉兴市名牌产品、浙江省名牌产品，嘉兴市著名商标，等等。于城镇漂染企业有多家，真丝精品层出不穷。真丝雾生花手绘产品曾获中国青年博览会金奖。

蚕桑丝织是我国古代劳动人民的伟大发明。4000 多年来，形成的非物质文化遗产包含了栽桑、养蚕、缫丝、染色、丝织等整个过程和生产技艺，同时催生了相关的民俗文化。2009 年，“中国蚕桑丝织技艺”及其相关民俗文化列入了世界非物质文化遗产代表作品录。嘉兴市被列为保护的基地。于城镇是这一基地的一个缩影。2010 年，于城镇蚕桑生产习俗列入了嘉兴市非物质文化遗产代表作名录。

2008 年非遗普查中，于城收集到的蚕桑生产习俗 40 多个子项目，可谓是“五花八门”。其中信奉祭祀祈求的蚕神是：马鸣王菩萨（也称马头娘、蚕花娘娘、华蚕老太、蚕丝仙姑）等；占卜蚕桑生产丰歉的有淘箩头姑娘；民间蚕俗祭祀活动丰富，有“祭蚕花”、“斋蚕花”、“接蚕花”、“插蚕花”、“请蚕花”、“谢蚕花”、“蚕生日”；这些习俗蚕农都要备鸡、肉、鱼、糕点、水果、黄酒等食品，到时摆上八仙桌，点上香和蜡烛，磕头跪拜蚕神，烧纸钱元宝，燃放礼炮鞭炮，最隆重的是“赕佛仪式”中的“接蚕花”和“送蚕花”。这些习俗给蚕桑业蒙上了一道神秘的色彩。民间蚕桑文艺活动也不少：“送蚕花”，旧时还有行乞者手持“木鱼”小旗，到蚕农家门前唱“蚕花经”：“马鸣王菩萨到门前，身骑白马座莲台，骑得挨家都富贵，穿红着绿好运来……”唱后送上一张马鸣王菩萨像，蚕农双手捧米谢之。还有“跳蚕花”舞，四月初临近育蚕，当地庙里和尚全体出场，在自己庙界的蚕农家门前，头戴僧帽，身披袈裟，脸上戴上面具，肩背黄色布袋，每来到一家门前，敲起小锣（或者木鱼），跳起蚕花舞，大约跳了三、五分钟，蚕农主人到内屋用升箩量出半升左右的白米，这时和尚停止跳动，接过白米倒入另外一只米袋，从黄布袋里摸出三张黄纸印好的“保蚕符”递给蚕农。蚕农拿去后，待育蚕收蚁开始时一张贴在门上，一张贴在蚕匾上，一张贴在蚕架上。用此保佑蚕茧丰收。“做蚕戏”，旧时小戏班以皮影戏和小木偶戏为主，由村坊上大户或联户凑钱请戏班专场表演。另外还有“踏白船”“踏青”等外出活动。

婚嫁中的蚕桑习俗多姿多彩。“泼蚕花”，旧时农村娶亲用大船，娶亲船离岸启程时，新娘的母亲拎一桶水(称蚕花水)，船头撑篙人如第一篙撑在岸上，称为“旱篙”，新娘母亲立即把蚕花水泼向撑篙人，撑篙人不懂此俗或故意，会遭受冷水泼身的苦果，三九严寒会结冰而归传为笑谈。“拿蚕花”：在对亲和娶亲之日行之。女方到男方时有一个拿蚕花仪式，也叫“送蚕花”，女方拿一张蚕种、三张瓦片、一棵万年青随着行亲的人送到男家，男方的母亲要隆重地穿上红色棉袄迎接女方送来的信物。把蚕种悬挂在正厅梁上，待明年春季，蚕时收蚁育蚕。“扫蚕花地”：新婚第二天，小夫妻俩来到正厅上，拿扫帚从大门口扫向屋里，口中念道：“蚕花茂盛，五谷丰登”吉祥语。“撒蚕花”：婚礼上，新娘子进门时，掌礼人把糖果、花生、枣子等撒向宾客，同时讨口彩：“蚕花铜钿撒上南，添个官官中状元；蚕花铜钿撒落北，田横地头路路熟；蚕花铜钿撒过东，一年四季福寿洪；蚕花铜钿撒过西，生意兴隆才有利；东南西北撒的匀，年年交上蚕花运”。当今人们采用了喷放花筒则同出一辙。“看花蚕”，即新娘过门后第一年要独立养春蚕。还有“梦蚕筢”等等。

葬礼中至今还行的蚕桑习俗有“讨蚕花”，也叫“纤棉”：死者殓棺之前，死者的亲属按长幼亲疏次序，两个人互相配合双膝跪地在死者的左右两侧，双手对面扯起丝绵盖在死者的胸口或脸和手上，以祈祷死者对蚕花的保佑。“兜蚕花”，也叫“讨财香”：当亡者棺材抬出前，儿媳妇各自把一条红绵绸或红棉被盖在棺材上，一路上啼哭着到墓地后，棺材一停下，儿媳妇争先恐后抢被面快速往家里跑，据传怎么做会带来年年“蚕花茂盛”“五谷丰登”“六畜兴旺”。

于城民间其他蚕桑习俗还有“开桑门”，蚕禁忌及辟邪，以及生产买卖中的习俗。几千年来于城民间形成的蚕桑习俗可谓是“百花齐放”，而在嘉兴则是个缩影。其他地方蚕桑丝织民俗文化更为壮观隆重，如乌镇香市，洲泉船花水会，灵山“轧蚕花”等，届时于城镇蚕桑大户前往参与。当地人称为“借佛游春”。

于城蚕桑民俗活动最为隆重的要数“赕佛仪式”。新中国成立初，有19位骚子艺人在民间赕佛时传唱着《吞花书》，其中有《马鸣王》文书，仪式举行“接蚕花”到“送蚕花”项目。届时四邻乡亲集聚一堂，听骚子先生说唱《蚕花书》等篇目，兴奋时唱帮腔(谓游勾，有“浪溜圆”等)。赕佛仪式大多在大户人家大厅举行，设五筵以上祭台，最多的有十三筵。祭台其中一筵安放蚕神“马嶂”，台上放一个斗、一杆秤、一块红手帕、两朵红白纸花和祭品香烛等物件和食品。骚子先生唱蚕花道：“称心如意，万年余粮；蚕花马，蚕花纸，蚕花势，二蚕势，好得势；采得好茧子，踏得好细丝，卖得好银子，造介几埭新房子”等等。2008年4月，中央电视台国际频道摄制组在海盐澉浦录制了《海盐骚子》赕佛仪式，有5位骚子艺人共谋主持献艺，再现了包括蚕桑习俗的民间赕佛盛况及祀神场景，并在10月份选播，走向国际舞台。为保护非遗抹上了浓重的色彩。

千百年来，蚕桑生产习俗在于城民间传承着，从远古走来，据传说：清朝末年“四大奇案”主人公杨乃武(1874年举人)，平反昭雪后继承父业种桑养蚕。他的足迹也踏进于城宝地，销售余杭蚕种。[传说]：“从前，杨乃武与小白菜因蒙冤私通杀夫，被打入死牢。昭雪后倾家荡产，回到家乡余杭继承父业养蚕谋生。那年，春暖花开，杨乃武带着余杭蚕种一路销售，步行来到于城集镇已近黄昏，他又饥又渴且十分疲惫，到戴松林小店讨水喝，戴松林好客，问长问短，得知是杨乃武，十分惊奇，便留客管吃管住。俩人一见如故，谈生意、谈人生、谈今论古，十分投机，一直到午夜。从此俩人便成为莫逆之交，以后多年，杨乃武卖蚕种到于城都要到戴松林小店歇脚作客，互赠礼品，问寒问暖，在民间传为佳话。一直流传至今”。

于城镇蚕桑生产习俗自古至今，承载着一代代蚕农的聪明才智和丰富的想象力，传播着蚕桑丝织技艺和民俗文化，愉悦百姓，抚慰民众心灵，对文化繁荣，蚕桑丝织产业的持续发展起到了不可替代的作用。

（收集整理：王德生、潘俊；原载于《嘉禾寻梦录》蚕桑文化专辑，吴越电子音像出版有限公司，2013 年 8 月）

“八景图”的传说

于城镇有不少独有情趣的景色。传说在抗战时期，海盐有一位画家，名叫沈洪清，举家避难到于城，借宿在镇西的环秀庙中。

当时和尚一日三餐吃的是薄粥，他们对沈洪清及家属同样免费供给。沈洪清在庙中作画为主，特别画的马幛较多，卖给当地百姓逢年过节祭祀时使用，从中赚取一定报酬。

画家空闲时在于城镇细心观察，画下了八幅精美的图画，俗称“八景图”，配上镜框，挂在环秀庙中，让人看了连连叫绝。

环秀晨钟：环秀庙位于集镇西北面，庙宇前后树木葱郁，鸟语花香。此庙原名环秀庵，后来几名尼姑先后去世，由潘仁庙中的和尚接替，改名为环秀庙。每天清晨，庙中的和尚在门前练身咏经，敲响了新一天的“晨钟”。

清风徐来：于城大桥是集镇连接北片数个自然村的石砌大桥，在东桥堍有一个四方凉亭，凉亭中有石凳供行人小憩。而这凉亭的建造还另有缘故：曾任兵部尚书的徐用仪，在其弟徐用福的筹集下，耗用了不少皇粮，重建了这座大桥。后来徐永仪因“私通洋人”罪在北京被处死，宣统继位后昭雪，其弟为了纪念他，特建了这个凉亭。

枫桥渔火：枫桥是贯通南北街道的“镇中桥”，桥东面是宽阔的三叉漾。黄昏时刻，渔民们划着小船来到漾中捕鱼捉虾。每只渔船都烛光闪烁，船头上的渔民正忙着撒网捕鱼，站在枫桥观看，煞是一处优美景色。

启闸乘凉：于城集镇南北街道的东边，是一条连接海盐、嘉兴、通元等地的河道。河道上有个坝，坝中央有水闸门。这坝是南街走向河东的要道。后来闸门废掉了，造了一座砖木结构的桥，叫招宝桥。1931 年改建成石桥。桥下水流湍急，桥上凉风习习，不失为一处乘凉胜地，一方景点。

越王楼台：过招宝桥往东北走几十步路，有座庙宇叫越王楼。为了纪念越王，人们在此造了一座两层的楼宇。1931 年，国民党 83 师曾驻扎在这里，将楼台改为炮台用。楼台的前场也曾作操场用。经风雨变迁，这楼台更具观赏价值。

长虹晚照：过招宝桥东堍沿河边小道往南走，不远处就有一爿小桥，叫长虹桥，桥下是一条往东延伸的长虹浜。每当夕阳晚照时，金红色的晚霞映在长虹桥上，俨然是一幅色彩秀丽的风景画。

秦溪观鱼：长虹桥往南走便是窑塘，风靡一时的窑洞已成了一片废墟。窑塘边的河道往南直通石泉、通元等地。每年梅雨季节，通元、澉浦附近山上的雨水直泻河道，向北奔涌。而河中的粲鲦鱼不知受何影响，纷纷逆水而上，最高潮时河中尽是白鳞闪闪的粲鲦鱼。站在窑塘观看“白鱼过塘”，景象实是壮观。

讽咏暮鼓：在集镇南面有座粪桶泾桥，北桥堍有座粪桶泾庙。此庙宇门前有桥，河两旁是青青芦苇，环境幽雅清静。但这桥上来往行人频繁，故又不失静中有闹。从于城镇的大桥起行，走完南北街道，来到粪桶泾已是集镇的末尾，这里成了于城景点的“暮鼓”。

（讲述：朱子明、朱松观，收集整理：何留法，2008 年 6 月）

何真君庙的传说

很早前有个姓吴的医生（出生在何家桥王家埭），专业为民治病并能善雕木器，用香樟树雕了一个神像，医生死去后。有一天，从沈荡游来一只河虾，大脚上夹一纸条，写着“在此建庙”四个字，但此处是渔港口，渔船进出有所不便，船摇不过去。所以只好把庙址选在河东杨家汇。可是，杨家汇是块风水宝地，早有县府大官看相在此做坟，所以又让了位。最后决定把庙建在河西，规模很大，一共有三埭，每埭建房五间，正中间供有神像。前埭上写着“天治院”三个字，后埭上写“有求必应”四个字，每年八月十六庙会，有牌子戏演出。

此庙叫何真君庙，传说原来是口天吴后因先生错写了人可何，到底是否为了纪念那个吴氏医生，这也很难说清。

（讲述：许雪宝，收集整理：董福林，2008 年 6 月）

许太堂的传说

以前江渭桥南堍有一只小庙，名为：许太堂。

许太堂坐东朝西，三小间，中间出门，两边两个墙洞，里面放 6 个佛，为三对夫妻。相传，许太原在嘉兴府曼里堰，捉鱼为生，捉鱼方式用“撒网”。有一天扎到一段树，心想是条大鱼，一看是一段树，晒干后，当柴烧，然而这段树是檀香树，烧饭时香气冲天，烧了很长时间，感动了天府。以后生了三个儿子，大儿子叫许文达，二儿子叫许文贤，三儿子叫许文曹。三人秉性刚强，那时日本人侵犯我国，三人当兵打仗，封为将军，在武汉打败日本人，死后皇帝封他们为神。

沈氏家族，也是捉鱼为生（也称网船人），为了多捉鱼讨个吉利，纪念许太，所以在此建小庙，名为许太堂，每年农历八月二十六日定为许太纪念日要请神，打唱（京剧）。

祭神用：大蜡烛 1 对、香、大白条鱼 1 尾、公鸡一只、元宝 1 个（猪头）、水果等，有“许太颂”流传：

一条鲤鱼出内河，许太捉鱼真辛苦。

一网扎牢三担多，摇过一州洋二州洋。

摇二京十八省，这条鲤鱼真是大。

卖给鱼行好店家，东家叔叔量气大。

鲁班台郎(上)请师傅。

（讲述：沈春林，收集整理：俞云鹤，2008 年 7 月）

坛墩庙的传说

相传于北坞介堰的一个“脱空河墩”上有一所庙宇，在明末清初时，兵荒马乱，兵匪到处杀人放火，此庙也遭焚烧。当时，当家和尚眼看菩萨要遭殃，和尚对菩萨十分虔诚爱护，就一边哭一边把六府大王菩萨正身抱在一起，从火庙中逃出来，跳到河里，一边口中念着诅咒：“大王菩萨，你有灵气，我们不会死，我们逃难吧”。那时，正好是梅雨季节，河水暴涨，水由南向北流去(民间叫南水落)，当家和尚和菩萨两个顺水而漂，一直漂到现在的坛墩庙，就不漂了，这很奇怪，和尚认为菩萨真的显灵了，就要在此处安家了。于是，上岸叫当地农民帮助，搭一草棚，把菩萨供奉起来，然后和尚就到处化缘，造了坛墩庙。坛墩庙有两埭房子，是乡下较大的庙宇。从此就有了齐心协力得坛墩庙之说。

（收集整理：俞云鹤，2008 年 7 月）

潘墅庙的传说

潘墅庙，据说是纪念宋朝丞相潘仁吴所造，建造年限无从考证，原有前后三座殿宇，后因战乱，数次被烧。太平天国时被全烧掉后，只恢复修建了一座殿宇，前后有很多大树，尤其庙后有两棵千年紫树。树高千丈，树身已被虫蛀空，从上到下可以望见亮光。原来庙旁边的浜里的一条大蛇，有几丈长，头大如斗，据说后来这条大蛇钻进树洞内变成龙。因此，这两棵大树，以前从硖石东山、嘉兴新篁二地，天气晴朗时，望过来犹如一条腾飞的巨龙。

（讲述：江叶法，收集整理：李金泉，2008 年 7 月）

“拜太太”的来历

传说在太平天国时期，长毛(义和团)起义造反，世道混乱。有个妇女带着两个小孩在逃难，大的孩子背在她身上，小的孩子却自己走。正好遇上一个长毛兵，问妇女为啥年岁大的背在身上，年岁小的没有背？妇女说：“大的是前氏生的，小的是自己生的，小的被人杀了，我还可以养一个，大的被人杀了就没有了。”

长毛兵听后说：“你这个人真有良心，我教你个办法不会被人杀。你去办一根杨柳条、一根桃花枝插在自家的门搭钮上，再拔根大蒜挂上去，这样长毛兵见了不会杀这家人了。”

妇女听后叫全村人家都这样做，结果村上无人被杀。后来这妇女正好在清明夜死亡，全村百姓为了纪念她，就自发地烧点小菜，点上香烛，化点纸来祭祀她，后来就叫“拜太太”。

（讲述者：胡石林，收集整理：董福林，2008 年 7 月）

第二章　民间歌谣　谚语

民间歌谣、谚语根据2008年非物质文化遗产普查集成选录。有情歌、田歌、儿歌、谚语、谜语等内容。

望　郎　来

（十二个月花名）

——民间情歌

正月梅花含苞开落地带雪开，
有手去勒有手来；
梅花落成雪飘飘，
推出双日望郎来。

杏花含苞二月开，
燕子双飞梁廊来；
眼关梁上一双燕子，
碧纱帐里望郎来。

桃花含苞三月开，
姐姐扮起梳妆台；
顺手梳了一个青丝西方盘龙结，
梳头插花望郎来。

蔷薇花含苞四月开，
姐姐肩背部篓走出来；
手捏玉挑跳踏无心菜，
青双叶里望郎来。

石榴花含苞五月开，
五月初五端午来，
姐姐出来喝了一杯稀奇银黄酒，
银杯上吃酒望郎来。

荷花含苞六月开，
姐穿花衫花裤走出来；
姐姐出来喝了一杯糖瓶雪，
雪凉冰里望郎来。

凤仙花含苞七月开，
七月七日夜来摆了，
七七四十九桌团圆酒；
多摆一桌望郎来。

杜鹃花含苞八月开，
几朵香花走出来；
姐姐办朵香花插勒啦头上，
十二里香气望郎来。

菊花含苞九月开，
根多叶少盆里来；
东厅掇到西厅来，
掇花才为望郎来。

芙蓉含苞十月开，
鹦鹉高低云里来；
床上绣花枕头多一个，
铺床掸席望郎来。

十一月里水仙花开，
冷冷热热落脱来；
夜长日短梦才多，
青纱帐里望郎来。

十二月有花花不开，
三层楼上绣牡丹；
千衣牡丹多绣云，
千花墙里望郎来。

（演唱：陆琳琳，收集整理人：俞云鹤，2008 年 4 月）

绣花娘子绣平台

（十二只平台）

——民间情歌

第一只平台绣平台，
绣出平台郎不来；
东边绣出绣花女，
西边绣出小郎来。

第二只平台郎手扳，
郎手扳扳落平台；
平台落勤青草里，
拔把青草偎表弟。

第三只平台暖洋洋，
表姐打扮去烧香；
烧香碰着表姐姐，
表姐姐碰着表弟弟；
表弟弟买了胭脂送表姐，
表姐么多谢你表弟弟。

第四只平台是金殿，
送给表弟不值铜；
你要算佃我不肯，
青纱帐里值千铜。

第五只平台玉里百花开，
表姐梦你表弟来；
不来不去痴为奴[①]，
痴着我后门南窗夜夜开。

第六只平台暖洋洋，
表姐打扮去乘凉；
细叶子蒲扇接伊支地照，
照的表弟软洋洋。

第七只平台起风流，
郎买花线挂须头；
挂出红红绿绿真奇正[②]，
送本内小弟出入挂在身。

第八只平台八逍遥，
表弟赞我小妹手段好；
绣出芙蓉看牡丹，
表弟心想要来戴。

第九只平台九重阳，
表弟到我房中央；
同年同月同日生，
咪咪嘻嘻到天亮。

① 痴汉奴：海盐人称猪为奴奴。此处意为蠢得像头猪。

② 奇正：漂亮。

第十只平台是绣球，
搭个郎呀又三个月；
不晓得爹妈晓得勿晓得，
爹妈晓得命难逃。

第十一只平台心花开，
表弟蹲在我门底[①]念；
不晓得小妹肯不肯，
自有媒人话出来。

第十二只平台近窗前，
花花轿子张[②]进来；
活人[③]放铳[④]来打号[⑤]，
吹得表弟心花开。

‖1 1 1 6　3 3 2　1 —｜3 3 2　3 3 2　1 1 6　5 —｜
第一只平台　绣　平　台　绣出　平　台　郎　不　来
第二只
第三只
第四只 ……
第十二只
1 1 1 6　1 1 6　1 —｜3 3 2　3 3 2　2 1 6　5‖
东边绣出　绣花　女　西边　绣出　小郎　来

（演唱：陆琳琳，收集整理人：俞云鹤，记谱：张伟东，2008 年 5 月）

十二个汗巾

——民间情歌

第一个汗巾初起头，
情哥哥起心买来头；
偷奴汗巾不含算，
说奴汗巾借油头。

第二个汗巾黑线挑，
隔窗甩出郎拴腰；
郎拴腰来已拴腰，
根根黑线拴郎腰。

第三根汗巾是兰青，
苏州染店转嘉兴；
红红绿绿甩在金钩郎，
拷拷玉手抱郎腰。

第四根汗巾四尺长，
一缕缕情丝绣东洋；
羊吃东洋郎要吃，
郎要吃饭细商量。

① 门底：面前。
② 张：抬。
③ 活人：吹鼓手。
④ 放铳：放礼炮。
⑤ 打号：乐队吹吹打打。

第五根汗巾五色用，
五十五样花线绣成功；
绣出五只金鹿须空空，
汗巾落水变金龙。

第六根汗巾是鹿玲，
鹿玲推出满天星星；
满天星星半爿月，
半爿月里照私情。

第七根汗巾七尺多，
郎拴汗巾着地拖；
一拖拖到十字街廊才穿梭过，
十个佳人九个拖。

第八根汗巾虎狸斑，
郎拴汗巾走山湾；
汗巾落入山湾里，
情哥哥捡着送来晚。

第九根汗巾九色同，
九十九样花线绣成功；
绣出九只金佛虚空空，
汗巾拴上变蛟龙。

第十根汗巾绣得香，
拖拖叶叶粉花香；
东绣日出西绣月，
露水夫妻不寿长。

第十一根汗巾绣得低，
娘打屋里一双好夫妻；
爷娘十个节头有长短，
西山廊骑马有高低。

第十二个汗巾绣得高，
蔡状元起造洛阳桥；
洛阳桥廊七七四十九只关王庙，
客商来往买香烧。

（演唱者：沈野珍，收集整理：俞云鹤，2008 年 4 月）

十二生肖歌

——民间歌谣

正月梅花白飘飘，
夜有老鼠窜了迢[①]；
半夜三更来偷食，
见了花狸斑黄猫命来逃。

二月杏花开来结绣球，
阎龙王横头[②]投只牛；
五月六月耕田种，
三春八月杀老牛。

三月桃花满树红，
西山老虎奇是(啊)凶；
老虎出洞吹狂风，
家家人家绷只毛竹弓。

四月蔷薇花开来着地拖，
兔子衔柴要做窠；
兔子不吃窠边草，
年年月月养一窠。

---

① 迢：跑。于城方言。

② 横头：那边，那里。于城方言。

五月石榴花开来心里黄，
老龙王出起西天朗；
大旱年成达三界，
天旱地乌[1]斩老龙。

六月荷花开来水上延，
春笑蛇出洞草里延；
田鸡葛都吃了万万千，
叫花子捉起换铜钿。

七月凤仙花开来梗子长，
小鞑子骑马上战场；
管我八刀多树倒，
姜太公出来放了枪。

八月桂花阵阵香，
家家户户养湖羊；
头蚕不吃泥桑叶，
泥桑叶勒来喂湖羊。

九月菊花散喷喷，
花果山上出猢狲；
仙桃仙女轮回吃，
扬州人捉去做猢狲赤膊戏。

十月芙蓉崭崭齐，
家家人家养对过年鸡；
未过年来先杀鸡，
杀来厅只生蛋鸡。

十一月里来蜡梅花开心里黄，
墙圈里小狗汪汪叫；
馊粥馊饭留伊吃，
霜白露雪真难熬。

十二月里来又花花不开，
棚里奴奴拖出来；
白刀子进去红刀子出，
细皮白肉二分开。

（演唱者：沈野珍，收集整理人：俞云鹤，2008 年 5 月）

十二姐梳头

——民间歌谣

大姐梳头斜插花，杏桃面孔粉来搽，搽是红粉盖白粉，口抹胭脂一点红。
二姐梳头不会难，奴奴甲得李打粉，头勿梳来花不插，拿面镜子照眉眼。
三姐梳头三月天，家家姑娘到南山，观音殿里烧香闹，奴奴不去苦黄连。
四姐梳头四木香，洞红鞋子三寸长，口里乌牙三十六，个个看成暴后生。
五姐梳头五端阳，奴奴打扮拔黄秧，姐姐拔后郎来种，分开黄秧粉花香。
六姐梳头勤踏车，细皮白肉披红纱，肖开罗裙带郎坐，对遇望来一朵花。
七姐梳头七秋凉，奴奴有了回心肠，日里耘苗盘膝裤，夜来搬凳乘风凉。
八姐梳头桂花黄，碎头敲起那锣朗，那锣敲来甚好听，洋锣敲起放毫光。
九姐梳头九重阳，奴奴打粉拔麦秧，姐姐拔来郎后种，种开麦秧绿黄黄。
十姐梳头最难当，个个说我缺情郎，不能穹兴配一个，无柴无米喝清汤。

---

① 地乌：地荒。于城方言。

十一姐梳头座来窗，两眼双双望情郎，十七十八都走过，没有一个进奴房。

十二姐梳头进香房，大雪飘飘进我房，胭脂花粉连底冻，那哈叫我拍手掌。

（讲述：陆月珍，收集整理：王雷冠，2008年5月）

十张台子

——民间歌谣

第一张台子亮光光，岳飞抢挑小梁王，武松手托千斤石，太公八十遇文王。

第二张台子对成双，辕门斩子杨六郎，诸葛亮把东风借，三请周瑜芦花荡。

第三张台子挑花红，百万军中赵子龙，文武全才关公子，连环献计是庞通。

第四张台子四角平，胡文秀测字到海宁，九里桑园访来英，杨妈妈家里来算命。

第五张台子王端阳，莺莺小姐烧夜香，失掉珠凤回家转，文必正卖身到福家。

第六张台子荷花放，阎婆媳活捉张三郎，潘金莲搭杀西门庆，武松杀嫂定死罪。

第七张台子是七巧，蔡状元起造洛阳桥，观音龙女来作法，四海龙王早来潮。

第八张台子只只好，千创公寓闹冯肖，割断阴阳包文正，张飞喝断坝令桥。

第九张台子九重阳，重阳美酒菊花香，别家夫妻吃美酒，孟姜女一人苦记相。

第十张台子唱完整，唐僧西天去取经，孙悟空领路前头走，山中活捉妖怪精。

（讲述：陈关明，收集整理：王雷冠，2008年5月）

十一个字

——民间歌谣

一字写来一划长，肩背琵琶赵五娘，新娘刺杀汤表妹，莫人代杀莫太长。

二字写来差不多，孟姜女打扮去寻夫，肩背瘪包手拿伞，一到长城哭亲夫。

三字写来三划长，大王千里关云长，桃园结义三弟兄，擂鼓三声宰蔡阳。

四字写来像窗城，吕梦正落难破窑墩，方青要到陈家去，陈翠和小姐配鸳鸯。

五字写来大肚皮，二郎神出去害岳飞，害了岳飞英雄汉，后来活捉盛周纪。

六字一点一划两分开，杨老令公兵马放出来，一放放到北京城，梅山吊杀三阁佬。

七字写来像关刀，蔡状元去造洛阳桥，洛阳桥上造了七七四十九只观音庙，来来往往买香烧。

八字写来必卜青，宋公明出去送公亭，宋公明投到梁山108将，死在杭州阴进门。

九字写来像管秤，潘金莲搭杀西门庆，王坟老祖来作法，武松杀嫂来冲军。

十字写来像只鹰，张员外放债黑良心，借是一本还二利，零零碎碎还不清。

十一字写来十出头，张飞住到曹操墙门头，张飞点起八万兵，曹操见是点点头。

（讲述：陈关明，收集整理：王雷冠，2008年5月）

养媳妇　真是苦

——民间歌谣

养媳妇，真是苦，摇纱摇到半夜过，
肚里饿得咕噜噜，偷碗冷粥呼了呼，
阿婆出来像只雌老虎，媳妇开门出去要投河，
全靠隔壁二婆婆，“大娘、大娘别投河，
十年媳妇十年婆，再过十年做太婆，
刻老环椅子朝南坐，啥人还看得出你是个养媳妇”。

（讲述：陈引宝，收集整理：朱雪明，2008 年 6 月）

月婆婆　拜三拜

——民间歌谣

月婆婆拜三拜，拜到来年好世界。世界大捉只鹅，世界小捉只鸟。鸟生蛋，望外婆，外婆吱嘎吱嘎踏水车。水车底下 4 根蛇，走近看，追不牢，追牢 4 只臭乌鸦。秤秤看斤半，汏汏看篮半，宰宰看墩半，烧烧看锅半，斗斗（盛）看碗半，罢罢看厨半，媳妇大娘偷来吃了剩碗半。

（讲述：袁福珍，收集整理：王觉明）

一个星结铃铃

——民间歌谣

一个星结铃铃，二个星挂油瓶，油瓶漏，炒黑豆，黑豆焦，辣胡椒，胡椒辣，辣宝塔，宝塔尖，碰着天，天滑塌，地滑塌，滑杀一个老阿太。

（收集整理：张妙云）

月亮婆婆

——民间歌谣

月亮婆婆，太阳陪陪。我种荞麦，荞麦开花。我种南瓜，南瓜沓藤。我种茄菱，茄菱四只角。妹妹看仙鹤，仙鹤鸵鸵飞。妹妹看花轿，花轿红彤彤，妹妹拖进冬（拖到里面）。

（收集整理：张妙云）

十二个月和“子”

——民间歌谣

正月过年踢毽子，二月春风放鹞子。
三月清明做团子，四月看蚕剥茧子。
五月端午裹粽子，六月双手拍蚊子。
七月棉花结斗子，八月甩稻搭架子。
九月扦砻揑筛子，十月打米用榔子。
十一月鞋袜絮裤子，十二月讨个新娘子。

（讲述者：陆月珍）

摇 啊 摇

——民间歌谣

摇啊摇，摇到外婆桥，摇起做点啥，摇起采枇杷，采着一只坏枇杷，回来放在里灶角，蟑螂吃了半只多，小主回来掉勒哭。

（收集整理：费雪明）

马 仓 仓

——民间歌谣

马仓仓，马仓仓，骑马到松江，松江老虎叫，老虎买酥糖，买来酥糖啥人吃，我家囡囡吃。

（收集整理：费雪明）

小 姑 娘

——民间歌谣

小姑娘小打扮，手里拎只小篮，元宝丫髻裹金花，对头落北小桥湾，碰到客人留早饭，咸鱼咸肉咸鸭蛋。

（讲述者：陆月珍）

民间农谚

白露白茫茫，秋分稻穗齐。
若要芋头大，排了过谷雨。
芒种不下谷，老祖宗要哭。

菜浇花，麦浇秧，庄稼一枝花，全靠肥当家。

春花一条沟，从种管到收。

夏至顶板（毛豆出苗）。

七月葱八月蒜，九月排为象支钻。

瑞雪兆丰年。

霜降捉早稻，立冬一齐倒。

清明喜鹊口，买叶不开口；清明脓眼头，饿死大眠头。

若要“田稻”好，河泥加花草。

（讲述者：张妙云、沈金囡、李金泉）

民间天气谚语

上看初三，下看十六。　（三联村：张妙云）

东风急溜溜，难过五更头。　（三联村：张妙云）

一天赤膊三天寒。　（三联村：张妙云）

西南转北风，搓绳把屋扳。　（三联村：张妙云）

冬雾日头春雾雨，东虹日头西虹雨。　（三联村：张妙云）

娘要嫁人起横心，天要下雨起横云。　（三联村：张妙云）

乌云接日头，半日来阵头。　（八字村：董法观）

日落胭脂红，无雨便是风。　（八字村：王桂囡）

雾露醒，窜落井。　（构塍村：沈其昌）

云里日头，晚娘拳头。　（构塍村：陈沈林）

春雾雨，夏雾热，秋雾凉，冬雾雪。　（构塍村：陈明法）

春霜不露白，露白要赤脚。　（鸳鸯村：韩来宝）

一场春雨一场暖，一场秋雨一场寒。　（鸳鸯村：姚杨根）

乌云接日头，半夜来阵头。　（鸳鸯村：姚杨根）

曲蟮往上爬，必有大水发。　（鸳鸯村：姚杨根）

小暑一声雷，翻转要做霉。　（鸳鸯村：姚杨根）

天上鲤鱼斑，明天晒谷勿用翻。　（何家村：金培宝）

民间生活谚语

喜鹊叫，客人到。　（庄家村：王仕其）

船到桥门自为直。　（庄家村：王仕其）

鸭吃砻糠空开心。　（庄家村：王仕其）

小来偷只钉，大来偷块金。　（庄家村：王仕其）

竹篮打水一场空。（庄家村：王仕其）
船头上跑马，走投无路。（庄家村：王仕其）
正月螺蛳二月蚌。（庄家村：王仕其）
棒头上出孝子。（庄家村：王仕其）
一个篱笆三个桩，一个好汉三个帮。（三联村：张妙云）
饭后百步走，活到九十九。（庄家村：何雪观）
丈二和尚摸不着头脑。（庄家村：袁福珍）
冬至一过，只吃不做。（构塍村：陈阿妹）
盐季菜落缸，生活落当。（构塍村：陈阿妹）
三样生活真正苦，摇船、打铁、磨豆腐。（构塍村：陈沈林）
日里打是十八头，夜夜困在一横头。（构塍村：陆月珍）
乡下人不养羊，讨饭无落场。（鸳鸯村：李金泉）
头年姑娘不省饭，头年媳妇不替力。（鸳鸯村：姚杨根）
大鱼大肉待远亲，急难之中喊近邻。（鸳鸯村：姚杨根）
扇子扇凉风，扇夏不扇冬，你要向我借，要过八月中。（何家村：褚乃英）
冤家夫妻，袋棕棚。（江渭村：俞云鹤）

民间谜语

风吹皮皱，落雨开花，生也好吃，熟吃无渣。（谜底：水）（构塍村：朱其昌）
天边一只红脚桶，千两银子买不动。（谜底：太阳）（吕家村：褚海宝）
奶奶朝天，爷爷扑转，奶奶尿水，爷爷不管。（谜底：瓦楞）（构塍村：朱明法）
三头四耳朵，六脚一尾巴，前头走是去，后头喊去去，中间哗哗像刨花。（谜底：耕田）（八字村：张叶珍）
上边毛，下边毛，中间一颗黑葡萄。（谜底：眼睛）（八字村：费雪明）
长娘娘，细肚肠，心里痛，眼泪来，啊索啊索短起来。（谜底：蜡烛）（八字村：费雪明）
外面麻布衫，里面大红衫，脱掉红布衫，细皮白肉两分开。（谜底：花生）（八字村：褚小妹）
一只大湖羊，尾巴高在梁，只见吃枯草，不见生小羊。（谜底：灶头）（三联村：张妙云）
千只脚，万只脚，立不起，靠墙脚。（谜底：扫巴）（三联村：张妙云）
外面麻子里面光，当中打个内心桩。（谜底：顶针）（八字村：褚小妹）
一个小囡雪白，眼睛生得一只。（谜底：缝衣针）（八字村：褚小妹）
一个小囡三寸长，窜得高来喊得响。（谜底：爆竹）（庄家村：陆彩英）
驼子公公做蒸架，一边做来一边卖。（谜底：蜘蛛）（庄家村：陆彩英）
妹子，妹子，头上长个红块子，脚上穿双红鞋子，摇出浜唱曲子，摇进浜搓圆子。（谜底：鹅）（吕家村：褚海宝）

日里花花绿绿，夜里空空落落。（谜底：晒衣杆）　　（吕冢村：何党英）
弄里进，弄里出，钻在弄里捉白虱。（谜底：锯子）　　（吕冢村：褚海宝）
爷蓬头，娘蓬头，生个囡来尖尖头。（谜底：竹笋）　　（吕冢村：朱其贤）
爷赤脚，娘赤脚，养个囡来光塔塔。（谜底：鸡）　　（吕冢村：朱其贤）

（2008年8月整理）

第三章　民间老古话

民间老古话一章收录了470条在于城广为流传的老古话，按不同侧面、不同内涵分为15个篇目。

哲理篇

1.千里之行始于足下。
2.千个螺蛳堵个缺。
3.冰冻三尺，非一日之寒。
4.隔行如隔山。
5.百闻不如一见。
6.耳听为虚，眼见为实。
7.名师出高徒。
8.外行看热闹，内行看门道。
9.只有软柴捆硬柴，没有硬柴捆软柴。
10.百步呒轻担。
11.耐一时之气，消百日之灾。
12.人无远虑，必有近忧。
13.秤砣虽小压千金。
14.良药苦口利于病，忠言逆耳利于行。
15.几条泥鳅翻不起大浪。
16.三斤嫩姜，不及一斤老姜。
17.棒头朗出孝子。
18.河水宽，井水满。
19.一日遭蛇咬，三年怕草绳。
20.十年树木，百年树人。
21.吃一回亏，学一回乖。
22.舌头是肉长的，事实是铁打的。
23.舌头扁，锁话圆。
24.人往高处走，水往低处流。

25. 老马识路数，老人通世故。
26. 远水救不了近火。
27. 严是爱，宠是害。
28. 近水楼台先得月。
29. 舍不得孩子，套不住狼。
30. 纸包不住火。
31. 吃得苦中苦，方为人上人。
32. 三个臭皮匠，合个诸葛亮。
33. 功夫不负有心人。
34. 多行不义必自毙。
35. 识时务者为俊杰。
36. 放长线，钓大鱼。
37. 船小好调头。
38. 良言一句三冬暖，恶语一句六月寒。
39. 金无足赤，人无完人。
40. 十根手指有长短。
41. 百货中百客。
42. 便宜无好货，好货不便宜。
43. 病从口入，祸从口出。
44. 没有规矩，不成方圆。
45. 不经冬寒，不知春暖。
46. 粗饭养人，粗活益身。
47. 东西越用越少，学问越学越多。
48. 好种出好苗，好树出好桃。
49. 积少成多，积恶成祸。
50. 兼听则明，偏听则暗。
51. 骄傲来自浅薄，狂妄出于无知。
52. 开水不响，响水不开。
53. 刻薄不赚钱，忠厚不蚀本。
54. 浪再高在船底，山再高在脚下。
55. 麻雀虽小，五脏俱全。
56. 苗多欺草，草多欺苗。
57. 逆水行舟，不进则退。
58. 强扭的瓜不甜。
59. 擒龙要下海，打虎要上山。
60. 柴多火焰高，人多智谋广。

61. 山大压不住泉水，牛大压不死虱子。
62. 闪光的不全是金子。
63. 水滴石穿，坐吃山空。
64. 无风不起浪，无巧不成书。
65. 授人以鱼，不如授人以渔。
66. 宠子多不孝，肥田多瘪谷。
67. 坐井观天。［天有一个井大（井底之蛙）。］
68. 强龙压不过地头蛇。
69. 盘来礼得。（来而不往非礼也。）

交际篇

1. 先君子，后小人。
2. 朋友知己，胜过兄弟。
3. 朋友妻，不可欺。
4. 浇树浇根，交人交心。
5. 佛靠金装，人靠衣装。
6. 有借有还，再借不难。
7. 得人钱财，与人消灾。
8. 冤家宜解不宜结。
9. 朋友多个好个，冤家少个好个。
10. 人不为己，天诛地灭。
11. 人善被人欺，马善被人骑。
12. 画龙画虎难画骨，知人知面不知心。
13. 害人之心不可有，防人之心不可无。
14. 逢人只说三分话，不可全抛一片心。
15. 好汉不吃眼前亏。
16. 饭吃三碗，闲事少管。
17. 多管闲事多吃屁。
18. 好马不吃回头草。
19. 提起曹操，曹操就到。
20. 不打不相识。
21. 有缘千里相会，无缘对面不识。
22. 真人面前不说假话。
23. 男不跟女斗。
24. 过河拆桥。
25. 口蜜腹剑，狼心狗肺。
26. 锁话、锁话、锁着念。

27. 凭良心做人。

28. 打开天窗说亮话。(把话挑明白。)

29. 铁公鸡,一毛不拔。(气量很小之人。)

30. 狗咬吕洞宾,不识好人心。

31. 不是冤家不聚头。

32. 冤家碰着路窄。

33. 好话说尽,坏事做绝。

34. 不入虎穴,焉得虎子。

35. 人不可貌相,海水不可斗量。

36. 识人头天下通行,不识人头路难行。

37. 多个朋友多条路。

38. 在家靠父母,出门靠朋友。

39. 远亲不如近邻。

40. 大鱼大肉待远客,急难之中叫近邻。

41. 一人没有计,三人好唱一本戏。

42. 一个篱笆三个桩,一个好汉三个帮。

43. 一根线容易断,十根线能拉船。

44. 路遥知马力,日久见人心。

45. 鲁班门前弄斧头,关公面前耍大刀。

46. 江山易改本性难易。

47. 能大能小是条龙,只大不小是条虫。

48. 明人不做暗事、真人不说假话。

49. 宰相肚里能撑船。

50. 送君千里,终有一别。

51. 朋友千个少,冤家一个多。

52. 只可救苦,不可救赌。

53. 求人须求大丈夫,济人须济急时无。

54. 和气生财,忤逆生灾。

训导劝说篇

1. 少壮不努力,老大徒伤悲。

2. 江南梦(望)到江北好,江北也在煨行灶[①]。(不要见异思迁。)

3. 树高千丈,落叶归根。(不忘根本的告诫。)

4. 寡妇门前是非多。

5. 生不带来,死不带去。(告诫人不要太贪。)

---

① 行灶:泥涂的移动灶。

6.穷不与富敌,民不与官斗。
7.大处着眼,小处着手。
8.人无远虑,必有近患。
9.不听老人言,吃苦在眼前。
10.狗眼看人低。
11.癞痢头囝撑伞,无法无天。
12.拿着鸡毛当令箭。
13.善有善报,恶有恶报,不是不报,时辰未到,时辰一到,自然要报。
14.看人挑担松旦旦,自己挑担嘴巴歪。
15.只可交义气,不可交财气。
16.十赌九输。
17.宁可认错,不可说谎。
18.三里不同乡,五里不同俗。
19.入乡随俗。
20.学好三年,学坏三天。
21.不怕一万,只怕万一。
22.天外有天,人外有人,强中自有强中手。
23.若要人不知,除非己莫为。
24.门角落里拉屎通天亮。(做坏事要穿帮。)
25.胸中无志枉做人。
26.有志大海捞得起针,无志小事也难成。
27.树要皮,人要脸。
28.贪心不足蛇吞象。
29.好曲子不唱三遍。
30.本本分分做人,脚踏实地做事。
31.得饶人处且饶人。
32.吃得菜梗,百事可做。
33.癞蛤蟆想吃天鹅肉。
34.不饮过量之酒,不贪意外之财。
35.三百六十行,行行出状元。
36.将心比心。
37.放虎归山,必有后患。
38.创业百年,败家一天。
39.常在有时思无时,莫到无时想有时。
40.勿求黄金万俩,只求后代贤良。
41.宠狗上灶,宠子不孝。

42.吃饭吃米,说话说理。

43.近朱者赤,近墨者黑。

44.常在河边走,哪有不湿鞋。

45.头发长,见识短。

46."革多"窜勒等盘里,自称自赞。

47.小来偷只钉,大来偷白(块)金。

48.出头椽子先烂。

49.吃苦不记苦,吃起来一世苦。

50.吃亏就是便宜。

51.吃一堑,长一智。

52.人算不如天算。

53.心凶心善一样钿。

54.留得青山在,不怕没柴烧。

55.老虎头上拍苍蝇。

56.钻牛角尖。

57.好了伤疤忘了疼。

58.杀人偿命,欠账还钱。

59.人心高远天,做是皇帝想修仙。

60.人贵有自知之明。

61.玩物丧志。

62.当断不断,反受其乱。

63.宁走十步远,不走一步险。

64.当局者迷,旁观者清。

65.话不要说死,路不要走绝。

66.呒金呒银不要紧,千万不能呒良心。

67.不看僧面看佛面。

68.冤冤相报何时了?

娱乐趣味篇

1.棋高一着,活手活脚。

2.狗咬吕洞宾,不识好人心。

3.和尚拜丈母,第一回。

4.小和尚念经,有口呒心。

5.丈二和尚,摸不着头脑。

6.做一天和尚,撞一天钟。

7.正经和尚过桥,不起拆穿伊。

8.一个和尚挑水吃,二个和尚扛水吃,三个和尚没水吃。

9. 和尚拜堂·完全外行。
10. 山中无老虎，猴子称大王。
11. 尼姑养医靠众人。
12. 十七八、廿二三，不偷婆娘猪头腮。
13. 木匠打婊子，一斧头。
14. 矮子打老婆，预先做步。
15. 哮喘郎中卖药，自吃阿不够。
16. 老鼠过街，人人喊打。
17. 跟着好人学好样，跟着坏人学坏腔。
18. 猪八戒照镜子，里外不是人。
19. 提起曹操，曹操就到。
20. 不怕县官，只怕现管。
21. 强盗碰着贼爷爷。
22. 偷鸡不着蚀把米。
23. 肉骨头敲鼓，昏咚咚。
24. 要紧关子敲潮烟。
25. 姜太公钓鱼，愿者上钩。
26. 船头传到船梢要传错。
27. 弄堂里搪木头，得不转。
28. 贼骨头偷笋，不掘。
29. 瞎猫碰着死老鼠。
30. 走过路过，不要错过。
31. 老子走个桥比你走格路还多，吃个盐比你吃格饭还多。
32. 姜还是老格辣。
33. 嘴上无毛，办事不牢。
34. 鸡蛋里挑骨头，豆腐里挑刺。
35. 杀猪屠死是不吃带毛猪。
36. 一字勿识识扁担，八字不识识趴开。
37. 佛争一炷香，人争一口气。
38. 人逢喜事精神爽，酒逢知己千杯少。
39. 黄雌狼给鸡拜年，不安好心。
40. 临时上轿穿耳朵。
41. 见长人说长话，见矮人说短话。
42. 贪多嚼不烂。
43. 捉个蚤来放勒自介身郎厢。
44. 君子爱财，取之有道。

45. 见风使舵。
46. 小心驶得万年船。
47. 不做亏心事,哪怕鬼敲门。
48. 爬得高,甩脱来当柴烧。
49. 逃得了和尚逃不了庙。
50. 开门七件事,柴米油盐酱醋茶。
51. 躲得了初一,逃不过十五。
52. 量小非君子,无毒不丈夫。
53. 打米师傅冻煞团。
54. 走勒路郎象少爷,回到屋里钻乱柴。
55. 酒逢知己千杯少,话不投机半句多。
56. 有本事,吃本事,呒本事抢饭滞。
57. 打破砂锅问到底。
58. 哑巴吃黄连,有苦难言。
59. 吃得垃杂,做个菩萨。
60. 潮烟管打鸟,不像枪。
61. 脚炉盖当镜子照,看穿。
62. 棺财朗画花,鬼讨好。
63. 黄雌狼爬起鸡棚郎,不偷阿是偷。
64. 骑虎难下。
65. 张弓养鸟,越养越小。
66. 眼睛一夹,老母鸡变鸭。
67. 大来使小来,小来翁白眼。
68. 老猫不在家,老鼠上屋爬。
69. 大水冲到龙王庙。
70. 说归说,笑归笑,动手动脚没家教。

治家篇

1. 家家有本难念的经。
2. 不当家,不知柴米贵,不生子,不知父母恩。
3. 棒头朗出孝子。
4. 当家才知柴米贵,出门才晓路难行。
5. 养儿不教害自身。
6. 亲兄弟,明算账。
7. 兄弟同心,门前泥土变黄金。
8. 勤是摇钱树,俭是聚宝盆。
9. 猪困长肉,人困拆屋。

10. 一年之计在于春，一生一世在于勤。
11. 篱笆扎得紧，野狗欺不进。
12. 一钿逼死英雄汉。
13. 省吃俭用滥赌，吃饭淘点臭卤。
14. 赌博是个害人精。
15. 吃不穷，穿不穷，不会打算一世穷。
16. 三钿央个长年，七钿央个打算。
17. 货比三家不吃亏。
18. 细水长流成河，粒米积蓄成箩。
19. 命里无时不强求。
20. 老人不讲古，后生会失谱。

自信篇

1. 刀小叫快，人小叫乖。
2. 麻油拌香菜，各人心里爱。
3. 人穷志不穷。
4. 金窠银窠，不如屋里乱柴窠。
5. 量大福大。
6. 矮人肚里志才好。
7. 游过三山六码头，到过嘉兴烟雨楼。
8. 蚕豆小麦别家好，瘌痢头团自家好。
9. 慢人有慢福，懒人有懒福。
10. 狗眼看人低。
11. 牛耕田，马吃谷，各人自有各人福。
12. 船到桥头自会直。
13. 车到山前必有路。
14. 人心齐，泰山移。
15. 十七八，廿二三，轮枪使棒样样来。
16. 只要功夫深，铁棒磨成针。
17. 天无绝人之路。
18. 真金不怕烈火炼。
19. 身正不怕影子斜。
20. 天下无难事，只怕有心人。
21. 黄金有价人无价。
22. 有名上梁山，无名落太湖。
23. 一塔村方一塔理，一方蛐蟮吃一方泥。
24. 十个手指头有长短。

25. 脚蹒头落地自靠自。

26. 姜太公在此百无禁忌。

27. 天不会塌落来。

28. 路是走出来的。

29. 有福福来当，无福见阎王。

无奈篇

1. 吉人自有天相。

2. 做人如水面上的泡。

3. 老和尚说一声，小和尚跑五更。

4. 人情份子重于债，敲碎镬子当铁卖。

5. 媳妇养团，阿公有力无处用。

6. 天要下雨，娘要嫁人。

7. 上山容易下山难，讨饭容易打狗难。

8. 临时抱佛脚，越抱越蹩脚。

9. 无风不起浪。

10. 人在屋檐下，哪有不低头。

11. 天有不测风云，人有旦夕祸福。

12. 七拣八拣，拣到无底饭篮。

13. 秀才碰到兵，有理说不清。

14. 这山望到那山高，到了那山没柴烧。

15. 衙门八字开，有理无佃莫进来。

16. 一言既出，驷马难追。

17. 泥菩萨过河，自身难保。

18. 君子报仇，十年不晚。

19. 肉包子打狗，有去无回。

20. 前世不修今世苦。

21. 立得脚酸有凳坐。

22. 英雄难过美人关。

23. 诚心自有天知。

24. 风吹笠帽告诉天。

25. 六十年风水轮流转。

26. 穷不过三代，富不过三代。

27. 揿牢牛头吃牛草。

28. 砻糠搓绳难以起头。

29. 生米做成熟饭。

30. 破财消灾。

31. 病急乱投医。
32. 男怕入错行,女怕嫁错郎。
33. 龙游浅滩遭虾戏,虎落平阳被犬欺。
34. 巧妇难为无米之炊。

激励篇

1. 学海无涯勤是岸,云程有路志为梯。
2. 有志者事竟成。
3. 千里之行始于足下。
4. 梅花香自苦寒来。
5. 天无绝人之路。
6. 自古英雄多磨难。
7. 失败是成功之母。
8. 吃苦勿来甜。
9. 不会做小事的人,也做不出大事来。
10. 聪明在于学习,天才在于积累。
11. 刀不磨要生锈,人不学要落后。
12. 决心要成功的人,已经成功了一半。
13. 是金子总会闪光的。
14. 一寸光阴一寸金,寸金难买寸光阴。
15. 世上无难事,只怕有心人。
16. 书中自有黄金屋,书中自有颜如玉。

因果得失篇

1. 一报还一报,好心得好报。
2. 道不同不相为谋。
3. 言必行,行必果。
4. 不会烧香得罪神,不会讲话得罪人。
5. 独木不成林,单丝不成线。
6. 儿大分家,树大分叉。
7. 狗急跳墙,人急悬梁。
8. 会说的惹人笑,不会说的惹人跳。
9. 会打会算,钱粮不断。
10. 解铃还须系铃人。
11. 今朝有酒今朝醉,明朝倒灶喝凉水。
12. 靠山吃山,靠海吃海。
13. 君子动口,小人动手。
14. 懒人急在嘴上,勤人急在手上。

15. 量大福大，心宽屋宽。

16. 邻舍好，无价宝。

17. 马好不在叫，人美不在貌。

18. 苗好一半谷，妻好一半福。

19. 明枪好躲，暗箭难防。

20. 年纪不饶人，节令不饶天。

21. 欺人是祸，饶人是福。

22. 棋错一着，满盘皆输。

23. 烧的香多，惹的鬼多。

24. 奢者富不足，俭者贫有余。

25. 什么藤结什么瓜，什么树开什么花。

26. 虱多不痒，债多不愁。

27. 熟能生巧，巧能生精。

28. 贪小失大。

29. 捡了芝麻丢了西瓜。

30. 好人有好报，坏人遭报应。

31. 天才与懒惰结伴，等于一事无成。

32. 小病不治，大病难医。

33. 小洞不补，大洞叫苦。

34. 学问勤中得，富裕俭中来。

35. 越奸越诈越贫穷，奸诈原来天不容。

36. 龙生龙、凤生凤，老鼠生来会打洞。

寓意篇

1. 多下及时雨，少放马后炮。

2. 大王好见，小鬼难求。

3. 一天打鱼，三天晒网。

4. 打蛇打七寸，挖树先挖根。

5. 羊毛出在羊身朗。

6. 新排茅坑三日香。

7. 树倒猢狲散。

8. 牛身上拔根毛。

9. 上山容易下山难，讨饭容易打狗难。

10. 乌龟合着鳖价钿。

11. 拳不离手，曲不离口。

12. 人生一世，草生一秋。

13. 千人千脾气，万人万模样。

14. 山外有山，天外有天。
15. 拳头打出，臂膊朝里。
16. 有钱能使鬼推磨。
17. 螳螂捕蝉黄雀在后。
18. 豆腐水来做，阎罗王鬼来做。

孝顺篇

1. 家有一老，犹如一宝。
2. 不孝有三，无后为大。
3. 出门百里去烧香，不如在家敬爹娘。
4. 重田稻，自家谷，敬长辈，自家福。
5. 坟前十碗，不及床前一碗。
6. 吃来吃去鱼肉好，好来好去爷娘好。
7. 可怜天下父母心。
8. 长兄如父，长嫂如母。

感恩篇

1. 吃水不忘掘井人。
2. 知恩图报，君子所为。
3. 小人记仇，君子感恩。
4. 救命之恩，终身不忘。
5. 一日为师，终身为父。

婚姻篇

1. 天上下雨地上流，夫妻相骂不记仇。
2. 夫妻本是同林鸟，大难到来各自飞。
3. 少年夫妻老来伴。
4. 日里打过十八头，夜里困勒一横头。
5. 家花不及野花香，家花香来透心凉，野花香来不久长。
6. 一日夫妻百日恩，百日夫妻海洋深。
7. 嫁鸡随鸡，嫁狗随狗。
8. 蟑螂配灶鸡，一对好夫妻。
9. 门当户对。
10. 一朵鲜花插在牛粪上。
11. 男大当婚，女大当嫁。
12. 娘家的饭香，婆家的饭长。
13. 情人眼里出西施。
14. 贪别人个花，误自己个家。
15. 日久生情。

卫生篇

1. 冬天进补,春天打虎。

2. 白药治百病,乱吃送性命。

3. 人参虽补、瞎补要吃苦。

4. 千金难买老来瘦。

5. 石闲生苔,人懒生病。

6. 饭后百步走,活到九十九。

7. 三日三声笑,郎中不用找。

8. 开开心心活是命,气气恼恼一身病。

9. 少吃多滋味,多吃坏肚皮。

10. 蚂蚁吃千只,苍蝇吃不得一只脚。

11. 手舞足蹈,九十不老。

12. 笑一笑,十年少,愁一愁,白了头。

13. 气宽寿长。

气候篇

1. 春东风,得转就还工。

2. 东风急溜溜,难过五更头。

3. 见雪会晴。

4. 春雪连连,河底向天。

5. 东虹日头西虹雨。

6. 南险火门开,北险大雨来。〔险:闪电〕

7. 东险西险,晒煞螺蛳蚌蚬。

8. 清明断雪,谷雨断霜。

9. 晴过冬至落过年,落过冬至晴过年。

10. 小暑一声雷,得转一个晚黄梅。

11. 芒种雨绵绵,夏至火烧天。

12. 雨夹雪,落起勿肯歇。

13. 上看初三,下看十六。

14. 蚂蚁搬家,有雨要下。

15. 三朝浓雾发西风,若无西风雨不空。

[原载于《于城民间老古话》(内刊),2012年5月]

第四章　当代文学

当代文学一章收录市级以上报刊、图书、征文中发表或获奖的作品。

天堑变通途

——庆贺杭州湾跨海大桥5月1日通车运行

王德生

“一桥飞架南北，天堑变通途”。

杭州湾跨海大桥2008年5月1日正式通车，这是世界上第一座最长的公路跨海大桥，也是中国科学家自行设计建造的跨海大桥，这标志着中国桥梁建设的又一新的里程碑，跨海大桥的建成通车，凝聚了科学家和建设者的智慧和力量，显示了中华民族强盛和伟大。

忆往昔峥嵘岁月稠。

南京长江大桥的建成，感动了中国人民，毛主席为大桥建成提了诗词。

杭州钱江大桥的建成，感动了浙江人民。蔡永祥为保卫大桥献出了年轻的生命。

杭州湾跨海大桥的建成，再次感动了全国人民，并让全球举世瞩目。

2008年5月1日，海盐、慈溪作为跨海大桥南北端的东道主，组织了具有民族民间特色文艺节目，隆重举行了通车仪式大型文艺庆祝活动，中央电视台、浙江电视台、嘉兴、宁波、海盐等新闻媒体现场拍摄录像进行了报道，为大桥的建成助威喝彩。晚上23时58分，一辆辆汽车满载着喜庆，满载着自豪，满载着对祖国美好未来的憧憬，满载着对建设者的讴歌和崇敬，在雄伟壮丽、灯火绚烂的大桥上，聆听着海涛雄壮的音乐声，驶向对岸。跨海大桥通车，海盐、慈溪成了邻居，成为亲戚，遥远的路途瞬间消失，天堑变成了通途。中国人民、中国的建设者真是神通广大，具有回天之力，盖世之功。杭州湾跨海大桥是桥梁领域中的全球之最，勤劳、勇敢、聪明、富强的中国人民在漫长的历史长河中创造出了无数个世界之最，在历史的前进中会创造出更多的全球之最。

桥的变化与发展，伴随着人类的文明和进步，伴随着科学技术的发达，伴随着一个国家的繁荣和昌盛。杭州湾跨海大桥的建成是盛世之象征，是祖国的奇迹。

记得少年时读《赵州桥》课文，听老师讲解，赵州桥是祖先建造的最古老的拱桥，拱形结构极大地增加承载力，是古人创造的先进技术。我的家乡有“于城大桥”“沈荡大桥”，都采用拱形技术，二座大桥两边相加都有80多级台阶，雄伟高大、巍然屹立，历经千年而不跨。

在茫茫大海上建公路大桥，先人们恐怕连梦都不敢做，就是我的年轻时代也会感到不可思议。奇迹就在我们眼前，如今我们已经看到了杭州湾跨海大桥建成并通车运行。小时候(上世纪60年代)，我出门去田间或上街或做客，一路上要经过许多小桥，有木桥、石桥、黄泥桥、简易桥、水灌桥等等。我的家乡有一条新开河，河上有一座小木桥，木桥陈旧，常常会断掉横档木，且上桥后晃动，小时候害怕走这座桥，但上学去河东是必经之路，不得不走，一直到1968年才建水泥桥，命名为新开河桥。吕冢西300米处有一座“黄泥堰桥”，底下用木头，中间是砖块，上面铺上黄泥。那时的桥一般都很窄小，且没有桥栏。童年的时候农村小河上木桥居多，几个小伙伴一起上木桥，桥身会不停地晃动，年长的伙伴会左右开弓故意晃动桥身，吓得胆小的会爬着过桥，入夜睡觉做起了掉入河里的噩梦。雨天，走黄泥桥要小心防滑。水灌桥更难走，是圆形水泥灌建成的作农田灌水之用的桥，为了抄近路，常会冒险走水灌桥，虽然害怕脚底痒，但还是硬着头皮过桥。步行8里路到于城或沈荡上大桥看风景，那是一件潇洒快乐的事。

改革开放后，上世纪80年代，公路筑到了家乡，木桥、石桥等换成了公路桥，我们感受到了家乡的巨大变化。古老有价值的石桥已很少有人行走，有的已成了文物。光阴似箭，历史进入二十一世纪，我们已很难找到架在小河上的木桥，大都的小石桥已改建成水泥结构的有护栏的能通车的桥梁。桥的变化是改革开放以来祖国建设的一大成果。

今天，我们满怀崇尚和快乐的心情，驾座着汽车，穿越杭州湾跨海大桥，看一眼浩瀚的大海，聆听着涛声，从海盐去慈溪、宁波旅游，从慈溪到海盐、嘉兴，游南北湖，游南湖，观绮园，看镇海塔。生意人满载着货物，源源不断地经过跨海大桥，扩展两岸贸易往来，繁荣市场，发展经济，强盛国家，造福百姓。

（获嘉兴市文联“‘中国·桥’散文诗歌征文大赛”三等奖；原载于《从此岸到彼岸》——“中国·桥”散文诗歌征文大赛获奖作品集，珠江文艺出版社，2008年5月）

余华来信

俞士明

我和余华通信，是从1985年开始的。那时，余华已在省内外发了几篇小说，其中《新星》在《北京文学》上获奖，名声鹊起，于是，县宣传部出面将他调入县文化馆。正巧，蒉建良被借到《江南》，余华便顺理成章地负责起全县的文学创作来了。

正在做文学梦的我，时常隔三岔五地寄稿子给余华，余华总是不厌其烦。一方面给我指出作品中的弱点，并不断地鼓励我，另一方面，将我的习作寄往省内外他熟悉的编辑部去，碰碰运气。

一次，我寄他两篇小说。余华来信说：“这两篇写你自己的小说，无论技巧还是文学都显得比以往更加成熟，但这样写，我总觉得缺少深度，也许熟悉你的人会读了有所感动，而陌生人就难说了。”

“未必就是自己熟悉的，自己感动了，别人也会感动，这里面有移植时的上下连接问题。生活真实未必是艺术真实，而艺术真实才是关键所在。”

另一次，我的一篇稿子在余华处压了一些时间，他后来来信说：“思忖了很久后，觉得你不是没有进步的，但你的进步只是在小处。一些描写和叙述上开始有魅力了，大处仍是原来的模样。何时在大处上你进了一步，才将有辉煌一下的时刻。所谓大处，无非是指总体思考上”

1986年，余华在《北京文学》上发表了《十八岁出门远行》。这是他第一篇先锋派小说，赢得当时任文化部部长王蒙的赞赏，特在《文艺报》上发了一篇评价文章。受他的影响，我也刻意地在作品中追求起形式来了。

对此，余华直言不讳："我以为，你现在不必将过大的精力放到形式上去，而应倾注于内容中。"

"古人说'巧其进，拙其成'。写作是应当扎扎实实。然而构思要巧布局要好，写时一定要老实。"

"我以为你现在不必太急，一步一步走，你先拿下人物，再作品中的感情，然后考虑作品的深度与主题。到你基本成熟时，你才可在作品形式上下点劲，什么意识流呵等等随你高兴。"

"但现在还是扎扎实实写出几个有血有肉有感情的人物。"

上述这些教诲，均是余华文学创作的经验之谈。然而，由于种种原因，我始终缺乏悟性，一直在文学的大门口徘徊不前，故作品接二连三被数家杂志社"枪毙"了。伤感之余，便给余华写信。于是，余华多次来信，这样鼓励我："你千万不能松劲，好不容易奋斗到现在，离成功只有半步之差了，再一鼓作气就会成功。"

又一次余华复信给我："你如此泄气是毫无道理的。""这么长时间坚持下来，你还有什么理由放弃你的追求？"

可我辜负了他的期望。从1993年起，我放弃了文学创作，一连写了六本纪实性的册子。我已远离了文学，佘华若知，该怎样笑我呢？

（原载于《北京文学》2001年第七期）

沉睡的狮子已醒来

王德生

太阳，太阳，升起来，
沉睡的狮子，已醒来。
太阳升，东方红，
东方红，狮子吼；
吼起来，龙凤乘风天外来，
龙飞凤舞展未来。
未来实现中国梦，
中国梦，和平盛世万万代！

（附腾讯网报道）：习近平巴黎演讲：中国这头狮子已经醒了。

习近平在演讲中表示，拿破仑说过，中国是一头沉睡的狮子，当这头睡狮醒来时，世界都会为之发抖。中国这头狮子已经醒了，但这是一只和平的、可亲的、文明的狮子……

（2014年3月获嘉兴市文明办童谣征文三等奖）

童谣5首

林天仁收集创编

数星星

一个星，急令令。两个星，挂油瓶。油瓶漏，炒黑豆。黑豆焦，辣胡椒。
胡椒辣，辣宝塔。宝塔尖，碰着天。天落雨，雨滴答。地浪滑，扶起老阿太。

吃白粥

新米饭烧粥，囡囡吃白粥。张开小嘴来，吃了长白肉，长大做生活。

小雨点

小小雨点真好玩，掉到河里变成圈，小圈慢慢变大圈，大圈小圈圈碰圈。

马儿好

木马壮，竹马好，竹木马儿不吃草，骑上马儿到处跑，妈给你吃状元糕；
明朝骑到外婆桥，外婆见了外甥笑，捧出笔墨和书包，恭贺宝宝成绩好。

小白兔

小白兔，实在俏，吃起草来眯眯笑，红眼睛来白眉毛，全身上下是绒毛，
大耳朵，长短脚，胆子实在有点小，听到声音耳朵翘，走起路来嘣嘣跳。

（2014年获嘉兴市文明办童谣征文一等奖）

第五章 诗　　选

诗歌是一种高度集中概括和反映社会生活，饱含丰富思想感情和想象，语言精练而形象性强，并具有一定节奏韵律的文学载体。诗歌按照有无故事情节来分为叙事诗和抒情诗；按照语言有无格律来分为格律诗和自由诗；按照有无押韵来分为有韵诗和无韵诗。诗除了表达作者的思想和情感，亦反映社会文化，富于想象，语言具有节奏韵律。诗的特点在于除了可以阅读，亦宜于吟诵，又或者和其他艺术形式结合表演。诗常透过特定的形象和技巧，让字词除了表面意义之外，蕴含另一层意义，或唤起情感共鸣。

于城镇未查到古代诗人及诗歌，当代作诗的人亦少见，本节选取金宏章、周卫东在市级以上报纸杂志上发表的诗篇，收录延伸到2016年底。

江　南　雨

金宏章

哦，江南雨！

天地间晶亮的琴弦。轻轻地弹，轻轻地拨，水乡潜入梦境。

燕飞来飞，惊飞了满琴音符。

于是，音符跌落泥土，大地绽开笑窝。音符飞上枝丫，满树睁开眉眼；音符挂上藤蔓，点亮一崖色彩；音符驮上犁背，化作一片蛙声。

娃娃把音符印在小径上，美好的憧憬顺着风筝线飞上蓝天。小伙子打开蜂箱，音符便飞入白花，蜜悄然在姑娘笑靥里酿成。

忙碌的人们把音符播进水田，他们要收获一片金灿灿、沉甸甸的秋歌。

（原载于《嘉兴报》，1987 年 4 月 8 日）

菜　　花

金宏章

虽然你只有一种颜色，

却给人们带来最有色彩的希望。

虽然你未能装入盆中，供人欣赏，

却装点春日大地，博得耕耘者喜爱。

你充满自信，初放时点点如碎金，竞放时串串象金铃，烂漫时片片似朝霞，铺满平原，开遍山岗。向人们启示：生活就应该这样金黄。

荷花、牡丹只盯着自己的美姿在画中再度出现；梅花、水仙只想着自己的美名再次载入诗篇。

而你——平凡的菜花，只思考着把果实捧给人类，只有你，才懂得生命的价值。

（原载于《人民文学之友》，1985 年）

汲水的人

周昳（周卫东）

我的目光使一本书
自动打开，翻到老井的位置
哲思的目光跌落井台
我看见了汲水的人　身披黎明
风从身后吹他那颗红尘漂泊的心
紧锁的双眉

被露水和乡愁打湿

多么清冷的早晨，满腹心事
挂满汲水者清瘦的脸庞
他眼神黯淡，重复着
单一的动作　汲水
汲水，并且
喃喃道出母亲、家园和另外
一些
比梦更遥不可及的事物
这一生难以到达的远方，成为
他久盈心胸的疼痛

汲水的人回顾茫然，在清风中
怀想，冰凉的叹息出自他
微起的嘴唇
汲水的人　用更简单也更复杂的
动作
汲取一桶桶厚重的乡愁
让我凝视的双眼，无法
把那本书从黎明读到黄昏

（原载于《东海》，1994年第3期）

鹰窠顶

周西西（周卫东）

在鹰的眼里，我拾级而上的微喘
完全不值一提
鹰的翅膀驮着一大片天空
在南北湖飞了八百年
如果我能够让它停留，我就是
那松间的亭，或者崖下的涛
云岫庵的香火旺盛，院子里的银杏树
距离修成正果，只差一次最澄明的
日月并升

比我早到的人已经被风送下山
那些晚到的，在松林间走走停停
他们风尘仆仆的耐心，看不见
鹰窠顶上空旳晴天，比晴朗更晴
比叶落更轻旳鸟鸣，在山间盘旋
这些步履轻快的游人，一个个错过了
石头开花的刹那芳华

高阳山的落日如钟声，笼盖四野
冬天的鹰窠顶，渐渐隐入
落叶下的黑暗之中
明月抚柳的梦正要展开
而中湖塘的灯火沿着夜色一路开放
照着春雨一样密集的鹰的叫声
传得更远

［原载于《中国岚文学》，2016 年第二卷（总第七期）］

冬天的田野

连日的雨水洗过阳光，天上的云彩
似乎更高了
我走在又薄又窄的田埂上
泥泞的脚步声里，眼神空旷
一亩一亩的苍黄与安静，几乎看不出
大地交给这个世界的恩典
几粒走失在谷仓外的谷子，让落单的鸟雀
志得意满，飞不上更高的天空

田野中的沟壑纵横，和老农脸上的皱纹
连成一片。疲倦的劳作之后，只剩
泥土下稻根微弱的呼吸
他的余生，也将继续在田野里平铺直叙
直到搬不动草禾、蛙鸣
以及越来越僵硬的骨头和喘息
只有他的脉搏，跟大地的心跳保持一致
保持农耕最后的光荣与尊严

北风走了又来。我回头看到的另一畈田野
雪花漫天,寒冷而又温馨
滋润一垄垄麦苗的浅浅绿意

[原载于《中国岚文学》,2016 年第二卷(总第七期)]

庄柴湖秋波

周西西(周卫东)

一场欲言又止的秋雨,把庄柴湖
喂养得更大,湖水就要漫上草尖了
阳光一声轻笑,扑啦啦代替雨水泻下来
三分温热,五分浩荡。空白处

行人稀疏。沿着湖堤,一直往里走
我暂时确定风的形状,空阔
缓慢,给湖面让出更大的通透与坦荡
把落花流水兼收并蓄。穿过庄柴湖
对岸是捕鱼人晾晒的炊烟

再远处,是更沉默的冬天。云在风上,风在
水上。辽阔的白茫茫的日子,在烟雨之上
我蹲下身子,拍打生活的褶皱,请求水滴
长出翅膀,扇起一束束清澈的回音

在庄柴湖,天空也是荡漾的。我看着湖水
在自己的气息中流淌,呼吸中升起稻香和白云
一阵风吹来,掀起内心微弱的波澜
如果时间允许,它们就会从岁月的低处
慢慢,流回天上

(原载于《嘉兴日报·绮园副刊》,2016 年 11 月 1 日)

稻草人(外二首)

周西西(周卫东)

不过是一簇稻草,扎成人型模样
披一件破烂衣裳

我本无心，举两袖清风，装人样
驱走盘旋的鸟鸣

流水带走光阴，熟悉的蝉鸣
退居到树上的蝉蜕里
太阳牵着炊烟，我有适宜的温度
身体里的吆喝，明亮如初

——我的喜悦就是：看种子
落地生根，拔节抽穗，如同村子里的老汉
把温暖和成长交付于孩子
惊讶着不能言喻的美

我曾经有过的，交给土地
还没来得及拥有的，托付给天空
秋分了，寒露了，过路的风吹过稻子
一浪追着一浪，生生不息
落日
收拾物事的驼背老人，他努力昂起的目光
只看到了西天的一抹红霞

树枝分割了低处的天空，而炊烟
扶摇直上。暮霭里的时间一低再低

想起黑夜他就惊惧。天空那么空
太阳下去，月亮就代替它升上来

黑的黑，白的白
来的来，去的去

归家途中，落日把脸藏进衣领
归家的人群中，落日是唯一不说话的
麻雀
早晨，它们装作一片片叶子
挂在树枝浓荫里
用本地方言开会，唱歌，等阳光

等人来，或者离开
——我不在它们中间

似乎年年如此。这些土里土气的
麻雀，我看不出它们，跟我
童年打谷场上叽啾不停的伙伴
有什么区别
风一来，就把它们吹向远处

我吹一声长长的呼哨，故意惊扰它们
翅膀划破树梢，麻雀了无痕迹
天空一下子空了起来
一个郁郁的孩子，走在寻找的路上

[原载于《诗中国》，2016年第四期（总第27期）]

附：访谈录

想起摇栈船的日子

——韩来宝口述

访谈者：王德生　邱　亚

访谈者记：韩来宝生于1940年，于城人。我与她相识是在2008年“非遗”普查时，当时我和退休老教师蒋自强，去她家做“消费习俗”调查。通过采访调查，我们得知她家以前曾做过摇栈船的营生。韩来宝说话直率，性格爽朗。一提到摇栈船，她便滔滔不绝地说开了。当时我们把有关摇栈船的习俗，录入了《于城镇非物质文化遗产调查集》。这次，运河船民口述史调查，我们又把她请到文化站，再次请她讲述青少年时代摇栈船的往事。

她12岁时，就成了摇栈船的小主人。她吹海螺通知乘客；帮父亲摇船、搓掺①；娘儿俩背纤；在码头上守护船、撑篙。正应了那句老话：“穷人的孩子早当家”。当时她家里穷，幼小能帮父母替力，她感到自豪。时至今日，她对养父母的感恩之情溢于言表。童年时记挂着的一件事，就是父亲摇栈船回来总带好东西给她吃。她忘不了当年，父亲摇栈船回来了，自己由于高兴地急着要吃好东西，跑得快，摔了一跤，把手摔得脱了臼。是父亲背着她，到接臼的老乡家给上了臼，父

① 搓掺：于城方言，指帮助别人摇橹，用双手握住橹绳推出去拉进来。

亲对她的疼爱令她终生难忘。

(一)我父亲是开栈船的

我是于城镇鸳鸯村斜港桥人,1940年2月出生。小时候家里穷,加上我又是女孩子,所以没有上过学,不识字。以前,我父亲是开栈船的。20世纪50年代,我们家乡没有客轮,也没有汽车。那时农民出门赶集市、购货,只能步行或者乘栈船。

当时的栈船是沟通城乡物资交流的水上交通工具。记得我还很小的时候,我家有一艘栈船,父母靠这条船,每天载客,挣钱养家。那条栈船不大,有2吨左右。船上搭棚,棚子是用芦竹编成的芦菲盖的,可以前后移动。船舱内左右有两排木板,供乘客坐的。我家的栈船主要开往海盐、沈荡、硖石等地,很少出远门。乘客大部分是来往于鸳鸯、鹭鸶桥、斜港朗等周边的乡亲们。我家的船每次载客最多不超过20人。船是靠人力摇的,途中大概要用三到六个小时。

一路上,乘客之间谈论谈论乡间趣事,拉拉家常。一路摇一路谈,十分热闹。记得我还很小的时候,我爸一个人摇栈船,我守在家里由妈带着,最高兴的是莫过于我爸摇栈船回来。爸妈是我的养父母,不是亲生的,但对我十分宠爱,每天回来都带好东西来。小孩子很馋的,我爸回来了,又有好东西吃了,我蹦蹦跳跳跑出去,跑到石埠头,脚被绊了一下,摔了一跤,小手摔脱臼了,痛得我哇哇大哭。我爸立刻背着我,跑了很多路,跑到会接臼的老乡家,给我上了臼。现在我七十多岁了,我还忘不了这些事。

(二)我吹海螺号

当时附近村坊上有栈船的,还有庄柴湖南的庄家村有一艘。我的出生地塘东三里桥有一艘,船主叫许陆陆。栈船开船前,要先通知乘客上船。那个时候没有电话,没有广播,招呼客人乘栈船的方式各有不同,有敲锣的,有吹喇叭的,我家是吹海螺号的。南边庄家村栈船招呼客人的方式就是敲锣,预备号时敲得慢,通知乘客作起床准备;开船号敲得急,告诉乘客,船马上就要起航了。有的栈船吹喇叭做开船的提示,喇叭用洋铅皮做的,圆形体,一头小,一头大,小的一头装一个"嘴"喊话,声音传出去很远。我们家专门用海螺号来提示开船时间。有隔夜号、准备号、起航号、中途停靠号等。隔夜号分三种,开往硖石方向的用长号,"呜……";开往海盐方向的用中长号,"呜呜……";开往沈荡方向的吹短号,"呜呜呜……"螺号吹响的次数也有讲究,早晨天蒙蒙亮,就要起床吹准备号,招呼客人起床了。起航前再吹一遍,是催促乘客快点了,船快要开了。船行沿路我们还设有停靠点,比如开往沈荡、鹭鸶桥沿路都有停靠点。船快要到停靠点时,家人就会吹起海螺号。小时候我觉得吹海螺号很好玩,所以很小就学会了。十二岁时,我就替换我爸,正式吹海螺号了。我吹的海螺号比我爸吹得响,乘客听到声音很响的螺号声,就知道是我在吹,当他们赶到船埠头时,都会表扬我。由于栈船开船时间很早,螺号也要早早吹响,所以我逐渐觉得吹螺号不好玩了。每天很早,我爸就喊我了:"小囡!起床了,帮我吹一下海螺号。"我就从睡梦中赶紧爬起来,海螺号很快就响了起来。

(三)把橹[①]、搓掺、掌舵、背纤的生活

栈船一般需要两个人摇,一个人把橹,一个人搓掺。把橹人是摇栈船的主力,既要管船向前

① 把橹:于城方言,指摇船掌舵,掌管行船方向。

行驶，又要管船行驶的方向。摇栈船有推稍①和扳稍②，向前推出去叫推稍，往回拉进来叫扳稍。推稍重一点，船头向左走，扳稍重一点，船头向右走。推稍扳稍关系到船行驶的方向。向前直行的话，推稍、扳稍就要轻重相当。船转弯主要是靠把橹人在掌橹中橹板折转的角度。角度大，转向快，角度小，转向慢，还跟用力有关。

我十三岁时就学会了把橹。搓掺是助手，直路上行船，脚是进一步退一步，手是推出去拉回来，一橹进一橹出，容易。但转弯时就要配合掌橹人，分轻重缓急了。掌舵也叫把舵，是背纤时管住船行驶的方向的，用的也是橹，那时的栈船没有稍舵板的。背纤力气小，跑得不快，那掌舵人便一边摇，一边把握方向了。年轻人背纤跑得快，掌舵人就只管方向了。背纤是用纤绳连接船头，船头上插一根竹竿，绳子一头系住竹竿上头，塘河上有路，叫纤塘。那时候，去海盐、沈荡的部分地段有纤塘，人在纤塘岸上拉绳子背着船行驶。纤绳岸上的一头，用一块一尺来长的竹片扎好，穿肩搭背放在胸前，背纤人上身向前卧，脚用力，拉着船走。我家的栈船，到了有纤塘的河段，一般都要背纤，速度快。有时候，我爸背纤，就请会稍舵的老乡帮忙掌舵。有时候我和我妈两个背纤，我爸稍舵。我10岁时就开始背纤了。背纤分头纤和二纤，走在前边叫头纤，头纤要轻松。二纤不好背，有危险的，如果头纤力气大，吃分量时，会把二纤甩出去，落入河里的。摇栈船中，我们遇到过好心的年轻人上岸帮助背纤。我爸感激他们，回家后不肯收船钱，他们一定要给，有时只收一半。

(四)"赤烂污"③哩

我13岁时的那个春天很冷，当时身上还穿着棉袄呢。像每天一样，我起得很早，吹完海螺号，乘客到齐了，我和我爸从自家码头起航，开始我们一天摇栈船的生意。船经过了钭港朗，鹭鸶桥，"狗头颈"④，千亩荡……一路吱哽吱哽地摇到沈荡集镇市河里。当时我爸在摇船，我在船头上撑篙，乘客在船棚里，快到沈荡船码头时，我用撑杆插到河底，撑着船停靠码头。不知道是我爸扳稍板得重，还是乘客走动，栈船猛然晃动了一下，扑通一声，我掉河里去了。由于船有棚，加上我个子不高，我爸竟然没发现。等乘客走上船头，我爸问："小手呢？"小手是我的小名，我爸很宝贝我的。有乘客回答"刚才还在这里撑篙呢。""那孩子怎么不见了？把船撑撑开看看。"接着有乘客大声喊叫："不好了，篙子在河里，'赤烂污'哩。子林叔，快点、快点！"我爸叫韩子林。然后，一位大叔看到我了，头从船旁水下探出了水面，就伸出手把我从水里救了上来。当时我想"完了，要去见阎王爷了！"以为我要死了。现在想来还真后怕。幸好发现得早，有惊无险，只是灌了一肚子的水。从河里上来后，我浑身湿透了，冻得全身发抖，哭得很伤心，真是太苦了！已经过去六十多年了，我一直忘不了这件事。有句俗语说得好："大难不死，必有后福。"如今，我真的享福了，一家七口四世同堂，不愁吃，不愁穿，不缺钱，住得好，严寒酷暑还有空调。

(五)最远去了连泗荡

摇栈船很辛苦。去硖石镇远，又没有纤塘，路上摇的时间长。轮到去硖石，我早上二、三点

---

① 推稍：于城方言，指用手把橹绳向外推出去。

② 扳稍：于城方言，指用手把橹绳向里拉进来。

③ 赤烂污：于城方言，指"出事了"。本文指韩来宝掉河里了。

④ 狗头颈：于城方言，形容河道狭小。

钟就要起床，第一件事情是吹海螺号，然后吃早点，天不亮就出发了，到晚上八、九点钟才回来。长年累月，起早贪黑，手上起泡、起茧、脱皮。为了生计，有苦难言。最远去过连泗荡，每年去一次。

每年春天，连泗荡都要举行一个盛大的庙会，乘客有去烧香的，也有去看热闹的，也有带点农产品去交易的。庙会当天人山人海，河上船连着船，水泄不通的。到连泗荡是隔夜开船，第二天上午到达。待到客人烧好香，拜好佛，等到傍晚，才起航踏上回程的路，回到家时天也亮了。

六月十八，海盐天宁寺有传统庙会，想着去烧香的人多，为了多赚几个钱，也为了香客能坐到船，我们一天要摇两个来回。那天，年轻点的乘客会抢着帮我们背纤的。他们做了好事，再去烧香拜佛，心里踏实。乘栈船的客人，一般都是自己带饭菜，吃冷菜冷饭，很少有人上馆子店里去吃的。难得有小孩，大人领着乘栈船上街，孩子上船时很高兴，要到街上去玩啦。船一开出，摇一橹，晃一晃，一路摇，一路晃来晃去，几经周折，便头晕目眩，晕船了，严重一点的会呕吐。他们的高兴劲早已抛到九霄云外了。

栈船摇到硖石不到一点，东面河上，有一座“紧转桥”，桥只有一孔，桥两边的视线被挡住了，那里水流湍急，船又多，过桥非常危险。就要选一位壮汉撑篙，大声喊叫“松摇”，桥对面如果有来船，也会大声回音“松摇啦”。大家提心吊胆，船过了桥洞，才算松了一口气。船一到码头，大家顾不上一路颠簸疲惫，纷纷抓紧给自家的农产品卖个好价钱，之后再买下出门时打算买的东西。只有难得上街的小孩，忘了晕船的痛苦，眼睛盯着食品摊、玩具店，大人多少会买一点吃的，玩具一般就免了。

夏天干旱，船摇到“狗头颈”的地方，水浅，摇不动了，乘客只好赤脚卷裤腿，下水推着船前进。船一停到码头，都要和乘客说好，几点钟回到船上来。有人迟到，我们也要等的，一般是载来几个，也要载回去几个的。

栈船每年都要修。每年夏天，先把船拉到场地上，用凳子架高，拉船要十几个人才拉得动，晒干了再修，这样才能保证船下水后不漏。起船到落船，修起来要半个多月。要买好桐油、石灰、麻絮，这些物品当时商店里都有。然后用一个小石臼，把三种东西放在石臼中，用木榔头打成油灰。打油灰要耐心，一时半会成不了，打一天半天才打成团泥，嵌入船板之间的夹缝。船干燥后，船匠把上年嵌的油灰用凿子取出，嵌入新打好的油灰，然后整艘船要上桐油。桐油要上二次，第一次上好，干了再上一遍，桐油会入木三分。

摇栈船很辛苦，但能养家糊口，是大运河给了我们这个生存的机会。从我十二岁上船吹海螺号，到后来随父母摇船，这段人生经历既有让我自豪的时候，也有艰苦心酸的时候。如今七十多岁了，我时常想起过去的事情，想到摇栈船。

（原载于《运河记忆——嘉兴船民生活口述实录》，上海书店出版社，2016 年 12 月）

第三十编　文选目录

文献目录收录了于城镇有关单位编辑发行的内部刊物、文集、书籍的目录。收录其他一些重要资料，如《浙江日报》报道于城的内容目录及碑记等。收录了于城镇党委、政府重要文件的目录。

第一章　地情书目录

政治

《双抢战报》15期，主办单位：圩城公社革委会。1972年7月20日～8月15日。

《钦城人大》，主办单位：钦城乡人大办公室。1993年4月6日出刊第1期。

《综治信息》，主办单位：于城镇综合治理委员会。1990年7月25日第一期。1995年5～7月出刊3期。1998年共出刊12期，总20期。1999年出刊16期，总36期。

《于城通讯》，主办单位：中共于城镇委员会。1995年5月1日第2期。

年鉴

《于城镇年鉴》(1995～2012)共18期，主办单位：于城镇政府。于城镇文化站编印，编辑王德生，1995～2012年每年度印刷一期。

《于城镇统计年鉴》(2003～2009)，于城镇统计中心编，2003～2009年每年度印刷一期。

文化艺术

《于城文艺》金宏章专辑，钦城乡文化站编辑，1990年印刷。

《革命歌曲专辑》，钦城乡文化站编印，1990年9月印刷。

《庆国庆四十一周年征文集》，钦城、六里、石泉、横港、百步、通元文化站联办，金宏章、俞士明的作品分别获二等奖。1990年10月印刷。

《建党70周年征文集》，钦城乡文化站编辑，1991年印刷。

《计划生育文艺资料专辑》，钦城乡文化站编，1991年印刷。

《钦城人物特写集》，钦城乡文化站编印，作者俞士明，1993年9月印刷。

《迎七一诗歌朗诵会诗歌集》，于城镇文化站、镇关心下一代协会编印，1995年7月印刷。

《优秀读书笔记选》"第五届鲁迅读书活动 纪念抗日战争胜利五十周年"专辑，于城镇中心小学、镇关心下一代协会、镇文化站编辑，1995年印刷。

《民间故事》，于城镇文化站等5乡镇联合编印，1999年5月印刷。

《小学生作文集(1999)》,于城镇中心小学编,1999 年 10 月印刷。

《于城新农村建设之歌征文集(2007)》,主办单位:于城镇小学、于城镇团委、于城镇文化站。主编:俞士明,2007 年印刷。

《于城文化站论文集(2005)》,主办单位:于城镇文化站。主编:王德生,2005 年 1 月印刷。

《于城镇文化站论文散文集(2006)》,主办单位:于城镇文化站。主编:王德生,2006 年 1 月印刷。

《于城镇文化站文集(2007)》,主办单位:于城镇文化站。主编:王德生,2007 年 4 月印刷。

《群文工作实践与探索论文集(2009)》,主办单位:于城镇文化站。主编:王德生,2009 年 5 月印刷。

《论文・散文・故事集(2008～2010)》,主办单位:于城镇文化站。主编:王德生,2010 年印刷。

史志

《海盐县于城镇组织史(1949～1987)》,主办:中共欤城乡组织史征编领导小组。主编:徐凤飞,1987 年印刷。

《于城镇志简编(1986～2005)》,主办:于城镇政府。主编:俞士明,2005 年印刷。

第二章　其他文集目录

《实用技术信息汇编(1993)》,欤城乡文化站、团委编辑,1993 年 4 月印刷。

《百步人物写真集(1994)》,俞士明主编,主办单位:百步乡文化站,1994 年印刷。

《科技知识》,于城镇文化站编辑,1995 年印刷。

《信息摘编》,于城镇文化站编辑,1997 年 3 月印刷第一期、7 月印刷第二期。

《浓墨重彩绘海盐(1999)》,俞士明主编,主办单位:县政协学习文史会,1999 年印刷。

《信息摘编》2000 年第一、二、三期,于城镇文化站编印,2000 年印刷。

《海盐灶头》,林天仁主编,主办单位:于城镇文化站,2008 年印刷。

《葡萄栽培》《鳖的养殖》,王月观主编,主办单位:于城镇成人文化技术学校,2009 年印刷。

第三章　《浙江日报》报道于城目录

《节粮又肥猪的一个好办法——圩城公社自行加工配合饲料》,陈有恒,1980 年 12 月 16 日第二版。

《圩城公社展出新书画》,张瑞祥,1981 年 12 月 25 日第二版。

《江渭桥十五队新春喜用自来水》,陈有恒,1982 年 1 月 27 日第一版。

插图,褚深灵、王奎源摄影报道,1983 年 1 月 2 日。报道圩城公社圩城大队第二生产队范雪珍,10 年如一日照顾生活不能自理的公公沈桂法,1981 年被评为县社尊老爱幼先进个人。

插图,黄才祥摄影,1995 年 9 月 21 日第一版。报道于城镇三联村农民沈福观承包了 200 亩水面,年收入 10 万元,一家人日子过得红红火火。

《以科技指导生产 以网络组织销售——海盐八字村葡萄协会显身手》,朱仁华、王国锋、吴雄飞,2007 年 7 月 18 日第六版。

《海盐县于城镇把有线电视图络与远程教育进行"嫁接"——党员电教"课堂"搬进农家》,毛传来、黄擎、张锡峰,2007 年 6 月 20 日第二版。

《老人讲爱国故事 村妇舞吉祥彩龙——海盐江渭村村民"共享"端午》,汤燕萍、陈培华,2008 年 6 月 8 日第一版。

《"袖珍农具"作教材》插图,叶寒青、汤燕萍、李刚摄影,2009 年 4 月 7 日第五版。

《一亩蚯蚓每天可吃掉一吨垃圾 蚯蚓粪是价值很高的绿色肥料——海盐养殖户养蚯蚓制肥料》,马晓燕、汤燕萍、陈培华,2009 年 7 月 17 日第六版。

插图,叶寒青、汤燕萍、李刚摄影,2009 年 8 月 27 日第十一版。报道于城镇鸳鸯村大学生党员蔡敏佳创业养小龙虾,获得了 5 万元贴息贷款。

《金龙舞欢乐》,陈培华、李刚,2010 年 2 月 13 日第四版。

《9 万现金随车散落 海盐市民拾金不昧——木匠工(于城)钱失而复得》,沈晖、李刚、陈培华,2013 年 2 月 19 日第四版。

第四章　碑　　记

重建欤城桥记

欤城桥建自宋绍兴三年。宣德中,邑人金文富尝修复。弘治元年圮坏既久,有司方将举事,会按察佥宪伍公宗诚行属区画措具,仍劝富人赡其不足,委成县令谭秀监督,以海宁卫知事李庆阅四寒暑乃成。其地河阔土疏,二水冲合,贡漕负载交错。旧桥作三洞,径梠十虚一实,激冲多所。今长十有九丈四尺,两垂入平壤,并三洞为一,跨水六丈,其崇半实倍于虚,足以御激撞。下有重附,上有栏压,侧有倚柱,中势正园,壁立砻琢累筑,外内精密,大致视昔不侔。用石八丈,环卫填塞者不与。米三百斛,铁千斤,银千二百两,役夫与竹木薪炭诸琐费不与。宗诚周行吴越所至,治水利民,请予记立石刻,有事者碑阴,所以昭成绩,申大望也。弘治中邑人张宁撰。

(原载于《海盐县志》1992 年 3 月第一版)

第五章　文件选目

表 30－5－1　　　　1993～2014 年于城镇党委重要文件目录

文　号	文件标题
于党字〔1993〕第 11 号	转发乡工业办公室关于《软城乡关于鼓励乡镇企业发展的若干规划》的通知
于党字〔1994〕第 6 号	关于加快村办企业转换机制的若干意见
于党字〔1994〕第 29 号	于城镇 1994 年度加快发展农业生产考核奖励办法
于党字〔1996〕第 17 号	关于加强机关干部和站办人员自身建设的若干规定
于党字〔1996〕第 40 号	关于村以下工业企业实行属地管理有关政策的若干意见
于党字〔1998〕第 02 号	关于 1998 年农民承担村提留、镇统筹及劳务的若干政策意见
于党字〔1998〕第 28 号	中共于城镇委员会、于城镇人民政府关于做好延长承包期工作　稳定和完善农村土地承包关系的意见
于党字〔1998〕第 30 号	于城镇第二轮地承包工作方案
于党字〔1999〕第 68 号	关于鼓励发展个体私营经济和建立工业园区的若干意见
于党字〔2000〕第 18 号	关于发展效益农业的扶持奖励政策的通知
于党字〔2000〕第 35 号	关于建立工业园区管委会的通知
于党字〔2000〕第 42 号	关于于城镇农村精神文明建设的实施意见
于党字〔2000〕第 54 号	关于创建县级文明镇活动领导小组的通知
于党字〔2001〕第 10 号	关于进一步加大招商引资力度　加快工业经济发展的若干意见
于党字〔2001〕第 11 号	于城镇 2001 年招商引资优惠政策和奖励办法
于党字〔2001〕第 15 号	关于授予沈孝军等 15 户农户为农副产品购销大户、张李生等 70 户农户为高效农业示范户的决定
于党字〔2001〕第 33 号	关于在全镇开展“评杰出人物创优胜单位”活动的实施意见
于党字〔2002〕第 15 号	关于表彰 2001 年度“评优创先”活动优胜单位和杰出人物的决定
于党字〔2002〕第 17 号	于城镇治安大排查活动实施方案
于党字〔2002〕第 26 号	关于在全镇实施为民办事代理制度的通知
于党字〔2002〕第 31 号	于城镇开展农村有线电视入户工程建设的实施意见
于党字〔2002〕第 49 号	关于 2002 年全镇农村“整治社会风气、整治居住环境”活动的意见
于党字〔2004〕第 43 号	关于开展全镇农村生活垃圾集中处理和环境卫生集中清理的实施意见

续表 30－5－1

文　　号	文 件 标 题
于党字〔2004〕第 45 号	关于在全镇开展建设“平安于城”的实施意见
于委〔2005〕第 40 号	关于表彰于城镇“十大杰出人物”的决定
于委〔2005〕第 48 号	关于开展第二批保持党员先进性教育活动的实施意见
于委〔2005〕第 68 号	关于公布《于城镇社会治安综合治理工作中心工作规程〔试行〕》的通知
于委〔2006〕第 14 号	于城镇党风廉政建设责任制
于委〔2006〕第 36 号	关于开展“村企共建新农村”活动的通知
于委〔2006〕第 09 号	关于印发《全镇农业工作要点》的通知
于委〔2006〕第 18 号	关于印发《2006 年度食品安全工作要点》的通知
于委〔2007〕第 27 号	关于转发镇纪委《于城镇效能告诫办法》的通知
于委〔2007〕第 30 号	关于鼓励“争先创优”考核奖励的办法
于委〔2007〕第 88 号	关于壮大村级集体经济的实施方案
于委〔2008〕第 70 号	关于下发《于城镇军警民联防方案》的通知
于委〔2010〕第 41 号	关于印发《“村村都有好青年”人才发展计划实施办法》的通知
于委〔2010〕第 69 号	关于同意召开于城镇工会第一次代表会议暨总工会成立大会的批复
于委〔2011〕第 28 号	关于印发《于城镇“特色文化展示年”目标任务书》的通知
于委〔2012〕第 2 号	关于创建并推行村级慈善帮扶基金的实施方案
于委〔2014〕第 29 号	中共于城镇委员会、于城镇人民政府关于于城镇“五水共治”工作的实施意见
于委〔2014〕第 62 号	关于于城镇加强“德治、法治、自治”建设的实施意见的通知

表 30－5－2　　**1990～2014 年于城镇政府重要文件目录**

文　　号	文 件 标 题
钦政字〔1990〕第 30 号	关于筹措人民教育基金的有关通知
钦政字〔1991〕第 23 号	关于实施《钦城乡依法治理的若干规定》的通知
钦政字〔1992〕第 8 号	关于完善取土卖泥管理的实施办法
钦政字〔1993〕第 25 号	钦城乡 1993 年度发展乡村企业激励政策
于政字〔1995〕第 47 号	关于公布《于城镇农村社会养老保险实施办法》的通知
于政字〔1996〕第 91 号	关于建立最低生活保障制度的通知
于政字〔1997〕第 79 号	于城镇风险合作医疗实施办法（试行）

续表 30－5－2

文　号	文件标题
于政字〔1999〕第 96 号	于城镇风险合作医疗实施意见
于政字〔2000〕第 6 号	关于建立于城镇消防领导小组的通知
于政字〔2000〕第 19 号	2000 年度民政工作要点
于政字〔2000〕第 33 号	关于下拨地方自然灾害救灾事业费的通知
于政字〔2000〕第 36 号	关于实行五保户供养经费统筹的通知
于政字〔2000〕第 57 号	关于成立于城镇移民安置领导小组的通知
于政字〔2000〕第 81 号	于城镇全面开展创建卫生城镇工作实施意见
于政字〔2000〕第 82 号	关于加强于城镇规划区域内管理的暂行规定
于政字〔2001〕第 31 号	关于同意建立"海盐八字果业合作社"的批复
于政字〔2001〕第 55 号	关于加快于城镇村级公路硬化建设的具体实施方案
于政字〔2001〕第 57 号	于城镇实施"万名农民培训工程"的意见
于政字〔2002〕第 18 号	关于建立于城镇文物保护领导小组的通知
于政字〔2002〕第 25 号	关于 2002 年发展效益农业的扶持奖励政策
于政字〔2003〕第 34 号	关于开展"慈善救助"活动实施意见
于政字〔2003〕第 39 号	关于印发《于城镇 2003 年新型农村合作医疗实施办法》的通知
于政字〔2004〕第 31 号	关于成立于城镇生态镇建设工作领导小组的通知
于政字〔2004〕第 62 号	关于深入开展基本养老保险全覆盖工作的通知
于政字〔2004〕第 76 号	关于印发《于城镇重特大事故应急处置预案》的通知
于政字〔2005〕第 14 号	关于成立食品安全委员会的通知
于政字〔2005〕第 46 号	关于颁布实施《于城镇生态镇建设规划》的通知
于政字〔2005〕第 59 号	关于印发《于城镇农村生活垃圾集中收集处理有偿服务管理办法》的通知
于政字〔2005〕第 63 号	关于建立于城镇残疾人康复指导服务中心的通知
于政字〔2005〕第 46 号	关于召开于城镇第一届农民体育运动会的通知
于政字〔2005〕第 90 号	关于完善于城镇政府行政执法监督等制度的通知
于政〔2006〕第 42 号	关于做好农村环卫工作的实施意见
于政〔2007〕第 10 号	关于 2007 年度河道长效保洁实施方案的通知
于政〔2007〕第 68 号	关于认真落实严格保护耕地制度的通知
于政〔2008〕第 24 号	关于印发《于城镇河道长效保洁实施办法》的通知

续表 30－5－2

文　号	文 件 标 题
于政〔2008〕第 35 号	关于印发《于城镇精神卫生工作实施方案》的通知
于政〔2008〕第 44 号	关于争创省级生态镇工作的实施意见的通知
于政〔2008〕第 64 号	关于印发《于城镇“十小”行业质量安全整治与规范工作实施方案》的通知
于政〔2009〕第 34 号	于城镇人民政府关于印发《于城镇创建市级卫生镇实施方案》的通知
于政〔2009〕第 59 号	于城镇人民政府关于下达土地流转目标任务的通知
于政〔2009〕第 104 号	于城镇人民政府关于 2009 年新农村建设的实施意见
于政〔2010〕第 82 号	关于表彰首届“十佳于城新居民”的决定
于政〔2010〕第 85 号	关于印发《于城镇扶助残疾人若干规定》的通知
于政〔2010〕第 102 号	关于创建“浙江省体育强镇”的实施意见
于政〔2011〕第 36 号	关于印发《于城镇农村环卫“四位一体”长效保洁实施工作方案》的通知
于政〔2012〕第 20 号	关于举办于城镇首届全民运动会的通知
于政〔2012〕第 25 号	于城镇创建国家级生态镇工作实施方案
于政〔2013〕第 37 号	关于印发《于城镇水环境综合治理行动计划》的通知
于政〔2013〕第 42 号	关于印发《于城镇创建充分就业镇工作实施方案》的通知
于政〔2014〕第 31 号	关于成立于城镇《于城镇志》编纂领导小组的通知

后　记

《于城镇志》编纂历经三载，终于问世，开创了于城历史修志之首。镇志出版是于城人民政治文化生活中的大事，是于城镇党委和镇人民政府重视下的重要实绩，是全体编纂工作人员辛勤劳动的丰硕成昊。唐太宗曰：以铜为鉴，可以正衣冠；以人为鉴，可以明得失；以史为鉴，可以知兴替。修志是资政、育人的重要举措。

《于城镇志》的编纂出版，是在于城镇党委和镇人民政府的领导下实施，2014 年 3 月，于城镇启动《于城镇志》的编纂工作，聘任了专职编纂人员。盛世修志，这是于城在东周时期吴王第一次筑城后，2500 多年来的第一部镇志，得到了党委政府的重视。4 月 16 日，镇政府下发“关于成立于城镇《于城镇志》编纂领导小组”的通知，并设立了镇志办公室，任命了镇志主编，组建了编辑和资料(撰稿)员队伍。因政府领导人员调动，于 2016 年 2 月 15 日，调整了“于城镇《于城镇志》编纂领导小组”。

编纂工作中，编辑人员认真学习了《修志手册》和《地方志工作条例》，参加了县史志办召开的部门志、乡镇志编修工作座谈会。2016 年 3 月 3 日，召开了全镇各单位各部门资料(撰稿)员会议，加强了资料的收集工作。资料收集工作中，修志人员查阅了镇档案室、县档案馆于城的全部档案资料，并走访调查，召开座谈会。至 2016 年 8 月，基本完成了镇志送审稿。

在资料收集、编纂、征求意见过程中，得到了县档案局、史志办、法制办、保密局、气象局、统计局、水利局等县级部门和全镇各单位、社会各界和有关人士的支持和帮助，提供了宝贵的资料，提出了修改意见，编纂中提供宝贵资料的有周荣祥、赵留金、蒋自强等，镇中心小学何富良老师参与了资料的收集工作，在此一并致以衷心感谢！

由于资料及编写水平限制，在文字语言和内容上，存在着不足和错漏，请予以指正。

编　者

2016 年 10 月

ISBN 978-7-5144-2503-1

9 787514 425031 >

定价：298.00元